长春国家光电子产业基地

长春是中国光学科技的发源地，从 20 世纪 50 年代开始，国家就把长春作为光电子研发和生产基地。经过几十年的建设，长春已成为国家光电子领域科研、人才和产业快速发展的地区，被誉为中国光学科技和光电人才培养的摇篮。2004 年 6 月，长春被国家发改委批准为国家光电子产业基地。2005 年 8 月，长春成功承办了第二十届国际光学大会。

长春有国家一流的光电子科研单位，有全国唯一的培养高端光电子人才的综合性大学，每年有 150 多项光电子专利技术成果问世。长春立足于科研优势和人才优势，按照国家要求，基地在产业布局上，着力在光显示技术及上下游产品、光电子材料与器件、光电仪器仪表与设备、国防光电子、汽车电子等领域予以重点发展，形成产业集群，推进技术向宽领域的应用市场和高端技术方向拓展和延伸。空间布局上，在长春南部城区规划 50 平方千米光电子产业核心区，建设专业化产业园区，目前有光电子企业近千家。长春人力争用五到十年时间，努力把长春建设成为集研究开发、生产制造、人才培养、综合服务为一体的国家光电子技术创新基地和企业集群。

长春生物产业基地

长春是我国生物医药产业的发源地之一，尤其是在疫苗、基因工程药物、生物中药和生物医药中间体方面具有一定的优势。

在国家的支持、指导下，长春生物科技和产业发展迅速，已成为我国生物领域人才、技术、企业比较集中的地区，为经济发展和人民健康事业做出了重要贡献。

国家发展和改革委员会、国家商务部认定长春为首批国家生物产业基地及国家医药出口基地之一，标志着长春生物产业发展正式纳入国家规划，长春以生物技术带动其他产业的发展必将呈现璀璨的前景。

地址：长春市朝阳区天宝街3号
邮编：130021
电话：0431-5647210
传真：0431-5647213
邮箱：cheng9819@yahoo.com.cn

长春一汽启明信息技术股份有限公司

CHANG CHUN FAW QIMING INFORMATION TECHNOLOGY CO.,LTD

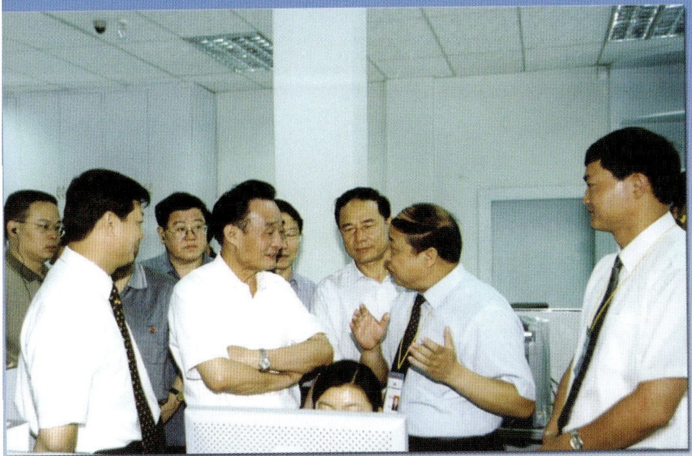

2002年7月12日，程传海总经理在一汽向吴邦国委员长汇报启明公司软件产品开发情况。

2006年5月22日，全国政协主席贾庆林在一汽启明公司视察工作。

总经理：

公司简介

一汽启明公司成立于2000年12月8日，其前身是中国第一汽车集团公司电子计算处，2004年4月进行股份制改制，实现了主体投资多元化，现为一汽集团的控股子公司。公司为国家火炬计划重点高新技术企业、国家规划布局内重点软件企业、中国软件产业最大规模前30家企业、全国信息产业系统先进集体、吉林省IT龙头企业，2003年实现销售收入3亿元、2004年实现销售收入5亿元、2005年实现销售收入6.3亿元，现有员工683人，其中：博士13人，硕士36人。

一汽启明公司自成立以来，一直致力于汽车业数字化整体解决方案提供。开展如下六方面的业务：汽车业管理软件的研发与推广应用，汽车电子产品的研制，应用系统集成，数据中心服务，汽车售后服务平台运营，汽车交易及服务综合信息平台运营。经过五年的创新和努力，一汽启明开发出具有独立知识产权的启明cPDM/ERP/PLM/TDS/CAPP/OA/CAE等系列软件产品和“帅通”系列车载信息系统、“帅风”系列汽车电子控制器等电子产品，其中启明ERP、启明cPDM已达到国内领先水平，成为行业主导软件产品。

目前，启明PLM产品研发项目已被列为国家信息产业部电子发展基金项目。启明车载GPS系统应用研发项目被国家计委列为国家GPS应用产业化工程示范项目，启明CAPP产品研发及应用项目被列入国家“863”计划，启明中国汽车交易及服务综合信息平台产业化示范工程列入国家发改委企业信息化高技术产业重大发展专项。启明“基于IPv6的车载信息系统研发与产业化项目”被国家发改委列入下一代互联网系统工程项目。

启明公司实行股东会、董事会、监事会领导下的总经理负责制，技术上实行技术总监及项目经理负责制，公司下设软件开发部、市场营销部、技术服务部、综合管理部、系统集成部、资本运营部、质量保证部和汽车电子部。

面对未来激烈的市场竞争，启明公司将围绕汽车的数字化，提供数字化汽车的解决方案；围绕汽车业企业的数字化，提供数字化企业解决方案，努力开拓市场，不断开发出实用创新的产品，全力打造汽车业IT第一品牌。

地址：长春市东风大街2489号

邮编：130011

网址：www.faw-qm.com.cn

市场营销部电话：0431-5986699　5906941　传真：0431-5906688

综合管理部电话：0431-5902761　传真：0431-5901052

技术服务热线：0431-5902299

中国高技术产业发展年鉴(2006)

张晓强／主编
Zhang Xiaoqiang / Editor-in-chief

CHINA HIGH-TECH INDUSTRY DEVELOPMENT ALMANAC (2006)

北京理工大学出版社
BEIJING INSTITUTE OF TECHNOLOGY PRESS

《中国高技术产业发展年鉴》

前　言

2005 年，中国高技术产业规模保持快速增长，在国民经济中的支柱性产业地位进一步增强。据初步统计，全年规模以上高技术产业完成增加值 7 839 亿元，比上年增长 19.8%，高出工业 3.4 个百分点，对工业增长的贡献率为 12.9%，拉动工业增长约 2.7 个百分点；增加值占 GDP 的比重达到 4.3%。高技术产业全年实现工业总产值 34 429 亿元，比上年增长 22.7%，占全部工业总产值的 11.8%。高新技术产品进出口占全国外贸的比重进一步加大，有力地推动了外贸增长和外贸结构的调整。全年高新技术产品进出口总额累计达到 4 159.6 亿美元，同比增长 27.2%。其中出口额达 2 182.5 亿美元，增长 31.8%，占全国外贸出口比重的 28.7%，超出 2004 年 0.7 个百分点；进口额 1 977.1 亿美元，增长 22.5%，占全国外贸进口比重的 30%，高出 2004 年 1.2 个百分点。高技术产业的快速发展为“十一五”开好局、起好步奠定了坚实的基础，为加快推动经济结构调整和增长方式转变做出了新的贡献。

当前，世界高技术产业发展正逐渐走出低谷，进入快速发展的新时期。科技进步日新月异，信息技术向无线、互联、移动发展，生物技术正在步入大规模产业化阶段，新科技革命必将带动世界高技术产业发展进入一个更加强调产业内企业间合作的崭新阶段。同时，各国政府在加速高技术产业快速发展的过程中，一方面不断加强战略决策和宏观调控能力，另一方面也在不断放松经济性管制，强化竞争。尽管近年来中国在世界高技术产业发展过程中的地位和作用日益重要，但值得注意的是，在全球范围内高技术产业转移日益深度化和广度化的同时，全球贸易保护主义逐步抬头。因此，从战略上把握世界经济和科技发展的新趋势，并按照十六届五中全会《中共中央关于制定国民经济和社会发展第十一个五年规划的建议》要求进一步加快发展高技术产业已经成为解决我国经济发展面临的深层次问题、进一步提高国民经济整体素质和综合国力、实现跨越式发展的紧迫要求，也是应对国际竞争、确保中华民族在新世纪立于不败之地的战略选择。

为帮助广大读者和高技术产业工作者准确、及时地了解国内外高技术产业发展动态、政策法规等信息，我们在有关领导的指导下，编辑出版了《中国高技术产业发展年鉴(2006)》。本书内容共分七大部分：

（一）综合发展篇：回顾“十五”期间中国高技术产业发展情况，介绍 2005 年中国高技术产业、高技术产品进出口、国家高新技术产业开发区的发展情况，分析创业投资的发展情况。

（二）产业发展篇：分析 2005 年高技术产业中的一些重点行业，主要包括信息产业、新材料产业、航空产业、航天产业、可再生能源产业、软件产业、集成电路产业、互联网产业、转基因农作物产业、医药产业、现代中药产业以及北京市生物医药产业等的发展情况、特点与发展趋势。

（三）地区发展篇：介绍37个省（自治区、直辖市）、计划单列市“十五”期间高技术产业发展的基本情况、特点和发展思路。

（四）海外发展篇：介绍世界电子信息产业发展情况、世界软件产业发展情况、世界可再生能源产业发展情况和世界高科技发展状况，摘译了美国硅谷发展报告、美国科学与工程技术指标（2004）、2004年全球制药行业报告和经济合作与发展组织科学技术与产业排行榜（2005）等报告。

（五）政策法规篇：收录国务院和各部委2005年发布的与高技术产业发展相关的政策法规文件。

（六）大事记录篇：收集2005年高技术产业，包括信息产业、生物与医药产业、新材料产业、新能源产业以及航空航天产业发展中的一些重要事件。

（七）基础数据篇：为便于读者查找高技术产业中的一些基本数据，本书收录了国家统计局《全国高技术产业动态监测信息快报》中的主要经济指标、2004年全球320强公司的研发支出数据以及OECD科学技术与产业排行榜中的有关数据。

《中国高技术产业发展年鉴（2006）》的编辑和出版，得到了有关领导和许多专家的大力支持，我们在此表示衷心感谢。

《中国高技术产业发展年鉴》编辑部

2006年8月

目录

综合发展篇

产业发展篇

地区发展篇

海外发展篇

政策法规篇

大事记录篇

基础数据篇

中国高技术产业
发展年鉴(2006)

综合发展篇

General Development

CHINA
HIGH-TECH
INDUSTRY
DEVELOPMENT
ALMANAC
(2006)

1

“十五”高技术产业发展回顾

“十五”以来，中国高技术产业按照总体跟进、重点突破的发展思路，积极参与经济全球化进程，大力推进自主创新和结构调整，产业规模高速增长，在局部领域取得突破性进展，综合竞争力和国际地位显著提升。

一、高技术产业总量增长明显加快，产业规模跃居世界前列

“十五”期间，中国高技术产业呈现加速发展的态势，产值年均增长27.02%①，比“九五”时期的20.50%提高了近7个百分点。2005年，全国高技术产业实现产值34 429亿元，是2000年的3.3倍；实现增加值7 839亿元，是2000年的2.8倍。

根据《美国科学与工程技术指标（2006）》，2003年中国高技术产业实现产值约4 238亿美元，超过日本、韩国、德国、英国，仅次于美国，居世界第二位；实现增加值约1 121亿美元，仅次于美国、日本，居世界第三位。

表1　部分国家高技术产业规模比较（2003）

国家＼项目	产值/亿美元	增加值/亿美元	增加值率/%
美国	13 510.487	5 113.164	37.85
日本	3 762.501	1 452.082	38.59
德国	1 464.94	543.796	37.12
英国	1 162.002	411.263	35.39
中国	4 238.259	1 121.488	26.46
韩国	1 753.993 3	442.477	25.23

注：1. 数据来源：《美国科学与工程技术指标（2006）》

2. 高技术产业包括航空航天制造业，计算机及办公设备制造业，无线电、电视及通信设备制造业，医疗器械、精密仪器和光学仪器制造业。

① 由于缺乏不变价数据，本文中的数据计算均采用当年价。

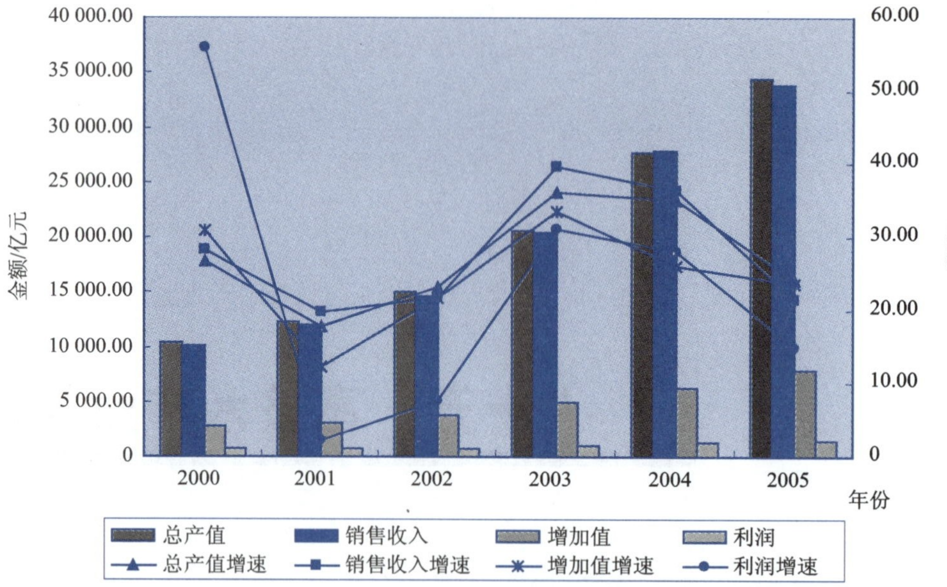

图1　“十五”中国高技术产业规模变化情况

数据来源：《中国高技术产业统计年鉴（2005）》，《2005 年 1～12 月份中国高技术产业发展统计数据》

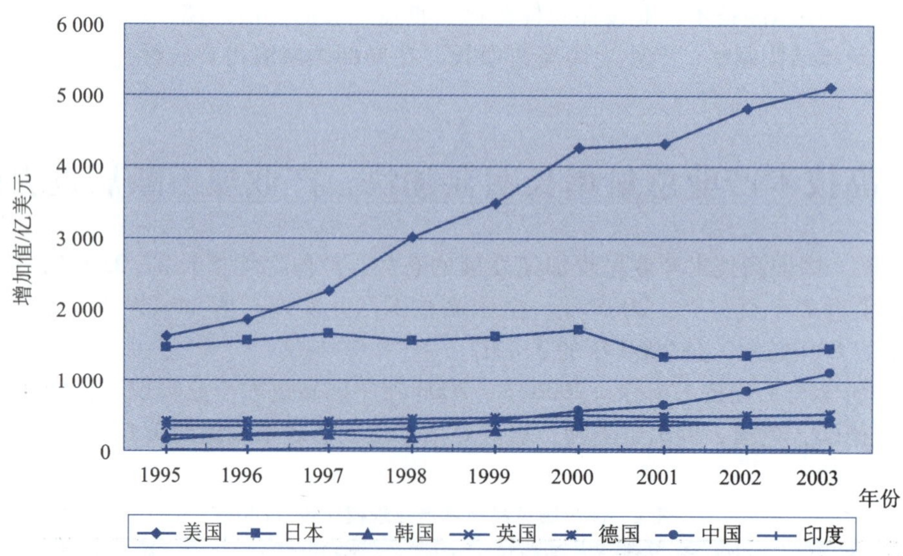

图2　高技术产业增加值规模国际比较

数据来源：《美国科学与工程技术指标（2006）》

二、高新技术产品进出口额大幅度增长

2001－2005 年，中国高新技术产品进出口年均增速为 35.9%，比“九五”时期提高了 13 个百分点。其中，高新技术产品出口增长更快，五年年均增长 42.58%，比“九五”提高了 12.87 个百分点。到 2005 年，全国高新技术产品进出口总额达到 4 159.6 亿美元，是 2000 年的 4.6 倍。其中，高新技术产品出口额达到 2 182.5 亿美元，进口额1 977.1亿美元，实现了由贸易逆差向顺差的历史性转变。

按照《美国科学与工程技术指标（2006）》统计，2000 年中国高技术产业出口额为 706 亿美元，居美国、日本、法国、德国、英国、韩国之后；到 2003 年，达到 1 339 亿美元，比 2000 年增长

89.7%，超过法国、德国、英国、韩国等国家居世界第三位（见表2）。预计2005年中国高技术产业出口规模将接近或超过日本，居世界第二位。

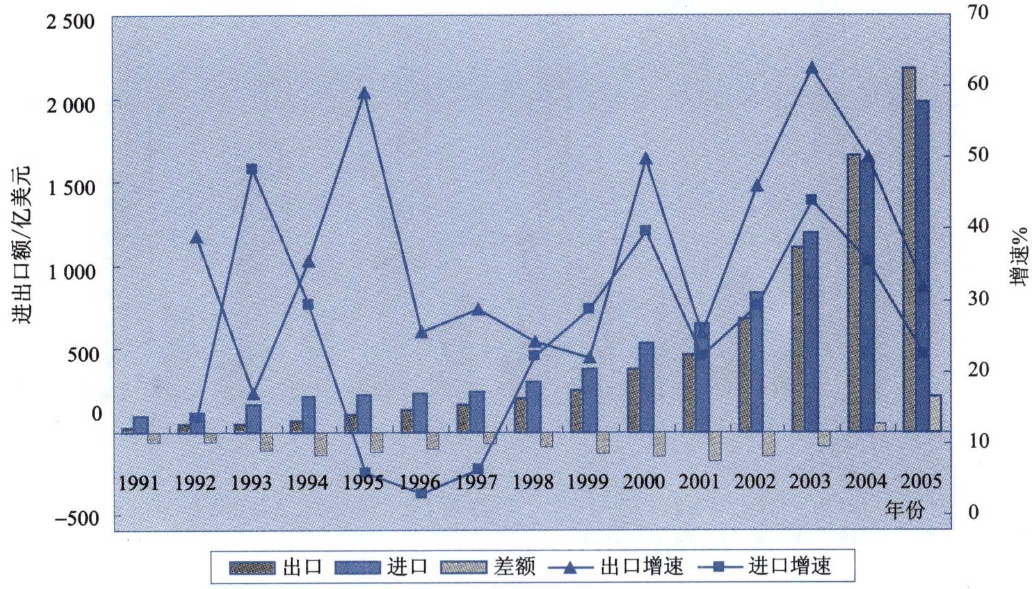

图3　高技术产品进出口情况

数据来源：海关统计

表2　部分国家和地区高技术制造业出口

国家和地区 \ 年份	1995	1996	1997	1998	1999	2000	2001	2002	2003
美国	1 594	1 812	2 144	2 319	2 533	2 918	2 689	2 475	3 035
法国	449	448	546	631	685	830	794	825	919
德国	609	649	765	897	1 001	1 118	1 225	1 288	1 452
英国	567	647	735	793	808	918	953	993	1 100
欧盟15国	2 666	2 938	3 523	4 000	4 421	5 089	5 204	5 463	6 119
日本	1 088	1 091	1 247	1 241	1 377	1 627	1 387	1 456	1 642
中国	170	224	293	376	482	706	885	1 040	1 339
韩国	270	302	378	430	609	830	700	791	941
中国香港	389	409	472	485	526	703	731	781	905

数据来源：《美国科学与工程技术指标（2006）》

三、产业结构调整取得一定成效

“十五”期间，电子信息产品制造业、医药制造业和航空航天制造业等各行业均实现快速发展。

电子信息产品制造业规模持续扩大，产业链条不断延伸，结构调整初见成效。2005年，全国电子信息产品制造业实现产值27 236亿元，占高技术产业总产值的比重为79.1%，比2000年提高了1.9个百分点；软件、集成电路产业发展迅猛。2005年，全国软件产业销售收入达到3 900亿元，集成电路产业销售额达到1 147亿元。电子信息产品出口交货值由2000年的3 061.9亿美元迅速增加到2005

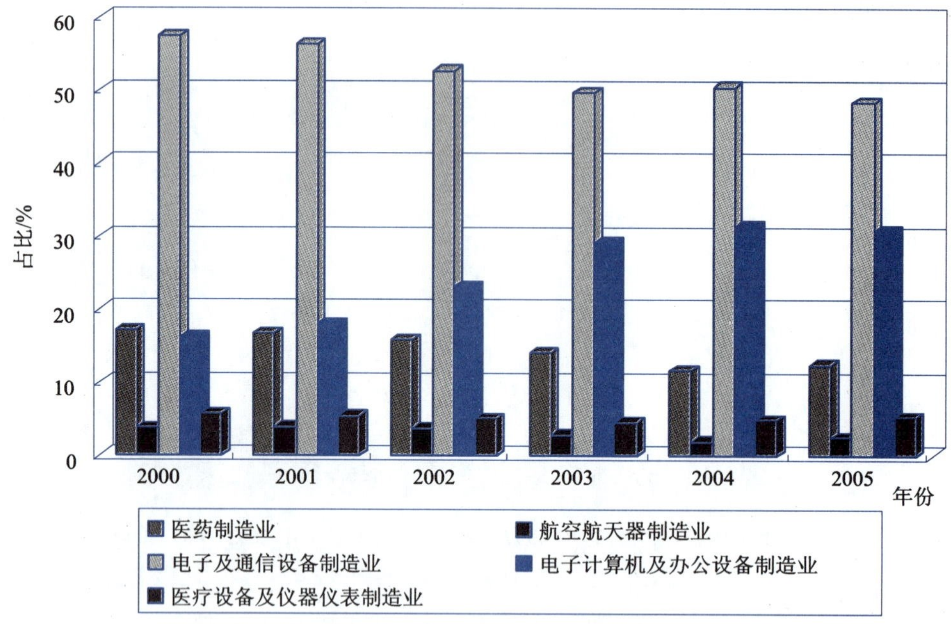

图4　中国高技术产业行业构成

数据来源：《中国高技术产业统计年鉴（2005）》，《2005年1~12月份中国高技术产业发展统计数据》

年的17 508.61亿元，计算机与网络产品、数字视听产品、移动通信产品、新型元器件、集成电路、电子专用设备等产品出口大幅度增加。

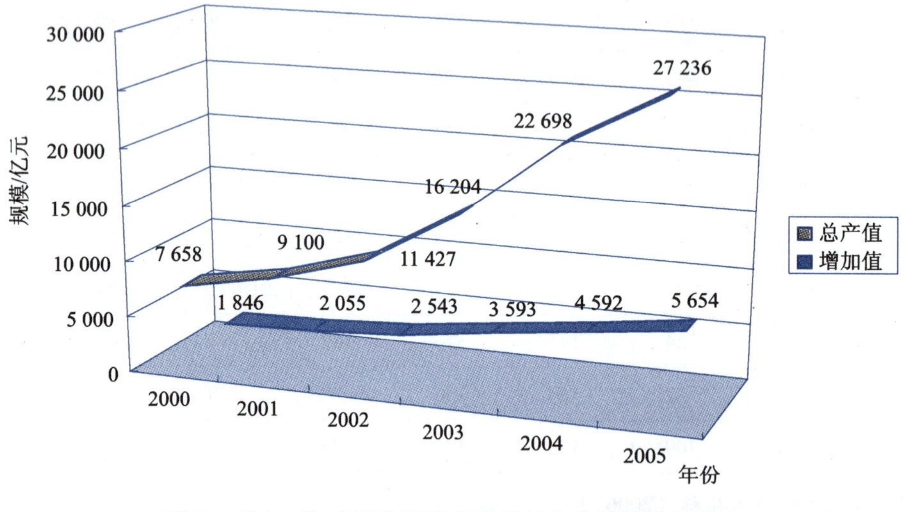

图5　“十五”中国电子信息产品制造业规模增长情况

数据来源：《中国高技术产业统计年鉴（2005）》，《2005年1~12月份中国高技术产业发展统计数据》

医药制造业规模不断壮大。“十五”期间，全国医药工业产值年均增长18.82%，2005年达到4 605.66亿元；实现增加值1 512.07亿元，年均增长17.23%。其中，生物制品实现产值336亿元，年均增长14.48%，占医药制造业的比重由2000年的7.61%上升到7.86%。中药工业实现产值1 019亿元，增加值378.58亿元。医药产品出口快速增长，2004年医药商品进出口总额达到184.5亿美元，其中，出口金额突破百亿大关，达到100.7亿美元，实现贸易顺差16.9亿美元。

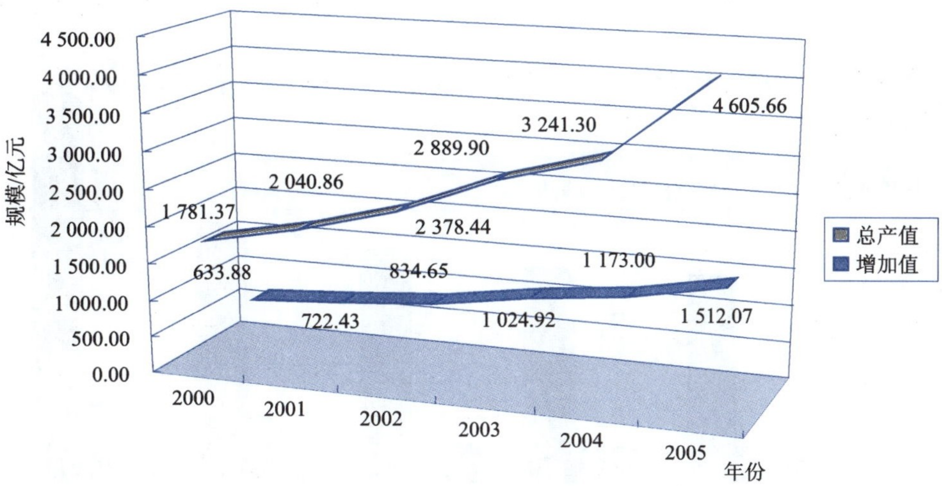

图6 "十五"中国医药制造业规模增长情况

数据来源：《中国高技术产业统计年鉴（2005）》，《2005年1～12月份中国高技术产业发展统计数据》

航空航天制造业保持较快增长，航天器制造业增速下降。2005年航空航天制造业实现产值约820亿元，增加值197.15亿元，比2000年分别增长了16.16%、13.29%。其中，飞机制造及修理业2005年实现产值776.17亿元，增加值186.59亿元，比2000年分别增长了127.8%和102.3%；航天器制造业2005年实现产值43.93亿元，增加值10.55亿元，比2000年分别下降了6.15%和21.4%。

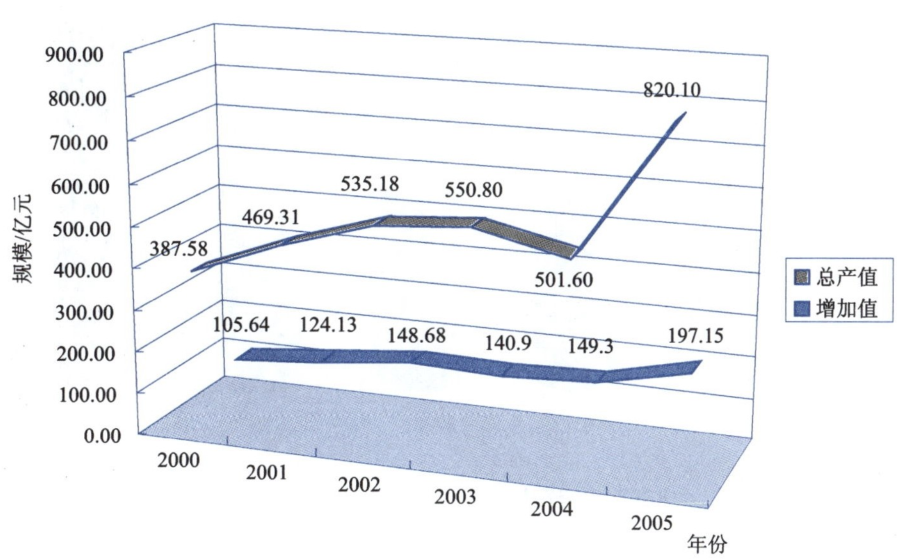

图7 "十五"中国航空航天制造业规模增长情况

数据来源：《中国高技术产业统计年鉴（2005）》，《2005年1～12月份中国高技术产业发展统计数据》

四、企业数量大幅度增加，三资企业是拉动中国高技术产业的主要力量

"十五"时期高技术企业数量迅速增加，由2000年的9 758家增加到2004年的17 898家，其中中小型高技术企业占98.33%。2004年大、中、小型高技术企业产值占高技术产业的比重分别为

44.57%、38.52%和16.91%。

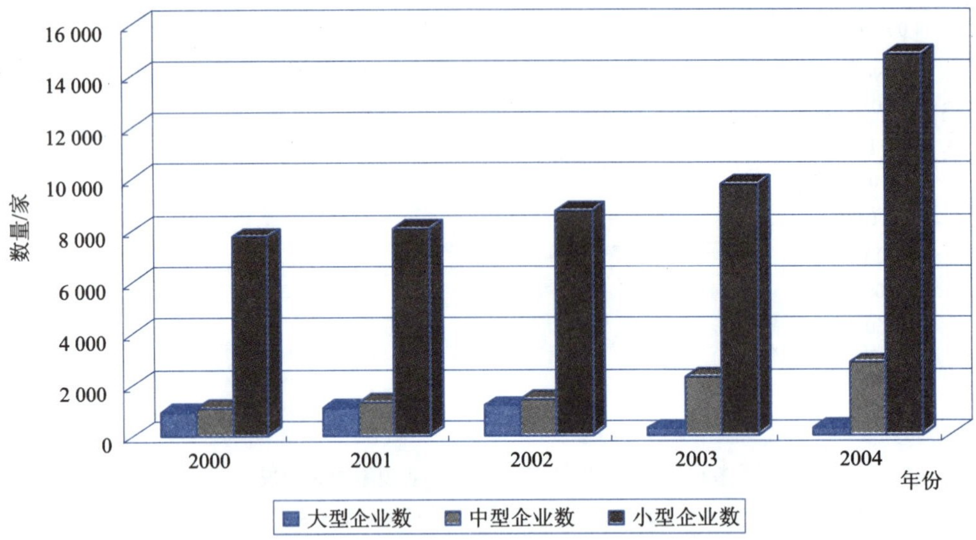

图8 "十五"中国高技术企业数量变化情况

数据来源：《中国高技术产业统计年鉴（2005）》，2003年之前按原《大中小型工业企业划分标准》，2003年开始按照《统计上大中小型企业划分办法（暂行）》。

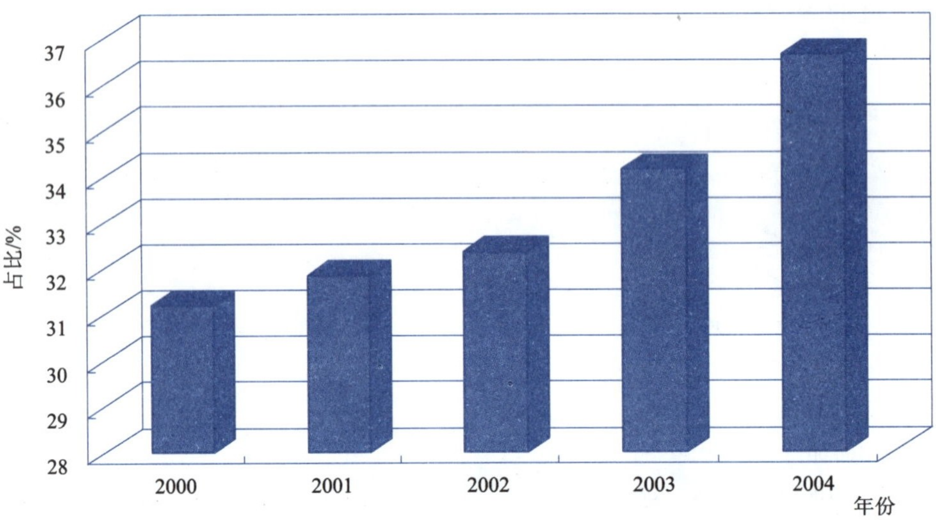

图9 "十五"三资高技术企业数量占全部高技术企业比重

数据来源：《中国高技术产业统计年鉴（2005）》

三资企业数量上升，产值、出口交货值占高技术产业的比重大幅度提高。2004年三资企业实现产值20 411亿元，占全国高技术产业的比重为73.5%，比2000年提高了14.6个百分点；三资企业高技术产品出口交货值13 827亿元，占全国高技术产品出口交货值的比重为93.23%，比2000年提高了8个百分点。2001－2004年，三资企业对中国高技术产业产值增长的贡献为82.24%，成为拉动中国高技术产业发展的主导力量。

一批自主发展的高技术大企业迅速崛起，市场竞争力明显增强。电子百强企业的规模和效益继续在全行业保持较大比重。以大唐电信、深圳中兴、深圳华为为代表的一批高技术企业迅速成长，开始进军国际市场，向跨国大企业的目标迈进。医药企业规模不断壮大，2004年全国年销售额超过50亿元的大型医药企业集团有9家，超过10亿元的大型医疗器械生产企业有2家。

表 3 "十五"高技术企业发展主要指标

年份及指标 / 企业类型及产值	2000	2004	占高技术产业比重/%	
			2000	2004
企业数/家	9 758	17 898	—	—
大型企业/家	935	299	9.58	1.67
中型企业/家	1 077	2 819	11.04	15.75
小型企业/家	7 746	14 780	79.38	82.58
三资企业/家	3 046	6 560	31.22	36.65
产值/亿元	10 411	27 769	—	—
大型企业/亿元	4 907	12 378	47.13	44.57
中型企业/亿元	1 266	10 695	12.16	38.52
小型企业/亿元	4 238	4 696	40.71	16.91
三资企业/亿元	6 136	20 411	58.94	73.50

数据来源：《中国高技术产业统计年鉴（2005）》。

五、产业集聚效应日趋明显

"十五"期间，高技术产业进一步向东部地区集中，产业集聚效应日趋明显。中、西部产值占全国比重逐渐下降。东部地区高技术产业产值占全国比重由 2000 年的 82.3% 上升到 2005 年的 89.4%，而中、西部比重分别由 9.6% 和 8.1% 下降到 5.8% 和 4.9%。

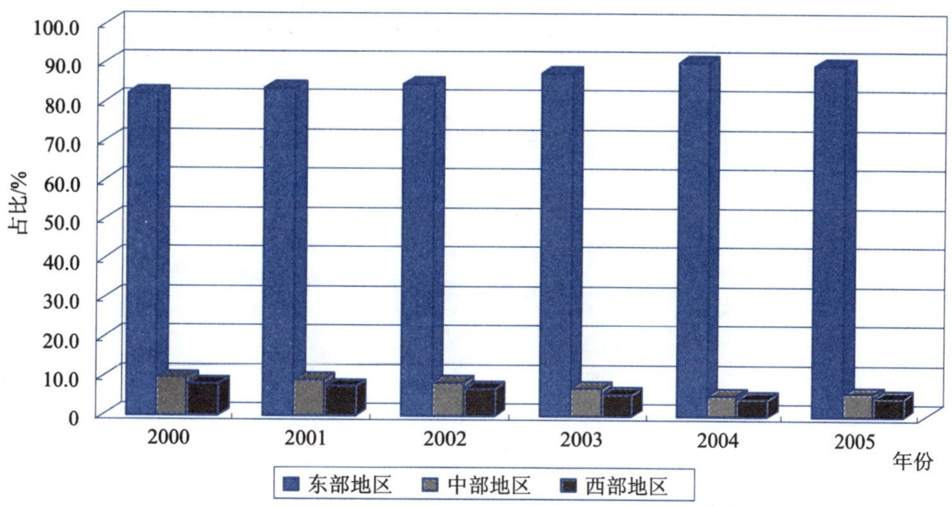

图 10 "十五"东、中、西部地区高技术产业产值占全国比重

数据来源：《中国高技术产业统计年鉴（2005）》，《2005 年 1～12 月份中国高技术产业发展统计数据》

2005 年，长江三角洲地区、珠江三角洲地区、京津冀地区三大区域占全国高技术产业的比重为 77.42%，比 2000 年提高了 7.14 个百分点。其中，长江三角洲地区高技术产业产值占全国的比重上升了 7.8 个百分点，珠江三角洲地区上升了 4.55 个百分点，京津冀地区下降了 5.21 个百分点。

"十五"期间，国家高新技术产业开发区快速发展，工业总产值由 2000 年的 7 942 亿元上升到 2005 年的 28 957.6 亿元，年均增长 23.3%；工业增加值由 2000 年的 1 978.8 亿元上升到 2005 年的 6 820.6 亿元，年均增长 28.1%。出口创汇由 2000 年的 185.8 亿美元上升到 2005 年的 116.5 亿美元，年均增长率为 43.1%。

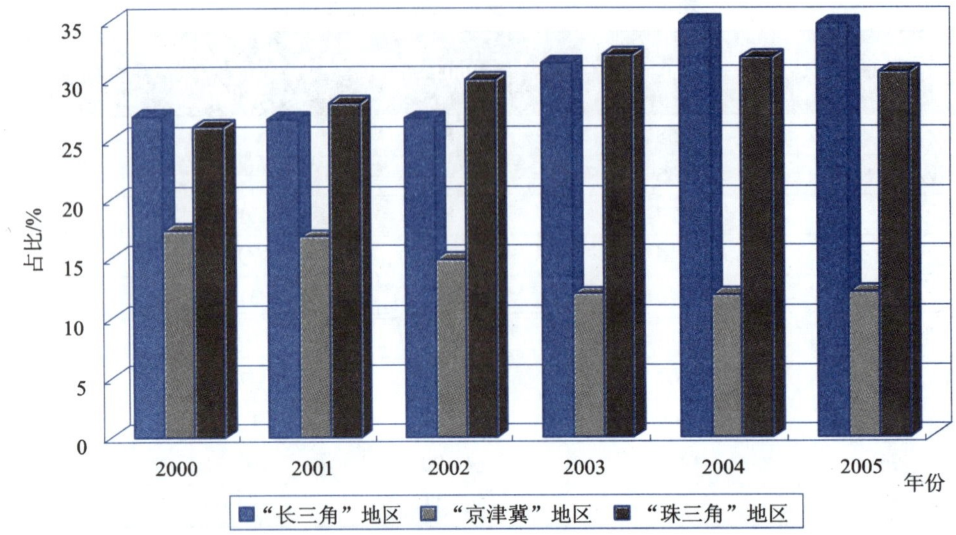

图 11　“十五”长江三角洲、京津冀地区、珠江三角洲高技术产业产值占全国比重

数据来源：《中国高技术产业统计年鉴（2005)》,《2005 年 1～12 月份中国高技术产业发展统计数据》

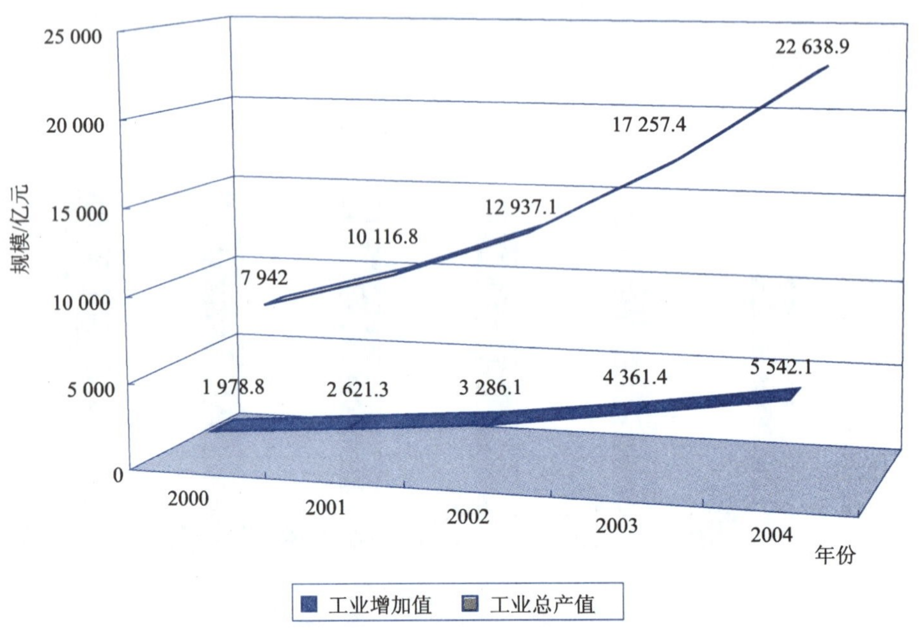

图 12　“十五”国家高新技术产业开发区发展情况

数据来源：《中国高技术产业统计年鉴（2005)》

六、技术创新能力进一步提高

高技术产业研究开发投入不断上升。R&D 经费内部支出由 2000 年的 111.04 亿元增加到 2004 年的 292.13 亿元，年均增长 27.36%。R&D 强度（R&D 投入/产业增加值）由 4.03% 上升到 4.61%，提高了 0.58 个百分点。其中，医药制造业 R&D 强度为 2.4%，航空航天制造业为 16.92%，电子及通信设备制造业为 5.6%，计算机及办公设备制造业为 3.23%，医疗设备及仪器仪表制造业为 2.47%。但高技术产业研究开发经费占制造业的比重呈下降趋势，由 2000 年的 34.37% 下降到 2004 年的 32.73%，与美国的 60%、欧盟的 48%、日本的 46%、OECD 国家平均 53% 的水平存在较大差距。

企业科技投入的主体地位不断提高。2004 年，全国高技术产业科技活动经费筹集额为 542.82 亿元，其中企业资金为 464.11 亿元，占 85.5%，比 2000 年提高了 7 个百分点；政府资金为 28.39 亿元，金融机构贷款为 39.22 亿元，所占比重分别比 2000 年下降 2 个百分点和 1 个百分点。

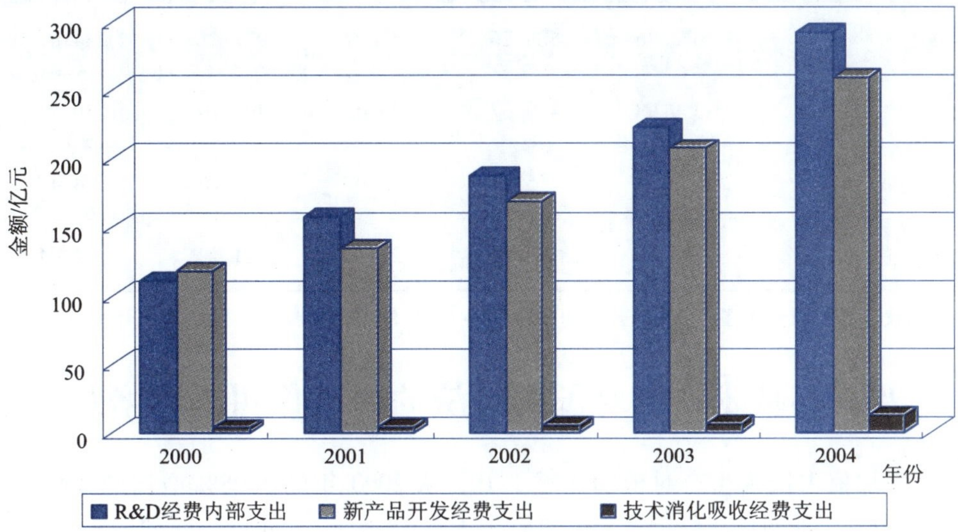

图 13 "十五"中国高技术产业 R&D 经费内部支出增长情况

数据来源：《中国高技术产业统计年鉴（2005）》

高技术产业发明专利数量大幅度上升。2004 年，全国高技术产业领域专利申请数为 11 026 件，比 2000 年增加了 8 781 件，年均增长 48.87%；拥有发明专利数由 2000 年的 1 443 项增加至 2004 年的 4 535 项，年均增长 33.15%。

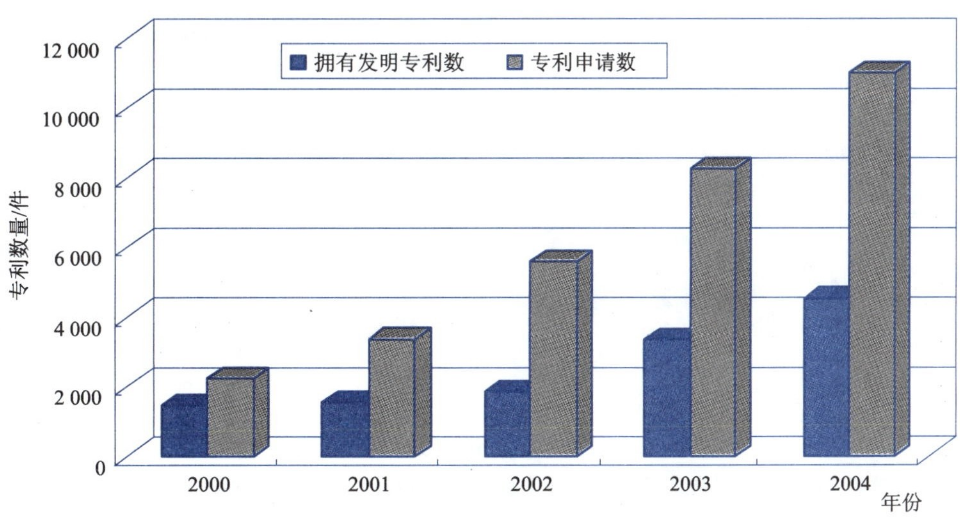

图 14 "十五"中国高技术产业专利情况

数据来源：《中国高技术产业统计年鉴（2005）》

七、高技术产业利润规模保持快速增长，但经济效益下降

2004 年高技术产业实现利润 1 244.6 亿元，上缴税收 539.2 亿元，2001 年～2004 年利润与上缴税收年均增长率分别为 16.59% 和 10.63%；但是高技术产业的销售利润率由 2000 年的 6.71% 下降至

2004 年的 4.47%，增加值率也由 2000 年的 26.50% 下降到 2005 年的 22.77%。

表 4 “十五”高技术产业主要经济效益指标

指标 \ 年份	2000	2001	2002	2003	2004	2005
利润/亿元	673.46	688.26	741.07	971.41	1 244.6	1 428.76
上缴税收/亿元	359.98	419.37	425.02	493.19	539.2	—
利润率（利润/销售收入）/%	6.71	5.73	5.07	4.76	4.47	4.22
增加值率（增加值/总产值）/%	26.50	25.24	24.96	24.49	22.84	22.77

数据来源：《中国高技术产业统计年鉴（2005）》，《2005 年 1～12 月份中国高技术产业发展统计数据》

八、高技术产业对国民经济的带动作用不断增强

高技术产业增加值占国内生产总值的比重上升，从 2000 年的 3.08% 增加到 2005 年的 4.30%。“十五”时期，高技术产业对国民经济增长的贡献率为 6.1%，比“九五”时期的 4.4% 提高了 1.7 个百分点。

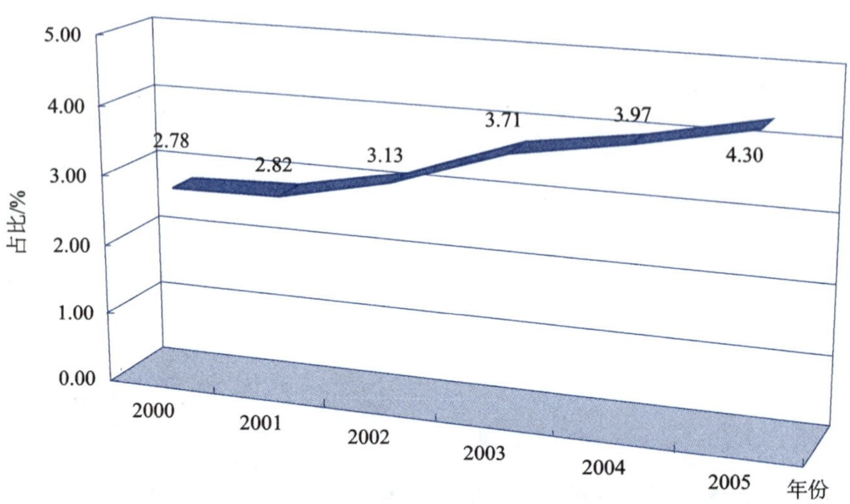

图 15 高技术产业增加值占 GDP 比重

数据来源：《中国高技术产业统计年鉴（2005）》，《中国统计摘要（2006）》

高技术产业对外贸增长的贡献显著。2005 年，高新技术产品出口占全国出口总额的 28.7%，对全国出口增长的贡献率为 31.26%，是拉动全国外贸出口的主要力量。

与国际相比较，中国高技术产业出口占制造业出口比重上升很快，2003 年已略微超过日本，仍居韩国、美国、英国之后。但高技术产业进口占制造业进口的比重上升更快，2003 年中国高技术产业进口占制造业进口比重已居世界首位。

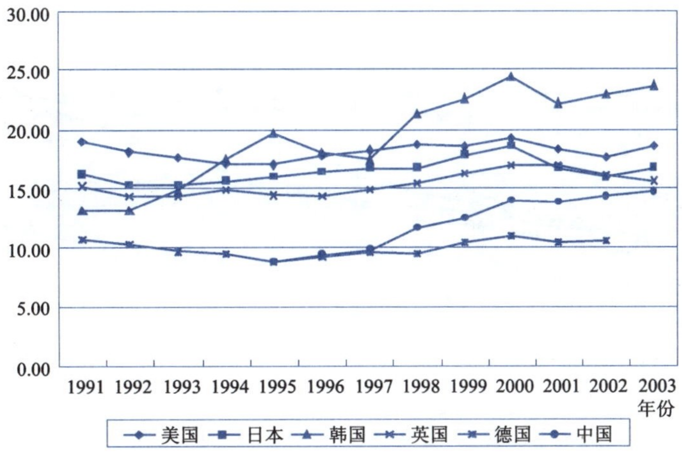

图 16　部分国家高技术产业增加值占制造业增加值的比重

数据来源：《美国科学与工程技术指标（2006）》

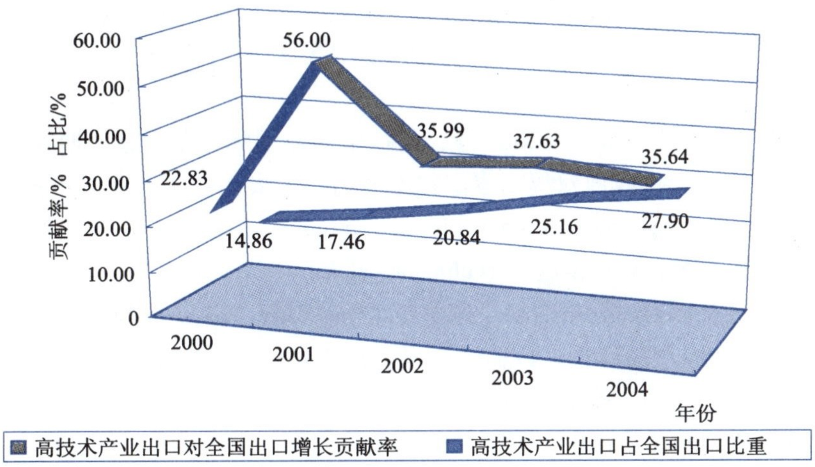

图 17　"十五"中国高技术产业出口对全国外贸出口的贡献

数据来源：《中国高技术产业统计年鉴（2005）》、《中国统计年鉴（2005）》

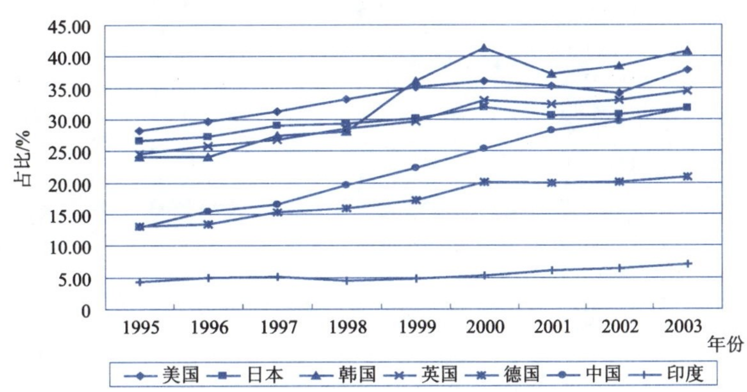

图 18　部分国家高技术产业出口占制造业出口比重

数据来源：《美国科学与工程技术指标（2006）》

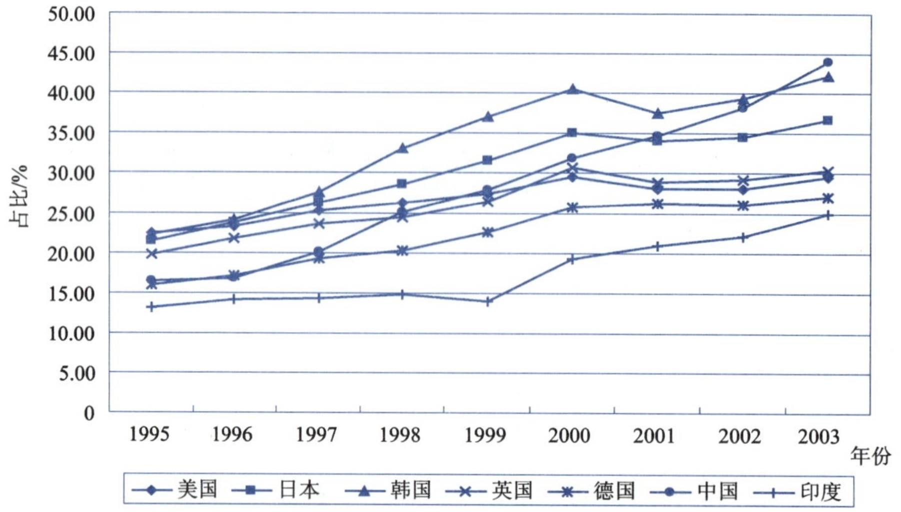

图 19　部分国家高技术产业进口占制造业进口比重

数据来源：《美国科学与工程技术指标（2006）》

九、高技术产业国际竞争力快速提升

据美国《美国科学与工程技术指标（2006）》，高技术产业国际竞争力包括四方面指标：（1）国家倾向性（National Orientation），即政府对提高本国技术能力、发展高技术产业的重视程度以及采取的政策措施；（2）社会经济基础设施（Socioeconomic Infrastructure），包括资本市场发展状况、外国直接投资、政府教育支出等；（3）技术基础设施（Technological Infrastructure），包括知识产权保护情况、产业 R&D 强度、高技术制造业能力、合格的科学家和工程师数量；（4）（高技术产品）生产能力（Productive Capacity），包括高技术产品产量、劳动生产率、技术熟练工人数量，以及创新能力等。

1993－2005 年，中国上述四个指标的分值分别由 62.3、46.4、38.6 和 33.2 提高到 74.3、60.4、64.7 和 72.4。高技术产业国际竞争力由 1993 年的第 21 位快速上升到 2005 年的第 7 位。

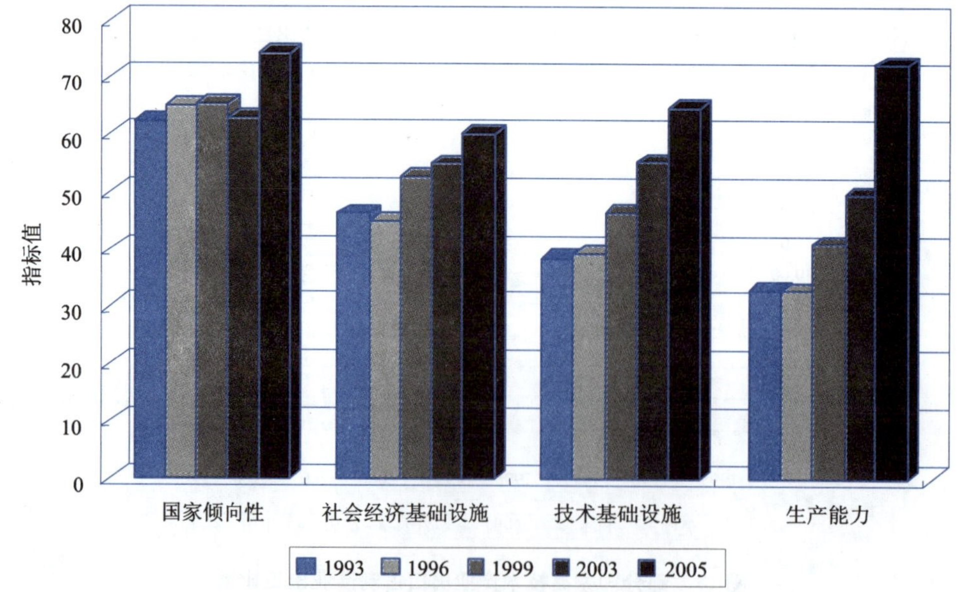

图 20　中国高技术产业国际竞争能力变化情况

数据来源：《美国科学与工程技术指标（2006）》，Indicators of Technology-based Competetivenesess of 33 Nations 2003 Summary Report

表 5　高技术产业综合竞争力国际比较（2005）

国　家	国家倾向性	社会经济基础设施	技术基础设施	（高技术产品）生产能力	合　计	排　名
美国	79.2	84.2	91.9	88.7	344.1	1
日本	70.3	65.5	71.1	88.9	295.9	2
德国	71.6	75.5	64.5	74.6	286.3	3
英国	77.7	82.9	58.0	60.1	278.7	4
瑞典	80.1	82.0	54.5	60.8	277.4	5
以色列	78.4	85.8	54.0	56.6	274.9	6
中国	74.3	60.4	64.7	72.4	271.9	7

数据来源：《美国科学与工程技术指标（2006）》。

总体看来，“十五”时期是中国高技术产业增长最快的时期，发展取得了很大成就。目前中国已成为世界高技术产业大国，存在的突出问题是大而不强，其主要表现如下：

一是技术能力不强。2004 年，中国高技术产业 R&D 经费为 292 亿人民币，约合 36 亿美元，还不如美国一家高技术大企业的研究开发投入额；R&D 经费占增加值的比重为 4.6%，远远落后于美国、欧盟（23.3%）等发达国家水平；从专利指标看，与发达国家的差距更大。据有关资料，在通信、半导体、计算机、生物、医药等行业，外国公司获得授权的专利数占 60% ~90%。

二是企业不大不强。虽然中国已成为世界高技术产业大国，但至今还没有一家中国高技术制造企业进入世界 500 强。2004 年，进入世界 500 强的全球高技术制造企业有 56 家，其中美国 31 家、日本 9 家、英国 3 家、韩国 2 家、荷兰 2 家、芬兰 1 家、瑞士 3 家、法国 2 家、加拿大 1 家、瑞典 2 家、新加坡 1 家。而中国目前最大的高技术制造企业销售收入不到 100 亿美元，仅为 IBM 公司的约 1/10。

表 6　高技术产业创新指标（与欧洲比较）

指　标	中国（2004）	欧盟平均	芬　兰	德　国	英　国
R&D 强度/%	4.6	23.3	38.6	24.5	21.0
每千名从业人员获 EPO 授权专利数/件	—	5.9	8.4	8.7	3.8
每千名从业人员获 USPTO 授权专利数/件	—	2.2	3.1	2.4	2.2
中小型创新企业比重/%	98.3	61.2	57.2	70.4	—
中小创新型企业合作比重/%	—	25.3	43.1	26.1	—
研究开发费用占销售收入的比重/%	1.1	10.7	9.7	5.8	—
每名从业人员固定资产投资/千欧元	2.97	7.9	10.3	8.6	9.0
每名从业人员增加值/千欧元	10.5	73.1	126.4	65.2	82.5
新产品销售收入占销售收入总额比重/%	2.2	14.3	13.4	11.4	—
企业新产品（但不是市场新产品）销售收入比重/%	—	33.4	48.6	36.4	—

注：1. 中国为 2004 年数据，欧盟为 2000 年数据。

2. 数据来源：《中国高技术产业统计年鉴（2005）》，OECD-STAN，EUROSTAT CIS3

表7　全球高技术制造业企业前10位（2004）

排序	公司名称	所属国家	销售额/百万美元	研发支出/百万美元	研发强度/%
1	IBM	美国	96 293	5 673	5.89
2	日立	日本	84 365	3 375	4.00
3	西门子	德国	81 556.2	5 493.36	6.74
4	松下电器	日本	81 158	6 282.4	7.74
5	惠普—康柏	美国	79 905	3 506	4.39
6	索尼	日本	72 081	4 947	6.86
7	三星电子	韩国	55 677.7	2 900	5.21
8	东芝	日本	52 636.85	3 176.55	6.03
9	辉瑞	美国	52 516	7 684	14.63
10	波音	美国	52 457	1 879	3.58

注：数据来源："R&D Spending Patterns of Global Firms", http://www.allbusiness.com/periodicals/article/52811204/html

三是产品不强。中国高技术产业的相当一部分产品是简单的来料加工或来件装配，附加价值低，高技术产业的快速发展相当程度上是靠组装加工和贴牌生产实现的。目前，中国航空设备、集成电路芯片、关键软件、精密仪器、医疗设备等具有战略意义及高技术含量的产品80%以上依赖进口。医药工业95%以上为仿制药，没有一个世界名牌。在全球高技术产业国际分工体系中，中国仅仅是一个由跨国公司主导的组装加工基地。

四是效益不高。虽然中国高技术产业增长速度很快、规模很大，但存在很大的"虚高"成分。目前，高技术产业利润率仅为4%左右，低于很多传统产业。2004年全国高技术产业实现利润1 253.5亿元，仅为微软和英特尔两家公司的97%。但高技术产业从业人员数为557万人，是这两家公司的37.6倍。在出口方面，虽然中国出口规模已居世界前列，但规模大，效益低。比如，中国每台DVD出口价为32美元，其中成本只有13美元，专利费为18美元，仅赚1美元；中国每台MP3的出口价为79美元，其中成本为32.5美元，专利费为45美元，仅赚1.5美元。这些问题必须着力解决。要按照产业集聚、规模发展和扩大国际合作的要求，加快促进高技术产业从加工装配为主向自主研发延伸，推进自主创新成果产业化，引导形成一批具有核心竞争力的先导产业、一批集聚效应突出的产业基地、一批跨国高技术企业和一批具有自主知识产权的知名品牌，推进中国由高技术产业大国向高技术产业强国转变。

国家发展和改革委员会产业所　王昌林
上海交通大学经济管理学院产业经济系　黄立昕

2

2005 年中国高技术产业发展情况及展望

2005 年是“十五”的最后一年，中国高技术产业规模保持快速增长，在国民经济中支柱性产业地位进一步增强，高新技术产品进出口占全国外贸的比重进一步加大，有力地推动了外贸增长和外贸结构的调整；劳动生产率不断提高，产品技术更新换代速度加快，为“十一五”开好局、起好步奠定了坚实的基础，为加快推动经济结构的调整和增长方式的转变做出了新的贡献。但经济效益出现下滑，需要引起高度关注。

一、2005 年高技术产业发展的总体情况

（一）高技术产业规模不断扩大，有力拉动国民经济增长

2005 年，高技术产业继续保持快速增长，成为推动经济结构调整的重要力量。根据国家统计局初步统计结果，全年规模以上高技术产业完成增加值 7 839 亿元，比上年增长 19.8%，高出工业 3.4 个百分点，对工业增长的贡献率为 12.9%，拉动工业增长约 2.7 个百分点；增加值占 CDP 的比重达到 4.3%。全年实现工业产值 34 429 亿元，比上年增长 22.7%，占全部工业总产值的 11.8%。高技术产业规模不断扩大，呈现以下主要特点：

一是全年生产总体呈稳步上升局面。从各月情况来看，除年初受春节这一季节性因素影响出现一定下滑外，全年生产基本呈现稳步增长的较好局面，增加值由年初的 567 亿元逐步上升至年末的 858 亿元，同比增速保持在 15% ~22%之间。

二是主要高技术产品保持快速增长。2005 年主要高技术产品增长较快，产品结构向技术含量高、消费需求大的方向加速优化，产品技术升级趋势明显。2005 年累计生产微型电子计算机 8 084 万台，增长 35.3%；生产载波通信设备 12 996 部，增长 44.4%；生产化学药品原药 124 万吨，增长 23.5%；生产集成电路 266 亿块，增长 12.9%；生产手机 30 354 万部，增长 30%。一些更新换代高技术产品的生产增长更为迅猛，2005 年液晶电视机、等离子电视机和数码相机的产量分别增长 420%、220% 和 120%。但部分产品受行业投资压缩影响，增长缓慢，如 2005 年生产程控交换机 7 721 万线，增长仅 1.3%；生产光通信设备 67 万部，增长 -4.6%。

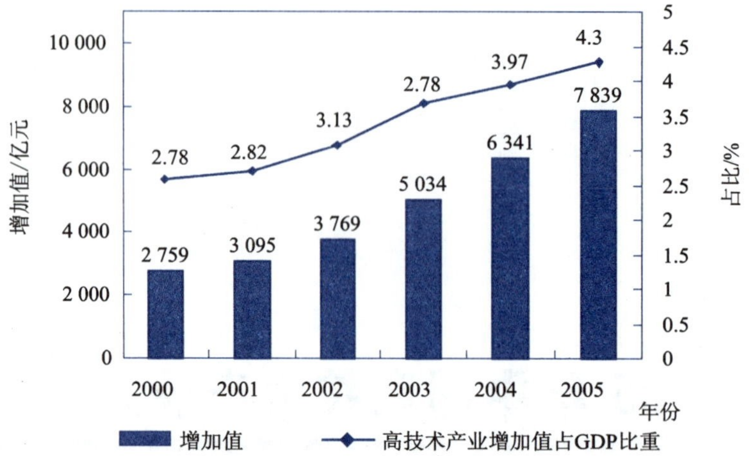

图 1　2000－2005 年中国高技术产业增加值及占 GDP 比重

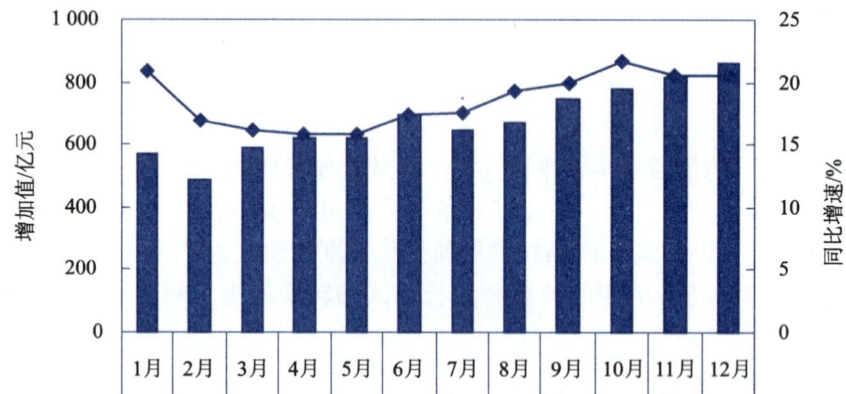

	1月	2月	3月	4月	5月	6月	7月	8月	9月	10月	11月	12月
增加值	567	485	588	621	620	694	647	671	750	780	819	858
同比增速	20.9	16.9	16.2	15.8	15.8	17.4	17.5	19.3	19.9	21.6	20.6	20.5

图 2　2005 年中国高技术产业各月增加值及与上年同比增速

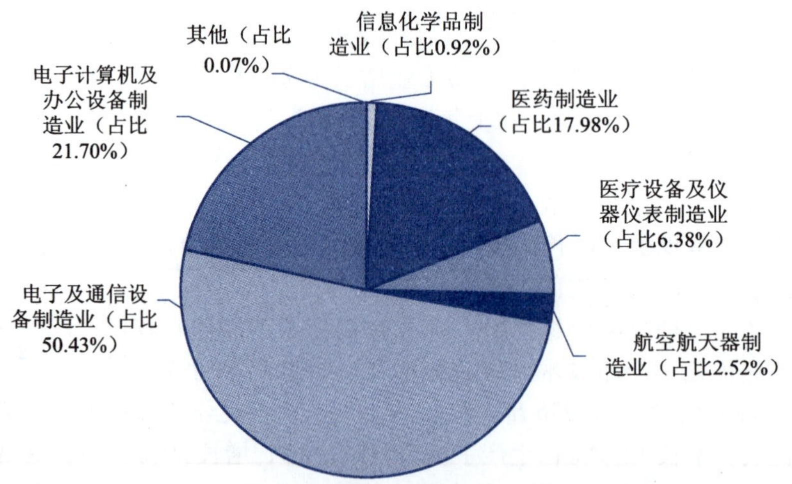

图 3　2005 年中国高技术产业分行业增加值所占比重

三是信息产品制造业仍然是拉动高技术产业规模增长的最主要动力。从高技术产业的行业结构看，2005 年，电子及通信设备制造业和电子计算机及办公设备制造业增加值分别比上年增长 20.8% 和 20.1%，继续成为高技术产业中增长最快的两个行业。医药制造业和医疗设备及仪器仪表制造业比上年分别增长 18.7% 和 18.9%，增速仅次于信息产品制造业。航空航天制造业增长仅 9.8%，明显滞后于高技术产业的总体发展速度。

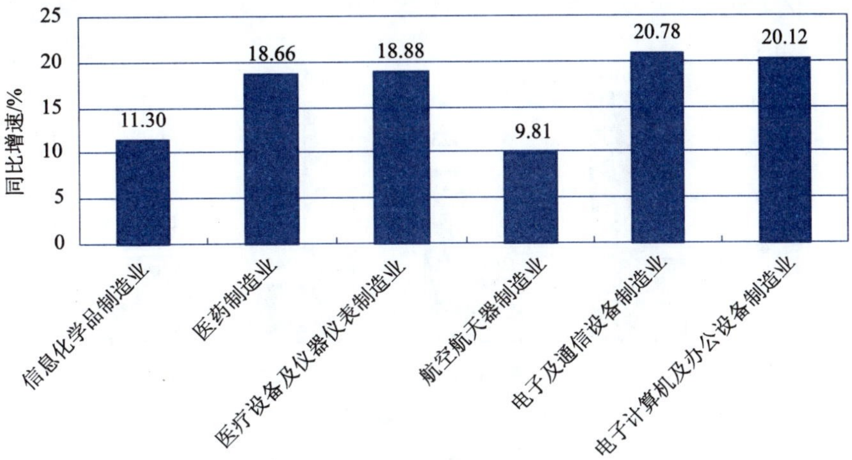

图 4　2005 年中国高技术产业分行业增加值同比增速

四是东中西部协调发展取得重要进展。2005 年东部地区高技术产业继续保持高速增长，总产值同比增长 22.9%。环渤海、长三角、珠三角地区总产值占全国的比重达到 85.3%，已成为全国高技术产业发展的重要增长极。随着西部大开发战略和中部崛起战略的实施，中、西部地区发展环境不断改善。2005 年，中、西部地区高技术产业发展不断提速，总产值同比增长分别达到 20.7% 和 22.0%，增速比 2004 年分别提高了 3.9 和 9.5 个百分点。中国高技术产业区域间良好的协作分工格局得到进一步发展。

（二）高新技术产品进出口平稳快速增长，推动外贸结构优化

2005 年，中国高新技术产品对外贸易保持了平稳快速增长，在全国外贸中所占比重进一步加大，成为优化外贸结构，推动外贸增长的主要力量之一。全年高新技术产品进出口总额累计达到 4 159.6 亿美元，同比增长 27.2%，占全国外贸的比重达到 29.2%。其中出口 2 182.5 亿美元，增长 31.8%，占全国外贸出口的比重达到 28.65%；进口 1 977.1 亿美元，增长 22.5%。

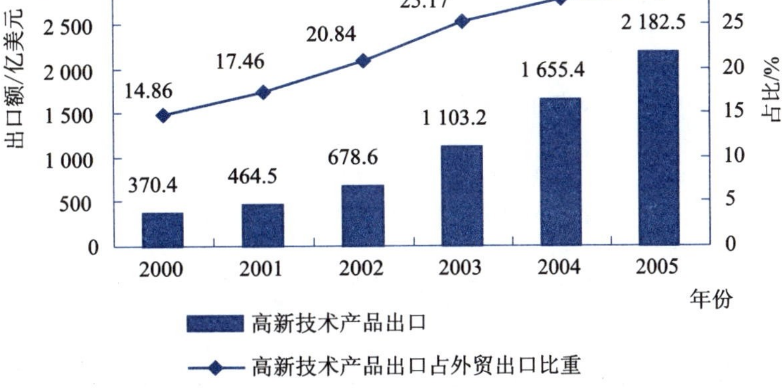

图 5　2000－2005 年中国高新技术产品出口额及占全国外贸出口比重

从产品结构看，2005 年中国单类产品进口额居前三位的分别是集成电路（812 亿美元，同比增长

34.6%，占41.1%）、以数控机床为代表的计算机集成制造技术产品（166亿美元，同比增长-4.7%，占8.4%）和移动通信设备（122亿美元，同比增长22.9%，占6.2%）。出口额居前三位的分别是以计算机整机为代表的自动数据处理设备（345亿美元，同比增长41.3%，占15.8%）、移动通信设备（345亿美元，同比增长51.1%，占15.8%）和显示器（162亿美元，同比增长9.6%，占7.4%）。实现贸易顺差最多的单类产品是自动数据处理设备，达到322亿美元；实现贸易逆差最多的单类产品是集成电路，达到672亿美元。

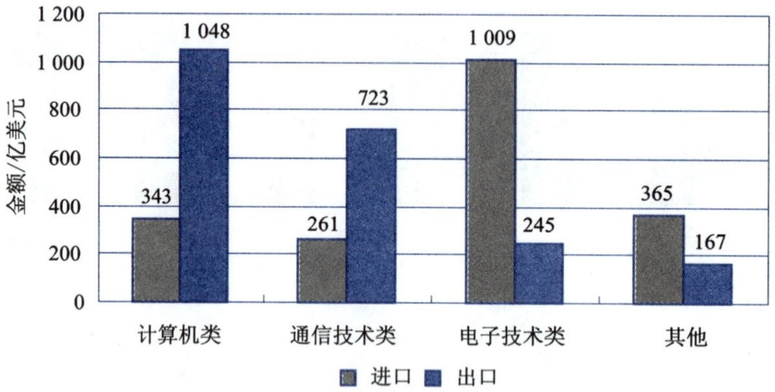

图6 2005年中国主要高新技术产品进出口额

从企业性质看，三资企业仍然是中国高新技术产品进出口的主力。2005年，三资企业进口和出口的高新技术产品分别达到1 580亿美元和1 920亿美元，占中国高新技术产品进口的79.9%、出口的88.0%；国有企业、集体企业和私营企业高新技术产品进口只占14.3%、1.6%和4.2%，出口分别占7.4%、1.8%和2.8%。从出口增速看，集体企业、私营企业增长较快，分别比上年增长47.7%和44.3%，国有企业同比增长仅15.3%。

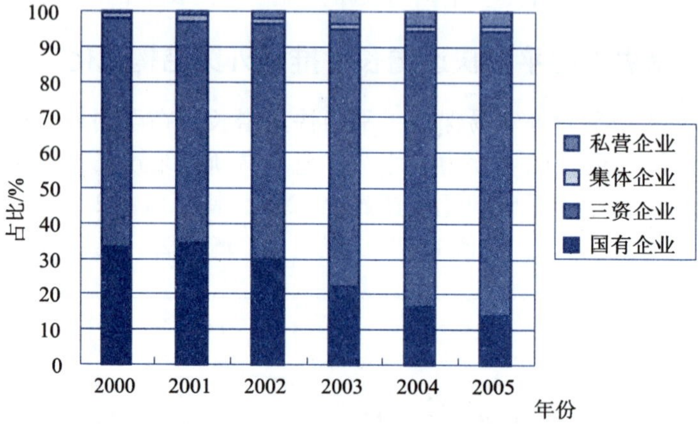

图7 2000－2005年中国主要高新技术产品进口按企业性质分类占比

从进口来源与出口市场看，中国高新技术产品进口来源地逐渐由欧美发达国家转向东盟、日本、韩国、中国台湾等国家和地区，出口市场的区域集中度进一步提高。进口方面，2005年，中国从东盟进口高新技术产品401亿美元，增长31.7%，占中国高新技术产品进口额的20.3%；从日本进口304亿美元，增长1.8%，占比15.4%；从台湾地区进口293亿美元，增长21.0%，占比14.8%；从韩国进口259亿美元，增长45.0%，占比13.1%。初步分析认为，中国高新技术产品进口来源地的转移，一是由于中国在国际产业分工中的地位逐步提高，进口产品结构有所调整；二是由于美国等发达国家对中国实行严厉的高技术出口管制，影响了中国从这些国家进口高新技术产品。出口方面，美国、欧盟、中国香港三个国家和地区占中国高新技术产品出口的比重上升至70.2%，比2004年提高了0.4个百分点。其中，2005年中国对美国高新技术产品出口额达到520亿美元，增长29.4%，占中国高新技

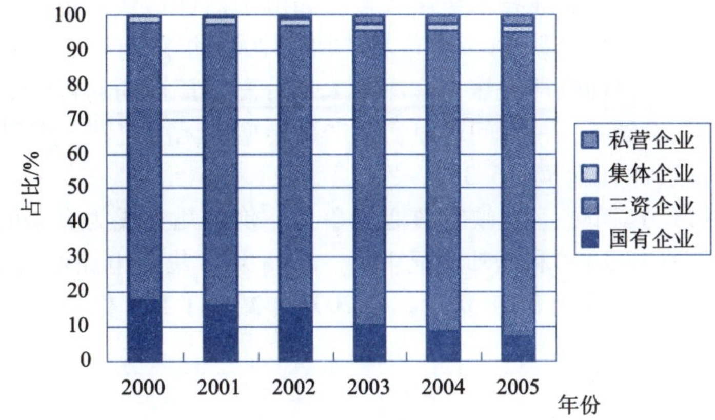

图 8　2000－2005 年中国主要高新技术产品出口按企业性质分类占比

术产品出口额的 23.8%；对香港地区出口额达 513 亿美元，增长 40.5%，占比 23.5%；对欧盟出口额达 499 亿美元，增长 34.1%，占比 22.9%。

（三）生产效率不断提高，但盈利能力明显下滑

随着生产技术的不断提升，高技术企业的劳动生产率不断提高，但由于自主创新能力不足，导致企业利润增长乏力，盈利能力明显下滑。

一是劳动生产率进一步提高。2005 年高技术产业劳动生产率（增加值/从业人数）达到 11.77 万元/人，比工业劳动生产率高 2 万元/人，其中电子计算机及办公设备制造业比工业劳动生产率高 7 万元/人，达到 16.8 万元/人，表明中国高技术产业技术水平、经营管理水平不断稳步提高。

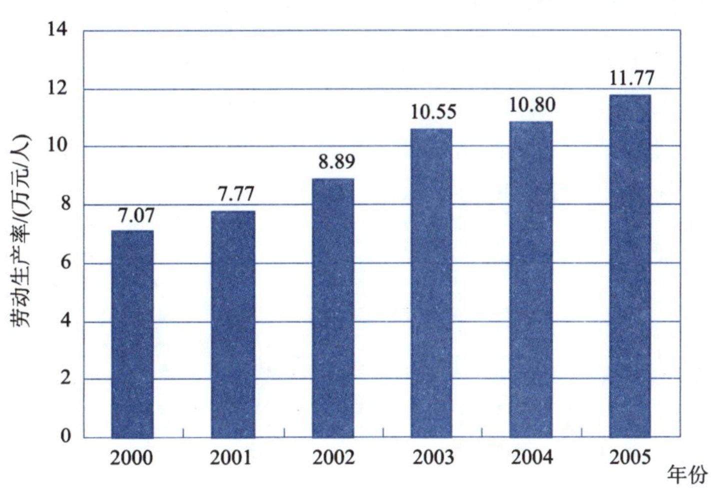

图 9　2000－2005 年中国高技术产业劳动生产率

二是部分高技术企业盈利能力下滑。2005 年，高技术产业实现销售收入 33 817 亿元，同比增长 23.5%。但盈利能力却大幅下滑，盈亏相抵后实现利润总额 1 429 亿元，比上年仅增长 9.8%，增幅比上年下降 21.7 个百分点；亏损企业亏损额 274 亿元，增长 13.6%，增幅同比上升 15.61 个百分点；累计税金总额 598 亿元，增长 10.7%，增幅同比回落 1.8 个百分点；销售利润率为 4.22%，比上年下降 0.25 个百分点。企业盈利能力的下滑，影响了企业的发展后劲。

2005 年，高技术产业利润增速下滑主要集中在电子及通信设备制造业，尤其是电子器件制造行业的利润，由 2004 年的 128 亿元下降到 2005 年的 69 亿元，通信设备制造行业由 2004 年的 315 亿元下降到 266 亿元。仅这两个行业的利润就比上年少了 108 亿元。这些行业利润下滑的根本原因在于目前高技术企业的创新能力不强，产业缺乏核心竞争力。主要表现在以下两个方面：

一是行业结构调整步伐加快，企业技术更新较慢。如电子器件行业，由于平板电视技术的快速发展与销售价格的急剧下降，抢占了传统 CRT 的市场。加之 2004 年东南亚、印度等国家和地区的彩管产能快速增长，使中国彩管出口面临严峻压力。尽管大部分彩管厂商纷纷停产、限产，但由于未能尽早为行业的结构调整做好技术储备，一时间难以实现产品转型，无法扭转亏损局面。2005 年电子真空器件制造行业的产品销售收入同比下降 16.3%，累计亏损 11.6 亿元。

二是面临日益激烈的市场竞争，企业缺乏核心竞争力，价格几乎成为竞争的唯一手段。如中国集成电路行业在销售增长较快的同时，利润却明显下降。2005 年，集成电路制造业实现销售收入 1 171 亿元，同比增长 21.7%，实现利润仅 38.3 亿元，比 2004 年减少了 5.8 亿元。

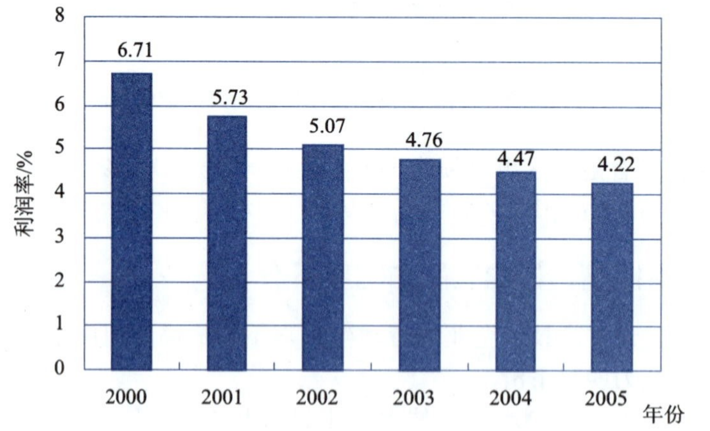

图 10　2000－2005 年中国高技术产业销售利润率

（四）新增就业人数大幅增加，缓解了社会就业压力

高技术产业从业人员“十五”期间一直保持较快增长，且增速逐步加快。2005 年中国高技术产业全部从业人员数达到 666.22 万人，同比增长 11.2%，比工业增幅高 5 个百分点；累计新增就业人数近 80 万人。这表明高技术产业已成为国民经济中增加就业的重要渠道，同时也为我国在更高层次上发挥人力资源丰富的优势、提高国际竞争力创造了条件。

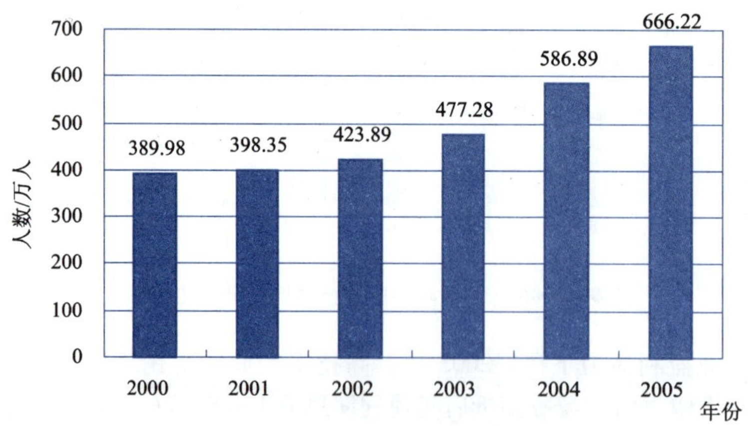

图 11　2000－2005 年中国高技术产业从业人员数

（五）固定资产投资增长较快，但增幅出现下滑

据初步统计测算，不考虑物价因素，2005 年全年规模以上高技术产业完成固定资产投资 2 172.03 亿元，增长 21.3%，增速比上年降低 4.5 个百分点，低于全社会固定资产投资增速 4.4 个百分点，低于制造业固定资产投资增速 13.5 个百分点。

从行业结构看，航空航天器制造业投资增长最快，达到37.9%，而电子及通信设备制造业和医药制造业投资增长较慢，仅为15.4%和15.0%。从企业类型看，私营企业完成投资200亿元，增速达89.0%，增长最快；外商（包括港澳台商）完成投资992亿元，增速仅13.4%，增长有所放缓。从地区结构看，中部地区投资增长较快，达到25.2%，东、西部地区则分别为20.5%和20.6%。

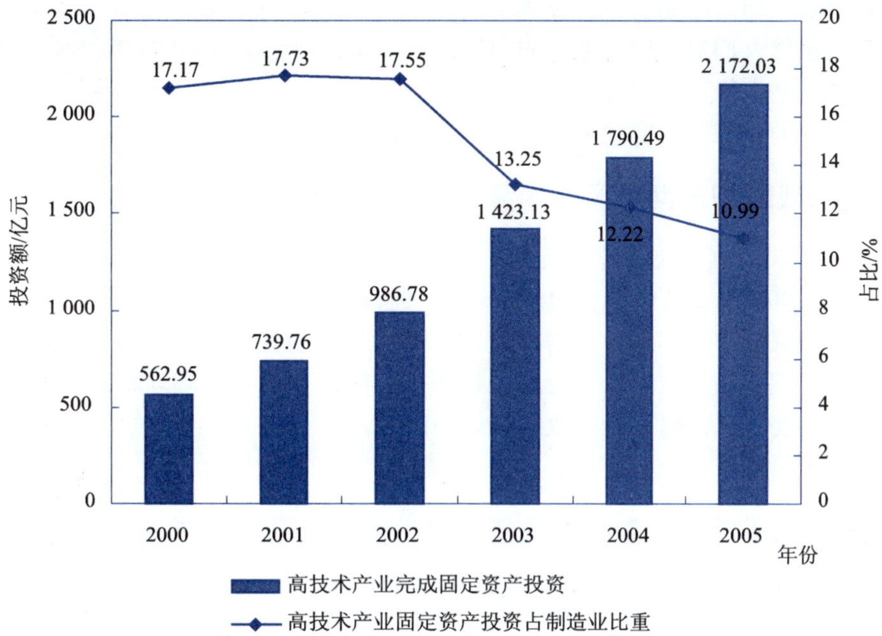

图12　2000－2005年中国高技术产业固定资产投资完成情况及占制造业比重

总体来看，2005年中国高技术产业继续保持了快速、健康、协调发展，对拉动国民经济增长、优化产业结构的作用日益明显。与此同时，高技术产业发展中一些深层次的矛盾和问题依然突出，主要表现在产业发展缺乏核心竞争力，产业边缘化趋势加剧，整体利润率持续下滑，产业“大而不强”。

二、影响2006年高技术产业发展的主要因素分析

2006年是“十一五”的开局之年，能否开好局、起好步，将影响到中国高技术产业“十一五”规划的顺利完成。展望2006年，总体形势有利，主要表现在以下几个方面。

（一）世界经济贸易总体形势趋好，为高技术产业提供了广阔的国际市场空间

2005年，世界经济虽然受到油价高涨、美国飓风等不利因素的影响，但总体保持较好增长态势，预计全年世界经济增长率将达到4.3%。2006年，世界经济将延续目前的平稳增长势头。据国际货币基金组织（IMF）预测，2006年世界经济增速将为4.3%。考虑到国际油价已进入暂时的平稳期，对于世界经济的预期普遍较好，世界经贸将进入一个较为活跃的阶段，预计2006年中国高技术产业的国际市场将面临利好局面。

（二）我国宏观经济进入平稳增长期，为高技术产业提供稳定的内需支持

据国家统计局公布的数据，2005年，全年国内生产总值182 321亿元，比上年增长9.9%。国民经济运行呈现增长比较快、效益比较好、价格比较平稳的良好态势。工业生产较快增长，煤电油运供求紧张状况缓解。固定资产投资稳定增长，居民消费价格小幅上涨，生产资料价格涨幅明显回落。虽然在宏观调控措施和经济周期规律的共同作用下，2006年经济增长速度可能会在近两年9%以上的较高增速上有所回落，但随着“十一五”规划各项政策措施的逐步落实，预计2006年我国宏观经济仍将保

持较快的平稳增长，为高技术产业内需的进一步扩大提供强有力的动力支撑。

（三）人民币平稳升值，为高技术产业有效利用国际资源创造了条件

2005 年，国家对人民币汇率形成机制做出重大改革，开始实行以市场供求为基础、参考一篮子货币进行调节、有管理的浮动汇率制度，既缓解了人民币升值的空前压力，又不致对外贸出口产生太大冲击。从目前来看，虽然人们对人民币上升的预期仍然存在，但考虑到 2006 年我国宏观经济增长总体利好，物价水平将保持基本稳定，人民币出现大幅度上升的可能性不大，不会对高技术产品出口造成太大影响。同时人民币的平稳升值有利于高技术产业更好地利用国外资源，提高产业的国际竞争力。

（四）自主创新战略的贯彻落实，为高技术产业带来新的历史机遇

2006 年 1 月，党中央、国务院召开了新世纪的第一次全国科技大会，部署实施《国家中长期科学和技术发展规划纲要（2006－2020 年）》，明确提出了建设创新型国家的战略任务。为全面贯彻落实科技中长期规划纲要，国家颁布了提升自主创新能力、建设创新型国家的一系列配套政策。这些战略决策和部署为今后一段时期中国高技术产业的发展指明了方向，奠定了基础。2006 年，国家中长期科技规划纲要的全面贯彻落实，以及财政、税收、金融、人才等配套政策的逐步实施，将带动中国高技术产业进入新的历史发展阶段。

（五）技术升级日新月异，为中国高技术产业实现局部跨越式发展提供了可能

高技术领域不断出现新的突破，使中国高技术产业实现局部领域的跨越式发展成为可能。由于中国在 3G 领域具备了较好的技术储备，全球 3G 市场发展的加速，为中国信息产品制造业和通信行业实现跨越式发展带来机遇，华为等国内信息产品制造企业的 3G 产品已开始走向全球市场。生物技术产业化进程的加快，新材料、新能源技术的快速发展都为中国高技术产业实现局部突破创造了条件。

三、2006 年高技术产业发展的重点任务

按照十六届五中全会《建议》，2006 年中国高技术产业要按照产业集聚、规模发展和扩大国际合作的要求，加快从加工装配为主向自主研发制造延伸。重点应抓好以下几方面的工作。

（一）创造高技术产业发展的良好宏观环境

2006 年要完成“十一五”高技术产业发展规划的编制并发布实施。要抓紧贯彻落实规划确定的指导思想、目标、任务、重点，进一步研究制定推动高技术产业发展的各项政策措施。一是加快研究出台一批鼓励和引导高技术产业发展的相关政策，如数字电视产业政策、产业技术政策、生物产业政策等；二是要继续积极推动有关法律的建设，如加快推进《电信法》的制定，促进三网融合，规范信息产业的发展环境；三是要进一步深化改革，推动建立电信业的竞争性市场架构，推进邮政业向信息流、资金流、物流三流合一的现代邮政业转变。

（二）进一步加快高技术产业化步伐

加快高技术产业化，培育新兴产业，推动经济结构调整是高技术产业发展的战略性任务。一是要实施产业集聚战略，从延伸特色产业链入手，引导各类生产要素向具备一定产业优势的区域流动，促进微电子、光电子、软件、生物医药等高技术产业的集聚式发展。二是按照国家中长期科技规划纲要配套政策的要求，研究设立国家创业投资引导资金，并通过参股和提供融资担保等方式扶持创业投资企业的设立与发展。三是针对经济、社会、科技发展中出现的新情况、新问题和新特点，适时调整产业化重点，并在信息产业、生物产业、现代农业和新能源等领域继续组织实施第三代移动通信、下一代互联网等一批高技术产业化重大专项，着力提高产业的技术水平和创新能力，培育新的经济增长点；

落实西部大开发战略和振兴东北地区等老工业基地的政策措施，继续有针对性地组织西部和东北地区高技术专项。

（三）继续扩大高技术产业的国际化程度

要紧紧抓住全球化的机遇，迅速扩大我国的高技术产业规模，充分利用两种资源、两个市场，在更高层次上融入国际分工和合作体系，逐步使我国成为世界高技术产品的制造和研发基地。2006 年，一是要继续创造良好的政策环境，大规模承接和吸纳国际高技术制造业和研发中心转移。二是要继续加大力度鼓励和支持有条件的高技术企业到海外创业投资，兴办研究开发机构，并购国外高技术企业，有效利用国际资源。三是要积极支持高技术企业参与国际重大前沿技术的研究与开发，加大对参与国际标准制定的支持力度。

（四）采取强有力措施提高自主创新能力

党的十六届五中全会提出，要把提高自主创新能力作为调整产业结构、转变增长方式的中心环节。2006 年，一是要建设好同步辐射光源、远洋综合科学考察船等十二大科技基础设施，培育自主创新能力，创新管理机制，促进资源共享。二是要针对当前产业发展中的技术瓶颈问题，强化重大科技成果的工程化和产业化能力，建设一批国家工程研究中心和国家工程实验室。三是要充分发挥企业技术创新的主体作用，继续支持企业技术中心提高创新能力。四是要加快实施已经确定的百万千瓦级核电站、铁路现代化装备等十大成套技术装备的研制工作和安全生产、环保与资源勘探等十大产业技术开发工作，大幅度提升传统产业的技术和装备水平。五是要加快全社会技术创新服务体系建设，为中小企业和民营企业发展提供技术支撑。

国家发展和改革委员会高技术产业司

3

2005 年中国高新技术产品进出口情况分析

2005 年，中国高新技术产品对外贸易继续保持高速增长，拉动了全国外贸进出口大幅增长，进一步优化了中国外贸出口的结构，贸易规模和结构步入新的发展阶段，我国开始迈入从“科技兴贸”向“科技强贸”转变的关键时期。全年高新技术产品进出口总额累计达到 4 159.6 亿美元，同比增长 27.2%。其中出口额达 2 182.5 亿美元，增长 31.8%，较 2004 年增速回落 18.4 个百分点，占全国外贸出口比重的 28.6%，超出 2004 年 0.7 个百分点；进口额达 1 977.1 亿美元，增长 22.5%，较 2004 年增速回落 12.7 个百分点，占全国外贸进口比重的 30%，高出 2004 年 1.2 个百分点。

一、2005 年中国高新技术产品进出口的主要特点

（一）高新技术产品进出口快速增长，连续 15 个月实现贸易顺差

中国高新技术产品进出口继续保持快速增长态势，在 2004 年进出口总额 3 269.7 亿美元的基础上，2005 年进出口总额净增 889.9 亿美元，达 4 159.6 亿美元，首次超过 4 000 亿美元。其中，出口额净增

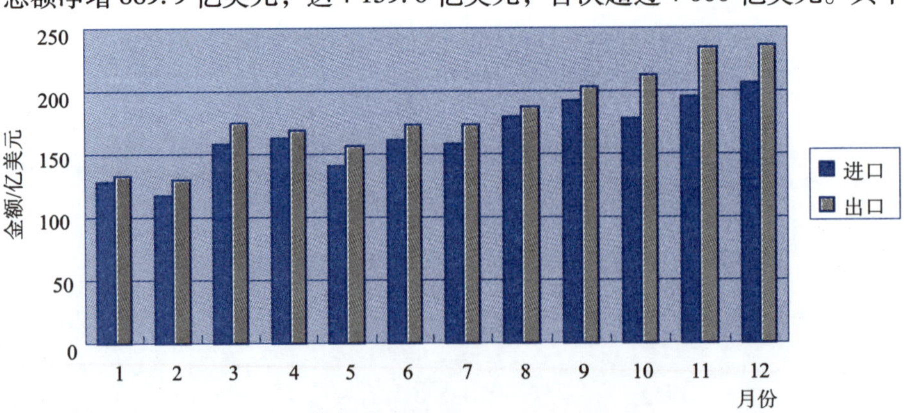

图 1　2005 年各月高新技术产品进出口金额

数据来源：海关统计

527.1 亿美元，首次超过 2 000 亿美元；进口额净增 362.8 亿美元。

自 2004 年高新技术产品进出口首次实现顺差的历史性突破后，2004 年 10 月以来，连续 15 个月实现了高新技术产品月度顺差，且 2005 年连续 10 个月实现出口增长速度高于进口增长速度，累计共实现顺差 205.4 亿美元，相当于 2004 年的五倍，约占全国外贸顺差的两成。中国高新技术产品贸易竞争力指数由 2004 年的 1.3% 增加到 2005 年的 4.9%，高新技术产品的国际竞争力进一步得到提高。

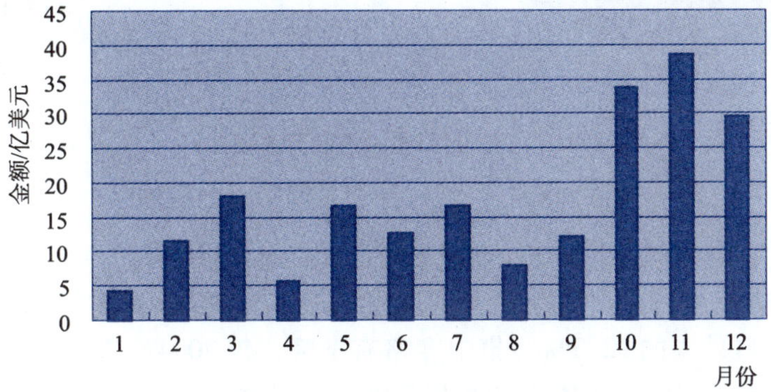

图 2　2005 年各月高新技术产品净出口金额比较

数据来源：海关统计

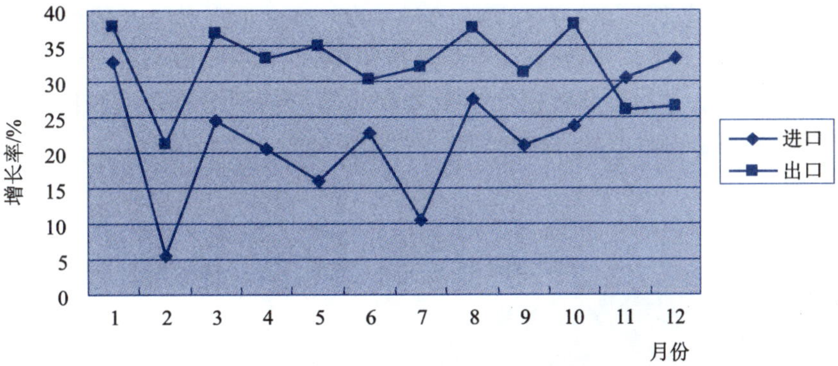

图 3　2005 年各月高新技术产品进出口增长率比较

数据来源：海关统计

（二）高新技术产品进出口依然集中在计算机、通信和电子技术类产品

从进口情况来看，航空航天技术类产品和生物技术类产品的进口增幅最大，全年进口额分别为 87.1 亿美元和 1.4 亿美元，增长率分别达到 36.7% 和 32.2%；但电子技术类、计算机类、通信技术类和计算机集成制造技术类四类产品进口所占比重较大，四类产品相加占中国高新技术产品进口总额的 89.9%，与 2004 年基本持平，且以集成电路和基础元器件类为主。其中，电子技术类产品进口额达 1 008.8 亿美元，增长 30.7%，占高新技术产品进口总额的 51%，较 2004 年增长了 3.2 个百分点，其中，集成电路（含智能卡）继续保持中国最大宗进口高新技术产品的地位，全年进口额达 811.8 亿美元，增长 34.6%，占中国高新技术产品进口额的 41.1%，比 2004 年提高了 3.7 个百分点；计算机类产品进口额达 343 亿美元，增长 20%，占高新技术产品进口总额的 17.3%，较 2004 年减少了 0.4 个百分点；通信技术类产品进口额达 260.5 亿美元，增长 17.6%，占高新技术产品进口总额的 13.2%，较 2004 年减少了 0.5 个百分点；计算机集成制造技术类产品进口额达 165.8 亿美元，比 2004 年减少了 8.2 亿美元，占高新技术产品进口总额的 8.4%，较 2004 年减少了 2.4 个百分点。

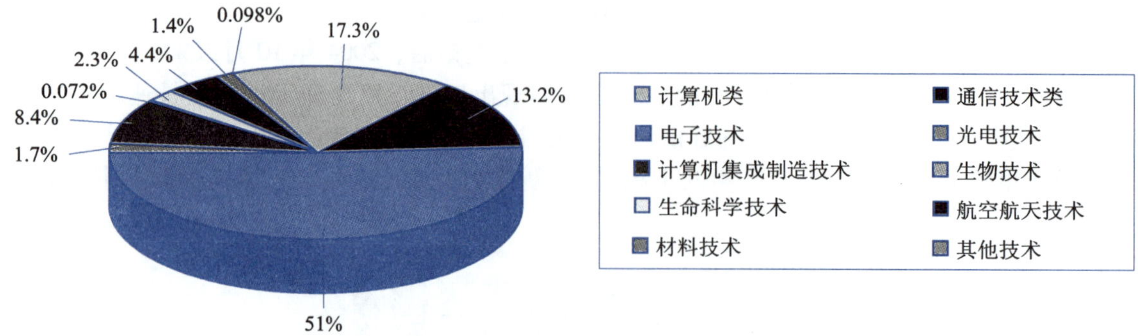

图 4　2005 年进口高新技术产品分类图

数据来源：海关统计

从出口情况来看，光电技术类产品出口增幅最大，全年出口额达 71.8 亿美元，增长 87.0%，但计算机类、通信技术类和电子技术类三类产品在我国高新技术产品出口中占据主导地位，三类产品出口总额占我国高新技术产品出口总额的 92.3%，集中度略有下降，较 2004 年降低了 1.2 个百分点。其中，计算机技术类、通信技术类和电子技术类产品出口额分别达到 1 048.4 亿美元、722.8 亿美元和 244.8 亿美元，分别增长 24.9%、37.8% 和 32.7%，分别占比 48.0%、33.1% 和 11.2%。在中国大宗出口高新技术产品中，手机及其零件、笔记本电脑和硬盘驱动器的增幅高于平均水平，出口额分别为 316.3 亿美元、299.0 亿美元和 41.1 亿美元，分别增长 51.7%、43.9% 和 51.6%；液晶显示器、集成电路和 DVD 的出口增速明显放缓，出口额分别为 145.4 亿美元、140.1 亿美元和 65.5 亿美元，分别增长 22.6%、30.9% 和 11.2%，增幅分别比 2004 年降低了 49.2、43.1 和 44.3 个百分点。中国高技术产品中的电视机、DVD、手机、显示器和程控交换机等产品的产量和出口额均居世界第一，中国已成为世界电子信息产业第二大国。

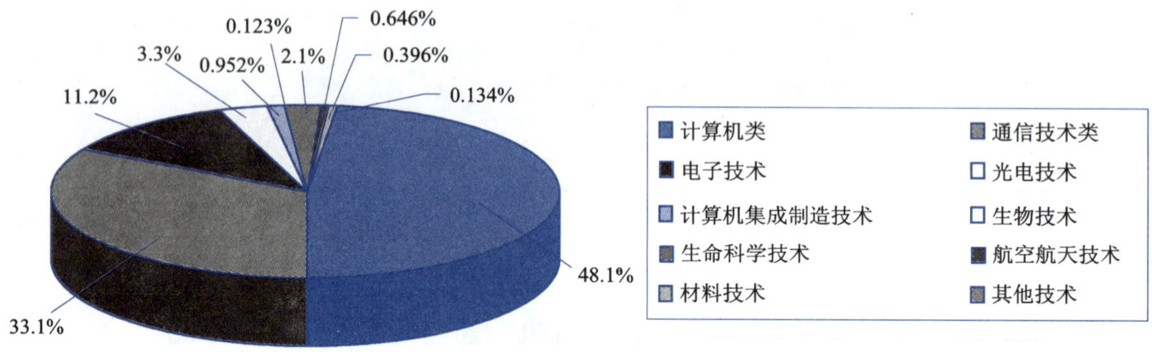

图 5　2005 年高新技术产品出口比例图

数据来源：海关统计

（三）三资企业，特别是独资企业，在进出口贸易中的主导地位进一步得到巩固，私营企业和集体企业增速显著

2005 年，三资企业占中国高新技术产品进出口总额的 84.14%，而国有企业、集体企业和私营企业分别占 10.67%、1.7% 和 3.47%，分别较 2004 年增加了 1.64 个百分点、减少了 1.93 个百分点、减少了 0.2 个百分点和增加了 0.17 个百分点；三资企业在高新技术产品进出口贸易中的主导地位进一步得到巩固，私营企业在高技术产品进出口贸易中的地位日益提高。

从进口、出口和净出口情况分别来看，2005 年三资企业高新技术产品进口额达 1 579.8 亿美元，较 2004 年增加了 327.3 亿美元，增长 26.1%，占进口总额的 79.9%，比 2004 年增加了 2.3 个百分点，其中外商独资企业进口额达 1 208.7 亿美元，较 2004 年增加了 294.9 亿美元，增长 32.3%，占进口总

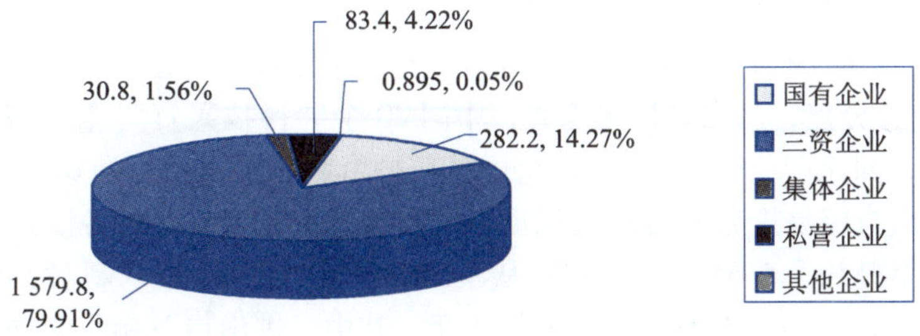

图 6　2005 年高新技术产品进口按企业性质分类比较/(亿美元,%)

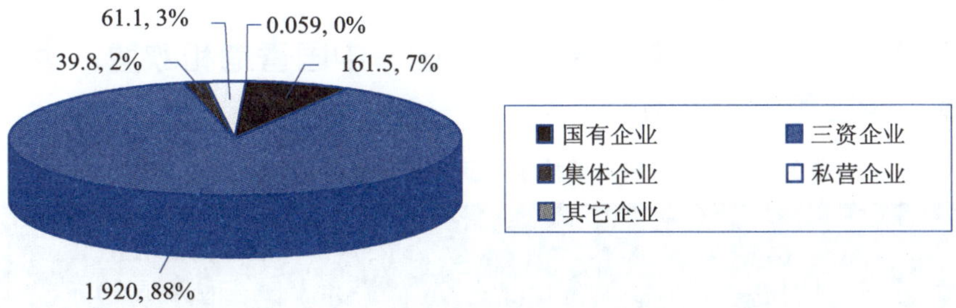

图 7　2005 年高新技术产品出口按企业性质分类比较/(亿美元,%)

额的 61.1%，较 2004 年增加了 4.5 个百分点；三资企业高新技术产品出口额达 1 920 亿美元，较 2004 年增加了 474.1 亿美元，增长 32.8%，占出口总额的 88%，比 2004 年增加了 0.7 个百分点，其中外商独资企业出口额达 1 470.9 亿美元，较 2004 年增加了 394.3 亿美元，增长 36.6%，占出口总额的 67.4%，较 2004 年增加了 2.4 个百分点；三资企业实现高新技术产品净出口 340.2 亿美元，较 2004 年增长了 146.8 亿美元，增长 75.9%，是中国 2005 年高新技术产品净出口总额增量的 1.66 倍，其中外商独资企业净出口 262.2 亿美元，较 2004 年增加 99.4 亿美元，是中国 2005 年高新技术产品净出口总额增量的 1.28 倍。

应该说，三资企业在中国高新技术产品进出口贸易中的主导地位在短期内难以撼动，但私营企业和集体企业在高新技术产品出口中的地位正在逐步增强。从出口额的增长率看，2005 年，私营企业和集体企业的出口增长率分别达到 44.3% 和 47.7%，较三资企业 32.8% 的增速分别高出 11.5 个百分点和 14.9 个百分点。随着企业外贸经营权的进一步放开，集体企业和私营企业将逐步成为拉动中国高新技术产品出口增长的重要力量。

（四）“科技兴贸”重点城市对高新技术产品进出口的带动作用进一步得到加强

表 1　2005 年中国“科技兴贸”重点城市进出口前五名

项目 / 城市	进口		出口	
	金额/亿美元	占全国比重/%	金额/亿美元	占全国比重/%
深圳	417.8	21.1	471.6	21.6
上海	364.3	18.4	362.5	16.6
苏州	198.9	10.1	257.6	11.8
天津	109.8	5.6	124.8	5.7
北京	164.2	8.3	97.1	4.4

数据来源：海关统计

从进口情况来看，2005 年中国 20 个“科技兴贸”重点城市高新技术产品进口额达 1 464.64 亿美元，同比增长22.59%，占全国高新技术产品进口总额的74.16%，较2004年提升了0.19个百分点，其中进口贸易排名前三位的深圳、上海和苏州占20个“科技兴贸”重点城市进口额的66.98%，较2004年提升了0.33个百分点；从出口情况来看，中国20个“科技兴贸”重点城市高新技术产品出口额达1 499.14亿美元，同比增长35.23%，占全国高新技术产品出口总额的67.6%，较2004年提升了1.43个百分点，其中出口贸易排名前三位的深圳、上海和苏州占20个“科技兴贸”重点城市出口额的72.82%，较2004年提升了5.65个百分点；从净出口看，中国20个“科技兴贸”重点城市高新技术产品2005年首次实现净出口，金额达34.51亿美元，其中，进出口总额排名前三位的深圳、上海和苏州共实现净出口额110.7亿美元，占高新技术产品净出口的53.89%，说明中国高新技术产品进出口的集中度正在提高，龙头城市的带动作用正在逐步加强。

（五）高新技术产品出口市场依然集中在美国、中国香港和欧盟，进口市场则主要集中在东盟、日本、中国台湾和韩国

表2　2005年中国高新技术产品主要进出口国别地区统计表

项目 国家或地区	进口			出口		
	金额/亿美元	同比增长/%	所占比重/%	金额/亿美元	同比增长/%	所占比重/%
美国	161.1	10.5	8.1	520.4	29.4	23.8
中国香港	40.9	6.8	2.1	512.6	40.5	23.5
欧盟	194.1	9.4	9.8	499.4	34.1	22.9
日本	303.8	1.8	15.4	177.7	12.5	8.1
东盟	401.3	31.7	20.3	159.7	22.1	7.3
韩国	258.7	45	13.1	70.6	13.1	3.2
中国台湾	292.5	21	14.8	51.8	41	2.4
澳大利亚	1.4	-0.8	0.072	22.8	21.9	1.046
印度	1.4	28.6	0.073	21.8	43.2	0.998
加拿大	8.9	32.1	0.448	21.8	69.9	0.997
墨西哥	9	13.9	0.455	14.8	24.3	0.68
巴西	0.754	74.8	0.038	13.3	74.7	0.609
俄罗斯	2.7	-45.3	0.134	9.9	60.5	0.454
阿根廷	0.122	-41.6	0.006	2.2	62.5	0.103

数据来源：海关统计

进口情况，中国从巴西和加拿大进口高新技术产品的增速最快，但进口市场仍集中在东盟、日本和中国台湾。东盟自2004年首度超越日本成为中国最大的高新技术产品进口来源地，且2005年增速远远超过日本。需要特别关注的，一是韩国不仅继续居位中国第四大进口市场的位置，而且作为与第三大进口市场的中国台湾之间的差距越来越小（两者的进口额在全部进口额中所占比重仅相差1.7个百分点）；二是日本作为中国第二大进口市场的地位已不甚稳固，明后两年很有可能被中国台湾和韩国超越。2005年，中国从东盟进口高新技术产品达401.3亿美元，增长31.7%，占中国高新技术产品进口总额的20.3%，较2004年增加了2.4个百分点；从日本进口303.8亿美元，增长1.8%，占15.4%，同比减少了3.1个百分点；从中国台湾进口292.5亿美元，增长21%，占14.8%，同比减少了0.2个百分点；从韩国进口258.7亿美元，增长45%，占13.1%，同比增加了2个百分点；东盟、日本和中国台湾这三个国家和地区合计占中国高技术产品进口总额的50.5%，较2004年减少了1.9个百分点；东盟、日本、中国台湾和韩国四个国家和地区合计占中国高新产品进口总额的63.4%。

出口情况，中国对巴西、加拿大和阿根廷的高新技术产品出口延续了2004年的高增速，分别达

74.7%、69.9%和62.5%，但2005年中国高新技术产品出口市场依然集中在美国、中国香港和欧盟这三个国家和地区，与2004年的区别仅在于中国香港再度超越欧盟成为中国第二大高新技术产品出口地。2005年，中国对美国的高新技术产品出口达520.4亿美元，增长29.4%，占中国高新技术产品出口总额的23.8%，同比减少了0.5个百分点；对中国香港的出口达512.6亿美元，增长40.5%，占中国高新技术产品出口总额的23.5%，同比增加了1.5个百分点；对欧盟达499.4亿美元，增长34.1%，占中国高新技术产品出口总额的22.9%，同比增加了0.4个百分点；此三地合计占中国高新技术产品出口的68.8%，与2004年持平。

二、中国高新技术产品进出口发展过程中存在的主要问题及对中国2006年高新技术产品出口形势的展望

（一）存在的主要问题

中国高新技术产品进出口贸易发展过程中存在的主要问题包括：第一，高新技术产品出口市场集中度过高。2005年主要集中在中国香港、美国和欧盟这三个国家和地区，此三地也是中国高新技术产品重要的顺差来源地，2005年顺差分别为471.1亿美元、359.3亿美元和305.3亿美元，分别较2004年增加了44.24%、40.13%和56.64%。出口地的过度集中很有可能导致美国、欧盟等国家和地区的贸易保护主义势力利用反倾销和保障措施等技术性贸易壁垒设置障碍，这不仅将加大中国高新技术产品出口的成本，而且可能会对出口稳定的可持续增长构成威胁。第二，高新技术产品出口主体严重依赖外资企业不利于中国自主创新能力的提升。自20世纪90年代中期以来，跨国公司出于降低成本的动机，大规模地将高技术产业中的生产加工环节向中国转移，加工成成品后通过跨国公司的内部销售网络将其销售到世界各地，这极大地带动了中国高新技术产品的出口，也使其越来越依赖于外资企业。尽管外资企业的“突生效应”① 和“溢出效应”② 有助于中国高新技术出口产品自主创新能力的提高，但由于中国高新技术企业知识吸收能力③的巨大不足、高技术企业发展外部环境的不完善以及外资企业独资化倾向的加剧，“突生效应”和“溢出效应”的效果越来越差，表现为内资企业在中国高技术产业中的地位越来越不重要，例如，自1995年以来，内资高技术企业的产值、增加值、利税和利润占全部高技术企业的的比重大幅下降，这极大地制约了中国高新技术产品自主创新能力的提升。

表3　内资企业高新技术产品占全部高新技术产品产出的分析

项目占比/% \ 年份	1995	1999	2000	2001	2002	2003	2004
内资企业增加值比重	55.70	47.74	47.90	46.12	45.35	42.49	37.98
内资企业总产值比重	55.63	43.86	41.06	39.15	38.71	33.91	26.50
内资企业利税比重	52.55	45.80	46.23	47.95	50.56	47.41	37.34
内资企业利润比重	39.46	38.17	39.66	42.26	44.68	42.17	29.82

数据来源：根据《中国高技术产业统计年鉴2005》计算而得

① 所谓突生效应，是指由于技术资源的全球配置，先进的科学技术流向技术落后的国家和地区，从而使这些国家和地区原来的技术演进与产业更替进程被打破，而突然出现新技术和新产业。

② 溢出效应主要表现在三个方面：第一，外资企业的进入增加了东道国的竞争压力，迫使当地企业加强R&D以提高自身市场竞争力，而那些技术能力薄弱的企业被淘汰，从而提高当地企业整体的R&D水平；第二，外资企业的进入带来了相应的技术文化，特别是难以在地区之间转移的隐含类经验知识将逐步渗透到东道国；第三，外资企业的人才本地化战略将使东道国人力资源水平得到提高，通过人力资源在企业间的流动将促进技术流动。

③ 企业的知识吸收能力包括对外部知识资源的识别能力、与外部知识资源之间的合作能力以及对外部知识的整合能力。

（二）2006 年展望

一方面，国际货币基金组织预测2006年世界经济将增长4.3%，美国、日本和欧盟等世界三大经济体均呈增长态势；OECD也在最新的经济预测报告中预测，美国2006年经济增长速度将达到3.5%。由此，上述国家的经济走势有利于中国高新技术产品出口规模的进一步扩大。此外，由于中国经济政治环境稳定、国内市场巨大和人力资源丰富，中国还将继续成为承接发达国家制造业转移的主要国家。其中，高技术产业将成为外商直接投资的主要产业，计算机、通信设备、电子器件和软件外包等领域将继续高速增长，以外商投资带动的高新技术产品出口增长效应仍将继续。而且，煤电紧张、信贷紧缩等情况的好转，塑料、钢材等基础原材料价格的回落，都将降低中国高新技术产品出口的成本，也将促进中国高新技术产品的出口。不过，另一方面，值得我们关注的趋势是，贸易保护主义逐渐抬头。例如，欧盟对东欧国家的“社会倾销”的关注，一些发达国家打着所谓“经济爱国主义”的旗号将保护主义延伸到跨国并购等领域，发达国家越来越多地利用反倾销、技术贸易壁垒和知识产权保护等非关税贸易壁垒。此外，美国贸易逆差的持续扩大、中美知识产权问题的争议和中美贸易摩擦的频繁发生，都可能会使早已危机四伏的中美双边贸易关系进一步恶化，这都将对中国高新技术产品的出口产生很大的制约作用。

但综合分析上述影响因素，预计2006年中国高新技术产品的出口仍将具有一定的增长空间。

上海交通大学经济管理学院产业经济系　黄立昕
国家发展和改革委员会产业所　张嵎喆　李红宇
中国人民解放军66368部队　刘旭超

4

2005 年中国创业投资发展情况分析

创业投资作为促进科技创新的一种工具，被中国政策制定者提高到非常重要的高度——不仅被写进中央各种文件，而且还成为《中长期科学技术发展规划纲要配套政策》的重要内容。然而，现实中的创业投资发展却又是另一种景象：在 2000 年出现一个小高潮之后，相继的 2001、2002 年就增速放缓，而到了 2003、2004 年则出现绝对值的下降。

不过，这种宏观政策过热，微观发展过冷的局面，在 2005 年有了逆转性的变化，可以概括为 16 个方面。

一、创业投资机构数量出现了逆转性增加

表 1　1994－2005 年中国创业投资机构数量、增量

项目 \ 年份	1994	1995	1996	1997	1998	1999	2000	2001	2002	2003	2004	2005
机构总数/家	26	27	32	51	76	118	249	323	366	315	304	319
增加量/家	5	1	5	19	25	42	131	74	43	－51	－11	15
较上年增长/%	—	3.8	18.5	59.4	49.0	55.3	111.0	29.7	13.3	－13.9	－3.5	4.9

本次调查共收到有效问卷 319 份，根据最新的普查数据对历年数据做出了修正（此修正并未改变原有分析结论）。从表 1 和图 1 可以清晰地看出：2000 年前创业投资机构数量迅速扩张，2000 年达到顶峰，之后回落，2001、2002 年是增速回落，2003、2004 年机构数量出现了绝对值的下降，2005 年当年成立的创业投资机构数达 15 家。创业投资机构数量这种逆转性的变化，反映了一些有预见力的资本开始进入创业投资领域。

二、创业投资资本总量打破徘徊趋势

经数据调整后，1995－2005 年创业投资管理资本总的变化趋势和阶段是：管理的资本额度快速增

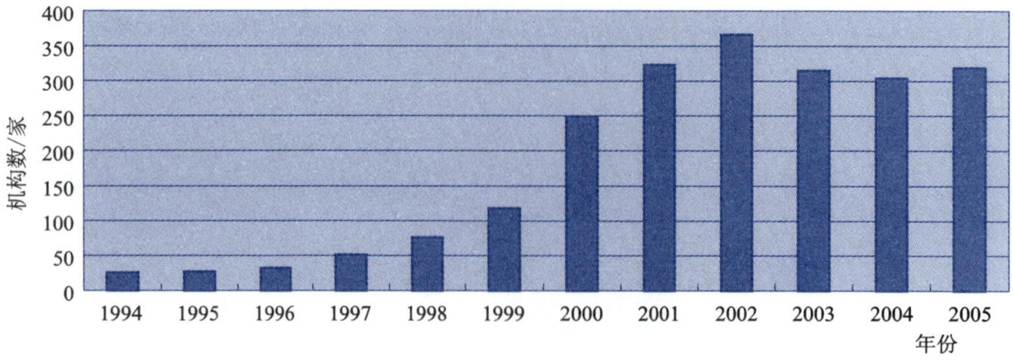

图1　1994－2005年中国创业投资机构总数

加，增速在1999、2000年高达137.4和205.8亿元，从2001年开始回落，2003年出现了10.5%的负增长，2004年开始回升，2005年比2004年增长了2.3%，创业投资管理的资本达到631.6亿元。（见表2和图2）

表2　1995－2005年中国创业投资管理资本总额

指标＼年份	1995	1996	1997	1998	1999	2000	2001	2002	2003	2004	2005
管理资本额/亿元	51.3	55.2	101.2	168.8	306.2	512.0	619.3	688.5	616.5	617.5	631.6
增加量/亿元	—	3.9	46.0	67.6	137.4	205.8	107.3	69.2	-72.0	1.0	14.1
较上年增长/%	—	7.5	83.3	66.8	81.4	67.2	21.0	11.2	-10.5	0.2	2.3

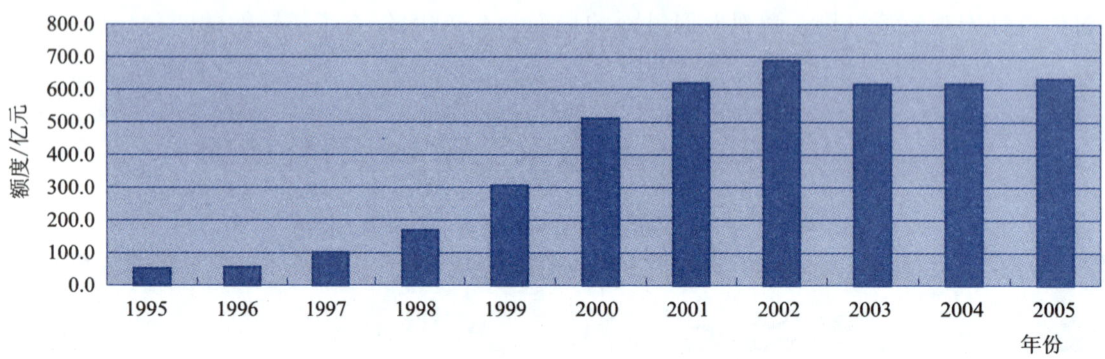

图2　1995－2005年中国创业投资管理资本总额

种种迹象表明，自2000年之后中国创业投资的调整期已经步入尾声，2005年参加调查的创业投资机构的实收资本达到360.2亿元。

三、创业投资资本来源多样化趋势加强，银行资金增加迅速

依据资本来源结构，可以将创业投资资本分为两大类：外资和内资。外资包括境内和境外两个部分。境内外资是指通过外商独资（含港澳台）和合资合作而取得的创业投资资本。境外资金是指境外机构通过在中国内地设立办事机构等方式投资于中国内地的创业投资资本。我们的统计中包含的外资资本主要是境外和境内外资机构向注册在中国内地地区的创业投资企业所注入的资本额，并不包括以离岸形式向中国内地地区直接投资的外资量。

内资创业投资资本分类标准如下：（1）政府资金，包括各级政府对创业资本的直接资金支持；（2）国有独资公司资金，指国有独资公司直接提供的资金；（3）非国有独资企业资金，包括上市公司、非上市股份有限公司和有限责任公司出具的创业投资资本；（4）金融机构资金，包括银行和保险公司、证券公司、信托公司等非银行金融机构的各类资金投入；（5）事业单位、自然人及其机构的出资。2005 年各类资金的构成情况见图 3。

可以看到政府和国有独资公司资金占到近 36%，历年来由于各种原因统计样本有时并不相同，但是这一比例相差不大，因此可以判断出政府出资依然是国内创业投资资本的重要来源和主要推动力量。

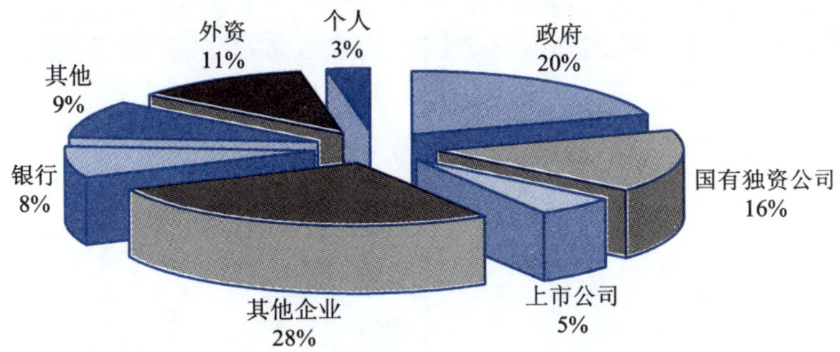

图 3　2005 年中国创业投资资本来源

2005 年对境内创业投资机构进行了较为全面的普查，由上市公司、非上市股份有限公司以及有限责任公司共出资 33%，外资则占到 11%，事业单位、高校资金等其他类别资金占到 9%。近年来，国家开发银行开展了“高科技创业贷款”业务，因此银行对创业投资资本增加的贡献达到了 8%。

四、中国创业投资累计投资高新技术项目保持半壁江山

截至 2005 年中国创业投资机构累计投资 3 916 项，其中向高新技术项目投资达 2 453 项，约占累计投资总数的 63%，累计投资额达 326. 1 亿元，其中累计向高新技术企业投资 149. 1 亿元，约占总投资额的 46%，见表 3。

表 3　截至 2005 年中国创业投资累计投资

累计投资数目		累计投资额	
总数/项	其中：高新技术投资项目数/项	总额/亿元	其中：高新技术投资额/亿元
3 916	2 453	326. 1	149. 1

这些投资按照投资项目数来讲，分布在产品制造与服务业最多，达到了 47%，生物医药较少只有 12%。按投资金额，产品制造与服务业占到总投资额的 30%，生物医药只占到 11%。分别见图 4 和图 5。

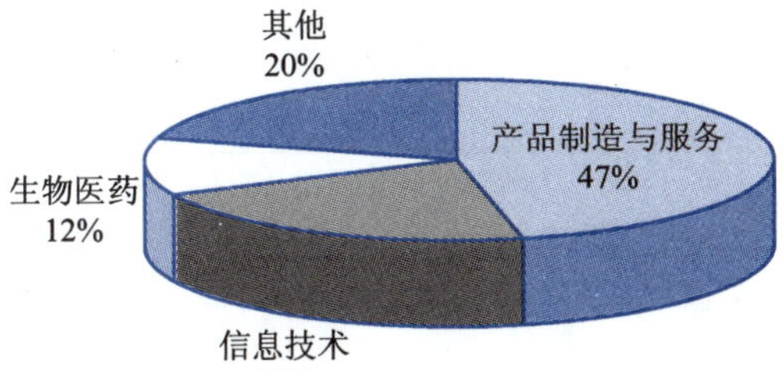

图 4　截至 2005 年中国创业投资机构累计投资项目数的领域分布

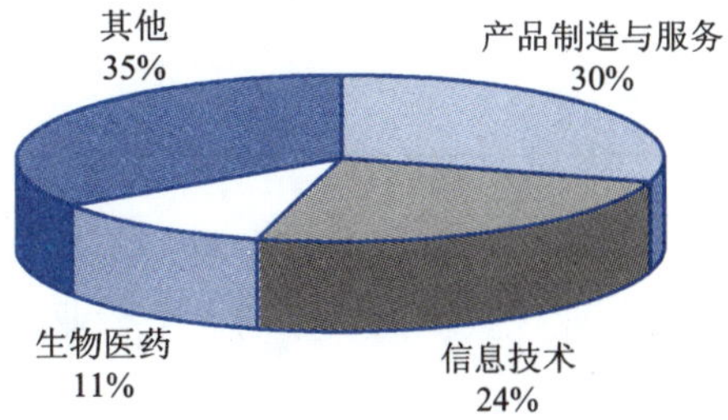

图 5　截至 2005 年中国创业投资机构累计投资金额的领域分布

五、创业投资行业分布[①]：五大行业接近50%，生物科技尤其活跃

表4　2004－2005年中国创业投资的行业分布：投资金额与投资案例

行业＼年度指标	2005 投资金额所占比例/%	2005 投资项目所占比例/%	行业＼年度指标	2004 投资金额所占比例/%	2004 投资项目所占比例/%
半导体行业	16.54	4.83	新材料工业	10.12	9.59
传统制造业	8.9	6.65	IT服务业	10.03	9.93
新能源、高效节能技术	8.8	4.53	农业	9.05	3.77
生物科技	7.44	8.16	医药保健	8.31	7.19
IT服务业	7.13	6.65	通信行业	8.2	7.88
新材料工业	5.68	7.55	媒体和娱乐业	5.99	3.77
光电子与光机电一体化	5.47	9.97	金融服务	5.7	2.4
资源开发业	4.52	3.63	光电子与光机电一体化	4.89	7.19
医药保健	4.3	6.04	半导体行业	4.63	4.45
其他行业	4	3.63	软件产业	4.5	7.19
软件产业	3.47	9.97	生物科技	4.07	5.48
通信行业	3.46	6.04	传统制造业	3.81	5.82
金融服务	3.35	2.42	新能源、高效节能技术	3.67	2.05
媒体和娱乐业	3.23	2.72	其他行业	3.45	4.79
环保工程	3.12	2.72	其他IT产业	2.71	3.42
网络产业	2.68	2.42	消费产品和服务	2.41	1.37
其他IT产业	2.42	2.11	资源开发业	2.28	1.37
科技服务	2.08	3.32	零售和批发	1.87	1.37
消费产品和服务	1.71	3.32	科技服务	1.5	5.14
计算机硬件产业	0.91	1.21	网络产业	1.1	2.05
农业	0.54	1.81	环保工程	0.96	2.4
核应用技术	0.25	0.3	计算机硬件产业	0.75	1.37
零售和批发	0	0	核应用技术	0	0

从创业投资金额的行业分布看，半导体行业、传统制造业、新能源和高效节能技术、生物科技、IT服务业是创业投资最为集中的5个行业，其投资集中度为48.81%，比上年的45.71%略有上升，但

① 有效样本331份

是与2003年的56.3%相比还有较大差距（表4，图6和图7）。这种趋势表明，近些年来，我国创业投资的行业分布进入相对稳定阶段，即每年50%左右的投资大多集中在少数几个行业，其余投资几乎是“均匀地”分布于其他行业中。除了行业自身属性的客观需求之外，我国经济政策和全球化对创业投资的影响也比较明显。由于电子产品、IT服务业“外包”或“代工”业务规模的扩大，我国这些行业正在成为世界新的“加工”基地，而且由于这些行业的竞争激烈，导致投资规模扩大。如果考虑到投资项目的数量，可以发现一个显著特点，作为一个新兴产业部门，由于国际生物产业的快速发展，以及我国在生物科技产业方面的知识储备，使得生物科技产业成为2005年创业投资最为活跃的领域之一。这在一定程度上说明，创业投资对新兴产业的“嗅觉”相当发达，并对那些具有极大增长潜力的领域表现出了“快速反应能力”，对科技创新和产业化必将进一步发挥积极作用。

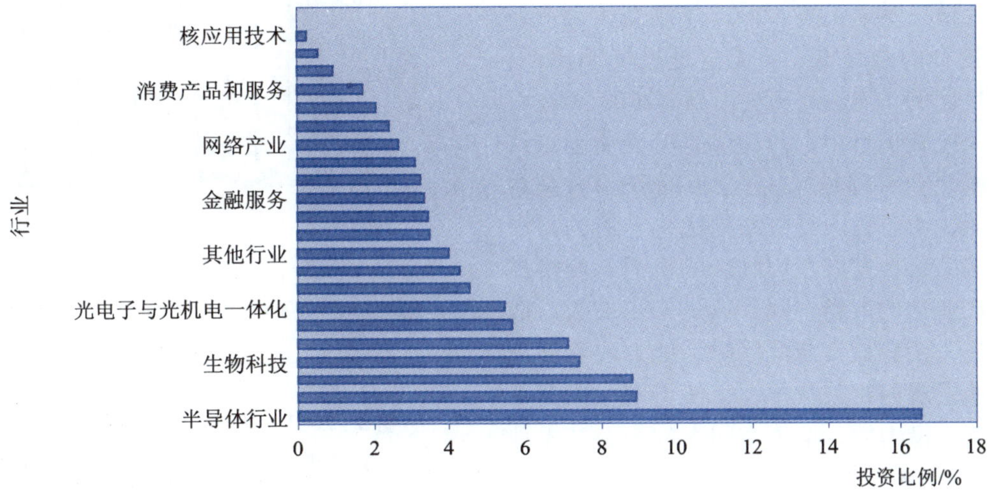

图6　2005中国创业投资的行业分布（按投资金额）

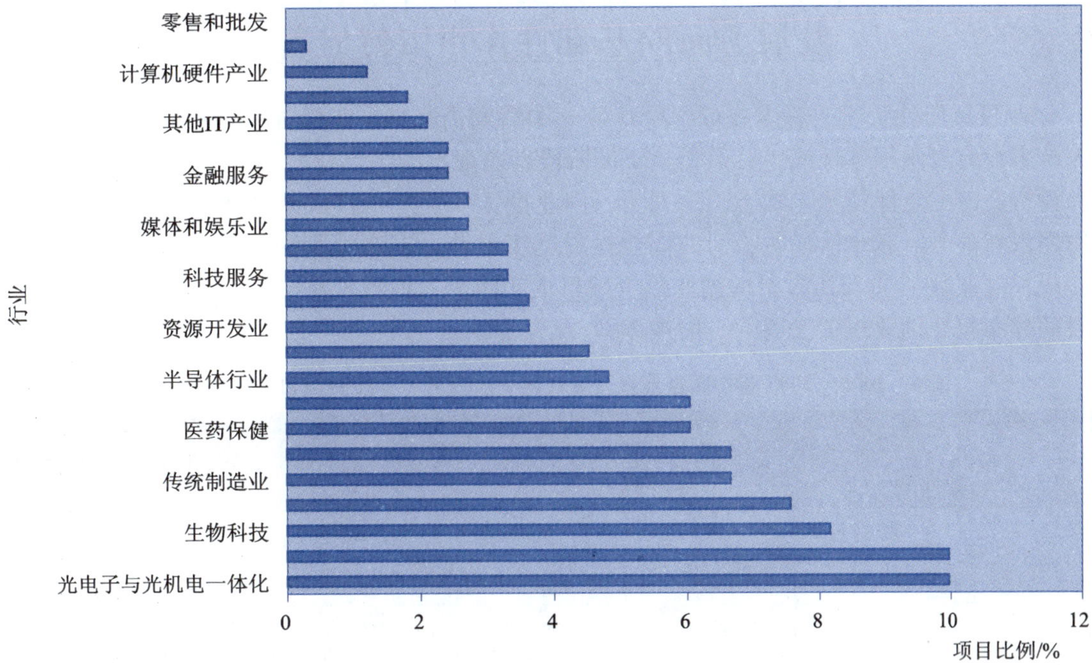

图7　2005年中国创业投资的行业分布（按投资项目数）

六、创业投资对高新技术产业的投资依然占据绝对优势

表5　2003－2005年中国创业投资的行业分布：高新技术产业与传统产业　　%

产业＼年度占比	2003		2004		2005	
	投资项目所占比例	投资金额所占比例	投资项目所占比例	投资金额所占比例	投资项目所占比例	投资金额所占比例
高新技术产业	73.1	79.8	76.7	67.7	78.27	79.46
传统产业	26.9	20.2	23.3	32.3	21.73	20.54

与往年的情况基本相同，2005年高新技术产业仍然是创业投资的绝对重点，无论是投资额比例，还是投资项目比例，均达到历史新高。2005年在可统计的219个投资项目中，79.0%的项目是国家认定的高新技术企业（项目），与全年的78.4%基本持平。这表明，由于我国经济结构优化升级的需求强劲，以及国家科技发展正面临新的机遇，使得高新技术及其产业化的市场空间得以进一步扩大，成长潜能得以进一步释放，与此同时，地方政府促进高新技术产业发展的相关政策，也使得创业投资更加关注那些成长潜力大、增值空间大的高新技术项目（企业）。

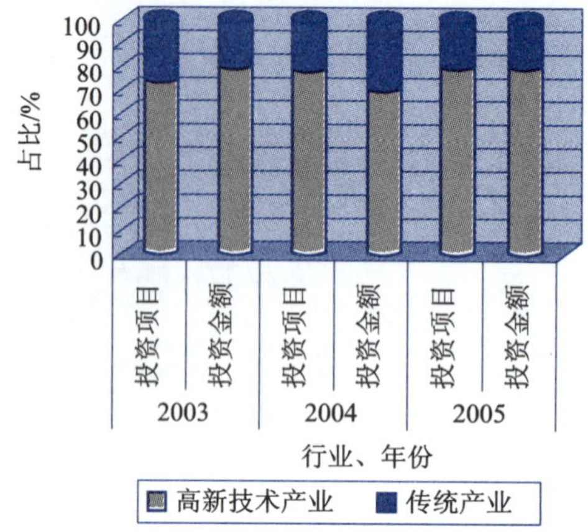

图8　2003－2005年中国创业投资的行业分布：高新技术产业与传统产业

七、创业投资在支持科技成果转化和初创企业发展方面的基础性作用依然显著

（1）创业投资所处阶段的总体分布。2005年，中后期仍然是创业投资大量集中的阶段，这一基本状况近3年来没有发生根本性改变，但是，不同阶段所表现出的特点有所不同（表6）。种子阶段的项目数量和投资金额一直保持稳定状态，这表明，创业投资在支持科技成果转化和初创企业发展方面的基础性作用依然显著。起步阶段所吸引的创业投资逐年上升，成熟阶段则相反，呈现出明显的连续下降趋势。成长（扩张）阶段所吸引的创业投资数目逐年减少，但投资额却逐年增大。总体上，创业投资各阶段的分布符合创业投资发展的一般规律。

表6　2003－2005年中国创业投资项目所处阶段分布：投资项目与投资金额　　%

阶段＼年度指标	投资项目			投资金额		
	2003	2004①	2005②	2003	2004③	2005④
种子阶段	13.0	15.8	15.4	5.3	4.5	5.16
起步阶段	19.3	20.6	30.14	16.9	12.3	20.04
成长（扩张）阶段	49.5	47.9	41.04	37.5	44.8	46.75
成熟阶段	18.2	15.5	11.86	40.4	38.3	26.33
重建期	—	0.3	1.60	—	0.0	1.72

① 有效样本330份。② 有效样本312份。③ 有效样本275份。④ 有效样本292份。

（2）主要行业的创业投资阶段分布。无论是投资项目还是投资金额，2005年主要行业的投资阶段分布与前几年变化不大，基本符合各产业投资的一般特点（表7）。总体上看，尽管软件、医药保健、生物科技等行业前期阶段所获创业投资金额不多，但是创业投资所支持的项目所占比例却较高，这说明，这些行业中一批有潜力的初创企业正在成长，并得到了创业投资的高度重视。此外，光电子与光机电一体化的前期阶段所获创业投资项目也比较多，由于该行业是传统与现代技术结合最为突出的行业之一，这种结果意味着创业投资开始对那些与结构优化升级的相关的项目表现出越来越浓厚的兴趣。除了上述4个行业外，其他主要行业的创业投资，无论是投资项目还是投资金额，大多集中在了中后期阶段，这种阶段分布与这些行业的自身属性和市场等因素密切相关。

表7　2005年中国创业投资项目主要行业的投资阶段分布 %

行业 \ 时期	指标	种子期	起步期	成长期	成熟期
软件产业	投资项目	21.21	42.42	33.33	3.03
	投资金额	1.95	12.18	80.76	5.12
通信	投资项目	16.67	38.89	27.78	16.67
	投资金额	12.39	34.95	39.66	12.99
IT服务	投资项目	9.09	27.27	50.00	13.64
	投资金额	1.88	59.45	16.51	22.16
新材料工业	投资项目	16.67	20.83	50.00	12.50
	投资金额	5.23	5.71	77.68	11.39
医药保健	投资项目	21.05	10.53	57.89	10.53
	投资金额	5.26	1.50	89.78	3.46
光电子与光机电一体化	投资项目	21.21	27.27	42.42	9.09
	投资金额	7.48	19.07	60.65	12.80
传统制造业①	投资项目	0.00	18.18	40.91	31.82
	投资金额	0.00	10.31	38.11	43.58
半导体	投资项目	0.00	25.00	56.25	18.75
	投资金额	0.00	10.32	23.75	65.93
生物科技	投资项目	41.67	8.33	37.50	12.50
	投资金额	10.74	2.82	47.67	38.77

① 制造业重整期投资项目、投资金额所占比例分别为9.09%和7.99%。

八、创业投资的投资强度有所下降，表明创业投资开始重视中小项目

（1）投资强度的变化趋势与行业分布。与前几年相比，2005年创业投资强度有所下降，一改往年年均50万元的递增趋势，而出现了较为明显的下降态势。尽管，2005年仍然有36.4%的行业投资强度明显上升，但是投资强度上升的行业所占比例明显下降，较上年的77%几乎下降了50%；相反，近70%的行业的投资强度出现了不同程度的下降趋势，除了通信行业属于连续性下降之外，其他行业的投资强度出现了一种“回归”趋势。与2004年相比，这些行业的投资强度有所下降，但额度却于2003年相差无几（表8，图9，表9）。这种变化意味着，一方面诸如半导体等技术密集型部门和传统

制造业，由于面临激烈市场竞争，没有“规模经济”相应难以获得竞争优势，趋向寡占的市场结构可能正在形成，特别是外资投资机构的积极介入，更强化了这一趋势。另一方面，在国家宏观政策引导下，特别是在地方科技型产业发展政策的支持下，创业投资机构开始对一些有前途的“相对小项目”产生了投资热情。但是，平均投资强度仍然高达900万元，表明创业投资机构倾向于“大企业”的投资方向没有发生太大改变，尽管投资的行业结构可能发生了某些变化。

表8 1994－2005年中国创业投资规模变化[①]

年 份	1995	1996	1997	1998	1999	2000	2001	2002	2003	2004	2005[2]
投资强度/（万元/项）	556.8	523.4	681.9	537.1	595.6	568.6	624.9	872.3	920.0	972.1	901.1

① 2003年以前数据来源于《中国创业投资发展报告2004》。② 有效样本335份。

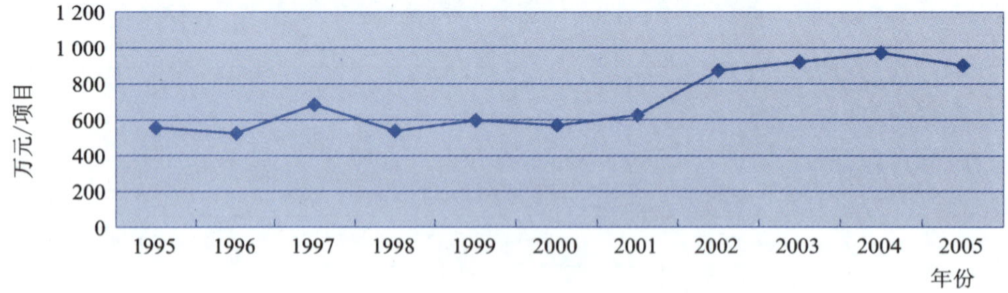

图9 1995－2005年中国创业投资强度变化

表9 2003－2005年中国创业投资不同行业的投资强度　　万元/项目

年度指标 行业	平均强度			年度指标 行业	平均强度		
	2003[1]	2004[2]	2005[3]		2003[4]	2004[5]	2005[6]
软件行业	328.7	634.17	314.97	科技服务	477.3	293.5	531.82
计算机硬件行业	125.2	532.5	642.5	新能源、高效节能技术	460.4	2 026.4	1 649.4
网络行业	1 082.8	522.17	1 077.36	核应用技术	760	0	700
通信行业	1 705.4	1 011.89	486.8	医药保健	402.3	976.53	635.71
IT服务业	649.9	980.75	1 002.15	消费产品和服务	212.5	277.87	533.89
半导体行业	1 310.3	1 011.86	3 100.56	媒体和娱乐业	465	1 313.75	1 009.39
其他IT行业	481.2	769.04	972.86	传统制造业	593.9	668.19	1 250.94
环保工程	298.6	390.21	1 095.75	农业	1 960.4	1 921.11	380
生物科技	712.6	722.56	950.91	金融服务	782.2	2 311.71	1 178.13
新材料工业	615.8	974.81	638.45	零售和批发	1 083.3	102.33	—
资源开发工业	1 496.7	1 615.5	1 058.33	其他行业	652.6	699.61	1 124
光电子与光机电一体化	407.8	619.4	466.09				

① 2003年数据来源于《中国创业投资发展报告2004》。② 有效样本275份。③ 在具体计算过程中，进行了适当调整（没有包括6个投资额超过5 000万的项目）。④ 2003年数据来源于《中国创业投资发展报告2004》。⑤ 有效样本275份。⑥ 在具体计算过程中，进行了适当调整（没有包括6个投资额超过5 000万的项目）。

（2）单项投资规模分布。2005 年创业投资单项投资金额的分布态势与前 3 年大体相当，其中最为显著的特点是 300 ~ 500 万元、1 000 ~ 2 000 万元两阶段的投资项目呈现出高度稳定的态势，近 3 年来几乎没有变化。另一个显著特点是，总体上看，300 万元以下的企业或项目最容易获得创业投资的支持，但与往年一样，这类项目一般是有政府背景的创业投资机构的投资重点，同时这类项目也是共同投资比较集中的一个区间。

表 10　2002 - 2005 年中国创业投资机构单项投资金额分布①　　%

投资金额/万元 分布占比 年份	100 以下	100 ~ 300	300 ~ 500	500 ~ 1 000	1 000 ~ 2 000	2 000 以上	合计
2002	16. 4	28. 0	19. 4	17. 4	10. 6	8. 2	100. 0
2003	22. 4	22. 6	16. 5	14. 7	12. 8	11. 1	100. 0
2004	25. 5	14. 6	15. 8	18. 5	12. 2	13. 4	100. 0
2005	23. 88	19. 70	15. 52	20. 00	11. 94	8. 96	100. 0

九、创业投资参股方式增加，但对经营权的控制有加强趋势

2005 年，从创业投资的股权结构看，参股方式仍然是创业投资机构的主要投资方式。其中，股权比例在 10% ~20% 的项目所占比例最高，较前 2 年有了显著提高，而股权比例在 10% 以下的项目所占比例持续下降，这种变化继续强化了如下趋势：创业投资机构日益谋求经营控制权。

表 11　2003 - 2005 年中国创业投资的持股结构分布　　%

分　组 年　份	10% 以下	10% ~20%	20% ~30%	30% ~40%	40% ~50%	50% 以上	合计
2003	23. 2	20. 0	20. 0	12. 0	12. 0	12. 8	100. 0
2004①	22. 2	19. 4	17. 2	12. 2	8. 2	20. 8	100. 0
2005②	16. 7	26. 4	14. 5	20. 3	6. 9	15. 2	100. 0

① 有效样本 279 份。② 有效样本 276 份。

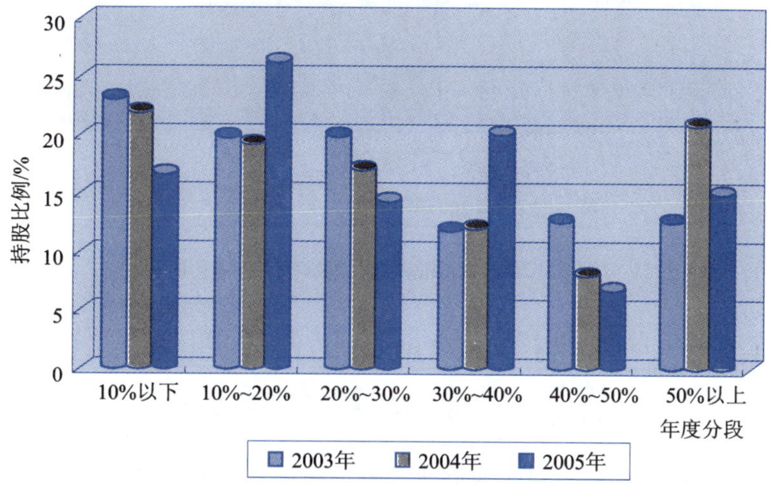

图 10　2003 - 2005 年中国创业投资机构持股结构分布

① 2002、2003、2004 年数据来源于《中国创业投资发展报告 2005》，2005 年有效样本数 335 份。

十、创业投资项目的经营时间出现“中空”现象

表 12　2002－2004 年被投资机构的经营时间[①]　　%

年份 \ 经营时间	1 年以下	1～3 年	3～5 年	5 年以上
2002	17.2	47.6	22.3	12.9
2003	26.7	42.4	15.7	15.2
2004	27.7	36.4	20.1	15.8
2005	32.0	33.7	16.3	18.0

① 有效样本 178 份，其他年份数据来源于《中国创业投资发展报告（2005）》。

从被投资机构的经营时间上看，初创企业仍然是创业投资的重点。但是，2005 年的状况与前 4 年相比，出现了两个明显趋势，一个是经营时间在 1 年以下和 5 年以上的企业所获得的创业投资项目不断增多，而经营时间在 1～3 年的企业所获得的投资比例不断减小，其中后一种趋势说明，由于这一区间正是企业发展的重要转折阶段，所面对的市场风险、技术风险、经营风险比较大，因此，创业投资机构对这一区间的投资项目比较谨慎。因此，政府应该采取相应措施，尽快扭转这一趋势，因为经营时间在 3 年左右的企业，如果得不到相应的资本、管理等方面的支持，将难以进一步成长，更难以成长为更有竞争力的、更有规模效益的企业。

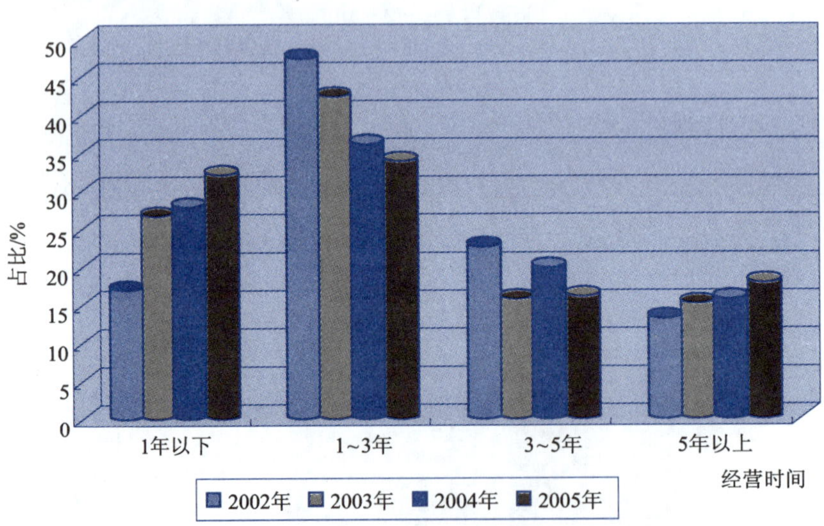

图 11　2002－2005 年中国创业投资项目的经营时间分布

十一、创业投资的退出仍然不理想，退出总收入下降了 13 个百分点

（1）创业投资退出的基本情况。2005 年创业投资退出项目总收入为 102 558 万元[①]，比上年降低了 13.69%。单个项目退出收入在 500 万元以下的占到了 66.4%，比 2004 年的 55.6% 增长了近 10 个

① 有效样本为 99 份。

百分点，而收入在 1 000 万元以上的仅占 18.3%，比上年下降了 11.3 个百分点（表 13，图 12）。

表 13　2004－2005 年创业投资项目的退出收入分布①

分组（万元） 年　份	100 以下	100～500	500～1 000	1 000～2 000	2 000 以上	合计
2004	27.3	28.3	14.8	8.0	21.6	100.0
2005	32.7	33.7	15.3	11.2	7.1	100.0

① 有效样本 88 份，因数量较少，这里的统计数据仅供参考。

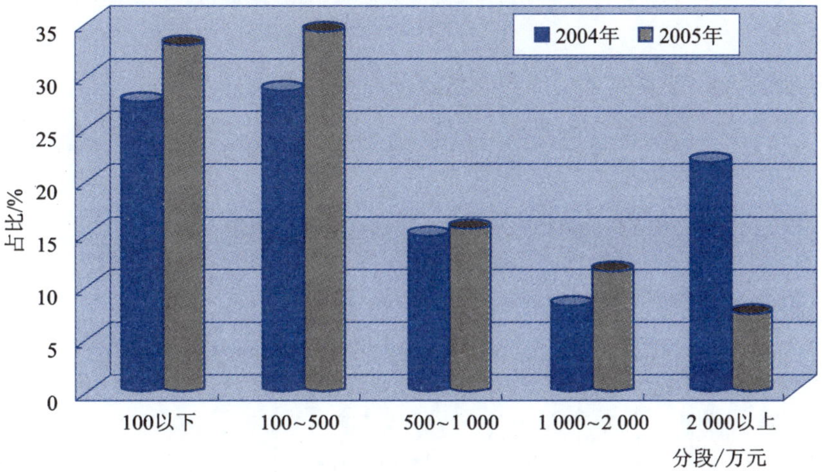

图 12　2004－2005 年投资项目退出的收入分布

（2）创业投资的退出方式。并购（包括国内外企业收购、协议转让、股权转让、划拨等）等资本重组方式仍然是 2005 年中国创业投资退出的主渠道，占全部退出项目的 44.4%。2005 年境内外上市比例继续保持较高水平（表 14 和图 15）。2005 年创业投资的另一个特点是包括创业者、管理者等在内的回购比例有所上升，清算比例较上年也有所提高。这些特点表明，我国创业投资的退出方式还在不断的变革之中。

表 14　2003－2005 年创业投资项目的退出方式分布①

退出方式 年　份	上市（包括境内外上市）	收购（包括国内外企业之间的收购等股权转让方式）	创业者（原股东）回购、管理者收购	清算	未注明
2003	5.4	40.4	36.3	14.9	3
2004	12.4	55.3	27.6	4.8	0
2005②	11.9	44.4	33.3	10.3	0

① 由于 2005 年调查问卷的填写不规范，我们将退出方式进行了适当合并，这里的数据仅供参考。② 有效样本 126 份。

（3）创业投资退出项目的行业与地区分布。无论是创业投资退出项目的行业分布还是地区分布，均表现出显著的集中趋势。统计显示，2005 年，传统制造业、通信、生物科技等 10 个行业的退出项目最多，占全部退出项目的 76.7%，较上年的 83.5% 略有下降（表 15）。从地区分布看，2005 年上海、江苏等退出项目排名靠前的 10 个地区占退出项目总数的 77.8%，连续两年保持下降趋势（2004 年为 85.7%，2003 年为 88.9%，见表 16）。上述数据变化意味着 2005 年创业投资退出项目的行业更加广泛，退出地区也更加广泛。就创业投资项目的地区分布而言，2005 年创业投资退出的区位发生一些显著变化，一个是江苏、河北等地区表现优异，一个是北京地区退出项目显著减少，另一个是“海外”首次成为我国创业投资项目最为集中的地区之一。

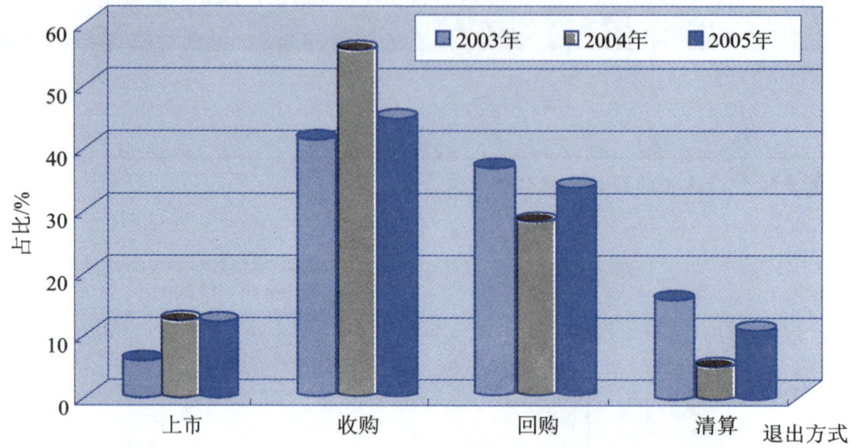

图 13　2003－2005 年中国创业投资的退出方式

表 15　2004－2005 年创业投资退出项目的行业分布

2004 年[1]	行业	软件产业	IT 服务业	传统制造业	医药保健	光电子与光机电一体化	新材料工业	生物科技	农业	科技服务	通信
	比例/%	16.5	13.6	9.7	9.7	9.7	5.8	5.8	4.9	3.9	3.9
2005 年[2]	行业	传统制造业	通信行业	生物科技	医药保健	光电子与光机电一体化	新材料工业	其他行业	软件产业	其他 IT 产业	IT 服务业
	比例/%	12.9	9.5	9.5	8.6	4.3	6.9	6.9	6.0	4.3	7.8

① 有效样本为 103 份。② 有效样本为 116 份。

表 16　2003－2005 年创业投资退出项目的地区分布

2003 年	地区	深圳	浙江	北京	上海	天津	江苏	山东	湖北	陕西	四川
	比例/%	16.7	16.1	13.7	13.1	9.5	5.4	5.4	4.8	2.4	1.8
2004 年[1]	地区	上海	深圳	北京	浙江	江苏	山东	天津	黑龙江	湖北	广东
	比例/%	17.3	17.3	10.6	8.7	7.7	5.8	5.8	4.8	4.8	2.9
2005 年[2]	地区	上海	江苏	深圳	山东	北京	海外	湖北	浙江	河北	四川
	比例/%	18.9	11.5	9.8	6.6	5.7	5.7	5.7	5.7	4.1	4.1

① 2003 年、2004 年数据来源于《中国创业投资发展报告（2005）》。② 2005 年有效样本 122 份。

（4）创业投资项目的退出效果。总体上看，2005 年创业投资项目退出效果与 2004 年基本相同。在可统计的 93 份样本中，58.1% 处于亏损状态，与去年相同。在盈利项目中，净收益率在 100% 以上的所占比例最高，高达 18.3%，而投资净收益率在 15%～20% 区间的所占比例急剧下降，仅为 5.4%（表 17 和图 14）。不同行业的退出效果差异依然很大，行业的收益与风险存在着高度对称性。总体上看，传统产业的亏损比例较低，但是获得较高盈利机会的可能性也较少，而高新技术产业因其高风险，也具有较高的投资回报率。这一点与去年完全相同（表 18 和图 15）。

表 17　2004－2005 年创业投资项目的退出效果　　%

年份 \ 占比分布	亏损合计	0～15%	15%～20%	20%～50%	50%～100%	100%以上	合计
2004	58.1	2.3	3.5	16.3	8.1	11.6	100.0
2005	58.1	4.3	5.4	5.4	8.6	18.3	100.0

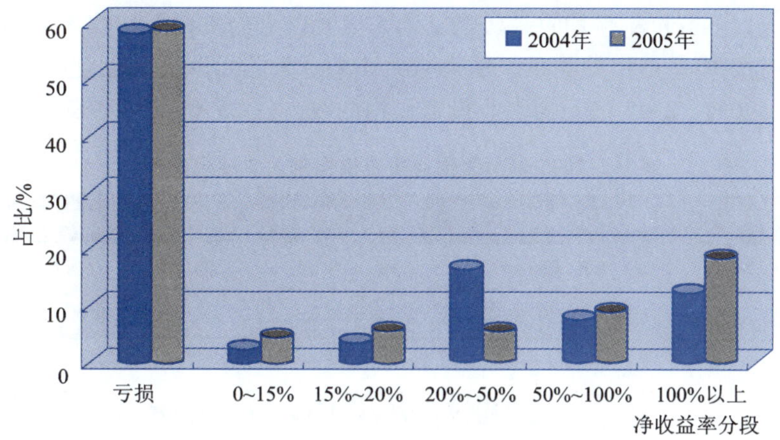

图 14　2004－2005 年创业投资项目的退出效果

表 18　2004－2005 年不同行业盈亏状况①　　%

行业 \ 盈亏情况 \ 年度	亏损		盈利	
	2004	2005	2004	2005
传统行业	20.8	26.0	25.7	30.8
高新技术行业	79.2	74.0	74.3	69.2
合　计	100.0	100.0	100.0	100.0

① 2005 年有效样本 89 份。

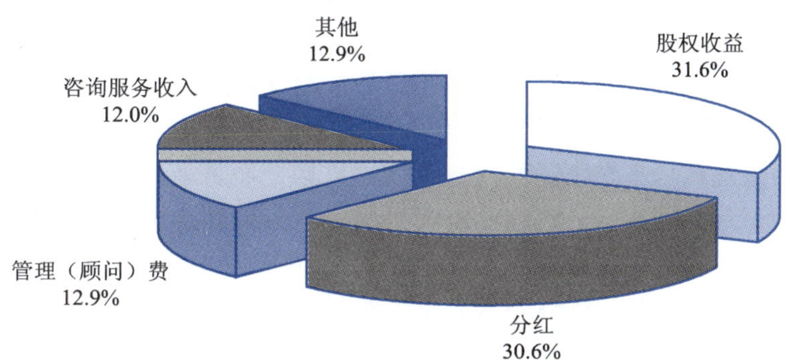

图 15　2005 年中国创业投资机构的最大收入来源

十二、创业投资机构主要收益来自分红和股权收益

（1）创业投资机构当年收入的最大来源①。2005 年调查显示，有 31.6% 的创业投资机构确认本公司的最大收入来源是股权收益，有 30.6% 的创业投资机构确认本公司的最大收入来源是分红。回答最大收入来源是管理（顾问）费、咨询服务费和其他的分别占 12.9%、12.0% 和 12.9%（见图 15）。

（2）不同规模创业投资机构的收入特征。按不同收入规模对创业投资机构的收入进行分类，可见管理资金在5 000 万元以下的机构平均收入较低，而5 亿元以上的机构平均收入最高，并且机构的平均收入与机构的管理资金规模呈正相关关系。从总收入上看，5 亿元以上的创业投资机构的收入约占创业投资业总收入的 30.90%，2～5 亿元的创业投资机构的收入占 25.68%（见表 19）。

表 19　2005 年中国创业投资机构收入的规模分布　　万元

	5 000 以下（含）	5 000～10 000（含）	10 000～20 000（含）	20 000～50 000（含）	50 000 以上
平均收入	379.67	636.86	868.71	1 786.6	5 733.11
总收入	18 983.37	24 809.29	28 667.56	42 878.4	51 598

十三、创业投资总体运行情况趋好，市场信心提升

（1）创业投资机构对自身发展状况的评价。② 认为自身发展状况较好和一般的分别占 43.36% 和 44.69%，分别比去年增长 1.52 和 0.81 个百分点；认为发展状况很好的仅占 5.75%，比去年增长了 1.67%；认为自身发展状况不好的占 6.19%，比去年下降了 4 个百分点。

（2）创业投资机构对全行业发展情况的评价③。与 2004 年相比，创业投资机构对 2005 年整个创业投资行业发展情况的评价结果是：认为整个行业与去年持平的占有效样本的 52.23%，认为比去年好的占 29.91%，认为比去年差的占 17.86%。

（3）创业投资机构对 2006 年前景的评价④。46.26% 的创业投资机构认为 2006 年创业投资行业继续处于调整阶段，42.29% 的认为将明显好转并进入一个新的发展阶段，11.01% 的认为 2006 年不会有多大改善，0.44% 的认为 2006 年创业投资可能会衰退。

十四、外资创业投资机构更加活跃

外资包括境内外资和境外资金两部分。境内外资是指通过外商独资（含港澳台）和合资合作而取得的创业资本，境外资金是指境外机构通过在中国内地设立办事机构等方式投资于中国内地的创业资本。由于许多外商创业投资机构不在中国国内直接设立机构，而是采取在境外注册、在境内设立办事机构的方式运作，因此，参与调查的外资创业投资机构大多为中外合资合作机构，许多独资或境外的数字没有统计上来。这部分统计主要依据参与调查的 27 家外资创业投资机构的数据，主要以中外合资机构的数据为主。虽然由于样本的局限性不能完全反映外资创业投资机构的真实情况，但通过与中国创业投资的整体情况对比，还是能够发现一些值得关注的问题。

① 有效样本 209 份。
② 有效样本 226 份。
③ 有效样本 224 份。
④ 有效样本 227 份。

（1）外资创业投资项目的行业分布[①]。与2004年相比，2005年外资创业投资机构投资项目的行业分布呈现两个特点：①投资行业热点有所分散。无论是从项目数量还是投资金额来看，排名前四位的行业所占比例都有所下降，分别由2004年的70.3%和61.1%降到2005年的40%和40.7%；②2005年外资创业投资机构的投资热点发生了较大变化。传统制造业、生物科技、软件产业取代2004年的新材料、通信和IT服务业成为新的热点。另外，对网络产业、媒体和娱乐业的投资也有显著提高。对通信、新材料的投资比例虽然依然较高，但相对于2004年则有较大幅度的下降。总的来看，外资创业投资机构的投资方向与当前世界和中国产业发展的热点分布有很大的相关性。另外，随着中国工业企业改革和对外开放的进一步深化，外资机构越来越多地参与到中国传统制造业的改造中来，也说明中国传统制造业仍有很大潜力，这一点值得我们关注。

与2004年相比，中资、外资创业投资机构所关注的行业出现了一定程度的分离。从投资金额来看，排名靠前的九个行业中，除了传统制造业、生物科技、新材料和半导体四个多年来的热点行业外，中资、外资在其他行业发展趋势的判断上开始出现差异。外资普遍看好，而且国内不断出台相关政策鼓励发展的网络产业、软件产业以及媒体和娱乐业并没得到中资创业投资机构的关注，这可能与中外投资机构承担风险的意识有关，中资机构仍偏向保守。值得指出的是，传统制造业是中外投资机构都十分关注的行业，与中国近年来加强结构调整、促进传统产业改造的宏观背景相关，同样也说明随着中国制造业的日益强大，传统制造业同样蕴藏着无限商机。

表20　2005年外资创业投资机构投资项目行业分布：投资金额与投资项目占比　　%

行业＼指标	投资金额占比	投资项目占比
传统制造业	11.8	7.3
生物科技	11.1	12.7
软件产业	9.5	7.3
新材料工业	8.3	7.3
网络产业	7.7	9.1
媒体和娱乐业	7.6	7.3
通信	7.2	10.9
环保工程	6.7	3.6
半导体	6.3	5.5
新能源、高效节能技术	5.3	1.8
医药保健	4.8	5.5
光机电一体化	4.6	5.5
消费产品和服务	3.0	3.6
其他IT产业	2.3	1.8
资源开发工业	1.7	1.8
科技服务	1.3	3.6
IT服务业	0.8	3.6
其他	—	1.8

① 有效样本55份。

表 21　2005 年全体和外资创业投资项目行业分布：投资金额与投资项目占比　　%

行业＼全体占比	投资金额	投资项目	行业＼外资占比	投资金额	投资项目
半导体行业	16.54	4.83	传统制造业	11.8	7.3
传统制造业	8.9	6.65	生物科技	11.1	12.7
新能源、高效节能技术	8.8	4.53	软件产业	9.5	7.3
生物科技	7.44	8.16	新材料工业	8.3	7.3
IT 服务业	7.13	6.65	网络产业	7.7	9.1
新材料工业	5.68	7.55	媒体和娱乐业	7.6	7.3
光电子与光机电一体化	5.47	9.97	通信	7.2	10.9
资源开发业	4.52	3.63	环保工程	6.7	3.6
医药保健	4.3	6.04	半导体	6.3	5.5

（2）外资创业投资项目所处阶段①。2005 年外资创业投资机构依然主要投资于处于成长期的项目，投资项目和投资金额分别占到了 62.2% 和 66.4%。其次是处于起步期的项目。需要指出的是，与 2004 年相比，外资创业投资机构对成长期和起步期项目的投资比例进一步上升，2005 年投资于这两个阶段项目的比例为 84.4%（投资项目）和 76.4%（投资金额），分别高于 2004 年的 78.6%（投资项目）和 65.4%（投资金额）。

与全体创业投资机构的投资阶段相比，外资创业投资机构仍然更加重视成长期的投资项目。需要指出的是，外资机构对起步期项目的投资有所增加，这可能与外资 2005 年投资行业的特点有关，如网络产业、媒体和娱乐业作为新兴产业发展速度很快，及早进入可以降低成本。

表 22　2005 年全体与外资创业投资项目所处投资阶段　　%

阶段＼占比	投资项目		投资金额	
	全体	外资	全体	外资
重整期	1.6	—	1.72	—
成熟期	11.8	11.1	26.33	22.5
成长期	41.0	62.2	46.75	66.4
起步期	30.1	22.2	20.04	10.0
种子期	15.4	4.4	5.16	1.0

（3）外资创业投资的强度②。2005 年，外资创业投资机构的投资规模有所下降，从 2004 年的单项平均投资额 2 000 万元下降到 2005 年的 1 110 万元。从分布来看，单项投资更多地分布在 500 ~ 1 000 万元、1 000 ~ 2 000 万元这两个档次。之所以出现这种趋势，可能与外资创业投资机构的投资行业分布有关。作为 2005 年的投资热点，生物科技、软件产业、网络产业、媒体和娱乐业等项目所需的单项投资金额相对较小。

① 有效样本 45 份。
② 有效样本 48 份。

表 23　2004－2005 年外资创业投资机构单项投资金额的规模分布　　%

规模分布/年份 \ 投资金额/万元	100 以下	100 ~ 300	300 ~ 500	500 ~ 1 000	1 000 ~ 2 000	2 000 以上	合　计
2004	1.4	5.6	15.5	28.2	26.8	22.5	100.0
2005	4.2	12.5	12.5	35.4	22.9	12.5	100.0

与全体创业投资规模相比，外资创投机构的单项投资规模明显高于中资机构。中资投资规模主要集中在 300 万元以下，而外资 70% 项目的投资规模在 500 万元以上，主要集中在 500 ~ 1 000 万元以及 1 000 ~ 2 000 万元这个规模范围。

表 24　全体与外资创业投资单项投资金额的规模分布　　%

规模分布/范围 \ 投资金额/万元	100 以下	100 ~ 300	300 ~ 500	500 ~ 1 000	1 000 ~ 2 000	2 000 以上	合　计
全体	23.88	19.70	15.52	18.5	12.2	8.96	—
外资	4.2	12.5	12.5	35.4	22.9	12.5	100.0

（4）外资创业投资项目的总体运作状况。截至 2005 年底，全国 19 家[①]外资创业投资机构累计投资项目 397 项，占全部累计投资项目的 15%，高于 2004 年的 8%。其中，累计投资项目最多的企业有 83 项，最少的为 4 项，平均每家 21 项。在投资企业中，除了继续运行外，被其他机构收购、准备上市以及已上市，是内外资创业投资机构最主要的三种运行方式，其中外资创业投资机构三者的比例分别为 14.1%、10.3% 和 8.1%，而其他几种方式，如原股东（创业者）回购、管理层收购和清算的比例分别为 5.0%、1.5% 和 3.1%。

对内资创业机构来讲，被其他机构收购、准备上市以及已上市的比例分别为 10.9%、6.5% 和 4.3%。从中可以看出，外资创业投资机构一般通过上市和购并来实现更快的退出和回收资金，资金的使用效率要高于中资机构。因此，在创投资金的运用上，外资机构的效率更高，值得中资机构学习。在其他几种方式中，原股东（创业者）回购和管理层收购的比例差不多。但外资通过清算退出的比例远高于中资机构，说明外资一旦项目不成功，也敢于通过清算，尽快收回成本。从上市或准备上市的地点来看，外资虽然在境内上市的比例有所提高，但仍以境外上市为主。值得一提的是，外资项目选择被境内非上市公司收购的比例有明显提高。这些都说明，国内资本市场的环境有所改善。

（5）影响外资创业投资机构投资决策的因素[②]。根据调查情况，2005 年影响外资创业投资机构投资决策的因素与 2004 年的调查结果基本一致，依次为市场前景、管理团队、盈利模式、财务状况、技术因素、股权价格、投资地点和资信状况，其中市场前景、管理团队是最重要的两种因素，所占比例远远高于其他因素。

对比影响中外投资机构决策的因素，最重要的 5 个因素在顺序上基本一致，都将管理团队和市场前景放在前两位。稍有区别的是，外资更注重管理团队、财务状况和盈利模式，而中资机构则对技术因素更为关注。这说明，外资机构更注重管理及项目的未来发展，而中资机构由于长期以来受“创业投资就是投资高技术”观念的影响，比较重视技术性，如图 19 所示。

① 回答该问题的外资创业投资机构 20 家，其中 1 家没有具体的运作情况，且没有准确的累计投资项目数，故有效样本为 19 家。
② 共有 27 家机构参与此问题的调查。

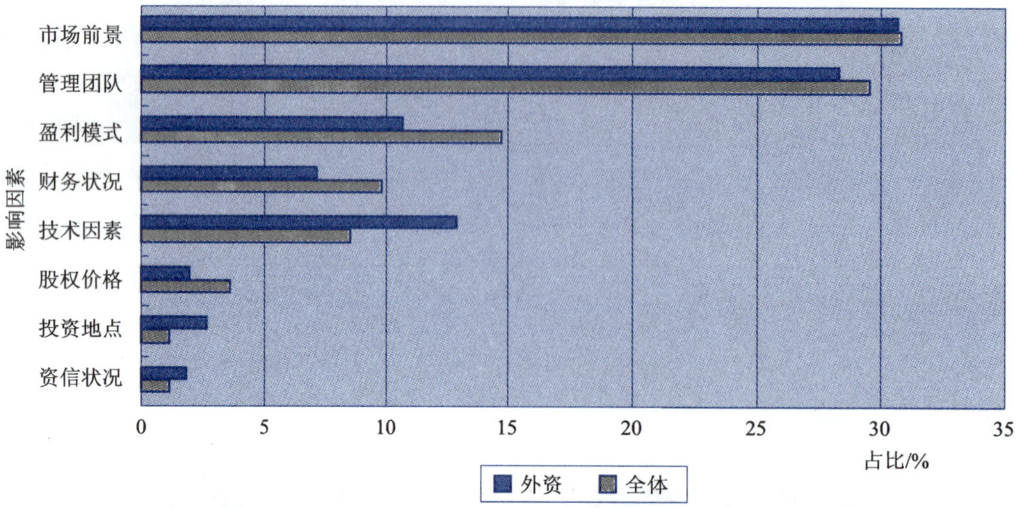

图 16　影响全体与外资创业投资机构投资决策的因素

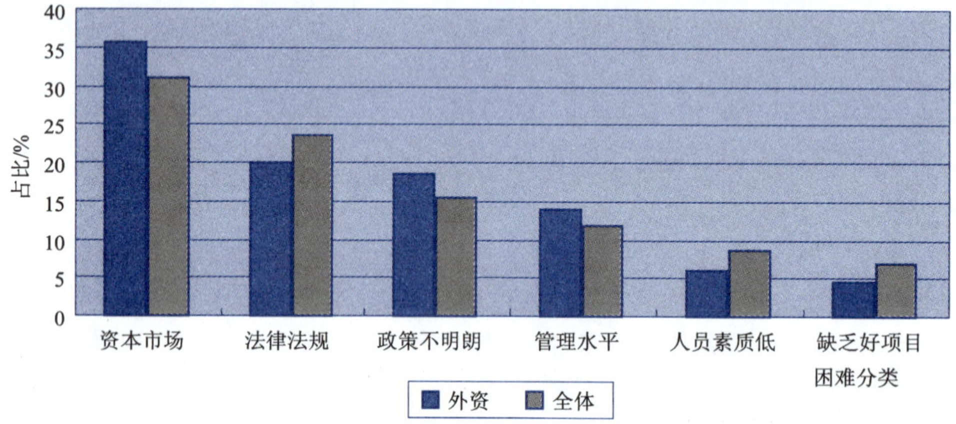

图 17　全体与外资创业投资机构对面临的主要发展困难的判断

十五、科技计划与政策对创业投资的支持还需要加强

（1）2005 年科技计划对创业投资项目的支持。科技计划对创业投资的支持方式主要是资助被投资项目，2005 年各项科技计划对创业投资的支持比例达到当年创业投资项目总数的 21.61%。

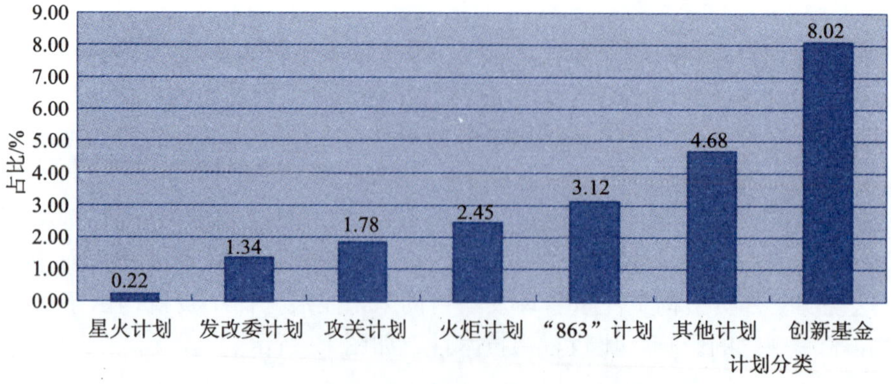

图 18　国家科技计划对创业投资项目的支持

以上各类科技计划支持条件和宗旨中与创业投资对接最好的就是中小企业创新基金，而创新基金支持的项目占创业投资项目的8.02%，与2004年一样，是各科技计划中比例最高的。由于总体创业投资项目数的上升，创新基金支持的项目在数量上比2004年有所上升，在比例上反而略有下降。

（2）国家科技计划与创业投资良好对接的关键因素。调查结果显示：有23.9%的被调查机构认为创业投资与科技计划对接的最关键环节是加大基础、应用和开发投入，为创业投资业提供更多的“种子”；分别有22.8%和21.5%被调查机构认为尽快设立科技型中小企业上市的绿色通道和对创业投资项目直接资助较为重要；有16.6%的认为鼓励与资助创业投资与孵化器之间的合作是加强科技计划与创业投资良好对接的关键。

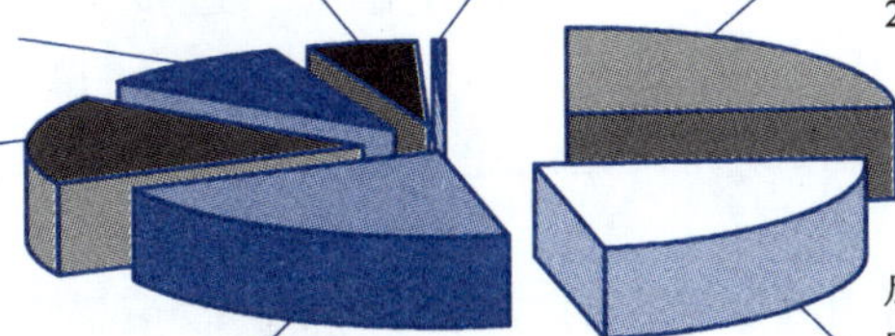

图19　国家科技计划与创业投资良好对接的关键因素占比

十六、创业投资制度环境迎来历史最佳时期

（1）《公司法》、《证券法》的修订改善了创业投资多方面的运作条件。在一年多的时间内，《公司法》已连续做了两次修订，特别是在2005年10月修订力度十分罕见。在《公司法》中大幅降低了设立有限责任和股份有限公司的标准，规定允许设立一人有限责任公司；大幅减低了工业产权、非专利技术出资比例要求，将极大地鼓励科技创业活动。不仅如此，对注册资本分期到位，取消了公司对外投资的一般性限制，为注册为公司的创业投资具体操作开辟了广阔的空间。与《公司法》同步修订的《证券法》中降低了对上市公司资本规模的要求，对盈利性不再作硬性要求，有利于证券资本市场采取灵活方式，吸纳科技企业上市。两法的修订极大改善了创业投资从设立到投资（企业）再到退出渠道产业链的运作环境。

（2）国家中长期科技发展规划及其配套政策鼓励创业投资的力度极大。正式颁布的《国家中长期科学和技术发展规划纲要（2006－2020年）》（以下简称《纲要》）对建立和完善创业投资机制给予了高度重视。《纲要》指出：“建立和完善创业风险投资机制，起草和制定促进创业风险投资健康发展的法律法规及相关政策。积极推进创业板市场建设，建立加速科技产业化的多层次资本市场体系。鼓励有条件的高科技企业在国内主板和中小企业板上市。努力为高科技中小企业在海外上市创造便利条件。为高科技创业风险投资企业跨境资金运作创造更加宽松的金融、外汇政策环境。在国家高新区内，开展对未上市高新技术企业股权流通的试点工作。逐步建立技术产权交易市场。探索以政府财政资金为引导，政策性金融、商业性金融资金投入为主的方式，采取积极措施，促进更多资本进入创业风险投资市场。建立全国性的科技创业风险投资行业自律组织。”

《配套政策》是落实《纲要》的具体政策措施，与创业投资有关的政策有以下几条：

第十二条要求对主要投资于中小高新技术企业的创业风险投资企业实行投资收益税收减免或投资额按比例抵扣应纳税所得额等税收优惠政策。

第十八条要求制定《创业投资企业管理暂行办法》配套规章，完善创业风险投资法律保障体系。

依法对创业风险投资企业进行备案管理，促进创业风险投资企业规范健康发展。鼓励有关部门和地方政府设立创业风险投资引导基金，引导社会资金流向创业风险投资企业，引导创业风险投资企业投资处于种子期和起步期的创业企业。在法律法规和有关监管规定许可的前提下，支持保险公司投资创业风险投资企业，允许证券公司在符合法律法规和有关监管规定的前提下开展创业风险投资业务，允许创业风险投资企业在法律法规规定的范围内通过债权融资方式增强投资能力。完善创业风险投资外汇管理制度，规范法人制创业风险投资企业的外汇管理，明确对非法人制外资创业风险投资企业的有关外汇管理问题。

第十九条要求建立支持自主创新的多层次资本市场，支持有条件的高新技术企业在国内主板和中小企业板上市。大力推进中小企业板制度创新，缩短公开上市辅导期，简化核准程序，加快科技型中小企业上市进程。适时推出创业板。

推进高新技术企业股份转让工作。启动中关村科技园区未上市高新技术企业进入证券公司代办系统进行股份转让的试点工作。在总结试点经验的基础上，逐步允许具备条件的国家高新技术产业开发区内未上市高新技术企业进入代办系统进行股份转让。在有条件的地区，地方政府应通过财政支持等方式，扶持发展区域性产权交易市场，拓宽创业风险投资退出渠道。支持符合条件的高新技术企业发行公司债券。

2005 年对创业投资机构希望国家采取的激励创业投资政策措施的调查结果显示，创业投资机构最期望的政策主要为税收政策扶持、国家和地方政府设立政策性创业投资引导基金以及拓宽创业投资退出渠道这几个方面。

第一，所得税减免。创业投资机构享受到的政府扶持政策中最主要的就是所得税减免，即对创业投资企业实行投资收益税收减免或投资额按比例抵扣应纳税所得额，该选项所占比例为 28. 9%。

第二，设立政策性引导基金。有 27. 7% 的被调查机构认为应该采取的激励措施为设立政策性引导基金，通过参股或提供融资担保方式扶持创业投资企业。

第三，完善多层次资本市场。有 24. 2% 的被调查机构认为这是政府应该采取的激励措施，如果建立完善多层次的资本市场，将能极大地促进创业投资的发展。

通过简单对比可以发现，国家中长期科技发展规划纲要及其配套政策基本涵盖了所有创业投资企业期望程度很高的政府支持政策，如税收减免、设立政策性引导资金或基金以及完善多层次资本市场等。随着规划纲要和配套政策的细化，相信在最近几年将会出台一系列有力度的政策措施。

（3）《创业投资管理暂行办法》的出台。2005 年 11 月国家发改委、科技部等十部委联合颁布了《创业投资企业管理暂行办法》，开宗明义地指出了目的在于“促进创业投资企业发展，规范其投资运作，鼓励其投资中小企业特别是中小高新技术企业”。其中原则性地规定要制定有利于创业投资发展的财税政策等。

对 2005 年颁布的《创业投资企业管理暂行办法》对创业投资行业发展的促进作用的调查显示，有 37. 9% 的被调查机构认为起到的促进作用为“一般”，有 34. 0% 的被调查机构认为促进作用为“大”，另有 14. 6% 的被调查机构认为没有起到促进作用，还有 13. 4% 的被调查机构认为起到的促进作用“很大”。

（4）境外上市融资的外汇管理制度先建“审批制”，而后迅速改为“登记制”。

2005 年 1 月 24 日，国家外汇管理局发布《国家外汇管理局关于完善外资并购外汇管理有关问题的通知》（简称 11 号文）和 4 月 21 日发布的《国家外汇管理局关于境内居民个人境外投资登记及外资并购外汇登记有关问题的通知》（简称 29 号文）。文件规定，以个人名义在境外设立公司要到各地外汇管理局报批；以境外公司并购境内资产，要经过国家商务部等三个部门的审批，审批的重点是境内外不借助现金为媒介的股权和财产权利互换交易。两文件的出台，对在境内从事创业投资的外资机构影响极大，许多需要借助海外市场的投资案件都不得不暂停。

2005 年 10 月，国家外汇管理局发布《关于境内居民通过境外特殊目的公司融资及返程投资外汇管理有关问题的通知》（简称 75 号文），外管局不再对境内居民赴海外设立企业（特殊目的公司），以该企业为平台购买或置换境内企业中方股权、在境内设立外商投资企业及通过该企业购买或协议控制境内资产、协议购买境内资产及以该项资产投资设立外商投资企业、向境内企业增资等环节进行核准，而改为登记制。这一政策的出台使中止的创业投资通过境外上市退出渠道又恢复了畅通。

（5）“三板市场”在高新技术园区内试点科技企业股权转让。2003 年北京市和科技部向国务院上报的《关于申请中关村科技园区非上市股份有限公司进入证券公司代办股份转让系统进行股份转让试点的请示》，是推出“试点”的起点。报告很快得到了国务院领导的批示，中国证监会于 2004 年 5 月牵头组成了有科技部和北京市政府参加的工作小组，起草有关方案。

2006 年元月召全国科技大会后不久，中国证券业协会发布了《证券公司代办股份转让系统中关村科技园区非上市股份有限公司股份报价转让试点办法》出台（以下简称“试点”）的消息。股份代办系统目前共有 16 家证券公司的 1 023 家营业部和 245 家证券服务网点，遍布全国 30 个省市（当前只有 10 家证券公司获准开展该业务）。在《中长期科技发展规划纲要》的配套政策中还写道：“启动中关村科技园区未上市高新技术企业进入证券公司代办系统进行股份转让的试点工作。在总结试点经验的基础上，逐步允许具备条件的国家高新技术产业开发区内未上市高新技术企业进入代办系统进行股份转让。”为股权代办系统能够覆盖全国主要高新技术园区，也为活跃创业投资退出和有关交易奠定了制度基础。

（6）需要完善或出台的法律法规。2005 年中国创业投资调查还显示，中小企业创业板依然是困扰创业投资机构的一大问题。有 32. 3% 的被调查机构认为尽快推出创业板是最应该出台的法律法规，另有 28. 0% 的被调查机构认为应制定《有限合伙法》或修改《合伙企业法》，23. 7% 的被调查机构认为应尽快实现股票全流通，有 9. 4% 和 3. 8% 的被调查机构认为最应该修改《商业银行法》和《保险法》。

科技部研究中心创业投资研究所　房汉廷

5

2005 年国家高新技术产业开发区发展综述

2005 年是国务院批准建立国家高新区并颁布相关政策 14 周年，也是国家实施“十五”计划的收获年。在过去的一年中，53 个国家高新区（以下简称高新区）坚持创新与发展的改革思路，着眼于国家发展的目标，强化市场需求与产业特点，积极探索新的符合现代高新技术产业发展的优化环境，不断加强自主创新能力建设，使高新区成为各个地方经济建设新的增长点。为国家发展高新技术产业提供了新的有益的经验。从以下各个方面就可以看到高新区的发展状况。

一、高新区综合发展情况分析

（一）高新区经济持续稳定增长

2005 年是高新区建区 14 年，也是高新区提出“二次创业”的第五年。高新区各项工作都取得了长足进步，对地方经济的发展起到了不可估量的作用。2005 年 53 个高新区营业总收入突破了 3 万亿元，达到 34 415. 6 亿元，工业增加值比上年又上了一个新台阶，达到 6 820. 6 亿元，分别比上年增长 25. 3% 和 23. 1%。

据对 2005 年高新区 41 990 家企业的统计，年末从业人员 521. 2 万人，实现营业总收入 34 415. 6 亿元，工业总产值 28 957. 6 亿元，工业销售产值 27 872. 4 亿元，工业增加值 6 820. 6 亿元，净利润 1 603. 2 亿元，上缴税额 1 615. 8 亿元，出口创汇 1 116. 5 亿美元。

2005 年高新区各主要经济指标与 2004 年比较，营业总收入增长 25. 3%，工业总产值增长 27. 9%，工业增加值增长 23. 1%，净利润增长 12. 7%，实现上缴税额增长 30. 3%，出口创汇增长 35. 5%。高新区以上各项经济指标自 1992 年以来保持的年均增长率分别为 46. 95%、47. 4%、30. 5%、38. 2%、47. 9%、53. 93%。充分展示了高新区建立 15 年以来的发展活力，尤其以高新区高新技术企业所创造的经济效益最为明显，不仅带动了新经济增长点的不断涌现，同时也显现出高新区对地方经济发展的贡献度。大量的数据说明高新区是改革发展的动力，是科技与经济结合的典范。已经成为特色产业聚集的发展区和区域经济发展的重要载体，是我国现代化建设的一支重要力量（53 个高新区的经济发展状况见表 1 和图 1）。

表1 2005年高新区主要经济指标一览表

指标 地区	企业数/家	总收入/千元	工业总产值/千元	工业增加值/千元	出口创汇/千美元	净利润/千元	上缴税额/千元
北京	16 343	486 523 772	260 408 364	47 690 000	9 488 233	27 303 611	17 275 525
天津	2 239	75 128 575	62 744 224	11 481 733	2 453 006	4 101 670	4 000 050
石家庄	519	39 068 120	31 034 019	8 463 946	210 219	1 423 664	2 148 142
保定	148	17 744 107	16 669 239	2 978 608	312 402	928 099	609 462
太原	700	50 493 312	44 851 810	13 148 408	109 527	2 001 818	3 057 558
包头	411	32 153 405	32 891 034	10 378 225	363 175	1 071 991	1 083 766
沈阳	1 193	69 376 569	46 902 237	9 892 003	559 933	1 863 278	3 768 549
大连	1 684	68 911 695	52 519 566	15 148 706	1 508 893	3 604 760	2 889 503
鞍山	371	27 105 491	23 326 420	6 423 190	71 107	1 077 419	1 549 824
长春	803	90 856 459	88 960 361	24 587 447	364 673	4 257 305	10 126 388
吉林	564	58 567 916	56 579 985	16 914 640	130 736	2 168 545	3 262 525
哈尔滨	391	51 215 155	43 904 071	10 769 548	275 748	2 494 264	2 558 163
大庆	280	34 221 658	33 516 226	8 734 459	65 506	1 817 880	2 074 752
上海	701	266 922 279	225 397 650	48 610 520	15 497 698	13 078 266	9 258 910
南京	217	159 303 174	151 852 469	19 882 380	7 188 027	7 347 752	6 469 120
常州	478	39 533 641	40 239 628	9 128 156	939 530	1 593 423	1 549 895
无锡	575	120 984 347	120 974 373	27 450 256	8 124 571	5 783 835	3 602 743
苏州	691	148 027 790	133 380 638	32 749 529	16 809 648	4 773 056	2 999 645
杭州	619	82 731 238	58 767 213	9 591 948	2 862 053	1 852 867	3 228 517
合肥	229	42 557 170	38 770 085	12 961 024	349 572	2 508 587	6 007 606
福州	180	24 074 693	24 301 481	5 585 174	957 770	1 199 594	940 275
厦门	150	59 535 211	58 288 730	10 351 307	37 41 315	4 564 377	3 414 613
南昌	273	28 382 267	25 589 554	8 028 268	280 604	1 497 412	3 193 713
济南	363	64 528 457	58 656 685	15 231 802	361 868	1 271 136	5 201 220
青岛	196	72 130 885	68 583 359	19 535 205	1 852 809	3 495 389	2 890 713
淄博	190	50 809 157	48 670 784	12 813 600	673 067	3 457 240	3 691 569
潍坊	300	49 242 991	46 815 322	12 279 316	508 785	2 343 662	2 116 016
威海	182	37 178 333	36 144 801	10 378 826	1 783 338	1 806 652	1 908 053
郑州	458	37 722 885	32 269 763	10 342 994	180 303	3 136 594	3 006 222
洛阳	299	25 120 977	20 565 135	4 410 766	228 405	927 885	1 471 865
武汉	907	72 496 769	62 895 919	22 991 316	344 649	4 516 757	3 604 914
襄樊	104	26 259 294	22 770 971	6 552 187	59 636	1 898 652	2 322 308
长沙	707	63 212 459	55 277 108	13 322 655	556 893	2 661 597	2 699 015
株洲	164	25 208 455	23 843 982	7 073 741	245 149	907 551	1 089 014
广州	1 120	97 670 512	72 858 620	13 628 174	3 044 927	4 072 129	2 770 610
深圳	287	131 640 760	136 800 785	26 109 225	8 263 646	6 044 486	5 476 112
珠海	366	63 973 827	63 862 592	12 196 855	5 905 368	2 454 946	1 378 359

续表

指标 地区	企业数/家	总收入/千元	工业总产值/千元	工业增加值/千元	出口创汇/千美元	净利润/千元	上缴税额/千元
惠州	155	56 574 767	56 886 341	10 386 511	4 654 892	224 332	992 777
中山	401	54 898 848	51 525 392	10 776 187	3 594 907	1 497 257	1 333 468
佛山	94	37 654 609	39 149 232	6 917 694	2 446 869	-395 261	1 137 732
南宁	307	25 373 811	18 703 131	5 963 489	101 336	1 484 463	928 197
桂林	233	16 500 631	16 350 295	5 376 821	187 074	845 206	1 291 208
海南	115	12 968 279	13 585 695	3 408 759	92 784	895 564	1 210 213
成都	704	85 026 828	71 630 110	24 091 686	438 490	7 203 264	4 761 339
重庆	351	38 859 748	33 153 406	9 868 753	452 530	1 708 752	2 110 737
绵阳	96	20 622 864	18 836 954	3 340 952	353 714	304 207	683 569
贵阳	130	16 819 446	16 474 065	4 544 549	178 518	442 904	1 105 682
昆明	120	26 529 969	22 456 322	4 001 737	420 413	1 369 448	1 208 045
西安	3 003	110 365 454	74 747 528	25 457 478	1 106 233	5 145 529	7 656 662
宝鸡	203	17 225 213	18 153 361	4 962 928	80 358	958 352	1 503 140
杨凌	90	3 213 622	2 525 855	1 118 983	66 964	88 679	81 875
兰州	414	16 858 114	15 379 795	2 888 958	40 612	890 363	593 543
乌鲁木齐	172	11 454 794	4 315 675	1 139 607	756 860	346 128	294 817
合计	41 990	3 441 560 801	2 895 758 359	682 061 226	111 645 343	160 317 337	161 588 238

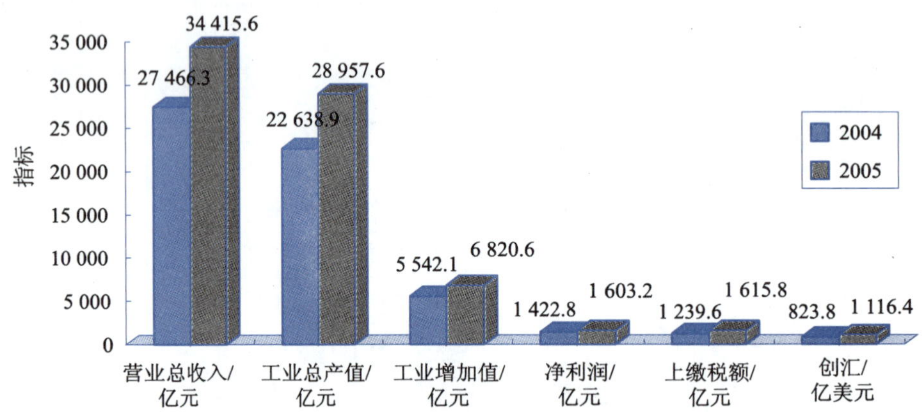

图 1　2004－2005 年高新区主要经济指标比较

高新区工业企业创造的增加值也有较大增长，从开始统计工业增加值的 1998 年到 2005 年，工业增加值已经增长了 6.4 倍，达到了今年的最高增长点 6 820.6 亿元。8 年的平均增长速度为 30.5%。2005 年，高新区工业增加值占全国工业增加值（76 190 亿元）的比重与上年持平，均为 9%，增长幅度比全国工业增长幅度高 11.7 个百分点。高新区的区内生产总值（GDP）已达到 9 130.7 亿元，比上年高出 1 955.2 亿元，占全国国内生产总值（182 321 亿元）的比重达 5%。

高新区全部企业年末资产比上年增长了 5 768.8 亿元，达到 36 813.3 亿元；年末负债也比上年高 3 544.6 亿元，为 19 791.9 亿元，净资产 17 021.4 亿元；高新区全部企业的资产负债率为 53.8%，总体状况较好（见表 2）。

表 2　2004－2005 年高新区企业年末资产增长情况比较

指标 / 年度比较	企业年末资产合计/亿元	企业平均年末资产/万元	资产上亿元企业		
			企业数/家	年末资产合计/亿元	企业平均年末资产/亿元
2004	31 044.5	8 050.0	3 683.0	27 144.6	7.3
2005	36 813.3	8 767.0	4 225.0	32 334.9	7.6
增长/%	18.6	8.9	14.7	19.1	4.1

（二）通过国家环境体系建设认证的高新区日益增多

高新区的发展不仅需要吸引有创新理念的企业，更重要的是为企业创造优异的环境和良好的创新创业氛围，从而吸引更多的企业到高新区来发展。截止到 2005 年的统计调查，有 32 个高新区通过了国家环保局的 ISO14000 环境体系认证，占到高新区总数的 60.4%，还有 4 家高新区正在审批的过程中，可以说这是高新区发展多年以来最旺盛的时期，也说明更多的高新区越来越重视对周边环境的建设和培育。

（三）高新区固定资产投资继续加大

2005 年高新区的固定资产投资共计 3 179.4 亿元，固定资产投资达到前五位的依次为：乌鲁木齐高新区 399.4 亿元、无锡高新区 200.3 亿元、上海高新区 166 亿元、常州高新区 162 亿元、苏州高新区 150 亿元。

其中本年用于基本建设的投资为 1 960.2 亿元，大大高于 2004 年的基本建设投资费用 398.2 亿元。今年按照国家国土资源部和建设部核准的面积口径进行填报，高新区规划面积为 1 026.68 平方千米，到 2005 年核准高新区累计已开发土地面积 454.68 平方千米，累计竣工建筑面积 287.8 平方千米。高新区在 2005 年引进的不少高科技含量项目都相继投产和开工，因此，投入的各类基建资金也相应地有所加大，以下五项指标，反映出高新区在为企业创造创新创业环境和提供发展空间方面做了大量卓有成效的工作。特别是生产业务用房投入资金 723.2 亿元、住宅投入资金 319.4 亿元、公用设施投入资金 116.3 亿元、基础设施投入资金 337.8 亿元和征地拆迁投入资金 151.8 亿元。

（四）对区域经济的贡献进一步增强

2005 年高新区在区域经济中的地位越来越显著。相当一部分高新区的工业增加值在其所在城市的工业增加值中占有较大份额，占到 30% 以上的高新区有 18 个：南京高新区 30.3%、长沙高新区 30.7%、襄樊高新区 32.2%、武汉东湖高新区 32.3%、潍坊高新区 33.2%、南宁高新区 33.6%、宝鸡高新区 33.8%、常州高新区 36.6%、长春高新区 37.7%、成都高新区 37.8%、珠海高新区 39.0%、吉林高新区 40%、威海高新区 44.5%、太原高新区 44.8%、合肥高新区 49.1%、海口高新区 55.0%、西安高新区 60.6%、杨凌高新区 93.5%。

2005 年高新区区内生产总值在当地城市生产总值中占 20% 以上的高新区有 10 个：杨凌高新区 76.9%、西安高新区 24.9%、威海高新区 39.7%、吉林高新区 24%、珠海高新区 20%、常州高新区 24.5%、潍坊高新区 32.8%、武汉东湖高新区 22.2%、苏州高新区 25.9%、惠州高新区 22.6%。

（五）高新区在吸引各类资金方面不断加大力度

2005 年高新区在吸引各类资金方面又有了一定的发展。用于对科技型中小企业创新基金配套的资金已达到 11.7 亿元，政府用于扶持创业投资机构的资金已达到 30.2 亿元，政府用于扶持担保机构的资金已达到 43.5 亿元。以上三种资金共计达到 85.4 亿元，为高新区企业的创新创业发展起到了很好的推动作用，解决了中小企业缺少资金的大问题，高新区成为企业发展的良好支撑条件和平台。

2005 年高新区累计合同投资额为 1 207.9 亿美元，年末累计外商实际投资额为 618.8 亿美元，其中外商在高新区的实际投资排在前五位的是：上海高新区 85.5 亿美元、无锡高新区 61.1 亿美元、苏州高新区 52.3 亿美元、南京高新区 47.8 亿美元、北京中关村高新区 42.3 亿美元。外商共计投资 289 亿美元，占高新区投资总量的 46.7%。仅 2005 年，外商就在高新区内投资了 99.4 亿美元，占高新区建区以来外商累计投资额的 16.1%。

二、高新区企业发展情况

（一）入驻企业有所增加，经济效益明显提高

2005 年入驻高新区内的企业不断增加。入区企业比上年又增加了 3 425 家。营业收入超过 100 亿元以上的企业创历史最高记录达到 42 家，50 亿元以上的 67 家，30 亿元以上的 73 家，10 亿元以上的 377 家。特别是收入在亿元以上的企业已经达到了 3 389 家，比上年多出 545 家，占高新区企业总量的 8%，但创造的营业收入却占总营业收入的 88.6%。各个高新区越来越重视为高新技术企业服务，为企业在高新区内创新创业创造了非常好的环境和条件，不少在孵化器毕业的企业纷纷投入到高新区来发展。到 2005 年底，高新区内经过各类科技企业孵化器毕业的进区企业已达 2 083 家。这部分企业在孵化器的创业已经成熟，非常愿意到高新区中来发展，各个高新区也欢迎这批孵化器毕业的企业，这给高新区增添了活力，为高新区的经济发展做出了很大的贡献。2005 年高新区企业在营业总收入、工业总产值、利润、缴税、出口创汇方面分别是 1992 年的 149 倍、155 倍、67 倍、163 倍、272 倍。区内 41 990 家企业的平均营业总收入达到 8 196 万元，比 2004 年高出 1 079 万元；平均工业总产值 6 896 万元、平均净利润 381.8 万元、平均缴税 384.8 万元、平均出口创汇 265.9 万美元（见图 2）。

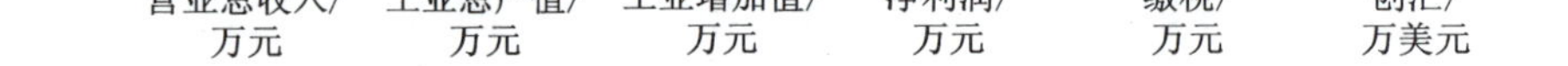

图 2　2004－2005 年高新区企业主要经济指标平均值

（二）企业缴税情况继续看好

2005 年高新区 41 990 家企业共上缴税金 1 615.8 亿元，同比增长 30.3%，比上年增长了 5 个百分点。其中年销售收入在 500 万元以上的工业企业共上缴税金 1 354.1 亿元，占高新区上缴税金总量的 83.8%；营业总收入超亿元企业的缴税额达到了 1 411.3 亿元，占高新区上缴税金总量的 87.3%；外商和港澳台投资企业的缴税额为 572 亿元，占高新区上缴税金总量的 35.4%。2005 年经认定的 27 293 家高新技术企业共上缴税金 1 135.2 亿元，占高新区上缴税金总量的 70.3%（见图 3）。

（三）规模以上工业企业进一步发展

2005 年高新区产品销售收入在 500 万元以上的规模工业企业有 11 411 家，占到高新区企业总量的 27.2%。这些企业实现的营业总收入已达到 28 410.7 亿元，占高新区收入总量的 82.6%；工业增加值已达到 6 377.2 亿元，占高新区总量的 93.5%；工业总产值 27 308.7 亿元，占高新区总量的 94.3%；

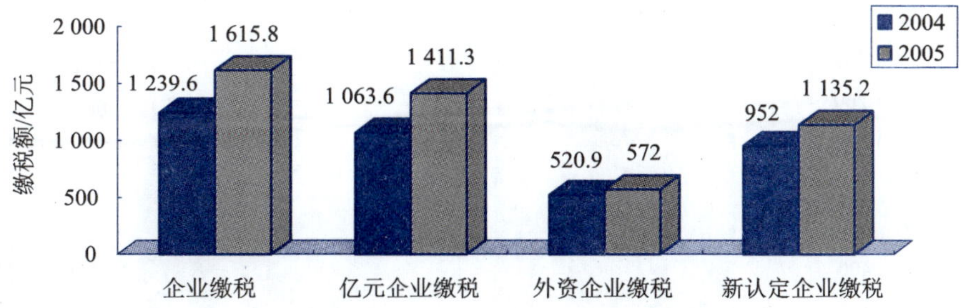

图3　2004－2005高新区企业缴税情况

实现工业销售产值26 499. 9亿元，占高新区总量的95. 1%；实现利润1 253. 5亿元，占高新区总量的78. 2%；上缴税金1 354. 1亿元，占高新区总量的83. 8%；出口创汇1 070. 9亿美元，占高新区总量的95. 9%。

（四）上市企业在高新区发展中带动作用明显

2005年统计年报显示，在41 990家企业中，已有上市企业354家，占高新区企业总数的0. 8%，占全国上市企业总量（全国上市公司1 378家）的25. 6%。这些企业实现营业总收入4 946. 2亿元，占总量的14. 4%；工业总产值4 358. 2亿元，占总量的15. 0%；利润259. 3亿元，占总量的16. 2%；上缴税额296. 2亿元，占总量的18. 3%；出口创汇71. 7亿美元，占总量的6. 4%。这批企业是在高新区中成长起来的，也是由于高新区优越的环境得到了更快的发展，为高新区经济稳固发展贡献了很大的力量。

（五）高新区吸引专业技术人才优势明显

据2005年统计数据显示，高新区就业人员已达521. 2万人，是高新区建区初期的15倍，比2004年就业人数多72. 8万人，增长16. 2%。

高新区大专以上学历人员达到211. 7万人，比上年高出36. 7万人，占从业人员总数的40. 6%，其中硕士生14万人，博士生2. 3万人，留学回国人员2. 1万名。高新区在人才竞争方面有较大的优势和潜能，表现在吸引应届大学毕业生的能力上，从2005年高新区企业招收的当年大专以上学历毕业生的情况看，就足以证明这一点。53个高新区共招收了18. 1万名大学毕业生，占从业人员总数的3. 5%。这说明高新区在吸纳高校毕业生方面有很强的实力，也说明更多的青年愿意到高新区发展和创新创业。

（六）企业技术创新能力不断加强

2005年高新区企业的科技经费支出总额为1 338. 9亿元，比上年增长321. 4亿元，其中R&D经费支出为806. 2亿元，占高新区营业总收入的2. 3%，占产品销售收入的2. 8%。从事科技活动的人员已达到87万人，比2004年多14. 4万人。我国有近1/3的R&D活动资金投入到了国家高新区各类创新项目上，高新区内企业对研发的投入越来越重视，更多企业开始注重研究创新项目。R&D投入超过上年50%的企业就有6 000多家，其中投入较多的前10家企业有：中国玻纤股份有限公司8亿元、中铁十一局第一工程有限公司6亿元、吉林化学工业股份有限公司染料厂5亿元、中钞国鼎（北京）投资有限公司4亿元、名硕电脑（苏州）有限公司3亿元、上海宏力半导体制造有限公司3亿元、中国石化齐鲁股份有限公司3亿元、吉林省冶金国有控股有限责任公司3亿元、上海联想电子有限公司3亿元、中国船舶重工集团公司第709研究所3亿元（见图4）。

2005年高新区内经认定的27 293家高新技术企业的R&D活动经费投入达716. 6亿元，占营业总收入的比重为2. 8%，占高新区全部R&D活动经费投入的88. 9%。

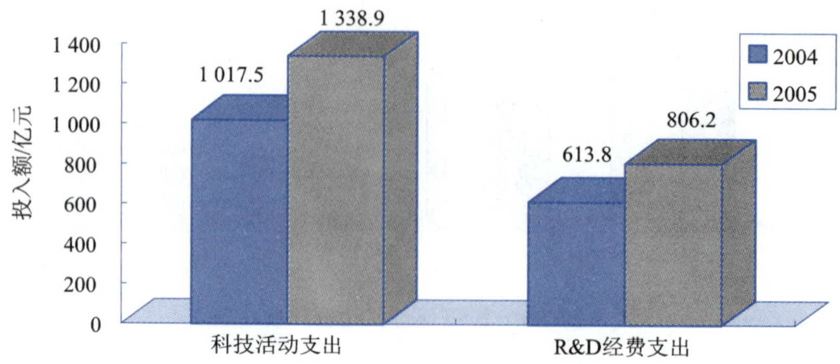

图 4　2004－2005 年高新区科研经费投入状况

（七）高新区内各类高技术产品发展良好

2005 年高新区企业在各高新技术产业领域中发展良好。电子信息领域继续领先，产品销售收入大大高于其他领域，达到 8 935.6 亿元，比上年增长 1 346.5 亿元，占全部产品销售收入的 40.3%，处于领先地位；新材料领域也发展较快，比去年增加了 712.6 亿元，达到 3 183.9 亿元，占 14.3%；光机电一体化紧随其后，达 2 664 亿元，比上年增加了 771 亿元，占 12%；生物技术领域为 1 610.5 亿元，占 7.3%。其他领域的产品销售收入总量排序依次是新能源及高效节能技术 949.8 亿元，占 4.3%；环境保护技术 173.4 亿元，占 0.8%；航空航天技术 103.4 亿元，占 0.5%；地球、空间、海洋工程 26.2 亿元，占 0.1%；核应用技术 19.7 亿元，占 0.01%（见图 5）。

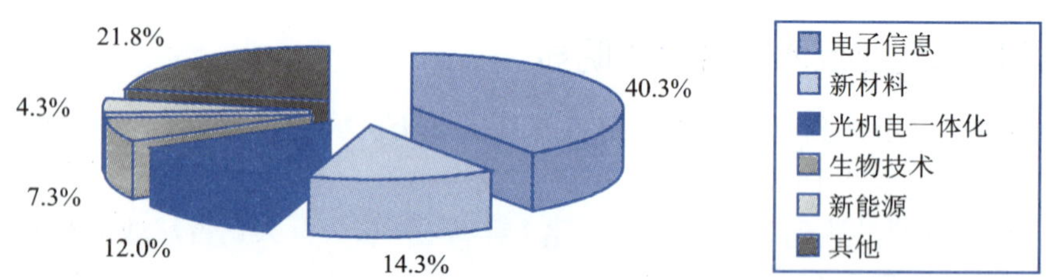

图 5　2005 年高新区各技术领域企业主要产品销售收入分布

（八）高新区企业的高新技术产品出口情况

2005 年高新区企业实现的高新技术产品出口创汇品种达 43 812 种，比上年增加了 3 838 种。实现产品出口创汇额 760.7 亿美元，比 2004 年的 699 亿美元增长了 8.8%，占高新区全部出口创汇总额的 68.1%。

高新区企业的出口创汇规模增长迅速，出口额超亿美元的企业已有 138 家，比 2004 年多了 20 家，出口额达 839.6 亿美元，增长了 35.4%。

2005 年高新区企业产品出口最多的是电子与信息领域，达 568.8 亿美元，比上年增加了 36.4 亿美元，占产品出口总额的 74.8%；跃居第二位的是光机电一体化领域，达到 70.2 亿美元，占到产品出口总额的 9.2%；排在第三位的是新材料领域，达到 39.9 亿美元，占产品出口总额的 5.2%；其次是生物技术领域，达到 11.8 亿美元，占到产品出口总额的 1.6%。

2005 年高新区企业的主要产品出口仍以销往美国为最多，出口额达 290.4 亿美元，占出口总额的 38.2%；其次是日本 122.1 亿美元，占出口总额的 16.1%；港澳台地区今年超过欧洲达到 141.2 亿美元，欧洲 123.2 亿美元，分别占产品出口总额的 18.6% 和 16.2%。

科学技术部火炬高技术产业开发中心信息调研处　王树海

中国高技术产业
发展年鉴(2006)

产业发展篇

Industrial Development

CHINA
HIGH-TECH
INDUSTRY
DEVELOPMENT
ALMANAC
(2006)

1

2005年中国信息产业发展综述

一、2005年信息产业发展基本情况

2005年中国的信息产业总体发展情况良好，除邮政业的发展增速低于GDP的增速之外，电信业与电子信息产业均保持了快速增长势头，电子信息产业的高速发展依然是2005年中国信息产业发展的主旋律，其增幅仍然维持在国内生产总值增幅的2.5倍左右。2005年信息产业发展的总体情况详见表1与图1。

表1　2005年信息产业发展总体情况

项目＼指标	金额/亿元	比上年增长/%
国内生产总值GDP	182 321	9.9
工业增加值	76 190	11.4
电信业务总量	11 575	25.4
电信业务收入	5 799	11.7
邮政业务总量	624	10.1
邮政业务收入	574.7	7.7
电子信息产业①销售收入	38 411	24.8
电子信息产业增加值	9 004	28.2

数据来源：国家统计局《2005年国民经济和社会发展统计公报》、信息产业部《2005年通信业发展统计公报》与《2005年电子信息产业经济运行公报》

① 电子信息产业包括电子信息产品制造业与软件产业。国家统计局根据第一次全国经济普查的结果，对2004年的统计数据进行了调整，电子信息产业发展数据也按照全口径统计进行了调整，即2004年电子信息产业全口径统计全年完成工业增加值7 018亿元，比原公布数（5 650亿元）增加了24.2%，占GDP比重的4.39%。销售收入为30 785亿元，利润为1 242亿元，税金为394亿元，从业人员628万人，分别比原公布数增加了16%、10.8%、3.7%和22.3%。

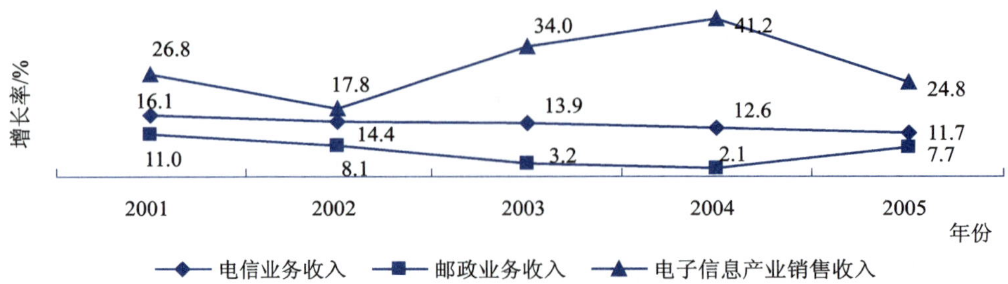

图1　2001－2005年信息产业各业务收入同比增长情况

数据来源：国家统计局与信息产业部各年度相关行业发展统计公报

（一）电信业

2005年电信业完成电信业务总量11 575.3亿元，同比增长25.4%；累计完成业务收入5 799亿元，同比增长11.7%；完成固定资产投资2 033.4亿元，同比下降4.8%。

全年新增固定电话用户3 867.7万户，其中无线市话用户新增2 045.3万户，年末无线市话用户总数达8 532.7万户；全年新增移动电话用户5 860.4万户，年末移动电话总数达39 342.8万户。2005年底中国固定电话用户总数达35 043.3万户，其中城市电话用户23 976.8万户，乡村电话用户11 066.5万户。全国固定及移动电话用户总数达74 386.1万户，比上年末增加了9 728.1万户；电话普及率达到了57.3部/百人。

全社会互联网使用人数新增约1 700万，总数达到1.11亿人，网络普及率达到8.5%。2005年全国光缆线路长度新增53.1万千米，达到405万千米，其中长途光缆线路长度新增2.3万千米，达到71.9万千米。固定长途电话交换机容量新增75.8万路端，达到1 338.8万路端；移动电话交换机容量新增8 598.3万户，达到48 282.5万户。固定电话和移动电话的实装率分别达到74.6%和81.4%。互联网宽带接入端口新增1 257.8万个，达到4 835.9万个。互联网国际出口带宽136 106 M。网站总数约为69.4万个，域名总数约为259.2万个。

（二）邮政业

2005年中国邮政完成业务总量623.6亿元，比上年同期增长10.1%；累计完成业务收入574.7亿元，同比增长7.7%；完成固定资产投资37.9亿元，同比增长2.8%。

由于通信技术的不断发展、互联网的广泛使用及专业银行电子汇兑业务的普遍开展，2005年邮政业所完成的主要业务中，除特快专递与邮政储蓄业务外，其他业务的完成情况依然是下滑态势。其中，集邮业务下滑的速度最快，全年累计完成集邮业务12.1亿枚，同比降幅从2004年的14.4%进一步扩大到2005年的23.3%；完成邮政函件总数73.6亿件，比上年同期下降了11.1%；完成包件9 526.5万件，比上年同比下降了4.7%；邮政汇票业务市场继续保持两位数的下滑速度，2005年完成邮政汇票1.6亿张，同比下降了10.2%；邮政投递业务下滑的势头有所遏制，全年完成订销报纸投递份数150.4亿份，同比下降了1.2%，比上年的下滑速度缩小了7.2个百分点；完成订销杂志投递份数10.2亿份，同比下降了5%。

在市场需求的推动下，2005年完成邮政特快专递业务22 878.7万件，同比增长15.6%，比上年增幅提升了0.8个百分点；在邮政综合计算机网的支持下，邮政储蓄大力发展中间业务，服务质量得到提高，储蓄余额大幅度增加，2005年达到13 577.1亿元，同比增长25.9%，比上年增幅提升了5.9个百分点，市场占有率达到9%。

（三）电子信息产业

2005年，中国电子信息产业围绕建设电子强国的目标，坚持以发展为第一要务，大力推进结构调整、自主创新和市场开拓，全行业经济运行保持平稳增长态势，规模继续扩大。知名品牌、优势企业和产业基地日渐形成，产业综合实力和国际化程度进一步提高。全行业实现销售收入38 411亿元，同比增长24.8%，其中系统集成收入3 900亿元，同比增长40.3%；完成工业增加值9 004亿元，同比增长28.2%，工业增加值占全国工业增加值的13.6%，增速超出全国工业平均水平11.8个百分点，对其增长的贡献率达到20.8%。全行业完成利税总额1 742亿元，比上年增长6.5%，其中，上缴国家税金435亿元，同比增长10.5%，实现利润总额1 307亿元，同比增长5.2%。

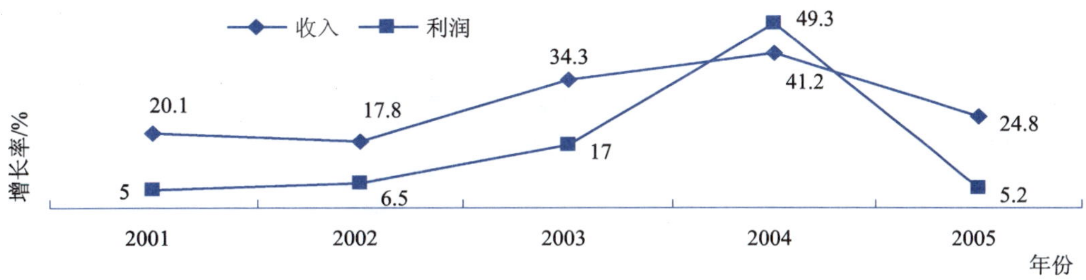

图2　2001－2005年电子信息产业收入与利润同比增长情况

数据来源：信息产业部相关年度相关行业发展统计公报

电子信息产品累计出口额达到2 681.7亿美元，同比增长29.2%，高出全国外贸出口增速0.8个百分点，占全国外贸出口额的35.2%，在全国外贸出口中继续位列第一。

在电子信息制造业中，除微型计算机继续保持高速增长的势头，同比增长35.3%以外，由于市场的因素，其他产品的增速均有不同程度的回落，尽管彩色电视机与集成电路的增幅依然维持在两位数以上，分别达到11.5%与12.9%，但家用电冰箱已经出现了负增长（详见表2）。

表2　主要产品产量生产情况

项　目 / 产品名称	累　计	比上年增长/%
移动通信手机/万部	30 354	3.0
彩色电视机/万部	8 283.2	11.5
家用电冰箱/万台	2 986	-0.7
房间空调器/万台	6 765	5.9
微型计算机/万部	8 083.8	35.3
集成电路/亿块	265.8	12.9
程控交换机/万线	7 720.9	1.3

数据来源：国家统计局《2005年国民经济和社会发展统计公报》、信息产业部《2005年通信业发展统计公报》与《2005年电子信息产业经济运行公报》

二、2005 年信息产业的运行特点

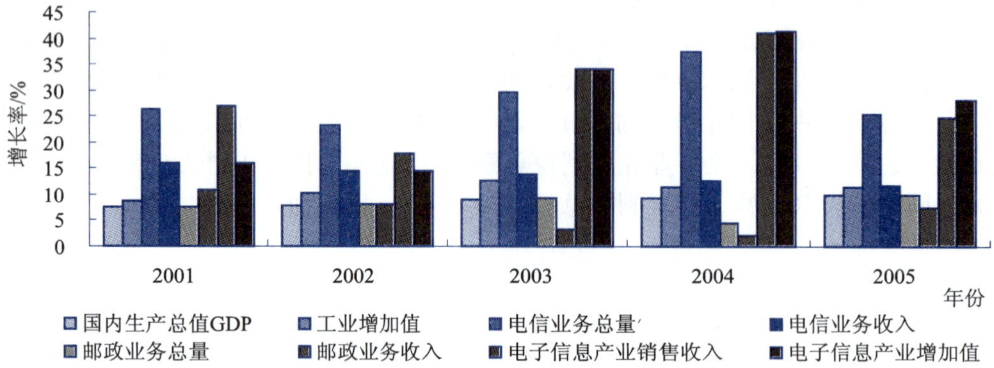

图 3　信息产业主要数据的增长情况

数据来源：国家统计局各年度国民经济和社会发展统计公报、信息产业部各年度通信业发展统计公报与电子信息产业经济运行公报

（一）电信业

1. 业务总量增幅回落，移动通信收入稳步增长

在目前中国电信企业创新能力不足，以投入为手段、规模扩张为特征的粗放型增长模式还没有根本转变的状况下，受实际消费能力的限制，普及率较低的西部和农村尚不能将其潜在的消费市场变成现实需求，而东部发达地区和城市市场日渐饱和，因此，2005 年电信业务总量增长的步伐呈现显著放缓的趋势，同比增长 25.4%，比 2004 年的增幅下降了 12 个百分点。中国电信业务收入增幅从 2001 年起，已连续 5 年呈现下滑势头（详见图 1）。

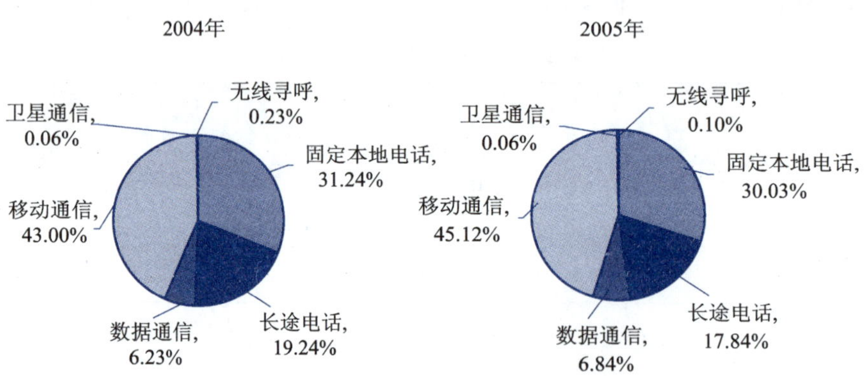

图 4　2004、2005 年电信业务收入构成

数据来源：信息产业部《2005 年通信业发展统计公报》

由于移动增值业务种类不断丰富，移动数据业务发展迅速，成为 2005 年电信业增长最快的领域，其收入同比增长率高达 22.7%，是电信主营业务收入增长率的两倍，已占到移动通信业务收入的 16.4%。移动通信是 2005 年电信业务收入最主要的组成部分，其 45.1% 的比例和 17.2% 的增长率保证了电信业务收入的稳步增长。

与此同时，移动通信替代固定通信的趋势日益明显，2005 年固定本地电话和长途电话业务收入占总收入的比重比上年同期分别下降了 1.2 和 1.4 个百分点，而移动通信和数据通信业务收入所占比重则分别上升了 2.1 和 0.6 个百分点。

2. 电话用户增长放缓，互联网接入用户宽带化趋势明显

2005年固定和移动电话用户的增长均呈现增幅放缓的局面，全年新增固定电话和移动电话用户分别比去年同期减少了1 101.9万户和626.7万户。新增无线市话用户在新增固定电话用户中所占比重比去年同期下降了3.3个百分点，对固定电话用户增长的带动作用有所下降。而全年新增移动电话用户保持了新增固定电话用户1.5倍的增长速度，如果考虑到无线市话的可移动性，移动电话加无线市话新增用户数是传统固定电话的4.3倍，表现出移动电话比固定电话更具有异质竞争的优势。

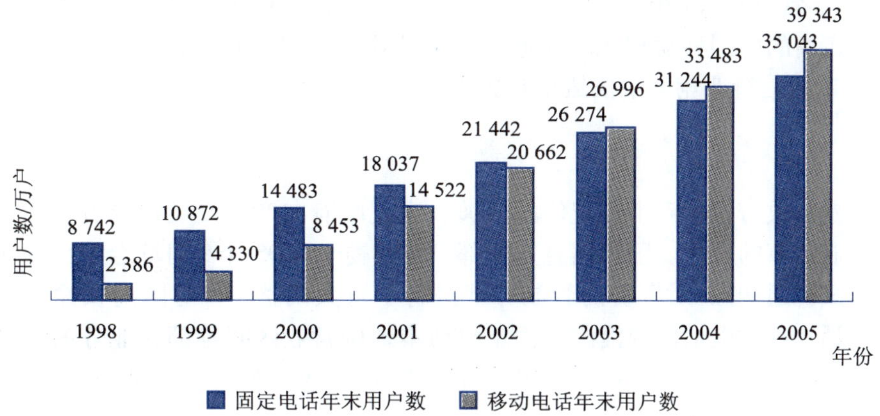

图5　1998－2005年电话用户增长情况

数据来源：国家统计局各年度国民经济和社会发展统计公报、信息产业部各年度通信业发展统计公报

随着互联网宽带接入技术及业务的发展，拨号接入用户向宽带接入用户的更迭速度进一步加快。2005年，在互联网拨号接入用户减少1 556.3万户的同时，宽带接入用户新增1 262.9万户，总数达到3 750.4万户，已超过窄带拨号接入用户总数。宽带上网网民数为6 430万人，比上年增加了2 150万人，增长率为50.2%。目前我国上网计算机达到4 950万台，比上年末增加了790万台，增长率达到19.0%。

3. 市场竞争加剧，行业整体效益逐步提升

由于入世后保护过渡期即将结束，电信市场将逐步扩大对外开放的范围。随着法国电信在北京设立的中国研发中心的组建、西班牙电信国际集团对中国网通的持股，外国电信企业对中国电信业的进入速度加快，中国电信企业面临着更加严峻的国际竞争形势。同时，在资本市场对企业投资回报率的关注、企业对3G发展的预期等因素的作用下，电信运营企业对投资采取了更加审慎的态度，2005年通信业固定资产投资继续呈现下滑态势，累计完成2 071.3亿元，同比下降4.7%，比上年降幅扩大了1.1个百分点。

在投资下降的同时，各电信运营企业在竞争和资本市场的双重压力下，充分认识到效益优先的重要性，各自采取了不同的战略重点，以保证行业整体效益逐步提升。中国移动将重点放在提升企业的产业链上，调整了对移动梦网的收益分成方案；中国联通把推进公司发展的重点放在适应电信市场环境变化、实现发展模式转型、为用户提供更满意的服务上；中国网通则入股香港电讯的盈科，以推动企业核心竞争力的成长。各电信运营企业通过采取优化成本结构、集中采购、深挖企业内部潜力以及合理配置各种资源等多种措施，使各项业务成本支出得到有效控制，效益逐步提升，收入利润率呈上升趋势。2005年六家主要基础电信企业的利润总额达1 143.6亿元，同比增长19.9%，高于收入的增长幅度。

与此同时，各运营商的实力相差依然悬殊，赢利能力差异较大。

中国移动2005年实现营业额收入2 430.4亿元，同比增长26.3%；净利润达到535.5亿元，同比

增长28%。由于经营移动业务，中国移动的净利润超过了中国电信、中国网通和中国联通三家电信运营商的总和，其赢利能力大大高于其他运营商。

中国电信2005年营业收入1 693.1亿元，同比增长5%；净利润279.1亿元，比2004年的280.2亿元下降了0.4%。作为一个老牌的固定电话业务运营商，其营业收入和净利润在电信运营商中均排名第二。

中国网通2005年营业收入872.3亿元，同比增长34.4%，超过中国联通在电信运营商中跃居第三位；实现净利润138.9亿元，同比增长50.1%，继续稳居第三位。

中国联通2005年营业收入870.5亿元，同比增长9.7%；净利润为49.3亿元，同比增长12.3%。与同为移动电话运营商的中国移动相比，联通公司的营业收入只有移动公司的1/3，净利润更是不到移动的1/10，在移动通信行业竞争中依然相对弱小。

4. 电信管制改革步伐加快，村村通工程取得积极进展

为完成电信资费从政府定价到市场定价的过渡，实现政府向产业发展指导者的角色转变，国家加快了对电信资费管制改革的步伐。国家信息产业部、发改委于2005年9月联合发出《关于调整部分电信业务资费管理方式的通知》，对资费的管制方式进行了重大调整——对国内长途电话、国际长途电话、台港澳地区电话、移动电话国内漫游和固定电话本地网营业区间等部分业务的电信资费实行上限管理，由企业自主定价。这是政府继放开IP电话价格后，第二次大规模地放开了基础电信资费的市场。

与此同时，由信息产业部和中国电信、中国网通、中国移动、中国联通、中国铁通及中国卫通六家主要基础电信企业自2004年1月开始实施的村村通电话工程，已于2005年11月24日全部超额完成了第一阶段指定的工程任务，累计新开通了52 304个行政村的电话，使全国行政村通电话比率从工程实施前的89%上升到97%，提高了8个百分点，提前一个多月超额完成了邮电“十五”计划中“95%行政村通电话”的目标。在全国31个省（自治区、直辖市）中，有11个省（直辖市）实现了所有行政村通电话，19个省份超额完成了指定的工程任务。尽管如此，2005年农村固定电话用户增长仅为9%，仍然低于城镇固定电话14%的增长率。

（二）邮政业

为应对市场竞争的挑战，2005年中国邮政加快体制改革步伐，信息化、专业化水平不断提高，邮政收入增长幅度得到较快提升，成为信息产业中唯一同比增幅高于上年的行业（详见图1），比2004年增幅提高了5.6个百分点。与此同时，中国邮政在国际邮政事务中的作用和地位也不断上升，影响不断扩大。2005年邮政业有如下运行特点。

1. 信息化水平提高，服务内容拓展

为提高全行业的信息化水平，中国邮政于2005年2月启动了电子化支局的建设，目前已完成宁夏、贵州、甘肃等15个推广省示范局3个支局的上线工作；并于2005年6月全面完成了邮政储蓄和电子汇兑两网互通工程建设，实现了储蓄系统和汇兑系统的资金共享；在全国近300个城市开通了11 185客服中心。

由国家邮政局科学研究规划院研制开发、拥有自主知识产权系统的扁平件高速分拣机和速递分拣机于2005年6月通过验收并陆续投入运行；为实现邮政网点、中心局生产作业系统和电子化支局等系统的互联互通所开发的邮政综合网速递子系统改造工程应用软件集成系统，于2005年11月通过了国家局的初验，该系统实现了同UPU组织的信息交换，完善了多渠道的邮件信息全程跟踪查询，满足了EMS国际合作组织对信息质量及终端费账务结算的功能要求，为中国邮政EMS在万国邮联成员服务质量评比中获得银牌资质，立下了汗马功劳。

为提高邮政的公共服务效率、服务于“三农”，在2005年《中共中央国务院关于进一步加强农村

工作提高农业综合生产能力若干政策的意见》的一号文件中明确提出："鼓励邮政系统开展直接为农民生产生活服务的连锁配送业务。"

2. 改革步伐加快，海外合作与国际地位不断提高

根据中国的入世承诺，中国邮政于2005年12月11日起开放物流快递行业的外资独资经营权。为了应对市场即将面临的资金雄厚的外资企业与具有价格优势的内资民营快递企业的夹击，中国邮政对储蓄、集邮、速递和物流等业务实行了专业化的经营管理试点，并于2005年1月启动了省际一级干线运费结算的新财务管理体系的试运行，以实现邮政经济核算制度从收支差额核算向利润核算的过渡。

《邮政体制改革方案》标志着中国邮政体制改革进入一个崭新阶段。它在中国28个省（区、市）建立了36部地方性邮政法规和规章，对建立邮政普遍服务补偿机制达成了共识，并在为该机制的建立创造了有利条件的基础上，于2005年8月19日由国务院正式下发。该方案明确或解决了包括邮政普遍服务补偿机制在内的许多邮政发展的关键问题。

中国、澳大利亚、日本、韩国、美国和中国香港6个邮政实体共同组成邮政联盟，全面启动承诺服务。2005年7月底，中国邮政再次当选为万国邮联行政理事会和经营理事会理事国，在国际邮政事务中的作用和地位不断提高，影响不断扩大。

（三）电子信息产业

2005年，中国电子信息产业经济运行继续保持良好发展态势，全行业累计完成工业增加值9 004亿元，增速相当于全国GDP增长速度的2.85倍，相当于全国工业增加值增速的2.47倍；产业规模继续扩大，生产集中度明显提高，知名品牌、优势企业和产业基地逐步形成，国际竞争力进一步增强。2005年电子信息产品制造业销售收入为3.45万亿元，规模在各工业行业中排名首位，其他各项经济指标也都名列前茅。2005年中国电子信息产业发展呈现如下特征。

1. 结构调整步伐加快，企业实力进一步增强

2005年，电子信息产业工业增加值占GDP的比重达到4.94%，比上年提高了0.55个百分点；增速超过GDP增速18.3个百分点，对GDP增长的贡献率达到8.8%。

电子信息制造业实现销售收入34 511亿元，规模在各工业行业中排名首位。计算机和电子元器件行业的高速增长成为拉动产业增长的主要力量，两行业规模以上企业完成的年销售收入达到15 123亿元，同比增长29%，高出全行业增速4个百分点；完成利润482亿元，同比增长21%，比全行业增速高了16个百分点。随着企业不断加快新品开发和市场拓展的步伐，产品结构逐步升级，高端产品比重不断提高。液晶和等离子产品日益成为彩电行业的热点和增长点，二者全年生产增速均超过200%。中国数字电视的销量已占全球总销量的54%，产量占全球总量的45%，其中平板电视占到了40%左右。计算机行业中，笔记本电脑占微型计算机的比重接近60%，比上年提高了5个百分点。

2005年，中国电子信息企业数量快速增长，全行业企业达6.7万个，其中制造业规模以上企业16 007个；软件企业11 660个。企业经济规模继续扩大，全年电子百强营业收入超过8 800亿元，同比增速超过15%，营业收入100亿元以上的企业超过20家。

2. 软件服务快速增长，软件基地作用明显

2005年，在电子信息产业制造业增长放缓的背景下，中国软件产业继续保持了较快发展，年销售收入增幅高出同期电子信息制造业16.7个百分点，在电子信息产业中所占的比重从2001年的6.3%增加到2005年的11.2%，为整个电子信息产业结构的不断改善发挥了重要作用。

2005年，软件产业实现软件产品收入2 067亿元，同比增长35.2%，占全部软件产业收入的53%，所占比重比上年同期下降了2个百分点；系统集成收入1 329亿元，同比增长40.1%。由于对软件进行二次开发、维护和咨询等软件服务需求的迅速增长，软件外包服务的快速发展，及由互联网

提供的门户网站、收费邮箱、无线短信、虚拟 ISP、搜索引擎、分类信息、在线游戏、电子商务、网络教学和企业电子解决方案等一系列服务业务取得的收入的大幅增加，软件服务成为 2005 年软件产业收入中增长最快的部分，实现销售收入 505 亿元，同比增长 66.5%，从而使软件服务收入占软件产业总收入的比重上升了 2 个百分点。

北京、广东、上海和江苏仍是软件产业发展的重点地区，其中北京规模最大，收入达到 906 亿元，同比增长 42%；江苏增长最快，实现收入 384 亿元，同比增速高达 98.9%。软件基地发展迅速，11 个国家软件产业基地和 6 个国家软件出口基地产业发展快速，基地内的软件企业收入占全国软件产业销售收入的比重已达 3/4 以上。中国软件产业收入过 10 亿元的企业共有 25 家，比上年增加了 4 家；前 100 家软件企业今年的销售总收入超过 1 000 亿元，同比增长了 16.4%；已有 17 家软件企业获得了 CMM5（含 CMMI5）级国际认证。

2005 年中国软件出口规模继续大幅扩大，共完成出口额 35.9 亿美元，同比增长 28.2%，增幅同比减缓了 11.8 个百分点，也比同期电子信息制造业出口增幅低 1 个百分点。

3. 国际化程度继续提高，三资企业地位更加突出

2005 年全球电子信息产业呈现持续向中国转移的趋势，跨国公司在深化其在华战略的基础上加强全球资源整合，其在华企业独资化以及建设区域总部和研发中心的势头更加明显。截至 2005 年底，中国电子信息产业的外商投资企业达到 6 480 个，产业规模由 2000 年的 5 804 亿元上升到 2005 年的 24 021 亿元，占全行业规模以上企业的比重由上年的 58.7% 上升到 77.4%。

三资企业在中国电子信息制造业中的地位进一步提升，全年共实现销售收入 24 021 亿元、工业增加值 5 026 亿元、利润 822 亿元、出口 2 341 亿美元，分别占规模以上工业的 77%、77%、77% 和 87%，均比上年比重有所提高。与此同时，本土企业也加强了国际化经营的探索，通过跨国并购实现规模扩张，力图在全球范围建立起新的竞争优势。

4. 产业集中度提高，就业机会大量增加

2005 年电子信息产业集中度继续提高，东部沿海地区仍是其发展的主要区域，规模排名前八位的省市都在东部地区。特别是长江三角洲、珠江三角洲和环渤海三大区域，劳动力、销售收入、工业增加值和利润占全行业比重均达 80% 以上，均比上年有所提高。产业基地和园区建设进一步深入，9 个已挂牌国家电子信息产业基地的产业规模和利税总额占全行业的比重均超过 3/4，产业的集聚效应及基地的优势地位日益显现。

电子信息产业的快速发展，创造出大量的就业机会。2005 年，全行业从业人员为 761 万人，其中制造业规模以上企业 551 万人，规模以下 120 万人；软件业 90 万人。从业人员素质不断提高，具有大专以上文化程度的比例为 28%，比上年提高了 2 个百分点。

5. 固定资产投资增速放缓，企业研发投入加大

面临其他发展中国家的竞争，国内电子信息产业整体利润逐年下降，来自国内贷款和外商的投资资金增长缓慢，自筹资金成为企业投资的主要来源。2005 年中国电子信息产业固定资产投资增速呈现明显放缓态势，全行业 500 万元以上项目累计完成投资 1 468.2 亿元，同比增长 21.7%，增幅比上年下降 12.4 个百分点，并比全国制造业投资增速低 16.9 个百分点，在全国制造业投资中所占的比重从去年的 8.2% 下降为 7.2%。

三资企业仍是投资主体，其投资所占比重达总投资的 63.4%，但投资增速明显下滑；内资企业投资增速稳步上升，全年增长了 37.9%，比上年增速提高了 15.7 个百分点，成为拉动全行业投资增长的主要力量。由于受到市场热点变化和行业结构调整的影响，2005 年电子工业专用设备、电子元件、通信设备业及家用视听四个行业投资增长较快，增速均超过 45%，在全行业投资中所占比重共上升了 9.3 个百分点，达到 50.4%；而电子器件行业的投资同比下降了 11.6%，在全行业投资中所占比重下

降了10.3个百分点，是2005年投资下降最为严重的领域。东部地区尽管投资增长较慢，但在全国总投资中仍占主导地位，东部12个省市共完成投资1 230亿元，占全行业投资总量的83.8%；中部和西部地区投资增长加速，增速均超过40%。

科技创新使新品开发稳步增长，全行业新品产值率达到20.6%，比上年提高了0.2个百分点。企业研发投入和拥有专利数不断提高，全行业研发投入超过800亿元，比上年增长35%。电子信息百强企业研发投入占销售收入的比重不断提高，其中有15家企业的比重达到5%以上。2005年，电子信息产业产品产销衔接良好，全行业完成产销率98%；经济效益逐步回升，全年实现利润1 307亿元，同比增长5.2%；完成税金435亿元，同比增长10.5%；全行业亏损额占销售收入比重的0.8%，比上半年下降0.3个百分点。

6. 进出口贸易稳步增长，电子类和计算机类产品成为亮点

2005年，中国电子信息产品对外贸易继续保持快速增长态势，在全国外贸出口中继续位列第一。全年电子信息产品进出口额达到4 887.3亿美元，同比增长25.8%，是2000年的4.48倍，占全国外贸的34.4%，高于全国进出口贸易增速2.6个百分点。其中，出口额达2 681.7亿美元，同比增长29.2%，高于全国外贸出口增速0.8个百分点，占全国外贸出口额的35.2%，对全国外贸出口增长的贡献率达36%，拉动全国外贸出口增长28.4个百分点中的10.2个百分点；进口额达2 205.6亿美元，同比增长21.9%，占全国进口总额的33.4%。

在进口贸易方面，2005年电子类、计算机类与通信类产品的进口额分别为1 008.8亿美元、343.0亿美元和260.5亿美元，分别增长30.7%、20.0%和17.6%，电子技术类产品全年进口额首次突破1 000亿美元。其中，集成电路（含智能卡）产品是中国最大宗进口的高新技术产品，全年进口额达811.8亿美元，增长34.6%，高于全国进口贸易增速2.8个百分点。

在出口贸易方面，2005年计算机类、通信类和电子类产品的出口额分别为1 048.4亿美元、722.8亿美元和244.8亿美元，分别增长24.9%、37.8%和32.7%，计算机技术类产品全年出口首次超越1 000亿美元。

2005年中国彩电累计出口4 119.1万台，金额为51.62亿美元，同比分别增长34%和49.4%。以液晶和等离子为代表的平板电视的快速增长是彩电出口比重大幅提升的重要原因，中国出口的平板电视已经占据全球市场的30%以上。2005年中国等离子电视出口量达到24.3万台，同比增长142.96%；20英寸以上液晶电视出口149.99万台，同比增长604.9%；20英寸及以下液晶电视出口579.08万台，同比增长142.96%。

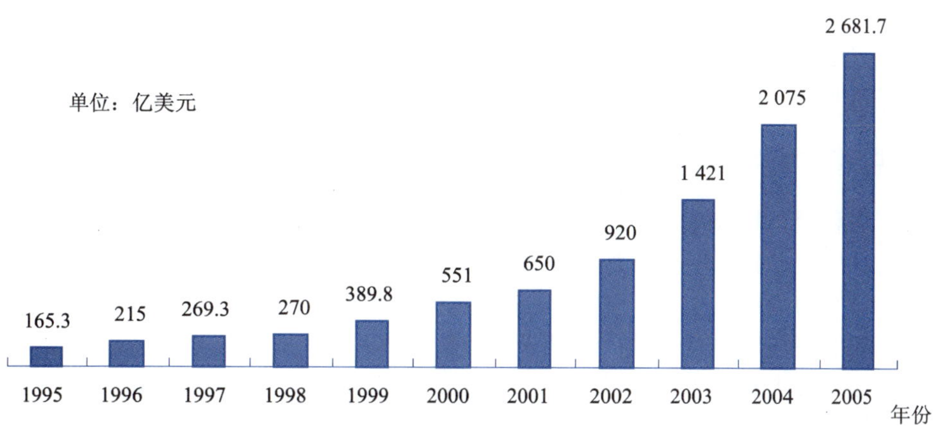

图6　电子信息产品出口总额

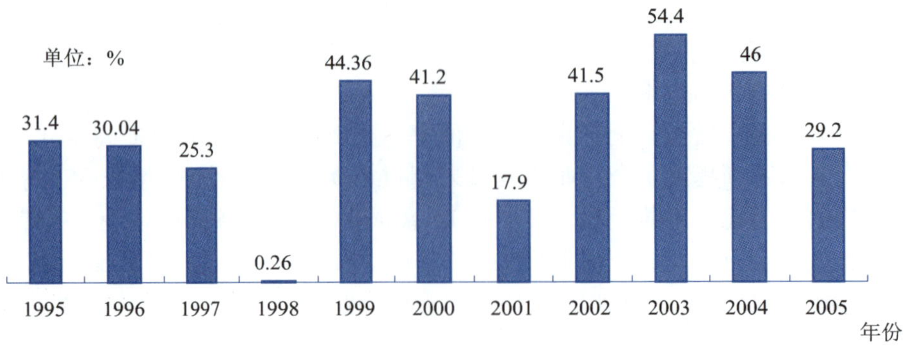

图 7　电子信息产品出口额同比增长幅度

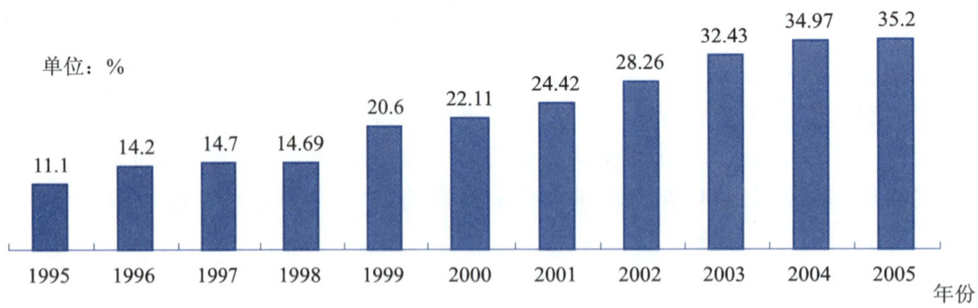

图 8　电子信息产品出口占全国外贸出口的比重

数据来源：国家统计局各年度国民经济和社会发展统计公报、信息产业部各年度通信业发展统计公报与电子信息产业经济运行公报

2005 年电子元器件产品进出口总额达 1 460 亿美元，比上年同期增长 26.7%，占全国外贸进出口总额比重的 10.3%。其中，电子元器件产品进口额达 1 115.6 亿美元，同比增长 27%，增幅高于全国外贸进口增幅 9.5 个百分点，高于机电产品进口增幅 11 个百分点，占全国外贸进口总额比重的 16.9%；出口额达 344.4 亿美元，增长 25.4%，占全国外贸出口总额比重的 4.5%，出口金额和增幅较大的商品有集成电路、印刷电路、电声器件和半导体分立器件，其中四层以上印刷电路成为亮点，量跌价涨，平均单价增长了 200%。

三、中国信息产业存在的问题

2005 年，尽管信息产业运行总体状况良好，但仍存在盈利率不高、软件与服务业比重偏低以及本土企业能力较差等问题。

（一）电信监管政策尚需完善，企业期待公平的市场竞争环境

虽然中国在网络和用户规模上已经达到世界领先水平，但人均通信、企业管理、创新及效益水平与世界先进水平仍有较大差距，电信市场的不规范竞争及电信服务质量等问题仍然存在。

——企业间竞争实力的严重失衡，迫使小运营商为了尽快成长，采用价格战的方式来扩大市场，恶性价格战的战场不但在各种业务、各个市场间蔓延，而且逐渐从隐蔽走向公开、从短期走向长期，从而使整个行业的效益大大落后于业务的增长；而那些有实力的运营商则依靠自身的优势在价格与互联互通方面予以抵御和还击，使得互联互通的问题持续不断，形式变得多样化与隐秘化，并呈现出从传统业务向新业务蔓延和转移之势，严重损害了企业和消费者的利益。

——存在部分重复建设，主要表现为自然垄断性很强的固定网，特别是接入网，运营商高达 4 家以上，如果包括变相经营的小运营商，则数量更多，使网络容量出现相当程度的供大于求的状况，资

源利用率低，在这种情况下，运营商必然采用价格战的方式来消化多余容量。

——虽然中国的电信业已建立了政企分开的管制架构，出台了以《中华人民共和国电信管理条例》为代表的一系列管制政策和措施，但总体来说，管制政策的不完善是目前电信市场竞争不规范、服务质量问题产生与存在的原因。

——由于传统固网运营商背负了冗员、非生产机构等许多历史包袱，并被限制了经营领域，从而使得固网运营商与移动运营商在企业的竞争与市场盈利能力等方面都不在同一条起跑线上，传统固网运营商处于非常不利的竞争地位。开展全业务运营，以提高企业的综合竞争能力和抗风险能力，促进均衡健康的市场竞争格局的形成，一直是中国电信和中国网通两大固网运营商的心愿。

——受 TD－SCDMA 技术成熟度的影响，中国的 3G 牌照迟迟未能发放，企业的相关投入成了政策不确定的巨额成本。

（二）电子信息产业的结构性矛盾依然突出，本土企业发展相对落后

软件和信息服务业比重偏低，集成电路产业整体水平不高，基础电子产品发展相对滞后，行业自主创新能力薄弱，电子信息产业总体上处于全球产业链的中低端，行业处于产业高速增长与核心技术长期受制于人并存、产业规模扩大与效益低下并存和外资大量进入与本土大企业缺失并存的状况。

中国电子信息产业大而不强，结构性矛盾依旧是制约其发展的瓶颈。2005 年，由于部分行业技术层次低、产能相对过剩和库存积压增多等原因，导致效益大幅下滑，在结构升级上面临严峻的考验，特别是彩管行业，因平板显示技术的发展导致全行业萎缩，技术升级和资源整合的压力加大；本土手机行业也因核心技术掌握有限、市场决策失误以及产能相对过剩等导致经济效益大幅下滑，而部分厂商的退市又引发了一系列的售后服务问题。

由于以企业为主体的技术创新体系尚未形成，本土企业缺乏对产业核心领域技术和关键元器件的掌握，国内产学研的技术合作水平不高、科技中介服务发展相对滞后，企业在完全依赖技术引进的同时，重引进、轻消化吸收的局面仍未根本改变，日益加大的知识产权与专利收费的压力对企业的生产经营造成的负面影响，使得本土企业无论是在企业规模、赢利能力、研发实力、品牌建设和营销渠道等方面还是在经济效益上与外资企业的差距都在加大。特别是国有企业，2005 年其规模以上销售收入增速仅为 3.2%，远远低于三资企业 25.8% 的水平；利润为 47 亿元，比上年同期下降了 50% 以上，仅为三资企业利润的 1/20。

总体来说，尽管中国本土的电子信息企业在部分领域已具有较强的竞争优势，但在整体上仍难以与跨国公司展开全面竞争。

（三）软件市场竞争加剧，规模、核心技术与人才等因素困扰产业发展

随着中国软件市场的逐步成熟和持续扩大以及政府保护知识产权工作的大力推进，跨国软件企业对中国市场的了解越来越深，外资软件企业对中国的投资呈现出快速增长的态势。微软、SAP 等大型跨国软件企业相继在华成立了研发中心或宣布了大型研发的投资计划，并通过各种形式不断加大进入中国市场的力度。微软除在华建立了独资的研发机构外，还先后与中软、创智、神州数码、浪潮等签约结成了战略合作伙伴，同时以优厚的条件和良好的用人机制吸引、聚集了大量的软件尖端人才，在微软中国研究院的 60 多名本土研究人员中，20 名有国外留学背景，40 名是中国著名学府的博士。据统计，中国每年培养的软件相关专业的毕业生有 5 万多人，其中进外企或出国的占 50%；国有企业流出的软件人员有 44.7% 流向外商独资或合资企业。

跨国软件企业进入中国软件市场，将加剧国内软件市场的竞争，这对于企业规模偏小、利润率偏低、关键核心技术缺乏、地区间差距不断拉大、资金和管理都与跨国公司存在较大差距的国内软件企业，将是巨大的考验。而软件人才的结构性失调及不断流失，更加剧了对软件产业进一步发展的困扰。扩大软件企业规模、掌握核心技术和生产具有自主知识产权的产品将是下一步产业发展亟待解决的问题。

随着用户应用系统和网络环境的日益复杂，网络安全环境日趋恶劣。2005 年中发生了多起危害网

络安全的事件，连一向防范较强的银行网络系统都受到了侵扰，6 月份发生的由黑客入侵导致的万事达、VISA 等银联组织的 4 000 余万张银行卡用户资料失窃，成为受害范围最广的一次网络安全事件，因此满足用户的全面网络安全需求也成为软件业下一步发展的重点。

（四）三资企业呈现独资化倾向，对中国经济的贡献与其收益相背离

随着中国加入 WTO 以后关税降低，为了适应经济全球化发展所带来的竞争变化与控制核心技术的需要，外商独资化倾向明显。外商新投资企业通常采取独资的方式，在新批的合同外资中，独资企业比重占到了 77%；而原来采取合资、合作方式的三资企业，也通过股权收购等方式不断显现对公司的控股与独资化倾向。

例如：在计算机行业，日本东芝公司以 92 万美元取得了合资方上海金桥 10% 的股份，将东芝电脑上海有限公司变为日方独资企业；在家电行业，先后有日本松下与美国惠而浦通过收购完成在华企业的独资化；在通信行业，原北京国际交换系统有限公司（BISC）于 2004 年宣布更名为北京西门子通信网络有限公司（SCNB），西门子持股的比例从 40% 上升到 67%，企业性质也由合资公司变为外商控股企业。

三资企业在推动中国电子信息产业快速发展的同时，其收入和利润的增长与对中国经济的贡献一直不成比例，且其收益与贡献相背离的状况呈加剧的趋势。2005 年规模以上工业中，三资企业共缴纳税金 155 亿元，同比下降了 8%；国有企业缴纳税金 92 亿元，同比增长了 21%。其中三资企业税金与利润的比率不足 20%，低于全行业平均水平 14 个百分点以上。由于创利高、纳税低等方面的原因，三资企业的发展加大了中国电子信息产业市场竞争的力度，增大了产业发展不确定性的风险。

（五）国际化经营经验不足，应对国际贸易摩擦的能力较差

本土企业由于品牌知名度不够、技术含量低而在国际竞争中优势不强，在全球范围内参与国际竞争的层次和程度都不高，企业“走出去”的步伐相对于产品的出口明显滞后。尽管目前很多企业在国际化经营、跨国并购和对外投资方面进行了积极的探索，但也暴露出如国际经营经验不足、资金人才短缺等方面的问题，其中因并购带来的国际债务问题，也影响了产业整体效益的增长。

在经济全球化的趋势下，上世纪六七十年代起，发达国家的跨国企业基于自身利益，将部分利润较低的中低端产业外包给发展中国家，中国由于具有比较明显的劳动力价格优势和资源优势而成为全球产业转移的重要目的地。但伴随着我国对外贸易的高速增长与贸易顺差的大幅增加，产业面临的贸易摩擦也日趋加剧，不仅与欧美等发达国家的贸易摩擦加剧，而且与墨西哥、巴西、土耳其和南非等一些发展中国家的贸易摩擦也明显增加。目前，国内产业应对国际贸易摩擦的整体意识与能力都不强，特别是在利用国际规则与惯例保护产业利益方面更为薄弱，从而使中国在进出口额巨大、产品量增价跌及产业利润日益微薄的不利局势的同时，也面临国际贸易摩擦接踵而至的尴尬境况。

国家发展和改革委员会产业所　林中萍

2

2005 年中国软件产业发展情况分析

一、2005 年我国软件产业发展总体情况

中国软件产业经过十几年的发展，已经具备了较好的发展基础，形成了一定的产业规模和较为健全的软件产业体系。随着软件产业发展环境的不断完善，软件产业作为中国信息产业增长最快、发展潜力最大的产业的势头已经凸显出来。2005 年，在电子信息产品制造业增长放缓的背景下，中国软件产业却继续保持了较快发展的态势，产业规模日益扩大，软件出口稳步增长，产业结构及产业布局不断调整，成为拉动整个电子信息产业快速增长的重要力量。

（一）软件产业规模继续扩大，在电子信息产业中的比重超过 10%

2005 年，中国软件产业累计完成销售收入 3 900 亿元，同比增长 40. 3%，比同期电子信息制造业销售收入的增长高 16. 7 个百分点，继续是电子信息产业中增长最快的领域之一。从 2001 －2005 年的“十五”期间，软件产业的平均增速超过 40%，规模增加了 4 倍多，在电子信息产业中所占比重也从 2001 年的 6. 3% 增加到 2005 年的 11. 2%，为整个电子信息产业结构的不断改善发挥了重要作用。

（二）软件产品创新能力有了进一步的提高

软件产品是软件产业服务于国民经济和社会的载体，它的发展是软件产业不断提升的标志。近几年来，中国软件产业发挥了贴近应用、贴近市场的优势，在国内财税、教育、中文平台等应用市场占据了领先地位，并在中文操作系统等基础软件方面开始取得突破。

在系统软件方面，诞生了部分具有自主知识产权的操作系统和数据库系统，有力地提升了中国软件的开发能力和产业竞争力，中文 Linux 操作系统软件占领了一部分国内市场；在支撑软件方面，中间件、工具软件、网络通信软件成为三大主流；在数据库管理软件方面，国产软件具备了较强的竞争力；在嵌入式软件方面，中兴、华为等在程控交换机、基站、手机等通信设备的嵌入式软件研发与生产方面取得了整体性突破，提高了硬件设备的竞争力；在其他应用软件方面，杀毒软件、翻

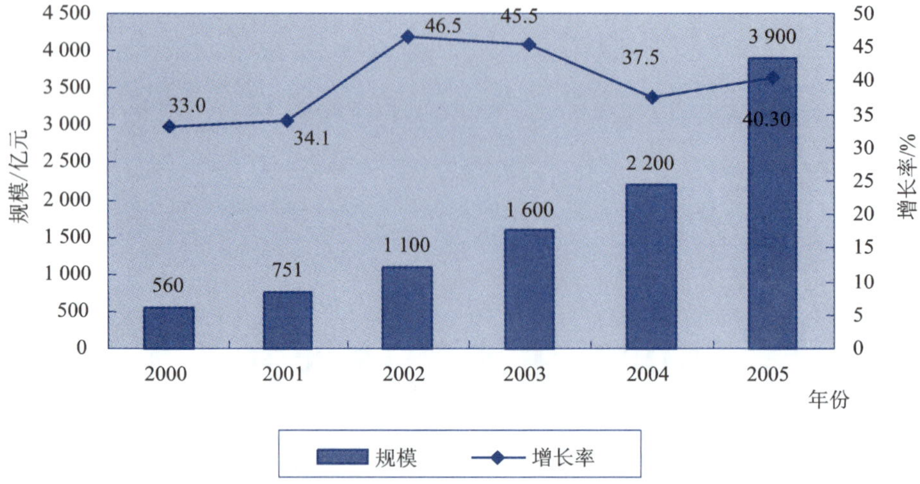

图 1　2000－2005 年中国软件产业规模

数据来源：根据信息产业部网站 2006.03.15 资料整理

译软件、PDA 软件等方面占有市场优势；中文 Linux 操作系统、自主办公软件在部分政府部门得到了推广应用。

操作系统、中间件、办公软件、信息安全、大型应用软件系统、嵌入式系统等核心软件技术和产品取得了较大进展，涌现出了中软 Linux、金山 WPS、红旗 Linux 等优秀 Linux 操作系统和永中 Office、Red Office 等办公软件产品，并在电子政务等重要领域得到推广应用；中间件产品和技术得到了较快发展，形成了一批专业性公司；应用软件在金融、税务、电信、电力、医疗、社保及烟草等领域获得广泛应用。

2005 年，各种应用软件产品市场发展明显看好，如嵌入式软件、信息安全、电子政务、通信等软件市场发展迅猛，增速均超过软件产业的平均水平，特别是网络游戏软件市场已成为最具发展潜力的新兴市场，为软件产业的快速发展起到了明显的支撑作用。

（三）产业结构进一步调整，软件服务和系统集成所占比重上升

2005 年以来，中国软件产业总收入中软件产品所占比重下降，而软件服务的比重有所上升。1－12 月，全行业累计完成软件产品收入 2 066.5 亿元，同比增长 35.2%，占全部收入的比重由去年同期的 55% 下降到 53%；系统集成收入 1 329 亿元，同比增长 40.1%；软件服务收入 504.9 亿元，同比增长 66.5%，是软件产业中增长最快的部分，占全部收入的比重也上升了 2 个百分点。

表 1　2004－2005 年软件业收入构成变化情况

年份占比及占比变动 / 项　目	2004 占比/%	2005 占比/%	占比变动
软件产品收入	55.0	53.0	－2.0
系统集成收入	34.1	34.1	0
软件服务收入	10.9	12.9	2.0

数据来源：根据信息产业部网站 2006.03.15 资料整理

中国软件服务收入今年以来增速一直较快，原因主要有：第一，随着中国软件市场和软件产业逐步走向成熟，大规模采购软件产品、建设软件平台及粗放式开发软件的时代已经结束，而对软件进行二次开发、维护、咨询等软件服务的需求却迅速增长起来；第二，随着中国软件企业国际竞争意识的增强，软件外包服务正在快速发展；第三，通过互联网提供在线服务的软件企业越来越多，由互联网服务中取得的收入正在大幅增加。据分析，中国的网络公司在跨越了“技术年”、“流量年”、“品牌年”后，最终步入2005年这一“收入年”，门户网站、收费邮箱、无线短信、虚拟ISP、搜索引擎、分类信息、在线游戏、电子商务、网络教学和企业电子解决方案等一系列服务业务，都成为网络公司丰厚收益的来源。

（四）软件出口增速有所下调，但增长潜力巨大

2005年以来，中国软件出口规模继续大幅扩大，但增速有所放缓。1－12月份共完成软件出口额35.9亿美元，同比增长28.2%，增幅比去年同期（40%）低11.8个百分点，也低于同期电子信息制造业出口增速（29.2%）1个百分点。软件出口增速有所放缓，一方面是由于2004年出口高速增长形成的基数较高；另一方面，由于中国软件出口仍以嵌入式软件产品为主，具有自主知识产权的纯软件产品及软件外包等所占比重还较小，今年随着电子信息制造业出口速度放缓近17个百分点，嵌入式软件产品出口增速也有所下降。

尽管2005年中国软件出口的增速有一定回落，但软件出口未来的增长潜力却仍十分巨大。一是，软件企业国际竞争力不断增强，目前中国已经形成了以6大软件产业出口基地为依托的软件出口群体，软件出口企业市场拓展经验不断丰富，技术研发能力不断提升，质量管理水平不断提高，据不完全统计，中国已有17家软件企业获得CMM5（含CMMI5）级国际认证。二是，中国具有自主知识产权的软件产品出口正在成为新经济的增长点，如广州中望CAD套装软件、方正排版处理系统、用友的企业管理软件等都是自主知识产权出口产品的代表。三是，面对国内市场激烈的竞争形势，许多软件企业开始主动调整战略，将目标转向国际市场，进入软件外包服务领域。前几年中国软件外包主要集中在日本市场，近年来由于印度软件外包业人才缺乏，价格上升，欧美用户也开始对中国软件外包业产生兴趣。据预测，欧美软件外包市场规模在未来几年内将以超过50%的速度增长。

表2　2001－2005年中国软件出口发展情况

项目＼年份	2001	2002	2003	2004	2005
软件出口额/亿美元	7.5	15.0	20.0	28.0	35.9
同比增速/%	59.6	100	33.3	40	28.2

（五）软件企业规模继续扩大，实力不断增强

2004年，中国软件产业最大规模前100家企业中，收入过10亿元的共有21家，2005年，又有4家跨过了10亿元的门槛达到25家。同时，2004年度评选出的前100家软件企业在2005年的销售总收入超过1 000亿元，同比增长了16.4%；出口额达到15.9亿美元，占软件产业出口总额的45%。

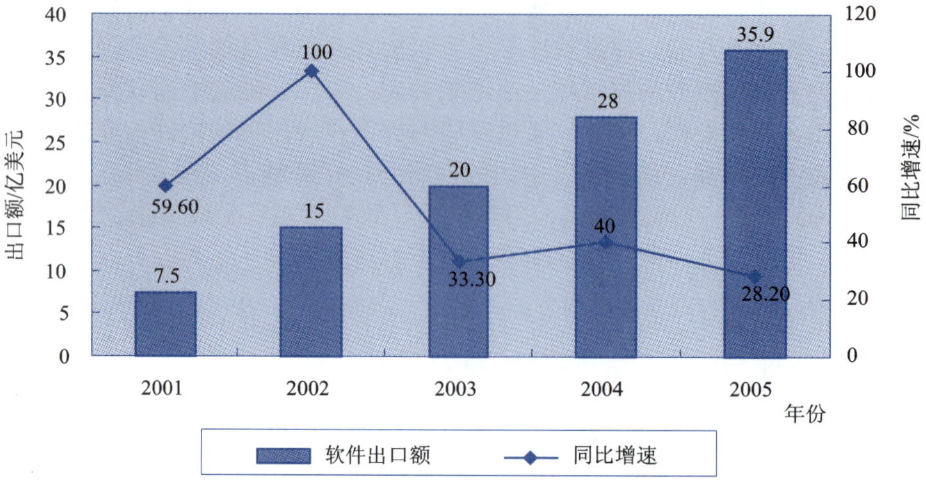

图 2　2001－2005 年中国软件出口额及增长情况

数据来源：根据信息产业部网站 2006. 03. 15 资料整理

（六）软件产业区域集中度进一步提高，东西部差距仍在拉大

表 3　2005 年软件收入前十位省市增长情况

序号	省市名称	占全国比重/%	同比增长/%
1	北京	23. 2	42. 0
2	广东	14. 0	43. 3
3	上海	10. 5	67. 6
4	江苏	9. 9	98. 9
5	浙江	7. 0	13. 4
6	山东	6. 6	4. 2
7	辽宁	5. 9	52. 0
8	陕西	4. 5	11. 4
9	福建	3. 4	19. 0
10	天津	2. 7	30. 0
	合计	87. 7	39. 8

数据来源：根据信息产业部网站 2006. 03. 15 资料整理

2005 年度全国软件收入超过 100 亿元的省市共有 10 个，比去年同期增加了 3 个，分别是北京、广东、上海、江苏、浙江、山东、辽宁、陕西、福建和天津（最后三家为新增地区），这 10 个省市软件收入合计达到 3 422 亿元，占全国软件收入的 87. 7%，而其余 19 个省市只占 12. 3%（见表 3）。

软件产业的区域集中度进一步提高。从 10 个软件收入过百亿元的省市的地区分布来看，其中 9 个省市属于东部地区，只有陕西省属于西部地区，东西部软件产业的差距继续拉大。

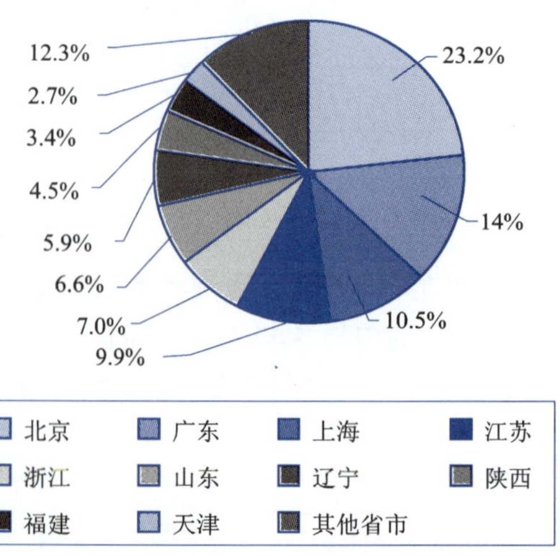

图 3　2005 年软件收入前十位省市占全国软件产业比重

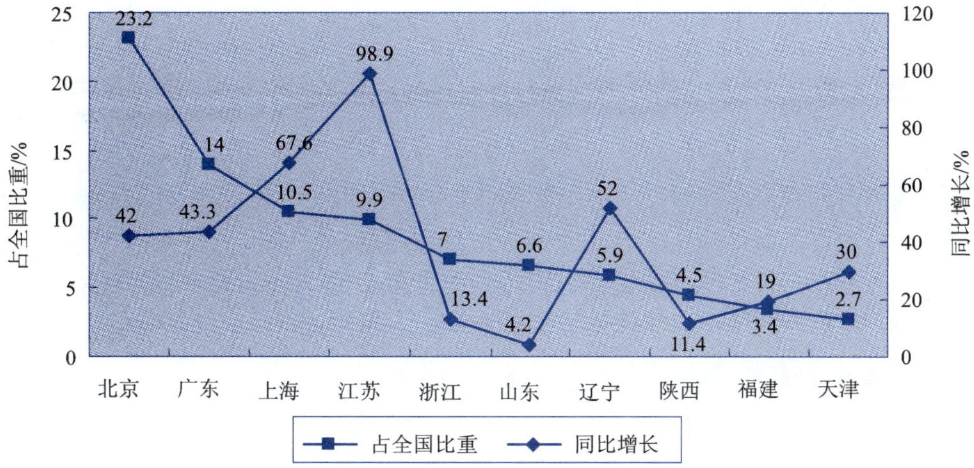

图 4　2005 年软件收入前十位省市增长情况

二、2005 年软件产业发展存在的主要问题及对策

（一）存在的主要问题

不可忽视的是，中国软件产业的规模还比较小，软件产业占电子信息产业销售收入的比重还不到 10%，占全球软件产业收入的比重仅约为 3%；其次是软件企业的实力较弱，很多企业还处于手工式的开发生产阶段，目前还没有一家软件企业的销售收入超过 50 亿元，具有自主知识产权、市场占有率较高的品牌产品不多，缺乏核心技术，长期处于产业链的低端，发展方向受制于人。

1. 低水平的软件生产率与日益旺盛和复杂的社会需求不相适应

社会经济发展与国防建设对软件的需求越来越旺盛。软件产品广泛应用于第一、第二和第三产业中，已成为推动产业、产品结构更新换代及传统产业改造的重要基础支撑。随着软件向各个行业的不断渗透，软件的社会需求急剧增长。据 IDC 预测，到 2006 年，全球应用软件消费额将增长到 1 310 亿美元。除了改变人们的生产、生活方式和质量外，世界各国纷纷将软件高技术应用于国防军事建设。20 世纪 80 年代美国五角大楼列出的重要军事技术清单中，网络、计算机硬件和计算机软件技术名列前三位。

不断增长的软件需求带动了软件产业的高速发展，而软件生产率的提高远远跟不上产业本身的增长速度，从而产生了供需不平衡的局面。这种供需不平衡不是一般意义上的供不应求，而是软件供应方提供的产品和服务不能满足需求方日益复杂的需求。

2. 软件企业快速发展的需求与融资渠道的不畅不相适应

长期以来，国内企业在应用软件领域发展迅速，但在系统软件、支撑软件的关键技术领域，始终没有形成完整的系统和拥有自主知识产权的产品。在这种格局下，国内企业在应用软件领域的竞争优势地位，有助于推动软件业规模的扩张。

软件产业是高投入、高产出、高风险和高利润的产业，中国软件企业普遍存在资金短缺的问题。很多企业流动资金匮乏，用于软环境改造和固定资产的投资更是不足。因此，现有的技术设备得不到及时的更新、改造，经营效率难以迅速提高，并且难以保证产品质量，致使企业的整体效益不高。已投资的项目由于投资强度低而形不成规模经济，缺乏市场竞争力。由于缺乏规模经营，绝大多数软件企业处于各自为战的生产状态，开发能力得不到提升。企业的研发经费也较少，很多企业甚至没有研发投入，无法涉足高投入、高风险、长周期的高端产品。严重影响了软件企业科研开发和市场开拓的能力。

3. 较弱的创新能力与技术和市场快速变化的趋势不相适应

计算机软硬件技术和市场的变化比其他任何行业、比以往任何时候都更为快速，速度和变革是竞争的核心。可以预见，21 世纪软件业的竞争将是围绕以知识为基础的新技术、新方法和新产品的竞争。

中国软件产业的创新能力相对较弱。一方面，中国软件产业的基础设施落后，缺乏有竞争力的技术支撑，主要依赖于国外的产品和技术。另一方面，软件产业作为一个新兴的朝阳产业，急需软件过程技术和管理技术的支持，而中国软件生产过程及其管理问题还没有引起足够的重视，或是虽然已经感到了管理问题的严重性，但还没有找到控制软件生产过程中的风险和质量进度的有效办法。软件生产过程的混沌状态，严重制约了中国软件业的发展。

4. 软件市场供求总体平衡，但细分市场中仍存在结构性供求矛盾

2005 年，中国软件产品整体供应市场进一步丰富。在操作系统市场中，Linux 软件在行业应用中取得突破性进展；在中间软件领域里，更多的中间件软件产品进入市场，网络安全软件不断推陈出新，工作流软件、协同软件等的应用迅速铺开；在应用软件中，办公软件新品迭出，行业应用解决方案也有了大幅度的增长，产品供应基本满足用户需求。

但在细分市场中，特别是基础软件领域中，中国软件企业在产品及市场创新上滞后于产业结构升级的内在要求，导致中国基础架构软件产品国产化比率低。因此，在整个软件产品体系中，中国软件企业在通用型基础软件市场中所占的比重越来越少，而更多的企业去争夺行业应用软件市场的蛋糕，结构性供需矛盾日益突出。

（二）相关政策建议

1. 加大政府采购的重要杠杆作用

通过政府采购加强国民经济和产业发展的宏观调控，引导产业结构调整和升级，在同等性能价格比条件下优先购买本国软件产品，为本国软件发展创造空间。

软件的政府采购政策应有助于引导本国软件企业加强技术研发、增强核心竞争能力，提高产品质量和性能，进而做大做强。通过政府的采购政策和市场导向，聚集起以国内外大型骨干软件企业为核心的企业联盟和以软件为核心的产业链及供应链，进而提高软件产业对国内外资本市场的吸引力。

通过软件的政府采购，倡导公平、公正、公开、透明的多品牌竞争市场环境，加强标准和测评，扶持弱小但决不保护落后；通过软件的政府采购，提高软件的国产化率，尤其是提高电子政务、信息安全等方面的软件的国产化率、产品质量和性能，确保国家安全、国民经济和社会信息化建设的需要。

2. 实施自主创新工程

通过实施软件产业自主创新工程，使一批成长型企业以技术创新能力跻身世界级大企业行列，形成良好的企业发展生态环境。具体措施包括：在企业建立研发中心的基础上，根据软件产业技术发展需求，逐步再设立一批部级省级重点实验室；制定支持企业技术创新的税收优惠政策；政府采购支持本土技术创新，加强对技术创新的导向；推动企业在关键技术领域的集成创新，形成产业技术联盟；产业科研计划强化对企业技术创新的支持，设立技术创新基金，企业的重大科研项目通过一定渠道可以上升列入产业的科研计划等。

通过建设面向产业的开放的公共软件技术基础设施，为各类软件企业进行技术创新提供技术支持和技术服务，充实创新资源的战略储备。具体措施包括：面向软件产业的重要应用和关键技术领域，建设一批技术创新基地；建设一批高水平的公共技术服务中心；建设集成的科技信息资源共享平台。

3. 完善市场环境和法律环境

加强市场环境的治理，提高全民对软件价值的认同，提高用户对本国软件品牌的认同感。推进资

源要素市场和企业信用体系建设，建立高效的市场管理体制，依法加大监管力度，通过政府干预、协会参与、行业自律等手段，抑制市场的恶性竞争，为企业营造公平公正、有效有序的竞争环境。

净化市场环境，加大打击走私和盗版软件的力度。严厉查处组织制作、生产和销售盗版软件的活动。公安部、信息产业部、国家工商局、国家知识产权局、国家版权局和国家税务总局等部门要进一步加强协调，统一行动，联合开展打击盗版软件的专项斗争。

充分利用信息化应用市场，研究和制定鼓励国内用户采用本国软件产品和服务的政策；通过政府采购的重要杠杆作用，促进本国软件企业和软件品牌的成长；根据依法兴业和依法治业的需要，加快软件产业各类条例法规的出台和实施。

三、2006 年中国软件产业发展情况展望

“十一五”期间，在全面贯彻落实科学发展观的指引下，坚持自主创新，建设创新型国家是中国经济社会发展的主旋律。如何提高软件产业的自主创新能力，推动中国经济增长从资源依赖型转向创新驱动型，推动经济社会发展切实转入科学发展的轨道，是软件行业面临的现实问题。2006 年，世界经济仍将保持增长趋势，国内市场对信息化的需求潜力很大，国内外市场环境继续有利于软件产业较快增长。同时，借着“十一五”规划实施的良好环境，产业政策将更加着重于解决软件业目前存在的企业规模偏小、利润率偏低、关键核心技术缺乏、人才结构性失调等困扰产业进一步发展的问题，软件产业将进入整合和创新的崭新发展阶段。

在以上背景分析的基础上，我们可以看出软件产业呈现出如下发展趋势：

（一）服务化趋势改变软件产业格局

互联网的广泛应用使各种类型的软件产品以服务的方式向最终用户提供。未来绝大部分应用都将通过 Internet 向各种终端设备提供服务，软件服务化将在绝大部分应用软件中普遍实现。软件服务化将对软件与信息服务业产生重大影响，促使软件的应用模式发生根本性的变化，软件的商业模式将由目前的软件授权模式向租赁、按需付费等方式转变。

基于互联网的软件服务也将继续在 2006 年升温，新兴的网络服务内容和形式将不断涌现，通过互联网提供软件服务的服务方式与服务范围都会有所拓展，产品供应商、解决方案提供商将逐渐借助互联网提供更便捷的服务，通过互联网，软件产品与服务将进一步融合。

（二）软件与信息服务外包是新一轮国际产业外包浪潮的大趋势

软件与信息服务外包具有软件行业与劳动密集型行业的多重特性，使得其对工业资源的依赖较少，能产生较高的附加值，并且能够提供较多的就业机会。因此，促进软件和信息服务外包的发展，符合中国走新型工业化道路的要求。加快海外市场拓展的步伐，突破国内软件市场规模和应用水平的限制，通过外包业务模式促进具有国际竞争力的大型软件企业不断涌现，是实现软件产业国际化和跨越式发展的一种非常可选的模式，这也符合新一轮国际产业外包浪潮的大趋势。

（三）大量外资进军中国软件市场，国内软件企业挑战与机遇并存

随着中国软件市场的逐步成熟和持续扩大、政府保护知识产权工作的大力推进以及跨国软件企业对中国市场的了解越来越深，近年来，外资软件企业对中国的投资呈现出快速增长的态势。像微软、SAP 这样的大型跨国软件企业也从初始的试水阶段，逐步进入大规模投资阶段，通过各种形式不断加大进入中国市场的力度，例如，从 2003 年底开始，微软已经先后与中软、创智、神州数码、浪潮等签约结成战略合作伙伴，为其大举进军中国布局。这对于规模、技术、资金和管理都与跨国公司存在较大差距的国内软件企业，将是巨大的考验。

但同时，外资进入中国软件市场，对中国软件企业来说也并不完全是挑战，外资与国内软件企业的合作对国内软件企业来说也可能是机遇。如 2006 年初，浙大网新联手外资软件企业——道富集团共

同开拓欧美金融外包市场，道富从中获得了网新恒宇公司90%股权，而网新则承接了道富一系列核心技术平台系统和外包的订单。

（四）企业信息化、网络游戏、移动软件和网络安全仍将是软件市场热点

随着中国“以信息化带动工业化”战略的推进，传统的企业信息化领域，特别是中小企业信息化市场将继续成为2006年软件业的一个重要市场。据统计，到2003年底，中国全部国有及规模以上非国有工业企业中99%以上为中小型企业，这些中小企业的信息化90%以上还是空白。

自中国网络游戏市场从2001年开始兴起以来，每年以超高速发展，几年间产业规模增长了10倍，目前产值已经超过30亿元，从事网络游戏开发、运营的企业超过300家。但目前这一领域的企业仍以实力较弱的小型企业为主，大型企业非常少，面对巨大的市场空间和成长潜力，预计2006年将会有更多的软件企业进入这一领域。

随着下一代通信技术的推动和普及，移动设备和智能手机正在成为另一种形式的计算机终端，基于这种移动终端的移动软件开发和增值服务就成为了软件行业发展的新方向。目前，中国手机用户已经达到3.93亿，每年还将以5 000～6 000万的数量继续增长，移动软件市场的空间将不断扩大。

随着用户应用系统和网络环境的日益复杂，网络安全环境日趋恶劣。2005年中发生了多起危害网络安全的事件，连一向防范较强的银行网络系统都受到了侵扰。6月份发生的由黑客入侵导致的万事达、VISA等银联组织的4 000余万张银行卡用户资料失窃，成为受害范围最广的一次网络安全事件。由此，满足用户的全面网络安全需求将成为2006年软件业的重点。

（五）嵌入式软件市场不断扩大

嵌入式软件为信息产业的发展带来了新的机遇，被视为中国软件产业新的增长点之一。中国拥有强大的电子信息整机制造能力和消费市场，随着经济信息化程度的加深和对传统工业的改造，嵌入式系统及软件与传统产业日益紧密结合，中国将有越来越多的企业从事嵌入式软件的开发与应用，大幅度提高整机系统的附加值，走出一条制造业带动软件产业的发展道路。

（六）基于Linux平台的应用日益增多，Linux数据库将迅猛发展

由于Linux具有可裁剪、可定制的优势，因此在各种细分的嵌入专用领域内，Linux将大有用武之地。Linux的技术前景将会使关系数据库管理系统在Linux平台的增长成为热点之一。

随着Novell、红帽等跨国Linux巨头对中国市场投入的增加以及IBM等IT巨头的支持，越来越多的ISV将逐渐采用Linux作为应用软件的基础平台，开发出更多基于Linux平台的应用。

（七）协同软件从办公自动化工具向知识管理、企业信息门户方向整合

中国协同软件市场尚处于起步阶段，应用水平较低，目前用户使用的功能主要集中在各种审批流程、文档管理、后勤管理以及简单的联系人和人事信息管理等方面。

随着协同软件在企业级市场应用的逐渐深入，企业将更加强调协同软件的知识管理功能以及与企业业务流程的整合。为满足企业全方位、个性化的需求，协同软件厂商不断将各种先进的信息技术与管理思想融入软件设计中，企业信息门户技术的发展也将给协同软件注入强大的生命力。

（八）与通信技术融合的管理软件增值功能将带来创新应用价值

2005年，移动商务成为市场中的一个新亮点，用友、浪潮、Oracle等都已经开始在管理软件产品中嵌入移动商务功能为客户带来增值，但目前主要集中在短信平台的应用上，处于市场导入的初期阶段。预计未来将在WAP、数据同步等技术应用方面获得更大进展。移动商务管理软件厂商将利用这些功能完善管理软件解决方案，提高客户端的应用体验价值；而部分专门提供移动商务增值产品的厂商将以多样化的服务来参与竞争，共同打造完善的移动商务产业链条。

中国电子信息产业发展研究院IT产业发展研究所　曹　方

3

2005年中国集成电路产业发展情况分析

集成电路是信息产业发展的基础，是改造和提升传统产业的核心技术，它已成为事关国民经济、国防建设、人民生活和信息安全的基础性、战略性产业。自2000年国务院发布《关于鼓励软件产业和集成电路产业发展的若干政策》（国发［2000］18号）的文件以来，中国集成电路产业的发展开始步入快车道。随着投资环境的不断改善和产业链环节的不断健全，中国正日益成为全球半导体产业投资的热点地区。

近几年全球半导体产业向中国内地转移的趋势日益明显，即使是在2005年全球半导体市场持续低迷的环境下，中国集成电路产业仍保持了较快稳步增长。2005年，中国集成电路产业在国际市场增长缓慢的环境下，依靠国内市场需求的拉动，仍然保持了较快的发展，全年完成产品销售收入1 171亿元，同比增长21.7%。目前，中国集成电路产业已初步形成了设计业、集成电路制造业及封装测试业三业并举、协调发展的格局，出现了长江三角洲、京津地区和珠江三角洲三个相对集中的产业区，建立了多个国家集成电路产业化基地。制造业的技术工艺已进入国际主流领域，设计和封装技术接近国际水平。随着中国集成电路产业的快速发展，其在全球的地位正在逐年上升。

一、2005年中国集成电路产业发展情况分析

2001－2005年，中国集成电路产量和销售收入的年均增长速度超过30%，是同期全球最高的。2005年产业规模超额达到“十五”计划的预期目标。2005年全球Foundry市场的低迷直接影响了国内集成电路制造行业的发展。中芯国际、宏力半导体、华虹NEC和华润上华等企业的集成电路生产线产能利用率虽仍保持在较高水平，但受国际集成电路代工价格下滑的影响，各企业的销售收入增长均有回落，部分企业甚至出现了负增长。同时，2000年以来的新建项目在2004年均已基本建成投产，2005年产能扩张对集成电路制造行业规模增长的贡献大大降低。在以上两方面因素的作用下，中国集成电路制造业销售额增幅大幅回落。作为集成电路产业的龙头，IC设计业在2005年继续保持快速发展的势头。在封装测试业方面，近几年的发展虽然不像集成电路制造和IC设计行业那样迅猛，但也一直平稳增长。

随着IC设计和集成电路制造行业的迅猛发展，国内集成电路价值链格局继续改变，其趋势是设计

业和集成电路制造业所占比例迅速上升。2005年，设计和集成电路制造业在国内集成电路产业中已占半壁江山，而封装测试业在国内集成电路产业中所占的份额首次下降到50%以下。

（一）基本情况

1. 集成电路生产、销售和出口保持了两位数的增长

2005年，中国共生产集成电路265.78亿块，同比增长25.68%；销售265.77亿块，同比增长28.22%；出口216.09亿块，同比增长33.18%，金额为137.54亿美元，同比增长30.71%；进口753.7亿块，同比增长20%，金额为810.24亿美元，同比增长34.87%。2002年以来中国集成电路生产、销售和出口一直保持着两位数的快速增长，经受住了全球行业发展波动的考验。

表1　2000－2005年中国集成电路生产、销售情况

项目＼年份	2000	2001	2002	2003	2004	2005
生产/亿块	33.92	33.23	96.31	124.1	211.47	265.78
增长/%	37.95	-2.03	189.83	28.85	70.4	25.68
销售/亿块	42.16	32.58	88.8	124	207.28	265.77
增长/%	70.55	-22.72	172.56	39.64	67.16	28.22

表2　2000－2005年中国集成电路出口情况

项目＼年份	2000	2001	2002	2003	2004	2005
出口数量/亿块	40.4	33.02	55.93	110.98	162.26	216.09
增长/%	-3.48	-18.27	69.38	98.43	46.21	33.18
出口金额/亿美元	19.72	16.89	22.46	59.67	105.23	137.54
增长/%	4.36	-14.34	32.98	165.69	76.36	30.71

表3　2000－2005年中国集成电路进口情况

项目＼年份	2000	2001	2002	2003	2004	2005
进口数量/亿块	205.47	200.56	261.09	469.15	628.17	753.7
增长/%	18.8	-2.39	30.18	79.69	33.9	20
进口金额/亿美元	95.2	103.84	140.37	401.61	600.78	810.24
增长/%	26.35	9.08	35.18	186.1	49.59	34.87

数据来源：信息产业部，2006.03

2. 中国集成电路市场保持快速发展

2005年中国集成电路市场销售额为3 803.7亿元，同比增长30.8%，继2004年的高速增长之后，2005年中国集成电路市场依然保持快速发展。

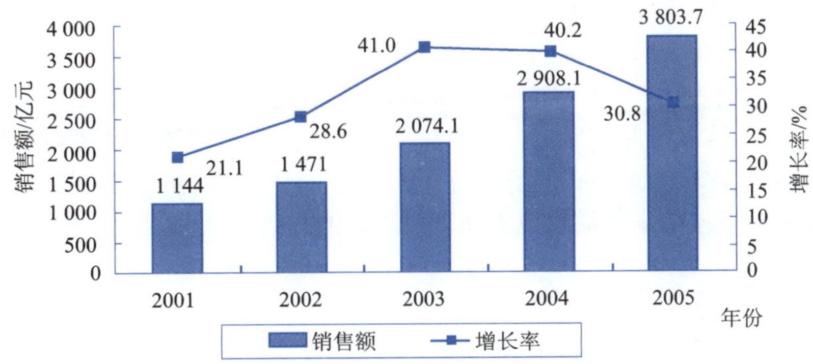

图 1　2001－2005 年中国集成电路市场销售规模及增长率

资料来源：赛迪顾问　2006. 02

（二）市场发展特点

1. 计算机及消费类电子整机产品带动中国集成电路市场快速增长

中国已成为世界电子信息产品生产基地，近年来，随着世界电子信息产品产能逐渐向亚太转移的速度加快，中国各类电子信息产品都保持了快速增长势头。计算机类应用对集成电路的需求主要来自PC、笔记本电脑、窗体顶端、窗体底端、打印机、显示器、键盘及鼠标等电子信息产品在国内的 OEM 制造。2005 年，中国 PC（不包括笔记本）产量超过 3 500 万台，同比增长近 65%；笔记本产量超过 4 700万台，同比增长 88%；LCD 显示器产量达到 12 195 万台，同比增长超过 170%；平板电视增长超过 400%。此外，U 盘、数码相机、存储卡、机顶盒和小家电也有显著的增长。这些整机产量的高速增长直接在数量上极大地刺激了对上游集成电路产品的需求，为 2005 年中国集成电路市场的发展提供了第一驱动力，使得计算机领域集成电路市场份额上升了 4. 8 个百分点，是 2005 年中国集成电路市场发展最快的领域，市场增长率达到 47. 5%，继续巩固了其集成电路市场份额第一的地位。

消费类电子整机对集成电路的需求主要来自传统黑白家电和数码相机、MP3 及 MP4 等新兴数字消费类产品。2005 年，MP3、MP4、数码相机、平板电视等新兴产品都实现了高速增长，是带动消费类集成电路市场发展的第一动力。虽然 CD 机、VCD 机、背投和 PDA 产品的产量有所下降，但微波炉、吸尘器、热水器、电风扇等小家电及玩具等产品则增长显著。总的来看，2005 年中国消费类集成电路市场发展迅速，虽然增长速度不及计算机领域，但也是 2005 年中国集成电路市场的主要动力。

2. 网络通信类整机需求走软导致该领域集成电路发展趋缓

2005 年，中国网络通信类集成电路市场增长率仅为 18. 8%，在 2004 年超过 40% 增长率的基础上出现较大回落，而且增长率与 2005 年 30. 8% 的整体市场增长率相比低了 12 个百分点。2005 年网络通信类集成电路市场占有率为 18. 3%，在 2004 年 20. 2% 的基础上下滑了 1. 9 个百分点。这表明 2005 年中国网络通信类集成电路市场发展趋缓。出现这种现象的主要原因是由于 2005 年网络通信类整机产品需求相对疲软，虽然手机产品依然保持正常的增长率，但是 PHS 设备、BSC、DSL 终端和固定 PBX 等产品都有不同程度的下降，而且 2005 年中国 3G 并未启动，市场没有亮点，因此，导致了 2005 年中国网络通信类集成电路市场与 2004 年的高速增长相比出现较大回落。

3. 整机产品结构升级带动集成电路市场快速发展

2005 年中国集成电路市场增长 30. 8%，虽然增速不及 2004 年，但在全球半导体产业发展不景气的情况下仍然实现快速增长。除了整机产量增长的带动以外，整机产品结构的升级也是 2005 年中国集成电路市场快速发展的主要驱动因素。计算机方面，笔记本的增长率再次超过台式机，而且达到了 88%；在显示器方面，LCD 显示器的增长率远远高于 CRT 显示器的增长，而且 LCD 显示器在 2005 年的增长率达到173%。在2004年的基础上，计算机领域的产品结构快速升级，整机产量的高速提升以及产品结构的快速升级，使得2005年中国计算机类集成电路的发展速度远高于整体市场的增长速度。在消费类电子方面，平板电视机产量的快速增长是2005年整机市场的一大亮点。虽然平板电视机相对于CRT彩电份额较小，但是市场占有率在快速攀升。此外，数码消费领域是更新换代最快的领域，产品结构升级也最为明显；MP3方面iPod市场份额持续走高，MP4市场虽然刚刚起步，但发展也十分迅速。整机产品结构升级也直接带来高端集成电路产品需求的提高，从而推动了集成电路市场的发展。

4. 英特尔领跑中国市场，外国厂商依然优势明显

2005年，中国集成电路市场前十大厂商和2004年相比没有变化，但排名有变，最大的特点在于储存器厂商发展较快，增长率较高，排名上升。受中国PC、笔记本电脑产量上升的带动及迅驰芯片对市场的推动，英特尔公司在中国市场的增长率近30%，以627.9亿元的市场销售规模遥遥领先，占据了中国集成电路市场份额的16.51%。在2004年高速增长的基础上，2005年中国存储器市场依然快速发展，受Nand Flash市场增长的影响，东芝、海士力市场排名有所上升。2005年AMD公司成绩不斐，对英特尔形成了进一步的威胁，实现市场增长率35.3%，再次进入市场前十名行列。

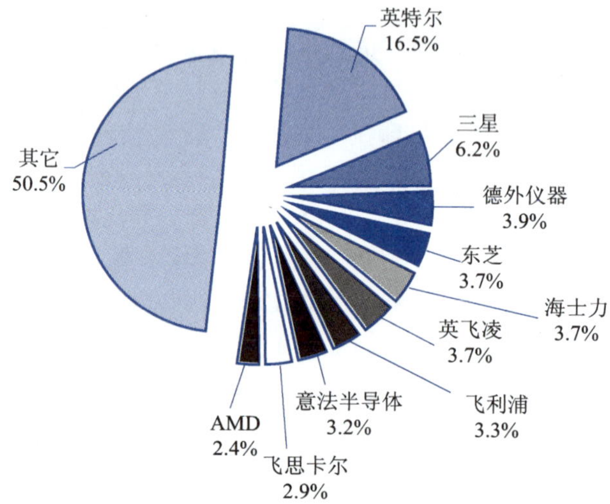

图2 2005年中国集成电路市场品牌结构

资料来源：赛迪顾问，2006.02

（三）产业发展特点

1. 产业环境进一步改善

2005年3月，为鼓励集成电路企业加强研究与开发，国家设立了集成电路产业研究与开发专项资金，制定了《集成电路产业研究与开发专项资金管理暂行办法》（132号文件）。“132号文件”成为“18号文件”修改后的重要补充部分。“132号文件”更加明确地将集成电路产业研究和开发进行专项管理，这对于整个集成电路产业的持续、协调发展意义重大。

在产业政策不断完善的同时，知识产权也日益受到重视。近几年，国内集成电路产业遭遇了越来越多的知识产权纠纷，这表明在国内本土集成电路企业开始迅猛增长的同时，知识产权已经成为产业发展中日益突出的问题。在这种形势下，中国政府和相关协会机构加强了知识产权保护、创新和交易方面的基础性工作。2005年，中国半导体行业协会成立了知识产权工作部；之后，由CSIP、大唐微电子等8家单位发起的中国硅知识产权产业联盟在北京成立。

2. 技术创新取得新的突破

目前，中国集成电路技术创新环境已有了很大改善，各地集成电路产业园的建设及当地政府出台的一系列鼓励创新的政策起到了良好的作用，集中反映为集成电路设计业领域自主创新的产品种类增多，技术水平大大提高。2005 年中国集成电路设计业在产品创新方面取得了重大进展：重邮信科开发出国内第一枚 0.13 微米工艺的 TD－SCDMA 手机核心芯片——“通信一号”，凯明推出采用 90 纳米工艺的支持 TD－SCDMA/GSM/GPRS 双模及多媒体应用的第二代 TD－SCDMA 基带芯片“火星”，TD－SCDMA 基带芯片工艺水平从 0.18 微米、0.13 微米跨越到 90 纳米，这标志着中国 3G 通信核心芯片的设计能力已经提升到国际主流水平。在数字音视频领域，青岛海信开发出国内第一款具有自主知识产权，并实现产业化的音视频芯片——“信芯”，中科院计算所研发出国内第一款 AVS（数字音视频编解码技术标准）芯片“凤芯”。此外，南山之桥的千兆线速防火墙芯片、杭州国芯的卫星/有线数字电视信道接收芯片等具有国内自主知识产权的产品的研制成功，都标志着国内芯片设计水平已经迈上了一个新台阶。

3. 产业结构不断优化

2005 年以来，中国集成电路产业结构趋于合理，封装业在整个集成电路产业链总值中的比例下降，比重已降到 50% 以下，而 IC 设计业、IC 制造业发展迅猛，比例在不断增大。2005 年中国 IC 封装测试业收入同比增长约 20.3%，IC 设计业和 IC 制造业的收入分别同比增长约 60.8% 和 54.5%。封装测试在产业链总值中占 45.3%，与 2004 年的 51.8% 相比有所下降；IC 设计业和 IC 制造业的产值分别占到 17.5% 和 37.2%。尽管 IC 封装测试业仍是 IC 产业链中的“老大”，但三者结构已逐步向国外先进标准靠拢，趋于合理。

4. 企业规模不断扩大，技术水平迅速提高

中国集成电路制造技术水平经历了 2000 年的 0.35 微米 8 英寸制造线的建设，到 2004 年中芯国际北京 12 英寸线的建成投产，少数先进生产线的制造技术已提升到 0.18 微米乃至 0.13 微米。国内封装企业，在先进封装形式的开发和应用方面也取得了显著成果。设计企业的业务活动已经从芯片设计，扩展到系统解决方案、知识产权（IP）的交换交易、IC 设计服务、测试，直到产品营销。一批企业已具备 0.13～0.25 微米的设计开发能力，可自主设计开发几百万和上千万门水平的集成电路。

经过不断的积累和开拓，中国半导体企业正走上发展壮大之路。中芯国际已跃居为全球第四大芯片代工厂，华虹 NEC 已成为全球第七大芯片代工厂；大唐微电子等一批设计企业正在向 1 亿美元销售额的目标迈进；南通富士通、长电科技等封装测试企业都正在努力向世界先进水平靠拢。

5. 国内集成电路设计企业新锐突起

近年来中国集成电路设计业发展迅速，涌现出一批优秀的设计企业，2005 年是中国集成电路设计业发展的里程碑年，中星微电子和珠海炬力在美国纳斯达克成功上市，分别融资 8 700 万美元和 7 800 万美元，这是国内 IC 设计企业首次在美国成功上市。珠海炬力的销售额突破 10 亿元大关，其 MP3 芯片的出货量全球第一，而中星微电子也在摄像头芯片方面取得成功，市场占有率在全球处于绝对领先地位。除了珠海炬力和中星微电子以外，中国还拥有一批发展迅速、充满活力的设计企业，例如上海展迅、深圳安凯、上海埃派克森和海尔集成电路公司等，它们在手机基带、移动应用处理器、鼠标芯片，多媒体芯片、机顶盒芯片等方面都已经实现量产。

6. 新项目建设有所放缓，但仍保持旺盛势头

作为带动产业规模扩大的直接动力，新增投资和新建项目一直是产业发展的风向标。与前几年的建线热相比，2005 年中国 IC 制造领域新增投资有所放缓。这一方面是受到全球半导体市场回升缓慢的

影响，另一方面也是主流集成电路制造厂商为了下一步的发展，在资金和工艺等方面进行积累和蓄势。尽管如此，集成电路制造业方面仍有不少大型项目启动：意法半导体与韩国现代半导体在无锡的芯片生产线项目正式开工建设，合资厂计划总投资20亿美元，这是国外IDM大企业首次在中国投资建设前道芯片生产线，因而具有标志性意义。此外，上海力芯集成电路制造有限公司8英寸、0.025微米集成电路生产线在上海开工兴建，投资总额达10亿美元。在封装测试领域，国际各主要半导体企业在2005年延续了向中国投资设厂的势头，AMD投资1亿美元的微处理器苏州封装测试厂建成投产，美国美光半导体公司投资2.5亿美元在西安建设封装测试线。封装测试项目仍是国际半导体公司向中国投资的热点领域。

（四）产业竞争格局

多年以来，中国集成电路产业的竞争格局一直呈现国有企业和外资企业平分天下的态势，且主要分布在东部沿海地区。但近几年来，随着外资和民间资本加速进入国内集成电路行业，以上产业格局正在发生根本性改变。其总的趋势是，外资企业开始占据主体地位，民营企业也开始发挥举足轻重的作用，在集成电路制造和封装测试领域，中芯国际、宏力半导体、和舰科技 Intel（上海、成都）、Infineon（苏州）等投资新建项目均为外资企业，目前，外资企业在集成电路制造和封装测试销售收入中所占比重已经超过80%。

1. 区域竞争格局

从产业区域分布上看，“长三角”地区是国内最主要的集成电路产业基地，聚集了全国近1/2的IC设计企业和制造企业以及4/5的封装测试企业。京津环渤海地区在IC研发、设计和制造领域，拥有与“长三角”地区规模相当的产业基础。“珠三角”地区依托强大的计算机产品制造能力，形成了有一定特色的IC设计企业群和封装企业。西部地区在产业规模上不及以上三大基地，但依托大专院校及研究机构形成了较为完整的产业链。2005年，中国集成电路产业销售收入在“长三角”、京津环渤海和“珠三角”地区的分布情况大致是69.6%、22.4%和5.2%。

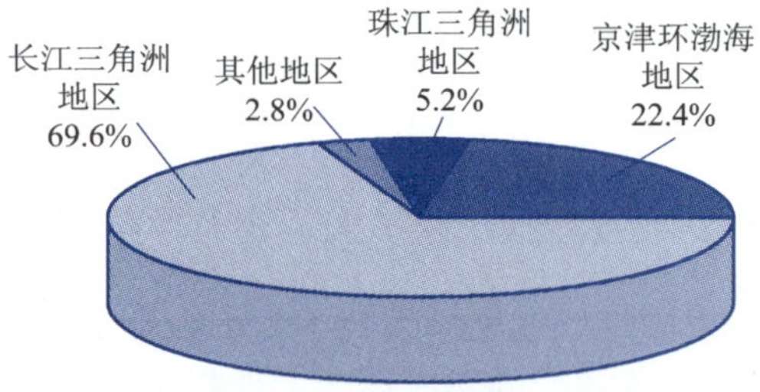

图3　2005年中国集成电路产业销售收入区域结构

数据来源：中国半导体行业协会，2006.03

（1）长江三角洲地区产业基地

长江三角洲是中国集成电路产业投资最密集的地区，该地区集中了全国70%的集成电路制造企业，50%的封装企业以及40%的集成电路设计单位，2005年全国集成电路销售收入的近70%来自于该地区。国家集成电路设计产业化七大基地，该地区占有三个。

表4　长江三角洲地区集成电路产业链主要企业

集成电路设计企业	集成电路芯片制造企业	集成电路后封装企业
上海华虹集成电路有限公司	华越微电子公司	上海松下半导体有限公司
上海复旦微电子股份有限公司	无锡华晶电子集团公司	无锡华芝半导体有限公司
上海新茂半导体有限公司	上海贝岭股份有限公司	江苏长电科技股份公司
上海爱普生电子有限公司	上海华虹 NEC 电子有限公司	南通富士通微电子有限公司
上海莱迪思半导体有限公司	上海先进半导体制造有限公司	上海阿法泰克电子有限公司
中频电子（上海）有限公司	中芯国际（上海）	英特尔（上海）电子有限公司

续表

集成电路设计企业	集成电路芯片制造企业	集成电路后封装企业
新涛科技（上海）有限公司	上海华旭微电子有限公司	现代（上海）电子有限公司
上海大缔微电子有限公司	上海宏力半导体制造有限公司	三星（苏州）电子有限公司
上海交大奇普科技有限公司	杭州士兰电子有限公司	……
苏州华芯微电子有限公司	常州市华诚常半微电子有限公司	
南京微盟电子有限公司	……	
无锡华晶矽科微电子有限公司		
……		

（2）环渤海地区产业基地

北京、天津、河北、辽宁和山东所形成的环渤海地区，也是目前中国集成电路产业相对集中的区域。经过多年的努力，环渤海地区集成电路产业链各环节已基本形成互动发展的格局：在设计方面，威盛电子、华大、大唐电信、中芯微系统、北京海尔和中星微电子等公司处于全国领先地位；在专用设备研制方面，中国电子科技集团45所、中科院、北京建中机器厂以及清华大学等单位，已成功开发出光刻机、刻蚀机、扩散炉、退火炉等集成电路生产的20种关键专用设备中的18种；在专用材料研制生产方面，有色研究总院8英寸硅片已规模化生产，并拥有12英寸自主技术。

表5　环渤海地区集成电路产业链主要企业

集成电路设计企业	集成电路芯片制造企业	集成电路后封装企业
北京华虹NEC IC设计有限公司	首钢NEC电子有限公司	瑞萨四通集成电路（北京）有限公司
中国华大IC设计有限公司	摩托罗拉电子有限公司（半导体天津厂）	北京市半导体器件五厂
大唐微电子有限公司	济南半导体总厂	微讯联合半导体（北京）有限公司（RFMD）
北京六合万通微电子有限公司	北京华厦集成电路有限公司	飞思卡尔（中国）电子有限公司
北京微辰信息技术公司等	中科院微电子中心	……
北京华虹集成电路设计有限公司	北京东光微电子有限责任公司	
北京希格玛晶华微电子有限公司	北京市半导体器件研究所	
北京中星微电子有限公司	国营七七七总厂半导体厂	
北京火马微电子技术有限公司	中芯国际（北京）	
北京东世半导体技术有限公司	……	
……		

（3）“珠三角”地区产业基地

珠江三角洲地区作为国内重要的电子信息产品整机生产基地，和主要的集成电路、半导体分立器件市场，近年来其集成电路设计业发展较快。然而，“珠三角”的集成电路产业规模较小。珠江三角洲集成电路发展基地以深圳为中心，由以深圳赛意法、深圳深超、深圳先科纳米为主的企业构成。珠江三角洲的模具、设备和引线框架企业可为芯片封装业提供配套。珠海也成为珠江三角洲集成电路的主要生产地区，目前有10多家具有国际先进水平的集成电路企业，其技术直接来源于美国硅谷和中国台湾，能够生产6英寸超大规模集成电路芯片。

表6　珠江三角洲地区集成电路产业链主要企业

集成电路设计企业	集成电路芯片制造企业	集成电路后封装企业
深圳市国微电子股份有限公司	珠海南科集团	深圳赛意法微电子有限公司
华科微电子（深圳）有限公司	深圳深超	厦门华联电子有限公司
深圳中兴集成电路设计有限公司	先科纳米	……
厦门联创微电子股份有限公司	福建福顺微电子公司	
深圳华为	……	
珠海炬力		
……		

（4）西部地区产业基地

西部地区拥有西安电子科技大学、成都电子科技大学、重庆邮电学院等一大批具有微电子专业的大专院校，以及以771所、24所等为代表的国家一类科研院所，这为西部地区集成电路产业的发展提供了丰富的人力资源。目前，西部地区的集成电路设计单位已经发展到30余家，且还在快速增加。西部地区的集成电路制造业还不发达。

表7　中西部地区集成电路产业链主要企业

集成电路设计企业	集成电路芯片制造企业	集成电路后封装企业
重庆西南集成电路设计有限公司	国营永红器材厂	国营永红器材厂
成都华微电子系统有限公司	西安微电子技术研究所	英特尔（成都）
西安亚同集成电路技术公司	国营八七一厂	天水华天微电子有限公司
西安深亚电子有限公司	吉林华星电子集团有限公司	四川乐山无线电有限责任公司
西安联圣科技有限公司	沈阳浑南新区	……
……	……	

2. 市场竞争格局

中国集成电路市场的主要竞争者，可以划分为欧美厂商、日本厂商、韩国厂商、中国台湾厂商及中国内地厂商等。欧美厂商的主要优势领域在于计算机及网络通信领域，日本厂商的优势体现在消费领域，韩国厂商的优势领域是存储器，中国台湾厂商的竞争力在于低端市场的价格优势，而中国内地厂商的优势在于IC卡及低端的消费领域。随着计算机网络通信消费电子三大应用的日益融合，数字家庭、下一代移动终端、汽车电子等市场开始萌动，欧美厂商的发展趋势是PC、网络化、娱乐化和网络无线化，并且在构筑下一代网络的同时向家庭应用领域不断渗透，日本厂商的努力方向是消费类电子信息产品网络化，韩国厂商的努力方向则是不断提升存储器领域的制造工艺水平，而中国台湾及内地的厂商则是在低端领域，从欧美厂商和日本厂商手里抢夺市场。

二、2005年中国集成电路产业发展存在的主要问题

在宏观经济发展环境好，政策支持有力的情况下，资金、技术、人才和资源的有效利用等问题，对于集成电路产业发展显得至关重要，成为制约中国集成电路进一步发展的主要因素。

（一）资源利用率有待提高

经过多年的发展，特别是2000年以来全球集成电路产业向中国内地转移，使中国5英寸以上的集

成电路生产线已有20多条，还有12英寸的在建生产线，已经形成了月加工集成电路约40万片以上的能力。如何利用好这些已有的集成电路生产线，使中国集成电路产业得到充分的协调发展是必须思考的问题。要摆脱盲目上生产线、跟潮流之风，理性地分析集成电路产业链各个环节的特点，以市场应用为导向，充分利用好现有的集成电路产业资源。

（二）产业链失衡

近几年，中国集成电路产业发展最快的是制造业，但集成电路辅助行业的实力（包括半导体材料、芯片封装、芯片配件、先进封装、专用设备制造等）还相当弱小。集成电路生产线设备、仪器和材料主要依靠进口的局面尚未改变，集成电路设备自给程度不足2%，集成电路材料自给程度不到10%，制约了企业技术升级换代的步伐。同时，集成电路与整机脱节，中国目前整机生产已达到年生产手机3亿多部，彩电8 000多万台的能力，但这些整机所用的芯片基本上为国外产品所垄断，导致中国近几年平均每年进口集成电路达800亿美元以上。因此，中国集成电路产业链整体仍有待完善。

（三）资金投入短缺

据分析，20世纪70年代中期，一个集成电路工厂加工设备的投入一般占总投资额的40%，20世纪90年代中期已提高到70%。当前，建一个0.18微米技术、8英寸硅片生产线的工厂，需要投资20亿美元。到2012年，一座0.05微米技术、18英寸硅片生产线的建厂费用，预计将高达200亿美元左右。集成电路产业中设计、制造、封装投资阀值不断提升，投资渠道单一、资金短缺，已难以满足中国集成电路产业发展的要求。

（四）高级设计人才严重匮乏

随着资本的流入和产业的发展，集成电路专门人才的短缺限制了中国集成电路产业的前进步伐。其中关键工艺人员极为匮乏，从事IC设计的高级人才也仅有4 000多人，这与中国集成电路产业发展对设计人员的需求相去甚远。目前，中国在建和已建生产线多达数十条，而每一条生产线都需要至少50家设计公司的设计成果来支撑，中国的设计需要量会越来越大。

（五）创新能力较弱

集成电路加工制造是一项与专用设备密切相关的技术，“一代设备，一代工艺，一代产品”的说法已被世人公认。随着全球集成电路产业的迁徙，中国正在从一个集成电路的“消费大国”变为“生产大国”。但是，在集成电路投资大潮中却凸现一个令人深思的问题：中国的集成电路产业链由于没有核心技术而显得如此脆弱，成为中国集成电路产业发展至关重要的问题。

（六）制造技术以代工为主、缺乏自主品牌

中国内地集成电路制造业的发展，除了早期与美国贝尔、阿尔卡特、摩托罗拉和日本NEC等合资建厂并从事生产外，近年来以提供集成电路代工生产为发展重点，自主品牌相对较少。在集成电路代工产业发展方面，除了中芯国际、台积电之外，还有和舰、宏力、华晶、先进与华虹NEC等。

三、2006年中国集成电路产业发展展望

2006年中国集成电路将面临更好的发展环境，政府支持力度将进一步加大，新的扶植政策有望尽快出台，支持研发的专项基金将会增多，中国成为世界电子信息产品生产基地的地位，以及电子信息产品制造业具有的良好发展势头，保证了处于上游的集成电路产品拥有广泛的市场空间，中国集成电路产业仍将保持一个较快的发展速度，占全球市场份额的比重将进一步增大。

（一）发展机会分析

1. 产业加快向中国转移

20 世纪 60 年代以来，全球电子信息产品制造业经历了由美国——日本——韩国、中国台湾——中国内地的转移路径，但当前这种递次转移的路径正在改变，全球电子信息产品制造业正在从美国、欧洲直接向中国及东南亚国家转移。中国在初级劳动力、技术研发人才、土地、资本等生产要素方面的成本优势依然存在，在新一轮全球制造业转移中，依然是外商投资的首选地。中国抓住全球产业调整转移带来的机遇，已成为世界电子信息产品生产大国，如年产手机约 3 亿部、计算机约 8 000 万台、彩电约 8 000 万台、电话单机约 1.7 亿部等。跨国公司的产业转移为快速发展中国集成电路产业提供了机遇，缩短了中国与国外的差距。

2. 产业政策环境持续向好

集成电路在中国一直受到历届政府的重视和支持，为了扶持国内集成电路产业发展，国家从战略规划政策制定等多个层面实行了一系列优惠的扶植性的产业政策。随着国家中长期科学和技术发展规划纲要（2006－2020）和国家“十一五”规划纲要贯彻落实，政府部门将会出台更多的政策，为集成电路产业的发展创造良好的市场和政策环境，这将有力地推动中国集成电路产业的健康稳步发展。

3. 人才培养和引进取得成效

集成电路产业是知识密集型的高技术产业，其持续、快速、健康的发展需要大量高水平的人才。但是，人才匮乏、人员流失严重一直是国内集成电路产业面临的主要问题之一。为扭转这一局面，应加大集成电路专业人才的培养力度。2003 年，国务院科教领导小组批准实施国家科技重大专项——集成电路与软件重大专项，并实施了“国家集成电路人才培养基地”计划。随后教育部、科技部批准了 9 所大学为首批建设的国家集成电路人才培养基地，2004 年 8 月，教育部又批准了 6 所高校为国家集成电路人才培养基地建设单位，并同意 2 所大学开始筹建。至此，国家集成电路人才培养基地布局初步形成，其目标是通过 6～8 年的努力，培养 4 万名集成电路设计人才和 1 万名集成电路工艺人才。

在加大国内人才培养力度的同时，吸引海外人才回国创业也是国内各地方政府和企业的重要举措。目前，海外回国人员已经成为国内集成电路行业，特别是 IC 设计业的一支重要力量。这为国内集成电路产业的发展提供了必要的人才保证。

（二）技术发展趋势

集成电路的技术进步日新月异，自 20 世纪 70 年代以来，一直符合摩尔定律。专家预计，今后 10 年集成电路技术的进步，仍将继续符合摩尔定律，硅仍然是制造集成电路的主要材料。

1. 器件的特征尺寸继续缩小

集成电路的制造技术每 2～3 年更新一代，这是栅长不断缩小的结果，器件栅长的缩小又基本上依照等比例缩小的原则，促进其他工艺参数的提高。集成电路的基本单元 CMOS 器件，已从亚半微米进入纳米时代（即器件的栅长小于 100 nm，2010 年后将小于 50 nm）。

2. 系统集成芯片（SOC）成为发展重点

沿着持续缩小尺寸的途径发展，随着集成方法学和微细加工技术的持续成熟，应用领域的不断扩大，不同类型的集成电路相互镶嵌，形成了各种嵌入式系统（Embedded System）和片上系统（System on Chip 即 SOC）技术。在实现从集成电路（IC）到系统集成（IS）的过渡中，“硅知识产权（IP）模块”和“软、硬件协同设计”技术兴起，可以将一个电子子系统或整个电子系统“集成”在一个硅芯片上，完成信息加工与处理的功能。集成系统芯片（SOC）主要有三个关键的支持技术：一是软、硬件的协同设计技术；二是 IP 模块库，有软核（主要是功能描述）、固核（主要为结构设计）和硬核（基于工艺的物理设计，与工艺相关，并经过工艺和实际应用考验过的）三种。其中以硬核使用价值最高，CMOS 的 CPU、DRAM、SRAM、E2PROM 和 Flash Memory 以及 A/D、D/A等都可以称为硬核，尤以基于超深亚微米的器件模型和基于电路模拟的在速度与功耗上经过优化并有最大工艺容差的模块最有价值；三是模块界面间的综合分析技术，包括 IP 模块间的胶联逻辑技术和 IP 模块综合分析及其实现技术等。这三个支持技术的创新，将导致以系统芯片为特色的新的信息技术革命。

3. 微电子与其他学科结合，带动一系列交叉学科及相关技术和产业的发展

由于微细加工技术不断成熟和应用领域不断扩大，带动一系列交叉学科及其有关技术的发展。微电子及其相关的微细加工技术正在与机械学、光学、生物学相结合，产生新的技术和产业，如微机械系统（MEMS）、真空微电子、光电集成器件和生物芯片等。

（三）产业升级趋势

1. 电子信息产品结构升级带动集成电路产业升级

目前，电子信息产品更新换代的速度越来越快，各应用领域的发展都呈现出产品结构快速升级的趋势，例如，计算机领域的笔记本相对于台式机的份额将越来越大，LCD 显示器将取代 CRT 显示器等。电子信息产品结构升级将带动中国集成电路市场的发展。整机产量的增加以及产品结构的升级，一直是集成电路市场的两个基本推动力，整机产量的增加带来集成电路产品数量的增加，而产品结构升级则往往带来集成电路的升级。

2. 新应用的发展将为未来中国集成电路市场带来新的驱动力

未来几年，在应用方面，中国 3G 应用市场和数字电视将是两股推动中国集成电路市场发展的强大驱动力。目前，无论从设备到终端方面，已有大量的厂商为中国 3G 的推广做了很多前期准备工作，一旦中国 3G 牌照下发，3G 应用得到推广，相应的整机市场也将得到发展，从而促进上游集成电路产业的发展。在数字电视方面，随着数字电视产业的发展，必然会刺激平板电视、机顶盒和相关产品的需求，同样刺激上游集成电路产业的发展。此外，除了 3G 和数字电视以外，数字家庭、汽车电子和无线网络等方面的应用，也将在一定程度上推动未来中国集成电路市场的发展。

（四）市场需求趋势

1. 各应用领域下游制造市场将拉动中国集成电路市场快速发展

中国集成电路市场的发展依赖于各应用领域市场快速发展的拉动。未来中国计算机领域还将保持快速发展的势头，虽然台式机和 CRT 显示器的增长率可能会有一定降幅，但笔记本和液晶显示器的产量还将保持快速增长的势头；消费电子方面，虽然背投电视、CD 机、VCD 机的产量将会逐渐下降，但平板电视市场和小家电市场将保持快速增长；网络通信领域，随着中国 3G 的推广，3G 的设备市场和终端市场必将快速增长，直接带动中国网络通信类集成电路市场的发展；工控方面，随着中国奥运会和世博会的来临，智能监控、智能交通、智能楼宇以及对传统工业控制的改造，将会为工控市场带来新的发展契机。这将直接带动其上游集成电路市场的发展，从而拉动未来中国集成电路整体市场的发展。

2. 国内市场需求持续增长

2006 年中国半导体市场将持续增长，而且略大于 2005 年的增长率，2006 年中国集成电路市场规模将达到 5 024.7 亿元，实现增长率 32.1%，仍将保持中国市场的高增长率趋势。未来几年，得益于

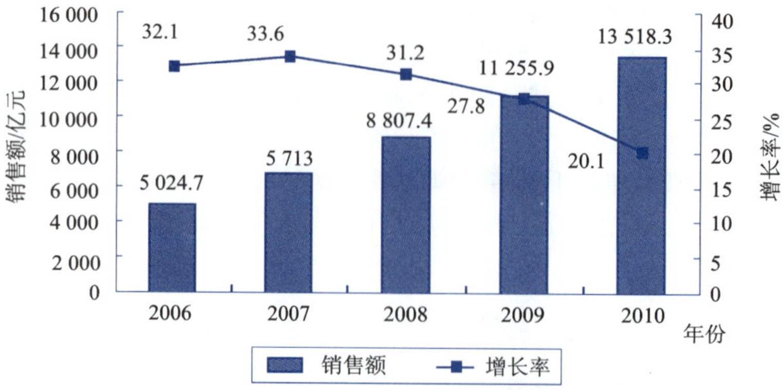

图4　2006－2010 年中国集成电路市场规模及增长率预测

资料来源：赛迪顾问　2006. 02

3G 网络、数字家庭和平板电视等领域的推动，中国集成电路市场将保持快速增长，其中 2007 年将达到增长率顶峰，市场增长率达 33. 6%，主要带动因素是 3G 的推广、PC 和笔记本的进一步普及以及平板电视的增长。2009 年和 2010 年中国集成电路市场将会出现增长趋缓的现象，这两年的增长率都将低于 30%，其中 2009 年市场增长率为 27. 8%，2010 年增长率为 20. 1%，主要是由于产业转移趋缓、各种整机市场饱和以及半导体产业周期性回落所致。

总体来看，到 2010 年，中国集成电路市场规模将达到 13 518. 3 亿元，并成为全球最大的市场，2005－2010 年市场复合增长率达 28. 9%。中国集成电路市场在度过了初期的快速成长之后，发展将逐渐稳定，未来随着全球电子制造业产能转移的趋缓，中国集成电路市场也将在 5 年后逐渐回缓。

在以上有利因素的拉动下，“十一五” 期间，中国集成电路产业仍将保持快速增长势头。预计 2006－2010 这 5 年间，中国集成电路产业销售收入的年均复合增长率将达到 29. 4%。到 2010 年，中国集成电路产业销售收入将达到 2 550. 58 亿元。届时中国将成为世界重要的集成电路制造基地之一。

四、促进中国集成电路产业发展的措施建议

集成电路已成为信息产业的核心基础产业，要准确把握国内外发展环境的变化和世界集成电路产业发展的大趋势，加快发展中国的集成电路产业。

（一）全面落实产业政策

中国的集成电路产业政策是优惠的、有吸引力的。现在最紧迫的问题是要尽快把政策落实到位，使企业真正享受到各项优惠，同时调动各级地方政府的积极性，制定并完善配套措施，吸引足够的资金投入，不断扩大产业规模。鼓励有条件的地方根据本地实际，扶持有特色的 IC 设计公司和发展后封装或支撑产业。

（二）加大技术创新力度

集成电路的创新能力包括两大核心能力：一是设计开发能力，二是大生产技术的升级能力。中国集成电路产业在扩大产业规模的同时，只有集中力量解决好这两个问题，才能从根本上保证产业的可持续发展。为了加强设计开发能力，应该鼓励国内的大电子整机企业自己建立或联合建立集成电路设计中心，使企业自用的关键芯片能够做到自行设计，自主开发；鼓励海外归国人员创立设计公司，从而将国外的先进技术带回国内并实现产业化，形成一批具有自主知识产权的产品；鼓励国内企业、高校和研究机构与国外大公司合作进行联合设计等。同时，要促进集成电路大生产技术的升级，需要对已引进的技术进行充分的消化和吸收，并在此基础上创新，走自主发展、良性循环的道路。

（三）加强人才培养

科技的竞争关键在于人才的竞争，集成电路这样的技术密集型产业更加需要高素质的专业和管理人才。当前，国内的集成电路产业急需一批在技术创新和企业管理等方面都有才干的带头人。通过创造一个宽松的环境，吸引最优秀的人才投身于中国集成电路产业建设；对于国内人才的使用和培养，要在政策和待遇等方面给予优惠的条件，充分调动、发挥人才的积极性。高等院校要加大微电子人才，特别是系统设计人才的培养力度。各地方也可以建设企业和高校联合的培训班，加强在职人员的再培训，特别是加强既掌握整机系统设计又懂得集成电路设计技术的系统级人才，以及既了解集成电路设计、生产知识，又精通工商管理方面的经营的复合型人才的培养。

（四）积极拓展融资渠道

虽然中国对集成电路产业已有较大投入，但客观来说，集成电路产业的投、融资机制尚未完善。只有投、融资渠道畅通，才能为中国集成电路产业的长远发展提供强有力的资金保障。要充分利用国际国内两个资本市场，采取国际上市、国内上市、增资配股、发行债券、商业贷款、内部股权等多种融资形式，大力吸引海内外集成电路企业、整机企业和其他行业的资金投向集成电路产业，尤其是设计业，要形成国家、民间和境外投入的多渠道投、融资机制，实现中国集成电路产业的可持续发展。

（五）加快发展集成电路支撑产业

集成电路产业的健康发展需要整个产业链的良性循环，设备和材料等集成电路的支撑产业，作为产业链中的重要环节，如果不具备一定的配套能力，将影响中国集成电路产业的长远可持续发展。中国集成电路制造业的发展壮大，已为中国集成电路支撑产业的发展创造了市场条件，应把加快发展中国集成电路支撑产业与满足市场需求有机结合起来。从发展策略来讲，支撑产业应优先发展那些量大面广、有较好产业基础的产品，如扩散炉、划片机、退火炉、硅单晶、塑封料等，这些产品只要质量稳定，价格是有竞争力的，不但可以满足国内市场而且还可以出口。至于一些关键设备，如光刻机、刻蚀机等，应在国家支持下，组织全国的力量进行攻关。

中国电子信息产业发展研究院IT经济研究所　童有好

4

2005 年中国互联网产业发展情况分析

2005 年的中国互联网产业，可谓硕果累累，各细分市场日趋成熟。电子邮件、网络广告、电子商务等传统业务稳步发展；新兴业务如火如荼，网络游戏、搜索引擎、即时通信、博客和数字音乐等迅速提升，以 30% 比例的高速增长，为 2005 年中国互联网产业的发展画上了一个圆满的句号。同时，一批优秀的互联网企业已经具备了站在国际舞台上竞争的实力，而不断增长的庞大用户群和巨大的市场潜力也吸引着 Google、微软等跨国大公司进入中国。2006 年，更为激烈的互联网市场竞争开始了。

一、2005 年中国互联网产业发展情况分析

2005 年，中国互联网产业继续保持稳步增长态势。截止到 2005 年年底，中国网民数、宽带上网网民数、上网计算机数分别达到了 1.11 亿、6 430 万和 4 950 万，分别增长 18.1%、50.2% 和 19.0%。中国域名总数达到 259.2 万个，其中 CN 下注册的域名首次突破百万大关，达到 109.7 万个，同比增长 153.9%。目前 CN 域名注册量在所有国家顶级域名中，稳居亚洲第一，2005 年底全球排名上升了 7 位，位居第六。2005 年，中国个人用户用于互联网服务的平均月消费为 157.8 元，中国互联网个人消费市场规模达 1 876.53 亿元。互联网个人用户消费规模高速增长，使得中国互联网产业发展具有更加坚实的用户基础。

（一）2005 年中国互联网整体发展情况

网民人数、上网计算机数、域名数、网站数、网络国际出口带宽以及 IP 地址数等信息，可以从整体上反映一个国家的互联网络发展程度和普及程度。中国互联网络信息中心（CNNIC）通过调查，从宏观角度分析了互联网络在中国的发展状况。

1. 网民人数达到 11 100 万

截止到 2005 年 12 月 31 日，中国的网民总人数为 11 100 万人，与 2004 年同期调查结果相比，中国网民总人数一年增加了 1 700 万人，增长率为 18.1%，与 1997 年 10 月第一次调查结果（62 万）相比，现在的网民人数已是当时的 179.0 倍。

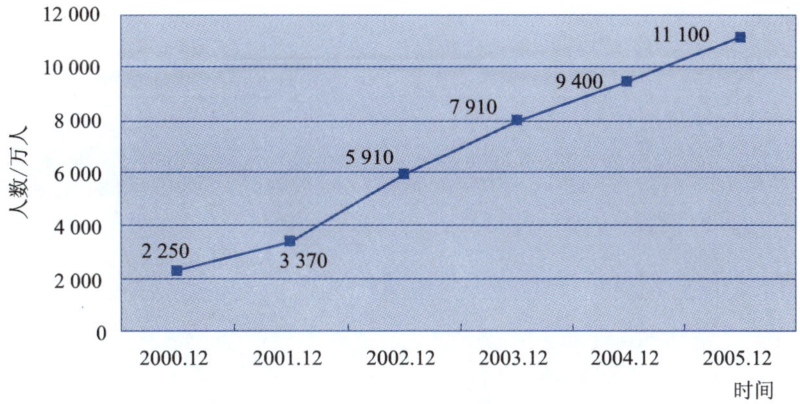

图 1　2000－2005 年中国网民总数情况

资料来源：中国互联网络信息中心（CNNIC）

中国网民总数的快速增长已被世界所瞩目，但 11 100 万网民在中国将近 13 亿的总人口中仅占 8.5%，与 2004 年同期的 7.2% 相比，有所提高。这说明尽管我国的网民总数很大，增长速度较快，但互联网络的普及程度目前还很低，发展空间仍然非常大。

表 1　2005 年中国与全球的网民比较

指标 地域	网民数/亿人	网民普及率/%	年增长率/%
全　球	9.7	15.2	20
中　国	1.11	8.5	18

资料来源：中国互联网络信息中心（CNNIC）

2. 上网计算机数达 4 950 万台

截止到 2005 年 12 月 31 日，中国上网计算机的总数已达 4 950 万台，与 2004 年同期相比，增加了 790 万台，增长率为 19.0%；是 1997 年 10 月第一次调查结果（29.9 万台）的 165.6 倍。

其中，专线上网计算机数为 650 万台，与 2004 年同期的调查结果相比，减少了 50 万台，同比下降 7.1%，是 1997 年 10 月第一次调查结果（4.9 万台）的 132.7 倍；拨号上网计算机数为 2 060 万台，与 2004 年同期的调查结果相比，减少了 80 万台，同比下降 3.7%，是 1997 年 10 月第一次调查结果（25 万台）的 82.4 倍；宽带上网计算机数为 2 240 万台，在各类上网计算机数中所占比例最高。可见，

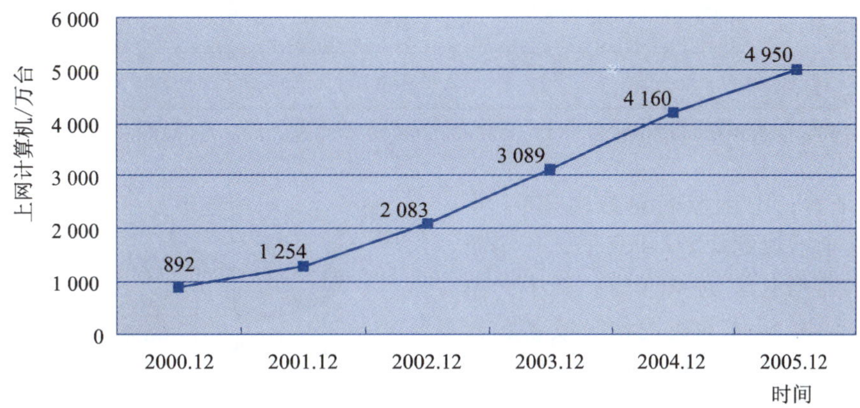

图 2　2000－2005 年中国上网计算机总数情况

资料来源：中国互联网络信息中心（CNNIC）

虽然上网计算机总数保持增长，但专线上网计算机数、拨号上网计算机数却出现了负增长，而宽带上网计算机数增长迅速。

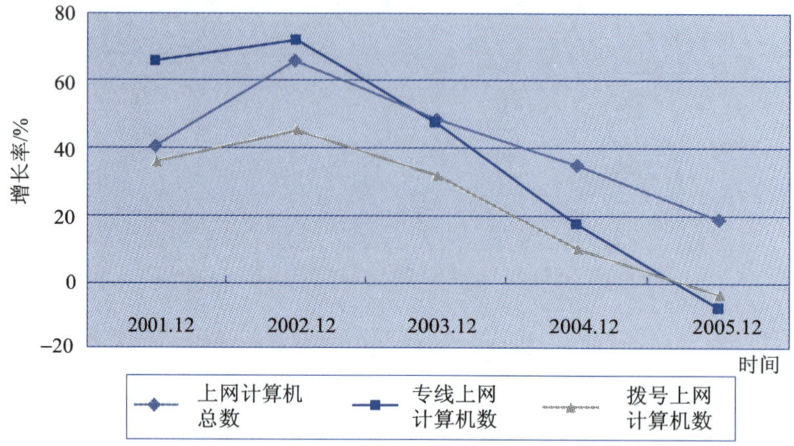

图 3　2001－2005 年中国上网计算机数增长情况

资料来源：中国互联网络信息中心（CNNIC）

3. 各类域名总数达 259 万多个

截止到 2005 年 12 月 31 日，中国域名总数（包括中国国家顶级域名 CN 和 COM、NET、ORG 等通用顶级域名）为 2 592 410 个。从分类的角度来看，以 COM 结尾的英文域名总数为 1 202 497 个，占域名总数的 46.4%；以 NET 结尾的英文域名总数为 216 533 个，占域名总数的 8.4%；以 ORG 结尾的英文域名总数为 76 456 个，占域名总数的 2.9%；CN 域名 1 096 924 个，占域名总数的 42.3%（如图 4 所示），CN 域名已经成为亚洲最大的国家顶级域名，世界排名从年初的第 13 位上升到全球第 6 位。

表 2　中国与世界部分国家的域名比较

国　　家	域名总数	每万人拥有的域名数
德　国	12 646 535	1 533
美　国	38 269 327	1 302
英　国	7 220 637	1 212
韩　国	1 460 954	303
日　本	1 411 108	110
中　国	2 592 410	20

资料来源：中国互联网络信息中心（CNNIC）

从域名总数来看，中国域名总数由 2004 年 12 月的 1 852 300 个增加到 2 592 410 个，一年净增长 740 110 个，年增长率为 40.0%。其中，由 .COM、.NET 和 .ORG 组成的通用顶级域名总数在 2005 年内增长 7.5 万个，年增长率是 5.3%；而以 .CN 结尾的中国国家顶级域名总数在 2005 年内增长 664 847 个，增长量是国内通用顶级域名增长量的 8.8 倍。由此可见，国家顶级域名 CN

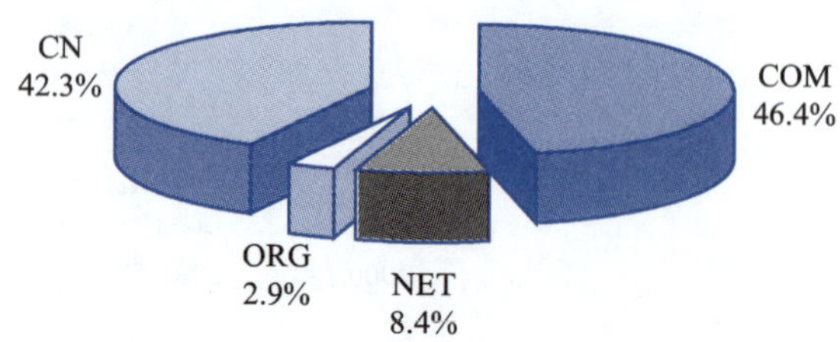

图 4　2005 年中国域名分类分布情况

资料来源：中国互联网络信息中心（CNNIC）

已经成为中国新增域名的绝对主流，并成为用户注册域名时的首选域名。

4. 网站数 69 万多个

截止到 2005 年 12 月 31 日，中国网站数为 694 200 个，一年增加了 25 300 个，增长率为 3.8%。从网站的域名类别分布来看，COM. CN、NET. CN 下的网站数出现减少的情况，分别从 2004 年同期的 476 682、79 725 个减少到 2005 年的 435 173、73 644 个；其余的网站数都出现不同程度的增长，其中 AC. CN 下的网站数为 416 个，一年增加 51 个，增长率为 14.0%；GOV. CN 下的网站数为 11 995 个，一年增加了 1 735 个，增长率为 16.9%；ORG. CN 下的网站数是 24 394 个，一年增加 2 190 个，增长率为 9.9%；行政区域名下的网站数 4 786 个，一年增加了 1 908 个，增长率为 66.3%；同 CN 下注册的二级域名数获得较快增长一致，. CN 下的网站数为 143 792 个，一年增加了 67 006 个，增长率为 87.3%。

5. 网络国际出口带宽总容量为 136 106M

截止到 2005 年 12 月 31 日，中国国际出口带宽的总容量为 136 106M，比 2004 年增加了 61 677M，增长率为 82.9%。

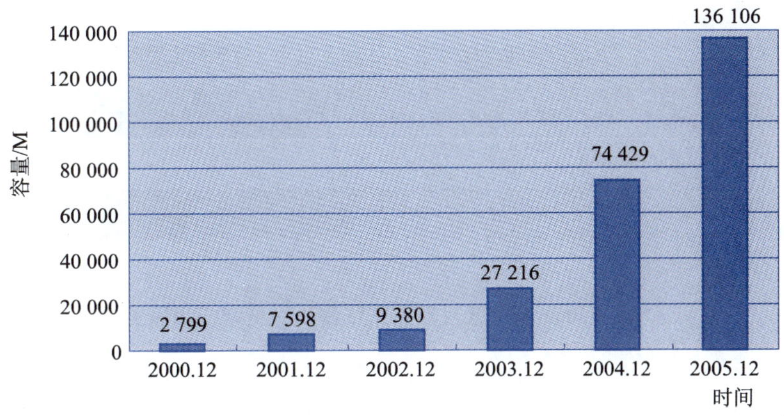

图 5　2000－2005 年中国网络国际出口带宽情况

资料来源：中国互联网络信息中心（CNNIC）

6. IPv4 地址数达 74 391 296 个

IPv4 地址是与域名、网站紧密相关的互联网地址资源。截止到 2005 年 12 月 31 日，中国内地 IPv4 地址数已达 74 391 296 个，在全球有限的 IPv4 地址数量中，中国 IP 地址拥有量仅次于美国和日本，位居世界第三。比 2004 年增加了 14 445 568 个，增长率为 24.1%。

7. 中国东中西部网络资源差距较大

1997 年以来，中国互联网络在上网计算机数、网民人数、域名数、网站数、网络国际出口带宽、IP 地址数等方面皆有不同程度的变化，基本上呈现出增长态势。但从地域分布上看，地区之间仍存在一定的差距。这表明中国互联网继续处于发展态势之中，但存在着一些不完全合理和不尽如人意的地方。随着各项基础设施的不断完善以及网络应用服务的不断多样化和实用化，中国的互联网必将得到更快、更合理的发展。

表 3　中国东中西部网络资源对比　　%

指标 / 地区	网民分布	IPv4 分布	域名数分布	网站总数分布
东　部	57.8	62.4	78.5	79.9
中　部	22.1	21.3	11.5	11.3
西　部	20.1	16.3	10.0	8.8
指标 / 地区	网民普及率	IPv4 拥有率	每万人域名数	每万人网站总数
东　部	13.0	9.4	40.4	11
中　部	5.7	2.1	6.7	0.3
西　部	6.0	2.0	6.8	0.2

资料来源：中国互联网络信息中心（CNNIC）

8. 互联网市场依然呈现出加速增长态势

随着中国基础电信运营商基础数据业务的衰退，以宽带接入为代表的互联网业务成为其新的成长支撑点，2003－2005 年中国的基础电信运营所关注的领域基本定位于互联网基础业务，而互联网应用市场有加快发展的趋势。

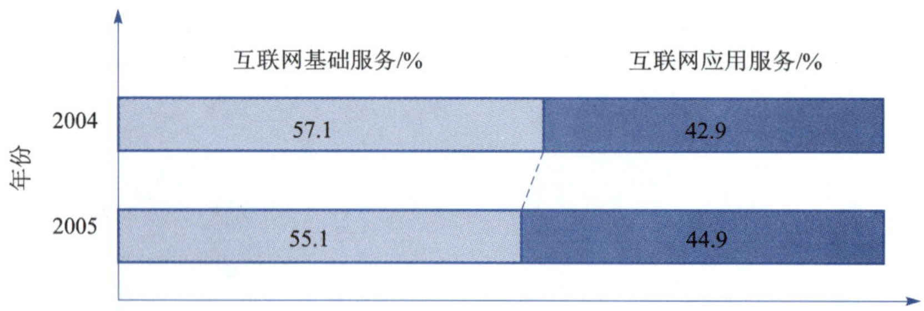

图 6　2004－2005 年中国互联网市场基础服务和应用服务情况

资料来源：CCID 顾问 2006.02

从市场规模增长情况来看，经过两年的平衡快速增长之后，2005 年中国互联网市场依然呈现出加速增长的态势，互联网应用市场与互联网基础业务市场同时表现出快速增长的态势，而互联网接入市场呈现平衡快速增长态势。2003－2005 年中国互联网整体市场规模半年度复合增长率达到 18.6%。在中国整个互联网应用业务市场中，不同的互联网应用业务表现出不同的发展态势。其中，网络教育作为最大的组成部分，市场增长趋缓，2003－2005 年的半年度复合增长率仅为 5.3%，而网上旅游、搜索引擎、网络 SMS、网络广告、网络游戏、网络购物等业务的半年度复合增长率都在 20% 以上，成长速度依然很快。

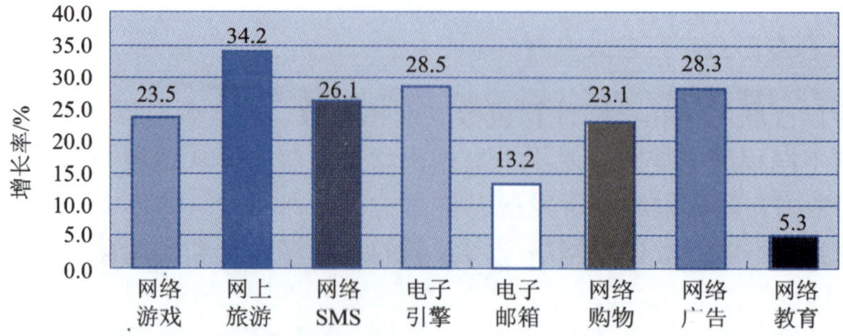

图 7　2003－2005 年中国互联网业务市场半年度复合增长情况

资料来源：CCID 顾问，2006.02

9. 互联网企业融资并购进入新阶段

2005 年，在国内市场更加开放的形势下，外资企业大量涌入中国市场，国际和国内企业的整合日趋频繁。2005 年 2 月，盛大网络发展有限公司入主新浪网公司；2005 年 8 月，百度登陆纳斯达克，以上市首日收盘价计算，百度市值已经达到 39.58 亿美元，成为中国在纳斯达克上市公司中市值最大的公司；2005 年 8 月，中国互联网最大并购案诞生——阿里巴巴和雅虎中国在北京宣布双方已签署合作协议等等。

10. web 2.0 投资风起潮涌

2005 年初，博客网率先获得千万美元量级的风险投资，投资者包括软银亚洲在内的多家世界顶级投资公司。此次投资是国际风险投资机构在中国 web 2.0 及博客领域的第一笔千万级投资，标志着中国 web 2.0 时代的商业化拉开帷幕，有力地推动和促进了博客在中国的迅猛发展。随后，中国博客网成功融资；BlogBus 也获得了维众中国投资机构几十万美元的风险投资；而三大门户网站也不甘寂寞，纷纷推出自己的特色博客服务，如新浪博客大打名人牌、搜狐博客以社区服务见长、网易博客则处处体现着“游戏理念”。同时，web2.0 中的典型应用——SN（社会网络）类型的网站也捷报频传，如天际网获得 AOL、高盛、新浪、易趣等公司创始人的投资，并受到著名风险投资机构 IDG 的关注。在广泛的风险投资的支持下，web2.0 公司纷纷制定上市计划，并可能掀起新一轮上市热潮。

（二）2005 年中国互联网细分市场情况

2005 年，各主要细分市场都保持了快速增长的势头，热点领域继续拉动产业发展，新兴市场逐步释放出产业发展的潜力，呈现出百家争鸣、异彩纷呈的热闹景象。

1. 网络游戏依然是规模最大的应用市场之一

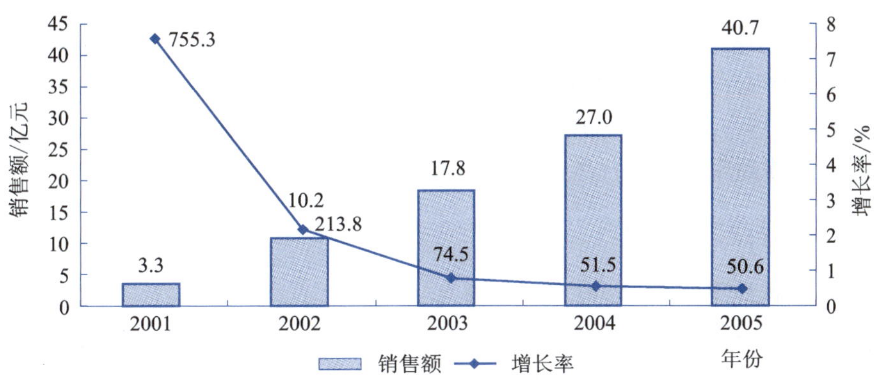

图 8　2001－2005 年中国网络游戏市场发展情况

资料来源：赛迪顾问，2006.02

2005 年中国网络游戏的市场环境、竞争格局并不是风平浪静，传统的盈利模式受到新模式的冲击；玩家规模持续增长，但玩家已经学会如何拒绝对游戏付费，开始在公测游戏间流动；企业收益逐步下降，大批游戏企业在生死线边缘挣扎；在政策层面，支持力度仍然不够，而监管力度大大加强，同时游戏企业还必须承受来自社会舆论的巨大压力。探索新的发展途径成为网络游戏企业的首要任务，如开拓增值服务、与无线业务合作、开发新的游戏类型以及提供个性化的产品设计等。2005 年底，盛大集团宣布《传奇 2》等三款网络游戏免费运营，并推出家庭互动娱乐平台易宝，将网游企业转型推向了一个新的高潮。不可否认，网络游戏仍然是中国互联网行业最受青睐的应用模式之一，2005 年网络游戏以 50.6% 的速度增长，市场规模达到 40.7 亿人民币。2005 年，中国上网用户中经常进行网络游戏娱乐的用户所占比例达到 33.2%。目前中国网络游戏玩家接近 2 000 万人，其中 19～25 岁的占

59.9%。网络游戏厂商接近300家，其中游戏开发商约为150家，仅次于韩国位居世界第二，网络游戏产品近200款。不过，虽然中国网络游戏的市场潜力巨大，但目前国产游戏只占总市场份额的10%。

2. 即时通信市场潜力无限

2005年的中国即时通信市场，同样出现了百花争艳、竞争多元化的趋势：腾讯尽管依然一枝独秀，但MSN的快速发展，已然成为腾讯最大的威胁；而且新浪UC、网易泡泡和雅虎通则紧随其后；盛大“圈圈”、Tom“Skype”和Google Talk也高调出场；除此之外，电信运营商们对这块“蛋糕”也是虎视眈眈。2005年，中国即时通信用户达到8 267万人，从中国各即时通信软件月度活跃用户数量（含重复用户）上看，QQ还是占有较大的用户比例，占63.4%，其次是MSN和网易泡泡，分别占16.6%和6.2%。在激烈的市场竞争中，即时通信的应用范围逐渐由原来的个人应用主导，逐步向企业应用拓展，用户的分布也日渐均衡，上班族正在成为即时通信市场的主要消费者。

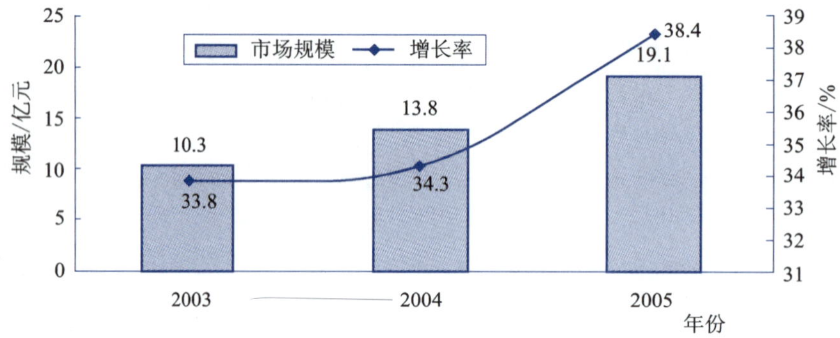

图9 2003－2005年中国即时通信市场发展情况

资料来源：CCID顾问2006.02

3. 收费邮箱市场规模增幅降低

2005年，中国收费邮箱市场总体规模达到了8.8亿。在经历了2001－2005年的大幅度增长变化之后，由于基数增大，收费邮箱市场总体规模增长速度逐渐减小。2006年，预计增长率为17%，总规模达到10.3亿元；到2007年，将会达到12.1亿元。2005年中国活跃电子邮箱数量总量已经达到3.5亿个。企业收费邮箱逐渐得到用户认可，为收费邮箱市场提供了强劲的增长动力。

4. 电子商务市场规模空前增长

2005年年初，国务院2号文件的发布，为2005年度中国电子商务市场的持续快速增长奠定了良好的基础。《电子签名法》的实施和《电子支付指引》的颁布，从法律和政策层面鼓励了电子商务的发展；第三方支付平台的兴起，促进了网上支付的普及，为电子商务应用提供了保障；B2B市场持续快速发展，中小企业电子商务应用渐成主要动力；B2C市场尽管略显平淡，但互联网用户的增长和用户习惯的培养，必然促进市场潜力的进一步发挥；C2C市场则由于淘宝和易趣的竞争升级，以及腾讯和当当的进入，而变得异彩纷呈。2005，中国电子商务市场继续保持了较快的增长。其中B2B电子商务市场规模较2004年增长了37.1%，达到6 446亿元。B2B交易额在电子商务市场交易总额中占据约95%的比例。C2C方面，经常访问购物网站的网民比例从2004年的16.7%增加到2005年的53.1%，增长了36.4个百分点。

5. 搜索引擎市场炙手可热

增长率高达42.2%的搜索引擎市场已经成为2005年中国互联网产业最大的亮点。以百度为代表的第二代搜索引擎企业，积极探索第三代搜索的搜狐和中搜，拥有雄厚品牌实力的Google和微软，在2005年展开了对中国搜索市场的激烈争夺。

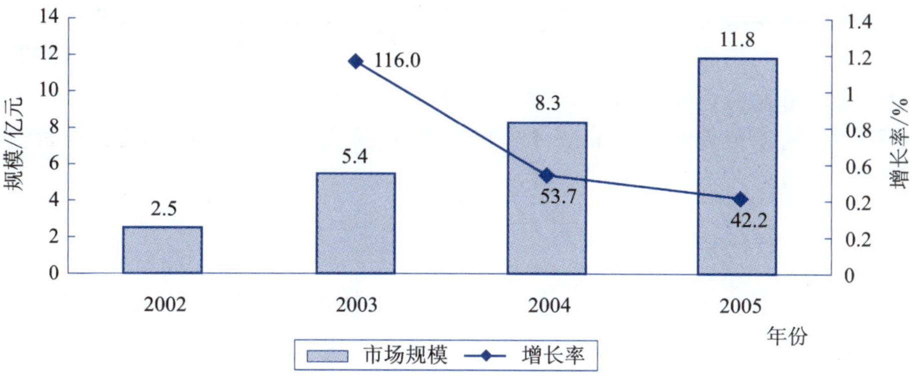

图 10　2002－2005 年中国搜索引擎市场发展情况

资料来源：CCID 顾问 2006. 02

在日使用量上，2005 年 12 月，全国搜索引擎日使用量达到了 4. 07 亿次。2005 年，每个用户平均每天使用搜索引擎的次数从 2004 年的 4. 2 次增加到 6. 1 次。品牌方面，与 2004 年的数据对比显示，在中国搜索引擎用户使用量市场份额中，百度占的份额仍是最高，并且在 2005 年该比例有较大提升，达到 46. 5%；其次是 Google，使用量市场份额从 2004 年的第三（22. 4%），上升到了 2005 年的第二（26. 9%）；排名第三的是 Yahoo，2005 年 15. 6%的使用量市场份额比 2004 年的 30. 2%下降了 14. 6 个百分点。

6. 网络教育市场总体处于起步阶段

2005 年中国网络教育市场规模达到了 181 亿元人民币。中国网络教育用户数已经从 2001 年的 371 万人发展到 2005 年的 758 万人，预计 2006 年以及 2007 年网络教育用户数分别会增长到 894 万人以及 1 054 万人。从产业链角度来看，由网络教育课程提供商、系统开发商、服务运营商组成的产业链已经成形，厂商之间的分工进一步明确和细化。中国网络教育目前以学历教育市场规模最大，一定程度上成为网络教育的代名词，但是服务规范化将是此市场下一步发展的重点。

7. 网络营销市场回归健康发展

中国互联网经过十几年的发展，逐渐改变了急功近利的价值追求，开始回归理性，从而带动了网络营销的健康发展。华尔街对百度等企业的热情，激发了网络营销经营者掘金的热情，鼓励了网络营销的种种探索。2005 年，网络营销平民化、便捷化有了可喜的新进展；Web2. 0 的话题席卷主流互联网，激发了网络营销经营者的创新意识；Ebay、Google、Yahoo 等海外互联网巨头以不同的方式活跃在中国网络营销市场，包括软银、摩根等投资机构也在发掘中国网络营销业务领域的无限商机。2005 年中国网络营销市场规模达到 49. 2 亿元，较 2004 年的 31. 7 亿元增长了 55. 2%。其中，网络广告的市场规模达到 31. 33 亿元。2005 年，新浪、搜狐等门户网站业务增长的真正来源都集中在网络广告方面，从网络广告上获得的收益每个季度都比上一个季度增长 10% 以上。2005 年新浪网络广告收入达到了 6. 8 亿元，占中国整个网络广告市场的 21. 7%，搜狐以 4. 7 亿元占 15. 0%，网易以 2. 5 亿元占 8. 0%，QQ. com 以 1. 2 亿元占 3. 8%，而 TOM. com 以 0. 7 亿元占 2. 2% 紧随其后。这五家以门户网站为主的网络媒体的广告收入累计占中国整个网络广告市场的 50% 以上。

二、2005 年中国互联网产业发展存在的主要问题

在中国互联网产业起步的同时，它的发展给社会生活和行业内部也带来了各种问题、矛盾和纠纷。

（一）网络安全日益成为人们关注的焦点

随着互联网应用和服务的不断发展，网络安全越来越成为人们关注的焦点。著名网站被攻击的事件时有发生，攻击手段日渐高超，网络、系统、应用程序的安全漏洞带来了应用方面的隐患，各种病毒也是变幻莫测。在网络日益扩展和普及的今天，对计算机安全的要求更高，涉及面更广。不但要求防治病毒，还要提高系统抵抗外来黑客非法入侵的能力，以及对远程数据传输的保密性，避免在传输途中遭受非法窃取。

（二）垃圾邮件问题日益严重

统计显示，中国网民平均每周收到16封电子邮件，其中垃圾邮件占据了8.3封，垃圾邮件数量已经和正常邮件数量相当，并大有赶超正常邮件之势。如果任其发展下去，必将严重影响电子邮件的健康发展，危及互联网的推广与普及。垃圾邮件是网络带给人类的最具争议性的副产品，它占用了网络资源，造成了邮件服务器的拥塞，降低了整个网络的运行效率。垃圾邮件的泛滥已经使整个互联网不堪重负。

（三）互联网对传统的版权制度造成冲击

互联网冲击了传统的版权制度，但是通过法律的调整，这种冲击就会变成一种推动力。互联网作为一种先进的新型传播媒体，将成为版权产业的一个重要组成部分。应通过网络运营者和使用者的自我约束、自我管理、严格自律，辅之以广泛的社会监督，达到互联网运营者自觉依法开展互联网运营活动、上网用户自觉依法使用互联网的目的。

（四）电子商务市场环境需要进一步优化

电子商务市场在表面繁荣的背后，仍然存在着相关政策法规不健全、物流和支付体系不完善、标准和安全体系相对滞后等问题。在市场竞争中，企业电子商务应用热情高涨但实施略显迟疑，B2C市场仍无法摆脱不能盈利的困境；C2C市场热闹非凡，但经营模式仍有待探讨。这些问题的存在，制约着中国电子商务市场的增长速度。

三、2006年中国互联网产业发展展望

互联网市场发展是一个产业链条市场的发展，通过对近年来中国互联网产业与市场发展的分析可以看出，中国互联网市场正在经历一个从技术驱动为主，向应用拉动与技术驱动双引擎并重的方向发展的过程。在互联网基础业务（如宽带接入等）继续快速成长的同时，互联网应用业务将日益成长，成为未来市场增长的主角。不同的互联网应用领域未来总体增长趋势仍将继续被看好。同时，不同应用领域的增长速度将逐渐分化，网络产品销售与网络购物、网络通信及网络广告等领域的市场增长趋势更为明显。

（一）基础网络融合加快，用户基数快速扩张

虽然中国互联网用户的增长速度已经开始减缓，但是这些数字仅仅是特指使用计算机为终端的用户。比计算机用户更为庞大的用户群——手机用户，在中国已超过4亿户；更为庞大的电视用户群则在未来IPTV技术的应用中被纳入互联网用户群体。

由于三网合一的逐步实现，用户获得互联网应用的终端手段正在多样化。由于目前提供网络服务的企业大部分还集中在计算机终端的应用层面，因此在与移动互联网（手机终端）结合的过程中，将产生巨大的商机。移动互联网的业务从文字短消息开始，发展到了图片，还不包括SP企业自己另外收取的信息服务费。移动互联网用户的的服务目前还仅仅停留在文字和图片上，根据计算机的发展史和

游戏产业的发展过程，可以预见到未来视频服务在手机终端的应用繁荣，发展这一市场的产值将更加巨大。

三网合一造成的另外一个大格局变化是，Internet 借助 IPTV 挺进电视用户群。电视用户群数量庞大，且属于有闲消费者，将成为互联网企业未来争夺的主要对象。

（二）Web2.0 创业显现新趋势

互联网 2.0 是互联网最重要的一次变革，是互联网发展史上的里程碑，因为互联网 2.0 能够让每一个人完全参与到互联网的共同创作中来，相对于互联网 1.0 时代网络中的被动参与和缺乏深层联系的简单页面跳转，互联网 2.0 能够让每一个人成为网络社会的真正主体，从而彻底释放各自的创造潜能，带来一种新的生活方式。

2006 年，中国互联网行业将掀起新一轮创业热潮，围绕着 2005 年改变互联网商业规则的 Web2.0 概念，以及在这一概念下衍生出的博客、RSS、SNS、播客等众多网络创新模式，新一批互联网创业者汇同 Web1.0 时代的成功人士，将整个中国的互联网产业带入变革时期。过去 5 年中由门户和垂直门户所确立的商业规则正在被重新改写，与此同时，中国互联网的产业格局不可避免地进入了调整时期。

（三）电子商务市场加速发展

2006 年，在政策的指引下，中国电子商务的发展环境日趋完善，企业、政府和个人的应用意识大幅度提升，在交易规模迅速提高的同时，市场渐渐步入了注重应用的高速发展阶段，由此将带来无限商机。从区域结构上看，环渤海、“长三角”和“珠三角”三大区域，依然是中国电子商务发展的三大核心区域。到 2010 年，中国电子商务市场将达到 52 342 亿元。

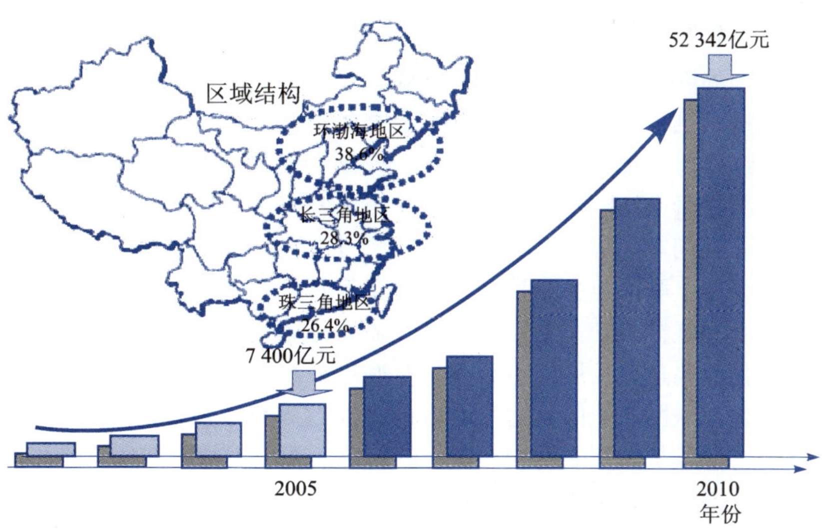

图 11　2005－2010 年中国电子商务市场发展情况及预测

资料来源：CCID 顾问，2006.02

（四）互联网产业步入理性增长

经历了泡沫的中国互联网产业从 2004 年开始步入理性的增长，其增长速度将保持在 30% ~40% 之间，到 2008 年，有望达到 900 亿元的规模。

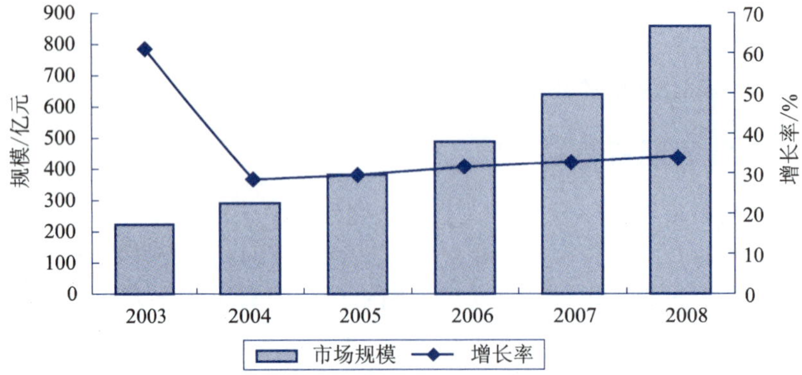

图 12　2003－2008 年中国互联网产业发展情况及预测

资料来源：CCID 顾问，2006. 02

四、促进中国互联网产业发展的建议

互联网市场向务实应用发展的过程中，诸如网络商务（如网络购物）、网络服务（如网络旅游、网络金融等）、网络消费（如网络游戏、网络下载等）等领域仍将是快速发展的领域，相关的产品、服务与内容提供商需要充分认识这一发展特征，以推动自身业务更为快速、健康地发展。对于提供传统产品与服务的企业而言，互联网应该成为众多渠道与手段中一个较优的选择，互联网化生存概念需要注入到更多企业的发展战略中去。对于专业提供互联网服务的提供商而言，他们正面临着互联网走向务实发展的一个新时期，认清形势，发展更加务实的互联网络业务将是他们未来的必然选择。

（一）继续加强网络基础设施建设

技术先进、功能完善的网络基础设施是发展互联网、推进信息化建设的物质基础。目前，信息技术进步的速度非常快，技术融合、业务融合和网络融合的趋势日益明显，中国要充分利用技术的原动力，推动互联网产业继续发展。跟踪研究影响互联网发展的关键技术，保证互联网发展后劲，针对网络安全等关键技术，组织力量密切跟踪最新动态，在核心技术方面实现突破，力争在影响未来互联网发展的技术研究方面，取得相对优势，提高中国对国际互联网标准的影响力，同时，加强国际交流和人才的培养，不断提高中国互联网业务和技术的全球竞争力。

基础设施的完备程度和规模是产业繁荣的基础，需要加强宏观规划和指导，推动网络建设和改造升级，促进网络向宽带化、高速化发展，不断满足互联网业务发展对基础网络资源的需求。要从国家信息化的大局出发，立足互联网产业的长远发展方向，通过多种手段引导企业优化网络结构，提高网络性能，改善应用环境。继续扩大互联网交换中心的容量，充分发挥互联网交换中心的网络枢纽作用，根据需求增设地方性互联网交换试点，结合互联网发展实际，研究增设国家互联网交换中心的必要性和可行性，推动中国境内的互联网尽快投入运行，不断改善域名的运行环境，优化服务器的设置。在互联网基础设计建设方面，在加快大城市和经济发达地区建设力度的同时，尤其要关注中小城市、少数民族地区的建设，缩小数字鸿沟，促进互联网向广大农村地区延伸。

（二）不断丰富信息资源和业务应用

要进一步加大信息资源开发力度，开发适应市场需要和社会需求的各种新技术、新业务和新应用，通过业务技术创新，拓展互联网产业的价值链。要以电子商务为突破口，加大互联网在生产、销售、物流、支付、信用管理等各个环节的应用，促进社会经济活动组织和运作效率的提高。

（三）切实保障互联网安全和信息安全

加强宣传力度，进一步提高全社会信息安全意识，努力构筑一个技术先进、管理高效、安全可靠的国家网络信息安全体系。强化网络安全管理工作，通过完善制度、加强培训等措施，保障通信的畅通。重点解决互联网的安全，加强信息检测和技术研究，通过重大专项的组织，克服技术难题。

（四）创造公平、公正、有效、有序的市场竞争环境

互联网的健康发展，离不开政府的有效管理。要完善市场进入机制，以社会需求为导向，发挥政策引导作用，探索和研究适于互联网产业发展和市场特征的政策，根据不同的业务和区域特点，设置合理的准入门槛，让更多有实力的企业参与竞争。要加强对互联网发展过程中各种新情况、新问题的研究，建立健全必要的法律法规，理顺行业监管体系，尽快出台《IP 地址信息备案管理办法》、《电子邮件服务管理规定》、《通信短信息服务管理办法》等一系列管理法规，形成有效的管理机制，规范经营行为，引导企业合法经营，为互联网的健康发展提供有效保障。同时，要将互联网的发展纳入国家信息化发展战略，加大政策支持和扶持力度，形成有利于互联网发展的良好政策环境。

（五）充分发挥行业协会的作用

不论是促进互联网发展、净化网络环境，还是保障网络的安全运行，行业自律组织都能够发挥很重要的作用。近年来，中国互联网协会各级组织主动开展工作，并认真组织实施行业自律公约，在促进互联网发展、治理垃圾邮件、打击淫秽色情网站以及维护网络安全等方面都发挥了积极的作用。今后，要继续重视发挥中国互联网协会各级组织的作用，进一步强化行业自律，促进互联网产业健康发展。

（六）进一步加强国际与区域合作

随着互联网在全球经济与社会发展中的作用越来越重要，应本着政府主导、多方参与、民主决策和透明高效的原则，积极推动信息技术业务和人才领域的国际与区域合作，加强国际间政府组织对因特网有关问题的参与和协调，为互联网发展营造良好的环境。同时，鼓励中国互联网企业走出去，积极到国际资本市场融资，参与国际市场竞争。

中国电子技术标准化研究所　梁　萍

5

2005年中国航空产业发展综述

一、2005年中国航空产业发展总体情况

（一）经济规模不断扩大，经济效益大幅增长

“十五”期间，中国航空产业的发展取得了显著成绩，产业规模不断扩大，产品质量不断提升，主要企业实力增强，主要经济指标明显增长，产值和销售收入大幅增长。2005年，中国航空产业实现销售收入1 111亿元人民币，比上年增加170.3亿元，增幅达到18.1%。经济运行情况良好。

2005年中国航空产业在对外贸易和合作上取得较大进展，出口贸易总额达到26.9亿美元，比2004年增加2.6亿美元，增幅达到10.7%。转包生产的总产值达到2.85亿美元，比2004年增加8 500万美元，增幅达到42.5%。民用飞机出口实现新的突破，接到了较多的各型飞机的出口订单，为实现后续批量出口奠定了基础。

（二）航空产品取得重大跨越

至2005年，中国实现了军用飞机的跨越式发展，成为世界上能同时自主研发先进战斗机、发动机和导弹的国家，缩短了与先进国家的差距，使中国航空工业发生了质的飞跃，增强了国防实力。

1. 型号研制生产取得重大进展

民用飞机方面，具有国际先进水平的“ARJ21”支线飞机完成详细设计工作，进入试制阶段；“新舟60”顺利出口并投入使用；“运12E”等改进改型和适航取证工作完成；开展了“ERJ145”涡扇支线客机、空客工程中心等项目的国际合作。截至2005年，“直11”、“直11MB1”、“直9H410”和“H425”等直升机的改进改型和适航取证工作完成；开展了6吨级直升机、“A109E”直升机、“阿赫耶2C”发动机等项目的国际合作；建设了“HC120”直升机总装生产线；“小鹰500”教练机取得中国民航型号合格证。

“ARJ21”是“70～100”座级，以涡扇发动机为动力，满座航程为2 000海里的中、短航程支线

飞机。“ARJ21”的研制吸纳了包括GE、柯林斯、霍尼韦尔、汉胜、派克和利伯海尔等19家国际一流航空产品供应商参与，已全面进入制造阶段。截至2005年，已累计签订41架售机合同。“新舟60”是在“运7”基础上研制的50~60座先进涡轮螺旋桨支线飞机，装备了加拿大普拉特·惠特尼公司的发动机和先进电子设备，满足国际适航标准的要求。自2004年11月与津巴布韦签订3架“新舟60”出口合同以来，累计订单已经达到17架。出口津巴布韦的飞机已按合同要求交付。2005年5月15日先期交付津巴布韦航空公司的2架飞机已运营10个月，累计飞行2 395个小时，最高日达到了11个飞行小时，派签率达98%，与该公司使用的波音飞机的派签率基本相同；“新舟60”不仅用于津巴布韦国内航线，还被用于多条国际航线。

2. 航空转包生产大幅增长

中国航空产业在参与国际合作方面不断取得成绩，2005年转包生产总产值达到2.85亿美元，参与了“波音787”、“空客A350”等最新民用飞机的研制，标志中国民机在转包生产方面的技术水平、交付能力已有实质性提升。中国航空工业已成为“波音787”飞机复合材料方向舵、机翼机身整流罩，“贝尔M430”直升机机身，“GENX”发动机机匣等飞机、发动机零部件的唯一供应商。此外，还承担了波音、空客飞机零部件的转包生产和航空发动机盘环类、叶片、轴类等零部件的转包生产。

3. 燃气轮机发展取得重大进展

中国航空产业利用自身技术优势，积极开发民用燃气轮机产品，取得明显成绩，民用燃气轮机已形成轻、重系列。截至2005年,“GT7000”燃气轮机已获立项；“GT25000”通过整机鉴定；“QC185”点火成功；“R110”完成工程设计；“QD128”和“QD70”燃气轮机已并网发电；低热值“QD100”燃气轮机已经实现商业销售。

4. 优势民品发展较快

中国航空产业利用自身的技术、生产能力等优势，长期积极进行优势民品的开发、生产和销售，涉及汽车、摩托车、民航、电子、轻工、冶金、石化、建筑、环保、医药等十几个行业，均取得了较快的发展。

2005年中国航空产业共销售汽车37.7万辆，比2000年增长60.6%；汽车发动机37.5万台，比2000年增长60%。汽车发展战略得到完善，生产线建设及制造技术水平得到提升，形成了46万辆整车、45万台发动机的生产能力；产品进行了结构调整，跻身于轿车领域，自主研制及与国际合作开发了中意、民意、路宝、爱迪尔、锐意、赛马、赛豹和利亚纳等汽车，基本形成了微型汽车及发动机自主开发能力和微型客货车、微型轿车、经济型轿车、中级轿车等多品种系列化的发展格局。2005年汽车零部件产品实现销售收入21.5亿元，同比增长19.4%，冲压钣金结构件、密封条、雨刮器、尾气净化器、座椅调角器及汽车模具在行业中具有较高的市场占有率，以柴油电喷为代表的汽车电子产品正在研制中。2005年摩托车整车销售达到90万辆，实现销售收入21亿元，其中出口额达1.7亿美元，连续两年出口量、创汇额均位居国内摩托车行业前列。

2005年，中国航空产业共完成民品工业总产值233.8亿元，开发生产了300多项近千种产品，优势民品比例不断扩大，品牌知名度不断提高，形成一批掌握核心技术、市场占有率行业领先的产品。如应变计与传感器、高速线材精轧机组和三坐标测量机等国内市场占有率超过50%，子午线轮胎机、箭杆织机、并条机和高压精密液压件等产品仍居国内行业前列。空调压缩机产销量已突破400万台，2005年实现销售收入12.3亿元。液晶显示器销售收入12.5亿元，铝镁钛金属材料和复合材料制品销售收入超过7.5亿元。目前，新计划正加紧实施，中国航空产业以电子信息和新材料制品为主的高科技产业显示出强劲发展势头。

（三）产业基础能力不断提升

“十五”期间，中国航空工业各单位取得了一大批技术成果，为下一步自主创新提供了必要的技术储备。特别是突破了民机超临界机翼设计与试验、长寿命耐久性结构设计与试验、直升机总体设计、复合材料典型构件设计以及先进飞行控制等关键技术；解决了一批型号研制的制造工艺问题，满足了工程研制需求；推进了数字化设计、制造和仿真试验技术等在工程中的应用，企业技术基础水平和能力进一步提高。

至2005年底，航空工业重点企业已成立了技术中心，建立了技术创新基金，一批基金资助项目已初见成效；航空产业新增科研生产面积100多万平方米，增加了计算机软硬件、数控加工设备、大型科研试验设施等。通过技术改造，飞机型号的研制生产周期进一步缩短，自主研发、产品供给、试验验证、服务保障等四项能力得到了提升。

2005年，航空产业开展企业财务预算管理，实施“成本系统工程”，加强了质量管理，完成了质量体系按2001版新标准换版认证，开展了过程能力普查和用户满意度测评，推进了六西格玛管理，改善了经济运行质量，提高了经济效益，增强了市场竞争力。

二、2005年航空产业面临的问题和挑战

中国航空产业虽然取得了巨大进步，但与美国、欧洲等航空先进产业相比，在产业经济规模、人均销售收入、投入产出水平、自主研发和创新能力等方面还有一定差距。民用飞机和航空服务业须加快发展，尤其是受市场竞争、技术、资金和国际合作等因素影响，民机型号的发展设想屡次受挫，国内民航飞机至今仍基本依靠进口。国产民机发展的滞后，与国内民用航空运输市场的蓬勃发展极不相称。主要问题表现如下：

（一）民机基础能力弱，研制经验缺乏，技术储备不足

目前，中国在民用飞机方面尚未建立起完整、可持续发展的研发体系，在系统集成、总体设计、制造加工、试验与试飞、产品支援与市场服务能力等多方面还存在很大差距，型号研制经验和技术数据积累欠缺，在民用航空发动机、机载设备、材料与制造技术等方面的发展也严重滞后。进入21世纪以来，以空客“A380”、“A350”、“波音B787”等先进民用飞机为代表，现代大型民用飞机在技术水平、性能、商业成本和效益等方面的进步越来越快，中国与世界先进水平之间的差距有扩大的趋势。

（二）民机产品研制还不能满足市场需求

民机研制企业风险意识和市场意识弱，没形成优势产品。民机研发受军机研发思想的影响还比较深，重研制、轻服务，重产品、轻产业，型号研制与市场脱节，尚未形成健全、完善的售后服务及产品支援体系，难以满足和适应不断变化的市场需要。

（三）民机研制力量分散，尚未形成民机产业实体

由于体制和历史的原因，中国目前没有形成一个以民机为主业的研发实体，民机工业在科研能力、人才队伍、配套设施等方面与军机差距很大，这直接造成了民机研发力量相对分散、各自为政、各搞一摊的现象，导致民机科研形成的技术能力难以起到整体带动作用，在部分领域存在低水平重复研究的情况。另外，民机行业内的良性竞争机制尚未形成，民机研发企业没有真正形成核心竞争力，这种分散的、小而全的力量很难参与以国家整体实力为代表的国际竞争。

三、2006年航空产业发展展望

2006年是“十一五”规划的开局之年。新研型号启动，航空产品交付进入高峰。综合分析当前的形势，世界经济处于新一轮增长期，有利于我们充分利用两个市场、两种资源，扩大发展空间；国民经济处于上升阶段，国内消费结构升级加快，市场潜力巨大；国际贸易保护主义更加强化，国内原材

料价格高位波动，汽车行业产能过剩，市场竞争将更加残酷激烈；国防科技工业面临加速推进新军事变革带来的新挑战，产业结构优化升级提出的新任务，保持军工经济平衡较快发展出现的新问题；中国航空产业规模扩大、产品升级换代和科研生产经营的压力更大，困难更多，任务更重。

（一）以型号研制为重点，为“十一五”航空产品上台阶打好基础

2006 年型号研制要以试飞定型为牵引，以技术攻关为推动，以质量安全为保障，及时决策，通过科学管理和有效措施，确保按节点完成型号研制任务。一要以国家中长期科技发展规划为指导，做好型号立项；二要按照市场和客户的需求，做好型号研制和生产，确保批生产任务的完成；三要统筹规划能力建设，大力提升产品研制和供给能力。同时要兼顾外贸飞机、燃气轮机、转包生产、航空维修服务的发展。

新支线飞机已进入试制阶段，在做好设计质量复查及设计评审、试制跟产和设计试验的基础上，2006 年需要完成全机工艺准备和部件工装制造，完成全部零件制造和雷达罩、机头、前机身等大部件装配。在销售方面，争取累计签订合同 50 架以上。做好客户服务体系建设，完成客服中心主体工程建设。

2006 年将加强“新舟 60”飞机的市场开拓、生产组织、成品配套和售后服务工作，确保外场飞机的安全和高出勤率，切实履行已签合同，按期保质提供产品和服务。根据市场和客户的要求，对飞机进行维护性和提高安全性的改进。认真抓好转包生产，重视机载转包生产，提高主要产品交付速率。要完成 6 吨级直升机的总体方案设计工作，为民用直升机产业化发展打好基础。完成“运 12F”型飞机的详细设计，实现“运 8F600”、“农 5B”型飞机的首飞。实现“A109E”型直升机的合作生产，深入发展“ERJ145”系列支线飞机的合作、航空产品的转包生产和民用航空产品的风险合作。

（二）以加快相关配套产业发展为手段，重点发展和培育优势民品

2006 年将加强市场营销和国际市场开拓，抓好品牌建设和认证工作，不断提升与国外优秀企业的合作关系，积极促进工贸结合。重点发展燃气轮机产业，拓宽航空发动机的应用领域，实现“QD70A” 并网发电 200 小时，“GT7000” 完成两台组装，“QD128” 力争在改低热值燃料机组的国际合作上取得突破，“QD185” 完成成套设计工作。

在机载设备方面，大力加强机载系统集成和技术创新能力，加大军民市场开拓力度，积极向维修服务业拓展，努力为民机提供配套，争取市场占有率进一步提升。在航空服务业方面，加强整体规划，树立服务先行的思想，逐步建立系统的服务规范和体系，利用信息化手段建立完善的产品服务保障网络，逐步向专业化、规模化和快捷化方向发展，提升中国航空产品的市场服务能力。汽车产品要以销售为龙头，以国际合作为契机，推进小排量及新能源汽车的开发，以精益生产为手段，增强成本控制能力，实现汽车产销稳步增长。优势民品要突出“军民结合、寓军于民”的思路，优化和调整产品结构，重点发展和培育国内市场占有率领先、具有自主知识产权与核心技术和有航空技术特点的优势民品。

（三）以增强核心竞争力为目的，提升自主创新能力

增强自主创新能力，建设创新型企业，是实现可持续发展的基础。要做好下一代航空产品的关键技术的预先研究工作，做好技术储备，增强核心竞争力，提升自主创新能力；做好重点实验室建设，提高国防科技重点实验室的技术水平。

加大航空产品国际合作的力度，推动飞机、直升机、发动机、机载设备的对外合作，加强与国际航空界的科技合作。推动企业逐步建立符合国际标准的加工贸易生产、质量和管理体系，拓展国际市场，扩大出口成交量。

航空工业的能力建设要坚持国防科技工业“加强基础、提高能力，军民结合、跨越发展”的方针，从任务型向任务能力结合型转变，坚持“统筹规划、突出重点，加强管理、讲求实效”的原则，坚持技术改造与产业结构调整相结合，利用先进技术改造提升传统产业，为建设创新型企业打好基础。

航空发展研究中心　杨峻峰

6

2005 年中国航天产业发展综述

一、国际航天产业市场发展基本情况

2005 年航天产业市场总收入继续增长。航天发射、卫星制造和卫星地面设备制造等的市场规模变化不大，其中商业航天发射市场有一定起色。卫星运营服务业收入在航天卫星产业市场总收入中所占的比例超过 60%，是市场增长的主要驱动因素。同时，商业、政府等方面对卫星应用都表现出了更大的需求。

（一）航天产业市场总体状况

根据美国国际航天商业委员会《2005 年航天产业现状》的调研报告，2004 年全球航天产业来自商业服务和政府计划的总收入已达 1 030 亿美元，预计到 2010 年将会超过 1 580 亿美元。美国卫星产业协会 2005 年 6 月发布的全球商用卫星航天产业 2004 年的总收入为 972 亿美元（见图 1）。其中卫星运营服务业 609 亿美元，占总数的 62.7%，卫星制造业 102 亿美元，占 10.5%，发射服务业 28 亿美元，占 2.8%，地面设备制造业 233 亿美元，占 24%。卫星运营服务领域 609 亿美元的收入中，直播电视和广播（DBS/DARS）收入为 495 亿美元，占总数的 81.3%，移动电话和移动数据（MSS）收入为 20 亿美元，占总数的 3.3%，甚小口径终端（VSAT）、遥感和转发器租赁（FSS）收入为 94 亿美元，占总数的 15.4%。卫星制造领域，美国在 102 亿美元的收入中占有 38% 的份额，为 39 亿美元；在卫星发射服务领域 28 亿美元收入中占一半，为 14 亿美元。

（二）商业航天发射市场

2005 年，全球共进行了 55 次航天发射，发射的有效载荷数为 77 个。在 55 次航天发射中，共进行了 17 次商业发射，将 18 颗大型商业通信卫星送入地球同步轨道。

1. 全球航天发射服务活动次数与 2004 年持平

2005 年，全球航天发射次数与 2004 年持平，为 55 次，与美国福创公司 2004 年 10 月发布的 2005

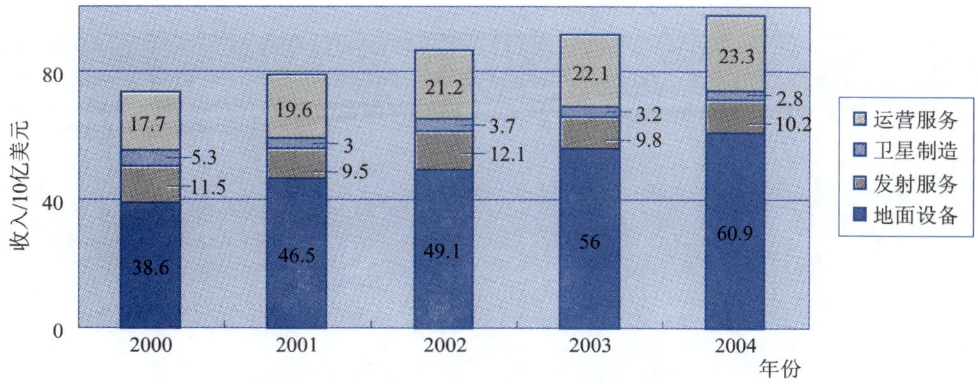

图 1 2000－2004 年全球卫星应用产业收入

年全球将进行 68 次航天发射的预测数值相差 13 次（见图 2）。同时，2005 年与 2004 年的航天发射次数都比 2003 年有较大幅度的下降。2005 年全球有 3 次航天发射失败，发射总成功率为 94.5%。

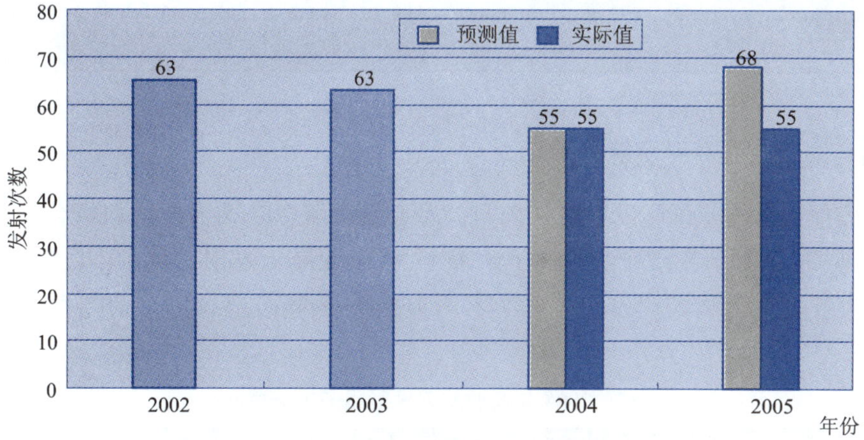

图 2 2002－2005 年全球航天发射活动次数

2. 商业航天发射服务次数增加

在 2005 年的 55 次航天发射中，共进行了 17 次商业发射，占全部发射活动次数的比例约为 31%，比 2004 年和 2003 年增加了 2 次，但与 2002 年相比却减少了 9 次。在 17 次商业发射中共将 18 颗大型静地轨道通信卫星送入轨道。

表 1 2005 年全球商业航天发射记录

序 号	日 期	运载器	有效载荷	载荷质量/kg
1	2 月 3 日	质子 M/微风	美洲通信卫星－12	4 974
2	3 月 1 日	天顶－3SL	XM－3 数字音频卫星	4 703
3	3 月 11 日	宇宙神 5	海事卫星 4－F1	5 959
4	3 月 29 日	质子 K	快讯 AM－2 通信卫星	2 600
5	4 月 12 日	长征－3B	亚星－6	4 680
6	4 月 26 日	天顶 3SL	天路－1 直播卫星	6 080
7	5 月 22 日	质子 M/微风	直播星 8	3 711

续表

序　号	日　期	运载器	有效载荷	载荷质量/kg
8	6月23日	天顶－3SL	国际通信卫星美洲星8	5 500
9	6月24日	质子K	快讯AM－3	2 600
10	8月11日	阿里安5GS	美国IP（泰国通信）直播星	6 486
11	8月13日	联盟FG	银河14通信卫星	2 087
12	9月8日	质子M/微风	加拿大兄弟通信卫星	4 500
13	10月13日	阿里安5GS	银河15商业通信卫星	2 033
14	11月8日	天顶－3SL	海事卫星4－F2	5 958
15	11月16日	阿里安5ECA	天路2电视直播卫星	6 116
			Telkom 2通信卫星	1 975
16	12月21日	阿里安5GS	国际通信卫星4A	3 081
17	12月30日	质子M	美洲通信卫星23	4 981

3. 三大发射商继续垄断商业发射市场

2005年阿里安航天公司、国际发射服务公司、海上发射服务公司、斯塔西姆公司、长城公司和俄罗斯赫鲁尼切夫国家航天科研生产中心包揽了全部17次商业航天发射，其中国际发射服务公司5次、阿里安航天公司4次、海上发射公司4次，三大发射商的发射活动占据了76%的市场份额。如表2所示。

表2　2005年商业航天发射服务市场情况

指标＼发射商	阿里安航天公司	国际发射服务公司	海上发射公司	其他	总计
卫星数量/颗	5	5	4	4	18
运载器发射次数及发射数量	阿里安5GS 3次3颗 阿里安5GECA 1次2颗	质子M 4次4颗 宇宙神5 1次1颗	天顶3SL 4次4颗	斯塔西姆公司 1次1颗 长城公司 1次1颗 赫鲁尼切夫国家航天科研生产中心 2次2颗	17次
总质量/kg	19 691	24 125	22 241	11 967	78 024

（三）卫星应用市场

1. 政府和军队的商业卫星需求将产生巨大的市场效益

美国北方天空研究机构在2005年公布了最新市场调研报告《政府和军队的商业卫星需求》第二版，指出：以2003年政府和军队的卫星通信收入为5.8亿美元为依据，2003－2010年8年间可产生近78亿美元的总收益。卫星通信收益的持续增长主要来自于美国军队的需求。随着美国军事带宽需求的直接增长，军队越来越依赖商业通信。

在采办方面，美国政府，特别是军队，会继续签订卫星通信服务合同，所占市场比例将达总收入的89%。到2010年非美国和非军队采购预计只占相对较小的市场份额。

2. 商业、民用遥感卫星市场持续发展

2005年4月，国际预测公司公布了《商民用遥感卫星市场报告》。根据该报告，2005－2014年间大约将建造123颗遥感卫星，预计价值140亿美元。保护地球自然资源的行动刺激了对遥感卫星及其图像产品的需求。特别是卫星遥感图像在2004年12月东南亚地区海啸救援中发挥了巨大的作用。为满足不断增长的遥感卫星市场需求，未来五年内，平均每年将建造17颗卫星，其中大多是低地球轨道卫星。预测期内的前一半时间每年建造低地球轨道卫星的价值为2.55～22亿美元。同期内计划建造的7颗地球同步轨道卫星价值约13亿美元。地球同步轨道卫星的制造水平仍比较低，目前计划到2014年只建造8颗。且大多数是政府机构投资的民用计划，将为地球科学与教育分析提供便利。

3. 运营联合组织为“伽利略计划”市场目标的实现提供条件

2005年，两家欧洲伽利略卫星导航系统的运营合同竞标商，一个由欧洲航空防务航天公司(EADS)、海事卫星组织和泰勒斯公司组成，另一个由阿而卡特、芬梅卡尼卡和芬奇公司组成，已合并为一个统一的联合组织。目前该组织正与伽利略联合执行体（GJU）洽谈。最终合同谈判将在2006年1－6月间进行。GJU希望伽利略系统能在2008－2010年间开始运行。伽利略卫星导航系统运营联合组织的出现为该计划下一阶段的工作创造了条件，将进一步推动全球卫星导航市场发展，保证该计划目标的实现，即在2008年以前建成一个覆盖全球的欧洲卫星无线电导航民用系统。该系统投入运行后，每年将带来大约640亿欧元的收益，仅给欧洲带来的就业机会在2020年以前就能达到15万个。

二、中国航天科技工业发展情况

中国航天产业由于市场化起步晚，尚处在产业市场化发展的初级阶段，许多地方还很不完善，为了更好地体现产业概念与范畴，同时兼顾中国航天产业的实际发展情况，本文将侧重产业发展领域，仅对运载火箭、航天器制造业和发射服务业，卫星应用产业和航天科技工业发展情况进行综述。

（一）运载火箭、航天器制造业和发射服务业

2005年，为了满足中国国民经济发展的要求、载人航天工程的后续任务、探月第二三期工程，以及探索太空的未来发展需求，提高中国的火箭推进技术，新一代运载火箭发展步伐加快。

在航天液氧煤油发动机试验区，120吨液氧煤油发动机首次300秒长程摇摆整机试车获得圆满成功，现已转入试样，50吨级氢氧发动机进行了11次整机热试车，进展顺利。

新一代运载火箭在继承现有长征火箭成熟技术的基础上，8项关键技术攻关已取得突破，对“长征”系列原运载火箭型谱进行了缩减，从12个型号收缩到5个主力型号，质量与可靠性水平稳步提高。火箭将采用无毒、无污染的煤油和液氢、液氧推进剂，与现有的运载火箭相比，新型发动机的推力可达120吨，而“神六”载人飞船的火箭发动机推力仅为70多吨。目前整个火箭的研制工作进展顺利，预计未来6～8年内有望研制成功。运载能力将提高近三倍，将在运载能力、可靠性和成本控制等方面达到国际一流水平，满足中国未来20～30年内航天发展需求。

在2003年10月“神舟五号”载人航天飞行成功、使我国成为世界上第三个能够独立开展载人航天飞行活动的国家之后，2005年“神舟六号”多人多天在轨飞行成功，完成了中国第一次有人参与的空间科学实验，大大提升了载人航天工程的可靠性、安全性及大系统集成能力。在进行载人飞行的同时，执行了对地观测试验任务，为中国空间信息获取提供了新的观测试验平台。

2005年中国商业卫星发射服务之门重新开启，成功发射了香港亚太通信卫星公司的“亚太六号”

通信卫星。打破了从1999年6月12日开始的中国的对外发射服务市场长达6年的沉寂。中国的长征火箭重新进入国际卫星发射市场。

7月6日，“实践七号”卫星在酒泉卫星发射中心载人航天发射场卫星发射工位发射成功，是这个发射中心首次发射太阳同步轨道卫星。“实践七号”卫星设计寿命为3年，主要用于空间环境监测以及其他相关的空间科学技术试验。8月2日，第21颗返回式科学与技术试验卫星在酒泉卫星发射中心由“长征二号”丙运载火箭发射成功。这颗返回式科学与技术试验卫星将主要用于科学研究、国土普查、地图测绘、空间科学与技术试验等。8月29日又成功发射了我国第22颗返回式科学与技术试验卫星。

在完成航天器研制、生产和发射任务的同时，重点突破了地球静止轨道大型通信卫星公用平台技术，有效载荷重量达到600～800千克，输出功率8 000～10 000瓦，设计寿命15年。还同时开展了“海洋一号”B卫星、“鑫诺二号”卫星、“风云二号”D星、“风云三号”、环境卫星星座、“实践八号”卫星和“资源一号”02B星、“嫦娥一号”等卫星的研制、生产和发射任务，突破了微波探测、多光谱、高光谱和科学探测等新型有效载荷技术，在新型遥感卫星平台技术领域也取得长足进步。启动了天地一体化关键技术的攻关，为构建面向应用的星地一体化能力打下了基础。

表3　2005年中国运载火箭发射记录

序　号	运载火箭名称	发射中心	发射日期	航天器名称
1	“长征三号”乙	西　昌	2005.04.12	“亚太六号”
2	“长征二号”丁	酒　泉	2005.07.06	“实践七号”科学实验卫星
3	“长征二号”丙	酒　泉	2005.08.02	第21颗返回式科学与技术试验卫星
4	“长征二号”丁	酒　泉	2005.08.29	第22颗返回式科学与技术试验卫星
5	“长征二号”F	酒　泉	2005.10.12	“神舟六号”载人飞船

（二）卫星应用产业

截至2005年，卫星通信与广播服务的卫星资源主要有“亚洲一号”、“亚洲二号”、“亚洲3S”、“亚洲四号”、“亚太一号”、“亚太1A”、“亚太2R”、“中卫一号”和“鑫诺一号”等卫星，共有370个转发器单元，其中C频段有272个，Ku频段有153个。它们覆盖了中国本土及周边国家以及亚太和非洲等部分地区。用于国际通信业务的主要有国际通信卫星、泛美通信卫星、“银河3R”和“热鸟三号”通信卫星。整个广播电视传输系统现有广播电视地球上行站32个，全国卫视接收站约52.3万个。现租用35个转发器传送近50套电视节目，并传输中央声音广播节目32套和地方声音广播节目40多套。卫星电视和音频广播全国覆盖率分别达到了94.18%和92.92%。

卫星移动通信目前已建成和开通了国际移动卫星北京岸站，开通了约400～500个国际移动卫星A型站、M型站和最新一代移动数字多媒体海事信息通信系统——F岸站，中国移动卫星用户数已达6 900多户，跨入了国际移动卫星通信广播领域的先进行列。

中国已建成国际卫星通信主站15座、大中型国内地面站42座，国内卫星专用通信网150多个，开通国际双向电路2.5万多条；实现了全国所有省级电视节目全部通过卫星播出，形成了占用34个通信卫星转发器的卫星传输覆盖网。“村村通”卫视直播平台已经建立，卫星远程教育宽带网和远程医疗网也初具规模，互联网接入开始投入应用。

中国约有40家企业经营VSAT通信业务，建立了涉及几十个部门的80多个专用通信网，建成各类VSAT地球站4万多个，租用卫星转发器带宽491兆赫，完成业务收入10.7亿元。VSAT通信的传统业务市场（如寻呼和互联网接入等）不断滑落，通过卫星传送话音的市场越来越少、经营困难，而数据业务，尤其是内容投递业务和远程教育、远程医疗业务成为市场发展的热点和主要方向。卫星通信广播在实现“村村通”、远程教育、远程医疗、金融服务等方面取得显著成效，直播卫星应用业已启动。

在对地观测领域的应用方面，中国从20世纪70年代初期开始利用国内外遥感卫星开展卫星遥感应用技术的研究、开发和推广工作，在气象、地矿、测绘、农林、水利、海洋、地震和城市建设等方面得到了广泛应用。利用国内外遥感卫星开展了气象预报、国土普查、作物估产、森林调查、灾害监测、环境保护、海洋预报、荒漠化监测、区域性及行业性 GIS 系统数据库与数字地球、地震地面监测预报、城市规划和地图测绘等多方面、多领域的应用研究工作。特别是卫星气象地面应用系统的业务化运行，极大地提高了灾害性天气预报的准确性，明显减少了国家和人民群众的经济损失。

截至 2005 年底，中国资源卫星应用中心已接收存档了中巴地球资源卫星 01、02 星获取的 80 余万景数据，分发了 2.4 万余景，相当于覆盖国土面积 18 次。经过 6 年的努力，资源卫星数据质量得到较大改善，数据定量化应用服务能力加强，数据分发服务能力大幅提高，针对资源卫星数据处理的自主应用软件的开发取得较大进展。资源卫星的国内用户已达到 200 多家，数据正在逐步进入各行业遥感业务运行系统，并在全国生态环境调查、土地资源调查、海岸带资源调查等国家重大工程及自然灾害管理中得到应用。

我国第一颗海洋水色卫星的成功发射，实现了我国海洋卫星零的突破，极大地推动了海洋立体监测体系的建设。卫星在轨运行期间，截止到 2005 年已接收存档 1 830 轨遥感数据，并在政府部门、科研院所/校、军事部门的 100 多个单位得到应用，在赤潮监测、海冰监测及海洋资源的开发中发挥了重要作用。

气象卫星已形成稳定的业务运行服务，“风云一号”卫星被纳入世界气象组织业务观测系统，数据免费公开，为全球气象和环境监测用户服务。“风云二号”卫星实现了稳定运行服务，实现高时间分辨率环境和灾害监测。基于气象卫星的数据能够实现对台风、干旱、洪涝、沙尘暴、森林草原火灾、雪灾、海冰、大雾、植被长势等的监测应用，实现了较好的社会效益。

在卫星导航应用发展领域，截止到 2005 年，“北斗一号”导航系统已建成民用运营中心。卫星导航应用市场规模以接近每两年翻一番的速度快速增长，1998 年之后中国卫星导航定位市场容量以每年 50% 左右的速度递增，2000 年市场销售总额为 20 亿元，导航设备总销量近 15 万套；2003 年市场总量为 39.5 亿元左右，其中，至少有 50% 左右的市场份额不是传统的卫星导航定位产品，而是运营服务、软件、系统集成等增值服务。

我国的卫星导航定位市场尚处于发展初期，虽然近几年发展速度加快，但业内约 500 家企业中多数实力还较弱，平均营业额少于 1 000 万元。营业额在 600 万元以下的约占 80%，600 ~ 1 000 万元的约占 10%，1 000 ~ 2 000 万元的约占 7%，2 000 万元以上的约占 3%。其中 80% 以上的企业只能从事代理销售业务，对于顾客关于供应商技术服务、可持续供应能力和质量体系建设的要求，这些公司的能力非常弱。

（三）航天科技工业

2005 年航天科技工业基础与能力建设的投入加大，航天科技工业的研制生产条件明显改善，供给与保障能力得到较大提高。初步实现了从单一型号向多型号并举的过渡。在两种新型发动机试车台、“风云三号”卫星载荷测试与定标、大型通信卫星紧缩场等方面，建立了一批具有世界先进水平的民用航天科研生产和试验基地，明显改善了运载火箭和卫星的研制生产和保障条件，显著提高了研制水平和生产能力。

2005 年航天科技工业总资产约为 1 762.9 亿元，总收入 744.3 亿元，利润 32.1 亿元，固定资产投资规模 105.23 亿元。建立了一批研制、生产、试验基地，航天产品的设计、生产、试验体系初步形成。截至 2005 年，建成 17 个以上国防科技重点实验室，建成小卫星及以应用国家工程研究中心为代表的 7.5 个工程中心。发挥了技术创新成果应用和产业转化孵化平台的作用。有 26 个以上民用项目列入国家高技术产业化、技术改造和军转民技术开发等专项计划。进一步提升了航天高技术产业化能力，积蓄了后发优势。

传统设计、制造方式开始向数字化设计、制造方式转变。在标准化、计量、科技情报、质量与可靠性等领域取得较大发展。自主创新能力不断增强，2005 年全年航天科技工业发明专利共 226 件。

（四）政府的行业管理

为了规范航天科技工业的管理，《民用航天发射项目许可证管理办法》、《空间物体登记管理办法》等航天行业管理政策与规章制度先后出台，航天科研生产许可证的管理得到加强，航天科技工业体制机制改革不断深化，寓军于民的航天科技工业格局逐步形成。

航天集团公司作为特大型国有企业，积极探索社会主义市场经济条件下航天产品研制生产的组织管理新模式，克服困难，较好地完成了各项科研生产任务。在《中国的航天》白皮书“空间技术、空间应用和空间科学”的大航天概念指导下，广大航天用户和社会各界积极支持和参与国家航天活动，全国协同，形成了航天活动管理的新架构。

航天科技工业改革与开放的步伐不断加快，2005 年 10 月，中国长城工业总公司与国防科工委签署了出口一颗通信卫星并提供发射服务的合同。2005 年 10 月，加拿大航天局局长率庞大代表团回访中国国家航天局，双方探讨了在减灾和环境监测、空间科学探测、微重力实验、空间技术和培训等领域的合作，并签署了会谈纪要。2005 年 10 月，《亚太空间合作组织公约》在北京签署，亚太空间合作组织向正式成立迈出了重要一步。这是第三个总部设在北京的政府间国际组织，国际上第二个区域性政府间空间合作组织。我国还开展了多任务小卫星项目合作，与泰国、伊朗、韩国、孟加拉、蒙古、巴基斯坦等六个亚太地区国家签署了协定，联合开展研制和应用，其中中国承担了卫星本体研制工作的 75%，伊朗承担 18%、泰国承担 7%，其他国家将参与该项目的应用。

三、中国航天产业发展存在的主要问题及对策

（一）产业存在的主要问题

我国现有卫星平台质量与寿命亟待提升。卫星研制周期长，技术储备少。

火箭的运载能力已不能满足未来航天发展的需要，在运载技术、环保、发射适应性等方面与世界先进国家的差距在拉大。在基础研究与预先研究，设计、制造技术与工艺，研制与生产周期，研制成本等方面仍不尽如人意。航天科技工业基础设施建设尚不完善，试验验证和测试手段尚不能满足发展需求。航天产业自主创新能力需要不断提升，技术创新缺少原创性。国家级宇航标准体系没有形成。一些关键原材料、零部件和元器件研制、生产的关键技术尚未突破，依赖进口的现象十分严重。现有科研体系对产业发展的支撑能力不足，部分领域未形成人才梯队，骨干人员严重不足。

航天制造业与运营服务、应用的发展不协调。卫星地面运营业务化服务能力弱，地面系统自主研发能力和应用效益还有待提高。尚未形成基于我国自主信息源的长期、连续、稳定运行的天地一体化综合卫星技术和应用体系。空间信息资源条块分割、封闭管理，利用率低。空间应用关键技术水平和遥感卫星定量化应用水平亟待提高。航天产业自我封闭、自我发展的现象依然存在，与国家经济改革与开放的发展趋势不吻合。

（二）产业发展中的对策

（1）深化航天产业改革，开放航天产业市场。加快航天产业的法治环境建设，有序开放航天产业市场，完善航天产业链，通过改变航天市场的投融资政策，促进航天产业市场化。政府在集中抓好国家航天发展政策的同时，有责任引导和鼓励企业、研究机构、大学以及社会力量积极参与航天活动，进入航天产业，加快航天市场的商业化进程。

（2）通过产业的市场化竞争与运营，提高生产研制质量。加快航天产业的市场化运作，通过市场竞争原则，建立满足用户需求的市场进取和生存意识。提高航天产品的质量，信守合同承诺，通过有序竞争，逐步形成用户主导与产品引导的市场局面。在用户急需的产品种类、服务要求、服务质量上下功夫，逐步建立航天产品质量与诚信体系。

（3）提高企业自主创新能力，缩短与国际航天产业的差距。加强和促进航天企业自主创新，通过自主创新提升航天产业基础水平和研制生产能力，建立起航天产业不断创新、引领创新的市场氛围。通过科学的原始创新和产品创新，促使产品的技术含量、性能和服务大幅度改观，缩短与国际航天产业的差距。

（4）面向应用，促进产业化，培育商业化。航天产业是一个朝阳产业，目前在发达国家发展很快，商业航天将是本世纪科技发展的一个重要领域。在不断深化航天科技工业改革的同时，通过应用促进产业化，完善航天产业链，在发射、制造、运营、服务等方面逐步培育商业化成分，提高航天产业的商业化比重。

（5）加强国际合作，逐步实现全球化经营。在产业发展中通过互惠互利的国际合作促进本国产业的发展已经成为一条较为成功的经验，这样不但带动了本国产业与产品的发展与升级，同时促进了本土产业的全球化经营。因此，航天产业应该通过国家合作与交流，促进进出口贸易，刺激产业的迅速发展，提高产品科技水平，在扩大国内市场的同时，提高企业与国家的国际声誉，逐步融于全球化经济浪潮。

（6）加强航天产业人才队伍建设。发展航天产业，注重航天产业需要的经营、科技、创新人才的培养，形成一支专业化程度高、专业配套齐备、满足产能动态需求的航天产业人才队伍。要普及航天产业知识，宣传产业发展，吸引更多年轻人投身航天产业，动员全社会各界力量关注和支持航天产业的发展。

四、2006年中国航天产业发展展望

目前，120吨级液氧煤油补燃发动机在完成初样转试样研制阶段后，配合总体设计单位和其他分系统单位完成预发展阶段的工作项目。50吨级氢氧发动机完成发动机模样转初样研制阶段之后，进入初样研制阶段。要求进一步提高两个发动机的累计工作时间，达到预计目标。

“海洋一号”B星、“鑫诺二号”、育种卫星、“风云二号”D星正在紧张研制，争取按照计划出厂发射；“环境一号”、“风云三号”、“风云二号”05/06星、“资源一号”03/04星，“资源一号”02B星、“嫦娥一号”等卫星根据各自的研制目标，按照初样研制、正样研制以及出厂准备等研制生产阶段开展工作。

卫星直播产业将成为新的经济增长点。当中国电视直播用户达到1 000万户时，地面设备及系统年产值将达到250～400亿元人民币，卫星及直播平台运营将达到80～150亿元人民币，并将带动相关业务如广告、节目制作等的发展。

卫星数字音频移动广播业市场潜力巨大。卫星数字音频广播将成为继卫星电视直播之后另一个新的潜力巨大的市场，其主要用户将是手机、汽车等个人消费者。

卫星宽带传输和互联网接入业务机遇与风险并存。未来10年，中国在内容投递业务——通过卫星为工商企业、政府和影剧院投送大容量数据和电影内容，远程教育培训、远程医疗、商务电视、产品发布、网络广告、企业联网、双方会议和培训等领域孕育巨大商机。

卫星导航产品及服务市场全面发展。现在的车辆导航应用市场和消费应用市场已经初具规模，今后相当长的时间内，车载终端设备将是用户产品的主力军；个人导航与安全应用市场在产品适宜的情况下也会有较大发展。

卫星遥感向市场化发展。政府部门通过对国家顶层系统的统一规划部署，加强宏观政策指导，在市场需求引导下，充分利用各部门、各单位的优势，按照“天地统筹，资源共享，统一规划，合理分工”，扩大应用的原则，建立新的运行机制和管理模式；联合建立高水平综合性的数据采集处理、高质量的应用产品研发与信息增值服务示范工程主体；用典型带动和以点带面的办法，使遥感卫星应用形成“数据-信息-服务”完整的应用产业链，使行业现有的大量有用资源释放出来，促使大量研究成果转化为实用产品，并服务于经济和社会发展。

航天科技工业2006年总收入指标为821.7亿元，利润总额指标为36.5亿元，净资产收益率指标为6.8%左右。

中国航天工程咨询中心　石卫平　林步圣　陈　杰

7

2005 年中国新材料产业发展综述

新材料行业具有技术高度密集、更新换代快、研究与开发投入高、保密性强和产品附加值高等特点，其生产与市场具有强烈的国际性，产品的质量与特性在市场竞争中具有决定作用。因此，新材料技术是21世纪三大关键技术之一，新材料是发展信息、航天、能源、生物等高新技术的重要物质基础，新材料产业已成为全球经济增长的源动力和各国提升核心竞争力的焦点。

一、国内新材料产业发展概况

1. 取得重要进展

“十五”期间，国家对新材料产业发展给予了大力支持，加快发展新材料产业、提升产业竞争力成为国家实施可持续发展战略的重要组成部分。

中国对新材料行业在各个层次上都有扶持性政策。在前瞻性研究方面，国家“863 计划”和“973 计划”每年对新材料项目的援助在3.5 亿元左右；在产业项目方面，火炬计划、中小企业创新基金以及国家科技攻关计划等每年通过拨款和贴息贷款等形式给予资助；各地各级政府也都给予了新材料企业出口补贴和税收优惠等政策支持。

2005 年中国新材料市场需求约为4 000 亿元，初步形成了比较完整的新材料产业体系，推动了具有自主知识产权的新材料产业的发展。在电池材料、新型高分子材料、高性能陶瓷材料和复合材料等形成了一批高技术核心产业。超导材料、纳米材料等产业从无到有发展起来，基本与世界同步，甚至领先于世界水平，打破了国外企业的垄断。

2. 产业机遇良好

逐步成为世界“制造业中心”之一将是中国制造业的发展趋势，这既是中国制造业与国际接轨并提升国际竞争力的好机会，也是中国发挥资源优势，发展材料工业特别是新材料产业的良好机遇。

近几年，国家产业政策导向明显向以新材料产业为代表的高新技术产业倾斜，陆续出台政策措施以促进新材料产业的发展。特别是“十一五”规划中，国家将转变经济增长方式提高到了一个前所未有的高度，这对新材料行业的发展无疑将产生重要的推动作用。国内支柱产业及高技术产业的发展对新材料的需求也在不断扩大。机械制造业、电子信息制造业、汽车工业、建筑业等支柱产业的快速发展对材料在质量、性能与数量等方面都提出了更高的要求；高新技术产业将带动新材料需求的增加，新型能源材料、生态环境材料、航空航天材料等新材料的需求将随着社会经济的发展而迅速增加。

3. 市场前景广阔

随着中国经济、社会及科技的发展，各行各业对新材料的需求也不断扩大，高新技术产业的发展、传统产业的升级、国家的安全、国家重大工程的建设及资源、环境、人口健康等的可持续发展都对新材料形成了巨大的市场需求。

2001 年中国新材料市场需求约为 2 750 亿元，2005 年则为 4 000 亿元左右，“十五”综合增长率达到 10%。按 10% 的增长速度计算，到 2010 年中国新材料市场需求可达 6 500 亿元以上。根据中国目前的经济发展趋势预计，新材料需求增长速度将高于经济增长速度。随着中国社会经济持续快速发展，特别是城市化、工业化进程的加快，新材料未来的应用领域也会进一步拓宽，发展前景十分广阔。

4. 基地建设效果显著

为推动材料技术成果转化及产业化、促进区域产业结构升级和整合产业资源，自 1999 年以来，科技部在全国 29 个省市建立了多个材料特色产业化基地，涉及钢铁、有色、化工轻工、建材等传统产业和光电子材料与器件、半导体照明等新兴产业。

6 年来，材料特色产业化基地多数已形成了 20 ~ 100 亿元的经济规模，并且以 20% 以上的年增长速度发展。材料特色产业化基地已成为区域技术创新的重要内容和区域经济发展的重要增长点，同时也成为中央与地方加强科技工作互动的有效形式。

5. 面临诸多问题

整体来看，中国目前的技术开发体系尚不完备，研究经费主要由国家投入，并且投入总量不多。新材料企业对新技术的需求不够迫切，投入不够积极，对新技术的产业化也不够重视。自主研发创新少，跟踪仿制多。这种状况造成了科研创新能力较弱、生产制造技术不成熟、新材料产品质量稳定性和可靠性不够等问题，影响了中国新材料产业发展的持续性。另外，由于资金和人才优势，中国东部地区新材料产业发展较快，而位于中西部内陆地区的一些基地的发展落后于东南沿海地区。但中国发展新材料的资源主要集中在西部，特别是西部具有明显的能源优势，发展潜力巨大。如何推进西部地区新材料工业的发展，也是中国新材料产业面临的重要课题。

6. “十一五”将有更大发展

除了“十一五”规划和《国家中长期科学和技术发展规划纲要（2006－2020 年）》把新材料作为重点之外，国家发改委于 2005 年底发布了《关于继续组织实施新材料等高技术产业化专项的通知》，提出在 2006 年期间，继续组织实施新材料高技术产业化专项，并指出了产业化的重点领域：围绕高温合金、复合材料等大宗材料开展产业化，努力促使产品质量与综合性能达到国际先进水平；围绕高端绿色与环保材料，重点开展电器产品所需绿色与环保封装及焊接材料等的产业化。

“十一五”期间中国新材料产业将以市场需求为导向，以推动行业技术进步和产业升级为目的，重点发展技术含量高、发展前景好的新材料产业；注重采用绿色制造、节能降耗的工艺技术及装备，降低制造过程中的资源浪费和环境污染；建设专业化、规模化产业基地，培育有知名品牌和国际竞争力的龙头企业，满足国民经济、社会发展和国家安全对新材料的紧迫需求。

二、重点新材料领域发展态势

1. 电子信息材料

2005 年，中国的集成电路产值保持30%左右的年增长率，半导体用硅材料、制造用配套材料的需求量稳中有升；2005 年平板显示在全球都出现强劲的发展势头，这也给中国的电子材料行业提供了新的应用领域及新的市场开拓契机。2005 年，中国的液晶材料、彩色滤光片和偏振片等材料的产销量与2004 年持平，个别产品档次有所提升。TN 液晶、STN 液晶产销量约 90 吨，STN 液晶材料产品质量有所提升；IC 封装用锡焊球、抛光液、特种气体（如 NF3 等）、溅射靶材和超高纯清洗剂等在技术上和产业化规模上已出现明显的发展。其他电子材料，例如引线框架铜带、高档电解铜箔、电子级玻璃布、LCD 用玻璃基板等，国内企业的产品在整个需求市场的占有率上较 2004 年又有较大的提高。

半导体照明工程于 2003 年全面启动以来，在材料、芯片、封装和应用产业化支撑技术方面取得了较大突破。2005 年中国 LED 的生产数量近 500 亿只，销售额达到 133 亿元人民币，1995 －2005 年销售额平均增长率 34%。其中，高亮度 LED 销售额约 75 亿元，比 2004 年的 59 亿元增长 27%。下游器件封装实现大批量生产，已成为世界重要的中低端 LED 封装生产基地。中国已经突破了 OLED 材料研究、器件制备等关键技术，成功实现了小尺寸产品的批量生产。以维信诺为代表的 OLED 企业的发展显示了中国在这一新型显示领域的产业前景，1.3 ~ 2.8 英寸的单色无源（被动式）OLED 产品的中试线已经投产，并申请了 40 多项国内外专利，量产生产线正在建设当中。

预计 2006 年中国集成电路产业依旧还会保持 30% 左右的增长，2006 年平板显示行业的发展估计也会与 2005 年持平；欧盟的两个电子产品指令将在 2006 年 7 月 1 日开始正式生效。为了保证出口，电子材料无铅化的发展速度将更迅猛；生产低成本、制造专业化、产品规模化和服务集约化是通信光电子器件产业未来发展的主流方向，预计“十一五”期间，高清晰度电视将走向大中城市的千家万户，2008 年奥运会和 2010 年世博会的举办等，都将为光纤通信的发展提供新的机遇；随着中国 LED 上游技术的突破，半导体照明产业预计将迅速扩大，有望在“十一五”期间逐步进入通用照明领域。

2. 新能源材料

新能源材料是发展新能源的核心和基础，发展方向是开发绿色二次电池、氢能、燃料电池、太阳能电池和核能的关键材料。当前的热点和技术前沿包括聚合物锂离子电池材料、太阳能电池材料、高能储氢材料和质子交换膜燃料电池材料等。

2005 年，中国太阳能电池产量约 100 兆瓦，在 2004 年 36 兆瓦的基础上约增长了 178%，特别是无锡尚德在纽约上演的财富故事，让全球的目光聚焦于中国的光伏产业，成为中国新能源材料 2005 年度最大的亮点。2004、2005 年中国太阳能光伏产业几何级数式的增长以及全球市场的迅速扩张造成了太阳能用多晶硅料的供应紧张。中国 2005 年所需的 1 200 吨多晶硅材料绝大部分依靠进口，国内产量仅 100 多吨。

表 1　2005 年中国高纯多晶材料产能状况

企业 ＼ 项目	2005 年产能/吨	新建或扩产后产能/吨	新产能投产时间
四川新光硅业科技有限公司	0	1 200	2007 年初
洛阳中硅高科技有限公司	30	360	2005 年底
峨嵋半导体材料厂	100	220	2006 年

预计，今后光伏产业发展的主要问题不在于材料，而在于国内的法规政策。中国的光伏产业需要的是基础研究的投入以及硅料厂、硅片厂、电池片厂、设备提供商等产业集群的形成和市场的良性互动，而这需要政府政策的有效引导与刺激。

电池新材料是发展能源技术、提高能源生产和利用效率的主力军。目前，中国锂电池产业链相对完整，材料配套方面占有一定优势；燃料电池材料国产化比率不断上升，成本逐步下降；锂电池正极、负极材料和电解液市场已相对成熟，而锂电池隔离膜的国产化过程蕴含着较大的市场机会。经历了2003－2004年突飞猛进的发展后，2005年中国锂离子电池产业进入一个相对平稳的发展阶段，新进入企业开始明显减少。锂离子电池产业的迅速成长带动了锂离子电池关键原材料产业的发展，2002年以前原材料基本依赖进口，而目前除了隔膜还依赖进口外，锂离子电池正负极材料和电解液目前已经大部分实现国内供应，2005年锂离子电池隔膜也开始了产业化生产。

表2　2004、2005年锂离子电池产销数据表

指标＼年份		2004	2005
单体锂离子电池总产量/亿颗		7.4	8.7
总销售额/亿元		79	84
产品类型	液态方形/亿颗	6.3	7.1
	液态圆形/万颗	2 000	4 000
	聚合物/万颗	9 000	1.17
产品出口量/亿颗		1.2	1.35
总产能/亿颗		10	15

随着中国快速发展的经济对电池新材料需求的增加，中国将继续在政策、资金等方面支持电池新材料的研究与发展。

3. 生物医用材料

2005年，中国生物医用材料在不断扩大的市场需求的带动下，出现了20%的高增长，远远高于国外5%～8%的增长率，估计中国生物医用材料产值在300～400亿元人民币。

2005年生物医用材料产业的高速成长在介入器械和整形材料领域表现得最为突出。介入器械领域不仅产品销售增长迅速，而且国产介入器械所占市场份额也有所增加，部分产品已经替代了国外高端产品；随着生活水平的提高，整形材料也快速发展起来，近几年与整形材料相关的除皱术、隆鼻术和隆胸术等约有20～50亿人民币的市场价值。此外，2005年骨科中的脊柱修复材料国内需求增长较快，但是这一市场主要还是由国外产品占据主导地位。中国的高中档生物医用材料产品中，进口产品依旧占据60%的份额，价值约150～200亿人民币。国内发展起来的主流产品，要么是外资和中外合资企业生产，要么就是本土企业跟踪模仿国外技术的结果。发展具有自主知识产权的生物医用材料是“十一五”的主要任务。

目前，国内生物医用材料企业约4 000～5 000家，绝大多数源于民间资本，中小企业占据了70%～80%的市场份额，真正成熟的以生物医用材料为主业的大公司寥寥无几。由于中、小企业难于承担生物医用材料大量的研究开发资金，很少有大量资金流向该领域，国内企业研发资金短缺，最终导致被国外公司兼并和重组。

2006年之后，伴随人口老龄化、交通创伤增加和技术发展，社会对生物医用材料的市场需求将进一步增大；其次，生活水平的不断提高，会拉动生物医用材料，特别是整形材料的需求。预计“十一五”期间，国家对生物医用材料的投资可能是“十五”的4～5倍，约有2亿多资金。这一支持力度

无疑会推动和促进科研单位对生物医用材料的研发投入，技术提高和成本降低，也会带动市场应用的活跃。

4. 纳米材料

2005 年中国纳米材料产业总的发展态势为：纳米技术发展以需求为导向，扩大了纳米产品的种类，由单一产品向多种系列产品过渡；发展纳米技术，重视技术集成，重视纳米技术与其他传统技术相结合，由单一技术逐渐向系列集成技术过渡；注意培育高端产品，开始实现低端产品向高技术含量产品过渡，并开始尝试开拓高端产品市场。

1997－2004 年年底，中国纳米产业公司数量和投资额猛增，显示出高速发展的态势。

表 3　中国纳米材料企业数量及投资统计表

项目＼年份	1997	1999	2000	2001	2002	2004
企业数/家	20	70	100	330	500	800
投资额/亿元	\	\	8	60	200	400

2005 年纳米粉体材料产业形成了一定规模，品种齐全，产品初步系列化，涵盖金属、合金、氧化物、碳化物、氮化物、半导体、钛酸盐和碳酸盐等，产品基本与国际接轨，能够满足国内各个领域的需求，一些品种的产品开始进入国际市场。国产纳米氮化硅、氮化铝和氮化钛在国际上有一定竞争力，在制备方法和产品成本上都有创新。

2005 年国内纳米技术应用发展势头较好的行业有：精细化工、纺织、建筑、轻工、电力、材料工业、涂层及包装等。今后五年发展纳米材料技术、振兴纳米材料产业仍然有广阔的空间。纳米产品进入市场的周期大约为 18 个月，主要应用纳米材料技术的领域有：传统材料、建筑、纺织、精细化工、食品包装、轻工、电力和传统的制造业，农业、水产养殖也为纳米材料技术的应用提供了创新的空间，这些方面的市场前景看好，纳米材料和纳米技术对国民经济的贡献很可能在这些领域首先显露出来。

5. 高性能结构材料

“十五”期间，中国构建了从原料、装备、产品应用到产业化示范的镁合金产业链雏形；突破了一系列镁合金及应用关键技术，形成了相对完整的技术开发创新体系。盐湖镁资源开发与综合利用取得成功，镁合金专用冷、热压铸机从无到有；已开发出汽车、摩托车零件和 3C 镁合金产品；镁合金变形板材、型材开发应用发展迅速。

超级钢铁材料将 200 MPa 级普碳钢提高到 400～500 MPa 碳素结构钢，实现了性能翻一番的目标，批量工业生产获得成功，代替了同强度级别的低合金钢。目前已生产出带材、中厚板材、棒线材等，产品在汽车、建筑等领域得到推广应用，开辟了节省合金元素、降低钢材成本、大幅度提高钢材性能以及促进钢材品种更新换代的新途径。2004－2005 年 6 月，中国累计生产超级钢超过 200 万吨，产值超过 60 亿元。

6. 化工新材料

2005 年，国内强大的需求释放与巨大的产能缺口，使化工新材料得到了快速发展，尤其是 MDI、有机硅等产品，近年来市场需求的增长速度为 GDP 增长速度的 2 倍以上。由于市场存在较大需求缺口，各地都开始筹划建设化工新材料项目。

由于化工新材料市场需求和产业综合优势大，中国已成为国际巨头产业转移的重要目标地区。拜耳、杜邦、GE 等跨国公司纷纷开始在中国战略布局，力图在中国新材料产业中占有一席之地。国内一些实力较强的新材料企业也在加大与国外企业的合作，借助国际力量来提升自己的竞争水平。

《“十一五”化学工业科技发展纲要》提出了化工新材料的“十一五”科技发展重点，包括通用塑料的改性技术、工程塑料的产业化技术、工程塑料的高性能化技术、高性能子午线轮胎工业化技术、大型合成橡胶工业化技术、橡胶复合材料及橡胶新型加工助剂产业化技术、功能高分子材料、氟硅新材料和新型无机功能材料等。

中国化工新材料产业也存在诸多问题，生产技术落后、规模小、成本高仍是最为突出的问题，许多国外已大规模生产的品种国内尚不能工业化，需大量进口；同时，资源及能源利用效率低，资源优势向产业优势转化方面有待提高；多元化的投、融资体系尚未建立，面向产业化服务的中介服务体系不完善，在某种程度上也制约了产业的发展。

三、新材料产业发展展望

未来几年，中国新材料产业将步入从仿制到自制、从跟踪到自主、从被动到主动的进程，完善产业体系、实现产品系列化，加快由材料生产大国向生产强国转化的步伐。

《“十一五”规划》第十章第四节“发展新材料产业”要求“围绕信息、生物、航空航天、重大装备、新能源等产业发展的需求，重点发展特种功能材料、高性能结构材料、纳米材料、复合材料、环保节能材料等产业群，建立和完善新材料创新体系”。

具体来讲，新材料产业“十一五”规划将重点发展17类新材料。

首先是硅基微纳电子材料。中国将发展2～3个满足100～45纳米线宽集成电路需求的8英寸、12英寸硅单晶、晶片和外延片的高技术产业基地，形成年产3 000吨多晶硅的生产能力，以及进行6～8英寸SOI、SiGe/Si和应变硅材料示范工程建设。

其次是半导体固体照明工程材料与器件。计划到2010年实现半导体白光照明的产业化，形成由衬底材料、外延片、芯片、封装和产品应用组成的完整的半导体照明产业链。

第三是平板显示材料与器件。“十一五”期间，实现大屏幕彩色PDP荧光粉、浆料和PDP显示器件产业化，三基色OLED发光材料和彩色OLED显示器件产业化，以及TN－LCD和TFT－LCD液晶材料及其偏光片产业化。此外，发展平板显示驱动电路IC和平板显示器件玻璃基板。

此外，“十一五”期间中国还将发展光电子材料、全固态激光材料、稀土功能材料、功能陶瓷材料、超级钢材材料与技术、航空航天用关键材料、核能工程材料、高速铁路以及汽车用材料、新型能源材料、生物医用材料、生态环境材料、海水淡化材料与技术、纳米材料与技术以及超导材料等。

国家新材料行业生产力促进中心　王滨秋　吴　玲

8

2005 中国可再生能源发展综述

当前国际原油价格居高不下，国内煤炭开采能力几乎接近极限。在此形势下，尽管可再生能源的开发利用成本仍然很高，技术发展也不平衡，但因地制宜地开发利用可再生能源，已成为世界上许多国家在制定能源发展战略时的共识。可再生能源是指风能、太阳能、水能、生物质能、地热能、海洋能等非化石能源。可再生能源是本地资源，发展可再生能源不仅可以减轻由于能源进口所引起的资金负担，还可以保障能源安全；发展可再生能源有利于调整能源结构、保护环境，可以降低全球气候变化的风险；发展可再生能源可以促进当地经济发展，并扩大就业；发展可再生能源可以不用或极少因能源获取而利用当地的水资源，对像中国这样的水资源紧缺的国家来说具有极为重要的意义。各国开发利用可再生能源都需要政府财政予以支持，即给予一定的投入和补贴，同时也需要全社会的共同努力和积极贡献。目前，在现有的可再生能源开发利用技术中，除水电外，风电和生物质能利用可以说是最接近商业化的技术。

一、可再生能源发展现状

（一）水能

最新复查结果显示，中国可开发的水能资源量为 4 亿千瓦，年发电量为 1.7 万亿千瓦时，其中 5 万千瓦及以下的小水电资源量为 1.25 亿千瓦，分布非常广泛，遍及全国 30 个省（自治区、直辖市）的 1 600 多个县（市），尤以西南地区最为丰富，占全国总量的 50% 以上。到 2005 年年底，中国已建成水电发电装机容量 11 650 万千瓦，其中小水电装机容量 3 800 万千瓦。

（二）风能

全国约 20% 左右的国土面积具有比较丰富的风能资源，主要分布在东南沿海及其附近岛屿，西北、华北和东北（“三北”）地区，特别是新疆和内蒙古，风能资源极为丰富。根据全国气象台气象数据估算，中国陆地可开发发电装机容量约 2.5 亿千瓦，海上可开发发电装机容量约 7.5 亿千瓦，总共可开发发电装机容量 10 亿千瓦。但这一数据缺乏科学性，因为中国还没有专门针对风电场开发的可行性做过全国性的风资源普查和详查，而国际上位于风电发展前列的国家，如德国、西班牙、美国和丹麦等，都对本国的风资源做过详查。以德国为例，其国土面积与四川省基本相同，其风资源主要分布在北部沿海宽20千米、长300千米的狭长地带，2005年已累计装机1 842万千瓦，近几年每年新增装机容量200～300万千瓦，预计总装机容量可达5 000万千瓦。中国风资源最好的三北地区，东西长5 000多千米，南北窄的地方有200～300千米，宽的地方可达500千米，仅这片地区的10%被利用起来，就至少可以装机10亿千瓦。中国的海岸线，直线距离有5 000多千米，大陆架延伸近100千米，整个东南沿海陆地加近海区域可开发的风力资源至少在20亿千瓦以上。那么，中国可开发的风电潜力至少应在30亿千瓦。

中国风电建设始于20世纪80年代中期，经过近20年的发展，2005年全国已建成并网风电场61个，发电装机容量为126.6万千瓦。此外，还有边远地区农牧民使用的小型风力发电机约20万台，装机容量3万千瓦。

（三）生物质能

中国是一个农业大国，农业废物资源分布广泛。其中，农作物秸秆年产量为6.6亿吨，可作为能源用途的秸秆约3亿吨，可折合1.5亿吨标准煤；工业有机废水和禽畜养殖场废水资源量理论上可以生产沼气近800亿立方米，相当于5 700万吨标准煤；薪炭林和林业及木材加工废物的资源量相当于3亿吨标准煤。目前，中国城市生活垃圾年产生量约1.2亿吨，预计2020年将达到2.1亿吨。如果将垃圾填埋回收气体，或焚烧垃圾发电用于能源使用，每年可替代1 300万吨标准煤。此外，一些油料作物还可用于制取液体燃料，主要有小桐子（麻风树）、油菜籽、蓖麻、漆树、黄连木和甜高粱等。预计到2020年，中国采用农业油料作物、木本油料作物以及能源作物等生物质资源生产生物柴油和乙醇燃料的潜力将达到1亿吨标准煤。初步估算，每年可利用生物质能源总量约为6亿吨标准煤。

2005年底，全国农村已有户用沼气池1 700万口，年产沼气约65亿立方米；大中型沼气工程2 400多处，年产沼气15亿立方米；生物质发电装机容量200万千瓦。

（四）太阳能

中国大部分地区位于北纬45°以南，全国2/3的国土面积年日照时间在2 200小时以上，每平方米太阳能年辐射总量为3 340～8 400兆焦，陆地表面每年接收到的太阳辐射能相当于1.7万亿吨标准煤，太阳能资源非常丰富。到2005年年底，全国已安装光伏电池约7万千瓦，主要为边远地区居民及交通、通信等领域供电，现在已开始进行并网光伏发电系统的试验和示范工作，在深圳已建成1兆瓦并网光伏发电屋顶示范工程。目前全国已有太阳能光伏电池及组装厂几十家，总的制造（或封装）能力超过30万千瓦。

近年来，中国太阳能热水器发展十分迅速，太阳能热水器的使用量和生产量均居世界前列。到2005年年底，全国太阳能热水器累计使用量为8 000万平方米，约占全球使用量的45%，年生产量为1 500万平方米，太阳能热水器的市场竞争力已经很强，展示出了良好的发展前景。

除上述水能、风能、太阳能、生物质能外，地热能、海洋能等可再生能源资源也具有一定的资源潜力和广泛的利用前景。

二、可再生能源发展展望

（一）可再生能源发展政策框架

2005年2月28日，全国人大通过了《可再生能源法》。2006年1月，随着国家发展和改革委员会《可再生能源发电有关管理规定》和《可再生能源发电价格和费用分摊管理试行办法》等实施细则的颁布，《可再生能源法》已可以按原定计划施行。政府支持可再生能源发展的政策框架已基本形成——国家制定可再生能源发展总量目标，并通过国家和省两级的可再生能源发展规划来体现和具体实施；国家制定可再生能源发电上网电价，电网公司必须以此价格和招标项目的中标电价全额收购经过行政许可或备案的可再生能源发电企业的上网电量；因可再生能源发电上网电价高出常规能源平均上网电价，由此产生的超额费用由全国电网的终端用户分摊。另外，为了保证国家发展总量目标的实现，政府能源主管部门可以在适当时机，另行向大型发电企业颁布一定的可再生能源发电配额指标的实施办法。整个法律框架下的能源和价格流程如图 1 所示。

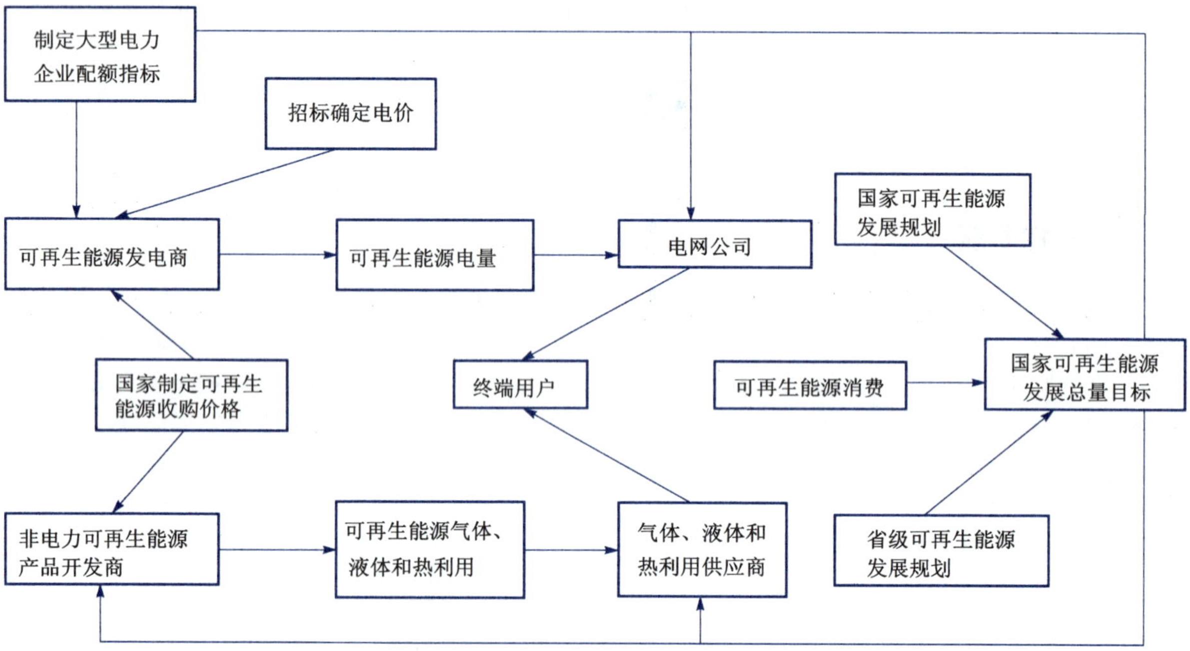

图 1　中国可再生能源发展政策和战略框架

根据中国经济社会发展及可再生能源技术水平状况，近期应对小水电、太阳能热利用、沼气等技术成熟、经济适用的可再生能源，通过消除市场障碍、加大国家政策支持等措施扩大开发应用的规模；对资源非常丰富、技术基本成熟、接近商业化的风力发电和生物质发电，通过实施《可再生能源法》制定和鼓励政策等措施，促进和扩大市场需求，以项目为依托，加快产业化发展，建立具有国际竞争力的技术服务体系和现代产业体系；对于资源潜力巨大、技术成熟可靠但成本较高的太阳能光伏发电，要因地制宜，用于解决偏远地区居民和特殊行业的用电问题，并开展并网光伏发电的试点，提供光伏产业发展的必要市场规模，促进光伏发电技术的不断进步和完善。

到 2020 年，中国能源消费总量将达到约 30 亿吨标准煤。由于国内石油和天然气资源缺乏，预计 2020 年之后，石油供给的对外依存度将超过 60%，天然气的对外依存度将超过 40%。中国煤炭资源虽然比较丰富，但大量开采、运输和使用煤炭对环境影响很大，而且煤炭作为不可再生资源终归是有限的。因此，长远来看，开发利用可再生能源资源是解决中国能源和环境问题的重大措施。

（二）小水电

小水电技术是最成熟的可再生能源发电技术，其建设和运行对环境影响很小，只要解决好上网和电价政策，将会得到更大的发展。到 2020 年，小水电总发电装机容量将达到 8 000 万千瓦，年替代 8 000 万吨标准煤。到 2030 年，大部分小水电资源可得到开发利用，总发电装机容量将达到 1 亿千瓦，年替代 1 亿吨标准煤。

（三）风电

风电是目前技术比较成熟、发展最快的可再生能源发电技术。国家发改委和科技部都在风电制造业方面加大了支持力度，2005 年 3 月 16 日，国家发改委办公厅签发了“关于组织实施可再生能源和新能源高技术产业化专项的通知”，其主要内容之一是支持兆瓦级风机的产业化，争取 2010 年实现国产风机的产业化。德国目前每年风电装机 300 万千瓦，2010 年中国也能达到这一水平。到 2020 年，中国风力发电装机容量有望达到 4 000 万千瓦，年替代 3 000 万吨标准煤。

（四）生物质能

生物质能源的开发利用主要是在农村和林区。无论是发电还是生产液体燃料，都是利用废物，可以大幅度地提高农林废弃物的价值。同时发展生物质燃料，特别是能源植物，可促进粮食生产，增加农村就业机会和农村居民收入，振兴农村经济。例如，生物质发电所创造的价值，80% 以上返还农村，对于增加农民收入、发展农村经济作用突出。如果在农村地区发展 1 000 万千瓦的生物质发电，可以生产电力 400 亿千瓦时，按上网电价 0.5 元计算，可以增加农村地区居民收入 200 亿元，仅农民出售秸秆一项，就可以增收 40 亿元。

利用生物质生产电力、气体和液体燃料以及成型固体燃料，是生物质能利用的发展方向。据初步设想，到 2020 年，生物质发电装机容量可达到 3 000 万千瓦，生物颗粒燃料年产 500 万吨，生物液体燃料年产 1 200 万吨，沼气年开发利用量达到 440 亿立方米。

城市生活垃圾处理也可以回收大量能源资源。到 2020 年，中国城市垃圾年产生量将达到 2.1 亿吨，若 30% 焚烧发电、60% 卫生填埋并回收沼气发电，则可以达到发电装机容量 300 万千瓦。

（五）太阳能

太阳能是资源潜力最大的可再生能源，可利用的技术包括制热、发电、采光和制冷等。目前得到广泛利用的是太阳能热水器和光伏发电。太阳能热水器在居民和商业建筑热水供应、工业中低温利用等方面都有巨大潜力。初步设想，到 2020 年，使太阳能热水器总集热面积达到 3 亿平方米。光伏发电今后较长时期仍将主要集中在解决偏远地区无电人口的用电问题上，同时，开展一定规模的并网光伏发电试点和示范。初步设想，到 2020 年，使光伏发电总装机容量达到 180 万千瓦。

若上述发展目标全部实现，则到 2020 年可再生能源的开发利用量将达到 4 ~ 5 亿吨标准煤，约占届时一次能源消费总量的 16%。

国家发展和改革委员会能源所　王仲颖

9

2005 年中国医药产业发展情况分析

在经历了2004年的产值、效益增速大幅下滑后，面对依然严峻的上游原材料成本的上涨压力，以及药品价格持续下行的巨大挑战，2005年医药行业呈现出明显的复苏态势，产值、销售增幅创下“十五”期内新高，由于同期成本费用同步高涨，利润增幅虽比上年有较大幅度的提高，但仍低于“十五”平均水平。

一、基本运行情况

（一）产值，销售增幅创“十五”新高

1. 生产

2005年医药工业累计实现工业总产值4 459.44亿元，比上年增加近1 000亿元，同比增长约26.2%，全年呈现持续加快的增长走势，并创下“十五”期间医药工业的最高增幅。实现工业增加值1 475.17亿元，同比增长17.5%；新产品产值621.91亿元，同比增长23.58%。累计完成化学原料药生产123.84万吨，同比增长36.9%，实现中成药生产75.89万吨，同比增长11.6%。

在工业总产值方面，生物生化制品、化学原料药、卫生材料及医药用品制造3个分行业呈现快速增势，同比增速分别为36.60%、33.18%和27.76%，均高于全行业平均水平。中药饮片、中成药、医疗仪器设备及器械制造和化学药物制剂4个分行业保持较快增速，同比增速分别为25.25%、22.72%、22.17%和21.46%，但走势弱于全行业平均水平。其中，化学原料药为1 176.69亿元，占全行业比重的26.39%，比上年上升了1.39个百分点；化学药物制剂为1 249.95亿元，占全行业比重的28.03%，比上年下降了1.09个百分点；中成药1 019.02亿元，占全行业比重的22.85%，比上年下降了0.65个百分点；中药饮片为172.92亿元，占全行业比重的3.88%，下降了0.03个百分点，比上年略有下降；医疗仪器设备及器械制造行业329.94亿元，占全行业比重的7.40%，比上年下降了0.24个百分点；生物生化制品行业为336.14亿元，占全行业比重的7.54%，比上年提高了0.58个百分点；卫生材料及医药用品制造行业为174.79亿元，占全行业比重的3.92%，比上年提高了0.05个百分点。

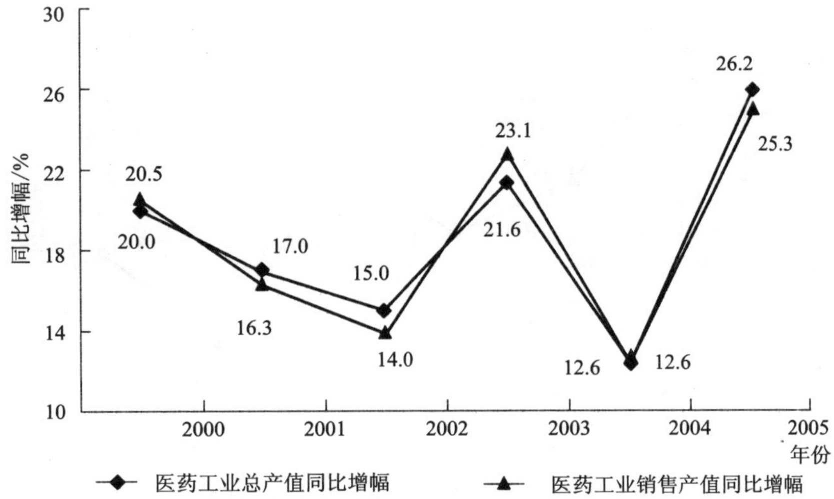

图1　2000－2005 年医药工业总产值、销售产值同比增幅变化趋势

2. 销售

全行业累计完成工业销售产值 4 207. 84 亿元，同比增长约为 25. 3%。其中，生物生化制品、化学原料药、卫生材料及医药用品制造分别完成销售产值 312. 81 亿元、1 125. 74 亿元和 166. 45 亿元，同比增长速度分别为 34. 39%、32. 08% 和 27. 55%，均高于全行业平均增长水平；化学药物制剂完成销售产值 1 181. 58 亿元，同比增长 20. 61%；医疗仪器设备及器械制造销售总产值为 322. 35 亿元，比去年同期增长 22. 90%；中成药和中药饮片制造业分别完成销售产值 937. 70 亿元和 161. 21 亿元，同比增长 21. 31% 和 25. 06%。

3. 产销率

2005 年医药工业平均产销率为 94. 36%，比上年下降了 0. 7 个百分点，整体产销情况处于历史的较好水平，但比 98. 10% 的全国工业平均产销率水平低了 3. 74 个百分点。除医疗仪器设备及器械制造行业产销率达到 97. 70%，同比提高 0. 58 个百分点外，其他分行业的产销率均比上年有不同程度的下降。其中，化学原料药产销率为 95. 67%，同比下降 0. 80 个百分点；化学药物制剂产销率为 94. 53%，同比下降 0. 67 个百分点；中成药产销率为 92. 02%，同比下降 1. 07 个百分点；中药饮片加工产销率为 93. 23%，同比下降 0. 14 个百分点；生物生化制品行业产销率为 93. 06%，同比下降 1. 53 个百分点；卫生材料及医药用品制造行业产销率为 95. 23%，同比下降 0. 16 个百分点。

（二）利润增幅大幅回升，但仍低于“十五”平均水平

2005 年医药工业共实现利润 352. 80 亿元，同比增长 18. 3%，与上年相比，提高了 8. 7 个百分点，增幅有较大程度回升，但仍未恢复到“十五”平均水平以上。其中，化学原料药同比增长 27. 51%；化学药物制剂实现利润 109. 72 亿元，同比增长 15. 27%；中成药利润 95. 91 亿元，同比增长 16. 4%；中药饮片加工利润 7. 67 亿元，同比增长 21. 17%；生物生化制品行业利润 33. 59 亿元，同比增长 26. 61%；卫生材料及医药用品制造行业利润 12. 08 亿元，同比增长 46. 25%；化学原料药实现利润 67. 81 亿元，由上年的负增长 10. 96 个百分点转为高达 27. 51% 的正增长。由于化学原料药在医药行业中所占比重较大，其盈利水平的大幅回升是推动全行业经济效益增幅加快的主要原因。医疗仪器设备及器械制造行业第一季度利润增幅曾出现 18. 25% 的负增长，这种情况在随后的 3 个季度中得到扭转，全年实现利润总额 28. 82 亿元，基本与上年持平。

2005 年全行业亏损面为 22. 59%，比上年下降了 2. 38 个百分点，累计亏损额为 35. 94 亿元，同比增长 5. 52%，比上年增加了 1. 88 亿元。

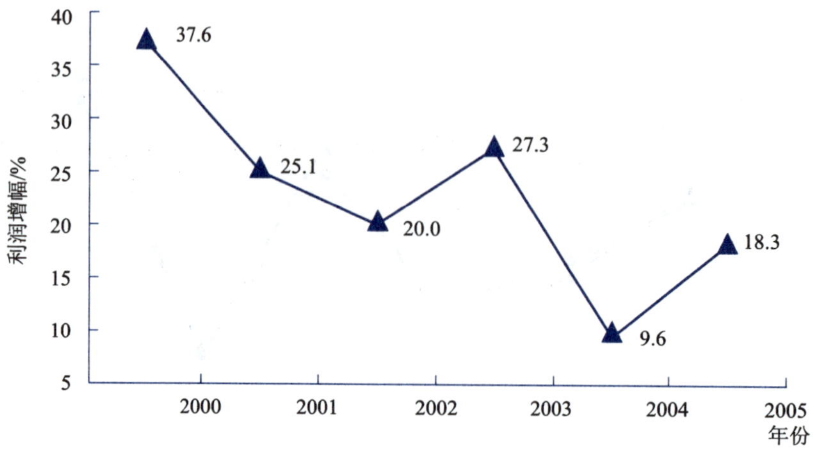

图 2　2000－2005 年医药工业利润增幅比较

23 家国有重点医药企业累计实现现价工业总产值 540. 68 亿元，同比增长为 14. 61%，工业增加值为 174. 35 亿元，同比增长 8. 14%；主营业务收入 1 186. 29 亿元，同比增长 12. 35%；实现利润总额为 42. 58 亿元，比上年提高了 54. 86%，盈利情况大幅好转。其中，19 家企业实现了盈利（12 家保持增利，7 家减利），4 家企业出现亏损，亏损企业数量增加了 2 家，合计亏损金额 4. 11 亿元，亏损额比去年同比减少了 79. 09%。成本费用利润率、资金利税率、资产利税率和流动资产流转率同比分别提高了 1. 09%、1. 09%、0. 66% 和 0. 14%，但产品销售率同比下降了 9. 68%，资本保值增值率和固定资产净值率同比分别下降了 6. 48% 和 2. 3%，资产负债率上升了 2. 77%。

（三）医药出口继续保持高速增长

根据商务部发布的初步数据，2005 年医药产品出口额达 138 亿美元，比上年增加 30 多亿美元，同比增长超过 28. 1%，比上年高了近 8 个百分点。其中，化学原料药及中间体仍为医药类最大的出口产品，出口额达 79 亿美元，约占医药产品出口总额的 57. 3%。化学原料药及中间体、西成药、生化药、医疗器械及医用敷料合计约占医药产品出口总额的 94%；生化药出口增长最快，出口额达 4. 8 亿美元，同比增长 50. 8%。医疗器械出口快速增长，出口额达 36. 8 亿美元，同比增长 32. 5%。中药类（包括中药材、中成药及提取物）出口额共计 8. 3 亿美元，约占医药类产品出口总额的 6%，其中，提取物增长最快，达 2. 9 亿美元，增长了 31. 2%，中成药出口额增长 10. 3%，中药材出口额增长 6. 0%。化学制剂出口额取得了较快增长，达 3. 8 亿美元，同比增长 22. 3%，但进口额高达 15. 7 亿美元，同比增长了 23. 8%，贸易逆差达 11. 9 亿美元。

（四）资产负债处于历史最低水平

2005 年医药行业资产负债率为 52. 35%，比上年同比提高了 0. 76%，虽稍有提高，但仍处于历史较低水平，与全国工业行业 57. 19% 的平均水平相比，低了 4. 84 个百分点。

（五）固定资产投资

2005 年 1－11 月份累计完成固定资产投资总额 606. 12 亿元，同比增长 16. 8%，低于上年全年增长水平 1. 1 个百分点。

二、主要问题

尽管 2005 年医药工业产值、销售增长明显，并创下“十五”期间增幅新高，但利润增幅虽比上年有较大幅度提高，却仍低于“十五”平均水平。本年度医药行业出现了如下主要问题。

（一）成本费用涨幅过大

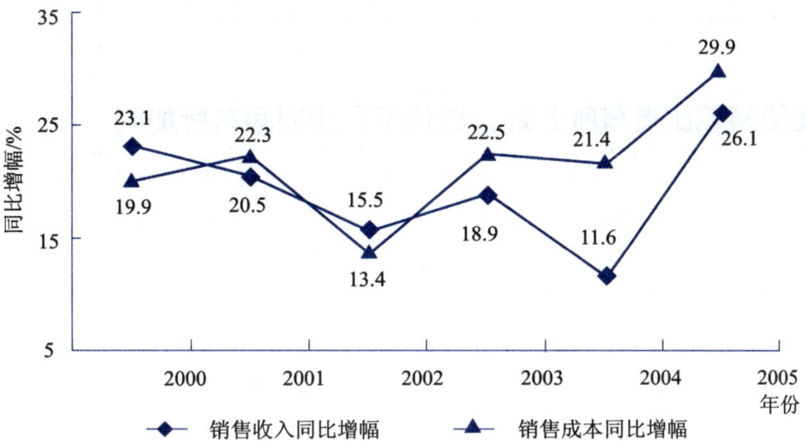

图3　2000－2005年医药工业销售收入及成本增幅变化趋势

由于水、电、煤、蒸汽等生产要素的价格仍然较高，处于下游加工业领域的医药工业的生产成本相应提高，受日益加剧的市场竞争以及2005年银行贷款利率上调政策的影响，全年医药工业产品销售成本、销售费用、财务费用和利息支出同比分别增长了29.86%、17.68%、17.74%和20.27%，增长幅度均处于“十五”期间的最高水平，其中产品销售成本比上年同期提高了近8.5个百分点。成本费用增势较大，对行业效益水平的提高产生了不利影响。

（二）新一轮药品降价政策出台实施，效益增长面临压力

2005年9月又发布了《关于降低头孢呋辛等22种药品零售价格的通知》，此次降价药品包括18种抗生素（6种头孢菌素类，6种喹诺酮类，2种氨基糖苷类，1种大环内酯类，1种林可霉素类，1种硝基咪唑类，1种吡咯类）、胸腺肽、干扰素、注射用水溶性维生素以及脑血管用药曲克芦丁，共计368个剂型，平均降幅约40%，最高幅度达到63%。按照最高零售价计，此次降价的总金额达到40亿元左右。抗生素是此次降价的重点品种，头孢呋辛钠、头孢哌酮钠、头孢他啶、阿奇霉素、氟罗沙星、加替沙星、左氟沙星和氟康唑等产品受降价的影响最大。根据国家发改委价格监测中心的数据，2005年全国药品实际零售价比上年下降了6.28%，其中化学药品下降了8.93%，中成药下降了0.83%。此次降价将进一步压缩医药企业的盈利空间。

（三）国内产品同质化市场竞争加剧

由于大部分企业在GMP改造过程中都进行了不同程度的产能扩充，供需矛盾更加尖锐。产能的严重过剩将成为加剧医药市场竞争的新导火索。新建车间开工不足，扩充的产能需要补充更多的新产品，GMP认证通过后，众多厂家把眼光纷纷投向投入少、周期短的仿制药的开发上。近两年来，国内仿制药申报呈现“井喷”之势，自2004年起，国内仿制药每年的申报数量均超过1万件。2005年，中国仿制药申报的热潮丝毫没有减退，根据SFDA新药审评中心的数据，2005年1－7月份受理总量共18 670件（包括新申请品种、补充资料品种、局退件、咨询和复审品种），是上年同期的1.71倍。原来主要集中在化学药物制剂的仿制上，2005年以来竞相仿制的势头已经蔓延到中成药领域。一方面“一窝蜂”的仿制使新产品的生命周期不断缩短，另一方面，市场同质化竞争引发的价格战导致整体盈利能力下降。

（四）原料药出口遭遇反倾销，反垄断

2005年3月中旬，印度尼西亚反倾销调查委员会对中国出口至该国的对乙酰氨基酚涉嫌倾销案做

出终裁，将对除6家应诉企业之外的所有中国对乙酰氨基酚出口商征收18.62%的反倾销税。

同年6月，华药、石药、江山制药和东北制药等中国维生素C生产企业及其关联企业（共6家）正式收到美国地方法院的反垄断诉讼传票及诉状，被指控“联合操控出口到美国及世界其他地方的维生素C价格和数量”、涉嫌垄断牟利，对维生素C出口造成不利影响。

（五）低附加值领域比重有所上升，结构不合理局面有所加剧

长期以来，中国医药产业结构不合理问题比较突出，生产领域“重原料、轻制剂”，出口品种以附加值较低、环境污染严重、能源消耗大的化学原料药以及常规医疗器械、卫生材料、中药材为主。尽管近年来出口退税率大幅下调，人民币对美元比价不断攀升，对中国以价格优势取得国际市场的医药产品出口非常不利，但化学原料药、低端医疗器械、卫生材料等品种的出口继续保持快速增长的态势。在强大的出口拉动下，化学原料药、卫生材料及医药用品在中国医药行业的比重出现了一定的上升。与2002年相比，化学原料药、卫生材料及医药用品制造产值的比重分别提高了2.53个百分点和1.24个百分点，化学药物制剂比重下降了3.23个百分点，以上三个分行业比重出现了较大变化，中药（中成药和中药饮片合计）、生物生化制品和医疗器械增减幅度分别为-0.65、-0.59和+0.69个百分点，增减幅度相对不大。这种基于原材料成本优势而建立的国际贸易地位，受国际市场影响波动较大，同时不利于中国医药产业结构的进一步优化调整。

表1 “十五”期间行业构成变化趋势

分类 \ 年份占比及比重增减	2002占比%	2005%	比重增减/%
化学原料药	23.86	26.39	2.53
化学药物制剂	31.26	28.03	-3.23
中药	27.38	26.73	-0.65
生物、生化制品	8.12	7.54	-0.59
卫生材料及医药用品	2.68	3.92	1.24
医疗器械	6.71	7.40	0.69

三、2006年发展趋势预测

（一）产销、经济效益平稳增长

2006年是“十一五”的开局年，宏观经济形势总体继续保持较好的发展态势，医药行业尽管仍然面对较高的上游原辅材料及水、电、煤、汽的价格压力，以及受到药品价格继续走低的影响，但国内药品终端需求旺盛，在国家大力提高人民收入水平和医疗保障水平的有利因素的推动下，医药工业将继续保持较快的增长速度，预计2006年医药工业总产值同比增幅将保持在20%左右，利润增幅将在15%左右。

（二）药价趋降

2005年6国家发改委公布了新的《国家发展和改革委员会定价药品目录》，同时将进入医保目录的非处方药的价格审批权下放给地方政府。修订后的政府制定价格药品目录品种数量由原来的1 500种左右扩大到2 400种左右，除医保目录确定的2 100种报销药品外，还有麻醉类、精神类、免疫类和计划避孕药具等约300种药品。根据《药品管理法实施条例》的规定，纳入国家基本医疗保险报销的药品品种将实行政府指导价或政府定价，进入价格调控的药品品种范围将进一步扩大。2005年10月

发改委正式成立药品价格评审中心，以加强药品价格监管、提高药品价格决策的科学性。《国家药品价格管理办法》正在酝酿中，目前国家发改委正向相关协会、企业、专家等各方征集意见。这部法规将涉及药品价格制定各个层面的制度，其中包括专利药、原研药（已过专利保护期的药品）、国内仿制GMP药品的定价规则。

（三）全面实施药品分类管理，药品零售面临较大压力

根据药品分类管理的实施进程，从2006年1月1日起，全部处方药必须凭执业医师的处方销售。SFDA将积极推动《处方药与非处方药分类管理条例》的立法工作，争取尽早出台。同时，还将结合处方药与非处方药分类管理实施工作制定相关配套管理规定，建立健全药品监督管理的法规体系，适应分类管理推进的需要。

此前，国家只要求处方药在药店必须分类陈列，而只有部分药品必须凭处方销售，一般来说处方药销售占药店总销售量的50%，因此，政策正式执行以后对药店的影响将会很大。由于目前医院以药养医的局面尚难根除，此举对药店处方药的销售将会产生重大打击，中国药店的生存状况将更趋艰难。

（四）农村药品市场开发潜力显现

2005年8月10日国务院第101次常务会议决定，从2006年开始，提高中央和地方财政对参加新型农村合作医疗制度的农民的补助标准，中央财政由目前的每人每年10元提高到20元，地方财政也相应增加10元，农民个人的缴费标准不变，仍为10元。根据规划，到2006年，村合作医疗制度试点覆盖面将扩大到全国县（市、区）总数的40%，2007年达到60%，2008年在全国基本推行，2010年实现基本覆盖农村居民的目标。这意味着在未来5年内，农村合作医疗制度的推行将带来约450亿元的医药市场份额。农村市场巨大的药品消费潜力正在逐渐凸现，但农民收入增长缓慢，购买力低，市场分散，交通、信息不畅等问题将是农村市场开发的难点，因此，这一市场的开发将是一个长期的、逐步的过程。

四、对策建议

“十一五”是中国医药产业发展的关键时期，2006年是“十一五”的开局年。建议相关部门组织专家尽快完善和落实医药行业“十一五”发展规划，加快制定和完善促进医药创新发展的相关产业配套政策，为医药产业的协调、可持续发展打下坚实的基础。

（一）制定和完善促进医药创新发展的相关产业配套政策

根据医药行业“十一五”发展规划和《国务院关于实施〈国家中长期科学和技术发展规划纲要〉（2006－2020年）若干配套政策的通知》要求，积极制定有利于医药产业创新发展的税收激励、金融支持、政府采购和知识产权保护政策，加大对医药科技创新方面的投入，推进建立以企业为主体、以科研院所为支撑、以市场为导向、以产品为核心的，产学研相结合的医药创新体系。在指导重点企业完成“十一五”规划的同时，引导并支持企业建立技术中心，建设技术交易平台，加速科技成果的转化。鼓励企业引进、消化、吸收和再创新，鼓励科技人员创新，实现新药研制从仿制为主向创新为主、仿创结合发展，建设一批具有国际先进水平的专业化研发基地。

（二）加强宏观调控，减少低水平重复

日趋激烈的仿制药恶性竞争对行业的长期发展非常不利，希望有关部门商讨具体办法，通过采取国家定价和审批制度相结合的办法制定相应的仿制药调控政策，抑制仿制药的恶性竞争，减少低水平重复。

（三）加快技术创新，挖潜降耗

在生产成本上升、药品价格走低，企业盈利空间受到严重挤压的不利形势下，引导企业进行技术和工艺改进，开发市场前景好、附加值高的深加工产品，进一步挖潜降耗，节约水、电、粮等基础资源，节约化工原料，以消化成本上涨因素，提高经济效益。

（四）鼓励企业大力开发农村市场

国家正在加强农村卫生工作，加强农村卫生机构和卫生队伍的建设，加强新型合作医疗制度，提高农村医疗卫生投入，为启动农村医药市场奠定基础。建议有关部门出台相应办法，积极引导企业共同参与农村医药市场开发，解决农村用药难的问题，拓展内销市场。

（五）鼓励医药产品出口，引导和实施“走出去”的国际发展战略

加强国际合作，加强医药行业标准与国际标准的对接，指导医药企业境外注册和相关认证。妥善应对国际间的贸易摩擦，建立反倾销预警机制。设立医药制剂产品出口专项，鼓励拥有自主知识产权、疗效确切、国际市场需求量较大的产品出口，提高医药产品的国际竞争力。建立完善的境外投资管理监督机制，简化审批程序，主动为企业“走出去”搭建平台，对重点企业在对外投资信贷、海外投资所得税以及信息服务等方面给予扶持。

上海医药工业研究院信息中心

10

2005 年北京生物医药产业发展情况分析

一、"十五"期间北京医药产业发展回顾

（一）经济指标稳步增长　产业结构不断优化

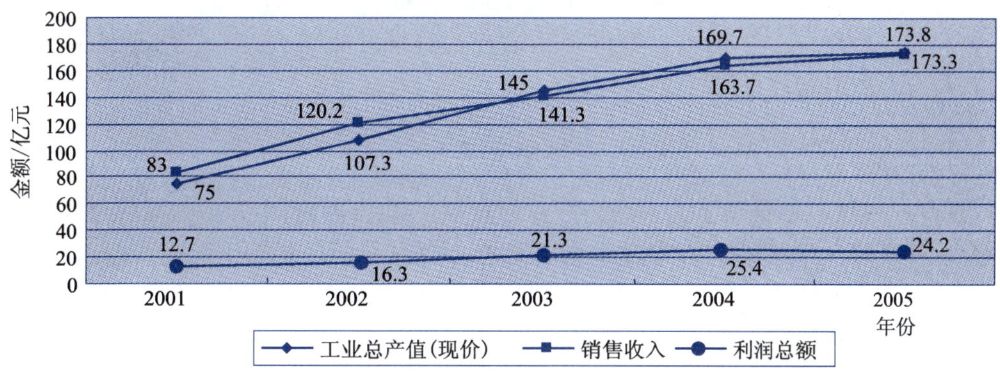

图 1　2001－2005 年北京医药工业总产值、销售收入、利润总额

"十五"期间，北京生物工程与医药产业保持了快速发展势头，主要经济指标稳步增长。全市规模以上独立核算生物工程与医药生产企业共有 294 家，从业人员 4.9 万余人。"十五"末工业总产值、销售收入、利润总额分别为 173.8 亿元、173.3 亿元、24.2 亿元，复合年均增长率分别为 23.38%、20.21%、17.44%。2003－2005 年北京医药工业销售利润率分别为 15.1%、14.7% 和 13.9%，连续三年居全国第一。

2005 年，北京生物工程与医药产业在全国各大省市中处于较为领先的地位，工业销售收入全国排名第八，利润全国排名第五。"十五"期间，结合首都经济特点，北京医药产业结构调整效果显著，产业结构进一步优化，初步形成了化学药、中药、医疗器械三足鼎立、生物制药快速发展的产业格局。2005 年化学药、中药、医疗器械三者累加的销售收入和利润分别占据北京医药工业 80% 和 89% 的份额。

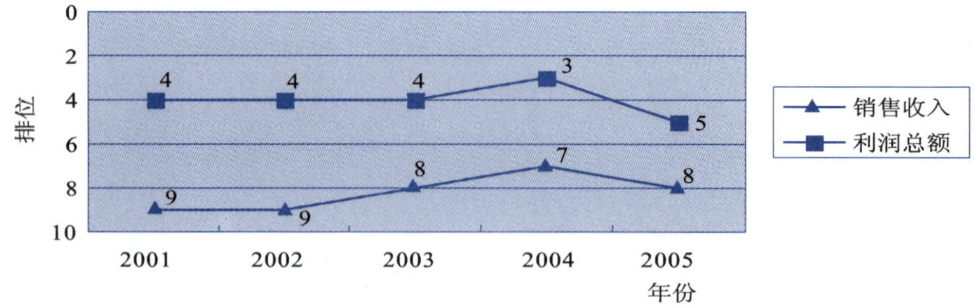

图 2　2001－2005 年北京医药工业销售收入、利润总额在全国的排位

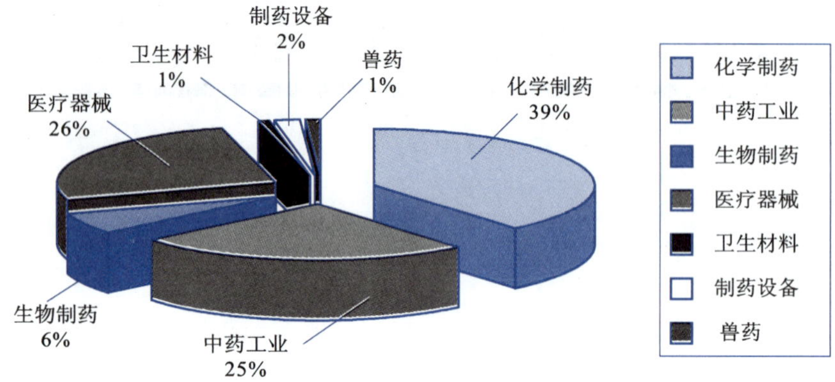

图 3　北京医药工业格局

（二）医药市场需求旺盛　药品消费全国第一

“十五”末，北京医药商业销售收入达到 237.4 亿元，利润总额 3.56 亿元。2001－2005 年销售收入和利润总额复合年均增长率分别为 24.9% 和 15.4%。2005 年北京医药商业利润率达 1.5%，高于全国同行业平均水平。2005 年，中国重点城市药品的纯销售额北京名列第一，占全国总份额的 8.8%。全国主要城市人均药物消费北京居首位。

（三）科技创新国内领先　优秀人才高度集中

“十五”期间，科技创新推动了北京医药产业的发展。以“四院四校”(中国科学院、中国医学科学院、军事医学科学院、中国中医研究院、北京大学、清华大学、北京中医药大学、中国农业大学)为核心的中央在京单位，使北京在生命科学领域享有了全国领先的人才智力优势、研究开发环境与条件优势、信息与文化资源优势。

以北京医药集团、同仁堂集团为代表的北京医药领域龙头企业通过与驻京国家级研究机构战略合作、共建研发平台等，初步搭建了北京生物医药领域以企业为主体的创新体系。“十五”期间，北京开发了一批拥有自主知识产权的创新品种，如用于糖尿病治疗的长秀霖、用于戊肝预防的基因工程疫苗及用于肿瘤治疗的单抗药物泰欣生等。

此外，丹麦诺和诺德公司研发中心、丹麦 CCBR 公司国际中心实验室及临床研究中心落户中关村。2005 年，新型疫苗和蛋白质药物国家工程研究中心项目扎根北京。

北京的创新动力来自于大量优秀人才的聚集。北京是中国生物医药领域人才最集中的地区，现有从事医药科学研究的科技人员 1.3 万，其中科学家和工程师占 65% 以上。

北京从事生物学研究的中国科学院院士 52 位，占全国的 43.3%。从事医药卫生研究的中国工程院院士 46 位，占全国的 51.7%。据中国社科院《2005 年城市竞争力蓝皮书》显示，全国各省市竞争力排名，北京智力资源第一。全国 50 个城市的 12 个分项竞争力排名中，北京的人才竞争力、科学技术竞争力、结构竞争力均位居全国第一。

（四）龙头企业作用突出　产业集聚效应显著

表 1　北京医药工业销售收入和商业销售收入前 10 名企业

排序	北京医药工业销售收入前 10 名企业	北京医药商业销售收入前 10 名企业
1	航卫通用电气医疗系统有限公司	北京医药股份有限公司
2	拜耳医药保健有限公司	北京丰科城医药有限公司
3	北京同仁堂科技发展股份有限公司	国药集团药业股份有限公司
4	北京同仁堂股份有限公司	北京科园信海医药经营有限公司
5	北京诺华制药有限公司	国药控股北京有限公司
6	北京双鹤药业股份有限公司	北京金象复星医药股份有限公司
7	北京费森尤斯卡比医药有限公司	北京京卫国康医药有限公司
8	北京万东医疗设备股份有限公司	中国北京同仁堂（集团）有限责任公司
9	北京紫竹药业有限公司	北京双鹤药业经营有限责任公司
10	北京通用电气华伦医疗设备有限公司	北京天星普信生物医药有限公司

北京医药行业集中度较高，龙头企业带动北京医药产业增长效应显著。2005 年北京医药工业销售收入前 10 名企业：占北京医药工业总体销售收入的 47.4%，利润总额的 48%。2005 年北京医药商业销售收入前 10 名企业：占北京医药商业总体销售收入的 57.5%，利润总额的 74.8%。

（五）北京医药发展存在的问题

一是经济总量小，整体竞争力不强。缺乏具有国际竞争力的龙头企业和“重磅炸弹”产品；二是国有股“一股独大”现象突出，法人治理结构不完善；三是产业集聚效应弱，企业数量多、规模小、经营效益低，特别是中小企业发展能力不足；四是首都科技优势没有充分发挥，企业自主创新能力弱，未真正成为创新主体；五是北京的发展环境，如部分资源限制效应日益突出——随着首都生态保护、资源节约与综合利用以及循环经济要求的提高，北京的土地、水、能源受到限制或成本不断提高，加大了产业经济的运营成本。

二、“十一五”期间生物医药产业的发展环境

2005 年 8 月，中共中央总书记胡锦涛在河南、江西、湖北考察工作时指出：从国内外形势发展看，“十一五”时期，我们面临的仍将是一个机遇和挑战并存、机遇大于挑战的环境，一个总体上有利于我们促进经济社会发展，但不利因素可能增多的环境。

（一）中国宏观经济环境

改革开放以来，中国国民经济一直保持平稳快速增长，1979－2004 年 25 年间 GDP 平均增长率为 9.6%。2005 年中国 GDP 达到 182 321 亿元，增长 9.9%，连续 3 年保持 10% 左右的增速。国家统计局预计，“十一五”期间，中国 GDP 年均增长率将达到 8.5% 左右，“十一五”期末 GDP 总量将超过 26 万亿元，人均 GDP 近 1.9 万元，折合美元将超过 2 000 美元，2010 年人均国内生产总值比 2000 年翻一番。2010 年 GDP 总量将居世界第三位。GDP 的增长将带动卫生健康投入的增加，有利于中国医药行业的发展。

（二）国际医药现状和发展趋势

2001－2005 年，全球药品市场保持持续增长，平均增长率达 9% 以上，2005 年销售额达 6 020 亿

美元。近年来，随着新药开发难度的增加，研发费用不断上升，药政管理更趋严格，大批重磅产品专利即将到期，医药行业的竞争将愈演愈烈，跨国制药企业更是加快了全球战略布局与管理结构调整的步伐。

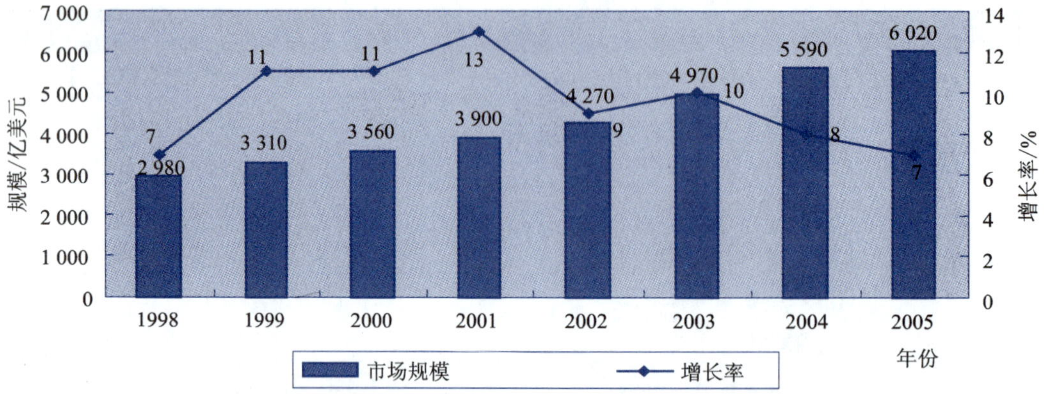

图4　1998－2005 年全球药品市场销售额及增长率

1. 市场份额日趋集中　行业集中日趋加剧

近年来，全球药品市场集中度进一步加强，主要集中在发达国家的少数知名跨国制药企业和畅销大品种上。2005 年，欧美和日本占全球药品市场的 88%；辉瑞、葛兰素史克、赛诺菲—安万特、诺华、强生、阿斯利康、默克、罗氏、雅培和百时美施贵宝等全球销售前十位制药企业占全球药品市场约 50% 的份额；立普妥、舒降之等世界销售排行前十名药物占全球药品市场的 10. 2%。2005 年，新兴市场增速迅猛，中国、韩国、墨西哥、俄罗斯和土耳其的医药市场增速均高达两位数。

2. 创新领域巨额投入　重磅产品逐年增加

欧美大制药企业一直大幅增加新药研发投资。对制药行业来说，专利是生命线。药品一旦失去专利就意味着失去其 80% 的市场份额。持续高额的 R&D 经费投入以开发出“重磅炸弹”（年销售收入 10 亿美元以上的品牌药）级的专利新药是制药行业梦寐以求的目标。2005 年，全球 R&D 投入最多的十大制药公司，R&D 费用共达 435 亿美元，平均占销售额的 15%。美国辉瑞公司在新药研发上的投入以 74 亿美元高居榜首。

国际跨国公司新药研发上的巨额投入促使研发线新品层出不穷：2005 年处于临床研究阶段的产品数超过 2 300 个，较 2004 年增长 9%，在过去 3 年里该数字增长了 31%。

当前，全球制药巨头经营业绩仍赖于“重磅炸弹”产品。据波士顿咨询公司估计，过去十年来十大制药公司 80% 的增长来自“重磅炸弹”药。2005 年全球“重磅炸弹”产品达 94 个，而销售排行前 10 名的“重磅药物”约占全球药品市场份额的 10% 左右。位居榜首的是降胆固醇和甘油三酯药物——辉瑞公司的立普妥（Lipitor），2005 年销售额达 129 亿美元。IMS 认为，“重磅炸弹”级药物是未来 5 年里医药市场增长的重要推动因素。

3. 生物技术前景广阔　非专利药竞争加剧

2004 年，全球生物技术公司收入增长了 17%，达到了 546 亿美元。2005 年全球前二十大畅销生物技术药物销售额超过 370 亿美元，其中有 19 个药物的销售额超过了 10 亿美元。生物技术类药物有 200 多亿美元的销售额是由六大类产品实现的，它们分别是胰岛素、人类生长因子、促血红细胞生长素、集落刺激因子（CSFs）、α 干扰素和 β 干扰素。但是，这六大类产品已经受到了生物仿制药的直接威胁。

目前，世界许多国家都将生物产业作为抢占新世纪国际经济技术制高点的战略性新兴产业来培育。世界上已有 30 多个国家提出了生物产业发展方面的战略举措。此外，近年来非专利药增长强劲，购并趋势加剧。据美国非专利药协会（GPhA）统计，2001－2005年间，非专利药销售的年平均增速达17%，远远超过专利药物的销售增速。2005年全球非专利药市场销售总额为410亿美元。IMS Health预测，未来5年内，非专利药销售额将维持14%~17%的高增长率。到2010年市场规模将达1 000亿美元。

据统计，到2007年全球将有约820亿美元的专利药品的专利到期，将面临非专利药的激烈竞争。其中包括美国默克公司的降胆固醇药舒降之（Zocor）、辉瑞公司的高血压药络活喜（Norvasc）和抗抑郁药左洛复（Zoloft）等30个重磅品种。

欧美、印度的非专利药企业控制了非专利药市场。2005－2006年初瑞士诺华公司及以色列梯瓦公司（Teva）巨资收购国际非专利药公司，成为世界最大的非专利药制造商。中国和印度同是全球非专利药市场的主要供应方，中国和印度的制药公司在国际非专利药市场上的竞争将更加激烈。

4. 购并改变市场格局　国际产业转移加快

世界药业排名前十的制药公司的销售收入1993年占全球的25%，1995年占27.82%，1998年占30%，2004、2005年跃升为50%左右。有预测，到21世纪中叶，全球前70家大制药企业将合并为15家。当前国际医药企业购并的特点主要表现为：强强兼并、优势互补，战略驱动型、收购技术平台以及对非专利药及OTC公司的购并等。

购并造就了一批跨国制药巨头，改变了全球医药市场格局。大型跨国集团推动医药经济全球化进程，新一轮国际产业转移加快。其特点是，高技术产业国际转移加快，研发全球化和本土化趋势明显。跨国公司纷纷在其他国家建立研发中心，争夺当地人才，利用当地资源，直接为其全球战略服务。服务业外包蓬勃发展，成为经济全球化中一个新亮点。2004年全球制药业研发外包（CRO，合同研究单位）市场规模达143亿美元，2005年将达163亿美元，2010年达360亿美元，年均增长率达16.3%。现在，CRO承担了近1/3的新药开发工作，在所有的Ⅱ期和Ⅲ期临床试验中，有CRO参与的占2/3。

中国是吸纳国际产业转移最多的发展中国家之一。中国吸纳国际产业转移的主要优势在于市场和成本，劣势主要在于软环境。一是知识产权保护较弱，阻碍了高技术研发环节向中国的真正转移；二是体制效率较低，行政透明度不高、政策变动频繁、创新创业机制不完善等，导致交易成本偏高；三是国内市场不够统一。

（三）中国医药行业现状及发展趋势

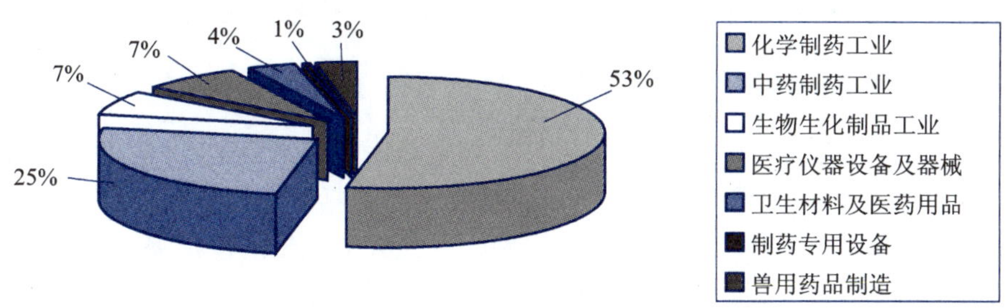

图5　中国医药产业的格局

中国医药工业格局按2005年全国医药工业销售收入计算：化学制药工业（包括化学原料药和化学制剂药）占全行业的53%，中药工业（包括中成药及中药饮片）占25%，医疗仪器设备及器械占7%，生物生化制品工业占7%，卫生材料工业占4%，制药专用设备占1%，兽用药品制造业占3%。其中化学制药、中药工业占全行业的78%。

“十五”期间，中国医药工业经济总量保持快速增长，规模不断壮大，经济结构进一步改善，管理水平进一步提高，医药出口持续增长，技术进步和技术创新取得了一定成绩，医药流通体制改革步伐加快，各项经济指标明显增长，工业总产值、销售收入、利润总额及工业增加值等主要经济指标比“九五”末翻了一番以上。

1. 经济总量快速增长，经济结构不断改善

“十五”期间，中国医药工业保持持续快速增长，经济结构进一步优化。2005 年全国医药工业总产值（现价）、销售收入、利润总额分别为 4 627. 7 亿元、4 372. 8 亿元、367. 1 亿元。2001 －2005 年全国医药工业总产值（现价）、销售收入、利润总额复合年均增长率分别为 21. 81%、19. 81%、19. 66%。

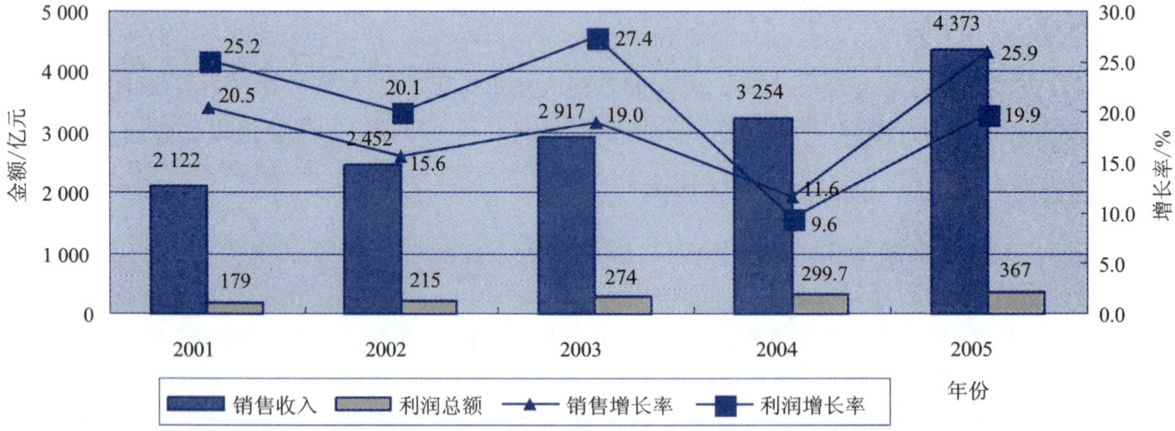

图 6　2001 －2005 年中国医药工业销售及利润增长图

中国医药工业的经济结构按 2005 年全国医药工业产品销售收入分布，股份制经济占全国医药工业比重的 65%，外商及港澳台投资经济占 23%，国有经济占 7%，集体经济占 2%，其他经济占 3%。

2. 区域经济优势凸现　行业集中日益显露

“十五”末全国医药工业主营业务收入前 10 位的省市的收入占全国医药工业的 69. 5%，其中“长三角”、“环渤海”、“珠三角”三大经济区的八省市（江、浙、沪，京、津、冀、鲁，粤）成为全行业的主导力量，销售收入和利润分别占全国的 62% 和 65%。而山东、江苏和浙江 3 个省销售收入和利润的总和均占全国医药销售收入和利润总额的 35%。山东医药工业近年来发展引人注目，2005 年销售收入和利润总额首次双双居全国首位。2005 年销售前 10 名的企业的销售收入及利润分别占全国 12. 25% 及 12. 16%。扬子江集团连续两年销售及利润双双夺冠，2005 年销售收入突破百亿元。

3. 医药园区集聚发展，现代物流成新热点

“十五”期间，全国共有各类“药谷”、“药都”等生物医药园区 64 个，规划占地面积 335 平方千米。截至 2003 年 6 月底，累计开发 116 平方千米，总投资（包括计划投资）约 535 亿元。

医药园区建设促进了生物医药产业的集聚化发展，并充分呈现出区位优势、聚集优势、政策优势、人才优势、机制优势和服务优势，对加速中国生物医药产业的发展发挥了重要作用。但是全国各地生物医药园区的建设，普遍存在技术创新能力弱、产业领域重叠、低水平竞争和资源争夺激烈等情况。2004 年起国家发改委开始清理整顿各地开发区。目前，深圳、石家庄和长春已分别通过国家有关部门的审批立项，成为全国第一批获准设立的三大国家生物医药产业基地。

“十五”期间，政策引导（国家对一些大型的物流项目进行了国债贴息优惠政策）和企业生存压力（医药领域营销模式的变革、利润的缩减、医药分销领域的对外开放）促进了现代物流和配送中心建设，全国各地纷纷兴建大型医药物流中心。2004 年北京医药股份公司物流中心、上药桃浦医药物流中心、广州医药有限公司黄金围大型现代（药品）物流中心等项目已经投入使用。2005 年日本赤帽株式会社等外资企业也已正式进入中国医药物流业。有报道称，中国各地投向医药物流行业的资金累计将近 39 亿元。

值得注意的是，目前医药物流建设中仍然存在投资过热、低水平重复、各地区各自为政等诸多问

题。2005 年 6 月由国家食品药品监督管理局发出的《关于贯彻执行〈关于加强药品监督管理促进药品现代物流发展的意见〉有关问题的通知》，要求各省开始进行药品现代物流试点。

4. 两个终端销售活跃，对外贸易持续增长

"十五"期间医院用药市场和医药零售市场保持了快速发展的势头。据 IMS 报道，2005 年中国处方药销售为 1 073. 12 亿元，同比增长 20. 4%。据 SFDA 南方所零研系统数据显示，2005 年全国零售销售规模达 780 亿元左右。2005 年中国百家连锁药店销售额超过 340 亿元，比上一年度的 232 亿元增长了 48. 15%。湖南老百姓大药房连锁有限公司名列榜首，销售额达 21. 8 亿元，亚军中国海王星辰连锁药店有限公司销售额达 16 亿元，第三名辽宁成大方圆医药连锁有限公司销售额达 14. 5 亿元。总的来说，"十五"期间，中国医药商业保持购销两旺的形势，但是医药商业毛利率进一步下滑。

"十五"期间，中国医药出口持续增长。2005 年医药商品进出口总额达 256. 37 亿美元，同比增长 23. 52%，实现贸易顺差 19. 67 亿美元。出口额 138 亿美元，与 2001 的 38. 2 亿美元相比，年复合增长率达 37. 9%。其中，化学原料药出口占过半份额（57. 2%）；化学制剂外贸逆差延续，2005 年中国化学制剂进口金额高达 15. 69 亿美元，贸易逆差达 11. 90 亿美元；医疗器械是中国医药第二大出口商品，比上年增长 32. 5%；生化药和植物提取物出口快步增长，分别为 50. 81% 及 31. 17%；中成药出口稳步增长，中药材出口增长缓慢。此外，维生素 C 遭遇美国反垄断起诉，青霉素工业盐面临印度反倾销调查立案，扑热息痛面临印度的强势竞争等，对中国医药对外贸易造成较大压力。

5. 中国医药发展存在的主要问题

主要问题是：（1）结构不合理。企业结构不合理，产品、技术结构不合理，产业结构不合理，进出口结构不合理。（2）创新能力弱。（3）医药卫生体制改革与医药行业的发展不相适应。（4）缺乏国际认证的产品和国际市场运作的经验。（5）能源、资源、环境的瓶颈问题未从根本上解决。

6. "十一五"中国医药行业发展趋势

"十一五"期间，中国医药行业发展趋势概括如下：医药经济运行继续呈现平稳增长态势，医药行业战略性并购将成为主流方式，全球医药产业由低端向高端转移，第三终端崛起，竞争区域转战农村市场，医药企业逐渐从"引进来"向"走出去"转向，新政策将进一步规范医药产业和市场。2010 年，中国处方药和非处方药（OTC）产品的市场规模将达到 240 亿美元，将成为世界第五大医药市场。

（四）国家相关政策法规

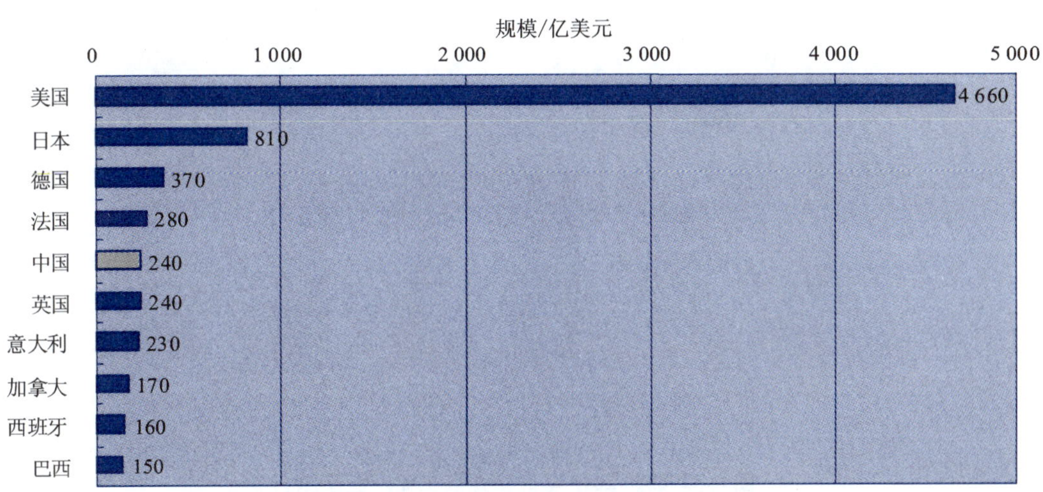

图 7　2010 年全球处方药和非处方药（OTC）产品市场规模前 10 名国家规模预测

1. 各项新政策的出台将进一步规范医药产业和市场

国家相关政策法规包括：（1）药品生产企业准入条件：药品生产许可证制度、GMP《药品生产质量管理规范》认证制度、GSP《药品经营质量管理规范》认证制度、新产品注册制度以及药品不良反应监测制度；（2）基本医疗保险制度：《关于建立城镇职工基本医疗保险制度的决定》、《国家基本医疗保险药物目录》；（3）处方药与非处方药分类管理制度：《处方药与非处方药分类管理办法》；（4）药品强制降价和集中招标采购制度。各项新政策的出台将进一步规范医药产业和市场。

2. 国家相关政策影响企业沉浮

政府近几年来出台了一系列产业政策，有利于规范医药产业和市场，但对医药企业来说，也是一次严峻的考验。国内医药企业的利润空间面临下挫压力，整个行业在多重压力下面临利润全面下滑的局势。

3. 当前医药企业关注的政策热点

主要包括：医疗卫生体制改革、新的药品价格政策、药品集中招标采购、药品安全监管措施、知识产权相关政策和药品委托加工政策等。

三、“十一五”时期北京生物医药产业发展趋势

“十一五”时期是北京率先基本实现现代化和实现“新北京、新奥运”战略构想的关键阶段，是北京生物工程与医药工业发展将面临的重要战略机遇期。

“十一五”时期也是中国的“黄金发展时期”——消费结构升级、国际和区域间产业转移、科技进步加快、产业结构高级化进程加速以及经济全球化等，为北京医药产业发展带来重大的机遇与挑战。

“十一五”时期，北京生物工程与医药工业要实现的总体发展目标是：建设优良的产业发展环境，成为全国创新药研发中心、高端医药产业化基地和全国领先的医药市场，主要经济指标翻番。

“十一五”时期，北京生物工程与医药工业发展趋势有以下特点。

（一）继续保持快速稳步发展，但竞争加剧

“十一五”时期，北京医药产业将面临重要的发展机遇，但竞争将更加激烈。据分析预测，2008年将实现工业产值286亿元，2010年将实现工业产值398亿元，年均增速达18%以上。

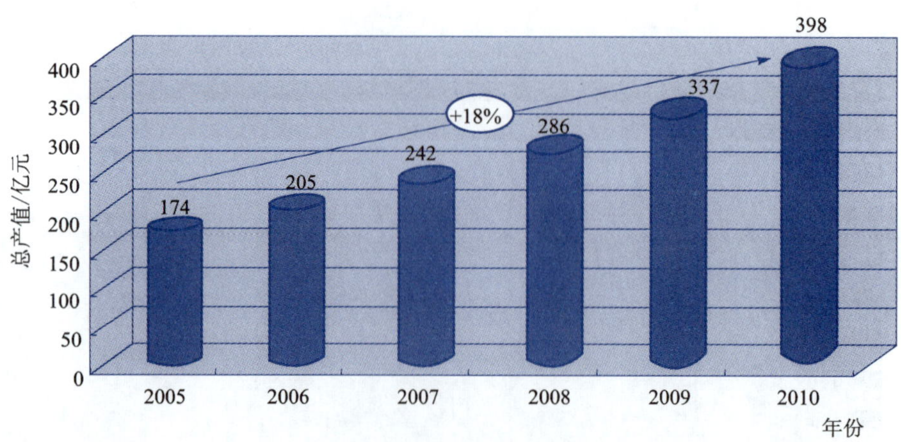

图8　2005－2010年北京医药工业产值预测

（二）全国医药行业排位相对稳定，并有所提高

“十一五”期间，北京生物工程与医药工业销售收入将进入全国前6位。其中，医疗器械全国排名第一，生物制药进入全国前5位，中药与天然药物进入全国前5位，化学制药进入全国前10位。“十一五”期间，北京生物工程与医药工业利润总额将进入全国前3位。销售利润率继续居全国首位。

（三）产业结构调整加快，产业结构层次向高端演进

“十一五”期间，北京生物工程与医药工业将进一步全面贯彻科学发展观，加快调整产业结构，优化资源配置，推进产业升级。结构调整的目标是：重点发展中药与天然药，推进中药生产现代化；加强化学药品的原创和研发，初步建立化学药、中药、生物医药和医疗器械四大领域协调发展的产业格局；建成全国一流的生物工程与新医药产业基地(《北京市国民经济和社会发展第十一个五年规划纲要》摘要)。由于北京特殊的外部环境、丰富的科技以及人才资源，“十一五”期间将建立以企业为主体、以市场为导向、以产品为核心的较为完善的医药科技创新体系，科技创新能力将持续提高，技术结构层次将向高端演进。

大型企业将完善技术开发中心建设，研究开发投入将达到其销售额的3% ~5%以上，中小型企业的研究开发资金也应有较大幅度的增加。此外，一批与国际接轨的技术创新平台及孵化器，如现代中药制剂技术平台、生物制药技术平台、新型药物输送系统（DDS）技术平台、药物发现的关键技术、数字医疗诊断与治疗技术平台等的建设将有所突破并见成效。

（四）空间布局进一步优化，产业集群效应相应明显

“十一五”期间，北京生物工程与医药产业将完善“南北两翼”协同发展、“三大一小”各自分工的空间布局。“南北两翼”是指，北边以中关村生命科学园和中关村生物药园为核心的创新和研发基地，南边以北京经济技术开发区（亦庄）和北京生物工程与医药产业基地（大兴）为核心的生产制造基地。“三大一小”是指上面提到的规模不等的四个园区，是以规模来论的，其中“一小”是指位于中关村腹地的生物医药专业孵化器——中关村生物医药园。“十一五”期间，三大园区（基地）将加速产业集群效应。2010年三大园区生物医药产业的经济总量将占北京生物产业的70%以上。

（五）行业集中度继续提高，龙头企业走向国际市场

“十一五”期间，北京医药行业的整合力度将进一步加大，医药企业资产重组仍是重头戏，优质资产和资源将向优势企业、优势产品集聚，行业集中度继续提高。“十一五”期间，通过实施“龙头企业集团战略”，将形成两个左右主营业务收入达100亿元以上的大型医药龙头企业集团，其科技水平与国际接轨，主要产品具有与国际跨国公司相抗衡的能力，并走向国际市场。

另外，通过对现有优势企业的培育发展，还将形成5个销售收入达20亿元以上、10个销售收入达10亿元以上的大型医药企业。排名前10位的企业年销售额将占全市医药工业企业销售的70%以上。

在医药商业流通领域，将形成1 ~2个面向国内外市场、多元化经营、年销售额达50亿元以上的特大型医药流通企业集团，5个左右面向国内市场或国内区域性市场、年销售额达20亿元以上的大型医药流通企业集团。这些企业的销售额将占到北京医药商业销售额的70%以上。“十一五”期间还将形成2 ~3个在国内外知名的医药零售连锁企业，拥有国内分店1 000个以上，海外分店100个以上。

总之，在“十一五”期间，北京医药经济总量将快速增长，并成为全国的新药研发中心、高端医药产业化基地和全国最大的医药市场。

北京生物技术和新医药产业促进中心　戴浩森

11

2005 年中国现代中药产业发展情况分析

一、2005 年中药产业发展概况

（一）中药产业保持了稳步发展态势

2005 年，中药行业在国家实施宏观调控的大背景下依然呈现出平稳增长的态势。据中国医药信息网统计，2005 年中国中药工业销售收入超过 1 000 亿元，增长率保持在 7. 25% 左右。1 ~ 3 季度，中药工业完成增加值 345. 44 亿元，同比增长 21. 26%；完成销售收入 739. 7 亿元，同比增长 22. 28%；实现利润 66. 74 亿元，同比增长 16. 24%。从不同所有制企业的主要经济指标看，股份制企业完成销售收入 441. 26 亿元，同比增长 18%；港澳台及外商投资企业完成销售收入 116. 59 亿元，同比增长 15. 37%；国有企业完成销售收入 37. 99 亿元，同比增长 14. 3%；集体经济企业完成销售收入 22. 78 亿元，同比增长 24. 34%。从实现利润在不同经济类型企业中的分布看，股份制企业实现利润 38. 27 亿元，同比增长 1. 69%；港澳台及外商投资企业实现利润 14. 43 亿元，同比增长 40. 83%。从中成药的销售和利润分布看，中成药工业销售收入占中药行业销售收入的比例为 86. 5%，与上年同期一致，但比 2005 年上半年有所回落；中成药工业实现利润占中药行业利润的比例大致在 94%，同比基本稳定。第四季度，中药行业企业保持了同比增长 21% 以上的销售收入水平，其中中药饮片加工业比中成药制造业的增长幅度高出两个百分点。中药饮片加工业到 12 月份累计完成销售收入 149. 17 亿元，比上年同期减少了 22. 18%；中成药制造业则累计完成销售收入 954. 19 亿元，比上年同期增加了 34. 91%。两个行业有着截然不同的发展趋势。

（二）中药进出口持续增长

2005 年中药出口继续保持良好势头。据海关统计，中药出口总值达 8. 3 亿美元，同比增长 14. 55%，占医药类产品出口总值的 6. 01%；中药进口 2. 4 亿美元，同比增长 6. 43%，占医药类产品进口总值的 2. 02%；中药进出口总额 10. 7 亿美元，同比增长 12. 62%。中国中药出口市场继续扩大，出口国家与地区达到 164 个，比 2004 年增加了 13 个。中国对主要市场的出口都有一定的增长，其中对亚洲出口5.6亿美元，同比增长14.18%，占中药出口总值的67.52%；对欧洲出口1.21亿美元，同比增长23.07%，占中药出口总值的14.59%；对北美洲出口1.08亿美元，同比增长6.78%，占中药出口总值的13.06%（详见表1）。

表1　2005年中国中药出口额前10位的国家和地区

排序	国家或地区	出口额/万美元
1	中国香港	17 303
2	日本	16 689
3	美国	9 735
4	韩国	6 564
5	越南	3 335
6	德国	3 326
7	中国台湾	2 548
8	新加坡	2 175
9	印度	2 065
10	法国	1 806

1. 提取物出口增势强劲

2005年，中国中药提取物的出口增速高达31.17%，比中药出口总值增速高16个百分点；出口2.93亿美元，占中药出口总值的35.3%；出口增长值6 957万美元，占中药出口总增长值的65.98%，成为拉动中国中药出口增长的主要动力。亚洲是中国中药提取物出口的最大市场，全年出口值达1.38亿美元，同比增长55.2%，占提取物出口总值的47.01%，已超过对北美洲和欧洲出口的总和。中国对日本、中国香港、韩国、印度的出口都大幅增长，其中对日本的出口增长46.43%，出口值达到6 067万美元，排在提取物出口市场的第二位；对中国香港的出口增长226.09%，出口值达2 783万美元；对韩国的出口增长55.81%，出口值达2 192万美元；对印度的出口增长71.66%，出口值为1 402万美元。中国对法国、西班牙、加拿大的出口也大幅增长，对法国的出口增长72.39%，出口值达1 335万美元；对西班牙的出口增长68.74%，出口值达956万美元；对加拿大的出口增长192.27%，出口值达702万美元。美国是中国提取物出口的最大市场，但由于该国禁止在减肥产品中使用麻黄提取物，所以影响到了中国对其提取物出口。去年对美国的出口额值为6 834万美元，同比微降0.74%。中国提取物出口排名前10位的国家和地区是美国、日本、中国香港、韩国、印度、法国、德国、西班牙、意大利和加拿大（详见表2）。

表2　2005年中国提取物出口额前10位的国家和地区

排序	国家或地区	出口额/万美元
1	美国	6 833
2	日本	6 066
3	中国香港	2 782
4	韩国	2 191
5	印度	1 401
6	法国	1 335
7	德国	1 215
8	西班牙	956
9	意大利	708
10	加拿大	701

2. 中成药出口增长稳健

中成药的出口继续保持稳步增长，全年出口值达 1.53 亿美元，同比增长 10.27%。国内一批中药龙头企业通过坚持不懈的努力，已成为中国中成药保健品出口的主力军，出口总额在 100 万美元以上的企业已达到 37 家。北京同仁堂连续两年出口超过 2 000 万美元，出口值占中成药保健品出口总值的 1/7。广州医药集团、上海医药集团、天津中新药业、天津天士力等企业的出口都有较大增长，其中上海雷允上药业出口同比大增 108.3%，进入国内出口企业前 20 强。从出口市场看，亚洲仍是中国中成药保健品出口的主要市场，2005 年出口值达 1.13 亿美元，占中成药保健品出口总值的 73.47%。出口额排在前 10 位的分别是中国香港、日本、美国、新加坡、马来西亚、英国、澳大利亚、俄罗斯、阿联酋和韩国。其中对中国香港的出口稳定增长，出口值达 5 439 万美元，同比增长 9.48%，超过中国中成药保健品出口总值的 1/3；对日本出口 2 716 万美元，同比增长 8.48%（详见表 3）。

表 3　2005 年中国中成药出口额前 10 位的国家和地区

排序	国家或地区	出口额/万美元
1	中国香港	5 439
2	日本	2 716
3	美国	1 040
4	新加坡	931
5	马来西亚	786
6	英国	380
7	澳大利亚	338
8	俄罗斯联邦	336
9	阿联酋	306
10	韩国	241

3. 中药材出口小幅攀升

中药材出口仍保持小幅增长，全年出口达 3.84 亿美元，同比增长 5.95%，占中药出口总值的 46.27%，比重继续下降。大宗药材出口呈增长趋势，出口额在 500 万美元以上的 16 个品种中，有 9 个增长，7 个下降。人参是最大宗的出口品种，出口额达 3 019 万美元，同比增长 6.72%；地黄、八角茴香、当归、党参、半夏的出口增幅都在 20% 以上。由于国家加工贸易出口管理措施的进一步完善，西洋参加工出口额大幅下降，全年出口 845 万美元，同比下降 58.91%，基本上挤干了加工贸易出口统计中的水分。从出口市场看，亚洲仍是中国中药材出口的主要市场，出口值 3.1 亿美元，同比增长 3.73%，低于中药材出口总增速，占中药材出口总值的 80.77%。其中对中国香港、日本的出口下降，对韩国、越南、德国以及中国台湾的出口增长。对中国香港出口 9 082 万美元，同比下降 6.54%；对日本出口 7 908 万美元，同比下降 7.16%。对韩国出口 4 131 万美元，同比增长 12.01%；对越南出口 3 185 万美元，同比增长 5.08%；对中国台湾出口 2 004 万美元，同比增长 86.97%（详见表 4）。中药材全年出口总量 26.73 万吨，占中药出口总量的 90.06%；平均每吨售价为 1 436 美元，同比下降 6.45%，每吨减少了 99 美元。

从进口方面看，中药进口增速低于出口增速 8 个百分点。中药材与提取物的进口都出现了下降，中药材进口额 7 093 万美元，同比下降 16.04%；提取物进口额 5 112 万美元，同比下降 5.41%。值得注意的是，中成药保健品进口高速增长，进口总值达到 1.18 亿美元，首次突破 1 亿美元，同比增长 35.6%，超出中成药保健品出口增速 25 个百分点，中药进口总值已接近中国中成药出口总值。其中从中国香港的进口额达 9 850 万美元，占中成药进口总值的 83.42%；其次是德国、日本、新加坡，不过绝对值都不大。

表 4　2005 年中国中药材出口额前 10 位的国家和地区

排序	国家或地区	出口额/万美元
1	中国香港	9 082
2	日本	7 908
3	韩国	4 131
4	越南	3 185
5	德国	2 041
6	中国台湾	2 004
7	美国	1 861
8	新加坡	1 002
9	印度	660
10	马来西亚	615

注：本文引用的中国中药进出口数据，仅为内地统计数据。

二、制约中国中药产业发展的六大因素

2005 年，国家发改委、国家中医药管理局、中国中医研究院、中国医药企业竞争力研究课题组的相关专家对中药产业强势化发展战略这一课题进行了客观、系统的分析后指出，六大因素制约着中国中药产业的发展。

（一）市场空间受挤压

约占国内人口总数 70% 的农民群体及低收入群体的用药市场是中药产业应当开拓的空间。然而，巨大的市场空间却遭遇到了购买力低下的消费群，目前，这些人群仅消费中药产品的 5%。而且，农民的收入状况及对身体健康的关注度决定了他们在选择药物时的价值取向，即支付最少的费用、在最短的时间内服用最少量的药物治愈疾病。他们首选的是药物的治疗效果。但是，目前中国的中药品种宣传却忽视了农民的这种特殊情况，增大了中医药产品在农村市场的推广难度。

中药疗效独特，毒副作用小，具有西药无法替代的综合优势。而中药企业对此领域品种的开发意识不足，新品研发实力不够，不能为研发和市场营销提供强有力的支持。在治疗疑难杂症、慢性病、老年病、调节亚健康状态等方面，中药更是大有用武之地。可国内中药企业没有很好地利用这一独特的、无法替代的综合优势，没有把自己的产品向这类特殊疾病领域推广。

中国中药保健品企业的研发实力普遍薄弱，仅仅是跟踪市场上销售量较好的品种进行低水平仿制，造成当前保健品严重同质化、缺少优势品牌的局面。而且，保健品市场广告宣传夸张，质量令人担忧，都大大削弱了消费者对产品的信任度。此外，许多国际知名保健品跨国公司通过收购、兼并、租赁等形式在中国设立分公司，对竞争力较弱的国内中药保健品行业无疑是巨大的挑战。

中药的国际市场巨大，但是中药产品的市场研发能力受到多种因素的限制。目前，国际市场对天然药物的需求旺盛，但国际医药市场与传统中医药市场难以融合，主要表现在：中药产业整体水平不高，国内大部分中成药很难通过国际市场的农残、重金属含量标准的检测；FDA 不承认中药作为药品的地位，中药很难通过现代医药法规的审批；产业整体的国际化意识不强、中药知识产权保护存在难题。另外，中药开发亚洲市场以外的其他新的国际市场的步伐比较缓慢。对亚洲的出口量占到中药出

口总值的2/3以上，对欧洲和美国的出口量比较少。

（二）企业缺乏竞争力

长期以来，中国医药工业的体制障碍和结构性矛盾没有消除，条块分割的发展模式也没有改变，致使低水平重复建设、组织结构分散、技术水平偏低、竞争无序等问题得不到解决。尽管近几年中药企业得到了一定发展，但总体上仍存在管理水平差、创新能力弱、缺乏可持续的科学发展观等问题。大多数企业没有研究和制定真正意义上的发展战略。有的企业虽然明确了发展方向，却不能有效地实施，总是受到外界干扰。中小企业占整个中药产业的97%以上，企业整体水平一直在低层次上徘徊。

首先，一些成长性较好的大中型医药企业为规避所谓的发展风险、拓展更大的发展空间，盲目搞多元化经营，投巨资进入其并不熟悉的、关联度较低的房地产、金融、高新技术等领域，贪多求全，一方面削弱了对中药产业的集中投入，另一方面也延缓了企业做强、做精的发展进程。

其次，企业不注重产品质量和工艺的提升，却在营销上大做文章。中国部分医药企业对中医药基础研究的投入还不到其销售额的10%，企业在新品研发和技术队伍的培养上多采取“短、平、快”和“为我所用”的战术。它们只看重眼前利益，热衷于进行低水平的价格战、回扣战、广告战，有的企业甚至利用国家法律的边缘效应进行不正当甚至非法的促销经营，忽视了企业发展后劲的培育，导致企业运作的固定成本增高，利润增速放慢，路越走越窄。

再次，大部分中小企业既没有优势品种，又缺乏销售渠道，既没有研发能力，又缺乏营销策略，主要依靠以往形成的低价格、低折扣、大流通的经营模式，很难保持较好的盈利能力。市场获利微薄——研发资金难以保障——新品跟进乏力——市场渠道萎缩，一个恶性的商业循环就这样形成了。

推进中药产业化、现代化和快速发展的着力点是以品种研发为基础，创建既有现代法人治理结构、又有强大市场竞争优势的大型企业集团。因此，中药企业需要培育一大批以中药生产或销售龙头企业为旗舰的企业群，以龙头企业带动一批在中药材种植、加工、新品研发、制剂生产、市场、流通等领域有竞争优势的中小企业，构建中药种植规范化、生产现代化、流通科学化的现代中药产业链。然而，中药龙头企业大多具有国有或集体所有制背景，国有“老大”的作风和过去计划经济的运行机制导致它们大都“各自为政”，在联合、重组、整合上意愿不强，以致出现严重的生产能力过剩、大量重复建设和“家门口”竞争的现象，在一定程度上制约和影响了企业进行资源整合、优化配置。龙头企业未发挥旗舰作用，中小企业未实现产业聚集，造成了中国中药企业在国际市场上缺乏竞争力的后果。

（三）科学基础薄弱

中国中药毒副作用机制的研究相对滞后。据统计，90%以上的中药毒性还未被掌握。虽然目前已对190余种常用中药进行了一定深度的现代研究，而且不少毒性成分已被证实在特定情况下可变毒为宝，成为良药，但相比临床上常用的四五百种中药来说，还远远不够。

缺乏中医药临床疗效评价体系。中医药临床疗效评价体系是中医临床医学和中药学相结合的一门新兴学科，主要从事新药临床试验研究、疗效评价标准及其方案的拟订工作，并提出新药的临床试验方案。各临床研究院校及有关医院受传统观念影响，忽视中医药的临床疗效评价工作，造成了目前中医药临床疗效评价专业人才缺乏、对评价方法及标准研究不够的局面。

尽管中药有了GAP标准，但是尚不能全面反映中药产品的质量，满足不了市场的需求，尤其是复方中药，其成分复杂，目前尚没有质量控制的方法指南。

此外，中药知识产权保护内容尚不明确，专利保护不得力，中药专利侵权现象严重。中药特别是复方中药自身的特点，决定了其利用现有知识产权保护方式的独特性。对中药知识产权保护可采取的手段、方法，各类新药专利保护的范围，如何处理知识产权侵权事件等内容，没有明确的规定，在一定程度上影响了企业申请专利的积极性，制约了企业在科研方面的投入。

（四）资源无序利用

作为中药产业基石的中药资源，其保护和可持续利用属于复杂的系统工程，涉及农学、林学、生态学、生物化学和药学等多学科知识，还需要农业、林业、工业和商业等各级主管部门的协同配合。但是，从目前情况看，资源的破坏得不到遏制，中药资源的保护和利用仍然得不到实现。

出于对野生中药资源的保护和经济效益的考虑，20 世纪 80 年代以来，全国兴建了很多药材基地，在一定程度上缓解了药材的供需矛盾。不过，许多地方都把中药材产业作为支柱产业来抓，很多中药材基地把种植药材作为短平快的首选项目，不遵守“道地药材”的原则。在一股“要发财，种药材”的大建药材基地的热潮下，出现了药材质量下降、农药残留超标、生产无人监管、种养无章可循的局面。大量非主产地生产的伪劣药材打着道地药材的招牌招摇过市，冲击了道地药材主产地优质中药材的生产，进一步导致药材市场鱼目混珠。

（五）产业信息不畅通

以科技创新和信息化、网络化为主体的中药信息产业，将是中药产业中继中药材、中药饮片、中成药之后可能形成的第四大产业。但是到目前为止，中药信息的收集、整理、分析、传递与交流仍然处于起步阶段。薄弱的中药产业信息化基础成为阻碍中药产业强势化的重要因素。

20 世纪 80 年代后，随着市场经济和政府机构的改革，原有的药材生产统计、中药饮片和中成药生产统计、中药商品流转统计也都先后停止。对野生药材资源最近的一次普查也已有 20 年之久。整个中药行业的宏观经济运行没有正常的信息收集渠道，导致目前出现了政府有关部门不知产业宏观信息、中药行业宏观运行情况无人可知的局面。

另外，中药的科研与生产经营之间，尤其是生产企业和中医药院校、科研机构之间，缺乏有效的信息沟通渠道或交流平台，致使企业对最新科研成果缺乏了解，不能形成产学研的紧密联系。

此外，企业更需要国内外的市场供求信息，尤其是国际市场的需求信息。但是，目前尚无一家权威性的信息机构去进行中药相关信息的收集和分析工作，并将其传递给中药企业。

（六）政策环境影响

国家尚未在中药产业设立专门的主管部门和协调机构，而是进行多头管理。在缺少严格沟通和约束机制的情况下，各部门之间的职能条块分割，制定出的政策很难达到平衡协调的目的，甚至会产生管理政策盲区。

现有的国务院部委局办中，国家发改委、科技部、卫生部、劳动和社会保障部、农业部、国家中医药局、国家食品药品监督管理局等 15 个部门都与中医药管理有直接联系。不可避免地，他们会从自己部门的管理职能出发去制定产业政策和法律法规。这种多头管理的方式存在着难以解决的矛盾。

而且，在目前从事中医药管理的政府部门人员中，有一大部分具有西医专业或者非医药专业背景。中医药的基本理论、基本方法和临床实践等各个主要方面均与西医有很大差别，因此中医药行政管理的方式应明显不同于西医药。对中医理论和中药行业了解甚少的人，可能会用管理西医药的方式和理念来管理中药，忽视中医药的独特性和复杂性。

三、加速中国中医药产业发展的政策建议

中医药产业是中国独具特色和优势的民族产业和战略产业。然而，它目前的发展并不尽如人意，中医药市场的增长速度远远落后于整个健康产业的发展速度。针对这一现实，有关专家开出了以下良方。

（一）完善中药材种植、中药饮片加工和中成药生产的质量管理

从中药的源头看，中药材种植管理规范（GAP）于2002年初开始实施，但中药种类繁多，中药材质量不稳定，品种混杂，一些宝贵的中药材资源濒临枯竭；大宗中药材品种栽培技术的研究推广不够；生产管理粗放；单产低、质量差的现象较为普遍；对珍贵的种质资源的保护和对优质中药材的引种及栽培还缺乏统一的组织和协调；一些珍稀濒危药材代用品的研究还比较薄弱，对道地药材的研究和开发还不充分；中药材的病虫害防治和农残污染问题还比较严重。中药材是中药制药企业的原料，是中药制药工业的基础，只有从制药企业的源头——中药材抓起，坚持规范化、标准化生产，才能保证中国中药产业健康发展，并顺利进入国际市场。所以制定完善的中药材种植标准是建立中药质量标准的基础和前提。

在中药饮片的加工方面，主要存在着生产水平低、产品质量不稳定、炮制规范不统一等问题。中药饮片生产厂家规模小，生产条件简陋，技术工艺落后，致使药材的有效成分流失严重，饮片质量难以保证。

在中成药方面，主要问题是单个产品和同类产品低水平重复严重，大多数中成药质量不高、疗效不佳、销路不畅，致使真正质量过硬的品种难以形成规模。现有的中成药制剂中传统剂型仍占很大比例，一些急症剂型和新剂型的开发应用还不成熟，新型药用辅料的生产和应用还有较大差距。中成药的质量标准不完善，产品的质量还不够稳定，主成分含量差异较大，农药残留量和重金属超标现象没有很好地解决。在标准规范方面，从整体上来说，距离国际标准和市场要求还有相当的距离。另外，应尽快制定以中国为主导、国际认可的中成药标准，同时主管部门应加大监管力度，汰劣扶优，使一批已经形成一定市场规模、科技含量高、有快速发展前景的科技先导型中药企业尽快成熟，向国际品牌迈进，尽早树立自己的国际品牌

（二）加强中药企业的自身建设

目前，中国中药企业规模小、分布广、市场竞争力低下。总的看来，作为市场竞争主体的1 000多家中药企业，多数是近十年发展起来的，中小企业占到九成，普遍存在生产规模小，技术、资金力量薄弱的问题，创新能力较差，资产规模偏小，缺乏品牌产品和市场竞争力，难以与国外跨国制药公司抗衡。2006年4月26日，博鳌亚洲论坛秘书长龙永图指出：全世界中药产值目前约130亿美元，日本却占了80%，韩国占10%，中国仅占3%。这说明与日本、韩国的天然药物公司相比，中国的中药企业在实力上还有相当的差距。因此，应支持和发展一批具有自主创新能力的企业，使之成长为具有规模市场效益的科技先导型现代中药企业，尽快形成知名品牌或有望进入国际市场的产品。但是中药新品研发投入大、周期长、风险大，企业投入顾虑较多，投资动力不足，致使在基础研究及创新方面的能力十分薄弱。长此以往，将不利于中医药企业在国际市场的竞争。

（三）保护中医药知识产权

近年来，国际上的一些跨国制药公司加强了对中药的研究和知识产权的占有，国外许多资金雄厚、科研实力强大的药厂将中药的现代化研究作为一大研究方向。日本、韩国、美国等发达国家利用其经济和科技优势，大量收集中国中药处方信息，通过改变剂型、添加剂和工艺等方法，抢占中药知识产权，严重冲击了中国的中药品种。而中国的一些现行制度还不利于中药知识产权的保护，知识产权流失仍比较严重。建议有关部门结合中医药自身特点尽快研究切实可行、适应传统中医药特色的知识产权保护措施，从制度上促进中药专利的保护。相信只要各级政府支持，政策到位，充分调动科技人员和生产企业的积极性，坚持中医理论创新和现代中药同步发展，中国必能很快涌现出一批有强大市场竞争力的科技先导型企业，实现民族医药事业的快速持续发展。

（四）加强中医药学基础理论研究及中医药专业人才培养

新中国成立后，中医药事业得到了国家的保护和发展，但是由于基础理论研究滞后、缺乏重大学术创新、理论与临床脱节、医学与药学分家，最能体现中医理论特色的复方中药科研往往得不到资助。中药理论发展的学术继承创新要有重点突破，没有中医学理论现代体系的强大支撑，中医药现代化只能是“空中楼阁”。中医药发展应遵循学科自身的发展规律，片面提出中药现代化、以西药标准研究中药、尽举国之力争取进入美国 FDA 是有害的。为使中药更好地走向国际化，在中药质量标准与规范上，我们必须制定适合于中药、明确区别于西药的标准。中医药学与西医药学分属两大医疗保健体系，两者的理论与实践完全不同，不能相互作为证伪的标准，更不能拿西医药当作中医药的历史审判庭。应该改变长期以来对中医药的政策歧视，从政策、经费投入等诸多方面真正让中医药与西医药同步发展。积极探索制定既符合中药特点又能为国际普遍认可、能够实现“安全、有效、稳定、可控”的中药质量标准体系和评价体系。国家有关部门应加大对医药学的基础理论研究，包括人才的培养的支持。科技竞争最终是人才竞争，人才培养是中医药行业面临的当务之急，应改革现阶段的中医药教学模式，制定中医药人才梯队培养规划，分不同层次、按不同需求、有目标地培养各方面人才。

（五）保护中药资源乃重中之重

据国家中医药管理局科技教育司司长贺兴东介绍，江苏、海南等 6 省反映，自 1983 年中药资源普查后，20 多年来没有再组织资源普查，药源数据陈旧，无法出台有效的保护和利用措施。2005 年以来诸多道地中药材资源匮乏，渐渐证实了这个观点的前瞻性。长期以来，由于对合理开发利用中药资源的认识不足，致使有些药用种类过度采收，资源受到不同程度的破坏，一些种类开始衰退甚至濒临灭绝；有些种类的优良种质正面临消失和解体的危险，药用动物如黑熊、马鹿、林麝等，药用植物如甘草、黄皮树、银柴胡等。造成中药资源减少的原因是多方面的，主要是人为影响，也有药用物种自身的原因。在中药资源的开发中，没有认真处理好开发与保护的关系，对用途广泛、经济价值大的药材往往“杀鸡取卵”，无节制地采猎和过度利用。众所周知，中药现代化及产业化目前最值得关注的是资源匮乏问题。更加令人担忧的是，中药材资源的匮乏可能会影响中药产品的“纯真”身份呢。为此，专家指出，要实现中药产业化和现代化，就要尽快拿出一套近期和长期方案，尽其所能地保护日益紧缺的中药材资源，这与保护中药知识产权同等重要。

四、2006 年中药产业发展趋势

2006 年是中国国民经济进入“十一五”计划的头一年，是中药行业彻底结束十年低谷、由低迷徘徊走向转折跃进的一年，是中药行业探索和中药材饮片概念政策明朗化的一年，将出台适合中国国情的重要具体政策。

2006 年，中国中药出口将继续保持较快增长，预计增速仍将超过 10%，主要原因如下。

首先，国际市场需求将进一步增长。欧盟实施传统药注册指令，将有利于欧盟植物药产业的发展；日本的汉方药、韩国的韩药和中国台湾的科学中药产业都有进一步的发展，这些都将拉动中国内地提取物出口的进一步增长。越南、韩国、俄罗斯等周边国家与地区有着广阔的中药市场，对中国中成药的出口需求也进一步增长。其次，国内中药产业迅速发展，产能进一步扩大，产业的国际化意识进一步增强。尽管存在着许多困难，但国内中药企业已涌现出诸如北京同仁堂、天津天士力、广药集团、上药集团等进一步加强国际市场开拓并已初步形成竞争优势的出口团队。再次，国家产业政策的扶持力度加大。2005 年，商务部等 8 部委联合出台了《关于扩大中国医药产品出口的若干意见》，加大了对医药出口工作的政策支持；商务部认定了 15 个城市作为国家医药出口基地；中央与地方政府陆续出台了一些政策，对医药产品出口尤其是中药产品出口进行必要的扶持。再后，国际合作进一步加强。卫生部、科技部、国家中医药管理局、国家食品药品监督管理局进一步加强了对外交流的力度，扩大了中医药国际合作的规模。目前，中国已与60多个国家和地区的政府部门达成了推动中医药合作的协议。中国的中介组织尤其是中国医药保健品进出口商会在推动中药出口方面也采取了一些有效的措施，如指导企业进行国际市场注册、开办新展、筹备成立等。世界中药商联合会等也积极帮助企业开拓国际市场。这些措施都将有力地推动中国中药产品的出口。但2006年影响中医药出口的因素也很多，尤其是韩国与日本将对进口药材和中成药实施新的农药和重金属残留标准，可能会影响到中国对上述国家的中药出口。

2006年，原料药行业可能会面临很多挑战。新产品的研发与选择将是重中之重，目前高附加值产品的黄金销售期都有大幅缩短的趋势，产业链的延伸将是原料药生产企业的必然选择；转型策略与时机的选择将是一大难题；国际规范市场的进入门槛有进一步升高的趋势；环保监管的力度将进一步加大；人民币升值势头不减。

2006年，医药流通领域的盈利水平随着药品分类管理、药品价格透明化和药品降价等政策的陆续推出而进一步下降。目前，中国的医药商业竞争非常激烈，但更惨烈的激战还在后面。经过竞争，医药商业完全有进一步集中的可能。相信随着医药电子商务的开放，大型物流配送公司和大型商业公司的运营成本将会大幅下跌。

2006年及今后，应留意政府在医疗卫生结构调整和农村医疗保障方面的新动向，尤其注意行业发展的五大趋势——中成药市场竞争将加剧，处方药生命周期将缩短，第三终端市场将更活跃，批发企业将更集中，委托生产很可能成为新的潮流。

中国中医研究院　刘保延
北京中医药大学　雷海民

12

2005 年中国转基因农作物产业发展情况分析

一、2005 年国内外转基因农作物产业发展情况分析

（一）全球转基因农作物产业化进展

1. 转基因作物种植面积继续大幅度增长

据国际农业生物技术应用中心（ISAAA）统计，自 1996 年全球大规模种植转基因农作物以来，应用面积持续增长，2005 年较 2004 年又猛增 11%，达到 9 000 万公顷（折合 13.5 亿亩）；2005 年与 1996 年相比，种植面积增加近 51.2 倍（见下图）。

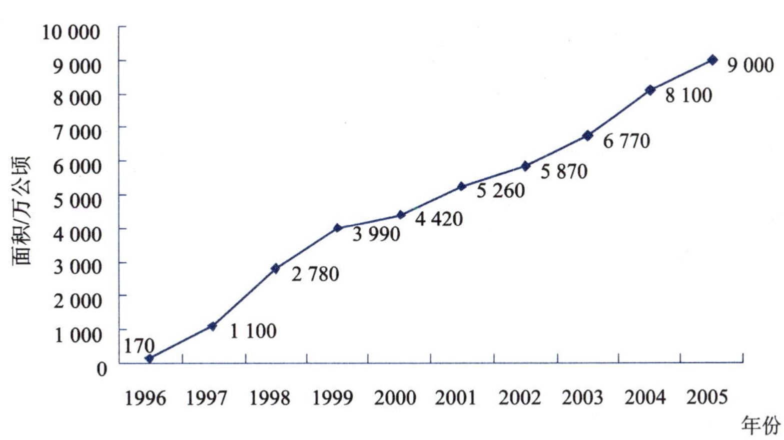

图 1　1996－2005 年全球转基因作物种植面积

2. 种植转基因作物的国家继续增加

1996 年，全世界只有 6 个国家种植转基因作物，2004 年发展到 17 个，2005 年又增加到 21 个。值得注意的是，在对发展转基因植物持保守态度的欧洲，在分别中断种植转基因抗虫玉米 5 年和 4 年之后，葡萄牙和法国均于 2005 年恢复了对该作物的推广应用；捷克已成为继西班牙、德国、葡萄牙和法国之后种植转基因玉米的第五个国家。还须一提的是，过去未被人注意的发展中国家伊朗已于 2005 年率先实现了转基因抗虫水稻的产业化。

3. 四大转基因作物种植面积持续增长

全球种植面积最大的转基因作物仍是大豆、玉米、棉花和油菜。2005 年这四种转基因作物种植面积持续增长：转基因大豆面积为 5 440 万公顷，占大豆总面积的 60%；转基因玉米面积为 2 120 万公顷，占玉米总面积的 14%；转基因棉花面积为 980 万公顷，占棉花总面积的 28%；转基因油菜面积为 460 万公顷，占油菜总面积的 18%。

4. 植物转基因技术创造了巨大的经济效益、社会效益和生态环境效益

1995 年全球转基因植物的市场销售额为 7 500 万美元，1996 年增至 2. 35 亿美元，以后一路攀升，2005 年已达到 52. 48 亿美元（见下图），占 2005 年全球作物保护市场（340. 2 亿美元）的 15%，全球商业种子市场（300 亿美元）的 18%。其中，转基因大豆的市场销售额为 24. 2 亿美元，占全球市场的 46%；转基因玉米的市场销售额为 19. 1 亿美元，占全球市场的 36%；转基因棉花的市场销售额为 7. 2 亿美元，占全球市场的 14%；转基因油菜的市场销售额为 2. 1 亿美元，占全球市场的 4%。种植转基因作物也创造了巨大的环境与生态效益，据统计，1996－2004 年全球减少使用农药（有效成分）共计 17. 25 万吨，相当于将农药对农作物的有害作用减轻了 14%。

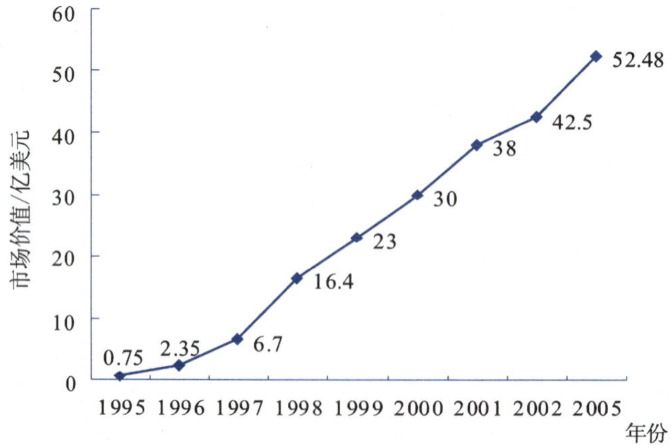

图 2　1995－2005 年全球转基因植物的市场价值

（二）国内转基因农作物产业化进展

1. 国产抗虫棉在国内市场上已占明显优势

转基因抗虫棉是中国拥有自主知识产权、第一个获准商业化生产的转基因农作物，也是目前中国唯一大规模生产应用的转基因农作物产品。1991 年，国家“863 计划”正式启动抗虫棉研究项目，1994 年中国农业科学院生物技术研究所首先成功完成了 Bt 基因 *Cry1A* 的人工合成和高效植物表达载体的构建，并采用中国科学工作者独创的花粉管通道法，将该基因导入棉花主栽品种，获得了抗虫性优异的转基因抗虫棉株系，使中国成为继美国之后第二个拥有自主知识产权、独立成功研制抗虫棉的国家。自抗虫棉于 1997 年正式获准推广应用以来，中国相继开发了单价基因、双价基因、融合基因和三

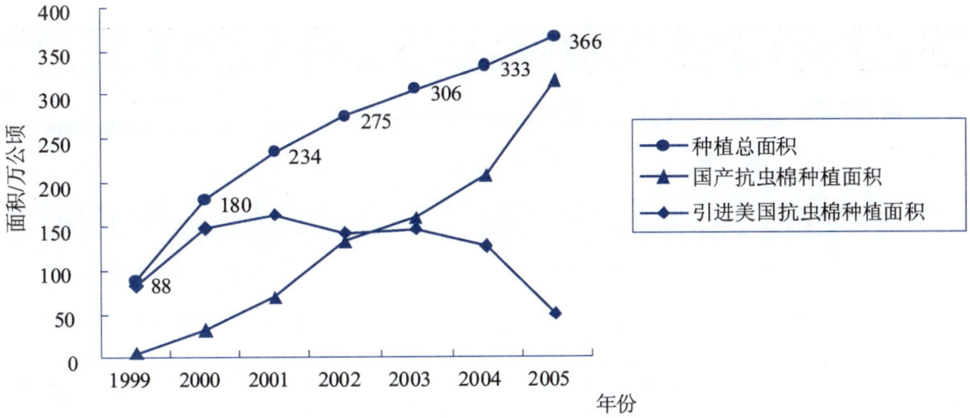

图 3　1999－2005 年中国抗虫棉种植面积

系杂交抗虫棉，现已建成世界上规模最大、适合中国国情的、"产学研" 紧密结合的研究开发体系。据统计，2005 年通过国家或省级审定的抗虫棉品种即有 51 个；单、双价抗虫棉推广种植面积超过 3 850 万亩，约占黄河、长江流域棉区种植面积的 80%，占全国种植总面积的 62% 以上；国产抗虫棉种植面积占全国抗虫棉总面积的 73%，在国内市场上已占有明显优势（见上图）。以平均每千克棉种售价 25 元，每亩用种 1 千克计算，2005 年仅抗虫棉种业的销售额已超过 9.6 亿元。另据统计，国产抗虫棉推广 8 年以来，累计种植面积已超过 1.23 亿亩（1 亩 =0.067 公顷），减少农药使用总量（制剂）约 18.5 万吨，降低农药对棉田的污染达 21%；按平均每亩棉花增收节支 180 元计算，农民的直接收益累计超过 221 亿元，抗虫棉的产业化创造了巨大的社会、经济和生态效益。

2. 中国转基因抗虫棉产业化架构

创世纪转基因技术有限公司是 1998 年在深圳成立的农业生物高科技企业，注册资金 8 000 万元。公司拥有国产转基因抗虫棉核心技术——单价杀虫基因（*Cry1A*）的专利权（专利号：ZL95119563.8）和双价杀虫基因（*Cry1A + CpTI*）专利（专利号：ZL98102885.3）的排他实施许可权。多年来，创世纪公司以"立足深圳、面向全国、走向世界"为理念，坚持以企业集团为龙头、以市场为导向、以高技术为依托、以自主知识产权为纽带的产业化发展道路，成功地建立了以 15 家生物技术研究和棉花育种单位、20 余家种业公司为骨干的全国抗虫棉研究开发与产业化网络，持续不断地推动抗虫棉事业向前发展，为中国的棉花生产和农业发展做出了重要贡献。

表 1　2005 年中国抗虫棉重点生产企业

重点生产企业	抗虫棉品种	主要推广区域
创世纪转基因技术有限公司	鲁棉研 23 号、鲁 RH－2、川杂棉 15 等	黄河流域棉区和长江流域棉区
创世纪公司各参控股公司	SGK321、GK－12、GK95－1、鲁棉研 15 号、鲁棉研 20 号、国抗 36 号、国抗 22 号、GK19 等	黄河流域棉区和长江流域棉区
南京红太阳种业有限公司	南抗 3 号、鲁棉研 15 号等	长江流域棉区
江苏神农大丰种业公司	南抗 6 号	长江流域棉区
湖北惠民种业有限公司	鄂杂棉 10 号	长江流域棉区
荆州农科贸开发总公司	荆 97－28、JZHR9999	长江流域棉区

续表

重点生产企业	抗虫棉品种	主要推广区域
湖南亚华种业股份有限公司	湘杂棉3号、湘杂棉8号等	长江流域棉区
安徽省棉丰农业科技有限责任公司	皖杂3号等	安徽省主要推广区域
中国棉花所科技贸易公司	中棉所41、中棉所45、中棉所47、中棉所48等	黄河流域棉区和长江流域棉区
北京奥瑞金种子科技有限公司	鲁棉研21号、鲁棉研15号等	黄河流域棉区
山东棉花研究中心	鲁棉研系列品种	黄河流域棉区
山东鲁优棉花研究所	鲁RH-1等	黄河流域棉区

（三）国内转基因农作物研究进展

1. 抗病虫转基因水稻技术基本成熟

除转基因抗虫棉以外，中国科学家在转基因抗病（白叶枯病）、抗虫（二化螟、三化螟、稻纵卷叶螟）水稻的研究开发中也取得了令世界瞩目的进展。例如，中国率先将源自野生稻的 *Xa*21 基因导入优良杂交水稻品种，成功培育了抗白叶枯病水稻新品系“科优97”。经过8年16代的鉴定，该品系被证明具有高产、优质、抗病性稳定的优点；大量的安全性评价数据表明，该品系对动物及生态环境十分安全。中国数家研究单位还通过导入不同的抗虫基因成功培育了多个转基因抗虫水稻品系，在近年水稻螟虫危害严重的条件下，显示出了优异的杀虫增产效果，基本上可以替代化学农药。根据中国科学院农业政策研究中心技术经济专家调查分析，若中国转基因抗虫水稻推广面积能占到水稻总面积的一半，则每年减少的化学农药用量可达21万吨，农民可增加收入138亿元。应当特别指出的是，国内外连续多年的安全性评价试验研究并没有发现转基因水稻中的Bt杀虫晶体蛋白基因对人类健康和生态环境产生不良作用。因此，抗病虫转基因水稻技术已经成熟，具备了产业开发的基本条件。

2. “第二代”转基因农作物研究加速

现在国内外都在积极开发“第二代”转基因作物，重点在于改良作物品质、增加营养，并使之具有医疗保健功能，预计不仅会受到生产者，也会受到广大消费者的欢迎。“第二代”转基因作物中有一些又被称为“植物生物反应器”，即用转基因植物生产功能蛋白（药用蛋白、营养保健蛋白、饲料用酶制剂、生物材料、工业原料等），这类作物因其附加值大大提高而具有巨大的发展潜力。例如，鲑鱼降钙素是一种用于治疗骨质疏松和骨痛的药物，价格极为昂贵（原药大约为1.8~2万元/g）。2005年，国内利用植物油体表达体系生产鲑鱼降钙素的创新研究取得了重要突破。现在用转基因油菜生产这种药物，表达量可以达到种子总蛋白的6.47%（3 mg/g种子），大大降低了生产成本。大鼠饲喂试验处理组血清中钙的含量较对照组降低了11%~13%，破骨细胞分化抑制率达47%，融合蛋白生物活性约为1 700 IU/mg，这表明该药物具有良好的医用前景。又如，利用玉米种子生产植酸酶。植酸酶是一种重要的饲料添加剂，用以降解植物饲料中难以利用的植酸，不仅能提高动物对磷的利用从而减轻环境中磷的污染，而且可以提高畜禽对铁、锌的吸收率。国内现已获得高效表达植酸酶的转基因玉米株系，植酸酶活性高达2 000 IU/Kg种子，完全能够满足无需添加而直接饲用的要求，与第一代植酸酶饲料添加剂相比，可降低饲料成本2/3以上。

3. 技术创新与储备进一步加强

为提高中国转基因植物研究领域的自主创新能力，加快中国转基因植物研究与产业化进程，科技部和财政部于1999年启动实施了“国家转基因植物研究与产业化专项”。专项实施5年来，在重要功能基因的克隆、高效、安全、规模化基因转化体系构建、转基因植物新品种培育、中试和产业化基地建设、安全性评价等方面取得了一系列重大突破和创新性成果。例如，获得了水稻分蘖基因 *MOC*1、新型抗草甘膦基因、抗水稻白叶枯病基因 *Xa*5 和 *Xa*13 等46个拥有自主知识产权并有重要应用价值的新基因；培育了2万余份转基因抗虫、抗病、抗除草剂、抗逆、品质改良的作物和林草新株系、新品系等，为中国转基因农作物的产业化发展增加了新的技术储备。

二、2005年转基因农作物产业存在的主要问题与对策

（一）市场准入政策应有新的突破

中国是世界上最早将转基因技术应用于农作物育种和生产的国家，然而，近年来由于受到国外所谓“转基因安全争议”的负面影响和“绿色和平组织”的种种干扰，转基因农作物研究开发的速度放慢了。除了棉花，8年来没有一种转基因作物获准推广应用；虽然中国转基因农作物种植面积仍在逐年扩大，但实际上仅限于抗虫棉一个产品。从2003年起，中国转基因农作物种植面积已由全球排行第4位落至第5位。应当清醒地看到，转基因技术的发展已是大势所趋，不可逆转，各国围绕转基因农作物产业化的竞争将会愈加激烈。对此形势若不能准确判断并及时决策，中国将会很快失去在农业生物技术方面的某些有限优势，甚至可能丧失现代农业技术发展的历史机遇，国家粮食安全和经济社会的发展都将受到严重制约。在一定意义上，目前影响中国农业生物技术发展的主要瓶颈是行政管理上缺乏统一协调和产业化以及市场准入政策的举棋不定。因此，急需加强国家对生物技术的统一领导，抓紧制定同中国“十一五”规划和中长期科技发展规划相衔接的转基因农作物战略发展规划。在此基础上，应尽快对现行市场准入政策进行必要的调整。建议根据发展现状与轻重缓急，分作物具体制定转基因研究开发和产业化规划，采取适度扩大环境释放和生产性试验规模、特定区域种植等措施以加快研发进程；对于经过严格科学试验、未发现安全隐患的转基因作物应尽快批准生产应用，但推广后并不放松管理和监控，确保最大程度地预防和杜绝未来可能出现的风险。与此同时，在维护消费者知情权的同时也要加强对消费者的正面宣传，以提高全民的科学素养和对高新技术的认知与接受能力。

（二）继续加强转基因技术研究，大力支持自主创新

转基因技术发展的核心是开发具有产业化潜力并有自主知识产权的重要功能基因。事实证明，“一个基因成就一个产业”，谁拥有自主创新的基因，谁就掌握了高技术竞争的主动权。为此，要进一步加强中国农业生物基因资源的发掘研究，继续建设和完善功能基因组与后基因组学研究的技术平台，继续实施“转基因植物研究与产业化重大专项”，尤其要积极开展“第二代”转基因农作物和“植物生物反应器”的研究，切不可因当前产业发展的暂时滞后而放慢基础研究的脚步，更不能因此减少科研项目投资的力度。针对生物技术研究开发高投入、高风险和高回报的特点，今后，除要继续增加政府科技投入（尤其是创新研究和中试开发研究投入）以外，也要积极通过发展风险基金、鼓励企业投资和地方科技经费匹配等多种方式，进一步调动全社会的力量，逐步形成多元化、市场化的投入体系，为农业生物技术的发展奠定坚实的物质基础。

（三）推动“产学研”结合，促进农业生物技术企业发展

转基因农作物产业发展必须以大型现代农业生物技术和种子企业为主体。近年来，在市场经济和农业产业化的进程中，国内已有一批优秀企业脱颖而出。例如，奥瑞金种业股份有限公司已率先在美

国纳斯达克市场上市，大北农集团在农业产品综合开发中硕果累累，创世纪转基因技术有限公司已成为中国抗虫棉产业的“旗舰”等。它们除了具有先进的管理经营理念、不断增强的发展实力以外，更对包括转基因技术在内的农业高新技术给予了高度重视与大量投入，先后组建了专门的生物技术研发队伍，并建立了相关技术平台。但是，这些公司在发展过程中也遇到了不少困难和问题，如风险投资、技术转让、市场准入、产品出口和知识产权保护等。例如，创世纪公司为了打破美国在国际市场中的垄断地位，提升中国抗虫棉的国际竞争力，制定了“走出去”的发展战略，先后与印度、越南、菲律宾等国家签订了抗虫棉技术合作协议，并同巴西、巴基斯坦、澳大利亚等产棉大国进行了合作意向谈判。这些国家过去都与孟山都等跨国公司打交道，因对方的价格条件十分苛刻而纷纷转向中国。但是，由于目前中国对转基因技术和种子出口没有明确的政策法规，没有统一的归口管理部门和报批程序，致使抗虫棉良种和技术的出口迄今无法实现。因此，为了促进农业生物技术企业的成长和发展，有关部门应当尽快制定和完善与之相关的各项政策与规定，大力推动“产学研”结合，加快企业技术创新的步伐。

三、2006 年转基因农作物产业展望

从 1996 年到 2005 年是全球转基因农作物产业化的第一个十年，其前进的速度与规模令人瞩目，其对农业生产和经济社会发展的贡献令人鼓舞。应当特别强调的是，这种发展一直同对所谓“基因安全”的怀疑和争议相随，更突显了这一新兴产业的持续增长和不断完善的强大生命力，并证明其发展趋势已不可逆转。国际农业生物技术应用中心（ISAAA）在广泛深入调研的基础上，对转基因农作物产业自 2006 年开始的第二个十年的发展做了预测：迫于粮食、环境安全和农业发展的巨大压力，不少发展中国家对以抗病虫、抗除草剂为代表的第一代转基因农作物仍有很大的需求；随着人民生活健康水平的不断提高以及未来取代不可再生化石原料的需要，旨在生产医药、口服疫苗、精细化学品、生物材料、生物能源等产品的第二代转基因植物无论对于发达国家还是发展中国家都具有巨大的市场前景。种种迹象显示，2006 年全球转基因农作物的种植面积和产量仍将继续以较大幅度增长。

在十届全国人大四次会议批准实施的中国“国民经济和社会发展第十一个五年规划纲要”中，已将“转基因生物新品种培育”列为旨在加快中国科学技术的创新和跨越的 14 个重大科技专项之一。以此为动力，如果相关部门的工作及时跟上，中国转基因农作物产业的发展应当能在 2006 年开创新的局面。尽管国外预测 2006 年全球棉花总产量将有所下降，但中国因需求增长，棉花播种面积仍会在 2005 年 7 500 万亩的基础上扩大到 8 000 万亩左右。预期在创世纪转基因技术有限公司等一批骨干企业的推动下，国产转基因抗虫棉的产业化规模将继续扩大，连同美国的抗虫棉品种，抗虫棉种植总面积仍有望比 2005 年大幅度增加而达到 6 400 万亩，约占全国棉花总面积的 80%。转基因三系杂交抗虫棉制种成本低，平均增产幅度较常规棉高出 25%，因而倍受企业和农民的欢迎。2006 年，三系杂交抗虫棉新品种、新组合的数量将会迅速增加，为 2007 年的大规模推广应用做好准备。

2006 年中国转基因农作物产业能否有较大的发展，主要还是取决于产业发展政策和农业基因安全管理尺度的把握。如果市场准入有所突破，不仅会有力带动相关产业的发展，而且会极大促进中国转基因农作物的研究以及生物技术产业化整体水平的提升。

中国农业科学院生物技术研究所　黄大昉

中国高技术产业
发展年鉴(2006)

地区发展篇

Regional Development

CHINA
HIGH-TECH
INDUSTRY
DEVELOPMENT
ALMANAC
(2006)

1

2005 年各地区高技术产业发展情况比较

一、2005 年中国高技术产业发展的总体运行情况

2005 年，中国高技术产业继续保持快速增长，全年累积完成总产值 34 429.38 亿元，比 2004 年增长 22.74%；新产品产值 6 788.89 亿元，比 2004 年增长 25.09%；出口交货值 18 578.49 亿元，比 2004 年增长 28.96%；利润总额 1 428.76 亿元，比 2004 年增长 9.815%；年末从业人数 666.22 万人，比 2004 年增长 11.24%。

表 1　各地区高技术产业主要经济指标（2005）

指标 / 地域	总产值（当年价）		新产品产值（当年价）		出口交货值		利润总额		全部从业人员平均人数	
	总量/亿元	同比增长/%	总量/亿元	同比增长/%	总量/亿元	同比增长/%	总量/亿元	同比增长/%	总量/万人	同比增长/%
全　国	**34 429.38**	**22.74**	**6 778.89**	**25.09**	**18 578.49**	**28.96**	**1 428.76**	**9.82**	**666.22**	**11.24**
东部地区	**30 776.50**	**22.92**	**5 933.81**	**24.97**	**18 260.95**	**29.19**	**1 257.19**	**6.25**	**528.52**	**13.63**
北　京	2 060.99	20.98	1 028.95	18.08	775.56	45.02	88.68	12.21	20.51	11.29
天　津	1 790.46	17.85	1 071.37	30.07	1 057.79	23.05	154.85	1.24	17.64	3.83
河　北	329.54	22.45	32.20	-4.92	50.81	22.07	24.75	-2.64	11.59	1.4
辽　宁	649.53	8.97	152.22	16.64	268.59	-5.25	18.19	-21.15	16.05	8.37
上　海	3 969.46	22.41	677.21	92.92	2 728.12	30.61	98.35	-27.77	38.94	11.93
江　苏	6 258.67	29.03	538.71	-0.06	3 925.01	35.41	253.59	30.53	100.77	22.46
浙　江	1 706.12	15.31	355.10	8.79	702.98	40.98	78.61	-16.45	42.61	5.60
福　建	1 467.02	9.36	223.25	28.96	837.88	8.32	84.38	-9.12	22.22	14.71
山　东	1 856.93	47.80	466.58	19.74	435.91	44.83	101.05	61.65	36.36	17.78
广　东	10 541.42	21.67	1 385.30	25.18	7 444.68	27.28	348.40	9.41	221.23	13.33
中部地区	**1 981.26**	**20.66**	**319.27**	**20.41**	**182.19**	**36.51**	**94.75**	**18.99**	**69.93**	**3.97**
山　西	76.10	20.52	8.91	5.24	7.32	216.46	2.91	15.48	4.59	9.55
吉　林	194.21	15.26	29.39	26.36	7.08	0.91	11.08	23.80	6.83	-2.71

续表

指标 地域	总产值（当年价）		新产品产值（当年价）		出口交货值		利润总额		全部从业人员平均人数	
	总量/亿元	同比增长/%	总量/亿元	同比增长/%	总量/亿元	同比增长/%	总量/亿元	同比增长/%	总量/万人	同比增长/%
黑龙江	300.39	6.87	99.48	-1.77	15.22	23.80	13.44	111.65	8.35	-1.07
安　徽	169.89	17.91	47.04	15.84	16.51	53.67	9.24	17.86	6.52	6.71
江　西	224.59	30.42	31.12	65.79	27.83	20.79	11.15	20.41	10.51	5.10
河　南	340.53	25.94	44.93	6.92	27.09	13.31	16.45	-1.02	14.35	4.52
湖　北	443.79	27.31	26.15	154.84	49.17	99.03	19.71	16.21	11.79	8.96
湖　南	231.76	19.48	32.24	57.32	31.97	8.56	10.79	-2.97	7.00	0.72
海　南	34.93	15.27	0.05	0.00	1.96	25.97	6.34	43.76	0.61	3.39
西部地区	**1 671.61**	**22.03**	**525.81**	**29.57**	**135.36**	**-1.88**	**76.82**	**100.37**	**67.78**	**1.92**
内蒙古	111.43	30.23	2.87	-3.04	31.65	729.13	6.32	-43.62	2.16	20.67
广　西	115.04	27.98	12.50	6.48	8.76	37.53	8.08	11.14	4.68	2.41
重　庆	146.71	22.81	49.69	54.45	10.41	42.03	9.14	38.07	5.19	5.92
四　川	635.14	29.96	268.71	37.52	65.56	-5.89	26.92	-240.87	20.87	2.61
贵　州	161.75	25.14	43.04	5.79	13.38	-17.85	3.53	-36.05	6.92	-2.40
云　南	63.26	16.15	9.21	4.65	4.89	19.11	6.14	2.85	2.06	-0.48
陕　西	447.88	11.02	123.44	19.27	25.29	-16.93	10.69	-34.42	20.09	1.21
甘　肃	60.51	17.41	7.96	-1.19	0.42	-12.16	2.80	42.13	3.79	-1.56
青　海	8.32	55.69	0.24	3.84	0.22	14.17	0.82	22.39	0.42	23.53
宁　夏	18.34	32.55	6.84	131.58	6.05	146.95	0.72	100.00	1.02	-5.56
新　疆	10.09	5.04	4.17	91.57	0.36	-40.71	0.96	-3.03	0.47	-2.08

资料来源：“2005 年 1－12 月份中国高技术产业发展统计数据”，《高技术产业工作动态》2006 年第 7 期

二、2005 年中国高技术产业发展情况的地区比较

（一）东、中、西部地区的总体比较

1. 东部地区高技术产业在中国高技术产业中的主导地位得到进一步加强

2005 年，东部地区高技术产业共完成总产值 30 776.5 亿元，占全国的 89.39%，较 2004 年增加了 0.41 个百分点；新产品产值 5 933.81 亿元，占全国的 87.53%，较 2004 年增加了 1.31 个百分点；产品销售收入 30 442.18 亿元，占全国的 90.02%，较 2004 年增加了 0.32 个百分点；出口交货值18 260.95 亿元，占全国的 98.29%，较 2004 年增加了 0.24 个百分点；利润总额1 257.19 亿元，占全国的 90.93%，较 2004 年增加了 0.08 个百分点；年末从业人数 528.52 万人，占全国的 79.33%，较 2004 年增加了 3.96 个百分点。

同期，中部地区和西部地区高技术产业分别完成总产值 1 981.26 亿元和 1 671.61 亿元，分别占全国的 5.75% 和 4.86%，分别较 2004 年降低了 0.15 个百分点和 0.25 个百分点；新产品产值分别为 319.27 亿元和 525.81 亿元，分别占全国的 4.71% 和 7.76%，分别较 2004 年降低了 0.83 个百分点和 0.46 个百分点；分别实现产品销售收入 1 758.67 亿元和 1 616.48 亿元，分别占全国的 5.20% 和 4.78%，分别较 2004 年降低了 0.19 个百分点和 0.14 个百分点；出口交货值分别为 182.19 亿元和 135.36 亿元，分别占全国的 0.98% 和 0.73%，分别较 2004 年降低了 0.01 个百分点和 0.23 个百分点；利润总额分别为 94.75 亿元和 76.82 亿元，分别占全国的 6.12% 和 2.95%，分别较 2004 年降低了 0.42 个百分点和增加了 0.34 个百分点；年末从业人数分别达到 69.93 万人和 67.78 万人，分别占全国的 10.5% 和 10.17%，分别较 2004 年降低了 1.9 个百分点和 2.07 个百分点。

由此可见，东部地区高技术产业在中国高技术产业中的主导地位在 2005 年得到了进一步加强。此外，从动态看，2005 年与 2004 年相比，东部地区高技术产业总产值、新产品产值、产品销售收入、出口交货值、利润总额以及年末从业人数的增长率分别达到 22.92%、24.97%、23.94%、29.19%、6.25% 和 13.63%；同期中部地区的增长率分别为

20.66%、20.41%、20.05%、36.51%、18.99%和3.97%；西部地区的增长率分别为22.03%、29.57%、19.97%、-1.88%、100.37%和1.92%。应该说，东北地区在上述大部分指标上都优于中部地区和西部地区。因此，未来中部地区和西部地区在高技术产业发展方面与东部地区的差距可能还将扩大。但我们也应注意到，2005年东部地区高技术产业在总产值增长率、新产品产值增长率、产品销售收入增长率、出口交货值增长率、利润总额增长率以及年末从业人数增长率等六项指标上，只有新产品产值增长率和年末从业人数增长率两项指标高于2004年同期数据，其余指标均和去年有较大差距；而中部地区的六项指标和西部地区除年末从业人数增长率指标外的其余五项指标，均优于2004年同期数据。这表明，在未来几年中，中西部地区的高技术产业在中国高技术产业中的地位很可能会一改目前的颓势，有一定的提升。

2. 东部地区在信息化学品制造业、电子及通信设备制造业、电子计算机及办公设备制造业、医药制造业和医疗设备及仪器仪表制造业五大分行业中优势明显，且在多数行业中得到进一步巩固，西部地区仅在航空航天器制造业方面稍有优势

从高技术产业中的信息化学品制造业、航空航天器制造业、电子及通信设备制造业、电子计算机及办公设备制造业、医药制造业和医疗设备及仪器仪表制造业六大分行业看，东部地区在信息化学品制造业、电子及通信设备制造业、电子计算机及办公设备制造业、医药制造业和医疗设备及仪器仪表制造业五大分行业均占有绝对优势，而且这种优势在2005年除电子计算机及办公设备制造业外的其他四个行业中也得到了进一步巩固。

表2 各地区分行业高技术产业比较（2005）

信息化学品制造业						
指标 区域	总产值（现价）		出口交货值		销售收入	
	总量/亿元	同比增长/%	总量/亿元	同比增长/%	总量/亿元	同比增长/%
全国	269.97	22.84	92.47	9.18	260.69	22.63
东部地区	228.66	23.54	86.99	8.76	222.54	23.15
中部地区	27.61	14.42	3.70	5.95	26.63	19.2
西部地区	13.70	29.83	1.77	46.66	11.52	20.88
电子及通信设备制造业						
指标 区域	总产值（现价）		出口交货值		销售收入	
	总量/亿元	同比增长/%	总量/亿元	同比增长/%	总量/亿元	同比增长/%
全国	16 660.58	19.48	9 204.40	30.87	16 410.24	21.39
东部地区	15 724.92	20.12	9 066.97	31.42	15 539.16	22.28
中部地区	402.97	5.59	68.80	21.15	355.84	0.24
西部地区	532.69	12.83	68.63	-11.22	515.24	13.1
电子计算机及办公设备制造业						
指标 区域	总产值（现价）		出口交货值		销售收入	
	总量/亿元	同比增长/%	总量/亿元	同比增长/%	总量/亿元	同比增长/%
全国	10 575.85	25.89	8 304.21	27.48	10 575.03	25.58
东部地区	10 413.47	25.52	8 256.28	27.30	10 451.01	25.47
中部地区	124.78	110.43	42.43	232.71	87.25	74.99
西部地区	37.60	-16.19	5.51	-64.32	36.77	-12.85
航空航天器制造业						
指标 区域	总产值（现价）		出口交货值		销售收入	
	总量/亿元	同比增长/%	总量/亿元	同比增长/%	总量/亿元	同比增长/%
全国	820.10	19.28	91.76	25.04	780.12	19.46
东部地区	248.57	19.70	52.61	23.58	221.01	23.26
中部地区	260.09	9.25	14.71	17.14	253.67	15.06
西部地区	311.44	28.78	24.44	33.87	305.44	20.6

续表

医疗设备及仪器仪表制造业						
指标 区域	总产值（现价）		出口交货值		销售收入	
	总量/亿元	同比增长/%	总量/亿元	同比增长/%	总量/亿元	同比增长/%
全　国	1 801.52	28.37	461.44	28.14	1 745.78	27.35
东部地区	1 444.82	28.82	437.77	31.22	1 434.22	29.62
中部地区	240.65	26.99	14.41	-26.59	206.06	14.92
西部地区	116.05	25.76	9.26	35.16	105.51	24.01
医药制造业						
指标 区域	总产值（现价）		出口交货值		销售收入	
	总量/亿元	同比增长/%	总量/亿元	同比增长/%	总量/亿元	同比增长/%
全　国	4 275.72	26.77	423.99	24.47	4 020.04	26.53
东部地区	2 715.28	27.10	360.27	22.71	2 675.04	25.34
中部地区	918.54	23.37	38.14	35.01	823.77	29.8
西部地区	641.89	30.50	25.59	36.25	521.22	27.71

资料来源："2005 年 1－12 月份中国高技术产业发展统计数据"，《高技术产业工作动态》2006 年第 9 期

从总产值、出口交货值和销售收入三项指标看，在信息化学品制造业，2005 年东部地区占全国的比重分别达到 84.7%、94.07% 和 85.37%，分别较 2004 年增加了 3.27 个百分点、0.73 个百分点和 2.67 个百分点；在电子及通信设备制造业信，2005 年东部地区占全国的比重分别达到 94.38%、98.51% 和 94.69%，分别较 2004 年增加了 0.9 个百分点、0.63 个百分点和 0.62 个百分点；在电子计算机及办公设备制造业，2005 年东部地区占全国的比重分别达到 98.46%、99.42% 和 98.83%，分别较 2004 年减少了 0.16 个百分点、0.17 个百分点和 0.13 个百分点；在医药制造业，2005 年东部地区占全国的比重分别达到 63.5%、84.97% 和 66.54%，分别较 2004 年增加了 0.66 个百分点、减少了 1.03 个百分点和 0.07 个百分点；在医疗设备及仪器仪表制造业，2005 年东部地区占全国的比重分别达到 80.2%、94.87% 和 82.15%，分别较 2004 年减少了 0.77 个百分点、增加了 1.55 个百分点和 4.36 个百分点。

西部地区在航空航天器制造业略微领先，2005 年西部地区航空航天器制造业的总产值、出口交货值和销售收入占全国比重分别达到 37.98%、26.63% 和 39.15%，分别较 2004 年增加了 1.41 个百分点、减少了 3.62 个百分点和增加了 1.18 个百分点。

3. 东部地区的高技术产业劳动生产率相对较高但有下滑迹象，且具有较高的产销率和明显的外向型特点；中部地区高技术产品利润率相对较高；西部地区创新意识相对较好

首先，2005 年东部地区用占全国 79.33% 的高技术产业从业人员创造了占全国高技术产业 89.39% 的总产值、87.53% 的新产品产值、90.02% 的销售收入、98.29% 的出口额和 90.93% 的利润，劳动生产率达到 58.23 万元/人，远高于中部地区、西部地区的 28.33 万元/人和 24.66 万元/人，但与 2004 年相比，东部地区的劳动生产率下降了 0.02 万元/人，而中部地区和西部地区的劳动生产率则分别增加了 4.84 万元/人和 4.05 万元/人；其次，2005 年，东部地区高技术产品的产销率（工业销售产值/总产值）达到 97.55%，比中部地区的产销率（95.22%）和西部地区的产销率（95.00%）要高，但与 2004 年相比，东部、中部和西部地区的产销率均出现不同程度的下滑，分别下降了 0.44 个百分点、0.63 个百分点和 0.41 个百分点；最后，东部地区高技术产品的出口交货值占全国的比重达到 98.29%，而其总产值和销售收入占全国的比重分别为 89.39% 和 90.02%，前者比后两者高出 8～9 个百分点，而且，东部地区的高技术产品出口比重（出口交货值/本地区高技术产业总产值）高达 59.33%，而同期中部地区和西部地区的高技术产品出口交货值占本地区高技术产业总产值的比重仅为 9.2% 和 8.1%，这表明东部地区的高技术产业具有明显的外向型特点。

此外，2005 年，中部地区高技术产品的利润率（利润总额/产品销售收入）为 5.39%，而同期东部地区和西部地区的利润率仅为 4.13% 和 4.75%，但与 2004 年相比，中部地区和东部地区高技术产品利润率下降了 0.22 个百分点和 0.55 个百分点，而西部地区高技术产品利润率大幅增加 2.3 个百分点；同时，2005 年西部地区高技术产业的新产品产值率（新产品产值/总产值）在 2004 年的基础上进一步提高，达到 31.46%，远高于东部地区、中部地区的 19.28% 和 16.11%，可见西部地区的创新意识相对较高。

（二）重点地区及省、市间的具体比较

通过对各省市的比较研究，2005 年中国各省市高技术产业发展具有以下特点。

1. “长三角”地区高技术产业发展状况与“环渤海”地区和“珠三角”地区相比处于领先位置，但“环渤海”地区高技术产业的发展潜力巨大

首先，从高技术产业总产值、新产品产值、产品销售收入、出口交货值、利润总额和全部从业人员平均人数占全国比重等指标看，2005 年“长三角”地区分别达到 34.66%、23.18%、35.4%、39.59%、30.13% 和 27.37%；“珠三角”地区分别为 30.62%、20.44%、30.26%、40.07%、24.38% 和 33.21%；“环渤海”地区分别为 19.42%、40.59%、19.99%、13.93%、27.12% 和 15.33%；与“环渤海”地区和“珠三角”地区相比，“长三角”地区高技术产业的发展处于领先地位（参见图 1）。

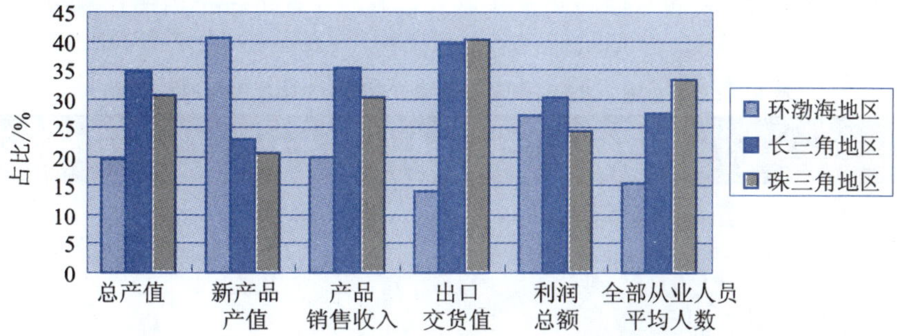

图 1　“环渤海”地区、“长三角”地区和“珠三角”地区高技术产业比较（2005）

资料来源：根据《2005 年 1－12 月份中国高技术产业发展统计数据》计算而得

表 3　“环渤海”地区、“长三角”地区和“珠三角”地区高技术产业发展潜力比较（2005）

指标 区域	劳动生产率/（万元/人）	新产品产值率/%	出口比重/%	利润率/%	产销率/%
环渤海地区	65.47	41.14	38.71	5.73	97.85
长三角地区	65.46	13.16	61.64	3.6	97.96
珠三角地区	47.65	13.14	70.62	3.4	96.79

资料来源：根据《2005 年 1－12 月份中国高技术产业发展统计数据》计算而得

其次，从劳动生产率、新产品产值率、利润率和产销率四项发展潜力指标看，“环渤海”地区分别为 65.47 万元/人、41.14%、5.73% 和 97.85%；“长三角”地区分别为 65.46 万元/人、13.16%、3.6% 和 97.96%；“珠三角”地区则分别为 47.65 万元/人、13.14%、3.4% 和 96.79%；应该说，“环渤海”地区的高技术产业发展潜力最佳。

最后，从出口比重指标看，“环渤海”地区、“长三角”地区和“珠三角”地区分别为 38.71%、61.64% 和 70.62%，应该说，“长三角”地区和“珠三角”地区的高技术产业以外向型为主，而“环渤海湾”地区的高技术产业以内源型发展为主。

2. 广东省在高技术产业发展中一枝独秀的地位进一步巩固，但其发展前景并不乐观

从高技术产业总产值、新产品产值、产品销售收入、出口交货值、利润总额以及年末从业人数占全国比重等指标看，2005 年广东省分别达到 30.62%、20.44%、30.26%、40.07%、24.38% 和 33.21%，较 2004 年分别增加了 0.47 个百分点、2.17 个百分点、1.05 个百分点、0.58 个百分点、0.93 个百分点和 4.69 个百分点；2005 年，广东省高技术产业的发展在全国省、市高技术产业发展中进一步巩固了自己一枝独秀的地位。

从高技术产业总产值、新产品产值、产品销售收入、出口交货值、利润总额以及年末从业人数增长率等动态指标看，2005 年广东省分别为 21.67%、25.18%、20.51%、27.28%、9.41% 和 13.33%，较 2004 年分别减少了 4.75 个百分点、增加了 9.83 个百分点、减少了 7.08 个百分点、5.09 个百分点、3.14 个百分点和 0.67 个百分点；在国际贸易保护主义逐渐抬头的形势下，广东省外向型高技术产业发展（广东省的出口比重高达 70.62%）的前景存在不小变数，很有可能会制约广东省高技术产业的进一步快速发展。

而且，从各项发展潜力指标看，广东省高技术产业目前一枝独秀的背后也隐藏着不少危机，例如，2005 年广东省高技术产业的劳动生产率大约为 47.65 万元/人，低于全国平均水平的 51.68 万元/人，不及国内劳动生产率最高的上海（101.94 万元/人）的一半；其次，2005 年广东省高技术产业的产销率为 96.79%，与 2004 年相比，下降了 0.48 个百分点，且低于全国平均水平的 97.29%；此外，2005 年广东省高技术产业的利润率仅为 3.4%，与 2004 年相比，下降了 0.31 个百分点，且低于全国高技术产业的平均利润率 4.22%；最后，广东省高技术产业的创新意识较差，其 2005 年的新产品产值率仅为 13.14%，虽然较 2004 年增加了 1.68 个百分点，但大大低于全国平均新产品产值率 19.69%，不及

国内新产品产值率最高的天津的四分之一。因此，如何提高劳动生产率、增加创新意识并创造出能够满足市场需求的创新产品，以实现利润率的有效提高，对广东省高技术产业未来的发展至关重要。

3. 2005 年，江苏省、上海市、北京市、山东省和天津市高技术产业发展迅猛，其中，天津市高技术产业持续发展的前景最佳

首先，从高技术产业总产值、新产品产值、产品销售收入、出口交货值、利润总额以及年末从业人数占全国比重等指标看，2005 年，江苏省、上海市、北京市、山东省和天津市高技术产业总产值在全国分列第二位、第三位、第四位、第五位和第六位，五省市高技术产业总产值占全国高技术产业总产值的 46.29%；而且从新产品产值、工业销售产值、产品销售收入、出口交货值、利润总额和年末从业人数看，五省市占全国的比重分别为 55.8%、46.6%、47.49%、48.03%、48.75% 和 32.15%，应该说，五省市的高技术产业在国内高技术产业中占有重要地位。

表 4　江苏、上海、北京、山东、天津五省市部分指标占全国的比重　　%

区域 \ 占比	总产值	新产品产值	产品销售收入	出口交货值	利润总额	全部从业人员平均人数
江　苏	18.18	7.95	18.32	21.13	17.75	15.13
上　海	11.53	9.99	11.99	14.68	6.88	5.84
北　京	5.99	15.18	6.29	4.17	6.21	3.08
天　津	5.20	15.80	5.33	5.69	10.84	2.65
山　东	5.39	6.88	5.56	2.35	7.07	5.46

资料来源：根据《2005 年 1－12 月份中国高技术产业发展统计数据》计算而得

其次，从总产值、新产品产值、产品销售收入、出口交货值、利润总额和年末从业人数的增长率等动态指标看，五省市的绝大部分指标不仅明显优于全国平均值，而且也优于东部地区的平均值，可见五省市高技术产业正处于蓬勃快速发展阶段。

表 5　全国、东部地区、江苏、上海、北京、山东、天津五省市部分指标增长率的比较　　%

区域 \ 增长率	总产值	新产品产值	产品销售收入	出口交货值	利润总额	全部从业人员平均人数
全　国	22.74	25.09	23.53	28.96	9.81	11.24
东部地区	22.92	24.97	23.94	29.19	6.25	13.63
江　苏	29.03	-0.06	28.73	35.41	30.53	22.46
上　海	22.41	92.92	22.01	30.61	-27.77	11.93
北　京	20.98	18.08	43.83	45.02	12.21	11.29
天　津	17.85	30.07	48.69	23.05	1.24	3.83
山　东	47.80	19.74	22.77	44.83	61.65	17.78

资料来源：根据《2005 年 1－12 月份中国高技术产业发展统计数据》计算而得

表 6　全国、东部地区、江苏、上海、北京、山东、天津部分指标比较

区域 \ 指标	劳动生产率/（万元/人）	新产品产值率/%	利润率/%	产销率/%
全　国	51.68	19.69	4.22	97.29
东部地区	58.23	19.28	4.13	97.55
江　苏	62.11	8.61	4.09	98.34
上　海	101.94	17.06	2.43	97.17
北　京	100.49	49.93	4.17	97.82
天　津	101.50	59.84	8.60	101.08
山　东	51.07	25.13	5.37	95.44

资料来源：根据《2005 年 1－12 月份中国高技术产业发展统计数据》计算而得

最后，从劳动生产率、新产品产值率、利润率和产销率四项潜力指标看，五省市的大部分指标较佳，表明五省市高技术产业可持续发展的前景较佳。

上海交通大学经济管理学院产业经济系　黄立昕
国家发展和改革委员会产业所　张嵎喆　李红宇
中国人民解放军 66368 部队　刘旭超

2

“十五”北京市高技术产业发展情况

“十五”期间，北京市高技术产业以提升自主创新能力和整体产业竞争力为核心，保持了良好增长势头，产业总量快速增长，产业结构和空间布局进一步优化。

一、“十五”期间北京市高技术产业发展情况

（一）平稳增长：全市高技术产业发展势头良好

高技术产业保持快速稳步发展，产业总体规模迅速扩大，以中关村科技园区为重点、高新技术企业为主体、电子信息产业为支柱、自主创新为动力的发展格局得到持续加强。

总量增长较快，增速稳中有升。“十五”期间，北京市高技术产业实力进一步增强，在首都经济和全国高技术产业中的地位得到提升。高技术产业是北京市大力发展的产业，包括以电子信息、生物医药、光机电一体化、新材料等为主的高技术制造业，和以信息传输、计算机服务、软件业、科学研究、技术服务和地质勘查业为主的高技术服务业。2005 年北京市高技术产业（含高技术服务业）实现增加值占全市地区生产总值的 20% 左右。其中，全年规模以上高技术制造业实现工业增加值 517. 5 亿元，增长 20. 0%，高于“十五”期间的平均增速，高出工业增加值增速 7. 1 个百分点；高技术制造业增加值占工业增加值的 30. 3%，占 GDP 的 7. 6%；完成工业现价总产值 2 503. 9 元，同比增长 20. 1%。高技术服务业中，信息传输、计算机服务和软件业实现增加值 517. 2 亿元，增长 14. 7%，增速高于第三产业增速 3. 5 个百分点。

高技术产业结构得到进一步优化，软件、光电显示、集成电路、生物医药等附加值较高的产业领域逐渐成为新的增长点，多领域支撑的新型产业格局正逐步形成。软件产业销售收入从 2000 年的 190 亿元增长到 2005 年的 780 亿元。

产业集聚显现，产业布局的“两极”模式显现。中关村科技园区在北京高技术产业中的比重不断增大，利用“中关村”品牌进行产业结构调整和升级的区域越来越多，“一区多园”模式及专业园建设取得突破，中关村区域品牌效应不断彰显。2005 年，中关村园区实现总收入 4 819 亿元，增长 30%；实现增加值 960 亿元，在全市生产总值中所占比重由 2000 年的 10. 3% 提高到 2005 年的 14. 1%。海淀园产业规模进一步扩大，2005 年园区技工贸总收入超过 2 485 亿元。电子城老工业基地经过 10 年改造之后，已发展成为现代化高技术产业基地。北京经济技术开发区、昌平园、丰台园高新技术产业发展迅速，园区技工贸总收入从 2000 年到 2005 年分别增长了 21. 4 倍、8. 3 倍、6. 9 倍。中关村科技园区中，海淀园和亦庄园产业优势进一步显现。海淀园园区收入约占中关村的二分之一，亦庄约占五分之一；亦庄出口创汇约占中关村园区的二分之一，海淀园约占五分之一。

随着产业的分化和集聚，北京高技术产业空间布局呈现出更加清晰的三个梯度，以中关村海淀园为核心的知识创新区、沿城市五环路展开的技术创新区，以及多点集聚和专业化分工、依托远郊工业开发区形成生产制造区的梯度空

间得以逐步形成。

主要产品快速增长，电子信息产业支柱地位显著。“十五”期间，电子信息产业在全市高技术产业中的支柱地位显著，占高技术产业总量的三分之二。2005 年，电子信息产业完成现价总产值 1 763 亿元，增长 22.1%，占高技术制造业比重 70.4%；实现增加值 364.3 亿元，增长 22.0%，占高技术制造业比重 70.4%。手机、计算机、显示器三类产品产量增幅较大。2005 年全年，移动电话手机共 8 948 万部，增长 35.8%；微型计算机产量达到 649.6 万部，增长 23.4%；显示器产量达到 577.8 万部，增长 15.7%。

（二）开放创新：创新工作取得新进展

自主创新取得突破。“十五”期间全市研发经费年均增长 22.1%，2005 年全社会研发投入占地区生产总值的比重到 5.6%。北京高技术产业技术水平明显提升，涌现出一大批处于国内外领先水平、具有自主知识产权的产品、技术和国际品牌，原始性创新、集成创新和引进消化创新能力提升，高技术企业竞争力增强，国际化发展呈现突破态势。TD－SCDMA 标准成为全球三大 3G 标准之一；“闪联”标准成为国家推荐性行业标准，是面向 3C 产业的中国第一个拥有自主知识产权的标准；中星微电子的星光数字多媒体芯片、汉王手写识别系统、中科大洋全数字非线性编辑系统等，荣获国家科技进步一等奖；中芯国际 12 英寸生产线进一步缩小了中国集成电路制造技术与国际先进水平的差距；京东方通过并购韩国现代显示 TFT－LCD 业务，将中国显示产业技术水平与国际先进水平的差距缩短了 8 年；联想通过收购 IBM 全球 PC 业务成为全球第三大 PC 制造商；用友成为亚洲第二大 ERP 厂商。

跨国公司研发机构大大增强了北京市的创新实力。一些跨国公司在京建立研发中心，扩大研发机构，AMD 大中华区总部、IBM 中国软件开发中心、爱立信、伟创力、甲骨文等国际知名企业入驻中关村科技园区或在园区增设机构。世界 500 强企业在园区设立的分支机构达 112 家，国际知名跨国公司设立的研发机构达 41 家。在经济技术开发区星网工业园内，50% 的诺基亚星网成员公司已在星网工业园建立了研发中心或设计中心。

（三）发展高端：重大项目建设进展顺利

三大高端制造业项目进展顺利。“十五”期间，位于北京经济技术开发区的星网工业园建设取得较快发展。诺基亚重组后，对拉动配套企业在京投资更加有利。2005 年，星网工业园的销售总额约 700 亿元人民币。在北京经济技术开发区产值超 10 亿元的 9 家企业中，星网工业园企业就占了 4 家。目前，诺基亚包括供应商已经正式启动星网工业园二期项目，星网工业园进入了第二次发展建设的高峰期。

京东方 TFT－LCD 项目创造三个之最。总投资 12.5 亿美元的 TFT－LCD 第 5 代生产线正式建成投产，良品率达 90% 以上，居世界领先水平。京东方 TFT－LCD 生产线项目创造了建设时间最短（从破土动工到实现量产仅用 18 个月）、良品率爬升速度最快、通过国际客户认证最快等多项业内之最。

中芯国际集成电路项目在试生产的基础上逐步扩大产能。因市场需求旺盛，增资扩产建设新的 12 寸生产线已获国家发改委批复，这将进一步拉动相关配套企业投资。

软件产业发展加快。中国印度软件产业高峰会和企业家圆桌会议陆续在北京召开，进一步推动了软件产业国际化发展。北京软件产业呈现快速发展态势，2005 年，北京软件产业实现总营业额 780 亿元，是 2000 年的 4.1 倍，年均增长 32.6%，总量规模占全国的 1/3。2005 年，新认定软件企业 542 家，累计认定软件企业 2 840 家，约占全国的 21.5%；新认定软件产品 1 408 个，累计登记软件产品 7 465 个，约占全国 24%。软件出口继续保持高速增长态势，全年海关统计的软件出口额为 3.03 亿美元。

高新技术产品出口额已经占全市外贸出口额的一半。“十五”期间，北京高新技术产品出口额占全市外贸出口额的比重逐步提升。2005 年北京地方企业高新技术产品出口额达 92.71 亿美元，同比增长 73.4%，占地方外贸比重为 54.2%，高出地方外贸出口增速 12.3 个百分点，对地方外贸出口增长贡献率达 61.2%。

（四）产业集聚：中关村科技园区基地建设重点突出

1. 中关村科技园区建设重点进一步突出

海淀园。“十五”期间，海淀区引进和落实的国内外知名企业总部包括：AMD 大中华区总部、伟创力（中国）、网思（中国）、英国路透集团中国运营中心、华为北京项目等。中关村创意产业先导基地揭牌，雅虎中国、腾讯公司入驻基地。以知识、技术为核心资源的知识型服务业开始成为园区的支柱产业。软件和集成电路设计产业占全国的1/3，其生产总值达园区经济总量的 45% 左右。

昌平园。以中油长城钻井、国电燃料、中油测井等为代表的新能源与高效节能产业独树一帜，各项主要指标均占到园区总量的 50% 左右。

电子城。西区的摩托罗拉、北电网络、爱立信、安捷伦等研发中心建设顺利，索尼爱立信移动通信产品、三星电子技术服务、握奇智能卡、北京中电华大电子设计、德信无线等重点项目支撑了园区高技术服务业发展。

丰台园。在产业基地二期中，总部基地建设实现开复工面积34.9万平方米，竣工达9.3万平方米。

德胜园。世界500强企业日本积水化学工业株式会社（京都研究所）北京代表处入驻，德外中国工程院项目建设顺利。

经济技术开发区。形成一批产值超10亿元的大企业，如诺基亚、中航科工、艾科泰、富士康、京东方光电、威讯、航卫通用和SMC等，其工业总产值已占全区工业总量的70%。

2. 重点产业基地集聚效益显现

“十五”期间，高技术产业集聚效益进一步显现，移动通信、光电显示、集成电路、软件产业、生物医药、光机电一体化、数字娱乐产业等七大产业基地建设进展顺利。此外，信息产业部批准命名了在中关村园区的首批国家电子信息产业园、国家通信产业园、国家计算机及网络产品产业园和国家集成电路产业园。

（五）优化环境：投融资改革取得新突破

积极争取国家投融资改革措施。园区非上市股份公司进入证券公司代办股份转让系统进行交易的试点工作，在中关村首先试行国家十部委制定的《创业投资企业管理暂行办法》。

高技术企业海外上市融资成果显著。截至“十五”末，园区上市公司已达75家，融资额过470亿元人民币。百度公司在美国纳斯达克上市，是中国在纳斯达克上市公司中市值最大、股价唯一超过100美元的公司。2005年共有6家中关村企业在纳斯达克上市，园区在纳斯达克上市企业总数达13家，超过在纳斯达克上市的中国公司数量的一半。

中小企业债权融资取得突破性进展。2005年有200家中小科技型企业通过中关村贷款担保绿色通道获得近11亿元的担保贷款，比2004年增长了40%。预计全年可为12家园区企业发行4亿元中小企业债券。

（六）政府导向：政府投资倾斜于自主创新、产业基地和重点领域

北京市在高技术产业领域的政府投资引导作用更加明确，政府投资进一步向中关村园区倾斜、向鼓励自主创新倾斜、向重点领域倾斜。

向中关村地区倾斜。“十五”期间，中关村科技园区项目总数占政府支持高技术产业项目总量的90%左右；政府支持的高技术产业项目中，中关村地区项目投资占总投资的85%左右；高技术产业补助北京市资金的约80%、市政府高技术产业补助资金的约80%都投资于中关村地区。充分体现了国务院和市政府支持中关村进一步做大做强的政策。

向自主创新企业倾斜。大唐移动、联想、中星微、汉王科技、用友等自主创新能力较强的企业成为政府投资补助的重点企业。

向重点领域倾斜。在软件、移动通信、集成电路、电子装备、计算机及网络、汽车电子、光电显示、生物等方面形成具有较强自主创新能力的产业群。

二、未来五年北京市高技术产业发展展望

（一）产业重点

大力发展高技术服务业。加快培育软件产业，大力发展以信息技术、网络技术和数字技术为基础的通信业、互联网产业、数字内容产业、电子商务等新兴服务业以及系统集成服务业和中介服务业。

进一步做强电子信息产业。重点发展软件产业、移动通信产业、计算机及网络产业、集成电路产业、光电显示产业、数字电视产业、汽车电子产业、电子装备产业。

加速发展生物产业。加快培育医药研发服务、重大疾病防治产品研发制造、现代中药、生物能源、动植物育种等。

（二）主要任务

（1）推动信息产业从“大”向“强”转变。加强自主创新和引进创新，提升产业核心竞争力，推动北京市开始实现信息产业从“大”向“强”的转变；加快建立较为完整的高端产业体系，促进北京市由制造中心向集地区总部、高端生产、研发中心为一体的方向发展；进一步推动大企业从本地经营、跨地区经营向跨国经营转变。

（2）大力发展高技术服务业，促进现代服务业发展。大力发展以信息技术、网络技术和数字技术为基础的通信业、互联网产业、数字内容产业、电子商务等新兴服务业以及系统集成服务业和中介服务业；加快培育软件产业，加速促进国民经济的信息化；积极推进高技术与传统服务业的相互融合，推动传统服务业向现代化、专业化方向发展。

（3）实施生物经济战略，推动生物产业加快发展。北京市生物产业居国内领先地位，尤其在生物研究开发方面优势显著，对推动生物产业跨越式发展具有极其重要的意义。要积极探索有效措施，促进生物产业创业投资发展，加强生物产业创新能力建设，形成具有国际先进水平的中关村专业性生命科学研究基地。

（4）发展研发功能区，塑造创新型城市。完善上地信息产业基地（计算机）、中关村软件园（软件）、中关村生命科学园（生物技术和新医药）、望京国际电子园四个专业研发产业功能区建设，对海淀山后地区、电子城西区，亦庄新城规划集成电路、显示技术、通信技术等研发产业功能区进行先期调研准备。

（5）加快发展高技术产业基地，优化产业结构与布局。加快建设计算机及网络、软件、移动通信、光电显示高技术产业基地，规划实施集成电路、生物、汽车电子、电子装备高技术产业基地。

（6）加快高新技术改造传统产业，促进经济增长方式转变。发挥信息化对工业化的带动作用，大力发展电子商务，推动企业信息化。加快信息技术、现代生物技术等高技术和产品向传统产业的渗透，用新材料、新能源代替传统材料和传统能源，改变传统产业的生产和管理方式。发展循环经济，改变高投入、高消耗、高污染的传统工业化道路，走出一条科技含量高、经济效益好、资源消耗低、环境污染少、人力资源优势得到充分发挥的新型工业化路子，实现国民经济和社会的可持续协调发展。

（7）完善产业投融资体系，改善企业投资环境。探索建立企业主体、金融支持、政策引导、政府扶持的多层次、多形式的高新技术产业投融资体系。抓住国家《创业投资企业管理暂行办法》刚刚出台的有利时机，推进北京市创业投资体系建设。

北京市发展和改革委员会高技术产业处

3

“十五”天津市高技术产业发展情况

“十五”以来，天津高技术产业发展工作以“三个代表”重要思想和党的“十六大”精神为指针，按照科学发展观的要求，不断完善产业发展环境，推进产业创新能力建设，实施具有重大带动作用的高技术产业化项目，产业创新能力得到增强，科技成果转化能力明显提高，促进经济结构调整的作用进一步强化，对全市经济发展的拉动作用越来越突出。

一、“十五”高技术产业发展主要工作和成效

（一）工作思路

（1）坚持市场导向与政府推动相结合，充分发挥市场对高技术产业发展的主导作用，优化资源的合理配置，同时通过政府的宏观引导和政策扶持，建立起适应高技术产业发展规律的运行机制和体制，为高技术产业快速发展创造宽松的环境。

（2）以技术创新为核心，积极引进国内外人才、智力和先进技术，强化引进技术的消化吸收再创新，形成具有自主知识产权的核心技术，提高支撑产业发展的持续创新能力。

（3）坚持做大做强，力争在电子信息、生物技术与现代医药、新能源等重点高技术产业领域实现突破，形成天津高技术产业的优势和特色。

（4）坚持把产业结构调整作为中心任务，不断提高高技术产业比重，同时积极推进用高技术改造和提升传统产业，促进产业结构与产品结构的优化升级，提高天津市经济整体素质与综合竞争力。

（5）坚持对外开放，将“引进来”与“走出去”有机结合起来，充分利用两种资源、两个市场，逐步提升天津市在国际产业分工中的地位。

（二）主要工作

按照1999年市委制定的《关于加速科技进步和技术创新的若干意见》，天津市推进高技术产业发展工作的做法主要有以下内容。

（1）成立市高技术产业发展规划实施办公室。为集合全市各方面力量共同推进高技术产业发展，成立了由市发改委牵头，市科委、经委、财政局等11个委办局参加的规划实施办公室，负责组织推动全市高技术产业发展规划的实施和政策的落实。

（2）制定一系列扶持高技术产业发展的政策。市发改委同经委、科委、财政局等部门先后出台了《关于促进高技术产业化的意见》、《市重大高技术产业化项目实施管理暂行办法》、《积极推动天津市建立风险投资机制的意见》、《加

快软件产业发展的实施意见》、《促进创业投资的暂行办法》、《关于对天津市重大科技产业化工程项目企业所得税优惠政策问题的通知》、《天津市产业技术进步指导目录（2005－2010年）》、《天津市重大高技术产业化项目企业股权激励试点实施暂行办法》等一系列政策。

（3）制定天津市高技术产业发展规划。针对重点发展的电子信息、生物技术与现代医药、新能源和环保以及鼓励发展的光机电一体化、新材料等六大产业领域，编制出专项发展规划，并制定了海洋高技术产业发展规划；另外，制定和公布了《天津市当前优先发展的高技术产业化重点领域指南》，明确了天津市重点支持和鼓励发展的90个高技术产业化重点领域。

（4）大力实施重大高技术产业化项目。从1999年起，市委、市政府决定设立高技术产业化专项资金，用于支持天津市具有自主知识产权的重大高技术产业化项目建设，以推动自主高技术产业发展。截至2005年，天津市累计实施了大直径区熔硅单晶、复方丹参滴丸及其他中药产品、皮质激素类药物、现代中药产业园、头孢类药物及其中间体、蔬菜良种产业化、万吨级海水淡化示范工程等市重大产业化项目100个。

（5）培育优势产业和优势产品。坚持做大做强的工作思路，通过政策、规划、项目、资金上的支持与倾斜，推动形成以电子信息产业为主导，以光机电一体化、生物技术与现代医药、新能源等产业快速发展的高技术产业为发展格局；同时，支持和培育对产业发展具有带动作用的重点企业和重点产品的快速发展。

（三）主要成效

1. 产业化工作极大地促进了高技术产业发展

通过一系列政策、规划、措施的出台与实施，高技术产业得到快速发展，产业规模迅速扩大，运行质量明显提高。2005年，全市高技术产业完成产值2 141.4亿元，实现销售收入2 238.4亿元，产品出口额达到124.7亿美元，分别是"九五"末的2.9倍、2.8倍和5.8倍，5年年均增长率分别是23.5%、23.0%和42.1%。高技术产业产值占全部工业产值的比重稳步增长，由2000年的28.6%增长到2005年的31.6%，年均增长0.6个百分点。高技术产品出口占全市出口比重的45.5%，比2000年的25%提高了20.5个百分点，产品出口规模在全国科技兴贸重点城市排序中名列第四。

2. 形成优势高技术产业和特色产业群

通过规划引导、政策扶持、优化资源的合理配置，推动形成了以电子信息产业为主导，以先进制造、生物技术与现代医药、新能源等共同发展的产业格局。到2005年，电子信息产值达1 682.4亿元，占高技术产业的78.6%，是天津市第一支柱产业。先进制造和生物技术与现代医药产值分别为172.9亿元和163.8亿元，占高技术产业的8.1%和7.6%。新能源产业完成产值58.4亿元，初步形成了以锂离子电池、镍氢电池和太阳能电池为主的高能电池产业群，品种、规模和技术水平都居国内领先地位。产业布局优化取得成效。新技术产业园区、经济技术开发区作为高技术产业两大基地的地位更加突出，开发区、西青微电子区成为中国重要的电子产品制造基地，以华苑产业园区为依托的新能源产业基地、以津南和开发区环保产业密集区为依托的环保产业基地、以华苑软件园为依托的软件产业基地和以中新药业、天士力为龙头的中药现代化基地初步形成。

3. 高技术产业技术水平得到稳步提高

天津市不断加大高技术产业化实施力度，努力促进科技成果转化为现实生产力。截至2005年，累计实施重大高技术产业化项目100个，项目总投资106.3亿元，投产后新增产值313.2亿元、利税79.6亿元，现有50个项目建成投产；同时，争取国家高技术产业化项目62个，累计争取国家资金4.96亿元。上述项目的实施，使一大批具有自主知识产权的创新成果转化为现实生产力，产业技术水平得到显著提升，对于增强产业的核心竞争力发挥着重要作用。

加大对外开放力度，优化投资环境，支持跨国公司在津建立国际化生产基地、设立地区总部、研发中心和采购中心，形成了如摩托罗拉、三星集团、中美史克、奥的斯电梯等一批对产业技术具有突出带动作用的高技术三资企业。

4. 产业自主创新能力得到加强

天津市始终把推动具有自主知识产权的高技术产业发展和技术创新体系建设作为中心工作来抓，着力提升产业自主创新能力。在实施市重大高技术产业化项目以及国家高技术产业化专项计划工作中，一批处于国内领先、国际先进水平的自主高技术和产品实现了产业化。如赛象科技的子午线轮胎生产线系列产品、协和干细胞公司的干细胞及基因工程产品、天津华立达公司的基因工程α－2b干扰素、天津膜天膜公司的中空纤维膜、力神电池的锂离子电池等。有力地发挥了示范带动作用，使天津市高技术各产业领域的自主创新能力获得提升。

2005年，自主高技术产业产值达到251.7亿元，是2000年的1.9倍。已纳入统计的21个市重大高技术产业化项目实现产值191.5亿元，占全市高技术产业产值的比重近9%。自主知识产权企业正在成为支撑高技术产业发展的重要力量。

在创新支撑体系建设工作中，天津市注重科技基础设施建设，多层次推进自主创新体系的建设和实施。到 2005 年，已建成国家和省部级的重点实验室 20 个、工程技术研究中心 25 个、企业技术开发中心 150 个，初步建立起以企业为主体的技术创新体系，成为产业持续发展的有力支撑。

5. 形成了一批优势企业和自主品牌

“做大做强”取得成效。几年来，天津市重点扶持了金耀集团、中新药业、天士力集团、力神电池、南开戈德、天大天财、环球磁卡、赛象科技等 10 个拥有自主知识产权的高技术企业。到 2005 年，全市亿元以上产值的高技术企业达 180 家，其中产值 10 亿元以上的达 26 家。同时，培育了高分辨率彩色显示器、大直径区熔硅单晶、超快恢复高压硅堆、氨基酸、维生素类药物、复方丹参滴丸、绿色高能电池、纳米复合氧化锆材料等 20 个技术水平高、市场竞争力强的自主品牌产品。

6. 促进天津市产业结构调整发挥着越来越显著的作用

一方面，产业规模不断扩大，占工业总产值比重不断提高，在拉动全市经济快速增长的同时，也从整体上推动着天津市产品结构和产业结构的优化升级。另一方面，天津市一直注重高技术对传统产业的渗透与带动作用，实施了“嫁改调”和利用高技术改造传统产业的三年规划。对交通运输设备制造、冶金、机械、医药、化工等 10 多个重点行业进行了全面改造，一大批高技术和先进适用技术得到推广应用，实现了传统工业向现代制造业的跨越。

二、“十一五”形势分析

“十一五”时期是天津认真贯彻落实科学发展观、实现“三步走”战略目标的关键时期，也是高技术产业发展的重要战略机遇期。国际上科技革命迅猛发展，发达国家加快全球范围内资源整合的步伐，高技术在全球范围内重新布局。中国国民经济将进入新的发展阶段，向高技术产业强国迈进，是培育和形成高技术产业核心竞争力的关键时期。特别是中国入世过渡期的结束、全球化和区域经济一体化进程的加快将为天津高技术产业的发展带来新的机遇和挑战。

（一）机遇

（1）国家重视统筹区域经济发展，把规划建设好天津滨海新区作为国家发展战略的重要组成部分。滨海新区发展规划提出要加强科技创新与研发，建设现代化制造、研发和转化基地，将对天津高技术产业发展发挥重要的牵引作用，全市高技术产业发展面临重大的历史机遇。

（2）党的十六届五中全会提出“要把增强自主创新能力作为调整产业结构、转变经济增长方式的中心环节”，要求“必须提高自主创新能力”，将“形成一批拥有自主知识产权和知名品牌、国际竞争力较强的优势企业”确定为“十一五”期间的目标和任务之一。高技术产业发展面临难得的国内环境。

（3）按照科学发展观的要求，国家及全市将积极推进新型工业化道路的进程，追求绿色 GDP 的增长，重视科技含量高、经济效益好、资源消耗低、环境污染少、人力资源优势得到充分发挥的高技术产业的发展，努力促进经济与人口、资源、环境、生态的协调发展。发展高技术产业的政策环境将进一步优化。

（4）天津经济持续、快速发展，国民生产总值连续 12 年保持两位数增长，2005 年人均 GDP 达 4 322 美元，标志着天津经济进入加速成长和创新推动阶段，经济结构将趋向高级化，为高技术产业的发展增添了新的动力和市场空间。

（5）在经济全球化背景下，国际产业转移的步伐加快，天津作为中国北方重要的经济中心和现代化的国际港口大城市，面临欧美、日韩产业转移良机，具有承接国际产业转移的基础和优势。

（6）天津毗邻北京，在利用北京的技术溢出效应方面具有地域优势，京津两地一旦联手，将形成巨大的产业势能，成为带动整个环渤海地区的辐射原点。

（二）挑战

（1）随着全球经济一体化进程加快和中国入世过渡期的结束，国际竞争加剧，与贸易有关的知识产权保护协议、技术壁垒、反倾销等对中国高技术企业的影响逐步显现。

（2）天津作为环渤海地区高技术产业重要的制造基地，面临“长三角”、“珠三角”地区的竞争和未来可能崛起的东北地区的争夺。

（3）津京地区在高技术领域的区域联合机制尚未真正建立起来，与北京资源互补的优势尚未得到充分发挥。

三、“十一五”发展思路

（一）指导思想

坚持以科学发展观为指导，认真贯彻中共十六届五中全会和市委八届八次会议决议，着眼于全面建设小康社会，紧密围绕天津市“三步走”的战略目标和五大战略举措，紧紧把握国家加快滨海新区发展的重要战略机遇，以建设国内一流的自主创新体系为目标，以贯彻人才战略为保证，以实施重大高技术产业化项目为手段，坚持体制创新和科技创新并举，大力推进高技术产业化、主导产业集群化和传统产业高技术化，积极发展对天津经济有重大带动作用的高技术产业，超前培育战略新兴产业，增强高技术产业的核心竞争力。发挥高技术产业的先导和辐射作用，带动本市及周边地区经济全面、协调和可持续发展，保持天津高技术产业在全国的领先地位。

（二）发展战略

自主创新战略。将提高创新能力、提升核心竞争力作为高技术产业发展的根本任务。加强自主研究开发，在具有研发优势重点领域的产业技术研究开发上加强原创性开发，力争实现技术跨越，达到国内领先或国际先进水平，为天津市经济发展提供稳定的动力，引领和支撑经济社会协调发展。彻底改变引进替代的发展模式，加强对引进技术的消化吸收和再创新，以及改进创新和集成创新，真正掌握国外先进技术，实现产业技术进步从引进技术和跟踪研究向自主创新和引进技术相结合转变。

产业集群战略。围绕优势和主导产业，加速技术创新及传播，发展专业化分工与协作，形成企业间既相互竞争又相互依存的有机群落，实现高技术产业发展从“单点”依赖到“多点”支撑的转变。抓住全球产业转移的机遇，重点引进代表国际制造业先进水平的行业“旗舰”企业和处于产业链核心环节的企业，带动本市配套企业的发展，提升制造业的能级，形成“引来一个、带动一批、影响一片”的效应和产业集群发展的格局。

重点突破战略。选择技术支撑能力强、产业基础好、对经济增长有突破性带动作用的生物技术等产业超前培育。围绕重点发展产业，开发一批居国际前沿水平、具有自主知识产权的高技术并实施产业化，创造新的市场需求，培育和形成新的产业。

（三）发展目标

到“十一五”末期，天津高技术产业的发展目标是，建立起国内一流的高技术产业自主创新体系。生物技术、环保节能、海洋高技术产业初步成为新的战略高技术产业，电子信息作为高技术支柱产业的地位进一步巩固，新能源产业基地基本建成，天津成为国内最富有竞争力的高技术产业基地。

（四）重点任务

“十一五”期间，高技术产业发展有如下重点任务。

1. 大力推进高技术产业化，实施高技术产业化专项

按照实施产业化—培育新企业—发展新兴产业以及突出有限目标、实现重点突破的工作思路，大力推进对经济发展具有重要带动作用的高技术的产业化，组织实施信息服务及相关软件产业化，生物技术与制药、新型能源与节能技术产业化，新兴材料、装备制造与系统、现代农业技术产业化，海水淡化及综合利用产业化，资源节约与综合利用产业化等专项。

2. 优化高技术产业布局，建设“两区一带”

（1）滨海新区高技术产业区。紧抓国家加快发展滨海新区的战略机遇，全面提升新区科技资源集聚、创新引领和辐射带动三大功能，建设世界一流的创新体系，积极推进滨海新区研发与转化基地建设。规划建设滨海新区高新区，坚持体制创新和机制创新，将高新区建成高技术产业综合示范区，成为天津市及中国北方重要的高技术产业基地。

（2）华苑高技术产业区。依托华苑产业区周边科研单位密集及毗邻高教区的地域优势，破除在发展产学研合作方面的体制和机制上的障碍，建立在产学研合作上的更紧密的关系和经常性的联系机制，发展自主知识产权的高技术产业。将华苑产业区建成高技术研发创新基地和产业化基地。

（3）京津塘高速公路高技术产业带。协调京、冀两地研究制定发展规划及扶持政策，加强三省市在研发、产业化方面的合作，优化配置科技资源，联合开发建设京津塘高速公路高技术产业带，建成具有国际影响的创新研发密集区、高技术产业带。

3. 改善产业发展环境，完善四个体系

（1）技术创新体系。鼓励企业、研究院所、大专院校组成技术创新联盟，培育创新主体，建设以企业为主体的技术创新体系，新建一批国家级、市级工程研究中心和企业技术开发中心。重点培育一批自主知名品牌高技术产品和拥有自主知识产权的优势企业。

（2）投融资体系。加快建设多元化的高技术产业投资体系。鼓励高技术企业利用风险投资、上市融资、知识产权出让等多种途径筹措开发和产业化资金。以资本为纽带，整合现有科技风险投资机构，吸纳民间资本，培育形成一批骨干风险投资机构。

（3）中介服务体系。发展功能多样、服务到位，能够满足高技术产业发展需要的科技中介服务体系。到2010年，初步形成科技服务业产业化、规模化、网络化和社会化的格局，将天津市发展成为国内高技术产业创业环境最好的地区之一。

（4）政策支撑体系。健全高技术产业政策支撑体系。建立促进企业成为技术创新主体的政策；建立自主创新和引进技术再创新机制；建立专项计划和专项资金，引导企业开展自主创新和消化吸收再创新；建立和完善用人机制，创造适合人才成长的社会环境。

天津市发展和改革委员会高技术产业处

■ 4

“十五”河北省高技术产业发展情况

一、“十五”高技术产业发展总体情况

“十五”期间，河北省高技术产业发展紧紧围绕全省经济建设总体部署，深入实施“科教兴冀”战略，以“大项目、大基地、大园区、大产业”建设为重点，促进高技术产业做大做强，加速用高技术改造提升传统产业，各项工作取得了明显成效，高技术产业对经济和社会发展的支撑作用不断增强。

第一，高技术产业实现了持续快速增长。“十五”期间，全省规模以上高技术产业累计实现产值 3 461 亿元，年均增速为 24. 7%。其中 2005 年实现产值 990 亿元，是“九五”末的 3 倍，完成增加值 267 亿元，同比增长 25. 2%，高于工业增速 2. 3 个百分点。高技术产品出口完成 2. 35 亿美元，是“九五”末的 4. 4 倍，同比增长 70. 1%。电子信息、新材料、生物医药、先进制造等四个重点领域实现增加值占全省总量的 92. 6%，产业集聚优势显著。全省共有有效期内高技术企业 670 家，高技术产品 1 047 项，一批国家、省高技术产业化示范项目建成投产，形成了一批具有明显特色优势的产业群体，高技术产业对社会经济发展的贡献度不断提高。

第二，产业基地和重点项目建设取得显著成效。筹建了石家庄生物产业、河北半导体、河北软件、石家庄信息产业、保定新能源和能源设备、廊坊信息产品制造等六个高技术产业基地。石家庄生物产业基地被国家发改委认定为首批三个国家生物产业基地之一，已成为全国最大的青霉素、维生素 C、维生素 B_{12} 等产品的生产基地，吉姆欣、吉赛欣、乙肝疫苗等生物工程药品在国内市场占有重要位置。华药、石药、神威药业、以岭药业、中天化工等企业优势不断增强。半导体材料基地发展迅速，宁晋晶龙、河北普兴等一批骨干企业迅速崛起，太阳能级单晶硅产量居世界第一，砷化镓、蓝宝石单晶的晶片技术和生产规模居国内领先地位。保定新能源及能源设备产业基地已成为中国目前最大的具有自主知识产权、完整产业链的输变电制造和光伏产业制造基地，太阳能电池及组件进入世界领先行列。石家庄半导体照明工程产业基地项目与中电科技集团签署合作备忘录，项目建议书已通过中电科技集团的批复，可行性研究报告已上报待批。河北省与中航二集团签署发展通用飞机产业的战略合作协议，石家庄通用飞机产业基地正在加紧规划建设，小鹰 -500 轻型飞机已完成初步设计并通过国家型号审查，进入商业化生产阶段。一期投资 20 亿元的华为北方信息产业基地项目已开工建设，中兴集团北方通信产业基地项目与河北省签署合作协议，项目建设正在积极推进。全省高新区发展迅速，一批高技术企业迅速壮大，成为河北省高技术产业的重要集散地和辐射源。2005 年省级以上高新区完成生产总值 450 亿元，同比增长 32. 3%。

第三，产业技术升级取得明显成效。围绕加速用高技术改造提升传统产业，重点开展了新一代低成本高性能钢铁材料、化学工业新型高效催化和分离技术、制造过程自动化智能化监测与控制技术等 11 项优先课题的技术攻关，组织实施了一批重大技术创新项目和科技专项，研究解决了一批产业共性关键性技术，电子信息、循环利用、清洁生产等先进技术在传统产业中得到广泛应用，企业整体技术水平得到明显提升。建立了重大引进消化吸收再创新统筹协调机

制，加强产学研联合攻关，突出解决制约行业发展的瓶颈技术问题。2005年全省钢材板带比达到45.8%，吨钢综合能耗明显降低。新型干法水泥比重达到30%。规模以上工业实现新产品产值342.21亿元，同比增长29.36%。

第四，技术创新能力建设取得新突破。以骨干优势企业、科研院所和重点高校为依托，建设了一批技术创新研发平台，目前全省共建设国家级企业技术中心和工程研究中心16家，省级企业技术中心101家，省级以上重点试验室、中试基地和工程技术中心65个，其中燕大亚稳材料实验室被批准为国家级重点实验室，大中型企业中建设技术开发机构373个，技术创新基础条件不断改善，初步形成了支撑河北省基础研究、产业共性、关键性技术研发、高技术成果产业化以及企业技术创新的区域创新体系，产业技术创新能力得到显著增强。组织实施了天威集团的750—1000kV特高压变压器研制、风帆股份公司的锂离子电池研制、三鹿集团新型乳制品研发实验平台建设等一批国家和省创新能力建设项目，使河北省在部分产业领域的技术创新能力和竞争优势得到进一步提高。

二、“十五”高技术产业发展主要工作情况

“十五”期间，河北省高技术产业发展工作重点表现在以下六个方面。

第一，理清思路，明确工作重点。“十五”以来，河北省对发展高技术产业重要性和必要性的认识不断深化，全省上下形成了加快发展的共识和良好氛围。在深入认识省情、研究分析京津冀区域乃至全国发展形势的基础上，准确把握影响河北省产业发展的因素和突出矛盾，进一步明确了工作思路和重点。一是把发展高技术产业的重点逐步从普遍推进转向有限目标、重点突破上来，选择河北具有优势的生物技术、电子信息、新材料等产业，集中力量做大做强。二是抓好一批高技术产业基地，培育产业集聚优势。着重抓好石家庄国家生物产业、半导体材料、软件、石家庄信息产业、廊坊信息产品制造、保定新能源和能源设备等产业基地的建设，推进基地内大项目的布局和建设，形成局部强势。三是加大开放力度，注重项目和技术引进，着力推进大项目建设，走开放式创新道路。华为、中兴、豪威、京东方项目的引进对加快河北省高技术产业的发展将起到重大推动作用。与中电科共同建设的石家庄信息产业基地将为中电科技集团13所、54所科技成果研发和产业化提供良好的平台。与中航二集团的战略合作将使河北省发挥石家庄飞机工业公司通用飞机制造的产业基础优势，为建设具有较大规模和较强市场竞争力的通用航空产业基地奠定良好基础。

第二，以项目建设为带动，促进产业做大做强。项目是发展的基础和载体。几年来，全省上下高度重视高技术产业项目建设，谋划好项目，深入做好项目的前期工作，加大争取项目的力度，取得了较大成绩。近年来河北省共投资145亿元，围绕“十五”计划确定的基因工程药物、中药现代化、数字通信产品及系统等十大高技术产业重点工程，滚动实施高技术产业重点示范项目224项，目前已有90个项目竣工投产。共有76项列入国家高技术产业化示范项目，国家支持资金5.5亿元。在争取项目的同时，加强项目管理，对2001－2004年省高技术产业发展项目进行了全面清查，建立了项目动态管理台账，加强了项目建设进度的督导和管理。2005年10月国家项目稽查办来河北省对2001年以前立项的国家项目进行稽查，认为河北省的项目管理细致扎实，对河北省的项目管理工作给予了肯定和表扬。

第三，以创新能力建设为重点，着力推进产业技术进步。提高产业技术水平、推动工业走新型工业化道路是河北高技术发展工作的重要方面。围绕冶金、化工、医药、纺织等省确定的“十大主导产业”，组织开展了产业共性关键技术调研，把政府支持引导和产业发展需求相结合，进一步明确了主攻方向，组织实施了一批技术创新重点项目，对促进产业技术优化升级发挥了重要作用。加强产业技术创新能力建设，围绕主导优势产业，重点抓好“三个平台”，促进形成“三个机制”（“三个平台”即技术创新平台、科技成果转化平台、公共科技服务平台；“三个机制”即自主创新机制、产学研合作创新机制、科技成果转化机制），建设了一批国家和省级重点实验室、工程中心、企业技术中心，对提高河北省的整体创新能力和科技综合实力，为增强产业的整体水平和竞争力提供了强有力的技术支撑。

第四，抓规划制定，谋划产业长远发展。按照国家和省关于制定“十一五”高技术产业专项规划的工作要求，及时部署了全省高技术产业发展规划的编制工作，积极组织开展规划的前期调查研究和规划的起草工作。目前省高技术产业专项规划已编制完成并通过了专家论证，即将报省政府批复。各市专项规划的编制工作也相继完成。组织和编制完成了省“十大主导产业”中医药、信息产业规划和省信息化专项规划，现已报政府待批。

第五，加强重大政策研究与制定，积极营造良好发展环境。《中共河北省委、省人民政府关于加强科技工作的决定》已在省委六届七次全会上讨论通过，出台了《关于加快高技术产业发展的指导意见》、《关于加快河北省软件产业和集成电路产业发展的若干规定》、《河北省高技术产业化项目计划管理办法（试行）》、《河北省高技术产业十大工程实施方案》、《河北省当前高技术产业化重点领域指南（2005年）》、《河北省企业技术中心管理办法》、《河北省（产业）工程研究中心建设指导意见》等若干政策性文件，为加快高技术产业发展提供了重要政策保障。

第六，加强统计监测和重大问题研究。为加强河北省高技术产业和企业技术进步统计监测工作，出台了《河北省人民政府关于进一步做好高技术产业和企业技术进步统计监测工作的意见》，会同统计局、科技厅、信息产业厅等有关部门联合提出了落实《加强高技术产业和企业技术进步统计监测工作的意见》的具体实施方案。针对河北省高技术产业发展实际，积极开展重大问题研究，先后完成了《河北省高技术产业发展有限目标研究》、《河北省高技术产业发展战略研究》、《高技术产业对区域经济发展的影响》、《河北省生物产业发展战略研究》、《京津冀区域创新体系研究》、

《京津冀高技术产业发展研究》等重要课题。在深入调研的基础上，结合发展实际，提出了一系列快速发展的政策措施建议，受到了省领导的重视和肯定，部分建议已被省政府有关政策文件采纳。

三、2006年高技术产业发展面临的形势

2006年河北省高技术产业发展形势总体趋好，高技术产业将继续保持快速增长势头，在电子信息、新材料等优势领域将形成经济发展的新亮点。国家将继续坚持“双稳”的宏观经济政策，把自主创新作为结构调整和转变经济增长方式的中心环节，大力发展循环经济，推进节约型社会建设，加快生物产业跨越式发展，推进信息产业做大做强，这些都为河北省加快发展高技术产业提供了十分有利的条件和广阔发展空间。国际产业区域转移的趋势，有利于河北省发挥比较优势，开展国际技术合作，加快技术和项目引进，建立一批技术联盟或产业基地。京津冀都市圈、天津滨海新区和曹妃甸工业区等重大工程建设，将为河北省主动融入京津冀一体化产业格局，吸引和承接京津地区产业转移，利用京津等地的科技和产业资源优势快速发展提供了重要契机。

在面临诸多有利形势的同时，河北省在技术及服务标准、专利、品牌等非关税贸易壁垒方面处于劣势，在参与国际市场竞争中面临着更多的困难和挑战，应充分发挥高技术产业的先导和对经济发展的支撑作用，以技术引进带动自主开发，加快产业技术进步和产业结构优化升级，做大做强新兴产业，着力构建河北省经济社会发展的战略支撑。

四、2006年总体思路和工作要点

以科学发展观为指导，按照省“十一五”国民经济和社会发展规划纲要、高技术产业发展专项规划总体部署和省政府确定的“一条主线、两个支撑”的工作要求，围绕“三大二重点”（大项目、大基地、大政策和重点专项、重点产业技术进步），着力推进“高技术产业化、产业技术高新化”，加强项目引进和战略合作，加速产业集聚，做大做强新兴产业，加快用高技术改造提升传统产业，促进经济增长方式的根本转变。主要目标是，全省规模以上高技术产业增加值同比增长20%以上，高技术产业增加值占全省生产总值的比重增长0.5个百分点。

第一，实施重大工程和重点专项。按照国家产业技术政策和省高技术产业发展指南，谋划对结构调整和产业升级有重要带动作用的重大工程、重点专项，发展壮大新兴产业，努力培育新的经济增长点。一是围绕国家实施的生物质工程、新材料等重点专项，结合河北省实际，筹建一批国家重大项目。以省重点高技术产业领域为重点，组织实施一批省高技术产业化专项，积极推进高技术产业化进程。二是抓住结构调整和产业转移的有利时机，重点组织实施通信制造业、新型显示器件及制造设备、光伏电池制造等一批重大产业化示范工程，积极推进华为北方信息产业基地、中兴北方通信产业基地、中电科半导体照明工程产业基地、石家庄通用飞机制造基地等重大工程的建设，及时协调解决项目建设重大问题，加快建设进程。滚动抓好河北晶龙实业集团有限公司大直径低氧碳超薄单晶硅片和太阳能电池组件产业化等重点项目，确保顺利实施，按期完成绩效。三是继续推进“做大做强”的方针，积极培育一批具有较强市场竞争力的品牌产品和著名商标，增强国内外市场竞争优势。

第二，抓产业基地和园区建设。以石家庄、保定、廊坊、唐山和秦皇岛为重点，在生物医药、新能源、电子信息、先进制造、新材料等产业化条件较为成熟、发展前景好的重点高技术领域，发展一批高技术特色产业基地，引导和促进各类生产要素聚集，打造特色产业链，加快形成产业集聚优势。在抓好石家庄国家生物医药产业基地、河北半导体材料产业基地、河北软件产业基地、石家庄信息产业基地、保定新能源与能源设备产业基地、廊坊信息产品制造等基地的基础上，积极推进承德现代仪器仪表、邯郸纺织新材料、唐山特种钢等特色产业基地的建设。加强高技术开发区建设，突出抓好区内产业布局和产业链的衔接配套，壮大一批龙头高技术企业，培育孵化一批具有较大发展潜力的中小高技术企业，加强区域公共创新服务平台建设，不断增强区域创新能力和特色产业竞争优势。按照国家有关要求，积极推进创业投资机构建设，鼓励河北省廊坊、保定、石家庄等高新区和产业基地率先进行创业投资机制的探索和试点工作，示范带动全省创业投资的快速发展。

第三，加强对外交流和战略合作。坚持开放创新战略，鼓励省内优势企业与国内外著名大企业和研发机构建立战略技术联盟，培育一批国际化的加工制造与研发基地，形成产品链核心技术、核心业务、核心能力，逐步提升产业分工层次和竞争力。积极利用深圳高交会、北京科技周、上海工博会、廊坊洽谈会等交流合作平台，加强与国内外龙头企业的沟通联系，吸引更多的高技术项目到河北省落户。发挥比较优势，主动承接京津地区的产业、技术、资金等的扩散和外溢，推动与京津地区产业对接和融合，做大做强新兴产业。大力促进高技术产品出口，不断优化出口产品结构，提高河北省外贸增长的水平和竞争力。

第四，促进县域产业技术进步。按照省委省政府关于加快县域经济发展的要求，筹建若干个高技术产业示范县，从特色产业布局、产业技术升级、重大项目谋划建设、创新机制建立等多方面给予指导支持，推动县域经济产业升级，提升县域经济的综合竞争力。通过高技术产业示范县建设，引导和支撑全省县域经济快速健康发展。研究提出高技术产业示范县建设的具体实施意见并选择2~3个高技术产业发展基础好、工作成效大的县试点，摸索经验，逐步推开。

第五，加强自主创新和引进消化吸收再创新。加强产业共性关键技术的研发，提高主导产业的自主创新能力。近期重点研究提出当前行业发展的共性、关键性技术目录，开展新一代低成本高性能钢铁材料、化学工业新型高效催化和分离技术、制造过程自动化和智能化监测与控制技术等优先课题的技术攻关，推进资源高效利用、安全生产、节能降耗、清洁生产、环境保护、先进制造等技术的研发和推广应用，提高主导产业的整体技术水平。围绕曹妃甸工业区等重大工程，建设一批技术创新示范基地，推进用高技术改造提升传统产业，加快循环经济技术的示范应用。加强引进技术的消化吸收再创新和集成创新。建立引进重大技术消化吸收再创新统筹协调机制，积极引导企业在高起点引进关键技术及重大装备的基础上开展产学研联合攻关，消化吸收国外先进技术，结合实际大胆改进创新和集成创新，不断增强自主创新能力。

第六，加强产业技术创新体系建设。一是建立完善以企业为主体、市场为导向、产学研相结合的企业技术创新体系，不断提高企业技术创新能力和核心竞争力。抓好已建省级以上企业技术中心的规范化建设，根据产业发展需要，新建 15 家左右省级以上企业技术中心。二是加强自主创新的基础支撑平台建设，在抓好已建省重点实验室、工程（技术）研究中心的基础上，新建 10 个省重点实验室、工程（技术）研究中心，形成行业共性、关键性技术研发能力和系统集成能力。三是加强技术创新服务体系建设，充分发挥社会中介机构的服务功能，为企业特别是中小企业提供信息、技术、咨询、业务代理等多方位服务。四是积极推进专利战略和标准战略实施，企业专利申请和授权数量及参与制定国家行业标准情况，将作为衡量企业核心竞争力的一项重要指标，纳入创新能力评估体系。抓好采标工作，促进国际标准和国家标准的广泛采用，提高产品品质和市场准入水平。

第七，加强政策和宏观引导。加强政府对高技术产业发展的宏观引导，加快《河北省促进高技术产业发展条例》制定工作，抓紧修改制定《河北省高技术产业发展项目管理办法》，促进高技术产业项目管理工作的规范化、制度化。开展提高自主创新能力、鼓励创业投资发展等方面的政策研究，加大对自主创新工作的支持引导力度。积极引导企业用足、用好国家和各省促进高技术产业发展及技术创新的支持鼓励政策。针对重大基地、重大工程建设，相关部门要成立专门协调领导机构和有效工作机制，及时协调解决项目实施中的重大问题。进一步加强对高技术产业与企业技术进步的统计监测，研究分析产业发展中存在的突出问题，提出针对性的措施建议。配合国家发改委做好京津冀区域创新体系和高技术产业发展专题研究，促进京津冀高技术产业一体化发展，为新形势下河北省高技术产业的快速发展出谋划策。适时组织高技术产业化重点项目展示推介会，搭建高技术产业化成果合作交流平台，促进河北省高技术产业的开放式发展。

河北省发展和改革委员会高技术产业处

5

“十五”山西省高技术产业发展情况

“十五”以来，山西省大力实施经济结构调整，高技术产业得到快速发展，有效促进了新兴产业扩张和传统产业技术改造升级，高技术产业已成为全省经济结构调整的重要手段和新的经济增长点，各方面取得了长足进步，高技术产业占全省经济总量比例不断加大，产值迅速增长，产业发展速度、规模和质量都达历史最好水平，超过了“十五”计划预期的发展目标，为全省提前实现“十五”计划目标做出了显著贡献。

一、“十五”期间山西省高技术产业发展总体状况

（1）产业效益、规模高速增长。“十五”期间，山西省高技术产业的发展速度和质量都达到了历史最好水平，有力推动了传统产业技术创新，带动了相关产业的同步发展。目前，全省共有国家级高技术产业开发区和省级高技术产业开发区各 1 个；国家级经济技术开发区 1 个，省级经济技术开发区 12 个；另有其他各类园区 5 个，从业人员超过 10 万人。截至 2005 年底，全省经认定的高技术企业共 518 家，比十个五年计划期初增加 54%，其中区内企业 349 家，区外企业 169 家；全省已列入“1311”规划的高技术产业化项目共 99 个，其中，国家级高技术示范工程和推进项目 44 个。全部项目总投资 603 841 万元，其中，国家投资 18 850 万元，省煤炭资金 36 623 万元，银行贷款 241 605 万元，企业自筹 306 763 万元。目前，99 个项目中，已全部建成的有 61 个，基本建成投产的 25 个，在建 11 个，新开工 2 个，涉及新材料、电子信息、现代中药、生物技术、现代农业、先进制造、生态环保等 7 个领域；国家级项目中已建成或基本建成的 36 个，占全部项目的 82%。“十五”期间，全省高技术产业产值由 2000 年的 70 亿元发展到 2005 年的 520 亿元，年均递增 49.3%；高技术产业增加值由 2000 年的 23.3 亿元增加到 2005 年的 173 亿元，平均每年增长 49.3%；高技术产业增加值占全省生产总值的比例由 1.4% 提高到 4.3%；产业规模、质量和效益得到高速增长。

（2）特色和优势产业初步显现。新材料、现代农业、生物医药、电子信息、先进制造、新能源和环保是山西省高技术产业的主要领域。其中新材料、现代农业、生物医药产业占到总规模的近 70%。镁合金、硬质高岭土和钕铁硼等新材料产量分别占全国的 30% ~70%，在国际市场占有重要地位。2004 年科技部确定山西省为国家镁产业开发基地。先进装备制造业强势增长，重型机械制造、采煤机械制造技术达全国先进水平。明胶医用纤维、生物蛋白纤维、骨组织库等一批独特产品实现规模化生产和应用。粉煤加压气化、间接煤合成油等重大煤化工技术呈现巨大产业化前景。

（3）区域性产业集群逐渐形成。太原、晋中、长治、临汾、运城、阳泉等地是山西省高技术产业发展较快的地区，特色鲜明，开始形成产业集群。太原地区高技术产业密集，规模占全省近 70%，各个领域都有所发展，电子信息和先进制造业相对比较突出；晋中、运城和长治地区医药工业比较集中，晋中市的医药工业园已初具形态；临汾、长治的制造工业比较突出，运城、阳泉等地新材料产业比较发达，其中运城市的原镁产量占到全国总量的 50% 以上。

（4）高技术园区持续发展。山西省原有国家级高技术产业开发区、省级高技术产业开发区各 1 个，“十五”新增国家级农业科技园区 1 个，此外还有一批高技术产业比较集中的经济开发区和专业园区。太原国家高技术产业开发区科

技创新能力和产业聚集度不断提高，到2005年底，创办各类孵化器及科技园23个，初步形成“一区多园”发展格局；全区入驻企业1 600多家。太原和长治高技术开发区2005年科工贸总收入506亿，比上年增长24.2%，实现利税47.5亿元，比上年增长58.9%；创汇12 280万美元，比上年增长19.2%。太原国家农业科技园2002年6月由省编办批准、国家科技部认定后建立，现有土地面积1 200亩，2005年底入驻企业达到18家，总销售收入10亿元。

(5) 产业发展管理体制不断完善。“十五”期间，山西省把培育高技术产业作为结构调整的重要手段，省、市两级发改委设立了高技术产业管理部门。省委、省政府实施“1311”工程和一系列专项计划，设立高技术产业发展专项资金，出台了《山西省“1311”规划高技术产业化项目实施措施》，对高技术产业的管理和支持能力大大加强。2000年以来，省发改委和科技厅安排的189项高技术产业重点项目，投资总额达到91亿元，每年可增加销售收入310亿元、利税84亿元，平均投入产出比1:3.4、投资利税率91.78%。进入“1311”计划的高技术产业化项目99个（其中国家级项目40个），总投资60.5亿元（其中政府资金4亿元）。2005年底实现销售收入82.6亿元、利税15.6亿元。

(6) 企业技术创新能力得到加强。“十五”期间，山西省建立表面活性剂国家工程研究中心和省粉煤气化工程研究中心。建立煤炭、冶金、机械、化工等11个国家级企业技术中心和65个省级企业技术中心。2005年，高技术企业技术研发投资占销售收入比例的1.1%，比2000年提高0.9个百分点。

(7) 法规体系建设取得标志性进步。2002年4月25日颁布实施的《山西省高技术产业发展条例》是全国首家由省人民代表大会通过的高技术产业管理法规，具有标志性、示范性和代表性，已经有河北、河南、贵州等省市同行来山西省调研。随后又出台了相应的配套办法，包括《山西省风险投资管理暂行办法》、《山西省引进人才暂行办法》（其中包括高技术人才的优惠政策），另有《山西省高技术产业化项目和企业认定管理办法》、《山西省高技术产业专项资金管理办法》和《山西省高技术产业中介机构管理办法》正在推出。高技术产业法规体系趋于完备，已构成加快高技术产业发展的法规支撑体系。

(8) 依靠技术进步推进产业发展的社会氛围正在形成。“十五”期间，山西省分别于2002年和2004年成功召开了首届和第二届高技术成果展示会，展示了高技术产业成长的历程及取得的成效，同时还加强了区域内外的经贸交往，更重要的是打开了思路，转变了观念，激发了全民建设创新型社会的激情，对全社会起到了良好的宣传、示范作用，正在形成依靠技术进步推动高技术产业发展、依靠自主创新转变经济增长方式的良好社会氛围，必将有效推动全省经济社会的可持续发展，广泛带动相关产业的蓬勃发展，持续不断地培育出新型产业，不断形成新的经济增长点。

二、主要措施和收获

(1) 依靠良好的政策环境平台支持，促进产业持续规范发展。2002年10月1日开始实施的《山西省高技术产业发展条例》以及已经和即将颁布实施的《条例》配套实施办法，是全国第一家以地方立法形式推进高技术产业化、具有战略意义的创新性重大举措，在全国形成了很好的影响，为山西省高技术产业发展创造了良好的政策环境平台，为促进产业持续规范发展起到积极的推动作用。

(2) 依靠高技术改造传统产业，走新型工业化发展道路。利用电子信息技术、生物技术等对能源、化工、机械、冶金、轻纺、食品等传统行业进行渗透与改造，通过大批高技术的推广应用，使传统产业型企业与产品迅速升级换代，全面提高了传统产业的竞争力，促进了产业间结构重组和优化升级，使传统产业走上了新型工业化发展道路。

(3) 依靠自主创新和技术进步，培育了新兴的标志性企业。以自主创新和技术进步为标准，把科技创新作为企业发展的源泉和动力，努力跟踪解决优质项目建设中出现的问题和矛盾，培养发展了一批建设条件好、规模大、效益高、增长势头强的新兴标志企业。例如，山西信联集团实业有限公司开发生产高技术产品水力驱动自行式喷灌机，资产从1998年成立时的50万元增长到2005年的2亿元，成为具有技术竞争能力的企业集团；太原侨友化工有限公司是国内唯一一家以自产焦化苯为原料生产顺酐产品的科技型民营企业，公司依靠科技进步实现了高速发展，使中国焦化粗苯精制工艺技术水平迈上了一个新台阶，其主导产品顺酐年产3万吨，位居全国同行业第二位，2005年已拥有固定资产1.4亿元，年销售额达到2.5亿，出口创汇1 000万美元。类似的企业还有许多，他们凭借科技含量高、建设速度快、经济效益好等优势，为山西省经济结构调整做出了重要贡献，同时自己也成为新兴的标志性企业。

(4) 依靠高起点项目的带动，努力推进新兴示范产业的发展。高起点项目的建设具有很强的带动示范作用，因此，必须瞄准国际先进水平和国内领先水平并保持较长时期高新技术优势和高速成长的企业，才能带动新兴产业的跟进发展。如山西科泰微技术发展有限公司以微电子系统（MEMS）为重点，与中北大学合作成立山西科泰技术中心，将其在国内国际上都处于领先水平的硅微机械加速度传感器、动态存储测试，两项具有自主知识产权的核心技术，融合为公司的核心技术，并与世界四大微系统之一的瑞士电子与微技术中心，就加速度传感器技术合作开发、高性能压力传感器规模化生产等项目，结成战略合作伙伴关系，在该领域形成了优势地位，为企业的发展创造了更大的发展空间。由煤科总院太原分院研发和生产的具有国际领先水平的短臂掘进机系列产品，实现了多项国内第一，打破了进口产品的垄断地位，形成了自主知识产权的主导产品和核心技术，企业规模进一步扩张，2005年产值达到4亿元，是2002年的13.33倍，为全省新兴产业的发展起到了很好的示范带动作用。

（5）依靠产学研一体化合作加速科研成果产业化进程。产学研一体化合作、以技术入股方式组建高技术企业是加速科研成果产业化的重要手段。如中国日用化学研究所参与组建山西丰海纳米科技有限公司，使之成为在全国纳米行业占有一席之地的高科技企业；中北大学高分子研究所研制的尼龙－11 树脂工业装置，与太原中联泽农化工有限公司共同开发，加速了科研成果产业化，并将打破法国在尼龙－11 上的国际垄断地位。

三、主要矛盾和问题

在取得成绩的同时，也应看到山西省高技术产业刚刚起步，在产业化的水平、规模和质量等方面，与先进省市比较仍有较大差距，产业发展的软环境需要着实优化、硬条件需要着力加强，许多矛盾仍很突出，制约因素相当复杂。

（1）规模小、水平低，对地区经济发展的影响带动作用不足。山西省高技术产业总体规模偏小，仅相当于全国 1% 左右，竞争实力不足，对地区产业结构影响有限。高技术产业结构和产品结构仍然处于较低水平，高技术成分仅占全部高技术产业的 17.1%、全部工业的 2.34%，高技术边缘化趋势较明显。全省高技术产业的 70% 分布在太原，过于集中，影响带动作用得不到广泛发挥。

（2）传统资源型经济结构制约高新技术产业发展。传统能源和原材料为主的刚性产业结构直接影响高新技术产业的发展。这种影响主要表现在政府决策偏好、投资者知识和经验决定的社会资本的投向上。由于市场需求和价格上涨的刺激，能源、材料产业投资膨胀，2004、2005 年，山西高技术产业增长明显低于全部工业增长速度。如果不能保持科学、理智的产业投资结构，传统产业将会对高技术产业发展产生严重遮蔽作用。

（3）自主创新缺乏活力，技术进步迟缓微弱。产业技术创新体制不适应高新技术产业发展需求。由于经营规模、投入能力和人才短缺等不足以及高技术产业发展本身的风险性和弱势性特点，使得绝大部分企业难以胜任重大研发活动，因此也难以形成山西省的产业发展优势和自主创新活力。此外，行业综合技术创新缺乏适当载体和协调机制，重大共性关键技术研发和集成应用严重滞后，研发投入总量不足，创业投资缺位，社会技术创新活力不能充分发挥，导致优势产业领域普遍遭遇技术瓶颈。

（4）政府的组织、主导、监督作用发挥不够。政府财政对高技术产业化活动的投资不足，尤其是风险投资的引导资金投入不足，对政府风险资本运作缺乏规范监管，创业投资市场发展迟缓，投资计划的创新目标过于分散，缺乏对重大技术创新活动的组织协调机制。有关法规体系急需完善配套，《山西省高技术产业发展条例》配套实施细则的推出严重滞后，对高技术企业的优惠政策得不到有效落实，制约了高技术产业的快速发展。高技术产业统计法规缺位严重影响宏观管理和发展决策。

（5）经济体制改革滞后，投资环境亟待改善。山西地处中部内地，长期依靠计划经济体制，造成高技术产业的行业协会、创业投资机构以及国际性中介服务机构等中介主体缺位，严重影响行业管理、技术创新和国际竞争。由于思想观念封闭保守，传统产业根深蒂固，因此，资本市场开放度低，土地、资源等实物资本以及国有资本的商业化运作规则不适应国际惯例，仍需加大改革开放力度，进一步改善投资综合环境，为融资引资创造必要的条件。

四、"十一五"期间产业发展展望

以科学发展观为指导，把转变经济增长方式作为高技术产业发展的核心任务，把自主创新作为高技术产业发展的中心环节，针对主要矛盾，深化体制改革，加大开放力度，积极发展对经济社会有重大带动作用的高技术产业，重点突破，全面跟进，优化结构，平衡布局，大面积提升传统产业技术水平，推动经济社会持续、稳定、健康的发展。

（一）工作推进目标

"十一五"期间，全省完成高技术产业建设投资 550 亿元（含公用研发平台建设投资），可独立计算的高技术产业增加值期末将达到约 500 亿元（平均年增长 21.45%），约占全省生产总值的 8%。到 2010 年末，全省高技术产品年出口创汇拟达到 5.06 亿美元，年均递增 50%，拟占到全省出口总额的约 10%。先进能源、生物医药和电子信息等高技术产业比重有较大幅度增加，信息技术、新材料和先进环保技术等高技术在传统产业的应用取得明显成效，传统制造业和农业的现代化水平显著提高。拟建设 5 个具有全国竞争优势的高技术产业基地，培育 20 个产值在 10 亿元以上的高技术企业；行业联合工程研究中心或工程实验室达到 20 个，企业技术中心达到 100 个，形成以企业为主体、产学研合作的产业技术研发和集成应用体系；建立中、小企业高技术企业贷款担保体系，建立初具规模的风险投资体系；建成基本完善的企业知识产权管理服务体系。

（二）主要工作措施

（1）加大融资引资力度。一是建立多层次、多形式的高技术产业投融资体系。以"政策引导、企业主体、金融支持、政府扶持"为主线，健全创业投资机制，完善创业投资所需的各项配套措施，形成有利于高技术产业发展的多层次资本市场体系。二是加大各级政府财政对高技术产业的投资力度。省有关主管部门要积极做好与国家财政投资渠道的衔接工作。“十一五”期间，政府用于高技术产业的投资将超过40亿元，加大对关键技术创新活动、创新能力基础设施以及高技术服务体系建设的投资；省政府高技术产业专项资金累计将增加到6亿元，扩大创业投资规模，提高对民间投资的带动和引导力度。三是规范高技术专项资金管理使用办法，提高使用效率。建立中、小企业创业风险投资基金，建立健全创业投资担保机构和创业投资保险业务，着力解决小企业起步难的问题。四是积极推进创业投资体系建设和市场培育发展。推进风险资本市场、企业信用体系、中介服务体系建设，营造有利于高技术产业投融资制度创新的外部环境。

（2）加速人才技术培养。一是培养、引进“三高”人才，完善人才激励机制。改革人事制度，建立人才培养、引进和使用并重的机制。加快培养高水平研发人才、高技能生产人才和高层次管理人才；设立高技能生产人才的技术等级系列，提高高技能生产人才的地位；采取灵活方式吸引海外高层次人才；加快收入和分配制度改革，完善技术参股和入股等产权激励机制。二是加大政策支持，强化企业技术创新能力建设。继续支持和指导企业建立与办好技术中心，鼓励有实力的大企业建立研发机构。重视广大中小企业在高技术产业发展中的重要作用。鼓励企业提高研发投入，开展创新活动。三是注重发展培育以企业为主体的行业技术联盟。整合行业技术资源优势，组建强势行业技术研发中心，形成行业技术联盟和产学研协作创新平台。四是深化科技体制改革，加强科学技术基础能力建设。继续深化科技体制改革，根据需要整合研究队伍，调整研发力量布局，切实解决好农业等领域公益性科研机构持续发展的问题，支持民间建立研究机构，充分发挥开发区、产业基地和大学科技园的创新潜力。五是加强政策支持，大力发展科技中介服务业。重视中介机构在技术创新中的重要作用，积极开拓中介服务市场，完善投资评价、评估和监督制度，发展和规范中介机构及其行为。六是建立重大技术创新活动的组织协调机制。政府主导，聚集高层专家建立民间性质的山西省产业技术创新促进组织，为政府主管部门提供产业政策咨询和重大产业创新项目建议，并负责组织协调跨部门、跨地区的重大共性关键技术创新活动。

（3）加强政策法规建设。一是注重政策法规建设，修订、健全法规体系。根据十六大的新精神、新政策，修订《山西省高技术产业发展条例》。参照国家有关政策和兄弟省市的经验，制定行业研发中心管理、产业基地建设和创新体系建设等方面的管理法规和技术规范，制定农业等行业公益性技术研发活动的成果收购政策或其他方式的补偿政策。二是努力完善、落实财税和贸易优惠政策。财税优惠政策要由区域型优惠转向产业型优惠、由鼓励新产品生产转向鼓励新技术研发；高技术企业的增值税由生产型向消费型转变；扩大对出口高技术企业的金融支持，扩大政府对高技术企业出口退税的财政支持，运用反倾销、反补贴保护高新技术企业；积极执行国家在政府和重点工程采购制度中规定的自主创新产品和本地高技术产品的采购比例标准，以及关于企业研发费用免、抵所得税和分摊办法的规定。三是完善知识产权创造、保护和运用的机制。建立知识产权评估和交易体系，规范知识产权评估机构的认证制度；建立知识产权交易市场，完善知识产权的转让、抵押、处置制度，保护企业的合法权益。

（4）完善组织管理保障。一是加速职能转变，提高政府决策和协调能力。推动政府由管理、审批型向服务、监管型转变，提高服务意识和工作效率；加强技术预见研究，建立高新技术产业的统计制度，提高宏观决策水平，及时制定、发布高新技术产业政策和有关管理办法；加强综合部门的协调功能，发挥政府在重大产业技术创新活动中的主导作用；把建设产业基地和培育大型企业作为加快产业集群、提升产业整体水平的主要手段；确定专门管理机构，加强工作人员对基地建设的研究、组织、指导和监督。二是推进行业协会建立，加强规范行业管理。加快行业协会立法和行业协会组建步伐，加强对信息、机械制造、金属镁等行业的管理，建立全省高技术产业协会。

（5）注重体制环境创新。一是继续推进企业所有制和管理体制改革。推动大型企业实行股份制，积极挺进资本市场，逐步使高新技术企业管理体制、营销体制和国际接轨。二是加快资本市场化步伐，优化投资环境。对于外商投资山西省高新技术产业的经营范围和资源利用权限，除国家法律禁止以外，不设任何特别限制；所有高技术企业在三年内完成股份制改造，完成存量资本市场化；制定外资或外资合资高新技术企业土地使用的优惠政策，明确国有土地使用权作价入股审批程序。三是实施吸引外部创业资本的财政优惠政策。对主要在本省从事风险投资的创业投资机构继续执行《山西省高技术产业发展条例》有关规定。对于在山西省境内投资的外来风险资本，政府给予所投资项目相当于该项目资本金20%的无偿经费资助。四是构建国际创业平台和技术、贸易交流平台。鼓励各地政府、高技术开发区、大型企业创建留学生创业园、主题国际合作园区、常设或定期举办的国际技术和贸易交流机构、展览会、洽谈会、研讨会。鼓励企业开展跨国技术研发、生产经营、人才交流和合作。在世界范围内，高技术产业日益成为综合国力竞争的焦点，成为主导未来经济发展的先导性战略产业，是国家核心竞争力的重要体现。“十一五”期间，山西省将建设成为国家的新型能源和工业基地，因此，必须坚持可持续发展，实现经济增长方式的根本转变；必须依靠自主创新，加快山西省高技术产业实现跨越式发展，形成有效的示范和带动作用；必须抓住“中部崛起”的历史机遇，促进新兴产业的蓬勃发展，不断实现新的突破。未来的五年，高新技术产业必将成为山西省经济社会的重要角色，成为全省核心竞争力和经济社会发展的重要增长点。

山西省发展和改革委员会高技术产业处

6

“十五”内蒙古自治区高技术产业发展情况

“十五”期间，内蒙古高技术产业发展紧紧围绕全区经济建设的总体部署，坚持“总体跟进、局部突破”的指导方针，立足区情，始终把运用高技术改造传统产业放在首位，促进产业技术升级，从总体上提高国民经济增长的质量和效益；依托优势资源，选择优势领域，大力发展特色经济，培育新的经济增长点。各项工作取得了明显成效，高技术产业对经济和社会发展的支撑作用不断增强。

一、“十五”高技术产业发展总体情况

（一）高技术产业实现了持续快速增长

“十五”期间，全区高技术产业累计实现产值364.38亿元，年均递增30%以上，其中2005年实现产值111.43亿元，是“九五”期末的5倍，完成增加值32.26亿元，同比增长26.6%，高于工业增速1.7个百分点。高技术产品出口额完成1.5亿美元，比“九五”期末增长37.76%。电子信息、新材料、生物医药等重点领域实现的增加值占全区高新技术产业的95%以上，产业集群优势明显。2005年底，全区共有高新技术企业302家，完成了一批国家、自治区高技术产业化示范项目建设，初步形成了具有特色的产业群体，高技术产业对经济、社会的贡献率提高。

（二）高技术产业基地和重点项目建设取得显著成效

“十五”期间，初步形成了稀土产业、信息产业基地和生物、中蒙制药产业链，高技术产业集聚作用显现。包头稀土高新技术产业开发区以稀土资源的有效利用及产业升级为重点，已初步形成了市场占有率较高的稀土原料、稀土功能材料和结构材料产业基地；呼和浩特经济技术开发区通过创造良好的投资环境，积极承接产业转移，促进了TCL集团、汉鼎光电等一批知名企业的快速发展，形成了通信、网络系统集成、自动控制、互联网增值服务、报警系统、液晶显示器等信息产品制造基地。生物产业和中蒙制药是全区高技术产业的重点发展领域，“十五”以来，依托丰富的生物资源，以高技术为支撑，提高特色资源的加工深度及综合利用水平，建设了一批高技术产业示范工程，在区内初步形成了生物产业和特色制药产业链。

（三）高技术产业的技术升级取得明显进步

“十五”以来，全区高技术产业的快速发展促进了产业结构的逐步升级，生产集约化程度明显提高。稀土、生物、电子信息等领域的初级产品比重逐年降低，高技术产品比重逐年提高；农畜产品加工、机械制造等传统产业通过集成创新和引进消化吸收先进技术再创新，成功实现了技术跨越，并带动了高技术产业的跨越式发展；农牧业在结构调整中稳步发展，种养殖结构呈现多元化发展格局，优质、特色、绿色农畜产品的比重明显提高，农牧业的高技术覆盖率

超过70%，农作物优良品种覆盖率保持在90%以上，牲畜良种、改良种比重达到75%以上。

（四）技术创新能力取得部分突破

以骨干优势企业、科研院所和重点高校为依托，建立了一批技术创新研发平台。2005 年底，全区已建成国家级工程研究中心1家、国家级企业技术中心7家，自治区级企业技术中心39家，自治区级重点实验室20家，工程中心25家。随着包头稀土工程研究中心、鄂尔多斯羊绒集团技术中心等一批国家级工程和技术中心的建设，全区技术创新基础条件不断完善，初步形成了支撑全区基础技术研究、关键性技术研发、高技术成果产业化及企业技术创新的区域性创新体系，产业技术创新能力得到了显著增强。

（五）信息产业取得重大发展

"十五"期间，信息产业呈现强劲的发展态势。其增加值达141.4亿元，占全区GDP比重的4%。以呼和浩特经济技术开发区为增长极的信息产品制造业基地已初具规模，一批国内外大企业陆续入驻。电子信息产品制造业实现销售收入101亿元，多类产品产量创历史最好水平。

通信服务业继续稳步增长，电信业务收入达到88.8亿元，平均增速高于全国平均水平；邮电业务收入达到10亿元，平均增长11%。

软件及信息技术服务业快速成长。软件业销售收入达16亿元，每年保持30%左右的增长速度，已拥有一批具有自主知识产权和地方特色的应用软件产品。目前，一个以计算机技术服务、信息服务和系统工程集成为内涵的新型信息服务业正在快速成长。

网络基础设施建设取得重大进展。自治区电子政务统一交换平台已投入使用，综合门户网站开始发挥作用，目前自治区40多个委办厅局、所有盟市以及80%的旗县已建立了自己的网站，正在建设和完善的电子政务"金"字系列工程、五大数据库建设带动了科技、教育、财税、公安、劳动、社保、海关、金融等领域的信息化建设；电信基础网络已覆盖全部乡镇和90%的行政村，广播电视"村村通"工程基本完成，信息网络基础设施服务已经与计算机互联网络、宽带业务、多媒体业务需求的增长形成了较好的互动。

二、"十五"高新技术产业发展的主要工作

（一）保持清醒认识，明确工作重点

"十五"以来，全区对发展高技术产业的重要性和必要性的认识不断增强，全区上下已经形成加快发展的共识和良好氛围。在深入认识区情、研究分析有关省市及全国发展形势的基础上，准确把握影响全区产业发展的要素和突出问题，进一步明确了工作重点。一是把发展高技术产业的重点从全面推进转向"总体跟进、局部突破"，选择具有优势的电子信息、新材料、生物及中蒙制药等产业，集中力量做大做强；二是有了抓好一批高技术产业基地和项目的意识，并逐步加以实施，强化了稀土在高新技术产业发展中的战略地位，提高了稀土冶炼、分离和提取技术及装备水平；加强了国家级开发区包头稀土高新技术产业开发区的建设，改善了开发区的投资环境；进一步巩固了国家级工程研究中心的研发和应用能力，提高了孵化功能；大力发展了生物技术，依托区内丰富的沙棘、有毒灌草、苁蓉、玉米、蓖麻等优势资源，运用基因工程、发酵工程和酶工程等生物技术，陆续开发生产了工业微生物制剂、绿色功能性食品、药品及其中间原料、新型饲料及添加剂、低残留植物农药等新产品，形成了局部优势并占有了一定的市场份额。三是进一步加大招商力度。注重项目技术和资金的引进，走开放式发展的道路。先后引进了大连理工大学、南京林业大学、中国国防大学及上海复华集团等单位的技术和资金，为全区相关高技术项目的顺利实施提供了良好的技术基础。

（二）加强项目管理，促进产业健康发展

项目是经济发展的基础和载体。全区上下高度重视高技术产业化项目建设，组织和策划好项目，深入做好项目的前期工作，加大项目的争取力度，取得了较好的成绩。5年来，全区高技术产业围绕"十五"规划确定的胚胎工程、基因工程、新型饲料、现代中蒙药、新材料、信息网络工程等十大工程，经过努力和争取，共有44个项目被列入国家高技术产业化示范工程，国家支持资金3.8亿元，2005年底，已有21个项目竣工投产。上述项目的实施及竣工投产，加速了全区高新技术产业的集聚发展，有力地推进了地区经济的发展，初步形成了一批具有自主知识产权的关键、核心技术和产品，一批新兴产业加快形成，为经济发展注入了新的动力。

（三）以技术创新为重点，推进产业技术进步

提高产业技术水平和推动产业走新型工业化道路是全区高技术发展工作的又一点，围绕稀土、生物技术、新材料、中蒙医药、信息技术等重点发展领域，组织开展了产业共性关键技术调研，把政府支持引导和产业发展需求相结合，

组织实施了一批技术创新重点项目，对促进产业技术优化升级发挥了重要作用。同时，建设了国家工程中心和一批自治区企业技术中心和重点实验室。对提高创新能力和综合技术实力，增强高新技术产业的整体水平和市场竞争力，提供了较好的技术支撑。

（四）以信息化推动工业化，加快国民经济信息化进程

“十五”期间，全区把推动经济和社会信息化放在优先发展位置，坚持“跟踪发展、重点突破、加快应用、总体推进”的原则，以信息网络建设为基础，以信息技术应用和产品开发为重点，积极推进农牧业、工业、商贸服务业、科研教育等领域的信息化进程。在工作中重点抓了电子政务、电子商务和信息安全三个环节。通过组织电子商务应用、信息安全技术和产业化专项，推进重点企业的信息化，同时，自治区预算内基本建设资金中安排支持了自治区级电子政务网络工程、自治区党委密码系统工程、自治区政府业务资源系统、自治区社会保险系统分工程等电子政务工程建设，加大了政府信息资源的整合力度，加快了自治区信息基础设施的建设。

（五）完成自治区“十一五”发展规划的相关工作

按照“依托资源、深度开发、重点聚集、提高总量”的原则和“以传统产业优化升级为主线，以培育新兴产业为重点，依托优势资源，发挥龙头企业技术进步和创新能力建设的主体作用，促进特色产业基地的形成”的指导方针，积极组织开展了“十一五”专项规划的前期调研和起草工作。2005 年底，编制完成《自治区高技术产业“十一五”专项规划和信息化规划》，并征求了有关部门和专家的意见，待修改完善后上报自治区人民政府批准实施。

三、高技术产业发展中存在的问题

全区高技术产业虽然有了一定的发展，但仍存在一些问题，需要在今后的工作中认真研究并采取措施逐步改进。

（一）高技术产业发展总体水平不高

中国经济进入了一个新的发展阶段，新一轮技术革命对经济发展产生了深刻的影响。生产力发展水平、城乡差距、经济结构、环境影响等都将随着技术的发展而有所改变，各地区的经济发展应适应这种新形势的要求。目前全区经济发展仍然是粗放型的，经济结构也不尽合理，尤其是高技术产业，和发达地区相比差距非常大。一是在产业规模方面，2004、2005 两年全区高技术产业增加值分别为 32.2 亿元和 44.08 亿元，占 GDP 的比重分别为 1.18% 和 1.15%，占工业增加值的比重分别为 3.17% 和 3.16%，大大低于全国平均水平；二是科技创新能力不强，科技工作主要以跟踪为主，基本没有持续的科技创新实力，因而通过自身科技进步来促进经济发展的能力非常弱；三是产业档次不高，高技术产业出口额中工业产品出口额的比重过低，参与国际竞争的能力很弱；四是科技开发经费相对不足，风险投资机制尚未形成，银行资金较少用于高技术产业，加上自治区企业自身发展能力较弱，致使高科技发展面临着资金短缺问题；五是人才缺乏，培养和吸引人才并充分发挥人才作用的机制还需进一步完善。

（二）信息化建设力度有待进一步加强

信息技术应用的广度和深度不够，信息化和工业化的结合力度不足；电子政务进展相对缓慢，信息资源开发利用滞后，共享程度较低；信息产业制造业规模小、产业链条短、产品档次低；信息网络基础设施不完备且重复技术并存，利用率低于全国平均水平；政策法规体系不健全，信息化发展的环境亟待改善等。

四、2006 年工作要点

2006 年，全区将以“三个代表”重要思想为指导，树立和落实科学发展观，贯彻党的十六届五中全会精神，继续按照西部大开发的战略重点、振兴东北老工业基地和自治区经济结构调整的总体要求，立足区情，在运用高技术改造传统产业和依托优势资源发展特色经济两个方面，围绕发展高技术产业、提高产业技术创新能力、加强信息化建设等积极开展工作。

（一）完成“十一五”规划的编制工作

《内蒙古自治区“十一五”高技术产业规划和信息产业发展规划》已完成修改稿；《内蒙古自治区科技发展规划》也正在由自治区科技厅加紧编制。为了保证规划质量，将结合实际工作进一步调研，对一些情况再次进行核实，尽量做到贴近实际。同时对照《国家“十一五”高技术产业及信息产业规划》，在基本精神和发展思路上和国家相协调，使全区规划尽可能做到科学、合理和更具操作性。

（二）继续做好国家高技术产业化示范项目的组织工作

2006 年，将根据国家高技术产业支持的重点，继续努力做好产业化示范项目的组织工作，扎实工作，精心策划，加强前期，提高质量，积极配合国家高技术产业发展工作，坚持“有所为、有所不为”，力争使全区的高技术产业发展再上新台阶。

（三）继续推进信息化建设

党的十六大报告中提出：“优先发展信息产业，在经济和社会领域广泛应用信息技术。”近年来，自治区信息产业发展较快，包头市、呼和浩特市已经形成各具特色和一定规模的信息产业集群，并正在成为推动当地经济社会发展和结构调整的重要力量。2006 年，将进一步协调有关部门和地区，通过规划引导、招商引资、争取投资等措施，促进国家电子信息产业基地和国家软件产业园的形成。在信息技术应用方面，将以电子政务为切入点，重点抓好自治区级电子政务网络工程、基础数据库、重点业务应用系统等项目的建设，以点带面、稳步推进全区信息化工作。同时，积极配合有关部门，巩固行政村通电话工程、农村牧区邮政网点改造工程和特色电子信息产品产业化等。

（四）促进中间试验和创新能力建设

中间试验是高新技术成果产业化的前提条件。在加强国内外合作的同时，要鼓励企业进一步同区内高等院校、科研院所进行合作，搞好产业化前期工作。要注重自主创新，掌握核心技术，增强科技成果转化能力，提高产业整体技术水平。逐步建立以企业为主体、以市场为导向、产学研相结合的技术创新体系。

（五）强化项目管理，加强项目验收

对于 2003 年以前的项目，力争在 2006 年内全部完成验收。定期督促盟市和项目单位按进度要求实施项目，及时发现问题，并采取措施加以解决；同时配合稽查、审计等部门搞好项目检查工作，促进项目保质按时完成。

（六）落实与清华、北航的全面合作

自治区政府与清华、北航的全面合作需要由相应的项目来支撑。在高技术领域重点抓好清华与乌海中润镁业公司合作的镁合金项目和清华同方与大唐电力公司合作的粉煤灰综合利用项目的前期准备工作，争取在 2006 年年内实施。

（七）加强对高技术产业重大问题的研究

2006 年，将根据自治区打造特色产业集群的要求，加强对信息、生物、特色制药、稀土等重点高技术行业的调查研究，为产业集群的形成提供良好的技术支撑。按照“有所为、有所不为”的原则，加强对畜牧业、稀土等优势领域的自主创新问题的研究，有效提升全区的科技水平。

内蒙古自治区发展和改革委员会高技术产业处

7

“十五”辽宁省高技术产业发展情况

“十五”期间，辽宁省高技术产业得到了持续快速的发展，高技术产业在加快辽宁省经济结构战略性调整，提高经济增长的质量和效益，推动经济和社会协调发展中，做出了突出贡献。

一、高技术产业发展基本状况

（一）“十五”期间高技术产业取得的主要成就

一是高技术产业成为辽宁经济发展中的先导性产业。“十五”以来，全省高技术产业增加值由2000年的297亿元增长到2005年的820亿元，年均增长26.2%，高技术产业增加值占GDP的比重由2000年的6.4%增长到2005年的10.3%。高技术产品出口额达26亿美元，占出口总额的11.6%。高新区已成为土地集约、产业集聚、效益显著、牵动力强的现代化新园区。2004年区内企业工业总产值比2000年增长213.4%，其中，国家级高新区工业产品实现899.9万元/公顷，省级高新区工业产品实现378.9万元/公顷。

二是产业领域趋向集中，信息产业成为全省国民经济各行业最具活力的产业之一。目前，辽宁省高技术产业已形成以新材料、电子信息和先进制造业为主的结构。其中，新材料产业、先进制造业多年来保持了持续稳定增长，而信息产业呈现出高速增长的态势，正在向新的支柱产业迈进。软件企业500余家，登记软件产品1 499个。

三是研发能力的不断增强为国民经济发展提供了强大的技术支撑，使辽宁省的区域创新能力位居全国前列。全省有国家级及省级重点实验室65家、工程技术研究中心68家、工程研究中心13家、企业技术中心144家，各类科技企业孵化器26家；两院院士53名，居全国第4位。五年来累计申请专利12.4万件，授权专利6.4万件，均在全国排名第7。机器人制造技术、流程工业自动化技术、基因重组多肽药物技术、燃料电池制造技术、数控技术、部分催化技术、纳米材料制备与处理技术等居全国领先地位；燃汽轮机的生产使中国成为世界第5个拥有核心技术和能够生产的国家。

四是高技术企业迅速发展。目前，全省有高技术企业1 351家，其中总销售收入超过10亿元的有20家。民营高技术企业和股份制高技术企业占全省高技术企业比重近90%，是辽宁省高技术产业发展的主力军。其中东软集团、大连路明、大连海辉、珍奥生物、鞍山聚龙、丹东金丸、朝阳电源等高科技企业发展迅速。民营及股份制高技术企业的迅速成长，对全省高技术产业的发展产生了积极的推动作用。一批国内排头兵民营企业迅速崛起，全国软件百强企业中东软集团，近年来以年均60%的速度增长，已成为中国目前唯一能够生产CT、彩超、X光机和磁共振四大数字医疗设备的企业，其产品遍布国内20多个省市，并打入欧美等国际市场。

五是高技术对传统产业的改造和提升效果显著。重点实施了用高技术改造传统装备制造业示范工程，不仅有力地推动了装备制造业自身的发展，而且带动了石化、冶金等行业的技术进步。到目前为止，在参加示范工程的企业中，应用CAD（计算机辅助设计）、CAPP（计算机辅助工序计划）、CAM（计算机辅助制造）技术的达到81%，应用过程控制技术的达到65%，在财务、销售、供应等单项业务应用信息管理技术的约占92%，应用ERP（企业资源计划）系统技术的企业达到23%。鼓风机、电机、水泵、矿山等企业实施信息化工程后，市场竞争能力明显增强，市场份额持续提高。

（二）目前高技术产业发展中存在的主要问题

尽管辽宁省科学技术与高技术产业在“十五”期间取得了很大成就，但与发达省份相比仍存在很大差距，主要瓶颈问题是缺乏核心技术、创新能力低、竞争力不强。

一是自主创新能力低，技术优势未能转变为产业优势。目前全省有科技活动的工业企业占全部工业企业（规模以上）的3.3%，工业企业新产品销售收入占产品销售收入的11%，均低于全国平均水平。目前辽宁省科研院所及大专院校的科研机构数量在全国排名第4，科技成果转化率却排名第10。

二是重引进，轻消化吸收和再创新。若引进技术经费为100美元，目前辽宁省工业企业用于消化吸收的经费仅为2美元，而全国平均消化吸收水平为8.32美元，列全国第28位，加上外商独资化倾向严重，对核心技术实施垄断，买不到真正的核心技术。

三是体制性障碍仍然存在，科技资源优势不能形成产业和市场优势。条块分割，科技力量不能有效集成；风险投资进入机制不健全，很多具有明显增长势头的项目因缺乏资金而搁置；以科技进步为主的内涵式扩大再生产还未成为企业发展战略的主流，对吸收科技成果往往采用“现实”、“功利”的做法，缺乏促进成果转化的动力。

四是高技术产业集聚化发展的资源约束逐步显现。在一些区域，用于各类园区的土地资源呈现供应紧张的局面，不利于高技术产业的发展和创造吸引外资的投资环境。

二、“十五”期间省发改委在高技术产业发展中所做的主要工作

（一）注重重大思路研究和规划编制，从战略上引导高技术产业加速发展

（1）编制并上报国家发改委《辽宁省“十一五”高技术产业发展规划》；

（2）会同有关部门编制完成了《辽宁省“十一五”科学技术发展规划》；

（3）编制并上报国家发改委和省政府《辽宁省“十一五”国民经济和社会发展信息化规划》；

（4）受国家发改委委托，牵头完成了《东北老工业基地“十一五”高技术产业发展专项规划》；

（5）组织并完成了《辽宁省“十一五”高技术产业发展战略研究》重大课题；

（6）围绕国家发改委逐步落实中央振兴老工业发展战略，辽宁省把信息产业作为振兴老工业基地高技术产业发展的突破口，逐步实现新的支柱产业目标，编制完成了《辽宁省电子信息产品制造和信息化专项规划》并得到国家发改委充分肯定和正式批复；

（7）为加快辽宁省集成电路装备新兴产业的发展，辽宁省发改委会同沈阳市政府及沈阳高新区等，组织编制了《沈阳IC装备制造发展规划》。

（二）抓项目牵动，抓组织落实，从总体上推进高技术产业快速做强

（1）精心组织实施重大高技术产业化示范工程项目，积极争取国家支持。“十五”期间，辽宁省得到国家发改委的大力支持，一批高技术产业化发展项目得到国家认可和资金投入。这批项目总投资99.2亿元，涉及到工业自动化、现代农业、软件等信息产业关键技术、汽车电子、信息安全、电子商务、下一代互联网示范工程、新材料、民用非动力核技术、城市节水和海水利用、可再生能源和新能源等诸多高技术领域。这批项目的建设极大地带动了辽宁省高技术产业发展。在2005年深圳“高交会”期间，辽宁省有16个项目被国家发改委授予了“国家高技术产业化示范工程”牌匾。

（2）完善产业链，加快产业集聚。为加快软件产业的发展，由辽宁省发改委组织上报并获国家发改委批复的大连国家软件产业基地和大连国家软件出口产业基地开工建设。同时，为加快沈阳软件集聚式发展，在沈阳高新区有10余个重点软件项目获得国家发改委支持；围绕数控系统、伺服控制系统、伺服电机等数控产业链建设，分别组织了沈阳高精数控、大连大森数控等高技术产业化项目，并得到了国家支持，从战略上加速了数控产业的集聚。为加快辽宁省集成电路装备产业的发展，培育新的产业集群，辽宁省发改委在组织编制《沈阳IC装备制造规划》的基础上，在沈阳高新区组织了中科院沈阳科仪公司的“IC装备超洁净真空系统”和沈阳芯源半导体公司的“集成电路制造专用晶片处理系统设备”等重大项目，为下一步建设集成电路装备制造产业基地奠定了基础；为突出辽宁省发光材料这一具有优势和特色的产业链发展，辽宁省发改委在大连光电产业园组织了有大连路明集团及其控股企业承担的“半导体照明芯

片”和“CaN 基发光外延片”重点项目；围绕大连东北亚航运中心建设，重点组织了“大连港数字化建设”项目，用以提高大连港的物流信息化水平，为把大连建成东北亚航运中心创造了条件。

（3）建设研发平台，提高集成创新能力。到目前为止，全省已在软件、智能装备、金属材料、精细化工、高档数控机床、智能通信系统、先进能源与节能等领域建设了 11 个国家工程研究中心和 2 个省级工程研究中心，是辽宁省改革开放以来投资强度最大的一次对科技基础设施及研发平台建设的投入，不但提高了工程研究中心自身的创新能力，也加速了科技成果的产业化，为辽宁省高技术产业发展及产业升级做出了贡献。

（4）精心组织实施具有重大牵动作用和影响的高技术产业化项目。围绕省委省政府确定的重点建设三个百项工程工作，2005 年辽宁省发改委在全省筛选确定并组织实施了 100 个具有自主知识产权的高技术产业化项目（总投资 83 亿元），并采取有效措施确保项目的顺利建设。到 2005 年底，已有近 70% 的项目取得了经济效益，有近 50% 的项目有望今年年底前验收，为促进辽宁省经济结构调整、依靠科技进步加快辽宁省老工业基地振兴发挥了重要作用。

（三）抓热点问题，抓技术瓶颈，把发展高技术产业作为全省产业结构调整中的重要一环

（1）搭建集约化、开放式软件公共开发平台。为落实国务院 18 号文件、省政府 29 号文件关于加速发展软件产业的精神，促进全省软件产业发展成先导产业，辽宁省发改委同省信息产业厅等部门组织中科院沈阳计算所、省信息中心、省电子产品检验所在沈阳软件园内共同筹建了沈阳软件园三好创业中心、辽宁省软件开放实验室和辽宁省计算机网络工程与软件评测中心，并在资金上给予支持。

（2）解决汽车电子产业发展的技术瓶颈。为落实省委省政府有关重点发展汽车产业的决定，辽宁省发改委有的放矢地组织了锦州锦恒公司的汽车安全气囊、辽宁能发伟业公司的汽车仪表总成、东软集团及鞍山科信的“GPS”项目，帮助解决辽宁省汽车行业的技术瓶颈。其中锦恒安全气囊碰撞性、耐久性、可靠性三大指标达到国内领先水平，其双侧电子气囊是国内该领域第一个具有自主知识产权的产品。

（3）全力组织辽宁省“村村通电话”工程。到去年底，辽宁省尚有 13 个偏远行政村既不通固定电话也不通移动电话，这一问题长期得不到解决。辽宁省发改委同省通信管理局、省网通公司等单位拨出 400 万元基建投资作为补助资金，实现了“村村通电话”，省委省政府领导分别做出批示，对此项工作给予了充分肯定和赞扬，省电视台也以重要新闻形式进行了连续报道。

（4）加快产学研结合，从体制创新和强化自主知识产权建设的角度促成了中科院沈阳计算所、沈阳机床集团间的强强联合，组建了新的高技术企业——沈阳高精数控公司，并以参资入股的方式注入了资金，同时积极组织了“高性能数控系统成套技术及装置产业化”项目上报，得到了国家发改委的认可。

（5）促进传统农业向现代农业转变。为加速农业的现代化进程，辽宁省发改委组织实施了沈阳新疆雪莲中药材细胞培养，沈阳优质、高产、多抗水稻新品种“雨田 1 号”繁育，鞍山北方寒区蔬菜，丹东石柱山参种苗繁育，沈阳线虫防治生物农药，丹东红豆杉种苗繁育等一批现代农业重大高技术产业化示范工程项目，促进了农业结构调整和生产技术进步。按照省委省政府的部署，辽宁省发改委同省直有关部门提出了沈阳东陵农业高新园区资源整合方案，加快了技术、人才、产业、土地等资源的有效整合。目前该园区已成为全省农业高技术产业发展的集散地，为争取国家级农业高新区奠定了基础。

（四）抓机制创新，抓创业投资试点，提高省级高技术产业发展资金的使用效率

为提高省级高技术产业发展资金的使用效率，辽宁省发改委对省级高技术产业发展资金的使用进行了大胆的改革尝试：从安排一般性高技术产业项目转向围绕全省经济发展中的热点难点问题，重点突破全省产业结构调整中的重大技术瓶颈，支持发展新兴高技术产业；对省级高技术产业项目的支持从以初创期项目为主转向以成长期项目为主在投入方式上，从以往贷款和拨款支持为主，转向以参资入股支持为主，探索资金良好的投入和退出机制。截至目前，辽宁省发改委已对新松机器人、锦州安全气囊、辽宁荣信等 37 个项目进行了创业投资试点，以股份形式投入引导资金，带动企业乃至社会加大对高技术产业的投入力度。

辽宁省发展和改革委员会高技术产业处

8

“十五”吉林省高技术产业发展情况

一、“十五”高技术产业发展情况

“十五”期间是吉林省高技术产业的快速增长期。经过多年的发展和积累，它已初步成为产业体系完善、比较优势明显、带动作用强劲的优势产业，是吉林经济发展的重要推动力量，在吉林老工业基地的振兴中扮演着重要角色。

（一）高技术产业取得了长足快速的发展

2005 年，吉林省高新技术产品产值达 1 395 亿元，同比增长 25%，是 2000 年的 2. 79 倍，年均增速约 23%，高于 GDP 增速近 13 个百分点，呈现出强劲的增长势头；高新技术产品出口 17. 4 亿元，同比增长 45. 6%，对全省出口结构的调整优化作用日益明显。高技术产业初具规模，形成了以信息产业、生物产业、新材料产业、现代农业为支撑的高技术产业构架，培育了长春光电子，长春生物医药，通化现代中药，吉林、辽源新材料，松辽平原现代农业等高技术产业集群，成为推动国民经济发展的重要力量，带动了全省产业结构优化调整，为经济发展培育了新的增长极。2005 年全省信息产业产值 220 亿元，是 2000 年的 2. 2 倍，年均增长约 17%；医药产业实现产值 173 亿元，是 2000 年的 2. 16 倍，年均增长约 16%。

（二）形成了特色鲜明、加速集聚的发展态势

光电子信息、生物医药等产业领域在高技术产业发展过程中逐渐显现出鲜明的产业特色和较强的发展优势，在全国高技术产业发展中逐渐突显并被纳入国家重点产业布局，目前，长春已经成为继武汉之后国家批准的第二家光电子产业基地，成为国家首批认定的生物产业基地之一，全省有国家规划布局内的重点软件企业 10 家，光显示器件、光电仪器仪表、光电子器件及材料、疫苗、基因工程药物、现代中药等优势领域加快成长，引领性强，带动作用明显，加快了上下游领域及产品的迅速发展，促进了相关产业加速拓展以形成较为完整的产业链条，带动了全省高技术产业的全面协调健康发展。

以长春高新、长春经开、吉林高新等开发区以及大成工业园、通化医药城、敦化医药城等为主要集聚地，聚合了光电子信息产业园、软件园、生物医药园、现代中药园、玉米深加工产业园等相关产业集群，发展壮大了北方彩晶、吉林华微、吉林修正、大成玉米、燃料乙醇、华润生化等一批大型企业集团，培育了一汽启明、长春华信、长春金赛、百克药业、博泰生物等一大批中小型高技术企业，研发手段先进，技术梯队完整，吸引了大批海外和省外人才来此创业。

（三）培育和积累了较为明显的发展优势

人才方面。拥有吉林大学、东北师范大学等普通高等院校 41 家，拥有中科院长春光机物理所、应化所等各类科研

机构678个；有中国科学院、中国工程院院士21位；每万人拥有的在校大学生、科学家、工程师、国有企业事业单位专业技术人员数量均居全国第6位，为高技术产业进一步发展积淀了雄厚的人才储备。

创新能力方面。建国家及部委重点实验室、开放实验室49个，国家工程研究中心2家，国家认定的企业技术中心9家，省工程技术研究中心13家，大中型工业企业技术开发机构299个；取得科技成果2 228项，获得授权专利6 373件；在光电子信息、生物工程、高分子材料、农作物育种等领域研发能力较强，取得了一批具有国际先进水平的原创性科研成果，形成了从基础研究、应用研究、中试开发到产业化较为完整的创新体系。

发展环境方面。省委省政府高度重视高技术产业发展，强化政策措施，改善优化环境，加强规划引导，发展风险投资，为高技术产业发展营造了良好环境。长春、通化、吉林、敦化等主要城市为加快光电子信息、生物制药、现代中药等高技术产业发展制定出台了一系列扶持政策。长春充分挖掘比较优势，成为国家认定的光电子产业基地、生物产业基地及医药出口基地。

国际合作方面。已与德国、美国、乌克兰、古巴等十余个国家建立了良好的合作关系，经常开展高技术领域的交流与合作，以聚醚醚酮树脂、重组人干扰素注射剂、重组艾滋病疫苗、干细胞等产品为代表的高技术分别走出和引进国门，实现了产业嫁接和国际合作，在较高层面上为吉林省新材料、生物医药等产业发展培育了新的增长点。

（四）成为经济社会发展的重要支撑

2005年，吉林省实现高技术产业增加值229亿元，占当年GDP的比重的6.3%；高技术产业增加值占全部规模以上工业增加值的比重为19.1%，高技术产品出口占全省外贸出口总额的1/4以上。高技术产业已经成为吉林国民经济发展的重要组成部分。同时，高技术以其覆盖面广、渗透力强、关联度大、成长快等特征，广泛扩散融合到三次产业的各个领域，促进了全省产业结构的战略性调整。在高技术及其产业的发展带动下，吉林省国民经济已由“十五”初期以汽车、石化为支柱，以食品、医药、电子为优势的产业格局，发展成为当前以汽车、石化、农产品加工三大产业为支柱，优势产业、特色产业竞相发展的产业格局，以生物、信息等技术为主要支撑的农产品加工基地、现代中药及生物药基地、光电子信息等高技术产业基地成为振兴五大基地建设的重要组成部分。

（五）存在的主要问题

吉林省高技术产业长足发展的同时出现了一定矛盾和问题，成为加快发展的瓶颈。一是技术研发优势明显，但与产业衔接不够紧密，科研成果转化率偏低；二是技术研发机构较多，但资源整合不够、共享性差，人才外流现象突出；三是高技术产品较多，但产业规模不大不强；四是高技术企业众多，但大型龙头企业少，企业零散、规模偏小，竞争和抗风险能力不强；五是高技术产业增长速度较快，但加快发展仍受资金、制度等关键因素的制约。

二、“十五”高技术产业工作总结

“十五”期间，吉林省高技术产业工作坚持“三个层面、六大行业、十五个重点领域、滚动实施一百个重大项目”的总体发展思路，制定规划、研究战略、促进改革、加强创新、策划项目，为加快全省高技术产业发展做出了积极贡献。

（一）加强研究、规划工作，统筹高技术产业发展

围绕吉林省高技术产业优势领域分析、吉林省产业技术政策、高技术产业发展对策研究、发展风险投资、建立健全技术创新体系、高技术产业对区域经济发展的影响、加快生物产业发展等内容，开展了深入细致的调查研究工作，提出了一些有针对性和建设性的对策、建议，有的得到了省委省政府有关领导的批示；适应不同阶段高技术产业发展的任务需要，结合吉林省经济和产业特点，理清发展脉络，创新发展思路，确定了“以新的发展观统领高技术产业发展”、“集成优势、跨越发展”、“加快高技术产业化和传统产业的高技术化”等有序接力、梯次跟进的工作主线；坚持规划先行，增强前瞻性和导向性，先后组织编制了吉林省现代中药产业、光电子信息产业、新材料产业、现代农业、生物产业以及长春光电子产业基地、长春生物医药产业基地、依靠高技术振兴吉林老工业基地等规划，统筹指导全省高技术产业工作。在全省“十一五”规划序列中，主编和负责协调的高技术产业相关规划11个，涉及信息、光电子、生物、现代中药和生物药、创新能力、产业技术研发、国民经济信息化等方面。

（二）突出特色和优势，引导产业集聚

世界科技和产业发展的实践证明，产业集聚是高技术产业发展的重要组织形式，是高效合理配置资源、实现局部突破和跨越的有效路径。“十五”期间，结合调查研究和编制规划，进一步明晰了吉林省高技术产业发展的基础、特色和比较优势，结合地区经济发展现状、趋势和高技术产业重点领域分布，重点突出信息、生物两大产业，加强产业布局，引导产业集聚，引进增量、激活存量，促进地区产业结构优化。

信息产业。重点对长春国家光电子产业基地进行规划布局，它是继武汉之后国家认定的第二个光电子产业基地，其发展重点是光显示器件及其上下游产品、光电仪器仪表、光电子器件及材料等三大产业领域，推进了长春、吉林、延吉软件产业园，吉林新型元器件产业园，长春汽车电子产业基地的规划工作，突出区域特色，扩大产业规模，促进集约发展。

生物产业。重点规划了长春国家生物产业基地，它是国家首批认定的生物产业基地之一，同时规划了通化现代中药产业基地、长白山优势资源综合利用及深加工产业基地、松辽平原农业生物技术产业基地和中西部生物制造产业基地，不断完善环境，健全体系，搭建平台，促进具有较强核心竞争力的生物产业集群的发展，以带动地区经济发展。

（三）谋划重大项目，以点带面促进产业发展

项目是产业发展和企业成长的重要载体。“十五”以来，围绕“重点产业领域滚动实施100个重大项目”的思路，切实加强了项目谋划、设计和组织实施工作。“十五”期间，共组织实施122项重大高技术产业化项目，超额完成“十五”的任务目标。这122个项目总投资127亿元，其中争取国家投资10.8亿元，安排省本级配套资金0.6亿元，带动全社会投资115.6亿元。截至目前，先后有四批共30个建设任务完成较好的项目，获得“国家高技术产业化示范工程”奖牌。吉林省承担的国家高技术产业重大项目涵盖了光电子、软件、信息安全、生物药、现代中药、新药创制、高分子材料、民用核技术、先进制造、农作物育种资源等诸多领域，涉及18个国家高技术产业化重大专项，是国家高技术产业发展计划的重要内容，是吉林省经济发展中最具创新性、引领性、示范性的代表。使一大批具有自主知识产权的重大科技成果迈入产业化发展轨道，使一大批附加值高、市场前景好、竞争能力强的高技术产品脱颖而出，使一大批高技术企业得到发展壮大，为吉林省经济结构的调整、增长方式的转变、新经济增长点的形成培育和积蓄了力量。

（四）加强创新能力建设，增强产业发展后劲

“十五”以来，针对吉林省创新主体不突出、创新机制不灵活、技术创新薄弱等问题，重点加强了创新能力建设工作。一是首次研究提出了加快全省创新能力建设发展规划。认真分析了创新资源、能力、发展水平和存在的问题，并着手制定“十一五”加快自主创新能力建设的思路、政策和措施。二是逐步明确了企业的创新主体地位。鼓励企业与高等院校、科研机构建立创新联盟。三是积极组织实施创新能力建设专项。通过工程研究中心、企业技术中心、技术创新服务中心等形式建立公共技术和工程化平台，培养原始性创新能力，完善技术创新体系。“十五”期间重点组织构建了国家大豆工程中心和吉林省现代中药工程中心，开展了黄金、信息安全、混合动力汽车、资源性土地保护与恢复等工程中心的设计和前期工作，完善了玉米深加工国家工程中心的建设条件。实施了一汽集团、长客股份、修正集团、敖东药业、吉林化纤、吉林铁合金等企业技术中心研发平台建设项目，提升了吉林省重点产业领域和大型企业集团的技术创新能力和水平。

（五）对外合作，走国际化发展道路

“十五”期间，吉林省高技术产业在充分利用本地资源的基础上，广泛动员和挖掘国内外技术、人才、资金、市场等方面的资源，积极推进高技术产业的国际化进程。一是鼓励和引导省内企业与省外高等院校、研发机构开展合作。一批企业，特别是医药企业通过与中科院上海植物所、中国医学科学院、中国药科大学、江西中医学院等单位开展技术嫁接项目，取得了丰硕的成果，使重组葡激酶、盐酸博安霉素、盐酸关附甲素、血脉清片等一大批国家重大科研攻关成果率先在吉林省实现产业化。二是加强国际合作。以项目、技术、人才为载体，与德国、美国、古巴、加拿大、乌克兰、澳大利亚等国家开展信息、生物、新材料等高技术领域的国际交流与合作，推进了以聚醚醚酮树脂、光通信器件、网络计算机、重组人干扰素、艾滋病疫苗、干细胞等产品为代表的高技术引进和输出，为吉林省在较高层面上加快发展培育了新的经济增长点。

吉林省发展和改革委员会高技术产业处

9

"十五"黑龙江省高技术产业发展情况

"十五"期间，黑龙江省把加快高技术产业发展、坚持走新型工业化道路、坚持信息化带动工业化、增强企业核心竞争力作为培育新兴产业和优化产业结构的重要战略举措，充分利用国家实施积极和稳健的宏观经济政策的有利条件，加大引导力度，不断优化高技术产业发展的政策环境，努力构筑跨越所有制形式、以国有大中型企业为龙头、中小企业协作配套的高技术产业链和开放型高技术产业创新体系，使高技术产业的发展保持良好的态势运行。

一、高技术产业发展的基本情况和特点

（一）高技术产业稳步发展

"十五"期间，随着国家高技术产业发展战略和规划的实施，黑龙江省高技术产业化的步伐进一步加快，高技术产业的发展呈现出勃勃生机。据统计，"十五"期间黑龙江省高技术产品的工业产值（按现价）从2000年的300亿元增加到2005年的1 300亿元，年均增长66%；高技术产业增加值从120亿元增加到299亿元，年均增长30%；高技术产业增加值占GDP的比重由2000年3.7%增加到5.4%，5年间增长了1.7个百分点。其中，电子信息、新型医药、新材料产业的增加值5年内增长了70%。高技术产业的发展对产业结构的优化升级和经济增长方式的转变起到了积极作用。高技术对传统产业的渗透带动作用逐步明显，电子信息技术、生物技术、现代中药、现代农业、新材料以及其他高技术的应用，加速了传统产业在更高技术层次上的发展，进一步推动了全省的经济发展，促进了产业升级和结构调整。

（二）高技术产业群体初步形成

"十五"期间，黑龙江省继续加大对高技术产业化项目的投资力度，产业规模不断扩大，初步形成了电子信息、生物技术、现代中药、新材料、先进制造技术等具有一定优势的产业群体。据统计，从2001年到2005年末，黑龙江省共争取国家项目和安排省级高技术产业化项目139个，总投资规模达到75亿元；其中，国家项目64个，国家投资4.6亿元，地方配套资金近2.5亿元，安排省级高技术产业化项目75个，省级预算内投资5 500万元。这些国家和省级项目的实施，为高技术产业的发展提供了重要支撑，有效促进了黑龙江省高技术产业的发展，也为依靠高技术产业推进全省经济结构调整、培育新的经济增长点奠定了坚实的基础。

（三）高技术产业发展的宏观环境逐步改善

黑龙江省委、省政府非常注重高技术产业发展的政策环境建设，充分利用国家鼓励高技术产业发展的机遇，从产业政策、发展目标、投资环境、人才机制等方面为高技术产业发展提供政策支持和法律保障。一是调整政府投资结构，加大对高技术产业发展的资金支持，制定优惠政策，为国家级和省级高技术产业化项目安排配套资金和专项资金，对

技术新、前景好的中小型高技术企业的产品研发和市场开拓给予资助和支持。二是地方和部门提高了对高技术产业带动经济发展的认识，积极策划、组织和申报本地区本部门高技术产业化项目，并给予配套资金的支持。三是《高技术产业发展“十五”规划》和《信息化“十五”发展规划》的实施，为“十五”期间全省高技术产业的发展提出了指导方针、原则和主要任务。

（四）高技术产业化项目建设进展顺利

一批列入国家高技术产业发展计划的续建项目，如千吨级大型热壁加氢反应器、多轴控制五轴联动重型卧式加工中心、煤矸石烧结空心砖技术及设备、轻合金表面陶瓷化处理、年产 30 万吨生物有机肥料、年产 30 万吨高浓度复合肥、18 信息无绝缘自动闭塞系统、输油机配套钕铁永磁机、稀土复合氧化物燃烧催化剂、数控等离子切割机等，相继达到了竣工投产的条件。新建项目，如哈工大基于 ERP 的电子商务软件产品等，陆续开工建设，工程进展顺利。

二、依托项目载体，高技术产业化取得显著成效

高技术产业化的发展重点是要抓好市场潜力大、发展前景好、经济带动作用大的产业化项目。“十五”期间，黑龙江省进一步强化对高技术产业化项目的领导，以实施国家计委的高技术产业化项目为契机，加快培育龙头企业、聚集人才、提高企业的综合技术水平，进一步巩固壮大了高技术产业群，部分产品质量达到了 20 世纪 90 年代国际先进水平。一重集团的热壁加氢反应器达到了千吨级，实现了加氢反应重大装备的国产化；哈电站集团国家工程中心的建设使大型水电、火电设备的发电能力得到较大提高，已成为中国最大的发电设备和舰船动力装置制造基地；同时，一批中小型高技术企业通过项目辐射作用，也正在迅速成长。

（一）突出重点，加快国债项目的实施进程

高技术产业化具有涉及面广、投资高、风险高、技术关联度大等特点，需要集中优势，重点突破。黑龙江省高度重视国债项目的建设，积极发挥政府的领导和协调服务职能，全力以赴抓好国债项目的建设。“十五”期间，黑龙江省有 ADSL 宽带数据传输平台、铜基无银无镉合金材料、焊接自动化系统集成技术、高效抽油机配套钕铁硼永磁电机、数控离子切割机、多轴控制五轴联动、煤矸石烧结空心砖技术及设备产业化等多个国家高技术产业化国债项目进入实施阶段，并与国家计委签订了责任状。目前，绝大多数项目已基本完成了责任状要求的建设内容，相继达到了竣工投产条件。

（二）以申报国家专项为重点，积极开展新的高技术产业化项目建设

为发挥国家宏观调控的导向作用，鼓励行业和企业从经济发展的需要出发，引导社会资金投向，培植新的高技术群体，加快全省高技术产业化步伐，黑龙江省根据国家发改委组织申报高技术产业专项的要求，以促进优势资源开发、解决经济发展重大问题为原则，认真组织地市计委、大专院校和企业收集筛选项目，积极呈报和争取。申请上报的国家高技术产业化项目涉及生物技术、新材料、现代中药、现代农业、信息网络、新型电子元器件、信息安全、光电子、新医药等 20 多个专项，经过国家组织的专家初选和专家答辩，获得国家批准立项 64 个，争取的国家资金约占全国高技术产业化专项资金的 10%。主要有哈药集团中药二厂年产 8 000 万支中药粉针剂项目，牡丹江友博制药厂新药疏血通注射液项目，哈尔滨工业大学八达集团公司并行数据库项目，哈尔滨巨容新能源有限公司电池级双电层超级电容器项目，哈尔滨市时代科技发展有限公司单氯代苯酐项目，黑龙江乌苏里江制药有限公司刺五加中药系列产品开发项目，哈尔滨市同一堂药业有限公司珍芪降糖胶囊系列产品项目，哈尔滨九洲电气股份有限公司基于 IGBT、MOSFET 电力电子器件的专用功率模块项目，黑龙江省敏感技术产业集团有限公司低功耗一氧化碳气体传感器及报警器项目，黑龙江嘉峰绿色食品有限公司黑木耳姬松茸出口珍稀食（药）用真菌高技术产业化项目，黑龙江强尔生化技术开发有限公司年产 1 万吨宁南霉素项目等。

（三）抓好项目储备和论证，强化省级高技术产业化项目的前期工作

为尽快形成高技术产业的群体优势，黑龙江省狠抓项目的前期工作，紧密跟踪国内外高技术发展潮流和市场变化情况，在全省范围内组织筛选、论证了一批科技含量高、市场前景好、技术成熟的省级高技术产业化项目，进一步充实了高技术产业发展项目库。“十五”期间共安排了省级高技术产业化项目 75 个，政府投入引导资金 5 500 万元，同时，严格项目的科研、论证工作，组织专家建立了省级高技术产业化项目库（动态储备 300 多个项目）。

（四）积极宣传推广高技术产业化的成功典型和经验，发挥示范带动作用

抓住国债项目收尾的机会，黑龙江省进一步加大了对高技术产业化成果的宣传力度，先后在中国经济导报、黑龙江省日报、黑龙江电视台等省内外新闻媒体上广泛宣传全省高技术产业化成果及其对经济发展的促进作用以及高技术

产业发展的战略规划。并按照国家发改委的要求，积极争取了国家高技术产业化示范工程项目的授牌工作，有10个企业获得了全国百家高技术产业化工程示范授牌的殊荣，扩大了黑龙江高技术产业在国内外的影响，也对省级高技术产业化进程起到了巨大的推动作用和示范效应。

三、重点行业发展情况

（一）电子信息产业取得明显进展

全省电子信息产品制造业主要经济效益指标大幅度提高，据统计，全行业完成不变价工业总产值（现价）200亿元，年均增长率为38%，全行业各项主要经济指标增幅均高于生产增长速度，为实现由速度效益型向质量效益型转变打下了较好的基础。重点企业和主要产品产销形势较好，智能化电力控制系统、铁路信息微机控制系统、汽车电子、金融电子等为传统产业改造服务的应用产品都比去年同期有较大幅度增长；同时，各类整机产品产量的增长带动了相关配套企业和基础产品的增长。彩电、冰箱、电力电子、电子节能产品、全集成红外器件、汽车用扬声器、电子乐器和IC卡电度表等产品出口规模和能力正在不断扩大。民营高科技企业正在成为全省信息产业新的增长点。

（二）新型医药和现代中药行业发展迅猛

黑龙江省委、省政府继续把北药开发作为全省的重点工作来抓，以市场为导向，发挥特色优势，加速以基因工程为核心的现代生物技术成果产业化进程，打破所有制和地域限制，加强技术合作与攻关，大胆引进和消化吸收国内外成熟的科研成果，为推进技术产业化创造条件，改造提升现有医药产业，形成了以制剂和原料药深加工为主体，以生物制药和现代中药为两翼的产业格局。对名牌产品予以重点扶持，北豆根系列产品、双黄连系列产品、刺五加系列产品、熊胆系列产品、珍芪降糖系列产品等一批具有自主知识产权的现代中药产品在国内外市场的占有率不断提高，进一步提高了北药品牌和商标的知名度，扩大了北药产品的国内外市场份额。同时，加大对非国有医药企业的支持力度，从产品开发、技术改造、经营生产等方面为促进医药企业发展创造了许多条件，形成了国有企业和民营企业共同发展的良好态势。

（三）高技术改造传统产业取得实效

黑龙江省围绕工业结构调整，利用高技术对重点行业、重点产品、重点企业进行技术改造，取得了明显成果。全省共完成技术改革投资1 331.19亿元。一批重点项目已经成为新的经济增长点，如哈飞集团经过技术改造，汽车年生产能力已达到30万辆，在全国微型汽车行业中排列第二。国家焊接技术工程中心的建设，使黑龙江省在数控等离子切割技术、焊接自动化集成制造技术、新型焊接材料技术和焊接机器人制造技术居国内领先水平。

同时，运用CIMS、CAD等信息技术改造传统产业在黑龙江取得了明显的进展。截止2005年底，黑龙江省有8家CIMS应用示范工程企业，推广应用CAD的企业全部通过了国家验收，取得了明显的效益。哈电机公司成为全国3个“国家863/CIMS重点应用示范企业”之一。

通过技术改造和创新，机械、石化、食品三大产业作为全省支柱产业的地位及在工业经济中的主导地位得到了进一步加强，目前，这3个行业的工业增加值占全省工业增加值的近50%。

（四）信息化工程建设取得显著成效

“十五”期间，全省在网络设备上已累计投资3亿元，相关软件的开发与应用工作已开始，将建成宽带高速计算机多级网络系统。根据国家信息化领导小组《电子政务建设指导意见》的精神和省政务信息网的建设状况，积极促进政务信息网的应用。全省企业信息化试点企业已经扩大到180家，有140家实现了系统集成，有20家完成了多个子系统建设并已开始运行，另外20家完成了总体方案设计并开始实施。这些企业通过信息化促进了企业的“三改一加强”，提高了经济效益和综合竞争能力，使全省企业信息化工作继续稳步推进。省政府出资4 827万元支持企业信息化项目，带动试点企业投资1.5亿元，取得了较好的应用成果。黑龙江省已开通了涵盖省、市、县、乡四级的宽带多媒体农业信息网络，在网络规模、技术水平上列全国第一位，所开发的网络综合管理平台、市场与农情数据库应用系统，经专家鉴定达到国内先进水平。开通了“一站通”全国农村供求信息网上联播，建立了四级信息员队伍。农业信息网通过引导农民开发农业新项目、拓宽农产品市场销售渠道、带动订单农业发展和促进农村劳动力转移，为调整农业产业结构、发展农村经济、提高农民收入和解决“三农”问题探索了新路。教育信息化工程完成了实施方案的编制，加强了中小学“校校通”的建设，利用互联网络开展了成人教育和远程教育，探索了标准化教育软件与课件的开发应用。社保信息化工程按照充分利用现有资源、以应用为主导的原则，组织了社保和低保网络建设方案的论证工作，目前各项论证结果已上报省政府。旅游信息化工程组织了专家对方案进行论证，提出了修改意见，省旅游局已开始根据方案组织实施。审计信息化工程基础准备工作已展开，对方案进行了论证和修改，提出审计信息化建设要紧密结合政务网的建设来推进。

黑龙江省发展和改革委员会高技术产业处

10

"十五"上海市高技术产业发展情况

"十五"期间是上海市国际经济、金融、贸易和航运中心建设取得重要突破，城市综合竞争力显著增强，国际影响力明显提升的五年。2000 年以来，上海市高技术产业发展按照国家"发展高科技、实现产业化、推动跨越式发展"的战略部署，加快做大产业规模、努力提高自主创新能力、不断培育新兴产业，全面完成了"十五"规划确定的发展目标，对上海市经济社会发展的推动作用显著增强。

一、高度重视高技术产业发展，加快扩大产业规模

"十五"期间，上海市把推动高技术产业发展作为实施科教兴市的主战略和提高城市综合竞争力的一项重要任务，作为转变经济增长方式和培育新的经济增长点的一个重要抓手。积极研究高技术产业及产业技术发展动态，编制发展规划，制订产业政策，推进重大项目，营造高技术产业发展的良好环境，发挥高技术产业发展的先导作用，推动高技术产业扩大规模。

2001 年以来，上海市高技术产业总产值保持年均 33% 的增长速度，2005 年达3 969. 4 亿元，仅次于广东、江苏，居全国第三位；2000 －2005 年，上海市高技术产业产值占工业总产值的比重提高了 8. 6 个百分点、达 25. 1%，知识服务业增加值占服务业增加值的比重提高了 2. 9 个百分点、达40. 8%。2005 年，高技术产业出口交货值2 727. 1 亿元，是 2001 年的 6. 1 倍。

表 1　上海市高技术产业发展基本情况（2001 －2005 年）

指标 \ 年份	2001	2002	2003	2004	2005
高技术产业总产值/亿元	1 242. 9	1 428. 9	2 258. 8	3 238. 9	3 969. 4
高技术产业利润/亿元	71. 2	54. 0	74. 5	134. 9	98. 4
高技术产业产值占工业总产值的比重/%	17. 7	18. 5	21. 8	23. 5	25. 1
高技术产业出口交货值/亿元	444. 4	643. 2	1 305. 9	2 106. 0	2 727. 1

注：2005 年数据为统计快报数据

从高技术产业领域分布看，2005 年，电子计算机及办公设备制造业产值达到 1 829. 9 亿元，其规模最大、比重达 46. 1%，增长速度最快、是 2001 年的 11. 3 倍；电子及通信设备制造业产值规模居第二位，2005 年产值为 1 700. 9 亿元，比重达 42. 9%；信息化学品制造产值增长速度居第二位，2005 年产值为 25. 1 亿元，是 2001 年的 5. 18 倍。

二、坚持信息产业优先发展战略，确立支柱主导地位

“十五”期间，上海市把信息化建设作为实施科教兴市的开路先锋，以“信息化带动工业化，实现跨越式发展”为方针，努力推动信息产业健康快速发展，不断提高对上海经济社会发展的贡献率。2000年以来，通过利用国内国际两种资源、两个市场，上海市信息产业保持年均20%左右的增长速度，2005年实现销售（经营）收入5 022.8亿元，比2000年增长了3.67倍；2005年实现增加值1 097.9亿元，占全市国民生产总值的比重由2000年的7.4%上升到2005年的12%，确立了基础性、战略性支柱产业的地位。

表2　上海市信息产业增加值情况（2000－2005年）

年份 指标	2000	2001	2002	2003	2004	2005
信息产业增加值/亿元	338.18	422.67	489.07	622.04	849.29	1 097.9
信息产业增加值占全市国内生产总值比重/%	7.4	8.5	9.0	10.0	11.4	12

“十五”期间，随着中芯、宏力、台积电等大项目的相继落户并投产，上海市集成电路产业发展出现了令人振奋的局面，成为全球最具吸引力的集成电路产业投资地区之一，投资总额累计超过100亿美元，共有7条8英寸芯片生产线投产，是目前国内芯片制造业最集中、产能规模最大、晶圆尺寸最为齐全的地区。2005年，上海市集成电路产业销售收入达300亿元，是2001年的7.5倍。上海市还积极推进集成电路产业链向两头延伸，一是将集成电路设计产业作为重点发展领域，设立“整机与芯片联动”专项基金给予支持，“十五”期间，涌现出展讯通信、复旦微电子、华虹集成电路等销售收入超亿元的芯片设计企业。二是加快发展半导体装备产业，积极支持国家重大科技专项光刻机项目；科教兴市专项资金支持中微半导体装备项目，目前已开发出化学沉积薄膜和等离子体刻蚀生产样机；吸引了盛美公司和睿励公司等一批海外留学生创业团队来沪创业。

“十五”期间，上海市软件产业连续五年保持50%以上的增长速度，成为推动信息产业经济增长的重要力量。截至2005年底，全市共有软件企业1 600家，软件从业人员11.8万人，27家企业被认定为国家规划布局内重点软件企业，56家企业通过CMM3以上评估。2005年，上海市软件产业经营收入455.2亿元，是2000年的近10倍，软件出口额近7亿美元，是2001年的7倍。在基础和系统软件方面取得重大突破，中标软公司的操作系统和Office产品成功纳入政府采购；普元公司的EOS构件平台在电信、金融等领域成功推广应用，国内市场占有率达55%。

“十五”期间，上海市基于互联网和移动通信的数字内容产业发展迅猛，出现了盛大网络、第九城市、携程网、掌上灵通、分众传媒等一批在NASDAQ上市的新兴信息服务业企业。

三、优化高技术产业发展结构，加速培育新兴产业

在继续做大做强信息产业的同时，上海市还不断积极创造条件，选择重点产业努力实现突破，以带动高技术产业整体竞争力的提升。“十五”期间，上海市加快发展生物医药、装备制造、航空航天等战略性高技术产业，努力培育新兴产业增长点。

“十五”期间，上海市生物医药产业总量快速增长，拳头产品不断涌现，研发支撑体系日益完善。2005年，生物医药产业销售收入超过275亿元，比2000年增长近两倍，涌现出上海医药集团、上海复星、上海实业等一大批骨干企业。生物医药获得新药批文数量稳步增长，达298件，其中国家一类新药批文为21个，占获得总数的7%。罗氏、诺华、汇仁集团、华海药业等一批国内外研发机构先后落户上海，国家新药筛选中心、国家上海新药安全评价研究中心、上海中药创新园等相继组建，上海药物代谢研究中心、上海实验动物资源平台等正在加紧建设，使上海生物医药自主创新能力快速提升。

“十五”期间，按照“信息化带动工业化”的要求，上海市装备制造业不断运用信息化手段提升产业能级，从“发展中调整”转向“发展中提高”，产值年均增幅31.2%，2004年总产值6 111.2亿元，对工业增长的贡献率达43.2%。依托重大工程项目，如山西柳林电厂2期的两套600MW发电机组、浙江玉环电厂百万千瓦级超超临界机组、秦山核电站二期等项目，使上海市装备制造业成套能力显著增强。上海市成功制造第一根国产大型船用曲轴、改变了大型船用曲轴依赖进口的历史，建成6吨/天的神华煤直接液化中试装置并正式投煤试运行。

“十五”期间，上海市民用航空运输业高速增长，机场的旅客吞吐量、货邮吞吐量和飞机起降架次的年均增长率分别达到17%、22%和18%，位居亚洲机场前列。国家发改委已批准上海科技宇航公司飞机维修项目，并正在审批上海波音航空改装维修工程项目，航空维修业开始起步；ARJ－21新型涡扇支线喷气飞机设计和技术攻关进展顺利，生产

准备和研究保障条件建设全面启动；美国西科斯基飞机项目落户上海，前期将准备组装生产轻型直升机。上海航天积极承担国家重点计划与重大工程，在“星、船、弹、箭”等领域取得了较大成绩，其中“风云”系列气象卫星、“神舟”系列飞船、CZ－2D、CZ－4B运载火箭等开展攻关并取得成果。同时，上海航天技术的民用开发、航天市场化及产业化已起步，并产生了初步规模与效益。

四、实施重大产业科技攻关项目，全面提升产业能级

2003年12月，经过“世博会与上海新一轮发展”大讨论的充分酝酿与发动，市委八届四次全会通过了《上海实施科教兴市战略行动纲要》，提出科教兴市是推进上海经济社会发展的主战略，是牢固树立和全面落实科学发展观的核心举措和关键所在，是跨越新发展阶段的门槛、走通“华山天险一条路”的唯一选择！

实施一批市场竞争力强、发展关联效应大、支撑产业战略升级的科教兴市重大产业科技攻关项目是落实科教兴市主战略的一个重要载体。2004年7月和2005年12月，上海市先后启动实施了两批共48个科教兴市重大产业科技攻关项目，主要集中在重大装备、信息技术、生物技术与医药、新能源与新材料四大领域，重点聚焦于自主品牌汽车、船舶、重大疾病创新药物、集成电路、第三代移动通信等产业集群或产业链。科教兴市重大项目强调自主创新、人才集聚和建立以企业为主体的产学研战略联盟。截至2005年12月底，首批29个项目共获得知识产权406项，其中发明专利232项，占专利总数的83%；两批48个项目共聚集3 430位科技人才，其中包括54名项目领军人物和70名海外归国留学人员；在首批29个项目中，有25个项目与全国23所大专院校、17家科研机构（包括2家国外科研机构）实施了产学研合作，共投入资金2.12亿元。

五、加强政策制定和规划引导，营造良好发展环境

“十五”期间，围绕实施科教兴市主战略，上海市在完善政策环境、加强政策聚焦等方面开展了大量工作，先后三次修订了“高新技术成果转化18条”，制定了“鼓励集成电路和软件产业发展的54号文”，出台了鼓励引进技术吸收与创新的全国首个地方性法规。2004年在全国率先推出了地方性知识产权战略纲要，形成了先发效应，取得了积极成效。

“高新技术成果转化18条”自1998年首次公布以来，已完成第三次修订，相关政策有力推动了科技成果转化和企业技术创新。截至2005年底，上海市共认定批准（含软件企业核准）高技术企业2 303家，共认定高技术成果转化项目3 646项，其中70%的项目已实现产业化，累计新增产值2 497亿元。“十五”期间，上海市高技术成果自主知识产权拥有率逐年提高，从2000年的约30%提高到了2005年的89.4%，在总共3 646个认定项目中有2 463个成果具有自主知识产权，占67.6%，其中发明专利791项。

“十五”期间，上海市高度重视知识产权工作，市政府先后两次制订了关于加强知识产权工作的若干意见，启动知识产权公共服务平台建设，营造了良好的知识产权创造和保护环境，知识产权申请量和授权量逐年稳步提升。2005年，上海市专利申请量和授权量分别达到32 741件和12 603件，均居全国第四位，分别是2000年的2.89倍和3.11倍；其中发明专利申请量和授权量分别达到10 441件和1 997件，分别居全国第三位和第二位。发明专利所占比重逐年提高，2005年，上海市每十万人发明专利申请数达59件，是“九五”期末的2倍，反映出知识创新产出水平和能力的增强。

表3　上海市每十万人发明专利申请数（2000－2005年）

年　份	2000	2001	2002	2003	2004	2005
每十万人发明专利申请数/件	29	20	24	35	39	59

上海市“立足当前、谋划长远”，编制了一批重点领域的高技术产业发展规划，开展了高技术产业发展战略研究。结合推进国家高技术产业基地申报工作，编制了《上海国家微电子产业基地发展规划》和《上海国家生物医药产业基地发展规划》；重点研究了软件、TFT－LCD、航空、航天、汽车电子和半导体装备等产业的发展战略和规划，分析了这些产业国内外的发展形势，提出了发展目标、指导思想和政策措施，对推进它们的发展起到了积极作用。

六、不断提升产业自主创新能力，增强产业发展后劲

“十五”期间，上海市全社会R&D投入总量达703.2亿元。其中，2005年达213.53亿元，是“九五”期末的2.8倍，“十五”期间年均增长22.7%；R&D投入占全市生产总值的比例由“九五”期末的1.61%提高到2.34%，提高幅度45.3%，逐步接近发达国家水平。上海市在高技术领域拥有的自主知识产权产品比重也呈上升趋势，2005年，全市高技术产业自主知识产权拥有率为27.5%，比2003年提高了1个百分点。

表4 上海市 R&D 投入情况（2000－2005 年）

指标＼年份	2000	2001	2002	2003	2004	2005
R&D 总经费支出/亿元	76.73	88.08	102.36	128.92	170.28	213.53
R&D 占全市生产总值的比重/%	1.61	1.69	1.80	1.93	2.11	2.34

“十五”期间，上海市建成了生物芯片国家工程研究中心，开工建设组织工程、纳米技术国家工程研究中心、水资源国家工程研究中心获得批复。截至目前，在沪的国家工程研究中心共15家，数量仅次于北京，总投资逾13亿元，其中国家共支持约4.7亿元，地方配套资金约2亿元。建成的国家工程研究中心已取得了一批自主知识产权的研究成果，解决了一些重大工程中的技术问题，形成了一定规模的产业化能力，在技术集成转移、扩散和产业化方面为所在行业提供了一定的技术支撑。

截至“十五”期末，上海市共建设了29家国家认定企业技术中心和160家上海市认定企业技术中心。2005年，这些企业技术中心所在的企业总数仅占全市规模以上工业企业的1.7%，但产品销售收入总额达5 767.22亿元，约占全市规模以上工业企业产品销售总额的35.28%；产品销售利润总额达749.61亿元，约占全市规模以上工业企业利润总额的79.78%；申请专利总数达6 241件，占企业专利申请总数的27.28%。至2005年底，上海市建成“一网两库”公共研发服务平台、31家国家重点实验室和7家国家工程技术研究中心。

上海在承接国际高技术制造业转移的同时，加强对跨国公司研发机构的吸引，跨国公司研发中心已渐渐成为上海市高技术产业化中的亮点。惠普、阿尔卡特、霍尼韦尔、通用电气、思科等跨国公司的中国研发中心相继落户上海。到2005年底，在沪外资研发机构（投资规模在200万美元以上）已达170家，投资总量逾35亿美元。

表5 在沪外资研发机构数量（2000－2005 年）

年份	2000	2001	2002	2003	2004	2005
在沪外资研发机构数量/家	41	61	86	108	140	170

七、聚焦高技术产业基地和园区，加速产业集聚发展

“十五”期间，上海市相关园区和基地已成为高技术产业发展的重要载体和集聚地，成为推动产业结构调整和经济增长的强大引擎。截至2005年底，经国家批准，上海市高新技术产业开发区“一区六园”土地面积为42.11平方公里，园区内有企业3 171家，实现工业总产值2 462亿元，出口创汇146亿美元。特别是通过实施“聚焦张江”战略，张江高科技园区引进投资133亿美元、项目1 238个，集聚了一大批集成电路、软件和生物医药等高技术企业，吸引了国家级、市级研发机构49家和跨国公司研发中心49家，五年来，张江高科技园区高新技术产业总产值、研发投入和发明专利申请数年均增长率分别为63.6%、151.3%和40.9%，成为国内外有影响力的高技术产业基地和知名品牌。另外，由政府、高校、民营企业共同投资建设的紫竹科学园区，始终坚持“生态、人文、科技”发展主题，突出科研、人才、资本和产业协同互动的核心优势，强调以市场化运作推动高技术产业发展，截至目前，紫竹科学园区共吸引外资20亿美元、内资31亿人民币，特别是吸引了纳米、组织工程等一批国家工程研究中心以及英特尔、微软、意法半导体等跨国公司研发机构入驻，成为高技术产业园区的新亮点。

“十五”期间，国家发改委先后批复在上海建设国家微电子产业基地、国家软件产业基地和国家软件出口基地，上海市还在积极争取建设上海国家生物医药产业基地。同时，为充分发挥相关区域现有高技术产业基础和科技优势，大力吸引一批上下游产业项目和研发机构集聚。近年来，上海市还先后建设了浦东、徐汇、长宁等六个市级软件产业基地，在闵行区建设上海航天产业基地、上海平板显示产业基地和上海集成电路设计产业基地，在嘉定区建设上海汽车电子产业基地。这些高技术产业基地产业规模增长较快、产业集聚效应逐步显现、辐射带动作用日益增强。

八、加快发展创业投资和技术交易，优化创新创业环境

“十五”期间，上海市把加快创业投资发展作为营造高技术产业发展良好环境的重要任务，通过政府引导、政策支持等多种手段，积极吸引海内外创业投资机构来沪发展。据上海市创业投资行业协会统计，2004年，上海创业投资机构管理资金总量为167.6亿元，以投资高科技项目为主的创业投资机构有106家，其中70%以上的投资机构类型是创业投资公司或创业投资管理公司。这些创业投资机构的投资领域主要集中在软件与网络、微电子、生物与医药保健等三个行业。特别是1999年成立的上海创业投资有限公司，“十五”期间采取“基金的基金”模式，利用政府6亿元创业投资资金，吸引海内外各种社会资金，建立了17个基金，投资规模达30亿人民币，形成多元化创业投资格局，集聚

了一批投资管理人（公司）和资金托管机构，向160余家高技术企业投资。

表6　上海市技术交易情况（2000－2005年）

年　　份	2000	2001	2002	2003	2004	2005
技术合同交易金额/亿元	73.90	106.16	120.22	142.78	171.70	231.73
技术合同平均成交金额/万元	35.23	44.58	46.22	52.32	62.83	76.50

"十五"期间，上海市技术市场和技术交易总量呈上升发展趋势，技术交易金额大幅增长、技术含量大幅提升。据统计，2005年经上海市技术市场管理办公室认定登记的技术合同数30 290项，交易金额231.73亿元，连续七年保持两位数增长。2000－2005年，本市技术合同平均成交金额持续稳步增长，2005年为76.50万元，是2000年的2.2倍。由于计算机软件开发合同的不断增加、引进国外技术以及联合产权交易所技术转移的大幅增加，使得技术合同结构开始发生变化，技术转让合同交易金额增长迅猛，而技术服务合同交易金额则呈下降趋势，2005年有两项重要指标超过85%，即技术开发和技术转让交易金额占交易总额的85.3%，单项超百万元的技术合同占合同总量的86%。

上海市发展和改革委员会高技术产业处

11

“十五”江苏省高技术产业发展情况

“十五”期间，在省委、省政府的领导下，全省紧紧围绕“两个率先”的总体要求，弘扬“三创”精神，实施“科教兴省”战略，充分利用国内外的资源和市场，开发式配置科技资源，区域创新体系日趋完善，自主创新能力不断提高，高新技术产业在推进经济增长方式转变、加快经济结构调整和提升全省经济发展质量方面发挥了重要作用。

一、“十五”期间，江苏省高新技术产业发展取得的成绩

“十五”期间，江苏省根据高新技术产业“十五”发展规划的整体要求，大力发展电子通信、生物医药、新材料等高新技术产业，积极利用高新技术提升传统产业，加快建设区域创新体系，启动“双倍增”计划，高新技术产业发展取得了新的进展。

（1）产业规模逐步扩大。1993 年全省高新技术产业产值仅为 219. 4 亿元，2000 年为 1 775. 5 亿元，2004 年达到 5 899. 8 亿元。“十五”期间，全省高新技术产业产值年平均增长速度为 42. 3%。

（2）产业结构日趋合理。2004 年，全省高新技术产业中，航空航天制造业、计算机及办公设备制造业、电子及通信设备制造业、医药制造业、专用科学仪器设备制造业、电气机械及设备制造业和新材料制造业的工业总产值占高新技术产业总产值的比重分别是 0. 6%、19. 4%、37. 7%、5. 9%、2. 9%、18. 3% 和 15. 1%。高新技术企业、高新技术产业开发园区和高新技术特色产业基地作为发展高新技术产业的主要工作载体作用突出，省级以上高新技术企业、高新技术产业开发园区、高新技术特色产业基地实现的高新技术产业产值分别占全省的 15. 7%、34. 5% 和 1. 8%。

（3）对经济增长的贡献率逐渐提高。2004 年，江苏省高新技术产业实现产值占规模以上工业总产值的比重为 23. 75%，实现工业增加值 1 528 亿元，占全部工业增加值的比重为 23. 7% 左右，占全省 GDP 的 9. 9%。

（4）产业 R&D 强度逐步提高。从全省全社会 R&D 费用占 GDP 的比重来看，已由 2001 年的不足 1% 提高到 2004 年的 1. 3%；从产业情况来看，R&D 投资强度 2001 年为 0. 67%，2002 年为 0. 80%，2003 年为 0. 82%，2004 年为 0. 9%。随着高新技术产业的快速增长，产业科技投入强度也逐年提高。高新技术产业整体技术密集度高于工业制造业的其他行业。

（5）高新技术产业向沿江、沿沪宁线集聚趋势明显。2004 年，沿江八市实现高新技术产值 5 675. 59 亿元，产值占全省高新技术产值总量的 96. 2%。在沿江八市中，南京、无锡、苏州三市的高新技术产业集聚效应尤其显著。2004 年，三市高新技术产业产值4 304. 65 亿元，占全省的 72. 96%；三市高新技术产值占规模以上工业总产值的比重达 27. 47%，其中苏州达 37. 38%。沿江区域高新技术产业的集聚效应有效推动了全省经济结构、产业结构和产品结构调整的步伐，促进了区域经济增长方式的转变和经济运行质量的改善。

江苏省高新技术产业的发展也存在一些矛盾和问题，主要表现在：

（1）产业规模不大，带动力不强。2004 年，全省高技术产业产值占规模以上工业产值的比重为 23. 75%，比广东

的32%低8.25个百分点。总体上看，全省高新技术产业中的大型企业和企业集团数量较少，中小型企业数量众多，高新技术产业中的企业规模仍然偏小。

（2）创新投入不足。全省高新技术产业风险投资机制仍未有效运行，产业技术创新缺少资金的支撑，企业科技创新投入水平较低。2000－2004年，全省高新技术产业R&D经费与销售收入的比重一直较低，2004年为1.3%，低于全国1.35%的水平，也低于上海的2.25%和广东的1.56%，相比国际发达国家3%左右的比例存在更大差距。

二、江苏省高新技术产业发展的总体思路、目标和重点

（一）总体思路

把握新科技革命和产业革命的重大历史机遇，实施“重点突破、整体提升”的战略，全面落实科学发展观，着眼于江苏省“两个率先”的实现，以提高高新技术产业核心竞争力为主线，全面实施高新技术产业“双倍增”计划，使高新技术产业成为促进江苏省经济结构调整、产业升级的主要动力，进一步提升全省高新技术产业的竞争力。

（二）发展目标

到2010年，高新技术产业产值达到18 000亿元，高新技术产业产值占规模以上工业产值的比重达30%，年均增长1～2个百分点；高新技术产品出口额占外贸出口总额的比重达45%，年均增长1%以上；全社会研发经费占生产总值的比例达2%以上。

（三）发展重点

推进三大高新技术产业带的快速发展，培养十大高新技术产业化示范工程，构建江苏省的自主创新体系，加快高新技术的国际化步伐。

1. 大力推动三个产业带的快速发展

（1）沿沪宁线电子信息产业带。重点建设十大信息产业基地，培育八大特色产业群，培育10个与国际接轨的信息产业研发中心。努力发展民族信息产业，推广本土品牌，开发和研制战略产品，占领国际市场。同时加快有自主知识产权的技术研发，建立具有国际领先水平的研发中心。信息产业结构向高新技术、高附加值型产业转变。

（2）沿江生物技术产业带及苏北生物技术应用产业带。加快建设8个产业化基地，重点扶持、培育10个销售额超5亿元的龙头企业，带动生物技术产业的全面发展。

（3）沿沪宁线新材料产业带。重点发展7个新材料产业群，重点建设7个新材料产业基地。

2. 积极实施十大高新技术产业化示范工程

重点推进网络与通信产业化示范工程、数字视听产品产业化示范工程、集成电路设计与制造产业化示范工程、软件产业示范工程、生物技术产业化示范工程、中药现代化及天然药物产业化示范工程、新材料产业化示范工程、新能源产业化示范工程、现代装备制造产业化示范工程和环保及资源综合利用产业示范工程。

3. 构建江苏省的自主创新体系

（1）区域创新体系建设。积极推进“长三角”区域的创新合作，从多层面、多样性、实效性等多个角度推进“长三角”工程文献信息共享、科技基础条件共建共享、技术产权巡回展览交易及国际科技合作等实质性合作，形成科技资源共建、共享、共赢格局。继续加强对科技先导型区域的支柱产业建设，带动苏北地方科技工作，不断开拓新局面。突破制约支柱产业发展的关键、共性技术，集成实施各类科技计划项目，加大省级科技投入，积极引导社会投入。积极开展沿江火炬带的建设。积极鼓励大学、研究机构和企业与高新技术园区合作，使高新技术园区形成研发、教育培训、生产和专业服务相结合的联合体。同时，加强省内各个园区之间的合作与交流，使高新技术园区成为促进高新技术研发和转化的主要基地。

（2）行业公共研发平台创新体系建设。选择具有基础性、公益性、开放性等特点的领域，构建科技基础条件平台的框架体系。以整合优化现有科技资源配置为主，加大政府投入，建设工程技术文献信息中心、三药创制公共服务平台、大型科学仪器设备共享服务平台、农业种质资源保护与利用平台等十大科技公共服务平台，进一步探索与完善科技资源共建共享的新机制，提高科技创新的公共服务能力与水平。

（3）强化企业自主创新的主体地位。要加大对内源高新技术企业的扶持和培育力度，逐步在技术、资金、原材料、管理和市场上形成以内源为主的高新技术产业发展格局，逐步解决“高投入、低产出，高能耗、低效益，高外向、低层次”的关键问题。围绕加强科技创新载体建设，加强高新技术研究重点实验室、工程技术研究中心、企业技术中心、

工程中心和博士后流动站的建设，积极探索和总结各类科技创新载体的组织实施形式，促进企业科技创新能力的提升。采取积极的财政鼓励政策支持企业自主研究和开发技术，逐步掌握具有自主知识产权的核心技术。

4. 实施高新技术产业的国际化战略

推进并承接国际高新技术产业转移。推动信息技术的国际转移。加强生物技术、新材料、信息产业重点领域与跨国公司的合作，通过引进、消化、吸收、再创新技术，全面提升产业核心竞争能力。深入推进高新园区的二次创业，加快推动高新技术主导产业的集聚，加快拥有自主知识产权的标志性创新项目的建设。

建立高新技术国际转移中心，形成国际高新技术研发战略联盟。鼓励科技型企业和大型研发中心到国外共建或独建研发中心。在生物技术、新材料、信息产业等重点领域，沿沪宁线建设一批国际研发中心，为跨国技术转移提供研发平台，培育新的产业科技成果，推动产业在品牌、专利、技术等方面形成核心竞争力。鼓励省内创新研发体系与国外研发体系联系，建立互惠互利的国际战略联盟，提升研发水平，从而提高科技成果转化率。

三、对策措施

（一）深化改革，加快推进体制创新

深化科研院所改革。进一步引导和推进已转制的开发类院所加快建立现代企业制度。加大对社会公益类科研机构的扶持力度，形成一支稳定精干的科研队伍。积极支持部省属科研院所的改革与发展，鼓励和支持省内科研院所与国内外高校、科研机构、大企业合作，鼓励民间资本创办各类民办科研机构。

加快科技管理体制改革。建立、健全统一的项目库和专家库，进一步提高科技项目管理的民主化和科学化。深化科技成果评价奖励制度改革，建立以自主知识产权、产业化绩效、科技持续创新能力为取向的价值评价标准体系，充分发挥科技成果评价、奖励的导向和激励作用。

推动企业成为创新主体。进一步鼓励和引导企业加大科技投入，强化其在技术创新和科技投入中的主体地位。研究进一步鼓励民营企业加快技术创新的措施，推动民营企业不断增加研究开发投入，使全省民营企业的自主创新能力得到大大提高。

（二）扩大开放，建立高技术产业发展合作联盟

加强招商引资和技术引进。以国家级和省级高新技术开发区为龙头，重点引进一批世界500强企业研发中心，鼓励外商投资兴办高技术企业，创办独资和中外合资、合作的科研开发机构、孵化器以及专业性的科技中介服务机构。继续大力引进国外先进技术，加强对引进技术的消化吸收和二次创新。

积极扶持高技术产品走出去。进一步落实扶持高技术产品出口的各项优惠政策，加快高新技术产品出口基地建设，积极支持高技术企业建立国际市场信息服务网络，进一步加强高技术产品出口，努力提高江苏省高技术产品在国际市场的占有率和竞争力。积极鼓励高技术企业走出去，到国外建立研发中心和产学研合作基地，充分利用国外资源，加快高技术产业发展。

（三）完善人才政策，建立人才汇集制度

大力发展高等教育和职业技术教育。努力提高高等教育质量，扶持发展一批重点学科和重点院校，重点建设一批高水平大学和科研创新基地、人文社科重点基地。大力发展职业技术教育，进一步优化职业教育的专业设置，重点建设一批应用型专业。重点培养一批高层次创新人才和高素质产业工人，为高新技术产业发展提供强大的人才储备和支撑。

强化人才引进、培养和使用。鼓励大型企业和企业集团与高等院校定向联合培养硕士、博士研究生，支持高等院校、科研机构与企业联合建立博士后流动站和工作站。改善人才环境，优化人才政策，落实好管理、技术、知识等要素参与分配的政策，重视保护知识产权，积极吸引国内外优秀人才到江苏省创新创业。

（四）发展风险投资，完善投融资体制

进一步加大财政科技投入，实现财政科技支出增长高于财政支出增长，优化财政科技资金支出结构，改进政府资金的使用方式，提高财政科技资金的使用效益。加大对高技术产业发展的支持力度，加强对产业共性技术、关键技术研发的政策扶持，加大对高技术成果转化、公共技术平台建设、支持及利用高新技术改造提升传统产业和促进传统产品更新换代的补助。

促进企业科技投入的持续增长。鼓励和引导企业增加研发投入的同时，加快建立和完善企业信用担保体系，鼓励担保机构和金融机构之间加强合作，引导金融机构加大对科技开发和高技术产业化的贷款投入。

建立、健全高技术产业风险投资机制。进一步加大对风险投资的政策扶持力度，鼓励和支持企业、个人以多种形式组建风险投资公司或创业投资公司。鼓励和支持境外资金特别是国际风险投资机构在省内设立风险投资公司或直接投资高新技术产业项目。鼓励企业积极利用国内外资本市场进行融资，支持有条件的企业到海外上市。

（五）加强统筹协调，进一步优化高技术产业发展的政策环境

加强江苏省高新技术产业的组织与协调工作，强化协调配合，联合制定江苏省高新技术产业发展规划和年度高新技术产业指导目录，并协调、落实和评估各项政策措施。进一步完善高技术产业发展的法规体系，加强科技创新的立法工作，研究制定促进高技术产业发展的地方法规，为高技术产业发展创造有利的法律环境。落实促进科技创新和高技术产业发展的扶持政策，形成加快高技术产业发展的政策合力。完善财政、税收、金融、人才、土地、知识产权保护以及政府采购等方面的政策措施，为高技术产业发展提供政策保障。

江苏省发展和改革委员会高技术产业处

12

“十五”浙江省高技术产业发展情况

一、“十五”高技术产业总体情况

“十五”期间，浙江省按照省委实施“八八战略”、“科技强省”战略的要求，大力推进高技术产业化，积极利用高技术改造提升传统产业，增强自主创新能力，促进了高技术产业快速增长。

2005 年全省完成高技术产业总产值 1 706 亿元，是 2000 年的 3.23 倍，“十五”期间年均增长 26.4%；高技术产业增加值 385 亿元，是 2000 年的 2.92 倍，“十五”期间年均增长 24.1%（参见表 1）。

表 1　2000－2005 年浙江省高技术产业总产值、增加值及增幅

指标＼年份	2000	2001	2002	2003	2004	2005
高技术产业总产值/亿元	528	605	761	1 055	1 379	1 706
高技术产业增加值/亿元	132	145	192	261	314	385
高技术产业增加值年度增速/%	38.7	9.9	32	36.4	20.2	22.6

从行业分布看（参见图 1），2005 年电子及通信设备制造业继续占据半壁江山，全年实现销售收入 864.8 亿元，占全省高技术产业总量的 50.2%；医药制造业实现销售收入 402.3 亿元，占全省总量的比重为 23.4%；医疗设备及仪器

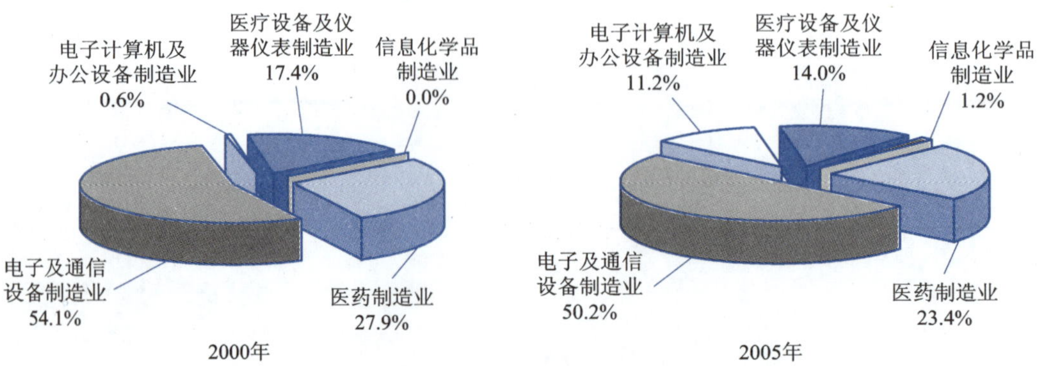

图 1　2000－2005 年浙江省高技术产业各行业比重变化图

仪表制造业实现销售收入241亿元，占全省总量的14%；电子计算机及办公设备制造业实现销售收入192.1亿元，占11.2%；信息化学品制造业全年完成销售收入21.6亿元，占全省总量的比重为1.2%。"十五"期间，各行业比重有升有降，其中电子计算机及办公设备制造业异军突起，占全省总量的比重由2000年0.6%大幅上升到2005年的11.2%。

从地区分布看（参见图2），浙江高技术产业主要集中在沪杭甬和甬台温高速公路沿线，杭州、宁波、温州、嘉兴、绍兴、台州六市高技术产业总产值占全省的比重高达90%。其中杭州市2005年实现高技术产业总产值800.5亿元，占全省的比重为46.9%；宁波实现高技术产业总产值300.5亿元，占全省的比重为17.6%。

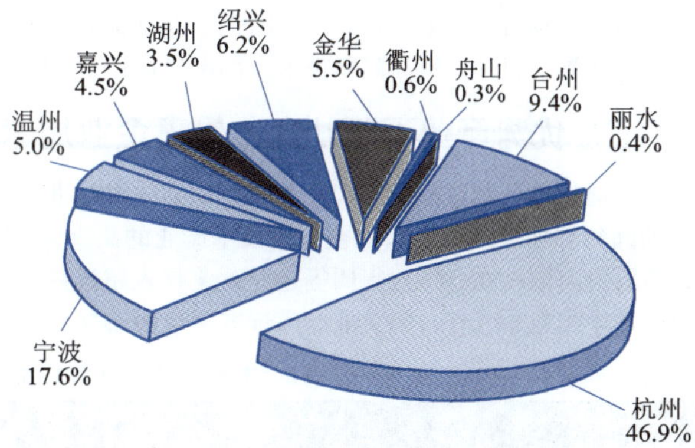

图2　2005年全省高技术产业各地区比重

二、"十五"高技术产业发展的主要特点

（一）总量持续快速增长，产业规模不断扩大

"十五"期间，浙江高技术产业实现了持续高速增长，全省高技术产业增加值年均增长24.1%（参见图3），明显高于同期工业增加值的年均增幅（约为18.8%）。

出口成为拉动浙江高技术产业高速增长的重要因素，"十五"期间全省高新技术产业出口年均增长率达42%，2005年高新技术产品累计出口60.2亿美元，是2000年的5.7倍（参见图4）。

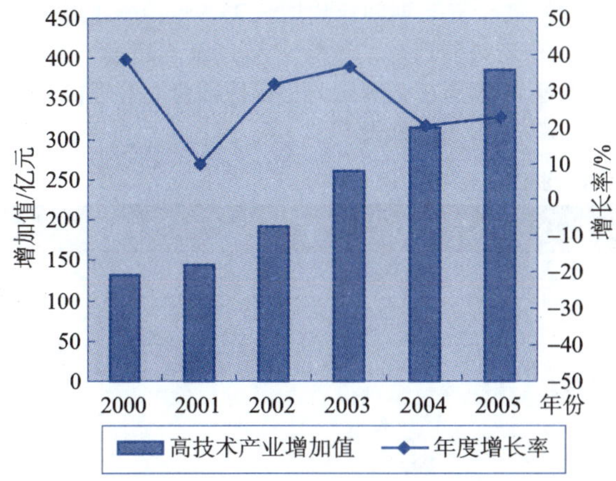

图3　2000－2005年浙江省高技术产业发展趋势图

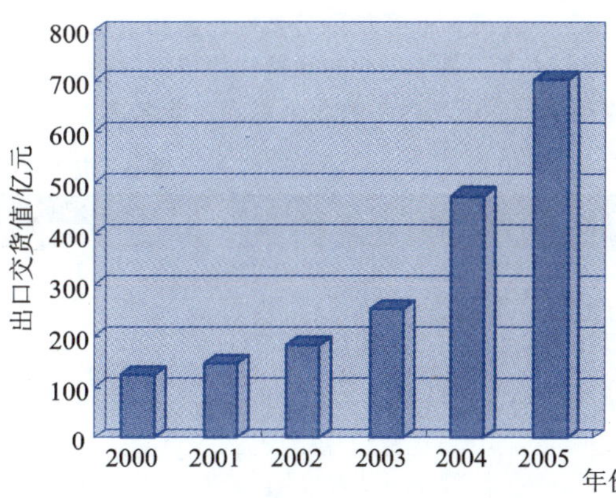

图4　2000－2005年浙江省高新技术产业出口交货值

出口（参见图5），以手机、笔记本电脑等计算机与通信技术类产品为主，占全部出口产品的70%以上，生物医药类产品和仪器仪表类产品也发挥了重要作用。

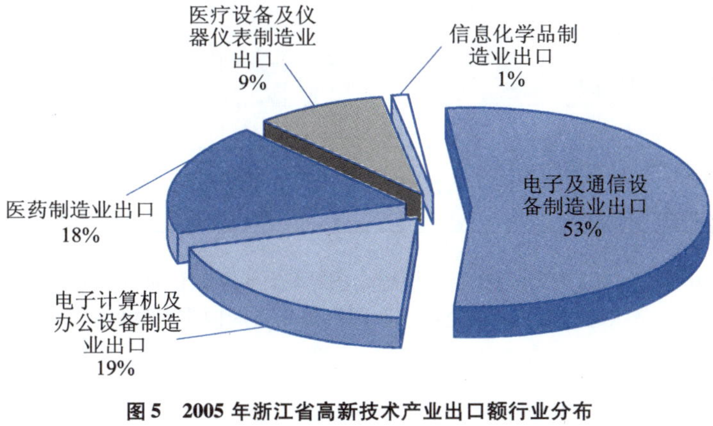

图5　2005年浙江省高新技术产业出口额行业分布

从出口市场看，欧盟、日本、美国仍是浙江的传统重点出口市场，同时，拉丁美洲、非洲、大洋洲等新兴市场得到进一步拓展。目前，浙江高新技术产品出口市场达147个。

（二）优势产业不断壮大，骨干企业加速成长

电子通信设备制造业是浙江比重最高的高技术行业。2005年实现销售收入864.8亿元，是2000年的3.2倍，“十五”期间年均增长26.5%，占全省高技术产业的比重为50.2%，产业规模居全国第六。骨干企业加速成长，2005年宁波波导股份有限公司、华立集团等企业营业收入超过百亿元，9家企业入选中国电子信息百强企业（参见表2），26家企业入选中国电子元件百强企业，入选数居全国第一。

表2　进入2005年（第19届）中国电子信息百强的浙江企业

序　号	单位名称	营业收入/万元	排　名
1	宁波波导股份有限公司	1 024 599	21
2	华立集团有限公司	1 004 969	22
3	浙江浙大网新科技股份有限公司	354 741	49
4	横店集团东磁有限公司	307 845	53
5	富通集团有限公司	292 893	56
6	浙江富春江通信集团有限公司	265 226	59
7	西湖电子集团有限公司	214 858	70
8	华伦集团	188 370	76
9	宁波韵升（集团）股份有限公司	164 666	81

医药制造业2005年实现销售收入402.3亿元，是2000年的2.9倍，“十五”期间年均增长23.9%；产业规模继续居全国第三。主要产品产销形势良好，新和成股份有限公司和浙江医药新昌制药厂的维生素E产量均超过了1万吨，跻身全球前4名。骨干企业的规模优势得到发挥，杭州华东医药集团等14家浙江企业进入中国医药企业管理协会公布的2004年全国医药工业销售收入百强企业名单，占百强企业总数的1/7左右（参见表3）。

表3　进入全国医药工业百强的浙江企业

序　号	企业名称	2004年销售收入/万元	全国排名
1	杭州华东医药集团有限公司	339 566	15
2	浙江海正集团有限公司	189 118	29
3	中国（杭州）青春宝集团有限公司	166 000	35
4	横店集团康裕药业有限公司	131 890	38
5	浙江新和成股份有限公司	95 097	56
6	浙江医药股份有限公司—新昌制药厂	92 546	58
7	浙江尖锋药业有限公司	86 289	63
8	杭州默沙东制药有限公司	74 565	70
9	杭州民生药业集团有限公司	70 297	75
10	浙江仙琚制药股份有限公司	69 834	78
11	浙江震元股份有限公司	64 060	83
12	浙江中贝九洲集团有限公司	59 410	87
13	浙江海力生集团有限公司	57 184	89
14	浙江家园药业有限公司	55 174	90

软件产业2005年实现销售收入251亿元，产业规模居全国第三。8家软件企业入选信息产业部公布的2005年中国软件产业100家最大规模企业（参见表4），15家企业入选国家规划布局内重点软件企业，14家软件类企业在国内外资本市场上市。

表 4　进 2005 年中国软件产业最大规模企业的浙江企业

序　号	企业名称	销售收入/万元	全国排名
1	浙江浙大网新科技股份有限公司	345 415	8
2	杭州士兰微电子股份有限公司	46 213	46
3	杭州信雅达系统工程股份有限公司	38 936	56
4	华立集团有限公司（浙江）	35 540	57
5	浙江中控科技集团有限公司	31 906	66
6	杭州新中大软件股份公司	25 292	86
7	南望信息产业集团有限公司	24 175	90
8	中程科技有限公司	23 942	91

“十五”期间，电子计算机及办公设备制造业实现了超高速发展，年均增长率为 237.2%。2005 年实现销售收入 192.1 亿元，是 2000 年的 75 倍，产业规模跃升至全国第六。

医疗设备和仪器仪表制造业 2005 年实现销售收入 241 亿元，是 2000 年的 2.8 倍，“十五”期间年均增长 22.8%。产业规模居全国第三。由浙大中控、浙江大学等联合制定的中国第一个拥有自主知识产权的现场总线国家标准——EPA 得到国际电工委员会正式承认，进入现场总线国际标准化体系，实现了中国在工业自动化国际标准化工作中零的突破。

2005 年，电信业完成业务总量 803 亿元，列全国第二；电信业务收入 396 亿元，居全国第三。电话用户总数达到 4 918 万户，居全国第四；其中，固定电话用户 2 232 万户，固定电话主线普及率 47.1 线/百人；移动电话用户 2 686 万户，移动电话普及率 56.6 部/百人，均高于全国平均水平。互联网用户数 686 万户，居全国第三；其中宽带业务发展迅速，用户数达 338 万户，居全国第三。

（三）基地建设取得成效，高技术产业加速集聚

高技术产业基地和园区成为高新技术企业的集聚地。2005 年，杭州国家高新技术开发区和 12 个省级高新园区实现技工贸总收入 1 635 亿元，实现出口创汇 53 亿元。杭州国家软件产业基地实现了跨越式的发展，呈现出蓬勃发展的良好态势。

一是产业持续快速增长，规模居全国前列。2005 年，基地实现软件销售收入 137.53 亿元，是 2000 年 6.4 倍，年均增长 45%（参见图 6）；利税总额 12.5 亿元，是 2000 年的 5.6 倍，年均增长 41.2%；出口创汇从 2000 年的 704 万美元上升至 2005 年的 5 585 万美元，增加了 7.9 倍，年均增长 51.3%（参见图 7）；软件产业从业人员总人数从 2000 年的 3 000 人上升至 2005 年的 19 524 人（参见图 8）。“民营当家、自主产权、应用为主”，形成了以民营企业为主体、行业应用软件和系统集成为特色、国内国际两个市场同步拓展的产业格局，经济总量位居全国同行前列，已成为继北京、深圳、上海之后全国第四大软件产业基地。

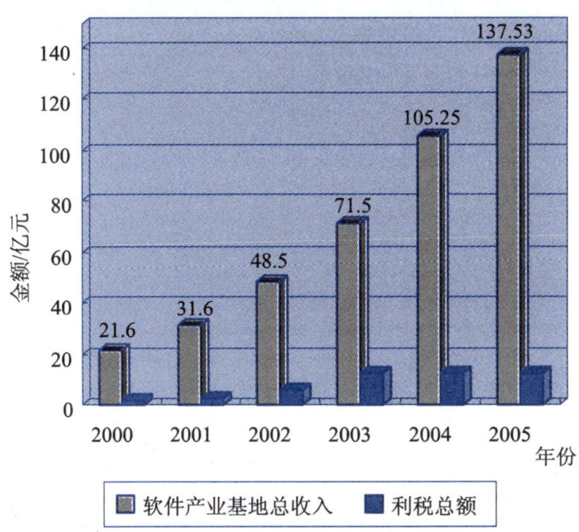

图 6　2000－2005 年软件产业基地总收入及利税总额

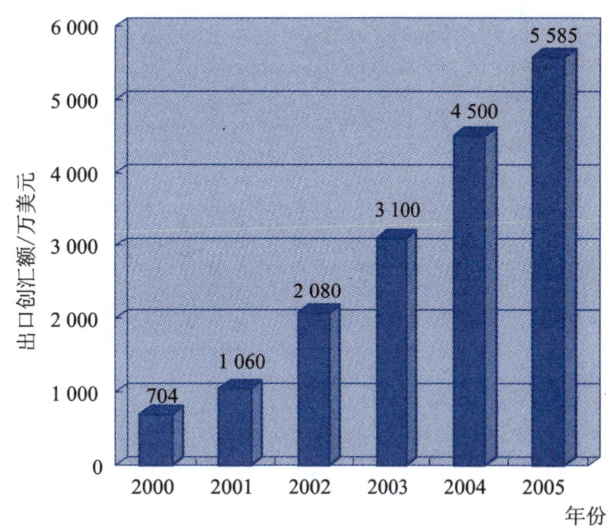

图 7　2000－2005 年基地软件出口创汇额

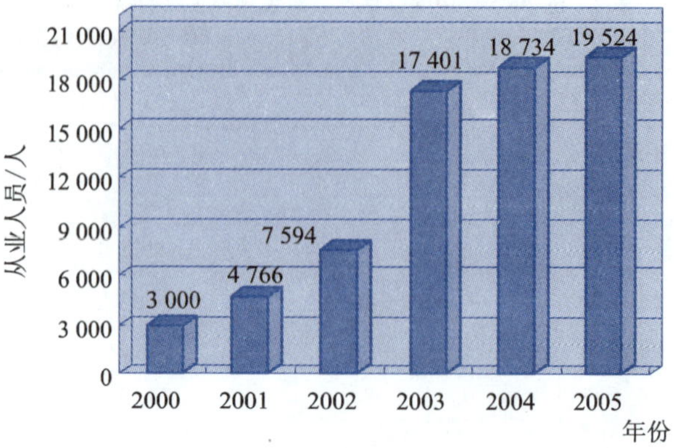

图8　2000－2005 年基地内企业软件从业人员数

二是软件企业加速集聚，优势企业加速壮大。良好的环境促进了软件企业的集聚发展，基地建立之初拥有软件企业420家，经过五年的发展，目前基地内有软件企业870家，平均每三天诞生一家新的软件企业。总量约占全省软件总量的近80%。一批优势软件企业茁壮成长，25家软件企业销售收入超亿元，8家企业跻身中国软件产业100强（参见表4），14家企业成为国家规划布局内重点软件企业，12家企业在境内外上市。9家企业入选全省软件业十强企业。累计共有370家企业经认定为软件企业。

三是自主创新能力增强，优势软件技术和软件产品不断涌现。自主创新能力不断增强，软件新产品不断涌现，经登记的软件产品累计达1 552件。一批拥有自主知识产权和核心技术的产品荣获多种荣誉。杭州开源电脑技术有限公司自主研发生产的全自动电脑调浆系统，喜获2005年国家科技进步二等奖，杭州爱科电脑技术有限公司三维服装CAD系统、杭州国芯科技有限公司卫星/有线数字电视信接收芯片等荣获信息产业重大技术发明奖，杭州东信信息技术有限公司的CMIN02移动智能网系统V404等6个产品获“2004年度推荐软件优秀产品”称号，中控科技集团有限公司的“SUPCON”集散控制系统被授予“中国名牌产品”称号，成为中国第一个入围中国名牌的高技术产业品牌。

（四）区域创新体系逐步完善，自主创新能力不断提高

企业技术创新能力进一步提高。目前，全省拥有企业技术中心、高新技术研发中心、工程研究中心等各类国家和省级企业研发机构近700家，其中国家认定企业技术中心16家（参见表5）。同时，万向集团技术中心、巨化集团技术中心、海正集团技术中心获得了国家创新能力专项项目专项资金扶持。

表5　浙江省拥有的国家认定企业技术中心

序　号	名　称	序　号	名　称
1	万向集团技术中心	2	东方通信股份有限公司技术中心
3	杭州制氧机集团有限公司技术中心	4	巨化集团技术中心
5	西湖电子集团有限公司技术中心	6	杭州汽轮动力集团有限公司技术中心
7	浙江海正集团有限公司技术中心	8	横店集团控股有限公司技术中心
9	浙江新和成股份有限公司技术中心	10	浙江升华拜克生物股份有限公司技术中心
11	万丰奥特控股集团技术中心	12	浙江亚太机电股份有限公司技术中心
13	浙江阳光集团股份有限公司技术中心	14	雅戈尔集团股份有限公司技术中心
15	宁波波导股份有限公司技术中心	16	宁波海天集团股份有限公司技术中心

引进大院名校共建创新载体。累计引进共建了清华大学“长三角”研究院、中科院宁波材料所、香港科技大学浙江先进制造研究所、浙江加州纳米技术研究院、中科院嘉兴应用技术研究与转化中心等创新载体近300家。建立国家和省级重点实验室和中试基地97家，创办科技企业孵化器41家，孵化面积逾65万平方米，在孵企业1 717家。诺基亚、西门子、三星、阿尔卡特、印度塔塔和华为等国内外著名企业纷纷在浙江设立研发机构。

自主创新硕果累累。专利申请数和授权数大幅增长，2005年专利申请总数达43 221件，是2000年的4.2倍，“十五”期间年均增长33.2%；专利授权19 056件，是2000年的2.5倍，在“十五”期间年均增长20.5%；专利申请量和授权量均居全国第二位（参见图9）。其中，发明专利申请量为6 776件，授权1 110件，分别是2000年的7.9倍和6倍，“十五”期间年均增长51.1%和43.3%（参见图10）。一批自主创新的科技成果荣获国家科学技术奖。其中2005年度获奖级别最高，获得国家科技进步一等奖1项，国家自然科学二等奖3项，共获得国家科学技术奖14项。

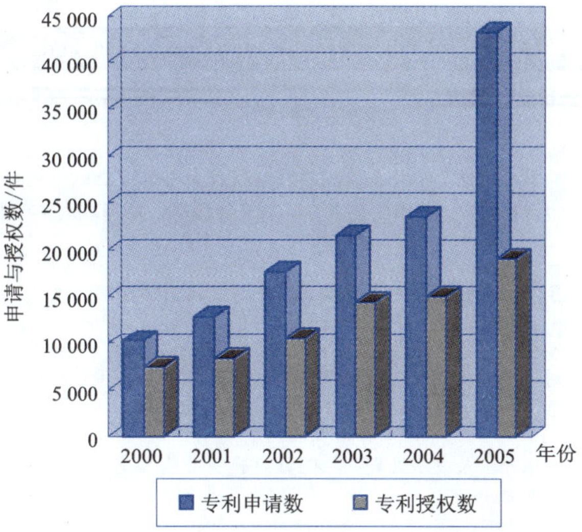

图9　2001－2005年浙江省专利申请和授权情况

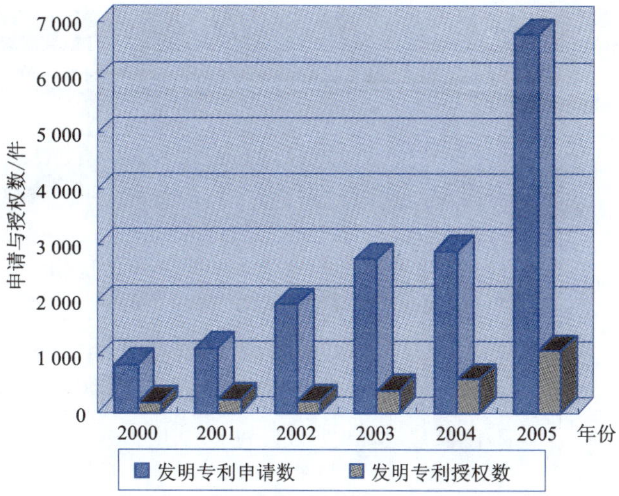

图10　2001－2005年浙江省发明专利申请授权情况

三、“十五”高技术产业工作的主要成效

“十五”期间，发挥《浙江省优先发展的高技术产业化重点领域指南》的导向作用，重点组织实施了以《浙江省“十五”高技术产业发展规划》确定的18个高技术产业化重大专项（参见表6）为重点的591个国家和省级高技术产业化项目，总投资406亿元。其中，争取承担国家高技术产业发展项目为132项，国家扶持资金7.96亿元，40个国家高技术产业化项目顺利竣工投产（参见表7）。这些项目的实施，不仅大大提升了企业的技术水平和产品竞争力，给企业带来了良好的经济效益，而且引导了银行资金和社会资金向高技术产业集聚，带动了相关产业的发展，起到了“实施一个项目，做强一家企业，带动一个产业”的效果，有力推动了全省高技术产业的发展。

表6　“十五”浙江省重点实施的18个高技术产业化重大专项

序号	专项名称	专　项　重　点
1	软件	重点发展网络平台技术和软件产品、信息安全技术和产品以及金融、财税、商业等应用软件、工业控制软件、嵌入式软件、教育娱乐及多媒体软件。
2	通信产品	重点发展通信网络的核心交换设备、业务接入设备和用户终端设备。主要是移动通信系统产品、宽带数据网系统设备、多业务处理系统设备等。
3	光电子	重点发展光同步数字系列设备、密集波分复用设备等光通信技术产品，光有源、无源器件，光纤预制棒、光显示材料或器件等。
4	数字家电与网络终端产品	重点发展高清晰度彩电、多媒体大屏幕投影电视及家庭影院系统、高密度数字激光视盘系统、数字音频广播系统等。
5	微电子	重点发展亚微米、深亚微米5～8英寸集成电路设计与制造技术与产品，厚膜集成电路，8～12英寸单晶抛光片及外延片。
6	新型元器件	继续扶持发展电子信息材料和新型元器件，大力发展微型化、低功耗、高频元器件，重点是为数字整机配套的周边及基础产品。
7	电子商务	积极推动适应电子商务的标准、规范、法律法规的制定和网上，促进金融、外贸、税收、海关、交通和重要工业领域以及有条件地区电子商务的应用。
8	现代农业	运用现代技术培育主要农林作物的优良种子和种苗，以及畜禽和水产品良种。重点建设一批农作物种系和经济生态林木优良种苗生产示范基地、种畜禽繁育基地和水产优质高效养殖基地。
9	生物技术	重点发展生物技术药物和疫苗、生物农药和兽药、基因药物、基因芯片等。积极开展主要动植物的基因测序，培育具有特殊性能的动植物新种子、新种苗。

续表

序号	专项名称	专项重点
10	现代中药	重点发展治疗病症确切、质量标准完善、安全稳定、服用方便、生产条件符合 GMP 要求的中药标准提取物、新型中成药等现代中药产品。
11	创制药物	重点支持以治疗恶性肿瘤、心脑血管疾病、神经系统疾病、消化系统疾病、糖尿病为主的三类以上化学原料药及制剂新品种，重点支持运用微囊技术、包合物技术、渗透泵技术等研制开发缓释、控释、透皮吸收、靶向等新型药物制剂。
12	纳米材料	重点抓好纳米材料研发和产业化应用中的关键技术。着力发展纳米金属镍、铅等金属粉体材料和纳米氧化物、纳米碳酸钙、纳米有机膨润土等非金属纳米材料。
13	新型功能材料	重点发展高性能半导体材料、磁性材料、稀土材料、有机硅和含氟材料、新型催化剂、生物医用材料和制品、环保新材料、特种合成纤维与新型纺织纤维、新型工程塑料、特种橡胶及复合结构材料。
14	膜材料及膜组器件	重点发展用于海水、苦咸水淡化和生活、工业用水处理及废水处理回用的分离膜制备技术及膜组器件，提高反渗透、纳滤、微滤、超滤膜材料及组器件的技术水平。
15	工业过程自动化	加快发展集散控制系统、现场总线控制系统、可编程控制系统以及以工业 PC 为基础的开放式控制系统等工业生产过程主控系统。
16	数控装备与智能仪器仪表	大力发展高性能数控机床、柔性制造单元与系统、智能化数控系统、计算机集成制造设备、医用电子设备、新型传感器、智能化仪器仪表以及工模具。
17	环保技术及设备	重点发展生化强化处理技术、催化氧化技术和铁碳过滤微电解技术，污水处理设施的成套化、标准化和系列化技术；消耗臭氧层物质的替代技术；工业固体废弃物处理处置技术、生活垃圾焚烧及余热利用技术以及废弃物焚烧尾气净化技术等。
18	绿色能源和节能设备	重点发展洁净煤技术应用、太阳能、风能、海洋能发电设备及系统。液化燃气存储新型装置，新型高能蓄电池，高效节能机电设备及生物质能源技术开发和应用。

表7　浙江省“十五”通过验收的国家高技术产业化项目

序号	项目名称	总投资/万元
1	浙江大学与浙江省杭嘉湖技术开发公司面向区域经济发展的高技术产品开发系统项目	26 850
2	浙江大学工业自动化国家工程中心 SUPCON 系列集散控制系统及仪表的工业化大生产技术工业性试验	4 178
3	浙江阳光 T5 大功率荧光灯及配套灯具产业化	19 400
4	嘉兴电子陶瓷厂片式陶瓷滤波器件产业化项目	3 000
5	德清华莹电子有限公司片式表面滤波器	2 860
6	浙江省煤炭集团公司洁净煤添加剂产业化示范工程项目	7 549
7	杭州锅炉厂 450 吨/日垃圾焚烧处理成套装备高技术产业化示范工程建设项目	12 580
8	锦江集团、浙江大学 800T/日大规模清洁焚烧处理城市生活垃圾	19 886
9	新昌制药厂天然维生素 E 产业化	19 889
10	杭州天元生物药业公司流行性出血热双价灭活疫苗产业化工程	6 240
11	浙江卧龙电机股份有限公司变频无刷类电机及控制装置产业化示范工程	19 800
12	升华集团公司生物化工制药过程集成自动化	11 137
13	绍兴县亚美生物化工有限公司年产 1 000 吨酶法生产 L－苯丙氨酸产业化	10 780
14	横店集团东磁有限公司高磁导率软磁铁氧体产业化项目	8 900
15	绍兴金泰企业集团有限公司的年产 10 000 吨聚丙烯酸钠高分子絮凝剂产业项目	8 891
16	浙江春晖集团有限公司年燃烧合成 5 000 吨特种陶瓷复合材料高技术产业化项目	19 280
17	浙江丝得莉集团湖州京昌电子有限公司厚膜混合集成系列产品产业化示范工程项目	6 719
18	中恒世纪科技实业股份有限公司二维条形码及装备产业化项目	11 379
19	国家海洋局杭州水处理技术开发中心万吨级反渗透透海水淡化及期组器技术产业化示范工程项目	10 500
20	杭州宏华电脑技术公司数码喷射印花系统产业化示范工程	9 660
21	余杭金成科技发展有限公司激光数码彩扩系统产业化	7 988
22	浙江海正集团有限公司年产 2 亿粒生脉成骨胶囊高技术产业化示范工程	14 089

续表

序号	项 目 名 称	总投资/万元
23	浙江天皇药业有限公司、天台中药药物研究所濒危珍稀药材铁皮石斛人工繁育及铁皮枫斗晶系列中药制剂产业化	19 105
24	浙江佐力药业年产5亿粒国家一类中药新药乌灵胶囊及系列产品高技术产业化示范工程	11 300
25	西湖电子集团有限公司液晶投影光学引擎研究开发及产业化示范工程	6 500
26	杭州国芯科技有限公司数字视频后处理芯片高技术产业化项目	5 500
27	浙江花园生物科技股份有限公司维生素D3原料及饲料添加剂高技术产业化示范工程项目	10 775
28	浙江新和成股份有限公司维生素A微囊高技术产业化示范工程	16 723
29	德清华莹电子有限公司片式声表面滤波器件高技术产业化示范工程	5 500
30	杭州富阳华源电热有限公司聚合物正温度系数热敏电阻材料及相关器件高技术产业化项目	4 200
31	西安交大龙山软件电子税务平台	5 500
32	京东方真空电子股份有限公司真空荧光显示屏高密度点阵智能显示模块	4 856
33	浙江正原电气份有限公司微波介质天线、滤波器和地面接收高频模块单元产业化	4 100
34	浙江尖峰药业有限公司国家一类新药加替沙星片剂和加替沙星氯化钠注射液高技术产业化示范工程	10 309
35	浙江兰亭高科沥青有限公司高性能聚合物改性沥青材料高技术产业化示范工程	6 518
36	杭州新利软件有限公司基于全国银行卡联网通用的多行共享软件系统产业化	2 841
37	杭州创业软件股份有限公司城市医卫网络核心软件平台产业化	2 193
38	浙江南望图像信息产业有限公司实时流媒体软件平台产业化	2 703
39	杭州开源电脑技术有限公司以染整专家系统为核心的印染企业生产自动化系统软件产业化	2 744
40	杭州爱科电脑技术有限公司基于异地、互动的三维服装CAD系统产业化	2 083

1. 形成了一批拥有自主知识产权和国内领先水平的高技术产品

在高技术产业化项目支持下，一批具有较高技术水平的重大科技成果转化为高技术产品成为国内外市场竞争的佼佼者。浙江天台银象生物工程有限公司生产的微生物法乳链菌肽是植物蛋白型食品防腐剂具有国际先进水平，填补了国内天然食品防腐剂生产的空白，该公司成为全球最大的产品制造商，2005年全球市场占有率达70%，并荣获国家科技进步二等奖。绍兴兰亭高科有限公司关于“高等级公路路面沥青改性、乳化关键技术与生产装备”的技术成果具有国际先进水平，拥有3项发明专权，2001年获得省科技进步一等奖，2003年获得国家科技进步二等奖。产品广泛应用于全国20多个省市自治区的高速公路、城市干道及机场跑道建设，大幅度提高了高等级道路的建设质量。浙江开源电脑技术有限公司印染企业生产自动化系统的产业化应用，解决了浙江省印染产品花色品种单调、精度低问题，把中国印染企业的花样设计、分色制版水平提高到国际先进水平，替代了进口产品，荣获2005年国家科技进步二等奖。

2. 发展了一批核心竞争力强的优势高技术企业

培育了一批具有自主品牌和核心竞争力的优势企业，造就了一支中国民族产业参与国际竞争的排头兵。中控科技集团有限公司是中国工业自动化领域的龙头企业，近年来公司承担了“SUPCON系列集散控制系统及仪表”、“以制造执行系统为核心的流程工业综合自动化系统”等高技术产业化项目，其生产的集散控制系统（DCS）和无纸记录仪国内市场占有率名列前茅。公司连续5年被认定为“浙江省软件业十强企业”和国家规划内重点骨干软件企业，“十五”期间规模年均增长43.5%，2005年实现销售8.8亿元，列全国软件企业百强第49位。“SUPCON”集散控制系统被授予“中国名牌产品”称号，成为中国第一个入围中国名牌的高技术产业品牌，公司主持制定的EPA标准成为中国第一个被国际电工委员会承认和正式列入的工业自动化标准。艾康生物技术（杭州）有限公司是一家由留美学生创办的高科技企业，主要生产生物检测试剂。通过实施“年产2.5亿人份毒品检测试剂和5 000万人份尿检装置”的国家高技术产业化项目，加快了发展速度，2005年实现销售收入4亿元，成为中国生物诊断试剂行业出口额最大的企业之一，并入选《福布斯》杂志“2005年度中国100家最具潜力的企业”。

3. 培育了一批发展前景广阔的新兴高技术产业

根据产业技术的发展趋势，结合浙江省实际，近年来重点培育第三代移动通信、下一代互联网、数字电视、软件、集成电路、汽车电子等一批对国民经济有突破性带动作用的战略高技术产业，开发了新的经济增长点。依托数字电视的技术和市场优势，抓住国家发改委组织实施数字电视专项的机遇，浙江省积极争取并承担了杭州数字电视有限公司杭州有线数字电视机卡分离商业试验区、数字电视接收机开放平台基础软件开发与产业化、机卡分离数字电视机、数字电视信源解码系统芯片等一批国家和省级高技术产业发展项目，支持数字电视的软件、芯片、终端等的研发和产业化，加快数字电视的商业运行，构筑浙江省数字电视产业链优势，促进数字电视应用和产业的互动发展。2005 年，杭州数字电视试验区用户数超过 50 万户，成为全国最早实现有线电视数字化整体转换、用户最多的城市之一。集成电路是国民经济的核心产业，浙江省在硅材料、集成电路设计等领域具有一定的基础优势。士兰、立立、宁波海纳等微电子企业分别承担了一批国家和省级集成电路产业化项目，强化了产业竞争优势，推动集成电路产业发展壮大。

4. 提升了一批具有特色优势的传统产业

近年来，围绕纺织印染服装行业的技术升级和污染控制问题，重点支持了杭州宏华数码科技股份有限公司数码喷射印花系统数码喷射印花系统、杭州开源电脑技术有限公司以染整专家系统为核心的印染企业自动化系统、杭州爱科电脑技术有限公司基于异地互动的三维服装 CAD 系统等高技术产业化项目，并推动这些具有自主知识产权的民族工业产品的广泛应用，突破产业技术瓶颈制约，提高产业层次，强化纺织产业的国际竞争力。围绕中药产业，重点支持了佐力药业公司国家一类新药乌灵菌粉、杭康海洋生物药业公司海洋药物、天皇药业公司濒危珍稀药材铁皮石斛、海正药业公司生脉成骨胶囊等现代中药专项项目，发挥浙江省的资源环境优势，提高生产工艺水平，开发生产有市场潜力的中药新品种，满足人民群众日益提高的健康需求，提升浙江省中药产业的规模和水平。围绕传统农业，重点支持中国水稻研究所优质水稻品种、南方竹木制品公司纺织用竹纤维、大海洋科技公司深水网箱设备制造和高效生态养殖、东茶科技公司茶叶膜工程技术深加工、欧美环境公司闭合循环式高密度工厂化养殖设施渔业等现代农业专项项目，推广优质种子种苗，发展效益农业和设施农业，培育海洋经济，促进现代农业加快发展。围绕传统服务业，重点支持浙江华瑞集团有限公司面向纺织化纤行业电子商务、嘉兴中丝茧丝绸市场发展有限公司国际茧丝绸电子商务系统、浙江传化物流基地有限公司基于有形市场与资源整合的物流电子商务平台等电子商务专项项目，加强电子商务支撑体系建设，培育第三方电子商务平台，推进电子商务的广泛应用，促进现代物流和现代服务业的发展。

四、“十一五”高技术产业发展的总体思路

“十一五”时期是浙江经济社会发展的关键时期，全省处于人均 GDP 由 3 000 美元向 10 000 美元跨越的特定阶段。面对资源供给和环境容量的严重制约、产业竞争能力相对弱化的严峻挑战以及人民群众对经济社会发展和人的全面发展提出的更高要求，浙江经济进入了由投资驱动向创新驱动转变的重要时期，对高技术产业提出了做大做强的要求。然而，由于历史和现实的原因，浙江高技术产业的发展面临着诸多挑战。与发达国家和国内先进省市相比，浙江高技术产业发展水平相对滞后。一是高技术产业比重偏低。浙江高技术产业增加值占 GDP 的比重仅为 2.9%，低于全国平均水平。二是增长速度相对缓慢。虽然近年浙江高技术产业保持了较快增长态势，但是与全国、尤其与周边地区相比，仅仅处于中下水平。三是自主创新能力不强。科技人才特别是高层次科技创新人才紧缺，科技投入相对偏少，企业研发投入不足。因此，顺应世界高技术产业发展和产业转移的趋势，加快浙江高技术产业转型和发展，进一步缩小与发达国家和国内先进地区的差距，将是“十一五”时期浙江高技术产业面临的重大任务。

（一）以规划为指导，进一步明确发展重点

加强规划的编制和落实工作。《浙江省国民经济和社会发展第十一个五年规划纲要》提出，加强自主创新，组织实施重大高技术产业化示范工程，优先发展具有重大带动作用的高技术产业。认真贯彻落实规划纲要，编制完成《浙江省高技术产业发展“十一五”规划》。另一方面，要做好与年度计划的衔接工作，将规划所明确的工作重点和战略任务分解到年度计划，并落实到具体的工作中去。

加强对高技术产业的引导。根据《中国高技术产品目录》、《中国高技术产品进出口目录》、《当前优先发展的高技术产业化重点领域指南》和《国家鼓励发展的重大装备和重大产业技术目录》等，组织编制《浙江省优先发展的高技术产业化领域指南》等，明确浙江优先发展、鼓励发展和限制淘汰的产业目录，引导产业健康发展。

明确优先发展的产业和领域。按照产业集聚、规模发展和扩大国际合作的要求，坚持“有所为、有所不为”的原则，大力促进电子信息、生物、新材料等优势产业发展，重点培育新能源、高技术服务业等新兴产业，不断提高高技术产业比重。

（二）以项目为抓手，大力推进高技术研发和产业化

高技术产业化项目。以提高自主创新能力和国际竞争力为目标，实施软件、微电子、通信、新型元器件、生物医药、现代农业、海洋资源、新材料、新能源、信息服务业、重大技术装备研制、重大产业技术开发等重大专项，加快工程研究中心、工程实验室、重大科技基础设施以及企业创新能力建设，争取在新一代移动通信、下一代互联网、数字电视、汽车电子、光电子、农业生物技术、风力发电等领域掌握一批核心技术，形成一批自主知识产权，培育一批

优势产品和骨干企业。

产业升级项目。把发展高技术产业与改造提升传统产业结合起来，把培育新的经济增长点与量大面广的产业升级结合起来，以项目为载体，推动主要传统优势产业技术进步和产业升级，为支撑新型工业化道路和可持续发展战略提供重要保障。

科技攻关项目。围绕高技术产业发展的重点领域和产业升级的方向，组织实施以国家“863”计划和科技攻关计划、国家级火炬计划、国家科技型中小企业创新基金为主体的攻关项目，努力在产业核心技术方面取得重大突破。

信息化工程项目。广泛应用信息技术，以信息化带动工业化，加快机械、纺织、轻工、化工、医药等领域的信息化改造，推进贸易、旅游、文化、教育等领域的信息化工程建设。以百亿信息化建设工程为载体，积极发展电子政务，并不断深化管理和服务。

国际产业转移项目。紧紧抓住当前国际高技术产业加速发展和布局调整的有利时机，以提升产业层次和国际竞争力为目标，引进实施一批国际产业转移项目。同时，以国际产业转移项目为核心，加强与省内高技术企业的融合互动，积极发展上下游配套产业，努力形成新的产业链和经济增长点。

（三）以基地为载体，着力培育特色鲜明的高技术产业集群

以国家级高新技术产业开发区为重点，加大产业集聚载体建设力度。要将杭州高新技术产业开发区培养成为全国一流的国家级高新区，同时积极创造条件，努力将宁波、绍兴、嘉兴等省级高新园区建设成为国家级高新技术产业开发区。省级高新技术产业园区要成为所在区域高技术产业发展的重心所在。

发挥各类国家级和省级高技术产业基地在特色优势产业集聚中的作用。重点建设杭州国家软件产业基地，积极培育生物产业基地，发展壮大集成电路、动漫等产业基地。大力发展省级科技企业孵化器，一方面努力增强科技企业孵化器的孵化力度，提高孵化质量；另一方面，加强科技企业孵化器的自身建设，不断扩大孵化器数量和孵化规模。

（四）以高新技术应用为核心，加快传统产业改造提升

发挥信息化对工业化的带动作用，加快信息技术向传统产业的渗透。通过计算机辅助集成（CAX）、网络制造（NM）、柔性制造系统（FMS）、重构制造系统（RMS）以及产品数据管理（PDM）和企业资源计划（ERP）等技术的运用，实现传统产业研发设计的协同化、供应链管理的网络化、产品制造的数字化、生产过程的柔性化、自动化和绿色化，从而提高传统产业的管理水平和生产效率。加速提升改造传统服务业，大力推进金融、商业、物流、教育和医疗卫生等行业的信息化建设，促进电子商务的产业化。加快现代物流业的发展，打造现代金融服务体系，推动传统服务业向现代服务业的转型。

发挥生物技术强大的渗透性、带动力和成长性，通过与传统产业的有机结合，加快改造步伐，促进产业升级。加快先进适用的节能、环保、资源节约型技术以及新材料、新能源技术的推广应用，推动建立环境友好型产业和资源节约型产业。大力发展循环经济，改变高投入、高消耗、高污染的传统模式，走科技含量高、经济效益好、资源消耗低、环境污染轻、人力资源优势得到充分发挥的新型工业化之路，在转变增长方式过程中促进经济结构转型，实现国民经济和社会的可持续协调发展。

（五）以改革为动力，完善投资、人才和知识产权等政策

积极推进投资体制改革。积极落实《创业投资企业管理暂行办法》，大力发展创业投资。建立完善企业信用担保体系，积极发展中小企业信用担保机构。鼓励企业利用国内外资本市场进行融资，支持有条件的企业到海外上市，引导金融机构和社会资金加大对高技术产业化的投入。

加快培养和引进人才。大力实施人才强省战略，努力建设一支结构合理、素质优良、支撑发展、引领未来的人才队伍。大力发展高等教育和职业技术教育，加快培养高水平研发人才、高技能生产人才、高层次管理人才以及复合型人才等高层次人才。采取有效措施，努力营造有利于优秀人才创新创业的良好环境。

高度重视知识产权保护。建立健全知识产权保护体系，支持鼓励企业开展专利、商标、软件著作权的申请、注册和登记工作，保持专利申请量和授权量在全国的领先地位。建立以自主知识产权为核心的技术标准体系，积极参与国际技术标准的制定。

用好政府采购政策。认真贯彻执行《政府采购法》，进一步明确支持高技术产业发展的具体措施。制定颁布政府采购技术标准和产品目录，规定国产高技术产品的采购比例，形成明确、可操作的制度和规划。重点支持国产软件、计算机、信息安全、生物医药等产品，通过政府采购扶持高技术中小企业的成长。合理运用技术性贸易措施，提高高技术产业和产品的国际竞争地位。

浙江省发展和改革委员会高技术产业处

13

“十五”安徽省高技术产业发展情况

一、“十五”期间高技术产业发展的主要成就

（一）高技术产业快速发展，已初具规模

“十五”期间，全省高技术产业保持快速发展，拥有高技术企业258家，2005年总产值达169.9亿元，新产品产值47亿元，当年高新技术产业出口交货值16.5亿元，“十五”期间年均增长分别达到15.7%、60.6%和30%。实施国家和省级高新技术产业项目393项，国家火炬计划项目206项，项目总投资171亿元。

（二）形成以电子及通信设备制造业为主的产业结构

安徽省已形成以电子及通信制造业、医药制造业为主体的高技术产业。2005年电子及通信设备制造总产值占全省高技术产业总产值的48%，医药制造业比重达28.8%。从产品结构看，形成了光机电一体化、电子信息、生物医药为主体的高技术产品群体，据对265项产品的统计，光机电产品占52.43%，电子信息产品占24.4%，生物医药产品占20%。从企业构成看，民营科技企业迅猛发展，成为安徽促进科技成果转化、推进产业结构升级、加快高技术产业发展的重要力量。2005年全省民营科技企业6 000家，从业人员25万余人。

（三）高技术研发基础不断完善，自主创新能力进一步提高

目前，安徽省拥有各类科研院所227个，高等院校83所，各类专业技术人员100余万人。“十五”期间共取得省部级以上重大科技成果2 364项，专利申请13 138件，授权专利7 733件；建有国家重点实验室3个，省级重点实验室16个，省部共建实验室5个，部属实验室9个。在建国家工程（技术）研究中心7个，已建和在建省级工程（技术）研究中心35个。安徽省及国家认定的企业技术中心187家，其中国家认定的企业技术中心8家。合肥科技创新型试点市获国家批准。涌现了科大讯飞、奇瑞汽车、丰原集团等一批自主创新、拥有知识产权、竞争力强的高技术企业。

（四）高技术产业园区成为龙头，产业集群形成规模

高技术产业园区对经济增长的带动作用十分突出，合肥、芜湖、蚌埠高技术产业开发区2005年实现总收入931亿元，比上年增长31%，成为全省高技术产业发展的龙头。产业集聚开始形成，合肥软件和生物医药、淮南生物医药、芜湖和马鞍山新材料、铜陵电子材料及元器件、亳州现代中药和高沟特种电缆等13个产业集群已形成规模化生产能力，2005年实现销售收入215亿元。合肥国家级大学科技园、合肥民营科技园创业服务中心和马鞍山、宿州科技创业服务中心相继建成并投入使用。全省建成科技企业孵化器24个，其中国家级5个，孵化面积38万平方米，在孵企业

797 家，累计毕业企业 232 家。

（五）高技术产业化的机制初步建立

以企业为产业化主体、市场配置资源、政府引导的高技术产业化机制初步建立。企业的主体地位日益突出，全省在信息技术和软件开发、生物技术、新材料、新医药和现代中药方面涌现出一批拥有世界领先技术、开发实力雄厚、产品竞争力强的企业。一批骨干企业的技术创新能力已走在全国前列。人才、资金、项目不断向优势行业和重点企业、高技术产业园区和基地集聚。政府对高新技术产业的引导能力不断加强，围绕全省战略目标，在发展规划、国家科技创新型试点市、高技术产业化项目推进、产业基地建设等各项工作中，政府投入不断加大，各项政策配套支持，改善了高技术产业的发展环境，促进了高技术产业的发展。“十五”期间，全省实施的“省校合作”、“省院共建”活动促成了 40 项先进技术成果转化为高技术产品，百位科学家荣获省政府的奖励。

二、“十五”时期高技术产业的主要工作

“十五”时期安徽省紧紧围绕国家发改委对高技术工作的要求和全省经济和社会发展的目标，大力开拓进取，出思路、出政策、上项目，推进高新技术的产业化、信息化和创新能力建设，取得了十分显著的成效。

（一）加强规划和政策研究

积极研究制定鼓励高技术产业发展的政策和措施，深入开展规划制定工作。“十五”期间，针对安徽省高技术产业的发展实际，省研究制定了《安徽省高技术产业基地建设指导意见》、《安徽省工程研究中心建设指导意见》和《安徽省新产品、新技术鉴定管理办法》，加快了全省产业基地和工程研究中心的建设进程，推进了全省高技术产业发展。根据国家发改委和省政府要求，开展了高技术产业的发展规划研究，编制了《安徽省“十一五”高技术产业发展规划》和《安徽省国民经济和社会发展信息化“十一五”专项规划》。

（二）大力实施高技术产业项目

（1）实施“861”行动计划的高技术产业项目。“十五”期间，省委、省政府组织实施了“861”行动计划，力求加大投资力度，促进全省经济和社会的发展。利用这一有利时机，安徽省大力组织实施各类高技术项目。目前进入全省“861”行动计划的高新技术项目已达 44 项，总投资 290.7 亿元。2005 年计划投资 24.5 亿元，全年完成投资 31.8 亿元，完成年度计划的 130%。

（2）推进高新技术产业基地建设。按照“突出产业特色，集成优势企业，形成经济规模”的原则，围绕安徽省的特色和优势高技术产业，开展合肥软件、合肥生物医药、淮南生物医药、芜湖新材料、铜陵电子材料、亳州现代中药、巢湖高沟特种电缆、铜陵电子材料及原器件等高新技术产业基地的建设。优先重点支持了基地内高技术产业化项目的实施。为加速推进产业基地的发展，召开了全省高技术产业基地工作会议，提出年度工作的具体要求。目前，合肥软件、合肥生物医药、巢湖高沟特种电缆、铜陵电子材料及原材料等 4 家基地已完成规划编制并通过专家评审，其余基地的规划正在编制过程中。

（3）积极申报国家高技术产业项目。“十五”期间，国家发改委陆续启动了生物技术、软件、汽车电子、信息产业技术升级和电子商务等专项，安徽省上报项目 46 个，获国家投资补助 3.1 亿元。

（4）组织省级高技术产业化项目建设。“十五”期间安徽省确定电子信息、新医药（现代中药）、新材料和生物技术等若干个高技术产业化专项作为实施重点。组织了初审和专家评审，批复了 347 个项目，项目总投资 61.75 亿元，省投资 1.69 亿元。

（三）进一步提高自主创新能力建设

（1）组织实施国家和省工程研究中心建设。“十五”期间，安徽省大力推进企业创新能力建设，积极组织符合条件的企业，申报国家企业工程研究中心。丰原集团的膜技术、淮南矿业集团煤矿瓦斯治理和马鞍山矿山研究院金属矿产资源高效循环利用等国家工程研究中心获国家发改委批准建设。根据《安徽省工程研究中心建设管理指导意见》，在企业申报、各市推荐的基础上，对筹备建设条件成熟的科大讯飞、三联集团、科力公司和江淮汽车 4 家企业申报的省工程研究中心项目组织了专家评审，并批复组建方案。

（2）组织国家认定企业技术中心申报和考评工作。按照《2004－2005 年国家认定企业技术中心认定重点领域》，择优筛选了 3 家企业申报国家认定企业技术中心。其中，奇瑞公司和国风集团两家企业技术中心获国家认定。根据国家发改委的要求，组织了 6 家国家认定企业技术中心的考核评价工作，6 家企业均已通过国家发改委组织的考核。

（3）组织省认定企业技术中心认定和启动创新能力建设项目。组织认定了华泰公司等 18 家企业技术中心，20 家企业的创新能力建设项目通过专家评审后被批准实施，省投入 420 万元引导资金支持。

（四）积极推进合肥国家科技创新型试点市建设

合肥国家科技创新型试点市已得到国家有关部门的批准。按照省委省政府的部署，安徽省组织了合肥国家科技创新型试点市建设项目的申报和专家论证，已下发17个项目的资金申请报告批复和投资计划。合肥国家科技创新型试点市项目被列入省政府直接调度的20个重大项目之一，2005年计划投资4亿元，实际完成投资6亿元，完成计划的150%。在加大投入力度的同时，积极配合有关部门制定促进高新技术产业化的有关政策，在产业发展重点、人力资源、财政税收、招商引资等方面提出了意见和建议。

（五）积极推进奇瑞公司自主创新项目建设

2005年2月，党和国家领导对奇瑞公司的自主创新做出了重要批示。省发改委积极帮助奇瑞公司加强和改善创新能力，国家发改委已同意设立专项资金，支持奇瑞公司加强创新体系建设，提高自主创新能力，打造民族汽车的自主品牌。目前，已有3个项目被批准实施。

（六）积极开展“技术创新院士行”活动

为加速“中部崛起”战略的实施，促进安徽汽车产业的发展，国家发改委和中国工程院于2005年8月在安徽省组织了“技术创新院士行”活动，邀请了14位代表当前中国汽车产业最高水平的院士和专家，围绕安徽省汽车行业结构调整和产业技术升级中的重点问题，深入江汽集团、奇瑞公司、华菱集团3家企业，开展了学术交流、规划研讨、技术难题诊断、产学研项目合作等一系列活动，共作学术报告16场，洽谈技术难题和项目50多个，达成项目合作协议和意向15项，取得了良好的效果。各相关媒体作了大量宣传报道（20多篇），国家发改委网站也作了重点宣传。

三、“十一五”高技术产业发展的工作思路

“十一五”时期安徽省发展高技术产业的总体要求是：发挥高技术产业的先导性、战略性作用，形成转变经济增长方式的着力点。高技术产业成为落实科学发展观、走新型工业化道路、建设节约型社会的主力军，成为安徽省经济结构战略性调整、实施产业升级的重要内容，成为全面实现小康社会，提高人民生活水平的重要手段。以高技术产业的发展，促进经济、政治、文化和社会的全面发展。

（一）做大做强高技术产业

大力发展电子信息产业。加速发展计算机及办公设备、通信设备和电缆、电子元器件、信息家电、汽车电子、交通安全等产品的生产。以计算机语音系统、智能交通管理、电力自动化、电子政务和电子商务应用为主导，促进大型软件企业成长，形成安徽省软件产业的优势群体。筹划发展芯片和集成电路制造业，完善各类整机制造产业链。

加快发展先进制造业。在汽车设计与制造、工程机械、交通安全产品、原材料精深加工、节能环保产品、新能源开发利用、洁净煤应用技术设备和煤矿安全产品、核物理技术应用产品和设备、现代中药产品和生产设备、现代农业技术和设备等方面，推动高技术的自主创新和广泛应用。

推进生物产业的发展。加快生物化工、生物质能源、生物环保等产业的发展，成为长三角地区综合性生物产业基地重要的组成部分。以基因工程多肽药物、现代中药产品，各种疫苗、单抗及酶诊断和治疗试剂为主体，发展生物医药。发挥农业资源和技术优势，围绕食品安全，提高农产品产量和质量，推进农作物育种、生物肥料、生物农药、绿色加工等技术的广泛应用，建立现代农业发展的技术基础。

加快培育新兴产业。发展网络产业，推进数字电视、下一代互联网、数字内容等产业群体的壮大。推进太阳能、风能、生物质能、燃料电池技术、煤炭资源综合利用、核能的应用和产业化。促进各种节能技术、节能模式、节能材料和产品的研发和应用。扩大节能材料、环保材料、新型功能材料、纳米材料、特种纤维复合材料、超细超硬材料、新型工程塑料及塑料合金等新材料的应用。发展循环技术和节约技术，组织开发和示范有重大推广意义的减量技术、替代技术、能量梯级利用技术，开发和推广零排放技术、回收处理技术、再制造技术以及降低再利用成本的技术。运用高新技术提高金融、物流、文化、教育、卫生、旅游等传统行业的服务水平，提高国民经济的运行效率。

（二）加快高技术产业的集聚发展

建设高技术产业基地，形成全省经济增长极。以骨干企业和特色产品为主导，建立上下游密切联系、专业分工合作生产、以高技术为核心、以市场需求为纽带的高技术产业链，完善支撑地方高技术产业发展的技术研发体系、生产体系、市场销售体系、投融资体系、人才支撑体系和信息服务体系建设，快速形成高水平研究与开发能力、大规模生产能力和强大的市场销售能力。

提升开发区的作用。实现安徽省高技术开发区向专业化、高集聚、大规模方向发展，重点提高高技术的二次、三

次研发能力，加快现有产业的扩张，扩大高新技术产品的贸易量，特别注重拓展国际市场需求空间。

（三）加强自主创新能力建设

建设合肥国家科技创新型试点市，推进全省科技创新体系建设。突出体制机制创新，研究制定政策措施，组织实施重点项目，大力促进产学研结合，培育创新型高技术企业，形成一批具有自主知识产权的关键技术和名牌产品，形成企业以自主知识产权为主导，城市以自主创新企业为主体，引领经济社会发展的新局面。

推动企业技术创新能力建设。建设好国家级和省级工程（技术）研究中心和重点工程实验室，推动有条件的各类企业建立企业技术中心。组织企业高技术产品的研发和生产，组织中小企业开展为大中型企业的高技术产品配套，融入产业化主流的业务。加大对高技术产业的招商引资，吸引跨国公司、国内大企业在皖建立研发中心，促进高技术资源向安徽省转移。

推进产学研合作。以企业为主体，扩大“省院共建”和“省校合作”的规模和范围。充分利用中央驻皖科研单位和全省教育及科研部门的科技资源为高技术产业发展服务。鼓励企业与全国各地的高校和科研院所开展技术合作。形成技术成果、转化主体、市场需求的有机结合。

（四）完善高新技术产业发展的环境

建设高技术产业投融资平台。强化政府资金的引导作用，支持企业的科技创新。开展银企合作，引导金融机构对产业化项目给予资金支持。加大招商引资力度，吸引国际和国内资本投入安徽省高技术产业。组织高技术企业上市融资，支持企业发行债券，推进产权交易和企业资产重组。建立、健全担保体系和信用体系。

建立高技术产业公共技术服务平台。充分利用省内科研院所、大专院校、企业工程中心的科研力量，建立产业公共技术服务平台，向社会开放一批技术实验设施，利用社会资源，为企业技术创新提供服务。

建立高技术企业创业平台。建设多元化、专业化、特色化的科技企业孵化器。围绕软件和电子信息、先进制造技术、新材料、现代中药高新技术领域，提出一批孵化器建设项目和有市场发展前景的孵化企业，完善服务体系建设，提供全方位创业服务，为社会各界人员兴办高技术企业提供良好条件。

建立促进高技术产业化的协同、协作、研究机制。加强关键信息资源建设，建设好省级高技术产业发展信息系统，辅助高技术产业的规划、决策和企业的经营；统筹相关职能部门对高技术产业发展的支持，研究落实各项优惠政策，调动社会各方面力量为高技术产业化服务；加强对高技术产业的研究和动态分析。

四、2006年工作重点

2006年是“十一五”的开局之年，具有承前启后、承上启下的重大作用。抓好2006年高技术产业发展工作，对完成“十一五”高技术发展规划提出的目标任务至关重要。2006年的工作思路是：牢固树立和落实科学发展观，围绕加强自主创新和做大做强高技术产业，以建设高技术产业基地为重点，以提高企业持续创新能力和核心竞争力为手段，推进工程研究中心和企业技术中心建设，加大产学研联合力度，加快高技术产业化和传统产业高技术化的进程。

（一）深入调查研究，完成“十一五”专项规划编制

在《安徽省“十一五”高技术产业发展规划》和《安徽省国民经济和社会发展信息化“十一五”专项规划》初稿基础上，进一步深入调查研究，分析国内外高技术产业和信息化发展趋势，结合发展现状，确定高技术和信息化的发展目标、任务重点和政策措施，按时完成两个规划的编制并报省政府下发。

（二）积极探索，加快推进合肥国家科技创新型试点市建设

国家已批准合肥国家科技创新型试点市，安徽省将继续推进试点市创新能力平台建设和高技术产业化项目实施，加快合肥国家科技创新型试点市建设步伐。

（三）进一步推动自主创新能力建设

影响高技术产业化的一个重要因素就是企业是否具有技术创新能力。而工程研究中心、企业技术中心建设是推进企业技术进步，提高行业和企业技术创新能力的平台。

（1）推动以工程研究中心为主要形式的行业创新体系建设。2006年，结合高技术产业发展情况，安徽省将确定省级工程研究中心支持的领域，在企业申报、各市推荐的基础上，批准组建5个左右省级工程研究中心。

（2）推动以企业技术中心为主要形式的企业创新体系建设。依据《安徽省企业技术中心认定与评价办法》，明年将继续认定5～10个省级企业技术中心。拟举办企业技术中心建设经验交流研讨会，大力宣传企业技术中心建设取得的成效和经验。

（3）做好国家工程研究中心、企业技术中心的申报工作。按照国家公布的国家工程研究中心和企业技术中心认定的行业领域，结合安徽省实际，组织有条件的企业申报国家工程研究中心和企业技术中心，并积极做好前期工作。

（四）加强产学研联合，为企业技术创新提供支撑

（1）继续组织“省校合作”、“省院共建”，加速中国科大和中科院等高校和科研院所的科技成果在安徽省的转化。

（2）征集高技术企业技术难题和需求，编写《2006年安徽省企业技术需求及难题汇编》，对高校、科研机构近年来的科技成果进行筛选，编写《2006年安徽省高校科研院所科技成果汇编》，并在网上发布，让企业与科研部门在网上沟通。搭建合作平台，加速科技成果向现实生产力的转化。

（3）在充分发挥省内科技资源的同时，大力推进产学研联合，由主要依托省内科技资源向充分利用省内外两个资源转变。

（4）加强对产学研合作项目的跟踪，推进高技术产业化项目实施。对实施效果显著、条件具备的产学研合作项目优先给予支持。

（五）围绕经济和社会发展需要，加大高技术产业化项目的实施工作

只有通过大批高技术产业发展项目的实施，才能加速高技术产业的发展。2006年，安徽省将继续加大推进高技术产业发展项目的实施力度。

（1）国家高技术产业发展项目。根据国家发改委公布的专项要求，安徽省将加深理解国家各专项的内涵，深入各市和企业进行调查研究，认真作好项目储备及前期工作，筛选出一批高水平、高质量的项目，积极组织企业申报，争取得到国家的项目和资金支持。

（2）省高技术产业发展项目。2006年，安徽省将继续实施电子信息、新医药、新材料和生物技术等高技术产业发展专项，并启动若干新的专项，加速这些领域的跨越式发展。

（3）合肥国家科技创新型试点市项目。2006年，将继续加速合肥国家科技创新型试点市的建设进程，围绕重大产业化项目、公共研发平台和创新能力等方面，推进试点市的项目建设，促进试点市的高技术产业加快发展。

（4）加大项目验收力度。根据国家及省项目的实施进度，结合安徽省实际，拟定项目验收进度表，督促各市和项目单位做好国家和省高技术产业化项目的验收工作。

（六）加速产业集聚，促进高技术产业基地建设

实施产业集聚战略，从延伸特色产业链入手，引导和促进各类生产要素向产业基地流动。加快建设电子信息、生物医药、新材料和现代中药等高技术产业基地，继续支持基地内创新能力建设和带动面宽的产业化项目，形成“产业＋基地”的良好发展态势。2006年，现有的七个基地的规划将全部完成，同时新建若干个已形成产业集群、具有较大产业规模、市场前景好、有发展规划的高技术产业基地。

安徽省发展和改革委员会高技术产业处

14

“十五”江西省高技术产业发展情况

一、“十五”发展情况及“十一五”规划思路

（一）总体情况

“十五”期间，在省委省政府的高度重视下，在国家发展和改革委员会等有关部门的大力支持下，江西省高技术产业呈现出强劲的发展态势。具体体现在以下几个方面。

（1）高技术产业发展迅速，对经济的拉动作用日益明显。“十五”期间，江西省加强技术创新，积极引进国内外高新技术，运用高新技术改造传统产业，高新技术产业呈现出良好的发展势头。据统计，“十五”期间江西科技进步对国民经济增长的贡献率达45.6%，比2000年提高了5.8个百分点。2005年，全省高技术产业总产值为224.6亿元（当年价），同比增长30.4%，增长速度全国排名第4，是同期全省生产总值增长速度的2.4倍，远远高于全国平均22.7%的增长速度。而2000年，全省高技术产业总产值仅为118.9亿元（当年价）；2005年，全省高技术产业产品销售收入达224.17亿元，同比增长28.0%，增长速度全国排名第8。2005年，全省高技术产业完成投资72.3亿元，绝对数值位居全国第9，新增固定资产47.4亿元，位居全国第6。

（2）新兴高技术产业群初步形成，促进了产业结构优化升级。近年来，江西省高技术产业围绕六大支柱产业的发展，初步形成了电子信息、航空航天、生物工程和新医药、新材料、机电一体化、环保等六个特色领域产业群体。尤其是医药制造业、航空制造业等高新技术产业，依托和发挥传统优势，取得了较快发展；而作为江西省新兴产业的电子及通信设备制造业正在兴起，2005年上述两个行业的工业产值分别比2004年增长28%和27%；同时，信息化学品制造业、计算机及办公设备制造业高速增长，分别比上年增长286%和272%，这些新兴产业的兴起对江西省产业结构调整起到了重要作用。

（3）高技术产业基地建设取得了新的突破。高新技术产业园区建设取得了新进展，全省已建立南昌国家级高新技术开发区，赣州、景德镇和星火化工3个省级高新区，以及5个大学科技园、1个软件园和13个民营科技园。2005年，南昌高新区区内企业总数已近千家，其主要经济指标均比2000年翻了一番以上；高技术产业化基地建设取得了新进展，到目前，全省已有4个高新技术产业化基地被认定为国家级高新技术产业化基地。

（4）原创性高技术成果产业化进程明显加快。“十五”期间，江西省共实施国家高技术产业化示范项目30项，总投资28.3亿元。这些项目涉及新材料、半导体、现代重要、现代农业、生物技术、汽车电子、数字电视、软件、电子商务、工程研究中心等众多领域，而且基本上都属于原创性的、具有自主知识产权的高技术成果产业化项目，其建设为推动全省高技术成果的产业化进程起到了积极的示范作用。同时一批新的高技术成果进入产业化阶段，如南昌大学发光材料与器件工程研究中心，在发光材料研究方面取得了重大突破，成功研制出具有国际一流水平的“硅衬底兰光

二极管材料及器件"，突破了国外专利"门槛"的限制，对中国发光材料与器件领域的发展具有重大现实意义和产业价值；正在建设的江西赛维 LDK 太阳能高科技有限公司计划到 2010 年达到年产 1 000 兆瓦太阳能多晶硅片的生产能力，产值 150 亿元以上，将彻底解决中国光伏产业发展上游核心技术的"瓶颈"问题和改变高度依赖进口的局面；此外，超级电容、网络设备、汽车电子、复合材料等领域也有一批技术在国内领先的项目进入产业化阶段。

（5）高技术及其产业化创新服务体系逐步建立。"十五"期间，全省高技术孵化器已发展到 6 家，共投入建设资金 7 690 万元，拥有孵化面积 7.49 万平方米，已孵化企业 271 家，年销售收入 7.9 亿元；在孵化器内累计开发新产品 324 种，转化省级以上科技成果 130 项；在投融资体系建设方面，政府设立了高技术产业引导资金、科技型中小企业技术创新基金，用于鼓励、自主中小型科技企业自主创新和产业化；同时，目前已有江西省高技术产业投资股份有限公司、南昌创业投资有限公司等 3 家风险投资机构与高技术企业合作进行风险投资的运作，高新技术投融资体系初步建立。特别是江西省积极探索、搭建科技成果与企业见面推介的服务平台，已连续三年举办推介会，取得了良好效果。

（6）高技术产业发展政策日臻完善。省委省政府高度重视发展高技术产业，出台了十余个有关发展高技术产业的政策文件，把发展高技术、实现产业化和利用高技术改造传统产业作为加快江西工业化进程的重大措施，加快了高技术产业化进程，加大了利用高技术和先进适用技术改造传统产业的力度，为高技术产业发展营造了良好的政策环境。

（二）存在的主要问题

（1）总体规模偏小，产业层次和水平较低。江西省高技术产业存在企业少、规模小，产品附加值较低，能够参与国际市场竞争的名牌拳头产品少等问题。全省高技术产业从业企业仅 300 余家，高技术产业工业产值占全省工业总产值的比重仅为低于全国平均水平，在中部地区居中等偏下水平。目前还没有产值超过百亿元的高技术企业，此外，据对全省 168 个高技术产品的技术水平调查结果，能够达到国际先进水平或者国际领先水平的产品只占调查总数的 8% 左右。

（2）高技术产业化投入不足。企业技术创新投入少，江西省高技术企业用于研发的投入只占销售收入的 2.2% 左右。"十五"期间，江西省虽已设立了高技术引导资金和科技型中小企业技术创新资金，但总量太少，难以满足高技术产业化的需要。迄今为止，国外、省外的风险投资机构还没有一家进驻江西省，省内设立的 3 家风险投资机构未能真正按风险投资机制规范运作，风险投资对高技术产业的支撑作用还未得到充分显现。

（3）创新能力不强，产学研结合机制尚未从根本上建立。目前，江西省高校的科研体系和课题研究基本上以成果及知识为导向，而不以企业所需的商品和市场为导向。高校与企业研发人员缺乏流动，相同或相关的科研项目难以真正联合。高校和企业的科研项目经费大都来自不同的政府部门，不能整合运用。由于高校的研发游离于企业之外，来自企业的任务少，成果转化难，共性技术、战略性高技术和关键技术创新不够。很多成果在实验室诞生之后只是在各种级别的鉴定会上展出。

（4）高新技术产业布局不合理，人才总量不足。江西省高技术产业区域发展极为不平衡。由南昌、九江、景德镇三设区市组成的高技术产业三角带的高技术产业工业总产值占全省高技术产业工业总产值的 86% 左右，而中部和南部地区，近年来虽然建立了一批工业园区，但园区内大多数企业仍然是传统产业。在人才方面，2005 年，江西省科技术活动人员数为 2 人/万人，高技术企业从业人员年平均 22 人/万人，低于全国平均水平。重点行业和领域的人才存在结构性短缺的问题，特别是在电子信息、新材料、生物工程、现代医药和光电一体化等产业的高层次人才缺口较大。现有高新技术企业从业人员中，具有研究生学历的占 1%，具有博士学位的占 0.12%，均低于全国平均水平。

（三）"十一五"发展思路

（1）指导思想。坚持科学发展观，紧紧围绕江西崛起和全面建设小康社会的目标，以信息化带动工业化，大力发展高技术产业和循环经济，积极培育新兴产业，促使中小型高技术产业快速成长；以市场为导向，以制度创新和技术创新为动力，调整和优化产业结构，不断提高高技术产业在国民经济中的比重，提升经济质量，转变经济增长方式，为建设生态江西与和谐平安社会、实现江西经济跨越式发展做出贡献。

（2）基本原则。快速发展江西省高技术产业必须坚持企业主体与政府推进相结合，统筹发展与重点突破相结合，技术创新与制度创新相结合，引进与自主开发相结合，发展高技术产业与运用高技术提升传统产业相结合的原则。

（3）总体目标。到 2010 年，力争全省高技术产业总量上一个新台阶，产业增加值达到 850 ~ 900 亿元，较"十五"期末翻两番，年均增长 30% 左右，占全省工业增加值的比重达 30% 以上；高新技术产品出口额占全省出口创汇额的比重达 20% 以上。

（4）主要任务。加强重点领域的突破，逐步形成具有江西特色的高技术产业群体和区域性局部优势，实现高技术产业的跨越式发展；加快用高技术改造传统产业的步伐，促进产业升级和产品结构优化，提升传统产业的竞争力；大力实施一批高技术产业工程，为全省高技术产业的持续快速发展夯实基础。

重点发展的高技术产业领域包括电子信息产业、新材料产业、光机电一体化产业、生物工程与现代医药产业、软件产业、现代显示产业和航空航天产业等；在科技基础设施方面实施"23456 工程"，即建设"江西省科技信息中心"

等2个科技服务基地；建设南方离子型稀土工程研究中心等3个国家工程研究中心；建设中药现代化、陶瓷、有机硅、现代家电等4个高技术产业基地；建设清华大学江西科技园、北京大学江西科技园、浙江大学中凯江西科技园、南昌大学科技园、江西师范大学科技园等5个大学科技孵化器；实施LED工程、现代显示工程、半导体照明工程、食品工程、现代农业工程和新材料工程等6项工程。

二、近几年所做的主要工作

近几年来，在省委省政府的正确领导下，省发改委围绕科技创新，立足服务企业，在推动全省高技术产业发展方面做了一些工作。

（一）平台搭建

与省科技厅联合，连续举办三届全省科研成果与企业见面推介会，为科研单位推销科研成果，为企业寻找解决技术难题的办法，为民营企业寻找创业项目，为金融机构发掘投资机会提供面对面的接触机会，促成相互之间的交流与合作。在三届推介会上，共签约350个项目、协议总投资100多亿元。尤其是2005年的推介会把“创新推动创业”作为主题，把政策咨询、金融服务、法律服务、人才交流等众多功能聚集在一起，邀请有关职能部门、各家商业银行、开发区、科技园、软件园、高科技孵化器、法律、专利等事务所以及高技术风险投资公司到现场开展咨询服务，为科技成果的转化提供了全方位服务。此外，2005年推介会还邀请浙江大学、北京大学、清华大学、中科院、国家直属的17家科研企业以及微软公司等国内外知名院校、机构、企业参会，展出自己的最新科研成果和高技术产品，促进这些成果到江西产业化。政府以举办科研成果与企业见面推介会的方式，为科研成果转化为生产力搭建平台的做法得到了社会各界的一致好评和积极参与。除此之外针对江西省高技术企业普遍缺乏投资渠道的情况，从投资和服务的角度搭建了一些其他平台。一是建设高技术创业孵化器。2002年，牵头设立了江西省高技术产业发展中心，提供优惠条件和配套服务，吸引了一大批企业入驻创业；二是设立高技术产业风险投资公司。由省发改委牵头，组建了省内首家风险投资公司——江西省高技术产业投资股份有限公司，已经向多个民营高技术企业提供创业资本；三是设立高技术产业化引导资金。对创业企业和技术含量高、产业化前景好的项目提供无偿资金支持，目前已支持了84个项目，这些项目经过1~2年的孵化、发展，已经取得了丰硕的成果；四是办好江西省高技术产业网。通过高技术产业网，及时公布国家的有关政策，发布业内最新的信息，下发有关工作文件，并举办科研成果网上推介会。

（二）项目管理

一是开展项目前期工作，建立高技术项目储备制度，启动项目库建设工作。二是积极组织申报国家高技术产业化示范项目。自1998年以来，江西省共承担高技术产业化项目34项，绝大部分项目进展顺利。三是严格按照国家有关规定，对国家示范项目的建设进度进行跟踪，对资金使用进行监督稽查，对建成项目予以验收。四是实行重大项目调度会制度。不定期召开协调会，由常务副省长主持，分管省长及各有关部门主要领导参加，解决包括国家高技术产业化示范项目在内的重大项目在建设过程中遇到的困难。

（三）规划编制

为编制“十一五”规划，深入高等院校、科研机构、高新开发区和高技术企业调查研究，及时了解、掌握全省高技术产业发展的最新情况和动态，开展重大问题的研究，有针对性地研究、提出支持高技术产业发展的具体措施。一是在江西省国民经济和社会发展“十一五”规划纲要中，对加快建设科技创新体系、实施重点领域重点突破和加快科技成果转化等内容进行了重点规划；二是编制全省高技术产业发展和信息化“十一五”重点专项规划，确定指导思想、发展目标和政策措施，并将主要内容纳入全省“十一五”总体规划纲要。

三、国家高技术产业化项目总结

（一）项目概况

江西省自1998年国家发改委实施高技术产业化发展计划以来，共承担国家高技术产业化项目（包括国家工程研究中心、高技术示范工程等）34项（其中2项为子项），项目批准总投资33亿元，国家支持资金2.54亿元，银行贷款9.88亿元，地方配套和企业自筹资金20.58亿元。这些项目分别列入国家高技术产业化发展计划的14个专项，其中稀土材料专项2项，中药现代化专项4项，现代农业专项6项，生物和生物医学工程专项4项，手机国产化专项2（子）项，电子专项1项，数字电视专项1项，汽车电子专项1项，新材料专项1项，工业自动化专项1项，信息产业专项1项，软件专项4项，信息化项目5项，国家工程研究中心1项。到2006年2月，已有8个项目按规定通过了省发改委组织的验收，另有3个项目提交了验收报告，2个项目正在编制验收报告。

（二）实施项目管理的几点做法

按照国家发改委的要求，在国家高技术产业化项目的管理上，既把好项目审核申报关，也注重项目实施过程的管理。经过几年的项目管理实践，建立了一整套国家高技术产业化项目管理模式。

（1）严格项目审核、备案、申报程序。对各地上报的申报国家高技术产业化示范项日的备选项目进行严格审查，对其中符合国家有关规定和产业目录的项目予以立项或备案，邀请专家对上报项目进行筛选，督促项目单位落实项目上报的各项条件，仿照国家发改委的做法对最终确定上报的项目进行预答辩，有效把握上报项目的实际情况和技术特点，为今后的项目管理打下了良好的基础。

（2）建立重大国家高技术产业化项目协调调度机制。成立高规格的项目领导小组，定期召开调度会，对项目实施的全过程进行协调，为项目的建设创造良好的外部环境。如江西鸿源数显科技有限公司LCOS数字显示芯片封装及光学引擎产业化和江西华春环保装饰材料有限公司年产4 000万平方米新型高强度三防幕栅材料等高技术产业化项目，列入省重大项目协调调度范围，由常务副省长担任项目领导小组组长，大大加快了项目的实施进度，确保了重大项目的建设质量。

（3）督促项目单位严格按照已确定的项目建设内容和建设进度实施项目，按质、按量、按时完成项目建设任务。目前，江西省承担的国家高技术产业化项目已有8项通过项目验收，其中4项获国家发改委“国家高技术产业示范工程”授牌。江西本草天工科技有限责任公司的中药固体制剂制造技术国家工程研究中心于2005年10月通过验收，得到了国家有关专家的充分肯定；年产2 000台全自动三分群血细胞分析仪产业化项目、年产4.5亿粒国家一类新药金水宝胶囊及原料二次开发项目也已经通过江西省发改委组织的验收。主要建设内容已基本完成的项目正在抓紧准备验收材料；在建项目正按计划有序地进行；新启动的项目，也已按要求开工建设。

（4）建立项目跟踪检查机制。项目单位要按季度向江西省发改委报告项目实施进展，做好项目实施中的服务和协调工作。按照国家发改委的有关要求，开展项目自查、中评估和后评估，每年江西省发改委都要对国家高技术产业化项目进行一次全面的检查和评估。随着技术进步和市场的变化，项目建设内容和产品方案需要调整的项目，责成项目单位及时提出申请并按照国家有关规定报批。

（5）严把项目验收关。项目完成后，认真做好项目验收工作，对项目的资金、产能、规划、国土、环保、劳动安全和消防等情况进行严格审核，确保项目按国家的批复要求完成建设任务，达到建设质量。

（6）加大项目宣传力度。一是要求项目建设单位定期编发项目实施进度简报；二是由江西省发改委编印《信息化与高技术产业》通报，及时向上级部门和领导及有关单位通报项目进展情况；三是在每年在江西省发改委主办的江西省科研成果与企业见面推介会上，展示高技术产业化项目建设成果和高技术产业的创业经验。

（三）项目实施对江西省经济建设产生的作用和效益

江西省实施的国家高技术产业化项目涉及医药、农业、电子、信息化等领域和方向，这些项目对于江西省加速高技术成果转化、促进新兴产业形成和产业结构优化调整以及传统产业改造和提升发挥了重要作用，带动了江西省国民经济和社会的发展。

1. 大大提高了江西省企业的创新能力和核心竞争力

高技术产业项目的实施，高技术工艺、装备的运用，大大地提升了江西省相关产业的整体水平，加快了企业的技术创新能力，为企业做大做强注入了新的活力，极大地提高了优势产品的竞争能力和企业的核心竞争力。例如，赣州有色冶金研究所用于高性能永磁及储氢材料的稀土金属的产业化和国营第四三八零厂微型电声器件产业化等项目开发的新产品，其品质和规模均在国内处于领先地位；江西鸿源数显科技有限公司，LCOS数字显示芯片封装及光学引擎产业化项目在实施过程中成功地开发了具有自主知识产权的新一代光学引擎，生产出了80英寸、100英寸的背投高清显示终端；江西联创光电科技股份有限公司铟镓氮LED外延片高技术产业化示范工程项目顺利实现了南昌大学铟镓氮LED外延片生产技术成果的产业化；江西昌九金桥化工有限责任公司年产8 000吨固定床连续合成哌嗪系列医药中间体高技术产业化示范工程项目通过引进天津大学最新科研成果，实现其产业化，填补了国内空白；江西江中集团控股建设的中药制造技术国家工程研究中心依靠产学研结合，研究或借鉴其他领域的先进技术，实现了对中药制药过程中各项单元制造技术与装备的智能化组合应用及其关键工艺参数的在线检测、连续采集和程序化、自动化控制，解决了中药产业走向高技术产业化首先要解决的关键问题，大大提升了企业集团的创新能力；江西特康科技有限公司年产2 000台全自动三分群血细胞分析仪国家高技术产业化示范工程经过两年多的建设，到2005年底，累计生产TEK系列全自动血细胞分析仪3 342台以及配套诊断试剂，实现销售收入17 206万元，并实现了出口创汇，TEK系列全自动血细胞分析仪具有自主知识产权，在新技术、新工艺等方面取得了重要突破与创新，已形成较突出的技术特色和较强的技术优势，达到同类产品的国际先进水平，填补了中国在该领域的空白，基本上替代了进口，提高了中国医疗器械产品的国际竞争力；江西浙大中凯科技公司MEMS车胎压力检测系统产业化项目通过引进美国成熟的人才和技术，在国内进行产业化，其产品能减少爆胎事故、节约能源、减少轮胎磨损等，对提高江西省乃至全国的汽车产业的国产化程度和综合竞争力，加快信息产业的发展都具有重要的意义。

2. 使江西省的产业特色和优势得到了进一步发挥

在经济和科技基础条件较落后的条件下如何发展高技术产业是江西省经济发展中重要课题。从“九五”开始，就明确了围绕江西省的特色和优势发展高技术产业的思路，“十五”以来，全省实施了十余项现代中药、现代农业和电子元器件等专项的国家高技术产业化项目，使江西省的特色和优势得到充分发挥。如中药产业是江西省的优势产业，几年来，江西省共实施4项现代中药高技术产业化项目，建设了中药固体制剂国家工程研究中心。这些项目都已基本建成投产，发挥效益，使江西省的中药产业迎来了快速发展的好时期，2004年，江西省中药产业的产值在全国名列第5，中药企业的产业技术跻身全国先进水平。江西金水宝制药有限责任公司年产4.5亿粒国家一类新药金水宝胶囊及原料二次开发项目，结合本地特点，发挥企业在虫草生产领域的优势，开发新产品，05年实现产品收入3.2亿元；江西瑞金三九药业有限公司纯中药栓剂高技术产业化示范工程率先在国内实现中药栓剂生产的自动化，优化了中成药产品结构，提高了中药栓剂产品质量档次，从而推进了中国中药产业的发展，增强了中国中药产业的国际竞争力；又如江西行知教育软件有限公司基于Internet的中小学教学和管理平台产业化项目，在Internet的广域范围内，为教师及教学管理者提供应用计算机技术，管理和应用一切教学资源的平台，从而服务于中国的中小学教育事业，有利于中国教育信息化建设向纵深推进，促进中国传统教学观念的转变，在利用信息技术提高中国基础教育水平，大规模培养高素质人才中发挥积极的作用。

3. 带动了产业结构的优化升级

“十五”以来，江西省产业结构调整的步伐明显加快，抓住沿海发达地区向内地产业转移的机遇，推进工业化进程，为发展高技术产业化提供了契机。如江西铜业集团公司承担的有色金属闪速冶炼过程综合自动化系统高技术产业化示范工程项目，是中国有色金属产业结构调整重要项目，项目的实施有力地加快了市场短缺的有色金属的生产发展和技术改造，满足了国民经济持续稳定发展对铜产品日益增长的需求。项目建成后可有效改善闪速炉及转炉等的作业率和稳定性，提高生产效率5%，降低能耗5%，每年产生经济效益4 000万元，促进了中国铜产业的升级；如景德镇国讯通信设备有限公司承担的无线局域网系列设备产业化项目，其无线局域网产品已经得到了广泛的认同，成为国内无线局域网产品的主要生产厂商之一，改变了中国无线局域网设备受制于国外公司的局面，对促进江西省信息产业的发展起到了积极作用。南昌先锋软件股份有限公司基于Linux的先锋KRM－A6t管理信息系统自主开发平台被列入国家《政府使用正版软件产品采购推荐目录》，成为信息产业部公布的基于国产软硬件完整电子政务解决方案核心应用平台。为中国国产软件产业的发展和中国的信息化建设均做出了积极贡献。江西华春环保装饰材料有限公司年产4 000万平方米新型高强度三防幕栅材料高技术产业化项目，利用发电厂、化肥厂产生的磷石膏，自主创新，生产高质量的布面磷石膏板，具有防火、防水、防污等特点，深受市场欢迎，同时保护了环境，是发展循环经济的典型体现和资源再利用项目，有力地推动了江西省环保产业的发展。实施国家高技术产业有力地带动了相关产业的发展。如江西天施康中药集团有限责任公司承担的夏天无中药产品高技术产业化示范工程项目，种植夏天无5 000多亩，直接带动了当地包装材料、机械、运输业的发展，为当地提供了更多的就业机会，改善了农业结构，带动了当地的经济发展。

4. 改造提升了传统农业，促进了农民增收

农业是江西省的传统支柱产业，用高技术发展农业产业化是江西省最终实现农业现代化的必由之路。几年来，江西省实施现代农业高技术产业化项目共6项，都与江西省的农业特色紧密相关，涉及主要粮食和经济作物新品种繁育及特色水产养殖。目前，这些项目进展顺利，其中2项已基本建成发挥效益，另外4项也取得了阶段性成果，预计都能按时完成建设任务。初步情况表明，现代农业项目的实施，对于推动江西省农业产业化进程，发挥了重要作用。同时，通过农业产业化龙头企业的带动，为农业增产、增效，农民增收做出了重要贡献。如江西省种子公司承担的高产优质水稻新品种（组合）良种繁育高技术产业化示范工程项目实施后，大大提高了江西省粮食综合生产能力，2005年推广水稻新品种栽培面积5.6万亩，农民增收2 600万元；九江市天洋特种水产养殖有限公司江西鄱阳湖黄颡鱼种苗繁育高技术产业化示范工程项目，充分利用鄱阳湖的水产资源和环境条件，对鄱阳湖的名优土著水产品进行苗种繁育，实施第一年，就已实现特种水产品1万吨，产值达1.2亿元，带动1万余农户每户年增收3 000元；青龙高科技股份有限公司承担的南方油茶优良品种繁育及多梯度利用高技术产业化示范工程，已经建成3万亩高产优质油茶林示范基地，直接或间接带动了5万农民脱贫致富；江西赣南有机脐橙基地有限责任公司，承担了赣州绿色脐橙高技术产业化示范工程项目目前建成了中国最大最先进的绿色脐橙工厂化育苗基地，建成示范园区3 800多亩，采用“公司+农户”的利益联结机制使果农直接获益；江西金牛企业集团公司种畜（猪、乳牛）特异性免疫乳生物高技术产业化示范工程利用分子育种技术培育具有国际先进水平的中国超级猪和优秀荷斯坦种牛，加速了优秀种畜的繁育，实现了种畜生产的产业

化，对改良品种促进畜牧业发展起到了极大的推动作用，此外，综合开发初乳，生产高技术含量的特异性免疫乳，调整了乳制品结构和提高了乳制品档次，提高了养殖农户的经济收入。

5. 打造了吸引和培养高技术人才的重要平台

实施现代中药国家高技术产业化项目5年来，吸引了10余位国内中药研究和开发的拔尖人才，引进并转化了近20项重大高技术成果。中药固体制剂制造技术国家工程研究中心的建设，产生了很好的人才聚集效应，一批国内优秀中青年中医药科学家加盟工程中心，形成了具有较强实力和竞争力的科研创业团队，正是因为有了良好的科研氛围，一批省内高学历人才有了用武之地，安心留在江西发展，为本省的中药事业建功立业。

四、有关建议

江西省是中国中部地区的欠发达省份，企业经济实力和自主创新能力都较弱。近几年来，江西省的高技术产业虽然取得了一定的发展，但与发达省份相比还存在较大的差距，在发展中还存在许多困难和问题，需要国家发改委给予大力引导和扶持。

（一）建议在全国高技术产业布局中，规划建设具有中部地区特色的高技术产业基地

建议国家在全国的高技术产业布局中，结合中部地区的产业基础、资源特点和发展现状，规划中部地区高技术产业发展方向，发挥各自的优势，逐步形成具有中部地区特色、各省之间互补的高技术产业集群。如江西省，今后在高技术产业方面应着力发展航空工业、现代农业、生物医药、有色稀有稀土金属深加工与应用、高技术陶瓷、有机硅等，逐步发展形成具有地区特色的产业基地。近期，建议国家在“十一五”高技术产业专项规划中对中部地区高技术产业发展基地进行重点规划。

（二）制定优惠政策，鼓励中部地区引进技术、发展高技术产业

对高技术企业创业、高技术的产业化、高技术产品的开发销售、高技术产业化基地的建设等方面，比照高技术司新提出的若干政策措施，制定比东部和西部地区更优惠的政策，对中部地区的高技术产业化项目在资金、土地供给等方面适当放宽。鼓励沿海地区高技术产业尤其是高端技术向中部地区转移，鼓励高技术产业发展资金向中部地区积聚，鼓励高级专门人才到中部地区创业。

（三）实施中部产业化专项，促进中部地区高技术产业发展

仿照西部高技术产业化和东北老工业基地高技术产业化专项的做法，设立中部地区高技术产业化专项，专门用于安排中部各省按自身的优势领域上报的项目，由于各省情况不一样，难以竞争比较，建议此专项按省切块安排。其他专项的安排也建议向中部地区倾斜，对同一专项的项目，相对提高对中部地区高技术产业化项目的资金补助比例。

江西省发展和改革委员会高技术产业处

15

“十五”福建省高技术产业发展情况

“十五”期间，福建高技术产业发展以“三个代表”重要思想为指导，落实科学发展观，认真贯彻中共中央、国务院《关于加强技术创新，发展高科技，实现产业化的决定》和《福建省国民经济和社会发展“十五”计划纲要》，围绕科教兴省和海峡西岸经济区建设的战略任务，加强技术创新体系建设，推进产业技术开发，大力培育高技术产业，扎实开展“数字福建”建设，取得一定成效，现总结如下。

一、“十五”高技术产业发展基本情况

（一）高技术产业不断发展壮大

“十五”以来，以信息产业为代表的高技术产业保持快速增长态势。2000－2004 年，全省高技术产业产值总量分别为494.16 亿元、536.45 亿元、748.05 亿元、1 071.30 亿元和1 393.00 亿元，预计2005 年将达到1 550 亿元，约居全国第8，年均增长 26.50%（按现价计算，下同）。2005 年，高技术产业实现利税总额135 亿元，年均增长 33.8%；高技术产业每百元主营业务收入实现利税预计将达 9.0 元，比 2000 年提高 0.74 元；高技术产业增加值占地区生产总值的比重预计将达 6.0%，比 2000 年提高了 3.1 个百分点；高技术产业增长对经济增长的贡献率预计将达 11.0%，比 2000 年提高 3.2 个百分点；高技术产业出口交货值预计将达 850 亿元，占产品销售收入的比重为 56.0%，比 2000 年提高了 11 个百分点，年均增长 32.7%。高技术产业的快速发展，为促进全省经济结构优化升级、提高国民经济整体素质、增强经济发展后劲做出了突出贡献。

（二）产业集聚逐渐形成

切实把增强自主创新能力作为调整经济结构、转变增长方式的中心环节，不断提高科技进步对经济增长的贡献率。“十五”期间，我们立足科学发展，紧紧扭住自主创新这一主线，进一步调整产业结构和产品结构，打造产业链，促进产业集聚的形成。

一是形成以信息产业为比较优势的高技术产业集群和以福州、厦门为中心，其他周边城市协调发展的高技术产业格局。福州地区以冠捷（捷联）、华映光电为龙头的显示器产业为全国最大的显示器产业集群，厦门的手机、计算机、半导体照明及视听产品形成规模化生产，莆田的电子手表、计算器行业和漳州的小家电、数字化仪器仪表形成了相当规模，泉州微波通信产业基地、福州软件园、厦门软件园等一批高技术产业园区正在朝集群化方向发展。全省产值超过 100 亿元的企业有 3 家，产值超过 30 亿元的企业有 10 家，产值超过 10 亿元的企业有 17 家，拥有上市信息企业 18 家，在彩电、激光视盘机、手机、半导体照明、锂离子电池等产品中有 6 项中国名牌产品和 55 项省级名牌产品。2004 年，在工业高技术产业的七大行业分类中，电子计算机及办公设备制造业居全国第一位，产值为682.67 亿元，占高技

术产业产值的49%；居第二位的是电子及通信设备制造业，产值为539.45亿元，占高技术产业产值的38.7%，两者合计占全省高技术产值的87.7%，其中福州、厦门两地的信息产品制造业比重占全省的85%，产业集聚特点十分明显。

二是“数字福建”建设稳步推进。“数字福建”以福建省为对象全面推进国民经济和社会信息化，形成数字化、网络化、可视化和智能化的信息集成及应用系统，最大限度地集成和利用各类信息资源，快速、完整、便捷地提供各种信息服务。“十五”期间，“数字福建”建设基本完成“十五”规划的目标任务。截止2005年10月，全省政务信息网已连通208个省直单位、9个设区市、84个县（市、区）以及940个设区市级党政机关、3 200个县（市、区）级党政机关；政府办公厅系统“三网一库”建设基本完成，省政府办公厅日常的内部办公和对外公文传输80%实现了无纸化；设区市政府系统电子政务建设全面展开，部分市政府已经实现内部公文办理的电子化和网上的公文无纸化传输；“金宏工程”实现了9个设区市84个县区发展改革部门的网络互联互通；“金税工程”实现省、市、县三级办公自动化；“金审工程”建成了全省审计机关内部局域网、审计办公自动化系统、审计业务综合管理系统；还建立了统计、测绘、地质、档案、气象等五个基础数据库，并启动了人口、法人、自然资源和空间地理基础数据库建设等。通过实施“数字福建”系列重点工程，有力地推进了全省国民经济和社会信息化建设，加快了信息化带动工业化的步伐，进一步提高了福建省信息化水平。

三是新材料产业实现局部突破。“十五”期间，新材料产业立足本地技术优势，突出重点，集中财力优先发展以纳米催化剂为代表的新材料技术及其产业化。由福州大学化肥催化剂国家工程研究中心研发的氨合成系列变换催化剂在七家工厂生产，其中仅A201和A202近年就为氨厂新增产值67.03亿元，利税13.41亿元。第二代氨合成钌系FA－Ru催化剂，提高氨合成能力43%～51%，该项目被列入国家重大高技术产业化示范工程，国家补助1 000万元专项资金，省发改委配套500万元预算内资金予以扶持。该中心承担建设的另一个高技术产业化示范工程项目FD汽车尾气催化净化器已进入批量生产阶段，与六个汽车厂家的产品配装，排放达到欧Ⅲ甚至是欧Ⅳ标准，技术水平处于国内领先。重点扶持建设的光催化技术工程研究中心，与企业合作，成功实现多功能纳米光催化空气净化器和纳米光催化抗菌口罩技术成果的产业化，在2003年抗击非典的斗争中发挥了积极作用；中科院福建物构所开发成功的CO气相催化合成草酸酯应用于乙二醇工业生产中，已被授权发明专利，并完成了工程化研究。该催化剂的开发实现了用煤或天然气二步间接合成乙二醇的战略目标，对中国能源和化工产业的发展具有重大战略意义。

四是生物医药产业发展初现端倪。福建气候条件优越，生物多样性特点显著，适宜生长的生物品种繁多，森林覆盖率居于全国首位，一批具有较高药用价值的品种种植已经产业化，并研制开发了若干具有自主知识产权的中药新品种。目前，初步形成了闽西北山区的南方红豆杉、三尖杉、建泽泻、建莲子、泰宁雷公藤、绞股蓝、鱼腥草、鹿茸和闽东南、沿海地区的绿衣枳实、柘荣太子参、南玉桂、枇杷叶、茵陈、巴戟天、春砂仁、熊胆等16种名贵中药材的生产种植基地。全省有各类医药企业88家，医药产业产值从2000年的24.25亿元发展到了2004年的60.79亿元。若干品种在行业内占据重要地位，如全球最大的金霉素原料药生产基地、全国最大的卡那霉素系列产品生产基地、硫酸奈替米星原料药生产基地、片仔癀出口基地、生物显微镜生产基地、β－内酰胺类抗生素及中间体7－ACA生产基地、免疫抑制剂药物生产基地、南方红豆杉种植及提取“紫杉醇”药物生产基地、太子参种植及加工基地等。

（三）创新平台建设成效显著

围绕全省经济建设的战略任务，转变经济增长方式，突破重点领域的产业技术瓶颈，进一步推进高技术向产业化转移，着力加强创新平台建设，提升自主创新能力。

一是加大10个省级工程研究中心的扶持力度。空间信息工程研究中心是“数字福建”的技术支撑和人才培养基地。中心在整合改造省直有关部门政务信息资源以及建设政务网共享平台中，开发的省级政务信息共享平台（第1.0版），于2003年9月通过科技部软件测评，平台连接政府各部门的分布式政务信息资源库及业务办公数据，能够满足省直部门、单位间查询、检索、信息交换、协同办公及应用整合的需求。光催化技术工程研究中心致力于光催化技术的工程化研究和产业化开发，开展了“固体超强酸光催化剂的研制及其工业应用技术开发”项目成果，较大地提升了中国光催化技术开发水平。植物病毒工程研究中心主要开展病毒基因工程、生物活性物质和无病毒种苗的研究与开发等，中心研发的植物病毒快速检测试剂盒和检测试纸在检验检疫、种苗生产和种苗推广等领域将有广阔的市场前景，研发的植物激抗剂（ER）应用在烟草和蔬菜上均取得了良好的防病和增产效果，防治烟草花叶病毒（TMV）的ER系列激抗剂，已在福建省烟草主产区推广，平均防治效果达80%以上。微生物药物工程研究中心开发的环孢素微乳口服液，是新型免疫抑制剂的新剂型，填补了国内空白，临床研究证实微乳化技术使环孢素的生物利用度提高了约30%～50%，同时药物吸收稳定，受到了临床医生和患者的广泛欢迎，并将逐步取代传统的环孢素口服溶液。工程研究中心在科研开发上，取得了一系列新的科技成果，强化了科技与经济的有机结合，推动了产业的技术进步，对开发具有中国自主知识产权的成套技术，加快科技成果转化，促进福建省经济的发展起到了重要的作用。

二是建设福建省集成电路设计中心。福建省集成电路设计中心集EDA公共服务平台、企业孵化器、集成电路设计人才培训基地于一身，利用先进的设备，搭建IC设计公共平台、简单测试平台、技术服务中心，为创业者提供一个全天候的软、硬件环境，集成电路设计企业可以通过专用网络接入设计中心从事芯片开发设计工作，同时提供企业入驻空间，吸引集成电路设计企业入驻中心并提供相应服务。目前，中心已经完成设计和部分人才引进工作，正在紧张建设中，预计 2006 年 6 月可正式投入使用。中心的建成，将促进福建省集成电路的自主发展，提高省内信息产业的核心竞争力。

三是完善创新基地建设。建设国家级及省级高新技术产业园区、福州和厦门软件园、留学人员创业园、省高新技术创业服务中心等技术创新基地。福建留学人员创业园综合楼于 2004 年 9 月已建成投入使用，总投资 5 700 万元，建筑面积 3.1 万平方米，国脉科技、福建省生物农药工程研究中心等 7 家企业已入驻。福建省高新技术创业服务中心孵化基地已建成，总建筑面积 2.7 万平方米，可供 100 多家中小型高科技企业入驻。

（四）高技术产业化示范工程建设进展顺利

为实施项目带动战略，围绕经济结构调整和培育新的经济增长点，在全省产业链中的关键领域重点筛选一些具有较强带动和示范作用的项目作为高技术产业化专项加以重点建设，并积极申报国家高技术产业化示范工程项目。

一是建设省级高技术产业化示范工程。“十五”以来，共有 30 余个省级高技术产业化示范工程投入建设，一部分已经顺利投产并产生了良好的示范带动作用，促进了产业结构调整和优化升级，增强了经济发展后劲。福建闽丰科技种业有限公司优质高产两系杂交稻良种产业化项目经过两年的建设，已建成水稻核不育系繁殖基地 60 亩，两系杂交稻制种基地 2 万亩，形成年产两系杂交稻良种 300 万公斤的能力，为促进全省农业结构调整，实现农业增效、农民增收做出了积极贡献。其他如开放式智能控制交流集成系统、邮政综合网应用系统、网络加密认证系统、雷帕霉素原料药、高效环保型生物有机复合肥、新型饲料添加剂烟酸铬、早钟 6 号枇杷、蜜蜂毒开发及相关产品、黑盾网络安全智能防护体系、宙斯盾网络安全备份管理系统、新药依达拉奉原料药、紫杉醇提纯、高纯度河豚毒素以及利用回收废氢气合成刚玉晶体材料等项目进展顺利。

二是实施国家高技术产业化专项。“十五”期间，全省共承担国家高技术产业化专项、电子商务专项、企业进步与升级等国家专项 27 个，共获得国家补助资金 13 550 万元，项目总投资 14.75 亿元。这些项目的实施对全省的产业技术升级和产业结构调整有着重大的意义，大部分项目进展顺利，有的已经提前验收，在相应的领域产生了深远的影响。例如，福建超大现代种业有限公司承担的“D 型系列优质稻繁育及良种高技术产业化示范工程”项目建立了 D 型系列优质稻繁育基地 1.0 万亩，形成年生产 D 型系列优质稻种子 250 万公斤的能力，示范推广 D 型系列优质稻 250 万亩，增产优质稻 13.75 万吨，建立 D 型优质稻超泰米商品粮生产基地 30 万亩；福建星网锐捷通信有限公司建成一个具有国内先进水平的网络通信软件的实验室，研发的核心软件“锐捷网络操作系统 RGNOS V6.13”、“星网 STARNET 以太网交换机管理软件 V2.0”、“锐捷骨干路由交换机管理软件 V2.2”等在锐捷系列交换机和路由器系列产品当中得以应用，锐捷系列交换机和路由器产品的产业化阶段已经展开，系列产品正良好、平稳地运行在人保财险新疆分公司、山西阳泉教育信息网络中心、辽宁省农业银行、中国人民解放军第一军医大学等教育、金融系统中。2005 年 9 月，星网锐捷公司已率先成为国内唯一一家全线三层交换机通过“IPv6 Ready”认证的网络厂商。

（五）“6·18”平台促进了科技成果转化

省委省政府高度重视科技成果转化工作，每年 6 月 18 日由省发改委牵头组织的中国福建项目成果交易会（简称“6·18”）已经举办了三届，吸引了众多的省内外、境内外科研机构、企业和投资者，成为全省最重要的技术创新与交流平台。项目成果和技术需求在这里找到了理想的结合。一是开展了项目成果征集、汇编工作，先后调研了省内外近 200 个单位，征集到近 15 000 个项目成果，从中初步筛选出 6 000 多个项目编制项目简介，委托咨询机构组织专家评选，形成项目成果汇编（约 3 000 个项目）。二是广泛开展企业技术难题征集工作，征集到 2 000 多个企业技术难题。三是组织编制和印发了《福建省 2005 年“6·18”科技成果转化省级财政专项资金重点扶持领域指南》，按照“指南”所确定的重点领域组织申报“6·18”成果转化项目，着力培育一批高新技术产业化项目，推动产业结构升级和企业技术进步。四是项目成果和技术难题成功对接后，根据企业的项目申报材料进行专家评审，筛选出的项目从省级预算内资金中划拨专项资金进行扶持。

2005 年，第三届“6·18”共推出项目成果 5 150 多项，企业技术需求 958 项，其中院士成果 143 项，境外成果 270 项，重点高校成果 1 288 项，参会人数达 6 万人，吸引了 131 家省外高校科研院所和 13 个国家与地区的机构参加。三届“6·18”共对接项目 7 796 个，总投资 1 171.4 亿元。三年来，省发改委共扶持项目 642 个，安排预算内资金 2.11 亿元，带动社会投资 100 多亿元。

二、主要做法

一是精心编制规划，明确发展重点。按照国家“十五”高技术产业发展专项规划编制部署，结合福建省实际情况，编制了“十五”高技术产业发展规划和其他子项目规划，明确了发展目标和任务，强化了技术创新和体制创新；重点发展电子信息、生物医药和新材料等新兴产业；把专项规划的目标落实到年度计划中去，坚持“有所为、有所不为”，突出重点，逐项抓落实，力争在某些优势领域取得较大突破。

二是建设基础平台，加强自主创新。为突破科技成果向现实生产力转化的技术瓶颈，加快科技成果向产业化转移的进程，根据高技术产业发展的具体情况，在优势领域按照现代企业制度建设10个工程研究中心，加强科技成果工程化开发和系统集成，不断向市场推出经工程化验证的成熟科技成果进行转化。5年来共取得80余项在相应产业领域处于领先地位的研究成果，其中50余项正在推广应用或已完成产业化，产生了良好效果。

三是开展技术研发，提高发展水平。围绕全省产业发展中的关键共性技术，推动企业与高校、科研院所联合研究与开发，每年均从关键产业领域选择一些产业关键技术开发项目，并安排专项资金加以扶持。重点开展新型抗癌光敏剂、一氧化碳高温变换催化剂、巴氏杆菌杀线虫剂、现代中药泽泻厚朴标准提取物、无线局域网系列产品以及基于网络处理器的千兆防火墙产品等50余个产业技术开发项目。这些项目大部分进展顺利并取得了阶段性成果，部分项目实现了重大突破，提高了科技自主创新能力和产业技术发展的整体水平。

四是增加科技投入，促进产业发展。加大财政资金对高技术产业的投入，每年省级预算内资金计划安排一定专项费用用于科技投入，集中财力对重点项目加大扶持力度。“十五”期间，省级预算内资金对科技项目的投入共5.31亿元，其中高技术产业投资1.1亿元，“数字福建”建设投资2.1亿元，“6·18”科技成果转化投资2.11亿元。这些资金的投入，加快了科技创新平台的建设，推进了产业技术开发，培育壮大了新兴产业，有力地促进了高技术产业的发展。

五是规范项目管理，发挥带动效应。为充分落实项目带动战略，发挥高技术产业化示范工程的带动效应，需进一步规范项目管理。搭建高技术产业信息管理系统（www.1.gov.cn），建立企业库、成果库、项目库、人才库及等子系统，通过这个系统采集企业和项目信息，对项目储备库实行滚动管理，使其不断更新换代。加强项目的跟踪管理，采用网上报送和现场调研相结合的方式，对一些存在问题的项目进行实地考察，寻找解决办法，推进项目建设。同时将成功案例汇编成册，向广大企业和有关部门进行宣传，引导企业在高技术产业上增加投入。为了做好项目申报工作，举办了“高技术产业化项目申报和管理培训班”，向有关企业和单位人员讲解省和国家高技术专项的申报要求及编写申报材料的注意事项和要点等，旨在提高申报质量。

三、存在的问题

一是科技投入严重不足。2005年福建全社会R&D投入仅占地区生产总值的0.8%，全国平均水平为1.3%，与其他比较先进的省份相比差距更大。省内的科技风险投资机制尚未形成，企业的科技创新投入缺乏金融支持，大量的科研投入依靠企业自身的力量，难以支撑全省经济的发展。

二是总体自主创新能力较弱，企业自主创新主体地位不明显。福建的高等院校、科研院所和企业自主创新能力与长三角、珠三角的先进省市相比存在较大差距，尤其是企业的自主创新能力更为薄弱。没有把技术引进与消化、吸收和再创新很好地结合起来，产业的创新能力不强，高增加值产业的发展仍然处于装配和加工阶段。全省2 000多家高新技术企业，只有200余家设置了技术开发机构；1 015家大中型工业企业中，有科研机构的仅243家。

三是科技人才总量偏少。2004年全省科技活动人员为7.73万人，其中科学家和工程师5.05万人，参与R&D活动的人员为2.89万人，其中科学家和工程师2.21万人。全省科研院所和高等学校总量本来就偏少，再加上近些年进行科研机构改革，数量又有所减少，2000年到2004年全省从事科技活动的人员年均增长仅3.1%。

四、“十一五”工作重点

根据国家和福建省“十一五”规划的建议，组织编制了《福建省“十一五”高技术产业发展专项规划》、《福建省2005－2007年高技术产业重点领域专项实施规划》、《福建省“十一五”纳米技术发展专项规划》和《2006－2008年福建省医药产业发展行动计划》等，提出“十一五”重点发展信息产品制造业、软件业、信息服务业、生物制造业、生物医药业、纳米及其他新材料、现代农业和海洋开发业等，到2010年高技术产业增加值达到1 000亿元，高技术产品出口交货值年均递增18%，2010年达到2 000亿元，建设10个高技术产业基地，在“十一五”末，R&D占地区生产总值的2%，对外技术依存度力争降至50%以下。根据以上的发展目标，“十一五”期间，在保持现有高技术产业发展优势的前提下，提出以下几个工作重点。

（一）突破产业关键技术瓶颈，提高自主创新能力

自主创新能力的不足是制约高技术产业可持续发展的最大障碍，使经济增长质量受到严重影响，要改变这种局面就必须加强自主创新能力，争取产业关键技术自主知识产权。针对“十一五”期间全省高技术产业重点发展领域、重点行业，继续组织实施一批产业技术开发（攻关）项目，重点攻克产业发展中的关键、共性技术，不断促进产业结构调整和优化升级，突破产业关键技术瓶颈，加快高新技术和先进适用技术向传统产业的渗透和融合。重点发展信息产

业技术、石油化工产业技术、生物及医药产业技术、新材料产业技术、现代农业选育技术、农产品深加工技术、海洋产业开发技术等。

（二）加强创新平台建设，推进高技术产业化进程

在现有基础上，加大支持力度，进一步加强基础条件平台的建设，建立并完善关键产业的中试基础条件建设，深入开展产业技术工程化研究，为推进高技术产业化进程做好充分的技术准备。一是建设纳米材料工程技术、网络通信工程技术、生物毒素技术开发等3个工程技术重点实验室。二是继续推进现代发酵技术、生物农药等2个工程研究中心和福建省集成电路设计中心的建设，同时全面展开福建省纳米技术工程研究中心和外来有害生物防治技术工程研究中心的建设。三是在先进制造和先进环保领域，优选有基础有条件的大中型企业，重点建设若干个企业技术创新中心。

（三）发挥"6·18"平台作用，促进科技成果转化

不断完善"6·18"平台的服务功能，突出扶持重点，促成技术创新项目的对接，加大对重点科技成果转化项目的扶持力度，推动科技成果转化进程。省直各部门要通力合作，及时发布技术创新导向目录，共同办好"6·18"。同时加强项目跟踪管理，提高政府扶持资金效益。鼓励企业进行发明创造，设立小发明、小创造专项，支持生产技术创新。重点扶持新技术、新工艺、新设备、新材料、新产品、先进制造、资源综合利用、节能、节水、环保等10类小发明、小创造项目。

（四）提高信息产业增长质量，增强企业核心竞争力

逐步改变福建省信息产业在国际分工中处于加工装配的下游地位，提高产业增长质量。要遵循产业集聚发展的规律，重点突破信息产业链中的缺失环节，加快发展关键核心元器件的配套能力，完善产业链，促进信息产业集群发展，增强自主发展能力；推动与长三角、珠三角的产业对接，实现优势互补、共同发展；加强闽台信息产业合作，主动承接台湾信息产业转移业务，不断拓展信息产业链。同时坚持对外开放，坚持引进先进信息产业技术，不断加强集成创新、消化吸收再创新能力，增强企业核心竞争力。重点发展计算机及下一代互联网络产品、数字视听产品、移动通信产品、新型电子元器件、集成电路、新型显示器件、光电子产品和应用软件产品等。

（五）加快生物医药产业发展，形成生物产业集群

大力发展医药产业，立足资源优势，逐步形成特色医药产业；集中科研力量，重点突破，鼓励新药研发，培育医药产业龙头企业，发展医药产业集群；调整产品结构，完善医药产业链，增强制药企业竞争力，实现跨越发展。重点发展生物技术育种、农用生物制品、海洋生物药物及其他制品、基因工程药物与生物药物、生物疫苗及诊断试剂等领域；发展道地药材GAP规范化种植、绿色环保食品、生物环保等领域；加快推进生物质产业化进程，利用福建省山地资源种植可再生的植物淀粉和油料作物为原料生产生物柴油、生物乙醇、生物固体燃料和沼气，尽快形成产业规模。

（六）突出纳米材料技术集成，实现新材料跨越发展

推进以纳米材料为代表的新材料产业，依靠现有技术优势，在纳米电子信息材料、纳米能源及环保材料和纳米生物医用材料等技术领域组织实施关键技术开发专项，整合多方资源，培育纳米材料产业，实现20多项成果的产业化及推广应用，培育15家纳米高新技术企业，初步形成2个纳米材料项目组团，促进纳米产业集聚。同时加快发展晶体材料、先进陶瓷材料、稀土材料、半导体照明材料、新型复合建筑材料等，坚持立足本地、突出重点、体现特色的原则，在新材料产业局部领域寻求突破，实现跨越发展。

（七）加强政府引导作用，完善多元化投融资体制

建立有利于增加科技投入的激励机制，进一步完善创业投资环境，多渠道筹措高技术产业发展资金。积极争取金融信贷支持，鼓励商业银行采取改进信贷服务、拓展担保、扩大信贷投入等方式加大对高技术产业的信贷支持。引导和吸纳大中型企业、社会公众、国内外创业投资机构参与创业投资。省级预算内资金必须集中财力办大事，重点扶持具有较强带动和示范作用的关键高技术项目产业化。引导企业加大科技投入，鼓励企业加强研究开发，使企业成为科技创新的主体。

福建省发展和改革委员会高技术产业处

16

“十五”山东省高技术产业发展情况

一、高技术产业基本情况

“十五”期间，山东省委省政府把高技术作为全省经济发展的“三大亮点”之一，进一步解放思想，转变观念，围绕经济结构的战略性调整和经济增长方式的转变，制定出台了一系列重大政策措施，大力培植高技术产业新的增长点，有力推动了全省高技术产业的快速健康持续发展。

（一）取得的主要成绩

1. 高技术产业大幅增长，经济效益明显提高

大力开展自主创新，努力贯彻循环经济和可持续发展的新理念，大力培植具有自主知识产权的高科技成果，着力推进高技术成果产业化，“十五”以来全省高技术产业呈现出加快发展的好势头。2005 年实现产值 1 856.9 亿元，比上年增长 47.8%，比全国平均增速高出 25.1 个百分点，自 2003 年以来平均增幅达到 42%，高技术产值由 2003 年的全国第 8 位上升到 2005 年的第 5 位；销售收入、利润和出口额分别达到 1 800.8 亿元、101.1 亿元和 42.5 亿美元，自 2003 年平均增长分别为 44.6 %、50.4% 和 66.2%。全省共有省级以上高技术企业 2 874 家，比 2000 年增加了 1 674 家。高技术产业对全省产业结构优化和升级的带动作用日益明显。

2. 科技创新能力显著增强，培植出一批高技术成果

“十五”期间，全省继续深化科技体制改革，重点扶持一批创新能力较强的院校和科研机构，到“十五”末，全省拥有省部级以上重点实验室 118 个，省级以上工程技术研究中心 199 个，科研基础条件平台建设进一步加强。大力实施技术创新工程，加强产学研联合，积极推进企业技术中心建设，建立省级以上企业技术中心 309 家，其中国家级技术中心 44 家，居全国首位。科技服务体系蓬勃发展，全省各类技术贸易机构达 1.7 万个。五年来共取得重大科技成果 1.4 万项，获国家级科技成果奖励 95 项；全省国内专利累计申请 8.7 万件，其中发明专利 1.4 万件，累计授权 4.4 万件。开发具有自主知识产权的高新技术产品 900 多项，海信“信芯”和烟台麦得津抗肿瘤新药“恩度”两项成果被评为 2005 年国内十大科技新闻。“十五”期间，累计开发新技术、新产品 3.6 万项，比“九五”增加了 7 000 项，其中达到国际先进水平或填补国内空白的占 15%，投产率达 86%。

3. 初步形成了一批具有区域特色的高技术产业基地

按照“发挥优势，突出重点，扶优扶强”的原则，本着增强高技术产业聚集度和培植有区域特色产业基地的发展

思路，立足资源、技术和人才优势，以电子信息制造业、软件、生物农业、中药现代化、有机高分子材料、太阳能综合利用、海水淡化、先进制造等具有比较优势的领域为重点，加大资源开发和利用力度，进一步延长产业链，推进高技术产业向深层次、高附加值方向拓展。初步形成了禹城功能糖、皇明和力诺太阳能、淄博工程陶瓷、济南软件、青岛海洋药物、胶东半岛先进制造业等一批具有区域特色、核心竞争力强的高技术产业基地。这些产业基地的初步形成有力带动了高技术产业的发展，成为全省高技术产业发展的亮点，为"十一五"期间的继续发展打下了良好基础。

4. 信息产业已成为全省国民经济的支柱产业

信息产业成为高技术产业的主体，2005 年完成产品销售收入 3 167.4 亿元，占全省规模以上工业销售收入的 10.6%。企业规模和实力不断壮大，目前海尔、海信、浪潮、宏安、北洋等 8 家企业进入全国电子信息企业百强行列，中创、浪潮通软等 8 家软件企业进入全国软件百强行列。通过加大科技创新，涌现出海尔高端家电、海信数字视频芯片、浪潮服务器、中创中间件、北洋彩色打印机等一批著名品牌，大大提高了市场竞争力。电信业发展较快，成为全省国民经济信息化的重要基础和支撑。2005 年，全省电信业实现主营业务收入 342.9 亿元，2002 年以来年均增长 16.5 %。全省固定电话、移动电话用户总数分别达到 2 770.4 万户和 2 315.7 万户，分别居全国第 3 和第 4，比 2002 年分别增长了 983.5 万户和 1 203 万户；固定电话、移动电话普及率分别达到 30.2% 和 25.2%。

5. 运用高技术改造传统产业成效明显

针对山东省传统工业比重过大的状况，重点选择了纺织、轻工、建材、化工、机械、冶金等行业，运用高技术改造嫁接传统产业，优化产业结构，提升产业层次，取得了阶段性成效。一是提高了传统产业设计、制造和自动化控制水平。全省已有 90% 以上的机械、服装企业采用了计算机辅助设计（CAD）；80% 以上的化工、建材、造纸、冶金企业中实现了计算机监控；部分骨干企业应用了计算机集成制造（CIMS）。通过信息技术的推广应用，大大缩短了产品开发、设计、制造周期，加快了产品投放市场的进度。二是信息技术的应用显著提高了企业的管理水平。目前，全省绝大部分企业采用了办公自动化系统（OA）；许多企业围绕物料需求、质量管理、人力资源管理、客户资源管理等方面采用了企业整体管理信息系统（MIS）、企业资源计划系统（ERP），大中型骨干企业基本均建立了企业网站。三是围绕数控技术、电子信息技术、洁净煤技术及纺织、造纸、建材、橡塑等重点行业的设备，加强了引进消化吸收再创新。五年来累计完成重大引进技术消化创新项目 260 多项，重大装备国产化项目 40 项，形成了大氮肥国产化、管线钢和板坯连铸、合成树脂等一批技术水平高、附加值大、市场竞争力强的大项目，培植了 MDI、高精细荫罩、清梳联合机等具有自主知识产权的产品。

6. 实施了一批高技术项目，增强了经济发展后劲

"十五"以来，山东省坚持项目带动战略，围绕重点产业、重大科技成果的产业化，实施了若干高技术产业化项目。一是按照国家实施的高技术产业化专项，积极申报争取了 92 个重大项目；二是省里筛选、审批了一批项目；三是广泛招商引资，通过向外商、金融机构推介实施了一批项目。通过这批项目的实施，促进了大批科技成果转化为生产力，培植壮大了一批高技术企业，涌现出一批高技术名牌产品，优化了产业结构，带动了全省高技术产业的快速发展，为高技术产业发展注入了活力。

（二）存在的若干问题

"十五"期间，尽管山东省高技术产业发展较快，对全省经济和社会发展起到了较大的带动作用，与先进省市相比，仍存在一定的差距和若干不容忽视的问题，这些问题的存在制约着山东省高技术产业的更快发展。

一是产业结构不甚合理。电子信息、生物制药、新材料三大高技术产业销售收入仅占全省的 11.6%。在高技术产业产值构成中，电子设备制造业和通信业占 52%，生物和新材料产业仅占 28%，其他占 20%。生物、新材料和新能源所占比例明显偏低，山东省丰富的生物、海洋、新材料和新能源等资源、技术尚未得到充分发挥和利用。二是产业创新能力还不够强。山东省高技术产业的许多关键技术主要依赖引进和模仿，真正具有自主知识产权的高技术成果不多，产业缺乏核心竞争力。全省规模以上企业中仅 4.2% 的企业获得专利授权 3 046 件，其中仅 1.8% 的企业获得发明专利 236 件，企业专利授权量低于全国平均水平。三是高技术产业外向度低。山东省外贸出口主要是资源和劳动力的出口，真正具有自主知识产权、技术含量高的产品为数不多，且规模小、档次低。2005 年，全省高技术产品出口额仅为广东省的 5.1%，江苏省的 8.1%，仅占全省出口总额的 9.2%，远远低于 27% 左右的全国平均水平。四是中介服务机构不发达，投融资体制尚待完善。近几年，山东省虽然相继成立了 3 000 多家科技中介服务机构，但平均资产不到 15 万元，年均服务收入不到 45 万元，管理和服务等方面也都与当前高技术产业的发展不甚适应。高技术产业的投融资机制很不完善，导致多数风险投资机构缺乏投资积极性，真正用于风险性科技成果转化的资金很少，多渠道、社会化的高技术产业投融资体系尚不完备。

二、2006年山东省高技术产业发展环境分析

“十一五”期间，山东高技术产业面临着更大的发展机遇。首先，世界高技术产业蓬勃发展，高技术产业已成为推动经济和社会事业发展的主要力量，世界各发达国家无不把高技术产业作为战略性支柱产业，放在优先发展的位置上。其次，党中央、国务院高度重视高技术产业发展，把增强自主创新，建设创新型国家作为“十一五”期间的重要战略性任务，采取了一系列重大政策措施，高技术产业发展环境进一步优化。再次，省委省政府把加快发展高技术产业摆在更加突出的位置上，把高技术继续作为全省经济工作的三大亮点之一，将进一步加大科技投入，促进高技术产业更快更好地发展。最后，山东省“十一五”高技术产业发展的总体思路和战略目标已经确定。正确把握2006年的经济发展趋势、理清思路、抓好重点，对指导高技术产业快速健康持续发展，为“十一五”起好步、开好局至关重要。综合分析2006年面临的国际国内形势，高技术产业在面临良好的发展机遇的同时也存在着一些不利条件。

（一）有利条件

从国际上看，经济全球化趋势越来越明显，世界高技术产业正进入快速发展期，且转移步伐加快。电子信息产业：由于互联、融合、无线、宽带、数字化等新技术的广泛应用，将迎来高速发展时期，并引导高技术产业持续快速增长。信息产业：山东省信息产业经过几年的快速发展，具备了一定基础，积蓄了发展的后劲，在国际环境的影响下，将继续保持快速发展的势头。生物产业：世界范围内生物技术在经过长期研究开发积累后，已有一大批技术成果，并开始进入大规模产业化阶段，尤其是功能基因组学、蛋白质组学、干细胞、生物信息学等技术的不断突破，为生物产业的发展起到了助推器的作用。未来国际上一大批生物技术成果将向中国、山东省转移并实现产业化，以带动山东省生物产业的快速发展。新能源：随着国际上清洁能源、核能源、氢能源、可再生能源以及节能等高技术的发展，新能源发展将逐步使人类减少对煤炭、石油的依赖，并将成为全球经济发展的重要产业。中国对新能源产业的发展高度重视，制定了一系列政策措施，将继续吸引国际上的先进技术向中国转移。山东省经济发展较快，人力资源丰富，市场广阔，且毗邻日本、韩国，具有承接世界高技术产业的转移的良好条件。

从国内形势看，一是党的十六届五中全会确立了加强自主创新战略，为提高自主创新能力，坚持原始创新、集成创新、引进消化吸收创新的方略，国家将制定一系列鼓励技术创新举措，加大对科技创新的投入，搭建技术创新平台，将为山东省自主创新创造良好的环境。二是国家高度重视生物产业的发展，将制定扶持生物产业快速发展的政策措施，可以预见，生物产业将面临着重大发展机遇。三是省委、省政府提出了建立节约型社会、继续加大结构调整力度、促进经济增长方式转变的战略目标，对高技术产业提出了更高的要求，也为其发展拓宽了空间。四是高技术产品市场需求进一步扩大。随着经济的发展，收入的提高，购买力的增强，人们对高技术产品的需求越来越大，特别是对高端数字电视、智能环保家电、生物保健食品的需求将大幅度增长。

（二）不利条件

结合国际发展趋势和山东省高技术产业的实际，仍存在着一些不利因素。一是国际约束力进一步增强。随着中国入世过渡期的结束，发达国家在知识产权、技术标准、技术壁垒、反倾销等方面对山东省高技术产业发展的约束进一步增强；同时，随着国内市场国际化的趋势加快，跨国公司纷纷进入中国，将在中国形成从研发、生产到流通的相对独立的体系，这将对山东省高技术产业产生重大影响。二是国内竞争压力加大，竞争日趋激烈。国内发达省市高技术产业的发展速度越来越快，产业竞争力越来越强，尤其是珠江三角洲、长江三角洲以及京津地区的高技术产业已经具有较高的聚集度，在吸引全球产业转移方面形成了较大优势，而山东省高技术产业普遍存在着规模较小、技术含量较低、产业聚集度不够高等问题，其发展将面临巨大压力和新的挑战。三是山东省高技术自主创新能力还不够强，这也将会制约高技术产业的快速健康发展。

三、高技术产业发展的思路和重点

2006年，山东省高技术产业的指导思想是：继续按照“以信息化带动工业化，走新型工业化道路”的方针，坚持科学发展观，统筹高技术产业发展，以转变经济增长方式为重点，以自主创新为着力点，大力提升产业技术创新能力，继续加大用高技术改造传统产业的力度，培植一批具有自主知识产权的高技术成果，培植一批高技术名牌产品和骨干企业，培植一批具有区域特色的高技术产业基地，继续推动高技术产业规模膨胀，提升质量和效益，提高产业核心竞争力。

（一）信息产业

围绕推进信息技术在国民经济和社会各领域的广泛应用，以电子信息产品制造业、软件业为重点，进一步提高信

息技术的应用水平，加大信息技术改造传统产业的力度，促进产业结构优化升级，加快推进山东省国民经济和社会信息化进程。

1. 电子信息产品制造业

瞄准国际、国内电子信息产品制造业发展趋势，抓住全球电子信息制造业向中国转移的有利时机，加大招商引资力度，以高性能家电、高速宽带网络与通信产品、高性能计算机及外围设备、新型元器件等领域为重点，以优势产品和骨干企业为依托，按照“大项目—产业链—产业基地”的发展模式，积极培育光电子、数字电视、太阳能电池、新型显示器件、汽车电子、医疗电子等六大新兴产业，逐步形成配套完善、区域特色明显的产业聚集区，加快电子信息产业基地的形成。

高性能家电：充分利用海信集团具有自主知识产权的数字视频芯片成果，开发生产高清晰度数字电视机、投影电视和彩色等离子（PDP）电视等各类高档彩电，提高全省高端电视机的比重，不断满足市场需求。同时，要按照绿色环保节能的要求，大力开发生产新一代冰箱、空调、多媒体一体机、数字音响等产品及关键零部件，提高质量，提高高端家电的市场占有率。

高性能计算机及外围设备：跟踪国际计算机行业发展的新趋势，不断调整计算机产业结构，提升计算机档次。围绕不同领域、不同层次的需要，以浪潮、海信、海尔等企业为重点，大力发展高性能服务器、多媒体计算机、便携式计算机、工业控制计算机、军用及特殊行业专用计算机等各类高性能、多功能、多用途计算机产品，同时加大打印机、扫描仪、键盘等外围设备的开发生产力度，进一步拉长产业链，完善计算机行业生产体系，逐步形成国内计算机及外围设备生产基地。

新型元器件：山东省新型电子元器件行业具有一定技术和资源基础，发展前景较好。要着眼于整机装备水平的提高，积极开发生产各类新型元器件，重点发展表面贴装（SMT）元器件、多层 PCB 板、光电子及新型平板显示器件、高分辨率彩色显像管/显示管及高清晰度数字电视荫罩、各种新型传感器和敏感器件、线宽≤0.35 微米以下大规模集成电路、新型电力电子器件、高亮度及超高亮度半导体发光器件、汽车、船舶等电子配套产品，逐步形成小品种、大规模、专业化的生产体系，加快光电子、新型显示器件、晶圆加工三个新兴行业的发展。

2. 软件

山东省软件产业已具有一定规模和水平，但点多量小，难以形成规模优势。应加快软件企业的资源整合，尽快形成一批研发、生产和系统集成的骨干企业，形成规模效应和聚集效应。支持软件企业开拓国际市场，扩大软件外包业务，培育软件产业出口基地。支持齐鲁软件园进一步完善服务功能，发挥人才、资金、技术的聚集效应，使之成为软件企业的研发平台和产业密集区。争取中创公司建设中间件国家工程研究中心，逐步将其培植成为国家级中间件产业研发基地。青岛、威海、烟台软件园区要进一步完善基础设施建设，优化发展环境，吸引更多的技术、资金和人才，形成规模，提高层次。

3. 进一步提升信息技术的应用水平

山东省信息技术的应用取得了阶段性成效，但与省内经济和社会的发展还不相适应，应用的范围还不够广泛，水平还不高。应继续加大信息技术在农业、传统工业和服务业的推广应用，加快信息化带动工业化的步伐。

为加快社会主义新农村建设，必须突出农业生产、农产品流通、农村管理和农村社会服务信息化四个重点。一方面继续加强农业信息基础设施建设，提高已建成的农村党员干部远程教育网络平台的利用效率，整合已有的各类信息网络，扩大覆盖面，提高运行质量；另一方面，积极利用农业信息资源，逐步完善农业宏观决策、资源环境、防灾减灾等信息系统，尽快提高农业信息化水平，推动农村经济发展。

针对山东省传统工业中存在的若干问题，继续以机械、化工、冶金、建材、轻工食品、纺织、造船等七大产业为重点，通过推进骨干企业 ERP（企业资源计划管理系统）、CRM（客户关系管理系统）和 SCM（工艺链管理系统）的应用，尽快建立完善以网络为基础，供应、生产、管理和营销四位一体的企业管理信息系统，以提高传统工业的现代设计、制造、生产和管理水平。

以金融、商贸、旅游、物流、传媒等服务行业为重点，加快增值信息源的建设，充分利用固定电话网、公用通信网、有线电视网发展增值服务，并积极运用经济和行政手段，积极配合国家加强对网络资源的调控和整合，形成总体优势，提高综合服务功能，推动服务业向方便、快捷、安全、高效方向发展。

（二）生物产业

“十一五”期间，国家将实施生物经济强国战略，专门制定扶持生物产业发展的政策措施。因此，中国生物产业正面临着重大的发展机遇。山东省生物资源丰富，拥有一批生物技术研发的高层次人才和企业，具备了加快发展的良好条件。要以农业、医药、轻工与食品、海洋生物等领域为重点，加大技术创新力度，加快开发一批具有自主知识产权的重大高技术成果，并尽快实现产业化，培育一批骨干企业和名牌产品，尽快壮大生物产业规模，发展生物经济，使生物产业逐步成为山东省国民经济新的增长点和支柱产业。

生物农业：大力提高农副产品加工的深度和精度，延长农业产业链，提高农产品加工档次，提高农副产品附加值，增加农民收入。重点支持基因工程、细胞工程等生物高技术在动植物品种选育领域的推广应用，加快推进一批农业产业化的实施，尽快建成投产，发挥效益。同时，加大研发力度，尽快开发一批优质棉花、高产优质玉米、专用优质小麦、优质牛、羊、猪胚胎工程等高技术成果，增强农业发展后劲。

生物医药：以基因工程为核心，加快一批生物工程药物、疫苗的开发和产业化，为预防治疗心脑血管、肿瘤、禽流感、非典等重大疾病和疫情提供高效安全的新型药物。一要积极培育一批高端基因工程新药。重点开发新型干扰素、重组链激酶、海带转基因乙肝疫苗等一批新型基因工程药物，尽快突破技术难点，形成成熟技术，增强生物医药产业发展后劲，同时，加快建设重组人血管内皮抑制素、血小板生成素衍生物、系列基因检测芯片等一批国家一类生物新药产业化项目。二要积极培育一批化学药和原料药新品种。尽快实施枸橼酸莫沙比利、克拉维酸钾、透明酯酸、糖胺聚糖等重大产业化项目，提高山东省在西药市场的占有率。三要继续推进中药现代化进程。按照中药种植 GAP、生产过程 GMP、销售过程 GSP 的总要求，大力发展中药材标准化种植，积极推进淄博、临沂等原产地建设丹参、桔梗、金银花等道地药材的标准化种植基地；积极推进超微粉碎、连续动态提取、干法制粒等先进技术工艺在中药生产企业的应用，尽快实现标准化生产；重点推进电子商务在中药销售领域的应用，尽快完善标准化销售体系建设，培育建设一批大型骨干中成药、中药材批发企业和市场。

生物制造：坚持“三个‘以’”的发展方针，即以提高农副产品深加工和农业废弃物综合利用为重点，加快现代发酵工艺的推广应用，努力实现绿色清洁高效生产，提高产品质量和效率，改善生态环境；以畜产品、海产品和果蔬深加工为重点，开发生产一批功能性、保健性、绿色环保性食品，满足市场需求，提高生活质量；以玉米及其废废物为原料的多功能产品开发为重点，积极开发木寡糖、木糖醇、低聚异麦芽糖、聚乳酸、赤藓糖醇等产品，进一步做大做强禹城功能糖生物产业基地。

生物能源：根据山东省生物质资源特点和技术状况，积极推动燃料乙醇、生物柴油、生物质成型燃料、工业化沼气等在内的生物能源产品的产业化。主要包括以甜高粱、木薯、秸秆等为原料生产的燃料乙醇，以棉籽、油菜籽、废弃油及其他木本油料植物为原料生产的生物柴油，以秸秆、农林业废弃物为原料压缩成型生产的生物质成型燃料，以及利用有机废弃物开展大型工业化沼气生产和利用等。同时，要重视生物质原料的高效生产。重点支持盐碱地、山坡地、沙荒地等边际性土地高产作物、植物的繁育和种植，同时加快基因工程高产淀粉质、纤维质、油料作物等新品种的产业化，促进生物质能源产业的发展。

生物材料：抓紧开展以生物质为原料生产、可生物降解高分子材料和替代石油基产品的基础化工材料的产业化。主要包括可生物降解的生物质塑料、淀粉与可生物降解高分子材料共混的高分子材料单体及聚合物，生物合成高分子材料，新型炭质吸附材料等。

（三）新材料产业

新材料产业要重点围绕电子、机械、化工、冶金、国防等行业发展的需求，加大对工程陶瓷、有机高分子、电子新材料等重点领域的扶持力度，开发一批具有自主知识产权的高技术成果，尽快实现产业化，加快新材料产业发展。

工程陶瓷材料：山东省陶瓷原料资源丰富，具有加快发展的良好基础。着眼于培育工程陶瓷新材料产业基地，以淄博、临沂为重点，依托山东硅酸盐研究院等科研机构，加大对氧化铝、氧化硅、碳化硅、氮化硅等特种陶瓷材料的研发力度，开发一批高技术成果，加快产业化进程，以尽快形成规模生产能力，提升产品档次，培植产业密集区，为航空航天、机械、电子信息等行业配套服务。

有机高分子及复合材料：针对国民经济各行业的新需求，进一步加大原材料产业的结构调整力度，提升层次，优化结构。一是加快碳素原丝及制品、高性能聚酰亚胺薄膜、壳聚糖絮凝剂等一批高技术成果的产业化，尽快形成生产能力并投放市场。二是大力推进东岳集团全氟磺酸树脂及离子膜产业化项目的前期工作，积极协调解决该项目开工建设的重大问题，力争尽快开工建设，以带动中国氯碱、燃料电池等产业的快速发展。

电子新材料：山东省电子材料中，集成电路用金丝、高档电解铜箔、覆铜板、钕铁硼磁性材料、新型电池材料、人工晶体材料在国内具有一定优势，具有较大的发展潜力。以计算机、家电、手机、传真机、打印机、光电子和电力电子等六大产品的配套为重点，大力培植显示器材料、电路材料、光电材料、硅材料、磁性材料、晶体材料、新型电池材料、纳米材料等八大类电子材料，拓展服务领域，提升产品档次，加快形成具有区域特色的电子新材料基地。

（四）新能源与节能产业

能源是关系国计民生的战略性资源，大力发展新能源，是实现经济和社会可持续发展的战略性举措。山东省新能源必须坚持开源与节流并举的发展方针，以新型能源、替代和可再生能源为重点，优化能源结构，提高利用效率，促进资源、经济与环境相互协调发展，逐步实现可持续发展目标。重点围绕开发利用太阳能、核能、风能、地热等新型能源，逐步提高新能源在的比重，发挥其在国民经济发展中的重要作用。太阳能：选择重点企业，继续做大做强太阳能热水器的生产规模和技术水平，形成规模优势；同时，加大对太阳能光伏发电、太阳能电池等关键技术的开发，尽快实现产业化，逐步把山东省建成太阳能综合利用基地。核能：积极做好荣成200兆瓦高温气冷堆核能发电产业化项目的前期工作，力争尽早得到国家批复，尽快开工建设。煤炭综合利用：积极利用高技术提高煤炭加工精度，重点支持新汶、兖矿、久泰等企业实施煤炭地下气化、煤变油、煤制二甲醚等产业化项目，提高煤炭综合利用效益。

节能产业：按照建立资源节约型、环境友好型社会的要求，大力发展节能产业。围绕节能、节材、资源综合利用、环境保护等重点领域，加快高技术的研制和开发，形成更多的具有自主知识产权的高技术成果，带动节能产业的快速发展。一要大力开发生产高效节能环保设备，提高资源利用效率，减少环境污染。二要大幅度的提高废弃资源再利用水平，提高能源和材料的综合效率，重点抓好农作物废弃物再利用、垃圾处理、工业废弃物的综合利用等。三要尽快制定高耗能、高耗材、高耗水、高污染行业的消耗标准，限制和淘汰落后设备和工艺的应用。

（五）海洋资源的开发和利用

充分发挥山东省海洋资源优势和科技优势，大力运用高技术开发海洋资源，努力发展海洋经济。一是发展海洋生物。积极推广生物高技术，提高珍贵稀有海产品的质量，积极推广工厂化无公害生产养殖模式，提高海产品的产量和品质；同时，加大技术创新力度，开发海洋新型药物和功能性食品。二是开发海水资源。积极运用反渗透、核能等高技术，在沿海建设一批海水淡化重点项目，缓解沿海地区水资源短缺的状况。三是大力发展海洋化工。积极推广制盐和盐化工新工艺，提高卤水资源的综合开发水平，重点发展钙盐、镁盐、钾盐、溴及溴系列产品。同时，充分发挥青岛海洋科技优势，加大海洋特别是外海矿产的勘探，努力抢占公海共享资源。四是加强海洋科技平台建设。继续抓好国家海洋科学研究中心的组建，积极争取青岛国家海洋科学考察船和深海机器人国家重大科学工程项目，尽快把青岛建成中国海洋科技创新的平台。

（六）先进装备制造业

按照省委省政府确定的建设山东半岛先进制造业基地的总体要求，围绕经济结构调整和可持续发展对装备制造业的需求，坚持技术创新和引进消化吸收再创新并重的原则，选择行业急需、具有前瞻性、带动性和系统性的关键共性技术，以济南一机床、二机床、丛林集团、威海华东数控机床公司、冠州集团、山东工程机械集团等大型骨干企业为依托，以大型成套设备开发生产为重点，尽快突破一批制约先进设备制造业的技术瓶颈，提高山东省先进装备制造业的水平和能力，加快胶东半岛先进制造业基地建设进程。一是围绕能源、交通、冶金、石化、电力等领域的重大工程，抓紧研制一批重大技术装备，提高自动化、国产化程度，替代进口，满足重大工程需求。二是围绕传统产业的改造，加快开发生产数控机床及系统、大型环保设备、电子信息设备和工程机械等一批行业急需的关键重大设备，提升传统产业的装备水平。三要大力生产新型仪器仪表和自动化系统，重点开发新一代主控系统、智能仪表、新型科学仪器和新型计量检测仪器等产品，提高相关产业自动化、智能化水平。

四、主要政策措施

（一）进一步整合科技资源，完善科技体系

认真贯彻落实国家、省里关于中长期科学和技术发展规则纲要的精神，着眼于提高重大关键共性技术的创新能力，按照“分类改革”的原则，抓紧整合优化各类科技资源，完善科技体系，激活科技机制，培植一批重点科研院所。一要重组一批研究方向相近的科研院所，集中人财物力，充实壮大一批科研院所。二要充分发挥高等院校和科研机构在技术创新中的不同作用，加强集成和整合，建设一批高水平的、面向产业技术开发的开发基地。三要尽快把应用性研究机构推向市场，运用市场机制，激发创新活力，尽快完善山东省科技创新体系，提高研发能力。

（二）继续加强技术创新能力建设

加快高技术产业发展，必须紧紧依靠技术创新，培育更多的具有自主知识产权的高技术成果。围绕加强自主创新能力建设，一是针对山东省国民经济重点行业的技术瓶颈，选择一批大型骨干企业，联合大专院校和科研机构，组建一批省级工程研究中心，加大扶持力度，使之成为重大关键技术开发的重要平台；突破一批关键产业技术，并加大对引进技术的消化吸收再创新，为高技术产业发展提供一批具有自主知识产权的高技术成果。二是加强企业技术创新能力建设，以企业为载体，加强产学研结合，组建一批企业技术开发中心，并选择一批技术创新较强的省级企业技术中心，积极申报国家级企业技术中心，尽快提高企业的技术创新能力。

（三）努力拓宽融资渠道

加快高技术产业的发展，必须多方位、多渠道筹措各类资金，逐步形成以政府投入为引导、以企业投入为主体、

以金融和风险投资为支撑、以境外投资为补充的多元化投融资体系。各级各部门要按照国家产业政策，选择一批技术含量高、市场前景广、带动性强的高技术项目。一要积极争取国家资金的扶持；二要积极争取银行等各类金融机构的支持；三要争取社会资金的支持；四要大力招商引资，采取“走出去，请进来”的办法，吸引外资投入。

（四）抓好高技术产业基地建设

根据国家加大高技术产业聚集度、建设特色产业基地的要求，结合山东省实际，按照“围绕基地选项目，抓好项目促基地”的发展思路，重点抓好功能糖、工程陶瓷、海洋高技术、太阳能综合利用、山东半岛先进制造业以及海水淡化等一批具有特色的产业密集区建设，进一步延长产业链，增加产业聚集度，强化特色产业，加快形成具有区域特色、核心竞争力强的高技术产业基地。

（五）积极实施大项目带动战略

发展高技术产业，必须实施一批技术含量高、市场前景广、带动性强的重大项目。一是继续围绕国家设立的各类专项，认真筛选、上报一批国家重大项目，争取国家支持。二是积极探索设立省级高技术产业化专项，为加快高技术成果转化和提高技术创新能，省里专门安排资金，选择重点行业、重点项目，按照国家项目管理要求，重点扶持一批高技术产业化项目。三是按照国家产业政策，认真筛选一批技术含量高、市场前景广、示范带动性强的高技术项目，向国内外投资机构发布和推介，力争使更多的高技术项目顺利建成投产，带动全省高技术产业发展。

山东省发展和改革委员会高技术产业处

17

“十五”广东省高技术产业发展情况

“十五”期间，广东省认真贯彻落实中央和省关于提高自主创新能力以及发展高技术产业的战略部署，高技术产业继续保持快速发展的势头，自主创新工作进一步加强，技术创新体系逐步完善，对全省经济和社会发展起到了积极的拉动作用。

一、高技术产业发展基本情况

（一）高技术产业快速发展，规模效应日益显著

高技术产业各项规模指标均居国内首位，拉动作用日益明显。2005 年，全省规模以上高技术产业产值为 10 541.42 亿元（不含软件业），比 2000 年增长 284.3%，年均增长 30.9%；占工业总产值的比重从 2000 年的 22.0% 提高到 2005 年的 29.8%，提高了 7.8 个百分点。高技术产业增加值从 2000 年的 688.31 亿元增长到 2 025.55 亿元，年均增长 29.5%，占生产总值的比重从 7.12% 提高到 9.33%，提高了 2.21 个百分分，对生产总值增长的贡献率为 11.1%，拉动生产总值增长 1.44 个百分点。高技术产业对经济发展的拉动作用日益显著。广州、深圳、东莞、惠州、佛山等地形成了较大规模的高技术产业集群。

表 1　“十五”期间广东省高技术产业发展主要规模指标

指标 \ 年份	2000	2001	2002	2003	2004	2005
高技术产业产值/亿元	2 743.31	3 452.20	4 625.56	6 611.18	8 196.29	10 541.42
占工业总产值的比重/%	22.0	24.6	28.2	30.7	30.7	29.8
高技术产业增加值/亿元	688.31	757.36	1 015.58	1 560.68	1 688.54	2 025.55
高新技术产品出口额/亿美元	172.1	222.0	309.7	481.7	664.6	835.8
占全省出口总额的比重/%	18.7	23.4	26.1	31.5	34.7	35.1

高新技术产品出口高速增长，出口规模居全国首位。2005 年，全省高新技术产品出口额为 835.8 亿美元，占全国总量的 38.3%，比 2000 年增长 385.6%，年均增长 37.2%，出口规模稳居国内首位。

高技术企业规模和实力不断增强，民营科技企业快速成长。截至 2005 年底，全省累计认定省级高技术企业 3 899 家，是 2001 年的 2.77 倍。其中，年产值超 100 亿元的企业有 14 家以上，超 10 亿元以上的 150 多家，超亿元的 680 多家。民营科技企业迅猛发展。全省累计认定民营科技企业达 7 316 家，从业人员达 87 万人。其中，年技工贸总收入超

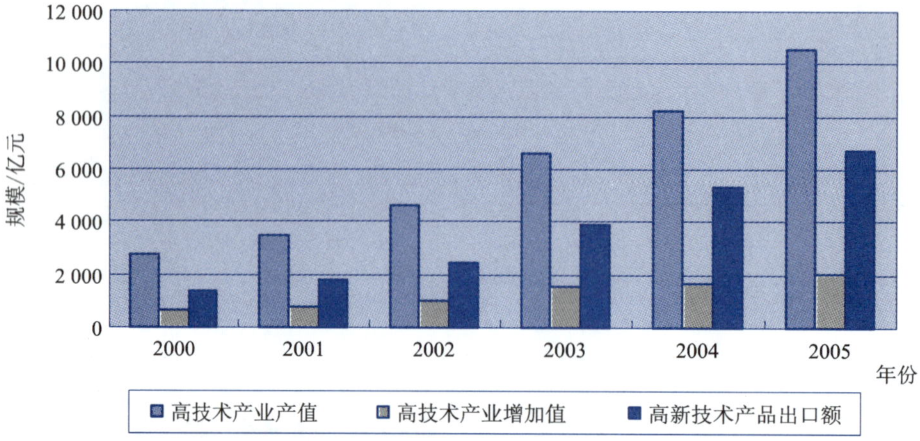

图1　广东省高技术产业发展基本情况

注：高新技术产品出口额按1∶8.04换算成人民币

亿元的企业有530家，超千万元的有2 240家。民营科技企业日益成为高技术产业的生力军。图2反映了广东省民营科技企业技工贸收入快速增长情况。

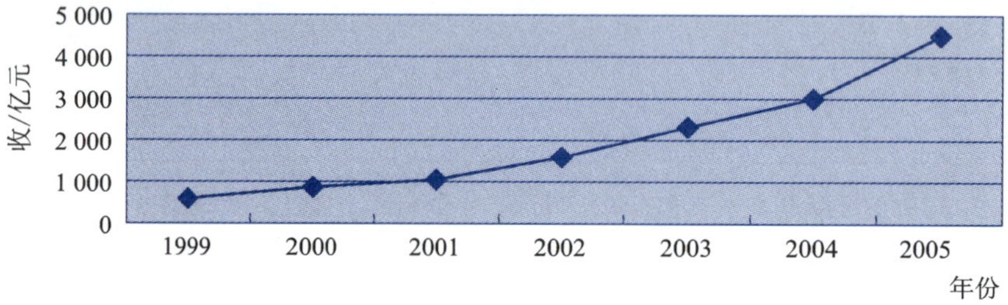

图2　广东省民营科技企业技工贸收入

（二）技术创新体系初步形成，企业成为创新主体

2005年，广东省率先在全国召开了提高自主创新能力工作会议，全面部署自主创新工作，研究出台了《中共广东省委省政府关于提高自主创新能力提升产业竞争力的决定》。明确了提高自主创新能力的总体思路和发展目标，是今后一段时期全省自主创新工作的指导性文件；并由省发展改革委和科技厅牵头编制了《广东省产业技术自主创新“十一五”专项规划》，在技术和操作层面上保证全省自主创新工作的顺利开展。

以企业为主体的技术创新体系初步形成。截至2005年底，全省累计建立了159个产业集群技术创新平台，在企业建立了227家省级工程中心、107家省级企业技术中心、13家国家工程（研究）中心和22家国家企业技术中心，在高等院校和科研机构建立了95家省级重点实验室、5家国家重点实验室，并率先在全国建设了14个省级公共实验室。科技体制改革继续深化，认定了第一批26家非赢利性科研机构。已建立了Linux、集成电路设计、生物医药等科技创新和技术支撑平台，初步形成了多层次、宽领域的技术创新体系。目前全省近七成的科技开发机构设在企业，近八成的科技人员在企业工作，近九成的科技经费投入来自企业，七成以上的高技术产品由企业研发，企业日益成为技术创新的主体。科技中介服务体系不断完善，在全省范围内成立了6 800多家各类科技服务机构。

关键领域重点突破联合攻关取得较大成效。全省从2002年开始组织实施关键领域重点突破联合攻关，对重大关键、共性技术攻关项目面向社会公开招标；2004年开始实行粤港联合招标。政府出资额度从2002年的6 000万元增加到2005年的5.2亿元，4年间累计投入11.3亿元，其中港方投入4.3亿元。在信息与通信、新型发光和显示器件、集成电路设计与应用、生物技术与医药、农产品深加工与食品安全等领域关键技术进行联合攻关，目前已取得了明显的成效。关键领域重点突破联合攻关的实施，有效带动了社会资金投向重点领域关键技术，将突破一批关键技术，拥有一批具有自主知识产权的关键技术，增强自主创新能力，提升高技术产业的国际竞争力。

（三）科技实力不断增强，产业技术水平稳步提高

科技投入不断加大，科技实力不断增强。2005年，全省科技活动经费支出总额为462.35亿元，比2000年增长了115.4%。全省研究与发展经费支出由2000年的107.1亿元增长到2004年的215.19亿元，增长了100.7%，预计2005年将达250亿元。各项指标在国内的排名不断上升，科技竞争力和区域创新能力自2002年开始连续三年居国内第三位。科技进步贡献率稳步提高，2005年科技进步贡献率为49%，比2000年提高了5.1个百分点。产业技术水平不断提高，

技术自给率从2002年的38.86%提高到2003年的41.47%。

知识产权工作成效显著，初步出现具有自主知识产权的核心技术。2005年，全省专利申请量为72 220件，专利授权量为36 894件，分别是2000年的3.42和2.34倍，均已连续11年居全国首位。其中发明专利申请量为12 887件，授权量为1 876件，分别是2000年的7.3和7.2倍。发明专利申请量20年来首次超过北京，位居全国第一。发明专利申请量占专利申请总量的比重从2000年的8.33%增长到2005年的17.8%。

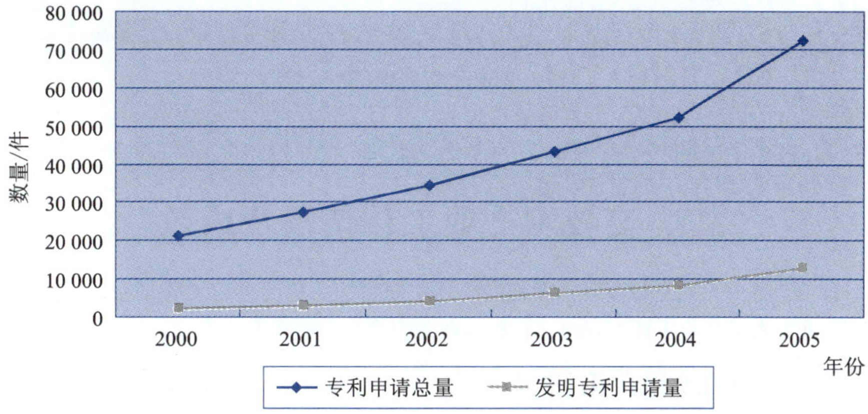

图3 "十五"期间广东省专利申请与发明专利申请情况

2005年，全省企业专利申请量23 999件，总量居全国第一；企业发明专利申请量8 677件，占全省发明专利总量的67.3%，远高于全国43%的平均水平。现已初步拥有具有自主知识产权的核心技术，如广晟数码的数字音频编解码技术，朗科公司的闪存盘核心专利技术，深圳创维公司的数字引擎技术和音响技术、六基色技术等专利技术。

表2 "十五"期间广东省专利申请情况

申请情况 \ 年份	2000	2001	2002	2003	2004	2005
申请量总计	21 123	27 596	34 339	43 186	52 201	72 220
发明专利申请	1 760	2 549	3 806	6 181	8 093	12 887
实用新型申请	6 033	8 144	9 972	12 985	14 682	18 951
外观设计申请	13 330	16 903	20 561	24 020	29 426	40 382
授权量总计	15 799	18 259	22 760	29 235	31 446	36 894
发明专利授权	261	301	351	953	1 941	1 876
实用新型授权	4 797	5 246	6 396	7 921	9 307	11 107
外观设计授权	10 741	12 712	16 013	20 361	20 198	24 001

（四）产业主导地位优势明显，区域协调发展呈现良好势头

按照高技术产品产值的统计口径，近年来，全省电子信息、先进制造、新材料和生物技术等四大高技术产业主导地位优势明显，占高技术产品产值的比重达95%左右。如2004年广东电子信息、先进制造、新材料和生物技术等产业的产品产值分别占全省高技术产品产值的61%、16.7%、12.7%和4.3%。电子信息产业主导优势尤其明显。2005年，全省电子信息产品出口额为1 144.51亿美元，成为全国首个突破千亿美元大关的省份，占全国的比重为42%。电子信息制造业产值连续14年居全国首位，其中消费类电子产品制造能力最强。

同时，软件产业稳步发展。2005年，广东软件及系统集成收入为429.32亿元，比2001年增长了近两倍。16家软件企业成为国家规划布局内重点软件企业。现有规模以上软件企业数为1004家，企业从业人员7.09万人。全省90%以上的软件企业集中在广州、深圳和珠海等市，软件产业进一步集聚，已成为我省电子信息产业新的经济增长点。

区域协调发展呈现良好势头。"十五"期间，珠江三角洲地区仍是高技术产业的主要地区，产值占全省的比例稳定在96%以上。珠江三角洲已发展成为规模庞大、配套齐全、在国际上有较大影响的高技术产品制造基地和出口基地。虽然东西两翼和北部山区的产值占全省的比例在此期间没有得到明显提高，但发展势头较为迅猛。如2004年东翼的产值增长速度比珠江三角洲高出13.8个百分点，2005年高出4.8个百分点。

虽然广东省高技术产业取得了较大的进展，但仍存在着不少薄弱环节。

一是自主创新能力较弱、核心技术缺乏，产业竞争力不强。在电子信息产业中表现较为突出，集中表现为软件、集成电路、新型元器件等核心产业竞争力不强，大量核心芯片依赖进口。高技术产业增加值率从2000年的25.1%到

2005年的19.2%，下降了5.9个百分点，2005年全省增加值率比重比全国平均水平低3.6个百分点；高新技术产品出口以加工贸易为主，产业竞争力不强。

二是生物技术、新能源、环保与资源综合利用等新兴产业发展速度较为缓慢，未能有效改善产业结构。2005年，生物、生化制品制造领域产业产值仅比上年增长5.7%，新产品产值比去年同期减少57.4%，发展速度较为缓慢。

三是高技术产业地区发展很不平衡。高技术产业主要集中在珠江三角洲地区，东西两翼和山区高技术产业基础仍较薄弱，其中，西翼高技术产业产值仅占全省的0.1%。

四是外向型经济依然明显，内源性成分较弱。外商及港澳台商投资企业高技术产业产值占全省产值的83.2%；国有及国有控股企业高技术产业产值同比下降9.2%，仅占全省产值的14.4%。

五是知识产权和标准工作仍有待加强。全省高技术企业拥有自主知识产权的数量和质量与国外企业相比差距较大，拥有外国专利数量甚少，大部分企业的知识产权工作水平仍然不高，应对国际技术壁垒的能力不强。

二、高技术产业工作情况及成效

按照“一个中心，三管齐下”的总体要求，即把提高自主创新能力作为全部工作的中心，在重大问题研究、高技术产业发展项目计划、重大战略产业培育等方面三管齐下，全力推动全省高技术产业发展。

（一）认真开展重大问题和政策研究

1. 研究重大问题、完善发展思路，完善产业发展环境

积极开展创业投资、传统产业技术改造、长三角与珠三角创新体系比较、Linux软件、重要发展机遇期、高技术产业发展以及数字家庭产业等重大问题研究，不断探索新的发展思路。在重大问题调查研究的基础上，制定并印发《广东省促进创业投资发展暂行规定》、《广东省Linux软件推进计划》、《广东省高技术产业化项目管理暂行办法等》，不断完善省内高技术产业发展环境。

2. 编制发展规划，加强对产业的宏观指导

牵头编制了《广东省高新技术产业“十五”计划》、《珠江三角洲生物技术与医药产业发展规划》，修订了《广东省国民经济与社会信息化“十五”计划》和《广东省优先发展的高技术产业化重点领域指南》。牵头编制了《广东省高技术产业发展“十一五”规划》以及《广东省产业技术自主创新“十一五”专项规划》。这些规划的编制为全省高技术产业及自主创新工作提供了有效指导，有利于完善省内高技术产业的区域布局和协调发展，对产业持续快速发展具有良好的宏观导向作用。

（二）实施高技术产业发展项目计划

1. 积极组织实施国家高技术产业发展项目计划

自国家组织实施高技术产业发展项目计划以来，省发改委从三方面着手积极组织项目申报，争取国家资金和政策支持。一是积极申报国家高技术产业化项目，发挥项目对产业发展的重要带动作用。二是积极争取国家工程研究中心在省内建立，构建提高自主创新能力和成果转化水平的重要平台。目前已有南海海洋生物技术、中药提取分离过程现代化等6家国家工程研究中心，占全国99家国家工程研究中心总数的6%。三是积极争取在优势产业聚集区建立国家高技术产业基地。在具有明显电子信息和生物产业特色的技术、人才密集区建设产业基地，努力建好广州、珠海国家软件产业基地以及广州国家生物产业基地，加快形成高技术产业的群体优势，带动区域经济的快速和均衡发展。

“十五”期间，共争取61个项目（未含深圳市）列入国家高技术产业发展项目计划，获国家资金支持4.28亿元，拉动社会投资56.3亿元。项目涵盖了软件、移动通信、生物技术、现代农业、新材料、现代中药等急需发展的高技术领域，其中电子信息和生物技术类项目数分别占45.9%和31.1%，符合全省电子信息产业占主导地位、生物技术产业快速发展的产业特点。国家高技术产业发展项目计划的组织实施，对全省高技术产业的发展具有显著的示范、引导和带动作用。

2. 实施省级高技术产业化专项计划

为更好地发展省高技术产业，对国家高技术项目形成分层次、更广泛和更全面的补充，2004年起省发改委组织实施广东省高技术产业化项目计划。项目计划主要支持一些建设规模达不到国家要求，但技术含量高，能对本地区、本行业起到较好带动作用的高技术产业化项目。通过专家评审，2004年在电子信息、生物技术、新材料、现代农业等领域择优选取了31个高技术项目列入首批广东省高技术产业化项目计划，带动社会总投资14.7亿元。省级高技术产业化

项目计划的实施，将进一步促进我省高技术产业的发展壮大，成为国家高技术产业发展项目计划的有效补充。

（三）大力挖掘和培育重大战略产业

为促进高技术产业持续快速发展，积极挖掘和培育重大战略产业和潜力产业，努力形成高技术产业的新经济增长点。在领域选择上，主要选择产业链长、带动力强、对全省高技术产业发展有全局性影响，单个部门或企业难以推动的产业，充分发挥政府的宏观指导和推动作用；在工作方法上，加强统筹协调，充分整合政府、企业和社会的力量，在研发、教育、标准、政府采购、公共服务等各个环节多管齐下，共同推进。

1. 制订 Linux 推进计划，推动全省 Linux 软件应用与产业发展

推广 Linux 系统对于保障国家信息安全、发展民族软件产业、降低信息化费用、培育良好市场竞争环境等具有重大意义。自 2002 年起，省发改委开始研究 Linux 软件发展问题，2004 年 6 月，会同省信息产业厅、科技厅、教育厅、公安厅、财政厅、质监局等部门联合印发了《广东省 Linux 软件推进计划》，明确了推进 Linux 软件发展的思路、目标和任务，提出了标准制定、目录编制、应用试点、项目建设、科技攻关、教育培训等方面的具体措施，带动了全省 Linux 软件产业发展，基本形成了政府、企业和社会各界密切合作、携手共进、多管齐下、共同推进 Linux 软件发展的良好态势。

2. 大力推进数字音频核心技术项目，带动全省数字音频产业发展

数字音频编解码技术是数字音频产业的核心技术，该技术的突破和拥有自主知识产权，对于打破国外的技术垄断、提高我国信息产业尤其是消费类电子产品的国际竞争力、优化产业结构，提高自主创新能力具有重大的战略意义。省发改委积极扶持发展具有自主知识产权的广晟数码数字音频编解码技术，并组织实施广东省数字音频技术项目。一方面对项目建设给予了具体的指导和扶持，协调省直有关部门共同推进，另一方面积极争取省政府和国家有关部门的支持。经多方努力该项目目前进展顺利，已基本形成了政府支持、企业推进、社会参与、按市场规律办事的良好工作机制，国家标准申报准备工作和产业化前期工作取得了较大进展，具备了全面推进的条件。

3. 抓住数字电视发展契机，实施数字家庭行动计划

随着数字化产品及信息服务在家庭不断渗透并日益融合，数字家庭产业迅速发展成为一个规模巨大、产业关联性强的行业。全省电子信息产品制造业尤其是消费类电子产业规模大、制造能力强，通信业务总量居全国前列，广播影视业正全面加快数字化步伐，具有发展数字家庭产业的优势。为抓住产业发展机遇，抢占未来发展的制高点，2005 年以来，省发改委会同省信息产业厅、科技厅、广电局、质监局等部门联合研究和编制了《广东省数字家庭行动计划》并报省政府。行动计划将从整体规划、产业组织、标准制定、技术创新、数字电视平移、内容服务、试点示范、公共技术平台等方面着手，总的思路是加大政府的协调与引导力度，积极整合企业和社会各界资源，充分发挥广东省在资源整合、集成创新方面的优势，培育和壮大数字家庭产业。

三、2006 年的工作思路和主要任务

2006 年是第十一个五年计划的开局之年。要树立和落实科学发展观，贯彻落实中共中央、国务院《关于实施科技规划纲要增强自主创新能力的决定》和广东省委省政府《关于加快建设科技强省和提高自主创新能力提升产业竞争力的决定》，以自主创新工作为中心，加快产业结构调整，提高自主创新能力，促进高技术产业的发展。

（一）加快落实自主创新等有关规划，发挥宏观导向作用

加快落实产业技术自主创新、高技术产业发展、科技发展和信息化等“十一五”专项规划，引导社会资源投向，充分发挥规划的宏观导向作用。组织实施十大产业技术自主创新专项，在消费类电子、软件与集成电路、生物与新医药、重大装备制造、先进制造、新材料、节能与新能源、环保与资源综合利用、现代农业、现代服务业等十大专项范围内，集中力量实现重大突破。

（二）完善技术创新体系，提高自主创新能力

完善以企业为主体、以市场为导向的技术创新体系。支持高等学校和科研机构建立国家级和省级重点实验室，在转制科研院所建设省公共实验室，完善知识创新体系。加强公共技术创新平台建设，新组建 20 ~ 25 家省级工程技术研究开发中心，新组建 30 家省级企业技术中心。深入实施专业镇技术创新计划，促进县域经济和中小企业不断发展壮大。加快建立具有国内外先进水平的公共科技创新平台和省级公共实验室。继续组织实施粤港关键领域重点突破联合攻关，争取在电子信息、生物医药、新能源、新材料、节能与环保等关键领域取得重大突破。大力支持大中型企业建

立各种形式的技术研发机构。加快推进中国（华南）国际技术产权交易中心建设，完善科技中介服务机构。

（三）加强产业园区和基地建设，加快完善产业布局

建设好国家和省级高新技术产业开发区，促进高技术产业开发区成为全省高技术产业的研发基地、产业集聚基地、成果转化基地、创业创新人才和高技术人才聚集的基地，推动高技术产业开发区快速健康发展。建设好广州、珠海国家软件产业基地、深圳国家软件出口基地和珠江三角洲国家级电子信息产业基地，促进软件和电子信息产业的集聚式发展；加快建设广州和深圳国家生物产业基地，促进省内生物产业的发展。建设扶持第一批 15 个产业集群升级示范区，加快产业集群发展和优化升级。

（四）加快培育战略产业，努力形成新的经济增长点

继续推进 Linux 软件产业推进计划、数字音频编解码技术的产业化及标准推进工作、数字家庭行动计划等对全省高技术产业具有全局性影响的重大战略产业的发展。加快推进液晶平板显示器（TFT－LCD）项目建设，争取将广东省建设成为全国重要的新型显示器件生产基地。关注、支持其他对产业发展影响重大的重点项目研发、产业化进展。积极组织申报国家高技术产业发展项目，实施省级高技术产业发展项目计划，引导企业资源投向，促进高技术产业发展。

（五）加强知识产权和技术标准工作，为产业发展和自主创新提供保障

推进全省知识产权战略纲要的制定和实施，继续认定一批优势企业，开展区域知识产权试点工作，加强对知识产权工作的引导和扶持。完善专利法制建设，推进专利行政执法工作，研究起草《广东省专利条例》，加强会展和行业协会的知识产权保护工作。推动省内企业参与实施技术标准战略，在九大工业产业、农业和服务业中选择 20 家企业开展技术标准战略试点。加快建立全省优势产业标准体系。建立急需的高新技术标准数据库和应对与防范国外技术性贸易壁垒所必需的信息系统，为全省高技术产业发展和产品出口提供标准化技术支撑。引导企业在节能降耗、环境保护、安全生产、农产品出口等方面实施采标，加快采用国际标准和国外先进标准的步伐。

（六）深化各项体制改革，为产业发展和自主创新营造良好环境

深化科技体制改革，进一步推动技术开发类科研机构建立现代科技型企业制度，咨询服务类科研机构由科研事业型向科技经营型或中介服务型转制。形成财政投入增长机制，加大对自主创新的投入力度。整合科技研发、技术创新和产业发展等各项省级财政性专项资金，统一部署，形成创新合力。根据国家十部委联合发布的《创业投资企业管理办法》，加快落实《广东省促进创业投资企业管理暂行办法》，研究促进创业投资发展的政策措施，促进全省创业投资的发展。

广东省发展和改革委员会高技术产业处

18

“十五”广西壮族自治区高技术产业发展情况

“十五”以来，广西壮族自治区党委政府高度重视高技术产业发展，并在自治区发改委内成立高技术产业处，负责推进广西的高技术产业发展。“十五”期间，广西高技术产业整体上得到了健康快速的发展，重点产业区逐步形成，特色高技术产业显示出较强的竞争力，信息化基础设施水平明显提高。

一、高技术产业整体健康快速发展

据统计，“十五”期末广西高技术产业总产值为116亿元（以国家发改委和统计局的统计数据为准），比2000年年末的53.5亿元增长了116.7%，年均增长16.7%，总增加值为62.5亿元；高技术产品销售收入89.82亿元，同比增长20.89%；利润总额8.08亿元，同比增长7.27%。

重大高技术产业项目建设得到不断推进，产业拉动效应明显。2001－2005年，广西共争取国家高技术产业化计划项目29个，总投资30亿元，共获得国家支持资金3.15亿元。在得到国家支持和全区重点推动的建设项目中，广西木薯综合开发示范工程、广西酶法转化木薯淀粉生产海藻糖高技术产业化工程、广西良种木薯繁育及种植基地等15个重大项目，以其技术先进、资金投入大、管理规范、产业关联度大等特点已经或即将对广西的经济发展产生重大影响。

二、因地制宜，全力促进高新区发展

在全力促进南宁、桂林、柳州、北海四大高新技术园区（其中南宁、桂林为国家级，柳州、北海为自治区级）发展的同时，强劲拉动广西高技术产业的整体发展水平。

广西四大高新技术开发区在“十五”期间发展迅速。仅2005年，四大高新区总产值达485亿元，总收入528.6亿元，总利税50.2亿元，出口创汇3.35亿美元，分别比2003年同期增长26.3%、25.5%、18.9%和25.46%。四大园区在“十五”期末已形成广西高技术的四大区域。

（一）南宁高技术产业区域

（1）重点园区。已形成留学人员创业园、大学科技园、软件园、生物产业孵化园等特色园区，其中以软件园及生物产业孵化园建设为重点。目前，留学人员创业园已吸引多名留学人员携数十个项目入园创业；软件园已聚集一批国内著名软件公司和软件人才，如中科软件、上海必特等；大学创业园、生物产业孵化园也已有一批项目入园。

（2）重点产业。生物工程及制药——重点发展动植物细胞工程育种、食品及工业用酶制剂、医用药用酶、发酵工程和用生物工程法制取的药品及利用转基因动物生产的药物；环境保护产品及技术——推广应用生物技术来处理酒精废液、糖蜜废液、城市生活污水问题，生产以淀粉、碳酸钙为原料的可降解农用地膜、可降解塑料袋产品，生产推广以甘蔗渣为原料的餐具制造项目产品；电子信息——重点发展计算机推广应用产品、通信网络产品、多媒体应用软件、计算机外部设备、电力电子、汽车电子产品等；机电一体化——重点发展控制系统、数控技术、智能化电器设备和医疗电子设备、电力设备及其自动化产品、高性能及智能化仪器仪表等；精细化工——重点发展以广西丰富的木薯、蔗糖为原料的六元醇、酒精等精细化工产品，加强蔗糖与淀粉深加工的科技开发与生产。

（二）桂林高技术产业区域

（1）重点园区。新园区包括桂林国家高新区信息产业园、医药城、创业中心孵化城、铁山园、苏桥园和穿山工业园。其中医药城内建有三金、集琦、天和、晖昂等药业企业的生产和研发基地，是西南最大的医药批发市场。其中以信息产业园和医药城建设为重点。

（2）重点产业。电子信息——通信设备、新型元器件、网络软件和应用软件、制造业信息化；生物工程与医药——现代中药、基因药物、新型化学药物；光机电一体化——数控机床和机械设备、现代办公设备、仪器仪表、机电基础件；新材料与新能源——高性能电工材料、超硬材料、塑料、合成晶体材料等；环保——尾气净化技术与装置、废水处理技术与装置、工业废弃物处理装置。

（三）柳州高技术产业区域

（1）重点园区。已形成“一区（高新区）六园（柳钢高新技术工业园、柳化高新技术工业园、柳铁高新技术工业园、五菱高新技术工业园、柳江高新技术工业园和柳北高新技术工业园）”的产业布局。

（2）重点产业。以有色金属深加工为重点的新材料产业——着重发展电子信息材料和环境兼容材料及其元器件（主要为铟锌新材料和锌锡锑新材料）；电子信息与软件产业——优先发展与新材料有关的单体产品，液晶显示器，或者与汽车、机械制造有关的控制系统和电子产品；生物医药——竹木、药材的培植和开发；先进制造技术——高质量的车、铣数控机床、可重组柔性数控机床生产线、特种数控机床及加工中心、柔性版凹版综合等先进印刷机械、智能仪器仪表、液压和气动技术产品、光学仪器、分散控制系统和高档汽车零配件等。

（四）北海高技术产业区域

（1）重点园区。已形成北海工业园及由银河软件科技园、北生药业科技园、国发海洋科技园、方舟 863 基地科技园等组成的北海高新技术产业园区等。侧重建设面向海洋资源和特色资源开发的专业化园区。

（2）重点产业。电子信息——软件产品，网络电脑生产基地，手机及掌上电脑，逆变电器、片式电阻电容等电子产品，输送电节能电子系统；生物工程与医药——海洋生物药物、海洋生物制品、海水高产养殖与系列深加工，海洋捕捞；新材料——纳米级二氧化硅系列开发等。

三、侧重优势资源培育特色高技术产业

凭借广西的区位和资源优势，广西高技术产业在“十五”期间已逐渐形成自身的支柱产业。产业结构的重心主要集中于电子信息、机电一体化、新材料、生物工程及制药等四大领域；而各高新区的主导产业又因地域不同而各有侧重，特色产业已有良好的开端。

（一）以木薯为重点的生物质产业

广西木薯资源十分丰富，具有得天独厚的资源开发利用条件。重点推进广西木薯综合开发示范项目、广西高档变性淀粉产业化工程等木薯深加工高技术产业化工程以及广西酶法转化木薯淀粉生产海藻糖高技术产业化工程和广西良种木薯示范工程项目等。前者以木薯为原料，主要生产燃料酒精、高档变性淀粉、功能材料及功能食品，进而开发精细化工系列产品；后者以大面积布置示范点的方式，从良种培育、指导农民种植到木薯采收初加工入手，为工业规模化生产提供充足原料，并以此增加农民收入，实施“富民兴桂”工程。通过以上项目的建设和示范，培育良种，指导农民规范、科学地种植木薯，提高了木薯单产和单位效益，增加了农民收入，在帮助农民脱贫的同时也为规模化、集约化的加工生产开发提供了充足原料，有助于实现优势资源的深度加工，形成加工链条长、带动性强的地方特色经济。

以此为基础，在国家发改委指导下，广西壮族自治区提出了“十一五”生物质产业的发展目标：到 2010 年，力争生物质产业增加值达到 300 亿元（不含蔗糖增加值），占 GDP 的比重达到约 5% 左右；酒精生产能力 200 万吨/年，其中，燃料酒精 100 万吨/年，酒精深加工和其他用途 100 万吨；沼气发电装机容量 20 万千瓦；生物柴油生产能力 50 万吨。到 2015 年，力争生物质产业增加值达到 1 000 亿元（不含蔗糖增加值），占 GDP 的比重达到约 10% 左右；酒精生产能力 600 万吨/年，其中，燃料酒精 350 万吨/年，酒精深加工和其他用途 250 万吨；配套沼气发电装机容量 60 万千瓦；生物柴油生产能力 250 万吨。

（二）现代中药与生物医药

广西是中国的中草药资源大区，自治区政府非常重视中医药产业的发展，指示由自治区发改委牵头成立了中医药产业推进工作组。工作组通过对区内外有一定基础的企业、研究部门和药材基地的考察，组织开展了《广西中医药产业发展规划》的编制工作。根据中医药产业发达省区的经验、做法和广西中药材资源分布，提出了资源开发与保护的思路；制定扶持中医药业发展的政策措施，整合现代中医药开发力量，确定产品开发重点，培育规范的中药市场。以建设规范化（GAP）繁育与种植基地为重点，以组建1个现代中药工程研究中心和推进10个重点企业及10个GAP药材种植基地为主线，突出在产业化层面上的可操作性。于2003年底完成了广西大宗地道及稀缺濒危中药材良种GAP繁育基地和广西现代中药工程研究中心等重点项目的策划和启动。

（三）生物技术产业化项目

发挥广西生物技术优势，开发利用海洋生物资源和木薯资源。主要项目有：从珍珠贝壳和贝肉及液汁中提出天然牛磺酸，生产天然珍珠牛磺酸系列产品，其达到国内领先水平的技术产业化项目通过了国家计委高技术司预审；产品广泛用于稳定剂、干燥剂和保鲜剂的海藻糖产业化工程；具有药效和保健双重作用并且可以替代进口产品的紫康高纯α－亚麻酸产业化工程；促进广西糖业可持续发展的柳州凤糖集团综合治理糖厂年产20万吨生物有机肥工程和重组人表皮生长因子（rhEGF）凝胶产业化项目等。

（四）机电一体化项目

集微电子技术、数控技术、现代机械制造技术和测量技术为一体是机电一体化产品所具有的特征。桂林数字测控有限公司的数显量具、桂林机床厂的数控滑枕铣床均具有自主知识产权，并能批量出口创汇，产业化的实现，有利于带动产业技术升级。中科院推荐的核辐射产品产业化技术，除应用于辐照交联电线电缆和热收缩材料外，还广泛用于农产品保鲜、木材改性和卫生材料消毒杀菌等方面，具有广阔的市场前景，目前正着力推动这些项目的产业化进程。

（五）新材料项目

结合广西有色金属矿产资源开发的实际，重点发展超硬材料、超细材料、复合材料、耐磨材料以及医药和生物功能材料等。主要有立方氮化硼超硬材料产业化工程、无汞氧化锌超细材料产业化工程等项目、药用明胶生产生物医用止血海绵高技术产业化示范工程和广西正翰科技开发有限责任公司功能化高分子－离子交换纤维材料产业化工程等项目。

四、信息化基础设施水平明显提高

广西各级党委政府非常重视信息化建设工作，以党政信息化为龙头，带动经济与社会信息化建设全面发展。自治区党委、政府、人大、政协、区直部分厅局和各地市的局域网基本建成，办公自动化工作取得明显进展。这些局域网的建成和应用，开始在党政机关提高工作效率、加强行政监管、实现信息资源共享等方面发挥了重要的作用。

党政信息传输专用光纤的铺设为信息化的进一步发展创造了物质条件。2002年底，完成或基本完成接入广西互联网的区直单位和地市党政机关单位有90多个，全区已接入广西互联网的终端用户达到6 301个，铺设党政信息传输专用光纤162公里。已铺设连接区直单位的光纤100公里，连接终端用户2 500个；南宁市已铺设光纤6公里，连接终端用户126个；桂林市已铺设光纤20公里，连接终端用户460个；柳州市已铺设光纤10公里，连接终端用户800个；北海市已铺设光纤15公里，连接终端用户900个；南宁地区已铺设光纤11公里，连接终端用户1 015个。以信息化带动工业化的示范项目有了实质性进展。柳州是广西的工业重镇，柳州的信息化带动工业化示范工程在完成规划和项目前期工作的基础上，已经正式开工，企业公共信息交换平台和产品数字制造中心等龙头项目建设进展迅速，完成了工程量的40%。广西公共信息交换中心的广西互联网项目建设也取得了较大进展，在信息的互联互通和信息共享方面发挥了重要作用。以广西互联网中心作为交换点，带动区直和部分市地信息网互联互通。互联网的应用系统也逐步开始发挥作用，其中广西重大项目动态管理系统的建设目前进入调试和试运行阶段；经过引进和培养，广西互联网中心已经形成了一支熟悉市场情况、有较高维护管理水平和一定开发能力的技术队伍。

五、关注的问题

虽然“十五”期间广西高技术产业发展势头强劲，增长速度远远高于“九五”时期，但与中国其他地区相比，尤其是与东部地区相比，即可发现广西高技术产业发展的明显不足和巨大差距。具体表现在：广西高技术产业经济总量偏小，排名在全国20位左右徘徊不前；资金投入大大落后于全国平均水平；高技术产业主要指标均未达全国平均水平。要充分认清广西高技术产业的发展现状，制定符合广西实际情况的高技术发展战略与配套政策，缩小与东部地区的差距，促进广西高技术产业更上一层楼。

六、2006年高技术产业发展的初步考虑

2006年是实施“十一五”计划的开局之年，也是全面建设小康社会的关键之年。2006年广西高技术产业和信息化发展的总体思路是：树立和落实科学发展观，围绕西部开发和全面建设小康社会的战略思想，引导建立和完善区域创新体系，提高企业自主创新能力，促进高技术产业在工业、农业和服务业领域快速发展，积极培育新兴产业，发展特色经济，推动经济增长方式转变，走“科技兴桂”和新型工业化道路。要重点推进以下几项工作。

（1）理清思路，抓紧修编《高技术产业和信息化发展规划》。思路确定发展方向，规划体现发展重点。《广西“十一五”高技术产业发展规划》和《国民经济和社会信息化规划》已拟出初稿，形成了基本框架，要根据中央经济工作会议精神和全面建设小康社会的要求，使之与全国高技术产业发展的大环境、大格局相适应，与《广西国民经济和社会发展“十一五”计划纲要》相衔接，与各市相关规划相呼应，成为上下关联、体现特色、重点突出、指导性和操作性强的专题规划。

（2）搞好网络建设，大力推进国民经济和社会信息化。加速实施电子政务工程，进一步完善广西互联网建设，增加联网单位，建成完善上联国家、下联各市县的电子政务网络平台，为政府各部门办公自动化、政务公开、信息互通、资源共享提供良好的网络环境。积极发展电子商务，完善现代物流、安全认证、在线支付、标准规划与信用等电子商务环境建设。继续推进企业信息化，加速信息化带动工业化的进程，全面普及计算机辅助设计制造、模拟与优化、过程控制、质量检测与分析等技术的推广应用。加强宽带通信网、数字电视网和下一代互联网等信息基础设施建设，推进“三网融合”。

（3）根据国家重点专项要求，着重抓好一批技术含量高的项目的申报与实施。用专项的形式来推动高技术产业发展是国家发改委卓有成效的做法。2006年，在原有各专项的基础上，国家发改委新增加了诸如国家工程实验室建设、信息服务业、生物制造、生物能源、生物资源保护和开发利用、生物材料等专项。根据广西的资源、技术、人才、管理等特点，按照“有所为、有所不为”的原则，认真筛选、组织和策划项目，突出抓好一批技术含量高、市场前景好、产业链条长、带动性强的高技术产业化项目，大力发展人无我有的特色经济。同时，注意引导社会资源投向，加速拥有自主知识产权的重大科技成果的转化和产业化。

（4）把生物产业做大做强，努力在重点产业领域实现战略性突破和跨越式发展。广西地处亚热带，日照充足，雨量充沛，十分适宜甘蔗、木薯等农作物生长，发展以木薯、甘蔗为原料的车用燃料乙醇的条件得天独厚，其产品市场前景十分广阔，加快燃料乙醇的生产和推广应用符合循环经济和可持续发展的要求。抓住国家支持发展燃料乙醇这个不可多得的机遇，从制定规划和政策入手，实施“合理布局，规模发展，整合资源，做大做强”的发展战略，使广西燃料乙醇产业在短期内实现重点突破和跨越式发展。

（5）建立生物产业基地，加快推进产业集聚。鉴于生物技术具有前沿性、战略性和很强的渗透性及其在传统工业、传统农业、医疗卫生、食品加工、海洋资源开发、环境治理、生态环境修复等方面的广泛应用。2006年，拟在南宁市及其周边地区利用当地的土地、人才、技术、科研、交通等条件，选址建立以生物制药为主的生物产业基地，通过规模引导和政策倾斜，促进高技术人才、技术、资金、企业等生产要素向产业基地集中，并以此为依托，推动产业集聚，促进创新型高技术企业的集聚式发展，努力形成具有地方特色和国际竞争力的高技术产业增长极。

（6）增强企业自主创新能力，着力培育一批重点龙头企业和优势企业。在制糖、木薯深加工、中医药、有色金属等行业中，加强企业技术中心、国家工程中心和国家重点实验室的建设，强化企业技术创新的主体地位，推动企业与大专院校、科研机构的产学研相结合，大力提高企业的原始创新能力、集成创新能力和引进消化吸收再创新能力。拟在全区现有的405家高新技术企业中，从产业类型、企业规模、销售收入、发展潜力、关联度大小、市场前景等诸多因素上综合考虑，选择若干家企业进行重点培育，形成一批拥有自主知识产权和自有品牌、具有较强研发能力和竞争力、在国际国内有一定影响的大型高技术企业或企业集团。

广西壮族自治区发展和改革委员会高技术产业处

19

“十五”湖南省高技术产业发展情况

一、“十五”高技术产业发展基本情况

“十五”以来，湖南省高新技术产业高速增长、健康发展，全面完成了预期发展目标，为促进全省国民经济和社会发展发挥了重要作用。2005 年，湖南省实现高新技术产业产值 1 522 亿元，销售收入 1 521.7 亿元，增加值 473 亿元，年均增长分别为 27%、27% 和 27.7%，产业规模快速扩张。2005 年，高新技术产业增加值占全部工业增加值的比重为 21.5%，比“九五”末提高 10.3 个百分点；增加值占 GDP 的比重为 7.3%，比“九五”末提高 3.5 个百分点；实现利税 162 亿元，比“九五”末增加 91.9 亿元，年均增长 18%，高新技术产业对经济发展的拉动作用不断增强。

二、“十五”高技术产业发展的主要特点

（一）优势产业增长迅速，高新技术产业发展得到有力支撑

从产业规模看，新材料、先进制造、生物医药和电子信息四大产业已占绝对优势。这四大产业的产值占全省高新技术产值的比重分别达到 38.6%、25%、12.8% 和 13.5%。四大产业产值总和占全省高新技术产值的比重达 90%，而且有进一步集中的趋势。

从对经济的贡献来看，先进制造产业和新材料产业名列前茅。从高新技术产品出口量来看，新材料产业一直遥遥领先，占主要地位，而且呈快速增长趋势，2005 年占全部高新技术产品出口的 51%。从实现利税上看，先进制造产业和新材料产业也有相当优势，分别占全部高新技术产业的 24% 和 34%。

从产业水平看，已形成有湖南特色的五大优势产业领域。

新材料产业领域已初步形成了先进电池材料、硬质材料、复合材料、化工新材料和金属新材料等五大特色产业。先进电池材料工业总产值占全国先进电池材料的 65% 以上。硬质材料已形成以株洲硬质合金厂等为龙头的产业群体和比较完善的产业链。复合材料已形成以远大铃木、华天铝业等为龙头企业的产业链，在国内已经具有较明显的比较优势。粉末冶金材料、防氢脆贮氢等稀土材料的研发水平处于国内领先地位。

先进制造产业领域已开发了以机电一体化技术为核心，集成多项高新技术、多功能、智能化的环保节能型工程机械产品、车载微机控制的列车牵引装置、制动和智能诊断系统、三相交流传动电力机车和调频调压（VVVF）交流传动轨道交通车辆，形成了一批具有自主知识产权的核心技术和专利产品。形成了以长沙为中心的现代工程机械产业群，以株洲、湘潭为中心的现代电力机车、轻轨地铁产业群，以长沙为基地的数字仪表先进制造技术产业和以衡阳为基地的高压、超高压输变电成套设备制造产业。

电子与信息产业领域突破了彩管生产技术、卫星导航定位技术、激光陀螺技术、数字视频编码解码设计、高性能计算机、高性能路由器等技术，相继开发出国内第一块完全拥有自主知识产权的数字视频编码解码芯片、具有自主知识产权的卫星导航定位机、合金薄膜压力等传感器；填补国内空白的绿色激光器已产业化；光发射机、光接收机、光分路器等产品规模逐步扩大。厚铜多层印制板技术居国内领先水平，产品填补了国内空白；玻壳、大尺寸铬版已在全国形成了优势。初步形成了年产值达130亿元的显示器产业基地、销售收入超过60亿元的软件产业基地、产值超过10亿元的计算机及应用产品基地和产值超过10亿元的新型元器件四大产业基地。

生物与医药产业领域已形成现代中药、生物制药、化学制药和制药机械装备制造等优势产业。以中药标准提取物为特色的现代中药产业规模位居全国前列。在研究开发、技术及装备、出口经销等综合实力上，均居全国领先地位。

现代农业产业初具规模。“十五”期间，全省65个农作物品种通过省级鉴定，推广面积近5 000万亩，增加经济效益60多亿元。已建成隆平高科、亚华种业、金健米业等十多家重点农业高新技术企业和种业群，扶持了166个农产品加工型龙头企业，开发新产品550多个，带动2 000多万农民增收。培育出一批超级杂交稻组合、转基因抗虫、高支纱棉、彩色棉等棉花新品种（组合），一批高产优质“双低”油菜新品种（组合）和中国第一个转基因抗虫油菜品种。“湘研”系列辣椒种子已成为世界上种植面积最大的辣椒品种。基因工程鱼类研究取得了突破性的成果。

（二）新兴产业势头强劲，高新技术产业发展后劲不断增强

“十五”期间，湖南省的新能源、高效节能和环保产业发展势头良好，2005年分别实现总产值51亿元和4亿元，同比增长分别为35%和10%，销售收入为50亿元和3.9亿元，同比增长分别为39%和8%。环保产业集聚发展的雏形初现，以2004年10月国家环保局等五部委联合举办的“中德环保产业论坛”在湖南湘潭市召开为契机，湖南湘潭环保产业园加大了规划开发和投入力度。目前，已有120多家企业从事环保产品生产，已形成40多亿元的产业规模，该产业的人均年产值已达到全国平均水平的2倍。园区内的汽车尾气净化器项目是2004年“中德高技术产业论坛”签约的重点引进项目。深圳雷地集团公司的金刚石膜金属材料、湖南维斯特汽车有限公司的三园净化器等一批重点项目陆续建成投产，逐渐发挥效益。新能源装备产业技术优势突出，产业基础依托强大。2005年9月14日，国家风力发电工程技术研究中心在株洲南车电机股份有限公司挂牌成立。株洲南车电机股份有限公司、中国南车集团株洲电力机车研究所和株洲电力机车广缘科技有限责任公司等三家企业自主研发了兆瓦级永磁同步风力发电机、风力发电机组变流系统以及风力发电机组复合材料叶片等国产风力发电设备。目前，兆瓦级以下发电机已批量生产，兆瓦级以上发电机、变流器及控制装置、工程复合材料机壳等已完成研发工作，并已生产出样机，基本具备产业化条件。另外，位于株洲（国家）高新技术开发区的株洲风力发电设备制造基地正在规划建设中。

（三）区域布局不断优化，产业集聚发展态势更加明显

区域集聚程度较大。“十五”末期，“一点一线”地区（长沙、株洲、湘潭、岳阳、衡阳、郴州）实现高新技术产业产值1 245.5亿元，占全省总量的81.8%；其中长沙、株洲和湘潭三市实现高新技术产业产值939.2亿元，占全省总量的61.7%，成为全省高新技术产业的核心增长极。全省7个省级以上高开区高新技术产业产值861.2亿元，占全省总量的56.6%。集聚程度持续提高。

专业园区发展加快。一是浏阳生物医药园持续快速发展。2005年，完成工业总产值35亿元，同比增长75%，财税收入1.52亿元，同比增长51%。区内完成固定投资额10.5亿元，同比增长50%，招商引资引进企业32家，整个园区呈现出强劲的发展势头。浏阳生物医药园立足于湖南省中药资源丰富、医药技术先进等基础条件，集中了湖南省在生物医药上的资源、技术、产业优势，在产业平台建设和产业集群发展上富有专业园区发展特色，表现出专业集群发展的突出优势，建立长沙国家生物产业基地的基础条件已经具备。二是软件产业基地发展实现新的突破。2005年，长沙国家软件产业基地实现销售收入70亿元，同比增长40%。2005年12月18日，长沙国家软件产业基地公共技术支撑平台正式开通运营。同时，湖南省积极引进战略合作伙伴，与微软签订了战略合作谅解备忘录，目前与微软的技术合作已经实施。由微软支持，拟在长沙国家软件产业基地建立的湖南微软技术中心项目建议书已上报国家发改委。三是数字视讯产业郴州基地经过近两年的快速积累和科学规划，即将正式挂牌成立。作为“十一五”期间湖南省承接珠江三角洲地区电子信息产业梯度转移的前沿阵地，基地2005年实现产值7.5亿元，已有中彩视讯、高斯贝尔、运通电子等20多家广东等沿海发达地区的企业在湘落户，形成以数字电视产业为发展核心，以分立器件和印刷电路板为基础，以高端电视、数字电视机顶盒和DVD影碟机制造业为重点的产业群。

（四）创新平台日益完善，高新技术产业发展基础得到巩固

科技投入不断加大。“十五”期间，全省三项费用支出为36 460万元，共确定63个重大专项，共安排200个科技计划重点项目，共下达经费4 097万元。“十五”期间R&D经费年均增长17.8%，R&D经费占GDP的比重从2000年的0.52%提高到2005年的0.7%。

创新能力不断提高。“十五”期间，湖南省专利申请量为31 663件，获授权14 863件，居全国中上水平。“十五”

期间共取得各类科技成果4 780项，其中89项获得国家级科技奖励，获奖成果居全国前列，科技人才的数量和质量、拥有自主知识产权的高新技术产品比重居全国前10位，万人技术成果交易额居全国第11位。

创新体系不断优化。“十五”末期，全省建成3个国家级重点实验室、31个省级重点实验室；6个国家级工程（技术）研究中心、22个省级工程（技术）研究中心；11个国家企业技术中心，68个省级企业技术中心，技术创新机构布局日趋合理，创新体系建设日益完善，技术交易更加活跃。“十五”期间，全省技术合同成交额180.5亿元、技术交易额104.5亿元。

（五）信息化不断推进，数字湖南建设进展顺利

到“十五”末，93%的省直部门和所有中央在湘单位都建立了局域网，80%的省直部门在互联网上建立了网站，金盾、金保等十三个重点电子政务工程先后启动；公文流转、文档管理、人事管理和财务管理四大办公业务系统达到了较高应用水平。人口、法人、基础地理、宏观经济等四大基础数据库已投入使用并不断完善。全省统一的电子政务外网平台项目正在建设中，市州电子政务建设也在陆续规划启动。

企业信息化取得长足进步。生产过程控制系统在冶金、石化、建材和造纸等行业得到了广泛应用，节能降耗保护环境效果显著；电子安全监控系统在煤炭、有色金属等采矿行业的推广应用，提高了生产安全水平；机械、轻工和纺织等行业应用信息技术提高了工艺装备水平，提升了行业的技术水平，产业结构也得到了升级。全省大型企业100%使用了计算机辅助设计（CAD），其中，30%以上使用了计算机集成制造技术（CIMS），50%以上使用了管理信息系统（MIS），35%以上使用了企业资源管理系统（MRP－Ⅱ/ERP），传统产业开始涉足电子商务。

农业信息化服务“三农”成效显著。全省以28个省级专业网为主体，已完成14个市级农业网、70个县级农业网、18个农产品市场网、1 420个农业信息服务示范点的建设。一个包括省、市、县、乡镇以及农业企业五个层级，集采集、分析、预测、发布于一体的农业信息网络体系已经初具规模。全省依托农业信息服务网络体系发布各类信息228.6万条，引导农民转岗就业4.2万人次，增加农村劳务收入2.6亿元。通过发布招商信息促成合作的项目32个，总投资12.6亿元。实现农产品网上交易52.6万吨，交易额达17.76亿元。农村信息化取得了明显的效果，促进了农业产业结构的调整，带动了农业产业化，为农民带来了经济效益。

（六）国家项目大力支持，对产业带动作用明显

“十五”期间，湖南省共争取国家高技术项目68个，共计资金4.2亿元，总投资46.3亿元，其中电子信息专项17个、新材料专项10个、现代农业专项16个、生物医药专项11个。国家项目的大力支持，带动了湖南省高新技术产业的发展。一是拉动了社会投资。国家投入拉动社会投资比例为1∶8.7，初步形成了“政府引导，银行贷款，企业筹资，上市融资”多渠道并举的高技术产业发展投融资格局。二是扩大了产业规模。新材料、电子信息、生物与医药产业在国家的大力支持下，更好地发挥了自身在技术、产业化基础方面的优势，产业规模迅速扩张，分别占全省高新技术总产值的38.6%、13.5%和12.8%，成为湖南省高新技术优势产业。三是项目运转情况良好，带动示范作用明显。湖南老爹农业科技开发股份有限公司年产100吨猕猴桃果王素项目的实施解决了湘西现有10万亩猕猴桃销售难的问题，为农民直接带来收益1亿元，每年增加财政收入2 236万元，成为县域经济发展的重点项目。随着项目的推进，科研投入持续增加，公司对产品后续深加工、有效成分高效提取、系列产品开发加大研究力度，并致力于猕猴桃生物提取标准的制定，成为农产品加工利用行业的领头军。

（七）政策措施不断出台，发展环境得到优化

近年来，省委、省政府先后制定了《关于加速发展高新技术产业的决定》、《关于加速发展民营科技企业的决定》和《关于贯彻中共中央、国务院＜关于加强技术创新，发展高新技术，实现产业化的决定＞的实施意见》等一系列政策性文件。省人大颁布实施了《湖南省实施＜中华人民共和国促进科技成果转化＞办法》等4个科技法规，加大了科技法规的实施力度。通过上下联动，左右配合，携手共建有利于高新技术产业发展的良好社会氛围，营造了有法可依、有法必依、依法兴科、依法行政的良好法制环境。产业化基地管理体制和运行机制明显改善。

三、“十一五”高技术产业发展基本思路

（一）总体思路

“十一五”期间，湖南省发展高新技术产业的总体思路是：以市场需求为导向、以机制创新为动力，加快规模扩张，力求重点突破，强化自主创新，重视技术引进、着力培育新兴产业，努力改造传统产业，加快国民经济和社会信息化，带动产业结构优化升级。坚持政府推动与市场主导相结合、重点突破与整体推进相结合、规模扩张与结构优化相结合、引进技术与自主创新相结合，全面提高湖南经济整体素质和国际竞争力。

围绕总体思路，我们“十一五”将重点发展以下几大产业：电子信息产业，“十一五”期末销售收入达到800亿元；新材料产业，“十一五”期末销售收入达到1 000亿元；先进制造产业，“十一五”期末销售收入达到1 000亿元；生物与医药产业，“十一五”期末销售收入达到600亿元；新能源装备产业，“十一五”期末销售收入达到60亿元；环保装备产业，“十一五”期末销售收入达到55亿元。到“十一五”期末，湖南省高新技术产业总产值达到4 100亿元，增加值达到1 230亿元，销售收入达到3 800亿元，年均增长分别为22%，21%和20%。

（二）主要任务

“十一五”期间，湖南省高新技术产业发展的主要任务是：做大做强产业规模、培育加强创新能力、优化提升产业结构，配套实施四大产业发展重点工程和三大重大专项。

1. 重点工程

一是高新技术产业园区“二次创业”工程。发挥政府规划在推动高新技术产业发展中的作用，加快制定全省高新技术产业园区和产业化基地的建设规划，引导并组织一批产业基础好、创新能力强的地区，建成省级和国家级高新技术产业基地；充分发挥不同园区和基地的比较优势，集中力量培育新建数字媒体、输变电装备、轨道交通装备及零配件、模具设计制造及配套、电动汽车及零配件、高纯金属材料、林纸一体化等特色产业基地；创新招商引资和技术合作方式，积极引进国内外战略投资者，积极承接和吸纳国内外高新技术产品制造和研发的转移；重视技术引进、消化吸收再创新，促进湖南省高新技术产业结构优化、技术升级、规模扩大。

二是产业自主创新促进工程。推广国际省际共建、部省共建、产学研官共建等方式，在具有优势的关键领域，组建以企业为主体的工程（技术）中心和工程实验室，逐步形成国家级、省级工程（技术）中心、重点实验室和企业技术中心三位一体的新型高新技术产业化创新平台；鼓励围绕重点产业领域通过原始创新、集成创新、引进消化吸收再创新，形成具有自主知识产权的核心技术、关键技术和共性技术，不断提高高新技术企业的自主创新能力，逐步形成一批具有自主知识产权和知名品牌的高新技术产品、技术和产业。

三是新兴产业培育工程。统筹成熟型高新技术产业与潜力型高新技术产业布局，大力培育数字动画和数字视讯、智能工程机械及零配件、现代轨道交通装备及零配件、特高压输变电装备、高纯金属材料、现代种苗业、林纸一体化、现代物流业、电动汽车及零配件、数控机床与现代仪器仪表、绿色家电制造、新能源与高效节能、环保设备制造、生物资源提取及转化、创新药物与高技术医疗服务等15个有竞争优势和发展前景的新兴高技术产业，使之成为湖南省高新技术产业发展的后备梯队，形成新的增长点。

四是传统产业提升工程。坚持用信息化带动工业化。重点抓好企业信息化示范工程，促进设计、制造过程和产品的数字化和信息化。大力发展电子商务。突出抓好中小企业信息化区域公共服务平台建设，重点在长沙、株洲和湘潭等地推广ASP专项成果，构建中小企业信息化公共服务平台，为中小企业提供技术集成、工艺配套、信息交流和技术开发等服务。发展循环经济，引导钢铁、有色、建材等对循环经济发展有很大潜力的产业推广应用节能、环保、资源节约型新技术和新产品，降低产业的能源和原材料消耗，增加经济效益。

2. 重大专项

一是促进产业集聚专项。精选实施一批市场容量大、技术含量高、产业链条长、对经济发展有重大推动作用、经济效益好的重大高新技术产业化项目，通过项目带动，实现产业集聚和完善产业链。

二是公共创新平台建设专项。通过公共财政的适度投入，支持以提高产业技术创新能力为目标和对经济、社会发展有明显拉动作用的技术创新基础设施公共平台建设，如大型科研条件协作平台、科技投融资服务平台、孵化器平台、网上科研服务平台和科技信息服务平台等。

三是区域合作技术引进专项。重点支持促进湖南省高新技术产业技术升级、规模扩大、结构优化的技术引进和区域合作项目；促进资金、人才、技术同步引进、紧密结合的项目；通过技术引进，实现消化和吸收再创新等措施，能形成自主知识产权的项目。

3. 政策措施

（1）完善产业发展政策。加快制定《湖南省高新技术产业发展条例》，重点规范省级高新技术产业园区和产业基地的建设管理办法；改革高新技术产业园区的用地政策和管理机制，促进园区高新技术产业的二次创业和持续发展。定期修订颁布《湖南省优先发展的高新技术产业化重点领域指南》，制定鼓励和引导中小企业进入优势产业链和大企业集团的特殊政策，促进集群中企业的产业分工及产业补缺，增强产品配套能力，形成一批上下游关联度大、带动作用强的产业链和以优势企业为龙头、主业突出、核心竞争力强的大企业集团。参照《国家高新技术产品目录》，根据本省具体情况确定高新技术产品的范围，制定《湖南省政府采购的非约束性规定》和政府采购技术标准和产品目录，形成明确、可操作的制度和规则。通过预算控制、招投标等形式，引导和鼓励政府部门、企事业单位择优购买高新技术及其设备和产品。

（2）健全产业投融资体系。设立引导高新技术产业发展的专项资金，以资金注入、贷款贴息、融资担保为主要形式，支持重大高新技术产业化、产业发展基础设施建设、孵化器及各类技术创新公共服务平台建设。政府利用基金、贴息和担保等方式，引导各类商业金融机构对高新技术企业自主创新与产业化、对国家和省级立项的高新技术项目给予信贷支持。加快建设高新技术企业和个人征信体系，促进各类征信机构发展，为商业银行改善对中小高新技术企业的金融服务提供支持。培育高新技术企业在资本市场融资的外部环境，支持有条件的高新技术企业在国内主板和中小企业板上市。落实国家对中小企业担保基金的各项优惠政策，鼓励国内外风险投资机构及各类投资主体在湖南省设立风险投资机构和各类能为企业提供技术创新服务的中介机构。采取积极措施，通过财政支持等方式，扶持发展区域性产权交易市场，拓宽创业风险投资退出渠道。支持符合条件的高新技术企业发行公司债券等。

（3）建立产业自主创新的政策体系。发挥财政资金对激励企业自主创新的引导作用，激励企业开展技术创新和对引进先进技术的消化吸收与再创新。引导和支持大型骨干企业开展竞争前的战略性关键技术和重大装备的研究开发，建立具有国际先进水平的技术创新平台，加强面向企业技术创新的服务体系建设。完善知识产权创造、保护和运用的机制，营造良好的技术创新环境。重点支持在湖南省优势高新技术产业领域创造一批关键技术和重要产品的自主知识产权和技术标准；形成一批拥有自主知识产权、知名品牌和较强国际竞争力的优势企业。建立健全知识产权保护体系，加大保护知识产权的执法力度，依法保障科技人员的知识产权权益，保护发明成果完成人的合法权益。建立和完善专利、标准信息查询公共服务平台，为企业提供知识产权基础服务。对企业“消化吸收再创新”给予政策支持，对“消化吸收再创新”形成的先进装备和产品，纳入政府优先采购的范围。支持产学研联合开展消化吸收和再创新，共同跟踪国际先进技术的发展，并在消化吸收的基础上，共同开展自主创新活动。

（4）鼓励扶持高新技术产品出口。积极向国家商务部和财政部申报争取高新技术出口产品技术改造贴息、出口产品研发资金的支持。在省外贸出口发展基金中列支高新技术产品出口专项资金，用于扶持和鼓励高新技术产品出口企业。鼓励企业以保证、抵押、质押和定金等多种担保方式获得出口信贷，解决流动资金短缺的困难。对于资信好的高新技术产品出口企业和科研院所，应在核定授信额度内免于资产抵押。建立和完善高新技术产品进出口信息服务体系和中介服务机构，加快建设高新技术产品进出口电子商务平台，充分发挥驻外经商处桥梁和窗口的作用，向高新技术进出口企业提供全面、及时和透明的贸易信息服务。加强高新技术产品进出口的风险评估、预警与监控等技术性贸易措施体系建设。

（5）建立人才开发、激励和引进机制。加大对以高水平研发人才、高技能生产人才和高层次管理人才为主体的高新技术产业专门人才的培养。积极推行期权、年薪制、技术入股等激励措施，完善科研人员和高级管理人员的报酬体系。建立有利于高科技人才有序流动的机制，制定吸引国内外科技专家、企业家参与高新技术研究开发和高新技术企业创业的优惠政策，支持回国留学人员及省外科技人员来湘创办高新技术企业、从事高新技术研究，加快形成开放、流动、人尽其才的用人机制，推动科技界与产业界的联系交流，提高高新技术研发水平和产业化水平。

湖南省发展和改革委员会高技术产业处

20

“十五”湖北省高技术产业发展情况

一、“十五”期间高新技术产业发展的基本情况

“十五”以来，湖北省委、省政府把加快发展高新技术产业提到了新世纪湖北省发展的首要战略地位，加大对高新技术产业发展的扶持力度，制定出台了一系列政策措施，有效改善了高新技术产业发展环境；加强创新能力建设，倾力做大做强高科技产业园区和国家光电子产业基地，推动骨干企业和民营科技企业加快发展，增强了高新技术产业持续发展的能力；通过组织建设国家高技术产业化项目，设立光电子信息、生物技术与新医药等重大专项，引进重大合资合作项目，培育了高新技术产业新的增长点。全省高新技术产业呈现出良好的发展态势，具体表现在以下几个方面。

一是高新技术产业持续快速发展，规模迅速扩大。2005 年，全省高新技术产业完成总产值 1 596 亿元，与“九五”末相比，翻了一番多，年均增长 20%；完成增加值 647 亿元，年均增长 16.8%，其中高新技术制造业实现的增加值达到 533 亿元，年均增长 17.6%，高于工业增加值增幅 5 个百分点。目前，湖北省生产的光纤光缆、光通信系统（设备）及元器件、激光加工设备、3C 和 3S 软件、电动汽车、生物制品、抗病毒药物、氨基酸、核黄素、酵母、转基因农作物品种等的产量均位居全国前列，已经成为全国重要的研发和生产基地。

二是推动产业结构升级的作用日益明显，对区域经济的贡献逐步提高。近几年，随着科技成果转化及高新技术产业化步伐的不断加快，2005 年，高新技术产业增加值占全省生产总值的比重比 2000 年提高了 2.9%；高新技术制造业增加值占规模以上工业的比重比 2000 年提高了 3.1%；消费类电子产品迅速崛起，电子信息产业已成为湖北省重要的支柱产业之一；信息技术、生物技术的广泛应用以及与传统产业的加速融合，有效提高了传统产业的市场竞争力，加快了传统产业的现代化进程，为传统产业在更高技术层次上发展开拓了广阔的空间；软件、网络、系统集成、数字内容产业的快速扩张，成为信息服务业新的增长点。高新技术产业在国民经济中的重要地位引起了各方面的关注。

三是创新能力稳步提高，高新技术企业发展迅速。目前，湖北省建有国家（重点）实验室 14 个、国家工程（技术）研究中心 15 个、国家认定企业技术中心 14 个、孵化器企业 52 家，数量位居全国前列。“十五”前四年，湖北省取得重大科技成果 750 项，获得授权专利 10 555 件，其中发明专利 1 539 件。在光纤通信、激光、空间地理信息、病原微生物、植物功能基因、新材料等领域自主开发了一批有知识产权的重大科技成果，培育发展了一批有一定创新能力的高科技企业。到 2004 年底，全省高新技术企业达到 1 847 家，其中销售收入超过 10 亿元的有 18 家，超过亿元的达到 178 家；全省民营科技企业发展到 2 200 家，实现销售收入 630.4 亿元，为“九五”期末的 4 倍多。

四是武汉国家光电子产业基地建设成效显著，已成为湖北省高新技术产业发展重要的增长极。国家第一个光电子产业基地落户湖北武汉，极大地推动了湖北省信息、能量、消费光电子产业的发展，国外、省外投资者看好“中国光谷”，产业链逐步扩展，集聚发展、特色发展正在形成气候。目前，武汉国家光电子产业基地已经成为中国最大的光纤光缆生产基地、中国光通信领域实力最强的科研开发基地、中国最大的激光设备生产基地，培育了一批具有核心竞争

力的企业和产业，抢占了全球12%的光纤光缆和8%的光电器件产品的市场份额。在“中国光谷”的影响和带动下，各地高新区突出特色、创新体制、营造环境，加快高科技产业园区的发展已经成为全省高新技术产业化的重要载体和区域经济增长的火车头。

“十五”期间，全省高新技术产业克服全球IT市场大调整的影响，从2004年开始，逐步摆脱了前几年低速徘徊的困境，重新进入了持续快速增长的轨道。2005年，全省高新技术制造业完成增加值同比增长23.5%，实现销售收入1 461.8亿元，同比增长21.4%；实现利税158亿元，同比增长20.7%，速度和效益呈快速增长态势。“十五”取得的成就，为湖北省加快高新技术产业发展奠定了坚实的基础，积累了重要的经验。

二、“十五”主要工作的回顾

“十五”以来，湖北省发展改革高新技术产业系统按照“抓宏观、谋大事，拟政策、创环境，抓项目、促发展”的要求，围绕“国家有地位，省里有作为，市州有影响”的目标，认真履行工作职能，积极探索业务工作的新路子，努力做到“想国家之所想、急政府之所急、帮企业之所需”，取得了一系列富有成效的工作成果，对全省高新技术产业发展和科技进步起到了积极的作用，多次受到国家有关部门省委和省政府领导的好评，引起了社会各界的关注。2004年，湖北省发改委被国家发改委等八个部委联合授予“全国科技兴贸工作先进单位”的称号。回顾和总结五年的工作实践，可以得出以下几点结论。

（一）加强战略研究、搞好发展规划是宏观引导的重要基础

高新技术产业是战略性先导产业，其高投入、高风险、高成长性的发展特征对我们从前瞻性、战略性、宏观性的高度把握未来发展趋势及谋划产业发展提出了新的要求。我们唯有加强重大战略问题研究、精心做好规划、明确发展思路和重点，才能在宏观引导的工作中争得主动。因此，“十五”期间，湖北省组织社会各方面的力量，先后开展了“湖北省高新技术产业化优势领域及重大项目选择研究”、“湖北省重大科技成果转化及产业化对策研究”、“湖北省信息产业发展战略与对策研究”、“湖北省新材料产业发展战略与对策研究”、“湖北省生物技术与新医药产业发展战略与对策研究”、“建设湖北省高新技术发展区对策研究”、“发展高新技术产业，促进‘中部崛起’对策研究”等九大课题研究。这些研究成果不仅为我们摸清现状、理清思路、明确发展方向和重点提供了极大的帮助，而且为规划编制、为省委省政府的重大决策和宏观引导提供了重要依据。我们在不断探索和继承创新中确立了以高新技术产业化、传统产业现代化、经济社会信息化为主攻方向，以高新技术研究开发、工程化、产业化为重点，以重大项目为支撑，发展“四大产业群”、建设“十大工程”、形成“五大基地”的工作主线，引起了省委、省政府的高度重视，得到了国家发改委的支持和省有关部门的关注和响应。上述成果中，“湖北省高新技术产业化优势领域及重大项目选择研究”、“湖北省信息产业发展战略与对策研究”分别获原国家计委和湖北省科技进步二等奖。

在此基础上，从光通信、激光、移动通信、数字电视、软件、显示器件等关键产业规划起步，组织编制电子信息、生物医药、新材料、光机电先进制造、电子政务、企业信息化等13个专题规划，建立了以高新技术产业和信息化两个专项规划为重点，以重大战略问题研究为指导，以专题规划为基础，以重大工程、重点项目为支撑，从省到市州的全方位、立体式的规划体系。

湖北省“十一五”高新技术产业发展专项规划和“十一五”信息化专项规划从2003年启动，经多次组织专家咨询论证、反复征求市州和省有关部门的意见，目前进展顺利。《湖北省“十一五”高新技术产业发展专项规划》（汇报稿）已完成，并已向分管省长和国家发改委高技术司汇报；《湖北省“十一五”国民经济和社会发展信息化专项规划》（送审稿）也已形成。在规划编制过程中，湖北省发改委注意创新编制方法，夯实前期工作基础，发挥主管部门的作用，强化项目支撑，使得规划的指导性及与实际工作的结合度明显增强。

（二）加强政策研究、营造发展环境是发挥职能作用的重要体现

良好的发展环境是市场主体培育及成长的重要基础，是产业发展的主导动力之一。随着市场经济的不断发展，作为政府综合部门，如何研究完善政策、营造良好的发展环境，显得极为重要。“十五”以来，我们把加强高新技术产业发展政策的研究放在突出位置，先后组织开展了“湖北省高新技术产业发展政策研究”、“湖北省高新技术产业投融资支撑体系研究”等项目，对调动和激发全社会各方面的力量、发展高新技术产业起到了积极的作用。有些政策建议被省委、省政府和国家发改委采纳。比如，2001年提出的关于设立高新技术产业化引导资金专项，2003年提出的关于设立光电子信息、生物医药专项的建议得到了省政府主要领导的充分肯定和大力支持。省政府于2002年设立了高新技术产业化引导资金专项，2004年设立了省光电子信息、生物医药两个专项，使我们的调控手段由2000年以前的200万元发展到2002年的1 200万元，到2004年进一步增加到6 200万元，而且考虑到实施“村村通电话工程”，2006年将达到8 200万元。省发改委研究提出的关于突破性发展壮大湖北省显示产业的政策建议，得到了省政府领导的重视，在临时机构压缩的背景下，省政府批准成立了省显示产业发展工作领导小组，并将办公室设在省发改委。该机构与信息产业

厅研究提出的“加快软件产业发展的政策建议”，与科技厅研究提出的“关于加快发展高新技术产业的政策建议”等方案，经省长办公会研究讨论，分别以鄂政发［2004］1号和鄂政发［2005］31号予以印发。

（三）建设产业基地、推动集聚发展是加快产业发展的有效途径

五年来，湖北省发改委按照国家发改委提出的产业化、集聚化的发展思路，大力加强特色产业基地的建设，增强创新优势。

一是策划建设“武汉·中国光谷”。选择武汉市高新技术产业最具比较优势的光电子信息产业为突破口，经过充分调研和咨询论证，向原国家计委提出了在特色突出、具有比较优势的区域建设若干高技术产业基地，推动产业集聚发展的研究报告。得到原国家计委主要领导认同后，按照“突出特色，整合优势，发展产业群，形成产业链”的思路，及时向国家申报了在武汉东湖开发区建设国家光电子产业基地，即“武汉·中国光谷”的建议，得到了原国家计委的支持和批准，全国第一家光电子产业基地落户湖北武汉。几年来，在国家发展和改革委员会的大力支持下，武汉国家光电子产业基地取得了长足发展，成为国家光电子信息产业的一个重要支点，集聚效应和辐射作用日益显著。

二是策划建设武汉国家软件产业基地。为加速湖北省3S、3C、通信支撑软件、信息安全软件等特色软件产品扩大产业规模，省发改委联合省信息产业厅等部门，积极组织策划建设武汉国家软件产业基地。在广泛调查摸底和多次专题论证的基础上，组织编制了《武汉国家软件产业基地建设方案》，并向国家发改委做了多次汇报。为支持武汉软件产业基地建设，高技术司推介微软公司在武汉建立技术中心，项目运作进展顺利。

三是策划建设武汉国家生物技术产业基地。为加速省生物技术产业发展，充分发挥武汉城市圈龙头带动作用，从去年年初开始，省发改委组织有关单位，以武汉、鄂州现有生物、医药产业资源为基础，依托武汉东湖开发区和鄂州葛店开发区现有的4个生物园、医药园，进行资源整合和系统策划，谋求建设武汉国家生物技术产业基地。目前，《武汉国家生物技术产业基地发展总体规划》已上报国家发改委，并向高技术司作了专门汇报。

国家高科技产业园区和基地对引导资源合理配置、加速相关产业集聚发展的辐射带动作用，有力推动了湖北省高新技术的发展。2005年，全省13个高新区的高新产业增加值占全省增加值的比重超过45%，出口创汇超过70%。

（四）组织重大项目、强化监督管理是推进高新技术产业化的基本抓手

“十五”以来，国家为突破高技术产业发展的瓶颈，优化提升传统产业，大力推进高技术产业化，设立了十二大高技术工程和20多个重大产业化专项。湖北省发改委抓住国家加大投入的机遇，围绕重大专项的组织实施，按照“突出优势，体现特色，组织大项目，构建产业群，培育大产业”的思路，积极做好项目策划工作，指导项目单位编制好项目申报材料，落实好项目建设条件，积极争取国家项目。湖北省发改委在项目通过初选后，帮助项目单位认真准备专家答辩资料；在项目评估和审理过程中，组织企业做好汇报衔接工作，有针对性地解决可能存在的问题，从而使项目申报的质量明显提高，获得国家支持的项目从“十五”以前的每年3～4个大幅度增加到现在每年的20个左右。比如2005年，围绕国家汽车电子、软件、下一代互联网、产业升级、电子商务、信息安全、生物技术、现代农业等专项，上报了56个项目，经过初选、专家答辩、咨询评估等一系列程序，共有22个项目列入国家专项计划，获得了国家补助资金1.92亿元。到2005年底，湖北省累计争取到国家高技术产业发展项目105个，总投资78亿元，争取国家补助资金9.58亿元，带动银行贷款27.19亿元。这批国家项目的建设实施，为湖北省一批产业关键共性技术的开发、特色优势产业的成长、产业结构的优化升级发挥了重要作用。湖北省省长最近在省发改委呈送的报告上批示：“很有成效，继续努力，争取‘十一五’有更多的项目得到国家支持。”

与国家组织实施一系列重大专项相呼应，为加快重大科技成果转化及产业化的步伐，巩固和发展湖北省在光电子信息、生物医药等方面形成的优势，湖北省设立了光电子信息、生物医药两个省专项，由省发改委主持实施。在专项运作过程中，省发改委吸收以往组织项目的经验，在专项的方案设计、原则确定、重点选择、程序简化、运作规范、支持方式等方面做了一些积极的探索。按照“先做规划，后选项目”、“先做调研，再提方案”的原则，加强了总体设计，建立了一系列管理制度；为规范程序、选好项目，建立了网上申报系统，征集项目；为选准项目、严格把关，除依靠专家、部门对项目技术、市场等进行评审论证外，加强了项目现场考察。为充分发挥政府专项资金的引导和示范作用，有效调动社会各方面力量发展高新技术产业，省发改委研究提出了“贷款贴息、投资补助、财政借款”等三种支持方式，并明确主要支持“使用银行贷款”和“引进境外、省外资金”的在建项目等，受到了省主要领导的肯定及国家发改委的好评，国家发改委高技术司去年将湖北省发改委的做法作为政府专项引导资金管理的改革尝试，在《工作动态》上向全国通报，省政府在《政府调研》上也进行了宣传。两年来，1.2亿元专项资金共支持光电子信息和生物医药方面的项目达到140多个，共带动银行贷款约25亿元，引导境外、省外资金注入近10亿元。由于两个省专项较好地发挥了政府投资的引导和示范作用，湖北省省长对省发改委在调查汇总基础上形成的《省光电子信息、生物医药专项实施情况的调研报告》给予了充分肯定，并要求将专项的管理方式推广应用到省有关投资资金当中。

在积极组织争取国家项目、用好省专项资金、加大对高新技术产业支持力度的同时，湖北省发改委还切实加强了在建项目的管理。一方面制定并出台了《湖北省高新技术产业发展项目实施管理暂行办法》、《湖北省高新技术产业化

引导专项资金管理办法》和《湖北省三个新增经济发展专项资金管理暂行办法》等，使投资者和项目业主有法可依，依法办事。另一方面，通过组织检查、开展稽查、按进度拨付项目资金和协调服务等办法，加大项目实施监管工作的力度，提高项目的建设质量，使国家和省支持的项目在促进产业升级、推动产业集聚发展、培育新的经济增长点等方面发挥了重要作用。如武汉邮科院、烽火网络、华工激光、凡谷电子、宜昌人福药业、仙桃中星电子、武穴广济药业、石首楚源集团、恩施八峰药化等企业，通过组织实施重大高新技术产业化项目，已明显成为发展高新技术产业的排头兵和当地的利税大户，成为湖北省发展高新技术产业的主力军，对全省及所在地高新技术产业发展的推动作用显著。

（五）加强协调配合、提高服务质量是推进政府职能转变的重要内容

近几年，湖北省发改委按照转变职能的要求，注意加强与相关部门的协调配合，提高对企业、对基层、对群众的服务质量，综合协调和公共服务的作用明显增强。在政策制定、项目调研、申报、评审、实施、验收等多个环节，都注重与有关部门衔接，邀请部门参与。并与财政厅、科技厅、信息产业厅、统计局、经委、通信管理局、药监局、高新技术开发区等部门建立了良好的部门协作关系，互相配合，加强工作交流与信息沟通。如与省统计局、科技厅、信息产业厅协商建立了省高新技术产业形势分析联席会议制度，每季度召开一次形势分析会。与省工商联联合对湖北省大专院校及科研院所的科技成果进行了调查摸底，向民营企业、外商投资企业推介了20多个科技成果转化项目。与科技厅等部门协商和衔接，通过完善计划体系、规范计划内容、明确计划分工等方式，将省发改委、省科技厅组织实施的国家级、省级高新技术产业项目和科技攻关项目汇集在一起，编制了覆盖研究开发、工程化、产业化、科研基础设施建设等各环节统一的高新技术产业发展项目计划，使得全省高技术产业发展项目计划的层次和内容更加丰富、范围更加广泛、组织管理更加规范，计划的影响力进一步增强。

在为企业服务方面，我们积极转变观念，加强服务工作。一方面积极为高新技术企业上市做好服务工作，支持符合条件的企业上市，帮助企业利用资本市场融资，先后有东湖高新、华工科技、安琪酵母、烽火通信、精伦电子等公司依托省发改委批准的高新技术产业化项目申请上市获得成功。另一方面，我们积极做好推介工作，为投资商推介科技项目，为科技成果持有者推介投资商，为企业招商引资服务，为科技项目与投资商对接牵线搭桥，并相继有武汉中百、武商、中商、华中信息、武钢、东风等大型企业和上市公司进入高新技术产业领域，拓展发展空间，投资建设高新技术产业化项目。近年来在省政府举办的赴欧招商、赴日韩招商和赴港招商等重要对外经贸活动中，高新技术产业也已成为重要内容。

上述成绩的取得，主要得益于国家发展和改革委员会高技术司对湖北省高新技术产业发展的支持和指导；得益于省委、省政府的高度重视及加大投入的政策倾斜；得益于湖北省科技人才、成果众多的优势；得益于全省发展改革高新技术产业系统广大干部职工的爱岗敬业、团结协作、与时俱进、开拓创新和不懈努力。但由于任务重、头绪多、要求高，我们的工作中也还存在深入企业调查研究不够、对申报项目把关不严、对在建项目缺乏有效监督管理以及对产业发展中的问题研究不透等问题。

三、“十一五”全省高新技术产业的发展重点

“十一五”是湖北省高新技术产业发展的关键时期。《湖北省“十一五”高新技术产业发展规划》提出的“十一五”期间全省高新技术产业的发展思路、总体目标和发展重点的主要内容如下。

（一）发展思路

坚持“改革开放、自主创新并举，做专做精、做大做强并重”的工作方针，以培育特色产业集群，提升产业价值链，增强产业竞争力为重点，优化发展环境，突出比较优势，集成国内外优势资源，重点突破，集约发展。

（二）总体目标

高新技术产业得到突破性发展，成为湖北省经济重要的支柱产业；初步建成特色鲜明、优势突出、竞争力强的高新技术产业发展区；高新技术产业规模、结构和运行质量位居中西部前列。高技术产业增加值年均增速保持在17%，到2010年力争达到1 380亿元（其中制造业增加值1 150亿元，年均增长17.6%；信息服务业增加值230亿元，年均增长13.9%），占全省GDP的比重达到10%；建成比较完善的光电子产业链；形成3～5家销售收入达到百亿元左右的企业，10家50亿元左右的企业；争取全省全社会R&D投入占GDP的比重达到1.5%；高新区高新技术产业增加值年均增长20%以上，到2010年达到580亿元。

（三）发展重点

（1）做大做强电子信息产业。抓住国家加强自主创新、提高产业核心竞争力、推动信息产业由速度规模型增长向创新效益型增长转变、实现集约发展政策的机遇，突出特色，发挥优势，加强自主创新，做大规模，做强产业，提升

产业核心竞争力，建成光电子产业强省。力争到2010年全省电子信息产业规模达到1 200亿元，年均增长20%；增加值达到340亿元，年均增长23.8%。

（2）加快发展生物技术与新医药产业。充分发挥湖北省资源、技术、人才及产业的优势，面向健康、农业、环保、能源和材料等领域的重大需求，努力实现关键技术、重要产品研制和产业化的新突破。争取到2010年全省生物技术与新医药产业规模达到330亿元，年均增长15.6%；增加值达110亿元，年均增长16.6%。

（3）积极发展新材料、光机电先进制造产业。加快发展新材料、光机电先进制造、环保节能等具有一定特色优势的新兴产业，培育新的增长点。

（4）大力发展信息服务业。大力发展以信息技术、网络技术和数字技术为基础的通信业、互联网产业、数字内容产业、现代邮政业、电子商务等新兴服务业以及系统集成服务业和科技中介服务业，为提高国民经济的运行效率和市场竞争力提供支撑。

（5）加强自主创新能力建设。贯彻落实自主创新、重点跨越、支撑发展、引领未来的方针，加快建设区域创新体系，大力提高原始创新能力、集成创新能力和引进消化吸收再创新能力。到2010年，力争全省研究开发投入经费占生产总值的比重达到1.5%，在基础研究领域继续保持全国领先地位，科技进步对经济社会发展的支撑作用明显增强。

（6）积极利用高新技术改造传统产业。坚持信息化带动工业化，加快推进信息技术、现代生物技术在传统产业中的应用与融合。

（7）积极推动产业集聚发展。按照“建设高新技术发展区，推动产业集聚、实现规模发展”的要求，充分发挥武汉等大中城市的科技、人才、技术及产业优势，以营造良好的创新创业环境为重点，在发挥市场配置资源基础性作用的同时，通过规划引导和政策倾斜，加快建设湖北省高新技术产业发展区，进一步突出和增强武汉城市圈在全省高新技术产业发展中的中心地位，不断提升东湖、襄樊等新技术开发区的辐射作用，尽快形成“一主两翼”（以武汉为主体，“襄——十——随”和“宜——荆——荆”为两翼）的高新技术产业格局，促进湖北省高新技术产业集聚发展。组织实施“三大工程”，重点培育发展“十大特色优势产业群”。

（8）加速推进国民经济和社会信息化。坚持信息化带动工业化的方针，以信息资源开发利用为核心，以企业信息化、公共管理信息化和社会事业信息化为重点，加强信息基础设施建设，推广普及信息技术的应用，充分发挥信息化在带动工业化中的关键作用。到“十一五”期末，湖北省国民经济和社会信息化水平争取跃上新台阶，在中西部地区居于领先地位。

湖北省发展和改革委员会高技术产业处

21

“十五”河南省高技术产业发展情况

一、“十五”河南省高技术产业发展的基本情况

“十五”以来，河南省按照国家提出的“总体跟进，重点突破”的高技术产业发展战略，大力推进自主创新，着力营造良好环境，积极承接产业转移，把加快发展高技术产业和用高新技术改造传统产业放在优先地位，高技术产业发展取得了长足进步。主要体现在以下几个方面。

（一）产业规模不断扩大

据统计局统计，2005 年全省高技术产业实现销售收入 307 亿元，同比增长 31.2%，增加值 106 亿元，同比增长 16.4%；占全省工业销售收入和增加值的比重分别为 3.1%、3.3%。另据省科技厅统计，2005 年全省高新技术产业实现销售收入 2 200 亿元，增加值 860 亿元，同比增长分别为 22.2% 和 21.1%；占全省工业销售收入和增加值的比重分别达到 21.9% 和 26.6%。优势领域初步形成，河南省已成为全国重要的彩电玻壳、新型电池、血液制品、抗生素原料药和超硬材料生产基地，市场占有率均居全国前列。

（二）产业集聚效应初步显现

据科技厅提供的数据，全省经认定的高新技术企业已达到 1 608 家，其中电子信息、生物医药、新材料等行业高新技术企业约占总数的 65%；郑州、洛阳、新乡、许昌、安阳、鹤壁六市高新技术企业约占总数的 74%。

开发区和特色园区正在成为高新技术产业的主要聚集地。全省 27 个开发区聚集了约 58% 的高新技术企业；郑州、洛阳 3 个国家级开发区建设成效显著，完成约高新技术产业增加值占全省的 16.5%，形成了明显的积聚效应；超硬材料产业基地、显示器件、电池和电力电子等产业园进入了国家产业基地和园区行列。

（三）自主创新取得突破

“十五”期间，河南省在高新技术领域取得省级以上奖励的科技成果 1 017 项，其中国家级 55 项，获得授权专利 14 949 项，其中发明专利 1 210 项，分别比“九五”增长 51% 和 197%；认定高新技术产品 2 085 种，比“九五”增长 103%；培育省级以上审定的优质高效农作物新品种 289 个，比“九五”增加 137%，数量居全国首位。

许继集团为国内第一个“背靠背直流工程”设计并研制出成套保护装置，具备了自主开发国际先进水平的直流控制保护系统和成套装备的能力；洛阳中硅建成了中国第一条具有自主知识产权的多晶硅规模化生产线；洛玻集团在国内首家实现 TN 液晶显示器用超薄玻璃产业化；“郑麦 9023”优质专用小麦获国家科技进步一等奖，实现了中国食用小麦出口零的突破；中色科技开发出国内幅面最宽、产能最大、精度最高的系列化铝板带箔合金轧机；郑州拓普拥有自

主知识产权的XGK系列轧机市场占有率达到30%。

（四）高新技术改造传统产业步伐加快

“十五”期间，高新技术改造传统产业步伐加快。许继、宇通客车、中信重机等优势企业着力自主创新，形成了较强的市场扩张能力。已有27家高新技术企业进入全国“双五亿”企业行列。目前，河南省钢铁连铸比达到100%，吨铝综合电耗比全国平均水平低300kW·h，新型干法水泥的比重达到43%。新产品产值率、工业固体废弃物综合利用率分别达到6.5%和67.5%，比“九五”期末提高了160%和30%。

（五）科技创新支撑发展的能力增强

2005年，全省技术研发机构达到1 423个，其中国家级企业技术中心、工程中心、重点实验室和博士后工作站90个，比“九五”期末增加了29个。以推动企业建立创新主体地位为目的的国家级企业技术中心达到20家，在全国居第5位；省级企业技术中心总数已达到223家。全省科研院所117家，其中中央驻豫科研院所38家；在豫工作两院院士16人，全省拥有专业技术人员140万人，从事科技活动人员15万人，居全国第10位。

（六）国民经济和社会信息化水平不断提升

全省电信业务总量从2000年的175亿元增长到2005年的530亿元，年均增长24.8%，业务收入从2000年的129亿元增长到2005年的233亿元，年均增长率12.5%。电信网络不断扩大，通信能力显著增强。截止2005年底，公用电信网光缆长度达到21.06万千米，比2000年年末增加11.89万千米，增长了129.6%；全省有线电视用户达到476万户，互联网用户达到275万户；全省电话用户总数达到3 678万户，比2000年的1 225万户增长了2倍，固定电话网、移动电话网均覆盖了全省全部乡镇，数据通信网覆盖了全部县市和多数乡镇。编制了全省电子政务建设规划，重点建设项目陆续启动，政府信息公开程度和服务公众能力明显提升。双汇集团、天方药业等龙头企业信息化进程加快，推动了企业产品生产过程、管理、销售信息化和企业资金流、物流、信息流的数字化。

（七）产业发展环境不断优化

“十五”期间，在落实国家扶持高技术产业发展政策的同时，河南省制定、出台了《省委省政府关于加强科技创新、促进中原崛起的意见》、《河南省促进创业投资发展暂行办法》、《关于加强企业技术创新的意见》、《河南省认定企业技术中心管理办法》等一系列加速高技术产业发展的政策，基本上形成了相对完善的高技术产业发展的政策体系。随着政策体系的完善和政策支持力度的加大，河南省产权交易市场进一步完善，中介机构数目增多，创业投资机构从无到有，为推动高技术产业发展创造了良好环境。

二、2006年高技术产业发展的主要思路和发展重点

随着“十五”计划的全面完成，河南省经济社会已站到新的战略起点上，进入全面提升产业层次、加快经济转型、促进经济协调发展的新阶段。做大做强高技术产业是实现科学发展、改变粗放型增长方式的重要途径，对于河南省在日益激烈的区域竞争中赢得先机，走在中部崛起前列有着十分重要的意义。

初步考虑，“十一五”期间，河南省高技术产业发展的主要任务是：立足比较优势，加强自主创新，加快产业化步伐，大力引进外来高新技术企业，着力提升高新技术产业对经济增长的贡献度。集中目标、形成合力、整合资源、重点突破，把电子信息、生物、新材料培育成具有核心竞争力的新兴先导产业，为本世纪第二个十年河南省产业结构战略性调整、形成新的支柱产业、实现更快更好发展奠定基础。

2006年，高技术产业发展工作的主要思路是：围绕“十一五”发展的主要任务，重点提升电子元器件、新型电源两个优势产业，做强硅半导体材料及太阳能电池、新型显示材料及精深加工、超硬材料及制品三大产业链，发展生物医药、生物能源、新型功能材料三个高成长性行业，培育数字视听、网络及通信、计算机、软件四类优势产品，壮大郑州、洛阳、新乡、许昌、安阳、鹤壁六个高技术产业集群，逐步形成安阳—许昌沿京广高技术产业带。

2006年高技术产业发展工作的重点如下。

（一）切实抓好项目建设，为“十一五”规划的实施开好头、起好步

2006年，全省“十一五”规划实施的高新技术产业发展项目为121项，要力争完成投资45亿元。一是认真做好项目前期工作，积极创造建设条件，确保洛阳中硅公司年产2 000吨多晶硅、郑州威科姆公司年产100万线IPTV系统及终端等54个重点项目开工建设。二是加强跟踪协调和服务，及时协调解决项目建设中存在的问题，努力推动郑州安图生物公司1.5亿人份微生物快速筛查和鉴定试剂、新乡神舟晶体年产20万片砷化镓单晶片等35个续建项目按计划进度施工。三是加强竣工投产项目的工程扫尾和投产准备工作，推动河南金丹乳酸公司年产1.5万吨医药级乳酸、河南富

耐克超硬材料公司年产 6 000 万克拉高品级立方氮化硼等 32 个项目尽早发挥经济效益。同时要认真做好漯河天翼生物公司出口型高档名优水果示范工程等 19 个国家高技术产业化项目和省高新技术产业化贴息项目的验收工作。

（二）加快推进国民经济和社会信息化

一是积极推动省电子政务外网、内网、政府综合门户网站、宏观经济数据库、空间地理信息系统、“金盾”工程、“金保”工程、安全生产管理信息系统等重点电子政务项目建设。确保开通与国家、各省辖市、省直有关部门联通的省电子政务外网平台，实现项目备案、审批等应用系统的并网运行；启动电子政务内网管理中心及其应用系统建设；实现省政府综合门户网站的试运行；完成省宏观经济数据交换平台及发布查询系统、统计数据采集处理平台等，基本建成省宏观经济数据库；完成“金盾”工程公安综合管理信息系统、治安与人口管理、出入境管理等九大业务信息系统；完成“金保”工程社保分工程应用软件的本地化开发与试点。继续推进农业信息化，在完成郑州市试点工作的基础上，扩展网络 DVD 河南省农村综合信息化项目的覆盖范围，启动河南省“金牧阳光”工程；积极推动中国联通中原农业信息网络建设。

（三）加强自主创新，努力提高创新能力

一是加强产业重大技术创新。围绕“十一五”规划的重大产业技术创新专项，重点开发千吨级多晶硅、液晶显示器玻璃、生物柴油、超硬材料制品、新型铝合金及铝精密轧制、甲醇高效制备二甲醚和烯烃、食品常温保鲜和营养功能性调理食品、新型数控机床、高效节能选矿设备等关键产业化技术。二是加强企业自主创新能力建设。以百户重点企业和 50 户高成长性企业为重点，支持企业建立技术中心，力争 2 家企业技术中心进入国家序列，新认定省级企业技术中心 40 家左右，做好企业技术中心建设监测工作。围绕提高产业发展持续创新能力，支持油料作物新品种选育、家禽种质资源创新、隐身材料、安全操作系统、太阳能电池、镁合金及制品、体外诊断试剂、细水雾灭火等工程研究中心建设。积极做好国家工程实验室的申报工作。加快许继、洛玻、宇通等国家创新能力项目建设，支持平煤、神马、黄河等企业申报今年国家创新能力专项。积极推动百户重点企业和 50 户高成长性企业知识产权专项行动。三是深入推进产学研联合。会同省煤炭管理局、安全生产局认真组织“煤炭安全技术创新院士行”活动。继续推进与清华大学、上海交大、中科院等高校、科研单位的合作，举办与上海交大省校技术创新合作活动。

（四）积极采取有力措施，多渠道筹措建设资金

一是努力争取国家资金支持。认真组织做好项目选择、材料准备、专家答辩等工作，力争基本保持去年争取的国家资金水平。二是积极推动重点企业与银行、投资机构的衔接，积极为企业和金融部门牵线搭桥，争取银行和投资机构多向高技术产业投资。三是加强招商引资，积极承接产业转移。配合各市、高新区，积极探索专项招商、原料招商、定点招商、网上招商和委托招商等新模式，加大招商引资力度，争取新的突破。

（五）加强调查研究，努力做好立法和重大课题研究工作

一是配合省人大法制委、省政府法制办，做好《河南省促进高技术产业发展条例》的立法调研工作，争取年底完成初稿。二是开展政府采购，促进河南省高新技术产业发展课题研究，探索在符合国家政策前提下，通过省政府采购支持自主创新产品和高新技术产业发展的新路子。三是开展河南省企业创新能力建设课题研究，探索在新的历史条件下，提高企业持续创新能力的有效机制，提出加强企业自主创新能力建设的政策和措施。

河南省发展和改革委员会高技术产业处

22

“十五”四川省高技术产业发展情况

一、高技术产业发展工作基本情况

党的十六届五中全会明确提出了建设创新型国家的战略目标。增强自主创新能力是实现这一目标的战略基点，是调整经济结构、转变经济增长方式、提高经济增长质量的中心环节。高技术产业是国民经济和社会发展的战略性和先导性产业，是自主创新能力的载体和体现。“十五”以来，四川省始终把促进科技与经济的有机结合、提高自主创新能力、发展高技术产业摆在突出位置，建成了初具规模的以电子信息、生物医药、新材料为主导的新兴产业，政府信息化建设步伐加快，自主创新建设初见成效，全省高技术产业呈现出持续稳步发展的良好态势。2005 年，全省已有高新技术企业 1 113 家，高新技术产业总产值突破 1 000 亿元大关，高技术产业的工业总产值、工业销售产值、利润总额、出口交货值等继续保持西部地区第一位。在以关键性高技术的研究开发和推广应用提升传统产业技术、推动产业结构调整、转变经济增长方式、提高经济增长质量等方面发挥了重要作用，为四川省“十五”期间 GDP 保持年均 11. 1% 的增长速度，以科学技术推动经济社会可持续协调发展做出了积极的贡献。主要做了以下工作。

一是坚持以产业政策为导向，推动技术进步。切实贯彻国家颁布的产业结构调整指导意见，认真落实鼓励软件和集成电路产业发展的各项政策，出台了全省《高技术产业化重点领域指南》，制定了全省水泥、电石、聚氯乙烯等行业结构调整的意见，替省政府起草了《关于加快四川省农产品深加工业发展及市场体系建设的意见》，加快了电子信息、生物医药、新材料、先进制造等领域的自主创新建设和工程化、产业化，促进了全省新兴产业的形成和高新技术、优势资源、装备制造、农产品加工等特色优势产业的自主创新，推动了产业技术进步。

二是坚持以企业为主体，增强自主创新能力。始终把建设国家科技基础设施作为工作的重点，推进以企业为主体的技术创新体系建设。截止 2005 年底，全省已建立国家级和省级企业技术中心 133 家，占全省大中型企业的 15%，预计销售收入占全省大中型企业的 36%，新产品利税率达到 56%，技术创新对销售收入的贡献率达到 63%，对利税完成的贡献率达到 62%。这批拥有技术中心的企业已成为四川省最具发展活力的企业群体，以技术中心为主要方式的企业技术创新体系建设进一步完善，正成为 4 种省增强自主创新能力、推动产业结构调整和经济增长方式转变的重要力量。第一个国家工程研究中心——手性药物工程中心建设方案已通过有关部门和专家的评审，进入建设阶段。

三是坚持以技术研发为核心，掌控关键核心技术。始终把加强重大产业技术的研发、推进自主创新成果产业化和国民经济信息化作为实现科技与经济结合的重要途径，推进具有自主知识产权的科技成果转化为现实生产力。争取国家资金 1 亿多元，安排省预算内基本建设投资 5 000 多万元，支持科研院所、大专院校和企业开展了 200 多个重大产业技术的研发，在电子信息、生物医药、新材料等领域取得了突破性进展，在数字电视、IPv6、生物医药和特种功能材料等方面掌握了一批具有自主知识产权的核心技术，为高技术产业发展奠定了基础。

四是坚持以实施重大专项为抓手，推进自主创新成果转化。始终把调动各方面力量、整合社会资源、实施建设重大专项项目、加快自主创新成果转化、加大关键性高新技术产业化和工程化推进力度、培育新的经济增长点作为工作的重中之重，推进高技术产业化。争取国家资金5亿多元，拉动社会投资80多亿元，在四大重点领域组织实施了十大高技术产业工程，安排落实了软件、生物技术、新材料等20多个重大产业化专项，支持建设了集成电路设计、杂交水稻等近80项高技术产业化示范工程。以电子信息产品制造业为代表的高技术产业创新能力进一步增强，已经开始从引进吸收阶段向自主创新阶段发展，基本完成了信息安全和数字电视的产业化项目建设，形成了比较完整的产业体系，多种产品已达到全国同行业的领先水平。集成电路设计、软件开发取得显著进展，达到或接近国际先进水平。现代生物技术、新材料等方面都有颇具特色的突破和重大进展——中国目前规模最大、具有国际先进水平的特种工程塑料5 000t/a 聚苯硫醚产业化项目在1 000t/a 竣工投产的基础上动工建设，镧系光学玻璃和高纯碲两个新材料高技术产业化项目创造了产品质量、产业规模和在国际市场贸易量方面的3个世界第一。

五是坚持以信息化推动工业化，加快国民经济信息化进程。在工作中重点抓了电子政务、电子商务和信息安全3个环节。通过组织实施电子商务应用、信息安全技术和产品产业化专项，推进重点企业的信息化。2005年，在省预算内基本建设资金中挤出1亿多元专项资金，安排支持了“金审”、“金保”、电子政务外网等一期工程和农村党员干部远程教育等电子政务工程建设，加大了政府信息资源的整合力度，加快了全省信息基础设施建设。

六是坚持以生态保护为重点，促进可持续发展。建设“生态四川、和谐四川”是省委、省政府的建省方略，也是省发改委工作的目标和归宿。争取国家专项资金近3 000万元，在建设新兴产业、有效利用天然资源的同时，重点支持了“高效绿色治沙新材料高技术产业化示范工程”等，旨在恢复生态并利用种植植被可采收部分进行高附加值深加工的高技术产业化项目建设，缓解了由于长期过度垦荒、过载放牧和滥伐森林导致的严重水土流失问题，实现生态建设与可持续发展的良性互动，推动了经济发展与生态建设的良性互动。

七是坚持以规划编制为契机，支撑经济社会发展。以“立足科学发展，着力自主创新，完善体制机制，促进社会和谐”为指导思想，以编制《四川省“十一五”高技术产业发展规划》和《四川省“十一五”国民经济和社会发展信息化规划》为契机，拟通过规划的组织实施，大力发展电子信息、生物技术、新材料、新能源、航空航天等产业，实施重大专项，推动企业自主创新；实施产业集聚、规模发展战略，实现一定区域内高技术产业整体竞争力的提升；着力构建区域创新体系，基本形成以市场为导向、政府为引导、企业为主体、高校和科研院所为依托、科技中介服务为纽带的，各方协同配合、相互促进的，既适应社会主义市场经济体制又符合科技发展规律的科技创新体系和运行机制，力争使四川省科技与经济可持续发展的创新能力得到整体大幅度提升，保障和推动经济社会发展切实转入科学发展的轨道。

二、高技术产业发展中存在的问题

中国经济已进入新的黄金发展时期和重大历史转折时期，面临世界新一轮科技革命的挑战，生产力不发达、城乡区域发展不平衡、自主创新能力不强、经济结构不合理、经济粗放型增长等问题并未从根本上解决，资源环境的制约、就业压力加剧、收入分配不公等深层次矛盾日益凸现，体制机制仍是经济社会发展较大的掣肘因素，影响经济安全和关系群众切身利益的问题仍然很多。四川省经济发展中更是严重存在着结构不合理和增长方式粗放等矛盾，高技术产业发展受到技术、投入、体制、政策、人才、投资、资源环境等瓶颈的制约，面临着发达国家在高技术领域的技术垄断地位日益增强对提高自主创新能力的紧迫压力。

（一）高技术研发和产业化资金投入严重不足

这是自主创新能力建设的最大瓶颈。从国内外高技术产业的形成和发展来看，一个重大的技术突破必将引导资源的重新配置、聚集重大工程的建设和投资、形成一个新兴产业，从而引领和支撑经济发展、带动经济社会的和谐进步，其中最为重要的是足够的资金投入。长期以来，由于政府投入有限，又缺乏有效的政策引导，社会投资对高风险的高技术产业热情不足，尚未形成有效支持高技术研发和产业化的社会资金投入机制。无论是对高技术产业的前期开发投入，还是成果转化中的产业化、工程化投入，国家、地方、银行和社会风险投入等都严重跟不上发展的需求，制约了高技术产业的发展。由于关键技术的开发和深层次应用缺乏资金支持，导致可供产业化的科技成果数量不足、质量不高、在实施中转化有困难，产业化和产业规模效应更是无从说起。如稀土的开发利用，由于在高端产品和深层次应用技术上没有取得更多突破，除个别产品深加工外，至今仍以出口矿石和初级原料为主，不仅增值有限，而且资源消耗过快，还造成巨大的环境压力。由于历史和现实的原因，无论是全面建设小康社会、解决8 000多万人口的温饱问题，还是义不容辞地完成肩负的保护资源环境的历史使命，西部地区都亟待改变传统的发展模式，加快发展高技术产业，处理好建设与保护、发展与稳定的关系。四川省高技术产业的发展，除了加快投融资体制改革步伐、完善社会风险投资机制、在财力许可范围内逐步增加省级投入外，国家专项资金适度倾斜也是很有必要的。

（二）主要高技术产业领域具有自主知识产权的核心技术不多

支撑自主创新的环境有待大力培育。已居四川省高技术产业第一位的电子信息产业，特别是产业规模最大的家电产品，关键芯片是别人的，已经投产的英特尔芯片封装测试生产线全部是国外芯片，封装测试设备也全部是国外的产品。最近，四川省成功开发了半导体材料基的照明灯具，材料部分已超过世界先进水平，电耗只有同等亮度白炽灯的10%～20%，有很显著的节能意义，但防止因电流电压波动击穿发光膜的关键控制芯片全部依赖进口。“别人的技术，我们加工”已成为中国高端产品生产中一个相当普遍的现象。这不仅让国外赚取了巨额利润，也消耗了中国大量的资源，增加了环境压力，而且，在关键核心技术上受到制约，严重影响产业的发展。

（三）以高技术提升传统产业和结构调整的力度不强

四川省是“三线”建设的重点区域，据统计，当年积淀下来可利用的固定资产投资高达400亿元之多，主要分布在机械制造、化工、冶金、电子、电器以及部分军工企业。这些企业大都处于设备老化、工艺陈旧、能源及材料消耗高、污染重、产品缺乏市场竞争力的状态。以化工为例，上世纪60－90年代先后建成的大、中、小型合成氨的平均吨氨能耗高达45GJ，即使是进口的30万吨/年的大型合成氨也在36GJ左右，比国外平均29GJ高出20%以上。虽然在“九五”、“十五”期间进行了以高技术提升传统产业的工作，但无论在广度和深度上都远远不够，离新型工业化战略目标相差甚远，调整产业结构的工作任重而道远。

（四）资源综合利用和生态建设领域的高技术开发和产业化程度不够

四川省既是天然资源大省，也是长江上游生态屏障区域。拥有居于全国储量前茅的天然气、水能、硫铁矿、钒钛、锂、稀土、磷等矿产，然而，综合利用程度很低。与铁伴生的钒钛磁铁矿除铁的利用外，钒钛的利用还处于起步阶段，基本没有达到规模化，亟待深加工和产业化开发，形成产业链。生态建设方面，在国家补助下退耕还林、退耕还草的工作在广大浅丘区有很大进展，而在长江上游生态屏障的核心区，如若尔盖、三江源头，却在不断恶化。为建设节约型社会、发展循环经济、实现可持续发展战略，西部专项对这一领域的投入力度和发展速度有必要进一步增强。

（五）现代农业专项实施力度不够

根据四川省的工业发展、技术条件和市场需求，在“九五”、“十五”期间，省发改委坚持以信息产业、生物医药、新材料和先进制造四大领域为重点，对推动省高技术产业发展的作用是显著的。然而，对于一个“三农”问题一直比较突出的农业大省而言，现代农业发展却很不充分，即使在成都平原这样土地肥沃、气候良好的农业发达区，也很难见到“设施农业”的影子，除邻近城市大约30%的农村区域基本达到小康水平外，占全省50%的农业人口只解决了温饱问题，20%尚未脱贫，与建设社会主义新农村、全面实现小康的目标距离还很大。国家高技术产业化项目中现代农业专项比重很小，支持力度也不够，仅占四川省实施的高技术产业化项目总数的8%。为加快四川现代农业的发展步伐，迫切需要加大专项实施力度。

三、2006年高技术产业工作安排

2006年，是“十一五”的开局年。省发改委将按照省委、省政府的部署，坚持邓小平理论和“三个代表”重要思想，以十六届五中全会精神为指导，围绕全面建设小康社会和21世纪中叶基本实现现代化的战略目标，把增强自主创新能力作为科学技术发展的战略基点和调整产业结构、转变增长方式的中心环节，根据“有所为、有所不为”的原则，按照产业集聚、规模发展的要求，切实履行工作职责，突出重点，集中资源，推进自主创新，发展对四川省经济社会有突破性重大带动作用的高技术产业。争取实现15%的增长目标，工业总产值达到1 200亿元以上，推动四川省由西部高技术产业大省向全国高技术产业强省迈进。重点抓好以下工作。

一是抓好规划编制，引领未来经济社会发展。把增强自主创新能力、推动科技进步、推进高技术产业化放在全省“十一五”总体规划、区域规划和各类专项规划中更加突出的位置，在投资安排和项目实施上给予倾斜支持，已经成为全委的共识。目前正抓紧完善《四川省“十一五”高技术产业发展规划》，组织有关部门和专家评审，力争上半年报省委、省政府审定后，认真组织实施。《四川省“十一五”国民经济和社会发展信息化规划》也在完善之中，《规划》立足于加快信息化带动工业化的进程、提高信息技术向经济社会发展各领域渗透融合的广度和深度、推进国民经济信息化三个方面。

二是抓好政策制定，促进科技与经济的有机结合。进一步贯彻落实国家和省促进科技进步、调整产业结构的各项政策措施，会同有关部门，抓紧制定贯彻落实国家发改委等部委即将实施的《创业投资企业管理暂行办法》的配套政策，研究提出与科技更加紧密结合的经济政策，尽快制定和实行支持自主创新的法律法规和政策措施，如健全法规标准，制定导向明确的产业、投融资、税收激励和政府采购等政策，实施增加投入、引导投资的措施，逐步建立引导自主创新、促进高技术产业发展的机制，健全自主创新激励机制，促进科技与经济的协调发展。

三是抓好协调服务，推动区域创新体系建设。支持重大科技基础设施、国家工程研究中心和国家重点工程实验室建设，加强企业技术中心建设，加快国家技术转移中心等创新服务体系建设。会同有关部门，加快建立和完善以政府为引导、企业为主体、市场为导向、产学研相结合的区域技术创新体系，采取投资、补助资金和课题资助等措施，整合资源，推动和引导产学研结合，促进企业在核心能力和竞争能力上与高校和科研机构建立各种形式的创新战略联盟，在产学研结合和国家组织的应用性较强的项目中成为主体，增强其应用基础性、行业共性、战略性技术的研发能力，开发具有自主知识产权的核心技术和关键技术，实施关键性高技术的研究开发和推广应用，推动产业化，推进信息化，促进经济增长方式向创新驱动型的根本转变。

四是抓好重大专项，加速高技术产业化。组织实施四川省国民经济和社会发展“十一五”规划《纲要》确定的电子信息、生物技术、新材料等重点工程和重大专项，争取国家更多的资金支持，力争在关键领域和重点环节上实现重大突破，促进新兴产业的形成，培育新的经济增长点，为经济社会发展提供强有力的科技支撑。做大做强电子信息产业——在继续保持电子信息产品制造业全国领先地位的基础上，生产芯片上游产品，进一步完善产业链，开拓电子信息产业的发展空间；重点发展生物技术产业——推进医疗器械产业化，建设生物产业基地，力争实现跨越式发展；重点突破新材料产业——在高性能合成材料和以四川省优势矿产资源生产的新材料、高纯材料、光电子材料等方面，取得一批重大项目建设上的突破；着力打造先进制造产业——在装备制造业信息化工程及其关键技术、航空航天装备制造技术及产品以及重大技术装备制造等领域，开展一批重大项目的研发和产业化建设。

五是抓好产业集聚，推进特色产业发展。发挥市场配置资源的基础性作用，根据产业发展特色、科技发展基础、经济空间格局、改革开放进程、资源环境历史条件等因素，促进高技术产业集聚，强化区域优势和特色，加强区域产业分工协作。继续在成都、绵阳两个国家级和德阳、自贡、乐山三个省级高技术开发区引导形成以电子信息、生物医药、新材料、民用航空和装备制造为主的高技术产业带，并在此基础上完善各具特色的高技术产业集聚，推动产业链向高端和前端环节发展和延伸，形成具有强大竞争力的特色产业集群。利用“十一五”发展成渝经济区的有利契机，加快高技术产业的集聚和跨越式发展。

六是抓好统筹协调，推进国民经济信息化。协调相关部门，稳步推进电子政务建设，在财力许可的情况下，新建电子政务工程；发展电子商务，重点支持建设面向区域、行业和企业的第三方信息服务平台和信用、支付、安全等支撑体系，推进企业信息化；支持企业进行信息安全领域关键、共性技术和产品的产业化。

七是抓好体制创新，营造良好的自主创新环境。按照省委、省政府的要求，会同有关部门，深化投资、财税、金融、科技等方面的体制改革，完善分配机制、人才创新创业激励、柔性流动管理和激励机制，着力解决自主创新的体制机制障碍，加强环境建设，为推动科技进步、增强自主创新能力提供良好的体制机制保障。

四川省发展和改革委员会高技术产业处

23

“十五”重庆市高技术产业发展情况

一、“十五”高技术产业发展情况

“十五”以来，市委、市政府坚持邓小平关于“科学技术是第一生产力”的战略思想，认真贯彻“发展高科技，实现产业化”的方针，做出了努力建设长江上游高技术产业基地的战略部署。在这一战略部署的指引下，重庆市把握时代特征和科技进步的趋势，坚持政府主导，超前规划，以西部大开发和经济结构调整为契机，以信息、生物、新材料、高技术服务等产业为重点，优化产业发展政策支撑环境，切实推进高技术产业化，有力地促进了高技术产业快速发展。2005 年高技术产业（含高技术服务业）实现增加值 199.3 亿元，五年年均增长 20.7%，其中高技术制造业 58.3 亿元，五年年均增长速度 30.2%，占 GDP 的比重由 2000 年的 0.94% 提高到 1.89%。

（一）高技术制造业规模快速扩张

“十五”期间，在数字医疗、移动通信、汽车电子、仪器仪表、生物制药、现代中药、生物农业等领域，一批市场前景广阔、经济效益好、产业带动作用大的重大高技术产业化项目陆续启动建设，部分项目建成后已进入加速扩张期，有力地促进了高技术制造业规模的扩张。海扶公司自主知识产权的超声医疗设备产业化在国内外产生着重要影响，创新成果累计获得国内专利 10 项、国际发明专利 6 项，成为中国首例获得 CE 认证的大型医疗器械产品，并已成功出口英国、新加坡、日本、韩国等国家，打破了具有中国自主知识产权的大型医疗设备出口为零的记录；信威 SCDMA 产业化，创造了中国通信制造业的多项“第一”，全年销售收入突破 30 亿元，产品已在全国 23 个省、市、自治区的 116 个城市投入商业运行，用户超过 270 万户；中电投远达环保烟气脱硫技术及装置产业化示范工程的成功实施，使其产业技术和工程建设迅速达到国内领先水平，成为全国环保产业三甲骨干企业；太极集团系列中药新品种产业化的陆续建成投产，促使企业规模迅速扩张，工业产值由 2000 年的 12.5 亿元增至近 30 亿元；三牧集团三峡库区绿色环保型中兽药制剂产业化示范工程顺利实施，进一步坚实了中兽药研发与生产的国内领先地位；利农一把手农业科技有限责任公司的优质高效甘蓝型黄籽杂交油菜种子产业化示范工程推进了自主知识产权的黄籽杂交油菜新品种规模化种植，建成了西南地区最大的黄籽杂交油菜加工基地。在这批高技术产业化项目的带动下，高技术制造业在规模上实现了较快扩张。2005 年，全市高技术制造业完成产值 182 亿元，为 2000 年的 3.57 倍，“十五”期间年均增长 29%，高于同期工业增长速度近 11 个百分点。其中，“十五”期间新建投产项目全年完成高技术产品产值 70.6 亿元，占全市高技术产业产值增量的 53.9%，已成为产业持续快速增长的主要支撑。

（二）重点产业发展后劲持续增强

经过五年的技术和产业积累，重庆市在电子信息、生物、仪器仪表、新材料、软件等高技术领域形成了较好的发展基础，新增发明专利43件，现有正在或即将规模化发展的新产品701个，产业发展后劲明显增强。在电子信息产业领域，电子器件、通信设备、家用信息产品、汽车电子等初具特色，新一代移动通信系统及设备的研发和生产居全国前列，开发出世界上第一颗0.13微米工艺TD－SCDMA手机基带芯片——“通芯一号”，推出了世界上首部TD－SCDMA手机功能样机；IT综合功能模块、存储卡等高技术项目建设进展较好。在生物技术领域，青蒿、冬虫夏草、半夏等一批名贵中药材GAP种植基地陆续启动建设；累计有54个新药获得国家新药证书，洛伐他汀、妥布霉素、阿米卡星、氯洁霉素等6个原料药物通过了美国FDA认证；乙型肝炎治疗性疫苗、幽门螺杆菌疫苗等7个国家Ⅰ类新药获准进入临床研究，抗艾新药等正在申报临床研究；蚕、猪等生物基因工程取得显著阶段性成果，家蚕、芦荟等生物反应器进入攻关阶段，兽药研发及生产居全国前列；超声医疗设备、数字化医疗设备、医用光学设备、组织工程与人工器官、体外诊断试剂等新型医疗器械全面发展。在仪器仪表领域，工业过程控制仪表及系统、科学测试仪器、仪表材料与元器件、专用仪器仪表全面发展，已成为中国门类齐全、体系完整、规模最大的仪器仪表生产基地之一。

（三）高技术服务业较快发展

“十五”期间，全市网络基础设施建设稳步推进，光缆总长达到9.3万千米，互联网注册用户数增至123.5万户。新增固话交换机容量600余万门，移动交换机容量750余万门，累计分别达到1 071万门、968万门，电话用户数1 606.8万户，其中固定电话699.2万户，电话普及率由2000年的13.86部每百人提高到58.9部每百人。区域互联网交互中心建成并投入使用，信息服务平台建设全面推进，信息安全保障不断增强，信息化能力大幅度提高，电子政务、电子商务、企业信息化、工业信息化、农业信息化等信息工程建设取得显著进展。信息技术改造提升邮政、教育、医疗卫生、商业、交通、金融、税务、海关、旅游等服务业初见成效，传统服务业现代化、专业化步伐加快。面向工业自动化、电子政务、电子商务、财务、企业管理、教育和数字文化业，以支撑软件、系统集成软件、嵌入式软件为主体的软件业初具规模。以信息平台为依托，以信息化急需软件为灵魂，以信息资源开发和信息服务为重点的高技术服务业迅猛发展。2005年，高技术服务业实现增加值141亿元，比2000年增加1.34倍，“十五”期间年均增长18.6%，高于同期整个服务业增长速度近8个百分点。

（四）区域科技创新体系初步形成

“十五”期间，以公益性科研机构改革为重点的科技体制改革的步伐加快，技术开发类科研院所全部实现企业化转制，院所科技资源得到有效整合，大型科学仪器资源共享更加规范，科研院所的科技平台、创新资源的共享机制正在加快形成。累计建有85个重点实验室、23个工程研究中心、89个企业技术中心、5个行业技术研发中心、20个科技企业孵化器，技术创新及工程化能力显著提高。国家正式批准依托重医、海扶（市级超声医学工程研究中心）建设国家超声医疗工程研究中心；市应用工程技术研究院动工建设，市生产力促进中心项目临近完工，市农业科学院的建设方案正在策划论证中；长安、嘉陵、建设、宗申、重钢、四联等国家批准和资金支持的技术中心加快建设并为企业技术创新提供了积极支撑；重庆大学科技园区、北碚大学科技园建设成效显著，技术创新和企业孵化环境大为改善。科技服务体系进一步完善，科技评估、科技咨询、科技交易等科技中介服务机构相继建立和完善，服务支撑功能进一步提升。成果转化的主动性明显提高，在百项科技成果中，成果拥有人主动提出转化请求的比重由“九五”期末的25%提高到93%，以重庆高交会、深圳高交会、全国医疗器械交易会、药品交易会、常设性技术市场等为平台的技术成果交易大幅度增加，重大科技成果转化率由33%提高到75%。以企业为主体、产学研联动的技术创新体系初步建立，创新主体能力建设加快，创新活力不断增强。“十五”累计有650余家企业获得重庆市高新技术企业认证，全社会R&D投入占GDP的比重由2000年的0.64%提高到2005年的1%，5年累计获得专利授权量13 033件。

（五）产业由分散向集群化发展

重庆市“十五”高技术产业发展规划明确了引导高技术产业区域集聚发展的总体思路，提出了在都市发达经济圈构建高技术产业基地核心区的战略目标。经过五年的发展，高技术产业呈明显聚集趋势，北部新区特色产业园区、高新区、经开区、大学科技园区已成为高技术产业的主要集聚区域。2005年开发区集聚的高技术企业达到287家，占全市高技术企业总量的比重接近74.5%，产出占全市高技术产业规模的67.8%，分别比2000年提高了46个百分点和32个百分点。目前，启动建设的西永微电子工业园、北部新区仪器仪表产业基地、生物产业基地核心区，使信息、生物、仪器仪表等重要高技术产业进一步趋向集群化发展。

（六）产业发展环境明显改善

经过“十五”的建设，高新区、经开区、北部新区、大学科技园区的创新创业硬环境明显改善，交通及水电气讯等产业发展必备的基础设施日渐完备，大量标准厂房的建设满足了新办企业创新创业的要求，大幅度降低了创业的实际门槛和企业初创阶段的运营成本，催生了一批高技术企业。北部新区“星”系列创业设施更是为高技术人才、高技术企业、创业资金的创新创业营造了良好的发展空间。在软环境建设方面，推出了一系列政策措施，除税、费、用地、人才等方面的政策外，还逐步推进了投融资体系建设，设立了高新技术产业化贷款风险担保资金、科技风险投资资金、重大高新技术产业化项目投资资金，为加快高技术产业发展创造了融资支撑条件。目前，正在积极推进中小型科技企业的融资试点，将进一步拓展中小型科技企业的融资渠道。创新创业环境的大幅度改善，扶持了高技术企业的加速成长。“十五”期间，新增高技术企业约240余家，其中已有相当一批企业成长为规模以上的高技术企业。

二、“十一五”发展的思路、目标和重点

（一）发展思路

深入贯彻落实科学发展观，坚持“发展高科技，实现产业化”的指导思想，切实加快新型工业化进程；坚持“有所为、有所不为”的原则，依托引进—消化—吸收—再创新、集成创新、原始创新多轮驱动，大力推进高技术产业化，夯实基础，做大规模，加快培育龙头企业，努力培育壮大以信息、生物为主体的高技术产业，广泛采用高技术和先进适用技术改造提升传统产业，积极推进国民经济和社会信息化；构建以实验室、工程中心、企业技术中心为关键环节的创新链条，完善以企业为主体、市场为导向、产学研相结合的产业技术创新体系，增强联动创新能力和产业化能力；发挥园区产业承接作用，优化产业布局，促进产业区域集聚发展，推动建成长江上游重要的高技术产业基地。

（二）发展目标

初步建成长江上游重要的高技术产业基地。

（1）建成较为完善的区域科技创新体系，科技创新能力大幅度提升，研究开发投入明显增加，重点领域储备和转化一批具有自主知识产权的科技成果。全社会R&D投入占GDP的比重提高到1.7%。科学研究及综合技术服务业增加值占全市GDP的比重提高到2%。

（2）培育30个10亿级、8个50亿级、4个百亿级产业化龙头企业，构建若干高技术产业链，初步建成国家级生物产业基地和长江上游重要信息产业基地。高技术制造业增加值占全市GDP的比重提高到5%。

（3）电话普及率达83%，互联网用户达460万户，实现“村村通电话、乡乡能上网”，邮电服务业增加值占全市GDP的比重提高到3%。

（三）发展重点

强化产业自主创新能力建设，以核心技术产业化为纽带，以自主知识产权技术产业化为重点，做大规模、做靓品牌、提高水平、拓宽市场、做强企业，加快构建若干宽系列、多品牌、强关联、高集聚的高技术产业链，跨越式发展壮大信息产业、生物产业，努力培育新材料产业、新能源产业，加快推进国民经济和社会信息化，促进传统产业的改造提升。

（1）信息产业。推动实施“1162工程”，即力争完成100亿美元投资，实现1 000亿元销售收入，重点发展集成电路、软件、通信系统及设备、智能仪器仪表、新型电子元器件（含汽车电子）、信息家电产品六大领域，构建包括元器件和组件生产、整机加工、销售为一体的电子信息产业链，引导形成西永微电子工业园、北部新区仪器仪表产业园2个产业相对集聚区，培育15个10亿级、5个50亿级、2个百亿级企业，建成长江上游重要的信息制造业基地。

（2）生物产业。整合资源、技术等方面的比较优势，重点发展现代中药、生物医学工程（医疗器械）、生物技术制药、化学原料药及制剂、特色生物农业等五大领域，推进发展生物制造业、生物环保业、生物技术服务业，培育10个10亿级、2个50亿级、1个百亿级龙头企业或企业集团，推动北部新区建设现代医药产业核心集聚区，努力构建具有特色的国家生物产业基地。

（3）新材料产业。重点发展以铝镁合金材料为主的高性能结构材料、以仪表功能材料为主的功能材料及器件、天然气化工材料、新型建筑材料四大领域，形成若干广泛应用于汽车、摩托车、机械装备制造、电子信息、生物产业、生态环保、建筑等领域的新材料产业链，努力构建轻合金材料产业基地。

（4）新能源产业。以生物质能、风能、氢能、太阳能、燃料电池等领域为方向，积极培育新能源产业。重点加强生物质能的研究开发和应用，支持开发生物质热解气化、生物质制氢、生物质燃料气合成二甲醚、生物质燃料气合成汽油、甲醇以及城市垃圾综合利用技术，积极发展生物能源业。加快推进风能发电成套装备产业化。支持发展光—热转换材料、集热器结构材料和部件，研发太阳能热发电技术和太阳能光伏电池材料及组件技术，积极推进薄膜电池、单晶硅电池、多晶硅电池及其他电池等先进太阳电池技术的研发及产业化，加快太阳电池生产和测试设备的国产化进程。

（5）改造提升传统产业。以传统产业“高技术化”、“高附加值化”、“高效化”和“低消耗、低污染”为目标，以产业关键技术、共性技术、配套技术的开发与应用为重点，广泛采用以信息技术为重点的高技术和先进适用技术改造提升传统产业，促进产业技术升级。

(6) 提高产业自主创新能力。强化基础条件、服务体系建设，大幅度提升引进—消化—吸收—再创新能力、集成创新能力和原始创新能力，完善以市场为导向、企业为主体、产学研结合和共享为核心的产业技术创新体系，为新兴产业的壮大发展和传统产业的改造升级提供支撑。

(7) 加快国民经济和社会信息化。以建设“数字重庆”为目标，充分利用现有网络基础设施，完善城域宽带网络，提供优良的网络运营服务。加快建设互联网数据中心（IDC），支持无线宽带接入系统建设，促进计算机网、电信网和有线电视网的“三网融合”。推进有线电视从模拟向数字的整体转移。推动信息标准实施体系和信息化安全体系建设，完善信息应用体系和信息资源开发体系，实现各行业、各地区信息资源开发应用标准统一、资源共享，促进信息资源开发利用，带动全面信息化。

三、2006年主要工作任务及措施

以十六届五中全会精神为指导，深入贯彻落实科学发展观，扎实推进“十一五”，初步建成长江上游高技术产业基地的各项战略任务，促进产业开放式发展，加快完善区域产业技术创新体系，强化集成创新和引进—消化—吸收—再创新，扶持重点领域骨干企业的规模化发展，引导和促进高技术企业向特定区域集聚发展，努力培育信息、生物、新材料等高技术制造业，积极推进国民经济和社会信息化，为“十一五”高技术产业发展起好步、奠好基。力争高技术制造业增加值增长速度达到25%，占全市GDP的比重提高到2.2%；高技术服务业增加值增长速度高于13%。

（一）加强对产业发展的规划引导

衔接国家“十一五”高技术产业发展的相关规划，对接国家引导产业发展的重点和新举措，尽快完成重庆市“十一五”高技术产业发展规划、“十一五”国民经济和社会信息化发展规划。围绕规划的重点领域和主要方向，强化财政、用地、政务等各项保障措施，充分发挥有限政策资源的导向作用，推动实施生物、信息、新材料等领域的一批重大专项，扎实推进规划明确的各项发展任务，引导社会资源促进高技术产业发展。结合规划的实施，建立和完善重庆市高技术产业发展的统计制度，搞好产业发展的监测分析工作，为保障规划顺利实施提供决策支持。

（二）全力促进高技术制造业规模化扩张

按照加快培育以信息、生物、新材料为主体的高技术产业的总体思路，积极策划、建设一批高技术产业化项目，为产业的壮大发展培育更多增长点。一是围绕重点产业领域和创新体系建设的关键环节，推动集成电路产业链、通信产业链、仪器仪表产业链条、中药现代化产业链、生物医学工程产业链、化学原料药产业链、生物技术制药产业链、特色生物农业产业链、新材料产业链等的发展，建好项目库，增加项目储备。二是对接国家重大专项，在生物工程、新能源、新材料、生物疫苗与诊断试剂、企业技术进步与产业技术升级、下一代互联网、新一代移动通信等重大专项领域积极开展项目申报工作，争取更多项目被列入国家高技术产业发展项目计划，或者是获得库区产业发展资金支持。三是继续抓好医疗器械、现代中药、生物制药、化学原料药、生物农业、电子信息、新材料等领域的启动实施项目，推动项目按期完工和竣工验收；大力推进安科医疗设备、博恩公司BORN－BE无创脑水肿动态监护仪、金山公司OMOM智能胶囊消化道内窥镜系统等计划新开项目的前期工作；积极协调完成“811”项目国家核准申报材料，年内争取获得国家核准；协助推进禾兴江源IT综合模块、信威SCDMA、重邮信科TD－SCDMA手机核心技术研发及产业化、华立控股青蒿素基地建设和制剂生产等项目建设，支持建成项目的规模扩张，加快培育高技术产业化龙头企业，为高技术产业继续保持快速增长提供积极支撑。

（三）大力引导重点产业的区域集聚

以北部新区、高新区、经开区、大学科技园区、西永微电子工业园和特色工业园区为主要载体，以高技术产业基地建设为助推器，在财政、税收、税外费、用地、基础设施配套等方面采取有力措施加强基地核心区环境和配套条件建设，引导并高度集聚资金、技术、人才、信息等生产要素，促进科研、培训、生产、运营、中介服务、政务等一体化，为产业集群发展营造具有竞争优势的条件。集成现有研发资金、科技基建资金、产业化资金等各类政策资源，建设集成电路、通信设备、软件、电子器件、现代医药、医疗器械及仪器仪表、高性能结构材料、新型建筑材料等领域的重大项目，促进信息、生物、仪器仪表、新材料等高技术产业向上述区域集聚发展。重点推进西永微电子工业园、北部新区仪器仪表产业基地、新型节能建材基地等的建设。积极推进生物产业基地建设前期工作，争取并完成国家批准的重庆国家生物产业基地建设方案，提高基地建设的国内外知名度，引导社会资源、促进产业发展。充分发挥基地的示范和辐射带动作用，引导信息、生物、新材料等重点产业快速发展。

（四）全方位扩大国内外合作

集成各类招商引资资源，瞄准集成电路、软件、新型元器件、数字医疗、新一代移动通信、下一代互联网、数字化音视频、家用信息产品、智能仪表、医疗器械、新型疫苗、基因工程药物、现代中药、新型结构和节能、环保材料等战略性高增长型产业，着眼领先技术，积极引进生产型项目和研发机构及其运营中心。强化和促进引进项目与本地产业的有机结合，逐步实现关键技术产品和配件的本地化，同时加快培育相关产业配套体系，扩展产业链。积极协助北部新区、微电子工业园区等主要产业集聚区，发挥招商引资的比较优势，创造条件承接和吸纳国际高技术产业转移。加快深圳安科医疗设备等项目入驻北部新区创业的步伐。积极协助海扶公司等具有高成长潜力的企业开展招商引资，扩大市外资金投向重点高技术产业的份额。以获取前沿技术为重点，鼓励和支持重大高技术产业投资公司等有融资条件的企业引进国外高技术成果，实施产业化项目。强化产品国外市场准入资格的申报工作和技术与资本、管理优势互补的合作工作，积极推动优势产业、优势产品、优势企业走出国门，寻求国际市场，做大产业规模。

（五）继续保持高技术服务业的较快发展

继续推进基础网络的改造扩容工程，支持发展宽带接入用户，扩大固定、移动交换机容量，不断提升电话普及率。继续推动电子政务应用系统建设，加快完善“金盾”、“金税”、“金关”等“金”字工程，抓紧启动建设“金土”、“金质”、“金农”工程，创造条件推进全市公共服务信息平台建设，支持工业、农业、金融等主要行业开发各类开放式信息资源库、公益性数据库，重点推进基础市情信息资源、宏观经济信息资源和公共信息资源的开发。促进零售行业第三方企业间供应链管理服务系统建设，支持电子商务技术服务体系建设。积极推进软件产业链的策划组建工作，扎实开展数字内容产业、电子政务、电子商务、信息安全等国家重大专项申报工作，加快推进港务集团西部“江—海—陆”协同电子商务系统建设。积极推行“城市一卡通”并加强网络建设。积极推进企业信息化，重点推进太极集团管理信息化等信息工程建设，协助2～3个大型企业开展信息化前期工作。积极推动数字电视的推广实施。加快推进数字文化产业发展的规划编制工作，协助推进国家动画基地建设的前期工作。以各领域信息化工程建设为切入点，完善信息应用体系和信息资源开发体系。依托不断完善的信息化平台，大力发展以信息服务为主体的高技术服务业。

（六）大力促进集成创新

积极推进创新组织的集成建设，加强对科技资源的整体规划和战略重组，完善创新链条的缺漏环节，逐步形成以共享机制为核心的产业技术创新体系。重点是在电子信息、软件、电子商务、医疗器械、现代中药、生物制药、化学原料药、生物农业、新材料、新能源等主要发展领域建设一批工程中心、重点工程实验室、企业技术中心，力争部分较有优势的集成创新平台项目列入国家资金支持项目。积极组织好海扶国家超声医疗工程研究中心的组建工作和工程化能力建设项目申报工作，争取国家资金年内到位。加快太极集团技术中心中药提取分离纯化研发能力项目等创新平台的建设进度。积极推进重庆市生产力促进中心、重庆市应用技术工程研究院、重庆市农科院的建设，加快完善高新产品创新服务体系。在信息、生物、新材料等重点产业技术领域，继续推动一批集成创新工程或专项的实施，引导产学研和产业上、中、下游联动创新。

（七）充分发挥政府资金对高技术产业发展的引导作用

争取做大重大高技术产业发展项目创业投资资金规模，支持技术领先且已进入产业化发展阶段、产品市场前景广阔和承担单位资信高的重大高技术产业项目；继续完善高新技术产业化贷款风险担保资金管理体系和运行机制，用好用活担保资金；积极推进中小型科技企业投融资试点工作，做好融资平台建设方案，争取国家有关部门、国家政策性银行与重庆市共同建立支持中小型科技企业融资专项资金。

（八）积极推进高技术产业发展政策法规建设

加强政策清理和市外政策调研工作，充实和修改完善《重庆市高新技术产业促进办法》，力争使政府在年内出台该《办法》。加强对企业自主创新政策研究的鼓励，进一步规范高技术项目管理，制定出台并贯彻落实国家高技术产业发展项目管理办法细则。

重庆市发展和改革委员会高技术产业处

24

“十五”云南省高技术产业发展情况

一、高技术产业发展基本情况

1998年，云南省委、省政府颁布了《关于加快发展高新技术产业的决定》，推动云南高技术产业进入了新的发展阶段。“十五”期间，云南省在参与国家产业结构优化升级和高技术产业布局分工中，紧紧围绕将高技术产业培育成为云南省新的经济增长点、推进经济结构战略性调整以及提高产业竞争力的目标，进一步加强了对生物与医药、电子信息、新材料、机光电一体化等高技术产业的培育，通过高技术与特色产业的有机结合，使得以高技术为支撑的云南省优势特色资源增值转化取得长足发展。同时，加大高技术改造传统产业的力度，以信息化带动工业化，努力实现跨越式发展。高技术产业布局初显雏形，其新的经济增长点的作用正在显现，并初步实现了两个聚集效应：一是在国家规划指导下的全国高技术产业领域亮点布局效应；二是对地方支柱、特色产业培育形成的聚集效应。重点体现在以下五个方面。

（一）产业规模逐步扩大

“十五”以来，云南省高技术产业产值以年均20%以上的速度递增，增长速度超过同期全省工业年均增长速度，成为国民经济发展中最具活力的部分。2004年，按照确认的高技术企业统计，全省已有国家重点高技术企业17家，省级高技术企业275家，从业人员15.1万人。高技术产业产值超亿元的企业44家，5 000万元以上企业68家。2004年云南省高技术产业实现工业总产值（收入）463.8亿元，增加值112.13亿元，出口交货值55.97亿元，利润总额32.6亿元。高技术产业工业总产值（收入）占全省工业总产值约20%，出口交货值占外贸进出口总额中出口额的30%，增加值占工业增加值的10.64%，高技术产业增加值率为24.15%，从业人员占全部职工人数的6.42%。2004年高技术产业增加值比1999年增长1.04倍，利润总额增长1.92倍，单位数增长3.84倍，从业人员增长14%。培育了一批年产值超亿元的高技术企业（集团）和一批具有生机活力的创新型中小企业。

2005年，云南省高技术产业预计可实现工业总产值（收入）500亿元左右，增加值130亿元左右。

（二）促进产业升级和优势资源增值转化

1. 将生物资源开发作为云南发展高技术产业的突破口

“十五”期间，国家发改委共批准云南省生物高技术产业化示范项目23项，争取国家扶持资金近3亿元，这批项目建成投产后，预计新增产值近50亿元。通过实施国家项目，形成了一批现代生物产业领域的龙头企业，通过“公司+基地+农户”的农业产业化经营模式，带动了农村经济的发展，对云南生物产业的发展起到了很好的示范作用。

2004 年，云南广义上的生物产业（包括烟草业、以天然药物为主的“云药”产业、绿色食品和保健品产业、花卉园艺产业、生物化工业、畜牧业、林业、蔗糖和茶叶产业）产值突破 1 300 亿元，形成了一批有市场竞争力的药品品种，如云南白药系列、三七及其系列制剂、灯盏花系列产品、排毒养颜胶囊、天麻系列、康王牌皮肤用药系列、抗生素制剂等；以三七、灯盏花、工业用麻、印楝等的种植、开发和生产形成了有优势的特色产业，建立了“农户 + 基地 + 企业”的产业模式。形成了一批龙头企业和骨干企业，如云药集团、云白药集团、盘龙云海、滇虹药业、云大科技等。到 2004 年底，云南省认定的 275 家高技术企业中有 72 家从事生物技术的相关产业，云南省拥有药品生产许可证的企业 177 家，销售收入超过 1 亿元的企业 10 家，已初具生物技术企业群的雏形。

2. 应用高技术改造传统产业，带动产业结构调整

紧紧围绕烟草、有色（钢铁）、磷化工、电力、机电、医药、食品、建材等八个重点行业，加大引进、应用高技术对传统产业改造提升的力度，取得了明显成效。昆钢彩板技术、云铝电解环保节能技术、云变铁路牵引变压器、烟草自动化物流系统、云内 CIMS 示范工程等项目极大提高了企业技术装备水平，提升了产品科技含量，调整优化了产业结构。“陈化结晶分离法处理 15 万吨 P_2O_5 每年粗磷酸装置产业化示范”项目的实施填补了中国商品磷酸工业装置在国内的空白，对加快云南国家级高浓度磷复肥基地的建设步伐和中国磷化学工业的发展都有十分重要的意义。

3. 引进先进技术、集成创新，提高产业的竞争力

在引进先进技术的基础上，组织集成创新。云冶、云锡、云铜等大型企业通过实施“6 000 吨每年矿浆电解新工艺处理多金属复杂金精矿工业性试验”、“5 000 吨每年电锌冶炼分段联合浸出工艺国家重点工业性试验”、“顶吹沉没熔池熔炼技术”、“氧压浸出技术及装备处理高铁硫化锌矿”等项目，提升了现有矿产资源开发产业的总体技术水平，解决了重大工程建设中的关键技术难题，整体提高了行业竞争力。同时，还带动了高性能结构材料、合金材料、电力传输材料、电气功能材料、信息功能材料、催化功能材料和精细磷化工产品等产业的发展。

（三）产业聚集效应开始显现

云南现有国家级高新区 1 个、省级高新区 3 个。区内经认定的高技术企业达 133 家，占全省高技术企业总数的 51%。2004 年，4 个高新区共实现高技术产业产值 153.3 亿元。其中，昆明国家高技术产业开发区 123.3 亿元，同比增长 43%；3 个省级高技术产业开发区 30 亿元，比上年增长 32%。特别是昆明高新区自“十五”以来，实现 2 项重大突破：一是入区创业的国内企业突破 1 000 家（其中，科技型企业占园区企业总数的 80% 以上，民营企业占园区企业总数的 80%），拥有自主知识产权的产品占高新区高技术产品总数的 80%；二是年工业总产值突破 100 亿元大关，达到 123.3 亿元，比 2002 年的 55.98 亿元增加了 67.32 亿元，增幅达 120%。

（四）促进对外贸易持续增长

2004 年，全省高技术产品进出口总额为 6.2 亿美元，同比增长 30.7%，其中，出口额为 3.5 亿美元，进口额为 2.7 亿美元。高技术产品在全省外贸进出口总额、出口额和进口额中所占的比重分别为 16.5%、15.7% 和 17.6%。在全省出口高技术产品中，有 49% 的产品拥有自主知识产权。

（五）成功经验的启示

1. 利用高技术改造传统产业，促进跨越式发展

长期以来，传统产业在云南经济发展和工业化进程中起着重要作用，其工业总产值占全省工业总产值的 80% 以上。用高技术改造提升传统产业是云南经济发展的一项艰巨而紧迫的任务。“十五”期间，以云南优势资源和传统优势产业为依托，紧紧围绕烟草、有色冶金、农业、磷化工、机电、医药等重点行业，加大引进、应用高技术对传统产业改造提升的力度，实施了一批用高技术改造传统产业的示范工程，促进了传统产业的技术进步。例如，发挥现代农业高技术产业化示范工程对改变传统农业生产方式、组织形态和经营理念的示范带动作用，推动农业产业结构优化升级，提高农产品市场竞争力，促进农业增效、农民增收和农村经济的可持续发展；以高效节能清洁生产为目标，实施了一批重大技术改造工程，有效地改变了冶金工业高能耗、重污染的局面，提升了产品科技含量，增加了企业效益；把信息技术的推广应用作为技术改造的主要内容之一，启动了企业信息化示范工程专项，初步实现了企业信息化与企业管理创新及技术改造、创新的有效结合。

2. 依托高技术，实施品牌战略

在重视技术创新的前提下，以产品结构调整为突破口，选准研发的主导产品，实施“大生产”、“大营销”、“大品牌”战略，以观念创新促进制度和管理的创新，有效提升了企业整体水平和核心竞争力。例如，云内动力股份有限公

司敏锐跟踪国内外高品质柴油机的发展趋势，已形成了自然吸气型、增压型和增压中冷型不同冲程并存的、各项性能指标处于国内同类产品领先水平的90、95、100、102系列柴油机产品，连续三年打进全国车用柴油机销售量的“三甲”行列。2004年昆明公司主营业务收入15.58亿元，主营业务利润2.46亿元，净利润6 500万元，初步确立了“云内”品牌。目前，该公司又研究开发出了D16TCI和D19TCI型轿车型柴油发动机产品，将在“十一五”期间实现产业化，其产业化目标的实现将进一步填补中国具有自主知识产权的轿车型柴油发动机产品市场的空白。昆明滇虹药业有限公司，十余年来紧紧把握着市场的脉搏，快速将科研成果转化成产品，以名牌产品“皮康王”打开市场，用“骨痛灵酊”、“痤康王”、“康王洗剂”、“滇虹妇康膏”、“滇虹口溃液”、“疱疹灵酊”和“胃复舒”等系列产品占领市场，充分发挥民营企业的灵活机制，实现年销售收入2亿元，年纳税额500万元。昆明贵金属研究所1999年由原中央部委所属科研单位转制为科技型企业后，成功在上海证交所上市，成为国内极少数转制科研院所企业化运营后成功上市的公司之一，成为云南省依托自主研发的技术资源发展高技术产业的成功典范。

3. 政府引导，依托龙头企业，培育特色产业

（1）集中力量办大事，培育烟草支柱产业。历届省委、省政府高度重视培育和扶持云南烟草产业。通过政策引导、强化体制和机制创新、加大技术改革投入、优化资源组合、实施“大企业集团”和“品牌”战略，坚持“集中力量办大事”、“创新、集成、提高，到再创新、再集成，以达到新的提高”的发展模式，使烟草产业成为云南重要的支柱产业，连续16年位居中国烟草产业利税榜首，烟草税利由1982年占全省财政收入的43.44%提高到2004年占全省财政收入的61.8%。特别是2004年，云南烟草产业完成销售收入505.94亿元，同比增幅9.05%，工业增加值413.27亿元，同比增幅12.07%，工业实现税利361.48亿元，同比增幅9.54%，提前一年实现了省委、省政府关于烟草产业“再创辉煌”的目标要求。充分体现了生产要素在经济增长极（点）上的集中投入，带来经济增长极（点）的快速裂变和产业竞争力的迅速提升。

（2）切实加大投入，培育“云花”新兴产业。1998年、1999年和2002年，云南省委、省政府先后出台了《关于加快花卉产业发展的意见》、《关于加强花卉出口工作的意见》、《关于促进花卉产业升级的意见》等产业政策，为花卉产业的发展提供了政策保障。同时，中央和省切实加大投入，支持了云南出口花卉产业化示范工程的实施，建设了如昆明国际花卉拍卖市场等一批基础性、公益性设施，极大地促进了云南花卉产业的发展。到2006年，已形成了企业为主导、花农为主体的花卉生产格局。生产地区也由呈贡斗南扩延到玉溪、曲靖、红河、楚雄、大理、丽江、迪庆、昭通、思茅、西双版纳等10余个州市，全省花卉种植面积达到26万亩，总产值超过60亿元，出口创汇5 000万美元，连续十年保持全国第一的地位。同时，加强花卉新品种的选育工作，“十五”期间已有13个花卉新品种进行了登记，获准保护的“云红一号”是中国在生产上运用的第1个自育品种，也是国内第一份申请切花香石竹新品种权的品种，目前已进入世界一流香石竹育种公司的新品种测试网络。

4. 多部门协作，促进创新能力体系建设

自“八五”以来，云南省多部门协作，形成合力，共同支持云南省省级重点实验室、工程研究中心和企业技术中心等创新平台建设。目前，全省已建设和认定了20个重点实验室、8个工程技术研究中心（中试基地）、43个企业技术中心。其中，国家重点实验室1个，国家工程技术研究中心3个，国家级企业技术中心7个。“十五”期间，重点实验室、工程技术中心（中试基地）累计承担科研和开发项目1 200多项，执行项目总经费10.4亿元；共获得国家级奖励28项、省部级奖励265项和国际组织奖6项；申请国内外专利242件，获授权138件；成果转化及示范推广60多项，产生直接经济效益40多亿元。同时，通过省院省校科技合作，构建了云南省对外开放的科技合作大平台，引导全社会加大对科技的投入，为加快科技创新体系建设起到了重要的、基础性的作用。

二、当前高技术产业发展中存在的问题

（一）经济增长方式还未切实转换到依靠高技术的轨道上来

长期以来，云南省的产业发展主要建立在自然资源开发的比较优势上，导致产业结构不合理，产业层次低，产业竞争力不强，企业对科技的有效需求不足。加之吸引投资的产业环境差，产业配套能力弱，在一定程度上制约了特色产业的集聚和特色产业链的迅速形成。缺乏具有影响力的龙头企业和名牌产品，产业分工地位较低，整体上仍处于产业价值链的中低端。经济增长方式还没有切实转换到依靠高技术的轨道上来。

（二）自主创新能力弱，产业核心竞争力差

云南省高技术企业的生产大多以中低档产品为主，很多核心技术仍然依赖省外和国外，企业创新能力弱。2004年，全省专利申请量累计达20 133件，居全国第22位，专利授权量累计达12 752件，居全国第21位。云南省在科技进步

水平、原始创新能力等方面与东部地区的差距十分明显，这种科技发展差距还有进一步扩大的趋势。由于技术创新的社会支撑体系不健全，科技资源配置不合理，且总量不足，缺乏产业发展必需的关键技术、核心技术和前瞻性技术储备，有市场前景、可供产业化的科技成果储备不多，特别是缺少拥有自主知识产权的高技术成果，适应社会主义市场经济体制和有利于科技成果转化及其应用的市场机制、分配机制和风险投资机制尚未建立和完善，严重制约了云南省高技术产业的发展。

（三）人才匮乏和融资困难成为重要制约因素

科技人才队伍总量不足，高层次、高水平的领军式人才更加匮乏，严重缺乏创新能力、经营能力强的综合性人才。现有人才队伍还不能适应经济增长方式转变和经济结构调整的需要，制约了云南省高技术产业的发展。

科技投入渠道单一且不足的情况仍较为突出，全社会、多层次、多途径的投入体系尚未形成，缺乏风险基金的参与，投融资市场缺少活力。因高技术产业化项目存在技术、市场等方面的诸多风险，银行对高技术产业化项目“惜贷”的现象较为普遍。

融资、人才和市场成为制约云南省高技术产业发展的重要因素。

（四）体制机制改革滞后制约了高技术产业的快速发展

由于高技术产业和产品存在着市场开拓周期长、投资效益显现时间长，甚至还有可能失败的风险。因此对大力发展高技术产业的认识还不统一，缺乏统筹规划与协调；缺乏对高技术产业化项目实施长效支持的机制，尚未建立符合高技术产业发展规律的考核机制，政策导向性资金支持力度不足与支持方向、支持政策不一致；对非公经济特别是科技型中小企业缺乏良好的激励机制和政策环境；技术市场、投融资市场发育不完善，支撑高技术产业发展的中介服务体系建设滞后等问题，制约了高技术产业按照市场经济规律快速有序的发展。

三、2006年高技术产业发展的基本思路和工作重点

（一）总体思路

重点发展对云南省经济增长有突破性重大带动作用的生物、矿冶及新材料、先进装备制造业高技术产业；着力推进信息技术向传统产业的渗透，发展信息服务业；超前部署特色明显的光电子、新能源等新兴产业，争取实现局部领域的跨越式发展；通过“整合、集成、改造、提高”，加强云南自主创新能力体系建设；抓住中国–东盟自由贸易区、泛珠江三角洲经济合作区建设的战略机遇，用好“两种资源、两个市场”。使企业、政府、市场能够互补互动，推进云南省高技术产业的快速、健康发展。

（二）实施重点

1. 抓好“十一五”高技术产业专项规划以及国民经济和社会发展信息化专项规划，完成云南省创新能力基础设施的建设规划研究

在相关前期研究工作的基础上，加强衔接与协调，高质量地完成专项规划的编制工作。完成云南省创新能力基础设施的建设规划研究，提出促进云南省创新体系建设、推动资源共享、提升创新能力的具体实施方案。

2. 抓紧做好相关法规及管理细则的制定工作

在完成《云南省高技术发展条例》报批省政府的工作基础上，配合省人大做好颁布出台《条例》的相关工作。同时，结合国家新出台的《国家高技术产业发展项目管理办法》，进一步制定《云南省高技术产业发展项目管理办法细则》。

3. 以结构调整和培育新经济增长点为主线，以加快高技术改造传统产业促进经济增长方式转变为重点，进一步做大高技术产业群

突出重点与特色，抓好生物产业、矿冶及新材料产业、信息服务产业、光电子产业、先进装备制造业、新能源等六大领域高技术产业化工作。

（1）以建设生物多样性和可持续利用昆明国家生物产业基地为契机，以体制创新和技术创新为动力，营造良好的发展环境，促进生物技术与特色生物资源的有机结合，推动生物产业成长为云南经济的支柱产业。

（2）加快发展特色产业基地和产业链的工作步伐，重点实施产业聚集和规模发展战略，着力围绕有色金属产业链等的建设，用高技术改造提升矿冶产业，提升重大技术装备的研制能力和水平，推动装备制造业实现跨越式发展。

(3) 积极培育信息产业。以光电子产业基地为依托，大力发展以信息技术、网络技术和数字技术为基础的信息服务产业，鼓励技术的引进与创新，扶持有市场竞争力尤其是具有自主知识产权产品的研究开发，发展壮大云南省的信息产业。

(4) 进一步强化指导及督促检查工作，确保在建项目特别是在建国家高技术产业化项目按质、按量、按时竣工并完成验收工作。

(5) 探索适应新的投资体制改革形势下政府扶持资金的管理方式。

4. 继续推进政府先行、带动国民经济和社会信息化全面发展的工作思路

(1) 根据《云南省电子政务 2005－2007 年建设规划》，在完成全省电子政务二期工程的基础上，启动全省电子政务三期工程的建设。并适时开展一批电子政务骨干应用系统的建设。

(2) 继续组织实施云南省企业信息化示范工程。以省政府确定的重点扶持的十大产业和要求突出抓好的 30 家大企业、大集团为重点，充分发挥信息化在工业化中的催化剂作用，继续实施一批企业信息化示范工程，以点带面，进一步促进云南省各行业企业的信息化水平。

(3) 贯彻落实《云南省人民政府关于加快电子商务发展的实施意见》，启动一批电子商务应用和示范项目，促进全省电子商务应用的全面开展。

(4) 积极做好争取国家批准建立云南国际通信出入口局的相关工作，为中国－东盟自由贸易区的建设创造环境条件。

(5) 大力发展各种类型的网上信息服务和咨询等增值服务，支持和鼓励社会性信息咨询服务业的发展；培育信息服务企业，为社会提供更加丰富的增值信息服务；加快具有民族文化特色的数字化产品开发和市场化步伐；利用云南省气候和旅游资源优势，制定相关鼓励政策，大力推动和发展面向全国的信息技术培训服务，打造云南信息技术培训产业品牌。

5. 加强自主创新能力建设，为产业核心技术和共性关键技术的工程化和系统化开发提供有效支撑

按照“整合、集成、改造、提升、调整”的工作思路，通过实施重大创新工程，加强云南省创新能力体系建设。一是围绕昆明生物产业基地、光电子产业基地、煤化工基地、磷复肥基地、有色金属产业基地建设的产业支撑平台，积极构建具有较大规模、多学科交叉、创新能力强的技术创新体系；二是在生物、矿冶及新材料等领域争取国家工程研究中心、国家工程实验室申报工作的新突破；三是继续申请国家认定的若干企业技术中心；四是积极扶持企业技术中心建设，推动企业成为技术创新的主体。

6. 积极抓好高技术产业的国际化发展工作

抓住经济全球化的发展机遇，促进云南省高技术产业发展在更高层次上融入全球分工和合作体系。

(1) 更加注重“两个市场、两种资源”的利用，充分发挥特色产业基地、产业链、高新技术开发区等的产业聚集及招商引资的平台作用，吸引国内外资本要素、人才、技术广泛参与云南省高技术产业的发展。

(2) 进一步深化“走出去”战略，近期重点推进老挝钾盐、云南省山灞远程可视医疗系统等项目的海外发展进程，注重加快高技术产品出口的步伐，努力参与国际市场分工与经济循环。

云南省发展和改革委员会高技术产业处

25

“十五”贵州省高技术产业发展情况

“九五”以来，各地、各有关部门认真贯彻落实中央和省关于高技术产业发展的各项部署，积极调整发展战略，大力发展高技术产业，全省基本构建起了医药制造业、航空航天制造业和电子信息产业三大高技术产业体系，形成了以生物技术、航天航空技术、电子信息技术、新材料技术、先进制造技术、精细化工技术等为主的高技术企业群体，在国民经济信息化、电子信息产业、航空航天产业、先进制造业、新材料、现代农业、新能源等领域取得了的突破，为促进全省生产力发展、推动国民经济快速增长和社会进步以及提高综合实力发挥了重要作用。特别是山鹰高级教练飞机的批量生产、一英寸微硬盘产业化和现代中药的快速成长，标志着贵州省高技术产业发展进入了新的阶段，也表明贵州省有能力、有条件在一些高技术领域取得重大突破，实现科技和生产力的飞跃发展。

一、高技术产业发展的基本情况

（一）高技术产业规模不断扩大，已成为贵州省国民经济的重要产业

“十五”期间，贵州省高技术产业产值、增加值、出口交货值、产品销售收入年均增速分别达到15.7%、16.7%、50.2%和14.8%，在全国的综合排序稳定在第20位，在西部地区仅次于四川和陕西列第3位。2005年，全省高技术产业产值161.8亿元，比上年增长25.1%；创造增加值57.8亿元，比上年增长27.1%，占全省生产总值的3%；销售收入134.3亿元，比上年增长17.7%。上述数据均比2000年翻了一番多。

在产业规模逐步扩大的同时，产业群体不断壮大。在国家有关部门的大力支持下，贵州省陆续实施了350个国家级和省级高技术产业发展项目，总投资约105亿元，其中国家和省专项资金投入5.26亿元，财政性资金与社会投入之比为1:20。到2005年底，近一半的国家级和省级高技术产业发展项目已经建成投产或基本建成，发挥了投资效益。这些项目将形成约110亿元销售收入的直接产业规模，创造约15亿元的销售利润和约10亿元的税收。与此同时，经认定的省级高新技术企业已达201家，纳入统计的规模以上高技术企业有186家，产业规模和产值规模分别达到300亿元和150亿元。

（二）产业结构调整步伐加快，一些新领域发展能力增强，出现新增长点

2005年，全省医药制造业产值为85.1亿元，航空航天制造业产值为44.8亿元，电子及通信设备制造业产值为25.9亿元，电子计算机及办公设备制造业产值为1.8亿元，医疗设备及仪器仪表制造业产值为3.2亿元。其中，医药制造、航空航天制造、电子及通信设备制造三大产业产值占全省高技术产业总产值比重的96.3%，占据主导地位。从发展趋势看，这三大产业发展快速；电子计算机及办公设备制造业上升较快；生物产业、新材料产业和现代农业发展

势头较好，有望成为新的增长点。

（三）高新技术企业进一步向中心城市及高新技术产业开发园区集聚，高新技术产业园区发展加快

贵州省形成了以国家贵阳高新技术产业开发区、国家贵阳经济技术开发区、医药工业园、江南航天高科技工业园、贵阳软件园和国家贵阳农业科技园区六个高新技术产业园为支撑，以贵阳、遵义、安顺三个城市为核心的高技术产业布局，区域布局呈聚集态势，产业迅速发展，辐射作用增强。目前，六个高新技术产业园区集中了全省90%产值过亿元的高技术企业，贵阳、遵义、安顺三个城市的高技术产业产值约占全省的90%。

近几年，国家贵阳高新技术产业开发区发展快速，招商引资取得了新成果，新天园区和金阳园区入园企业达772家，已形成电子信息、光机电一体化、新材料、生物医药四大支柱产业，涌现了一批以上市公司为主体的骨干企业，2005年全区技工贸总收入达167亿元、增长30%，工业总产值达155亿元。国家贵阳经济技术开发区已形成工程机械、动力机械、机床工具、电工电器、飞机配件、汽车及摩托车零部件和工业基础部件为主的工业体系，建立了航天科技工业城和海信工业园，区内有工业企业320余家，2005年全区实现国内生产总值24.1亿元，地方财政收入3.5亿元。江南航天高科技工业园建设也取得了新进展，形成了航天、电子信息、机电液一体化装备、汽车及汽车零部件等产业，高新技术企业达12家，2005年销售收入达47.2亿元，增长29.7%，出口创汇5 099万美元。

（四）科技基础设施和技术创新能力进一步增强

目前，贵州省具有贵州大学等10余所高等院校和210所各级科研所的研发力量。在贵州省工作的博士（含博士后）250人左右，硕士近2 000人，省管专家334人，跨世纪人才72人，享受国务院特殊津贴的专家905人，享受省政府特殊津贴的专家634人，地、县选拔的管理专家967人。全省约有50%以上的大中型企业开展了技术创新和高技术产业化工作，2004年全省高技术产业研究与试验发展（R&D）投入1.8亿元，占产品销售收入的比重为1.7%，人均科技活动经费2.5万元，比上年提高了30%。五年来，全省完成并通过鉴定的省级科技成果达592项。

目前，全省拥有国家863微硬盘研发中心1个，中科院贵州省天然产物化学重点实验室1个，部级精细化工重点实验室1个，省级重点实验室15个，省级工程技术研究中心和重点中试基地22个；开展了信息工程、生物制药、农作物转基因、高性能计算化学、细胞工程、新材料以及少数民族基因等高技术领域的研究开发工作。经科技部批准建立了国家复合改性聚合物材料工程技术研究中心，实现了在国家级工程技术研究中心方面零的突破，为全省新材料技术创新、产学研合作、成果转化及产业化推进，创造了良好的基础条件和支撑平台。同时，建设完善了6个国家级企业技术中心、55个省级企业技术中心、7个省级产学研联合开发示范基地、6个省级工程研究中心、7个国家产业化基地、1个省级材料技术创新基地、5个省级高新技术产业孵化器、1个国家级生产力促进中心以及8个省级生产力促进中心，开展了技术创新和高技术产业化的工作。2004年，全省企业技术中心共完成新产品、新技术、新工艺的开发项目2 563项，其中43.4%的项目达到国内或国际先进水平，企业技术中心的研究开发能力和水平有了突破性进步。

在技术创新方面，贵州省已走出了一条以培育自主知识产权核心技术为重点，以整合省内外科技资源、加强创新能力基础设施建设为基础，以提高产业和企业核心竞争力为目标，与引进吸收消化创新国内外技术成果相结合的自主创新道路。如贵州宏福实业开发有限总公司在湿法磷酸净化及磷精细化工，低品位磷矿采选，磷矿伴生资源的回收与利用，磷石膏资源化利用，可资源化烟气活性焦脱硫等高技术及其工程化、产业化开发方面取得了显著成效。申请了几十项专利，已有7项获得国家发明专利，其中湿法磷酸净化技术等20多项技术成果在国内外处于领先水平。

（五）一批高技术企业脱颖而出，现代企业制度建设步伐加快

1999年以来，通过实施重点建设项目，一批技术创新能力强的高技术企业脱颖而出。如以中国振华科技股份有限公司、南方汇通股份有限公司为龙头的微电子与信息技术产业，在片式电子元器件、厚膜集成电路、电真空器件等新型电子元器件的研究、开发、市场占有率等方面已形成优势，以复合反渗透膜、1英寸微硬盘、CDMA手机等为代表的高技术产品居国内领先水平。通过实施毕节市低压耐硫甲烷化煤气、盘江市高效洁净煤洗选、遵义市海绵钛等国家级及省级高技术产业化示范项目，提高了贵州省矿产资源的利用效益。神奇制药、益佰制药、信邦制药、同济堂药业等民营制药企业已经成为贵州省高技术产业的重要组成部分。贵州航天电源科技有限公司、遵义钛业有限责任公司、贵州林海新材料制造有限公司、贵州汇通新材料发展有限公司、贵州新材料矿业公司等已成为贵州省新材料产业发展的中坚力量。目前，正在建设中的世华数码1.8英寸微硬盘、京瓷小灵通手机、碳化硅泡沫陶瓷、稀土超磁致伸缩材料等项目以及计划建设的生物蛋白检测芯片、小油桐生产生物柴油、湿法磷酸净化、柴油—天然气双燃料电控喷射系统、光电核心芯片、数码电视等项目，将成为贵州省高技术产业发展的重要生力军。

按照完善社会主义市场经济体制的要求，推动高技术企业改革，建立现代企业制度。一是积极扶持民营企业等非公有制经济的发展，在国家和省支持高技术产业发展项目的过程中，对不同所有制企业实行同等待遇。二是支持部分科研院所走进企业，走进生产，走向市场，进行转制改革。三是以产权多元化为突破口，推进企业资产重组和股份制

改造，全省已有神奇、益佰、汉方、信邦、同济堂、威门、新天等中药制药企业完成了股份制改造，其中神奇、益佰、汉方已成功上市，信邦、威门、新天等四家企业已完成上市辅导期；继振华科技、贵航股份、力源液压后，又推动了贵州航天电器股份有限公司和贵州久联民爆器材发展股份有限公司上市。四是按照国家三年基本完成军工企业脱困任务的要求，积极稳妥地推进军工企业的政策性破产工作，完成了军工企业的主辅分离、辅业改制。贵州省大部分高技术企业已形成了股权多元化的公司架构。

（六）高技术产业发展的政策环境逐步趋好

自20世纪90年代中期以来，贵州省委、省政府一直把促进高技术产业发展列入重要议事日程，明确提出要把高技术产业培育成为贵州省新的经济增长点。为了加快高技术产业发展，贵州省政府及有关部门从组织领导、政策、机制、产业配套等方面入手，大力改善高技术产业发展环境，相继成立了贵州省信息化建设领导小组、贵州省中药现代化领导小组、贵州省知识经济领导小组，加强了对全省高技术产业及知识产权工作的领导，制定出台了一系列有利于高技术产业发展的配套政策措施。与此同时，知识产权工作得到加强，在引进技术和人才、推进科技创新和加快高技术产业化发展方面，重点围绕自主创新、专利管理、版权保护、商标管理等开展了知识产权保护工作。目前，全省已受理专利技术申请14 988件，获得授权的专利技术7 624件，其中获得授权的发明专利1 341件。为促进高技术成果商品化，2005年设立了省级技术产权交易市场。

二、重点高技术产业发展情况

（一）航空航天制造业

以国防科技工业为主的航空航天制造业是贵州省高技术产业的重要特色，是贵州省技术创新实力最强的产业，拥有一批达到或基本达到世界先进水平的高技术成果和产品。近几年，贵州省航空航天产业继续保持快速发展的良好势头，在航空器及航空器发动机的生产、研制、试飞方面都取得了较好成绩，航空转包生产也呈现良好的增长态势。随着军工技术向民用领域的渗透，近几年先后成功开发生产出山鹰飞机、大型客机结构件、大型铝工业成套装备、大型自走式采棉机、大容量超临界CO_2萃取设备、大型双光子医用加速器、高精密微特电机、AMT汽车自动变速控制器、柴油-天然气双燃料电控喷射系统等一批高技术产品，并已形成生产规模，部分产品填补了国内空白。贵州省国防科技工业已由原来单纯为国防建设服务转变为为整个经济建设服务，由封闭的“多品种、小批量”转变为社会化、专业化和大批量生产，并与地方经济发展相结合，形成了贵州省以军用技术民用化为特征的先进制造产业。

（二）现代中药产业

2001－2005年，贵州省共实施国家现代中药产业化项目35个，省级现代中药科研及产业化项目519个，总投资约39亿元。这些项目的实施使贵州省中药产业的技术水平得到了整体性提升，产业规模迅速扩大。在中药制药新工艺与新装备方面，重点实施了超临界萃取、动态提取、大孔树脂吸附、冷冻干燥、微波灭菌、沸腾造粒等新技术和新工艺在中药制药过程中的应用，并实现了中药针剂、泡沫剂、滴丸剂、气雾剂与颗粒配方等中药现代剂型和中药新品种的产业化，产品现代剂型已经发展到27种，使贵州省传统中药产生了质的提高和量的飞跃。在推行中药材生产质量管理规范（GAP）方面，重点支持了天麻、何首乌、淫羊藿、头花蓼、大果木姜子、石斛等地道药材的野生驯化和规范化规模种植，改变了过去分散采集野生药材和农户小规模种植的传统生产方式，提高了中药原料药材的质量和产量。在提升产业技术水平、加快中药生产自动化方面，重点支持将过程自动化技术与中药制药工艺技术、质量控制技术标准、指纹图谱等紧密结合，大力实施中药药品生产质量管理规范（GMP）改造，使贵州省中药生产企业基本具备了现代化生产和控制的大规模生产条件。

经过近几年的努力，贵州省现已有125家药品生产企业的385条生产线通过药品GMP认证，形成了以贵阳市为中心的扎佐、息烽、清镇、乌当、花溪、龙里和遵义市红花岗等制药企业生产基地。已有24种中药新药获得国家上市许可，43种产品获国家中药品种保护，154种苗药上升为国家标准，2 082种药品获得国家批准文号。建立GAP种植示范基地33个，全省规范化种植基地面积达18万亩。信邦制药有限公司的何首乌、太子参两个品种和威门药业的头花蓼品种通过国家GAP认证现场检查。到2005年年底，贵州省医药生产企业已发展到156家，规模以上医药工业创造增加值32.9亿元，超过全省高新技术产业的一半，占全省工业增加值的5.9%，拉动规模以上工业增长1.7个百分点。现代中药产业已经成为贵州省医药制造业的核心力量，成为贵州省高技术产业的支柱。

（三）电子及通信设备制造业与电子计算机及办公设备制造业

经过近几年的努力，贵州省电子信息产业从创新能力、发展规模到市场竞争力都有了明显提高，在局部领域形成了比较优势。目前，已形成了贵阳高新技术开发区的新型电子元器件基地、遵义江南航天科技园区的航天电子及能源产品基地和贵阳海信消费电子工业园、贵阳南方汇通工业园“两大基地两个园区”的产业布局。电子及通信设备制造业和电子计算机及办公设备制造业共同推动了贵州省电子信息产业的发展。

电子信息产业服务和相关产业逐步多样化，新的经济增长点正在形成，出现由小到大、由弱到强的趋势。目前，贵州省固定电话用户总数达466.5万户，移动电话用户总数达509.4万户，互联网用户数达72.6万户，其中宽带上网用户33.7万户，全省电话普及率达25部每百人。投资类、消费类、元器件类三大类电子产品比例合理，为42:18:40，主要产品产销两旺，处于快速增长状态，另有部分产品处于成长状态；微硬盘、集成电路、电子元器件、锂离子电池、电话单机、彩色电视机等产品发展形势较好。

近几年，贵州省信息化建设步伐加快。在加强政府协调服务的同时，积极支持设立中介机构，成立了省软件协会以及相应的认证组织。围绕航空航天、机械、电子、能源、原材料、化工、制药等重点行业的改造和升级，开展了4CP、CIMS、ERP等集成技术的应用和示范，推动了制造业信息化建设，全省制造业信息化工程示范企业已达120余家。建立并开通了贵州省农经网、贵州省火炬网、中小企业信息化应用管理平台（ASP）、中药现代化信息交流平台、西部大学计算机校园网工程，电子政务中的“金盾”、“金关”、“金土”、“金保”、“金质”等工程正在建设、完善并发挥作用，贵州省农村党员干部现代远程教育工程在全省建立了两万多个远程教育点，在全省9个市州地、部分县区建立了贵州省区域资源网的中心网站和网点等。

软件产业发展步伐加快。目前贵州省从事软件和系统集成开发生产的企事业单位有100余家，从业人员3 000余人，通过信息产业部计算机信息系统集成资质认证的企业35家，通过国家标准认定的软件企业77家，开发出具有自主知识产权的各类应用软件500多项，其中有的获得了国家和省科技进步奖、软件应用奖和国家专利，143个产品通过软件产品登记。2005年软件产业实现产值9亿元，同比增长83.6%。

（四）以新材料、现代农业为代表的新兴产业

2004年，贵州省经科技部批准建立的贵阳、遵义两个新材料产业基地内聚集了全省90%以上的新材料企业，并已开发出技术含量高、市场前景广阔、处于国内先进水平的新材料产品，如铝合金、钛锭、铜箔、纳米碳素、纳米氧化锌、纳米改性系列聚合物复合材料、电真空器件用电子玻璃系列产品、高强度石油压裂支撑剂、锂离子电池用钴酸锂、锰酸锂、高纯度固体磷酸、三氯氧磷、厚膜导体浆料、碳化硅泡沫陶瓷过滤片等。此外，贵州铝厂、贵州宏福实业开发有限总公司、贵州开磷（集团）有限公司、贵航汽车零部件股份有限公司等企业也积极推进传统材料产业的技术改造与升级，效果显著。

针对贵州省第一产业比重大、传统农业色彩浓厚、竞争素质和产业化程度低的实际情况，近几年贵州省重点支持培育和扩大种植具有重大示范作用的油菜、水稻、玉米、果蔬、畜禽、水产品等新品种以及生产绿色肥料和绿色农兽药等高技术产品，使一批具有自主知识产权的高技术成果转化为生产力，促进了传统农业向集约型、科技型现代农业转变。目前，贵州省油菜、水稻优质育种、玉米生态型育种和数字化、信息化技术减灾防灾处于国内同行业先进水平，畜牧业产业化技术的应用与推广步伐加快，优质用材林和果树新品种培育取得了新进展，分子育种技术、生物反应器及安全应用植物转基因技术、烟草基因改良技术、智能化农业信息技术等农业高技术的研发及应用效果显著。

三、高技术产业发展存在的主要问题

总之，贵州省高技术产业快速健康发展，对全省经济社会的发展起到了推动作用。但是，也存在一些亟待解决的矛盾和问题，突出表现在以下五个方面。

（一）政策环境不够完善

一是尚未出台高技术产业发展方面的地方性法规，政策法规不配套；二是税收政策存在制度性缺陷；三是以专利权为核心的知识产权保护体系建设仍处于起步阶段；四是有效的技术市场交易体系尚未建立；五是激励科学技术创新的机制不完善，同时，信息化建设滞后，服务体系不健全。

（二）投入不足，缺乏创业资金支撑

从固定资产投资看，2005年，全国高技术产业投资规模为2 172亿元、比上年增长了19.8%，而贵州省仅13.8亿元、比上年减少了32.7%，占全国的投资份额由1.1%减少到0.6%。从高技术产业研究与试验发展（R&D）的投入看，2004年全省投入1.82亿元、仅比上年增加近570万元。从财政投入看，全省用于高技术产业发展的专项资金量小而且分散，与高技术产业化发展和技术创新平台建设的需求差距甚大。同时，风险投资体系和机制建设严重滞后，缺乏融资平台，高技术研究开发和产业化很难获得足够的风险资本支持，产业化基本上依赖于银行贷款。

（三）科学技术创新体系不完备，研究开发能力弱

一是从事高技术产业的人才、技术储备和造血能力不足，人才流失较多，高层次人才引进困难，现有人才使用不

尽合理；二是目前的科学技术创新机构和基地的基础条件极其薄弱，缺乏领军人物，自主创新能力不足，核心竞争力不强，关键技术受制于人，缺乏具有国际或者国内领先水平的科技创新成果；三是科技与经济结合不紧密的老问题仍未完全解决，科技成果转化率低，产业化程度和技术水平不高；四是企业创新能力和自主发展能力较弱，企业和科研单位之间的协作有待加强；五是高技术前期的工程化、产业化研发普遍不完善，尚不能适应高技术产业化的需求。

（四）产业规模仍然较小，产品结构性矛盾比较突出

全省高技术产业规模不大，大多数高技术企业规模偏小，制造技术水平较低，抗风险能力不强，在国际、国内的产业分工中地位不高，整体上仍处于价值链的中低端，缺乏具有影响力的龙头企业和名牌产品。高技术产品结构不合理，产业关联度低，尚未形成互相支持、相得益彰的有效产业价值链。

（五）各地发展不平衡，特色不明显

从高技术产业产值和科技创新能力上来看，贵州省九个市、州、地的高技术发展状况可分为三类：第一类为贵阳市，由于省会城市的特殊区位优势，其技术创新水平遥遥领先，高技术产业基础较好，高技术产业产值占全省总产值的60%左右。第二类为遵义市、安顺市和黔南州，三地军工企业分布较多，在技术创新的投入和产出上具有一定优势，创新水平明显比除贵阳市外的其他市州地高，具有一定的高技术产业基础，高技术产业产值占全省总产值的33%左右。第三类为六盘水市、黔西南州、黔东南州、毕节地区和铜仁地区，这些地区的工业基础、科技创新投入不足，高技术产业发展缓慢，高技术产业产值仅占全省总产值的7%左右。由于各地高技术产业发展不平衡，特色不明显，比较优势不能充分发挥，难以带动地区产业结构的升级。同时，各地高技术产业园区缺乏拥有具自主知识产权的核心技术的大型企业、配套企业和相关服务机构的支撑，企业之间的产业关联度低，产业集聚度低，竞争力不强。

四、进一步加快高技术产业发展的目标、任务及政策措施

贵州省高技术产业发展的总体目标是：以技术创新为先导，以高技术产业化为核心，以信息化带动工业化，走新型工业化道路，利用市场机制的促进作用和国际化机遇，围绕优势特色资源和区域技术，在信息产业、航空航天产业、生物产业、新材料产业、新能源产业、先进制造产业、现代农业等领域大力促进贵州省新兴产业快速发展，加快利用信息技术和先进适用技术改造和提升传统产业的步伐，振兴装备制造业。力争通过5～10年的努力，在有发展优势的领域形成若干具有国内和国际领先水平、拥有一定自主开发能力和较强发展能力的高技术产业链和产业集群，使高技术产业发展成为贵州省重要的支柱产业。根据上述目标，贵州省加快高技术产业发展要完成以下主要任务。

（1）加快建立以优良的政策、法制和服务环境为保障，以拥有核心技术研发能力的创新人才团队为支撑，以保护知识产权为重点，以体制创新和机制创新为切入点，以风险投资为依托的高技术产业发展平台。

（2）促进已初具规模的医药制造业、航空航天制造业和电子信息制造业更快更好地发展。加强技术创新，提高高技术产业自身的核心竞争力，发挥区域科技比较优势和资源优势，在信息、生物、新材料、航空航天、新能源等高技术产业领域确定有限目标，谋求形成局部领域的优势和强势，实现高技术产业领域的重点突破，培育新的经济增长点，支撑全省经济结构的调整、优化和升级，形成具有较强竞争力的高技术产业群。

（3）充分发挥科技和高技术产业的渗透和带动作用，加强科技和经济的紧密结合，大力推动信息、生物、新材料、节能、新能源等科技成果和高技术在各行各业的广泛深入应用，振兴装备制造业，利用信息技术大力发展现代服务业。

（4）以贵阳、遵义、安顺三市为重点，调整、优化高技术产业发展的区域规划布局，继续抓好国家级贵阳高新技术产业开发区、国家级贵阳经济技术开发区、各地州市开发区和特色产业基地的建设，推动各产业园区“二次创业”，形成一批高技术产业集群和各具特色的高新技术产业集聚区。

（5）优化企业组织结构，着力培育具有较强核心竞争力的龙头企业和科技型中小企业。力争形成10个产值超过10亿元、具有核心竞争力的大企业，发挥龙头企业作用，增强产业集聚能力；同时，积极培养中小企业的自主创新和配套协作能力。

（6）以大中型骨干企业为龙头，在重点行业和重点领域基本建立起高技术产业技术创新平台，力争建立3～5个国家级工程研究中心、15～20个国家级企业技术中心、5～8个国家级工程技术研究中心，努力提高产业技术创新能力和水平。

（7）发挥国防科技工业的技术优势，加强军民结合创新体系的建设，实施军民联动、军民结合战略，加强技术集成创新，推进军转民产业的建设，使军工企业的发展融入地方经济的发展，与贵州省高技术产业发展有机结合，形成发展特色。

围绕上述目标和主要任务，针对贵州省高技术产业发展中存在的突出矛盾和问题，下一步将重点采取以下政策措施。

（1）建立、健全指导协调机制，加强宏观调控。一是健全和完善高技术产业发展的法制环境，加快《贵州省高技

术产业发展条例》的立法步伐，尽快制定实施《贵州省产业技术研究与开发资金管理办法》，赋予高技术产业发展规划法律效力，加强知识产权保护工作；二是抓紧研究确定贵州省当前优先发展的高技术产业化项目领域指南和高新技术产品的范围或目录；三是认真做好“十一五”高技术产业发展专项规划和信息化专项规划的编制工作，抓紧编制各类高技术产业发展专题规划。

（2）建立多元化的投融资体制。一是加大政府投入，逐步增加地方财政对高技术产业发展的投入总量；二是支持有实力的金融投资机构和企业设立风险投资机构，推动创业投资体系和风险投资机制的建立；三是积极争取金融信贷支持，鼓励金融机构采取银团贷款、融资租赁、股权信托等方式，加大对高技术产业的支持；四是广泛吸引社会资本投入，扩大直接融资比重，通过放宽投资准入限制，利用投资补助、贷款贴息、税收优惠等措施，鼓励、支持和引导社会资本投入高技术产业项目；五是推动成长性好的企业上市融资，支持效益好的企业发行债券。

（3）继续做好高技术产业化项目。一是针对经济、社会、科技发展中出现的新情况、新特点，适时在信息产业、生物产业、现代农业、新材料、新能源及节能、特色资源开发转化等领域继续组织实施一批高技术产业化重大专项；二是在高技术产业领域加快发展特色产业基地和产业链；三是在项目策划上，将国家目标与地方区域优势结合起来，组织好产业化项目，谋划大项目，促进产业发展。

（4）加快技术创新体系建设。一是建立和完善适应高技术产业化发展需要的科技创新体制，促进企业成为技术创新和高技术产业化的主体；二是整合现有资源，推进产业创新能力和科技基础设施建设，培育具有自主知识产权的产业核心技术，增强高技术产业持续创新能力；三是促进军民融合，加强对军民技术创新资源的整合，积极发展军民生产“两栖”型企业；四是把科技成果的转化和产权制度结合起来，创新产权制度，对管理人员和科技人员实行股权激励，充分调动管理人员和科技人员的创业积极性。

（5）加快信息化建设，健全服务体系。建立经济、科技部门的信息共享机制，加快建设政府、企业、科研单位和大学的信息共享平台，以信息化带动工业化、城市化。积极推进信息技术的推广应用、现代信息基础设施的建设、电子信息产业的发展以及现代物流体系建设。积极鼓励和促进中介服务机构的建设，发挥生产力促进中心等各类科技中介服务机构的作用，加快发展与高技术产业化相关的评估、咨询等市场化中介服务机构，完善、规范技术市场和产权交易市场。加快建立高技术产业行业协会的步伐。

（6）积极推进高技术行业改革。深化技术研发、中介服务、投融资、建设管理、生产经营等高技术产业化各个环节的国有企业股份制改造和公司制改革，推进国有资本与其他性质的资本，特别是非公有制资本的联合或融合，大力发展混合所有制经济。

（7）提高人力资源的供给、保障和利用能力。一是要制定和实施人才开发战略，培养高技术产业的各类人才；二是要完善激励机制，通过技术创新成果参与分配、技术作价入股、科技人员持股经营、对技术成果进行奖励等方式，调动和激发技术和管理人才建功立业的积极性和创造性；三是要在稳定和用好现有人才的基础上，依托重点产业、重点企业、重大项目，采取更加优惠的政策措施引进各类人才，创造优越的环境吸纳人才，特别是国外高层次人才；四是要改革和完善人事制度，消除阻碍人才自由流动和合理配置的体制性障碍，引导人才资源的有序流动与合理配置。

贵州省发展和改革委员会高技术产业处

26

“十五”陕西省高技术产业发展情况

一、2005 年基本情况

（一）高技术产业快速稳健发展

2005 年，陕西省实现高技术产业产值 1 090 亿元，同比增长 21%；高技术产业实现工业增加值 280 亿元，同比增长 33.8%。电子信息、民用航空航天、生物医药和新材料等产业已成长为陕西省优势产业。电子信息产业实现工业产值 360 亿元，其中电子及通信设备制造业和电子计算机及办公设备制造业产值 121.79 亿元，软件产业产值 175 亿元，信息服务业产值 63 亿元；生物医药产业总产值 126.78 亿元，销售收入 105.34 亿元，同比分别增长 20.57% 和 26.79%；航空航天产业完成工业总产值 167.99 亿元，销售收入 168.83 亿元，同比分别增长 22.91% 和 18.57%，全国排名第一。

（二）高技术产业招商引资成果显著

随着投资环境的不断改善，陕西省雄厚的科技实力和高技术产业既有优势吸引了越来越多的国内外投资者，陕西省高技术产业的开放度和吸引力不断提高。美国美光公司（世界 500 强企业之一）投资 2.5 亿美元建设的半导体模块组装和芯片封装测试项目落户西安；全球最大的半导体设备制造商美国应用材料公司正式决定投资 2.55 亿美元在陕西省建设应用材料西安全球研发中心。美光项目和应用材料项目成为陕西省改革开放以来最大的两个外商投资项目。深圳新天下集团投资 5 亿元在西安建设电脑及液晶电视生产线项目，投产后产值可达 30 亿元。中兴通信在陕西省投资 3G 终端产品研发设计和生产基地建设项目，三年后将产生 26 亿元的产值。加拿大普莱特姆软件有限公司、美国塞贝斯、思特沃克以及用友软件、中船重工集团等众多国内外知名企业纷纷投资陕西省高技术产业。

（三）以软件为核心的电子信息产业保持强劲发展态势

软件产业是国民经济和社会信息化的基础，也是陕西省最具发展潜力的战略产业之一。为促进软件（含集成电路设计）产业更快更好地发展，努力成为软件产业强省，2005 年，陕西省制定了《陕西省人民政府关于进一步加快软件产业发展的意见》，明确了软件和集成电路设计产业发展的思路、目标和重点，制定了较为详尽的产业发展政策，为加快软件和集成电路设计产业发展奠定了政策基础。2005 年全省软件产业实现产值 175 亿元，居全国第八、西部第一。依托国家软件产业基地和出口基地，陕西省已初步形成具有高成长性和强竞争力的软件产业集群，基地内拥有年销售收入过亿元的软件企业 9 家，从业人员 100 人以上的软件企业 60 多家，通过 CMM2 以上资格认证的企业 5 家，软件及相关产业从业人员 2 万多人。2005 年全省电子元器件制造业稳步发展，成立了陕西电子元器件产业基地，压电陶瓷变压器、射频连接器、彩色显像管等重点产品继续保持优势地位。集成电路产业聚集了德国英飞凌、美国爱尔、美光、应用材料、西岳电子等四十多家企业，正在形成以集成电路设计业为基础、加工制造业（含封装测试）为支撑的集成电路产业集群。

（四）科技创新支撑体系建设加快

2005 年，为解决陕西省科技成果转化的中间试验和技术集成与工程化验证条件欠缺问题，陕西省依托西安交通大学、西北工业大学分别成立了陕西工业技术研究院和西北工业技术研究院。陕西工业技术研究院的重点任务是整合全省科教优势资源，加快先进科技成果的产业化，促进技术创新，推进陕西省经济结构的优化调整和经济增长方式的转变。西北工业技术研究院的重点任务是整合和发挥陕西军工科技资源的优势，搭建军民技术互动的创新平台，为促进企业自主创新能力提高和产品更新、产业结构升级以及区域经济可持续快速发展服务。2005 年，国家发展改革委员会批复陕西省组建快速制造国家工程研究中心，该中心的建设对提升陕西省乃至国家装备制造业的技术水平，促进产品升级换代具有重要意义。自此，陕西省拥有国家级工程（技术）研究中心 13 个、重点实验室 12 个、国家部属和国防重点实验室 72 个、省级重点实验室 57 个、工程（技术）研究中心 40 个。重点实验室、工程（技术）研究中心和科技基础条件平台的相继建成和投入使用，使科技创新瓶颈的制约得到较大程度的缓解。

（五）科技创新成果显著

2005 年，陕西省共申请专利 4 166 件，同比增长 29.5%，其中申请发明专利 1 693 件，占总量的 40.6%；专利授权 1 894 件，其中发明专利 445 件，实用新型专利 1 131 件，外观设计专利 318 件。“十五”期间，陕西省累计申请专利 15 660 件，年均增长 15%；专利授权量为 8 388 件，其中发明专利申请 5 156 件，授权 1 355 件。截至 2005 年，全省拥有国家级知识产权试点城市 1 个、国家级知识产权试点园区 2 个、国家级专利产业化示范基地 1 个、全国知识产权兴贸试点基地 1 个、国家级知识产权试点企业 12 个。

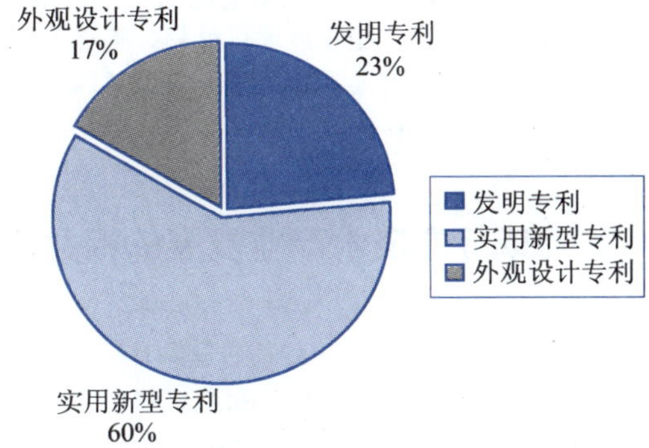

图 1　2005 年陕西省专利分类授权情况

表 1　“十五”期间专利申请和授权量

年　份	2001	2002	2003	2004	2005	合　计
申请总量	2 326	2 527	3 421	3 217	4 166	15 660
其中：发明专利	492	681	1 191	1 099	1 693	5 156
实用新型		1 470	1 737	1 587	1 817	
外观设计		376	493	531	656	
授权总量	1 354	1 524	1 609	2 007	1 894	8 388
其中：发明专利	136	146	169	459	445	1 355
实用新型		1 053	1 105	1 193	1 131	
外观设计		325	335	355	318	

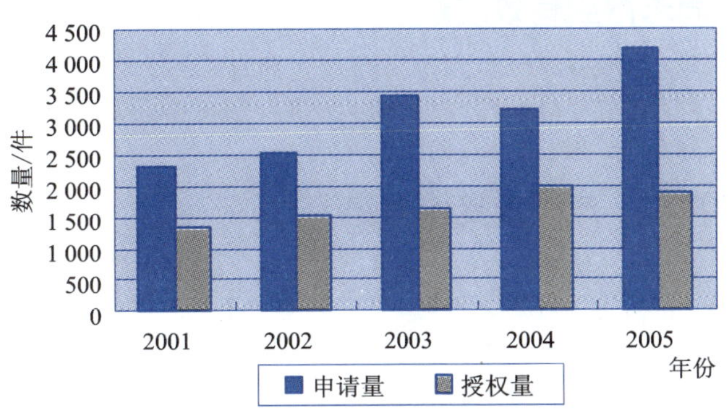

图 2　“十五”期间陕西省专利申请和授权情况

（六）西安阎良国家航空高技术产业基地建设进展顺利

西安阎良国家航空高技术基地作为目前国家唯一的航空高技术产业基地，在促进国内外航空产业资源聚集、实现航空产业整合、带动陕西省产业结构调整和经济发展上具有十分重要的意义。国家发展和改革委员会正式批复阎良航空基地建设后，在各有关方面的共同努力下，阎良航空基地建设各项工作进展顺利。2005 年，陕西省成立了陈德铭省长任组长的阎良航空基地建设领导小组，西安市政府专门组建了阎良航空基地管委会；筹备召开了阎良航空基地建设领导小组第一次全体会议，明确表示省市政府将对阎良航空基地建设在资金和政策上予以扶持；成功举办了阎良航空基地建设启动仪式暨发展战略研讨会，国家发改委张晓强副主任和高技术司綦成元副司长视察了阎良航空基地。阎良航空基地各项建设工作全面启动，招商引资工作按照全新的理念在全球范围内开展，先后邀请和接待了古德里奇公司、霍尼韦尔公司、斯奈克玛公司等一批世界知名航空制造企业和高层领导人来陕访问；积极参与空客 A320 飞机在华总装项目的选址工作，为日后争取整机项目和相关配套项目定点奠定了良好的基础；多尼尔 328 飞机项目前期工作加快步伐；一批通用小型飞机投资项目谈判取得重要进展。截至 2005 年底，阎良航空基地新增合同投资额 15 亿元，实际投资 3 亿元。包括张立同院士获国家技术发明一等奖的耐高温长寿命抗氧化陶瓷基复合材料项目在内的 32 个高技术项目已在阎良航空基地开工建设。

（七）现代中药产业基地建设稳步推进

2005 年，陕南省现代中药产业基地建设工作按照继续构建四大体系的发展目标，主要做了以下四个方面的工作：一是组织实施了陕南中药产业发展项目计划，重点支持中药规范化种植、加工和技术创新平台的建设；二是组织召开了陕南现代中药产业基地建设工作会议，实施了以加工转化为重点的陕南中药产业发展战略；三是通过签订项目实施合同，加强管理，确保项目按计划顺利实施；四是举办陕南中药产业管理人员培训班，加大对技术人员和管理人员的培训工作。

（八）完成了高技术产业发展的相关规划编制和政策制定工作

一是在广泛调研的基础上，完成了《陕西省高技术产业发展“十一五”专项规划》、《陕南中药产业发展“十一五”专项规划》的编制工作，并对《西安阎良国家航空高技术产业基地总体发展规划》进行了修订；二是出台了《陕西省人民政府关于进一步加快软件产业发展的意见》，明确了软件和集成电路设计产业发展的思路、目标和重点，为依托优势、加快软件和集成电路设计产业的发展奠定了基础；三是受国家发改委委托，牵头完成了《“十一五”西部高技术产业发展专项规划》（建议稿）的编制；四是参与了国家发改委主持编制的《“十一五”国家民用航空产业发展规划》和《中国生物产业发展规划》的编制工作。

二、存在的问题

（一）高技术产业发展区域不平衡有进一步扩大的趋势

“十五”期间，陕西省高技术产业销售收入在全国名列第 10 位左右，与其所拥有的科教和产业优势大体相当。但是，陕西省所处的西部地区与东部地区在高技术产业经济总量上的差距有进一步拉大的趋势，西部地区高技术产业规模仅占全国的5%左右，且60%以上集中在四川、陕西和重庆。陕西省内部高技术产业发展的地区差距巨大，产业大都聚集在以西安为核心的关中地区，关中地区高技术产业规模占全省的 80% 以上，陕南、陕北产业总量较小，发展基础薄弱。

（二）资金瓶颈问题尚未得到有效改善

高技术产业是高投入、高风险、高收益的产业，其发展需要大量的资金投入。目前，由于陕西省投融资体制改革滞后于经济市场化进程，特别是创业投资退出渠道不畅，难以为继，导致大多数民营中小型科技企业创业缺乏必要的金融支持，在新产品开发和产业化方面受到一定程度的制约。

（三）高技术企业规模小，风险承受能力弱

陕西省高技术企业普遍存在规模小、生产效率低、市场化程度低、科技成果转化率低等问题，企业自主创新能力不强，产业升级动力不足。另外，高技术领域缺乏“大块头”产业，也缺乏产业之间的相互配套，产业链短。还有，大量中央直属的和国防类的院校、企业因体制等原因难以在陕西经济主战场发挥更大作用。

三、2006 年工作思路

（一）加强规划指导和政策引导

依据《陕西省高技术产业发展“十一五”专项规划》、《陕南中药产业发展“十一五”专项规划》，尽快制定具体

实施方案，加强对《2006－2020年国家中长期科技发展规划纲要》及国务院科技创新配套政策的研究，制定和落实陕西省实施细则和优惠政策，真正发挥高技术产业规划的指导作用和国家宏观政策的引导作用。

（二）实施陕西省科技创新工程

为增强科技创新能力、加快高技术产业化进程，陕西省将实施科技创新工程，成立专门机构，对一批重大科技创新项目在资金、政策上予以支持，争取在重点专项上有所突破，进一步建立和完善自主创新体系。2006年要建立项目建设责任制，充分调动科技项目各主管部门的积极性，形成统一协调、分工负责、多方配合、合力推进的工作机制，推进项目与企业的有机结合。突出企业在科技创新和高技术产业化中的主体地位，采取有效措施，把科技创新工程的重点项目与企业的科研生产紧密结合起来，制定科研和生产实施方案，明确目标任务，集中资源，加快推进。做好科技创新工程重点项目的技术集成创新、工程化验证、小试、中试、工业性试验等工作与两个工业技术研究院中心工作的衔接，充分发挥两个工业技术研究院的作用。通过在省内外、国内外广泛招商引资，多渠道吸引资金和技术，加速科技创新工程建设进程。加快研究制定鼓励科技创新和高技术产业化的有关优惠政策，为科技创新工程项目的顺利实施提供保障。加快建立多元化、多渠道、市场化的科技创新投入体系，加大政府、投资公司、金融机构对重大科技产业化项目的资金扶持力度。

（三）产业发展重点

电子信息产业要加快国家软件产业基地和出口基地、国家显示器件产业园、陕西省电子元器件产业基地的建设，逐步培育以英飞凌、应用材料、美光、西岳电子为代表的半导体产业集群，形成以集成电路设计业为基础、加工制造业（含封装测试）为支撑的集成电路产业集群，形成完整的半导体产业链，使陕西省成为“长三角”、“珠三角”和环渤海湾之外的中国第四大半导体产业基地。软件业的重点发展面向重点行业的应用软件、工业过程控制软件、嵌入式软件及中间件、基于陕西省率先制定的无线局域网络安全标准WAPI的网络安全产品及其他信息安全软件、信息服务软件、教育娱乐及多媒体软件等，加快培育软件外包业。

航空航天产业要发挥技术优势，在飞机零部件及关键子系统的研制、转包生产及维修改装等方面取得突破。大力加强西安阎良国家航空高技术产业基地建设，广泛开展国际合作，探索合作研制或引进总装干线飞机的途径，以整机制造为重点，加快支线飞机、通用飞机、无人驾驶飞机的研制，加快“新舟60”、“运八”飞机改进改型的进度，扩大出口，努力把陕西省建设成为全国最大的民用飞机制造基地和航空零部件生产基地。

生物医药产业以西北地区首家被商务部认定为国家级医药出口基地的西安高新区为突破，以产业配套和技术创新为核心，以中药现代化和生物新药为重要发展方向，努力形成中西部最大的现代化生物医药产业集群，积极申报国家生物医药高技术产业基地。

陕南绿色产业基地实施项目带动战略，加大招商引资工作的力度，依托陕南自然环境优美、生物资源多样和水资源丰富的优势，以现代中药、绿色食品、生态旅游、矿产建材等产业为主导，加快构建绿色种养业、绿色产品加工业、绿色产品研发、绿色产品流通业等四大体系，促进陕南区域经济突破发展。抓好中药材种植的GAP认证，加强规范化、规模化中药材种植基地的建设；支持制药企业技术升级，引进一批大型中药龙头企业，依托名牌产品，加快发展中药加工生产；积极开发绿色资源，壮大绿色产业，走经济发展、生态良好、群众致富的和谐发展之路。

（四）积极推动自主知识产权工作

积极配合国家推进WAPI标准在国内的推广应用，吸引更多的厂商加入WAPI产业联盟，促使相关产业链的形成。在此基础上，着眼未来，积极推动企业在核心技术上申请专利，特别要重视发明专利的申请，争取发明专利的申请和授权迈上新的台阶。

（五）加快中小型高技术企业的发展步伐

中小企业是原始创新的主体和源泉，发挥陕西省科技型中小企业在数量和质量上的优势，积极推动其发展。实施中小企业技术创新工程，以完善投融资政策为工作重点，推进《创业投资企业管理办法》的实施，在自主创新企业获得创业投资资金方面取得重要进展，完善创业投资资本退出机制，使科技型中小企业成为陕西省自主创新战略的着力点。

陕西省发展和改革委员会高技术产业处

27

“十五”甘肃省高技术产业发展情况

一、“十五”高技术产业发展回顾

“十五”期间，甘肃省依据国家发展高技术产业的政策导向，在信息技术、生物技术、新材料、先进制造技术、节能环保、现代农业等领域，扶持和引导企业以项目为载体，推动全省产业结构和产品结构的调整，从注重经济增长转向注重经济、社会和人的全面协调发展，促进了全省经济整体竞争力的提高和国民经济的快速发展，在高技术产业领域形成了政府加强领导和扶持发展、多种经济成分并存、以企业为主体、以市场为导向、以效益为目标、以产品为龙头的发展格局。预计到2005年年底，全省高技术产业增加值达到58.5亿元，占当年GDP比重的3.44%，占当年工业增加值比重的9%。

（一）重点领域取得了一定突破，产业发展能力不断增强

“十五”期间，甘肃省高技术产业得到了较快发展。高技术产业化规模不断加大，取得了显著成效。2001－2005年，甘肃省组织实施了一批国家高技术产业发展项目以及省属高技术产业发展项目。其中，国家高技术产业发展项目39项，项目总投资26.6亿元，国家安排资金2.615亿元；甘肃省高技术产业发展项目70项，项目总投资2.3亿元，省里安排资金925万元。这些项目的实施，有力推动了甘肃省高技术产业的发展。

（1）电子信息制造业。继续推动技术和体制创新，带动了电子元器件、集成电路、仪器仪表、电子专用设备及通信设备制造业的发展。天水天光半导体有限责任公司的高速开关管-功率肖特基势垒整流二极管、华天科技股份公司的新型高密度塑封集成电路等一批国家高技术产业项目的组织实施，提高了信息产品制造企业的技术水平，增强了市场竞争力。2004年电子信息产品制造业完成总产值26.63亿元，集成电路生产能力达16.5亿块，电子元器件生产能力达1.3亿只。2005年集成电路生产预计达24.5亿块。

（2）生物医药技术。利用先进的生物技术开发人用和兽用疫苗，先后实施了兰州生物制品所冻干口服痢疾双价活疫苗、口服轮状病毒疫苗，兰州兽医研究所猪传染性胸膜肺炎和猪衣原体病疫苗等国家高技术产业化示范工程项目，提升了甘肃生物制药的技术水平。立足省内中药和藏药的优势资源，开展了定西扶正制药有限公司贞芪扶正中药产品、奇正集团甘南佛阁藏药有限公司新型藏药、奇正实业（集团）有限公司透皮吸收（TTS）系列藏药的高技术产业化生产，推动了甘肃特色药品的快速发展。

（3）新材料产业。新材料产业立足甘肃省特色资源和产业基础优势，跟踪先进的新材料技术，在金属材料、精细化工材料等领域开展研究开发和高技术产业化生产，将优势资源向经济优势转化。甘肃稀土公司高纯氧化铕、高性能稀土贮氢合金粉国家高技术产业化示范工程的建设大大提高了甘肃省稀土生产的技术水平，增强了产品的竞争力。酒钢集团的微合金高碳钢硬线、兰州炭素集团的石墨化半石墨化微孔炭砖、天水长城电工器材厂的钨基高压耐弧复合材

料等进行了高技术产业化生产，推动了企业的产品结构调整和产品档次提升，取得了良好的经济效益。

（4）现代农业。利用甘肃省的特色气候和土壤条件，围绕具有特色优势的马铃薯、花卉、啤酒大麦、草业饲料等，利用高技术产业化专项的扶持，引进优质花卉品种并国产化，培育推广优质啤酒大麦和草种的大规模种植技术，如组织了兰州先锋草业工程技术有限公司中兰一号、甘农系列苜蓿新品种、甘肃省农科院优质高产啤酒酿造大麦新品种甘啤三号、酒泉大业种业有限责任公司优质饲用及生态用草种等的繁育基地产业化建设、甘肃新兴花卉集团有限公司球根花卉种球国产化繁育的高技术产业化生产等，加快了农业产业结构的调整，扩大了就业机会，增加了农民收入，促进了经济社会快速发展。

在核技术应用、生态和环境保护、先进制造技术等领域，通过自主研发和引进先进技术，实现了高技术的产业化生产，推动了这些领域高技术产业的发展。

（二）技术创新体系建设加强，为高新技术产业发展奠定了基础

组织实施产业技术研究与开发项目、重大科技成果转化项目和重点创新项目，开发新技术、新工艺和新产品，完善产业化配套条件和产业化能力。切实落实省委、省政府《关于加强科研院所、高等学校与地方和企业科技合作促进科技成果转化的意见》，围绕甘肃省经济建设和社会发展的实际需求，引导大中型企业同大院大所建立战略合作关系，加强了科研院所、高等学校与地方、企业的科技合作，推动了产学研的结合。建设了若干个工程技术研究中心和企业技术中心，扶持企业开展产业化过程中的技术研发。实施重大科技项目专项工程，带动提升产业竞争力，在制造业信息化、新材料、缩小数字鸿沟、创新药物与中药现代化、生物技术开发与应用、农副产品深加工、生态环境恢复与重建、清洁能源等方面进行了重点部署。高技术研发为高技术产业发展提供了源源不断的技术成果。

（三）园区和地域产业的示范作用显著，带动了全省高技术产业发展

国家级兰州高技术产业开发区发展壮大。到2005年，区内注册企业已达到1 096户，技工贸总收入达到150亿元。中科院白银高技术产业园基础设施更加完善，一批高技术企业进驻园区，目前已完工或开工建设的项目26项，总投资约15亿元，发展势头良好。在国家有关部门支持下，创立了甘肃河西走廊星火产业带，包括6市21县区的建设区域，提出实施适宜发展的16个重点产业。为了充分发挥兰州、白银、金昌市的有色金属资源优势，启动了兰州、白银、金昌有色金属材料基地建设。这些园区和基地的发展，为甘肃省高技术产业发展提供了良好的平台。落实国家宏观调控政策，整合提高了现有园区，同时根据产业布局，研究规划了一批新的特色突出的高技术产业园区。

二、“十五”期间高技术产业发展中存在的问题

尽管甘肃省有较丰富的矿产和植物资源以及特殊的自然条件，具备一定的冶金、石化、电子、医药、机械、纺织、食品、建材等行业的产业基础，有一批具有一定开发能力的科研院所，使得高技术产业在近年得到了较快发展，但同时在发展中也存在不足和问题。如思想观念落后，对高技术及其产业化不够重视；研发水平不高，自主创新能力较低，技术市场成交额只占全国成交总额的0.9%，尤其是高技术自主开发水平低，省内国家级高技术产业化项目所采用的高技术的引进比例高达70%以上；中小型高技术企业融资困难；高技术产业比重小；科技成果转化率低；科技资源分散、分割，缺乏市场经济条件下的整合能力等，这些问题需要在“十一五”期间加以改进。

三、“十一五”高技术产业发展的主要目标与重点

“十一五”期间甘肃高技术产业发展的思路是：以党的十六大和十六届五中全会关于走新型工业化道路、积极发展高技术产业、增强自主创新能力的精神为指导，以全面建设小康社会为目标，落实科学发展观，以市场为导向、以企业为主体、以创新为动力、以效益为目标、以项目为载体，坚持高技术对促进经济发展的先导作用，有重点地发展高技术产业。增强自主创新能力，强化产业化前期的研究开发和技术的引进吸收再创新，推动新兴的高技术产业，积极采用新技术、新工艺、新装备，改造提升传统产业，提高传统产业的竞争力，提高甘肃省经济增长的质量和效益。

（一）主要发展目标

“十一五”期间，全省高技术产业在总量规模上要有显著提高，成为全省经济的先导产业。在高技术产业结构不断优化的同时，利用高技术改造传统产业方面要取得突破性进展。要建立、健全具有竞争力的技术自主创新与研究开发体系，涌现一批先进的技术创新成果和有较高市场份额的高技术企业和产品。“十一五”全省高技术产业增加值到2010年年底达到约234亿元，占当年全省工业增加值的比重约为18%。2020年年底全省高技术产业增加值占当年全省工业增加值比重达到一半左右。到2010年，兰州高新区创业服务中心在孵企业达到500家；在全省高技术产品销售额中，中小型企业所占的比重要达到60%以上；全社会研究与开发投入占当年国内生产总值的比重达到1.5%以上；新建10

个国家级和省级工程研究（技术）中心、企业技术中心；基本完成以兰州高技术产业开发区为核心，包括中科院白银高技术产业园、金昌市新材料工业园、天水市微电子高科技工业园在内的“一区三园”的开发建设。

（二）发展重点

依托甘肃省资源、技术和产业优势，结合全省国民经济和社会发展的要求，“十一五”期间重点发展信息、生物及医药、新材料、先进制造、先进能源、环保和资源综合利用、现代农业等高技术产业领域。

（1）信息技术领域。重点发展网络设备、数字移动通信产品、数字音视频产品、计算机外部设备、嵌入式软件系统、中文信息处理（汉语及少数民族语言）、应用软件、信息安全产品与系统、集成电路、电子材料、电子专用设备、仪器和工模具、新型显示器件、新型元器件、汽车电子产品、卫星导航系统、卫星遥感应用系统、信息增值服务、民用雷达等。

（2）生物及医药技术领域。重点发展疫苗和创新药物、重大疾病防治药物、新型给药系统技术与装备、中药和特色民族新药、中药材深加工、发酵工程、家畜良种胚胎生物工程、畜禽水产用生物制品以及生物医学材料、新型医用精密诊断及治疗仪器、医学信息技术及远程医疗等。

（3）新材料技术领域。重点发展有色金属粉体材料及粉末冶金技术、特种功能材料、环境友好材料、稀土材料、工程塑料及新型催化剂、精细化工产品、纳米材料、镁铝钛合金材料、高性能低成本钢铁材料、选矿药剂、提锂和提镁技术、表面涂镀层材料、新型焊接材料等。

（4）先进制造技术领域。重点发展工业自动化、现代科学仪器设备、全开放分布式控制系统及智能仪表、新型选矿设备、精密高效加工和成形设备、激光加工技术及设备、数字化制造设备、石油钻采自动化装备、洁净能源汽车等。

（5）新能源技术领域。重点发展风力发电、太阳能光伏发电、生物能源等可再生能源、节能建筑建材、煤炭的高效安全生产；石油勘探与开采技术、煤层气资源的开发利用；核电及核燃料设备、长距离高压输变电设备、半导体照明器件、天然气资源的优化利用等。

（6）环保和资源综合利用技术领域。重点发展工业和城市节水、工业废水处理技术及设备；工业固体废弃物的综合利用；苦咸水利用；生态环境建设技术及装置；清洁生产工艺技术与装备等。

（7）现代农业。重点发展动植物新品种、设施栽培技术、农林节水技术及设备、安全高效畜禽养殖技术、特色农副产品深加工、新型饲料、新型农兽药、农业信息技术、农业机械、标准化养殖技术与装备、林业特产资源的高效利用等。

（8）其他领域。重点发展民用非动力核技术、墙体材料及建筑制品、新型建筑体系、绿色建筑技术、复合超细短纤维及产品、重要产业用纺织品等。

四、政策措施

（一）优化产业发展环境，落实产业扶持政策

进一步贯彻落实国家和甘肃省关于加快高技术产业发展和技术创新的各项优惠政策。坚持以体制创新为动力，大力推进技术创新，发展高科技产业化。以转换运行机制为突破口，建立面向市场、面向经济、良性循环发展的管理模式。大力推进产学研合作，形成推动高技术产业发展的合力。建立高技术产业培育基金，鼓励引进和培育高技术企业，引导现有大企业开发更多的高技术产品，延长产业链，提高附加值。进一步优化创业投资环境，吸引更多的企业到甘肃投资。落实和制定高技术产业发展的政策措施，改善发展环境，促进产业良性发展。

（二）强化项目前期工作，增强项目竞争力

密切关注国内外高技术产业发展态势，高度重视高技术的引进和产业化。强化高技术产业化项目的前期工作，建立全省高技术产业发展专家咨询组，加强项目技术经济评价，落实项目建设条件，争取更多的项目进入国家高技术产业专项。给予重大项目前期经费支持，积极开展省内层面的高技术产业化项目的前期工作。按照“抓项目、促发展”的思路，做好项目调查和储备，增强发展后劲，为持续发展提供项目，并且多方筹集资金，解决产业发展的瓶颈问题。

（三）引进和自主研发并行，提高项目技术水平

坚持把提高自主创新能力、建立相对独立的技术体系与扩大开放、积极参与国际合作结合起来；坚持把大力推进技术创新与体制创新结合起来。要正视甘肃省高技术研发水平低的现实，加强与外省研发单位和高技术研发人员的联络。充分发挥高技术产业专家咨询组的作用，强化专家咨询组对项目的指导和评价。在引进省外高技术的同时，注重对省内技术研发基地等条件的建设，引导企业加大对技术创新和研究开发的投入。要着力加强对大专院校与企业合作研发、发展产业化项目的支持，促进省内优势学科和优势产业的相互支持和相互带动。加速科技体制改革，不断提高

科技创新能力，促进科技与经济的结合。

（四）创新投融资机制，扩大企业筹资渠道

配合国家投融资体制改革，结合甘肃省高技术企业发展现状，制定有利于高技术企业融资的优惠政策，营造有利于高技术企业筹资的宽松环境，健全有利于高技术企业发展的风险投资机制。根据《创业投资企业管理暂行办法》制定甘肃省实施细则，鼓励和扶持中小型企业与中小型高新技术企业联合成立创业投资企业，规范创业投资企业的投资运作，协调运行中遇到的困难和问题。完善中小型高技术企业的信用、担保和服务体系，拓宽高技术企业筹融资渠道，使中小型高技术企业成为转化科技成果、实现高技术产业化的重要主体。

（五）加强人才的培养和引进

应遵循“不求所在，充分利用”的原则，建立人才吸引和激励机制，调动人才的积极性。鼓励技术要素参与收益分配，最大限度地调动科技人员创业和创新的积极性。实行技术发明人、企业管理者及企业职工享有持股权、股份期权、优先认股权等办法，使技术与管理转化为资本或股权。充分使用好现有人才，并广泛吸引海内外人才，不拘一格地任用各类人才，对优秀的科技和管理人员，在户口、收入、住房、子女上学、出入境等方面给予政策优惠。积极支持回国留学人员来甘肃创办高技术企业。建立合理的人才培养结构，形成多层次的人才梯队，为高技术产业的发展培养富于创造力的创新人才和高素质的产业工人。营造良好的创业环境，形成人才集聚效应。创办留学生创业园，提供良好的工作条件和生活条件。

甘肃省发展和改革委员会高技术产业处

28

“十五”新疆维吾尔自治区高技术产业发展情况

一、“十五”发展情况

“十五”期间，新疆维吾尔自治区深入贯彻实施科教新兴新战略和可持续发展战略，全面落实高技术产业发展“十五”规划，发展现代农业、生物医药、新能源、新材料等高技术产业，促进新兴产业形成，推动传统产业的优化升级和经济结构调整，加快建设区域创新体系，努力推进高技术产业化和国民经济社会信息化，高技术产业已逐渐发展成为新疆新的经济增长点。

（一）高技术产业逐步发展壮大

一是各项经济指标有不同程度的提高。2000 年全区高技术产业总产值、高新技术产品出口值分别为 5.2 亿元和 0.034 亿美元，2005 年分别达到 10.09 亿元和 0.43 亿美元。“十五”期间全区高技术产业总产值、高新技术产品出口平均增速分别为 14% 和 66.4%。二是高技术产业结构呈现多元化发展，形成生物技术及现代农业技术、信息技术、先进制造业、新材料、新能源、资源环境产业等共同发展的格局，新兴产业不断涌现。“十五”期间，经国家发改委批准在新疆实施的高技术产业发展项目有 24 个，总投资 181 386 万元，其中国家投资 18 850 万元，是“九五”期间的 5 倍，涉及现代农业、生物技术、新材料、新能源、民用核技术、电子商务、软件等 11 个领域。三是形成了一定的产业积聚效应。全区高技术产业在地区分布上形成了沿天山北坡经济带集中、领先发展的格局。现已建成了国家级的乌鲁木齐高新技术产业开发区和自治区级的昌吉高新技术产业开发区，自治区级石河子、奎屯、米泉、库尔勒 4 个高新技术工业园和新疆北大科技园、新疆大学科技园等 3 个高新技术科技园区和昌吉市国家级农业科技园区。2005 年，全区共有高新技术企业 111 家，实现产值 90 多亿元。

（二）以生物医药、新材料等为主导的创新型新兴产业的崛起，为调整产业结构、转变增长方式起到了良好的示范和带动作用

新疆特丰药业采用企业自主研发且拥有自主知识产权的技术生产结合雌激素，推动了当地畜牧业发展，使当地农牧民脱贫致富，打破了外国公司对该类产品的垄断，减少了进口；新疆众和股份公司生产的精铝电子材料产品在生产工艺和技术创新上均取得了重大突破，打破了国外技术壁垒，工艺和技术水平均达到了国际领先水平，精铝产品国内市场占有率达到了 75%；新能源股份有限公司的太阳能扬水及照明综合应用系统及 8 英寸太阳能电池晶体硅片、新疆特变电工股份有限公司的 750 千伏级电力电缆及 500 千伏大型变压器、新疆金风科技股份公司 750 千瓦风力发电机组及 1.2 兆瓦风力发电机组等一批代表国内领先技术水平的新产品不断增加，设计和制造水平大幅度提高，尤其是兆瓦级风力发电机研制水平已位居全国第一。以这些企业为代表的新兴产业的形成和发展，为全区国民经济增长注入了活力，

对其他产业的发展起到了良好的示范和带动作用，尤其是新材料、新能源的产业化为中国国防军工、尖端技术以及重大工程建设提供了便利，缓解了中国战略性高端材料和能源对进口的依赖，为形成新疆自治区高性能材料产业链打下了坚实的物质基础。

（三）促进了区内特色优势资源的有效利用和转换，为经济可持续发展创造了条件

新疆维吾尔自治区农业资源和特色矿产资源相对丰富，通过高技术产业化，增加了它们的附加值，提高了资源利用率，减少了环境污染，促进了区域特色经济的发展。如新疆红帆生物科技有限公司利用当地番茄红素下脚料番茄皮渣作为提取原料，采用超临界二氧化碳萃取技术进行深加工和综合利用，不仅有利于环保，而且对解决当地“三农”问题，出口创汇都将产生积极作用；新疆天润赛里木湖渔业科技开发有限公司经过多年的实践和探索，解决了冷水鱼白鲑属产业发展的关键技术，实现了中国高白鲑、凹目白鲑白鲑属鱼类天然水域成功流放的重大突破，填补了国内空白；新疆恒盛铍业公司充分利用当地的丰富铍资源，采用国家最先进的硫酸萃取法生产工艺，使低品位的铍铜矿资源优势转化为经济优势，提升了国内氧化铍的冶炼水平。在建设新兴产业、有效利用特色资源的同时，注重了生态重建和可持续发展，加大对相关项目的审批力度，如通过新疆华兴种畜繁育有限责任公司良种肉羊快繁高技术产业化示范工程、新疆芳香植物科技开发公司芳香植物引种和大面积栽培、薰衣草精油微胶囊加工项目高技术产业化示范工程等一批可起到恢复生态并利用种植植被可采收部分进行高附加值深加工的项目建设，缓解了由于长期过度放牧和荒漠化导致的植被严重不足问题，实现了生态建设和可持续发展的良性互动，使生态建设和经济建设同步发展。

（四）推动了企业创新能力的提升和技术进步，企业技术创新机制正在逐步形成

技术创新是企业持续发展的源泉。按照国家实施“技术创新工程”的精神，把技术创新工作的重点放在提高企业的技术创新能力上，通过在国有大中型企业建立、健全技术研发机构，在有条件的企业建立技术中心，鼓励企业与高等院校、科研院所进行产学研合作以及从东部发达省区引进先进、成熟的生产技术等方式，增强了企业的技术创新能力。截至2005年底，自治区共认定了60家自治区企业技术中心，其中3家被认定为国家级企业技术中心；组建了11个自治区工程技术研究中心和11个重点实验室，其中棉花、瓜类、风力发电等3个被认定为国家级工程技术研究中心。初步形成了多层次、宽领域的自主创新体系，自主创新能力不断加强。

（五）电子信息产业取得了较快发展

电子信息产品制造业快速成长，电子铝箔、太阳能光伏电源等产品的生产销售形势良好。依托高校、科研院所，一批软件企业迅速成长起来。截至2005年底，全区已有40家软件企业和近200家计算机信息网络系统集成企业，其中获国家三、四级资质的信息系统集成企业有18家。形成了新疆西凌、新疆公众、新疆西北星、新疆虹联等一批骨干企业，开发了企业ERP、工业自动控制、校园管理等各类应用软件产品91个，共组织实施了36家自治区级CAD应用推广试点和29家ERP应用示范试点。企业信息管理系统（MIS）、计算机辅助设计/制造（CAD/ CAM）、计算机集成制造（CIMS）、企业资源计划（ERP）等应用软件在企业得到推广应用。多语种信息处理技术有了较大发展，信息交换用维、哈、柯语的编码、字型界面、术语等三项标准颁布实施，维、哈、柯语 Windows 操作系统和 Linux 操作系统研制完成。

二、“十一五”全区高技术产业发展的主要目标和重点领域

（一）发展目标

一是建立和完善技术创新体系，加快高技术产业化进程，全面提升科技创新能力。到2010年，基本建立起以企业为中心、以高校和科研院所为依托、产学研相结合的、比较完善的高技术创新体系和运行机制，构建以乌鲁木齐、昌吉、石河子市、巴州、伊犁为重点的高新技术产业集聚区。二是加快高新技术产业发展，到2010年，高新技术产业占工业增加值的比重达到10%左右，高新技术产品占出口总额的比重达到10%左右。全社会科学研究与试验发展经费占生产总值的比重提高到1%左右，高新技术企业技术开发经费占年销售收入的比例达到5%以上。

（二）发展的重点领域

在“十五”的基础上，结合国家高技术产业发展政策和全区国民经济发展的实际情况，确定“十一五”发展的重点。一是现代农业，重点发展特色和主要动植物新品种和相应高效栽培技术、新型农牧业机械、高效设施农业、高效畜禽养殖技术、特色农副产品深加工。二是新材料产业，重点发展化学建材和新型墙体材料、非金属新材料，锂、铍、铜、镍、钯等有色稀有金属的冶炼技术及合金材料，工程塑料，精细化工材料等。三是新能源产业，重点发展北瓦级风力发电机组，太阳能硅材料、电池组件、太阳能发电和集热系统及系列产品，以甜高粱和甜菜为原料生产的燃料乙醇和乙烯等。四是生物技术，重点发展创新药物、现代化中药及民族药、发酵工程技术、基于新疆特色动植物资源深

加工的生物制品、新型医用诊断及治疗仪器等。五是信息产业，重点发展软件业、电子信息产品开发和基于互联网的信息服务业，利用信息技术改造传统产业。

三、应对措施

（一）加强统筹协调，为高技术产业的发展创造良好的政策环境

加强全区高技术产业工作的组织与协调，联合有关部门共同制定高技术产业的管理办法和政策；进一步完善高技术产业发展的法律法规体系；开展科技创新的立法工作，研究制定促进高技术产业发展的地方法规，为高技术产业发展创造良好的法律环境；进一步落实高技术产业发展和自主创新的扶持政策，形成加快高技术产业发展的政策合力；进一步完善财政、税收、金融、土地、人才、知识产权保护等方面的政策措施，切实为高技术产业发展提供合适的政策保障。

（二）加快促进投融资机制的形成，建立高技术产业发展的资金支撑体系

"十一五"期间，国家将继续实施西部大开发战略，要抓住这一机遇，积极争取国家对重大高技术产业项目的资金和政策支持。加大政府对高技术产业的投入，确保自治区应用技术研究与开发资金随着财政收入的增加逐年增长，并优先投向高技术产业的重大专项和重点工程。创新投资机制，积极吸引金融机构、国内外知名企业和民间资本参与、组建不同所有制的高技术创业投资公司。培育高技术产业风险创业投资机制，建立高技术产业创业投资基金，拓宽创业基金的资金来源。采取积极有效的政策措施，健全投资体系和资本市场，形成以政府投入为引导、企业和社会投入为主体、金融系统为支撑的高技术投融资体系。

（三）加大自主创新力度，进一步完善区域创新体系

一是强化企业的自主创新地位，加强产学研相结合。加强工程技术研究中心和企业技术中心的建设，推动其成为行业自主创新的龙头。二是加强基础研究，提高原始性创新能力，支持在高等院所建立一批国家级和自治区级重点实验室和科研基地用于原始性创新研究。三是促进对引进技术的消化吸收与再创新。依托重大工程项目，培育自主创新能力，开发拥有自主知识产权的核心技术。四是建立行业共性技术平台，面向主导产业和社会发展的关键领域，组建科技创新平台。

（四）加快高技术产业人才队伍建设，培育和吸引高技术产业发展的急需人才

树立和落实科学的人才发展观，加快高技术产业人才队伍建设，重点抓好技术研发、科技管理、企业经营方面人才队伍建设；合理调整高校的学科领域和结构，加大高层次和急需人才队伍的培养力度，鼓励学有所成的中青年科技人才创新创业；坚持以人为本，不断改善人才的工作和生活环境，优化人才政策，创造人尽其才、才尽其用的环境；鼓励技术要素参与收益分配，最大限度地调动科技人员创业和创新的积极性；完善科技成果奖励和科技人员报酬机制，对有贡献的科研人员，根据成绩大小，给予物质和精神奖励；实行技术发明人、企业管理者及企业职工享有持股权、股份期权、优先认股权等办法，使技术与管理转化为资本或股权。

（五）大力推进产业技术进步，提升支柱产业的技术水平

加速用高新技术和先进适用技术改造提升传统技术，围绕壮大优势支柱产业，加强引进技术的消化吸收和再创新，着力提高支柱产业的整体技术水平。大力发展支撑循环经济发展的技术和产品，促进资源的有效利用和可再生利用。以信息化带动工业化，推进信息技术在产业领域的广泛利用，加快企业信息化改造，大力提高企业的生成技术和资源管理水平。

（六）加大项目工作的争取力度，为实现目标夯实基础

项目是产业发展壮大的基础和载体。"十一五"期间，要下大力气抓好高新技术项目的建设，深入做好项目的前期工作，精心储备一批项目，尤其是支持开发一批技术含量高、市场前景好、带动作用大、示范效应广、附加价值高的项目，同时加大对项目的审批和管理，争取国家在资金上的更多支持。

新疆维吾尔自治区发展和改革委员会高技术产业处

29

“十五”宁夏回族自治区高技术产业发展情况

一、“十五”高技术产业回顾

宁夏地处西北，高技术产业起步较晚。“十五”期间，在国家发改委和自治区党委、政府的支持与领导下，宁夏高技术产业从无到有，得到了迅速发展，通过自主研发、自主创新、引进先进技术装备，建成了一批具有地方特色和一定规模的高技术产业项目，造就了一批具备市场竞争力的高技术企业和高技术产品。高技术产业总产值、增加值、销售收入呈现快速成长之势，在工业经济中的比重迅速提高，已成为宁夏经济发展新的增长点。高技术产业的领域不断扩大，目前主要分布在新材料、生物产业、能源化工、机电一体化、信息产业、现代农业等行业，其中新材料产业和生物产业成为宁夏高技术产业的主要亮点。

“十五”期间，宁夏新材料产业从小到大，成长迅速，产业领域不断延伸，目前已扩展到稀有金属材料、特种合金、电子材料、粉体材料、工程陶瓷、碳基材料等多个行业。生产技术水平不断提高，产业规模不断壮大，产品品种不断增加。其中，以钽、铌、铍系列材料与制品为代表的稀有金属材料的生产技术已达到世界先进水平，高比容钽粉、细径钽丝等高技术产品的产量分别占到世界市场的20%和45%。各类钽铌电容器产品产能达4.5亿只，电子浆料的产能达10吨，是国内最大的钽电容器制造地和电子浆料产地。镁合金行业不断壮大，原镁及镁合金的年均增长率在30%以上，成为自治区出口创汇的主要产品之一，产品链正逐步向高品质镁合金和变形镁等高附加值的下游产品延伸。

“十五”期间，宁夏生物产业异军突起，生物医药业成为重要的支柱产业。四环素产量占全国总产量的72.18%，出口量占全国总出口量的83.47%，贸易量约占世界贸易总量的70%；红霉素产量占全国总产量的近50%；苦参素产品在全国质量最好、产能最大；抗生素类兽药的特色鲜明，泰乐菌素产量约占全国总产量的75%以上，盐霉素约占全国总产量的65%。四环素、红霉素等原料药的发酵指数、杂菌感染率、得率均为全国最高水平。幼畜腹泻双价基因疫苗获得国家一类兽药新药证书，5 000万头份GMP兽用化学药厂正在建设之中。

高技术产业的迅速发展使本地区高新技术产品出口快速增长。到2005年底，宁夏列入《中国高新技术产品出口目录》（2003年版）的产品有100多种，分别属于新材料、生物医药、光机电一体化、现代农业、电子信息五大领域，实现出口额22 772万美元，比上年增长29.6%，占全区出口总值的33.1%。其中，新材料产品出口额14 308万美元，同比增长14.8%，生物医药出口额6 000万美元，同比增长313.6%；新材料和生物医药两大类占全区高新技术产品出口总额的89.2%，同比提高了0.7个百分点。

“十五”期间，宁夏电信产业高速发展，成为宁夏发展最快的高技术产业。2005年，宁夏通信业资产总额达58.8亿元，资产积累率11%，电信业务总量完成46.04亿元，业务收入22.23亿元。全区电话用户达320万户，其中，固定电话用户138.9万户，普及率24线每百人，固定电话普及率高于西部平均水平4.9个百分点，位居全国第16位和西部第2位；移动电话用户达181.1万户，普及率31部每百人，高于西部平均水平9.2个百分点，高于全国平均水平0.9

个百分点，居全国第10位和西部第1位。

此外，宁夏积极推进企业信息化建设，计算机辅助设计（CAD）、计算机集成制造（CIMS）等得到较广泛应用，重视运用高技术和先进适用技术改造传统产业，提升了冶金、建材、化工、机械等支柱产业的技术水平。

在加大高技术产业建设的同时，宁夏科技创新的宏观环境也得到了较大改善，科技基础条件不断完善，科技创新体系初步形成。全社会科技投入有较大幅度的增长，企业科技意识逐步提高，用于高技术产业开发的投入不断增长，正在成为技术创新的投入主体。“十五”期间，宁夏共申请专利2 255项，超过了专利制度实施以来前15年的总和，年均增长10.2%，科技进步对经济增长的贡献率由“十五”初期的32%提高到了38%。

全区现有高新技术企业53家，其中国家级高新技术企业9家，14家企业的高技术产品销售收入超亿元；建成国家级企业技术中心4家，国家级工程研究中心2个，自治区级企业技术中心19家，自治区级重点实验室4个，自治区级工程研究中心6个。

二、高技术产业发展面临的形势

“十五”期间，宁夏高技术产业发展从无到有、不断发展，逐步确立了重点发展的产业领域，具备了较好的发展基础。但从总体上看，宁夏高技术产业仍处于起步阶段。高技术企业数量少、规模小，缺乏核心企业与龙头企业，缺乏高端技术产品，对本地区经济发展的支持带动作用有限；技术创新能力和可持续发展能力不强；科技人员队伍结构不合理，高技术产业所需的高水平科技人才极度缺乏，从事基础研究、工艺设备开发的高素质人才稀缺；金融单位、风险投资基金投入少，社会资金对高技术产业的支持力度有限。

“十一五”是国家继续实施西部大开发、全面建设小康社会的战略机遇期，也是宁夏高技术产业发展的关键期。面对国内外高技术发展的新形势和日趋激烈的竞争，宁夏必须立足自主创新，依靠科技进步，加快创新体系建设，提高企业技术创新能力，在新材料、生物医药、能源化工、机电一体化等领域打造一批高技术龙头企业，带动本地区经济发展，走科技含量高、资源消耗低的发展道路，实现资源优势向经济优势的转换。

三、“十一五”高技术产业发展思路

“十一五”期间，宁夏将继续落实科学发展观，从实际出发，进一步改善经济结构和产业结构，优化经济增长方式，推动新型工业化进程，选择有比较优势的领域实现跨越式发展，集中力量发展高技术产业。具体从以下几个方面入手，抓好高技术产业发展。

第一，依照国家发改委对地区高技术产业规划编制工作的要求，结合宁夏实际，遵循有限目标、追求特色、突出效益、重点发展的原则，科学合理地编制完成《宁夏“十一五”高技术产业发展规划》，在分析宁夏高技术产业现状、预测高技术产品市场供求态势的基础上，对本地区高技术产业的发展思路、目标、重点产业、重大项目及实施步骤进行统筹规划，提出实现规划的保障措施。加强宁夏高技术产业的制度建设，研究和制定宁夏高技术产业发展的政策，及时向全社会发布高技术产业发展信息，在规划实施的过程中，不断完善修订产业规划，增强规划的指导性和可操作性。

第二，加强政府对高技术产业的生产要素配置，加大地方财政支持力度，坚持重大项目带动战略。对“十一五”规划中的重大项目和重点项目建设给予大力支持和帮助，以重大项目建设为突破口，在新材料、生物医药、能源化工、机电一体化等高技术领域，重点推进若干个重大建设项目的开发建设，培育一批技术含量高、具有自主知识产权和核心竞争力的龙头企业。通过延伸产业链，形成具有鲜明地区特色和竞争优势的新材料产业、生物医药产业、能源化工产业、机电一体化产业集群，同时，带动相关行业及配套产品发展，使高技术产业成为宁夏国民经济发展的重要支柱。按照循环经济发展和产业集聚效应的要求，引导各产业群相对集中布局，以合理配置包括水、电、气内的公共资源，降低产业群的综合运行成本，提高产业关联效益和环保设施的使用效率，形成互动型良性循环发展模式，实现经济效益和社会效益的共同提高。

第三，以煤炭、石油化工、冶金、建材领域为重点，推广应用一批共性高新技术，改造提升技术装备与工艺的整体水平，使传统产业中的重点骨干企业的技术装备、主要技术经济指标接近或达到20世纪90年代中期的国际先进水平，部分产业达到或接近国际同期先进水平，提高企业核心竞争力。大力推进技术创新能力建设，建设中心城市的创新创业核心区，打造技术创新平台。围绕新材料、冶金、石油化工、机械、医药等重点产业创新能力的提高，支持相关产业领域国家级企业技术中心的建设。

第四，调动企业科技投入的积极性，促进企业加大科技投入，降低高技术产品的开发风险。积极鼓励支持中小型科技企业尤其是民营高技术企业的发展，帮助它们在本领域内做专、做精、做新、做强。培育新型产业，形成优势互补的高技术产业布局，丰富高技术产业内容。

第五，建立和完善高技术产业发展投融资机制。建立“政策引导、企业主体、金融支持、政府扶持”的多层次、多形式的高技术产业投融资体系，使政府投资与支持体系、创业投资体系、多层次资本市场体系更加有效地结合。政府要加大对创新能力基础设施、产业化及服务体系建设的投资支持力度，并提高对民间投资的带动和导向作用。健全风险担保机制、信用体系、退出机制和中介服务体系，营造有利于高技术产业投融资制度创新的外部环境。

第六，加强高技术人才的培养力度，做好高素质人才的引进与培养工作。采取多种方式吸引区内外的高水平研发人才、高层次管理人才，完善技术参股和入股等产权激励机制。重视高级技术工人队伍的建设，提高高级技术生产人才的地位，形成多形式的激励机制，建立一支与宁夏发展实际相适应的多层次的高技术人才队伍。

宁夏自治区发展和改革委员会高技术产业处

30

“十五”青海省高技术产业发展情况

青海省“十五”高技术产业发展规划已执行完毕，通过必要和及时的评估，不仅有利于找出规划实施中存在的问题和原因，更有利于进一步摸清“十五”以来青海省高技术产业发展状况，总结经验教训，理清思路，寻求对策，为“十一五”规划的实施打下良好的基础，从而更好地促进高技术产业的发展。

一、基础与背景

（一）现实背景

青海省“九五”期间的高技术产业几乎为空白，“九五”末期才开始发展高技术产业，基础极其薄弱。

（二）政策背景

（1）中央做出了《关于加强技术创新，发展高技术，实现产业化的决定》，省委、省政府制定了实施意见，为统一思想、协调行动、落实“科教兴青”和可持续发展战略提供了保证。

（2）国家制定了西部大开发战略，在政策、资金等方面都给予扶持和倾斜，为青海高技术产业发展提供了前所未有的历史机遇。

（3）全省人民对科学技术的认识不断提高。经济比较落后的地区，不发展高技术产业，经济发展就没有后劲，产品就缺乏市场竞争力，就无法赶上发达地区。要想后进变先进，就要不断提高认识，大力发展高技术产业。

（4）青海省基础环境和区域条件的明显改善、信息技术和信息产业，特别是信息网络的蓬勃发展，将为克服信息闭塞和区位劣势，加强与国内外经济和科技的交流，运用信息技术提高工业化水平，改造传统产业，以信息化带动工业化从而为科技水平迈上新台阶创造条件。

（5）一批高技术产业发展项目和工程研究中心的建设以及青海经济技术开发区和生物科技产业园的设立，为青海省科技创新、成果转化和高新技术的发展提供了潜在动力，打下了良好基础。

二、实施情况、主要措施、成效及问题

（一）总体目标进展情况

自“十五”规划实施以来，青海省的高技术产业发展紧紧围绕西部大开发和青海省经济社会发展总目标，坚持“科教兴青”和可持续发展战略。以改革为动力、以市场为导向、以企业为主体、以效益为原则，以不可替代性和自身

优势为基础，优化科技资源配置，加强自主创新和技术引进，以生态建设、资源开发、经济结构调整、发展特色经济为重点，以加快高新技术产业发展、促进新兴产业的形成、推动传统产业的优化升级为主要任务，以推进经济结构调整和促进经济、社会的协调发展和全面进步为目标，加快信息化进程，努力构筑有青海特色的产业结构，推进经济增长方式的根本性转变，促进特色经济的跨越式发展。高新技术产业对经济和社会发展的推动作用日益加强，科技创新能力和全社会科技投入相对提高，加快了科技成果的产业化速度。到2005年年底，全省高技术产业总产值8.32亿元，工业销售产值7.89亿元，产品销售收入利润总额0.82亿元，全省高技术产业总产值占全省国内生产总值的1.53%，均比“十五”初期有了较大提高。

（二）重点任务完成情况

按照“十五”高技术产业发展的战略部署，五年来青海省高技术产业的发展严格遵循建设生态、调整产业结构、开发优势资源和大力发展特色经济的要求，集中力量发展以新材料、新医药及生物工程、信息技术、机电一体化等为重点的盐湖资源综合开发利用。铝、镁、锂等轻金属产业的发展，高原特有动植物资源的保护、开发和利用，冷凉气候条件下的优质、高效农牧业的发展，生态环境的保护与建设等方面均有所突破，发展壮大了支柱产业并培育了优势产业。

（1）农牧业领域。致力于调整产业结构和发展特色农牧业，充分利用高原独特的环境条件和优势资源，以开发特色农牧业技术为主线，引进高新技术成果，开发精深加工技术产品，重点推进了以脱毒马铃薯为主的一系列农业高技术产业化示范工程，促进了农牧产品的转化增值。

（2）盐湖化工领域。通过青海锂业盐湖提锂及资源综合利用和30万吨钾肥高技术产业化示范工程的实施，盐湖资源综合利用有了突破性进展，推动了钾肥系列产品的生产和盐湖其他优势资源的开发。同时利用盐湖镁资源开发出了可用于汽车、家电和通信器材的系列镁合金；氢氧化镁阻燃剂、高纯镁砂等产品的开发已取得初步成功；培育了锂盐产业和以氯化镁深度开发利用为主的新兴产业。增加了盐湖资源开发的附加值，并通过脱水光卤石、碳酸锂、硼酸铝晶须等一系列高技术产业化推进项目为锂、锶、硼、钠等系列产品开发作好了技术储备。

（3）有色金属领域。利用高新技术提高有色金属产业的技术水平，支持铝、锂、镁、铅、锌等重点企业的技术创新，用高新技术促进冶金和电力的联供开发，培育轻金属产业。引进推广高效节能降耗新技术，发展铝、镁基合金加工新技术。

（4）石油天然气领域。引进石油天然气深加工技术，开发高性能聚丙烯粉料、高品质成品油、甲醇等高附加值石化产品。

（5）生物医药领域。通过青海省唐古拉藏药生产基地藏药雪隆系列产品、800吨彩色感光材料照相明胶、三普药业GMP改扩建工程及芪风颗粒现代中药等高技术产业化示范工程项目，大力开发拥有自主知识产权的生物制品和藏药新品种，使中藏药产业成为促进青海经济增长的新型产业。

（6）生态环保领域。通过保护开发三江源珍贵稀有植物、青藏高原特有沙生植物、青海省柴达木盆地唐古特白刺资源和可持续综合开发、利用、保护与恢复青藏高原沙棘生态林等项目，积极推进长江、黄河、澜沧江源头特殊生态功能保护区与柴达木盆地的生态建设。

（7）信息技术领域。通过信息基础设施建设，推动信息技术应用，加强信息产业向传统产业渗透，促进国民经济信息化。

（三）高技术项目进展情况

为确保“十五”高技术发展目标的实现，青海省在“十五”期间积极实施具有重大技术创新意义的高技术产业发展项目，共组织实施高新技术产业化项目32项，总投资48.3亿元，其中，国家级高新技术产业化示范项目20项、省级项目12项。这些项目涵盖了盐湖资源开发、生物工程、新材料、生态环境保护和现代医药等诸多领域，基本代表了青海省高技术产业的发展方向，具有一定的示范作用。“十五”高技术发展规划技术创新重大项目中的脱毒马铃薯种植项目、稀土硅化物合金项目均已顺利建成并验收完毕；藏药雪隆系列产品项目、高效灭蛀灵项目、彩色感光材料照相明胶项目、有益微生物生态恢复项目、高吸水性树脂项目、青海三普药业股份有限公司芪风颗粒现代中药高技术产业化示范工程、青海数码网络投资（集团）公司网络电子交易系统高技术产业化示范工程、青海雪舟三绒集团青藏高原牦牛绒生化改性及高支精纺产品产业化示范工程、金诃藏药唐古特白刺高生物活性物系列产品产业化项目、青海藏羊地毯集团藏毯营销管理系统等均已基本建设完毕，正在按照国家安排准备组织验收；保护开发三江源珍贵稀有植物、青海省湟源县金源肉食品有限责任公司牛羊血提取免疫球蛋白产业化示范工程、青海省信成医药集团有限公司青藏高原牦牛皮资源开发及牦犀胶高技术产业化示范工程、青海省盐业股份有限公司青海省柯柯盐湖卤水综合利用高技术产业化示范工程、青海省三江集团有限责任公司青藏高原高寒干旱地区优质牧草种子高技术产业化示范工程等项目正在加快建设。

（四）高技术产业基地建设初见成效

截至2005年末，青海省西宁经济技术开发区和生物科技产业园区入园的工业和企业分别达到了81家和62家，工业销售收入分别为5.5亿和7.8亿元，园区的建设初见成效，各具特色，互补性也正在增强。

（五）主要措施及成效

通过政策调控、市场引导等措施，促进企业在技术创新中发挥主力军作用。制定并实施了《关于发展我省高新技术产业的意见》、《青海省促进科技型企业发展意见》等政策规定，建立了中小企业技术创新补助资金，专门用于支持科技型中小企业的科技成果产业化。从而培育了一批青海省科技型企业、高新技术企业和高新技术产品。

加快科技体制改革步伐，通过改革创新，激活科技资源，调整发展战略。“十五”期间，25个省属科研机构（含属地化管理的机构1个）进行了体制改革。其中，有两个转制为医疗单位，两个转制为定额补贴的科技中介服务机构，两个进入了大学，其余19个转制为科技型企业或科技型服务企业，进入企业运营体制。改制后，调动了科研机构和科技人员的积极性，从根本上改变了科研机构游离于企业和市场之外的局面，充分调动了科研机构、科技人员、管理部门和基层组织四个方面的积极性，互相促进，全面发展，极大地解放了科学技术生产力。科学技术与经济建设“两张皮”的现象有所改变。

鼓励多元投资，建立和完善以政府投入为引导、以企业投入为主体、以银行贷款为支撑、吸收社会投资和境外投资的多元化科技投入体系。通过争取国债资金、省上配套、银行贴息等方式吸收社会投资30多亿。从项目的经济成分看，多种经济成分共存，既有国有企业，也有私人和民营企业；既有上市公司，也有科研院所。

经过几年的努力，青海省高技术产业从无到有，初见成效。高技术产业架构初显端倪，在“十五”规划的指导下，高技术产业发展取得了一定的成绩。

（1）通过高技术产业化项目的实施，加快了优势资源的开发和传统产业的改造升级，促进了产业结构的调整和青海省特色经济的发展。高技术产业发展以盐湖资源、新材料、中藏药、高原特色生物资源开发等具有高原特色的若干高新技术产业为切入点，推动高新技术产业化和现有产业高新技术化。青海锂业盐湖提锂及资源综合利用和30万吨钾肥高技术产业化示范工程的实施，使得盐湖资源开发有了突破性进展，带动了国家西部开发十大工程之一的100万吨氯化钾工程的实施，推动了钾肥系列产品的生产和盐湖其他优势资源的开发。通过藏药雪隆系列产品、沙棘单体黄酮等产品的高技术产业化，增加了特色生物资源产品的附加值，使特色生物资源开发趋于精深。

在利用高新技术改造传统产业方面，通过雪舟三绒高支精纺牛绒衫、青海明胶800吨彩色感光材料照相明胶、有益微生物、脱毒马铃薯等项目的实施，提高了产品的技术含量，使得一批传统产业优化升级，促进了青海省经济结构的调整。

（2）加快了科学技术成果的转化。西部大开发以来，通过钾肥、盐湖提锂等一批高技术产业化项目的实施，产生了良好的示范带动作用，加快了科技成果的转化步伐。截至2005年年底，全省认定高技术企业30家，高技术产品59种，高技术产业对青海省经济的影响已不容忽视。

（3）通过高技术产业化项目的实施增强了发展高技术产业的信心，提高了人们对青海特色高技术产业的认识。以项目为载体不仅引进了资金、人才、技术和现代管理机制，而且为青海省培养了一批真正留得住、用得着的科技管理型复合人才。

（4）推进了青海省生态环境的保护和建设。青海省生态环境脆弱，用常规方法保护治理不但成本高而且效果差，有大力推广和应用高新技术，走高技术产业化之路才是青海保护和治理生态环境的必然选择。保护开发三江源珍贵稀有植物、有益微生物生态恢复、高吸水性树脂、高原草种等高技术产业化项目的实施，在利用高技术保护青海省生物多样性，治理沙漠化、荒漠化等方面起到了良好的作用。

（六）存在的主要问题

实施“十五”规划以来，青海省高技术产业发展主要存在以下问题。

（1）资金问题。一是地方配套资金落实难。青海省财政资金严重匮乏，项目的资金配套能力非常有限，地方配套资金一直是困扰高技术产业发展的难题。二是银行贷款难、到位难。由于青海省已被部分银行列为投资高风险区，企业短期银行贷款额在减小，银行贷款权限也在收缩，贷款承贷和放贷条件比以往更加严格，部分银行贷款不能及时拨付到位，不能满足项目建设的需要。三是企业融资难。由于青海省高技术产业发展尚处于起步阶段，企业规模较小，融资渠道和自我融资能力非常有限，自筹资金主要以无形资产和现有土地的作价为主，实际货币资金甚少。

（2）人才问题。发展高技术产业离不开高素质的人才，但由于历史和客观等诸多因素，青海省高技术产业人员整体素质不高，管理人才和研发人才严重匮乏。高技术产业整体管理水平低，缺乏有效的市场营销策略和营销手段，技术创新和新产品开发能力有限，参与市场竞争的能力不强。部分产品迟迟打不开市场，部分项目存在的生产工艺和产品质量问题得不到解决。

（3）创新问题。创新是一个民族进步的灵魂，是国家兴旺发达的动力。技术创新是发展高技术、实现产业化的前提。青海省高技术产业自身可利用的科技资源较少，企业作为创新主体的地位尚未确立，缺乏创新的动力和活力。创新是制约青海省高技术产业发展壮大的重要问题。

三、“十一五”期间高技术产业发展的基本思路

针对“十五”期间高技术产业发展的现状和存在的问题，青海省高技术产业发展要继续紧紧围绕西部大开发和青海省经济社会发展总目标，坚持科教兴省和可持续发展战略，积极开展自主研发和引进国内外先进技术，按照“有限目标，突出重点”、“有所为，有所不为”、“不求所有，但求所用”的原则，充分发挥后发优势和资源优势，以优势资源为依托，立足现有基础和优势，择优扶持、重点投入，以生态建设、资源开发、经济结构调整、发展特色经济为重点，大力发展高技术产业，走可持续发展道路。争取在生物工程、新材料、盐湖资源的综合开发利用等领域取得较大突破。

（一）突出重点领域，培育新兴产业

以盐湖资源、生物资源等特色优势资源为基础，着重做好优势资源增值转化、新材料、生物与新医药、现代农业、生态环境建设、中藏药现代化等方面的高技术产业化工作。重点支持钾、镁、锂、锶资源、有色金属、轻金属及其合金的精深加工以及石油天然气勘探、开发利用的高新技术产业化；高原特色农牧业瞄准生态农牧业、高效畜牧业、农副产品的深加工和保鲜技术、绿色食品、农牧业高新技术和高原特有生物资源及中藏药资源开发加工利用，促进农业产业化和中藏药现代化发展；重点地区生态环境的保护与恢复主要侧重于三江源区生态保护、退耕还林还草工程、水土保持与荒漠化治理中的高技术产业化等项目，努力走出一条以优势资源为依托，保护和开发并举，生态和经济双重受益，具有青海省特色的高技术产业化之路。

（二）以高技术产业改造传统产业，促进产业技术进步

围绕产业结构调整，加快高新技术对传统产业的改造、渗透和辐射作用，注重提高产业、产品和工艺、装备的高技术含量，使传统产业的技术基础、产品结构和产业结构发生质的变化，促进传统产业特别是机械、化工、冶金、建材、中药等产业的优化升级。引进推广高效节能降耗、清净生产、环保和回收利用等方面的新技术，以提高资源综合利用水平，降低环境污染，从而推动单一、低级的资源、资本、能源密集型产业结构向科技含量高、经济效益好、资源消耗低、环境污染少的新型工业化结构转变。

（三）抓好产业化项目前期工作，推进全省高技术产业化进程

“十一五”期间青海省将继续以项目工作为基础，立足省情，扎扎实实做好前期工作，争取国家对青海省高技术产业加大投入。一方面以青海省盐湖资源、高原特有生物资源等特色优势资源为依托，着重做好优势资源增值转化及生态环境建设中高技术产业化和技术创新的工作。另一方面，围绕产业结构调整，加快利用高技术改造传统产业，进一步促进产业技术进步，提高石油、天然气、有色金属、盐湖化工，以及煤炭、电力等能源工业的产业、产品和工艺、装备的高技术含量，将支持产业做大做强。

（四）抓好技术创新工作，为保持青海省高技术产业的持续发展提供技术支撑

围绕制约青海省资源开发和高技术产业发展的关键技术，重点做好马铃薯薯渣生物蛋白质提取、数控激光加工机床设备的研制、盐湖水氯镁石脱水工艺中试装置及工业性试验项目，推进技术创新，同时以企业技术中心建设为切入点，重点做好华鼎股份有限公司、西部矿业、金诃药业等企业技术中心项目，加强企业创新能力建设。

四、加快高技术产业发展的主要措施

（1）强化政府引导，优化发展环境。充分发挥政府在高技术产业发展中的规划、推动和引导作用，明确产业政策，为科技创新和产业化营造一个市场化、法制化和高效率的良好发展环境。

（2）以人为本，加快人才引进和培养。通过高技术项目的实施，引入市场竞争，建立完善人才激励机制的内在利益驱动机制，形成促使人才不断发展的动力和压力，充分调动科技人员创新、创业的积极性。

（3）突出带动作用，加快高技术产业开发区的发展。把建设高技术产业开发区作为带动青海省高技术产业发展的龙头，使西宁（国家级）经济技术开发区和生物科技产业园等成为高技术产业化的孵化基地、高技术产品的出口加工区、改造传统产业的辐射源、与国际接轨的现代化新区。

（4）坚持走出去、引进来，加强国内外合作与交流。利用青海丰富的资源，以项目为载体，按照“有所为，有所不为”的原则，积极引进东部发达地区和国外先进的管理经验和科学技术。鼓励企业全方位地开展国内外合作与交流，促进高技术产业的发展。

青海省发展和改革委员会高技术产业处

31

“十五”西藏自治区高技术产业发展情况

随着物质生活水平的不断提高，人们的消费结构将进一步升级和转型，由生存型消费向质量型、发展型消费转变，对高技术产品及其服务的消费需求将不断增长。另一方面，随着能源和资源消耗的持续攀升，在资源和环境压力不断加大的情况下，大力推动信息、生物、新材料、节能、新能源等高新技术在各行业的广泛深入应用，对改造和提升传统产业，减少能源和资源消耗，提高经济增长质量和效益，改变环境条件，促进经济增长方式的根本转变等将起到至关重要的作用。面对全面建设小康社会和走新型工业化道路的需要及未来经济、社会的发展方向，西藏自治区党委、政府把着力培育高技术产业作为西藏产业结构调整的重要内容之一。

一、基本情况

自1998年第一家高新技术企业在西藏创办以来，自治区先后制定了一系列金融、税收等方面的优惠政策，通过政府扶持、政策引导、企业参与和市场运作，培育和发展了一批高新技术企业和具有自主知识产权的高新技术产品，并在短期内发展成为新的经济增长点。与此同时，还把利用高新技术改进传统产业作为促进企业技术进步工作的重点之一，鼓励企业产学研联合攻关，提升传统产业技术装备水平，形成具有区域特色的优势产业。目前，已建立了5家自治区级重点实验室和3家自治区级工程技术研究中心，对科学技术推广和特色优势产业发展起到了重要的推动作用。目前，共有高新技术企业15家，主要分布在藏药、高原生物制品、能源、绿色食品等领域。2001年高新技术企业产值达63 000万元、上缴税金5 000万元；2002年高新技术企业产值92 000万元、上缴税金6 499万元；2003年高新技术企业产值95 000万元、上缴税金8 000万元。2003年有5家高新技术企业成为自治区纳税大户，占整个自治区纳税大户企业的18.51%。2004年高新技术企业产值109 250万元，纳税11 920万元；2005年高新技术企业产值109 250万元，纳税11 920万元。“十五”期间，共实现产值468 500万元，上缴税金43 339万元。

二、高技术产业工作情况及成效

由于历史、自然、交通等客观原因，西藏经济总量小，经济运行成本高，缺乏自我积累和自我发展能力，导致产业技术升级缓慢、技术创新能力薄弱，与全国兄弟省市相比，高技术产业发展尚处于起步阶段，短期内将无法成为促进国民经济发展的主导产业。为加快推动西藏高技术产业的发展，“十五”期间主要采取了以下措施。

（1）积极申请将自治区重点项目列入国家重点高技术产业化项目计划。“十五”期间，先后有西藏扎布耶锂业高科技有限公司扎布耶锂资源开发产业化示范工程、西藏诺迪康药业股份有限公司藏药材基地种植产业化示范工程项目、西藏藏药股份有限公司新型藏药高技术产业化示范工程项目、西藏大学汉藏在线翻译多媒体软件开发项目、自治区藏药厂治疗心脑血管疾病药品“如意珍宝系列”藏药现代化高技术产业化示范工程项目等6个项目列入国家发改委高技术产业化重点项目，除西藏扎布耶锂业高科技有限公司扎布耶锂资源开发产业化示范工程项目已竣工投产外，其余项目正在按项目进度组织实施当中。

（2）以旅游新产品的研究开发、太阳能的研究利用、特色生物资源的研究开发为重点，集中优势力量攻克技术难题，使高新技术产品开发取得了显著成效。

（3）通过利用高技术和先进适用技术改造和提升西藏现有传统产业，做大做强高新技术产业和特色优势产业。在全区高新技术企业中，重点扶持和发展了自治区藏药厂、西藏银河科技发展有限公司等7家科技型企业，开发出甘露藏药、拉萨啤酒、速溶酥油茶、高原医用保健制氧机、雪域骨宝胶囊等8个新产品。

（4）认真实施特色经济发展和优势资源转化战略，打造西藏高原特色品牌，加快资源优势转变向经济优势的转变。大力开展了藏医药产业标准化与规模化建设，加强了藏药资源保护和人工培育研究，开展了高原医学研究、藏药现代化和藏药传统秘方的挖掘，整理了260多个秘方，创造出了诺迪康、雪山金罗汉、奇正藏药贴、藏王宝等一批知名品牌。将12种藏药由传统的丸剂改为胶囊。“复方雪莲宝”已获得国家ISO9001质量认证和保健品批准文号。“诺迪康”和“奇正藏药贴”获得了国际发明金奖，已销往美国、日本等20多个国家和地区。

（5）高新技术及先进适用技术的推广和应用已明显在西藏的经济发展、社会稳定、农牧民增收等方面发挥了重大的作用。在太阳能开发利用等方面，结合西藏实际及时召开了太阳能产业化研讨会，对西藏太阳能科光新能源公司进行了增资扩股，实施了“西藏阳光计划”、“科学之光计划”和“阿里光电计划”，在首批院区合作项目中启动了太阳能电瓶车，校用太阳能供水、供热等项目。

（6）高度重视人才培养。在国家各有关部门、对口支援省（市）的关心和帮助下，正在造就一支创新能力强、善经营、会管理的高技术产业人才队伍，特别是培养了一批经营性人才。采取开放、流动、竞争的人才使用制度，鼓励各种创新人才脱颖而出，对有突出贡献的科技人员给予奖励，提高其工作积极性、增强其科研创新的能力和意识。在注重重点培养本地人才的同时，创造良好的工作和生活环境，积极吸纳区外各类人才。

（7）加大对传统产业和企业技术改造的资金投入力度，推动产业结构调整和升级换代。除国家扶持的资金外，自治区每年从国有企业发展基金等专项中安排补助资金扶持高技术重点项目。“十五”以来，已累计安排资金4 000万元左右，有利地推动了高技术产业的培育和发展。

三、存在的问题

近年来，在国家有关部委和各兄弟省市的无私援助下，西藏高技术产业发展势头良好。以企业集团、骨干企业、高新技术企业为主体，以特有的资源、科技优势为依托，以科研结构为重点，积极引进高新技术和先进适用技术改造和提升传统产业，加快技术创新的工作步伐，集中力量对重点行业、重点企业、重点产品给予政策倾斜和资金扶持，着力培育特色产业和高技术产业。但高技术产业在西藏国民经济中仍然总量过低，发展缓慢。主要原因有：

（1）经济增长总体质量不高，产业结构不合理。西藏属于欠发达地区。2005年西藏国内生产总值（GDP）只有250亿元。具有自主知识产权、对产业技术升级有突破意义的高科技成果少，创新能力薄弱，高技术产品附加值低，市场竞争力弱，技术创新机制尚未形成，资金投入不足，高技术产业规模甚小。目前无法依靠自身的力量发展高技术产业。

（2）科技发展总体水平不高。西藏现有的科技发展水平还不能满足高新技术产业的需求，经济增长未能转变到依靠科技进步和提高劳动者素质上来，在解决制约高技术产业化的关键问题上还未能取得突破性进展，高技术产业发展在促进产业结构优化升级、培育新的经济增长点等方面发挥的作用不明显。

（3）科技人才严重匮乏。一是科技队伍整体素质不高，难以承担高新技术的研究开发；二是专业人员结构分布不合理；三是人才培养、引进机制不健全、不合理；四是科技人员待遇低；五是奖励激励机制不健全。

（4）缺乏新产品开发及技术进步资金，影响高新技术和先进适用技术改造提升传统产业。近年来，在上级有关部门的大力支持及区内企业的共同努力下，逐年加大了企业技术进步的投资力度，培育了一批骨干企业（企业集团）和拳头产品，对促进西藏经济发展、农牧民增收、解决就业问题、培育特色产业等起到一定的推动作用。然而，现有技术进步资金的投入远远无法满足传统技术改造项目的需要，更谈不上培育和发展高技术产业。

（5）高校和科研院所少，企业研发中心尚不健全，科研成果、资源优势转化为经济优势及现实生产力的工作相对滞后，影响了高技术产业的全面发展。

（6）技术、资金密集型大企业较少，高新技术企业普遍规模小、实力弱、产品技术含量低，拥有自主知识产权的高新技术产品、拳头产品甚少，市场竞争能力弱，发展后劲不足。

（7）投融资渠道单一，适应高技术产业发展的投融资体系不健全。因资金落实困难，导致很多切实可行的项目迟迟不能上马或错失良机。

四、“十一五”高技术产业发展的指导思想和工作重点

随着世界经济格局的不断变化以及中国对外开放的不断深入，西藏的高技术产业发展迎来了新的发展机遇和挑战。以信息技术、生物技术、新材料技术等为代表的高技术产业迅猛发展，横向渗透，大大加速了产业结构优化升级，对未来经济和社会发展产生了不可估量的深远影响。今后西藏高技术产业发展的指导思想是：以邓小平理论和“三个代表”重要思想为指导，深入贯彻党中央关于新时期西藏工作的指导方针，坚持以人为本，全面贯彻和落实科学发展观，坚持“两条腿走路”的方针，以市场为导向、以企业为主体、以高等院校和科研院所为依托、以西部大开发和对口支援为良机、以人力资源建设为基础、以科技进步为动力、以发展特色经济为突破口、以用先进适用技术和高新技术改造提升传统产业为核心，积极培育特色产业和高技术产业，加快推动经济增长方式的转变和产业结构的优化升级，初步建立有利于高技术产业发展的运行机制和发展环境，引导和鼓励高新技术向传统产业渗透，为西藏经济实现跨越式发展和全面建设小康社会做出新的贡献。

为加快推动高技术产业的发展，“十一五”期间主要做好以下工作。

（1）严格按照国家发展高技术产业及新时期西藏工作的指导方针，充分认识高技术产业发展的重要性、紧迫性。尽快出台加快高技术产业发展的相关配套政策、措施等，努力改善和创造高技术产业发展的良好环境。

（2）结合西藏的实际，突出重点，对最具潜力、最具活力的优势领域予以重点发展。西藏经济落后，高技术产业的发展必须立足于现有的特色资源，包括生物资源、矿产资源及藏药材资源等，在可持续发展和节约利用资源的前提下，因地制宜，体现特色，借助西藏经济快速发展的良好机遇，加快高技术产业发展，积极培育新的经济增长点。

（3）市场导向与政府推动相结合。注重发挥市场需求的导向作用，遵循价值规律和市场竞争法则，增强市场机制对高技术产业发展要素的配置功能，优化高技术资源的结构，引导高技术向商品化和产业化方向发展。同时，要充分发挥政府的调控功能和服务功能，明确主攻方向，突出工作重点，落实配套政策，从规划、政策、项目、服务四个方面入手，为科技创新和产业化营造一个市场化、开放化、法制化和高效率的综合环境，促进高技术产业的快速发展。

（4）加快改造传统产业，提高企业的核心竞争能力，把企业做大做强，加快组建高技术型企业或企业集团。围绕传统的重点产业、优势行业和名牌产品，以节能降耗、提高产品质量和档次为目标，加快传统产业的优化升级。引导企业加大研究开发投入，提高企业技术创新能力。以市场为导向、以企业为主体、以国内高等院校和科研院所为依托，以资金为纽带，打破行业、区域以及所有制的界限，优化和整合资本、技术结构，使企业向规模化、集团化方向发展。

（5）通过招商引资、对口支援等渠道，积极引进区外高新技术企业。采取“走出去，请进来”的方法，有计划、分步骤地引进国内外实力雄厚的高新技术企业，加大区内企业与区外高科技型企业的合作和交流，学习和借鉴内地的先进技术和管理办法，推动西藏高技术产业的发展。通过有机结合，发展有自主知识产权的技术和产品，提高自主发展高技术产业的水平和能力。

（6）积极探索多元化投融资体制改革，多渠道筹措高新技术产业化发展基金。培育与社会主义市场经济相适应、符合高技术产业自身特点的投融资体制。结合国家投融资体制改革，研究政府促进高技术产业发展的投资方向、重点，改革投资管理方式；在规范政府投资行为的基础上，调整政府投资的结构和使用方向，加大对国家重大高技术项目的支持力度。按照“谁投资、谁决策，谁受益、谁承担风险”的原则，使企业真正成为投融资主体。

（7）抓好技术创新人才的培养、引进与激励。针对区内人才不足特别是高层次人才严重缺乏以及激励政策不够的问题，一是要启动“人才培养工程”，由政府拨给专门经费，由组织、人事部门负责组织实施，通过3～5年的培养（或引进），涌现一批既有较高技术水平、又有技术创新能力的各行各业的技术带头人；二是要优化人才政策，制定科技获奖成果完成者和有突出贡献人才的配套奖励政策，为激励高技术人才持久地、更好地开展技术创新，每年评选技术创新先进企业和先进工作者并给予表彰。

（8）继续做好企业品牌的创建工作。按照《西藏名牌产品认定管理办法》的规定，为提高企业核心竞争力，让更多产品走出西藏，获得最大的经济效益，要下大力气抓好企业品牌建设。

（9）通过在藏医药、能源、生物等领域建立国家工程研究中心、企业研发中心等，加快技术创新工作步伐。鼓励建立企业化运作的科研机构和设计单位，加强产学研结合，确保产品、技术的更新改进。

（10）加快建立真正意义上的高新技术开发区，确保高技术产业长远发展。

西藏自治区发展和改革委员会高技术产业处

32

“十五”海南省高技术产业发展情况

“十五”期间，海南省高技术产业发展以科学发展观为指导，结合产业结构战略性调整的要求，围绕着提高经济增长质量和效益，推动经济、社会可持续协调发展的目标，发挥资源优势，突出产业特点，对促进省内国民经济和社会事业的发展起了重要作用。从总体上看，高技术产业已经成为海南省新的经济增长点，进入快速发展阶段。

一、产业发展现状

（一）高技术产业发展步伐加快

“十五”期间，海南省高技术产业稳健发展，在传统农业和海洋渔业发展的基础上，形成了新的经济增长点，现代农业、生物技术与新医药、电子信息及新材料等新兴高技术产业逐渐形成了产业群。1995 年，海南省高新技术企业从零起步，到 2005 年底，已认定的高新技术企业有 119 家，产业涉及生物工程、电子信息、新能源、环保、新材料等多个领域。创总产值 188.88 亿元，总收入 194.12 亿元，工业增加值 43.8 亿元，利税 39.6 亿元，出口创汇 1.7 亿美元，其中总产值比 2000 年增加了近 4 倍。在 119 家高新技术企业中，有 1 家销售收入超 100 亿元，3 家销售收入超过 10 亿元，33 家销售收入超过亿元。另外，还取得了一批科技成果和专利技术。全省专利累积授权数 1 276 项，比“九五”期间增长 16.4%，取得重大科技成果共 335 项，而且大批科技成果已转化为生产力。

（二）产业发展的科技支撑能力明显增强

海南省在形成高技术产业群的同时形成了一批高层次的科技人才队伍和科研机构，科技成果逐年增多，科技服务体系日益完善，科技进步对经济增长的贡献率不断提高。2004 年海南省科技发展综合指数排名全国第 18 位，比 2000 年提升了 3 位。

“十五”期间，围绕全省高技术产业发展的重点领域，在全省范围内有计划、有重点地组建了 26 家省级工程技术中心，国家五部委认定的国家级企业技术中心两家，省级企业技术中心 4 家，博士后工作站 6 个。成功组建了一个国家级非织造材料工程技术研究中心，另有 12 家工程技术中心正在筹建。先后培育建设了 14 个省级重点实验室，两个教育部省部共建重点实验室，1 个国家级重点实验室。行业分布上，26 家省级工程技术研究中心中，农业研究中心 10 家，制造业研究中心 4 家；新材料研究中心 4 家；信息技术研究中心 6 家；制药业研究中心两家。科研机构设备更新和添置得到了较大发展，科技基础条件得到了较大改善，信息网络建设取得了较大进展。星火示范园、产业带等，尤其是文昌冯家湾虾苗星火产业带，对科技成果转化起到了积极作用，成为全省乃至全国重要的虾苗生产科研基地。

（三）高技术产业发展环境逐步优化

省委、省政府十分重视高技术及其产业化发展工作，为高技术产业的发展创造了良好的创业投资环境。

发展高技术产业的基础设施得到了根本改善。全省基础网络设施保持快速发展，形成了覆盖全省的高速、宽带、光缆信息网络，通信骨干网继续向纵深方向延伸，光缆干线通达所有市县，支线通达201个乡镇。有线电视网实现了全省互联和覆盖。为发展互联网产业提供了网络支撑保障。2005年，全省固定电话用户总数已超过230.6万户，主线普及率达28.20线每百人，移动电话用户总数200多万户，移动电话普及率超过24.39户每百人，村通率达98.9%。IP电话、数据服务、多媒体等增值业务保持快速发展势头。

高新技术产业发展的政策体系基本形成。省委、省政府对高科技工作高度重视，制定了一系列促进高新技术发展的引导和扶持政策，专门颁布了《关于推进信息产业和扶持高新技术信息企业发展的意见》，共26条优惠政策，并原则上同意将这26条优惠政策延伸到所有高新技术产业和企业。省委、省政府出台了《关于促进科技创新的实施意见》，规定在财政、税收、金融、人才、教育等方面支持高新技术产业发展。市、县政府对高技术产业的发展也采取了强有力的政策措施。海口市政府为发挥产业集群效应，做大做强生物制药产业，专门出台了《海口市鼓励投资发展医药产业的若干规定》、《扶持高新技术产业发展若干规定》，为高技术产业的发展提供了良好的政策环境。

高技术产业化专项的示范带动作用日益显现。“十五”期间国家批准海南省建设的高技术产业化项目的建成和投产，对相关行业起到了较大的带动和辐射作用，这些行业调整优化了产业和产品结构，推动了产业技术的优化升级。

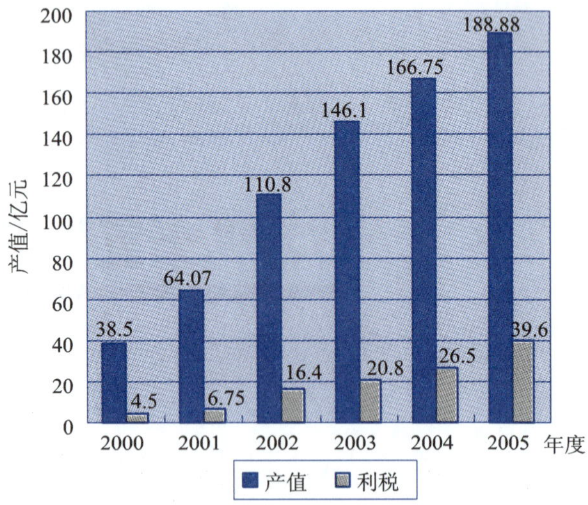

图1　高技术产业产值利税图表

二、主要特点

（一）科技园区长足发展，发挥了高技术产业的集聚效应

海南省海口国家高新技术产业开发区有117家工业企业，2005年创工业总产值136.8亿元，总收入141.1亿元，利税20亿元，出口创汇6 900万美元。同比增长分别为13.5%，20.3%，27.3%和55.5%。海口国家高新区实现的工业总产值和工业增加值分别占海口市当年实现的工业总产值和工业增加值的56.5%和58.65%，成为海口市经济增长的主力军。其中，海口高新区内被考核认定的高新技术企业35家，2005年创工业总产值114.1亿元，总收入119.2亿元，利税19亿元。高新技术企业的工业总产值和总收入占全区的83.4%和84.4%。区内高新技术企业成为海口国家高新区经济增长的支柱。老城工业开发区是海南省重要的科技园区之一，2005年区内工业总产值首次突破50亿元，达到55亿元，同比增长25.95%。该区现有182家企业，292个项目在区内落户，其中高新技术项目数量和产值均占全区总量的40%。2004年4月28日，占地8 000亩的海南博士院士产业园在开发区开园。该园被认定为海南省首家省级高新技术产业示范区。目前，已投入1 960万元进行园区基础工程建设，已有3个项目建成投产，有3个项目在建，另有10多个高新技术项目正在洽谈之中。

（二）生物制药产业成为高技术产业的生力军

近几年来，海南省制药行业发展迅猛，产值排在全省工业行业的第三位，成为全省新兴工业的支柱产业之一和高新技术产业的生力军。2004年全省制药企业107家，医药产业产值由2000年初的18.5亿元上升到2005年的35亿元，增长近一倍。制药产业的高新技术企业33家，占全省高新技术企业总数的27.5%。2004年33家制药产业的高新技术企业总产值30.6亿元，销售收入26.3亿元，利税6.3亿元，同比增长分别为9.3%、19.5%和26%。在规模上，年产值3亿元以上的企业两家，1~3亿元的企业7家，5 000万~1亿元的企业5家。这批高新技术企业通过建立工程技术研究中心，大力开展技术创新和科技成果产业化，开发了一批新产品，增强了市场竞争力和经济效益。开发生产了口服固体、大输液、粉针、冻干粉针等30多种剂型、共1 252多个药品品种，抗生素类、多肽类制剂生产渐成规模，注射用阿奇霉素、菌必治、羟氨苄青霉素制剂等品种在全国占有较大的市场份额。几年来，开发生产国家级新药125种，国家一、二类新药29种。一些具有较高科技含量、安全有效的国家一类新药如“再畅”、“洛铂”已成功投放市场。利用海南省独特的热带植物资源和海洋生物资源开发的中药产品和保健药品，如紫杉醇、枫寥肠胃康、胆木浸膏、金芦荟系列、皮肤康系列、螺旋藻等产品也赢得了良好的市场反映。一批抗肿瘤、抗病毒、抗放射、抗衰老、抗心脑血管疾病的海洋药物也相继上市。为了做大做强生物制药产业，海南省在海口市规划了6 000亩土地建设医药生产加工中心（简称“药谷”），分三期完成。省、市两级政府从专项资金中拨出2.5亿元人民币支持海口“药谷”的基础设施建设。

自2003年11月海口“药谷”正式启动以来，申请企业入园非常踊跃，到目前止，已提出申请入园的企业共有26家，批准进入“药谷”一期的有9家大企业，如万特、海灵、康力元、齐鲁制药等，总投资13.8亿元；申请进入“药谷”二期的有9家大企业，总投资约17.6亿元。部分入园企业将于2005年7月前建成投产。预计“药谷”生产能力将达100亿元人民币，利税达10亿元人民币。

（三）信息产业发展有长足进步

总体上，海南省电子信息产业继续保持良好的发展态势。2005年完成增加值40.81亿元，比上年增长11.32%。其中，电子信息产品制造业完成增加值1.03亿元，比上年增长41.10%；完成出口交货值1.55亿元，比上年增长14.14%。软件业（含信息服务业）完成增加值3.82亿元，比上年增长4.24%。广电事业完成增加值2.56亿元，比上年增长14.80%。电信业完成增加值33.40亿元，比上年增长11.33%。

（1）电子制造业。“十五”期间，海南省电子信息产品制造业结构调整成效显著，实现了传统产品向新产品的过渡。液晶显示器、多层印制板、智能IC卡等技术含量和附加值高的产品实现了规模化生产，成为拉动电子产品制造业增长和产品出口的重要力量。海南正红科技公司完成电路板销售收入14 219万元，出口交货值13 792万元，实现利润总额302万元；海南清华液晶显示厂完成产品销售收入3 203万元，完成出口交货值近630万元，实现利润总额661万元；海南太平洋智能技术有限公司实现智能IC卡销售1 098万元，产品出口到美、加、日、韩等国。年生产能力200万芯公里光缆的韩国三星光通信项目正式投产，当年完成94万芯公里光缆，销售收入1.26亿元。

（2）电子商务发展态势良好。海南省的电子商务在物流电子商务平台、中国—东盟地区天然橡胶交易电子商务平台、药品招标采购电子商务平台、水稻种子电子商务平台、旅游电子商务平台等领域突出特色，成功创造了电子商务模式。如海航信息技术公司为海航集团构筑了基于互联网的全业务信息化运营支持体系，为全国民航系统开创了“航空+邮政”的电子票务服务系统等10项民航业务软件，成为民航业重点信息企业；海南农垦电子交易中心，创建了中国首家天然橡胶网上电子交易系统，业务覆盖全国乃至东南亚地区，成为中国最大天然橡胶现货交易平台，创建仅4年，交易额已达140多亿元，成为国家农业部“50强”龙头企业之一；海南医药电子商务网汇聚了全国170多家医药经营企业、65家医疗机构，6 000多种药品实现网上交易，累计交易额超过12亿元。

（3）软件产业（含信息服务业）。2005年，海南省通过国家信息产业部门认定的软件重点企业达51家，具有计算机信息系统集成资质的企业达52家，已登记的软件产品133个，一批IT企业赢得了国际同行的关注。如海南天涯在线有限公司的“天涯社区”（www.tianya.cn）已发展成为中国最大的网络综合社区类站点，拥有上千万会员，网站点击率居全球第100位，得到了美国风险投资基金2 000多万美元的注资。“海南视窗”、“海南在线”等网络信息服务产业在全球网站500强中已位列前60名。

（4）通信基础网络逐步健全，服务能力提高。2005年，海南省固定电话用户总数已超过230.6万户，主线普及率达28.20线每百人，移动电话用户总数200多万户，移动电话普及率超过24.39户每百人，村通率达98.9%。IP电话、数据服务、多媒体等增值业务保持快速发展势头。全省基础网络设施快速发展，形成了覆盖全省的高速、宽带、光缆信息网络，通信骨干网继续向纵深方向延伸，光缆干线通达所有市县，支线通达201个乡镇。有线电视网实现了全省互联和覆盖。为发展互联网产业提供了网络支撑保障。

（四）具有资源特色的其他高技术产业快速增长

“十五”期间，海南省在应用生物技术促进热带高效农业、水产养殖、食品加工、生物农药和生物肥料产业化等方面的发展上也取得了新的成果。

（1）超级杂交水稻育种。将分子育种、辐射育种等现代生物育种技术与常规育种手段相结合，选育出4个不育系、6个恢复系和8类适应国内或东南亚地区不同生态区域并拥有自主知识产权（或开发权）的“高、新、特、优”超高产优质杂交水稻新组合，依托被袁隆平院士誉为“世界种子生产技术的一次创新”的杂交水稻超高产制种发明专利技术和国内先进的“株系循环法”原种生产技术，通过水稻种子的繁殖、制种、加工、销售、外贸一体化建设，达到年产销优质杂交水稻种子4万吨的生产经营能力，形成中国水稻种子的产业化、市场化和国际化。正常年份可实现销售收入3.68亿元，利税5 100万元，项目制种农户年增收8 000万元，超高产优质杂交水稻种植每年可新增社会经济效益30亿元。在此基础上不断推出优质、高产、多抗杂交水稻新品种，为提高中国水稻产量与品质、发展粮食生产、确保国家粮食安全做出了积极贡献。

（2）海洋生物农药产业的研究和开发有长足进步并得到广泛应用，成为重要的绿色农业投入品。近两年，在农药高新化方面，高科技产品有海洋生物农药和环保型微乳剂等四大类型75个产品证号。主要的高科技水基环保产品有：潜龙（20%阿维菌素杀虫单水乳剂）、金戈（14.5%吡虫啉杀虫双可溶性液剂）、25%灭幼脲悬浮剂、喜门（3.85%三氮唑核苷·铜·锌水乳剂）、45%吡虫啉微乳剂、40%毒死蜱微乳剂、50%丙环唑微乳剂、45%咪鲜安微乳剂等。海洋生物农药主要产品有抗稻瘟病海洋放线菌BA（1502）制剂。

（3）动物生物技术在应用生物技术改良提纯具有地方特色的禽畜品种方面，海南省在研究、开发和产业化上取得了丰硕成果，如文昌鸡、东山羊、五指山黑猪、海南黄牛等。采用现代科学技术手段，在资源调查的基础上，根据体型、外貌、体重、体尺、生产性能、饲养管理等特点进行提纯复壮选育，从而把优良性状稳定下来，再加上制定先进的饲养方法并建立起父母代种场，防止了品系变异和退化。这些经过提纯改良并具有地方特色的禽畜品种大受港澳和东南亚市场的欢迎。

（4）应用生物技术推动食品工业朝着安全、健康、功能性方向发展，每年以29%的速度递增。海南省食品行业的工业总产值占海南省工业总产值的39.28%，经济总量在全省六大工业行业中居首位，成为国民经济中发展颇具潜力的增长点。在水产品加工方面，近年来，水产品加工出口量成倍增长，产品远销美国、加拿大、日本、韩国、东南亚等国家和地区，是海南省第二大出口创汇产业。一些特种水产品，如螺旋藻、珍珠、鲨鱼等，已进行了高值化加工，以其为原料生产的免疫调节、降低血脂、抗衰老、美容等保健品不断投放市场；由海南大学与企业共同研究的海马、马尾藻等活性物质的提取和保健品的研制工作也正在进行之中。

（五）政府加大对高技术产业的投入，引导社会投资向高技术产业倾斜

自2000年，国家从突破高技术产业发展瓶颈和优化提升传统产业的角度，在生物技术与新医药、电子信息、现代农业、航天航空、新材料和新能源等十多个领域组织实施高技术产业化专项，重点支持具有自主知识产权和示范带动作用的高技术产业化项目。海南省积极利用国家政策，结合产业结构战略性调整的要求，发挥资源优势，突出产业特色，组织了大批项目向国家申报。目前，国家批准了包括天然芦荟产业化、海马人工生态培育、出口型热带花卉、香蕉多种高技术集成应用、超高产优质杂交水稻种子、天然橡胶良种快繁及丰产栽培、国家一类新药、胡椒优质品系种植与深加工、电子商务等14个高技术产业化项目，并陆续下放扶持资金1亿多元，引导了十多亿元的社会投资。

2004年，海南省从工业发展专项资金中安排了两亿多元用于扶持重大高技术产业项目的建设，有效引导了社会投资。以三星（海南）光通信产品项目为例，海南省安排了5 000万元用于建设厂房，引导了项目投资6 086万美元。目前，该项目已建成投产。又如“海口药谷”项目，省、市两级政府先后投入3亿余元进行基础设施建设以及10万平方米的标准厂房建设，引导了20多亿元的投资。

三、存在的困难和问题

从总体上看，海南省高技术产业发展总体水平还较低，与其他省、市相比，仍然存在很大差距。

（1）高技术产业产值总量小，对经济社会发展的拉动作用不明显。目前，海南省的高技术产业增加值仅占全省国内生产总值的4.9%，对全省经济发展有带动作用的龙头高技术企业少，高技术产业在经济发展中的贡献不明显。

（2）产业创新体制和机制落后，创新内生动力不足，自主创新能力较弱。以企业为主体、以市场为导向、以资本为纽带、产、学、研相结合的技术创新体系尚未建立起来，企业与科研院所的结合不紧密，科技资源分散，直接面向市场、具有较强竞争力的高技术成果少，成果转化率低。

（3）人才匮乏，尤其是缺乏高层次、复合型的科技创新型人才，人才队伍结构也不尽合理，熟悉高技术产业经营管理的高技能人才十分紧缺。

（4）科技创新投入严重不足，尤其是企业的创新投入占销售收入的比重过小，导致企业发展后劲不足，产品缺乏竞争力。

（5）投融资体系尚未健全，对中小企业科技创新的金融服务没有从根本上改善，无论是政策性金融还是商业金融，对科技创新型中小企业的支持力度仍然过小，高新技术企业贷款难仍然是高技术产业发展的瓶颈。

四、高技术产业的发展趋势和主要措施

（1）坚持“有所为、有所不为”的方针，加快高技术产业的发展。海南省高技术产业已初具规模，发展势头良好。按照“有所为、有所不为”的方针，根据全省经济、社会发展的战略目标及资源优势，以现代农业、生物制药、电子信息、新材料、新能源和生态环保技术为发展重点，集中力量扶持一批具有产业特色和规模优势的高技术产业化项目。发挥高技术产业在改造传统产业、促进经济结构调整和产业技术升级方面的辐射作用。把海口国家高新技术产业开发区、海南儋州国家农业科技园区、海南省高新技术产业示范区、东方化工城和三亚农业科技城等作为全省高新技术产业的重要基地，形成高技术产业群，发挥高技术产业的集聚效应和示范带动作用，提高高技术产业在全省经济增长中的贡献率。

（2）切实发挥已有高技术产业化示范项目的带动作用，延长产业链，形成项目群。2000年以来，全省共有14个项目被列入国家高技术产业化示范工程项目，这些项目具有独特的资源优势和产业特色，国家对上述项目先后下放了1亿多元的国债资金，可引导十多亿元的投资。海南省正积极协助项目业主完成国家规定的建设内容，并根据市场需求，规划深加工，发挥项目的辐射效应，把单个项目升级为产业。

（3）整合优化省内现有的高技术项目，形成整体优势。目前，全省已认定高新技术企业119家、高新技术项目83个、高新技术产品32项，这些产业已成为促进全省国民经济增长的重要力量。但部分企业创新能力不足，缺乏发展后劲，整体优势没有发挥出来。要引导企业对经济资源和生产要素进行整合，使其合理流动，增强创新能力，开发新产品，开拓新市场，发挥整体优势。

（4）改善高技术产业的发展环境，提供良好的创业机制。一是认真做好高技术产业发展规划，确定全省高技术产业发展的方向和重点，引导社会投资。二是完善高技术产业的立法工作，加快《海南省高技术产业发展项目管理办法》的调研和起草工作，为高技术产业的发展创造良好的法制环境。三是继续落实国家和省扶持高新技术企业、项目、产品的优惠政策，增强企业投资发展的信心。四是加大政府对高技术产业的扶持力度，引导社会资本向高技术产业领域流动。五是切实转变政府职能，认真做好服务，为企业排忧解难，让企业享受到良好的投资经营环境。

（5）做好产业化重大项目的组织策划工作，为高技术产业化提供有力支撑。按照国家发改委提出的重点支持领域，结合海南省的优势产业，重点选择能够体现资源特点、技术成熟、市场潜力大、业主实力强的项目向国家申报，争取更多的高技术产业化项目被纳入国家计划。重点组织好现代农业、新医药、生物技术应用、良种良苗培育、软件开发、电子商务等领域的项目整体筹划工作，形成“储备一批、申报一批、开工建设一批、建成投产一批”的项目梯级开发格局。

（6）探索建立多元化投融资体系，加大招商引资力度，引导社会资金向高技术产业集聚。一是抓住中国证券市场规范完善的机遇，鼓励资产优良、符合条件的高技术企业上市，通过资本市场募集更多的发展资金；二是加大招商引资力度，做好科技成果的推介工作，引导企业和投资者加大对高技术产业的投资；三是大力争取商业银行的贷款，加强与金融机构的沟通联系，积极推介技术含量高、经济效益预期好的项目，争取金融机构的资金支持；四是探索建立、健全创业投资机制，结合国家开展创业投资的机遇，积极研究进一步推动创业投资发展的具体政策措施，促进创业投资企业的发展，鼓励各种类型的企业增加对海南省中小型高新技术企业的创业投资。

（7）继续加大对高技术产业的扶持力度，扩大产业规模。海南省将加大对高新技术产业的扶持力度，每年从省级财政预算和工业发展基金中安排部分资金支持海口国家高新技术产业开发区、海南儋州国家农业科技园区、海南省高新技术产业示范区等科技园区的基础设施建设和高技术产业化项目建设，改善科技园区的投资环境，减轻因取消“地产地销产品免征增值税”的优惠政策对全省高新技术企业带来的影响，促进高技术产业发展壮大。

（8）大力推动民营科技企业发展。通过政策引导和项目扶持，完善政策的导向功能，引导民营科技企业在生物医药、现代农业、电子信息等高技术领域有所作为，为民营高科技企业孵化科技成果，参股投资科技企业，组织实施高技术产业化项目，创造公平竞争的环境和条件，拓宽民营高科技企业直接融资的渠道，发挥民营高科技企业在发展高技术产业中的生力军作用。

（9）加强管理，组织实施好列入国家计划的高技术产业化项目。由国家国债资金和研究开发经费支持的项目，要严格按照国家有关规定加强管理，协调落实建设条件，做好跟踪服务，解决项目建设过程中的困难和问题，促进项目顺利实施。坚持重大项目季报制度，每半年集中检查一次资金使用情况和工程进度情况，使国家资金落到实处，使项目尽快投产受益。

（10）把引进、推广高新技术，推动成果转化和重大发明专利实施作为发展高技术产业的落脚点。根据海南省的科技力量和科研水平现状，要鼓励高新技术企业以提高企业核心竞争力为目标，积极与国内外的科研院所、高校、研发实力强的大中型企业进行技术合作，把引进、推广国内外的高新技术和先进适用技术，推动科技成果转化和重大发明专利实施作为发展高技术产业的落脚点。建立以企业为主体、产学研相结合的技术创新体系，为人才培养、科技企业孵化和持续创新提供动力资源和保障。

海南省发展和改革厅高技术产业处

33

"十五"大连市高技术产业发展情况

一、"十五"期间高技术产业总体发展状况

"十五"期间，在国家振兴东北等老工业基地战略的带动下，大连市高技术产业呈现良好发展态势。主要高技术产业指标取得了大幅度增长，高技术产业发展项目进展顺利，高技术产业的招商引资取得了突破性进展。全市累计实现高技术产业产值4 150亿元，是"九五"期间的3.4倍，年均增长22%以上，其中2005年达到1 280亿元。高新技术产业产值占同期工业总产值的比重达到46%。全社会R&D经费累计投入120亿元，年均增长25%，企业投入所占比重为45%左右，其中2005年全社会R&D经费支出达35亿元，占GDP比重从"九五"期末的0.87%上升至1.5%。"十五"期间累计新增高新技术企业350家，一批高新技术企业已进入产值超亿元的发展阶段。以光电子、软件及信息服务业、新材料、机电一体化、生物制药为重点的五大主导产业格局已经基本形成，其中软件产业成为全市高技术产业的龙头，2005年软件销售收入达到100亿元，出口创汇3亿美元。到"十五"期末，全市有市级以上科研院所32个、国家级工程研究中心4个、国家重点实验室6个、国家级企业技术中心11个、国家级技术转移中心1个、省级重点实验室4个、省级工程研究中心3个、市级工程研究中心9个、市级企业技术中心17个。

二、"十五"期间重点产业的发展情况

（一）软件及信息产业

1. 软件产业——旅顺南路软件产业带

规划建设大连旅顺南路软件产业带是大连市委、市政府振兴大连老工业基地、建设"大大连"的战略举措。《大连市老工业基地振兴规划纲要》中提出了大连市要建设以四个基地为支撑的新型工业体系，其中电子信息产业和软件基地被列为第二大基地。

"十五"期间，大连相继被国家授予"国家级软件产业基地"（2001年）和"国家级软件出口基地"（2004年）称号。大连软件业的发展经历了四个阶段：一是科技部授予大连软件园"国家火炬计划软件产业基地"称号，标志着大连软件产业的起步；二是根据大连软件产业发展的机遇，提出建立"中日软件产业合作战略门户"的方针，标志着大连软件产业开始走国际化道路，并重点发展对日软件出口；三是面对世界资源要素全球化重组的历史性机遇，提出迎接世界制造业的转移、创造环境迎接知识经济产业的转移和建设亚洲软件及信息服务业中心的策略，标志着大连开始全方位涉足软件和信息服务的外包业务；四是根据大连市建设"大大连"战略和振兴东北老工业基地的需要，启动了

旅顺南路软件产业带的建设，标志着大连软件及信息服务产业开始走上稳步快速发展的轨道。四个阶段体现了大连软件产业和大连软件园锐意创新、快速发展的历程。

大连旅顺南路软件产业带将根据具有自身特色的定位，为大连市的软件产业发挥重要作用。产业带位于大连市区南部海滨旅顺南路沿线，东起大学聚集区和软件园一期的黑石礁，向西经高新园区至旅顺盐厂在建的大学城，绵延30公里，规划面积133平方公里，依山傍海，自然风光秀丽，环境幽静；以软件及智能信息服务、高等教育及相关培训业务为主，适度发展滨海旅游业；按照“现代化、国际化、特色化、生态化”的原则，把产业带建成可与美国硅谷相媲美的，融自然、生态、人文于一体的滨海新型软件社区，使大连成为中国的“班加罗尔”。

为更好地落实大连“一个中心、四个基地”的发展战略，大连软件园在市委、市政府的正确领导下，开始了软件园二期旅顺南路软件产业带的开发建设，经过大量认真细致的工作，旅顺南路软件产业带各个项目已经陆续开始动工。截至2005年年底，软件园二期已投资近13亿元，已有国内外多家大型IT企业正在商谈入园，大连软件园二期已按照规划目标开始全面启动，主要进展如下。

（1）邀请国际著名咨询机构罗兰贝格公司进行产业战略规划，目前产业战略规划已通过国内外专家的评审并获得一致好评。产业战略规划的完成，为大连市软件产业及大连软件园今后的发展明确了方向。

（2）委托中国国际工程咨询有限公司邀请国内外著名设计规划单位进行概念设计。

（3）开展旅顺南路的征地与企业和居民的动迁工作，动迁补偿总投资近10亿元。

（4）进行旅顺南路生态修复工程。

（5）土地征用手续已通过省政府批准。

（6）投资2.5亿元在黄泥川建设15万平方米居民回迁区，计划2006年5月竣工。

（7）出资3 000多万元办理河口湾41.5公顷海域的使用权证，出资1亿多元征用海域使用权和动迁周边区域的工厂和居民。

2. 动漫游戏产业基地

2004年大连市完成了旅顺南路软件产业带的整体产业规划，并按照规划重点发展国际软件和信息服务外包业务。大连软件和信息服务产业的整体规模不断扩大、技术水平不断提高，在国际上赢得了更好的声誉，大连被看作跨国公司在中国寻求外包业务基地的首选城市。目前，全球以数字内容制作为核心的动漫游戏产业发展迅猛，市场不断扩大，尤其是中国的近邻日本和韩国在上述领域的发展处于世界领先水平，中国市场也面临跨越式发展的机遇。大连市雄厚的IT产业基础，与日、韩良好的合作，丰富且低成本的人力资源等为发展动漫游戏产业打下了良好基础。

近年来，大连市一直在积极推动动漫游戏产业的发展，先后获得国家文化部授予的“国家动漫游戏产业振兴基地”和国家广电总局授予的“国家动画产业基地”称号，一批具有一定水平和规模的动漫游戏企业获得快速发展，初步形成了一定的产业基础。目前，大连正与团中央商谈合作建设中国青少年数字娱乐教育产业基地。

为加大该产业的发展，大连市人民政府计划在旅顺南路软件产业带启动动漫游戏产业基地项目，规划占地面积达1.5平方千米，将专门用于集中发展动漫游戏产业，希望在3～5年的时间里构建起较完整的动漫游戏产业链，吸引和创建大批动漫游戏策划、制作、技术开发、代理运营等优秀企业，发展数字内容制作的外包业务，构建动漫游戏产品规范交易的市场，为大连市发展成为东北地区动漫游戏产业基地打下良好基础。

截止到“十五”期末，大连市动漫游戏产业基地已完成公司注册及部分征地手续，具体建设将依据随后制定的产业规划分步实施。

（二）精细化工新材料产业

大连的石化产品集中度和技术水平相对较高，形成了较好的产业基础。按照国家发改委的总体部署，根据大连市2004年编制的《大连市精细化工新材料产业发展规划》，大连市振兴东北老工业基地高技术产业发展专项围绕车船及建筑用精细化学品、医用和农用精细化学品、特种功能材料、电子信息功能材料、生物质精细化学品五大领域，发展精细化工新材料产业。这可使大连石化和精细化工产品的生产形成上下游紧密联系、产品链有机结合的生产体系，还可以实现装置间原料互供，大大降低运输成本和运行费用，形成集约化优势。发展大连精细化工新材料产业还解决了城市功能提升后市区内化工产业迁移的难题，便于逐渐将原来分散在大连各处的污染项目集中起来，统一治理“三废”，严格制定排放标准，使大连更清洁、更美丽，有利于资源综合利用和环境治理。

“十五”期间，在精细化工新材料领域，大连市共获得国家项目16项，总投资10亿元，获得国家补助资金1亿元。在这些项目中包括大连思创信息材料有限公司第二代防水耐光彩色专用打印墨水高技术产业化示范工程、大连金菊香料有限公司奶味天然等同系列高档香料高技术产业化示范工程、大连亚维药业有限公司国家一类生物制品抗人白细胞介素-8单克隆抗体乳膏高技术产业化示范工程等。这16个项目目前进展情况良好，建成后将分别在各自领域发挥重要的示范作用。

（三）创新能力建设

1. 国家级工程研究中心、企业技术中心及技术转移中心

“十五”期间，共有10个创新能力建设项目获得国家批复，其中国家工程研究中心项目3项，分别是大连理工大学先进船舶技术国家工程研究中心、大连海事大学船舶导航系统国家工程研究中心、中科院大连化学物理研究所燃料电池国家工程研究中心；企业技术中心项目6项，分别是大连重工起重集团有限公司技术中心创新能力项目等；技术转移中心1项，为大连理工大学技术转移中心。这些国家级创新能力建设项目，将在大连市的科研成果向现实生产力转化过程中发挥重要作用。

2. 大连市工程研究中心

在世界高技术产业迅猛发展的形势下，从国民经济和社会发展的需要及高技术产业发展和经济结构战略性调整的长期需要出发，为加快科研成果向现实生产力转化，2004年大连市发改委和大连市科技局共同编制了《关于建设大连市工程研究中心的指导性意见》（试行），拟在若干重点高技术领域有重点、有步骤地建设一批大连市工程研究中心。根据《指导性意见》，工程研究中心的技术研发方向应属于国内一流水平，由科研院所（或大学）和在该领域具有工程化能力的企业共同组建。

大连市工程中心将以“科技成果产业化、运行机制企业化、发展方向市场化”为核心，其主要任务是：根据国民经济、社会发展需要和市场需求，针对产业发展的重点，将具有重要及长远市场价值的重大科研成果进行完整的工程化和集成化研究开发，消化、吸收和集成创新引进的先进技术，基本完成产业化开发，为产业化规模生产提供成套成熟的先进工艺、技术和装备，并推出具有市场竞争力的新产品；推动国际合作与交流；培养高水平的工程技术与管理人才；实行开放服务，承接国家、省、市、企业、高等学校或科研机构委托的工程技术研究、设计和试验任务，进行工程化辐射和推广并提供技术咨询服务。

“十五”期间，大连市在装备制造、生物医药、新材料、电子信息产品制造四大领域共批复了9个大连市工程研究中心项目。根据《指导性意见》，大连市工程研究中心项目的市财力补助资金将采取先建后补的方式，到“十五”期末，有3个项目获得市财力补助资金，共计1 175万元。这些项目预计在2006－2007年陆续建成，将对“十一五”期间大连市的上述四大领域的创新能力建设发挥重要作用。

（四）一批高技术产业化项目的实施带动了相关产业的发展

“十五”期间，在国家发改委开展的高技术产业化专项中，大连市在现代农业、新能源、科学仪器和工业自动化、海水淡化、电子商务专项、信息产业企业技术进步和产业升级、软件等信息产业关键技术产业化专项等领域，共有20多个项目获得国家发改委批准，总投资超过10亿元，获得国家补助资金超过1亿元。这些项目包括大连太平洋海珍品有限公司单壳贝类多倍体及棘皮类新品种育种高技术产业化示范工程、大连冷冻机股份有限公司高效热泵及其配套系统高技术产业化示范工程、大连依利特分析仪器有限公司高效液相色谱仪及系列产品规模化生产高技术产业化示范工程、大连光洋科技工程有限公司嵌入式工业计算机控制系统项目、大连饲料在线网络有限公司大连鱼粉电子交易市场项目等。目前，这些项目进展情况良好，建成后将在各自领域发挥重要的示范作用。

（五）大连市电子政务专项

“十五”期间，大连市组织相关领域的专家评审了中共大连市委组织部党务信息管理系统、共青团大连市委员会电子政务建设等20多个电子政务项目，这20多个项目总体设计基本合理、内容和功能设计基本完善、建设方案基本可行。这些项目的顺利实施将对大连市电子政务建设的发展、提高全市的信息化水平发挥重要作用。

三、“十一五”期间高技术产业发展目标、主要任务和政策措施

预计到2010年，全市实现高技术产值2 800亿元，年均增长25%以上；高技术产业增加值占GDP比重比2005年提高10%以上；高技术产品出口额占总出口额的35%；R&D经费支出占GDP比重达到1.5%。

（一）大力发展优势高技术产业，积极协调，争取国家支持

重点发展电子信息、光电子、新材料、生物工程医药、节能环保等产业。

继续利用好国家振兴东北老工业基地的优惠政策，组织好国家高技术产业化项目的申报工作。加强对大连市精细化工新材料产业、软件及电子信息产业、生物产业及其他高技术产业的调研，从产业技术研发、产业工程化能力、产

业化项目三个层面，筛选和储备一批项目，争取获批国家项目的数量继续处于前列。

（二）推进产业自主创新能力建设

优势产业工程研究中心建设可以促进产学研结合，形成高水平的创新与产业化团队，促进科技成果转化，缩短技术转移和推广应用的周期，加快科研成果本地产业化的步伐。

“十一五”期间，要加强国家级工程研究中心的申报工作和国家级企业技术中心的认定工作。要全面开展大连市工程研究中心的审批工作，结合大连市的产业特点和高技术产业优势，在电子信息、生物制药、新材料、装备制造等领域，通过专家评选和竞争择优的方式，选择条件相对成熟的领域，重点支持若干个市级工程研究中心建设。

“十一五”期间，全市传统工业通过改造升级，技术水平要有普遍、明显的提升；支柱工业的技术水平要接近或达到发达国家本世纪初的水平；重点企业要进入国际先进行列。一是利用高新技术更新技术装备，运用高新技术成果加快升级改造，促进加工业由传统的原材料粗加工向高、精、尖、深加工方向发展，全面提高技术装备水平。二是利用高新技术改造工艺流程，大力开发和应用 CAD、CAM、CIMS 等技术，推进工业企业逐步向工艺、产品设计无图纸化，生产经营过程自动化，设备、产品智能化和管理现代化的方向迈进。三是利用高新技术开发新产品，引进和开发高新技术，开发新产品，提升企业技术含量。四是利用信息化技术实现传统工业信息化，到 2010 年，实现企业经营管理信息化达到 90% 以上。五是建立企业工程技术中心，培育出有自主知识产权的产品，增强企业竞争力，争取到 2010 年，全市新建工程技术中心 50 家，其中国家级工程中心 20 家。技术改造主要围绕大连市石化、电子信息、装备制造、钢铁、造船、纺织、服装、轻工、交通运输、建材和商业流通等 16 个重点行业和领域展开。

（三）动漫游戏产业及中国青少年数字娱乐教育产业基地建设

为了形成可持续发展的、与整个旅顺南路软件产业带规划相协调的、科学的产业规划和建设规划，保证动漫游戏产业基地按照国际化标准进行规划、设计和实施，保证产业发展符合科学规律以及招商引资策略具有实际可操作性，大连市政府决定聘请咨询公司进行动漫游戏产业基地的发展规划咨询工作。整个项目分成产业规划咨询和建设规划咨询两部分，协调跟进，共同完成。产业规划咨询公司要具有相应的资质和经验为国际知名动漫游戏产业项目提供过咨询服务的将受到优先考虑。

在 2005 年完成与团中央签署的《团中央与大连市政府共同建设中国青少年数字娱乐教育产业基地的谅解备忘录》的基础上，争取 2006 年上半年完成动漫产业及中国青少年数字娱乐教育产业基地产业规划咨询工作。

“十一五”期间，依据将于 2006 年上半年完成的《动漫游戏产业基地规划》及《中国青少年数字娱乐教育产业基地规划》，大力发展动漫产业及中国青少年数字娱乐教育产业，使之成为大连市的又一个支柱产业。整个产业基地将以旅顺南路软件产业带动漫产业基地为依托，建设包括以数字娱乐产业带为主体的动漫走廊。

（四）做好政府信息化建设工作，推进各行各业信息化的发展

“十一五”期间，要根据将在 2006 年制定的《大连市电子政务建设规划》，集中有限的财政资金，完成党政专网、市政府数据中心的启动建设，实现市直党政各部门及县市区党政各部门的互联互通，有重点地选择条件成熟的、急需的、有利于扩大信息化应用市场的电子政务数据库和应用系统，促进各行各业的信息化，提高大连市的信息化水平。

（五）研究制定行业产业扶持政策，启动市级高技术产业基地建设

“十一五”期间，要参照国家《鼓励软件产业和集成电路产业发展的若干政策》模式，在全市范围内选择优势高技术产业领域，制定该领域的产业发展政策，从贷款贴息、土地、税收、地方配套等方面，出台普惠制政策，吸引该领域的境内外产业资源向大连市聚集，做强做大该产业。在软件、精细化工新材料和光电子三大领域内，通过专家论证和充分的市场调研确定其中之一为重点发展领域。联合市、区县两级财政出台相应的产业政策，在全市范围内选择条件成熟的区域，启动市级高技术产业基地的建设。

大连市发展和改革委员会高技术产业处

34

“十五”青岛市高技术产业发展情况

“十五”期间，青岛市高技术产业在国家宏观产业政策的大力推动下，充分利用经济转型和全球化的机遇，不断发展壮大，在多个领域取得了令人瞩目的成就，已经成为全市国民经济和社会发展中最具活力的先导性和战略性支柱产业。高新技术产业的跨越式发展，在调整全市经济结构、改变增长方式方面发挥了关键作用，为全市经济、社会的全面协调可持续发展提供了有力支撑。

一、“十五”高技术产业发展成就

（1）高技术产业保持了快速稳定的增长态势。全市规模以上工业完成高技术产业产值从2000年的412.4亿元增长到2005年的1 857.3亿元，年均增长35.1%，占规模以上工业总产值的比重从2001年的33.3%跃升到43.22%，对全市工业总产值增长的贡献率达到49.78%。2005年产值总量占全省高新技术总产值的1/4，高于全省平均数近20个百分点，充分发挥了高新技术发展的龙头作用。

（2）高技术产业门类逐步增多。结构变动活跃，新兴业增长势头强劲，已基本形成电器机械及器材制造业、通信设备和计算机及其他电子设备、新材料等高技术产业全面发展的局面。其中，2005年新材料产业产值达到240亿元，同比增长12.3%；软件产业产值105亿元，同比增长204.3%；新兴海洋科技产业产值完成131亿元，同比增长29.7%；生物工程技术及产业实现产值45.3亿元。

（3）高技术产品进出口贸易呈快速增长态势，在对外贸易中的份额逐年提高。2005年青岛市高技术产品的进出口额已达到33.82亿美元，占全市进出口总额的11.1%，同比增长23.2%。其中，出口额18.03亿美元，增长40.5%；进口额15.79亿美元，增长8%。高技术产品进出口额的快速增长不但带动了高技术产业自身的发展，而且对全市经济的总体发展起到了积极的推动作用。

（4）高技术产业对传统产业的渗透和带动作用增强。信息技术、现代生物技术的广泛应用加速了动植物优良品种的培育，提高了农业对重大自然灾害的抵御能力；信息技术的软、硬件投资在金融、商贸等服务业和机械、冶金、化工、轻工、纺织等制造业企业中开始占有较大比重，推进了这些领域技术水平和竞争能力的提高。高技术在传统产业的应用不仅为传统产业的升级和发展开辟了道路，而且催生出了许多新兴的产业。

（5）高技术产业集聚区的示范带动作用逐渐显现。2005年，高技术开发区所在的崂山区的高技术产业产值比重占全区工业总产值的比重达到89.82%；经济技术开发区所在的黄岛区的高技术产业产值比重占全区工业总产值的比重达到78.63%。高新区、经济技术开发区和星罗棋布的各类工业园区共同构筑起青岛市高技术产业发展的崭新架构，并在区域经济和地方经济的发展中发挥了重要导向作用。高技术产业核心集聚区、特色高技术产业集聚区和高技术产业增长点相互配合、协调发展的局面已初步形成。

（6）高技术企业发展势头良好。截至2005年年底，青岛市共有高新技术企业617家，通过认定的高新技术产品总数达1 378个。2005年全市高新技术产品产值达到1 296.2亿元，具有自主知识产权的高新技术产品占高新技术产品总产值的68.38%，同比增长15%。海信集团成功开发的中国信息家电业第一块芯片——“信芯”，不仅成为国内高技术产业发展的标志性成果，而且将对青岛市相关产业跨上新的发展平台产生重要推动作用。

(7) 自主创新能力取得新突破。五年来，全社会研发经费支出逐年增长，到2005年占全市生产总值比重达到2.2%，比“九五”期末提高了1.04个百分点。在电子信息、海洋科技、装备制造等领域，一批具有自主知识产权的核心技术取得突破，企业主持和参与制定国际、国家或行业标准239项。获国家科技奖励22项，发表科技论文4万余篇，被国外权威机构收录2 200余篇，专利授权量及其他自主知识产权拥有量突破1万件。

(8) 科技创新体系建设得到加强。以企业研发机构为骨干，高校、科研院所和各级重点实验室为支撑的城市科技创新体系初步建立。全市拥有市级以上认定重点实验室88个，企业技术中心145家，研发人员近2万人。创新服务体系建设初见成效，涌现出国家海洋科技数据中心、青岛科技信息港、重点实验室资源共享数据库、技术产权交易中心等一批服务机构和平台。

(9) 科技园区和基地建设取得新突破。国家级高新技术产业开发区的功能日趋完善，培育和建设了国家级信息产业基地、通信产业园、家电产业园、软件产业园、国家大学科技园等一批国家级特色科技基地和园区，形成了一区多园的高新技术产业发展格局，带动了一批集约型高新技术企业的发展，为全市科技创新能力的提升提供了有力支持。

(10) 科技人才的规模、结构和层次迅速提升。五年来，科技人才数量较快增长，结构逐步改善，高水平科技带头人才快速涌现和聚集。2005年，全市拥有专业技术人才近40万人，比“九五”期末增加了25%。拥有两院院士24人、双聘院士25人，分别比“九五”期末增加了10人和22人。“国家杰出青年科学基金”获得者19人，国家“百千万人才工程”及“新世纪百千万人才工程”资助者26人。

(11) 高技术发展的软、硬环境进一步优化。全市陆续出台了一系列政策法规，一个为地方经济发展和社会进步提供有力支撑的科技发展大环境正在逐步形成。通过建立区、市和市直党政部门促进科技进步和发展高新技术产业目标责任制，加快了科技创新体系建设。以促进科技成果转化为宗旨的大学科技园、归国留学人员创业园和各类专项技术孵化器已逐渐形成体系，并对新兴科技企业快速成长产生了积极推动作用；在全国产生较大影响的大院大所与大企业共建科技战略联盟的“双大合一”模式，科技成果从实验室到中试基地再到产业园区的上、中、下游密切结合的“三点一线”模式，促进了科技成果向现实生产力的转化。覆盖全市各个行业的技术标准体系建设和促进高层次人才不断积聚的“科技将才工程”建设，使青岛市高技术产业的创新环境得到了进一步优化。

“十五”期间，青岛市高技术产业发展取得了显著成效，但要更好地发挥对经济社会发展的支撑和引领作用，还存在着一些亟待解决的问题，主要有：自主创新能力还不强，自主知识产权的高新技术产品产值规模较小；内生性增长势头不足，多数产品在国际高技术产业分工体系中处于价值链的中低端水平；产业链经济的效能尚未形成，高技术服务业的发展滞后；推进高技术产业发展的手段比较单一等等。

二、促进高技术产业发展的主要经验

(一) 加强重点实验室建设，为高技术产业化提供支撑

正式启动“青岛国家海洋科学中心”建设，整合青岛的海洋科技力量，发挥海洋科研优势，筹备建设6个国家重点实验室。通过国家海洋科学中心的建设，使青岛成为自主知识产权的海洋高新技术成果的摇篮，真正成为中国海洋科技创新的龙头。

加强市级重点实验室建设，提高企业核心竞争力和相关行业的技术水平。目前，全市各级重点实验室及研究中心总数达到63家。17家市级重点实验室、5个市级中试基地主要分布在中央、省驻青岛的16所科研单位和大学，涉及海洋天然产物研究开发、新材料、海洋酶工程、纳米技术、工业信息化、海洋药物、海洋精细化工、光学光电子、纤维及纺织品工程、海洋腐蚀与防护、海洋生物、软件、医药生物技术和农业生物技术、环保技术等领域。这些实验室正逐步成为青岛市原始性创新的基地、产学研结合的亮点和吸引高层次人才的平台。

(二) 大力发展三大新兴产业，培植新的经济增长点

以软件、新材料、新兴海洋科技为重点发展领域，打造具有国际竞争力的高新技术产品和企业，推出一批在技术水平和经济规模上具有国内外领先水平的项目，培植新的经济增长点，实现高技术产业快速健康发展。

(1) 软件产业。加快国家级软件园的建设和大型软件企业的培育，引导软件企业开拓新的市场，重点培育年销售收入过亿元的大型软件企业集团，促进中小型软件企业的良性发展。以国家级青岛软件产业基地建设为重点，整合现有软件产业，利用青岛的地理优势、环境优势、产业优势，形成具有青岛特色的滨海信息产业带，加快软件产业发展。完善软件产业体系，按照软件产业园—软件技术市场—软件重点实验室—软件企业—软件，项目的层次，全方位促进软件产业发展。以市软件园为依托、以国家软件骨干企业为龙头，组成青岛市软件企业出口联盟，通过软件联盟平等、

互助、合作、互惠的运作，进一步整合软件产业资源，带动中小软件公司进入国际市场，目前已与美国、韩国、日本、印度、爱尔兰、斯洛伐克等国家开展了广泛的交流与合作。

（2）新材料产业。以增强创新核心能力和建设创新环境为重点，培育、扶持一批新材料领域的名牌企业（集团），推进新材料领域关键技术的研究与产业化，促使青岛新材料进入国家级新材料产业基地的行列。坚持“有所为，有所不为”的原则，注意调整发展模式，从单项技术创新转变为集成创新，即注重以产品为中心形成集成，在集成的基础上形成有竞争力的产品，并在过程中实现特色产业链，提高产品附加值。加强技术创新，提高新材料产业的持续创新能力。加强宏观管理与指导，建立起优化经济发展环境的联系制度和协调机制。合理布局全市新材料产业，根据不同区域新材料产业发展类型不同，以城阳区为核心，并在即墨、高新区、开发区分别建立示范区，建设配套支撑体系，充分发挥其对经济的倍增作用。

（3）新兴海洋产业。以发展海洋药物、海洋苗种为核心，加快海洋药物、海洋生物活性物质提取等海洋新技术的研究和产业化，加快优良海水养殖种苗引种和海水养殖示范基地建设。推动一批具有代表性的研究与产业化项目顺利进展，如国家一类新药——抗艾滋病海洋药物聚甘古酯，它是从海洋中提取分离并经化学修饰获得的海藻硫酸多糖类抗艾滋病药物，是中国海洋大学海洋药物与食品研究所针对当前严重危害人类健康的疑难疾病，经过二十多年的工作积累，研制开发的国家一类新药。抗脑缺血海洋药物 D－聚甘酯、抗动脉粥样硬化海洋药物几丁糖酯、抗尿路结石海洋药物古糖酯、抗老年性痴呆海洋新药 HSH－971 等药物的研究和实验效果也比较突出。

（三）加强国际科技合作，推进自主创新

“十五”以来，青岛市国际科技合作的政策环境进一步优化，以企业、科研院所和高等院校为主的产学研国际科技合作与交流活动日趋活跃，企业正在成为国际科技合作与交流活动的重要力量。

出台了《国际科技合作实施办法》，通过设立国际科技合作试点区（市）、国际科技合作示范基地和国际科技合作重点项目计划，有力地促进了城市自主创新体系建设，推动了外向型经济的发展。投资超过 10 亿元的中加科技合作基地建设取得了实质性进展，数字动漫基地主要建设“一个平台、四个中心”，即数字动漫综合商务平台，数字动漫教育培训中心、数字动漫研发制作中心、数字动漫展示体验中心和数字动漫综合高端共用设施中心。清洁能源项目和铜包铝项目有望首批入住中加科技合作基地。

引进“世界 500 强”企业取得突破性进展。青岛软件园与微软、IBM、富士通等国际软件巨头成功合作；海信网络科技有限公司与日本富士通合作引进的车载物流开发项目，实现了富士通公司在青岛的首次大规模软件项目外包；青岛软件园与微软合作建立微软开放资源库，以知识分享、新技术推广与应用为主旨，由微软公司为青岛市软件企业提供技术支撑资源。目前微软的专家已在青举办培训 20 多场，培训 4 000 多人次，并通过建立青岛 IT 精英论坛和青岛软件开发者俱乐部，为青岛软件从业人员提供了学习、交流、合作的机会。

（四）完善区域科技创新体系建设，优化创新环境

重点加强科研机构之间、重点实验室与企业之间、不同领域科技人员之间的交流，形成政府主导、多种所有制并存、全社会协调互动的创新框架。初步建立起以转变政府职能为主体的科技创新政策法规体系；以高校、科研机构为主体的知识创新体系；以企业科研开发为主体的技术创新体系；以科技风险投资为主体的社会多元化投融资体系以及以技术产权交易所为龙头，以各种类型的科技孵化器为基地，以常设技术市场为骨干，以技术评估为补充，以组织网络化、功能社会化、服务规范化为目标的科技中介服务体系。

（1）科技创新体系。加强与半岛城市之间的创新合作，扩大自身的创新关联范围与强度，形成了具有半岛范围内涵的区域创新体系。根据区域创新体系的总体目标，完善政策和创新环境建设。突出海洋科技优势，以建设国家海洋科研中心为重点，为中国海洋经济发展提供坚实的技术支撑，形成海洋科技向沿海地区覆盖或辐射的科技成果转化网络。根据青岛市的科技势力和发展战略基础，在建设南北方竞争与合作、东西部分工与互补的国家级区域创新体系中，充分体现在海洋科技中的分工优势的同时，坚持自身的港口、工业产业的竞争优势，坚持以国际化竞争为主旋律，避免低档次重复竞争。

（2）健全科技服务体系。加强引导和管理，推动科技中介机构快速发展。初步构建起以信息咨询服务机构为重点，技术创新服务、技术评估、技术经纪机构相配套，以中小科技企业为主要服务对象，按照市场机制运作的科技中介服务体系，逐步实现科技中介机构的组织网络化、功能社会化、服务产业化。建立了对科技中介机构的宏观引导和支持机制，重点促进其体系建设。引导科技中介机构从青岛市特色经济入手，瞄准重点领域，为企业提供急需的技术和高层次人才。以信息咨询机构为龙头，带动技术创新、技术评估、技术经纪、技术交易等机构共同发展。加强科技中介机构的队伍建设，提高整体服务水平。加大对科技中介机构从业人员的理论知识和业务技能培训，定期或不定期地组织国内外专家进行业务讲座或组织研讨活动，提高从业人员的素质与技能。

（五）大力建设高技术集中区和带动区

支持青岛市高新技术产业开发区研发基地、孵化基地、产业基地建设。采取积极措施，推动朗讯工业园、海尔科

技工业园、国家大学科技园的开工建设。加快软件产业、生物产业、新材料产业等特色园区建设。支持开发区发展成为大商社、大工业、大物流的聚集地，紧紧依托大港口，加大招商引资力度。发挥市北区科技街的技术产权交易市场、高新技术成果交流展示、中介服务和中小型企业的孵化作用，加大科技服务工作力度，调动社会各方面的积极性，为科技成果转化和高新技术产业化铺路搭桥，带动市北区高新技术产业的提升。

（六）积极争取国家高技术产业资金支持，推动高技术产业尽快形成规模

“十五”期间，青岛市先后有40个高技术产业化项目被分别列入国家高技术产业化新材料、企业信息化、工业自动化、现代中药、信息网络、软件行动计划、生物技术和新医药专项，累计得到国家支持资金2.8亿元，拉动投资30亿元。重大高技术产业化项目的实施，推动了高技术产业发展。

（1）海尔集团“工业机器人”项目。主要发展了机器人操作技术、控制器技术、示教及编程技术、通信及传感器技术、应用技术等。极大地刺激了国内基础工业的迅速进步和提高，大大促进了区域及全国相关学科的发展。目前已完成全气动、全轴伺服、伺服和气动结合三个系列的注塑机器人开发并生产286台；完成了焊接机器人工作站及六自由度机器人开发及应用；完成各类机器人应用工程及自动化物流线15条，应用各类关节机器人19台；完成各类自动化生产线30项等。项目至今已累计新增产值1亿元。

（2）海信集团“机卡分离数字电视接收机高技术产业化”项目。海信集团在数字电视技术方面成果丰硕。2000年分别在上海和美国硅谷成立了上海海信ASIC数字电视芯片设计中心和美国海信数字电视实验室。2001年参加了包括机卡分离在内的所有国家数字电视接收机标准的制定工作。海信的高清数字电视机顶盒和HDTV显示器参加了“国庆50周年”的高清数字电视试播工作，得到了国家有关部门的肯定。海信已经成功自主开发了高清晰度数字电视显示器包括CRT、PDP、LCD、LCOS背投、DLP背投和数字电视机顶盒等产品，在数字电视产品的生产和研发上具有较强的竞争优势。

（3）颐中集团“高抗冲聚合物格栅工程材料产业化示范工程”项目。2002年4月投产试运行后，经交通部公路工程检测中心等部门测试，产品主要性能指标均达到或优于国内外同类产品。目前，该产品已广泛应用于青藏铁路、中江高速、马芜高速、同三高速、祥临高速等国家重点工程项目。2002年9月，该企业作为中国唯一参会企业参加了在法国尼兹召开的国际土工材料大会，引起了与会各国代表的广泛关注，不少国家和地区提出了合作意向。2002年11月，出口了第一批颐中牌格栅工程材料，实现了产品出口的突破。该项目的建成投产使中国成为继英国之后世界上第二个拥有此项技术和知识产权并能规模化生产的国家，结束了中国只能生产低档聚合物格栅的历史，改变了中国大型基础设施建设所需的高性能格栅工程材料全部依赖进口的局面，对于配合国家西部大开发战略以及南水北调、防洪治理等重大工程的实施，具有十分重要的意义。

（4）优良海水养殖种苗高技术产业化示范工程。项目通过建设高标准、规模化育苗工厂，将大菱鲆苗种生产技术、海水养殖动物多倍体育种苗和性控技术应用到生产中以提高苗种的质量和数量，解决制约中国海水养殖苗种培育行业发展的部分困难，对加快海水养殖苗种生产的产业化进程，延伸产业链，降本增效，促进渔业向优质化、产业化、标准化、国际化方向发展，实现渔业的根本性转变将起到积极促进作用。通过项目基地的集聚、辐射、示范和带动作用，推动青岛及周边地区乃至全国的海水养殖苗种培育行业的产业化进程。项目建成达产后，年产优良健康种苗100亿单位，年培训各类科技人才500人次，年经济效益达到1 500万元。新增社会产值1.7亿元。

三、“十一五”发展高技术产业的总体设想

“十一五”时期是中国改革开放和现代化建设的一个关键阶段和落实科学发展观，实现经济与社会全面、可持续发展的重要时期，是青岛市全面贯彻落实党中央、国务院关于高技术产业发展的一系列战略部署，实现经济结构优化、社会结构转型、城市功能提升、经济机制转换，基本形成青岛市整体城市发展框架和产业布局的一个关键阶段。高技术产业发展的总体思路是：以增强自主创新能力为战略基点和中心环节，建立以企业为主体、市场为导向、产学研相结合的技术创新体系和有利于高技术产业健康发展的政策环境与保障体制，初步奠定高技术产业发展的基本架构，全面推进传统产业的改造和升级，优化高技术产业空间布局和内部结构，提升高技术产品的国际竞争力，逐步建成与“世界知名特色城市”、“全国重点中心城市”和“半岛城市群龙头城市”相适应的高技术产业研发基地和制造基地，实现高技术产业的跨越式发展。

1. 具体措施

第一，建立区域创新体系。完善技术创新系统，建立产学研结合新机制，推进科技资源的整合与集成。第二，构筑核心竞争力突出的产业链经济。培育有国际竞争力的大企业集团，构筑特色化的产业链经济，建立与优势大企业集团相匹配的管理系统，创建有利于产业集群发展的人文环境。第三，培育引导各类资本向生产领域顺利流动的新机制。建立“政府引导、企业主体、金融支持、各界参与”的多渠道、多层次投融资体制，建立适应高技术产业特点的债务

融资方式，建立完善的高技术产业融资运作机制，建立多元化的风险投资体系。第四，构建吸引和汇聚高科技人才的“高地”。建立、健全有效的人才激励机制，以多渠道、多手段、多方式引进和培养人才，构建有利于人才集聚的基础平台。第五，完善有利于高技术产业发展的政策环境。建立精简高效的政府管理体制，建立促进高技术产业发展的优惠财税政策，加强知识产权保护工作，制定促进中小型高技术企业发展的政策。第六，建立高技术产业发展的资源环境支撑体系。提高能源和资源利用效率，加强环境保护，发展循环经济，切实保护好自然生态。

2. 主要发展目标

第一，总量快速增长。到2010年青岛市规模以上工业完成的高技术产业产值将从2005年的1 857.3亿元提高到4 600亿元，年均递增20%左右。第二，空间布局科学合理。高技术产业核心区的地位和功能进一步强化，形成若干不同规模的高技术产业特色集中区，充分发挥各个方面推进高技术产业发展的积极性。第三，自主创新能力突出。取得一批具有自主知识产权、能够有效实现产业化的高技术成果，并在部分领域掌握达到或接近国际先进水平的优势技术、关键技术，形成一批具有较强研究开发能力、在国际上有一定影响的大型高技术企业集团和一批充满生机与活力的创新型中小型企业群体。

青岛市发展和改革委员会高技术产业处

35

“十五”宁波市高技术产业发展情况

“十五”期间，宁波市高技术产业在信息、新材料等产业的带动下快速发展，产业规模持续扩大，在全市工业经济中的地位稳步提高，已成为经济持续增长和产业升级的重要因素，成为实现经济结构战略性调整的主要动力。2005 年宁波市规模以上企业高新技术产品产值为 1 480 亿元，同比增长 24. 4%。随着近年来宁波市高新技术产业的持续快速增长，规模以上企业中高新技术产品产值的比重逐年上升，2005 年达到 29 %，成为经济发展的重要增长点。

一、“十五”期间高技术产业发展的基本情况

（一）高技术产业发展的主要特点

（1）高新技术产品产值增势迅猛。全市高新技术产品产值从 2000 年的 306. 6 亿元增长到 2005 年的 1 480 亿元，年均增长 37%。

（2）出口拉动态势强劲。出口创汇从 2000 年的 6. 3 亿美元上升到 2005 年的 45. 2 亿美元，年均增长 48. 3%。

（3）高新技术产品产销率有所提高，但销售利税率出现下降。销售收入额从 2000 年的 278. 8 亿元上升到 2005 年的 1 440 亿元，年均增长 38. 9%，略快于同期产品产值的年均增速。利税额从 2000 年的 45. 0 亿元上升到 2005 年的 168. 7 亿元，年均增长 30. 3%，略慢于同期产品销售收入的年均增速，销售利税率从 2000 年的 16. 2% 下降到 2005 年的 11. 7%。

（4）从各县、（市）区看，鄞州区、北仑区和慈溪市的高新技术产业发展规模较大，近年来一直位居前三位；保税区、市科技园区的增长较快，分列近两年增幅之首。

（二）高技术企业发展状况

自 1995 年开展高新技术企业认定工作以来，宁波市高新技术企业队伍快速壮大。2005 年，高新技术企业累计达到 294 家，其中，国家级高新技术企业累计达到 66 家。

高新技术企业的总体经营规模不断扩大，销售利税率基本保持稳定，出口创汇能力提高较快。技术创新能力有了较大提高。2005 年，市级财政科技投入达到 2. 2 亿元，比上年增长 5. 88%。新增省级企业工程技术中心 10 家，新增市级企业工程技术中心 32 家，市级以上企业工程技术中心总数达到 137 家（其中省级 68 家，国家级 3 家）。全市拥有重点实验室 21 家，累计引进共建大院大所 10 个，科技创业中心 10 个，创业用房面积达到 20 多万平方米，在孵企业累计 500 多家。全年专利申请量达到 5 200 件以上，授权专利达到 3 800 件，同比增长 6. 77%，其中发明专利授权达到 150 件，同比增长 7. 14%。获得国家级计划项目 167 项。全年开发市级新产品 1 300 项。

（三）高技术产业的领域分布

（1）光机电一体化和新材料产品成为重要支柱。2005年光机电一体化和新材料产品产值分别为575.5亿元和415.5亿元，占全市高新技术产品比重分别为37.6%和27.1%，分列产品产值比重第1和第2位，而且增长较快。

（2）新能源、节能与环保产品快速发展。2005年新能源、节能与环保产品产值为140.3亿元，占全市高新技术产品比重的9%。

（3）生物与医药产品发展空间广阔。2005年生物与医药产品产值为17.5亿元，占全市高新技术产品的比重最小，为1%。

（4）电子与信息产品发展受阻。2005年电子与信息产品产值为203.4亿元，占全市高新技术产品比重的13%。

二、"十一五"时期高技术产业发展思路

（1）以科学发展观统领全局，以体制创新、技术创新和对外开放为动力，以打造先机制造业基地和建设国家级高技术产业区为契机，通过加大技术创新投入，培育和发展特色优势高技术产业，着力提升高技术产业链协作水平，优化高技术产业布局，切实增强高技术产业化水平，"在追赶中创新、在创新中超越"，到2010年做强做大宁波市高技术产业，使之成为经济发展的主导产业。

（2）巩固基础，提升传统优势行业。继续以通信产品、电子元器件、仪器仪表和新材料等优势制造业为重点，加大政策引导力度，鼓励企业强强联合，建设产业科研的公共平台，促进企业加快调整产品结构和提升技术水平，增强产品市场竞争力，做强优势高技术产业。通信产品领域重点发展无线通信终端、导航系统、通信线缆；电子元器件领域重点完善产业链，发展集成电路框架；智能化仪器仪表领域重点发展智能化专用测量仪器、智能模糊控制器、光机电一体化控制系统、高精度开关稳压电源、数字化汽车仪器仪表和医疗器械；新材料领域重点发展钕铁硼磁性材料、单晶和多晶材料、纳为材料、集成电路用材等材料产品。

（3）立足现实，加快发展新兴行业。重点扶持近几年来产业集聚加快、发展潜力较大的光电子及显示产品、集成电路、家用视听设备、计算机网络设备和生物生化制品制造业以及公共软件服务业。

光电子及显示产品。重点发展后段模块、光纤通信、激光器、光显示器、红外测量器件、红外线加热器件、光电探测器、热探测器、热像仪、光电子晶体材料及光学玻璃、薄膜晶体管液晶显示器件、等离子显示器件、真空荧光显示屏等产品及其配套产品。

集成电路。发挥中科集成电路设计中心的优势，积极培育发展以硅片产业、芯片设计、芯片制造和芯片封装测试为核心的集成电路产业，实现拥有自主知识产权的专用芯片生产线的零的突破，成为长江三角洲"硅工业带"的重要基地和国内半导体材料生产加工基地。

家用视听设备。加快运用信息技术，提高家电产品的研发、设计、制造和营销能力。鼓励家电数字化改造，形成能跟网络融合的新型智能化家电生产能力。

计算机网络设备。充分利用宁波市的区位优势，大力引进国内外计算机行业龙头企业的技术、产品、资本及品牌，以整机生产为龙头，创新网络服务功能，带动计算机主板、板卡、硬盘磁头托架、光驱、软驱、硬盘等计算机部件和外设的发展。

生物生化制品制造业。充分发挥宁波市海洋资源优势，加大对生物药物和海洋药物的培养力度，逐渐形成以生物技术为支撑，以海洋、生物药物为主导，以化学药物和中成药物为基础的产业格局。

公共软件服务业。通过进一步加大对软件产业的政策引导和扶持力度，建设上规模、高水准的软件园区，搭建软件开发公共技术支撑平台，支持推进拥有自主知识产权和市场前景宽广的软件产品产业化，逐步形成具有较强竞争力的自主软件产业体系。重点发展移动通信、家用视听设备、智能仪器仪表等领域的嵌入式软件，企业管理、现代物流、电子商务等领域的行业应用软件以及动漫产业的开发和生产。

（4）积极创新，实现高技术产业新的突破。

现代装备制造业。在工业自动化方面，重点加快发展集散控制系统、开放式控制系统等工业生产过程主控系统，加快开发工业生产过程先进控制和过程优化技术，积极发展新一代自动化主控系统、成套专用控制装置及成套专用优化系统装置等的研发及产业化。在数控装备方面，重点发展通用加工中心，面向模具制造业、汽配制造业、纺织机械制造业等特色行业的专用数控机床，生产绿色高效、节能节水、无泄漏及能量回收型流程工业装备。

新能源产业。积极研究开发水能、风能、太阳能、生物能、海洋能等新能源，大力发展新型高效清洁能源技术和石油替代技术，利用充足的海洋资源，重点发展海上大型风力发电装备，大规模开发潮汐能；积极开发太阳能电池成套制造技术以及新型太阳能电池。

国内外先进技术应用。积极引进符合宁波市产业发展导向和科技中长期发展规划的国内外先进技术及其研发团队，鼓励设立高技术生产应用基地，在引进先进技术的基础上，以企业为主体积极开展消化、吸收和再创新，努力在若干

重要领域掌握一批核心技术，拥有一批自主知识产权。

（5）进一步增强高技术产业的引领作用。促进临港工业的高技术应用。发展和应用先进钢铁制造技术，扩大不锈钢热轧和连铸规模，做强做大宁波市不锈钢精品基地。拓展石油化工产业链条，运行和完善更大规模的乙烯联合装置、重质油生产乙烯和丙烯等先进生产装置，开展石化产业配套技术整合，实现石化规模与科技含量交互提高。继续发挥造纸技术优势，研发每分钟造纸幅宽和长度的增加技术，进一步凸显白板纸生产基地的示范作用，带动其他中小造纸企业的设备和技术改造。改进电力设备技术，应用大型、高效、低污染的发电设备，满足电力工业增加装机容量、节约一次能源和减少污染的要求。加快船舶制造和维修技术的引进和吸收，提高造船业的综合集成水平，增强自主研制维修方案的能力，发展大中型综合性船舶制造业和与之相配套的修船产业，努力建设成为长三角重要的修造船基地。依靠科技创新，提高汽车制造和零部件生产水平。

促进传统产业的改造升级。不断更新小家电零件和整机生产技术，设计和试验新型智能家电，开发新一代电子元器件，创造自有专利品牌，推动家电及电子器件技术升级。开发新一代主控仪表系统和先进控制技术并及时推进成果转化，保持高精细仪器仪表产业的优势地位。实施服装精品战略，研发和生产与高档服装相配套的高性能纤维、功能树脂等新型纺织面辅材料，发展真丝、棉麻等织物的防缩、抗皱、免烫和生物酶整理等先进技术，引领国际、国内服装业发展潮流。加大用信息技术改造模具行业的力度，加强模具企业在CAD、CAM、CAE等技术上的应用力度，提高模具设计、制造等环节的信息化程度。优化塑料电磁动态成型工艺，实现塑机向全液压、全电子机型转化，建设多品种塑机基地。

加快利用信息技术改造提升工业结构和水平的步伐。以制造过程自动化、工业产品智能化、企业管理现代化和商务交流网络化为主要内容，以临港大工业、纺织服装、模具制造等传统优势产业为重点，加快先进制造技术、新材料及其应用技术和现代装备与工艺的应用，加强共性技术、关键技术的攻关，推进企业技术改造，加快宁波先进制造业基地的建设步伐。

（6）加强创新体系建设，实现可持续发展。构筑高技术产业的创新平台，建设高技术产业融资平台，依托高技术产业区和高教园区，在巩固壮大技术研发实力的基础上，走产学研一体化道路，鼓励高技术研发机构兴办技术研发和应用企业，建设高技术应用基地。同时，结合宁波市产业结构的调整方向，加强引进和共建重大装备工业、环保产业、新能源产业和新材料领域的先进技术及其研发机构，提升技术引进和应用水平。

宁波市发展和改革委员会高技术产业处

36

“十五”厦门市高技术产业发展情况

“十五”期间，厦门市始终坚持“加强技术创新，发展高科技，实现产业化”的战略思想，把加快发展高技术产业作为“科教兴市”战略的主要内容，促进了高技术产业的快速发展，推进了“十五”规划总体目标的提前完成。“十五”末期，厦门市高技术产业年产值达1 200亿元以上，比“十五”规划目标翻了一番，5年中的年均增长率达到31.91%。高技术产业占全市工业总产值的比重近60%，高出“十五”规划目标达20个百分点，已成为厦门市重要的支柱性、先导性产业，是厦门市经济发展中最活跃的因素。

一、“十五”期间发展基本情况

（一）优势产业主体地位突出，新兴产业发展势头良好

1. 产业结构优化带动经济发展

近年来，厦门市发展高技术产业，扶持和培育新兴产业并运用高新技术改造提升传统产业，形成以电子信息、光电子、软件、生物与新医药、海洋技术、新能源新材料、航空维修等为主的具有厦门特色的高技术产业结构。厦门高技术产业产值和增加值每年增幅超过20%，在2002－2003年间，高技术产业经历了快速的增长期，产值和增加值的增幅均超过50%，推进了厦门经济的发展和进步，成为厦门市实现飞跃发展的亮点。

2. 电子信息产业占主导地位

“十五”期间，厦门市电子信息产业得到了长足发展。全市共有规模以上电子工业企业105家，进入全国电子百强企业两家，电子元件百强企业6家，产值上亿元的企业达30家，过10亿元的9家。电子信息产业总销售收入645亿元，年增长速度15%，工业增加值133亿元，占全市GDP的15%，对全市经济增长的贡献率达25.1%，成为厦门市高技术产业的龙头产业，位居全市三大支柱产业之首。目前，已形成了以戴尔为龙头的计算机产业链，以联想、唯开和厦新为龙头的移动通信产业链，以厦华电子和厦新为主的视听音响产业链，并带动了相关配套企业的发展，成为国家电子信息产业的生产基地。

3. 新兴产业成为新的经济增长点

“十五”期间，厦门市重点培育扶持以光电子、软件、生物与新医药和科学仪器仪表为代表的“3＋1”模式的新兴产业，产业雏形日益凸显，已成为厦门经济发展中极具活力的产业，形成了与三大支柱产业齐头并进的发展态势。其中光电子的成长尤为突出，全市紧紧抓住厦门成为国家首批四个半导体照明工程产业化基地之一的机遇，积极吸引一

批有实力的光电企业和前景看好的半导体应用类企业来厦投资发展，如友达光电、明达光电、趋动科技等，与厦门现有的三安电子、华联电子等企业的产品形成较为完善的光电产业链，光电产业集群效应显露头角；经过“十五”的努力，生物与新医药产业渐成规模，以特宝生物、一元生物、北大生物为代表的一批项目列入国家级高技术产业专项，对全市生物与新医药产业的发展起到了积极的带动和示范作用。

4. 特色产业逐渐做精做深

在发展特色产业中，新材料业异军突起，以厦门钨业及其投资控股企业金鹭特种合金、虹鹭钨钼为首的钨制品业实现跨越式发展，延伸了钨制品产业链，形成新的产业增长点。“十五”期间，厦门市充分利用海洋资源优势，强化海洋科技创新能力，突破海洋产业关键技术，利用海洋生物遗传重点实验室、海洋生物基因开发基地实现海洋药物、海洋生物技术成果的产业化，重点进行海洋苗种的选优技术，建立国家级遗传育种中心，促进海洋产业的结构调整、技术升级和规模化发展，已培育出名优特海水养殖、水产苗种生产和水产品深加工等具有技术优势的海洋产业，形成年产值 30 多亿元的规模。

（二）着力改善投资与创业环境，产业集聚取得突破性进展

1. 不断加大产业基础设施投资力度

“十五”期间，厦门市不断加强高技术产业基础设施建设，加大固定资产投入，高技术产业园区规模不断扩大、跨区发展战略初显成效。

一是实行“一区多园”的发展模式。“十五”期间，厦门市把产业集聚作为促进高技术产业发展的重要环节。实施以火炬高新区为代表的“一区多园”战略，形成火炬园、创业园、信息光电园、北大生物园、软件园、留学人员创业园等大批高新技术产业园区和专业园区，园区高技术产业总产值占全市工业总产值的 29.7%，为厦门市高技术产业发展奠定了坚实的基础。2005 年，经国务院批准，厦门火炬高新区从原来的 1 平方公里扩大到 13.75 平方公里，建设火炬高新区扩建工程，扩建工程将重点发展电子信息、光电子、生物与新医药产业，扩建工程的开发建设促进了产业的集聚，集群效益凸显。

二是重点建设特色专业园区。提高厦门市高技术产业在全市工业产业布局中的集聚。经过几年的精心培育，厦门成为国家首批四个半导体照明工程产业化基地之一，有力地促进了一批有实力的光电企业和前景看好的半导体应用类企业来厦投资发展，光电产业的集群效应显露头角。同时，在“十五”期间，在市委、市政府的高度重视下，筹划建设了占地 1 平方公里的厦门软件园二期工程，重点引进软件外包、信息服务、技术集成三大类产业，努力打造国家级动漫产业园区、国家级软件进出口产业基地。

2. 产业政策不断优化完善

近几年，厦门市为扶持高技术产业发展，出台了《厦门市财政扶持高新技术企业发展的若干意见》、《厦门市当前优先发展的高技术产业重点领域指南》等系列具有针对性的优惠政策；并根据《国务院关于投资体制改革的决定》，健全了厦门高技术产业项目网上审批程序和审批功能，加快了高技术产业项目前期工作效率，推进了项目建设进程；此外，通过加强高技术产业政策研究，加大创新力度，强化了高技术产业整体布局，制定了《厦门市产业布局指导意见》，通过对投资项目的筛选和产业特别是岛外产业的合理布局，形成了岛内集聚研发中心、岛外建设规模化产业生产基地的政策导向，用政策带动产业集聚，为产业发展创造了良好的环境。

（三）借助各类交易合作平台，增强高技术产业发展后劲

（1）依托与国内院校合作平台。厦门市依托与中科院所属分院开展的“院地合作工程”和与全国重点高校特别是重点理工高校开展的“市校同发展科技合作工程”两大平台，积极推动企业与国内外著名高校、科研院所开展广泛的合作与交流，在成果转化、建立联合实验室、技术攻关、人才交流和培训等方面取得了丰硕的成果。

（2）借助福建省“6·18”平台。根据省委、省政府关于实施项目带动战略的精神，借助中国·福建项目成果交易会（简称“6·18”）的平台，积极为企业与高校、科研机构的成果转化对接牵线搭桥，促进了一批项目的生成、储备和对接，增强了高技术产业的增长后劲。建立各领域项目储备库，通过各种渠道“征集一批、储备一批、建成一批、投产一批”高技术产业项目，带动了全社会的投资，增强了厦门市高技术产业的发展后劲。

（3）利用国内外各种交易平台。通过“9·8”中国投资贸易洽谈会、深圳“高交会”等重大活动搭建合作平台，积极开展招商引资工作，吸引高新技术企业、项目、技术、资本和人才落户厦门，有力地充实了高技术产业发展的后备力量。

（四）初步形成区域创新体系，加强企业自主创新能力

“十五”期间，厦门市始终把技术创新摆在推动高新技术产业发展的首要位置，不断探索完善区域创新体系的发展

思路。初步形成以市场为导向，以产业化为目的，以企业为主体，以人才为核心，以公共研发体系为平台，辐射周边、拓展海内外、产学研资中介相结合的区域创新体系。截至2005年，全市共组建工程技术研究中心18家（其中国家级1家）、企业技术中心38家（其中国家级4家，省级16家）；知识创新体系建设得到有力的推动，拥有国家级重点实验室2个，省部共建国家重点实验室培育基地1个，建成企业博士后工作站11个；为技术创新和发展高新技术产业提供孵化服务的各类机构不断涌现，全市共有各类综合、专业科技企业孵化器8家（其中国家级2家）；科技体制改革取得新进展，科技中介机构得到较快发展，全市技术贸易机构达到272家。上述成果为企业增强自主创新能力创造了良好的环境。

（五）提升产业技术创新步伐，提升产业市场竞争力

“十五”后期，为应对市场需求及产业政策导向的变化，一些企业加强了自主研发能力，依靠技术创新引导市场、开拓市场，通过调整产品结构促进增产增销。在市场竞争进一步加剧的情况下，部分企业在同行业中仍占据一定优势。其中，厦门华侨电子依靠其在全国同行业中抢先一步开发平板电视机的优势，积极开拓外销市场份额，全年产值突破百亿元大关，成为全市第二个产值超百亿元的大型企业；联想移动通信科技有限公司依靠新产品开发，在国产品牌手机生产企业普遍亏损的情况下，实现大幅盈利，市场占有率跃居国产手机品牌第一；厦门钨业股份有限公司在原材料价格成倍增长，国家限制资源性产品出口的情况下，努力增产钴酸锂、储氢合金等新材料产品，全年产值比去年增长87.3%；厦门金鹭特种合金有限公司积极开发产品的深、精加工，全年产值比去年增长96.38%。全面提升了产业技术含量和产品附加值，提高了产业竞争力，对加速产业技术升级换代等方面发挥着重要作用，带动了全市高技术产业的全面发展。

二、2006年高技术产业发展的主要思路

围绕贯彻落实十六届五中全会精神、增强自主创新的主题，厦门市2006年高技术产业发展的总体思路是：政府引导，鼓励创新；企业主体，市场导向；培育中介，激活融资。根据《厦门市高技术产业“十一五”发展规划》，以培育自主创新能力为核心，以提升产业发展质量为重点，以实施项目带动战略为手段，推动高技术产业发展及其对传统产业的改造，培育和壮大高技术产业集群，促进高技术产业发展跨入新阶段。

（一）加强规划的细化方案，开展相关政策研究

（1）围绕“十一五”发展规划，制定工作方案。组织编制科技、国民经济与社会发展信息化、高技术产业、火炬高新区等12个专项规划，与《厦门市国民经济和社会发展第十一个五年规划纲要》做深入的衔接，并予以细化，制定2~3年的实施方案。

（2）积极关注国家政策导向，抓紧完善产业政策。积极跟踪国家及福建省有关鼓励自主创新、高技术产业发展、创业投资等政策导向，吸收国内外先进经验，围绕鼓励自主创新的主题，开展相关扶持政策的研究、制定和完善工作，提出具体的实施方案。

（3）研究热点、难点问题，制定相关配套政策。一是深入分析厦门市的创新环境，提出发展创新体系的政策建议，用政策营造良好的自主创新环境。二是优化配置财政资源，提高财政资金使用效率，完善相关政策，积极支持企业自主创新、公共创新平台的建设以及高技术产业化。三是围绕光电子、软件、生物与新医药和科学仪器仪表等“3+1”新兴产业，开展专题调研，分别提出促进厦门市产业发展壮大的具体对策和措施。

（二）加快基础设施建设步伐，提高自主创新能力

（1）推进产业园区基础建设。一是加快科技创业广场、厦门国家大学科技园、生物软件园等项目的前期工作，推动项目早日开工；加快火炬（翔安）产业区、厦门软件园产业基地等重大高技术产业园区的建设进度，尽快形成产业集聚效应。二是培育壮大国家级产业基地，做强做大火炬高新区，加快发展国家半导体照明产业化基地，努力争取国家软件出口产业基地，提升产业的创新力和综合竞争力，推动新兴产业快速发展。

（2）加强自主创新平台建设。一是建立完备的市级创新体系，围绕产业发展中存在的共性问题，建立满足中小企业创新需求的共性技术服务平台，重点建设机械工业集中区公共检测、软件开发等2~3个公共平台，为企业原始创新、集成创新和引进消化吸收再创新提供支撑，为区域产业发展提供支撑。二是鼓励和扶持企业建设国家工程研究中心、工程实验室、工程技术研究中心、企业技术中心，重点扶持基因工程药物、基因工程疫苗、钨合金材料、纳米材料和清洁能源等领域的研究开发，增强产业发展后劲。

（3）改善创新能力建设环境。一是大力发展高技术服务业，运用信息化改造提升传统服务业。二是积极培育中介服务机构，吸引国内外具有一定影响力的中介服务机构来厦或在厦设立分支机构，提升技术咨询、技术转让等中介服务机构的服务水平和服务质量。三是完善投融资环境，改革风险投资和担保公司运行机制，引进境内外投资机构，完

善壮大投融资环境，提升创新创业的投资环境。

（三）推进高技术产业发展，提高经济增长质量

（1）大力推进高技术产业化及科技成果转化。一是充分挖掘厦门的地方资源优势、技术优势和产业特色，引导企业增强自主创新能力的建设，扶持高新技术企业继续做大做强，培育形成一批国家级高技术产业专项和区域产业专项，推进全市高技术产业快速发展，对区域产业结构调整起到带动示范和辐射作用。二是充分利用福建省促进项目成果转化平台，制定长效工作机制，积极开展各种形式的对接活动，积极为企业寻求项目、技术、资本和人才创造良好的创业环境。三是充分发挥市级财政资金在提升产业结构中的引导作用。组织实施一批高技术产业化和科技成果转化项目，重点扶持一批技术含量高的中小型企业快速成长，加强海峡两岸间的产业与技术交流合作。

（2）积极培育和发展新兴产业。一是继续加大力度开展新兴产业的招商引资，努力承接产业的国际间整体转移，重点引进光电子产业、数字内容产业和生物技术产业。二是有针对性地出台扶持新兴产业发展的“一对一”政策。

（3）运用高技术和先进适用技术改造提升传统产业。将高技术向同安工业集中区、汽车工业城、轻工食品工业园等传统产业园区渗透，推进传统产业技术和产品升级。

（4）加速推进国民经济和社会信息化。建设电子政务网络，建设企业信用体系，实现政府部门间信息共享和业务协调，提高行政效率，提升电子政务水平；支持建设第三方电子商务交易与服务平台，共享资源，推动广大中小企业的信息化应用水平；推进企业内部信息化建设，推动居于产业链核心环节的骨干企业对上下游企业的整合，实现业务流程和信息系统的融合与集成。

厦门市发展和改革委员会高技术产业处

37

“十五”深圳市高技术产业发展情况

一、“十五”期间高新技术产业的发展情况

在深圳市委、市政府的正确领导下，深圳“十五”期间高技术产业保持着高速健康发展的良好态势，各项指标均有较大幅度的提高。

（一）高新技术产业已经成为全市经济增长的支柱产业

“十五”期间，深圳高新技术产业快速增长，在全市经济中的支柱地位进一步巩固。2005 年，全市全年实现高新技术产品产值 4 885.26 亿元，是 2000 年的 4.6 倍，占全市规模以上工业总产值的 51.06%；完成高新技术产品增加值 1 399.72 亿元，占全市本地生产总值的 28.41%；拥有自主知识产权的高新技术产品产值占 58%；高新技术产品出口额 471 亿美元，占全市出口总额的 46%。高新技术产业已成为深圳的第一支柱产业。

（二）产业配套能力强，具备一批有规模的优势产业链

“十五”期间，深圳高新技术产业在踏实发展的过程中发展出较为完善的产业链，产业链上强大的配套能力又为企业扎根本地发展提供依托环境，无论是上游还是下游，都能在深圳非常方便快捷地找到配套企业，从而加快产品的开发和生产周期，促进产业发展，形成良性循环。产业链及其所具备的强大配套能力，是深圳本地企业扎根发展、吸引外地企业和外资来深投资的最有力资源。有规模的优势产业链主要有计算机及外设制造产业链、通信设备制造产业链、充电电池产业链、平板显示产业链、数字电视产业链、生物医药产业链等，它们都对全国的相关产业产生了巨大影响。

（三）培育了一大批国内外知名的高新技术企业和名牌产品

“十五”期间，重点高新技术企业对全市高新技术产业乃至整个经济的影响力进一步加强。截到 2005 年底，深圳市共认定高新技术企业 1 144 家。全市高新技术企业中工业产值过亿元的企业有 308 家，其中超过 10 亿元的企业有 49 家，超过 20 亿元的有 32 家，超过 50 亿元的有 14 家，超过 100 亿元的有 8 家，超过 200 亿元的有 5 家，超过 1 000 亿元的有 1 家。而在 2000 年，深圳市工业产值过亿元的高新技术企业只有 80 家，超过 100 亿元的企业只有 1 家。

与此同时，“十五”期间深圳市培育出许多在行业内领先的“小巨人”，这些企业的产值虽然不是很高，但都具有十分显著的专业化特征和独特的商业模式，其产品在行业内的知名度和市场占有率非常高。如腾讯、朗科、研祥、大族激光、迈瑞、赛百诺等，深圳民营科技企业专业化十分明显，这样的“小巨人”企业在深圳不是少数，据不完全统计，有 100 家左右的本地民营科技企业已经在相关领域的市场上取得了优势地位。

（四）企业为科研投入主体，自主研发能力增强

“十五”期间，在市场导向作用下，针对大专院校、科研院所不足的情况，企业开始自己走向研究开发的前台，以企业为主体的研究开发特色越来越明显，科技投入产出与市场机制直接接轨。通过构建以企业为主体的自主创新体系，深圳形成了“四个90%以上”的格局，即：90%以上的研发机构设立在企业，90%以上的研发人员集中在企业，90%以上的研发资金来源于企业，90%以上的职务发明专利出自于企业。2005年底全市从事高新技术产品研发生产的企业有3万多家，其中产值过亿元的有280家，出现了一批以华为、中兴等为代表的自主创新骨干企业，涌现出一批在国内外有影响的创新型企业家和领军人物。

（五）技术成果商业化程度高， 实施专利战略和标准战略

“十五”期间，产业中科研活动的利益导向十分明显，科研成果产业化程度高。在科技产出方面，研发成果大量集中在企业专有技术、专利和技术标准等可产生直接效益的形式上。深圳的专利申请量和授权量都在国内大中城市中稳居第三位。更重要的是深圳专利申请的主体也是企业。据国家知识产权局统计，华为是中国申请专利最多的单位，年专利申请量突破3 600件，截至2005年12月底，累计申请国内专利9 600件，申请PCT国际专利和国外专利1 574件，其中90%属于发明专利，获得专利授权1 800件；中兴通信始终坚持“以质量为核心，数量适度增长”的前提，截至2004年12月，累计完成国内专利申请2 300多项，其中近90%为高质量、高价值的发明专利申请。

在高新技术领域中，技术标准的商业价值体现十分突出，企业标准意识十分强。深圳是重要技术标准研究专项的地方试点城市，开始试点以来，深圳市企业主持或参与制定国家标准55项，行业标准364项，地方标准及特区技术规范16项，向各种国际标准组织提交国际标准提案403件，采纳率达80%。

（六）高新技术产业发展的环境不断优化

2004年1月，深圳市委、市政府颁布了《关于完善区域创新体系，推动高新技术产业持续快速发展的决定》，明确提出要加快完善以市场为导向，产业化为目的，企业为主体，人才为核心，公共研发体系为平台，辐射周边、拓展海内外，官产学研资介相结合的区域创新体系。之后，深圳又出台了《中共深圳市委深圳市人民政府关于贯彻落实〈中共广东省委广东省人民政府关于加快建设科技强省的决定〉的实施意见》，进一步提出了完善区域创新体系的具体措施。

市委三届十一次全会提出建设“和谐深圳”、“效益深圳”的新理念，对完善区域创新体系、加快深圳市高新技术产业发展具有很强的指导意义，深圳市以建设“和谐深圳”和“效益深圳”为中心，大力推进高新技术产业的聚集发展，加快建设高新技术产业发展所需的资本平台、智力平台、知识平台、中介平台和科技条件平台，进一步完善区域创新体系。

2006年1月，深圳市委、市政府发布实施“1号文件”——《关于实施自主创新战略建设国家创新型城市的决定》，在全国率先提出建设国家创新型城市，把创新进一步提升为城市发展的主导战略。该文件核心是实现三大转变，即实现从“深圳制造”向“深圳创造”的转变，从引进技术为主向原始创新、集成创新、引进消化、吸引再创新相结合的转变，从以优惠政策为主向以营造全社会创新的体制环境和创新文化为主的转变。这一系列政策措施的出台，表现了市政府对实施自主创新战略、加快发展高新技术产业的决心。

（七）成功举办了五届高交会

“十五”期间，深圳市人民政府与商务部、科学技术部、信息产业部、国家发展和改革委员会、教育部、中国科学院共同主办了五届（第3~7届）高交会，取得了巨大的成功。中国、美国、英国、加拿大、德国、法国、俄罗斯、日本、韩国等国家参加了高交会，高新技术成果交易成交额逐年上升。高交会已经成为中国高新技术领域对外开放的重要窗口之一，为中外企业和科研教育机构参与国际经济技术交流与合作、不断开拓国际市场创造了良好的契机，提供了新的、广阔的舞台。

（八）“十五”期间高新技术重大项目建设取得巨大成就

（1）2000年10月，深圳市与北京、上海共同被原国家计委批准成为中国三个数字电视实验试点城市，按照原国家计委的指示精神，深圳市搭建了有线数字电视广播实验平台和数字电视地面广播实验平台，构建了深圳市数字电视产业链五大产业集群，并积极支持国内数字电视标准研发单位开展数字电视广播实验，为制定我国数字电视广播制式标准提供了验证环境。2003年10月，深圳市率先以一个完整频道的方式在国内试开通了高清数字电视节目广播。2005年底，深圳市实现了特区内40万户有线数字电视的整体转移。

（2）2003年12月，国家发改委、商务部、信息产业部共同批准在深圳市建设国家软件出口基地，国家划拨专项资金1 500万元用于基地的建设。目前，基地物理载体软件大厦正在建设中，Oracle技术支持中心已建成，下一步将依托

微软公司建设技术支持中心，并进一步组织开展软件出口协作开发和信息服务平台的建设。通过为基地的发展创造良好的技术、资金、人才、市场等环境，深圳市将形成以国家软件出口基地中心区为龙头，辐射带动周边地区软件出口的产业格局。

（3）2005 年 6 月 9 日，国家发展和改革委员会发布发改高技［2005］1016 号文件批准建立深圳国家生物产业基地，使深圳成为国家发展和改革委员会认定的全国第一批三个（深圳、石家庄、长春）国家级生物产业基地之一。生物医药产业是深圳市继信息产业后的又一个新的支柱产业，对深圳市高新技术产业结构调整优化、培育新的经济增长点将起到至关重要的作用。“十一五”期间将重点建设深圳国家生物产业基地公共服务平台：实验动物中心、医疗器械样机试验制作中心、GMP 生物医药中试中心、海洋生物产品中试中心、重点开放实验室、GCP 临床试验中心、生物信息中心、生物项目交易平台，为生物医药产业发展提供实验、检测、中试、信息、交易等服务，全面推动深圳生物产业发展，预计到 2010 年将形成年产值达 700～1 000 亿元人民币的规模。

（4）“十五”期间，高技术产业化项目的实施对深圳市高技术产业发展起到了巨大的示范及带动作用。截至 2005 年年底，深圳市实施高技术产业化项目 239 个，其中国家产业化项目 69 个，市级产业化项目 170 个。项目涉及通信、软件、新型元器件、生物医药、新材料、环保等专项。中央财政累计投入资金 6. 97 亿元，深圳市财政支持产业化配套资金共计 2 亿元，带动企业投入项目资金 266 亿元，这些项目都拥有自主知识产权，建成投产后预计年产值超过 450 亿元，年利税达到 90 亿元。

二、高新技术产业发展存在的问题

深圳市的高新技术产业在“十五”期间虽然取得了成绩，但也存在困难和薄弱环节，除自主创新能力较弱，核心技术缺乏等困扰高技术产业发展的因素外，还存在其他问题。

（一）四个“难以为继”对深圳高新产业发展的影响

深圳的发展明显受到四个“难以为继”的制约。一是土地、空间有限，剩余可开发用地仅 200 多平方公里，按照传统的速度模式发展将难以为继。如果以每年十平方公里的速度开发，土地分母与人口密度及经济产出分子之间将出现严重失衡，20 年后，深圳将无地可用。二是能源、水资源难以为继。深圳水资源短缺，是全国七个严重缺水城市之一。人均水资源占有量仅为广东省的六分之一、全国的五分之一。随着近年人口的持续增长，以水资源为主的环境承载压力不断增大。三是按照速度模式，实现万亿元 GDP 需要更多的劳动力投入，而城市已经不堪人口重负，难以为继。1980 年深圳经济特区初建时，当地人口只有 60 多万；25 年后的今天，在深圳的土地上工作和生活的人已经有1 000 多万。地少人多的矛盾如果不能解决甚至继续恶化，深圳市将不堪重负，经济的持续健康增长将难以为继。四是环境容量已经严重透支，环境承载力难以为继。深圳市的多条河流污染严重，阴霾天气超过全年的三分之一。

（二）自主创新不足导致的发展瓶颈

国际经验表明，人均 GDP 超过 1 万美元之后，后发国家和地区应该实现从以模仿创新为主到以原始创新为主的战略性转变。深圳人均 GDP 已经超过 7 000 美元，经济社会发展势头强劲，应把加强原始创新作为提高自主创新能力和产业国际竞争力的关键。

首先，深圳市的科研院所和技术服务机构基础薄弱。深圳作为新兴城市，大学和科研院所数量不多，国家级公共研发及技术服务机构较少，缺乏与创新型城市相适应的大学、科研院所和公共技术平台的支撑。譬如与北京、上海相比，北京的国家级公共研发及技术服务机构约为 140 多家，上海约为 60 多家，而深圳只有 12 家，因此深圳市的应用基础研究的源头创新不足；储备高层次创新人才、开展高水平学术交流的载体不足；承接国家重大科技项目、组织开展重大关键技术攻关的能力不足。

其次，深圳市的核心、原创技术的自主创新能力亟需提升。深圳市的自主知识产权主要以直接面向产品市场的应用研究为主，是在公共技术基础上进行二次开发而获得的，而决定产业技术进步和发展方向的前瞻性、基础共性技术研究成果少，使得深圳市高新技术产业依然在关键技术、专利和标准方面受制于美、日、欧盟等国家和地区的跨国企业，阻碍了企业核心竞争力的提升。这种发展模式的弊端正在凸显。一是低附加值的加工制造比重高。深圳市高新技术产业的加工贸易比重约占九成，属加工装配性质的劳动密集型产品产值占比超过 60%。二是主导产品结构升级缓慢。深圳市高新技术主导产品中大多数仍是 20 世纪 90 年代的传统高科技终端产品，未能抓住新一轮电子产业浪潮兴起的机遇，利用现有 IT 基础及时进入具有更高利润率的产品领域并形成产业规模。三是深圳市部分企业规模较小，缺乏核心竞争力。深圳市高新技术产业内虽然成长起一批龙头骨干企业并在各自行业领域内起到突出的领导作用，但绝大多数企业为小型民营科技企业，具有突出的“小、散、杂”的特点，阻碍了深圳市高新技术企业结构效益的发挥。企业规模小、技术力量薄弱、缺乏核心竞争力等因素导致企业无力承接国际大型项目，阻碍了深圳市电子信息产业向规模化发展，降低了企业抵御技术与市场风险的能力。

（三）结构性矛盾仍然突出

产业链结构方面，深圳市高端产品、核心零部件和关键设备相对缺乏，产品附加值偏低，产业的粗放型特征仍比较明显；产业结构方面，电子信息产业比重大，生物医药、新能源等潜力产业发展相对缓慢，产业结构欠合理，不利于深圳的长远发展和保持持续的城市竞争力。在上述产品制造领域中，一些产品已进入成熟期或衰退期，急需进行产业结构调整和培育新的产业增长点，以形成合理的产业结构和保持未来的竞争潜力。

三、“十一五”期间高技术产业发展的主要思路

（一）实施自主创新战略，建设自主创新城市

2006 年 1 月 4 日，中共深圳市委、深圳市人民政府颁布了《中共深圳市委深圳市人民政府关于实施自主创新战略建设国家创新型城市的决定》（深发［2006］1 号），就深圳市实施自主创新战略、建设自主创新城市做出决定。

“十一五”期间，全社会研发投入累计要达到 1 000 亿元，市区两级政府对科技的投入要达到 100 亿元，全社会研发投入占 GDP 比重 4% 以上，全市年度万人专利申请量达到 40 件，高新技术产品增加值占 GDP 比重达到 35%，具有自主知识产权的高新技术产品产值占全市高新技术产品产值的 65%，把深圳建成海内外有影响力的国际创新型城市。

（二）分梯次培养一批自主创新的企业群体

企业是自主创新的主体。按照企业发展的水平，根据不同梯次企业的需求，政府提供个性化的服务，分门别类地解决企业创新过程中的实际困难，做大做强企业主体，形成自主创新的企业梯队和良好的企业生态。作为第一梯队，华为、中兴等具有较强国际竞争力，重点支持它们与国际巨头相抗衡，开拓国际市场，提高国际市场占有率，发展成国际级的跨国企业；作为第二梯队的迈瑞、比亚迪等一批国内行业的龙头企业，要重点支持其扩大规模、提高自主研发能力、提高国内市场占有率、巩固行业的优势地位，并积极支持其走出去开拓海外市场；作为第三梯队的广大中小型创新企业，一方面要完善公共研发平台，为企业的创新提供公共技术服务，另一方面，要从直接融资和间接融资两个方面解决企业融资难的问题，同时进一步完善孵化条件，支持企业的创业活动，形成自主创新活动的不竭源泉。

（三）重点发展自主创新的六大产业

深圳市的通信、数字视听、软件、新型储能材料四大自主创新型产业已形成了规模和实力，主要是加大研发力度，提升规模和档次，提高产品的自主知识产权水平，使产业向价值链的高端发展，提高市场占有率和核心竞争力，增强可持续发展能力。在生物医药及医疗器械、化合物半导体两大新兴产业方面，通过自主培育和重点引进相结合，完善产业链，加速产业的发展，抢占制高点。通过 5 年的努力，围绕这六大自主创新产业领域，形成较为完善的产业链和创新能力较强的企业群。同时发挥深圳 IT 产业的自主创新优势，参与发展国家军工产业，为国家安全和国防建设做出应有的贡献。

（四）加强公共技术平台建设

“十一五”期间，要继续完善技术平台建设，整合现有资源，构建以国内外大专院校在深研究院群为载体的公共技术平台体系，发挥好深圳大学等本市大专院校研究力量的作用，促进以产业链和创新链为基础的创新型中小企业群体的形成和发展，推动企业和科研机构的技术创新从应用技术研发向应用基础研究适度延伸。重点加快五个公共技术平台的建设：一是以重点实验室、工程中心为核心的公共研发平台，二是以高新技术武装传统产业为重点的公共技术平台，三是以提供检测条件为主的公共检测平台，四是以提供科技文献、情报、信息服务为主的科技信息平台，五是以促进高新技术产权交易、创业投资为目的的技术产权交易平台。

（五）完善多形式、多层次的投融资体系

在加大政府投入力度的基础上，重点解决中小型创新企业的直接和间接融资问题。直接融资主要是创造条件，利用好境内外证券市场，完善技术产权交易市场，多渠道解决好创业资本退出机制的问题；间接融资主要是通过政府设立再担保资金，吸引民间资金和外资参与担保市场，逐步建立多种资金来源、多种组织形式、多层次结构的担保体系。

（六）大力实施自主创新的人才战略

要创新各类人才的引进、培养、使用、激励等方面的体制和机制。一是建立为企业家服务的机制，解决好企业家的求助问题、危机处理问题、话语权问题、参政议政问题，完善企业家的生存环境，支持企业家的创新活动，吸引和培养更多的创新型企业家人才；二是对技术人才实行柔性引进政策，鼓励企业在最接近技术源头的国内外城市建立研

发基地和人才基地；三是实施企业科技人才和管理人才的海外培养计划，部分领域的培养费用由政府、企业、个人共担；四是引进各类创新管理型人才、中介服务人才，提高政府和社会的创新服务水平；五是通过各类公共技术平台的建设形成更多的人才载体。

（七）全面实施知识产权战略

发挥知识产权法律制度在激励创新、保护创新上的作用，实施“全社会、全过程、全方位”的知识产权战略，实现专利战略的三个转变，即专利保护从离散专利保护向组合专利保护转变；从国内专利申请为主向扩大国外专利申请转变；从以外观设计、实用新型专利申请为主向发明专利申请为主转变。推进“国家知识产权试点城市”的建设，抓紧出台深圳知识产权战略纲要。设立政府专项资金，资助企业的专利申请和保护工作，支持企业积极参与行业标准、国家标准和国际标准的制定。支持建立以行业协会为主导的国际知识产权诉讼援助机制，打好专利“保卫战”和“反击战”，帮助企业开展国外专利诉讼，维护企业合法权益。鼓励企业实施品牌战略，不断创建自主品牌。在遵循市场规则的前提下，政府采购向具有自主知识产权的产品倾斜，支持企业的自主创新。

（八）共建深港创新圈

深港两地科技教育互补性强、合作便利，在自主创新方面有着巨大的合作空间。要进一步完善深港科技合作机制，促进两地研发机构、科技人员等创新要素的合理流动。支持两地建立联合培训基地、联合实验室、联合教育体系，实现学分互认、实验室共享、研究经费共担、研究成果共享。支持鼓励深圳创新型企业在香港上市，积极引进香港中介服务机构，把香港发达的国际金融业、现代服务业与深圳的高科技产业生态和活跃的创新活动结合起来，建立创新资源最集中、创新活动最活跃的深港创新圈。

（九）建设国际一流的科技园区

以国际一流园区的标准建设、管理深圳高新区，加速自主创新要素向园区的聚集，促进自主创新要素的合理流动和高效使用。一是继续大力吸引国内外知名高校和科研院所在高新区内的国家大学科技园创办研究院，构筑研究院群。二是继续大力吸引自主创新型企业在高新区设立技术开发中心和企业研究院，构筑研发机构群。三是进一步建设完善政府、大学和企业创办的各种类型的孵化器，构筑孵化器群。充分发挥官、产、研、学、资、介相结合的交互作用，使自主创新主体和相关要素在高新区内高度集聚，快速发展，为城市自主创新创造技术源和企业源。四是加快以光明园区、深圳市大工业区为龙头的高新产业带建设，加大政府资金对基础设施的投入，完善创业环境和产业配套环境，加速产业的集聚发展。同时，加大投入建设国家软件产业基地和出口基地、国家生物产业基地和国家半导体照明产业基地，形成高新技术产业新的增长极。

（十）加大力度，积极开展高新技术重大项目的招商引资工作，完善高技术产业链

进一步发挥引进高新技术重大项目领导小组办公室的作用，积极开展重大高新技术项目的招商引资工作，不断在超大规模集成电路、TFT 液晶显示器件、生物医药、软件等领域引进重量级的、对产业有带动作用的重型项目，逐步形成新的产业链条，成为推动深圳市高新技术产业快速增长的新动力。

（十一）继续办好“高交会”

高交会已成中国高新技术领域对外开放的重要窗口和国内外企业、科研教育机构开展广泛交流与合作的重要舞台之一，是深圳的名片之一，是推动深圳市高新技术产业发展的重要力量，在国内外产生了广泛的影响。深圳要进一步发挥各方面的优势，继续办好高交会。

深圳市发展和改革局高技术产业处

38

“十五”新疆生产建设兵团高技术产业发展情况

一、“十五”期间高技术产业的基本发展情况

（一）高技术产业发展平稳，增速加快

随着国家高技术产业发展战略的实施，新疆生产建设兵团高技术产业化的步伐进一步加快。“十五”期间兵团高技术产业产值13.2亿元，年均增长20%；利润总额1.1亿元，年均增长18%；产品销售收入11.6亿元，年均增长24%；产品销售利润2.8亿元，年均增长51%。高新技术改造传统产业的作用日益明显，对产业结构的调整和经济增长方式的转变起到了积极的作用。一批现代农业、生物技术、西部专项，中药现代化、新材料等产业化项目的实施加速了新疆生产建设兵团高技术产业的发展。

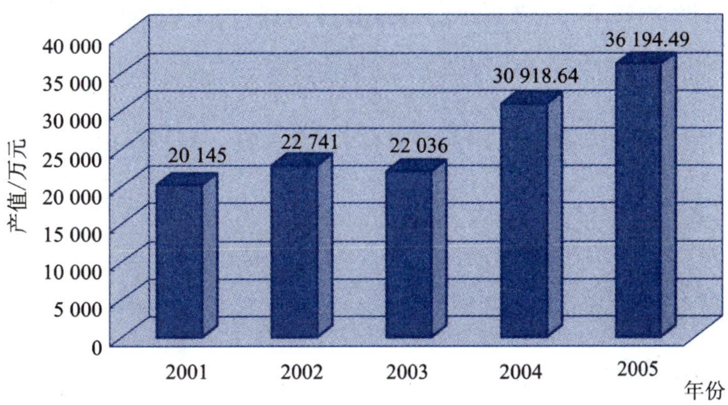

图1　兵团“十五”高技术产业发展图

（二）生物医药产业主体地位突出，带动作用明显

“十五”期间引导和支持生物医药产业快速发展，从而推动兵团高技术产业发展。以天康生物、华世丹药业和新农甘草为龙头的生物医药产业，2005年产值达3.62亿元，占高技术产业总产值的86.04%，主体地位突出，对高技术产业发展的带动作用明显。

（三）企业技术中心的技术创新能力明显增强

“十五”期间有1家企业技术中心被认定为国家级企业技术中心，有11家企业技术中心被认定为自治区级企业技术中心。截至2005年底，新疆兵团共拥有国家级企业技术中心2家，自治区级企业技术中心20家。2005年企业技术中心研究与试验发展人员1 337人，科技活动经费支出额1.9亿元，技术中心所在企业实现产品销售收入45.16亿元，新产品销售收入14.56亿元，拥有专利32件，企业技术中心科技活动经费投入力度加大，知识产权保护意识明显增强，技术创新能力显著提高，对企业的发展起到了积极的作用。

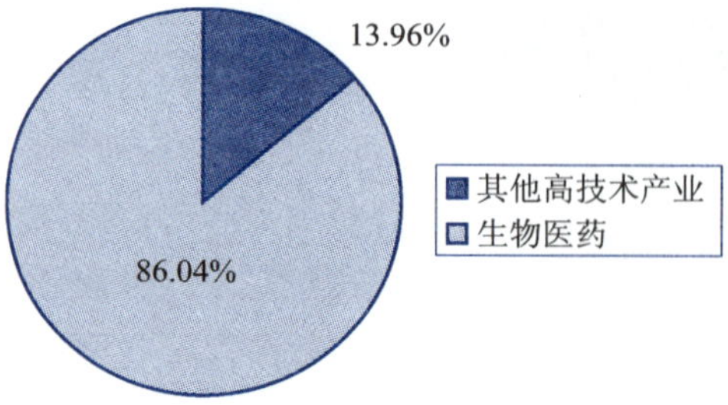

图2　生物医药产业占高技术产业的比例图

（四）一批项目的实施推动了高技术产业的发展

围绕西部大开发和国家重点实施的产业化发展专项和重点领域，积极组织项目申报，争取国家政策支持。新疆兵团“十五”期间累计有41个项目列入了国家项目计划，其中高技术产业化项目9个，信息化项目4个，2001－2002年列入国家技术创新项目的计划有16个，国家重点新产品计划项目有12个，这些项目涵盖了生物技术、制药、现代农业、信息技术的应用等方面。“十五”期间，列入自治区技术创新项目的计划总计有326个，其中新产品项目172项，新增产值22.2亿元，利税5.4亿元，年均利税率为22.7%。这些重点项目的实施和新产品的成功开发，对兵团工业产品结构的调整和经济的增长起到了积极作用。

（五）高技术产业化项目建设取得明显进展

13个重大高技术产业化项目的基础设施建设、基地建设任务大部分都已实施，产业化生产进展顺利，产业联动效应初显成效。其中，华世丹药业股份有限公司年产1.4亿支阿胶强骨口服液产业化示范工程项目、新疆农垦科学院超细毛羊及肥羔生物高技术产业化示范工程项目和干旱地区生态经济型林业体系产业化示范工程3个项目通过验收。在建项目进展顺利，其中，新疆兵团名特优园艺园林植物脱毒苗产业化快速繁育基地项目获得了2002年“国家100个重大示范工程项目”牌匾2005年。新疆兵团农垦科学院优质高产毛/肉绵羊生物技术产业化示范工程项目被国家发改委授予“国家高技术产业化示范工程”牌匾。

（六）高技术产业化投入力度不断加大

一是积极争取国债资金。二是为实现兵团“十五”计划确定的围绕经济结构战略性调整、加快高技术产业化发展步伐、推动新兴产业形成的战略部署，在积极争取国债资金支持的同时，兵团每年又拨专款作为引导资金，支持高技术产业化建设。三是建设投资范围进一步扩大，支持重点由最初的现代农业、生物技术、工业性试验等领域逐步扩大到现代中药、生态环境建设、新材料等领域。四是投资渠道进一步拓宽，银行贷款、企业自筹资金比例逐步加大。

（七）科研基础条件的建设力度加大，科研开发能力不断提高

重点实验室是科研条件建设的基础，在重点实验室建设方面取得了新进展。石河子大学省部共建“绿洲生态农业重点实验室”，农垦科学院“兵团绵羊繁育生物技术重点实验室”、“兵团植物资源与中药现代化重点实验室”、“新疆地方与民族高发病重点实验室”和“塔里木生物资源保护与利用重点实验室”等一批重点实验室科研条件的改善，提高了科研开发能力。

科研基地和技术创新体系建设初具规模。截至2005年，兵团拥有重点实验室7个，兵团省部共建国家重点实验室4个，国家级企业技术中心两家，自治区级企业技术中心18家，国家级工程技术研究中心1个，兵团级工程技术研究中心1个，国家级农业科技园区1个，兵团级农业科技园区3个，博士后工作站6个，这些重点实验室和中心的建立，为加速高技术产业发展奠定了基础。

（八）信息技术应用效果显著

建成了“经济信息数据库”、“地理信息数据库”、“统计数据库”、“农情资料数据库”、“科技信息数据库”等一批反映经济和社会发展状况的基础数据库。以信息技术为主导的精准农业六项技术已渗透到农业发展的诸多方面，成为兵团农业现代化发展的重要推动力。目前，兵团节水灌溉棉田面积占棉花总播种面积的90%，微机平衡施肥面积占播种总面积的30%。小麦、水稻等谷物收获已达到精准收获技术的要求。企业、政务和社会领域的信息化进程加快。信息化培训和信息技术人才培养广泛开展。

（九）“产学研联合工程”积极推进

2002年9月，原国家经贸委在上百家企业中选定天业集团公司作为全国10家“技术创新院士行”活动企业之一，

与中国工程院一起组织6位院士、5位专家深入天业集团公司开展“院士行”活动，通过与企业工程技术人员座谈、交流、院士报告会等形式，为企业解决了部分技术难题，对企业发展提出了建议，签订了技术合作协议，企业与院士建立了联系，达到了预期目的。

（十）高技术产业项目管理进一步规范

为了加强高技术产业项目的监督管理，切实发挥高技术项目的示范带动作用，2005年兵团制定出台了《兵团高技术产业项目管理实施办法》，并抓好贯彻落实工作，严格按照《实施办法》的有关规定，加强高技术项目的管理。申报高技术产业化项目必须经过专家初审、新闻媒体公示等程序。做好项目的前期研究和论证工作，确保高技术项目工作扎实、有效。做好项目自查、中期评估、后期评估工作和已完成高技术项目的组织验收工作，统一委托社会中介机构对已完成项目进行审计，确保高技术产业项目的真实性。

二、“十一五”期间高技术产业的发展思路和工作重点

（一）“十一五”期间高技术产业发展思路

紧紧围绕西部大开发和兵团经济社会发展的总体目标，坚持以科学的发展观为指导，坚持科教兴兵团、优势资源转化和可持续发展战略，以市场为导向、以人才为根本、以企业为主体、以高校和科研院所为依托，充分利用资源优势，突出重点，注重特色，集中力量在生物医药、现代农业、信息技术应用、新材料等领域取得突破。“统筹规划，找准优势，积极培育，加快发展”高技术产业；加大用高新技术改造传统产业的力度，提高产业综合竞争力，加强技术创新和体制创新，培育创新主体；加快信息化进程，以信息化带动工业化，为建设社会主义新团场、推进工业化进程、发展循环经济、构建节约型社会提供技术支撑，以此推进经济结构的战略性调整。立足兵团、面向全国和中亚市场，做大高技术产业，不断提高高技术产业在国民经济中的比重，实现跨越式发展。

（二）“十一五”期间高技术产业工作重点

1. 积极培育、加快发展高技术产业，力争在重点领域实现跨越式发展。要努力提高现有高技术产业的规模和竞争力。依托兵团技术优势和资源优势，在若干重点领域加大政策和资金支持力度。积极培育新兴产业，形成新的经济增长点，通过建设六大高技术工程、发展十大重点专项，促进高技术产业加快发展。重点发展生物技术、医药制造、现代农业、信息技术应用等产业，形成具有兵团特色和优势的高技术产业，积极鼓励和引导新材料、新能源等产业加快发展，提高产品水平和市场竞争力。

2. 加快用高新技术改造传统产业的步伐，增加传统产业竞争力。采用高新技术和先进适用技术改造提升传统产业，以技术进步为支撑，以提高市场竞争力为目标，推动经济结构的战略性调整，促进传统产业优化升级。农业方面，大力发展优质高效农业，实现可持续发展，应用信息技术、生物技术、航天育种技术等促进农业基础条件的改善及动植物品种的改良，推广应用节水农业、精准农业、现代设施农业等先进生产技术，带动农业技术升级。工业方面，要以提高企业技术创新能力为中心，积极利用信息技术、先进制造技术、节能降耗技术、新材料技术等高新技术改造提升传统产业，突出抓好重点企业的高新技术渗透、应用和改造，对广大中小企业主要实行政策引导，带动企业工艺创新、技术创新、机制创新和管理创新，促进传统工业的技术升级和结构优化。建筑业方面，要加快建筑智能化集成技术、建筑综合节能技术、住宅小区生活污水处理回用技术、先进建筑施工装备等的推广和应用。生态环境建设方面，要大力发展循环经济，加快解决工农业生产中有害废弃物排放造成的环境污染问题，围绕农田次生盐渍化、荒漠化，农药、农膜污染，工农业有机废弃物综合利用等问题，加大新技术推广应用力度，逐步建立可持续发展的工农业生产体系。

3. 推进国民经济信息化进程，以信息化带动工业化。以信息资源开发和利用为中心，以信息技术应用和综合集成为重点，创造环境，鼓励竞争，培育信息化建设人才队伍，加快信息化向国民经济和社会领域的渗透。加快企业信息化建设，应用信息技术改造和提升传统产业，促进企业业务流程重组与优化。推进农业生产信息化，力争在节水灌溉、病虫害测报、农业专家信息服务等方面取得重大突破。充分利用区内外及石河子经济技术开发区，石河子大学等科技园科研、人才、技术的优势，积极发展信息产业。支持有实力的企业和高等院校创办或联合创办应用软件开发企业。抓住东部沿海省区资本西移的历史机遇，创造条件积极引进或共同投资兴建信息产品制造企业。促进兵团信息产业的形成和发展。

4. 推进技术创新体系建设，促进技术创新能力不断增强。建立和完善以企业为主体、市场为导向、高等院校和科研院所为依托、技术创新中介服务机构为纽带、产学研有机结合的技术创新体系。加强知识产权保护，完善创新激励机制，创造有利于创新、创业的政策环境和文化氛围。通过建设一批国家和自治区级重点实验室、工程研究中心、企业技术中心等研究开发机构，引进和培养一批高水平的创新人才和管理人才，解决一批主要行业的关键技术和共性技术问题，开发一批高水平的科技成果，形成支撑兵团经济跨越式发展的技术创新能力，为高技术产业的快速发展提供技术保障。

新疆生产建设兵团发展和改革委员会高技术产业处

中国高技术产业
发展年鉴(2006)

海外发展篇

Overseas Development

CHINA
HIGH-TECH
INDUSTRY
DEVELOPMENT
ALMANAC
(2006)

1

2005 年世界高科技发展综述

2005 年全球科技进步日新月异，科技发展呈现出群体突破的态势，其间起核心作用的已不是一两门科学技术，而是由信息科技、生命科学和生物技术、纳米科技、新材料与先进制造科技、航空航天科技、新能源与环保科技等构成的高科技群体，这标志着科学技术进入了一个前所未有的创新群体集聚时代。

学科交叉融合加快，新兴学科不断涌现。科学和技术的融合成为当今科技发展的重要特征，许多学科之间的边界变得更加模糊，未来重大创新将更多地出现在交叉学科领域，学科之间、科学与技术之间的相互融合、相互作用和相互转化更加迅速，逐步形成统一的科学技术体系。

本文将简要综述 2005 年中国及世界在生命科学与生物技术、信息通信技术、航空航天技术、新材料技术、能源技术以及基础研究等 6 个领域中产生的具有重要意义的原始性创新成果。

一、生命科学与生物技术

生命科学与生物技术是当今世界科学研究的热点领域，2005 年该领域蓬勃发展，取得了一系列突破。本节将简要综述若干项具有重大科学意义和广阔前景的创新性成果。

（一）人类基因序列破译完成，人与黑猩猩同源

2005 年 4 月，美国国家人类基因组研究所宣布完成了对人类第 2 号、第 4 号染色体的解码分析工作，这不仅标志着人类基因组项目的分析、测序工作已全部完成，也是人类基因研究的重大突破。数据显示，人类第 2 号染色体由 2.37 亿个碱基对组成，包括1 346 个负责编码蛋白质的基因；第 4 号染色体由 1.86 亿个碱基对组成，包括 796 个负责编码蛋白质的基因。

通过对第 2 号、第 4 号染色体的详细分析，科学家们获得两项重大发现。(1) 在第 4 号染色体上发现了目前最大的“基因沙漠”。所谓基因沙漠，是指不负责编码任何蛋白质的大片 DNA 序列。科学家猜测，虽然这些 DNA 序列不编码蛋白质，但它们并非没有意义，而且可能对人类生理有重要作用，因为这些序列保存了哺乳动物和鸟类整个进化过程的信息。(2) 确认了人类第 2 号染色体是由古猿的两条染色体合并而来的，这一点证实了人类与黑猩猩的同源性。人类有 23 对染色体，比黑猩猩等亲缘最近的大型灵长类动物少了一对。人类与黑猩猩的同源性超过 95%，在基因数、基因结构与功能、染色体与基因组构造上，人类和黑猩猩几乎相同。但在漫长的进化过程中，这不到 5% 的差异决定了人类和黑猩猩的根本区别。

第 2 号、第 4 号染色体的破译对人类基因治疗意义重大。人类第 4 号染色体是医学界长期以来关注的重要染色体，它携带了不少与疾病相关的基因，这些疾病包括痴呆症、红血球增多的肾脏病、肌肉营养不良以及多种遗传神经方面的疾病。人类第 2 号染色体是人类第 2 大染色体，对研究疾病相关基因也极为重要。

（二）美国研制成功能自我复制的机器人

自我复制是生命的特征。在人们的常规观念中，机器人是不可能自我复制的。2005 年 5 月，美国科学家研制出一种机器人原型，能利用较简单的模块复制出和自身一模一样的“副本”。尽管这种机器人目前仅仅是演示概念的原型，除了自我复制之外没有其他功能，但是这一设计思想可以应用到其他机器人身上。比如，将来在宇宙探测等危险环境中工作的机器人，可以实现自我复制或维修。该项研究表明，类似克隆的自我复制并非只有在生物界才能实现。

（三）我国科学家发现解读人类基因的钥匙

人类有 3 万个基因，在过去 30 年中，倾全世界科学家之力，仅对其中 3 000 个基因的功能有了初步了解。2005 年 8 月，复旦大学科研人员宣布，找到了一把快速解读基因功能的钥匙——PB 转座因子，通过这个因子，能将研究基因功能的效率提高 140 倍。国际生物界权威杂志《细胞》审稿人评价：“新方法简便高效，提供了大规模研究小鼠等哺乳动物基因功能的解决方案。”并称这项工作“是里程碑式的发现，对人类基因研究有重要意义”。

对基因功能的基本研究方法是：使实验动物体内的某一个基因发生突变，然后再观察这个动物生理上产生的变化。比如，破坏一只小白鼠体内的某个基因，结果发现小白鼠长大后肾出现问题，从而了解到这个基因与肾病之间的关系。关键的问题是用什么方法引发基因突变。中国科学家找到的这个 PB 转座因子实际上就是一个能够引发基因突变的方法。所谓转座因子，是指一类可以进入基因组内不同位置并导致基因突变的载体。PB 转座因子是从飞蛾体内找到的，科学家给这个因子取了一个中文名字“夸蛾”。夸蛾是我国古代神话传说《愚公移山》中的大力士，而 PB 转座因子则是微观世界里的大力士。“夸蛾”进入基因组后，就好像一枚已经锁定目标的鱼雷，可以直接插入到相应基因当中，引起这个基因的突变。

（四）直接将皮肤细胞转变为胚胎干细胞

2005 年 8 月，美国科学家首次将普通皮肤细胞转变成了胚胎干细胞，该技术与以往试验最重要的区别在于，这一过程中不采用人卵或制造新的人类胚胎。该项发现将为干细胞研究扫清伦理障碍。

该项技术采用实验室生长的人胚胎干细胞“重组”皮肤细胞中的基因，使皮肤细胞本身也转变成胚胎干细胞。由于新的干细胞是通过使皮肤细胞“返老还童”而产生的，其中的 DNA 与其本人的 DNA 完全匹配。至少从理论上来说，由此分化出的任何组织都可用于移植以治疗疾病，而不必担心有排斥的危险。目前这一方法仍处于早期研发阶段。如果进一步研究证明其可用性，它将可能结束对人胚胎干细胞研究的伦理争议。科学家表示，即使这个工作无法直接得到临床应用，它也将提升干细胞研究的数量和质量。

（五）日本科学家发现可延长生命的蛋白质

2005 年 8 月，日本科学家领导的研究小组通过老鼠实验证明，用 KLOTHO 基因制造的蛋白质具有防止衰老和延长寿命的作用。

日本科学家在研究基因突变的老鼠时发现，缺失 KLOTHO 基因的老鼠和正常的老鼠相比，会较早出现衰老症状。研究人员用基因技术培育出 KLOTHO 基因蛋白质含量是正常老鼠 2～2.5 倍的老鼠，结果发现，这种老鼠的寿命比正常老鼠延长了 20%～30%。KLOTHO 基因的主要作用是在肾脏细胞表面合成蛋白质。研究表明，KLOTHO 基因合成的一部分蛋白质进入血液，对胰岛素有抑制作用。科学家通过果蝇实验已经证明，胰岛素的作用受到过分抑制易患糖尿病，但适当抑制则可以延长生命。日本科学家认为，人类也有制造这种蛋白质的基因。

（六）水稻基因组全图绘制完成

2005 年 8 月，水稻基因组序列全图图谱绘制完成，其覆盖率和精确度均远远高于此前发表的草图，这是迄今在高等生物中最精确、最完整的测序工作之一。

“国际水稻基因组排序计划”始于 1998 年，日本、美国、中国、法国、加拿大、印度、泰国、韩国、巴西和英国 10 个国家的 32 个研究所组成的科学家参加了研究。中国科学家参与完成了部分工作。

水稻的 12 对染色体共有 37 544 个基因，全基因组总共有 4 亿个 DNA 碱基对。人类的染色体则约有 2～2.5 万个基因，因此水稻的基因数目大约为人类的 1.7 倍。绘制完成的水稻基因组全图不仅定位了水稻中的全部基因，而且还率先在动植物中完成了对着丝粒的测序。科学家认为，水稻基因测序工作的完成不仅是科学研究的一个重要里程碑，而且是人类农业育种上的一个奇观。人类早在 1 万年前就开始种植水稻，目前全球约有 30 亿人口以稻米为主食。据联合国的统计，目前大米占全球人口粮食消耗的 20%，其次是小麦，占 19%，玉米占 5%。在未来 50 年内，人类对水稻的需求将成倍增长，全面了解水稻有助于人类解决由于世界人口快速增长所带来的粮食短缺问题。此外，水稻基因图谱对于研究小麦和大麦也能提供很大帮助。

（七）人类心脏干细胞首次发现

2005 年 9 月，日本京都大学探索医疗中心宣布在世界上首次发现了可使心肌再生的干细胞，有望取代心脏移植，开创心肌再生新路。

过去认为，成人的脑神经细胞和心肌细胞是不会再生长的。近几年科学家发现了可再生人脑细胞的干细胞，曾在生物医学界引起过巨大轰动，而此次的发现又一次颠覆了心肌不可再生的医学常理，再次引起医学界的强烈关注。在小鼠试验中，小鼠心肌梗塞发作后，对其心脏实施了心肌干细胞移植，可使小鼠的心脏机能平均恢复15%左右。

这一成果可为治疗心脏病开辟一条新路。长期以来，人们都认为心肌不可再生，因此对重度心脏病患者只能进行心脏器官移植治疗。而利用心肌干细胞对需要进行心脏移植的严重心脏病患者实施细胞移植治疗，可望挽救患者的生命。

（八）英国科学家首次直接用卵子培育出人类胚胎

2005年9月，英国科学家在没有受精或克隆的情况下，首次直接用卵子培育出了人类的处女胚胎。这项实验将有助于了解胚胎干细胞的医学前景。众所周知，正常的性繁殖需要卵子和精子的结合，但是卵子也可在称为单性生殖的某个过程中开始自然的发育生长。在哺乳动物中，包括人类，单性生殖是绝不可能导致幼小生命诞生的，但有时它确实能够发育出一个在较早阶段就死亡的胚胎。在更罕见的病例中，这些“单性生殖物”可与某个正常的胚胎相混杂，发育成一个被称为狮头怪物的东西。

长期以来，科学家一直对利用单性生殖作为一种人类胚胎新来源以供研究使用这一课题怀有浓厚的兴趣。单性生殖胚胎还可能是胚胎干细胞（ES细胞）的一种来源，这种ES细胞具有产生人类体内任何组织形式的能力和用来取代细胞的潜力，可以帮助治疗帕金森疾病和糖尿病等病症。从一个“单性生殖物”上取出的ES细胞将在遗传基因上与那名女性提供的卵子相似，并且不太可能遭到她的免疫系统的拒绝。

（九）韩国黄禹锡造假案震惊世界

黄禹锡于2005年用体细胞克隆出胚胎干细胞、培育出世界首只克隆狗的成果曾一度是韩国在生命科学领域的主要成就。从11月中旬开始，围绕黄禹锡的研究，韩国及世界媒体和科研机构提出了研究中的伦理问题和研究成果真伪问题等两项质疑。随后揭露出来的事实证明，黄禹锡在科研伦理性问题上撒了谎，在论文内容上造了假。作为韩国首位“首席科学家”，黄禹锡的所做所为对韩国今后的科研活动带来了无可估量的重大损失。韩国也因此丧失了生物科技领域领先一步的光环。

（十）中国抗艾滋病新药进入临床试验阶段

2005年12月，中国首个具有自主知识产权的抗艾滋病新药——二咖啡酰奎尼酸（简称IBE-5），在经过严格的动物药效学试验和安全性试验后，正式被国家食品药品监督管理局批准进入人体临床试验阶段，这标志着中国抗艾滋病新药研究取得了重大突破。

评价抗艾滋病药物的疗效，主要根据药物抑制艾滋病毒（HIV）的强弱及停药后的维持时间来确定。全球已发明的多种抗艾滋病药物均不能彻底清除病毒，停药后会出现反弹，且会产生耐药性和毒副作用。IBE-5在HIV感染MT4细胞中显著抑制病毒复制，在猴艾滋病毒（SIV）感染石蟹猴体内显著降低病毒水平，且能有效逆转猴艾滋病毒病变，作用显著强于阳性对照药（鸡尾酒疗法用药）。这种药能克服以往同类药品停药后反弹大和易产生耐药性的缺点。动物药效学试验结果表明，IBE-5有很好的疗效和前景。

二、信息通信技术

2005年全球信息通信技术取得了多项重大进展。一个由多国科学家组成的研究小组开发出功能强大的自由电子激光器，该激光器能发出波长极短的激光，可用来观察纳米世界，并为最终获得原子系统结构和动力学信息提供了重要手段。超级计算机的研制竞争日趋激烈，美国IBM公司研制的“深蓝”计算机2005年新的计算速度已达到每秒280.6万亿次。日本亦不甘示弱，正在着手开发最快运算速度可达每秒1亿亿次的下一代超级计算机，预计到2010年完成。2005年年底，美国的两个研究小组分别利用类似的方法，实现了原子和光子之间的量子态隐形传输，该项关键技术的突破将为建造“坚不可摧”的全球通信网络和运算速度惊人的量子计算机奠定基础。

（一）中国首款64位高性能通用CPU芯片问世

2005年4月，历经近2年的刻苦攻关，中国首款64位高性能通用CPU（中央处理器）芯片——“龙芯2号”问世。该款芯片的总体性能已经达到2000年左右的国际先进水平，相当于中档的“奔腾3”处理器。“龙芯2号”是国内首款64位的高性能通用CPU芯片，能够流畅地支持视窗系统、桌面办公、网络浏览、DVD播放等应用，这款芯片在低成本信息产品领域具有较强的性能优势。“龙芯2号”是在“863计划”和中科院知识创新工程的共同支持下完成的，其最高频率为500MHz、功耗为3~5W，远远低于国外同类芯片，其标准测试程序的实测性能是1.3GHz“威盛”处理器的2~3倍。“龙芯2号”CPU性能比“龙芯1号”提高了10倍。

（二）美国科学家在量子计算机领域获得新突破

2005年4月，美国科学家成功地使相干激光在玻璃芯片上构成了一个个“原子陷阱”。理论上，每个“原子陷阱”能捕捉一个气态铷原子，这一进展向将来设计建造量子计算机迈进了一大步。

目前，制造量子计算机的一个思路是首先将原子捕捉住，这样就能通过激光操作来读写量子状态。通常，研究人员在实现这一思路时，都试图用自由空间的一个封闭“笼子”来捕捉原子，但在实践上要操作“笼子”中的原子有一定困难。这次美国科学家通过另一种方式来捕捉原子，他们使两束相干激光在一块玻璃芯片的表面涂层内纵横相交，由于光的相干作用，芯片上形成肉眼看不到的激光的波峰和波谷，犹如一个个“鸡蛋格”，“鸡蛋格”的最中央是一个大小相当于原子、被电场包围的空洞。每个空洞可以捕捉住一个铷原子，然后用单束激光就可以操纵原子，实现量子计算。

（三）美国的“多核心”芯片成为研发主流

在计算机芯片技术方面，“多核心”芯片成为研发主流。2005年，IBM、先锋等几大计算机芯片制造厂纷纷推出“双核心”、“多核心”芯片。英特尔公司称已有一系列“多核心”芯片上市，传统的“奔腾”系列单核心芯片将会逐渐停止生产。

（四）加拿大在飞秒内实现激光在硅片上的传播

加拿大与英国科学家合作，成功开发出一种光波在硅片上的传播技术，在飞秒的时间内实现了激光在硅片上的传播。该技术使电信号和光信号在同一芯片或光电设备中结合起来成为可能，利用这一技术可制造光线路板。

（五）日本开发出“光布线”集成电路

2005年11月，NEC公司在世界上首次开发出在大规模集成电路中用光信号取代电流的半导体技术，可使电子计算机处理数据的能力提高100倍左右。使用这种集成电路，未来手机的功能可与现在的计算机相媲美。

（六）德国开始发放电子护照，身份识别更加安全

2005年11月，德国开始发放电子护照，内含护照持有者面部的二维数码照片，内嵌芯片可以加密储存护照持有者的脸型、虹膜、指纹等生物特征信息，使身份识别更加安全高效。

（七）以色列在镀金芯片上造出改良版“生物计算机”

以色列科学家利用DNA分子和酶做元件，在镀金芯片上成功制造出能运行更多程序的改良版“生物计算机”，可容纳的程序量多达10亿个，可觉察到细胞中与多种癌症有关的异常信使RNA（核糖核酸），为癌症诊断提供了信息。

三、航空航天技术

2005年，在世界航空航天科技领域中掀起了空间探索的热潮，新技术、新成果的产生令人目不暇接。本节将按时间顺序简述5项具有原创性的重要成果。

（一）美国航天重大事件源源不断

2005年1月12日，“深度撞击号”彗星探测器顺利发射升空，开始了探测“坦普尔－1号”彗星之旅。它于7月4日发射铜头撞击器，成功撞击了“坦普尔－1号”彗星，撞出了四大“惊奇”：（1）“坦普尔－1号”彗核是分层的，表面覆盖着10多米深的细粉状物质，其下是较硬的“彗核之核”；（2）彗核在飞近太阳时会喷发，特别是彗核表面朝向太阳的部分会经常有小规模喷发；（3）“坦普尔－1号”的彗核尽管很小，却有多种地貌，表明在深度撞击之前就已经常被太空中更小的天体撞击；（4）彗核内部存在大量含碳和氮的有机分子。

2005年1月15日，“惠更斯”号成功登陆土卫六，创下人类探测器登陆其他天体最远距离的新纪录。由此发现，土卫六是一颗非常活跃和复杂的星球，与地球有许多相似之处，各种气象和地质活动都很活跃，其表面有降水、侵蚀、海蚀等水文活动的痕迹，并存在液态或是气态的甲烷，土壤的构成成分不是岩石而是冰，且存在火山活动的迹象。

2005年7月28日，经过5次紧急推迟，“发现号”航天飞机终于搭载着7名宇航员发射升空，并于8月9日结束了14天的太空之旅，安全降落。这是自“哥伦比亚”号航天飞机失事后，美国航天飞机首次顺利重返太空并平安回家。

2005年8月12日，“火星勘测轨道飞行器”成功发射。它重约2.1千克，长6.5米，装有高清晰度成像设备、火星背景照相机、彩色成像仪及气候探测仪等，将于2006年3月进入火星轨道。其使命是选择合适的登陆地点，为未来火星登陆做准备。

（二）世界最大的双层舱客机A380首次试飞成功

2005年1月18日，世界最大同时也是第一种纯双层舱客机A380在法国面世，这是人类航空史的一个新的里程碑，

结束了美国波音747在大型客机市场上长达35年的垄断地位。4月27日，A380在法国图卢兹－布拉雅克国际机场顺利升空，成功完成首次试飞，这标志着A380飞行试验项目的正式启动，将有5架试验飞机完成共计2 500小时的试飞。A380客机将于2006年投入运营，A380货机将于2008年投入运营。

（三）“神舟六号”发射成功

2005年10月12日9时，中国成功发射第二艘载人飞船“神舟六号”。“神舟六号”航天员费俊龙、聂海胜在太空飞行115.5小时，是“神舟五号”飞行时间的5倍多，创造了中国人遨游太空的新纪录。在航天飞行期间，航天员进行了包括对飞船健全程度测试、细胞学试验、对地观测以及对人体生理机能测试等一系列科学试验，取得了大量科学数据和初步研究成果。

（四）俄罗斯成功发射“一箭九星”

2005年10月，俄罗斯航天兵发射了一枚“宇宙－3M”运载火箭，将俄罗斯、中国、英国及伊朗等国的9颗卫星送入距离地面690千米、轨道倾角为98.2度的太阳同步轨道上。中国的微型卫星名为“中国DMC＋4”，由英国SSTL公司为中国一家制图机构制造，卫星重150千克，上面装备了两个精度为32米和4米的照相机，其中一台照相机可以用于灾难和环境监测，而另外一台照相机将用于绘图服务。

这次发射所用“宇宙－3M”运载火箭为二级液体燃料火箭，长32.4米，直径2.8米，起飞重量为109吨，可以将300～1 500千克的有效载荷送入低、中、高轨道。自1967年到现在，俄在普列谢茨克发射场共进行了410多次“宇宙－3M”运载火箭的发射，将730多个航天器送入太空。

2005年俄罗斯的航天发射量居世界第一位，共进行了24次运载火箭发射，占世界航天发射总量的45%，连续两年居世界第一位。2005年美国进行了12次运载火箭发射，其航天发射量仅占世界航天发射总量的22.5%；而欧洲2005年只进行了5次航天发射，占世界航天发射总量的9.4%。

（五）“伽利略”首颗卫星发射

2005年12月28日，俄罗斯“联盟－FG”运载火箭搭载着欧洲“伽利略”全球卫星定位系统的首颗实验卫星升空。这颗实验卫星重600千克，是“伽利略”系统首批两颗实验卫星中的第一颗，其发射目的是对“伽利略”系统进行技术测试，这标志着“伽利略计划”已进入实质性实施阶段。

1998年，欧盟15国决定由欧盟委员会制定一个欧洲自己的导航卫星系统——“伽利略计划”。该计划投资经费约为32～34亿欧元。“伽利略”卫星定位系统由30颗轨道卫星组成，其最大优势是更多地用于民用，包括免费使用的信号、加密且需交费使用的信号、加密且需满足更高要求的信号。美国GPS的民用定位精度误差为10米，“伽利略”确定物体的误差范围在1米之内。

除欧盟15国外，还有6个非欧盟国家（中国、印度、以色列、摩洛哥、沙特阿拉伯和乌克兰）参与了“伽利略计划”。中国是第一个加入“伽利略计划”的非欧盟国家，2004年10月9日，中国与欧盟正式签署中欧“伽利略计划”技术合作协议，并将拥有这一系统的部分所有权和全部使用权。根据中欧双方签署的合同，中国将参与开发全球卫星导航系统在渔业中的应用、基于位置的服务标准化、电离层中定位信号的修复。这将使这一系统在交通、科学、土地利用以及战胜自然灾害等方面的优势得到充分发挥。

四、新材料技术

2005年，世界主要国家都增加了在新材料技术开发领域的投资。在这一年中，全球在新材料技术研发方面取得了多项重大进展。

（一）中国研制成功纳米操作机器人

2005年4月，中国科学院沈阳自动化研究所研制成功一台纳米操作机器人样机，使中国的纳米微操作技术达到世界先进水平。

在实验室里，研究人员像操纵游戏机杠杆一样，操纵机器人最终端的机器手。这个比针尖还要细小数百万倍的机器手直径只有1～100纳米，通过原子力显微镜（AFM），它的活动被放大上亿倍后在电脑屏幕上显示出来。这台新机器人，可以在纳米尺度上进行多种作业。研究人员通过纳米微操作技术，利用合金探针在一块1×2微米面积的硅基片上刻出清晰的“China 863”字样，通过屏幕也能看到被推的纳米物体在移动。

纳米微操作技术可以广泛用于纳米材料研究、生物工程与医学实验等方面。比如在基因治疗技术中，就可以利用纳米操作机器人对有病的染色体进行切除。

（二）第二代百米高温超导导线问世

由铋、锶、钙、铜和氧组成的第一代高温超导导线（BSCCO）携带电流的能力比同样尺寸的铜导线高 100 倍，但由于其成本也是铜导线的 100 倍，因而很难打进输电线市场。所以全世界的研究人员开始研发第二代高温超导导线，以降低成本和提高性能。然而，由钇、钡、铜和氧（YBCO）组成的第二代高温超导导线，很难拉制成长导线。经过 10 年缓慢但有成效的进展，由 YBCO 组成的超导导线有可能很快进入市场。

2005 年 4 月，3 家美国公司利用新技术将 YBCO 第二代超导导线制成 100 米长度。而几年前，最好的企业也只能制成 1 米长的第二代超导导线。令人惊奇的是，有些第二代超导导线能携带第一代超导导线那样高的电流。美国能源部的目标是：到 2006 年，100 米的第二代高温超导导线能携带 300 安培电流；到 2010 年，1 000 米第二代高温超导导线能携带 1 000 安培电流。

（三）美国制造出世界第一个纳米阀门

2005 年 7 月，美国科学家制造出世界第一个纳米阀门，它可以控制分子的进出。这个纳米阀门由两部分组成。一是人工设计的轮烷分子，是阀门的活动开关“芯”；二是 500 纳米见方的多孔硅物质，是阀门的固定部分，其小孔尺寸只有几个纳米。

轮烷是人工设计的旋轮状物质，近年来在纳米技术研究中获得广泛重视。科学家设计的开关轮烷包括一个哑铃状的长链和一个能在“哑铃”两端之间来回直线移动的分子环，分子之间的电性力就可以驱动这个分子环。研究人员将作为阀门“芯”的轮烷附着在多孔硅的孔口上就构成了阀门。多孔硅物质的小孔尺寸很巧妙，既能够让分子通过，又足以让轮烷的分子环将孔口堵住。这样，当轮烷的分子环被电性力驱动向上运动时，阀门就处于“开”的状态，分子可以自由通过小孔；而当轮烷分子环向下运动堵住了小孔，阀门就处于“关”的状态。科学家设想，将来可以把这种纳米阀门黏附在细胞膜上，用光控制向细胞内部输送单个药物分子，实现“精确治疗”。

（四）德国发明碳纤维耐热陶瓷瓦

德国航空航天中心发明了一种碳纤维耐热陶瓷瓦，有望解决目前美国航天飞机防热陶瓷瓦脱落的难题。采用新工艺制造的碳纤维增强碳化硅防热瓦可以反复经受1 700摄氏度的高温，并具有很强的抗冲击性和耐化学性，在大尺寸下性能稳定，没有裂纹。

（五）英国发现新二维材料家族

英国科学家发现了一个以前不为人知、成员多达数千种的材料新家族。这些材料只有一个原子厚，具有重量轻、强度高、柔韧性好、性质稳定的特性，且在不同环境下表现出不同性能，为工程师和设计师提供了多种可选择的新材料。

五、能源技术

2005 年，世界主要国家都十分重视可再生能源的开发和利用，提出了一系列政策措施，有关的能源技术也取得了长足的进步。

（一）国际热核聚变反应堆安家法国

2005 年 6 月 28 日，来自欧盟、美国、俄罗斯、日本、韩国和中国的代表在莫斯科达成协议，将代表世界未来能源科技最高水平、世界最大的核聚变反应堆——国际热核聚变实验堆（ITER）的建设地址确定为法国南部的卡达拉什。根据计划，ITER 的建造需要 10 年时间，加上建成后运行 20 年，总共需要投入约 120 亿美元。其中，欧盟计划出资 40%，法国出资 10%，其余的 50% 由其他国家分担。

ITER 的目标是建造一个可控的核聚变实验堆，以验证热核聚变反应堆的工程可行性，并对实际应用核聚变能所需的要素进行试验。聚变反应堆与目前广泛使用的裂变反应堆的不同之处在于它不产生衰变周期长的高放射性废物，可为人类提供清洁、安全、可再生的未来能源。聚变反应堆一旦商业化，不仅将大大改善国际能源安全，同时还将大幅减少空气污染和温室气体排放，对促进经济和维护环境具有重要意义。

中国是能源短缺的国家，参与该计划以探索未来的能源生产方式，对于中国的可持续发展具有重要的战略意义。我们可以通过国际合作，以 10% 的科研贡献换取 100% 的知识产权成果共享。有预测认为，地球上的化石能源还能使用 50 年，而这 50 年恰好是科学家研究核聚变能源民用化所需的时间。

（二）科学家将氢原子稳定储存在金属表面

燃料电池是研究热门，但电池中氢原子的稳定性是该项研究的难点。化合物中的氢原子非常活泼，难以储存。

2005 年 12 月，美国科学家的发现有望攻克这一难关。通过处理，科学家将氢原子引入金属钯的浅层表面，在这一特定的区域，氢原子能够稳定存在。这一特殊结构有望在金属催化剂、氢储存和燃料电池等应用领域发挥重要作用。

实验是在扫描隧道显微镜（STM）中低温超真空条件下进行的，科学家先将金属晶体暴露在氢环境中，氢原子会吸附在金属的表面，对于多余的氢原子，通过不断加热和加氧，被氧化成水后去掉。清除金属表面的氢原子后，运用扫描隧道显微镜中发射出的电子，将氢原子带入金属表面下的浅表层，进入稳定的区域。在金属浅表层下氢化物形成的过程中，科学家发现金属表面在不断扭曲变形，新结构上面的带正电荷的金属钯原子在不断增加，不断与金属表面的氢原子发生反应。

（三）中国首台高温超导限流器并网试验运行

2005 年 12 月，中国首台高温超导限流器通过了并网前的各种测试后，投入湖南省娄底市电业局高溪变电站试验运行，其主要技术性能指标均达到国际先进水平，成为继瑞士、德国、美国之后世界上第 4 台并入实际电网试验运行的高温超导限流装置。

该装置自 2005 年 8 月投入实际电网运行以来，已经安全稳定运行超过 4 个月，先后经受了 3 次短路故障的考验。试验运行表明，该限流装置不仅能大大减少短路故障电流，而且具有响应速度和恢复速度快、正常态压降小的优点。它在增加电网安全稳定性的同时，还可增加电网的输送容量、改善电能质量，而且可以显著降低断路器的容量、大大降低电网的建设成本和改造费用、延长电气设备的寿命。

（四）日本开发出可卷超薄型充电电池

2005 年 12 月，日本 NEC 公司开发出可以卷起来的超薄型充电电池，这种电池不含金属，利用有机材料制成，30 秒可完成充电，可广泛应用于 IC 卡和电子纸等薄型电子装置。该电池只有 0.3 毫米厚，电压 3.7 伏，和锂离子电池相同。

六、基础研究

2005 年是世界基础研究领域取得丰硕成果的一年。除了生命科学的成果外，这些进展主要集中在微观探索、天文观测和发现新粒子等方面。本节将按时间顺序简述 7 项具有原创性的重要成果。

（一）人类首次让单个分子做出各种动作

2005 年 5 月，法国科学家在世界上首次成功地利用特种显微镜仪器，让一个分子做出了各种动作。这一成果将对今后人类精确地控制单分子级别大小的机械，进而开发出纳米机器人产生重要影响。

到目前为止，电子控制只能够在多个分子的水平进行。法国科学家为了找到控制单分子行动的方式，使用了一种隧道显微镜。这种仪器拥有一个金属探针，可以置于名为联苯分子的样本上方，联苯分子安置在用硅制成的微小基座上。在金属探针和基座间施加相向压力后，可以激活联苯分子的各种电子效应，从而使其开始振动，即从一个稳定状态走向一个不稳定状态。科学家使用这个金属探针刺激联苯分子的不同部位，还可以使其产生不同的电子反应。其精度则达到了 10 皮米（一皮米相当于一万亿分之一米），也就是可以精确到大小仅为单个联苯分子百分之一的范围。这一新成果使人们从此可以简单地控制单分子，并使它变成一个分子“机器”。人们可以通过刺激其分子产生不同的电子状态来控制分子做各种动作。

（二）新观测结果表明暗能量或许不存在

根据爱因斯坦的广义相对论，不可见的暗能量可能占据了宇宙质量的大部分，能够产生与引力相反的排斥力，这也许可以解释为什么宇宙会出现加速膨胀的现象。关于暗能量理论目前仍有争论。2005 年 5 月，欧洲航天局科学家通过对遥远星系团发出的 X 射线进行观测和分析，得出了与暗能量理论不符的结果。

要验证暗能量是否存在，办法之一是比较各星系团中炽热气体的比例。星系团由成百上千个星系组合而成，其半径达数百万光年。星系团的特点之一是其中有大量炽热气体，温度在 1 000 万到 1 亿摄氏度之间。欧洲航天局的 XMM 牛顿天文望远镜捕捉到了古老的遥远星系团发出的 X 射线。通过分析，科学家得出了这些古老星系团中炽热气体所占的比例，并将这些数据与距地球最近（即最年轻）的星系团中的炽热气体所占比例进行了比较，结果发现二者没有差别。这一观测结果表明，炽热气体比例在古老星系团和年轻星系团中都是一样的，只有假设宇宙中没有暗能量才能解释这一现象。然而，新结果是否意味着人们一直探讨的宇宙暗能量“或许并不存在”，仍需更多的观测研究来证明。

（三）日、美科学家发现固体核心最大的地外行星

日、美科学家经过一年的跟踪观察，发现了一颗拥有最大固体核心的太阳系以外的行星。该行星直径是木星的 3/4，其核心相当于地球的 70 倍，其质量的 1/2 ~ 2/3 都来自集中在核心的重元素。

由日、美科学家组成的联合观测小组利用设置在夏威夷的“昴”天文望远镜，首次发现了这颗位于编号 HD149026 恒星附近的行星，它以极小的轨道半径绕 HD149026 旋转，周期为 2.87 天。该行星的温度高达 1 200 摄氏度，它距所环绕恒星的距离只有地球到太阳距离的 1/25。科学家认为，这是自发现“飞马座 51 号”行星以来最重要的发现，突破了“星核质量达地球质量 30 倍为极限”的理论。

（四）太阳系外找到地球的“堂兄”

2005 年 6 月，美国天文学家在太阳系外发现一颗类似地球的行星。在迄今发现的所有 155 颗太阳系以外的行星中，这一颗与地球最为相似，但其体积之大、地表温度之高、四季轮换之快都让地球望尘莫及。

这颗新发现的行星围绕距地球 15 光年的小型恒星“格利泽 876”公转，公转周期仅为 1.94 个地球日，是迄今为止在太阳系外发现的最小行星。此前发现的 154 颗太阳系外行星都是像木星那样由气体组成的“大个子”，质量一般都是地球的 15 倍，密度大，气压低，不会有任何生命形式存在。而新发现的这颗行星半径相当于地球的 2 倍，质量仅相当于地球的 7.5 倍，研究人员依据其质量判断，它不可能是气态星体。这颗行星表面的温度虽然高达 200 ~ 400 摄氏度，无法支持类似地球生命的存在，但这次发现对论证地球并不“孤独”有很大的支持作用。

（五）科学家新测定月球年龄为 45.27 亿年

2005 年 11 月，德、英科学家组成的联合研究小组发现，月球的准确年龄应是 45.27 亿年，只比太阳系的产生时间晚大约 3 000 万 ~ 5 000 万年。这是迄今为止有关月球年龄的最精确的测量结果。

这一结论是通过对早先美国“阿波罗”登月飞船带回的不同月岩样本中的特定金属进行分析后获得的。研究人员分析了月岩中钨 - 182 同位素的数量，钨 - 182 同位素有一部分是由放射性同位素铪 - 182 衰变产生的，而铪 - 182 在地质标准上衰变非常快。钨 - 182 的数量能够给出相对精确的有关岩石年龄的信息。此前对月球年龄的估计，仅是凭借少量月球岩石的分析得出的粗略数据，只能确定月球应该在太阳系诞生后 1 亿年内产生。而最新研究得出的月球年龄数据，误差范围仅仅在 1 000 万年左右。专家认为，这一数据符合目前常用的月球形成理论，同时也支持地球形成时间的理论。

新的数据也为人类开启了了解地球形成的新视角。根据宇宙大碰撞理论，月球是由宇宙中的星球大碰撞后的物质云团和碎片重新聚集后，围绕地球表面形成一个环，并逐渐收缩后形成的。大碰撞理论很有可能也可以解释地球的形成原理，目前所知的地球最古老的化石要比地球年轻至少 5 亿岁，用它们来确定地球年龄行不通。按照大碰撞理论，月球产生与地球形成大致同时发生，根据地球与月球形成的相似性，科学家将可能得出更加准确的地球年龄。

（六）北京正负电子对撞机上发现新粒子

2005 年 12 月，北京谱仪国际合作组在北京正负电子对撞机上观测到一个新粒子。科学家猜测，它有可能是在高能物理实验中寻找了几十年的新型粒子。暂时被命名为 X1835。

这个新粒子是在分析粲粒子 J/ψ 衰变到 1 个光子和 3 个介子的过程中被发现的。它的质量值约为 1 835 兆电子伏特，相当于 3.3×10^{-27} 千克，寿命非常短，约为 10^{-23} 秒，人类的正常知觉根本无法感受到它的存在。该项成果于 12 月 31 日在国际著名期刊《物理评论快报》上发表，引起了国际高能物理界的极大兴趣。有科学家认为，X1835 可能是质子 - 反质子束缚态（一种由 6 个夸克组成的新型粒子），或者是科学家长期寻找的胶子球等夸克模型以外的新型粒子，也有科学家认为是常规介子。目前的实验数据还不足以对这些理论解释和猜测做出最终判断。科学家寄希望于正在改造中的北京正负电子对撞机和北京谱仪，2007 年改造完成后，它的性能将最终提高 100 倍左右。届时将能获取比现有数据多大约 100 倍的数据样本，在此基础上将能对 X1835 粒子的基本结构进行更深入的研究。

（七）火星表面存在大片水域

2005 年 12 月，研究人员对欧洲“火星快车”探测器传回资料所做的最新研究发现，火星北极表面地层下存在固态水，这表明，火星形成初期，其表面可能是被海洋覆盖的。

科学家很早就预测说，在干燥的火星地表下可能存在大量的水，但这种预测始终没有被证实。欧洲航天局借助“火星快车”探测器及其自身装备的先进雷达仪器 MARSIS 终于发现，火星表面存在大片水域，面积可达直径 250 千米。此外，在火星北极地区的地层表面下约 1 千米的地方还存在着冰冻层，且冰冻层中固态水的纯净度相当高，只有 2% 的杂质，几乎可以称得上是真正意义的“纯净水”。

一般认为，火星是在 46 亿年前形成的，火星在其形成之初曾经历了一段非常“潮湿”的时期，而不像现在这样“干燥”和“冰冷”。这次发现为科学家带来了新的希望，既然 35 亿年前火星上的大洋水就已经消失了，但液态水却一直存在于地表下，那么，今后在火星上找到微生物等生命物质还是大有希望的。

中国科学技术信息研究所　陈颖健

2

2004—2005 年世界电子信息产业发展综述

在信息技术革命推动下，世界经济全球化和信息化步伐明显加快，电子信息产业日益成为经济发展的强劲动力，在世界经济中形成了一个十分引人瞩目的新增长点，并引领人类社会从工业经济时代向知识经济时代转变。2005 年，信息技术的扩散、融合与应用更加深入，这创造了巨大的需求市场，各国（地区）、各企业围绕产业链、价值链的竞争愈发激烈，电子信息产业的国际转移和重新分工趋势愈益明显。2006 年，随着世界经济的持续增长，各国（地区）均面临着电子信息产业重新布局的机遇和挑战。

一、2005 年世界电子信息产业发展情况

20 世纪 90 年代以来，以电子信息产品制造业、软件产业及信息服务业为主体的电子信息产业凭借其惊人的增长速度，成为当今世界上最重要的战略性产业。2000 年下半年全球经济不景气，美国经济发展速度明显趋缓，导致了 2001 年世界电子信息产业的整体下滑。从 2003 年开始，全球电子信息产业走出低谷，开始恢复性增长。2005 年，世界电子信息产业呈现出加速增长的态势，美国、欧洲和亚洲仍然是全球电子信息产业发展的主要国家和地区。

（一）2005 年世界电子信息产业总体发展情况

随着世界经济的较快增长，2005 年世界电子信息产业发展壮大，总规模已达到 2.55 万亿美元，产业结构呈现出软化特征。

1. 世界电子信息产业规模持续扩大

2005 年，世界电子信息产业增速超过 10%，规模达到 2.55 万亿美元，其中，电子信息产品制造业为 1.34 万亿美

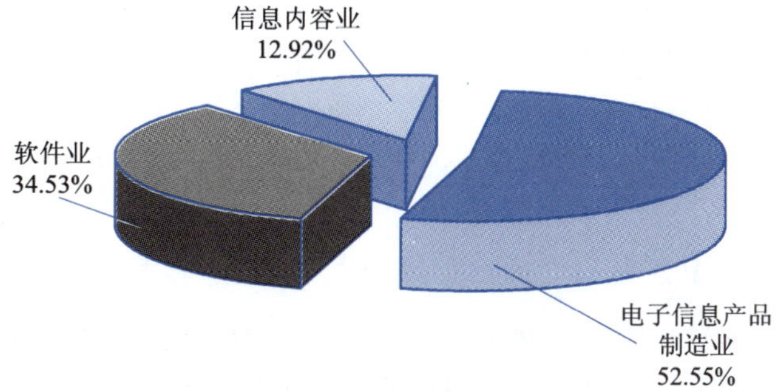

图 1 2005 年世界电子信息产业构成

元，软件业为8 804亿美元，信息内容业达到3 325亿美元。

电子信息产品制造业仍然是电子信息产业的主要组成部分，其中计算机类、通信类和消费类产品均呈现较快增长。

表1　2002－2005年全球主要电子信息产品制造业产值情况　　亿美元

产品类别＼年份	2002	2003	2004	2005
计算机产品	3 021.7	3 177.8	3 451.6	3 693.1
控制/仪器	777.7	811.2	843.8	895.5
通信/雷达	1 676.1	1 726.5	1 815.8	1 587.3
消费类电子信息产品	934.6	988.8	1 061.2	1 141.2
电子元件	2 949.9	3 142.0	3 476.6	3 912.3

资料来源：信息产业部．2005－2006年电子信息产业经济运行状况与发展趋势

2. 产业结构进一步软化，软件和信息内容产业比重上升

随着全球经济和社会发展需求的变化，电子信息产业的全球性结构调整日益明显，进一步由硬件主导型向软件和服务主导型发展。

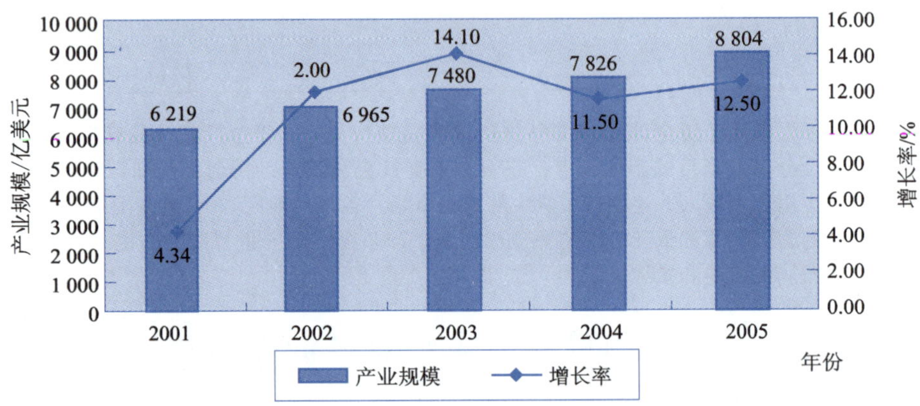

图2　2001－2005年全球软件产业规模与增长

数据来源：中国软件行业协会．中国软件产业发展研究．2005

软件产业作为战略性、支柱性和先导性产业，是智力密集型的高技术产业，是电子信息产业的核心与灵魂，已成为推动经济发展的重要动力。为抢得发展先机，确立在全球软件产业链中的有利地位，无论是发达国家还是发展中国家，都制定了立足本国国情的软件产业发展目标和战略，采取了配套的政策措施。近几年，全球软件产业保持了稳定的增长速度，2005年产业规模达到8 804亿美元，比2004年增长12.50%。

宽带网络的迅速普及以及无线网络应用的逐步成熟，使人们对数字内容的需求急剧增长，成为推动信息内容产业迅速崛起的巨大动力。信息内容产业日益成为具有巨大发展空间并不断推进不同文化间沟通的全球性产业，在世界经济舞台上扮演着重要角色。2005年，全球信息内容业总体市场规模已经达到3 325亿美元。

（二）2005年主要国家（或地区）电子信息产业发展情况

美、日、西欧等发达国家和地区拥有强大的经济实力和技术创新、产业创新能力以及跨国公司及品牌、科学的管理方法和现代化的营销体系，处于电子信息产业“金字塔”的第一个层次，居于产业链的高端。目前，全球电子信息产业约70%的巨额利润被发达国家分享。但近年来，除日本以外的亚洲其他国家的电子信息产业增势强劲，在全球电子信息产业发展中占有重要地位。

1. 2005年亚洲电子信息产品制造业产值占世界的近40%

2005年，亚洲电子信息产品制造业产值为4 906.4亿美元，同比增长3.2%，占世界的近40%。其中，电子元件产业居首位，产值为2 282亿美元，同比增长4.2%，占亚洲同比电子信息产品制造业产值的46.5%；其次是计算机产品，产值为1 071.1亿美元，同比减少0.6%，占亚洲电子信息产品制造业产值的21.8%。

表 2　2003－2005 年亚洲部分国家或地区电子信息产品制造业产值情况　　亿美元

国家或地区 \ 年份	2003	2004	2005
中国香港	44.69	44.87	43.03
印度	62.00	70.01	75.85
印度尼西亚	89.41	94.54	97.34
日本	1 801.90	1 978.07	2 023.07
马来西亚	413.18	459.05	474.36
新加坡	393.96	441.01	454.77
韩国	737.52	902.85	959.79
中国台湾	346.28	358.65	354.49

资料来源：信息产业部. 2005－2006 年电子信息产业经济运行状况与发展趋势. 电子工业出版社，2005.12

2005 年亚洲电子信息产品进出口贸易呈现大额顺差，顺差值为 1 531.02 亿美元。其中，进口额为 3 087.61 亿美元，增长 12.3%；出口额为 4 618.63 亿美元，增长 10.3%。

2. 2005 年日本电子信息产业发展情况

日本处于全球电子信息产业的核心圈内和产业链高端，拥有大量专利技术和技术标准，劳动生产率高、经营管理先进、全球营销体系完善，在许多特色产品上处于领先地位，对全球电子信息产业发展具有举足轻重的影响。

（1）电子信息产品制造业产值占世界的 15%。2005 年，日本电子信息产品制造业产值为 2 023.07 亿美元，同比增长 2.3%，占世界的 15%。其中，电子元件产业居首位，产值为 956.04 亿美元，同比增长 3.8%，占日本电子信息产品制造业产值的 47.3%；其次是计算机产品，产值为 336.18 亿美元，同比减少 5%，占日本电子信息产品制造业产值的 16.6%。

表 3　2003－2005 年日本主要电子信息产品制造业产值情况　　亿美元

产品名称 \ 年份	2003	2004	2005
计算机	100.34	123.06	136.75
计算机系统	36.72	31.46	24.43
控制/仪器	67.24	86.19	84.46
其中：仪器	34.91	45.04	44.57
通信/雷达	278.19	252.57	255.10
其中：通信产品	210.00	197.56	205.91
航海救护/微波系统	14.22	11.05	9.52
电信产品	66.90	71.96	73.75
消费类电子信息产品	181.29	211.21	234.16
其中：彩色电视机	18.71	14.70	10.42
有源元件	543.28	651.36	687.20
无源元件	181.81	200.09	199.54

资料来源：信息产业部. 2005－2006 年电子信息产业经济运行状况与发展趋势

（2）以嵌入式软件构建软件产业核心竞争力。日本是全球第二大软件生产国和消费国，其2005年的软件产值比2004年增长约14.8%，达到955.2亿美元，占全球软件产值规模的10.85%，其中嵌入式软件是核心。2005年，日本软件出口额仅0.82亿美元，而进口额为55.61亿美元，其中进口基础软件、应用软件和特种软件分别为31.35亿美元、18.57亿美元和5.69亿美元。日本的软件进口主要来自美国，其次是欧洲。形成这种局面的原因主要是：日本使用非英语语言，通用软件出口受到极大限制；电子信息产业结构中重视硬件生产，相当数额的软件依赖于进口；日本大规模生产领域使用的诸如自控等特种软件，大多数都为企业自主开发，而且为了生产技术的保密，不愿对外出售等。

（3）以市场应用为突破口发展信息内容产业。日本在全球数字内容产业中位居第二，尤其在电脑漫画制作方面实力雄厚，可以与美国的动漫产业相媲美。事实上，日本动漫产业将动画片、电子游戏和漫画——AGC（anime，game，comic）视为一个整体，共同发展。

3. 2005年西欧电子信息产业发展情况

作为一个区域经济联合体，欧盟的优势产业几乎涵盖了半导体、计算机、消费电子、通信及软件等电子信息产业所有的关键领域和重点产品。西欧电子信息产业跨国公司拥有资本规模优势、品牌优势、大量专利技术和技术标准，居产业链的中高端。随着欧盟一体化内容的不断丰富、成员的不断扩充、边界的不断拓展，西欧电子信息产业的水平分工更细，产业的专业化效益和企业的规模效益得到进一步提高，产业、企业与产品竞争力更强。在高性能及智能化计算机产品领域，西欧占据较大优势，在移动通信领域则处于全球第一位。另外，西欧在中间软件、消费类电子等方面有较强的竞争优势，其中爱尔兰在软件外包领域较为成功。

（1）电子信息产品制造业产值占世界的19%。2005年，西欧电子信息产品制造业产值为2 506.95亿美元，同比增长1.7%，占世界的19%。其中，电子元件产业居首位，产值为542.25亿美元，同比增长0.5%，占西欧电子信息产品制造业产值的21.6%；其次是计算机产品，产值为532.78亿美元，同比增长1.1%，占西欧电子信息产品制造业产值的21.3%；第三是通信/雷达产业，产值为478.08亿美元，同比增长3.3%，占西欧电子信息产品制造业产值的19.1%。

表4　2003－2005年西欧各国电子信息产品制造业产值情况　　亿美元

国家＼年份	2003	2004	2005
奥地利	34.94	38.17	38.61
比利时	48.65	53.87	54.54
丹麦	31.30	30.87	31.28
芬兰	96.90	111.88	116.51
法国	303.59	344.70	350.07
德国	569.38	645.43	656.72
希腊	6.40	7.30	7.59
爱尔兰	165.98	191.27	200.35
意大利	159.29	178.79	180.80
荷兰	99.69	109.14	107.89
挪威	16.08	17.24	17.63
葡萄牙	30.55	35.85	37.49
西班牙	70.25	78.47	79.34
瑞典	84.16	96.31	99.39
瑞士	95.62	106.83	109.70
英国	369.51	419.70	419.04

资料来源：信息产业部．2005－2006年电子信息产业经济运行状况与发展趋势

（2）多极应用推动软件产业发展。作为一个区域经济联合体，欧盟启动宏大的E-Europe计划来带动整个软件产业的发展，并鼓励采取开放源代码软件来构筑基础架构，以期在未来软件产业竞争格局中占得先机。欧盟的软件产业涵盖了信息化应用、服务外包、网络软件、嵌入式应用等关键领域和重点产品，其跨国公司拥有资本规模优势，研发投入量大且比例高，拥有大量专利技术和技术标准。随着用户信息应用结构调整力度的加大，西欧软件企业显示出敏捷的反应能力，纷纷推出各种成套和工业化的解决方案满足用户的个性化需求。同时，欧盟软件市场中，软件服务项目日

趋丰富、企业资源外包业务增长迅速、网络娱乐软件换代频繁，形成了多极应用推动软件产业发展的态势。

（3）制定了明确的信息内容服务业发展战略。欧洲意识到在信息技术发展和应用领域仍然落后于美国，因此将信息内容产业作为新的经济增长点，2005 年，欧盟信息内容产业增长率超过 20%，新增就业岗位 100 万个。

4. 2005 年美国电子信息产业发展情况

美国凭借其雄厚的经济实力、大规模的国家性基础研究与实验、完善的风险投资机制，致力于信息技术的研究、开发与应用，不断推出新技术和产品，始终保持着电子信息产业的世界霸主地位。2005 年，其电子信息产品制造业产值为 2 759. 84 亿美元，占世界的 1/5，同时，美国还主导着全球软件产业和信息内容产业的发展方向。

（1）2005 年美国电子信息产品制造业产值占世界的 1/5。2005 年，美国电子信息产品制造业产值为 2 957. 04 亿美元，同比增长 2. 2%，占世界的 20%。其中，电子元件产业居首位，产值为 612. 36 亿美元，同比增长 0. 3%，占美国电子信息产品制造业产值的 22. 2%；其次是计算机产品，产值为 610. 69 亿美元，同比增长 2%，占美国电子信息产品制造业产值的 22. 1%。

表 5　2003－2005 年美国主要电子信息产品制造业产值情况　　亿美元

产品名称 \ 年份	2003	2004	2005
计算机	121. 06	127. 80	131. 03
工作站	169. 96	177. 71	180. 47
笔记本电脑	84. 73	91. 15	95. 24
控制/仪器	331. 46	341. 40	348. 23
其中：仪器	235. 30	243. 21	249. 14
通信/雷达	587. 32	616. 69	629. 02
其中：雷达	57. 23	62. 63	66. 45
航海救护	239. 77	262. 38	278. 39
移动电话	94. 69	95. 87	94. 12
电信产品	203. 06	207. 12	211. 26
消费类电子信息产品	78. 23	82. 04	84. 09
其中：彩色电视机	38. 28	40. 19	41. 40
有源元件	368. 06	424. 70	425. 39
无源元件	115. 80	121. 59	122. 81

资料来源：信息产业部. 2005－2006 年电子信息产业经济运行状况与发展趋势

（2）主导全球软件产业发展方向。20 世纪 90 年代以来，美国一直是全球最大的软件市场。2005 年度其软件产业的年增长率为 9. 14%，规模达到 3 400 亿美元，占全球软件市场的 38. 6%，拥有全球 1/3 的顶尖软件人才，从业人员超过百万。从产业格局看，全球 90% 以上的操作系统、数据库管理软件及网络浏览器等基础软件和大部分通用套装软件、高端软件产品被美国公司所垄断，绝大部分产品标准的控制权也掌握在美国手中。从区域分布看，在全球软件市场中，美国软件市场是发展最为成熟的地区市场，代表了软件市场与技术发展的方向。从发展趋势看，网络化对软件产业的影响是巨大而深远的。美国正将重点转移到网络软件的核心技术和产品上，以微软为代表的世界软件巨头正试图在网络时代建立新的垄断联盟。从国际产业分工来看，美国公司掌握着多数软件的核心技术，又有非常完善的风险投资机制，资金供给相对充足。因此，美国的软件产业优势主要集中在技术、资金密集的领域，如平台类软件、基础类软件和大量的创新软件产品等。从产业组成上来看，美国的软件产业主要由三个部分组成：一是以商业销售或租赁为目的，设计和生产软件产品的公司；二是开发因特网和电子商务技术，提供网上信息和服务的公司；三是专为计算机提供软件服务的公司。美国软件产品主要分为系统基础设施软件（占 23%）、应用软件（占 51%）、软件开发工具（占 26%）三大类。

（3）信息内容产业引领发展方向。信息内容产业或者说数字内容产业在美国一般被称为电子内容（e-content）产业。信息内容产业最先在美国诞生和成长，然后被世界各国所认识和重视的。美国的信息内容产业也一直是世界信息内容产业的领跑者和风向标。

二、2005 年世界电子信息产业发展特点

2004 年的增长高峰后，2005 年全球电子信息产业发展出现了新的特点。

（一）技术标准和知识产权成为争夺产业制高点的重要手段

电子信息产业是一个市场竞争异常激烈的产业，而作为一种重要的竞争手段，技术标准和知识产权的争夺已为越来越多的企业所重视。目前，一些发达国家在核心技术和关键领域具有明显的优势。从企业拥有技术专利的排名来看，在美国专利与商标局公布的最新专利排名中，世界最大的计算机服务公司 IBM 拥有的技术专利连续 13 年保持了世界第一的位置，2005 年拥有专利数量为 2 941 件，比位居第二的佳能公司高出 1 113 件。在计算机领域，2005 年，64 位处理器发布、双核处理器进入个人电脑领域、液晶显示器成为主流、笔记本电脑越来越大众化、各种配件同步升级换代，美国 Intel 和 AMD 公司因为掌握核心关键技术而成为主导产业发展的领导企业，拥有自主知识产权，具有产业的垂直整合能力，控制着整个产业的游戏规则；在软件领域，如果企业的产品或服务能领先成为事实标准，就能产生锁定效应，从而获取高额市场利润。2005 年，在网格计算标准方面，Globus 联盟、IBM 和 HP 等联合发布了新的网格标准草案 WS-RF（Web Services Resource Framework），在 Linux 标准方面，中、日、韩就三国的双字节语音输入、语音打印输出、字库、公文传递等内容提出了相应标准，同时加强与 FSG 合作，开展标准化基准（LSB）版本 2（LSB2.0）的翻译转化测试认证工作；在通信领域，绝大多数通信技术领域的专利掌握在发达国家手中，美国在语音通信、信息传输、图像通信、多路复用通信等方面具有较大优势，而日本在图像通信、传输技术专利方面表现活跃，此外，韩国在通信技术方面的专利数量已超过德国、荷兰、法国、加拿大、英国和瑞士等国家。

（二）设计个性化和生产规模化成为电子信息产品的显著特征

目前，消费个性化逐渐成为潮流，人们对电子信息产品的需求越来越多样化，这也是知识经济时代的重要特点。为了适应这一市场变化，柔性生产技术得到快速发展，满足不同消费群需求的产品应运而生。同时，电子信息产品大部分具有显著的规模经济效益，达不到一定生产规模，产品则很难在市场竞争中立足。目前，产品的生产规模越来越大，跨国公司彩电年产量一般在 400 万台以上，个人计算机（通信产品）年产量规模普遍在 500 万台（万线）以上，彩管产量 300 万只以上，片式电阻的月产量甚至达到 100 亿只以上，主要片式钽电容器生产企业年产量均在 15 亿只以上。因此，电子信息产业的进入门槛越来越高，没有巨额的资金投入很难形成真正有竞争力的产品。

（三）制造环节利润率进一步下降

近年来，电子信息产业制造环节利润率持续下降，而产品设计能力，特别是外观设计能力成为满足消费者体验的关键成功因素。2005 年，中国电子信息产业实现销售收入 38 411 亿元，同比增长 24.8%，然而利润却只有 1 307 亿元，同比增长仅为 5.2%，行业利润率降至 3.4% 的谷底。而韩国很多企业重视消费者体验，如三星电子遵循贴近市场需求的产品设计路线，在全球各地设立了多家设计学院，并与国际知名的 Parsons School of Design 合作，设立了 Samsung Art and Design Institute，以激发员工的外观设计创意。为贴近市场需求，三星电子还在全球设立了 13 家研发中心，专门从事面向当地市场的产品研发，定期调查消费者需求，再针对他们的需求进行个性化的外观设计。

（四）竞争与合作成为跨国公司生存和发展的重要途径

跨国公司凭借其领先的技术和产品优势、强大的研发能力和人才基础、卓越的品牌形象、世界化的物流网络、巨大的资金规模、丰富的管理经验，在世界范围内配置、整合和利用资源，成为世界电子信息产业国际分工的主导力量，从而越来越深刻地影响着世界产业竞争格局。跨国公司之间一方面进行激烈的市场竞争，甚至发生购并，另一方面，出于商业模式的变迁或研发成本与风险等考量，跨国公司之间也进行不同层次的合作。在同一竞争行业内，如集成电路领域，技术发展到 65 纳米以后，更多厂商选择联合研发和制造，如 ST、飞利浦和飞思卡尔合作的 Crolles2 微电子联盟，IBM、英飞凌、特许和三星组成的 65 纳米和 45 纳米技术项目，以富士通、NEC 电子、瑞萨和东芝为核心，包括 11 家主要的日本半导体制造商组成的半导体前沿技术公司研发协会（Selete），台联电、ARM、Artisan、美国国家半导体和 Synopsys 之间的五方合作等。在不同行业之间，摩托罗拉宣布与 Google 合作，将在其手机里加入具有 Google 搜索引擎功能的软件，用户可以用手机网上搜索，同时用户还可以对地点精确查找；松下、三星与美国有线电视运营商 Comcast 合作，共同推广高清电视机顶盒；摩托罗拉与柯达签定了长达 10 年的合作计划，使手机用户可以使用快捷键方便地发送、存储和打印图片等。

（五）亚太地区的地位愈发凸显

当前，电子信息产业的国际梯次转移趋势方兴未艾。发达国家在加强技术创新的同时，把相对成熟的产品和产业

向发展中国家转移。作为世界电子信息产业发展最快的地区，亚太地区无疑吸引了最多的投资者。在计算机领域，亚太地区在世界计算机产业格局中的重要性不断提升，2004 年亚太地区在世界计算机类产品市场的份额达到 11.1%，比 2001 年提高了近两个百分点。2005 年，受到价格以及笔记本市场的火爆等因素拉动，整个亚太地区（不包括日本）2005 年的 PC 销售量达到了 4 110 万台，增长率达到了 5 年以来的最高点，18%。在软件领域，由于软件业的分工越来越细，软件和服务的国际外包也越来越普遍，特别是一些劳动密集型软件生产环节，正在加速向中国、印度等发展中国家转移。在半导体领域，到 2005 年 12 月，亚太地区的半导体销售收入占世界销售收入的 46.6%。在电信领域，亚太地区逐渐发展成为世界移动通信的制造中心和世界最大的移动用户市场。未来几年，亚太市场将成为欧美市场之外的第二大区域。

这些重要领域发生的情况表明，世界电子信息产业的重心正在全面向亚太地区转移。其中，中国由于政治稳定、要素价格低廉、人力资源充足以及消费市场潜力巨大，吸引了欧美以及日本企业等纷纷来华建立生产基地，产能的转移推动了中国市场的快速增长。目前，中国在世界电子信息产业中具有举足轻重的地位。2005 年，中国生产手机 3.04 亿部，出口 2.28 亿部，生产的手机占到世界手机出货量的 36.8%；生产彩电超过 8 000 万台，出口 3 975 万台，彩电产量占到世界产量的 50% 以上；生产计算机 8 083.8 万台（其中笔记本电脑生产量达 4 564.8 万台），出口 4 758 万台；打印机、显示器、软驱、光驱、鼠标、键盘、耗材都形成大规模生产，并大量出口。从需求来看，2005 年，中国进口电子信息产品 2 205.6 亿美元，已成为许多电子信息产品的重要进口市场。如 2005 年中国进口集成电路 753.7 亿块，合 810.24 亿美元。可见，中国电子信息产业或市场需求的波动势必对世界电子信息产业供需产生重要影响。

（六）美欧企业整体发展势头强劲

根据美国信息产业技术协会和弗雷斯特研究公司的统计显示，2005 年第三季度，美国科技部门指数达到 121.6，同比上升了 3.5%，接近 2004 年第四季度创纪录的 122.3。这表明美国电子信息产业已渡过衰退期，其目前的增长速度已接近历史最高水平。

从企业情况看，2005 年，美国和欧洲的 IT 企业效益继续提高，整体发展势头强劲。

第一，上游半导体企业业绩表现突出。2005 年，全球通信、计算机、消费类电子信息产品市场需求继续增长，尤其是笔记本电脑、手机芯片和消费电子芯片市场需求的提升，带动了欧美半导体的旺销，企业佳绩频传。如在 2005 财年，高通公司营业收入达到 56.7 亿美元，同比增长 16%，实现净利润 21.4 亿美元，同比增长 24.4%。高通公司绝大部分利润都来自 CDMA 标准专利授权和 CDMA 手机中使用的几乎所有芯片。

表 6　2005 年第三财政季度欧美主要移动通信制造企业业绩比较

项　目 企业名称	营业收入	同比增长/%	净利润	同比增长/%	利润率/%
高通	56.7 亿美元	16	21.4 亿美元	24.4	37.74
英特尔	99.6 亿美元	18	20.0 亿美元	5	20.01
AMD	—	—	0.76 亿欧元	72.4	—
德州仪器	35.9 亿欧元	10	6.31 亿欧元	12	17.58
飞利浦	76.3 亿欧元	5	—	—	—

注：高通数据为 2005 财年全年。

数据来源：根据跨国公司公开财报整理。

由于微处理器产品的热销，英特尔、AMD 继续保持 2005 年第二季度以来的良好发展态势。其中，英特尔第三季度营业收入达到 99.6 亿美元，同比增长 18%，净利润为 20 亿美元，同比增长 5%；AMD 实现净利润 7 600 万美元，同比增长 72.73%；手机芯片巨头德州仪器第三季度实现的营业收入和净利润同比增幅也都在两位数。在欧洲，家庭娱乐设备的需求强劲增长，带动半导体需求上升，其中飞利浦的销售收入增长了 5%，达到 76.3 亿欧元。iSuppli 根据 2005 年预期收入对 25 家最大的半导体公司进行了排名，其总收入占到了芯片产业总收入的 71.1%。其中，排名首位的英特尔依靠 14.4% 的年增长率继续领先，2005 年半导体收入达到 358 亿美元，占业界总收入的 15.1%。

第二，通信产品市场需求继续扩大。据 IDC 统计，2005 年第三季度全球手机出货量达到 2.083 亿部，创历史新高。前五大手机公司都取得了快速增长，诺基亚出货量同比增长 29.6%，市场份额由 2004 年同期的 29.4% 提高到 32%；摩托罗拉出货量增长了 66%，市场份额也升至 18.6%。第三季度，诺基亚实现销售收入 100.1 亿美元，同比增长 18%，净利润 10.5 亿美元，同比增长 53.3%；摩托罗拉销售额为 94.2 亿美元，同比增长 26%，净利润 17.5 亿美元，是 2004 年同期的 3 倍以上。此外，法国阿尔卡特、瑞典爱立信、由索尼和爱立信公司合资成立的索尼爱立信公司也取得了较好的业绩。

手机巨头业绩良好的主要原因在于：一是智能手机的连续上市使消费者对智能手机的需求猛增；二是企业继续加大市场营销和研发的投入，不断开发出领导潮流的新产品，如摩托罗拉推出了多款市场热销机型，其中获得多项影像大奖的两百万像素、自动对焦手机，一经推出就风靡全球。

表7　2005年第三财政季度欧美主要移动通信制造企业业绩情况

企业名称＼项目	营业收入	同比增长/%	净利润	同比增长/%
诺基亚	100.1亿美元	18	10.5亿美元	53.3
摩托罗拉	94.2亿美元	26	17.5亿美元	300
阿尔卡特	32.89亿欧元	8.8	2.66亿欧元	36
索尼爱立信	20.55亿欧元	22	1.04亿欧元	13.6
爱立信	41.4亿美元	14	6.75亿美元	22

数据来源：根据跨国公司公开财报整理。

第三，计算机及外设需求平稳增长。除惠普外，美国其他计算机类大企业效益继续增长。由于笔记本电脑的热销以及市场份额的增加。戴尔2005年第二季度销售额为134.3亿美元，同比增长15%，净利润达到10.2亿美元，同比增长28%。苹果电脑第三季度销售额为36.8亿美元，同比增长57%，净利润4.3亿美元，同比增长3倍多。

第四，软件及服务业迅猛发展。2005年第三季度，软件业巨头微软实现营业收入97.4亿美元，同比增长6%，净利润为31.4亿美元，同比增长24%。商业软件巨头SAP营业收入20.1亿欧元，同比增长13%，其中软件授权收入为5.9亿欧元，比2004年同期增长20%，净利润达到3.34亿欧元，同比增长14.8%。IBM全球服务业收入增长3%，达到117亿美元，实现净利润15.2亿美元，比2004年同期增长22%。

第五，互联网继续保持繁荣。第三季度，网络搜索引擎Google实现营业收入15.78亿美元，同比增长96%，净利润达到3.81亿美元，同比增长6倍以上。此外，网络商eBay、门户网站雅虎的营业收入和利润也保持了快速增长。

（七）技术性贸易壁垒（TBT）日渐滋长

美国、日本、欧盟等，凭借其自身的技术、经济优势，制定了比国际标准更为苛刻的技术标准、技术法规和技术认证制度等，以技术性贸易壁垒之名，行贸易保护主义之实。例如，要进入欧盟市场的产品都必须至少达到三个条件之一，即：(1) 符合欧洲标准EN，取得欧洲标准化委员会CEN的认证；(2) 与人身安全有关的产品，要取得欧盟安全认证标志CE；(3) 进入欧盟市场的企业，要取得ISO9000合格证书。同时，欧盟还明确要求进入其市场的产品凡涉及欧盟指令的，必须符合指令的要求，并通过一定的认证，才允许在欧洲统一市场流通。目前，美国已有认证体系60种左右，日本有25种，欧盟内部已有9种。再以电子、电器、机械类产品为例，强制性的颁发产品认证书的认证项目有美国的UL、加拿大的CSA、欧盟的CE等。这些认证标志已成为电子产品、机械产品输往美、加和欧盟的通行证。

从技术性贸易壁垒的发展前景来看，由于其具有不确定性和可塑性，因此在具体实施和操作时很容易被发达国家用来对国外产品制定针对性的技术标准，从而具备了实施灵活的特点。更为严重的是，WTO框架对这种以技术标准和技术法规形式存在的技术壁垒是许可的，而且目前WTO也正在制定国际性的技术标准和技术法规，一旦被通过，对发展中国家的影响很大，从而技术性贸易壁垒有了形式上的合法性。在关税税率持续下降以及一般非关税壁垒不断被消除和规范的情况下，TBT将成为逐步替代关税和一般非关税壁垒的重要贸易壁垒，成为发达国家实行贸易保护主义的主要手段和高级形式。可以预见，今后因TBT引发的贸易争端将越来越多。

三、2006年世界电子信息产业发展趋势

当前，世界经济进入新一轮增长周期。一方面，美国经济已进入自主增长阶段，个人消费开支、企业非住宅投资、进出口贸易保持较快增长。另一方面，亚洲经济发展得益于需求的不断扩大、区域内经济贸易更加紧密的合作和投资的不断增加，已成为全球经济最活跃的地区。世界经济的强劲增长为国际投资环境的改善创造了宽松的环境，使跨国公司的投资信心得到恢复和增强，为电子信息产业发展奠定了良好的基础。2006年，世界电子信息产业发展将呈现出新的趋势。

（一）产业规模将保持10%左右的增长率

伴随消费类电子产品需求的上升以及PC与移动电话的替换潮，2006年世界电子信息产业仍然是局部调整与总体增长并存，许多跨国公司在进行自身业务的重组和调整，同时IT技术创新不断，技术应用广泛深入推进，3C融合加快，多功

能新产品不断进入市场，英特尔将推出移动版双内核处理器，微软将推出新版本的 Office 软件。平板电视继续蚕食 CRT 市场，手机电视和移动电视市场呈爆炸性增长。

消费类电子信息产品市场用户推崇多功能产品，如具备拍照及日程安排功能的手机等。预计 2006 年美国消费类电子信息产品市场将突破 1 400 亿美元，欧洲达到 1 000 亿美元，中国突破 600 亿美元，由此将带动相关上下游产业的快速发展。移动通信增势不减，2006 年全球手机用户将达到 20 亿，手机销售量将突破 8 亿部，其中可拍照手机将达到 3 亿部，3G 手机将突破 1 亿部大关。PC 销售平稳增长。2006 年全球 PC 销售量将达到 2.2 亿台，其中笔记本电脑将突破 7 500 万台。互联网依旧繁荣。Google 等继续引领互联网全球化潮流，触角将覆盖更多领域。

2006－2010 年，世界电子信息产业将保持 10% 左右的增长率，2006 年总规模将达到 2.8 万亿美元。到 2010 年，产业总规模将达到 4.3 万亿美元左右。

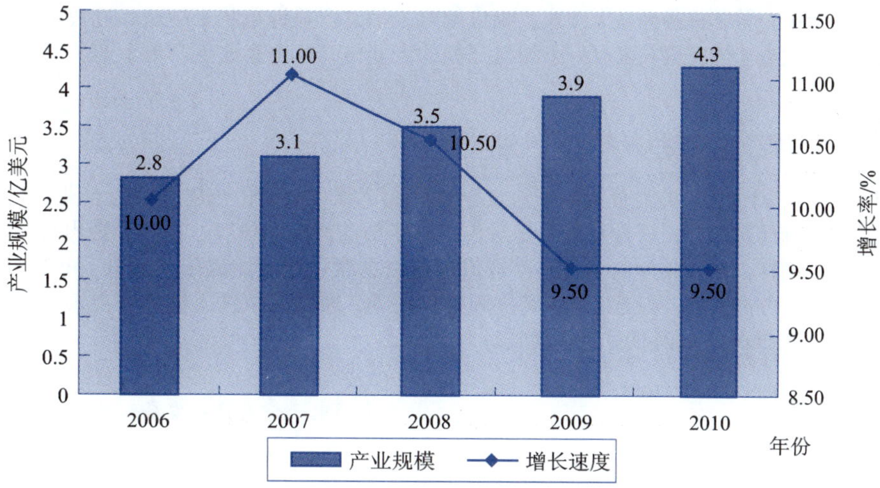

图 3　2006－2010 年世界电子信息产业规模及增长

（二）产业融合趋势更加明显

随着信息技术在国民经济和社会的广泛应用，行业边界日趋模糊。信息技术与机械、汽车、能源、交通、轻纺、建筑、冶金等技术互相融合，形成了新的技术领域和更为广阔的产品门类；电信网、有线电视网和计算机通信网相互渗透、彼此融合、交叉经营、资源共享；随着数字化技术的广泛应用和电子信息产品的共享，个人计算机、传真机、手机等大量进入家庭，使投资类和消费类产品的边界趋于模糊；3C 技术的融合，使传统家用电器、计算机、通信终端逐步融为一体的信息家电出现。数字电视、机顶盒、数字音视频产品以及各类数字化终端等新型产品发展非常迅速。

数字化更深层次的发展使信息技术与其他技术、电子信息产业与其他产业日益融合。一方面，电子信息产业在各行各业的应用中找到大市场，各种电子信息产品作为中间产品广泛渗透到其他产业的产品之中，形成具有行业特征的新兴电子信息产业群，例如，数字技术和传统彩电行业结合，产生了数字电视产业；数字技术与汽车行业结合，产生了汽车电子产业；数字技术和娱乐、玩具行业的结合，产生了娱乐电子行业；数字技术与传统信息服务业结合，形成了数字内容产业等等。另一方面，其他各产业由于大量装备电子信息产品，从而表现出电子化和信息化的新特征，这使传统产业的产品附加值和技术含量大幅度提高，重新焕发出勃勃生机。

电子信息产业与其他产业的融合，拓宽了其进一步发展的市场空间。数字电视、汽车电子、医疗电子、内容服务等产业都将有上千亿美元的规模，这是电子信息产业发展的大趋势。

（三）产业集聚和有机分工趋势进一步深化

电子信息产业具有广泛的国际性，其世界性采购、世界性生产、世界性经销的趋势日益明显。在电子信息产业价值链重组过程中，其国际转移出现了产业积聚和有机分工并存的现象。电子信息产业区域积聚不仅在发达国家出现，也在一些发展中国家出现。在美国，在世界市场占有明显竞争优势的集成电路和软件产业，很大程度上依赖的就是美国斯坦福大学附近的硅谷以及麻省理工学院四周的波士顿 128 号公路等科学园。在北欧诸国，电子信息产业发展主要依靠几个大的跨国公司，如瑞典主要是爱立信和 ABB，芬兰主要是诺基亚。瑞典电子信息产业主要集中在斯德哥尔摩和瑞典东南部地区，芬兰则依靠奥鲁科学园等 10 个园区。在印度，软件生产和出口主要集中在全国的 20 多个软件技术园区，这些软件园中企业的出口额占全国出口总额的 80%，是印度软件产业的主力军。在日本，集成电路生产主要集中在九州岛熊本高技术城。在中国，已经形成了三大电子信息产业集聚带，分别是以上海为龙头的长江三角洲地区，以广州、深圳为中心的珠江三角洲和以北京－天津为轴线的环渤海地区。这三大地区的电子信息产业工业总产值占全国的比重约为80%。

在电子信息产业积聚出现的同时，产业分工越来越细，其主要推动力是国际产业梯次转移和信息技术在企业管理中的深入应用。从电子信息产业的国际产业结构调整和国际化梯次转移来看，当前，发达国家日益重视发展以知识为基础的新经济，注重发展服务业和环保产业，鼓励制造工厂向国外搬迁和投资。这一调整的结果是，美国、日本和欧洲发达国家发展知识密集型产业，新兴工业化国家和地区发展技术密集型产业，劳动密集型和一般技术密集型产业则向发展中国家转移。就信息技术在管理中的应用来说，这使管理信息系统得到普及，提高了企业利用信息的能力。通过EDI、ERP、CRM、Internet、电子商务等，企业间可以实现信息互联、信息共享，有效地解决了企业协作中的信息不对称问题，提高了合作效率，降低了合作风险。这使得很多企业愿意把非核心业务外包出去，从外部获得中间产品的供应，从而集中资源和精力专门发展核心业务。这种外部化发展的倾向，让企业之间的分工越来越深入和细致，每个企业主要是专业化地生产某个零部件甚至某个工序，相应地电子信息产业链也越来越长。过去是一个企业完成整个产品的生产，现在是一个产业链才能完成。没有一个相对完整的产业链，单个企业生产单个产品的生产组织方式将是难以生存的。

（四）传统电子信息企业进入转型热潮期

2005年，以日、韩及中国为代表的消费类电子信息企业利润下滑，迫使传统电子信息企业进行经营战略的转型、组织结构的变革和生产流程的重组等，最为明显的是对传统电子信息产品的扬弃。三洋计划出售其OLED业务，并将停止在日本销售电视机。同样，已经成为电子信息产业时尚代表的索尼也将缩减传统家电、电脑等亏损部门的规模，而向游戏、娱乐、高画质等方向发展。同时，苹果将进入手机领域，摩托罗拉进入数字电视领域。产业有退有进，资源优化整合，有助于企业在2006年陆续恢复稳定增长。

中国电子信息产业发展研究院IT经济研究所　童有好

3

2004－2005年世界软件产业发展综述

一、产业发展现状分析

（一）产业规模

随着全球经济和社会发展需求的变化，信息产业的全球性结构调整日益明显，由硬件主导型向软件和服务主导型发展。软件产业作为极其重要的战略性、支柱性和先导性产业，是智力密集型的高技术产业，是信息产业的核心与灵魂，已经成为推动一个国家和地区经济发展的重要动力。为抢得发展先机，确立在全球软件产业链中的有利地位，无论是发达国家还是发展中国家，都纷纷制定了立足本国国情的软件产业发展目标和发展战略，采取了一系列配套的政策措施。近几年，全球软件产业（软件及相关服务业）保持了稳定的增长速度，2005年产业规模达到8 804亿美元，比2004年增长了12.5%。表1和图1为2001－2005年全球软件产业规模及增长情况。

表1　2001－2005年全球软件产业规模与增长

年份	项目＼国家和地区	中国	美国	西欧	日本	印度	韩国	全球
2001	产业规模/亿美元	96.3	2 612.0	1 980.0	660.5	102.3	99.0	6 219
	在全球所占份额/%	1.50	42.00	31.80	10.60	1.60	1.60	100
2002	产业规模/亿美元	133.0	2 797.0	2 159.0	712.0	122.0	168.3	6 965
	在全球所占份额/%	1.91	40.16	31.00	10.22	1.75	2.42	100
	增长率/%	46.5	7.1	9.0	7.8	19.3	69.7	12.0
2003	产业规模/亿美元	193.0	2 967.0	2 248.0	785.0	160.0	201.0	7 480
	在全球所占份额/%	2.58	39.67	30.05	10.49	2.14	2.69	100
	增长率/%	47.4	10.8	12.1	8.1	39.3	50.0	14.1
2004	产业规模/亿美元	278.1	3 115.0	2 382.0	832.0	200.0	207.0	7 826
	在全球所占份额/%	3.55	39.8	30.44	10.63	2.56	2.65	100
	增长率/%	38.0	9.7	10.5	11.8	21.2	21.4	11.5

续表

年份	国家和地区 / 项目	中国	美国	西欧	日本	印度	韩国	全球
2005	产业规模/亿美元	365.0	3 400.0	2 620.0	955.2	268.5	271.0	8 804
	在全球所占份额/%	4.14	38.6	29.75	10.85	3.05	3.07	100
	增长率/%	37.3	9.14	10.0	14.8	34.2	31.0	12.5

数据来源：根据《中国软件产业发展研究》及相关资料整理。

美国作为垄断性软件大国，其软件销售额占世界软件销售总额的1/3以上，美国的软件商几乎垄断了全世界的操作系统及数据库市场。日本的软件与信息服务业依靠其国内强大的市场需求，发展良好。欧洲在应用软件方面有很强的开发能力，尤其在通信软件、企业管理软件方面，其产品在国际市场上占有较高的份额。

（二）产业结构

在2005年全球软件产业结构中，软件产品以7.0%的增长率保持了平稳增长，而信息服务的增长率为14.5%；信息服务在产业结构中的比重持续增长，所占比例由2004年的72.7%上升到2005年的74.1%。表2为2004－2005年全球软件产品和信息服务总量与增长，图1为2004年和2005年全球软件产业结构。

表2　2004－2005年全球软件产品和信息服务总量与增长

产品或服务 / 项目	软件产品	信息服务	合　计
2004年/亿美元	2 134	5 692	7 826
2005年/亿美元	2 284	6 520	8 804
增长率/%	7.0	14.5	12.5

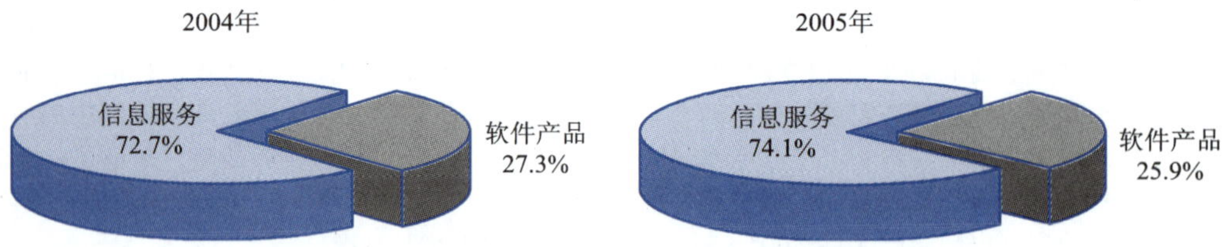

图1　2004年与2005年全球软件产业结构

（三）软件出口及外包

世界软件外包的发包市场主要集中在北美、西欧和日本等国家和地区，外包的接包市场主要是印度、爱尔兰等国家。印度软件业80%的收入依赖软件外包业务，印度已经成为软件外包的第一大国；爱尔兰则在欧洲占据领先地位；菲律宾、巴西、中国、俄罗斯、澳大利亚以及一些东欧国家也加入了世界软件外包的竞争行列。

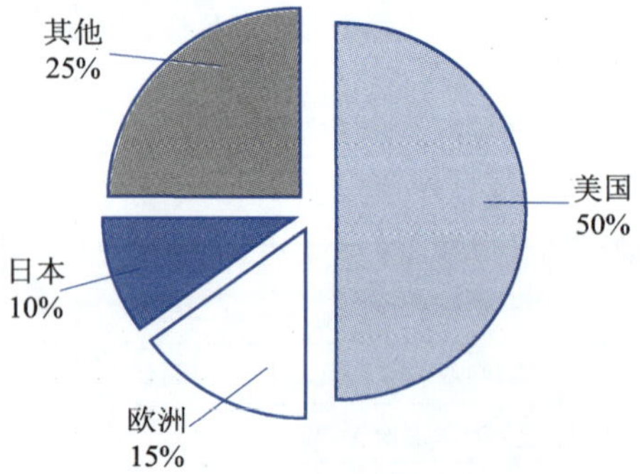

图2　2005年全球软件外包发包构成图

在北美的软件外包市场，印度软件公司一统天下；而爱尔兰则在欧洲的软件外包市场上一路领先。爱尔兰企业主要从事面向欧洲的软件产品本地化以及软件产品开发，因其在欧洲市场的强大影响力而被称为“欧洲软件之都”、“欧洲硅谷”等。爱尔兰选择软件本地化作为发展软件产业的切入点，根据欧洲市场20多种不同语言的实际需要，将自己定位为大型软件跨国公司产品欧化版本的加工基地，许多大型软件公司纷纷选择爱尔兰作为进入欧洲市场的桥头堡。如今，爱尔兰已经成为世界大型软件公司进入欧洲市场的门户和集散地，成为全球最大的软件本地化供应基地，排名前10位的国际软件公司中有7家在爱尔兰设立了分公司。

在北美市场被印度垄断、欧洲市场被爱尔兰垄断的情况下，基于相似的文化背景和商业传统以及地缘优势，中国在日本的软件外包市场占得优势。对日软件外包服务带动中国软件外包服务产业迅速增长，辽宁和北京地区是对日软件外包服务的主要市场。正是认识到全球软件外包产业所潜藏的巨大市场机会，中国政府调整战略，在保持对日软件外包服务优势竞争力的同时，启动“欧美软件出口工程”，推动本国软件外包服务产业在日本、欧美两个市场同步前进。软件外包服务已经成为中国软件产业的重点战略。

在全球软件外包产业格局中，一个明显的特点是发包市场和接包市场比较集中。目前，发包市场主要集中于美国、欧洲、日本等国家和地区，其中，美国作为全球最大的软件产业大国，其软件发包规模占了全球市场的50%左右，欧洲占15%左右，日本占10%左右。2005 年全球软件外包、发包市场竞争格局如图 2 所示。

二、2005 年世界主要软件生产国家和地区产业发展概述

软件产业是当前世界上增长最快的朝阳产业之一，并将成为21 世纪推动世界经济发展和社会进步的重要动力。近年来，OECD 主要国家软件业平均以 11%以上的增长率快速发展。据对各国软件业发展的轨迹分析，虽然各国的产业规模和出口额相差较大，但其成功的因素可归纳为以下几点：

（1）严格保护软件知识产权，营造“谁投资谁受益”的良好商业和法治氛围；

（2）服务到位的融资机构，促进软件成果快速转化；

（3）高素质的软件专业人才，配合制定灵活的技术移民政策；

（4）第一流的大学教育，迅速适应市场对人才的需求；

（5）发达的通信设施；

（6）长期磨炼的企业家精神；

（7）巨大的市场需求。

（一）美国

1. 产业发展概况

20 世纪 90 年代以来，美国是全球最大的软件市场，2005 年度其软件产业的年增长率为 9. 14%，规模达到 3 400 亿美元，占全球软件市场的 38. 6%；拥有全球三分之一的顶尖软件人才，从业人员超过百万。软件人才的来源主要是学校、大公司的研发机构和中小公司的研究开发部门。

美国的软件企业发展遥遥领先于其他国家。美国共有软件企业 8 万多家。世界 500 强软件企业前 10 位中，有 8 个公司的总部设在美国，其中包括微软、思科、IBM、甲骨文、SUN 等。除了一些强有力的公司，美国还有成千上万家小型软件公司。美国软件企业的模式主要有三种：一是硅谷模式，这类企业以被大公司收购为创立目的，着重研发大公司产品欠缺的部分或有缺陷部分的补丁；二是市场引导模式，企业具有很强的市场推动能力，根据市场需求和空白开发产品；三是集成和销售模式以提供解决方案为主。

软件外包在美国已经蔚然成风，大概有超过 70% 的美国软件公司都选择了软件外包。软件产品在美国的出口份额中也占有一定的比例。美国软件生产公司在 2005 年的贸易顺差达 300 亿美元。由于世界许多国家的政府和企业都在增加软件方面的预算，美国软件公司计划扩大国际销售量，预计在 2006 年其贸易顺差将达到 350 亿美元。

2. 发展特点

从产业格局看，全球 90% 以上的操作系统、数据库管理软件及网络浏览器等基础软件和大部分通用套装软件、高端软件产品都被美国所垄断，绝大部分产品标准的控制权也掌握在美国手中。美国是全球最大的软件出口国，正利用其垄断地位获取丰厚的超额利润。从区域分布看，在全球软件市场中，美国软件市场是发展最为成熟的地区市场，代表了软件市场与技术发展的方向。从发展趋势上看，网络化对软件产业的影响是巨大和深远的。美国正将重点转移到网络软件的核心技术和产品上，以微软为代表的世界软件巨头正试图在网络时代建立新的垄断联盟。从国际产业分工来看，美国公司掌握着多数软件的核心技术，又有非常完善的风险机制，资金供给相对充足。因此，美国的软件产业优势主要集中在技术、资金密集的软件领域，如平台类软件、基础类软件和大量的创新软件产品。从产业组成上看，美国的软件产业主要由三个部分组成：第一，以商业销售或租赁为目的，设计和生产软件产品的公司；第二，开发因特网和电子商务技术，提供网上信息和服务的公司；第三，专为计算机提供软件服务的公司。美国软件产品主要分为系统基础设施软件（占 23%）、应用软件（占 51%）和软件开发工具（占 26%）三大类。

政府在美国软件工业的发展中发挥了重大作用，提供了大量研发（R&D）资金。早期互联网（ARPANET）就是由美国政府提供资金以及为网络协议的发展提供技术支持和服务。直到今天，美国政府仍然在继续提供这类资金。另外，政府还为多种形式的 IT 培训和教育提供补贴。

（二）欧洲

欧盟启动了宏大的E-Europe计划来带动整个软件产业的发展，并鼓励开放源代码软件来构筑基础架构，以期在未来软件产业竞争格局中占得先机。欧盟的软件产业涵盖了信息化应用、服务外包、网络软件、嵌入式应用等关键领域和重点产品，其跨国公司拥有资本规模优势，研发投入量大且比例高，拥有大量专利技术和技术标准。随着用户信息应用结构化调整力度的加大，西欧软件企业显示出敏捷的反应能力，纷纷推出各种成套和工业化的解决方案以满足用户个性化的需求。同时，欧盟软件市场中，软件服务项目日趋丰富、企业资源外包业务增长迅速、网络娱乐软件换代频繁，形成了多极应用推动软件产业发展的态势。

1. 英国软件产业情况

软件产业是英国近年来增长速度最快的产业。自1993年以来，英国软件和计算机服务业一直保持17% ~24%的年增长速度。2005年英国软件和计算机服务产业的市场价值达到了649亿欧元。

目前，世界上主要国际软件企业均在英国设立了分支机构，从包括微软和Oracle等在内的世界著名软件公司到优秀的小型创新公司，英国共有4万多家软件企业，较为知名的有Sage、Misys、Logica等，其中，Sage集团是英国、法国、德国和美国的金融财务软件供应商，其中小企业商业和财务软件产品占世界市场的50%；Misys是英国拥有的最大的独立软件产品公司，同时是世界上最大的应用软件供应商之一，在作为其核心业务的银行系统领域是无可争议的世界第一；Logica公司的SMS系统在世界上具有领导地位。英国共有220万人从事与计算机相关的工作，其中软件和计算机服务业从业人员占了1/3。

2. 法国软件产业情况

全球信息技术开支项目的变化反映在法国市场上的特点是对软件和服务非常倚重而比较忽视硬件和相关从业人员。这种演变显示出一种走向信息功能外包化的趋势。与美国相比，法国政府比较重视软件的研究与开发工作，并将软件课题多次列为国家关键技术项目，推动了法国软件业的较快发展。2000－2004年法国软件产业的年平均增长率为10.8%，2005年法国软件产业的年产值约为162亿美元。

法国软件服务业市场与全球市场的结构多有相似之处，信息技术开支最大的行业为工业与能源业（30%），其次为金融业（近24%），电信业只占7%，但该行业属于信息技术开支成长率（14.8%）最快的部门之一（银行、商业与分销业为15%）。

近几年，随着法国家庭微机占有率的提高，不仅大大促进了日常办公软件（文件处理、预算管理）的销售，而且特别激励了娱乐软件（教育、文化、游戏等）的销售。而企业的软件需求更趋向于特殊软件产品，如各种定制软件以及用于因特网和网络（内联网和外联网）的漫游软件或各种数据安全保护软件。法国社会的许多职业必须掌握一种或多种特殊软件，如会计、审核、农户饲养和轮作管理、医院病人和处方管理等。面对各行各业对软件的需求，法国政府一方面开启技术移民的大门，从国外吸引包括软件人才在内的信息技术人才，另一方面则在政府实施的信息社会行动计划和科研优先领域中增加投人，促进软件业的研究与发展。

3. 德国软件产业情况

德国的强项不在于标准产品或者批量产品的生产，而在于研制个性化产品。德国软件业的主体中，有56%的公司专门开发应用软件产品，为特定的工业部门提供专用解决方案，一半以上开发定制软件的公司所开发的产品安装数量不足100套。

德国的软件产业既服务于生产行业也服务于服务行业。电子和机械工程设计公司已经被深深地卷入软件开发之中，有24%的软件开发公司在开发嵌入式软件，另外，还有77%的电子工程设计公司和60%的机械工程公司设计生产嵌入式软件。软件业的主体中，有55%的公司开发商用软件，最流行的是采购、会计和控制领域的应用软件。

到2005年，包括软件业在内的信息产业已成为德国最重要的支柱产业之一，在以软件产业为主体或非主体的企业中，软件人员数量有了飞跃式增长，从2000年的17.7万增长到2005年的38.5万人，增长率约为120%。大学和其他教育机构所提供的标准化课程无法满足社会对高级专业人才的需求，德国的大学每年计算机科学专业毕业的工程师平均约7 000 ~8 000人。

4. 意大利软件产业情况

意大利的软件业在经济与合作发展组织各成员中规模较小，据统计，1999年该国软件业产值约合33亿美元，占当年GDP的0.3%，年增长率为11%；目前现有软件企业42 020个，从业人员20.68万人。2005年该国软件业产值约为62亿美元。

当前，意大利软件市场的主要目标是发展应用系统的集成产品和决策数据系统的数据处理产品，特别是面向WEB

战略的基础产品。系统软件市场主要表现为与因特网技术有关的系统软件和与电子商务有关的系统软件发展较快，开发目标主要是提高软件的可靠性和安全性。应用软件仍呈现快速发展态势，主要发展方向包括企业资源规划系统、供应链管理系统、客户关系管理系统以及 CAD、CAE、CAM 系统等方面。

虽然软件业一直处于稳定增长的趋势，但 93.4% 的软件企业人数均少于 50 人。由于规模小，使得意大利的软件企业无法进行大规模的研发投资，从而影响其产品的改进，无法形成规模经济。所以多年来该国的软件业一直处于“手工作坊”式的生产方式之中。最近，软件企业加快了上市的步伐，预计这将会促进软件业的发展。妨碍该国软件业快速发展的另一因素是缺乏训练有素的软件人员。

5. 爱尔兰软件产业情况

在欧洲销售的配套软件中有 60% 是在爱尔兰生产的，而在欧洲销售的计算机有 40% 多是在爱尔兰制造的。因此，爱尔兰赢得了许多美誉，如“欧洲软件之都”、“新的硅谷”、“软件王国”和“有活力的高技术国家”等。近年来，爱尔兰软件业的发展模式基本成熟，具体内容是：依托本国的语言文化优势，积极吸纳国际资本的技术，专注于软件的本地化工作，成为美国 IT 业巨头软件产品进军欧洲市场的桥头堡。美国销往欧洲的软件产品都是在爱尔兰进行本地化的。

表 3　爱尔兰软件产业总额及在全球所占份额

年份 项目	1999	2000	2001	2002	2003	2004	2005
软件产业总额/亿美元	84	89	107	118	132	150	172.5
增长率/%	—	5.9	20.2	10.3	11.9	13.6	15.0

数据来源：http：//manufacture. icxo. com/htmlnews/2003/11/06/25746. htm 及估算

爱尔兰软件产品的 80% 左右用于出口，软件出口规模庞大，重点目标市场是欧洲和美国。在爱尔兰的外资公司通常是大型跨国公司在欧洲及中东、非洲的地区总部，主要出口地集中在上述地区。软件出口的重点领域是财务、通信、中间件、电子商务和软件本地化。

爱尔兰软件出口的技术层次复杂，包含了软件服务、应用软件、软件工具和系统软件等多个层面的产品，满足企业用户和普通消费者的多样化需求。其中，软件服务包含外包软件开发和软件方案的定制等内容；应用软件包含跨越行业的应用软件（如 ERP、CRM、SCM）、消费类软件（游戏、教育、多媒体、翻译）、办公软件等；软件工具包含信息获取工具、编程开发工具和软件开发工具等；系统软件包含安全软件、数据库中间件、操作系统软件、系统管理软件等。

爱尔兰软件产业的快速发展，很大程度上得益于政府自 70 年代末开始的产业政策倾斜和支持。爱尔兰是一个经济发展起步较晚的国家，又是一个资源并不丰富的农业国，因此如何选择发展工业的道路至关重要。爱尔兰政府以长期战略性的眼光来制定发展政策，选择了以出口为中心的战略发展方向，把软件产业作为本国经济长期发展的战略重点，加大投入力度，国家财政预算支出连年向该产业倾斜。

爱尔兰的软件产品中有占产值 80% 以上的产品用于出口，带动了国家经济的发展。发展中国家人才资源的成本较低，因此，从先进国家引进软件开发项目与技术进行开发，然后出口创汇是颇为可行的。同时，爱尔兰还向科技开发部门注入大量资金，大力扶植大学校园公司，在大学校园内设立高新科技园区，积极采取各种措施，加速信息技术人才的培养，并吸引海外高素质人才到爱尔兰工作。

（三）日本

1. 产业发展概况

日本软件企业起步于上世纪 60 年代末 70 年代初，当时创立的绝大部分软件企业均源自母公司的软件开发部门。在 80 年代经历了一个平稳的发展期后，90 年代初日本软件企业达到了发展的高峰期，不少现在的大型软件企业正是在这个时期急剧壮大直至问鼎日本信息产业界的。

日本官方一直把软件业作为信息服务的一部分进行分类。日本是全球第二大软件生产国和消费国，其 2005 年的软件产值比上年增长约 14.8%，达到 955.2 亿美元，占全球软件产值规模的 10.85% 左右。同年，日本软件出口额仅 0.82 亿美元，而进口额则为 55.62 亿美元，其中进口基础软件、应用软件和特种软件分别为 31.35 亿美元、18.57 亿美元和 5.69 亿美元。此外，日本的软件进口主要来自美国，其次为欧洲。

2. 发展特点

非事业部制的日本软件企业一般采用的是“经营－开发－后勤”这样一个模式来从事软件开发。这一点跟中国国内的软件企业比较相似。但要指出的是这里的“后勤”范围很广，包括企业的员工培训和发展计划、系统审计、信息化、企业经营等，与中国不同，日本的大中型 IT 企业均设有信息推进部这样一个由专业技能非常突出的人员构成的部门，专门从事企业信息化、软件复用体系构建、帮助中心（Helpdesk）、人才育成体系构建这样的“后勤工作”。也正是“后勤”方面资金投入、建设力度等方面的差距，决定了中、日软件企业实力对比上的根本差距。

日本政府十分重视国内信息化建设，依据“E-Japan 战略”，日本信息化的总体战略目标为“在五年内使日本成为世界最先进的信息化国家”。政府主要为信息化主体发挥作用提供必要的环境条件，并通过推进政府信息化，消除社会各阶层间存在的数字鸿沟，促进电子商务发展，确保信息安全等一系列战略措施目标的实现。2004 年，随着中小企业信息化建设的迅速推进，日本的企业应用软件市场需求仍然旺盛。目前越来越多的日本企业安装了 CRM、SCM、ERP 等应用管理软件，使用 ERP 的企业除了制造业之外，也逐渐扩展到了销售、通信和金融服务业。日本政府对中小企业的信息化提供了多方面的支持服务，如提供专用于信息化建设的补助金、举办信息化知识讲座、提供法律咨询服务等。政府的推动与内需的增长有效带动了日本软件产业的发展。

由日本著名大学、大企业以及政府有关部门和民间学术机构联合组成的“信息通信产业技术战略讨论委员会”出台了题为《信息通信产业技术战略》的研究报告，其中就软件产业的发展方向提出了若干建议。

第一，研究开发高效率、高稳定性的软件技术。随着数字革命的兴起，信息通信系统和网络将支撑经济社会的多个部分，系统的稳定性、可靠性和保密性尤为重要。为此，需开发在不可预见的恶劣环境下也能够使系统或网络稳定工作的软件，如软件本身能自动生成免疫功能、在访问数量突然集中的恶劣使用环境下也能稳定工作、部分故障不波及全体，从而不导致全系统瘫痪等。系统的使用者需要适应不同用途且具有高稳定性和高可靠性的软件，因此应有高效评价软件稳定性、可靠性的方法、软件修补方法以及评价软件开发技术的方法等。

第二，开发适应网络时代的通用操作系统。目前的操作系统绝大部分仅驱动计算机的应用软件，不能驱动网络机器，今后必须开发适应网络时代的通用操作系统。随着网络化的发展，多个计算机和家用电器、移动通信机相互联结形成网络，必须要有开放型的操作系统予以支持，并能够实现即时化、小型化和多语言化的操作。

第三，发展高效信息检索技术。个人或团体向网络发送的信息，无论数量和质量都向多样化、分散化发展，因此需要高效信息访问技术及超越现有检索方式的按照信息内容检索和适应通信环境的检索技术。不具备专业知识的老年人或儿童也能够高效率地获得信息，而且可确保用户个人隐私信息不向网络扩散，但又能自动收集、整理信息。根据每个用户的联网环境不同，建立考虑用户联网环境的信息检索技术，为此需进行包括自然语言处理技术在内的高级软件的研发。

第四，开发支持新型服务的信息存储技术。建设通过网络传输的包括动画、声音在内的任何信息的电子书店、电子图书馆，信息存储技术是必不可少的。今后，信息传播的途径除了新闻、书本之外，还有利用信息通信技术的新型服务、新的教育方法和教材等。因此需要开发支持这些技术的软件，在全世界随处利用已存储信息的技术和流通信息的通用站台。

（四）印度

1. 产业发展概况

在竞争激烈的全球软件市场中，印度在计算机软件方面的成就越来越引起世界的瞩目。世界银行对各国软件出口能力的调查结果表明，印度软件的出口规模、质量和成本三项综合指数居世界首位。印度目前是世界上五大软件供应国之一，印度的软件产品已远销世界 91 个国家，美国则是印度软件产品的最大市场。竞争优势使印度正在成为世界软件中心，世界许多著名的信息产业公司，如微软、英特尔、西门子、奥瑞克等都在印度建立了研发基地，单在班加罗尔就有 250 多家外国公司。在全球软件开发市场中，印度占据了 16.7% 的份额。

印度软件业成长为世界软件市场的一支生力军，主要得力于印度软件产业园。印度政府 1991 年发起了“软件技术园区计划”，并成立了相应的机构。软件技术园不仅为软件企业提供了良好的基础设施和快捷的服务，而且为政府的各项优惠政策和各项支持措施的实施提供了组织保障，为促进印度软件产业的出口起到了十分重要的作用。目前在该计划的指导下有 1 300 多家软件出口公司，创造了印度 70% 的软件出口额。

表 4　近年印度软件产业产值及出口情况

年份＼项目	产值/亿美元	产值增长率/%	出口额/亿美元	出口增长率/%
2001	102.3	15.6	77.8	25.5
2002	122.0	19.3	99.8	28.3
2003	160.0	39.3	130.0	30.3
2004	200.0	21.2	173.0	33.1
2005	268.5	34.2	—	—

资料来源：印度软件服务行业协会

截至2005年，印度软件产业占据了整个IT产业总产值76.5%的份额，软件出口占据了印度出口总额的20.4%。软件产业对GDP的贡献率也由1997年的0.72%增长至2003年的2.38%。印度还培育出一批像Tata、Infosys、Wipro和Satyam等在国际软件行业具有一定知名度和竞争实力的软件大公司，而2003年印度软件出口排名前五位公司的出口总额就超过了中国（见表4）。在印度软件产业发展过程中，还逐渐形成了一批软件科技园区和基地。其中位于班加罗尔的软件园区更被称为印度的“软件之都”、“全球十大硅谷之一”以及“全球第五大信息中心”。

2. 发展特点

印度软件产业独特的发展背景促使其在发展过程中形成了独特的产业特点。

（1）软件产业外向型特征显著。一方面，印度软件出口在整个软件产业中占据了重要的地位，近几年印度软件出口为整个软件产业贡献了60%的产值。2003年印度软件出口达到95.5亿美元，2004年达到122亿美元。另一方面，印度软件产业资本的相当部分来自于国际资本。早在20世纪80年代，国际资本就开始在印度进行以建立信息处理基地为核心的海外投资活动。而国际知名IT企业，如微软、摩托罗拉等，都在印度建立了研发中心和生产工厂。另外，印度本土的软件企业也直接面向境外资本市场，在国外证券市场开展融资活动。但另一方面，与国内经济体系的脱节已成为制约印度软件产业可持续发展的障碍。印度软件产业国内市场销售额远远落后于同年印度的软件出口额。

（2）软件产业结构不合理，国内市场发展缓慢。一直以来，印度软件产业的发展都是为出口所驱动，其出口的业绩辉煌，而其国内市场发展缓慢。多年来，印度软件产业两个市场分割严重，国内市场仅占整个产业约35%的份额，而且，国内市场的发展速度一直落后于出口业务。其原因之一是因为印度国内信息化程度比较低，国内市场需求不旺盛。

（3）软件企业以承接外包业务为主，缺少自主知识产权的软件产品。印度软件产业在坚持以出口为导向的前提下，大力发展海外软件外包业务。软件外包是基于劳动力资源的代工服务，主要从事的是非核心、非知识产权的低附加值服务。这不但不能提高软件企业的技术水平、不能获得有知识产权的技术成果，而且使得印度软件产业长期处于世界软件产业价值链的末端，印度软件企业不能获得更多的利润。基于外包服务的发展模式，印度软件企业主要是参与海外公司的低端软件编写和开发业务，很少从事立足印度本土的软件开发。因此，印度国内十分缺少具有自主知识产权的软件产品。

印度拥有仅次于美国的第二大科技人才储备库。这些专业技术人员不仅技术过硬，通晓英文，且劳动力成本相对低廉。印度软件人员的月工资相当于发达国家的1/10～1/5。

印度采取国家、企业、私人并举，产学研相结合的人才培养方式，建立科技人才储备库。具体地说有三个途径。一是依靠高等院校。早在20世纪50年代末和60年代初，依靠联合国及英、美、苏、西德等国的援助，印度建立了5所世界一流的理工学院，其毕业生质量可与美国麻省理工学院的大学生媲美。如今，印度有400余所大专院校设置了计算机专业，电子部为其中250余所院校提供一定的教学经费，每年培养毕业生1万余人。二是依靠民办或私营机构培训人才。目前这类机构大约有700多家，每年取得证书的软件人才有数万人。三是软件企业自身建立培训机构。印度的信息公司特别重视培养计算机应用专家、系统分析员等，印度政府还在全国250所机构开设电脑课程，在大约3 000所中学推出“中学计算机扫盲和学习计划”。

表5 印度IT劳动力供给情况

项 目 \ 年 份	2003－2004	2004－2005	2005－2006	2006－2007	2007－2008
工程师数量/人	316 000	365 000	441 000	501 000	536 000
学位（四年制）/人	139 000	170 000	222 000	270 000	290 000
证书&MCA（三年制）/人	177 000	195 000	219 000	231 000	246 000
IT专家数量/人	179 000	201 000	246 000	280 000	303 000
IT工程师（学位）/人	84 000	102 000	133 000	162 000	180 000
IT工程师（证书）/人	95 000	99 000	113 000	118 000	123 000

数据来源：Strategic Review 2006——the IT Industry in India

印度已把计算机教育作为高中生的必修课，电视台开设了针对儿童的基础讲座，针对成人的软件培训机构如雨后春笋般涌现，IBM、微软、英特尔等大公司也与印度联合办学，这不仅为印度提供了大量资金，更重要的是帮助印度公司引进了国际最先进的信息技术。目前，印度每年可培养约7万名软件技术人员，印度软件专家的人数以每年超过50%的比率递增，如表5所示印度最近几年的IT人员供给情况。

（五）韩国

1. 产业发展概况

近年来，韩国政府高度重视信息化建设和发展网络经济，建立了完整的信息化建设、组织领导、协调和监督体系，不断采用先进技术，稳步推进信息化建设和网络经济发展。在此基础上，目前韩国软件产业的发展方向已开始向无线网络和移动通信产业转移，包括无线网络服务的可视化、网络产业与 e-business 的融合可视化等方面。特别是迅速发展的韩国数字内容产业使韩国软件产业在全球的排名大幅提升，其中网络游戏增长最为显著。2001 年韩国网络游戏市场规模仅为 2 100 亿韩元，而 2002 年达到了 4 175 亿韩元，2003 年更是进一步增长到 7 327 亿韩元，年均复合增长率达到了 86.8%。各个游戏门户网站也提供了更细致化的服务以迎合不同年龄、不同消费群体的需求，竞争十分激烈。目前韩国各类游戏开发公司已经达到 1 400 余家，平均每年上市游戏超过 120 个，韩国已经成为仅次于美、日的全球第三大网络游戏生产出口基地。

2. 发展特点

韩国是一个以自由经济为主导的国家，由于其系统软件（操作系统）、网络软件、数据库软件、安全软件等基础性软件缺乏市场竞争力，因而，采用了开放、自由竞争的方式，导入国外先进软件技术及产品以支持本国软件的发展，迅速拓展其应用软件市场。

韩国的软件主要集中在与本地化相关的产品上，如在文字处理、教育、娱乐、财务、ERP 及某些专用领域方面，韩国的软件产品占据了主导地位。其中“文杰”文字处理软件在韩国的市场占有率达 80% 以上，不仅打破了微软的垄断地位，而且该产品已经走向包括中国在内的国际市场。在 ERP 软件市场上，韩国与国外软件产品竞争极为激烈，韩国软件产品以其本地化和较低的价格赢得了用户。在证券交易、虚拟交易、通信业方面，韩国的产品及解决方案都有着相当的竞争力。

韩国工业的发展使 ERP 软件有了很大的市场需求，韩国本土的 ERP 厂商占有绝对市场。因韩国也是 WTO 成员国，其多边贸易往来频繁，EDI 类软件的应用较为普遍。

三、2006 年世界软件产业发展展望

（一）标准竞争成为产业的制高点

在软件产业领域，标准竞争的激烈程度远超过其他产业。如果企业的产品或服务能领先成为事实标准，就能产生锁定效应，获取高额市场利润。一个国家或企业如果能够有效控制标准，就具备了其他国家或企业难以超越的竞争优势，其产品在市场中就容易形成主流化趋势，因此，标准竞争成为软件产业竞争的制高点。2005 年，在网格计算标准方面，Globus 联盟、IBM 和 HP 等联合发布了新的网格标准草案 WSRF（Web Services Resource Framework），以层次化开放式为基础，在多个层次上建立横向技术标准和平台，以满足不同层次资源和应用集成的需要；在 Linux 标准方面，中、日、韩就三国的双字节语音输入、语音打印输出、字库、公文传递等内容提出了相应标准，同时加强与 FSG 的合作，开展标准化基准（LSB）版本 2（LSB2.0）的翻译转化测试认证工作。另外，由于软件与业务应用结合得越来越紧密，基于应用方面的标准也逐步浮出水面，用户市场在无形地支持软件标准的实施，标准本身也在这种广泛实施中不断改进和补充。

（二）软件交易模式正在发生变迁

软件产业中正在出现一类新兴的运作模式，它将有可能成为未来软件业的主流运作模式，任何软件企业都无法漠视和回避。

传统的软件销售均采用一次性出让使用许可权（Licensing）的方式安装在客户的使用场所和设备上。在新的模式下，软件可能以网上宿主应用的方式提交，客户采用订阅或租用的方式按照实际使用的单元数、使用时间或实际使用次数收费，由于不要求一次买断，用户应用更加灵活，支出费用也可能更低，因此，更容易为客户所接受和欢迎。软件产业的商务模式正处于一个急剧的、根本性的转变阶段，这个变化将是深远的，有利于软件出版商和客户建立更良好和健康的关系，促进产业的发展。

互联网的广泛应用使各种类型的软件产品以服务方式提供给最终用户。未来绝大部分应用都将通过 Internet 向各种终端设备提供服务，软件服务化将在绝大部分应用软件中普遍实现。软件服务化将对软件与信息服务业产生重大影响，促使软件的应用模式发生根本性的变化，软件的商业模式将由目前的软件授权模式向租赁、按需付费等方式转变。

（三）开放源代码和自由软件继续活跃

随着越来越多厂商的支持，Linux 将成为主流商业计算的一部分，在网格、高性能计算等实际应用中，Linux 将发挥重要作用，Linux 极有可能成为构建下一代互联网络的关键。在中间件领域，Linux 较强的移植性为它巩固在企业级产品中的地位带来更多机会。

面向行业和企业应用的个性化解决方案将成为 Linux 市场增长的主要动力。特别是 Linux 向其他行业渗透的效果明显，在电信、能源、金融等行业实现较大规模增长；同时，Linux 应用由业务边缘向核心系统深入，成为大型 Linux 厂

商关注的重点，在诸如中国、印度、西欧等新兴区域市场取得了高速增长。

开放源代码在政府部门中的应用也得到越来越多的认可和欢迎，这不仅是由于可节省开支，而且是因源代码的透明性更适合政府应用的要求。欧洲的许多政府，以法国和德国为代表，已支持开放源代码，法国的外交部、文化与经济部，联邦德国的农业部与议会都已开始使用开放源代码，德国的高层官员明确表示开放源代码开发能够成为信息时代欧洲的基础模型。

（四）软件的行业渗透性和融合性逐渐加强

互联网的快速发展为软件的应用和开发模式带来新的革命。网络服务正在成为软件服务发展的推动力，主要表现在技术革新、商务模式以及收入增长三方面，基于网络的 IT 服务模式不断创新。在网络环境下，软件技术发展呈现出更新换代加速、技术与工程紧密结合的特点。跨平台的面向网络的软件开发和应用技术正在成为新的研究热点，随着网络服务标准的成熟，新一代软件将基本以网络为中心来实现各种复杂的分布式应用。

行业应用将成为软件产业最为广泛的目标市场，涉及国民经济各个领域，从制造到服务，从工业到农业，从政府公共部门到私人部门，从民用到军用，渗透到各个领域。行业应用软件在软件产品市场中占据最大的比重，并将成为软件行业发展的重要动力。行业市场的特点为 IT 专业服务提供了巨大的市场发展空间，产业的融合将造就出一批上百亿的新兴市场，引发市场资源的重新配置，引领 IT 企业创造更多的财富。行业应用软件将拓展产品领域，在金融、电信、政府、教育、能源等行业内成熟发展的同时向其他领域逐步渗透，如石油化工、食品饮料、建筑材料、医药化工、汽车电子等行业，形成行业竞争的新优势。

（五）软件与信息服务外包是新一轮国际产业外包浪潮的大势所趋

软件与信息服务外包具有软件行业与劳动密集型行业的多重特性，使得其对工业资源的依赖较少、产生较高的附加值，并且能够提供较多的就业机会。加快海外市场拓展的步伐，突破各国软件市场规模和应用水平的限制，通过外包业务模式促进具有国际竞争力的大型软件企业不断涌现，是各国实现软件产业国际化和跨越式发展的一种非常可选的模式，这也是新一轮国际产业外包浪潮的大势所趋。未来 5 年是世界软件与信息服务外包市场不断扩大的重要时期。内需市场和国际市场共同构成了产业发展的动力，并激励企业改进和创新，增强国际竞争力。

全球以软件外包为主的 IT 外包市场已经具有几千亿美元的规模，并且仍处于快速增长期。软件外包业务类型也从较低端的数据录入等开始，逐步增加软件设计、开发与维护的比重，并逐渐向高端的、含有 IT 咨询成分的方向发展。

中国电子信息产业发展研究院 IT 产业发展研究所　曹　方

4

2005 世界可再生能源产业发展综述

概　　述

伴随着常规化石燃料的发电成本不断增加，可再生能源发电成本的持续下降，在一些技术领域中，与常规能源发电相比，可再生能源发电越来越具有竞争力。同时，随着国际上原油和天然气价格不断上涨的趋势，在全球范围内极大地刺激了生物液体燃料的开发。

在 1995－2003 年期间，全球累计可再生能源投资达到了 1 000 亿美元，2004 年，全球又增加了 360 亿美元的投资。可再生能源已在全球的能源投资结构中，占有相当重要的比例，2004 年已占整个发电投资的 20%。2004 年，可再生能源的发电能力达到了 1.6 亿千瓦，使全球 3% 的电力供应来自于可再生能源。表 1 显示了世界主要可再生能源 2004 年的统计，数据包括了可再生能源的开发成本。

表 1　主要可再生能源统计（2004）

2004 年底发电装机容量		
技术类型	装机容量/兆瓦	平均能源成本/（美分/kWh）
小水电	62 000	4～7
风力发电	48 000	陆地：4～6；海上：6～10
生物质能发电	39 000	5～12
地热发电	8 900	4～7
太阳能热发电	400	12～18
太阳能光伏发电（离网）	2 200	25～100
太阳能光伏发电（并网）	1 800	20～40
海洋能（潮汐）发电	300	
可再生能源发电装机合计	162 600	
比较		
大型水电	720 000	3～4

续表

所有发电装机	3 800 000	5～15
2004 年底世界生物液体燃料年生产能力		
燃料类型	百万升/年	平均成本/（美分/升）
生物酒精	31 000	25～30
生物柴油	2 200	40～80
比较		
汽油生产量	1 200 000	

资料来源：Martinot，Eric，*et al*.《2005 可再生能源全球发展报告》。

在未来 10 年里，可再生能源市场的投资每年有望达到 850 亿美元，并创造几百万个新的就业机会。过去一说到发展可再生能源，人们首先就会联想到环境和气候变化。现在人们更多考虑的是能源安全、就业机会和新的经济增长点、先进的技术开发和制造，以及消费者的拥护和选择。可再生能源开发能力的持续增长，一直需要国家政策的支持。不同的国家，可再生能源的发展政策和激励措施各不相同，主要形式有：资本补贴、投资和其他税收抵扣、销售和增值税减免、绿色交易体系、净流量电流表，以及公共项目的竞争性招标。使用固定电价，保证一段时期内可再生能源发电上网电价的稳定，在很多国家被证明是支持可再生能源发展的一个非常成功的机制。德国、丹麦、西班牙都是采用固定电价机制，在风电和太阳能光伏发电方面都取得了巨大成功。

世界上许多国家或地区将可再生能源作为其能源发展战略的重要组成部分，并且制定相应的国家政策一直是促进可再生能源持续增长的有利手段。美国的 32 个州采用可再生能源配额制。美国加利福尼亚州就制定了宏伟的配额制目标，到 2010 年，安装 500 万千瓦的可再生能源发电装机，相当于 20% 的电力来自于可再生能源（2002 年只有 12%），2020 年将增加到 1 300 万千瓦，届时 33% 的电量来自于可再生能源；欧盟 25 国，2010 年 21% 的电力或整个能源的 12% 来自可再生能源（1999 年 14% 的电力，1997 年整个能源的 6%）；德国，2010 年 12.5%，2020 年 20% 的电力和 2050 年整个能源的 50% 来自可再生能源（2002 年 6.8% 的电力）；丹麦，2010 年 29%；西班牙，2010 年 29.4%；日本，到 2010 年光伏发电要达到 483 万千瓦（2003 年为 88.7 万千瓦）；以及拉丁美洲，2010 年整个能源的 10% 要来自于可再生能源。

图 1 显示了可再生能源发电成本与常规化石燃料发电成本变化的范围，比较了生物质能发电和风电与大型水电、天然气和煤电的差别。风电正在迅速转变成最有竞争力的可再生能源技术之一，在有些项目中已经可以与煤电抗衡。

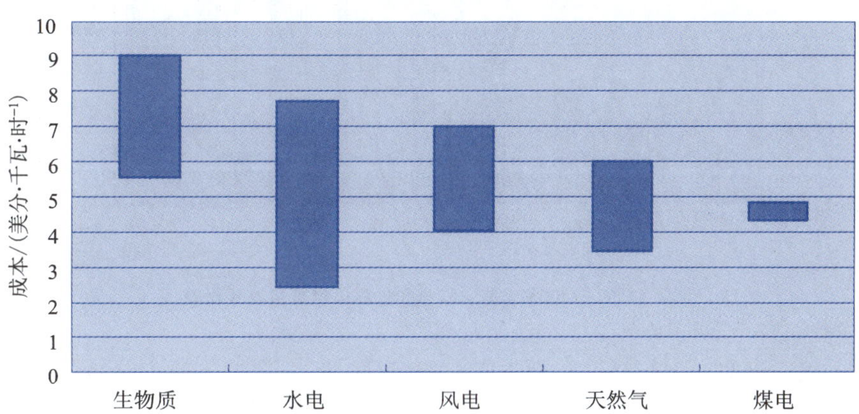

图 1　不同资源发电成本的变化范围（美分/千瓦时）

资料来源：世界观察所

一、风　电

风电是世界可再生能源发展最快，获利最大的技术，2005 年全球新增装机 1 153.1 万千瓦，比 2004 年增加了 40%。2005 年，全球累计风电装机达到 5 898.2 万千瓦，比上一年增加了 24%。表 2 显示了世界风电装机排名前 10 位的国家。中国排名由 2004 年的第十位上升到第八，与日本规模相近，但远低于印度。

从全球来看，2005 年风电领域新增投资 140 亿美元，比 2004 年 90 亿美元增加了 55%。全球风电发展最快的地区仍然是欧洲，2005 年累计装机达到 4 090 万千瓦，占全球市场的 69%，紧接着是北美占 17%，亚洲占 12%，世界其他地区占 2%。2005 年新增装机排在前四位的国家是美国（242.2 万千瓦），德国（179.9 万千瓦），西班牙（176.4 万千瓦）和印度（143 万千瓦）。这些国家和地区都有强有力的政府激励政策支持着风电市场的开发。这些政策包括德国的固定电价和美国的生产环节减免税，但也包括一些不同的投资和制造业方面的激励政策。作为发展中国家的印度已成为世界风电发展大国之一，主要得益于其制定了有效的国家开发政策。

表 2　2005 年世界前 10 位风电装机国家

国　家	装机容量
德国	1 842.8
西班牙	1 002.7
美国	914.9
印度	443
丹麦	312.8
意大利	171.7
英国	135.3
中国	126
荷兰	121.9
日本	104

数据来源：欧洲风能协会

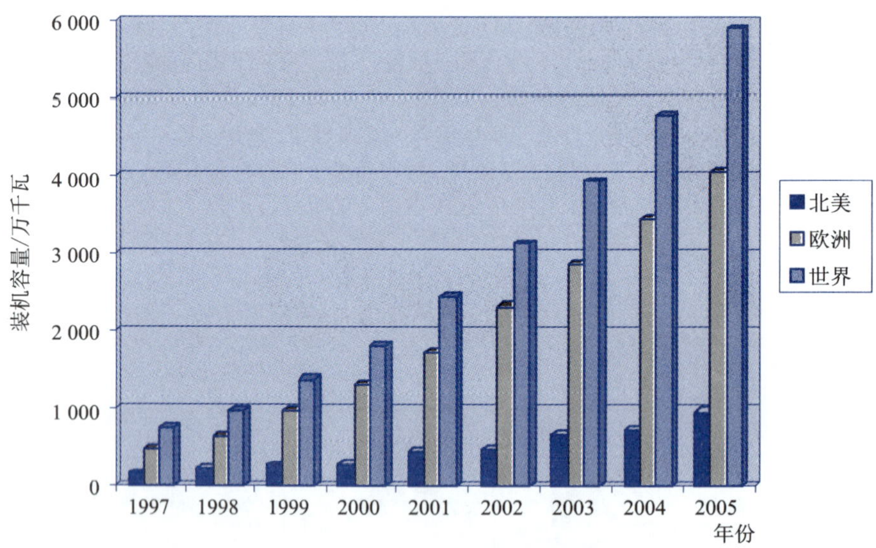

图 2　1997 －2005 北美、欧洲和世界风电装机增长比较

资料来源：世界风能协会

目前，世界风机制造产业基本上被 10 家大公司控制。2004 年，这些公司的风机市场份额分别是：丹麦的 Vestas 占世界的 34%，有 20 种产品，生产单机从 600～4200 千瓦的风机；西班牙的 Gamesa 占 17%；德国的 Enercon 占 15%；美国的 GE 风能占 11%；德国的 Siemens 占 6%；印度的 Suzlon 占 4%；德国的 REpower 占 3%；日本的 Mitsubishi 占 2%；西班牙的 Eotecnia 占 2% 和德国的 Nordex 占 2%。今天，正在有更多的单机 2 500 千瓦以上的新机型替代 1 500 千瓦的机型，如 GE（2 300～2 700 千瓦），Vestas 的 3 000 千瓦 V90 和 AN/Bonus 的 2 300 千瓦机组。2005 年，Vestas 利用其 3 000 千瓦的机组，完全控制了海上风电市场。更大型的风机也正在进入市场，例如 GE 的 3 600 千瓦海上风机，爱纳康（Enercon）4 500 千瓦机组，德国 REpower 的 5 000 千瓦机组。海上风电发展的趋势使大型机组的应用越来越多。据世界风能协会估计，今天，全球有 23.5 万人工作在风电产业，大部分都是高技能和专业人员。同时，在美国，风电已可以满足 230 万户家庭的用电。

图 3 显示了美国在发展风电降低成本的方面的经验。成本的下降映射了风电这种先进技术发展的学习曲线，制造业在不断壮大，风电项目的规模在不断增加。

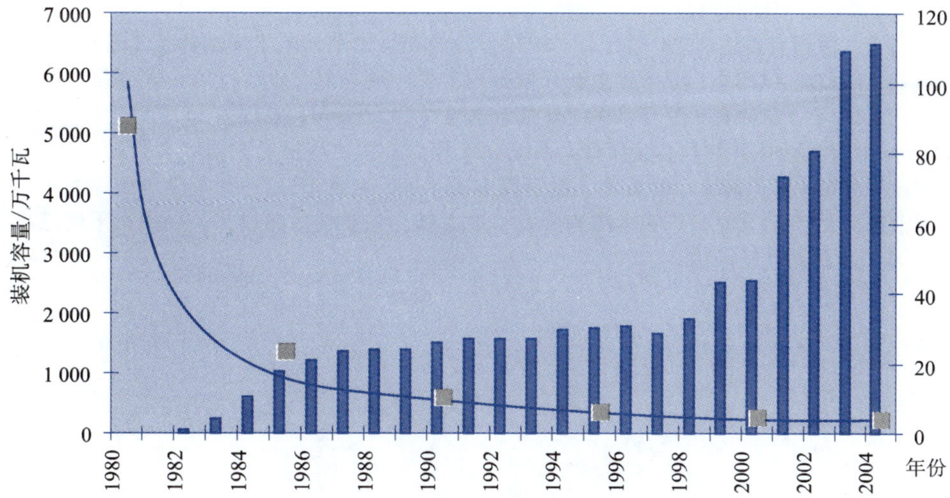

图3　美国降低风电成本经验表明的装机容量（MW）和成本（美分/千瓦时）随时间的变化趋势

资料来源：美国国家可再生能源实验室（2000年美元价）

二、太　阳　能

太阳能的光伏发电和太阳能热水器代表着可再生能源资源开发的另一种壮丽的发展趋势。2005年，全球光伏电池的生产继续高速增长，全球光伏电池生产量达到172.7万千瓦，比2004年增长了44%。其中，日本83.3万千瓦，占到全球市场的48%；欧洲是45.2万千瓦，占26%；美国15.3万千瓦，占9%，世界其他地区28.9万千瓦占17%。光伏的最大市场，目前仍然是欧洲、日本和美国。2004－2005年，全球新增53.2万千瓦，日本就占到43%，中国也占到了24%。全球14家光伏企业占到了整个光伏电池盒组件生产市场的85%。中国有两家企业挤入了世界前10名，一家是江苏的尚德（8万千瓦），另一家是台湾的魔泰克（Motech，8万千瓦）。世界光电的发展仍然是以单晶硅技术（49.8万千瓦）和多晶硅技术（99.1万千瓦）为主，主导了2005年85%的市场份额。但是，2005年，全球光电市场面临着同一个难题，即太阳极晶体硅原材料的极其短缺，估计这一难题将一直延续到2007或2008年。

图4是世界光伏生产的变化趋势，可以看出近几年光伏电池的生产大幅度增加。图5表明了随着市场的扩大和制造

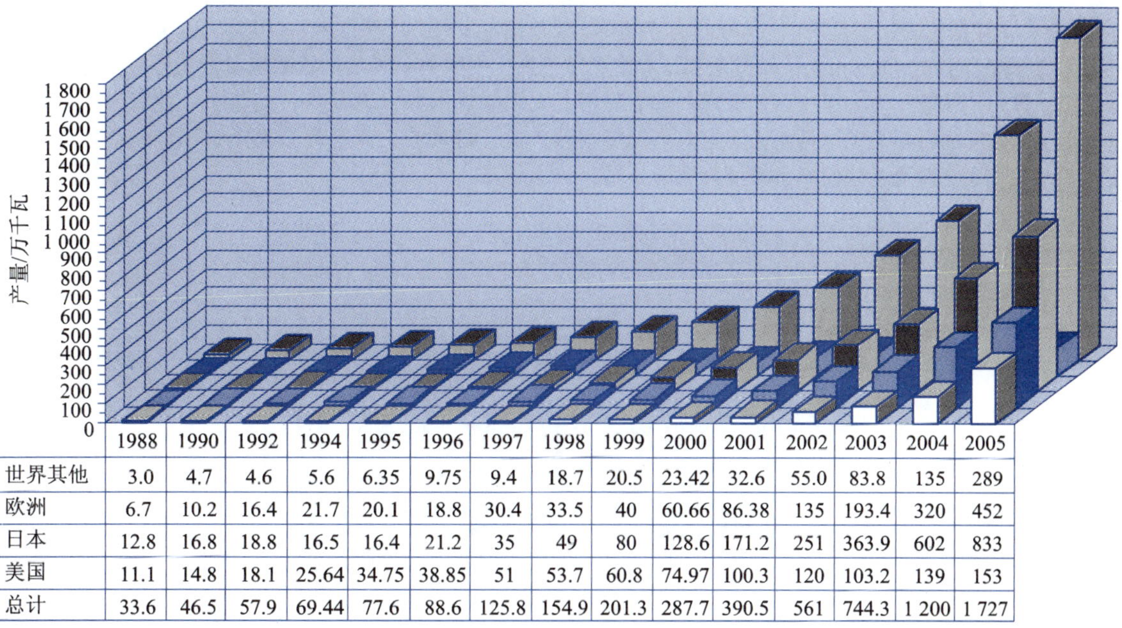

	1988	1990	1992	1994	1995	1996	1997	1998	1999	2000	2001	2002	2003	2004	2005
□ 世界其他	3.0	4.7	4.6	5.6	6.35	9.75	9.4	18.7	20.5	23.42	32.6	55.0	83.8	135	289
■ 欧洲	6.7	10.2	16.4	21.7	20.1	18.8	30.4	33.5	40	60.66	86.38	135	193.4	320	452
■ 日本	12.8	16.8	18.8	16.5	16.4	21.2	35	49	80	128.6	171.2	251	363.9	602	833
■ 美国	11.1	14.8	18.1	25.64	34.75	38.85	51	53.7	60.8	74.97	100.3	120	103.2	139	153
■ 总计	33.6	46.5	57.9	69.44	77.6	88.6	125.8	154.9	201.3	287.7	390.5	561	744.3	1 200	1 727

图4　1988－2005世界光伏电池的产量

资料来源：Paul Maycock，PV新闻

规模的增加，光伏成本下降的学习曲线经验。

2005 年，全球累计光伏装机容量达到 290 万千瓦。另外，曾经在历史上，由于成本和技术等原因，沉寂了一段时间的太阳能聚光太阳能发电系统（CSP），2005 年重新开始得到重视。第一个商业运行的 CSP 系统 1984 年建于南加利福尼亚的沙漠地区。到 1991 年，总计有 9 个 CSP 系统建成，总投资 14 亿美元，总规模 35.4 万千瓦，发电成本为 14 ~ 17 美分/千瓦时。同期，世界其他地区基本上没有 CSP 系统。15 年后，在加利福尼亚地区又开始了新的 CSP 系统建设热潮。目前，正在建设一个 6.5 万千瓦的 CSP 系统，投资成本为 4 000 美元/千瓦，发电成本预计为 9 ~ 13 美分/千瓦时。另外，世界上目前至少有 13 各国家，正在考虑和开发 CSP 系统。主要技术路线是，利用太阳聚光系统采集热能，结合 ISCC、蒸汽循环或斯特林发电进行发电。

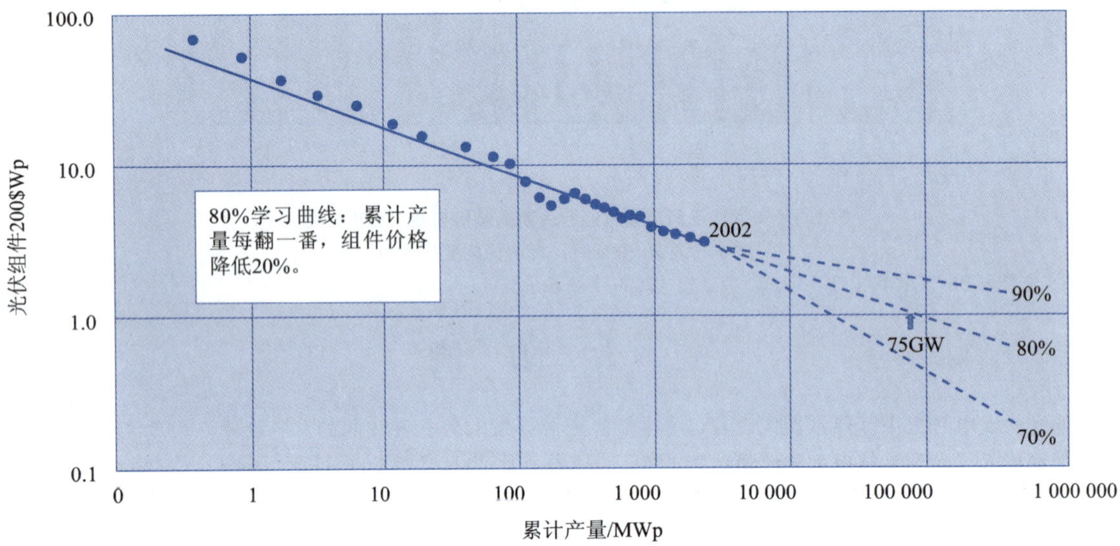

图 5　光伏组件生产的成本下降学习曲线

资料来源：美国国家可再生能源实验室

中国是世界上最大的太阳能热水器生产者和消费国，年产量接近 1 500 万平方米（按集热面积计算），2005 年累计安装量达到 8 000 万平方米。同时中国也正在开拓太阳能热水器的出口市场。在过去的 5 年里，中国太阳能热水器生产的年平均增长率达到了 30%，2005 年的总产值为 25 亿美元。2005 年欧盟国家仅生产了 200 万平方米的太阳能热水系统，累计安装量也只有 1 600 万平方米。在世界范围内，据不完全统计，2005 年全球总计太阳能集热器的安装面积为 1.3 亿平方米，排在前位的国家是中国（8 000 万平方米），美国（2 400 万平方米），欧洲（1 600 万平方米）和日本（1 200 万平方米）。同有些国家相比，如奥地利、希腊和以色列，中国太阳能热水器的相对市场份额（以每千户所拥有集热器面积计算）仍然较小。如果中国四分之一的居民用上太阳能热水器，2020 年将为整个产业带来 3 亿平方米的市场，这也是中国政府的目标。无论是光伏还是太阳能热水器产业，将来的主流趋势是发展太阳能一体化建筑技术。广大消费者和市政都愿意接受这些使城市环境美观的技术。

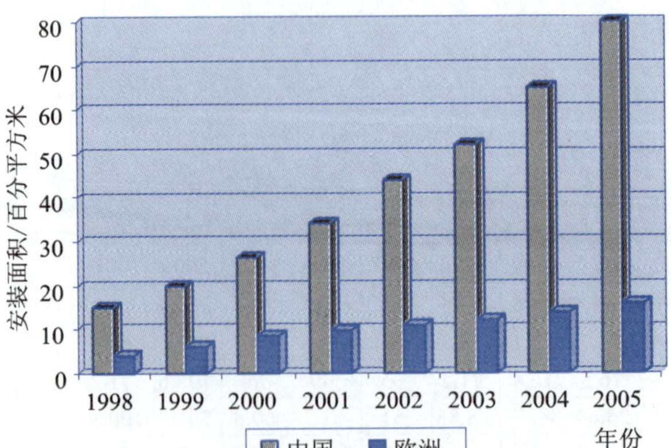

图 6　中国和欧洲累计太阳热水器安装量

资料来源：中国资源综合利用协会可再生能源专业委员会

三、生物质能

生物质是一种多样性的能源资源，在世界范围内有着广泛的应用，主要有作物的残余物，例如谷类的秸秆、稻壳、棕榈油、甘蔗渣、城市固体废弃物、森林废弃物，以及来自畜禽养殖场和工业处理过程中的有机肥水。生物质能源的主要利用形式有：大型火电系统，例如直接燃烧生物质能或与煤混燃产生蒸汽发电和供热，大型生物质气化发电系统（10MW 以上）；每年集中处理农场和工业有机废水 1 万吨以上的厌氧发酵供热发电系统；垃圾填埋气回收供热和发电系统；还有生物油的生产（乙醇、生物柴油等等）。

2005 年，全球生物质能发电装机达到 4400 万千瓦。其中，欧盟 25 国发电装机为 800 万千瓦，美国为 720 万千瓦；发展中国家生物质能发电装机占到全球的 55%。

欧盟计划将生物质能的开发作为其实现 2010 年 22% 可再生能源发电目标的主要内容。德国的利用厌氧发酵处理废弃物发电技术，居世界前列，目前已有 1 900 个厌氧发酵厂，2004 年装机 27 万千瓦。2000 年，全球在生物质能市场的年投资是 8.63 亿美元，2004 年为 14 亿美元。"世界生物质报告" 预测，在未来 10 年（2004－2013），将有 180 亿美元投资与生物质能源项目：139 亿美元为大型火电项目（900 万千瓦的新增装机）；130 亿美元为厌氧发酵系统（新增装机 40 万千瓦）和 27 亿美元为垃圾填埋气。

随着国际油价的飙升，全球越来越重视利用生物质原材料生产乙醇、甲醇和柴油，生物燃料已成为生物质资源另一种非常重要的用途。乙醇和甲醇可由淀粉、纤维素和木质物质制成，也可以用大众化的原料，这些原料是玉米和小麦。麦秆、柳枝稷和高粱属植物也是制造生物燃料的好原料。生物柴油可用油菜籽、大豆油等物质制成。生物酒精产业在美国和欧洲正在迅速地扩张。到 2005 年底，全球年产乙醇 330 亿升。2005 年美国有 95 个生物乙醇工厂在运行，年产乙醇 164 亿升。在巴西，有 300 个乙醇工厂在运行，2005 年又新批准了 80 个企业，目前全年产量 150 亿升。2005 年加拿大也开始建设 6 家新的乙醇工厂，总容量为 7 亿升。

生物柴油同样发展迅猛，2005 年全球的年产量已达到 39 亿升。

图 7 显示了一些主要国家的全球生物燃料乙醇 2000 和 2004 年产量的比较。

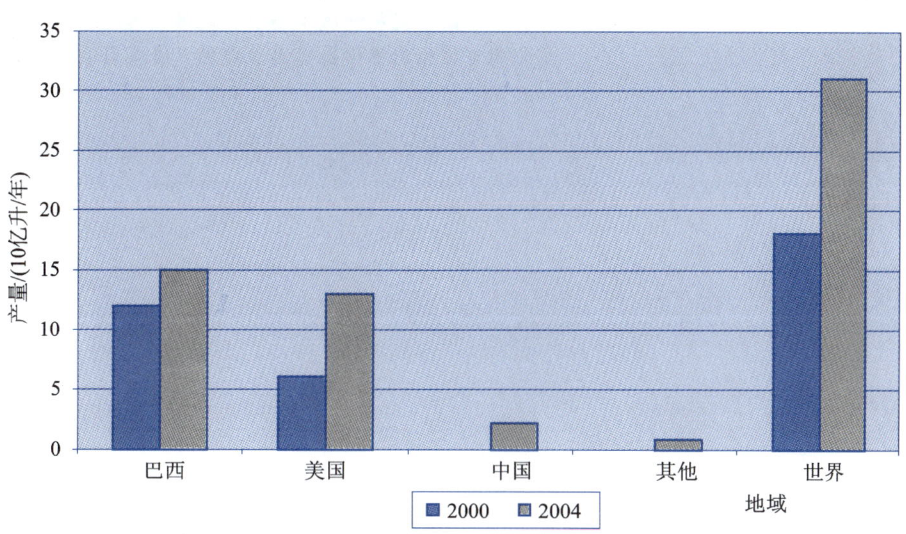

图 7　2000 年、2004 年生物燃料酒精产量

资料来源：2005 北京世界可再生能源大会

四、地　热

地热能（资源）可以被用来取暖，也可以用于发电。如何应用取决于资源的温度范围，资源的经济开发取决于地热田的资源特性和地理位置。地源热泵是低温地热资源的一种利用形式，被广泛用于建筑的取暖和制冷。地热发电在世界范围内也取得广泛应用，在过去的 50 内年增长率为 7%。目前，利用先进技术，用于发电的地热资源可以低于 100℃。2005 年，全球 25 个国家的地热发电装机总计达到了 900 万千瓦，增加幅度缓慢。地热发电厂的功率因素在 70% ~95% 之间，适合于带基荷。在有些国家，地热发电开发利用率很高，可达到全部电力供应的 13% ~16%。这些国家是菲律宾、萨尔瓦多、肯尼亚、尼加拉瓜和冰岛。地热发电成本在可再生能源应用中是最低的，可以低至 4 ~5 美分/千瓦时，并且许多案例已可以与化石燃料相竞争。表 3 是一些对地热发电最热衷国家的信息。

从全球地热总的利用趋势来看，利用地源热泵和中低温地热资源进行空间取暖和制冷是近期和未来的主要方向。利用高温地热资源发电，由于环境和技术问题，发展缓慢；短期内，有其他更有效、更经济的可再生能源可以开发利用，高温地热发电，在全球范围内不会有较快发展。

表3　世界地热开发排名居前的国家

国　家	装机容量/MW	发电量/（GWh/年）	占全国能源消费比例/%	占全国发电装机的比例/%
美国	2 395	16 000	—	—
菲律宾	1 931	8 630	16.2	21.5
墨西哥	953	6 282	—	—
印度尼西亚	807	6 085	3.0	5.1
意大利	790	5 300	—	—
日本	537	3 395	—	—
新西兰	453	3 600	5.1	6.1
冰岛	200	1 433	13.0	4.7
哥斯达黎加	162	1 170	7.8	10.2
肯尼亚	127	1 100	15.0	20.0
萨尔瓦多	105	550	15.4	20.0
尼加拉瓜	78	308	17.0	17.2

资料来源：John Lund，《可再生能源世界》，Vol. 7，No. 4，7－8 月，2004，pp. 252～259

国家发展和改革委员会能源所可再生能源发展中心　王仲颖
中国可再生能源学会可再生能源产业委员会高级技术顾问　华廉仕

5

2005 年 OECD 的研发与创新：知识的创造与传播

概　要

（1）2001 年经济合作与发展组织地区的知识投资（包含研发、软件和高等教育支出）达到国内生产总值的 5.2%左右，机械和设备投资比例约为 6.9%。

（2）2003 年瑞典的研发强度最高（占 GDP 的 4.1%），其后是芬兰、日本和冰岛（均超过 3%）。中国已经成为排在美国和日本之后的第三大研发国家（主要归因于研究人员工资的迅速增长）。

（3）中小企业（雇员人数低于 250 人）在创新中发挥了重要作用，但在研发支出总额中仅约占 30%。

（4）研发活动日益国际化，但外国子公司在产业研发活动中所占份额差别很大，日本不到 5%，而匈牙利和爱尔兰则超过 70%。

（5）2000 年以来，经济合作与发展组织国家的政府研发预算年均增长 3.5%（实际投资）。美国政府 2001－2005 年之间研发预算增长的 3/4 用于国防研发。

（6）越来越多的国家利用对研发活动的税收减免措施来鼓励企业增加研发开支。目前已有 18 个 OECD 国家实施研发税收减免政策，比 1996 年高出 50% 以上。加拿大、荷兰和意大利的减免政策以小企业为重点，而其他国家则对各种规模的企业一视同仁。

（7）2001 年世界科技文献中的 82% 出自经济合作与发展组织地区，其中 2/3 又来自七国集团国家。以相对密度（人均文献篇数）衡量，瑞典、瑞士和芬兰是经济合作与发展组织中密度最高的国家。

一、知识投资

研发、高等教育和软件支出可以被看作知识投资，这类投资对促进经济增长、创造就业和提高生活水平至关重要。2002 年，这类投资已经增长到占 OECD 区域 GDP 的 5.2%。若包含各级教育投资，则知识投资所占比例将超过 9%。

美国的知识投资最多（6.6%），其次是日本（5.0%）和欧盟（3.8%）。与欧盟相比，美国和日本离知识经济更近一些，自 1994 年以来，这两个国家知识投资占 GDP 的比例增长快于欧盟。

OECD 国家的知识投资占本国 GDP 比例各不相同，从 1.8% 到 6.8%。南欧国家的知识投资比例最低，北欧国家、韩国和美国最高。

除爱尔兰外，其余国家 2002 年的知识投资占 GDP 比例均高于 1994 年。对大多数国家而言，软件支出的增长是知识投资增长的主要来源。但芬兰和希腊例外，前者的增长主要源于研发支出，后者则源于高等教育和软件支出。

表 1　2002 年知识投资占 GDP 的百分比　　%

国家和地区 \ 项目	R&D	软　件	高等教育	1994—2002 年知识投资占 GDP 的百分比变化[1]
葡萄牙	0.9	0.2	0.7	0.5
希腊[3]	0.6	0.5	0.8	0.8
意大利[3]	1.1	0.7	0.6	0.3
爱尔兰	1.1	0.2	1.0	-0.2
新西兰	1.2	0.5	1.1	—
西班牙	1.0	0.8	0.9	0.7
奥地利	2.1	0.8	0.5	1.2
英国	1.9	1.1	0.7	0.2
法国	2.3	0.8	0.6	0.3
荷兰	1.8	1.2	0.8	0.3
欧盟[2]	2.1	0.9	0.7	0.5
比利时	2.2	0.7	0.9	—
德国	2.5	0.7	0.7	0.5
澳大利亚	1.6	1.4	1.1	0.3
加拿大	2.0	1.1	1.7	0.1
日本	3.1	1.3	0.7	1.2
OECD[2]	2.5	1.3	1.4	0.9
丹麦	2.5	1.6	1.3	1.8
韩国	2.5	1.4	1.9	1.0
芬兰	3.4	1.5	1.1	1.3
美国	2.7	1.8	2.2	1.2
瑞典	4.1	1.8	0.9	1.7

注：1. 希腊和意大利的数据为 1994－2001 年，韩国是 1995－2002 年。欧盟数据不包括比利时、希腊和意大利。OECD 数据不包括比利时、希腊、意大利和新西兰。

2. 不包括希腊和意大利。

3. 2001 年数据。

1994－2002 年，在知识投资比例高的国家中，知识投资比例的增长高于机械与设备投资比例的增长。机械与设备投资占整个 OECD 区 GDP 的 6.9% 左右，该部分投资在不同国家所占本国 GDP 比例变化范围从加拿大和芬兰的 5.7% 到韩国和意大利的 10% 左右。

表 2　2002 年机械与设备投资占 GDP 百分比　　%

国家和地区 \ 项目	机械与设备投资占 GDP 百分比	1994－2002 年机械与设备投资占 GDP 百分比的变化情况[1]
葡萄牙	7.6	-0.2
希腊[3]	9.1	3.2
意大利[3]	9.5	2.0
爱尔兰	6.1	-0.3
新西兰	8.8	-1.0
西班牙	7.0	0.8
奥地利	8.2	0.0
英国	6.8	-0.4

续表

国家和地区＼项　目	机械与设备投资占 GDP 百分比	1994－2002 年机械与设备投资占 GDP 百分比的变化情况[1]
法国	7.1	0.7
荷兰	6.3	-0.7
欧盟[2]	7.1	0.1
比利时	9.4	1.4
德国	7.1	-0.1
澳大利亚	8.3	-0.1
加拿大	5.7	0.7
日本	8.7	-0.6
OECD[2]	6.9	-0.5
丹麦	8.4	1.1
韩国	10.4	-3.7
芬兰	5.7	0.0
美国	5.9	-0.8
瑞典	7.3	0.6

注：1. 希腊和意大利的数据为 1994－2001 年，韩国是 1995－2002 年。欧盟数据不包括比利时、希腊和意大利。OECD 数据不包括比利时、希腊、意大利和新西兰。

2. 不包括希腊和意大利。

3. 2001 年数据。

二、国内研发支出趋势

2003 年，OECD 的研发支出接近 6 800 亿美元（现年购买力平价 PPP），约占 GDP 的 2.24%，低于 2001 年的 2.27%。

表 3　2003 年或最近年份 R&D 强度[1]

国家和地区＼项　目	R&D 强度/%	在 OECD 的 R&D 中所占比例/%
墨西哥（2001）	0.4	0.6
波兰	0.6	0.4
斯洛伐克	0.6	0.1
希腊（2001）	0.7	0.2
土耳其（2002）	0.7	0.5
葡萄牙（2002）	0.9	0.3
匈牙利	1.0	0.2
西班牙	1.1	1.5
爱尔兰（2002）	1.1	0.2
新西兰	1.2	0.2
意大利（2002）	1.2	2.7
捷克	1.3	0.3
澳大利亚（2002）	1.6	1.4
卢森堡（2000）	1.7	0.1
挪威	1.8	0.4

续表

国家和地区 \ 项目	R&D 强度	在 OECD 的 R&D 中所占比例
荷兰（2002）	1.8	1.3
欧盟 25 国	1.9	30.8
英国	1.9	4.7
加拿大	1.9	2.8
欧盟 15 国	2.0	29.6
法国	2.2	5.5
奥地利	2.2	0.8
OECD	2.2	100.0
比利时	2.3	1.0
丹麦（2002）	2.5	0.6
德国	2.6	8.3
瑞士（2000）	2.6	0.9
美国	2.6	42.1
韩国	2.6	3.6
冰岛	3.0	0.0
日本	3.2	16.8
芬兰	3.5	0.8
瑞典	4.0	1.6

注：1. R&D 投入占 GDP 的百分比。

近几年 OECD 区的研发支出稳步增长，但增速慢于 20 世纪 90 年代。1995－2000 年，研发总支出增速为 4.8%，但在 2000－2003 年期间，增长率仅为 1.8%。

自 1995 年以来，美国和日本的研发支出增长速度（2.7%）慢于欧盟（3.3%）。2003 年，这三个地区占 OECD 研发总支出的比例保持稳定，美国、欧盟和日本所占比例分别约为 42%、30% 和 17%。

表 4　1995－2003 年国内研发总支出的年均增长率

国家和地区 \ 项目	R&D 增速/%	2003 年国内研发支出（购买力平价）/10 亿美元
斯洛伐克（1997－2003）	-6.7	0.4
荷兰（1996－2002）	1.0	8.7
瑞士（1996－2000）	1.4	5.6
法国（2000－2003）	1.4	37.5
波兰	2.1	2.5
英国	2.4	33.6
美国（1998－2003）	2.7	284.6
日本（1996－2003）	2.7	114.0
德国	2.9	57.1
澳大利亚（1996－2002）	3.3	9.2
欧盟 15 国	3.3	203.7
欧盟 25 国	3.3	211.4
OECD	3.7	680.0
意大利（1997－2002）	3.7	17.7

续表

国家和地区 \ 项目	R&D 增速/%	2003 年国内研发支出（购买力平价）/10 亿美元
挪威	4.3	3.0
瑞典	4.8	10.3
新西兰（2001－2003）	5.0	1.1
加拿大	5.0	18.7
捷克	5.5	2.2
韩国	5.9	24.4
比利时	6.0	7.1
爱尔兰（1995－2002）	6.7	1.4
奥地利	6.8	5.5
丹麦（1995－2002）	7.1	4.1
匈牙利	7.2	1.5
西班牙	7.4	11.0
希腊（1995－2001）	8.7	1.2
墨西哥（1995－2001）	8.8	3.6
芬兰	9.3	5.2
葡萄牙（1995－2002）	10.6	1.8
土耳其（1995－2002）	11.3	3.0
冰岛	12.8	0.3

2004 年欧盟成员国的增加导致欧盟研发强度小幅下降，共减少 0.1 个百分点。过去，日本和欧盟的研发强度（研发支出占 GDP 比例）稳步增长。日本的增长归因于 GDP 增长的停滞和研发支出的稳步增长。2001 年，欧盟 15 国的研发强度首次超过 1.9%，并于 2003 年达到了 1.95%。美国的研发强度从 2001 年的峰值 2.73% 降低到 2003 年的 2.60%，主要归因于 GDP 增长高于其他主要地区。

表 5　1991－2003 年美国、日本和欧盟的 R&D 投入

国家和地区 / 项目 / 年份	美国		日本[1]		欧盟		
					总量[2]/10 亿美元	EU－25	EU－15
	总量/10 亿美元	强度/%	总量/10 亿美元	强度/%		强度/%	强度/%
1991	191.1	2.7	81.2	2.8	145.1	—	1.9
1992	191.8	2.6	80.4	2.7	144.7	—	1.9
1993	188.0	2.5	78.3	2.6	143.8	—	1.9
1994	188.0	2.4	77.6	2.6	144.0	—	1.8
1995	199.9	2.5	89.5	2.7	151.3	1.7	1.8
1996	210.7	2.6	88.6	2.8	153.9	1.7	1.8
1997	222.9	2.6	92.4	2.8	158.4	1.7	1.8
1998	235.1	2.6	94.8	3.0	163.9	1.7	1.8
1999	249.3	2.7	95.3	3.0	173.6	1.8	1.9
2000	265.2	2.7	99.0	3.0	182.8	1.8	1.9
2001	268.3	2.7	102.1	3.1	189.7	1.8	1.9
2002	266.2	2.7	103.4	3.1	194.3	1.9	2.0
2003	268.4	2.6	106.9	3.2	196.3	1.9	2.0

注：1. 1995 年对数据进行了调整；

2. 1994 年以前数据为 EU－15，1995 年以后数据为 EU－25。

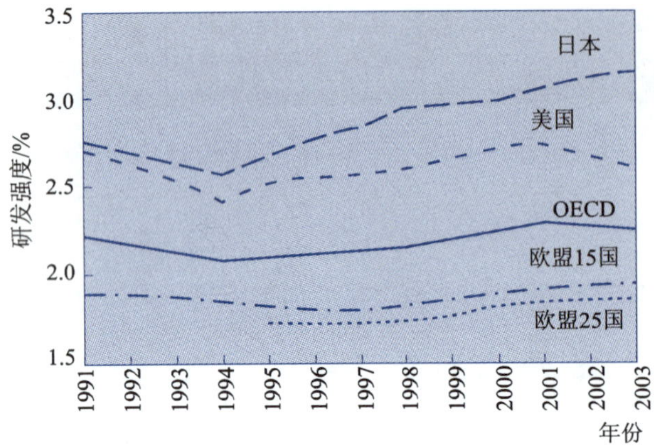

图 1　1991－2003 年各地区研发强度趋势
（所占 GDP 的百分比）

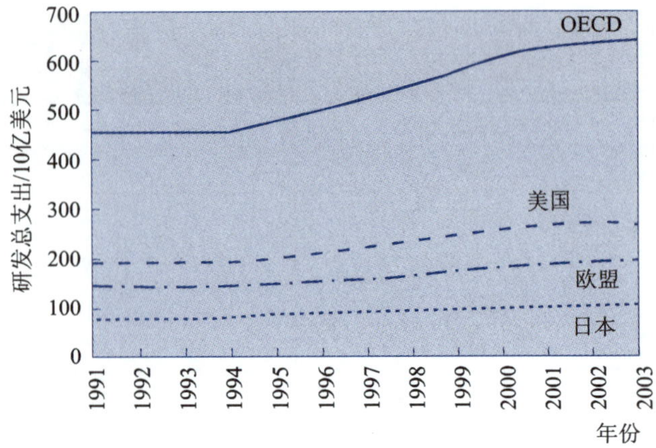

图 2　1991－2003 年各地区国内
研发总支出 2000 年 PPP/10 亿美元

2003 年，瑞典、芬兰、日本和爱尔兰是四个研发强度超过 3%（高于平均强度 2.2%）的 OECD 成员国。自 1995 年以来，冰岛、土耳其和葡萄牙的实际研发支出增长最快，平均年增长率在 10% 以上。

三、研发来源和执行

企业部门仍然是国内研发的主要资助来源，几乎占 2003 年 OECD 国家资助的 62%，见表 6。

表 6　2003 年或最近年份各种来源的研发支出所占比例

研发来源 / 国家和地区	企业/%	国内其他机构 + 海外/%	政府/%
墨西哥（2001）	29.8	11.1	59.1
波兰	30.3	7.0	62.7
匈牙利	30.7	11.3	58.0
葡萄牙（2001）	31.5	7.5	61.0
希腊（2001）	33.0	20.4	46.6
新西兰（2001）	37.1	16.6	46.3
土耳其（2002）	41.3	8.2	50.6
意大利（1996）	43.0	6.2	50.8
英国	43.9	24.8	31.3
奥地利	43.9	21.3	34.7
斯洛伐克	45.1	4.1	50.8
冰岛（2001）	46.2	19.8	34.0
澳大利亚（2002）	46.4	9.2	44.4
加拿大	47.5	18.0	34.5
西班牙	48.4	11.6	40.1
挪威	49.2	8.9	41.9
荷兰（2002）	50.0	12.9	37.1
捷克	51.4	6.7	41.8
法国（2002）	52.1	9.5	38.4
欧盟 25 国（2002）	54.5	10.6	34.8
欧盟 15 国（2002）	55.1	10.8	34.2

续表

国家和地区 \ 研发来源	企业/%	国内其他机构 + 海外/%	政府/%
丹麦（2001）	61.4	10.4	28.2
OECD	61.6	7.9	30.5
美国	63.1	5.7	31.2
爱尔兰（2002）	63.4	8.6	28.0
比利时（2001）	64.3	14.3	21.4
瑞典	65.0	11.6	23.5
德国	66.1	2.7	31.1
瑞士（2000）	69.1	7.7	23.2
芬兰	70.0	4.3	25.7
韩国	74.0	2.1	23.9
日本	74.5	7.8	17.7
卢森堡（2000）	90.7	1.6	7.7

表 7　2003 年或最近年份各执行部门研发支出占研发总支出的百分比

国家和地区 \ 部门	企业/%	政府/%	高校/%	非营利组织/%
波兰	27.4	40.7	31.7	0.2
土耳其（2002）	28.7	7.0	64.3	0.0
墨西哥（2001）	30.3	39.1	30.4	0.2
葡萄牙（2002）	31.8	20.7	36.7	10.8
希腊（2001）	32.7	22.1	44.9	0.4
匈牙利	37.0	34.1	28.9	0.0
新西兰	40.5	31.1	28.4	0.0
意大利（2002）	48.3	17.6	32.8	1.3
澳大利亚（2002）	48.8	20.3	28.0	2.9
加拿大	53.0	11.0	35.7	0.3
西班牙	54.1	15.4	30.3	0.2
冰岛	54.9	21.9	20.1	3.1
斯洛伐克	55.2	31.6	13.2	0.0
荷兰（2002）	56.7	13.8	28.8	0.7
挪威	57.5	15.1	27.5	0.0
捷克	61.0	23.3	15.3	0.4
法国	62.3	17.1	19.3	1.4
欧盟 25 国	63.4	13.5	21.9	1.2
欧盟 15 国	64.2	12.8	21.8	1.3
英国	65.7	9.6	21.4	3.2
奥地利（2002）	66.8	5.7	27.0	0.5
OECD	67.3	10.9	18.7	3.1
爱尔兰（2002）	68.8	8.7	22.5	0.0

续表

国家和地区 \ 部门	企业/%	政府/%	高校/%	非营利组织/%
美国	68.9	9.1	16.8	5.3
丹麦（2002）	69.0	7.4	23.1	0.6
德国	69.8	13.4	16.8	0.0
芬兰	70.5	9.7	19.2	0.6
瑞士（2000）	73.9	1.3	22.9	1.9
比利时	74.1	6.4	18.4	1.1
瑞典	74.1	3.5	22.0	0.4
日本	75.0	9.3	13.7	2.1
韩国	76.1	12.6	10.1	1.2
卢森堡（2000）	92.6	7.1	0.3	0.0

三个主要国家和地区的企业部门在研发资助中的作用差别较大。在日本，企业部门几乎提供了3/4的研发资助，美国为63%，欧盟只有55%。自2000年以来，企业研发资助的份额在欧盟略微减少，美国则大幅减少，但日本有所增加。与此同时，大多数国家的企业部门研发资助份额保持稳定。然而，斯洛伐克、匈牙利和英国减少了4个百分点以上。在这三个国家和加拿大、美国与爱尔兰，政府研发资助自2000年以来有所增长。在几乎1/3的OECD国家中，政府仍是研发资助的重要来源。

外国研发资助仍是许多OECD国家的重要资助来源。比利时、匈牙利和荷兰的研发资助有10%以上来自海外。奥地利、希腊、冰岛和英国有15%以上的研发资助来自海外。

企业部门执行大部分研发。在20世纪90年代后半期，其研发投入在总投入中的比重有所提高，之后有所降低。根据最新数据，2003年，企业部门研发支出占研发总支出的2/3左右。高等教育和政府部门几乎执行了OECD区所有研发的30%。在波兰、土耳其、墨西哥、希腊和新西兰，两者的份额之和是OECD平均水平的两倍多。

四、非OECD经济体的研发情况

表8 2003年R&D强度和以购买力平价法计算的R&D支出

国家和地区 \ 项目	R&D强度/%	R&D支出/10亿美元
塞浦路斯	0.3	0.0
拉脱维亚	0.4	0.0
罗马尼亚	0.4	0.6
阿根廷	0.4	1.8
保加利亚	0.5	0.2
中国香港（2002）	0.6	1.1
智利	0.7	1.0
立陶宛	0.7	0.4
南非	0.7	4.0
爱沙尼亚	0.8	1.0
印度（2000－2001）	0.8	20.7
巴西（2000）	1.0	12.2
克罗地亚（2002）	1.1	2.0
俄罗斯	1.3	16.9
中国	1.3	84.6
斯洛文尼亚（2002）	1.5	0.6
新加坡	2.1	2.2
OECD	2.2	679.8
中国台北	2.5	13.7
以色列	4.9	6.6

表 9　1996－1999 年和 2000－2003 年 R&D 增长率

国家和地区 \ 增长率	1996－1999 年增长率/%	2000－2003 年增长率/%
阿根廷	5.6	-4.7
拉脱维亚	0.4	1.8
以色列	13.0	1.8
OECD	4.5	1.8
保加利亚	—	3.2
新加坡	16.6	5.0
斯洛文尼亚（2000－2002）	6.5	6.1
中国台北	10.3	7.7
南非（2001－2003）	—	8.1
罗马尼亚	-20.4	8.4
塞浦路斯	—	12.4
立陶宛	—	12.5
俄罗斯	4.1	13.1
中国香港（2000－2002）	—	13.2
爱沙尼亚	—	14.0
中国	20.4	18.6

表 10　2003 年各国 R&D 支出结构比例

国家和地区 \ 部门	企业/%	高校/%	政府/%	非营利性组织/%
塞浦路斯	19.2	29.6	41.4	9.7
保加利亚	20.0	9.7	70.1	0.3
立陶宛	20.5	52.9	26.6	—
印度（1998－1999）	26.7	2.9	70.4	—
爱沙尼亚	28.8	50.9	17.0	3.3
阿根廷	29.0	27.4	41.2	2.5
拉脱维亚	34.3	42.3	23.4	—
巴西（2000）	40.8	27.6	31.6	—
克罗地亚（2002）	42.7	35.1	22.2	—
南非	55.5	20.5	21.9	2.1
罗马尼亚	58.2	9.4	32.1	0.3
斯洛文尼亚（2002）	59.7	15.6	23.1	1.7
新加坡	60.8	26.5	12.7	—
中国	62.4	10.5	27.1	—
中国台北	62.5	12.0	24.9	0.6
OECD	67.3	18.7	10.9	3.1
俄罗斯	68.4	6.1	25.3	0.2
以色列	74.0	16.9	5.5	3.6

OECD 经济体所占世界研发份额日益增长。2003 年，纳入统计的非 OECD 国家的研发支出（现年美元购买力平价）约为 OECD 的 20%，两年前的非 OECD 经济体的研发支出则为 OECD 的 17%。其中中国的投入最大，占非 OECD 经济体的一半，居世界第三，仅次于美国和日本，领先于单个欧盟成员国，然而，人民币到美元（购买力平价）的换算可能会高估中国的研发支出。

2003 年，以色列在世界上的研发强度最高，民用研发支出占 GDP 的 4.9%，是 OECD 平均水平的两倍以上。中国台北是研发强度高于 OECD 平均水平的另一个非 OECD 经济体。

此次涵盖的大多数非 OECD 经济体近期的研发支出增长率远高于 OECD 平均水平。中国的高增长很大程度上归因于研究人员近几年工资的快速增长。事实上，研究人员数量的增长速度大大低于研发支出的增长。

产业研发与新产品和生产方法的创造密不可分，因此是经济增长的重要驱动力。在亚洲和俄罗斯联邦，企业部门执行大部分研发，而在欠发达国家，政府和高等教育部门执行大多数研发。

五、企业研发

从执行和资助上看，企业研发占 OECD 国家研发活动的主要部分。2003 年，企业部门执行的研发达到了 4 580 亿美元（当前购买力平价），接近总量的 68%。过去 20 年，OECD 区的企业实际研发稳步增长。增长速度在 20 世纪 90 年代中期加快，但自 2001 年起减缓。1995 －2003 年期间，美国的企业研发年增长 3.2%，稍低于欧盟（3.7%）和日本（3.5%）。1998 －2003 年期间，OECD 区企业研发支出增加了 550 亿美元（2000 年购买力平价）。其中来自欧盟 15 国的增长占 40%，美国则不足 1/5。自 1995 年以来，冰岛、葡萄牙、墨西哥和土耳其的企业研发平均增长率最高。在此期间，只有斯洛伐克出现大幅衰退。

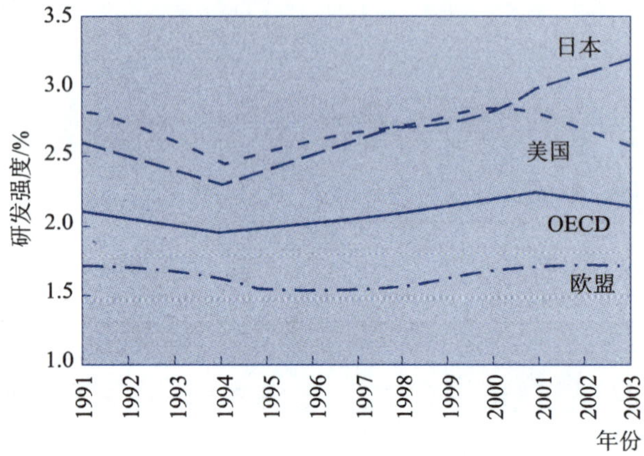

图 3　1991 －2003 年企业研发强度的变化
（占工业附加值的百分比）

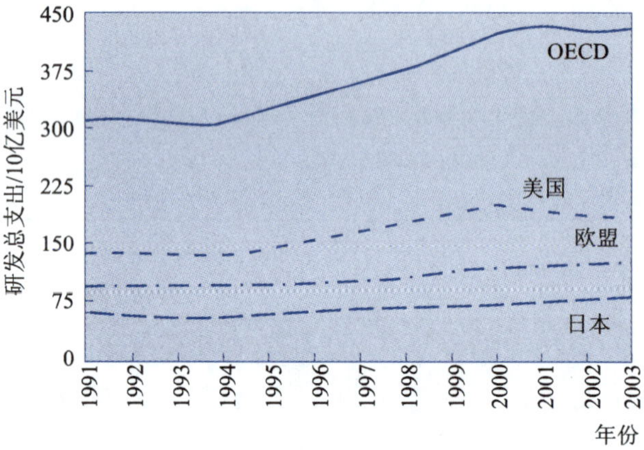

图 4　1991 －2003 年企业研发的变化
（2000 年 R&D/10 亿美元）

在 OECD 的三个主要地区，企业研发强度从 20 世纪 90 年代中期增长到 2000 年。日本和欧盟在 2000 年后继续增长，但美国企业研发强度在 2003 年降低到 2.6%，低于 3 年前的峰值 2.9%。除了挪威，北欧国家的企业研发强度都远高于 OECD 平均水平，尤其是瑞典（4.7%）和芬兰（3.7%）。自 1995 年以来，冰岛的企业研发强度大幅提高（2%）。

六、不同规模企业的研发

小公司和大公司在国家的创新运行中都扮演了重要的角色，但是它们对企业研发的重要性却有所不同。在 OECD 国家中，中小企业（SMEs，在此定义为小于 250 位职员的公司）完成的研发的份额通常在较小的经济体比在较大的经济体中更大些。

表 11　2003 年按企业规模分布的企业研发份额

份额 / 国家和地区	职员少于 50 人的企业研发份额/%	职员在 50 ~ 249 人之间的企业研发份额[1]/%
德国（2002）	2.1	6.3
日本	—	9.1
瑞典	0.0	12.2
法国（2002）	4.8	9.2
土耳其（2000）	5.7	8.4
美国（2002）	4.2	10.2
英国	5.8	13.8

续表

国家和地区 \ 份额	职员少于50人的企业研发份额/%	职员在50~249人之间的企业研发份额[1]/%
芬兰	8.8	12.3
匈牙利	11.9	9.7
意大利（2002）	5.6	18.3
奥地利（2002）	8.6	15.7
韩国（2001）		27.1
荷兰（2002）	9.3	18.3
葡萄牙（2001）	9.7	20.3
瑞士（2000）	10.7	21.8
加拿大（2002）	13.3	19.4
比利时（2001）	15.0	18.7
捷克	9.5	27.3
波兰（2001）	4.8	33.2
澳大利亚（2002）	22.8	18.3
西班牙	18.3	24.2
丹麦（2002）	22.8	21.1
斯洛伐克	14.9	30.8
希腊（2001）	17.3	31.7
爱尔兰	23.1	26.0
挪威	30.4	39.4
新西兰	44.2	27.6

注：1. 日本、韩国是职员少于299人的数据。

表12 2003年按企业规模分布的政府资助企业的研发份额

国家和地区 \ 份额	职员少于50人的企业研发份额/%	职员在50~249人之间的企业研究份额[1]/%
英国	1.3	3.0
法国（2002）	5.3	3.0
土耳其（2000）	5.7	4.6
美国（2002）	6.4	6.5
瑞典	—	17.7
意大利（2002）	7.7	23.9
荷兰（2002）	16.6	20.3
韩国（2001）	—	38.9
波兰（2001）	3.5	43.4
加拿大（2002）	31.6	15.8
丹麦（2001）	19.7	28.2
奥地利（2002）	27.7	21.9
芬兰	32.8	17.9
捷克	12.6	43.8
西班牙	23.3	34.6
斯洛伐克	13.6	47.2
匈牙利	47.3	27.0
瑞士（2000）	47.9	26.8
澳大利亚（2002）	52.9	22.2
葡萄牙（2001）	32.8	46.7
新西兰	53.6	33.4
爱尔兰	61.9	25.4

注：1. 韩国是职员少于299人的数据。

小于250位职员的公司所完成的研发份额在新西兰（72%）、挪威（70%）、爱尔兰和希腊（49%）以及斯洛伐克（46%）等国较高。在一些较大的欧盟国家，中小企业的研发份额不到1/5，在美国小于15%，日本是OECD国家中中小企业研发份额最小的国家之一，仅9%。

少于50位职员的公司在挪威、新西兰、爱尔兰、丹麦和澳大利亚的企业研发份额中占有较高份额，大约为1/5。

OECD国家政府对不同规模的企业研发自主的情况差别很大。在爱尔兰、新西兰和澳大利亚，中小企业可以得到政府对企业资助的研发经费的3/4，甚至更多。在爱尔兰、新西兰和澳大利亚，政府资助企业的研发经费的一半以上都投向了少于50人的企业。在英国、法国、美国和一些较小的国家，如土耳其，政府资助企业的研发经费主要投向了大企业。

七、不同行业的企业研发

尽管OECD国家的经济结构已经向服务业转型，但服务业占研发的比例比占国内生产总值的比例小很多。2002年，服务业占OECD区域企业研发总量的25%，比1993年增加了8%。

由于服务业的测算比较困难以及工业企业中研发支出的分类方法不同，上述数据是比较低的估计值。对于那些承担了专门统计任务的国家以及那些对研发活动有很好分类的企业，服务业的研发支出比例相对其他国家会高一些。

澳大利亚（42%）、丹麦（40%）、美国（39%）、加拿大（36%）、捷克（35%）和挪威（33%）等国家的服务业研发比例超过1/3。

虽然德国和日本在20世纪90年代以来服务业研发比重增加，但这些国家服务业研发比重依然在10%以下。这种情况可能是由于这些国家的研发调查在服务业方面的覆盖面有限而造成的。

自1993年以来，除芬兰、捷克和波兰外，其他国家服务业研发的年均增长率都较制造业高。爱尔兰在这两个部门之间的研发年均增长率差别最大，1993－2001年间，爱尔兰的服务业研发年均增速达到27%（主要是计算机服务业的增速较快），而制造业研发的年均增速仅为7%。

制造业按照研发强度可以分为高技术产业、中高技术产业、中低技术产业和低技术产业四类。在OECD区域内，高技术产业占制造业研发总量的53%以上。高技术产业研发比重在美国、欧盟和日本之间差别较大。2002年，美国的高技术产业研发占制造业研发的60%，而欧盟和日本则分别为48%和46%。

表13 1993年和2003年服务业占企业研发的份额

年份 / 国家和地区	2003/%	1993/%
日本（2002）	7.0	—
德国	8.6	3.6
韩国	9.6	—
瑞典	10.6	11.6
法国（2002）	11.6	7.1
波兰（2002）	13.4	—
芬兰	13.7	15.4
比利时（2002）	15.0	9.9
欧盟（2002）	15.2	9.1
荷兰（2002）	20.4	10.1
英国（2002）	20.7	16.5
意大利	21.2	9.5
OECD（2002）	25.4	17.4
西班牙（2002）	28.5	17.2
爱尔兰（2001）	31.7	10.4
捷克	35.2	38.7
加拿大	37.4	32.7
美国（2002）	39.8	21.5
挪威	39.9	22.9
丹麦（2002）	40.0	33.0
澳大利亚（2002）	47.1	37.0

在爱尔兰、加拿大和芬兰，制造业的研发经费正在向高技术产业倾斜。在捷克和德国，中高技术产业的研发经费占总额的50%或50%以上。挪威是OECD国家中唯一一个中低技术产业和低技术产业研发经费占制造业研发经费总额40%以上的国家。

表14　1993－2002年部分服务业和制造业的研发年均增长率

国家和地区＼行业	全部服务业/%	全部制造业/%	通信产业/%	计算机和相关活动/%
日本（1996－2002）	—	4.8	—	4.8
爱尔兰（1993－2001）	27.0	6.8	－34.2	42.9
西班牙	16.1	7.9	22.9	19.0
挪威（1993－2003）	14.2	5.3	10.7	12.7
丹麦	14.0	10.2	12.1	20.9
德国（1993－2003）	13.8	3.8	—	—
比利时	13.0	7.2	26.7	9.7
美国	12.9	2.4	—	18.1
荷兰（1994－2002）	12.4	4.3	－21.3	41.3
芬兰（1993－2003）	11.7	13.2	8.1	—
意大利（1993－2003）	11.3	1.3	－8.5	12.9
澳大利亚	10.7	5.7	16.5	13.2
韩国（1995－2003）	10.3	8.3	—	—
法国	9.8	3.5	13.1	8.4
加拿大（1993－2003）	8.3	6.1	－2.8	13.4
英国	7.8	4.5	7.7	4.0
瑞典（1995－2003）	6.8	6.4	－0.2	13.7
捷克（1992－2003）	－1.2	0.5	5.8	38.6
波兰（1994－2002）	－6.9	－3.8	2.5	—

表15　2002年按技术密集度分布的制造业企业研发份额

国家和地区＼技术密度	高技术/%	中高技术/%	中低技术和低技术/%
爱尔兰（2001）	73.8	9.5	16.7
加拿大（2003）	72.4	13.0	14.7
芬兰（2003）	66.4	19.6	14.0
美国	61.7	27.5	10.8
英国	61.1	29.2	9.6
丹麦	60.2	24.9	14.8
韩国（2003）	58.8	29.9	11.3
瑞典（2003）	58.5	34.1	7.4
OECD	53.2	35.3	11.6
法国	52.6	33.9	13.4
比利时	51.3	30.1	18.6
荷兰	49.9	33.0	17.2
欧盟	47.7	41.2	11.2
意大利（2003）	47.5	40.9	11.5

续表

国家和地区＼技术密度	高技术/%	中高技术/%	中低技术和低技术/%
日本	45.9	41.6	12.5
西班牙	39.1	38.6	22.3
波兰	36.7	43.4	20.0
德国（2003）	33.3	59.0	7.7
挪威（2003）	28.6	29.9	41.5
澳大利亚	27.4	37.7	34.8
捷克（2003）	18.0	67.4	14.6

八、与卫生相关的研发

由于卫生部门规模的增长以及众多 OECD 国家人口老龄化即将迎来的预期增长，卫生研发支出具有重要意义。然而，由于体制的复杂性和多样性（研发可能受公共或私人资助，由公司、大学、医院和私营非营利机构执行），我们难以准确估算卫生研发支出。

表 16　2004 年政府预算中与卫生相关的研发占 GDP 的百分比

国家和地区＼年份	2004/%	2000－2004 年增长率/%
斯洛伐克	0.004	-27.3
墨西哥（2001）	0.007	-2.3
瑞典	0.009	-0.6
比利时	0.011	5.0
瑞士（2002）	0.012	39.8
爱尔兰（2002）	0.015	19.3
希腊（2003）	0.025	-0.8
荷兰	0.026	8.7
奥地利	0.027	15.4
日本（2003）	0.029	6.1
德国	0.033	4.0
捷克（2002）	0.041	—
欧盟 25 国（2001）	0.043	—
欧盟 15 国（2003）	0.048	—
意大利（2001）	0.049	13.1
葡萄牙	0.053	6.9
丹麦	0.054	2.5
法国	0.054	2.6
澳大利亚	0.057	4.9
西班牙（2003）	0.058	21.2
挪威	0.059	7.0
韩国	0.064	15.1
芬兰	0.068	2.5
加拿大	0.102	17.5
冰岛（2003）	0.103	2.0
英国（2003）	0.104	3.4
OECD（2003）	0.121	10.5
美国	0.256	9.6

注：1. 希腊、冰岛、日本、西班牙、英国和 OECD 是 2000－2003 年的增长率；丹麦是 2001－2004 年的增长率；爱尔兰和瑞士是 2000－2002 年的增长率；意大利和墨西哥是 2000－2001 年的增长率。

2003年，基于政府预算拨款（GBAORD）的、与卫生相关的政府直接研发支出约为366亿美元（当前购买力平价），约为所有OECD国家GDP之和的0.1%。美国与卫生相关的政府直接研发支出比例较高，其2004年的支出占GDP的比重超过0.25%，远高于欧盟（2001年为0.04%）和日本（2003年为0.03%）的水平。自2000年以来，在一些OECD国家，与卫生相关的直接研发资助实际上有所减少。

表17 其他与卫生相关的NASB类研发占GDP的百分比

国家和地区 \ 项目	政府预算中直接的卫生研发拨款占GDP的百分比/%	其他/%
爱尔兰（2002）	0.01	0.01
希腊（2001）	0.02	0.03
西班牙（2003）	0.06	0.03
丹麦	0.06	0.04
德国（2003）	0.03	0.09
英国（2003）	0.10	0.04
荷兰（2002）	0.03	0.13
芬兰（2002）	0.07	0.09
瑞典	0.01	0.18
奥地利	0.03	0.16
法国（2002）	0.06	0.13
美国（2005）	0.25	0.01

注：NASB是Nomenclature for the Analysis of Science Budgets的缩写，即科学预算分析。

表18 2002年制药业研发支出占GDP和BERD的百分比

国家和地区 \ 比例	占GDP的比例/%	占BERD的比例/%
波兰	0.02	18.27
捷克（2003）	0.03	3.04
挪威（2003）	0.03	2.77
澳大利亚	0.03	3.81
韩国（2003）	0.04	1.68
意大利（2003）	0.05	8.37
芬兰（2003）	0.06	2.40
爱尔兰（2001）	0.06	7.71
西班牙	0.08	12.96
加拿大（2003）	0.09	8.59
荷兰	0.09	8.41
德国（2003）	0.13	6.96
美国	0.14	7.35
日本	0.19	8.34
法国	0.19	12.80
英国	0.33	25.20
比利时	0.39	23.33
丹麦	0.40	22.19
瑞典（2003）	0.61	19.52

注：BERD是企业研发支出。

常用指标是制药业研发支出。2003年，瑞典制药业研发支出占GDP的比例超过0.6%，其1999年和1991年分别为0.47%和0.25%。高于丹麦、比利时和英国2002年的0.3%。英国、比利时和丹麦的制药业研发在企业部门研发中的份额超过20%。尽管波兰和西班牙的制药业研发支出占GDP的比例较低（不足0.1%），但该部门在这两个国家都占了企业部门研发的很大份额（10%以上）。

九、研发联系

科学与创新体系中各参与者之间的合作形式多样，往往难以量化。政府和企业部门之间的直接研发资金流动是追踪跨部门联系的一种方式。

在许多国家，政府资助的研发越来越多地由企业部门执行。这类研发平均份额约为7%，但斯洛伐克、波兰和捷克的研发比例更高，分别为22%、15%和12%。同样，企业越来越多地资助高等教育和政府部门执行的研发，2002年OECD区这类研发的平均份额为4.9%（欧盟25国为6.3%）。尽管许多国家有所增长，但这类资金流动在OECD大多数大型经济体的研发中所占的份额不足7%。波兰的上述两个指标都较高。日本、葡萄牙和丹麦的指标都较低。

表19　2003年政府资助的企业研发的份额

国家和地区	政府资助的企业研发的份额/%
日本	0.8
希腊（2001）	1.2
冰岛（2001）	1.4
卢森堡（2000）	1.6
葡萄牙（2001）	2.1
瑞士（2000）	2.3
加拿大	2.6
土耳其（2002）	2.9
爱尔兰	3.0
丹麦（2001）	3.1
芬兰	3.3
澳大利亚（2002）	4.3
荷兰（2002）	4.3
韩国	5.3
奥地利（2002）	5.6
比利时（2002）	5.9
瑞典	5.9
德国	6.1
匈牙利	6.4
OECD	7.2
欧盟15国（2002）	7.3
欧盟25国（2002）	7.4
新西兰	9.6
墨西哥（2001）	9.6
美国	10.0
法国（2002）	10.3
挪威	10.4
英国	10.9
西班牙	11.1
捷克	12.0
意大利（2002）	12.2
波兰	15.2
斯洛伐克	22.1

表 20　高等教育和政府部门中企业资助的研发占这两个部门执行的研发的百分比

国家和地区	高等教育和政府部门中企业资助的研发占这两个部门执行的研发的百分比/%
葡萄牙（2001）	1.8
日本	2.0
丹麦	2.4
美国	2.9
意大利（2002）[2]	3.4
墨西哥（2001）	3.7
奥地利（2002）	4.4
爱尔兰（2002）	4.5
法国（2002）	4.6
OECD（2002）	4.9
瑞典	4.9
捷克	5.1
澳大利亚（2002）	5.1
希腊（2001）	5.2
卢森堡（2000）[2]	5.8
瑞士（2002）[1]	6.0
欧盟 25 国（2002）	6.3
欧盟 15 国（2002）	6.6
英国	6.6
挪威	6.8
西班牙	6.9
加拿大	7.5
斯洛伐克	7.8
冰岛（2001）	7.9
德国	7.9
匈牙利	8.0
芬兰	8.4
韩国	9.1
波兰	10.3
荷兰（2002）	10.6
比利时（2001）	12.6
新西兰（2001）	13.1
土耳其（2002）	19.9

注：1. 仅包括高校；2. 仅包括政府部门。

十、制造业研发国际化

表 21　2001 年在全部制造业研发与营业额中外国子公司研发与营业额的比重

国家和地区	营业额/%	研发/%
加拿大	51.0	37.9
美国	20.3	17.7
日本（2001）	2.6	3.8
芬兰（2001）	16.2	13.1
法国（2001）	35.9	22.3

续表

国家和地区	营业额/%	研发/%
德国（2001）	8.3	25.6
爱尔兰（2001）	79.5	74.2
意大利（2001）	22.3	37.3
荷兰（2001）	35.3	22.2
葡萄牙（2001）	15.9	48.8
波兰	38.9	11.9
西班牙（2001）	28.5	42.6
瑞典（2001）	39.3	41.2
土耳其（2000）	14.0	12.7
英国（1999）	36.1	31.5
匈牙利（1998）	66.1	77.1
捷克	45.5	59.0

尽管研发国际化与产品国际化相比还有一定差距，但越来越多的跨国公司开始在海外建立研发实验室，研发活动也越来越国际化，且更接近产品的国际化。

在不同国家工业研发国际化的情况大不相同，从日本的不到5%到匈牙利和爱尔兰的超过70%。捷克、西班牙、葡萄牙和瑞典的研发国际化程度高于40%，且高于该国的产品国际化程度。

在那些外国子公司对工业活动贡献不高的国家，很可能是由于这些外国子公司更愿意由母公司向这些子公司进行技术转移的缘故。像这样的公司内技术转移，由于没有相应的资金支出，所以并不显现在该外国子公司的研发统计数据中。

外国子公司在研发活动中的比重同样也反映了它们与国内公司在研发活动规模上的不同。例如在匈牙利和爱尔兰，外国子公司比国内公司从事更多的研发活动，而在其他多数 OECD 国家中，尤其是日本、瑞典、芬兰和美国，情况恰好相反。这在很大程度上也反映了工业活动中外国子公司和国内公司之间力量的对比。

表 22 外国子公司和本国企业的研发强度

国家和地区 \ 研发强度	本国企业研发强度/%	外国子公司研发强度/%
加拿大	0.9	0.5
美国	2.2	0.4
日本（2001）	2.9	0.1
澳大利亚（1999）	0.5	0.4
芬兰（2001）	2.9	0.5
法国（2001）	1.7	0.4
德国（2001）	1.7	0.6
希腊（1999）	0.3	0.0
爱尔兰（2001）	0.4	0.7
意大利（2001）	0.5	0.3
荷兰（2001）	1.7	0.4
葡萄牙（2001）	0.3	0.1
波兰	0.2	0.0
西班牙（2001）	0.5	0.2
瑞典（2001）	4.4	2.7
土耳其（2000）	0.2	0.0
英国	1.1	0.7
匈牙利（1998）	0.1	0.3
捷克	0.6	0.5
斯洛伐克	0.4	0.1

十一、政府研发预算

在经历了20世纪90年代初的削减后，美国政府国防研发预算在GDP中的比例出现了增长，于2005年达到了0.63%。这一比例是英国和法国的2.5倍以上。2003年，美国的国防研发预算是OECD总预算的80%以上，是欧盟15国总和的5倍以上。

表23　2005年或最近年度各国国防和民用研发预算占GDP的比重

国家和地区	国防研发预算比重/%	民用研发预算比重/%
墨西哥（2001）	0.0	0.2
希腊（2003）	0.0	0.3
捷克（2004）	0.0	0.3
卢森堡	—	0.3
波兰（2001）	—	0.4
爱尔兰（2004）	—	0.4
捷克（2002）	0.0	0.5
新西兰（1999）	0.0	0.5
澳大利亚	0.0	0.5
比利时（2004）	0.0	0.6
奥地利	0.0	0.6
加拿大（2004）	0.0	0.6
葡萄牙（2004）	0.0	0.7
瑞士（2002）	0.0	0.7
意大利（2001）	0.0	0.7
挪威	0.0	0.7
欧盟15国（2003）	0.1	0.6
丹麦	0.0	0.7
欧盟25国（2001）	0.1	0.6
日本（2003）	0.0	0.7
英国（2003）	0.24	0.5
荷兰	0.02	0.7
德国（2004）	0.05	0.7
西班牙（2003）	0.18	0.6
OECD（2003）	0.26	0.5
韩国（2004）	0.11	0.7
瑞典	0.19	0.8
芬兰	0.03	1.0
法国（2004）	0.24	0.8
美国	0.63	0.5
冰岛（2003）	0.0	1.2

表 24　1995－2005 年政府研发预算的年均增长率

国家和地区	政府研发预算（2000 年购买力平价）的年均增长率/%
斯洛伐克（1998－2004）	－1.5
瑞士（1996－2002）	－0.3
德国（1997－2004）	－0.2
丹麦（2001－2005）	0.2
荷兰	1.0
欧盟 15 国（2002－2003）	1.0
欧盟 25 国（1995－2001）	1.5
奥地利	1.7
芬兰（1997－2005）	2.2
澳大利亚（1999－2005）	2.4
英国（1995－2003）	2.4
法国（1997－2004）	2.8
挪威	3.0
OECD（2000－2003）	3.5
新西兰（1995－1999）	3.8
波兰（1995－2001）	3.9
比利时（1995－2004）	4.1
希腊（1995－2003）	4.4
加拿大（1995－2004）	4.6
意大利（1995－2001）	5.1
冰岛（1995－2003）	5.2
瑞典	5.4
日本（1995－2003）	5.9
葡萄牙	6.7
墨西哥（1995－2001）	7.1
美国（2000－2005）	7.4
爱尔兰（1995－2004）	10.1
韩国（1999－2004）	10.7
西班牙（1997－2003）	11.4
卢森堡（2000－2005）	21.8

2005 年，美国几乎有 57% 的政府研发预算拨款用于国防研发。其次是英国，几乎占用 1/3。西班牙、法国和瑞典是仅有的超过 1/5 的其他 OECD 国家。2001－2005 年间美国的政府研发预算拨款增长中有 3/4 来自于国防研发。

2003 年，冰岛是 OECD 区的政府研发预算拨款比例最高的国家，占 GDP 的 1.2%。芬兰是民用政府研发预算拨款超过 GDP 的 1% 的仅存的另一个 OECD 国家，其比例是 OECD 平均水平的 2 倍。

2000 年以来，OECD 区的政府研发预算平均实际增长 3.5%。卢森堡增长最快，2000－2005 年期间年增长 20% 以上。西班牙、韩国和爱尔兰年增长率超过 10%。欧盟 25 国的增长则较慢，1995 年以来平均年增长 1.5%，相比之下，日本为 6%，美国在 7% 以上。20 世纪 90 年代中期以来，斯洛伐克、瑞士和德国均有微弱的负增长。

十二、研发的税收政策

OECD 国家广泛利用研发税收减免政策间接鼓励企业研发支出。近几年出现了新的税收激励方案，现有方案也出现了变化，税收减免力度加大，并专门面向某些类型的受益者（如小企业、特定产业中的企业等等）。

表 25　2004 年每美元研发的税收补贴率

国家和地区 \ 份额	大型企业/%	中小型企业/%
意大利	-0.027	0.451
德国	-0.024	-0.024
新西兰	-0.023	-0.023
希腊	-0.015	-0.015
瑞典	-0.015	-0.015
冰岛	-0.012	-0.012
比利时	-0.011	-0.009
芬兰	-0.010	-0.010
瑞士	-0.010	-0.010
荷兰	0.021	0.113
爱尔兰	0.049	0.049
美国	0.066	0.066
英国	0.096	0.106
奥地利	0.112	0.112
澳大利亚	0.117	0.117
法国	0.134	0.134
日本	0.135	0.192
匈牙利	0.162	0.162
加拿大	0.173	0.322
丹麦	0.178	0.178
韩国	0.185	0.161
挪威	0.207	0.232
葡萄牙	0.283	0.283
墨西哥	0.388	0.388
西班牙	0.441	0.441

如今，已有 18 个 OECD 国家采取了研发税收激励措施，但 1996 年则只有 12 个国家。即使在没有实施税收激励的国家，公司税率的降低也已减轻了公司的税收负担，从而鼓励它们增加研发支出。

针对研发支出的特殊税收政策包括当前研发支出即时冲销（所有国家）和各类税收减免，如税收优惠（2004 年有 12 个国家）或应税收入补贴（6 个国家）。虽然许多现有税收激励计划旨在逐步增加研发投资，但许多新激励措施则致力于提高某一年的研发支出水平。

2004 年，西班牙、墨西哥和葡萄牙提供的补贴最多，大小公司一视同仁。加拿大、荷兰，尤其是意大利对小企业的补贴远高于大企业。

1995 - 2004 年间，16 个国家的研发税收补贴有所增长，5 个国家保持不变，3 个国家稍有减少。墨西哥、葡萄牙、挪威和西班牙的增幅最大。

表 26　1995 - 2004 年大型公司每美元研发的税收补贴率变化

国家和地区	每美元研发的税收补贴率变化/%
澳大利亚	-0.096
荷兰	-0.075
爱尔兰（1999 - 2004）	-0.014
芬兰	-0.001
加拿大	-0.001

续表

国家和地区	每美元研发的税收补贴率变化/%
希腊（1999－2004）	0.000
瑞典	0.000
比利时	0.001
瑞士	0.006
冰岛（1999－2004）	0.016
意大利	0.025
德国	0.027
奥地利	0.044
丹麦	0.049
法国	0.055
韩国	0.083
美国	0.090
英国	0.096
新西兰（1999－2004）	0.108
日本	0.149
西班牙	0.163
挪威	0.225
葡萄牙	0.303
墨西哥	0.404

十三、中小型企业创新

表 27　1998－2000 年间采取独自创新的中小企业占全部中小企业的比重

国家和地区	中小企业独自创新的比重/%
波兰	12
斯洛伐克	13
丹麦	16.1
匈牙利	17
希腊	17.5
英国	22.4
西班牙	24.3
捷克	25
挪威	28.8
法国	29.2
意大利	31.0
欧盟 25 国	31.7
欧盟 15 国	32.1
荷兰	34.1
瑞典	35.2
奥地利	35.5
葡萄牙	36.2
芬兰	37.6
比利时	38.3
卢森堡	39.2
德国	46.2
冰岛	46.5
瑞士	54.8

有关创新的调查已经在OECD的大部分国家和部分发展中国家开始进行。这次调查是对那些仅关注于R&D或ICT调查的补充，能更加全面地对创新的整个过程进行说明。

第三轮“社会创新调查”（CIS3）获得了1998－2000年间的企业创新数据。这次调查主要涉及产品创新和过程创新，包括那些与创新相关的非技术创新。

这次调查主要选取了对中小企业，特别是那些雇员少于250人的中小企业特别重要的三项指标，包括独自创新、合作创新和非技术创新。因为，大多数具有创新倾向的大企业都会在这三方面采取积极的行动。大约1/3的欧洲中小企业都会进行独自创新（包括与其他企业的合作创新），而非简单地买入其他公司的创新成果。在瑞士、冰岛、卢森堡、比利时和德国等国，独自创新的比例较大，而在斯洛伐克、波兰、丹麦和希腊，独自创新的比例却低于20%。

表28　1998－2000年参与合作创新的中小企业占所有中小企业的比重

国家和地区	参与合作创新的中小企业比重/%
西班牙	2.7
意大利	3.0
斯洛伐克	3.3
波兰	4.5
捷克	6.2
希腊	6.3
欧盟15国	6.9
葡萄牙	7.0
欧盟25国	7.1
英国	7.2
奥地利	8.8
德国	9.2
法国	9.3
比利时	9.6
荷兰	9.6
瑞士	10.4
匈牙利	11.1
挪威	12.5
冰岛	12.6
瑞典	13.4
丹麦	15.7
芬兰	20.0

表29　1998－2000年间采用非技术创新[1]的中小企业占所有中小企业的比重

国家和地区	采用非技术创新的中小企业比重/%
卢森堡	74
德国	65
希腊	59
奥地利	58
冰岛	54
葡萄牙	51
欧盟25国	49
比利时	49

续表

国家和地区	采用非技术创新的中小企业比重/%
意大利	49
芬兰	47
瑞典	44
捷克	40
挪威	38
荷兰	38
匈牙利	29
丹麦	26
法国	23
斯洛伐克	10

注：1. 非技术创新主要包括管理创新、组织结构创新以及产品设计或外观创新

在被问到与其他企业或公共研究机构合作创新的可能性时，各地区的态度有所差异。一般来说，欧洲大约7%的中小企业愿意合作创新，北欧国家合作创新的意愿较高，从冰岛的12%到芬兰的20%。东欧和南欧的中小企业合作创新的意愿较低。在此期间，大约有1/2的欧洲中小企业都从事了非技术创新。

十四、科学论文

论文是科学研究的主要产出，常用来测度世界知识库的存量及流量。2001年大约共有65万篇有关科学与工程方面的论文发表，其中大多数都是源自学校系统。

论文主要集中于少数国家。2001年，82%的科学论文都是由OECD国家发表的，接近2/3的论文又集中于G7国家。美国发表了大约20万篇论文，居首位。论文产出比例与研发投入比重相吻合。

在研发强度较高的国家，论文产出也较高。2001年，瑞士和芬兰的每百万人口的论文数已经超过1 100篇，论文的人均数量在北欧国家、英语国家中是最高的，较欧洲的平均水平557篇也高出很多。另一方面，日本和韩国的论文产出量较其研发投入来说相对较小。这可能是由对非英语国家的偏见所造成的。

过去10年，OECD各国的科学论文数都有所提升。科学论文数量的增长很大程度上得益于科学活动的增加和跨国研究的增加。在美国保持平稳、英国和加拿大略有下降的同时，日本和西欧的科学论文数量增加。此外，对世界科学论文的贡献也在由高收入且有一定科学基础的国家向东亚的中国、韩国、新加坡和中国台北等国家和地区转移。

表30　2001年每百万人口的科学论文数量及其占世界论文总量的份额

国家和地区	2001论文量/篇	1991论文量/篇	2001年各国科学论文占世界论文总量的份额/%
墨西哥	32.1	12.8	0.5
南非	55.8	—	0.4
土耳其	59.7	14.8	0.6
世界	108.8	—	100.0
俄罗斯	116.4	—	2.4
波兰	148.7	102.5	0.9
斯洛伐克	176.7	—	0.1
葡萄牙	208.1	64.8	0.3
韩国	233.1	31.4	1.7
匈牙利	243.3	174.6	0.4
捷克	256.5	279.5	0.4

续表

国家和地区	2001 论文量/篇	1991 论文量/篇	2001 年各国科学论文占世界论文总量的份额/%
希腊	304.4	153.3	0.5
中国台北	330.3	—	1.2
意大利	385.4	242.8	3.4
西班牙	386.7	186.8	2.4
爱尔兰	431.5	259.5	0.3
日本	451.1	319.5	8.8
OECD	467.7	453.9	82.0
欧盟 25 国	495.4	—	34.6
法国	514.1	402.3	4.8
德国	529.8	411.7	6.7
欧盟 15 国	556.6	416.2	32.5
奥地利	563.5	352.7	0.7
比利时	582.0	416.2	0.9
冰岛	610.4	403.2	0.0
美国	703.9	765.3	30.9
挪威	720.6	563.8	0.5
加拿大	729.4	817.0	3.5
新西兰	742.1	597.8	0.4
澳大利亚	758.1	617.5	2.3
荷兰	785.5	670.7	1.9
有关	807.4	695.5	7.3
丹麦	931.1	732.6	0.8
芬兰	982.7	640.4	0.8
以色列	1 055.2	—	1.0
瑞士	1 116.7	886.3	1.2
瑞典	1 159.4	944.5	1.6

在 OECD 国家，生命科学方面的论文占有很大比例，其中，北欧国家占了很大比重。在欧洲、韩国、葡萄牙以及亚洲经济体中，自然科学作为主攻方向的地位正在显现。

表 31　2001 年各国科学论文引证的相对重要性

国家和地区	重要性
瑞士	1.2
美国	1.0
荷兰	1.0
丹麦	0.9
瑞典	0.9
英国	0.9
芬兰	0.8
加拿大	0.8
比利时	0.8

续表

国家和地区	重要性
德国	0.8
奥地利	0.8
爱尔兰	0.8
法国	0.8
以色列	0.7
意大利	0.7
挪威	0.7
澳大利亚	0.7
新西兰	0.6
西班牙	0.6
日本	0.6
中国香港	0.5
匈牙利	0.5
葡萄牙	0.5
智利	0.4
新加坡	0.4
希腊	0.4
斯洛文尼亚	0.4
阿根廷	0.4
捷克	0.4
墨西哥	0.4
南非	0.4
韩国	0.4
巴西	0.4
波兰	0.3
中国台北	0.3
保加利亚	0.3
斯洛伐克	0.3

表 32 科学论文的学科分布

学科 / 国家和地区	生命科学	自然科学	工程、技术和数学	社会和行为科学
丹麦	63.8	23.3	6.7	6.2
芬兰	62.0	21.5	8.6	7.5
奥地利	61.1	25.9	8.8	4.3
新西兰	60.0	19.2	7.0	13.8
瑞典	59.6	23.2	9.3	7.8
爱尔兰	59.3	21.7	9.3	9.9
挪威	59.0	21.4	8.5	11.2
冰岛	58.3	24.1	5.0	12.7

续表

学科 国家和地区	生命科学	自然科学	工程、技术和数学	社会和行为科学
荷兰	57.7	22.9	7.8	11.5
澳大利亚	56.5	21.5	8.3	13.8
土耳其	55.8	27.7	12.5	4.1
比利时	55.5	28.0	9.9	6.7
加拿大	54.8	21.7	9.8	13.7
美国	54.8	21.4	8.7	15.0
瑞士	54.6	32.6	8.0	4.8
英国	53.2	23.4	9.0	14.4
OECD	52.5	27.6	10.2	9.7
欧盟15国	52.5	29.9	10.5	7.1
意大利	51.6	34.1	11.7	2.6
德国	50.2	34.0	10.7	5.1
世界	49.4	30.7	11.2	8.8
西班牙	49.3	35.9	11.1	3.6
日本	48.8	37.0	13.0	1.2
希腊	48.6	32.9	14.4	4.1
法国	48.0	35.6	13.4	3.0
墨西哥	45.5	39.3	9.8	5.5
匈牙利	45.0	41.3	10.9	2.8
捷克	38.2	43.6	12.1	5.9
葡萄牙	38.0	42.0	16.6	3.4
斯洛伐克	34.5	41.8	11.9	11.8
韩国	32.5	43.1	22.4	2.1
波兰	26.6	57.3	14.9	1.3

作为科学论文创造的主要国家，瑞士和美国在引证率方面同样处于前列，而且在世界生命科学和自然科学方面具有非常重要的地位。智利在地球和空间科学方面、斯洛文尼亚在数学方面、阿根廷在心理学方面在世界上的重要地位正在逐渐显现。

表33　1992－2001年间各地区科学论文数量的变化趋势（以1992年为100）

区域 年份	OECD/篇	美国/篇	欧盟15国/篇	亚洲/篇	中南美洲/篇	日本/篇
1992	100.0	100.0	100.0	100.0	100.0	100.0
1993	99.7	99.3	100.2	103.8	98.5	98.2
1994	104.2	100.5	108.1	110.2	104.2	105.8
1995	106.8	102.0	111.8	118.0	116.1	107.8
1996	109.3	101.5	116.2	125.8	126.7	114.2
1997	108.7	99.3	117.3	136.8	140.5	113.7
1998	112.7	99.5	123.6	150.0	156.2	123.8
1999	114.7	99.8	125.7	167.3	172.0	127.2
2000	114.1	98.7	125.2	176.0	179.1	125.5
2001	116.8	101.0	127.0	199.8	199.6	130.1

十五、风险资本

表34　2000－2003年风险资本投资占GDP的百分比

区域＼时期	初创期/%	扩张期/%
斯洛伐克	0.003	0.012
日本（1998－2001）	0.007	0.019
匈牙利	0.007	0.027
希腊	0.012	0.037
波兰	0.012	0.042
捷克	0.008	0.048
奥地利	0.018	0.039
瑞士	0.032	0.037
葡萄牙	0.024	0.052
意大利	0.018	0.062
新西兰（1998－2001）	0.030	0.063
德国	0.042	0.056
爱尔兰	0.043	0.063
比利时	0.048	0.061
法国	0.043	0.073
丹麦	0.057	0.065
挪威	0.038	0.084
西班牙	0.017	0.106
澳大利亚（1998－2001）	0.025	0.102
欧盟	0.041	0.089
芬兰	0.085	0.104
荷兰	0.044	0.159
英国	0.058	0.157
瑞典	0.088	0.147
OECD	0.082	0.175
韩国（1998－2001）	0.114	0.156
加拿大	0.158	0.136
美国	0.115	0.260
冰岛（2000－2002）	0.167	0.341

表35　2000－2003年高技术部门的风险资本占风险资本总投资的百分比

国家和地区＼行业	通信行业/%	信息行业/%	卫生/生物技术行业/%
西班牙	6.6	6.7	6.3
斯洛伐克	16.4	4.5	0.0
葡萄牙	12.2	10.7	1.0
荷兰	10.4	10.1	6.3

续表

国家和地区 \ 行业	通信行业/%	信息行业/%	卫生/生物技术行业/%
澳大利亚（1998－2001）	15.9	6.4	5.9
英国	12.3	9.8	10.3
意大利	26.6	4.1	2.4
日本（1998－2001）	15.0	17.8	1.7
欧盟	13.5	11.7	9.9
法国	14.9	13.6	8.3
德国	9.7	16.5	14.1
瑞典	10.2	13.9	17.3
韩国（1998－2001）	21.9	18.2	1.6
瑞士	5.2	21.2	18.6
比利时	15.7	15.5	15.2
芬兰	13.5	20.0	13.0
希腊	23.4	20.6	2.8
波兰	39.2	4.6	3.8
冰岛（2000－2002）	13.9	26.0	11.3
奥地利	15.7	28.5	7.1
匈牙利	44.5	4.3	4.1
捷克	43.4	9.9	0.4
挪威	12.6	22.5	20.0
新西兰（1998－2001）	30.4	19.3	7.4
OECD	21.8	26.5	11.7
丹麦	13.2	19.3	28.2
美国	26.8	35.1	13.0
加拿大	22.5	43.5	18.8
爱尔兰	15.2	72.4	5.1

与 GDP 相比，风险资本显得非常少，尽管它是新创技术公司的重要资助来源。风险资本能有力地促进根本性的创新，这类创新往往由新创技术公司实现。

2000－2003 年期间，冰岛对处于初创期和扩张期的公司的风险资本投资最高，达到 GDP 的 0.51%。美国、加拿大和韩国紧随其后，在 0.25% 以上；其他 OECD 国家的比重则小得多。平均而言，初创期投资的规模约为扩张期公司投资的一半。然而，在加拿大、丹麦、芬兰和德国，初创期投资较高。

高技术企业吸引了 OECD 的 60% 的风险资本投资，但不同国家之间存在很大的差异。在爱尔兰、加拿大和美国，对高技术部门的投资比重最高，分别占本国风险投资的 93%、85% 和 75%，但在西班牙、斯洛伐克和葡萄牙，则只占 25%。

表 36　2000－2003 年风险资本投资管理国和目的地国的区别

区域 \ 类型	投资管理国	投资目的地国
冰岛（2000－2002）	0.633	0.546
瑞典	0.686	0.528
美国	0.452	0.461
英国	0.686	0.440

续表

区域 \ 类型	投资管理国	投资目的地国
芬兰	0.282	0.376
法国	0.314	0.344
荷兰	0.382	0.319
加拿大	0.317	0.318
欧盟	0.314	0.275
意大利	0.219	0.234
爱尔兰	0.153	0.216
丹麦	0.173	0.206
瑞士	0.127	0.182
西班牙	0.172	0.178
德国	0.170	0.177
挪威	0.137	0.153
比利时	0.159	0.144
斯洛伐克	0.016	0.130
葡萄牙	0.096	0.127
奥地利	0.067	0.107
匈牙利	0.098	0.098
捷克	0.073	0.071
波兰	0.081	0.068
希腊	0.068	0.029

不同国家的风险投资在高技术部门内的分布存在很大差异。美国吸引了OECD将近60%的风险资本，其中多数投向信息技术部门（35%），爱尔兰和加拿大也一样，分别有72%和44%的风险资本投向信息技术部门。在东欧国家、意大利、英国、新西兰和澳大利亚，大部分投资投向了通信部门。在丹麦，28%以上的风险投资投向了卫生和生物技术公司，瑞典和比利时则有将近20%的风险投资投向了卫生和生物技术公司。

风险资本的国际流动也很重要。美国公司增加了对欧洲和亚洲的投资，欧洲和亚洲内部存在大量的跨境投资。在2000－2003年期间，冰岛、瑞典、英国和荷兰国内公司管理的风险资本多于从国际上流入的风险资本。与此相比，国际上流入芬兰、爱尔兰、瑞士和奥地利（流入目的国）的风险资本比国内管理的投资多出30%以上。斯洛伐克尤其突出，其流入的国际投资是国内资本的8倍。

2005年OECD科学、技术与产业其他情况概要

科学技术人力资源：知识与技术

（1）OECD国家的新颁学位中，理科与工程（S&E）学位占23%，这个比例在欧盟为27%，在美国为16%。不过，1998年以来理科与工程（S&E）学位占新颁学位的比例在很多国家是下降的。

（2）大多数OECD国家的专业人员与技术工人占就业总量的25%～35%，在瑞典、卢森堡、瑞士和澳大利亚则超过35%。

（3）2003年中国研究人员数量（86.2万人）居世界第二，少于美国（1999年为130万人）但多于日本（67.5万人）和俄罗斯联邦（48.7万人）。

（4）在迅速出现的专业与技术职业中，妇女就业人数要多于男性，但妇女仅占研究人员总数的25%～35%，且主要集中于高等教育行业。工业领域的妇女参与度尤其低。

（5）高技术移民主要流向四个国家，即美国（超过780万人）、欧盟（470万人）、加拿大（200万人）和澳大利亚（140万人）。这些移民半数以上来自非OECD地区。

（6）瑞典和比利时的博士生录取人数中1/3强是外国学生，英国和美国则超过1/4。

专利：知识的保护与商业化

（1）2002年欧洲和美国的专利申请超过44.2万件，而10年前大约为22.4万件。

（2）专利申请的集中度日益增强。2001年，法国、德国、日本、英国和美国占全部三大同族专利的83.6%。

（3）两大技术领域——生物技术和信息与通信技术，对专利申请全面增长的贡献率超过平均水平。1991－2001年向欧洲专利局（EPO）申请的专利中，生物技术和信息与通信技术专利分别增加了9.1%和8.3%，而同期欧洲专利局专利申请总量仅增加了6.0%。

（4）与一些OECD大国相比，某些非OECD国家，例如巴西、中国、印度和俄罗斯联邦的国际化水平很高。例如，俄罗斯联邦向欧洲专利局申请的专利中2/3由外国居民拥有或共同拥有。

（5）在七国集团国家中，以外国人拥有本国专利的数量、本国人拥有国外发明专利的数量以及与外国人共同创造专利发明的数量三个指标来衡量，英国是国际化程度最高的国家。

（6）按合作伙伴国家分列的国际化指标表明，共同的语言、历史联系和地理亲缘关系在确定伙伴国家的过程中发挥了重要作用。

信息与通信技术：知识社会的支撑

（1）2001年，信息与通信技术行业在OECD地区的增加值中占10%。该比例在芬兰最高（16%），随后是爱尔兰（13%）。

（2）信息与通信技术行业研发投资数量巨大。2002年，大多数OECD国家的信息与通信技术制造业在商业研发开支总额中所占比例均超过1/4。

（3）在OECD地区平均水平上，全部企业中有1/4运用互联网进行采购，约1/8利用互联网开展销售。

（4）在OECD范围内，互联网销售额在销售总额中的比例不断上升，但是水平仍然非常低。互联网销售最常见的障碍是有些产品不适合互联网销售，其他较大的障碍是安全和法律方面的问题。

（5）2004年底OECD地区宽带用户为1.18亿，比2003年增加了3 400万。

（6）固定电话用户数量首次出现下降，而移动电话和宽带越来越普及。很多移动电话和宽带用户正在放弃过去使用的固定电话线路而改用互联网拨入。

（7）对互联网服务的需求主要受家庭计算机接入量增长的推动。在冰岛，2004年86%的家庭拥有计算机接入。

（8）在几乎所有OECD国家中，有孩子的家庭拥有家庭互联网接入的可能性更大，而且男性利用互联网的可能性大于女性。但美国妇女使用互联网的人数明显高过男性。

知识流动与全球性企业

（1）1999－2003年，货物贸易与服务贸易额均呈扩大趋势，但货物贸易额所占比例是服务贸易额所占比例的四倍。高技术产品（主要是计算机和航空工业产品）是国际贸易竞争最激烈的产品，因为这些产品的出口率（出口/产量）和进口渗透率（进口/国内需求）最高。

（2）2000－2003年，直接投资流量明显下降。在七国集团国家中，英国和法国对外投资降幅最大，德国、法国和英国对内投资降幅最大。

（3）2001年，外国控制子公司的营业额在制造业营业总额中所占的份额在75%（爱尔兰）到低于3%（日本）之间。

（4）2002年，除挪威、芬兰和德国外，其他国家服务业国外子公司的营业额低于加工业国外子公司的营业额。

（5）1995－2001年间，国外子公司在制造业增加值中所占份额逐步增加，尤其是爱尔兰、瑞典和挪威。

（6）在捷克和瑞典，国外子公司对东道国劳动生产率增长的贡献最大。

（7）关于技术贸易，1993－2003年间，美国和日本盈余，而欧盟出现赤字，主要原因在于德国、意大利、西班牙和爱尔兰。

知识对生产活动的影响

（1）1995－2003年，信息与通信技术投资在国内生产总值增长中占0.35～0.9个百分点。在澳大利亚、瑞典和美国，信息与通信技术资本的贡献最大。在爱尔兰、芬兰和希腊，多要素生产率的提高也是国内生产总值增长的重要源泉。

（2）在很多OECD国家，特别是澳大利亚、希腊和美国，近年来，劳动生产率提高的主体是由商业服务业贡献的。信息与通信技术制造业和服务业在芬兰和瑞典尤其重要，其他高技术或中等技术产业在日本、瑞典和美国是特别重要的。

（3）以技术为基础的“市场”服务业的比例继续扩大，目前占OECD增加值的20%以上。2002年高技术和中等技术制造业的比例下降到OECD总增加值的7.5%左右，2000年约为8.5%。

（4）高技术产业贸易已经从2000－2001年的强烈下挫中开始复苏。1994－2003年，在OECD的地区制造业贸易中，制药业贸易的增长率最高。

（5）在爱尔兰，高技术产业占制造业出口的50%以上，在瑞士、韩国、美国、英国、匈牙利和荷兰占出口的30%以上。

（6）2002年，制造业全体就业人员中大约有40%就业于与服务相关的职位，例如管理、商务、金融和法律。

（7）2002年OECD国家在世界制造业增加值中所占比例略低于80%，中国约占8%，略高于德国的比例。2002年全球十大制造业国家中有9个是OECD的成员国。

本文摘译自 *OECD Science, Technology and Industry Scoreboard* 2005 第一部分

贵州师范大学2005级硕士研究生　孔　娜　编译
北京军区66368部队　刘旭超　编译
国家发改委产业所　张嵎喆　校

6

《美国科学与工程技术指标　（2004年）》概要

一、美国处于一个变化的世界

美国的研究与开发投资是促进创新和经济发展的重要推动力。1990年以来，美国经济的强劲表现推动了知识经济的发展。一方面，研究促进了商业开发，另一方面，知识型工作在促进经济发展的过程中扮演了重要角色。

美国的表现成为世界各国政府测度本国科学和技术活动（S&T）以及他们知识经济发展程度的基准。各国都在仿效美国在促进知识经济增长过程中的政策方法，扩展知识密集部门在经济中的作用，并分阶段地培育经济发展所需要的受过高等教育的技术工人。欧盟的目标是"到2010年成为世界上最具竞争优势的、具有活力的知识经济地区"。

美国在R&D和S&T方面的投资依然强劲，也正在向知识经济国家逐步迈进。通信和交通的日益发达使全球S&T联系日益紧密，新思想不断融合发展，市场逐步开放，国家间差异化竞争日益明显，创新不断发展。

因为在S&E方面有大量国外出生的科学家和工程师，美国从中受益匪浅。根据美国统计局2000年的数据，17%的学士学位拥有者、29%的硕士和38%的博士都是国外出生的。这些人不仅为美国提供了所需要的人才、科学独创性和复杂的技术，而且也为美国积极参与国际合作提供了机会。

美国的S&E前景受到以下3个不确定性因素的影响：（1）2001年"9·11"事件后的政策调整；（2）脆弱的国际经济形势引起的政策调整；（3）影响美国S&E劳动力发展的政策调整。

第一个不确定性因素重塑了S&T和美国国防安全之间的关系，"9·11事件"使人们更加关注后冷战时期S&T战略角色的改变，即在美国S&E体系中外国学生、科学家和工程师的作用问题，在民用科学和国防科学间的适当平衡问题，联邦政府R&D的投向问题以及R&D在国内安全方面的贡献问题。这些问题的最终结果都和美国的S&T体系密切联系，而且增加了它的不确定性，因为在本文完成的2002－2003年间，相关数据不容易获得。

第二方面的不确定性影响是长期的、深远的，而且很可能就是目前这种世界范围的经济疲软的影响。特别是这种经济脆弱性对世界高技术公司的活力和经济结构的影响是不确定的。还有"9·11"之后，2002－2003年间仅有断断续续的趋势性数据可以得到，而且还有一年的情况与这种趋势相背离，这都很难用信心来解释。

第三方面的不确定性将是全球劳动力市场对美国知识经济发展的影响。在过去的几十年，美国在S&E方面雇佣的劳动力增长速度比美国其他方面雇佣的劳动力增长速度要快一些（见图1），这种就业机会的增加某种程度上可能是吸引国外出生的S&E工人的一个原因。美国的S&E劳动力逐渐进入了一个退休的年代，特别是（但不仅限于）博士学位持有者。如果目前这种趋势继续的话，S&E劳动力的增长速度将是相当缓慢的，对美国经济中相关的技术职位有着潜在影响。

国际S&E劳动力总数在逐渐增加，劳动力的流动性也在逐渐增加。政府正在有计划地吸引更多的居民进入S&E领域，一方面，保证本国的研究者不外流，另一方面，吸引更多受过训练的国外S&E人员。

私营公司在面对竞争压力和市场机会时，将更多地采取在国外特定区域从事高技术领域的运作、发展国际战略联盟以及通过并购或跨国交易等手段发展。这些趋势的结果就是关于专有技术知识和重要的科学技术能力在全球范围的扩散。

基于对安全的关心、脆弱的经济环境以及政府和产业界的政策对技术工人移民动力机制的影响，我们很难预测未来。结论中有关他们对美国S&T形势的冲击可能需要几年的积累过程，到时才能确定是改变了整个发展趋势还是仅仅短期内背离了趋势。

概要的其余部分将列出美国S&E的主要趋势和影响知识经济的国内外各种发展因素。它将先对R&D投资进行分析，然后讨论与R&D产出和执行情况相关的趋势，还有S&E劳动力指标。概要将对运用知识和知识发展的两个战略性部门进行分析：大学部门（包括博士生雇员数）和高技术部门。这更接近于在不确定性因素下对美国S&T竞争力的一个概要性说明。

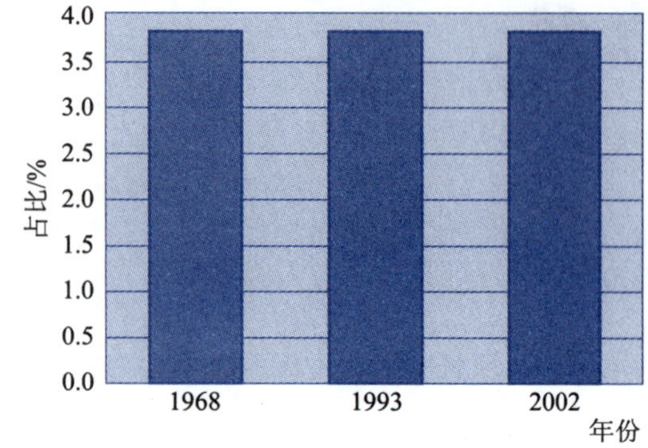

图1　科学家与工程师占美国人口的比重

资料来源：美国人口普查局. 1960，1990，2000

二、R&D投资

政府的研发资金更多地投向学校部门，因为这是基础研究的重要部门。在过去10年中，学校研发支出中接近60%的资金都来源于政府基金。自1990年以来，经通货膨胀调整后，政府投向学校的R&D资金持续增长，到2002年已经接近66%。过去10年，政府对其他部门的资金支持呈下降趋势，尽管到2000年的低点后有所反弹，但依然减少了14个百分点（见图2）。美国企业界积极参与研发活动，并把研发活动作为促进企业竞争实力与利润增长的动力。1980年，企业研发投入首次超过政府研发投入，并在2000年达到了1 800亿美元的历史高度。尽管2000年以后的几年出现了缓慢下降，但在2002年，美国公司投入了大约1 770亿美元用于研发活动，占全美2 760亿美元研发总经费的2/3。

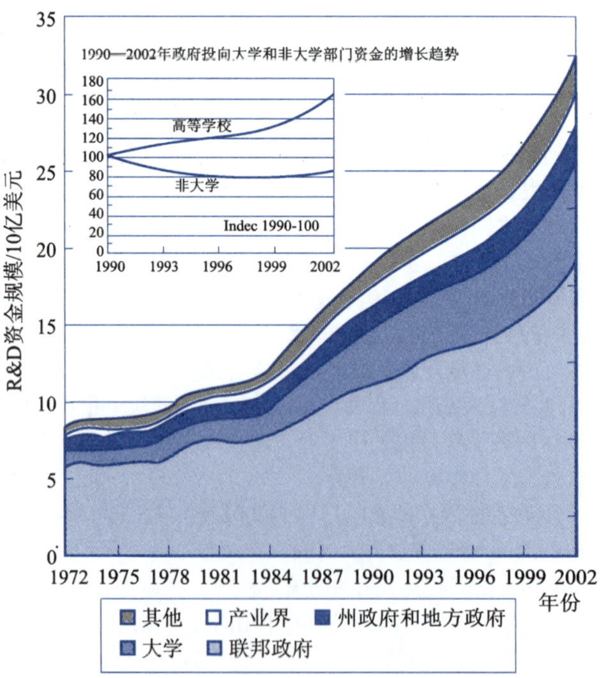

图2　1972－2002年大学研发支出的各种来源分布

资料来源：美国国家科学基金

企业界在R&D方面投资的持续增强以及联邦政府在R&D方面的大力支持主要反映在与健康有关的R&D方面，上述两个因素使美国R&D活动在世界R&D活动中长期保持领先地位。2001年美国的研发经费占OECD30个成员国①的总研发费用的44%。美国的R&D投资大约是第二大R&D投资国日本的3倍。美国R&D投资相当于欧盟所有国家R&D投资的一半，超过七国集团其他国家（日本、英国、加拿大、法国、德国和意大利）的投资总和。

① 经济合作与发展组织（OECD）30个成员国包括：澳大利亚，奥地利，比利时，加拿大，捷克，丹麦，芬兰，法国，德意志，希腊，匈牙利，冰岛，爱尔兰，意大利，日本，韩国，卢森堡，墨西哥，荷兰，新西兰，挪威，波兰，葡萄牙，斯洛伐克，西班牙，瑞典，瑞士，土耳其，英国，美国。

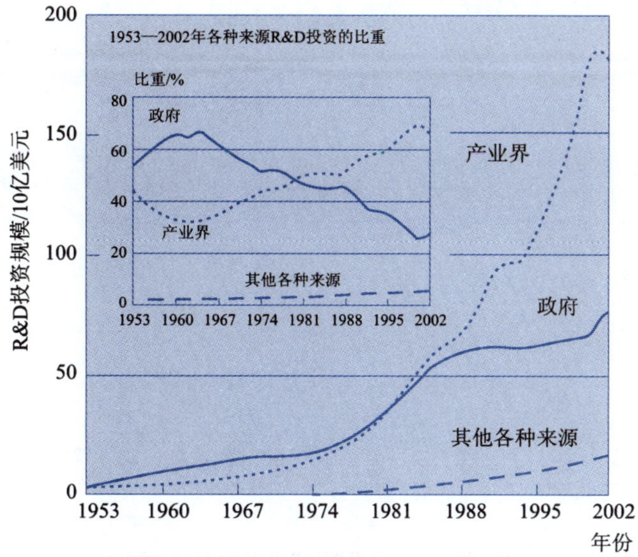

图3　1953－2002 年各种来源的 R&D 投资分布图

资料来源：美国国家科学基金

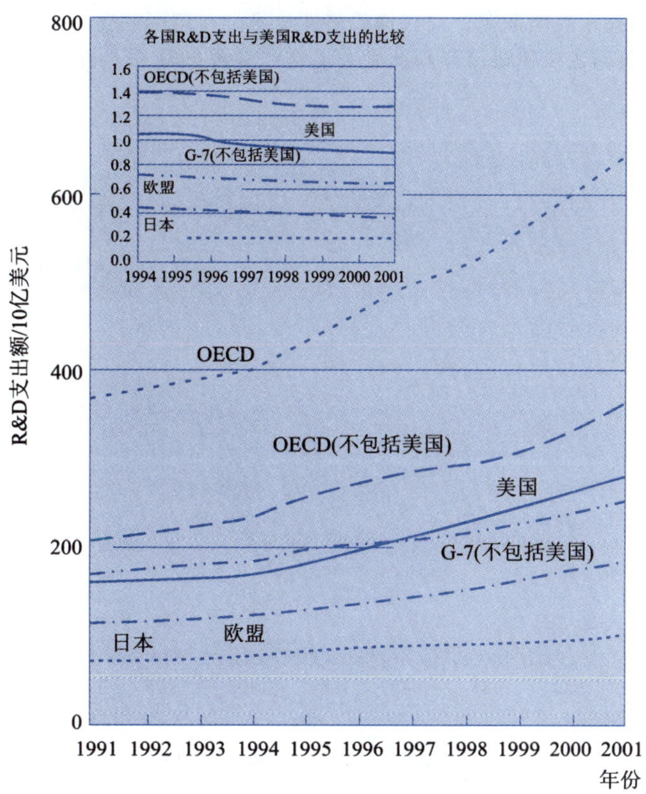

图4　1991－2001 年主要国家和地区 R&D 支出

资料来源：经济合作与发展组织，2003

除加拿大以外，欧盟以及其他所有国家的 R&D 支出与美国的 R&D 支出相比均呈下降趋势（见图 4）。而美国产业界 R&D 支出中服务部门的 R&D 支出比重呈上升趋势。计算机软件公司在 R&D 方面的投资是导致这一增长的主要原因。20 世纪 80 年代末 90 年代初，美国服务部门的 R&D 支出开始增加，1997 年以后美国服务部门的 R&D 支出又开始增加。与美国比，日本制造业（主要是电子、化学、汽车和电力机械）的 R&D 支出几乎占据了所有的 R&D 支出。欧盟国家服务部门的 R&D 比重也持续增加，但一直低于 15%（见图 5）。

针对全球市场的发展，R&D 的环境也在发生变化，R&D 与新产品、新服务和新市场的联系日益紧密，这主要是由

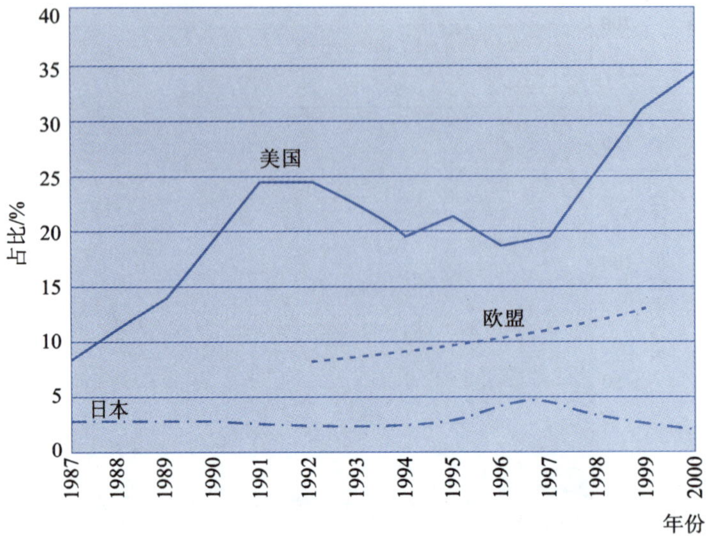

图 5　美国、日本和欧洲产业界 R&D 支出中的服务部门 R&D 所占比重

资料来源：经济合作与发展组织，2002

信息和通信技术的进步所造成的。产业界面对 R&D 外包，不论是国内外包还是国际外包的趋势，开始加强海外运作，与美国或国外合作者组成技术战略联盟，以获得战略性技术。在国际联盟中，以美国公司为基础的战略联盟发挥了重要作用（见图 6）。美国也在积极培育和发展大学与产业界的联系，并刺激公共研究（主要是学校的研究）的产业化。

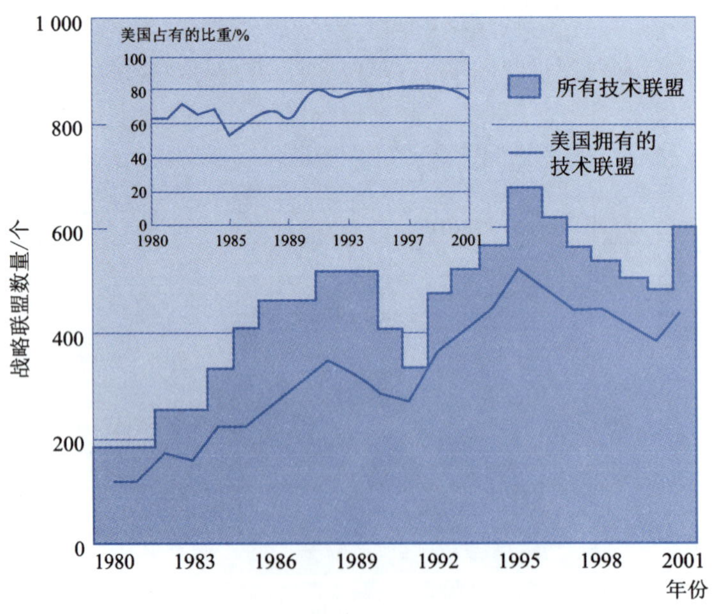

图 6　所有的和美国拥有的技术联盟

资料来源：Maastricht Economic Research Institnte on Innovation and Technology

注：国家分布以联盟成员国的主要母公司分布为基础

三、研发成效与产出

美国公司的 R&D 能力吸引了其他地方公司的注意。外国公司的美国分支机构正在增加资金以引导该国的 R&D。在 20 世纪 80 年代后期，美国公司提供了 79 亿美元给其国外分公司进行 R&D 投资，然而外国公司仅提供了 67 亿美元给其美国分公司。然而，到了 20 世纪 90 年代，这种 R&D 投资发生了逆转。到 2000 年，外国公司的美国分公司的 R&D 投资达到 260 亿美元，而美国的海外公司的 R&D 投资则低于 200 亿美元。

在 S&E 的研究产出（以世界关键刊物上公开发表的论文数来测度）方面，美国论文在 20 世纪 90 年代早期停止增长。美国论文占世界论文的比重开始下降，表明其他地区的有效研究能力得到提升（见图7）。然而，美国的研究者继续因为他们论文的高引证率而为世界S&T发展做着巨大贡献。在其他很多国家的S&T出版物中，参考美国论文的论文要多于参考国内论文的论文（见图8）。

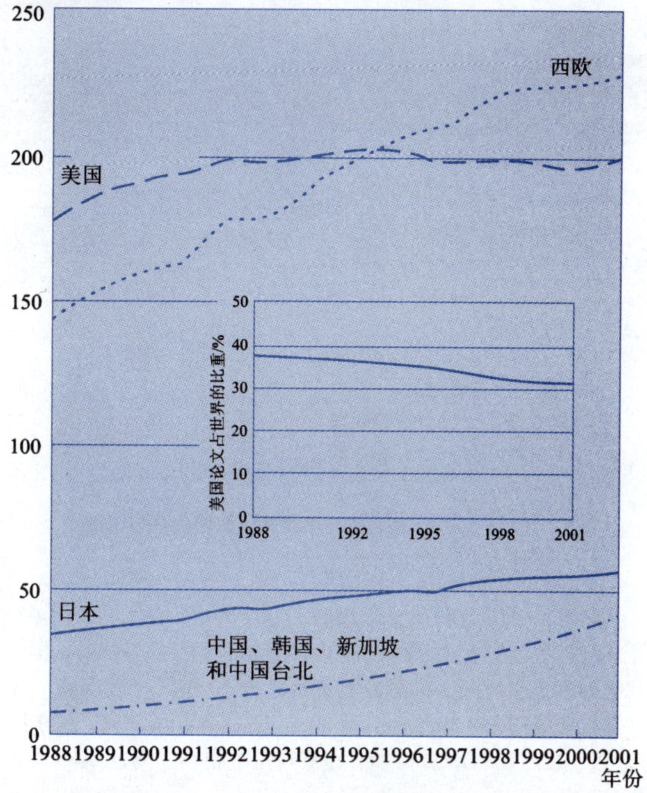

图7　各国或地区S&E论文数以及美国S&E论文占世界的比重

数据来源：Institute for Scientific Information

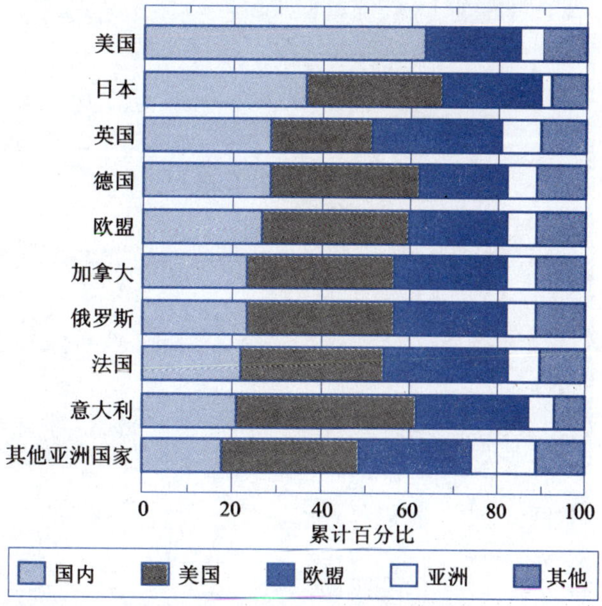

图8　2001年国际论文分地区引证情况

资料来源：Institute of Scientific Information

国际论文间的合作日益广泛，以美国研究者为主要参与者的论文数较多。由于新的科学领域的复杂性、论文合作范围广度的扩展、信息和通信技术引致的新能力的提升、在国外的学习和工作导致的专业间联系加深以及外在的政府政策的激励，国内和国际合作论文数越来越多。最近几年，大约45%的国际合作论文中至少有1位美国研究者。在2001年美国的合作论文中，1/4的论文有国外合作者，比20世纪80年代后期增加了10%（见图9）。

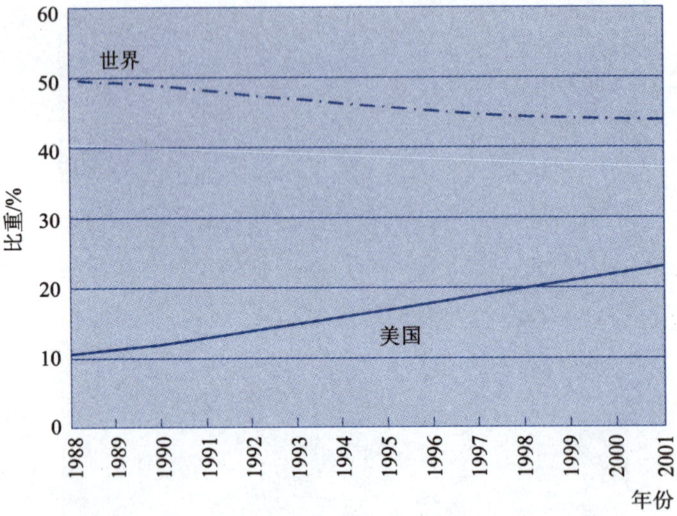

图9　1988－2001年间世界合著论文中美国的参与比重

资料来源：Institute of Scientific Information

发明专利规定技术变化的测度范围，美国专利数日渐增长，从1988年的大约8万项增长到2001年的16.6万项。巨大的、动态的美国市场是吸引国外发明者的重要原因，自20世纪80年代后期以来，国外发明者申请的专利占美国专利总数的44%～48%。美国专利中外国申请者最多的国家是日本，自90年代早期以来，日本申请者申请的专利比重持续下降；欧盟地区申请者申请的专利比重自80年代后期到90年代初期有所下降，之后维持在约35%；亚洲经济体（中国、韩国、新加坡、中国台北和马来西亚）申请者申请的专利比重稳步上升，从不到2%提升到12%，这表明这些国家的技术进步速度较快（见图10）。

美国发明者在其他国家或地区的专利中也占有一席之地。在大多数国家，非本国发明者的专利占该国专利总数的

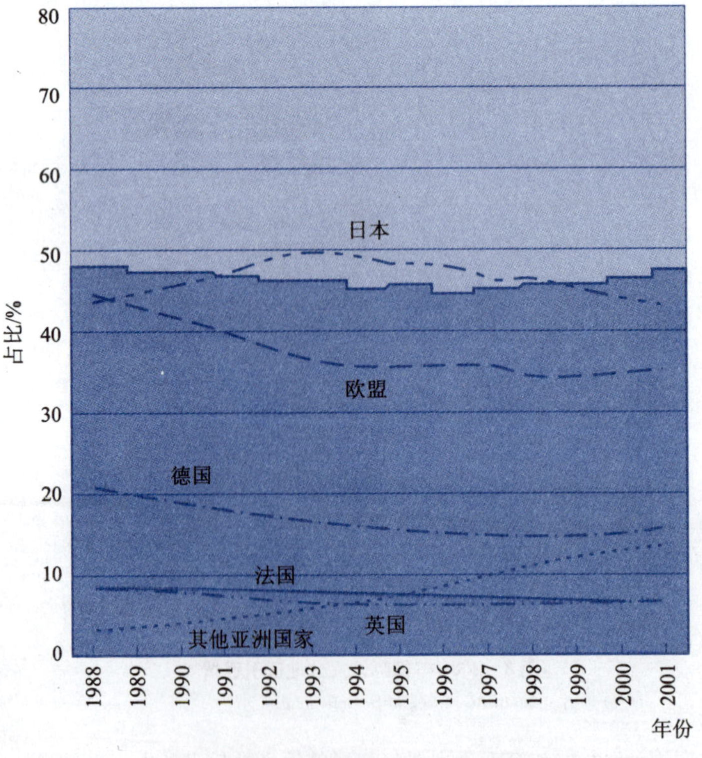

图10　1988－2001年国外拥有的美国专利

数据来源：美国专利和商标局

比重较美国的非本国发明者专利比重高。在西方工业化国家，国外发明者的专利比重从德国的60%到加拿大的90%；然而，在日本仅有10%。在大多数国家，非本国发明者专利中美国的专利一般最多，其次是日本和德国。在中国和韩国，非本国发明者专利中日本的专利最多（见图11）。

大多数国家正在努力刺激大学和产业界的联系以改善其创新绩效。基于研究结果的专利反映了大学 R&D 的产出水平。在美国，授予大学和科研院所的专利数每年超过3 000项（见图12），占美国发明专利的5%以上，而20年前，大学和科研院所的专利比重大约仅为1%。美国专利对S&E 文献的引用率增加，从平均每项专利大约0. 5 篇引文增加到现在的2 篇引文水平，揭示了科学技术在实际应用中正起着越来越重要的作用（见图12）。在论文出版和专利引证之间存在时间的滞后性，但这个时间在缩短，而且被引证的论文常常出现在基础的科学杂志中，标志着在基础研究和实际应用之间的联系越来越紧密。

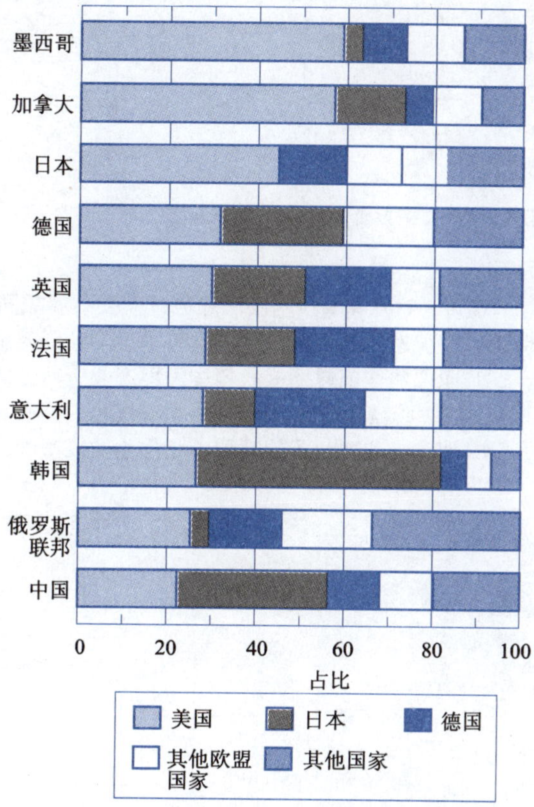

图11　2000 年各国拥有的国外专利

数据来源：世界产权组织，2003

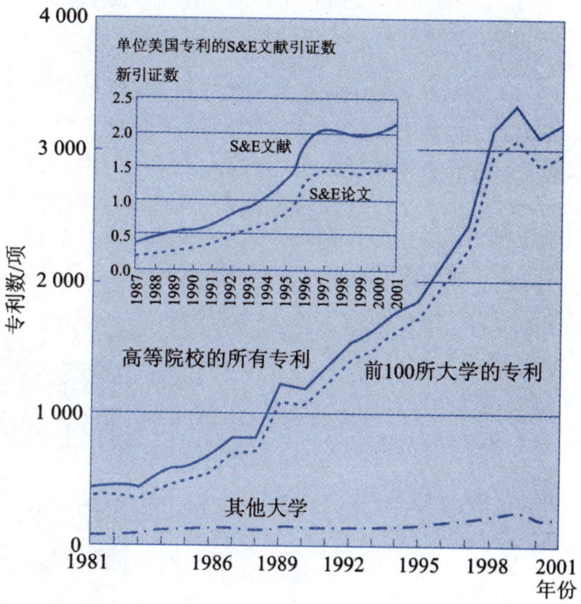

图12　1981－2001 年间美国大学被授权的专利

资料来源：美国专利和商标局

四、S&E 行业的劳动力发展趋势

许多工业化国家的人口增长缓慢或趋于停止，而平均工资水平不停增长，且其年轻一代不愿意从事 S&E 方面的职业。大量受过高等教育的人才流向其他国家，特别是美国。先进的发展中国家正拓展其高等教育体系和高技术经济领域，努力发展成为出色的国际竞争中心。过去，这些国家是向国际上其他国家大量提供科学技术人才的主要源泉，但最近这些国家开始一方面通过设计计划以留住高级人才，另一方面，还加大了对国外高级人才的吸引。在美国，增加国内 S&E 学位的问题也正得到越来越多的注意。

1. 美国 S&E 劳动力的地位

在过去 10 年的后期，大约共有 1 050 万学士或更高学历程度的 S&E 人员中的 1/3 在 S&E 岗位就业，包括工程师、数学家、物理学家、生命学家、计算机和社会方面的科学家。其他一些岗位不能被算作 S&E 岗位，例如管理者、市场营销人员、计划者和质量控制者。上述两类工作者本质上都是为知识经济服务的。他们都产生新知识；把新知识转移到创新产品、过程和服务中；将创新物推向市场并发展全新的市场。即使那些并不在 S&E 方面工作的人，在其职业生涯的最后阶段，他们的工作也被认为和他们的 S&E 学位相联系（见图 13）。

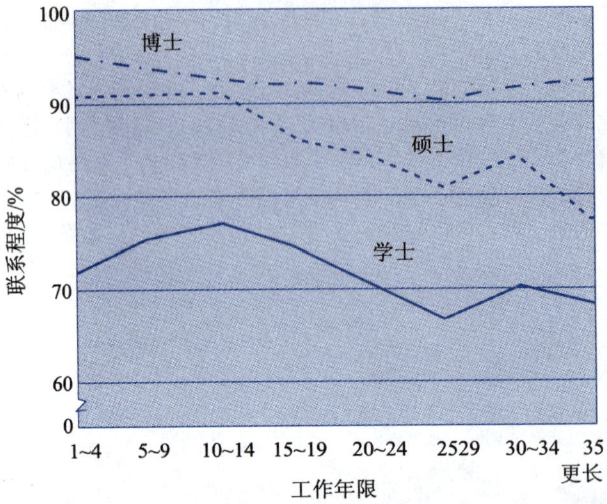

图 13　1997 年 S&E 高学位持有者的工作与他们最后持有的高学位间的联系程度

资料来源：美国国家科学基金，1999

对 S&E 劳动力需求的增长速度要远高于对其他劳动力要求的增长速度，这意味着技术发展趋势日益复杂（见图 13 和图 14）。自 1980 年以来，S&E 职位的增长速度至少是民用产业劳动力增长速度的 4 倍，这也反映了美国经济的发展变化趋势。即使不考虑数学和计算机科学家工作岗位的影响，剩余 S&E 职位的增长速度依然超过民用产业劳动力的增长速度。美国本土 S&E 学位的增长速度也超过民用产业劳动力的增长速度，但落后于 S&E 职位的增长速度，这表明国外科学家和工程师在美国 S&E 劳动力中扮演了重要角色。实际上，S&E 博士学位中授予给美国本土出生的或美国国籍的数量的增长速度要远远低于全部民用产业劳动力的增长速度。

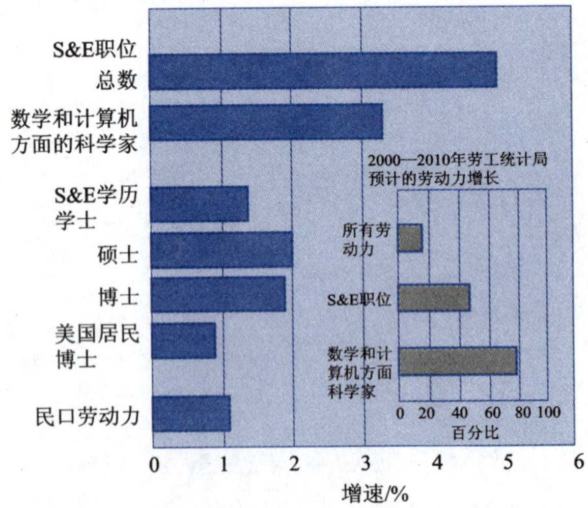

图 14　1980－2000 年 S&E 劳动力、S&E 学位和美国民用产业劳动力的平均增长速度

资料来源：美国劳动部劳工统计局，美国国家科学基金

美国劳工统计局（BLS）对 2000－2010 年间 S&E 职位的不同增长速度进行了预计。大多数职位的增长速度都将低于与数学/计算机相关联职位的增长速度。即使不考虑与数学/计算机相关联的职位，S&E 职位的增长速度也将高于全部劳动力的增长速度。由于 BLS 规划无法完全即时地反映目前信息技术复杂性的变化，因此估计的增长速度可能还会发生变化。IT 部门以及 S&E 工作的复杂性可以用目前 BLS 人口调查中的就业和失业趋势来反映。BLS 数据显示，在 S&E 方面的就业增长速度在 1990－2001 年间强劲增长（到 2001 年已经达到 560 万人），然后在 2002 年下降到 540 万人。S&E 方面的失业率远远低于全国民用产业劳动力的平均失业率，但在 2002 年强劲上升。在 2002 年，计算机工程方面的失业率超过了全国的平均失业率，S&E 技师的失业率也接近了全国的平均失业率（见图 15）。这究竟是短期表现还是长期表现，现在还不明朗。

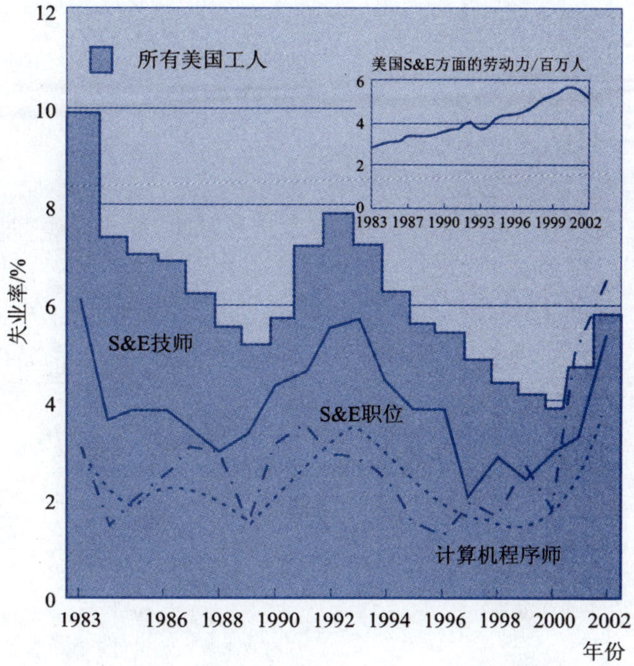

图15 1983－2002年间选定部门的失业率比较

数据来源：美国劳动部劳工统计局

2. 退休人口和人口统计学的变化

除非退休率发生戏剧性的变化，否则美国的S&E劳动力在未来20年将经历一个退休高峰。那些拥有S&E学历的人将有一半以上达到或超过40岁，40~44岁年龄组的人口将4倍于60~64年龄组的人口。如果不在学历培养、退休行为和移民政策等方面发生变化，那么美国的S&E劳动力仍将继续增长，但将比以前放慢速度，而且未来20年S&E劳动力的平均年龄也将继续增长（见图16）。这种趋势要求我们对美国S&E劳动力的供给给予充分重视，特别是在国内学历教育培养方面。

在最近的几十年，美国的高等院校培养了更多的适龄人才。在1980年，大概每100名24岁的学生中有22名获得学士学位，到2000年，这一数字上升到34名。在这一阶段，S&E方面的学士学位占所有学士学位的比重大约在30%~34%之间。自然科学和工程（NS&E）方面的学士学位比重从20世纪80年代中期的16%提升到21%，然后又下降到目前的17%。在过去的几十年中，学士学位的总量增加了18%，而S&E和NS&E方面学士学位的总量分别增加了21%和24%。S&E方面学士学位的增长主要表现在生物科学、计算机科学和心里学方面。然而，1990年以来，工程方面的学士学位下降了8个百分点，数学方面的学士学位下降了大约20个百分点（见图17）。

美国有关S&E学位数的增加和适龄人口的统计学的变化是复杂的。24岁左右的非西班牙裔白人的比例经历了一个稳定的数十年的下降过程，从1985年的74%下降到规划中2020年的58%。这个变化很大程度上反映了人口组的变化，特别是西班牙裔人口，传统上在S&E方面未被充分代表。这个组别的学生更易获得大专毕业文凭，而非大学文凭。在最近几年，他们获得学士学位的比率已经接近白人的一半，而在NS&E方面，他们还是不到白人的一半（见图18）。此外，女士获得S&E方面学历的比重在上升，而同期，非西班牙裔白人获得S&E方面学历的比重经历了长期的下降过程。

即使美国对大量人口进行有利于自己的更高级别的教育，但美国正逐渐失去它几十年来一直拥有的优势，即国家为更广泛的人口提供高等教育。从20世纪70年代晚期的开始阶段到90年代的加速阶段，其他国家也在逐渐建立自己的再教育系统，现在，它们中的大多数都向至少1/3的大学适龄学生提供第一级大学教育。也有证据表明，很多国家都力图增加在NS&E方面的学位培育，它们在这方面的努力所要取得的成就看来可能要超过美国过去25年所取得的成就（见图19）。

3. 学位发展趋势

过去20年获得科学与工程技术学历的人才呈现出三个主要趋势：女性获得学历的人数增多；美国公民中的少数族裔获得学历人数相对增加；更多的外来人口获得了美国的科学与工程技术高学位。

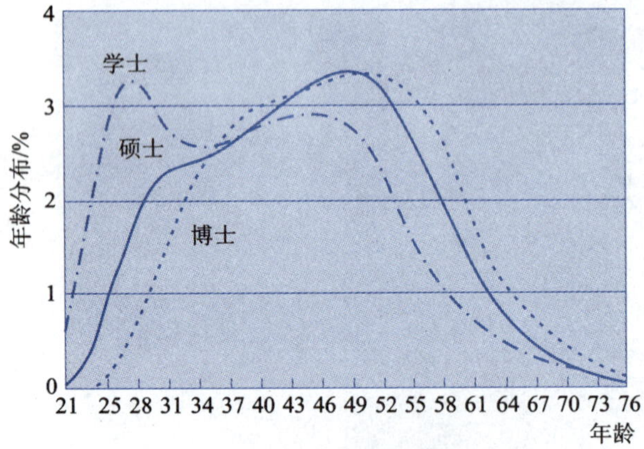

图 16 1999 年在美国劳动力中拥有 S&E 学位的年龄分布

资料来源：美国国家科学基金

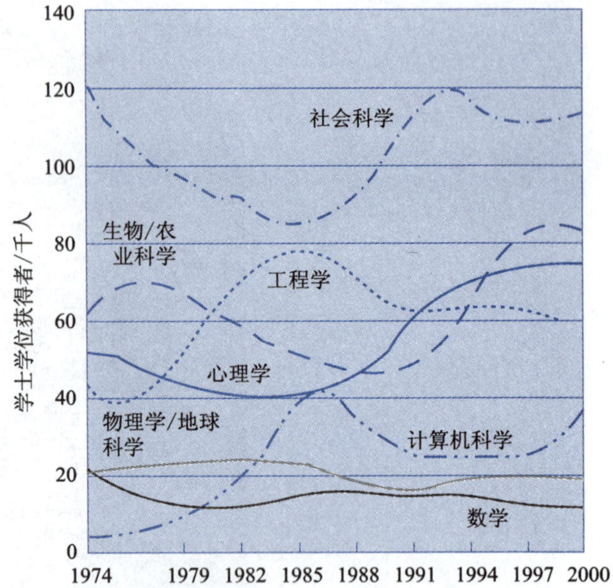

图 17 1974－2000 年 S&E 各领域学士学位分布

数据来源：美国国家科学基金

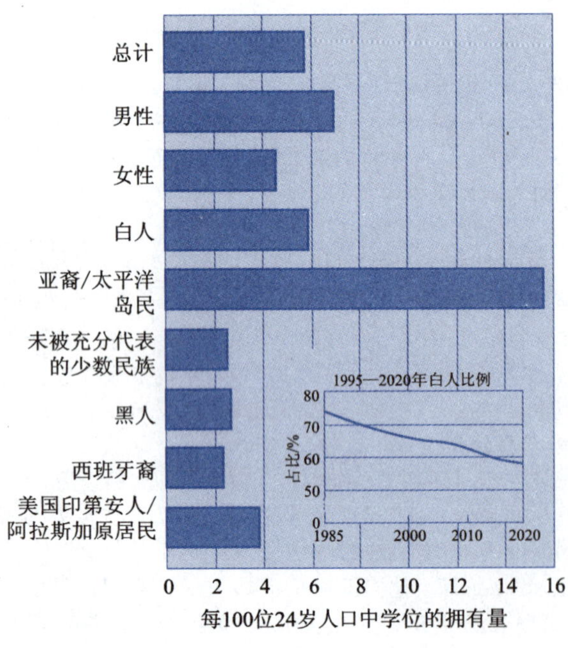

图 18 2000 年 24 岁人口中获得 NS&E 学位者的比重

数据来源：美国人口普查局

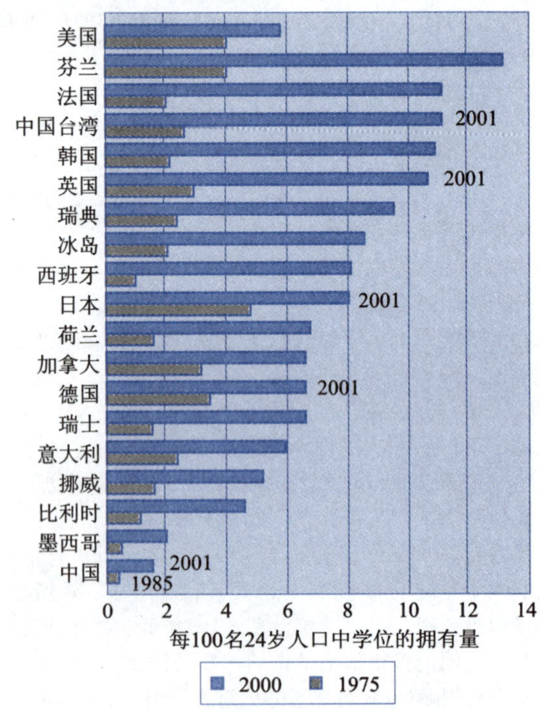

图 19 1975－2000 年或最近年份各国和地区每 100 名 24 岁人口中 NS&E 学位拥有量

资料来源：美国人口普查局

2000 年，女性在数学、物理学、地球学、海洋学、大气学、农业学和生物科学方面获得了 40% ~60% 的学士学历。她们在心理学方面获得了超过 75% 的学士学历。在工程学方面的比重也从 20 世纪 70 年代中期的 2% 增加到 20%，但是在计算机科学方面的比重依然低于 1/3。学士中白人学生的比重从 1977 年的 87% 下降到 2000 年的 68%。在 20 世纪 90 年代，除计算机科学、生物科学和农业学、心理学外，白人学生在所有 S&E 领域方面的学生数量都呈现下降趋势。

从 1980 年开始，S&E 的博士数量开始增加，直到 1998 年，然后从 1998 年的 28 800 人的高点下降到 2001 年的 27 100 人。

在美国公民中，非西班牙裔的男性白人获得博士学位的人数从 20 世纪 80 年代早期的 9 400 人下降到 2001 年的

7 500 人，然而，非西班牙裔的女性白人获得博士学位的人数大幅上升。获得 S&E 博士学位的临时签证持有者人数从 20 世纪 80 年代开始增长，到 90 年代早期接近 8 000 人，在这一期间，获得 S&E 博士学位的比重也从 17% 增加到 33%，在数学、计算机科学和工程学方面的比重更高。获得 S&E 博士学位的永久签证持有者的人数在 90 年代达到峰值后开始下降并回到原有水平（见图 20）。所有 S&E 硕士学位的变化和博士学位的变化相似，外国学生的硕士学位大约超过硕士学位总数的 25%，这是 20 世纪 70 年代后期的两倍。

美国吸引了大量国外的科学家和工程师来美国工作，同时，美国的大学院校还培养了大量其他国家的科学家和工程师。从 1985－2001 年，美国大学院校颁发了大约 15 万个 S&E 博士学位、35 万个 S&E 硕士学位和 27 万个 S&E 学士学位给持有临时签证的学生。很多年轻的科学家和工程师在完成学 业后继续留在美国工作，特别是当他们获得博士学位后。而且他们还在继续为美国增强 R&D 方面的实力做着巨大贡献。还有一些年轻的科学家和工程师回国或到其他国家，但也和美国大学间保持了紧密联系（见图 21）。

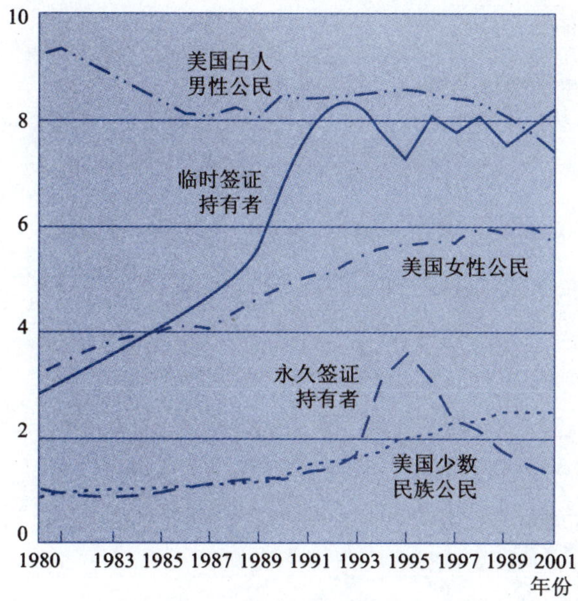

图 20　1980－2001 年间授予美国公民和非美国公民的 S&E 博士学位

资料来源：美国国家科学基金

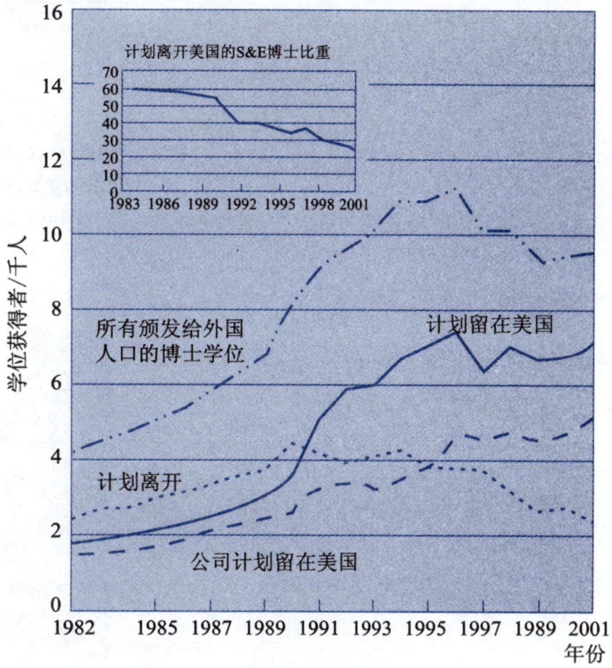

图 21　1982－2001 年外国学生获得 S&E 博士学位后计划的发展方向

资料来源：美国国家科学基金

4. 美国对外国人才的依赖程度

近几十年，美国从国外科学家和工程师的净流入中大大获益，而且还将对外国出生的人才更加依赖，尤其是 20 世纪 90 年代以后。这种依赖的增加可以从外国出生人才绝对数的增加和外国出生人才相对比例的上升两方面来说明。人口普查估计外国出生的科学家和工程师占美国 S&E 所有职位的比重，无论从哪个级别看，从 1990－2000 年都显示出快速增长的态势（见图 22）。无论是 90 年代的移民还是外国专家持有不同种类的工作签证的流入都反映出了这种增长。最新数据表明，从 1990－2000 年间拥有外国学位的专业人员大量进入美国 S&E 领域，且较之前的估计水平要高。这些从国家科学基金的科学家和工程师分析数据系统中获得的早期估计数（1999 年）指出，全美从事科学与工程技术工作的人员中，分别有 11% 的学士、19% 的硕士、29% 的博士为在美国以外的国家出生；而 2000 年的人口调查数据表明，全美从事科学与工程技术工作的人员中，分别有 17% 的学士、29% 的硕士、38% 的博士为在美国以外的国家出生。

这些外国出生且在美国从事 S&E 不同领域的人才占美国的 S&E 人才比重和教育程度比重各不相同。2000 年，在工程、物理、生命和计算机科学、数学领域中，美国以外国家出生的拥有博士学位的人数在美国约占博士总人数的一半，而在计算机和数学科学领域，超过 1/3 的硕士和 1/5 的学士出生于美国以外的国家（见图 23）。

美国的大学教育对外国学生有很强的吸引力，并且近年来，在所有 S&E 毕业学生中接近 30% 都是外国学生。持有临时签证的外国学生在工程学、数学和计算机科学方面占毕业生的一半，在物理学、地球学、海洋学和大气学方面占毕业生的三分之一（见图 24）。外国学生的比重在大学肄业生中的比重较低，大约为 4%，且这一比例近年来一直保持

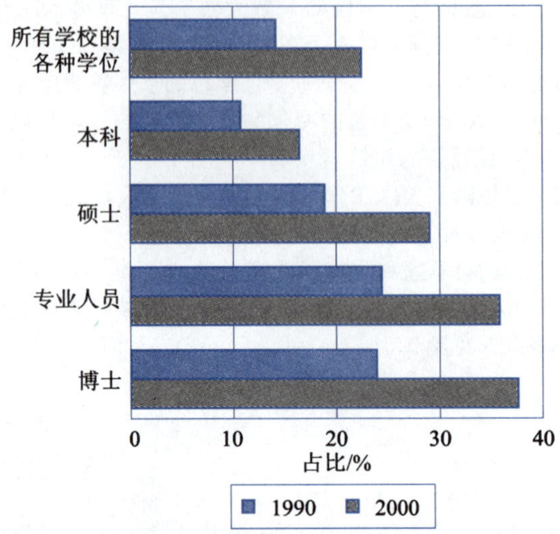

图 22　1990 年和 2000 年外国出生科学家和工程师占美国 S&E 从业人员的比重

资料来源：美国人口普查局

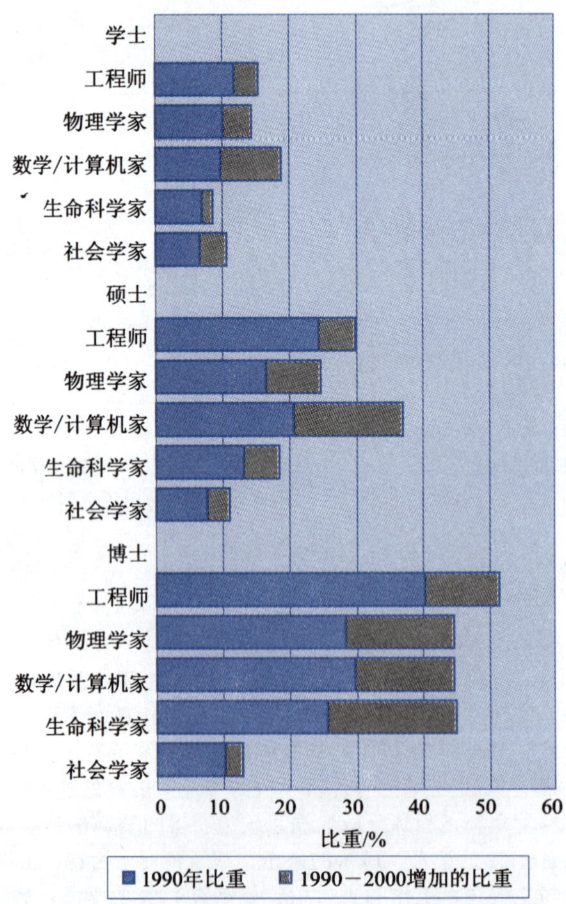

图 23　1990 年和 2000 年 S&E 各领域和各种学历程度的外国出生科学家与工程师的比重

资料来源：美国人口普查局

稳定，然而，外国学生在工程学和计算机科学的大学肄业生中的比重大约为 8%。

自 2001 年"9·11"事件后，人们对未来美国 S&E 劳动力的安全性开始了持续的讨论，大家聚焦于如何填补退休人员空缺的问题，特别是在与政府和安全相关联的领域。据可获得的数据表明，在新的安全环境下对上述问题的初始反映开始呈现。2002 年与高技术相关的签证，包括学生、访问学者和其他人才的签证总数比 2001 年显著减少，这种状况持续到了2003年（见图25）。这不仅在除访问学者外的所有申请签证方面得到反映，而且在美国政府部门的拒签率方面也得到了反映（见表1）。

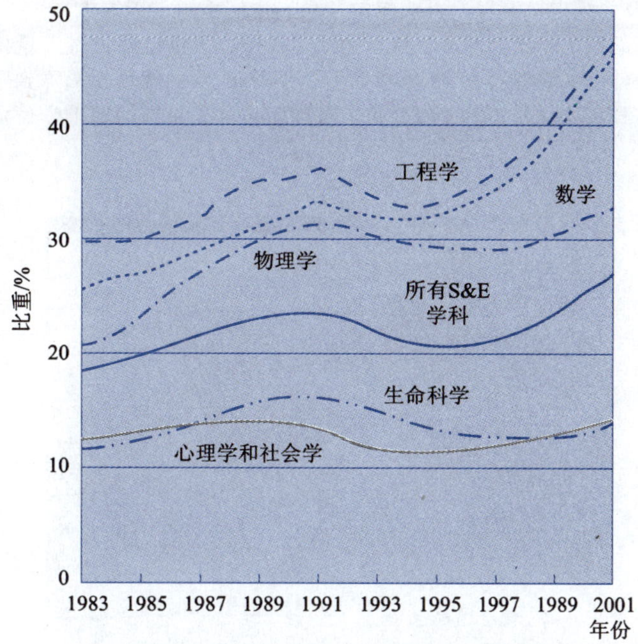

图24　1983－2001年持有临时签证的S&E各学科学生比重

资料来源：美国国家科学基金

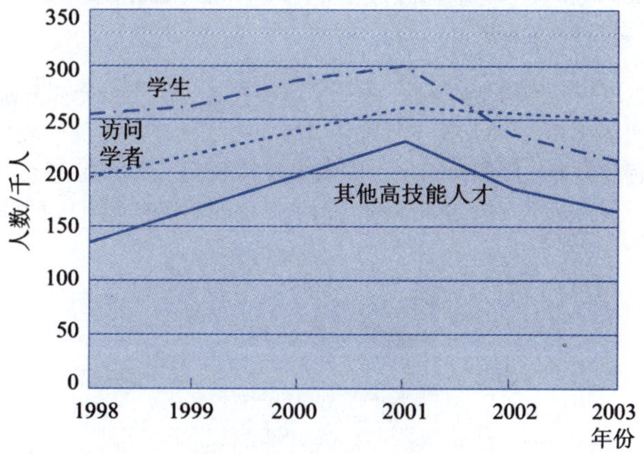

图25　1998－2003财年持有临时签证的学生、访问学者和其他高技能人才的人数

资料来源：美国国会移民签证管理和报告处

表1　2001－2003财年各类高技术人才申请签证数和拒签率

申请者/千人	2001	2002	2003
学生	400.0	346.4	325.8
访问学者	279.5	278.6	295.6
其他高技能人才	284.4	203.6	200.2
拒签率/%	2001	2002	2003
学生	27.6	33.3	35.2
访问学者	7.8	10.5	15.9
其他	9.6	11.9	17.8

资料来源：美国国会移民签证管理和报告处

5. 高等院校的雇员

美国高等院校在美国 R&D 系统中扮演着不可或缺的角色。他们承担了国家大约一半的基础研究，而且还为 R&D 和经济发展的其他方面培训新的科学家和工程师。像其他部门一样，学校也面临着大量持有博士学位的科学家和工程师退休率逐渐上升的问题。大约 30% 的教员在 55 岁或以上，小于 45 岁的教员比重降到了 36%（见图 26）。然而，除非在学位培养、退休行为或者外国参与者方面有所变化，否则还会有大量新的博士学位持有者代替退休人员，且还会呈现一定的增长。

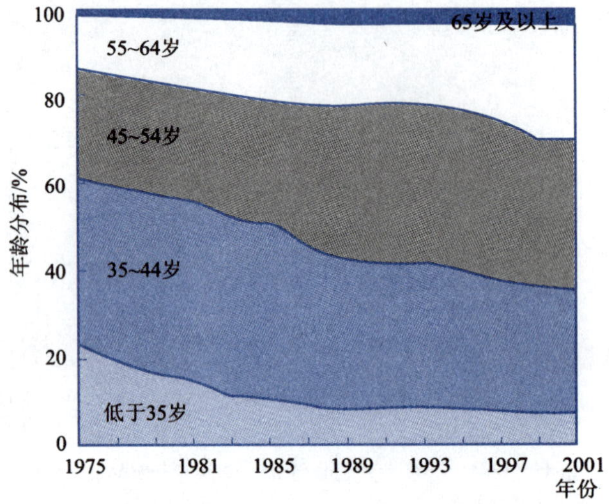

图 26　1975－2001 年在大学中拥有 S&E 博士学位的雇员年龄分布

数据来源：美国国家科学基金

类似于产业界，在大学中也雇佣国外出生的 S&E 博士学位持有者，但不像产业界那样多。最保守的估计是，大约有 25% ~30% 的职位雇佣的是外国出生的 S&E 博士学位持有者，这个比率在教员中较低，在博士后中较高。在计算机科学、工程学和数学方面的所有教员中，雇佣外国出生的教员比重较高，大约在 28% ~38% 之间。在博士后中，雇佣外国出生的博士后的比重较高，在工程学方面达到 70%，而在其他领域则在 55% ~65% 之间（见图 27）。

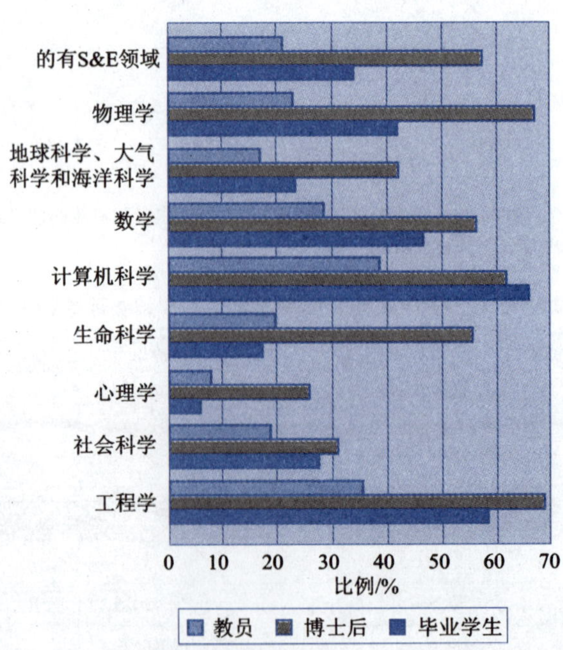

图 27　2001 年主要领域外国出生的 S&E 教员、博士后和毕业生的比例

数据来源：美国国家科学基金

博士后在物理学和生命科学的早期研究中扮演重要角色，在其他领域中，他们的重要性更加明显。博士后岗位意欲为博士提供更多的专业训练，而且博士后的数量自20世纪70年代后增长了两倍，从2.2万人增加到4.7万人。几乎所有的博士后都在大学中。但其他部门，主要是产业界，拥有10%～14%的博士。目前，越来越多的人寻求各种途径从事博士后工作以获得更进一步的专业训练。

博士后岗位并不是成为大学教员的必经之路。1999年4月，博士后人员中有37%的人在博士后岗位超过两年时间，12%的人获得了教员岗位，20%的人获得了在大学从事其他类型工作的机会，还有31%的人从高等院校中出来去了其他岗位。

20世纪80年代早期，大约一半的S&E博士学位持有者工作于产业界、政府、非营利组织等，这种趋势在年轻的博士学位持有者中更加明显。在过去的30年中，从事非高等院校工作的S&E博士学位持有者越来越多，从事高等院校工作的S&E博士学位持有者的比例从52%下降到42%。越来越多的在校S&E博士被非教员或博士后岗位所雇佣。到2001年，仅有63%的S&E博士学位持有者在教员岗位上，其中仅有一半的人还在继续从事教员工作（见图28）。

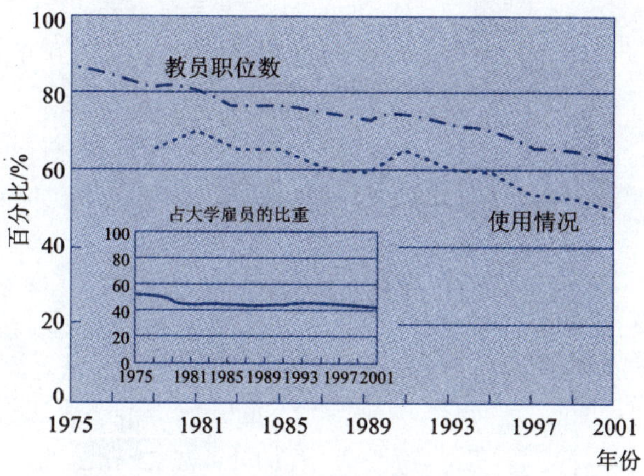

图28 1975－2001年高等院校年轻的S&E博士学位持有者

资料来源：美国国家科学基金

五、兴旺的美国高技术产业

一个国家高技术产业部门的竞争力提供了测度该国S&T体系绩效的指标。一个国家的竞争优势可以通过产品的产量和居民生活水平提高时国内、国际市场需求的变化来衡量。像美国这样的高工资国家，高技术产业和S&E是他们在国际市场保持竞争优势的基础。这些产业创造了新的市场，生产了大量的创新产品，包括新产品、新工业和新服务；这些创新产品在国际市场中可以获得高附加值。这些活动的结果可以扩散到经济的每个方面，并推动生产率的提高和商业的扩张。

1. 美国在高知识密集产业的绩效

美国在高技术产业竞争力方面依然表现出世界最高水平。相对于其他产品市场而言，全球高技术产品市场的增长更为迅速，年实际增长率近6.5%，而其他产品则为2.4%。高技术产业驱动全球经济增长，在过去20年，其占全球制造业总产值的比率从大约8%上升到了16%（见图29）。

很多国家都在提升其技术能力并试图在不同的技术领域挑战美国的霸主地位。美国高技术产业占世界高技术产业的比重，从20世纪80年代的33%下降到1991年的30%，在最近几年，稳定地保持在32%～33%的水平。欧盟高技术产业所占比重在过去20年有所下降，其中德国、英国和意大利下降较多，同期仅法国有所提升。伴随着日本和欧盟高技术产业份额的下降，中国和韩国的比重大幅提高（见图30）。

美国在四个高技术产业中依然占据了世界最大份额，同时，美国高技术公司在20世纪80年代失去了竞争优势，而在90年代重新获得了竞争优势。唯一的例外是医药行业，欧盟在过去的20年间一直占据头把交椅，份额大约为30%～34%（见图31）。在航空航天领域，美国在90年代晚期大约占据了一半的市场份额，但最近被欧盟抢走了一定份额（2001年为30%）。中国在此方面显示了强大的实力，从不到1%增加到2001年的接近7%，然而巴西的比重急剧下降，从20年前的15%下降到3%。中国在通信设备制造业和计算机/办公设备制造业等领域中的市场份额增长迅速，韩国也取得了理想的成绩。

出口反映了一国产品在国际市场上的竞争力。在20世纪90年代，美国的高技术出口比重从占世界出口比重的

23%下降到19%，但美国在高技术产品的出口贸易中依然有很强的实力。过去20年中，亚洲一些国家或地区迅速夺取了市场份额，中国、韩国、马来西亚、新加坡和中国台湾总的高技术产品出口份额从80年代初期的8%上升到1999年的近28%。2000年和2001年，这些国家和地区的通信设备制造业和计算机/办公设备制造业等领域的高技术产品出口所占市场份额的上涨趋缓（见图32）。

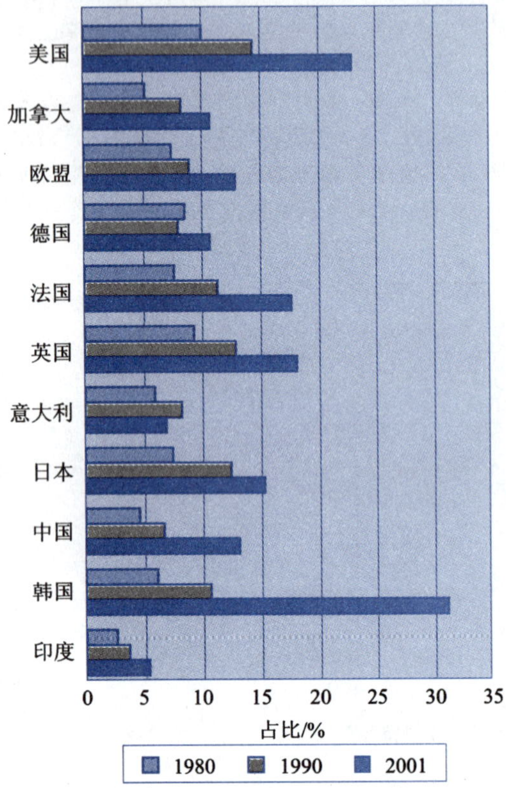

图29　1980年、1990年和2001年各国高技术产业产值占制造业的比重

资料来源：Global Insight Inc.

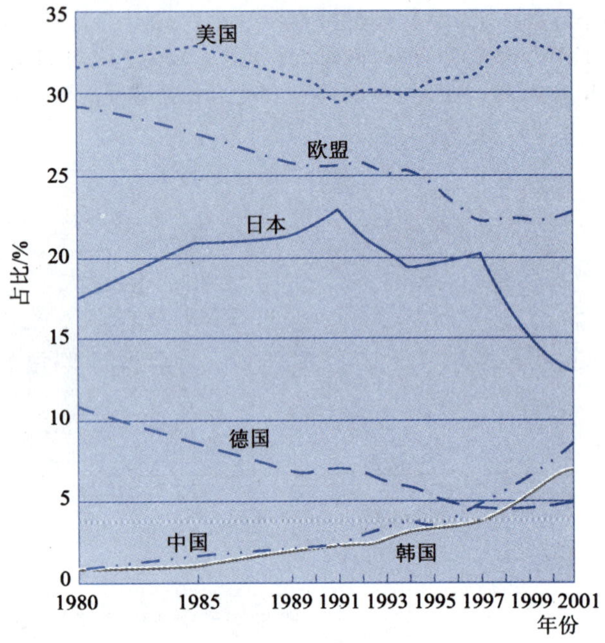

图30　1980－2001年各国高技术产业占世界高技术产业的比重

资料来源：Global Insight Inc.

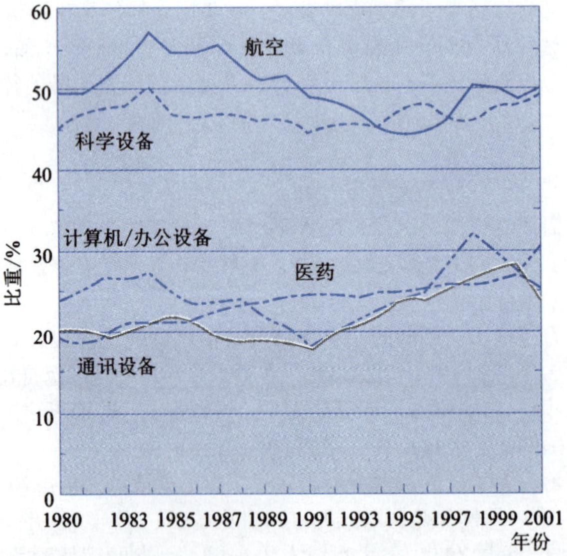

图31　1980－2001年美国各高技术产业占世界的比重

数据来源：Global Insight Inc.

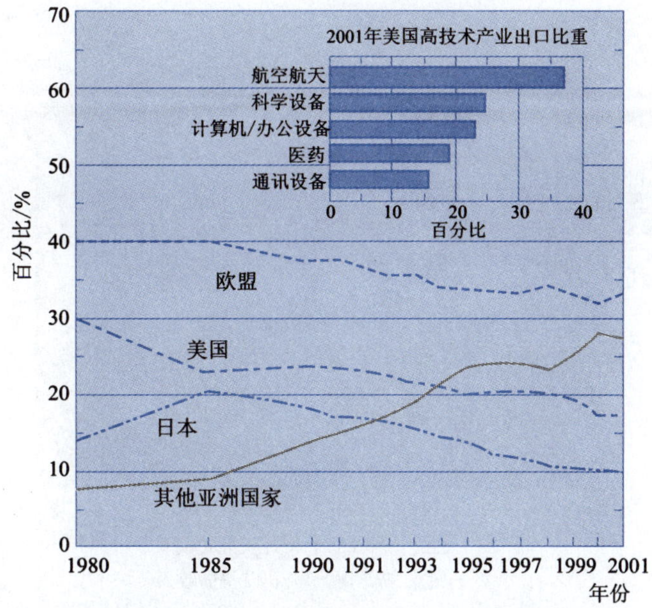

图 32　1980－2001 年各国高技术产业出口占世界比重

资料来源：Global Insight Inc.

通信、金融、商业（包括计算机软件开发）、教育与医疗保健服务驱动了美国服务业的长期增长，对国家经济发挥了重要作用。这些知识密集度高的产业在它们的服务中或服务的传送中大量使用了科学、工程和技术。前三个产业拥有国际市场；卫生服务和教育更多地趋向于本地化，常常由政府大量提供，反映了人口规模的不同，因此国际比较的意义不大。在所有的五个高技术服务业中，经通货膨胀调整后的销售收入从 1980 年的 540 亿美元增加到 1990 年的 800 亿美元，然后增加到 2001 年的 1 230 亿美元（见图 33）。

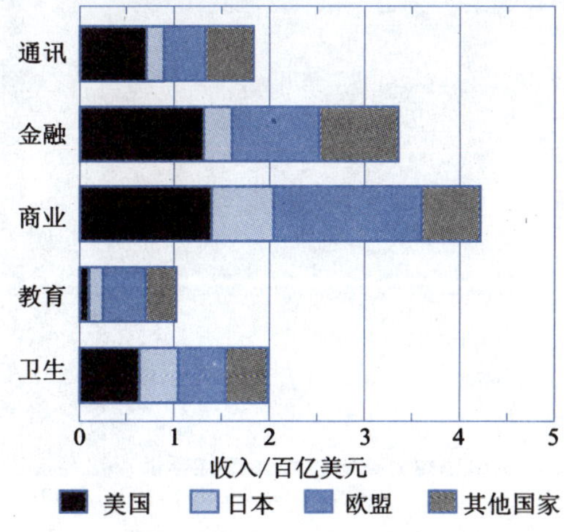

图 33　2001 年各国知识密集度较高的服务产业全球收入

资料来源：Global Insight Inc.

美国在高技术服务业中也处于领导地位，在过去 20 年间，占据了世界市场大约 1/3 的份额。在金融领域占据了世界最大的份额（40%），其次是欧盟和日本（分别为 26% 和 10%）；在通信领域的份额达到 38%（欧盟和日本分别为 24% 和 11%）；在商业服务方面，欧盟以 37% 的全球市场份额位居第一，其次为美国（34%）和日本（15%）。

美国在知识产权方面获得大量贸易盈余且数额持续增加，然而自 20 世纪 90 年代中期盈余开始减少。仅对独立公司间用于知识产权的支出进行分析就可以很好地理解技术诀窍的贸易价值，在此方面，美国依然是净出口国，在知识产权交易方面，美国公司从外国公司得到的版税或特许使用费是其支付给外国公司的 3 倍（见图 34）。

美国经济充满活力和新公司大量诞生的关键是因为美国风险资本的可获得性。从 80 年代的早期到 1994 年，美国风险资本逐步增加，接近 40 亿美元；1994－1998 年期间，美国的风险资本快速增加到 220 亿美元，到 2000 年 .com 产业泡沫前，已经快速增长到峰值的 1 000 亿美元；2001－2002 年又重新回到 1998－1999 年的水平，这依然处于历史高位（见图 35）。在 20 世纪 90 年代，大多数资金投向了计算机硬件公司、软件公司以及与此相关的产品上，还有医药和卫

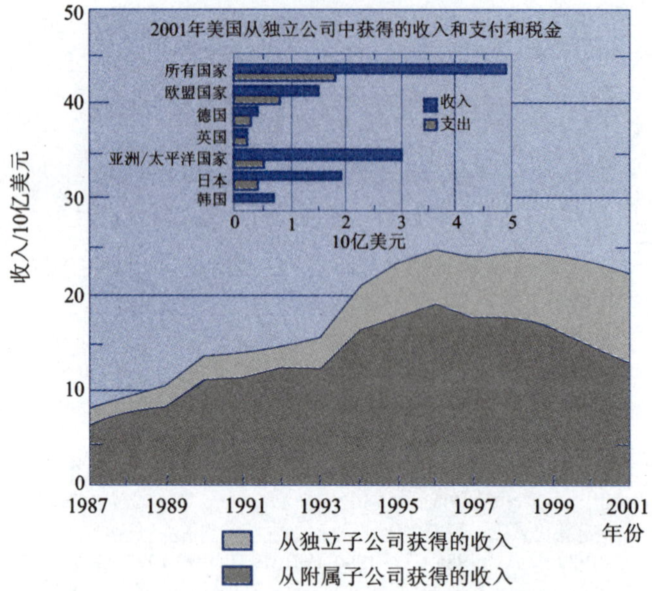

图34　1987－2001 年美国版税和特许使用税间的贸易平衡

资料来源：美国商务部经济分析局

生护理公司。网络公司成为 1999－2000 年间接受风险资本最多的部门，有超过 40% 的风险资本投向了网络公司；此后的 2001－2002 年间，有超过 20% 的风险资本投向了网络公司。在美国，初期阶段的资金能力依然是关注的焦点，因为风险资本的总量在萎缩。投向新概念及早期市场推广的风险资本从历史最高点下降了 1.5 个百分点。

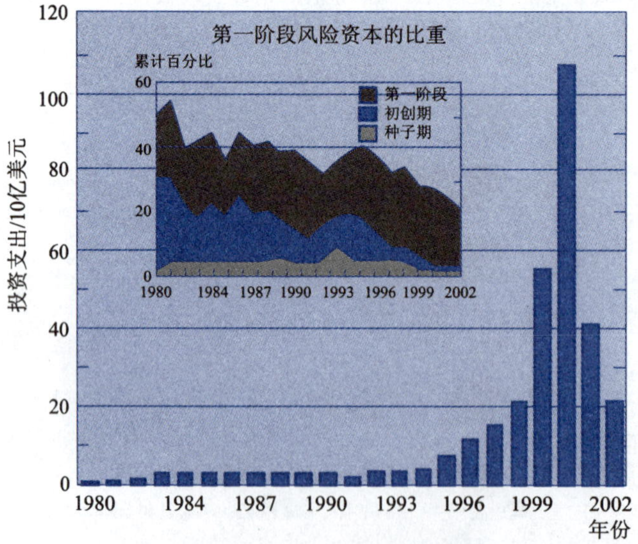

图35　1980－2002 年美国的风险投资支出

资料来源：Thomson Venture Economics

六、结　　论

几十年的 R&D 投资为 S&E 体系构建了良好的基础，并由此创造了 1/3 的世界论文，大多数技术创新和通过创新获益的高技术产业使国家经济繁荣昌盛。美国依然在世界范围保持了科学和技术的领先优势，是科学和技术诀窍和创新的中心。它吸引了世界上众多的优秀科学家和工程师，保持了在高技术产品的世界领导地位，并从高速增长的知识密集度高的服务产业中获益。美国的政策方针正成为世界各国学习的模板，并被应用于各个国家以获得竞争优势。

美国依然是世界 S&T 领域的领导者，其竞争优势的指标趋势为我们描绘了一个完全不同的图景。在 R&D 的绩效方面，美国正在缓慢地拉大和其他发达国家，例如欧盟、非美国的 G－7 国家，以及非美国的 OECD 国家之间的差距。然而，很多非 OECD 经济国家和地区，包括中国、俄罗斯联邦和中国台湾，与 OECD 国家相比，正在缓慢地增加 R&D 投资支出。在 S&E 研究产出方面，美国占世界的比重正在下降。美国高技术产品占世界高技术产品的比重保持稳定，但在航空航天领域正在逐步失去市场份额。尽管美国在知识产权方面获得了大量的贸易盈余且持续增加，但盈余总量也在逐步减少。

除日本外的亚洲国家和地区，主要是中国、韩国、马来西亚、新加坡和中国台湾，正逐步显示出竞争优势。这些国家和地区的科学家所创造的 S&T 论文总量逐步增加，而且地区科学合作（以中国为中心）也在日益增强。这些亚洲经济体的高技术产品占世界高技术产品的比重也在逐步增加，在高技术产品的出口中，与美国共同占据了越来越多的市场份额。这些经济体在逐步增加 S&E 的学位培育，尤其是在 NS&E 方面，以便为这些其经济发展提供充足的人力资本。它们一方面在保留自己培训的高级人才，另一方面，也在吸引其他国家的高级人才，或者那些在国外工作（尤其是美国）的本国人才。

各国在逐步发展高知识密集度产业的过程中，必须要重新思考其劳动力是否能满足发展的需求。很多国家都开始扩展教育系统，特别强调 S&T 的培训。日本和欧洲的工业化国家正在面临人口老化和减少的问题，它们急切寻找国外的科学家和工程师，并希望在国外工作的本国科学家和工程师回归。所有这些国家都在面临本国年轻人正在丧失对 S&E 领域的兴趣的严重问题。这些国家日益需要像美国那样，吸引对 S&E 领域感兴趣的国外学生来本国学习和工作。

美国面对的 S&T 劳动力需求的增长与其他国家略有不同。像其他工业化国家一样，美国也在面对 S&E 劳动力大量达到退休年龄的困难时期，但与其他国家不同的是，其人口平均年龄在减小而非增长。它的大学适龄人口将日益增加，主要是由西班牙裔、黑人和美国印第安人、阿拉斯加原住民等少数民族人口的增加所造成的。美国的非西班牙裔男性白人获得 S&E 领域学位的比重在下降，而女性和少数民族在 S&E 领域获得学位的重要性日益显现。

在过去的 20 多年中，美国对 S&E 劳动力需求的增长是总就业需求增长的四倍，部分原因是因为美国吸收了大量的非美国出生的科学家和工程师来美国就业。然而除非当前的退休政策、学位培育政策和移民政策发生变化，S&E 劳动力的平均年龄将缓慢增长，S&E 劳动力人口的增长率也将下降。

贵州师范大学 2005 级硕士研究生　孔　娜
北京军区 66368 部队　刘旭超　编译
国家发改委产业所　张嵎喆　校

7

安永全球制药视点

一、加拿大

加拿大的药物成本预计仍将上升，年增长率约14%。加拿大的药物价格比美国同类药物低30%～80%左右，为返销营造了成熟的环境。一些制药企业做出的反应是限制对加拿大出口药物，因此增加了国内对药品短缺的担忧。加拿大最近修改了其专利法，允许非专利药生产商生产价格低廉的药物出口到贫穷国家，同时维护了国内的专利保护。加拿大政府继续为大型制药公司的分支机构和外包机构提供最佳的环境，主要原因是加拿大拥有大量研究人员和科学家，同时政府的税收政策也有利于吸引投资、鼓励研发。

二、美　　国

美国医疗保险计划的改变是对制药企业影响最为深远的事件，其影响可能持续数年，也可能是数十年，由于医疗保险将4000万门诊患者扩充了进来，使市场动力发生了根本改变。除非《医疗保险处方药物改善及更新法案》（MMA）公布，并了解了各相关利益者对此所做出的反应，否则很难确定由这个里程碑式的法案所带来的震荡范围。关于加拿大药物返销到美国引起的争论，尽管在法案中有所体现，但争论仍在继续。MMA对定价、购买、供应安全方面的影响要受到美国、加拿大及其他发达国家不同立场的审视。

三、爱尔兰

作为一个世界排名前几位的药物制造国，爱尔兰的经济增长策略与制药领域紧密相关。2003年度爱尔兰有两万员工受雇于制药企业，药物出口额达到数10亿美元，占GDP的1/3。20个最大的制药企业中有19家将其运营总部设在国内。决策者计划投资数百万美元于基因治疗研究所与再生医学研究所。爱尔兰具有很强的尊重生命的意识，这是该国拓宽干细胞伦理讨论的一条途径。

四、荷　　兰

荷兰的人口统计变化趋势包括老龄人口的快速增长以及医疗卫生费用的持续增长，这使得决策者必须寻求医疗改革。新政策着眼于降低专利药物的费用，更多地使用非专利药。在这种情况下，制药行业继续将荷兰视为一个对进行研发不太有利的市场，决策者也正着手严格审查医药代表的销售以及制药企业的市场行为。总之，荷兰制药行业将在未来一段时间继续经历市场的挑战。

五、英　　国

英国制药领域在研发方面的投入占全球制药行业总投入的1/10。政府致力于加速创新的意图明显，2005年规划的科学研究预算将增加到30亿欧元（54亿美元），包括新的研发税收信贷。在此期间，政府管理的国家医疗卫生服务（NHS）药物方面的花费预计将要增长，这将迫使NHS越来越多的使用非专利药。NHS为近70%的病例处方开出了非专利药，这个比例高于法国和德国。制药公司继续开拓非处方药市场以延长药物的生命周期，更好地利用品牌知名度。平行进口的发生率正在升高，这已经让制药公司每年付出15亿欧元（27亿美元）的代价。

六、波　　兰

波兰是中欧和东欧最大的药品市场，占据了该区域药物销售总额的40%，几乎是俄联邦和匈牙利的两倍。先前的医疗卫生市场改革使得波兰制药市场相当萧条，但最近有了回复的生机。随着波兰加入欧盟并有望在2009年使用欧元，该国市场对外国投资者而言越来越具有吸引力。未来波兰的成功取决于知识产权体系的标准化、更为透明的价格和偿付制度、关税与差价以及其他规范依从问题。虽然波兰的许多制药企业都是外资企业，但波兰本土最大的企业Polpharma，却将其目标确定为提高其在本土和欧盟的知名度。

七、巴　　西

虽然巴西2003年某些药物的销售额有所下降，但与生活方式有关的药物需求很大。跨国企业继续在巴西设立分支机构，然而，国内的公司却面临更激烈的竞争。政府在医药领域扮演起更为积极的角色，例如，为本国药品的生产提供额外的信用贷款。实验室同大学和研究所之间的合作越来越多，决策者许诺2004年给予1 040万美元的资助。尽管如此，巴西脆弱的知识产权保护体系、积压的专利申请和武断的定价压力都造成严重的市场壁垒。

八、法　　国

2004年上半年对于安万特所有权的争论引起世界对法国制药市场的重视，同时制药公司正在酝酿另外一场医疗卫生系统的结构重组改革。预期的缩减成本的措施将直接影响运营，尤其对于药品疗效劣于竞争性治疗药物的公司影响更大。更广泛地采用非专利药将影响市场的动态格局。然而，刺激研发的优惠税率是2004年财政法案的重要组成部分，如果更多的公司受益于决策者与制药贸易协会签订的有利于创新药物定价的协议的话，前景将更为光明。

九、丹　　麦

丹麦在世界制药市场中有不俗的表现，这在很大程度上是由于诺和诺得所起的作用。在这个市场中运营的公司将继续受到大份额平行进口的挑战，平行进口的份额高于欧盟的平均水平。丹麦制药协会及其将近300个成员企业将继续支撑市场保护伞；协会成员保持着国内处方药市场的垄断地位。此外，与药物相关的销售法规仍然很严格，只有最基本的药物才是非处方药。

十、瑞　　士

瑞士制药领域是一个具有光明前景并且竞争激烈的市场。瑞士国内公司在研发上的投入很高，这可以充分表明瑞典致力于创新的决心。目前面临的挑战主要是无法教育、培训和吸引一流的研究人员，且无法提供与美国及其他领先市场相媲美的研发环境。像其他发达国家一样，瑞士也面临着采取行动降低药价以及影响制药公司的压力。然而，由于瑞士的两个制药巨头——诺华和罗氏之间的竞争和溢出效应，其前途是光明的。为了获得领先产品和技术，诺华和罗氏都是世界上同生物技术公司合作最活跃的公司。此外，瑞士还是拥有卓越研发能力和研发管线的小型和中型企业的所在地。

十一、德　　国

德国制药行业反弹的希望在2004年遭受了许多挫折，包括新的医疗卫生法规出台以及用于药物偿付的固定参考价格（FRP）体系的引入。FRP严格要求体现“药物的治疗附加值”等因素，可能会对专利药和非专利药市场带来不利影响。由于新法规涉及到本土药与进口药之间的价格差异，预计来自于平行贸易的竞争将有所增加。考虑到这些变化，2004年约有74%的研发企业减少了有收益的项目以减少收入预算，并计划裁员。然而，不管怎样，德国公司生产的69种新药在2004年是值得欣慰的，这个数字与前几年的数字相比略高。

十二、意大利

由于政府医疗卫生政策关注成本控制和提高效率，意大利被视为一个健康而且充满挑战的市场。意大利将近300家制药企业，包括跨国公司和本土企业，如Menarini，Sigma－tau，Recordati，Angenlini和Chiesi Farmacutical等都面临着医药立法的挑战，立法规定对促销行动征收5%的税率和偿还方案，根据此方案，制药公司要承担更多年制药超支的比例。这些收入将用于资助一项孤儿药研究基金以及国家医药信息中心的开支。《标准专利》覆盖范围的缩减以及非专利药使用的增多都将加速跨国公司退出市场。

十三、欧　　盟

在欧盟市场中，虽然知识产权问题也是制药公司非常关注的问题之一，但它们更感兴趣的问题是定价。随着欧洲法庭裁决支持了拜耳长期诉讼的案件，针对平行贸易的争论掀开了新的篇章。这个裁决代表了制药公司竭力管理平行贸易取得的部分胜利。由于10个新成员加入欧盟，平行贸易的发生率将受得密切关注。虽然药物的潜在市场目前还包括4.5亿以上的人口，但偿付和定价——平行贸易的动力，也许会变得更为复杂。在所有25个欧盟成员国中，非专利药的取代政策可能会越来越多。

十四、印　　度

2005年1月1日是印度药品市场的历史性时刻，当天根据印度政府的承诺，印度将引进全球统一的产品专利制度，该制度是基于WTO框架下与贸易相关的知识产权协议制定的。该制度对国内制药企业关于产品专利支付能力的影响引起了印度国民广泛的忧虑。拥有新药物的跨国企业在进入印度市场制订价格时需要考虑到这些因素。对于国内企业而言，关键的挑战将是如何用创新药物加强或者统一其产品链以便能够同国外企业竞争。

十五、芬　　兰

芬兰是北欧地区增长最快的药物市场之一，毫无疑问，该国是通向中欧和东欧的主要药物通道。国内主要公司，Orion公司，是安万特和其俄罗斯客户的中介公司。由于法律规定用非专利药替代专利药，处方药整体价格已经下降，但新药的上市及其大批量销售有望帮助减缓下降。决策者已经采取措施扭转Finns向Estonia购买用于个人消费的低价药物的趋势，包括扩大3个月的个人进口定额至12个月的消费量。

十六、瑞　　典

由于瑞典的药物价格比其他欧洲主要市场低，因此在瑞典获得药物非常容易。在瑞典，制药企业能够偿付3/4的药物价格，这个比例在欧洲主要国家当中是最高的。该国的药店，其次是批发商，只获得药物全价中的很少比例。瑞典实现了药物的贸易顺差，显示了该国强大的制药能力。许多瑞典的本土企业同国外的跨国企业合并，如辉瑞公司在2003年同法玛西亚合并，1999年Astra和Zeneca合并。

十七、中　　国

具有13亿人口的中国，在2010年预计将成为全球第五大制药市场，到2020年也许会成为全球第一大制药市场。这对国内外的制药企业无疑都意味着巨大的增长机会。然而，企业的成长和盈利依然面临巨大的挑战。正在进行的医疗改革的目标是降低医疗卫生成本，拓宽患者获得药物的渠道，使药品通过价值链释放通货紧缩的压力。SARS 在中国的爆发使药品需求短期内激增，同时也加强了政府加速改革的决心。对全球的制药公司而言，目前最大的障碍依然是缺乏有效的知识产权保护。政府正在加强对专利药物的保护，但规管漏洞使得仿制药物继续增多，蚕食了品牌药物的市场份额。

十八、日　　本

由于日本社会将进入老龄化时期，决策者已经极大地降低了药物的赔付水平。许多现有销售中西药的公司将感受到压缩运营规模的压力。把重点放在国内市场的公司前景黯淡，而那些放眼国际市场且研发线路良好的公司将获得更好的发展机会。尽管重大的并购行为还未发生，然而国外具有强大产品研发线路和销售资源的巨型企业的诞生以及国外公司对日本本土企业的购买似乎会使得日本市场的竞争更加激烈，并激起日本国内公司之间的并购和重组。

十九、新 加 坡

为了拓宽经济基础，寻找新的增长点，新加坡政府采取了许多措施吸引全球制药企业。该举措正在起效。2003 年 12 月，先灵葆雅在这个城市国家新开了两家工厂。诺华除了 2002 年在本国设立了一个研究中心之外，还宣布计划新建一个隐形眼镜工厂。新加坡医药行业 2003 年产值增长了 9.3%，政府将其视为未来可依赖的主要行业市场之一。新加坡政府投资约 20 亿美元资助大学和研究机构，用于改善新加坡制药领域及其他关键发展领域的投资。

二十、马来西亚

马来西亚的制药领域在科学技术、政策规管和国际贸易方面正在经历重大转变。创新产品有望从研究院源头项目中出现，这将加速对马来西亚区域发展和全球竞争力都非常关键的技术的商业化进程。制药公司将越来越多地从马来西亚融入全球 GMP 规范的努力中获益，也将从政府推动增加出口的行为中获益。

二十一、澳大利亚

澳大利亚拥有 100 多家制药公司，澳大利亚最大的制药公司之一 CLS，已经同意购买安万特 Behring，CLS 将把治疗性蛋白业务同自身的 ZLB 血浆服务业务结合起来。最近澳大利亚与美国签署的自由贸易协议（FTA）将使制药厂商在要求药物进入药物福利计划（PBS）时发挥更多的杠杆作用，该项目是一个政府补贴的药物福利项目。FTA 旨在帮助消费者获得更多的药物，并且继续保持低价。制药公司将从协议加强知识产权保护的法规中获益，这些法规与美国的法律非常接近。

8

印度制药业从商业驱动型到研究驱动型的转变

随着印度制药业将合作研究和研发外包作为最终定位以来，印度的制药公司正在从商业驱动型向研究驱动型转变。

由于印度已承诺将在2005年正式履行世界贸易组织（WTO）协定中的知识产权相关条例，制药领域的多国合作创新型公司（MNCS）对印度的知识产权保护问题已很有信心。同时，迫于药物研发成本增加、研发产出效率降低等多重压力，MNCS正在大规模加大其在印度的投资。

尽管印度已经取得了令人瞩目的进步，但是印度制药业依然不能与发达国家相提并论。然而，印度科学技术部生物科技局的秘书M·K·Bhan却认为："与中国、巴西和柬埔寨等国家相比，印度的药物创新制度更务实一些。"

印度公司采取多变的商业模式来驾驭竞争的浪潮，不断寻找合适的机会，并呈现出以下趋势：

（1）重视新的化学实体（NCE）研究；

（2）加大对较高利润市场的出口；

（3）构筑共建市场和研发联盟；

（4）研发项目内部许可和外部许可；

（5）合同委托研究及生产。

印度公司和MNCS之间的市场联盟正在增加。例如，Ranbaxy公司与英国KS Biomedix公司之间就一种治疗脑肿瘤的新生物制品的上市达成了一项特别许可协议；Ranbaxy公司还与葛兰素史克签订了合作协议，以共同研究和开发新的化学实体的选择性治疗靶标。Ranbaxy公司已经成为印度首家年营业额上亿美元的制药公司。

在印度，针对药物研究的研发外包也在增多。跨国制药公司看中印度拥有的高技能人才和FDA许可的生产设备，同时还可节省30%～50%的研发成本。

目前印度的创新壁垒是"不能把研究成果直接转化成产品"。这在变幻的市场环境中将越来越受到印度政府的重视。

印度法律不断加大对制药业的支持力度。政府已做出明确承诺，将履行世界贸易组织针对产品专利制度保护的与贸易相关的知识产权条例（TRIPS）。印度已授予诺华公司的抗癌药Glivec™和抗菌药Nadoxin™Wockhardt的市场独家占有权。

"作为世界贸易组织的签约国，印度正在修订本国的专利法以履行应有的承诺。"Bhan对安永解释道。而且，"这些措施将改变商业环境，给印度本土和境外企业在印度带来更多的研发机会"。但是，他也指出，专利法必须用于"确保发展中国家能够获取并使用重要药品"。

今后的1～2年是印度制药行业完成进入全球市场整合的一个转折点。有利的政策环境、集聚的人力和资金资源都将确保印度在竞争激烈的制药行业取得成功。印度还为其他新兴的制药市场树立了一个榜样，即正确的政策对于行业的发展具有重大意义。

Utkarsh Palnitkar，安永公司印度海得拉巴部

摘自《进展：2004全球制药行业报告》

9

2006 年硅谷发展报告

一、概　　要

2005 年，硅谷经历了四年以来的第一次工作岗位的增加，同时，人口数量和人均收入自 2000 年以来持续增加。2000 年以来的这 5 年是一个经济结构调整以及就业机会发生变化的 5 年。一方面，工作机会不断减少，另一方面，工资不断上涨。

当从 . com 产业泡沫破裂中走出时，我们发现硅谷在全球经济中依然保持了很强的竞争优势，包括受过良好教育的人口，大量的科学、工程和商业人才，良好的企业家文化传统以及处于产业界领导和创新地位调整后的公司。过去的一年，硅谷地区大多数的产业群都逐步开始增加了就业岗位。

硅谷依然还是商业和技术的创造中心。今年的重点分析越来越表明硅谷依然还是创造新思想（专利的创造）和创造商业机会（数以千计的新公司的诞生，以及在全美风险资本中所占的较高比重）的中心。硅谷地区的创造性和创新服务产业群是硅谷产业群中拥有公司数量最多的产业群，现在也成为提供就业岗位第二多的产业群，也是 2001 －2005 年唯一一个就业机会增加的产业群。

硅谷在核心设计、工程、科学和商业管理等方面与其他国家或地区相比，集中度较高。这方面的人才促使新概念、新方法、新产品和新服务以及新的商业模式产生，并为硅谷创造了经济效益和财富。核心设计、工程、科学和商业管理人员占集群人员的 23%、占硅谷地区人员的 14%，高于奥斯汀、西雅图、圣地亚哥等地区的平均数（8% ~9%），更高于美国的平均数（2%）。

此外，硅谷地区越来越多的工作岗位都需要拥有创造力。硅谷地区的“创造性优势”并不是仅限于艺术家或者最高级别的技术专家，它还包括各个层次能够产生新思想和运用于工程、科学、设计的新方法以及其他知识和技术的人才。硅谷 62% 的工人（技术工人中的 70%）都声称他们的工作需要“相当的”创造力。

过去几年，硅谷的角色在发生变化。很多公司的收入在增加，产量也在增加，但是他们并不为硅谷地区提供更多的工作岗位，因为它们选择将生产的某一阶段外包给低成本地区。一些工人赚的更多了，而另一些则相反；一些工作岗位的就业机会持续增长，而另一些则大幅减少。因此硅谷角色的转变还不能完全被人们所了解。

许多家庭觉得经济生活水平并未明显提高。在人均收入和平均工资水平不断提高的同时，硅谷的中位家庭的收入在过去的四年一直在减少，并且逐步接近 10 年前的收入水平。个人破产率自 2001 年以来已经上升了 50%。公寓的平均租金率持续超过中位家庭的收入，认为房租还“可以接受”的比重持续降低。

尽管硅谷地区的教育水平在提高，但很多学生并不能满足硅谷发展的需要。介质代数学科（一个通向高级数学的必经之路）仅仅招收了 33% 的 10 年级和 11 年级学生；西班牙裔年轻人的招收率只有 23%，远远小于 3 年级学生的一半；只有大约 17% 的 3 年级英文学生获得或超过了美国的中值阅读水平。

尽管过去一段时间经济发展形势严峻，但也有证据显示硅谷地区在很多方面开始复苏。尽管失业率很高，但硅谷地区在中位工资水平的就业机会占大多数，中位工资水平的就业是介于高位如研究和专业服务和低位如个人服务就业工资水平之间的就业。10 多年来，硅谷地区的教育调查几乎都表明教育指数持续提高，意味着硅谷地区承担的教育义务是被认可的。硅谷地区的健康状况调查几乎都表明健康水平在持续改善。近年来，超重孩子的比重从高位下降并保持稳定。接收免疫的孩子的比重持续稳定上升。几乎所有的孩子都可以享受到医疗保险，大约 90% 的成年人（尽管仅有 77% 的西班牙裔）可以享受到医疗保险。有记录的暴力犯罪和青少年犯罪率，包括孩子的被虐待率，都在发生变化，并依然低于加利福尼亚的平均水平。

硅谷地区还有很多适宜居住的特点。2005 年被核准的单元住宅是 1999 年以来最多的，新核准的住宅的人均面积是 2001 年的两倍多；商业空白比率连续第二年下降；环境在逐步改善，永久保护的公开领域面积在稳步增长；海湾水资源的质量在不断变好；非经营用机动车利用可替代燃料资源的比重几乎是过去几年的 2 倍，达到了 5%。

在硅谷地区表现出某些复苏迹象的同时，投资也在增加。自 2000 年以来尽管丧失了超过 20 万个工作岗位，但硅谷地区依然吸引了大量的核心人才，产业群进一步得到增强。在一些方面，就业机会在增加，而且还有数以千计的新公司诞生。尽管经济形势对很多居民来说非常严峻，但社会和环境指标显示硅谷地区依然保持了平稳甚至表现出一定的改善。然而，主要的挑战依然存在于部分人口中，在这个快速变化的全球经济竞争的环境中，如果居民没有必要的知识和技术，风险和挑战将是非常严峻的。

二、重点分析

1. 硅谷思想

在全球经济中创造性优势是竞争优势吗？

过去四年中，硅谷第一次实现了就业的增加。硅谷经历了一个经济结构调整以及就业岗位减少和工资水平增加的五年（见图 1），这表明对高技能人才的需求在不断增加。以下将重点分析硅谷的经济变化和职位结构变化及其对未来产生的影响。

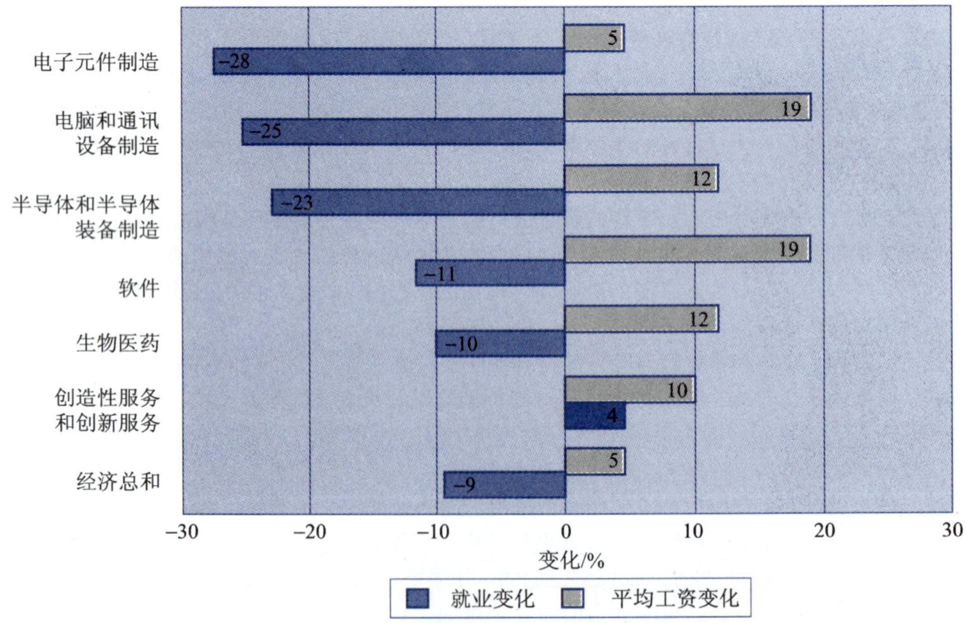

图 1　2002－2005 财年雇佣人员数量及工资的变化

资料来源：California Employment Development Department

哪些是硅谷的创造性优势？

当从 . com 泡沫破裂中走出时，我们发现硅谷作为商业和技术的全球创造中心的地位得到进一步巩固。硅谷在吸引企业家、孵化新企业、创造新产品和服务以及引进全新的商业模式方面具有很强的作用。此外，硅谷地区还建立了大量有关财政、法律、商业和扶持初创企业方面的文献和中介组织。过去五年的发展经历表明，硅谷最重要的竞争优势就是它的创造性优势。

（1）硅谷正逐渐成为创造新概念的中心。约10%的专利产生于硅谷，而10年前约为5%。1994－2004年间，每百万人口的专利数从114项增加到377项，大约增加了3倍。

（2）硅谷正逐渐成为商业创造的中心。全美超过25%的风险资本投资于硅谷，而10年前大约为18%。尽管硅谷地区的就业在减少，但也成立了数以千计的新公司。在《2005硅谷发展报告》中指出，在2000－2002年间大约共有23 800新公司成立（是指新成立公司去除了倒闭公司后的净值）。事实上，硅谷公司也在不断更新的过程中：约46%的公司是在1998－2002年的5年间成立的，容纳了硅谷地区30%的工作岗位。

（3）硅谷的创造性和创新服务产业群的显著作用正在提升。创造性和创新服务产业群主要包括R&D、科学与技术咨询、工程服务和工业设计等。2001年，它是硅谷地区的第四大产业群，现在已经成为仅次于软件的第二大产业群。这是2001－2005年间唯一一个工作岗位净增加的产业群，共增加了4%的工作岗位。从全美国考虑，创造性和创新服务产业群雇佣职工数占美国创造性和创新服务产业群雇佣职工数的比重也明显提升，达到15%。此外，在各产业群中，创造性和创新服务产业群所包括的公司数量最多，达6 565家，增加了3%。

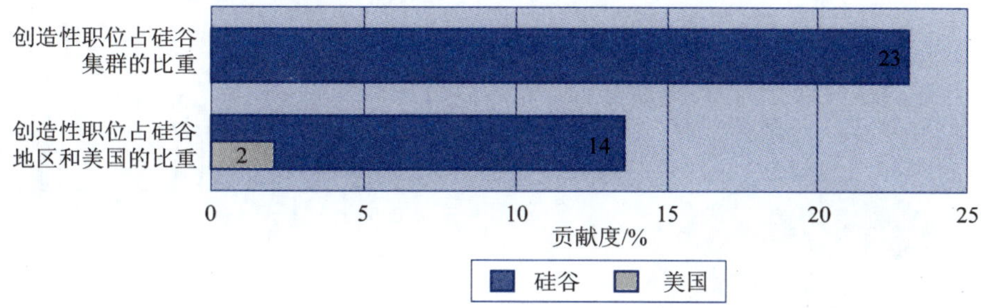

图2A　核心设计、工程、科学和商业管理人员对经济的贡献程度

资料来源：California Employment Development Department

（4）与其他国家或地区相比，硅谷在核心设计、工程、科学和商业管理等方面拥有较多人才。核心设计、工程、科学和商业管理人员既应包括最高层职位的人员，还应包括关键支撑职位的人员，他们通过新概念、新方法、新产品和服务以及新商业模式获得经济效益。正如图2A所示，核心设计、工程、科学和商业管理人员占产业群人员的23%，占硅谷地区人员的14%，高于奥斯汀、西雅图、圣地亚哥等地区的平均数（8%～9%），更高于美国的平均数（2%）。

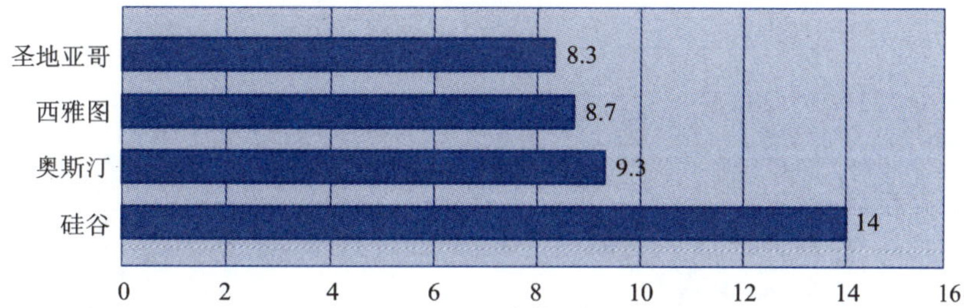

图2B　核心设计、工程、科学和商业管理人员占整个地区就业的比重

资料来源：California Employment Development Department

2. 人才

重要性

硅谷最重要的财产就是人。他们造就了硅谷经济的发展和生活质量的提升。下面将通过移民（移入人口和移出人口）和人口自然增长（出生人口减死亡人口）两方面的变化对人口增长进行分析说明。与人口增长同样重要的还有这些人的教育水平如何、他们给硅谷带来了哪些技术和经验等。除了对上述指标进行分析外，还将对影响硅谷未来人才发展的两项指标进行分析，包括：本地区内科学、工程、数学和计算机等学位授予的人数，这有助于了解未来硅谷出口导向型集群发展的人才供给情况；当地拥有的高技术人才状况，这也是产生新概念和创新新产品、新服务的重要资源。

现　状

尽管硅谷人口去年仅增加了不到1%，但这已是2000年以来的最大增长。在自然增长率基本不变的同时，移入人口增加和移出人口减少是造成人口增加的主要原因。

硅谷成人的平均教育水平依然很高，大约82%的人口具有高中以上文化程度，41%的人口拥有学士学位。

硅谷地区人口与美国人口的最大不同是硅谷人口中拥有大量从国外移民而来的合法居民，38%的硅谷居民出生于国外。在2000年，53%的硅谷工程师和科学家出生于国外，与其他那些拥有较多国外出生的工程师的高技术地区（例如奥斯汀和波士顿）相比，这个数字也相当高。

2004年的合法移民率自2001年以来首次增加，2002－2003年间，不论是硅谷地区还是加州和美国，合法移民率都呈现戏剧性减少的态势。尽管合法进入硅谷地区的移民要低于2001年的峰值，但这已是90年代后期的第二峰值。自2000年以来，合法移民占硅谷居民的比重也第一次出现上升的态势。

硅谷的人才储备也超过平均水平并呈上升趋势。硅谷单位人口的科学家与工程师数量远远高于加利福尼亚的平均水平，并且自2001年以来保持稳定增长。同时，那些临时的、非长期居住的人口中科学家与工程师的数量自1997年以来也保持稳定增长态势，目前已经占到总人口的18%。

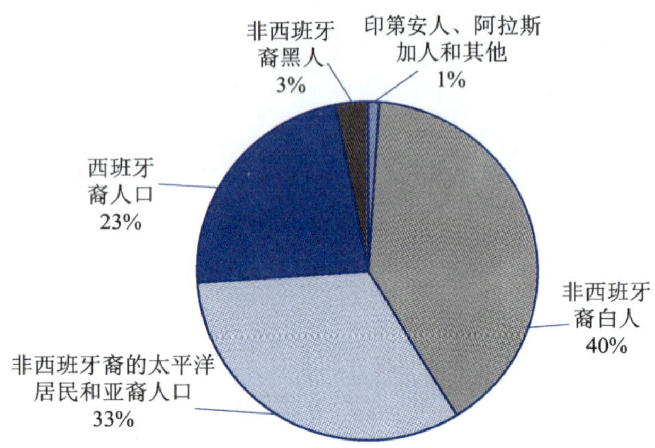

图3 硅谷的人口比重

资料来源：美国人口普查局

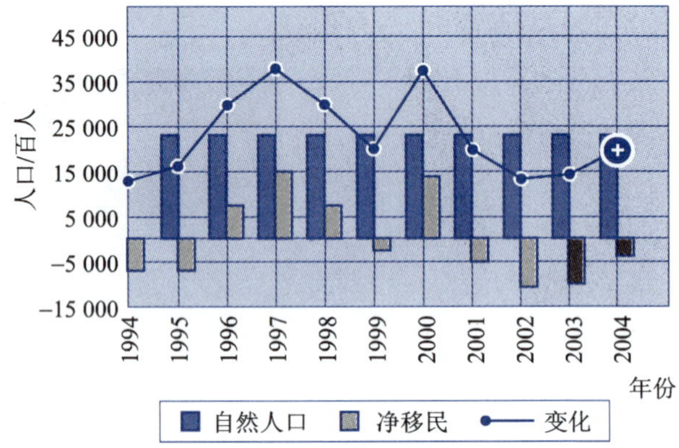

图4 人口组成变化

资料来源：加利福尼亚财政部

注：2003－2004年净移出人口减少了59%

2004	2005	变化/%
2 407 435	2 429 868	0.9

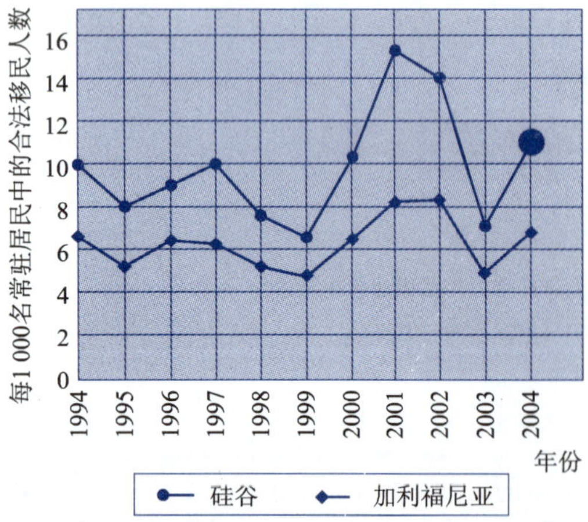

图5 外国合法移民率

注：2003－2004年间合法移民率增加了56%

2004年硅谷的合法移民率比加利福尼亚高60%，是美国合法移民率的350%

资料来源：Department of Homeland security

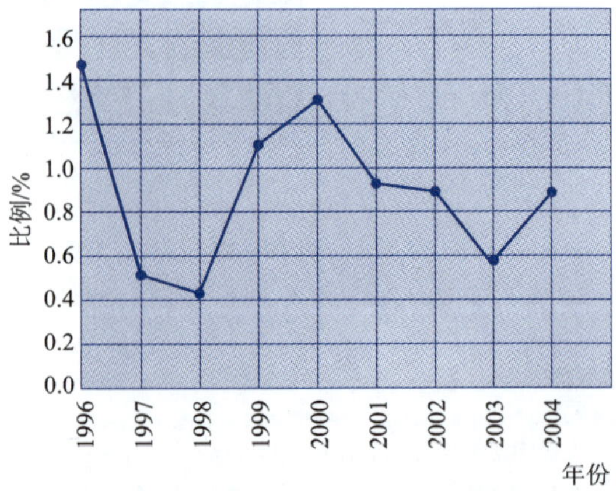

图6 每年转换国籍的人口占总人口的比例

注：2004年共有占硅谷人口2%的人转变国籍或成为合法的永久居留人口

资料来源：Department of Homeland security

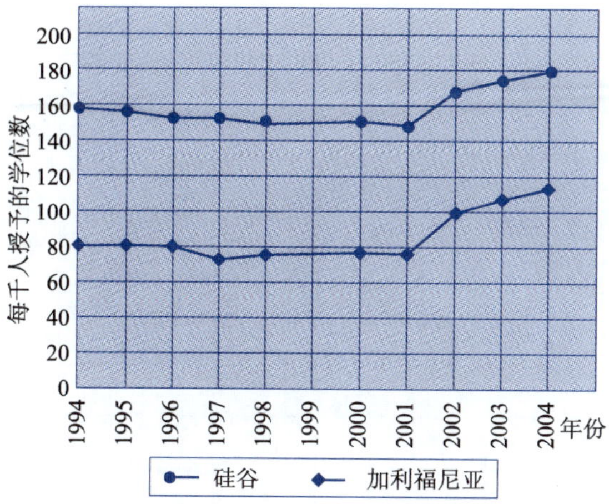

图7　每千人授予的工程与科学学位人数

资料来源：美国国家教育研究中心

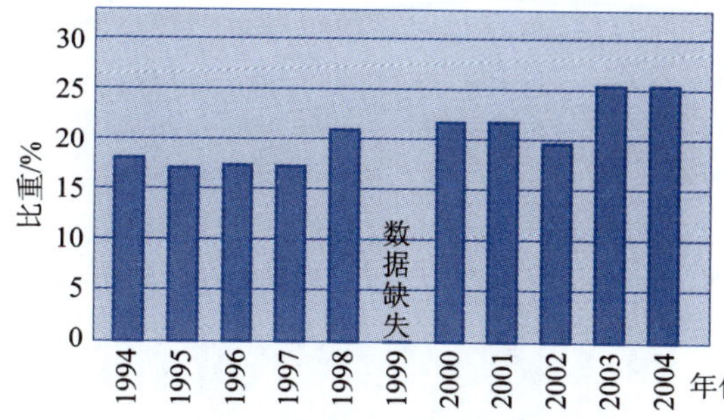

图8　获得工程和科学学位的外国人比重

注：1994－2004 年间授予外国人口或非常住人口的学位增长了 27%

资料来源：美国国家教育研究中心

2004 年各学科授予学位人数的比例/%

工程	48
生物和生物医药科学	32
物理学	10
数学和统计学	7
工程技术人员/技师	3

3. 创新

重要性

创新是硅谷经济发展的动力。产生新思想、新产品和新工艺的能力作为一个地区的竞争优势十分重要。为了有效地测量创新，我们既对创新的过程（例如在创新、思想的产生方面的投资）进行分析，也对创新的结果（例如创新型公司的数量、经济的增加值）进行分析。

新的风险投资是地区创新过程的重要指标之一。那些经过风险投资运作的公司是创新型公司，是企业家型公司，也是具有潜在高增长的公司。专利是另一个测度地区创造和应用新知识能力的指标。

为了测度结果，我们计算一种创新型公司的数量，即公司的收入在过去四年间每年以 20% 以上的速度增长，且初始的销售收入至少有 100 万美元。我们也对代表生产力水平的增加值进行分析，这也能反映出硅谷的公司共创造了多少经济价值。创新、过程的改进和产业/产品的混合都是促使增加值发生变化的因素，并依次促使工资方面的变化。

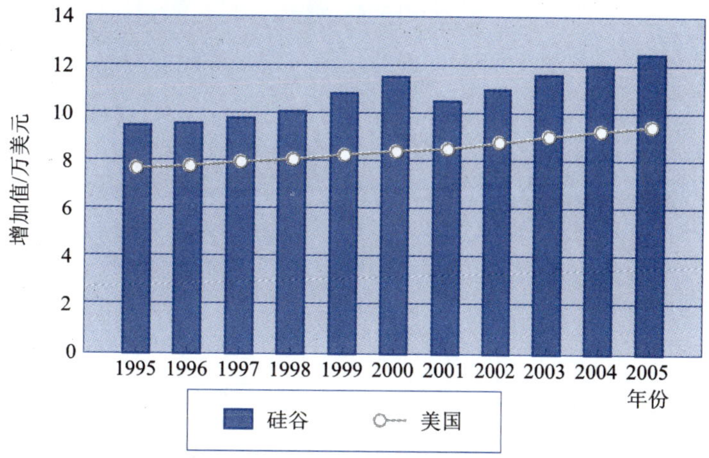

图9　每个人创造的增加值

注：硅谷 2004－2005 年增加值的增长率为 4.4%，美国同期的水平为 2.0%

资料来源：WWW. economy. com

现　状

硅谷的单位人口专利数一直保持持续增长的态势，2003－2004 年年间硅谷发明专利比重的增长速度是自 1997－1998 年以来的最高水平。

2004－2005 年间，硅谷每个人创造的增加值的增加速率是美国平均增加速率的两倍多。2005 年的风险资本投资量较 2004 年略微减少，占全美风险投资的比重也略微减少。2005 年，创新型公司的数量依然保持不变。硅谷公司依然吸收了全美 26% 的风险投资，而且，几乎一半投向了计算机及其外围设备、网络及其网络设备和半导体方面。

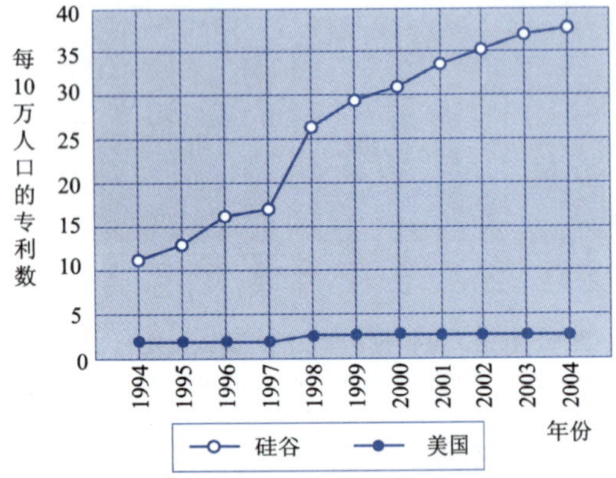

图 10　每 10 万人口的专利数

注：2004 年硅谷人共有 9 060 项授权专利。

1994－2004 年间，美国每 10 万人口的专利授权数增加了 35%，同期硅谷地区每 10 万人口的专利授权数增加了 232%。

资料来源：美国专利和商标局

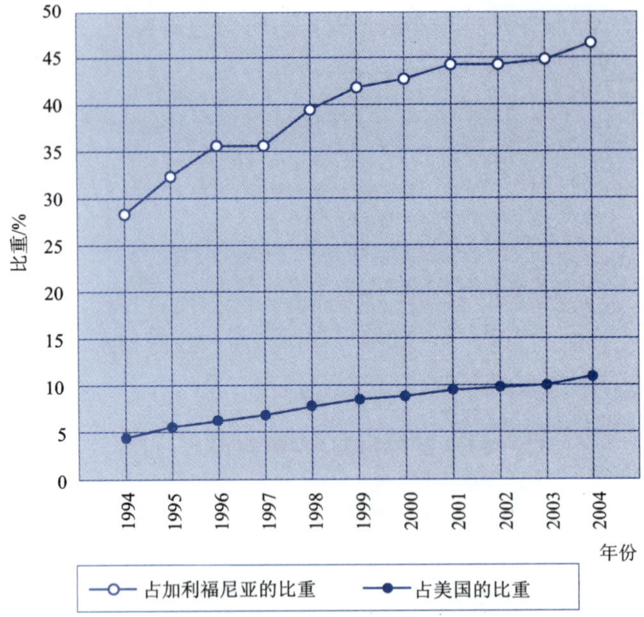

图 11　硅谷专利占加利福尼亚和美国的比重

资料来源：美国专利和商标局

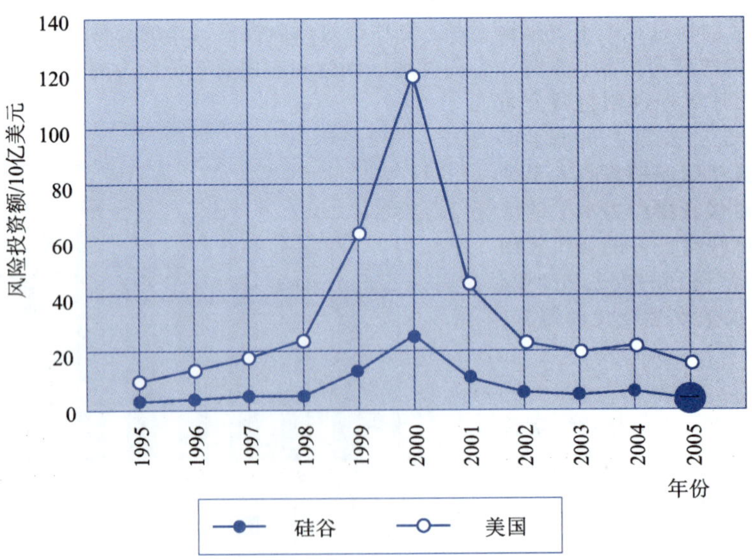

图 12　风险资本投资

注：● 10% 表示“－10%”，2005 年第三季度风险投资量较 2004 年第三季度风险投资量减少了 10%

资料来源：普华永道

4. 产业群

重要性

为更好地理解硅谷复杂经济的全貌，以下将对相关产业群进行分析，主要聚焦于外向型产业群，因为他们是硅谷地区财富创造的首要源泉。用以下指标测度一个具有竞争优势的产业群的发展程度：该产业群的就业集中度，即通过对硅谷地区某一产业群的就业集中度与全美该产业群的就业集中度的比较进行分析说明；该产业群的平均工资水平，即通过对硅谷地区某一产业群的平均工资水平与全美该产业群的平均工资水平的比较来说明硅谷地区该产业群创造的价值。

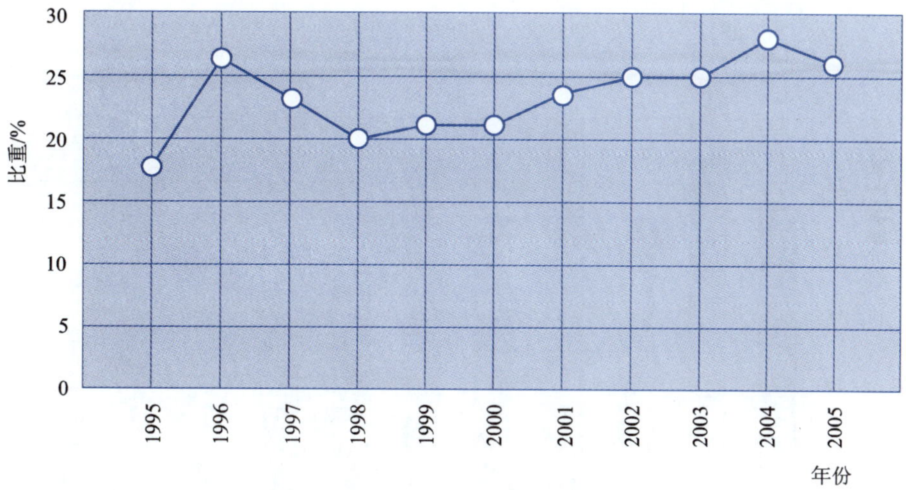

图 13　硅谷风险资本投资占美国的比重

注：2000－2005 年，风险资本投资于生物技术和医疗装置与装备的比例从 7% 增加到 20%。

资料来源：普华永道

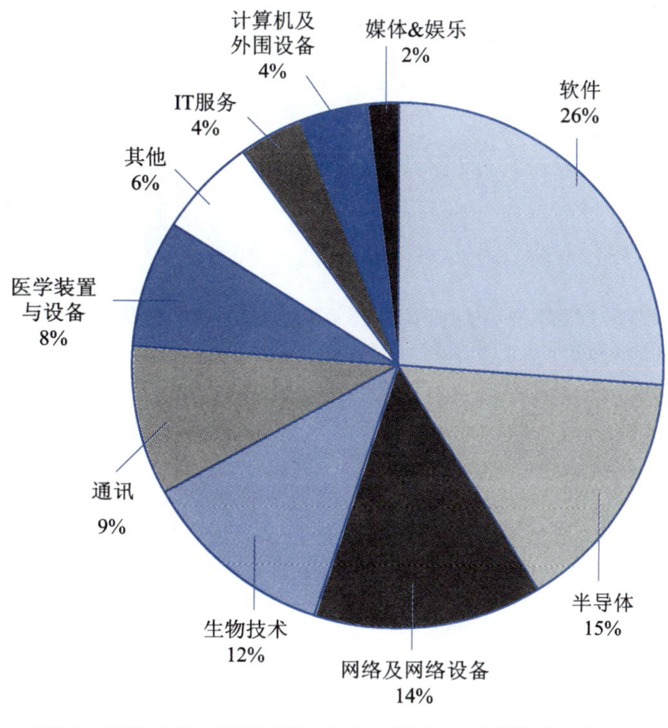

图 14　2005 年第一季度至第三季度硅谷风险资本投资的行业分布

资料来源：普华永道

现　状

2002－2005 财年，除公司办公室和生物医药产业群外，相对于全美而言，硅谷其他产业群的集中度更高了。像半导体和半导体设备以及计算机和通信设备制造业都 10 倍于全美的集中度。尽管生物医药产业群的集中度略微下降，但其集中度依然 3 倍于全美的集中度。

创造性和创新服务是唯一一个在 2002－2005 财年间经历了就业净增加的产业群。创造性和创新服务产业群主要包括公司的专业服务，例如 R&D、科学与技术咨询、工程服务和工业设计等。

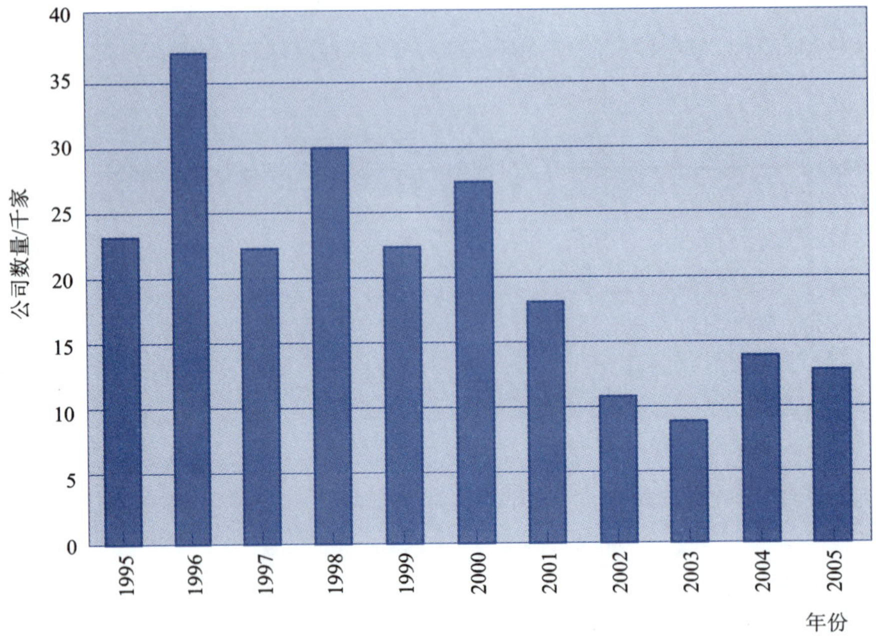

图 15　创新型公司的数量

注：2005 年前 3 个季度创新型公司的数量与 2004 年前 3 个季度相等

资料来源：标准普尔

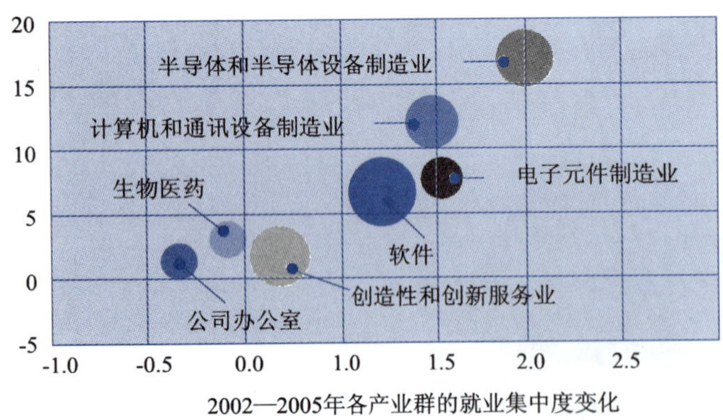

图 16　2002－2005 财年硅谷产业群的就业集中度

注：2005 财年与美国就业集中度的比较（>1 表明较美国更集中）

资料来源：California Employment Development Department

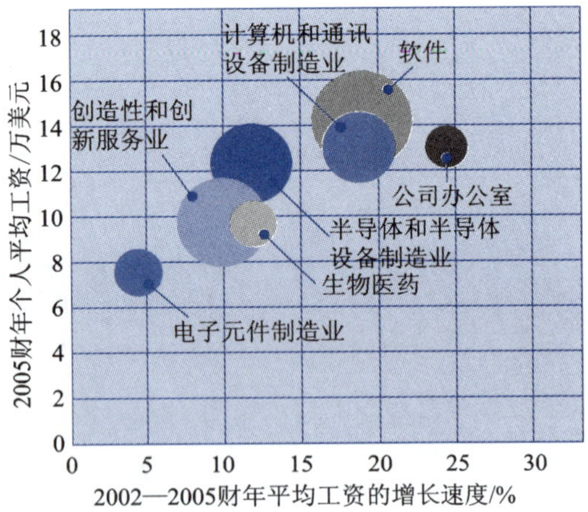

图 17　2002－2005 财年各产业群的工资变化

注：硅谷集群的平均工资水平要比美国集群的平均工资水平高 75%

硅谷所有产业群的平均工资水平的增长速度超出美国平均水平的 5%。工资的高速增长应归功于软件业的工资增长速度，软件业工资增长速度高出美国群平均工资水平的 22%

资料来源：California Employment Development Department

表 1　硅谷产业群的比较表

2005 财年硅谷产业群	相对于全美的就业集中度/%	公司雇员的平均数/人	硅谷平均工资与美国平均工资的比率/%
生物医药	3. 06	64	1. 45
计算机和通信设备制造业	11. 82	156	1. 54
公司办公室	1. 30	77	1. 68
创造性和创新服务	1. 51	11	1. 57
电子元件业	7. 75	63	1. 59
半导体和半导体设备制造业	16. 69	92	1. 55
软件业	6. 29	23	1. 80

在 2002－2005 财年间，所有产业群的工资水平都提升了，增长幅度为 5%～25%。硅谷产业群的平均工资水平比其他地区的平均工资水平高 45%～80%。

生物医药产业群以及创造性和创新服务产业群的企业数在 2002－2005 财年间逐步增加，这种增加表明在这两个产业群中，企业开张的数量大于企业关门的数量。

5. 就业

重要性

就业机会的增加和减少是测度经济发展的重要指标。以下将对所有就业机会以及工业产业群和其他主要行业产业群的就业进行分析。图 18 显示，硅谷 2005 年第二季度的工作岗位数为 1 153 650 个，2004－2005 财年新增岗位 2 000 个，2000－2005 年期间共减少了 212 150 个岗位，1995－2005 年期间共增加了 60 070 个岗位。

现　状

四年来，就业机会第一次略微增加。在硅谷少数产业群中，就业的增加非常明显。创造性和创新服务产业群的就业增加最快，其次是软件行业。2004－2005 年间，在硅谷其他产业中，财政型服务行业的就业率大幅增加。过去一年中，半导体和半导体设备制造业产业群、公司办公室产业群和商业服务业签约员工也呈现增加的态势。

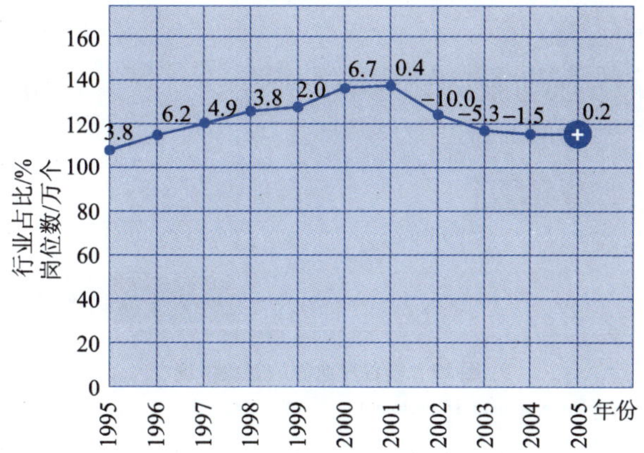

图 18　1995－2005 年第二季度硅谷工作岗位变化图

资料来源：California Employment Development Department

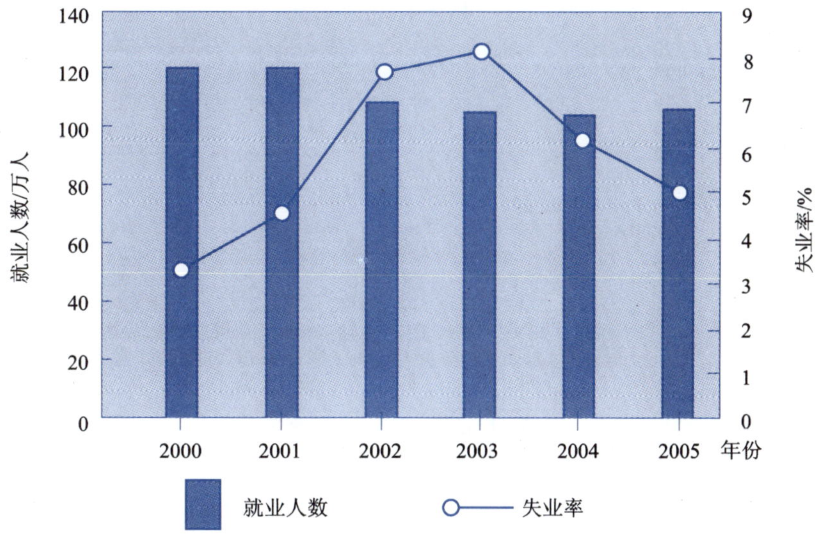

图 19　硅谷就业和失业率

资料来源：California Employment Development Department

自 2000 年以来，硅谷常驻居民的就业数第一次增加，这也是第二年失业人口逐渐减少的一个原因。2005 年 6 月，失业率达到 2001 年 6 月以来的最低值。2000－2005 年间，硅谷劳动力总数减少了 118 600 人，但 2004－2005 年间增加

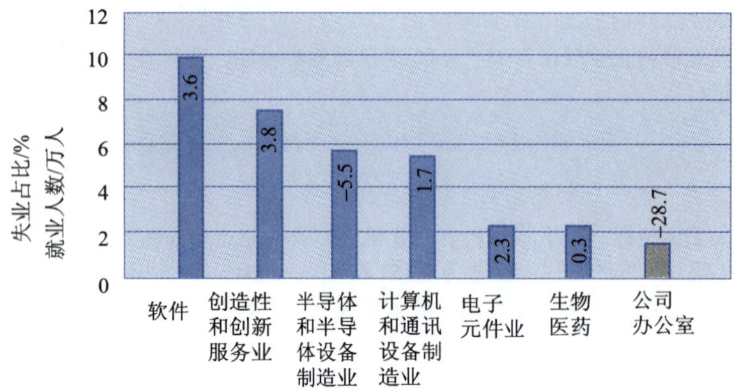

产业群	就业变化人数 2004–2005财年	就业人数 2005财年
软件业	3 364	97 455
创造性和创新服务业	2 710	73 826
半导体和半导体设备制造业	−3 307	56 393
计算机和通讯设备制造业	927	55 305
电子元件业	548	24 108
生物医药	71	21 471
公司办公室	−6 049	15 018

图 20　硅谷产业群的就业情况

资料来源：California Employment Development Department

了 5 500 人，是 2001 年以来的第一次增加。

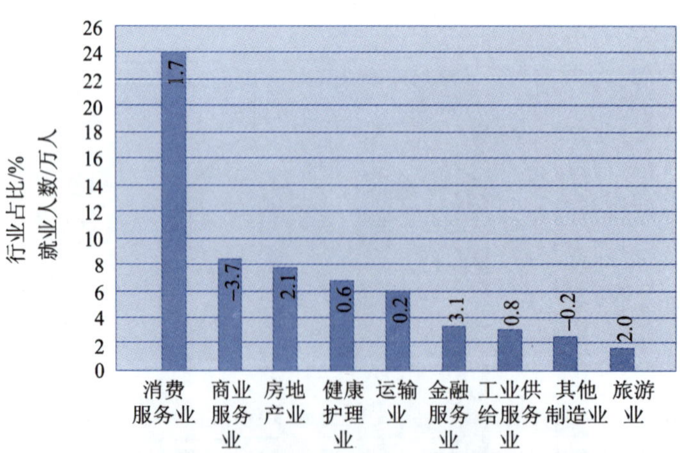

图 21　硅谷其他产业的就业情况

资料来源：California Employment Development Department

6. 收入

重要性

经通货膨胀调整后的平均收入水平是反映工作质量的重要指标，这也是和就业增长一样重要的评价硅谷地区经济活力的指标之一。平均收入包括薪水、工资、奖金和股票期权。

硅谷的平均收入水平反映了外向型产业（产业的产品销售给硅谷地区外的客户）创造财富的动力。产业群的平均收入水平反映了对技术工人的需求水平。

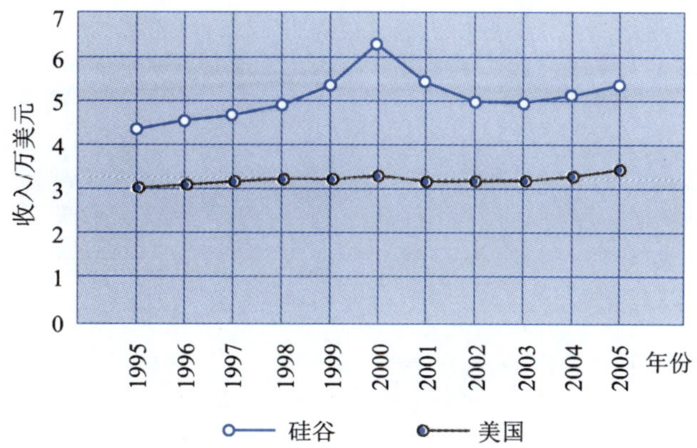

图 22　硅谷人均收入水平

资料来源：www. economy. com

经通货膨胀调整后的人均收入等于所有人从各种来源（包括工资、投资收入、自雇佣收入）获得的收入除以硅谷地区的居民总数。人均收入的提升表明硅谷地区创造财富的速度要高于人口增长的速度。

家庭收入的分布情况说明了收入的集中度（收入差距）以及经济的增长是否辐射到了硅谷地区的每位居民。这是对硅谷地区个人破产率的一个补充说明。

现　状

如图 22 所示，2005 年，硅谷的人均收入为 56 633 美元，是美国人均收入的 1.55 倍，1995 − 2005 年硅谷人均收入的年均增长速度为 22.5%。

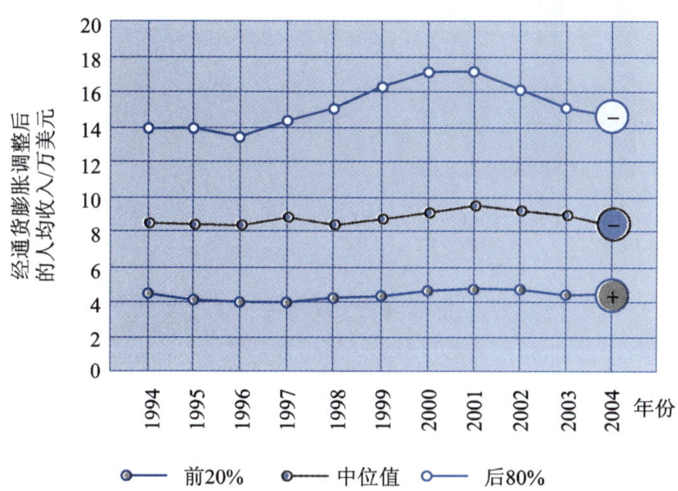

家庭收入的变化

收入水平	1994–2004	2003–2004
后80%	5%	⊖ −2%
中位值	0%	−5%
前20%	−1%	1%

图 23　家庭收入分布图

资料来源：美国人口普查局

人均收入连续两年持续增长，2004 − 2005 年的增长率为 2.7%。1995 − 2005 年，硅谷人均收入增长速度比美国人均收入增长速度高出 9 个百分点，2005 年人均收入额达到 69 455 美元。人均工资也保持了和人均收入一样的增长速度，1995 − 2005 年间，硅谷人均工资增长速度比美国人均工资增长速度也高出 9 个百分点。

中等和后 80% 收入水平的家庭的收入连续第三年下降，但前 20% 收入水平的家庭收入增加了。尽管平均工资水平上升有很多原因，但家庭收入的中值水平下降了，家庭成员的就业率就下降了。

硅谷的人均破产率在下降，而且这个比率低于加利福尼亚的平均水平。自 2001 年经济泡沫破裂后，人均破产率已经增长了 50 个百分点，但依然低于上世纪 90 年代后期的人均破产率。

硅谷就业者的平均薪酬水平连续第二年保持增长，但工资的实际购买水平大概只相当于 2001 年时的购买水平。硅谷地区各产业群的平均工资水平都有所提高，其中，公司办公室的工资水平增长最快，其次是财政服务业、软件业、创造性和创新服务业；只有半导体和半导体设备制造业产业群是例外，但半导体和半导体设备制造业产业群的平均工资水平也仅仅略低于 2004 年的峰值。

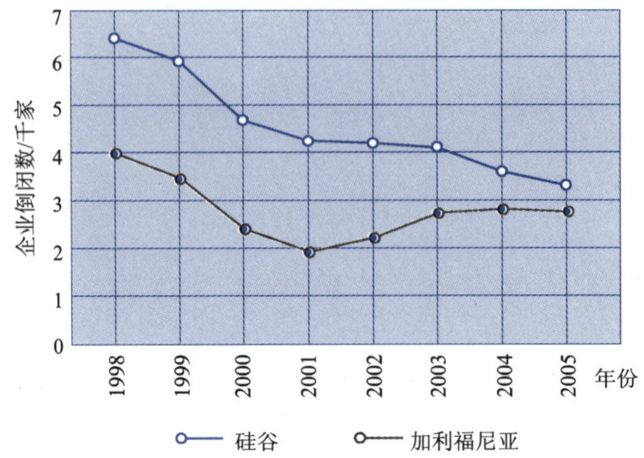

图 24　商业企业和非商业企业倒闭数

注：2005 财年共有 6 600 家非商业企业倒闭；共有 302 家商业企业倒闭，较 2004 年减少了 26%

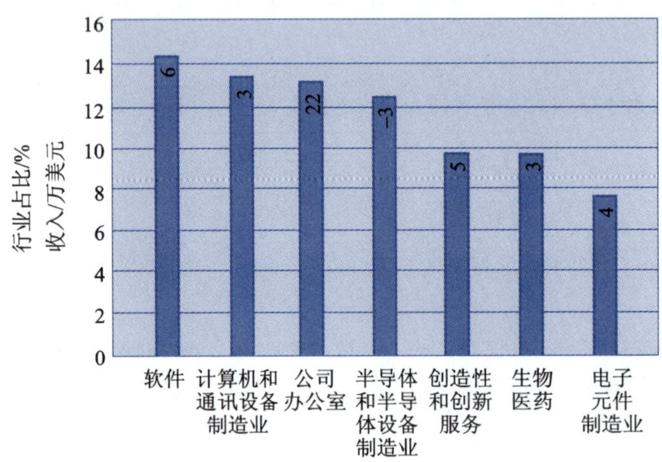

产业群	2005年平均工资/美元	2002–2005年的工资变化率/%
生物医药	96 371	19
计算机和通讯设备制造业	131 941	19
公司办公室	130 596	24
创造性和创新服务	96 699	12
电子元件制造业	75 414	10
半导体和半导体设备制造业	123 401	12
软件业	141 972	5

图 25　产业群收入

7. 保障经济发展的因素

重要性

硅谷经济发展的成功依赖于再教育和培训。对于一个人来说，再教育主要包括两个指标：高等学校教育和在介质代数方面受过的教育，这被认为是进入高等数学的必经通路。硅谷地区的社区学校应当为当地居民提供参与社会竞争的机会。通过提供高价值的技术课程教育，帮助个人提升经济能力，并为雇主的需求提供必要的准备。今年采用新方法来测度教育率，即累计提升指数。该指数测度硅谷九年教育的毕业生继续完成四年正规高等教育的可能性，硅谷教育体系若能成功地帮助学生达到一定的受教育水平，就可以对学生成功地融入知识经济起到直接的帮助。

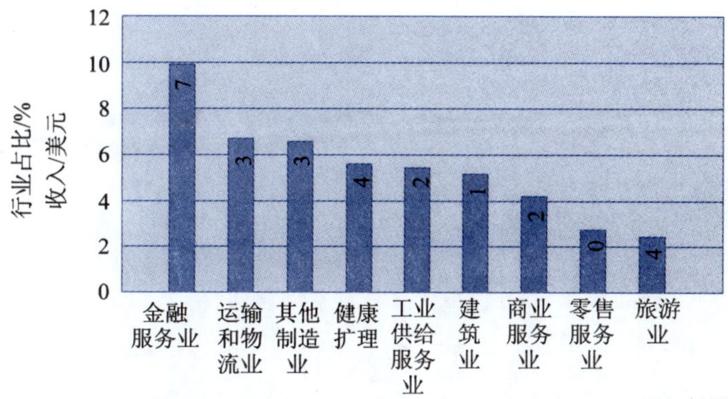

行业	2005年平均工资/美元	2002–2005年人均工资变化率/%
金融服务业	99 439	5
运输和物流业	67 602	4
其他制造业	66 048	9
健康护理业	55 890	13
工业供给服务业	54 633	2
建筑业	52 177	–9
商业服务业	41 505	–1
零售服务业	28 282	–2
旅游业	24 450	2

图 26　其他产业收入

资料来源：California Employment Development Department

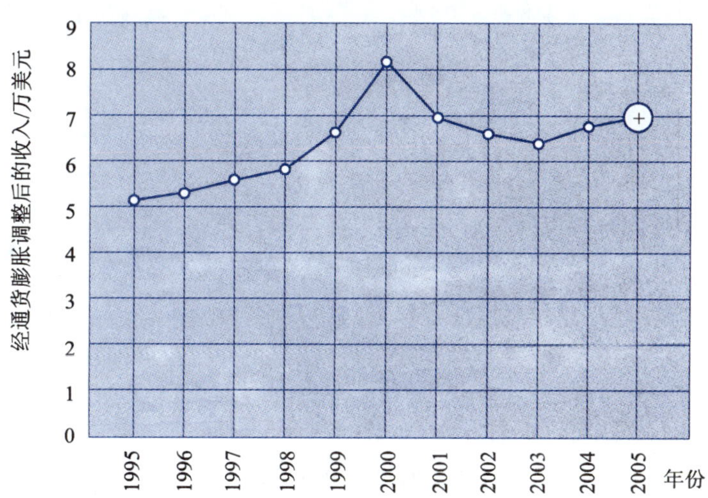

图 27　人均收入

资料来源：California Employment Development Department

现　状

硅谷社区学校的规模极为有限，特别是在满足社会需求旺盛的岗位方面，例如健康护理方面。自 2001 年以来，申请接受培训者明显超过了社区学校的培训承受能力，登记在册的 AA 和 AS 程度护理人数与持证的职业护理人员之间存在巨大缺口。社区学校的每一个培训名额都有 6 个以上的申请者来申请。尽管公开的课程培训数量在增加，但远远落后于培训的需求量。

教育率在去年降到了自 1997 – 1998 年以来的最低水平，同时，符合 UC/CSU 要求的毕业生比重也达到了过去 10 年间的最高水平。

在介质代数方面登记注册的学生也连续第四年保持增加。然而 2004 – 2005 学年间，仅有 1/3 的 10 年级和 11 年级的学生就读于此专业。另外，尽管自 2001 – 2002 学年以来不同种族的招生情况有所改善，但差异还是明显存在的。太

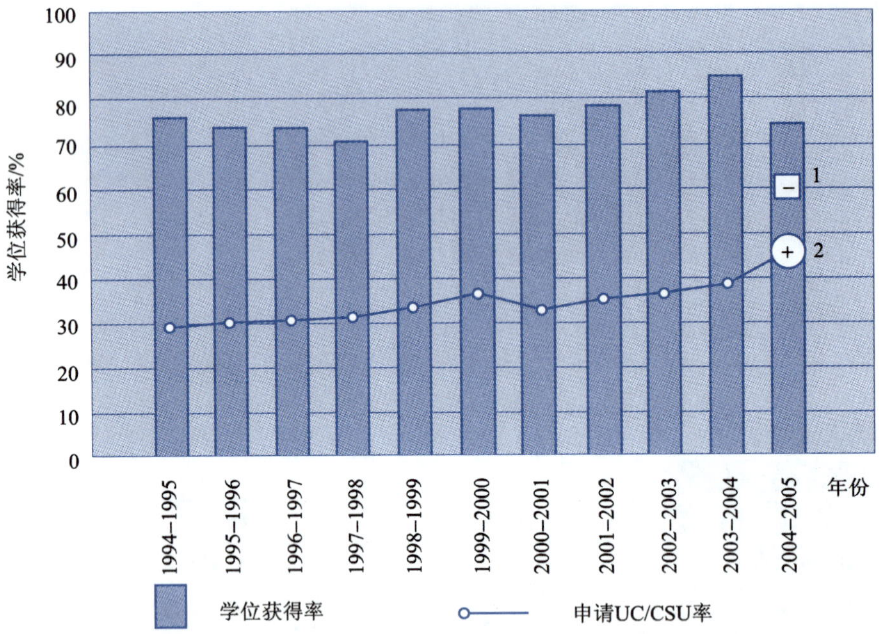

图28　高校毕业生学位获得率

注：1. 学位获得率从2003－2004年的85%下降到2004－2005年的74%。

　　2. 符合UC/CSU申请要求的毕业生比重在2004－2005年增长到了46%。

资料来源：加利福尼亚教育部

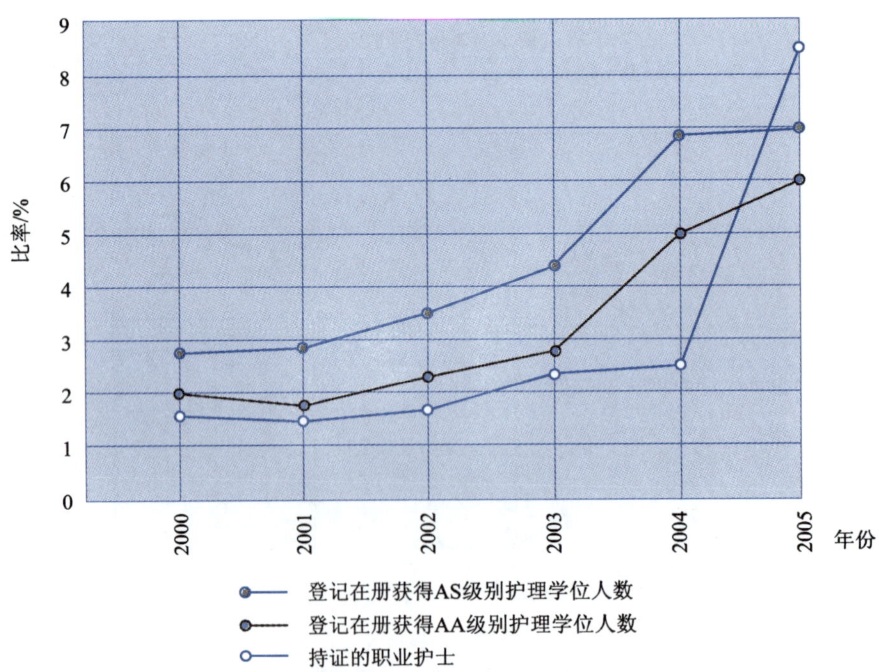

图29　申请护理培训的人数与硅谷社区大学所能提供培训人数的比率

资料来源：硅谷社区学校

平洋岛国居民是唯一一个2003－2004年间在介质代数专业登记注册学生减少的种族。

8. 财政收入

重要性

管理方式包括决策的生成和执行过程。地方政府的管理能力受很多因素的影响，包括资源的可用性和管理手段。为保证服务水平并对环境变化具有很快的反应能力，地方政府的财政收入必须是可靠的。财产的税收收入是地方政府

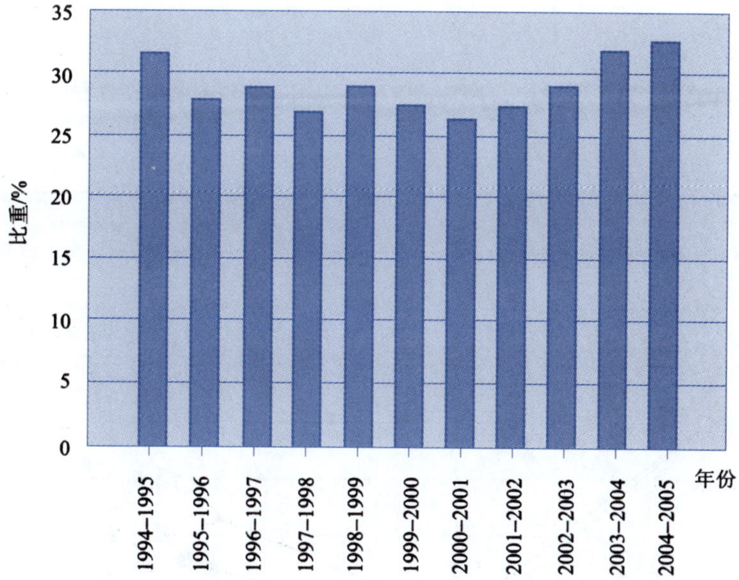

图 30　在介质代数方面登记注册的 10 级和 11 级学生的比重

资料来源：加利福尼亚教育部

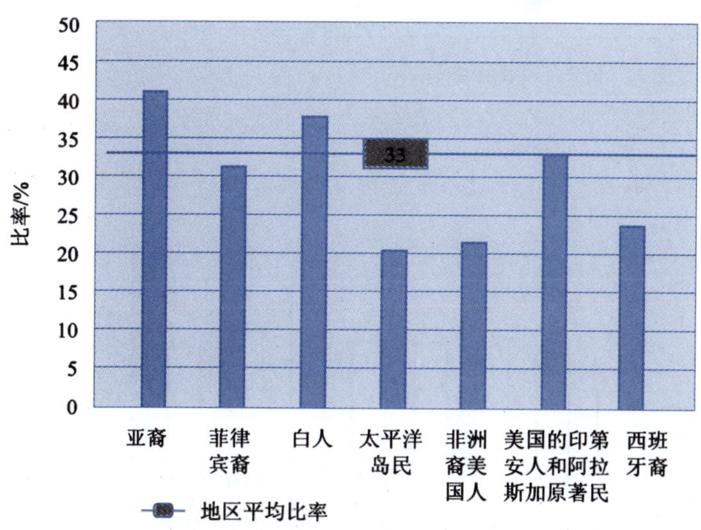

种族划分	1997–1998学年	2004–2005学年
非洲裔美国人/%	20	21
美国的印第安人和阿拉斯加原著民/%	17	33
亚裔/%	39	41
菲律宾裔/%	30	31
西班牙裔和拉丁美洲人/%	13	23
太平洋岛民/%	22	20
白人/%	30	38
平均入学率/%	27	33

图 31　在介质代数方面登记注册的 10 级和 11 级学生的种族划分

资料来源：加利福尼亚教育部

最稳定的收入来源，但只占地方总收入的不到 1/4。当城市能大量获得州和国家的资源时，它将更加依赖于各种不稳定的收入。

现　状

1977 年以来，硅谷所有的财产性税收增长了 16%，1977 年以前有法规限制财产性税收的增长速度。

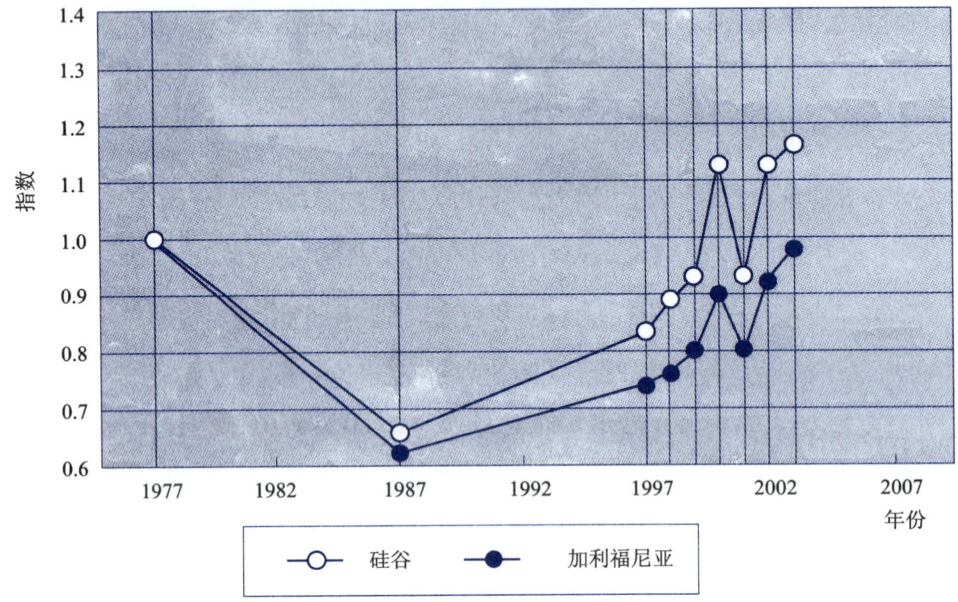

图 32　财产性税收的增长率

资料来源：California State Board of Equalization

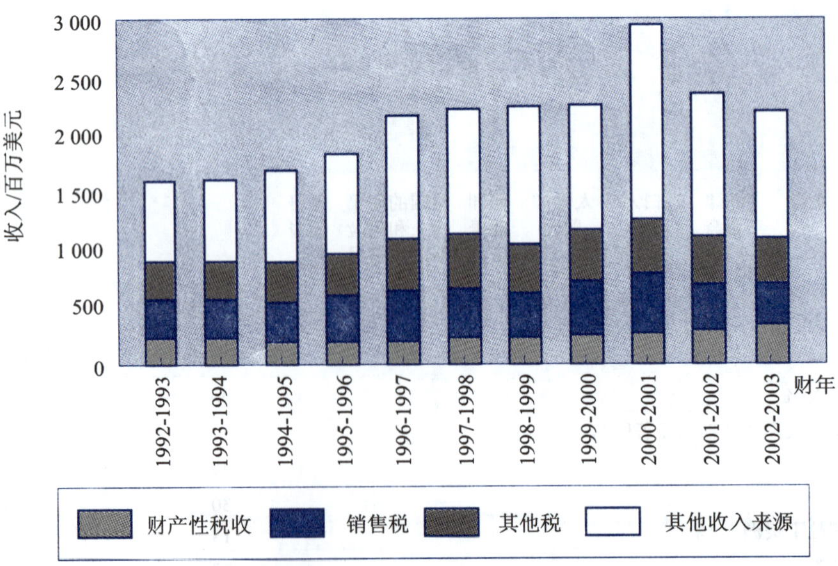

图 33　硅谷财政收入的各种来源

注：2001－2003 财年城市收入下降了 25%

1993－2003 财年年均增长 3.2%

资料来源：California State Controller's Office

2002－2003 财年，县财政收入增长了 6%，保持了连续 8 年的增长。1993－2003 财年间，硅谷的城市收入以年均 3% 的速度增长，且非税收收入占城市收入的比例不断增加。1997－2003 财年间，圣塔克莱拉县和圣马刁县的收入也以

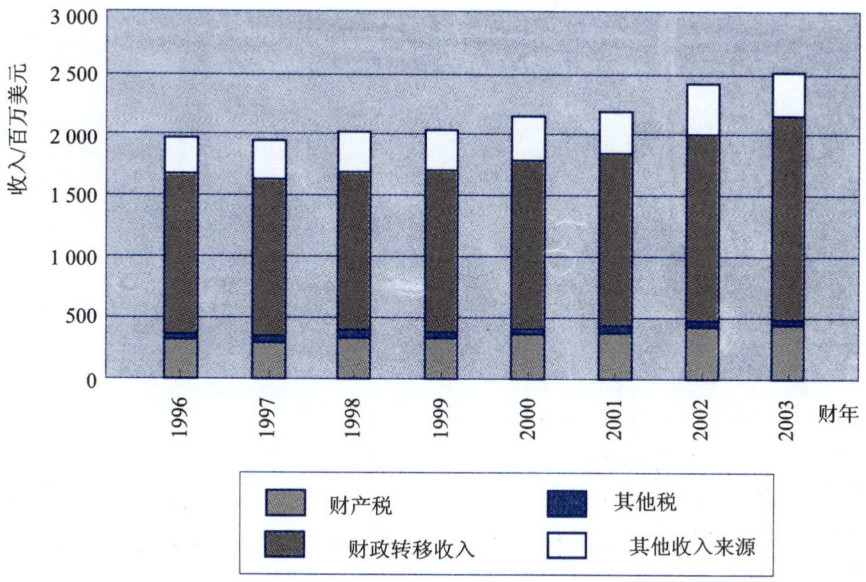

图 34　圣塔克莱拉县[1] 和圣马刁县[1] 郡的各种收入来源

注：1 为硅谷地区的两个核心城市

略高于 3% 的年均增长速度在增长，两县的财产税收入也持续增加。

摘译自“Index of Silicon Valley 2006”

贵州师范大学 2005 级硕士研究生　孔娜　编译

北京军区 66368 部队　刘旭超

国家发改委产业所　张嵎喆　校

中国高技术产业
发展年鉴(2006)

政策法规篇

Policies & Rules

CHINA
HIGH-TECH
INDUSTRY
DEVELOPMENT
ALMANAC
(2006)

1

中华人民共和国可再生能源法

中华人民共和国主席令（第33号）
2005年2月28日

第一章　总　则

第一条　为了促进可再生能源的开发利用，增加能源供应，改善能源结构，保障能源安全，保护环境，实现经济社会的可持续发展，制定本法。

第二条　本法所称可再生能源，是指风能、太阳能、水能、生物质能、地热能、海洋能等非化石能源。

水力发电对本法的适用，由国务院能源主管部门规定，报国务院批准。

通过低效率炉灶直接燃烧方式利用秸秆、薪柴、粪便等，不适用本法。

第三条　本法适用于中华人民共和国领域和管辖的其他海域。

第四条　国家将可再生能源的开发利用列为能源发展的优先领域，通过制定可再生能源开发利用总量目标和采取相应措施，推动可再生能源市场的建立和发展。

国家鼓励各种所有制经济主体参与可再生能源的开发利用，依法保护可再生能源开发利用者的合法权益。

第五条　国务院能源主管部门对全国可再生能源的开发利用实施统一管理。国务院有关部门在各自的职责范围内负责有关的可再生能源开发利用管理工作。

县级以上地方人民政府管理能源工作的部门负责本行政区域内可再生能源开发利用的管理工作。县级以上地方人民政府有关部门在各自的职责范围内负责有关的可再生能源开发利用管理工作。

第二章　资源调查与发展规划

第六条　国务院能源主管部门负责组织和协调全国可再生能源资源的调查，并会同国务院有关部门组织制定资源调查的技术规范。

国务院有关部门在各自的职责范围内负责相关可再生能源资源的调查，调查结果报国务院能源主管部门汇总。

可再生能源资源的调查结果应当公布；但是，国家规定需要保密的内容除外。

第七条　国务院能源主管部门根据全国能源需求与可再生能源资源实际状况，制定全国可再生能源开发利用中长期总量目标，报国务院批准后执行，并予公布。

国务院能源主管部门根据前款规定的总量目标和省、自治区、直辖市经济发展与可再生能源资源实际状况，会同省、自治区、直辖市人民政府确定各行政区域可再生能源开发利用中长期目标，并予公布。

第八条　国务院能源主管部门根据全国可再生能源开发利用中长期总量目标，会同国务院有关部门，编制全国可再生能源开发利用规划，报国务院批准后实施。

省、自治区、直辖市人民政府管理能源工作的部门根据本行政区域可再生能源开发利用中长期目标，会同本级人民政府有关部门编制本行政区域可再生能源开发利用规划，报本级人民政府批准后实施。

经批准的规划应当公布；但是，国家规定需要保密的内容除外。经批准的规划需要修改的，须经原批准机关批准。

第九条　编制可再生能源开发利用规划，应当征求有关单位、专家和公众的意见，进行科学论证。

第三章　产业指导与技术支持

第十条　国务院能源主管部门根据全国可再生能源开发利用规划，制定、公布可再生能源产业发展指导目录。

第十一条　国务院标准化行政主管部门应当制定、公布国家可再生能源电力的并网技术标准和其他需要在全国范围内统一技术要求的有关可再生能源技术和产品的国家标准。

对前款规定的国家标准中未作规定的技术要求，国务院有关部门可以制定相关的行业标准，并报国务院标准化行政主管部门备案。

第十二条　国家将可再生能源开发利用的科学技术研究和产业化发展列为科技发展与高技术产业发展的优先领域，纳入国家科技发展规划和高技术产业发展规划，并安排资金支持可再生能源开发利用的科学技术研究、应用示范和产业化发展，促进可再生能源开发利用的技术进步，降低可再生能源产品的生产成本，提高产品质量。

国务院教育行政部门应当将可再生能源知识和技术纳入普通教育、职业教育课程。

第四章　推广与应用

第十三条　国家鼓励和支持可再生能源并网发电。

建设可再生能源并网发电项目，应当依照法律和国务院的规定取得行政许可或者报送备案。

建设应当取得行政许可的可再生能源并网发电项目，有多人申请同一项目许可的，应当依法通过招标确定被许可人。

第十四条　电网企业应当与依法取得行政许可或者报送备案的可再生能源发电企业签订并网协议，全额收购其电网覆盖范围内可再生能源并网发电项目的上网电量，并为可再生能源发电提供上网服务。

第十五条　国家扶持在电网未覆盖的地区建设可再生能源独立电力系统，为当地生产和生活提供电力服务。

第十六条　国家鼓励清洁、高效地开发利用生物质燃料，鼓励发展能源作物。

利用生物质资源生产的燃气和热力，符合城市燃气管网、热力管网的入网技术标准的，经营燃气管网、热力管网的企业应当接收其入网。

国家鼓励生产和利用生物液体燃料。石油销售企业应当按照国务院能源主管部门或者省级人民政府的规定，将符合国家标准的生物液体燃料纳入其燃料销售体系。

第十七条　国家鼓励单位和个人安装和使用太阳能热水系统、太阳能供热采暖和制冷系统、太阳能光伏发电系统等太阳能利用系统。

国务院建设行政主管部门会同国务院有关部门制定太阳能利用系统与建筑结合的技术经济政策和技术规范。

房地产开发企业应当根据前款规定的技术规范，在建筑物的设计和施工中，为太阳能利用提供必备条件。

对已建成的建筑物，住户可以在不影响其质量与安全的前提下安装符合技术规范和产品标准的太阳能利用系统；但是，当事人另有约定的除外。

第十八条　国家鼓励和支持农村地区的可再生能源开发利用。

县级以上地方人民政府管理能源工作的部门会同有关部门，根据当地经济社会发展、生态保护和卫生综合治理需要等实际情况，制定农村地区可再生能源发展规划，因地制宜地推广应用沼气等生物质资源转化、户用太阳能、小型风能、小型水能等技术。

县级以上人民政府应当对农村地区的可再生能源利用项目提供财政支持。

第五章　价格管理与费用分摊

第十九条　可再生能源发电项目的上网电价，由国务院价格主管部门根据不同类型可再生能源发电的特点和不同地区的情况，按照有利于促进可再生能源开发利用和经济合理的原则确定，并根据可再生能源开发利用技术的发展适时调整。上网电价应当公布。

依照本法第十三条第三款规定实行招标的可再生能源发电项目的上网电价，按照中标确定的价格执行；但是，不得高于依照前款规定确定的同类可再生能源发电项目的上网电价水平。

第二十条　电网企业依照本法第十九条规定确定的上网电价收购可再生能源电量所发生的费用，高于按照常规能源发电平均上网电价计算所发生费用之间的差额，附加在销售电价中分摊。具体办法由国务院价格主管部门制定。

第二十一条　电网企业为收购可再生能源电量而支付的合理的接网费用以及其他合理的相关费用，可以计入电网企业输电成本，并从销售电价中回收。

第二十二条　国家投资或者补贴建设的公共可再生能源独立电力系统的销售电价，执行同一地区分类销售电价，其合理的运行和管理费用超出销售电价的部分，依照本法第二十条规定的办法分摊。

第二十三条　进入城市管网的可再生能源热力和燃气的价格，按照有利于促进可再生能源开发利用和经济合理的原则，根据价格管理权限确定。

第六章　经济激励与监督措施

第二十四条　国家财政设立可再生能源发展专项资金，用于支持以下活动：

（一）可再生能源开发利用的科学技术研究、标准制定和示范工程；

（二）农村、牧区生活用能的可再生能源利用项目；

（三）偏远地区和海岛可再生能源独立电力系统建设；

（四）可再生能源的资源勘查、评价和相关信息系统建设；

（五）促进可再生能源开发利用设备的本地化生产。

第二十五条 对列入国家可再生能源产业发展指导目录、符合信贷条件的可再生能源开发利用项目，金融机构可以提供有财政贴息的优惠贷款。

第二十六条 国家对列入可再生能源产业发展指导目录的项目给予税收优惠。具体办法由国务院规定。

第二十七条 电力企业应当真实、完整地记载和保存可再生能源发电的有关资料，并接受电力监管机构的检查和监督。

电力监管机构进行检查时，应当依照规定的程序进行，并为被检查单位保守商业秘密和其他秘密。

第七章 法律责任

第二十八条 国务院能源主管部门和县级以上地方人民政府管理能源工作的部门和其他有关部门在可再生能源开发利用监督管理工作中，违反本法规定，有下列行为之一的，由本级人民政府或者上级人民政府有关部门责令改正，对负有责任的主管人员和其他直接责任人员依法给予行政处分；构成犯罪的，依法追究刑事责任：

（一）不依法作出行政许可决定的；

（二）发现违法行为不予查处的；

（三）有不依法履行监督管理职责的其他行为的。

第二十九条 违反本法第十四条规定，电网企业未全额收购可再生能源电量，造成可再生能源发电企业经济损失的，应当承担赔偿责任，并由国家电力监管机构责令限期改正；拒不改正的，处以可再生能源发电企业经济损失额一倍以下的罚款。

第三十条 违反本法第十六条第二款规定，经营燃气管网、热力管网的企业不准许符合入网技术标准的燃气、热力入网，造成燃气、热力生产企业经济损失的，应当承担赔偿责任，并由省级人民政府管理能源工作的部门责令限期改正；拒不改正的，处以燃气、热力生产企业经济损失额一倍以下的罚款。

第三十一条 违反本法第十六条第三款规定，石油销售企业未按照规定将符合国家标准的生物液体燃料纳入其燃料销售体系，造成生物液体燃料生产企业经济损失的，应当承担赔偿责任，并由国务院能源主管部门或者省级人民政府管理能源工作的部门责令限期改正；拒不改正的，处以生物液体燃料生产企业经济损失额一倍以下的罚款。

第八章 附 则

第三十二条 本法中下列用语的含义：

（一）生物质能，是指利用自然界的植物、粪便以及城乡有机废物转化成的能源。

（二）可再生能源独立电力系统，是指不与电网连接的单独运行的可再生能源电力系统。

（三）能源作物，是指经专门种植，用以提供能源原料的草本和木本植物。

（四）生物液体燃料，是指利用生物质资源生产的甲醇、乙醇和生物柴油等液体燃料。

第三十三条 本法自2006年1月1日起施行。

■2

非经营性互联网信息服务备案管理办法

中华人民共和国信息产业部令（第33号）
2005年2月8日

第一条 为规范非经营性互联网信息服务备案及备案管理，促进互联网信息服务业的健康发展，根据《互联网信息服务管理办法》、《中华人民共和国电信条例》及其他相关法律、行政法规的规定，制定本办法。

第二条 在中华人民共和国境内提供非经营性互联网信息服务，履行备案手续，实施备案管理，适用本办法。

第三条 中华人民共和国信息产业部（以下简称“信息产业部”）对全国非经营性互联网信息服务备案管理工作进行监督指导，省、自治区、直辖市通信管理局（以下简称“省通信管理局”）具体实施非经营性互联网信息服务的备案管理工作。

拟从事非经营性互联网信息服务的，应当向其住所所在地省通信管理局履行备案手续。

第四条 省通信管理局在备案管理中应当遵循公开、公平、公正的原则，提供便民、优质、高效的服务。

非经营性互联网信息服务提供者从事非经营性互联网信息服务时，应当遵守国家的有关规定，接受有关部门依法实施的监督管理。

第五条 在中华人民共和国境内提供非经营性互联网信息服务，应当依法履行备案手续。

未经备案，不得在中华人民共和国境内从事非经营性互联网信息服务。

本办法所称在中华人民共和国境内提供非经营性互联网信息服务，是指在中华人民共和国境内的组织或个人利用通过互联网域名访问的网站或者利用仅能通过互联网IP地址访问的网站，提供非经营性互联网信息服务。

第六条 省通信管理局通过信息产业部备案管理系统，采用网上备案方式进行备案管理。

第七条 拟从事非经营性互联网信息服务的，应当通过信息产业部备案管理系统如实填报《非经营性互联网信息服务备案登记表》（以下简称“《备案登记表》”，格式见本办法附录），履行备案手续。

信息产业部根据实际情况，对《备案登记表》进行调整和公布。

第八条 拟通过接入经营性互联网络从事非经营性互联网信息服务的，可以委托因特网接入服务业务经营者、因特网数据中心业务经营者和以其他方式为其网站提供接入服务的电信业务经营者代为履行备案、备案变更、备案注销等手续。

第九条 拟通过接入中国教育和科研计算机网、中国科学技术网、中国国际经济贸易互联网、中国长城互联网等公益性互联网络从事非经营性互联网信息服务的，可以由为其网站提供互联网接入服务的公益性互联网络单位代为履行备案、备案变更、备案注销等手续。

第十条 因特网接入服务业务经营者、因特网数据中心业务经营者以及以其他方式为网站提供接入服务的电信业务经营者和公益性互联网络单位（以下统称“互联网接入服务提供者”）不得在已知或应知拟从事非经营性互联网信息服务的组织或者个人的备案信息不真实的情况下，为其代为履行备案、备案变更、备案注销等手续。

第十一条 拟从事新闻、出版、教育、医疗保健、药品和医疗器械、文化、广播电影电视节目等互联网信息服务，根据法律、行政法规以及国家有关规定应经有关主管部门审核同意的，在履行备案手续时，还应向其住所所在地省通信管理局提交相关主管部门审核同意的文件。

拟从事电子公告服务的，在履行备案手续时，还应当向其住所所在地省通信管理局提交电子公告服务专项备案材料。

第十二条 省通信管理局在收到备案人提交的备案材料后，材料齐全的，应在20个工作日内予以备案，向其发放备案电子验证标识和备案编号，并通过信息产业部备案管理系统向社会公布有关备案信息；材料不齐全的，不予备案，在20个工作日内通知备案人并说明理由。

第十三条 非经营性互联网信息服务提供者应当在其网站开通时在主页底部的中央位置标明其备案编号，并在备案编号下方按要求链接信息产业部备案管理系统网址，供公众查询核对。

非经营性互联网信息服务提供者应当在其网站开通时，按照信息产业部备案管理系统的要求，将备案电子验证标识放置在其网站的指定目录下。

第十四条 非经营性互联网信息服务提供者在备案有效期内需要变更其《备案登记表》中填报的信息的，应当提前30日登陆信息产业部备案系统向原备案机关履行备案变更手续。

第十五条 非经营性互联网信息服务提供者在备案有效期内需要终止提供服务的，应当在服务终止之日登陆信息产业部备案系统向原备案机关履行备案注销手续。

第十六条 非经营性互联网信息服务提供者应当保证所提供的信息内容合法。

本办法所称非经营性互联网信息服务提供者提供的信息内容，是指互联网信息服务提供者的网站的互联网域名或IP地址下所包括的信息内容。

第十七条 省通信管理局应当建立信誉管理、社会监督、情况调查等管理机制，对非经营性互联网信息服务活动实施监督管理。

第十八条 互联网接入服务提供者不得为未经备案的组织或者个人从事非经营性互联网信息服务提供互联网接入服务。

对被省通信管理局处以暂时关闭网站或关闭网站处罚的非经营性互联网信息服务提供者或者非法从事非经营性互联网信息服务的组织或者个人，互联网接入服务提供者应立即暂停或终止向其提供互联网接入服务。

第十九条 互联网接入服务提供者应当记录其接入的非经营性互联网信息服务提供者的备案信息。

互联网接入服务提供者应当依照国家有关规定做好用户信息动态管理、记录留存、有害信息报告等网络信息安全管理工作，根据信息产业部和省通信管理局的要求对所接入用户进行监督。

第二十条 省通信管理局依法对非经营性互联网信息服务备案实行年度审核。

省通信管理局通过信息产业部备案管理系统，采用网上方式进行年度审核。

第二十一条 非经营性互联网信息服务提供者应当在每年规定时间登陆信息产业部备案管理系统，履行年度审核手续。

第二十二条 违反本办法第五条的规定，未履行备案手续提供非经营性互联网信息服务的，由住所所在地省通信管理局责令限期改正，并处1万元罚款；拒不改正的，关闭网站。

超出备案的项目提供服务的，由住所所在地省通信管理局责令限期改正，并处5千元以上1万元以下罚款；拒不改正的，关闭网站并注销备案。

第二十三条 违反本办法第七条第一款的规定，填报虚假备案信息的，由住所所在地省通信管理局关闭网站并注销备案。

第二十四条 违反本办法第十条、第十八条、第十九条的规定的，由违法行为发生地省通信管理局责令改正，并处1万元罚款。

第二十五条 违反本办法第十三条的规定，未在其备案编号下方链接信息产业部备案管理系统网址的，或未将备案电子验证标识放置在其网站指定目录下的，由住所所在地省通信管理局责令改正，并处5千元以上1万元以下罚款。

第二十六条 违反本办法第十四条、第十五条的规定，未在规定时间履行备案变更手续，或未依法履行备案注销手续的，由住所所在地省通信管理局责令限期改正，并处1万元罚款。

第二十七条 非经营性信息服务提供者违反国家有关法律规定，依法应暂停或终止服务的，省通信管理局可根据法律、行政法规授权的同级机关的书面认定意见，暂时关闭网站，或关闭网站并注销备案。

第二十八条 在年度审核时，非经营性互联网信息服务提供者有下列情况之一的，由其住所所在地的省通信管理局通过信息产业部备案系统等媒体通告责令其限期改正；拒不改正的，关闭网站并注销备案：

（一）未在规定时间登陆备案网站提交年度审核信息的；

（二）新闻、教育、公安、安全、文化、广播电影电视、出版、保密等国家部门依法对各自主管的专项内容提出年度审核否决意见的。

第二十九条 本办法自2005年3月20日起施行。

附件：

非经营性互联网信息服务备案登记表（略）

■3

互联网IP地址备案管理办法

中华人民共和国信息产业部令（第34号）
2005年2月8日

第一条 为加强对互联网IP地址资源使用的管理，保障互联网络的安全，维护广大互联网用户的根本利益，促进互联网业的健康发展，制定本办法。

第二条 在中华人民共和国境内直接从亚太互联网信息中心等具有IP地址管理权的国际机构获得IP地址的单位和具有分配IP地址供其他单位或者个人使用的单位，适用本办法。

第三条 直接从亚太互联网信息中心等具有IP地址管理权的国际机构获得IP地址自用或分配给其他用户使用的单位统称为第一级IP地址分配机构。

直接从第一级IP地址分配机构获得IP地址除自用外还分配给本单位互联网用户以外的其他用户使用的单位为第二级IP地址分配机构（以下各级IP地址分配机构的级别依此类推）。

第四条 国家对IP地址的分配使用实行备案管理。

第五条 中华人民共和国信息产业部（以下简称“信息产业部”）对基础电信业务经营者、公益性互联网络单位和中国互联网络信息中心的IP地址备案实施监督管理。

各省、自治区、直辖市通信管理局（以下简称“省通信管理局”）对本行政区域内其他各级IP地址分配机构的IP地址备案活动实施监督管理。

第六条 信息产业部统一建设并管理全国的互联网IP地址数据库，制定和调整IP地址分配机构需报备的IP地址信息；各省通信管理局通过使用全国互联网IP地址数据库管理本行政区域内各级IP地址分配机构报备的IP地址信息。

第七条 各级IP地址分配机构应当通过信息产业部指定的网站，按照IP地址备案的要求以电子形式报备IP地址信息。

第八条 各级IP地址分配机构在进行IP地址备案时，应当如实、完整地报备IP地址信息（需报备的IP地址信息参见本办法附录）。

第九条 各级IP地址分配机构应自取得IP地址之日起20个工作日内完成IP地址信息的第一次报备。

第十条 各级IP地址分配机构申请和分配使用的IP地址信息发生变化的，IP地址分配机构应自变化之日起5个工作日内通过信息产业部指定的网站，按照IP地址备案的要求以电子形式提交变更后的IP地址信息。

各级IP地址分配机构的联系人或联系方式发生变更的，应自变更之日起10个工作日内报备变更后的信息。

第十一条 基础电信业务经营者IP地址信息的报备，由各基础电信业务经营者集团公司（总公司）和基础电信业务经营者的省级公司（省级分支机构）共同完成。

各基础电信业务经营者集团公司（总公司）按照本办法的规定完成由其申请、使用和分配到省级公司（省级分支机构）的IP地址信息的报备。各基础电信业务经营者的省级公司（省级分支机构）按照本办法的规定统一完成该省级公司（省级分支机构）及其所属公司（分支机构）申请、使用和分配的IP地址信息的报备。

第十二条 中国教育和科研计算机网、中国科学技术网、中国国际经济贸易互联网、中国长城互联网等公益性互联网的网络管理单位应当按照本办法的规定，统一完成其申请、使用和分配的IP地址信息的报备。

第十三条 IP地址分配机构同时是互联网接入服务提供者的，应当如实记录和保存由其提供接入服务的使用自带IP地址的用户的IP地址信息，并自提供接入服务之日起5日内，填报IP地址备案信息，进行备案。

第十四条 各级IP地址分配机构应当建立健全本单位的IP地址管理制度。

第十五条 各级IP地址分配机构分配IP地址时，应当通知其下一级IP地址分配机构报备IP地址信息。

第十六条 信息产业部和省通信管理局及其工作人员对IP地址分配机构报备的IP地址信息，有保密的义务。

信息产业部和省通信管理局及其工作人员不得向他人提供IP地址分配机构报备的IP地址信息，但法律、行政法规另有规定的除外。

第十七条 违反本办法第八条、第九条、第十条、第十三条的规定的，由信息产业部或者省通信管理局依据职权责令限期改正；逾期不改的，给予警告或者处人民币1万元罚款，或者同时处以上2种处罚。

第十八条 违反本办法第十四条规定，未建立IP地址管理制度的，由信息产业部或者省通信管理局依据职权责令限期改正；逾期不改的，给予警告或者处人民币5千元以上1万元以下罚款，或者同时处以上2种处罚。

第十九条 本办法实施前直接从亚太互联网信息中心等具有IP地址管理权的国际机构获得IP地址供本单位使用或者分配IP地址供其他单位或个人使用的，应自本办法施行之日起45个工作日内，按照本办法的规定完成备案手续。

第二十条 本办法自2005年3月20日起实施。

附录：需报备的IP地址信息

一、备案单位基本情况，包括备案单位名称、备案单位地址、备案单位性质、电信业务经营许可证编号、联系人姓名、联系人电话、联系人电子邮件等。

二、备案单位的IP地址来源信息，包括IP地址来源机构名称、IP地址总量、各IP地址段起止地址码等。

三、备案单位的IP地址分配使用信息，包括：

（一）本单位自用的IP地址信息，包括IP地址总量、各IP地址段起止IP地址码、IP地址使用方式、网关IP地址、网关所在地址；

（二）尚未分配的IP地址信息，包括IP地址总量、各IP地址段起止地址码；

（三）向其他用户分配的IP地址信息，包括所分配的用户基本信息（包括用户名称、单位类别、单位所属行业、单位详细地址、联系人姓名、联系人电话、联系人电子邮件）、所分配的IP地址总量、各IP地址段起止地址码、网关IP地址、网关所在地址、IP地址使用方式。

四、自带IP地址的互联网接入用户信息，包括用户基本信息（含用户名称、单位类别、单位所属行业、单位详细地址、联系人姓名、联系人电话、联系人电子邮件）、自带IP地址总量、IP地址段起止地址码、自带IP地址的来源、网关IP地址、网关所在地址、IP地址使用方式等。

4

电子认证服务管理办法

中华人民共和国信息产业部令（第35号）
2005年2月8日

第一章 总 则

第一条 为了规范电子认证服务行为，对电子认证服务提供者实施监督管理，依照《中华人民共和国电子签名法》和其他法律、行政法规的规定，制定本办法。

第二条 本办法所称电子认证服务，是指为电子签名相关各方提供真实性、可靠性验证的公众服务活动。

本办法所称电子认证服务提供者，是指为电子签名人和电子签名依赖方提供电子认证服务的第三方机构（以下称为“电子认证服务机构”）。

第三条 在中华人民共和国境内设立电子认证服务机构和为电子签名提供电子认证服务，适用本办法。

第四条 中华人民共和国信息产业部（以下简称“信息产业部”）依法对电子认证服务机构和电子认证服务实施监督管理。

第二章 电子认证服务机构

第五条 电子认证服务机构，应当具备下列条件：

（一）具有独立的企业法人资格；

（二）从事电子认证服务的专业技术人员、运营管理人员、安全管理人员和客户服务人员不少于30名；

（三）注册资金不低于人民币3千万元；

（四）具有固定的经营场所和满足电子认证服务要求的物理环境；

（五）具有符合国家有关安全标准的技术和设备；

（六）具有国家密码管理机构同意使用密码的证明文件；

（七）法律、行政法规规定的其他条件。

第六条 申请电子认证服务许可的，应当向信息产业部提交下列材料：

（一）书面申请；

（二）专业技术人员和管理人员证明；

（三）资金和经营场所证明；

（四）国家有关认证检测机构出具的技术设备、物理环境符合国家有关安全标准的凭证；

（五）国家密码管理机构同意使用密码的证明文件。

第七条 信息产业部对提交的申请材料进行形式审查，依法作出是否受理的决定。

第八条 信息产业部对决定受理的申请材料进行实质审查。需要对有关内容进行核实的，指派2名以上工作人员实地进行核查。

第九条 信息产业部对与申请人有关事项书面征求中华人民共和国商务部等有关部门的意见。

第十条 信息产业部自接到申请之日起45日内作出许可或者不予许可的书面决定。不予许可的，说明理由并书面通知申请人；准予许可的，颁发《电子认证服务许可证》，并公布下列信息：

（一）《电子认证服务许可证》编号；

（二）电子认证服务机构名称；

（三）发证机关和发证日期。

电子认证服务许可相关信息发生变更的，信息产业部应当及时公布。

《电子认证服务许可证》的有效期为5年。

第十一条 取得电子认证服务许可的，应当持《电子认证服务许可证》到工商行政管理机关办理相关手续。

第十二条 取得认证资格的电子认证服务机构，在提供电子认证服务之前，应当通过互联网公布下列信息：

（一）机构名称和法定代表人；

（二）机构住所和联系办法；

（三）《电子认证服务许可证》编号；

（四）发证机关和发证日期；

（五）《电子认证服务许可证》有效期的起止时间。

第十三条 电子认证服务机构在《电子认证服务许可证》的有效期内变更法人名称、住所、注册资本、法定代表人的，应自完成相关变更手续之日起5日内按照本办法第十二条的规定公布变更后的信息，并自公布之日起15日内向信息产业部备案。

第十四条 《电子认证服务许可证》的有效期届满要求续展的，电子认证服务机构应在许可证有效期届满30日前向信息产业部申请办理续展手续，并自办结之日起5日内按照本办法第十二条的规定公布相关信息。

第三章 电子认证服务

第十五条 电子认证服务机构应当按照信息产业部公布的《电子认证业务规则规范》的要求，制定本机构的电子认证业务规则，并在提供电子认证服务前予以公布，向信息产业部备案。

电子认证业务规则发生变更的，电子认证服务机构应当予以公布，并自公布之日起30日内向信息产业部备案。

第十六条 电子认证服务机构应当按照公布的电子认证业务规则提供电子认证服务。

第十七条 电子认证服务机构应当保证提供下列服务：

（一）制作、签发、管理电子签名认证证书；

（二）确认签发的电子签名认证证书的真实性；

（三）提供电子签名认证证书目录信息查询服务；

（四）提供电子签名认证证书状态信息查询服务。

第十八条 电子认证服务机构应当履行下列义务：

（一）保证电子签名认证证书内容在有效期内完整、准确；

（二）保证电子签名依赖方能够证实或者了解电子签名认证证书所载内容及其他有关事项；

（三）妥善保存与电子认证服务相关的信息。

第十九条 电子认证服务机构应当建立完善的安全管理和内部审计制度，并接受信息产业部的监督管理。

第二十条 电子认证服务机构应当遵守国家的保密规定，建立完善的保密制度。

电子认证服务机构对电子签名人和电子签名依赖方的资料，负有保密的义务。

第二十一条 电子认证服务机构在受理电子签名认证证书申请前，应当向申请人告知下列事项：

（一）电子签名认证证书和电子签名的使用条件；

（二）服务收费的项目和标准；

（三）保存和使用证书持有人信息的权限和责任；

（四）电子认证服务机构的责任范围；

（五）证书持有人的责任范围；

（六）其他需要事先告知的事项。

第二十二条 电子认证服务机构受理电子签名认证申请后，应当与证书申请人签订合同，明确双方的权利义务。

第四章 电子认证服务的暂停、终止

第二十三条 电子认证服务机构在《电子认证服务许可证》的有效期内拟终止电子认证服务的，应在终止服务60日前向信息产业部报告，同时向信息产业部申请办理证书注销手续，并持信息产业部的相关证明文件向工商行政管理机关申请办理注销登记或者变更登记。

第二十四条 电子认证服务机构拟暂停或者终止电子认证服务的，应在暂停或者终止电子认证服务90日前，就业务承接及其他有关事项通知有关各方。

电子认证服务机构拟暂停或者终止电子认证服务的，应当在暂停或者终止电子认证服务60日前向信息产业部报告，并与其他电子认证服务机构就业务承接进行协商，作出妥善安排。

第二十五条 电子认证服务机构拟暂停或者终止电子认证服务，未能就业务承接事项与其他电子认证服务机构达成协议的，应当申请信息产业部安排其他电子认证服务机构承接其业务。

第二十六条 电子认证服务机构被依法吊销电子认证服务许可的，其业务承接事项的处理按照信息产业部的规定进行。

第二十七条 电子认证服务机构有根据信息产业部的安排承接其他机构开展的电子认证服务业务的义务。

第五章 电子签名认证证书

第二十八条 电子签名认证证书应当准确载明下列内容：

（一）签发电子签名认证证书的电子认证服务机构名称；

（二）证书持有人名称；

（三）证书序列号；

（四）证书有效期；

（五）证书持有人的电子签名验证数据；

（六）电子认证服务机构的电子签名；

（七）信息产业部规定的其他内容。

第二十九条 有下列情况之一的，电子认证服务机构可以撤销其签发的电子签名认证证书：

（一）证书持有人申请撤销证书；

（二）证书持有人提供的信息不真实；

（三）证书持有人没有履行双方合同规定的义务；

（四）证书的安全性不能得到保证；

（五）法律、行政法规规定的其他情况。

第三十条 有下列情况之一的，电子认证服务机构应当对申请人提供的证明身份的有关材料进行查验，并对有关材料进行审查：

（一）申请人申请电子签名认证证书；

（二）证书持有人申请更新证书；

（三）证书持有人申请撤销证书。

第三十一条 电子认证服务机构更新或者撤销电子签名认证证书时，应当予以公告。

第六章 监督管理

第三十二条 信息产业部对电子认证服务机构进行年度检查并公布检查结果。

年度检查采取报告审查和现场核查相结合的方式。

第三十三条 取得电子认证服务许可的电子认证服务机构，在电子认证服务许可的有效期内不得降低其设立时所应具备的条件。

第三十四条 电子认证服务机构应当按照信息产业部信息统计的要求，按时和如实报送认证业务开展情况及有关资料。

第三十五条 电子认证服务机构应当对其从业人员进行岗位培训。

第三十六条 信息产业部根据监督管理工作的需要，可以委托有关省、自治区和直辖市的信息产业主管部门承担具体的监督管理事项。

第七章 罚 则

第三十七条 电子认证服务机构向信息产业部隐瞒有关情况、提供虚假材料或者拒绝提供反映其活动的真实材料的，由信息产业部依据职权责令改正，并处警告或者5千元以上1万元以下罚款。

第三十八条 信息产业部和省、自治区和直辖市的信息产业主管部门的工作人员，不依法履行监督管理职责的，由信息产业部或者省、自治区和直辖市的信息产业主管部门依据职权视情节轻重，分别给予警告、记过、记大过、降级、撤职、开除的行政处分；构成犯罪的，依法追究刑事责任。

第三十九条 电子认证服务机构违反本办法第十六条、第二十七条的规定的，由信息产业部依据职权责令限期改正，并处警告或1万元以下的罚款，或者同时处以以上2种处罚。

第四十条 电子认证服务机构违反本办法第三十三条的规定的，由信息产业部依据职权责令限期改正，并处3万元以下罚款。

第八章 附 则

第四十一条 本办法施行前已从事电子认证服务的机构拟继续从事电子认证服务的，应在2005年9月30日前依照本办法取得电子认证服务许可；拟终止电子认证服务的，应当对终止业务的相关事项作出妥善安排。自2005年10月1日起，未取得电子认证服务许可的，不得继续从事电子认证服务。

第四十二条 经信息产业部根据有关协议或者对等原则核准后，中华人民共和国境外的电子认证服务机构在境外签发的电子签名认证证书与依照本办法设立的电子认证服务机构签发的电子签名认证证书具有同等的法律效力。

第四十三条 本办法自2005年4月1日起施行。

■5

科技型中小企业技术创新基金财务管理暂行办法

（财企［2005］22号）
2005年2月17日

第一章　总　则

第一条　为加强科技型中小企业技术创新基金（以下简称“创新基金”）的财务管理工作，提高创新基金使用效益，依据《中华人民共和国预算法》、《中华人民共和国中小企业促进法》、《国务院办公厅转发科学技术部、财政部关于科技型中小企业技术创新基金的暂行规定的通知》（国办发［1999］47号）以及国家财政财务制度的有关规定，制定本办法。

第二条　创新基金是经国务院批准设立的支持科技型中小企业技术创新、促进科技成果转化的专项资金。国家设立创新基金旨在增强科技型中小企业创新能力，引导地方、企业、创业投资机构和金融机构对科技型中小企业技术创新的投资，逐步建立起符合社会主义市场经济规律、支持科技型中小企业技术创新的机制。

第三条　创新基金来源于中央财政预算拨款。创新基金的年度预算安排由财政部根据中央财政预算情况和创新基金年度工作计划确定。科学技术部会同财政部向国务院提交年度执行情况报告。

第四条　创新基金的使用和管理遵守国家有关法律、行政法规和相关规章制度，遵循诚实申请、公正受理、科学管理、择优支持、公开透明、专款专用的原则。

第二章　开支范围

第五条　创新基金主要用于支持科技型中小企业技术创新活动所需的支出。具体开支范围包括项目费、管理费及其他费用。

第六条　项目费是指用于支持符合《科技型中小企业技术创新基金若干重点项目指南》，经科学技术部、财政部审批立项的项目经费。根据科技型中小企业和项目的不同特点，分别以无偿资助、贷款贴息、资本金投入等方式给予支持。其中，创新基金对每个项目的无偿资助或贷款贴息数额一般不超过100万元人民币，个别重大项目不超过200万元人民币。

（一）无偿资助

主要用于技术创新项目研究开发及中试阶段的必要补助。包括人工费、仪器设备购置和安装费、商业软件购置费、租赁费、试制费、材料费、燃料及动力费、鉴定验收费、培训费等与技术创新项目直接相关的支出。

（二）贷款贴息

主要用于支持产品具有一定的技术创新性、需要中试或扩大规模、形成小批量生产、银行已经贷款或有贷款意向的项目。项目立项后，根据项目承担企业提供的有效借款合同及项目执行期内的有效付息单据核拨贴息资金。

（三）资本金投入方式的具体办法另行制定

第七条　管理费是指用于科学技术部科技型中小企业技术创新基金管理中心（以下简称“管理中心”）从事创新基金项目的评审、评估和日常管理工作的经费。包括基本支出（项目管理所需的人员经费和日常公用经费）和项目支出两部分，具体按《中央本级基本支出预算管理办法》（财预［2002］355号）和《中央本级项目支出预算管理办法》（财预［2004］84号）执行。

管理费实行预决算管理。管理中心年度管理费预算通过科学技术部报财政部审批后，列入创新基金预算。年度管理费决算经审计后，通过科学技术部报财政部。

第八条 其他费用是指经财政部批准开支的与创新基金有关的其他支出。

第三章 项目审批和资金拨付

第九条 企业依照《科技型中小企业技术创新基金项目管理暂行办法》申请创新基金。管理中心具体负责项目的受理、评审和监管。

第十条 企业在申报项目时须经省级科技主管部门推荐。出具推荐意见前，须征求同级财政部门对项目的意见，并将推荐项目名单抄送省级财政部门备案。

第十一条 通过受理审查的项目，管理中心组织专家和评估机构进行评审、评估。根据评审、评估意见，管理中心本着“择优支持”的原则，提出创新基金支持的项目和金额建议，报科学技术部、财政部审批。经科学技术部、财政部审批的项目正式立项。

第十二条 创新基金项目实行合同管理，正式立项的项目由管理中心与项目承担企业、推荐单位签订合同。

第十三条 创新基金项目资金在合同签订后分两次拨付。

采用无偿资助方式支持的项目立项后拨付70%，项目验收合格后再拨付其余资金（第二次拨款）；采用贷款贴息方式支持的项目立项后按企业有效借款合同及付息单据核定的应贴息数额拨付80%，项目验收合格后再拨付其余资金（第二次拨款）。

第十四条 管理中心依据合同金额每年分批编制立项项目用款计划，报财政部审批。

第十五条 管理中心每年根据项目验收情况分批编制二次拨款计划，报财政部审核。

第十六条 财政部对管理中心报送的立项项目用款计划和二次拨款计划审核后，将创新基金项目资金指标下达到项目所在地省级财政部门，并按照财政国库管理制度的有关规定办理资金支付。

第四章 监督管理与检查

第十七条 省级科技主管部门负责当地创新基金项目的日常监督管理和验收工作；省级财政部门负责对当地创新基金的运作和使用进行监督、检查，参与项目的验收工作；管理中心负责制订项目监督管理和验收的工作规范，组织实施项目监督管理和验收工作，分析总结项目执行情况。

第十八条 项目承担企业应按要求定期填报监理信息调查表（半年报、年报）。省级科技主管部门可委托地市级科技主管部门或国家级高新技术产业开发区管委会对项目执行情况进行检查和监理。管理中心根据企业监理信息调查表、省级科技主管部门的监理意见、省级财政部门的检查意见、实地检查情况等，提出项目执行情况分析报告，报送科学技术部、财政部。

第十九条 省级财政部门、科技主管部门应加强对创新基金项目的跟踪问效。科技主管部门应将本地区项目监理信息汇总情况抄送省级财政部门。省级财政部门要定期抽查项目执行情况，对于所辖地区创新基金使用管理情况提出年度执行情况报告，下一年度4月底前报送财政部，同时抄送管理中心。

第二十条 项目承担企业应严格执行国家有关财经法规、财务规章制度，认真履行合同，科学、合理、有效地安排和使用创新基金拨款，保证专款专用，严禁截留、挪用。

第二十一条 项目承担企业须对项目资金进行单独核算，并接受有关部门的监督管理和检查。无偿资助项目承担企业，在收到创新基金拨款后作为专项应付款处理，其中：形成资产部分转入资本公积，消耗部分予以核销；贷款贴息项目承担企业，在收到创新基金拨款后作为冲减当期财务费用处理。

第二十二条 省级财政部门、省级科技主管部门对创新基金项目实行定期检查，管理中心实行重点检查。财政部、科学技术部采取委托有关监督检查部门抽查、社会中介机构检查以及社会监督相结合的方式，加大对创新基金实施过程的监督检查力度。

第二十三条 企业在项目执行过程中如有重大违约行为，将终止合同并采取通报、停止拨款、追回项目资金等相应处理措施。需追回项目资金的，由管理中心负责监督企业将未使用的扶持资金如数上缴国库，已形成资产的将资产变现后上缴国库。

凡违反创新基金有关管理办法及国家财经纪律、财务制度的行为，将视情节分别依据国家有关法律、法规的规定处理。

第五章 附 则

第二十四条 本办法自发布之日起施行。创新基金有关规定与本办法相抵触的，按本办法执行。科学技术部、财政部《关于印发<科技型中小企业技术创新基金项目实施方案（试行）>的通知》（国科发计字［1999］260号）同时废止。

第二十五条 本办法由财政部会同科学技术部负责解释。

6

移动通信系统及终端投资项目核准的若干规定

中华人民共和国国家发展和改革委员会
2005 年 2 月 19 日

第一条 为了规范国家特殊规定的移动通信系统及终端投资项目核准活动，促进移动通信产业持续健康发展，根据《国务院对确需保留的行政审批项目设定行政许可的决定》、《国务院关于投资体制改革的决定》及《政府核准的投资项目目录》，特制定本规定。

第二条 本规定适用于在中华人民共和国境内申请投资移动通信系统及终端生产项目的核准。

第三条 本规定所指移动通信系统及终端是指基于GSM、CDMA、CDMA2000、WCDMA、TD-SCDMA 等第二代移动通信、第三代移动通信标准制式的交换设备、基站设备、终端（手机）。

第四条 项目申报单位应向项目所在地的省级发展改革部门提交项目申请报告一式5份，经省级发展改革部门初审后报国家发展和改革委员会。计划单列企业集团可直接向国家发展和改革委员会提交项目申请报告。

第五条 项目申请报告应主要包括以下内容：

（一）项目名称、经营期限、项目申报单位和投资方基本情况；

（二）项目建设规模、主要建设内容及产品，采用的主要技术和工艺，产品目标市场，计划用工人数；

（三）项目建设地点，对土地、水、能源等资源的需求，以及主要原材料的消耗量；

（四）环境影响评价；

（五）项目总投资、注册资本及各方出资额、出资方式及融资方案，需要进口设备及金额；

（六）产品技术来源及项目研发中心建设方案；

（七）售后服务体系建设方案。

第六条 项目申请报告应附以下文件：

（一）项目申报单位及投资方的企业注册证明（营业执照）、商务登记证及经审计的最近三年企业财务报表（包括资产负债表、损益表和现金流量表）、有关金融机构出具的银行信用等级证明、开户银行出具的资金信用证明；

（二）项目申报单位投资方的投资意向书，增资、购并项目的公司董事会决议；

（三）银行出具的贷款承诺；

（四）按有关规定由环境保护行政主管部门出具的环境影响评价审批意见；

（五）城市规划部门出具的选址意见书；

（六）按有关规定由国土资源管理部门出具的项目用地预审意见书；

（七）以国有资产或土地使用权出资的，须有有关主管部门出具的确认文件；

（八）项目申报单位通过电子信息行业 ISO9000 质量管理体系认证，ISO14001 环境管理体系认证，及 OHSAS18000 职业安全卫生管理体系认证的相关证明材料复印件。

第七条 对项目申请报告的核准条件是：

（一）符合产业政策；

（二）符合公共利益和国家反垄断的有关规定；

（三）符合土地利用规划、城市总体规划和环境保护政策的要求；

（四）符合国家规定的技术、工艺标准的要求；

（五）符合国家资本项目管理、外债管理的有关规定；

（六）项目申报单位应为专业从事电子信息产品研究开发、生产及销售的企业，具备三年以上经营历史，具有较强的经济实力，能够建立有效的售后服务保障体系；

（七）申请移动通信系统投资项目的项目申报单位注册资本不低于3亿元人民币；

（八）申请移动通信终端投资项目的项目申报单位注册资本不低于2亿元人民币；

（九）申请移动通信终端投资项目的项目申报单位应建立研发中心，具有完善的开发平台和研究环境，具备完整的整机、单元电路硬件设计能力，基于芯片组和协议栈的软件开发能力，结构外观设计能力。

第八条　国家发展和改革委员会在受理项目申请报告后，应征求信息产业部的意见，并可对需要进行评估论证的重点问题委托有资质的咨询机构进行评估论证。

第九条　未经核准的投资项目，土地、城市规划、工商、海关、税务、外汇管理等部门不予办理相关手续，信息产业部不予办理其产品的进网许可。

第十条　经核准的项目如出现下列情况之一的，项目单位须向国家发展和改革委员会申请办理变更手续：

（一）建设地点发生变化；

（二）投资方或股权发生变化；

（三）主要建设内容发生变化；

（四）总投资超过原核准投资额20%及以上；

（五）经核准（批准）的移动通信终端生产企业，生产原核准（批准）范围外的其他标准制式的终端；

（六）有关法律法规和产业政策规定需要变更的其他情况。

第十一条　除本规定特殊明确的有关内容外，其他事项按《企业投资项目核准暂行办法》和《外商投资项目核准暂行管理办法》执行。

第十二条　本规定由国家发展和改革委员会负责解释。

第十三条　本规定自发布之日起施行。

■7

国防科学技术奖励办法实施细则

中华人民共和国科学技术部

第一章　总　则

第一条　为了进一步规范国防科学技术奖励工作，保证国防科学技术奖（以下简称国防科技奖）申报、评审和管理等工作的质量，根据《国防科学技术奖励办法》（以下简称《办法》），制定本细则。

第二条　本细则适用于国防科技奖的申报、评审、异议处理和授奖等各项活动。

第三条　国防科技奖贯彻“尊重劳动、尊重知识、尊重人才、尊重创造”的方针，坚持精神奖励与物质奖励相结合的原则，以调动国防科技工作者的积极性与创造性，鼓励自主创新，加速科技成果转化和产业化，从而促进国防现代化建设和国民经济的发展。

第四条　国防科技奖的申报、评审和授予实行公平、公正原则，不受任何组织或个人的非法干涉。凡参与申报、评审和授予工作的人员，都有保守国家秘密和保护申报项目知识产权的义务。

第五条　国防科技奖是国防科学技术工业委员会（以下简称国防科工委）授予单位和个人的荣誉，成果知识产权的转移不影响其主要完成人获得国防科技奖的权利，同时，授奖证书也不作为界定科技成果权属的直接依据。

第六条　国防科工委科技主管部门负责国防科技奖的管理工作，国防科学技术奖评审委员会（以下简称国防科技奖评委会）负责国防科技奖的评审，国防科技工业科技成果管理办公室（以下简称国防成果办）负责国防科技奖的日常管理工作。

第七条　国防科技奖设特等奖、一等奖、二等奖和三等奖。国防科技奖实行限额申报、限额授奖，每年评审一次。国防科工委科技主管部门每年根据各有关单位的历史获奖情况、科研情况和成果登记情况下达其当年申报限额数，根据总的成果申报情况和科技奖励政策导向，确定当年授奖项目限额数量。

第二章　奖励范围和评审标准

第八条　《办法》第七条规定的奖励范围内的科技成果，可分为以下四类：

第一类：型号工程及项目研制成果，其范围包括：

（一）在武器装备及其配套产品的科研、生产、试验及相关工作中取得的科技成果；

（二）在主导产业型号工程和军民两用工程及其配套项目的科研、生产、试验及相关工作中取得的科技成果；

（三）应用于国防的先进工业技术和军民两用技术开发成果；

（四）在重大工程建设、重大设备研制和企业技术改造中，研究应用新技术而取得的国防科技成果；

（五）在消化、吸收国外先进技术的基础上开发的国防科技成果。

第二类：预先研究及基础研究成果，其范围包括：

（一）完成武器装备预先研究项目取得的科技成果；

（二）完成国防基础研究项目取得的科技成果。

第三类：技术基础（不含科技情报）成果，其范围包括：

（一）研究制定的国家军用标准和行业标准，以及标准化理论、方法和应用等研究成果；

（二）各级计量标准和校准装置、计量测试方法和测试系统、计量基础理论和新技术等研究成果；

（三）质量与可靠性理论、方法研究，质量控制、质量保证、可靠性分析、试验验证和评价技术研究，可靠性技术及应用研究等成果；

（四）环境试验与观测、检测技术的研究与应用等成果。

第四类：软科学和科技情报成果，其范围包括：

（一）为制定国防科技工业的发展战略、发展规划、政策法规等提供决策依据而进行的研究中取得的成果；

（二）武器装备、重大工程和重大引进项目的可行性研究、技术经济分析与论证等研究成果；

（三）为提高国防科技工业科研、生产、经营管理水平，分析研究现代管理理论并应用于实际而取得的成果；

（四）科技信息数字化资源的研发与建设、大型工具书编著、科技情报理论和方法以及情报分析等研究成果。

第九条 型号工程及项目研制类成果的奖励等级按下列指标进行综合评价：

（一）工程与技术创新程度；

（二）工程与技术难易程度、复杂程度；

（三）技（战）术、经济指标的先进程度；

（四）成熟性、完备性与可靠性情况；

（五）综合效益（军事效益、社会效益、经济效益）；

（六）应用情况与效果、推动科技进步的作用意义。

第十条 型号工程及项目研制类成果奖励等级的评价标准：

（一）特等奖。在技术（含系统集成）上有重大创新，拥有多项自主知识产权，技术十分复杂、难度极大，促进了科学技术、国民经济和武器装备跨越式发展，在国际、国内影响巨大，对推动国民经济建设、国防建设和国防科技工业发展作用意义特别重大，综合效益巨大。

（二）一等奖。在技术（含系统集成）上有很大创新，显著增强了国防实力，对国防建设和国防科技工业发展具有重大作用；解决了难度大、复杂的关键技术问题，拥有自主知识产权；理论上有较大深度，技术难度大或系统集成度高；技术很成熟、完备，可靠性高；主要技（战）术指标和性能参数达到国际同类技术和产品的先进水平；应用效果和潜在应用前景十分突出，取得了重大的军事、社会和经济效益。

（三）二等奖。在技术（含系统集成）上有较大创新，技术上有实质性突破，对本领域或行业科技发展有很大推动作用；解决了难度较大、较复杂的技术问题，拥有（或与其他单位共同拥有）自主知识产权；理论上有一定深度，技术难度较大或系统集成度较高；技术成熟、完备、可靠；主要技（战）术指标和性能参数接近国际同类技术或产品的先进水平；应用效果和潜在应用前景突出，取得了显著的军事、社会和经济效益。

（四）三等奖。在技术上有创新，对推动本行业或专业技术进步有明显作用；解决了技术难点；技术较成熟、完备、可靠；主要技（战）术指标达到国内同类技术或产品的先进水平；应用效果和潜在应用前景良好，取得了明显的军事、社会和经济效益。

第十一条 预先研究及基础研究类成果的奖励等级按下列指标进行综合评价：

（一）技术创新程度；

（二）技术难易程度、复杂程度；

（三）技（战）术指标的先进程度；

（四）成熟性、完备性；

（五）综合效益（军事效益、社会效益、经济效益）；

（六）应用前景、推动科技进步的作用意义、科学技术价值。

第十二条 预先研究及基础研究类成果奖励等级的评价标准：

（一）特等奖。在技术（含系统集成）上有重大创新，拥有多项自主知识产权，技术十分复杂、难度极大，实现了技术或理论上的跨越式发展，为武器装备的重大发展提供了成熟技术，在国际、国内影响巨大，对国防建设和国防科技工业发展作用意义特别重大，综合效益巨大，科学技术价值极大。

（二）一等奖。在技术（含系统集成）上有很大创新，显著增强了国防重大技术储备，对国防建设和国防科技工业发展具有重大作用；解决了难度很大、很复杂的关键技术或理论问题，拥有自主知识产权；理论上有很大深度，技术难度大或系统集成度高；技术成熟、完备；主要技（战）术指标和性能参数达到国际同类技术的先进水平；应用前景十分突出，有重大的军事、社会或经济效益，科学技术价值重大。

（三）二等奖。在技术（含系统集成）上有较大创新，技术上有实质性突破，对本领域或行业科技发展有很大推动作用；解决了难度较大、较复杂的技术问题，拥有（或与其他单位共同拥有）自主知识产权；理论上有一定深度，技术难度较大或系统集成度较高；技术较成熟、完备；主要技（战）术指标和性能参数接近国际同类技术或产品的先进水平；应用效果和潜在应用前景突出，取得了显著的军事、社会或经济效益，科学技术价值较大。

（四）三等奖。在技术上有创新，对推动本行业或专业技术进步有明显作用；解决了技术难点；技术较成熟、完备；主要技（战）术指标达到国内同类技术的先进水平；应用前景良好，有明显的军事、社会或经济效益，有一定的科学技术价值。

第十三条 技术基础类（不含科技情报）成果的奖励等级按下列指标进行综合评价：

（一）技术、理论、方法创新程度；

（二）技术、理论难易程度、复杂程度；

（三）技术、经济指标和理论的先进程度；

（四）成熟性、完备性和可靠性情况；

（五）综合效益（军事效益、社会效益、经济效益）；

（六）应用情况与效果、科学技术价值。

第十四条 技术基础类成果（不含科技情报）奖励等级的评价标准：

（一）特等奖。在技术、理论上有重大创新，拥有多项自主知识产权，技术十分复杂、难度极大，实现了技术和理论跨越式发展，在国际、国内影响巨大，对推动国防建设和国防科技工业发展作用意义特别重大，综合效益巨大。

（二）一等奖。在技术、理论上有很大创新，显著增强了国防实力，对国防建设和国防科技工业发展具有重大作用；解决了难度很大、很复杂的关键技术问题，拥有自主知识产权；理论上有很大深度，技术集成度高；技术很成熟、完备，可靠性很高；主要技术指标和性能参数达到国际同类技术和产品的先进水平；应用效果和潜在应用前景十分突出，取得了重大的军事、社会和经济效益，推动科技进步的作用意义和科学技术价值重大。

（三）二等奖。在技术上有较大创新，技术上有实质性突破，对本领域或行业科技发展有很大推动作用；解决了难度大、复杂的技术问题，拥有（或与其他单位共同拥有）自主知识产权；理论上有深度，技术集成度较高；技术成熟、完备，可靠性高；主要技术指标和性能参数接近国际同类技术或产品的先进水平；应用效果和潜在应用前景突出，取得了显著的军事、社会和经济效益，推动科技进步的作用意义和科学技术价值很大。

（四）三等奖。在技术上有创新，对推动本行业或专业技术进步有明显作用；解决了技术难点，技术较成熟、完备、可靠，主要技（战）术指标达到国内同类技术或产品的先进水平；应用效果和潜在应用前景良好，取得了明显的军事、社会和经济效益，推动科技进步的作用意义和科学技术价值较大。

第十五条　软科学和科技情报成果的奖励等级按下列指标进行综合评价：

（一）学术理论、观点和方法的创新程度；

（二）研究难易程度和复杂程度；

（三）学术理论、观点和方法的先进程度；

（四）研究的全面性、系统性、成熟性和准确性；

（五）综合效益（军事效益、社会效益、经济效益）；

（六）理论、观点被采用情况，推动科技进步的作用意义和科学技术价值。

第十六条　软科学和科技情报成果奖励等级的评价标准：

（一）特等奖。在学术理论、观点和方法上有重大创新，拥有多项自主知识产权，研究项目十分复杂，工作难度极大，对国防战略和军事思想变革有重要影响，对国防科技工业发展有特别重大作用和意义，综合效益巨大。

（二）一等奖。在学术理论、观点和方法上有很大创新，具有很大科学技术价值，对推动国防科技进步和国防科技工业发展有重大作用和意义；研究项目复杂、工作难度很大，拥有自主知识产权；研究全面、系统、成熟、准确；主要学术理论、观点被广泛采用，应用效果和潜在应用前景十分突出，取得了重大的军事、社会、经济效益。

（三）二等奖。在学术理论、观点和方法上有较大创新，具有较大科学技术价值，对推动国防科技工业或行业科技进步和发展有很大作用；研究项目较复杂、工作难度大，拥有（或与其他单位共同拥有）自主知识产权；研究较全面、系统、成熟、准确；主要观点已被采用，应用效果和潜在应用前景突出，取得了显著的军事、社会、经济效益。

（四）三等奖。在观点和方法上有创新，对推动行业或专业科技进步和发展有较大的促进作用；研究工作难度较大，研究较全面、系统、成熟、准确；应用效果和潜在应用前景良好，取得了明显的军事、社会、经济效益。

第三章　评审机构

第十七条　国防科工委设立国防科技奖评委会，国防科技奖评委会由有关专家、学者组成，主任委员由国防科工委分管领导担任，另设副主任委员 1 ~ 2 人，委员和替补委员若干人，常务秘书 1 ~ 2 人。其成员采用有关单位推荐和国防科工委科技主管部门提名相结合的办法产生，由国防科工委批准、聘任。

国防科技奖评委会每届任期三年。每次换届的委员人数不超过二分之一，委员连任不得超过三届。

第十八条　国防科技奖评委会负责对国防科学技术奖励项目和奖励等级进行终审。其主要职责为：

（一）对各专业评委会评审的特等奖和一等奖项目进行复审；

（二）对各专业评委会评审的二等奖和三等奖项目进行审定；

（三）对重大异议进行裁决；

（四）研究解决国防科技奖励工作中出现的重大问题；

（五）向国防科工委提出推荐国家科技奖励项目的建议，经批准后向国家推荐。

第十九条　国防科技奖评委会下设核、航天、航空、船舶、兵器、军用电子、材料与先进制造技术、技术基础等八个专业评审委员会（以下简称专业评委会）。各专业评委会委员采用有关单位推荐和国防科工委科技主管部门提名相结合的办法产生，由国防科工委批准、聘任。各专业评委会分别设主任委员 1 人，副主任委员 2 ~ 3 人，委员若干人，秘书 1 ~ 2 人。

各专业评委会每届任期三年。每次换届的委员人数不超过二分之一，委员连任不得超过三届。

第二十条　各专业评委会的主要职责是：

（一）负责评审相应专业的国防科技奖项目；

（二）向国防科技奖评委会提出本专业推荐国家级科技奖励项目的建议意见；

（三）向国防科技奖评委会报告评审结果；

（四）对国防科技奖评审中出现的有关问题提出处理意见；

（五）对完善国防科技奖励工作提出建议和意见。

第二十一条　根据评审工作需要，各专业评委会可以设立若干评审组。各评审组设组长 1 人，副组长 2 ~ 3 人，专家若干人。

各评审组的评审专家实行资格聘任制，其资格由国防科工委科技主管部门认定。

各评审组召开评审会时，根据当年国防科技奖申报项目的具体情况，从评审专家库中聘请部分专家参会。

第二十二条 各评审组负责相应专业范围内申报国防科技奖项目的初评工作，并将初评结果报相应的专业评委会。

第二十三条 国防科技奖各级评审机构的专家应当符合下列条件：

（一）学识渊博，熟悉本学科（专业）领域国内外科学技术发展动态，有较强的综合判断能力，具有高级专业技术职称；

（二）认真负责，具有良好的科学道德和职业道德；

（三）年龄一般不超过65岁（院士除外）；

（四）热心国防科技奖励工作，积极参加国防科技奖评审和有关活动。

第二十四条 国防科技奖各级评审机构议事程序和原则：

（一）国防科技奖各级评审机构召开会议时，实到人数大于应到人数三分之二以上，会议评审结果有效；

（二）国防科技奖实行公平、公正的评审原则，采用讨论和投票的方法确定评审等级；

（三）委员对未列入议事日程的有关事宜提出议案，必须由到会委员的二分之一以上附议，经主任委员（组长）同意后，方可列入评审会议的议事日程。

第二十五条 国防科技奖的评审专家须履行以下义务：

（一）应严格按照《办法》和本细则的规定，科学、公正、实事求是地对申报项目进行评审，不得弄虚作假、徇私舞弊；

（二）对评审中涉及的技术内容及评审情况，须严格保密；

（三）认真贯彻执行国家及国防科技奖励政策和有关法规；

（四）对改进国防科技奖评审工作及有关政策提出建议和意见。

第二十六条 国防科技奖评委会委员因故不能参加评审会议，根据评审会需要经评委会主任同意，由替补委员参加会议。替补原则为“同专业（行业）替补”，即某评委如因故缺席，则由与其同专业（行业）的替补委员出席会议。各专业评委会委员因故不能参加评审会议，经评委会主任同意后可聘请其他专家参加会议。

第二十七条 各级评委会委员在一届任期内两次不能参加评审工作，将不再聘请其作为下一届评委会委员。

第二十八条 在国防科技奖的评审活动中，应建立健全专家信誉制度。国防成果办应对专家在评审活动中的公正性、客观性、工作态度等方面作如实记录，并建立专家的违规和失误记录档案。

第四章 申 报

第二十九条 申报国防科技奖的项目必须同时符合下列条件：

（一）经过相应的技术评价（包括鉴定、定型、验收和标准审查等），并进行了成果登记。

用验收文件、定型文件和标准审查书作为技术评价证明时，必须同时符合下列条件：

1. 验收、定型、标准审查等文件中对技术创新点及技术水平进行了评价，并起到了与成果鉴定等同的作用；

2. 包括了主要完成单位名单、主要完成人员名单、审查专家组名单；

3. 主要完成单位人员未参加审查专家组。特殊情况下，可以有不超过四分之一的主要完成单位人员（非项目组成员）参加审查专家组，但主要完成单位的人员不能作为审查专家组组长或副组长。

（二）经过一年以上的使用实践（预先研究、基础研究和火箭、卫星、飞船等一次性应用产品的成果除外），并证明其技术性能稳定、可靠。

（三）不存在成果权属、技术内容、主要完成单位和主要完成人及其排序等方面的争议。

（四）具有潜在应用价值。

已应用的科技成果，潜在应用价值是指其还可以进一步推广应用的前景与价值；尚未应用的科技成果，潜在应用价值是指其推广应用的前景与价值。

各类型号工程项目及其子项目、预先研究及基础研究项目和标准类项目在申报奖励时，还应分别满足本细则第三十一条、第三十二条、第三十三条、第三十四条、第三十五条和第三十六条规定的条件。

第三十条 国防科技奖不得重复申报。已申报国家级或其他省部级科学技术奖励的项目（含已获奖和未获奖的项目），不得再申报国防科技奖。

在技术上又取得重大进步或新的突破的项目，可就进步或突破的部分申报国防科技奖。

第三十一条 各类型号工程项目的申报条件：

（一）按《军工产品定型工作条例》或者研制任务书（合同书）的规定需要定型的型号工程（包括武器装备型号工程和国防科技工业主导产业的型号工程与产品，下同），必须按规定完成定型；

（二）按《军工产品定型工作条例》或者研制任务书（合同书）的规定不需要定型的型号工程，必须完成研制任务书（合同书）规定的任务，达到所要求的技战术性能指标，并经必要的验证；

（三）外贸型号工程必须执行完合同；

（四）由于国家、上级主管部门或者用户方原因而终止研制的型号工程，可将其阶段成果按预先研究成果报奖；

（五）型号工程项目及其子项目报奖之前，应由项目主管部门或总项目责任单位上报该型号工程报奖项目的成果树，并列清总项目和子项目在成果树中的位置。

成果树层次划分方法：依据型号工程项目研制总要求，各类型号工程成果树最多可划分为系统（总项目）、分系统、设备和零部件（含元器件）四个层次；对组成较简单或规模较小的型号工程项目，其成果树的划分层次应相应减少。在各层次中取得的专用工艺、材料和试验检测设备等技术成果，须列入成果树相应的层次中。

为本型号研究且具有通用性的工艺、材料和试验检测设备，必须在其他方面应用后，可按通用项目单独申报。

第三十二条 改进型的型号工程项目报奖时，不能重复使用原型号（或被继承的型号）已获得奖励的科技进步点。在采用成熟技术和产品中进行的应用开发和创新可作为科技进步点报奖。

第三十三条 型号等系统工程总项目报奖时，可以涵盖工程的各组成部分（含分系统、设备、部组件、零配件和元器件）的科技进步点。型号等系统工程总项目是指相对独立的型号或系统的最高层项目，该类项目需经国防科工委科技主管部门确认方可申报。

型号等系统工程总项目的主要完成人不得作为其子项目的主要完成人。

满足报奖条件的型号等系统工程的总项目及其子项目必须在三年内完成申报。

第三十四条 型号等系统工程成果的子项目，必须同时满足下列条件可以单独报奖：

（一）由业务主管部门或总项目责任单位作为独立项目下达任务（签订合同书），并具有明确的技术指标要求；

（二）单独组织技术评价（单独组织鉴定、定型或验收等）；

（三）具有一定的通用性和相对的独立性；

（四）其创新点不与其他子项目的创新点重复；

（五）主要完成人不与总项目的主要完成人重复；

（六）已征得业务主管部门或总项目责任单位同意，并出具证明。证明中应包括该子项目的创新点不与其他子项目重复的内容。

第三十五条 预先研究及基础研究成果申报奖励应当同时满足下列条件：

（一）按计划任务书或合同书的要求完成任务，取得最终成果。

已完成部分任务或仅取得阶段性研究成果的，不能申报国防科技奖。

（二）具有使用单位出具的成果应用证明或任务下达单位出具的应用前景证明。

对已经应用的成果，由使用单位出具应用证明，自研自用的成果，由本单位出具应用证明，上级主管部门盖章确认。对未应用的成果，由任务下达单位出具应用前景证明，也可由本单位出具应用前景证明，任务下达单位或上级主管部门盖章确认。

第三十六条 标准类成果项目，在标准实施一年以后方可申报；系列标准成果项目，应在各分标准完成后统一申报。

第三十七条 主要完成人是对该项目的完成做出创造性贡献的下列人员：

（一）理论、新概念、新方法的提出者；

（二）产品、工艺、材料等新技术的发明者；

（三）创造性方案、创新点的提出者；

（四）新产品的设计者；

（五）关键技术问题、技术难点的实际解决者；

（六）科技成果转化（产业化）项目的主要实施者。

在科学研究、技术开发中仅从事组织管理和辅助服务的人员，不得作为项目主要完成人报奖。当具备主要完成人条件的人数少于限额数时，不应将不具备主要完成人条件的其他人员作为项目的主要完成人报奖。

第三十八条 主要完成人的名单及排序应与技术评价证明的主要研制人员名单和顺序相一致，个别需要调整时，申报单位必须附有证明材料。

第三十九条 主要完成人对本项目做出创造性贡献的内容应如实填写在申报书中。同一人员不能以相同的科技进步贡献在不同项目中作为主要完成人报奖。

第四十条 对政府机关人员、集团公司管理人员、企事业单位的行政领导、合同甲方人员、军代表作为主要完成人报奖的，应严格控制。对上述人员确曾参加了某项目的研究，且符合《办法》和本细则中规定的主要完成人条件的，须在申报材料中附申报单位出具的书面证明材料，如实说明其所做的创造性贡献，由本人和其上级主管领导签字，同时提供原始记录材料备查。

原始记录材料是指能反映本人在技术上有创造性贡献的研制（研究）文件的原始件或复印件。

第四十一条 主要完成单位是指项目主要完成人所在的单位，并在该项目研制、生产、应用、转化和推广过程中提供技术、经费和设备等条件，对该项目完成起到了重要的作用。

第四十二条 各级政府部门和非法人单位一般不得作为申报国防科学技术奖项目的主要完成单位。

第四十三条 主要完成人和主要完成单位应当依据贡献大小顺序排列。各等级奖的主要完成人限额为：特等奖30人，一等奖15人，二等奖10人，三等奖5人。各等级奖的主要完成单位限额为：特等奖20个，一等奖10个，二等奖7个，三等奖5个。

第四十四条 申报国防科学技术奖的项目必须按规定格式填写国防科学技术奖申报书，并提供所要求的附件材料及相应的电子文档。

附件材料主要包括：

1. 技术评价证明；
2. 应用证明；
3. 任务书或合同书；
4. 主要完成单位和主要完成人协调一致证明；
5. 拥有自主知识产权的证明材料；
6. 本细则第三十四条所规定的有关子项目单独报奖的证明材料；
7. 本细则第四十条所规定的作为主要完成人的有关证明材料；
8. 研制（研究）技术总结报告（软科学、情报、管理以及标准类成果应附研究工作总结报告）；
9. 软科学、情报和管理等研究成果应附专题研究报告、论著或出版物；标准、规范、技术手册等成果应附正式实施的出版物；

10. 其他必要的证明材料。

第四十五条 申报国防科技奖应按下列渠道报送：

（一）各军工集团公司、国防科工委归口管理单位负责对其所属企事业单位申报项目进行审查后，统一报国防成果办；

（二）各省、自治区、直辖市国防科技工业行政主管部门负责对本地区承担军工任务的地方单位申报项目审查后，统一报国防成果办；

（三）国防科工委所属院校申报项目的资料直接报国防成果办；

（四）其他企事业单位的申报项目，由其主管部门（单位）审查后报国防成果办。

上述各有关部门和单位在向国防成果办报送申报项目材料时，应对所报送的材料（含相应的电子文档）进行严格的形式审查，以确保其符合《办法》和本细则的规定。

第四十六条 两个或两个以上单位合作完成的科技成果，经合作单位协商后，由第一完成单位负责申报所需的有关材料。

第五章 评 审

第四十七条 国防科学技术奖的评审，采取评委集体讨论、投票的方法产生评审结果。特等奖和一等奖项目应有投票人数三分之二以上的票数通过，二等奖和三等奖项目应有投票人数五分之三以上的票数通过。

具体评定规则由国防科工委科技主管部门另行制定。

第四十八条 国防科技奖的评审实行回避制度。被评项目的主要完成人或主要完成单位的人员是评委的，在该项目讨论和投票时均应回避。

第四十九条 国防科技奖申报材料，由国防成果办进行初审后，按所属专业划分到相应的专业评委会进行评审。对在初审中发现申报材料不符合要求的项目，可要求申报单位限期修改补正；对申报材料严重不符合要求的项目和未在规定期限按要求修改补正申报材料的项目，取消其当年度评奖资格。

第五十条 各专业评委会对申报项目划分到专业小组，首先由各专业小组进行评审、投票，然后再经本专业评委会评审、投票、统计，形成本专业评委会的评审结果，报国防成果办。

第五十一条 国防成果办将各专业评委会的评审结果在适当范围进行内部公布。自公布之日起，50日内为异议期。自公布之日起70日内异议处理完毕的，可继续参加本年度评审；自公布之日起一年内异议处理完毕的，可提交下一年度评审；自公布之日起一年后异议处理完毕的，可以重新申报。

第五十二条 经过异议处理程序后，对无异议的项目和异议已处理完毕的项目，提交国防科技奖评委会进行终审。

第六章 异议及其处理

第五十三条 国防科技奖的评审接受社会的监督，其评审工作实行异议制度。在异议期内，任何单位和个人都有权对公布项目的内容真实性、成果权属、获奖资格、主要完成单位和主要完成人及其排序等问题提出异议。

对匿名、无正当理由超过异议期和关于提高奖励等级的异议不予受理。

第五十四条 对公布项目提出异议的单位或者个人必须填写规定格式的异议书，并提供必要的证明材料。异议者应当表明真实身份，并提供联系方式。个人提出异议的，应当在异议书中签署真实姓名；以单位名义提出异议的，应当加盖本单位公章。

第五十五条 异议及处理程序：

（一）提出异议的单位或个人必须将异议书及证明材料报其主管部门（单位）和国防成果办各一份。

（二）异议处理程序

1. 申报单位内部提出的异议，由申报单位负责处理；

2. 军工集团公司所属单位间的异议由军工集团公司负责处理；

3. 国防科工委归口管理单位内部的异议由国防科工委归口管理单位负责处理；

4. 各军工集团公司、国防科工委归口管理单位之间的异议，以及其他单位和个人提出的异议，由国防成果办负责处理；

5. 各异议处理单位按项目申报渠道将处理结果报国防成果办；

6. 对于重大异议项目，必要时由国防成果办报国防科技奖评委会裁决。

第七章 授 奖

第五十六条 经国防科技奖评委会终审符合授奖条件的项目，由国防科工委批准授奖，向获奖单位和人员颁发奖状和证书，并按有关规定颁发奖金。

第五十七条 批准授奖后，国防成果办应将获奖项目的资料（含电子文档）进行整理、归档。未获奖项目的资料，申报单位应在授奖公布后三个月内到国防成果办取回，逾期将按保密资料管理要求统一销毁。

第五十八条 获奖人员所在单位应将其获奖情况及主要贡献记入本人档案，作为综合考核、评价科技人员的依据之一。

第五十九条 奖金应按完成单位、完成人的贡献大小进行合理分配，不得挪作它用。有两个或两个以上完成单位的，由各完成单位协商提出奖金分配方案并进行分配。

项目主要完成人所得奖金数之和不得低于奖金总额的60%。

第六十条 获奖项目不重复发放奖金。获国防科学技术奖的项目如果又获得了国家级科技奖励，提高了奖金额，其奖金只补发差额部分。

第八章　罚　则

第六十一条　对于剽窃、侵占他人科技成果的，或者以其他不正当手段骗取国防科技奖的，经国防科工委批准后，撤销其奖励，追回奖状、证书和奖金，并建议有关部门或单位依法给予行政处分。

第六十二条　参与国防科技奖评审活动和有关工作的人员在评审活动中弄虚作假、徇私舞弊的，建议有关部门或单位依法给予行政处分。

第九章　附　则

第六十三条　本细则由国防科工委负责解释。

第六十四条　本细则自 2005 年 2 月 27 日起施行。

8

科技型中小企业技术创新基金项目管理暂行办法

中华人民共和国科技部　财政部
（国科发计字［2005］60号）
2005年3月2日

第一章　总　则

第一条　为保证科技型中小企业技术创新基金（以下简称“创新基金”）管理工作的顺利开展，根据《中华人民共和国中小企业促进法》、《国务院办公厅转发科学技术部、财政部关于科技型中小企业技术创新基金的暂行规定的通知》（国办发［1999］47号）等，制定本办法。

第二条　科学技术部是创新基金的主管部门，财政部是创新基金的监管部门。科学技术部科技型中小企业技术创新基金管理中心（以下简称“管理中心”）负责具体管理工作。

第三条　创新基金的使用和管理遵守国家有关法律、行政法规和相关规章制度，遵循诚实申请、公正受理、科学管理、择优支持、公开透明、专款专用的原则。

第二章　支持条件、范围与支持方式

第四条　申请创新基金支持的项目需符合以下条件：

（一）符合国家产业、技术政策；

（二）技术含量较高，技术创新性较强；

（三）项目产品有较大的市场容量、较强的市场竞争力；

（四）无知识产权纠纷。

第五条　承担项目的企业应具备以下条件：

（一）在中国境内注册，具有独立企业法人资格；

（二）主要从事高新技术产品的研制、开发、生产和服务业务；

（三）企业管理层有较高经营管理水平，有较强的市场开拓能力；

（四）职工人数不超过500人，具有大专以上学历的科技人员占职工总数的比例不低于30%，直接从事研究开发的科技人员占职工总数的比例不低于10%；

（五）有良好的经营业绩，资产负债率合理；每年用于高新技术产品研究开发的经费不低于销售额的5%；

（六）有健全的财务管理机构，有严格的财务管理制度和合格的财务人员。

第六条　创新基金以贷款贴息、无偿资助和资本金投入的方式支持科技型中小企业的技术创新活动。

（一）贷款贴息

1. 主要用于支持产品具有一定水平、规模和效益，银行已经贷款或有贷款意向的项目；

2. 项目新增投资在3 000万元以下，资金来源基本确定，投资结构合理，项目实施周期不超过3年；

3. 创新基金贴息总额一般不超过100万元，个别重大项目不超过200万元。

（二）无偿资助

1. 主要用于科技型中小企业技术创新活动中新技术、新产品研究开发及中试放大等阶段的必要补助；

2. 项目新增投资一般在1 000万元以下，资金来源基本确定，投资结构合理，项目实施周期不超过2年；

3. 企业需有与申请创新基金资助数额等额以上的自有资金匹配；

4. 创新基金资助数额一般不超过100万元，个别重大项目不超过200万元。

（三）资本金投入具体办法另行制定。

第七条 在同一年度内，一个企业只能申请一个项目和一种支持方式。申请企业应根据项目所处的阶段，选择一种相应的支持方式。

第三章 项目申请与受理

第八条 科学技术部每年年初制定并发布年度《科技型中小企业技术创新基金若干重点项目指南》，明确创新基金项目年度重点支持范围。

第九条 科技型中小企业申请创新基金，应按管理中心发布的《科技型中小企业技术创新基金项目申请须知》准备和提供相应的申请材料。

第十条 企业提交的创新基金申请材料必须真实可靠，并经项目推荐单位推荐。推荐单位是指熟悉企业及项目情况的当地省级科技主管部门。推荐单位出具推荐意见之前应征求省级财政部门对项目的意见，并将推荐项目名单抄送省级财政部门备案。

第十一条 项目推荐单位和管理中心要采取公开方式受理申请，并提出审查意见。受理审查内容包括：资格审查、形式审查、内容审查。受理审查合格后，管理中心将组织有关机构和专家进行立项审查。对受理审查不合格的项目，管理中心自收到项目申请材料之日起三十日内在创新基金网站上发出《不受理通知书》。

第四章 项目立项审查

第十二条 立项审查方式包括专家评审、专家咨询、科技评估等。由管理中心根据项目特点选择相应的立项审查方式。

对技术、产品相近的项目采取专家评审的方式。对跨学科、跨领域、创新性强、技术集成、技术领域分布相对分散的个性化项目，可委托科技评估机构评估。

第十三条 创新基金项目评审专家，包括技术、经济、财务、市场和企业管理等方面的专家，由管理中心聘任或认可，并进入创新基金评审专家库。专家应具备以下条件：

（一）具有对国家和企业负责的态度，有良好的职业道德，能坚持独立、客观、公正原则；

（二）对审查项目所属的技术领域有较丰富的专业知识和实践经验，对该技术领域的发展和所涉及经济领域、市场状况有较深的了解，具有权威性；

（三）一般应具有高级专业技术职务，年龄一般在60岁以下。

第十四条 承担创新基金项目立项评估工作的评估机构须在经科学技术部和财政部认定的评估机构中选择。评估机构应具备以下条件：

（一）具有独立企业或事业法人资格，并在有关管理部门注册、登记；

（二）有相应的专业技术人员和管理人员；

（三）评估机构应从事过评估或科技咨询等工作，并具有一定经验；

（四）有良好的业绩和信誉；

（五）经过相关专业培训。

第十五条 专家应依据评审、评估工作规范和审查标准，对申请项目进行全面的审查，并提出有针对性的审查意见。在审查过程中，专家可通过管理中心要求申请企业补充有关材料或进一步说明情况，但不得与申请企业及有关人员直接联系。必要时管理中心可委托专家组到申请企业进行审查。

第十六条 为保证创新基金项目立项审查的公正性，审查工作实行回避制度。属下列情况之一时，专家应当回避：

（一）审查专家所在企业的申请项目；

（二）专家家庭成员或近亲属为所审项目申请企业的负责人；

（三）有利益关系或直接隶属关系。

第十七条 评估机构和专家对所审项目的技术、经济秘密和审查结论意见负有保密责任和义务。管理中心尊重评估机构和专家的审查结论意见并给予保密。

第十八条 管理中心根据评估机构的工作质量及行为规范情况，对评估机构实行动态管理和科技信用评价管理。管理中心于每年底向科学技术部、财政部报告有关情况并提出调整意见。

第十九条 管理中心根据项目申请资料和立项审查结论意见提出创新基金立项建议，报科学技术部、财政部审批。科学技术部、财政部可对项目进行复审。

第二十条 经科学技术部、财政部批准的项目，应在创新基金网站以及相关新闻媒体上发布立项项目公告。公告发布之日起2周内为立项项目异议期。

第二十一条 创新基金项目实行合同管理。管理中心在异议期满后应与立项项目承担企业、推荐单位签订合同，确定项目各项技术经济指标、阶段考核目标以及完成期限等条款，同时将合同抄送项目所在地省级财政部门。对于有重大异议的项目，管理中心暂不签订合同，并对项目进行复议。需撤销项目时须报科学技术部和财政部同意后执行。

第二十二条 立项审查未通过或未获科学技术部、财政部批准的项目，管理中心将在创新基金网站上发出《不立项通知书》。不立项项目的申请企业当年不得再次申报项目。

第五章 项目监督管理及验收

第二十三条 省级科技主管部门负责本地区项目的日常监督管理和验收工作；省级财政部门负责对本地区创新基金的运作和使用进行监督、检查，并参与项目的验收工作；管理中心依据本办法负责制订《创新基金项目监督管理和验收工作规范》，并组织实施项目监督管理和验收工作，分析总结项目执行情况。

第二十四条 项目监督管理主要内容包括：

（一）项目资金到位与使用情况；

（二）合同计划进度执行情况；

（三）项目达到的技术、经济、质量指标情况；

（四）项目存在的主要问题和解决措施。

第二十五条 项目监督管理的主要方式：

（一）项目承担企业定期填报监理信息调查表（半年报、年报）。

（二）省级科技主管部门应实地检查项目执行情况，并提出监理意见；省级财政部门应定期抽查项目执行情况，并对创新基金使用管理情况提出报告。

（三）管理中心根据需要，对部分项目进行实地检查。

第二十六条 管理中心根据企业定期报表、地方监理意见、实地检查等，提出项目执行情况分析报告，并报科学技术部、财政部。

第二十七条 项目承担企业因客观原因需对合同目标调整时，应提出书面申请，经管理中心批准后执行；在合同执行过程中发生重大违约事件的，管理中心可按合同终止执行项目，并采取相应处理措施。

第二十八条 项目验收工作原则上在合同到期后一年内完成。需要提前或延期验收的项目，企业应提出申请报管理中心批准后执行。

第二十九条 创新基金项目验收的主要内容包括：

（一）合同计划进度执行情况；

（二）项目经济、技术指标完成情况；

（三）创新基金项目研究开发取得的成果情况；

（四）资金落实与使用情况；

（五）项目实施前后企业的整体发展变化情况。

第三十条 一般项目由省级科技主管部门组织验收；100万元以上的项目由管理中心组织验收。管理中心依据《创新基金项目监督管理和验收工作规范》，对项目进行综合评价并分别做出验收合格、验收基本合格、验收不合格的结论意见，报科学技术部、财政部。

第六章 附 则

第三十一条 本办法自发布之日起施行，创新基金有关规定与本办法相抵触的，按本办法执行。科学技术部、财政部《关于印发<科技型中小企业技术创新基金项目实施方案（试行）>的通知》（国科发计字［1999］260号）同时废止。

第三十二条 本办法由科学技术部会同财政部负责解释。

9

电信服务规范

中华人民共和国信息产业部令（第36号）
2005年3月13日

第一条 为了提高电信服务的质量，维护电信用户的合法权利，保证电信服务和监管工作的系统化和规范化，依据《中华人民共和国电信条例》，制定本规范。

第二条 本规范适用于在中华人民共和国境内依法经营电信业务的电信业务经营者提供电信服务的活动。

第三条 本规范为电信业务经营者提供电信服务时应当达到的基本质量要求，是电信行业对社会公开的最低承诺，同时适用于单一电信业务网或多个电信业务网共同提供的电信业务。

电信业务经营者提供电信服务，应当符合本规范规定的服务质量指标和通信质量指标。

本规范所称服务质量指标，是指反映电信服务固有特性满足要求程度的，主要反映非技术因素的一组参数。

本规范所称通信质量指标，是指反映通信准确性、有效性和安全性的，主要反映技术因素的一组参数。

第四条 中华人民共和国信息产业部（以下简称信息产业部）组织制定全国的电信服务规范，监督检查电信服务规范在全国的实施。

各省、自治区、直辖市通信管理局（以下简称通信管理局）监督检查电信服务规范在本行政区域内的实施。

本规范中，信息产业部和通信管理局统称为电信管理机构。

第五条 电信业务经营者可以制定本企业的企业服务标准，电信业务经营者制定的企业服务标准不得低于本规范。

第六条 电信业务经营者应当采取有效措施，持续改进电信服务工作。

第七条 电信业务经营者应建立健全服务质量管理体系，并按规定的时间、内容和方式向电信管理机构报告，同时向社会通报本企业服务质量状况。

发生重大通信阻断时，电信业务经营者应当按规定的要求和时限向电信管理机构报告。在事故处理过程中，电信业务经营者应对所有与事故有关的数据进行采集、记录和保存，相关数据和书面记录至少保存六个月。

第八条 电信业务经营者提供电信服务时，应公布其业务种类、服务时限、资费标准和服务范围等内容，并报当地通信管理局备案。

由于电信业务经营者检修线路、设备搬迁、工程割接、网络及软件升级等可预见的原因，影响或可能影响用户使用的，应提前七十二小时通告所涉及的用户。影响用户的时间超过二十四小时或影响有特殊需求的用户使用时，应同时向当地通信管理局报告。

电信业务经营者停止经营某种业务时，应提前三十日通知所涉及用户，并妥善做好用户善后工作。

第九条 电信业务经营者应当执行国家电信资费管理的有关规定，明码标价，并采取有效措施，为用户交费和查询费用提供方便。

第十条 用户申请办理电信业务时，电信业务经营者应当向用户提供该项业务的说明。该说明应当包括该业务的业务功能、通达范围、业务取消方式、费用收取办法、交费时间、障碍申告电话、咨询服务电话等。电信业务宣传资料应针对业务全过程，通俗易懂，真实准确。

对用户暂停或停止服务时，应在二十四小时前通知用户。

第十一条 电信业务经营者不得以任何方式限定用户使用其指定的业务或购买其指定的电信终端设备。用户要求开通、变更或终止电信业务时，电信业务经营者无正当理由不得拖延、推诿和拒绝，不得胁迫、刁难用户。

经营本地电话业务和移动电话业务的电信业务经营者，应当全面建立公开、公平的电话号码用户选择机制。

第十二条 电信业务经营者应以书面形式或其他形式明确经营者与用户双方的权利和义务，其格式合同条款应做到公平合理、准确全面、简单明了。

第十三条 电信业务经营者应合理设置服务网点或代办点，合理安排服务时间或开设多种方式受理业务，方便用户。

上门服务人员应遵守预约时间，出示工作证明或佩带本企业标识，代经销人员应主动明示电信业务代理身份，爱护用户设施，保持环境整洁。

电信业务经营者应为残疾人和行动不便的老年用户提供便捷的服务。

第十四条 电信业务经营者应当建立与用户沟通的渠道和制度，听取用户的意见和建议，自觉改善服务工作。

电信业务经营者应当向用户提供业务咨询、查询和障碍申告受理等服务，并采取公布监督电话等形式，受理用户投诉。对于用户关于电信服务方面的投诉，电信业务经营者应在接到用户投诉之日起十五日内答复用户。

电信业务经营者在电信服务方面与用户发生纠纷的，在纠纷解决前，应当保存相关原始资料。

第十五条 电信业务经营者提供电信卡类业务时，应当向用户提供相应的服务保证，不得发行超出服务能力的电信卡。

电信业务经营者应当采取适当的方式明确电信业务经营者与持卡用户双方的权利、义务和违约责任，告知用户使用方法、资费标准、计费方式、有效期限以及其他应当告知用户的事项。

电信业务经营者不得做出对持卡用户不公平、不合理的规定，不得单方面免除或者限制电信业务经营者的责任，损害用户的合法权益。

第十六条 以代理形式开展电信服务的，代理人在提供电信服务活动时，应当执行本规范。电信业务经营者应加强对其业务代理商的管理，并负责管理和监督检查代办电信业务单位或个人的服务质量。

第十七条 通信管理局可以根据本地实际情况，对本规范的服务质量指标进行局部调整或补充。调整后的指标低于本规范的，应当报信息产业部批准。

通信管理局按照前款规定调整服务质量指标的，该行政区域应当执行调整后的服务质量指标。

第十八条 电信业务经营者可以根据用户的特殊需要，约定有关的业务受理、开通时限、故障处理时限等问题，但其服务质量不得低于本规范或者当地通信管理局制定的服务质量指标。

第十九条 电信业务经营者提供的电信服务未能达到本规范或者当地通信管理局制定的服务质量指标的，由电信监管机构责令改正。拒不改正的，处以警告，并处一万元以上三万元以下的罚款。

第二十条 信息产业部根据实际情况，可以对电信业务项目及其服务质量指标和通信质量指标（详见附录）做出调整，并重新公布实施。

第二十一条 本规定自2005年4月20日起施行，信息产业部制定的《电信服务标准（试行）》（信部电［2000］27号）同时废止。

附录1：电信服务规范——固定网本地及国内长途电话业务

附录2：电信服务规范——数字蜂窝移动通信业务

附录3：电信服务规范——因特网及其他数据通信业务

附录4：电信服务规范——国内IP电话业务

附录5：电信服务规范——无线寻呼业务

附录6：电信服务规范——信息服务业务

附录7：电信服务规范——国内甚小口径终端地球站（VSAT）通信业务

附录8：电信服务规范——国内通信设施服务业务

10

关于在留学人才引进工作中界定海外高层次留学人才的指导意见

中华人民共和国人事部　中华人民共和国教育部
中华人民共和国科学技术部　中华人民共和国财政部
国人部发［2005］25号
2005年3月22日

各省、自治区、直辖市人事厅（局），教育厅（教委）、科技厅（局）、财政厅（局），副省级市人事局、教委、科技局、财政局，国务院各部委、各直属机构人事部门：

为贯彻落实党中央、国务院“支持留学、鼓励回国、来去自由”的方针和“拓宽留学渠道、吸引人才回国、支持创新创业、鼓励为国服务”的要求，进一步做好留学人员回国服务工作，提高留学人才引进工作的针对性、实效性，人事部、教育部、科技部、财政部会同全国留学人员回国服务工作部际联席会议成员单位共同制定了《关于在留学人才引进工作中界定海外高层次留学人才的指导意见》。现发给你们，请结合本地区、本部门实际，认真贯彻落实。

为进一步落实党中央、国务院批准下发的《关于鼓励海外高层次留学人才回国工作的意见》（人发［2000］63号），提高留学人才引进工作的针对性、实效性，现对引进工作中关于海外高层次留学人才界定的有关问题提出如下指导意见：

一、界定海外高层次留学人才是积极引进留学人才的基础性工作

留学人才是国家的宝贵财富，是我国人才资源的重要组成部分。国务院《关于进一步加强人才工作的决定》（简称《决定》）指出，要完善留学人才的评价认定制度，重点吸引高层次人才和紧缺人才。做好海外高层次留学人才界定工作，是落实《决定》要求，加强和改进留学人才引进工作的重要措施，是突出重点，有计划、有针对性地主动引进海外高层次留学人才的基础性工作，对进一步加强我国人才队伍建设，做好留学人才引进工作具有重要意义。

二、海外高层次留学人才的范围

根据《关于鼓励海外高层次留学人才回国工作的意见》的有关规定，引进海外高层次留学人才一般是指：我公派或自费出国留学，学成后在海外从事科研、教学、工程技术、金融、管理等工作并取得显著成绩，为国内急需的高级管理人才、高级专业技术人才、学术技术带头人，以及拥有较好产业化开发前景的专利、发明或专有技术的人才。

三、海外高层次留学人才界定的主要原则

在留学人才引进工作中做好高层次留学人才界定工作，要注意把握好以下主要原则：

——坚持以科学的人才观为指导；

——坚持德才兼备原则，把品德、知识、能力和业绩作为衡量人才的主要标准；

——尊重人才成长规律，把人才的学识、业绩和贡献与其发展潜能相结合；

——通过实践检验人才，注重业内认可；

——坚持尊重人才的多样性、层次性和相对性。

四、海外高层次留学人才界定的条件

海外高层次留学人才应热爱祖国，愿意为祖国发展和现代化建设贡献力量；具有良好的专业素养，具备较强的创新意识和创新精神；在本行业或本领域有所作为、有所建树。界定条件如下：

1. 在国际学术技术界享有一定声望，是某一领域的开拓人、奠基人或对某一领域的发展有过重大贡献的著名科学家；

2. 在国外著名高校、科研院所担任相当于副教授、副研究员及以上职务的专家、学者；

3. 在世界五百强企业中担任高级管理职务的经营管理专家，或在著名跨国公司、金融机构担任高级技术职务，在知名律师（会计、审计）事务所担任高级技术职务，熟悉相关领域业务和国际规则，有较丰富实践经验的管理人员或技术人员；

4. 在国外政府机构、政府间国际组织、著名非政府机构中担任中高层管理职务的专家、学者；

5. 学术造诣高深，对某一专业或领域的发展有过重大贡献，在国家著名的学术刊物发表过有影响的学术论文，或获过有国际影响的学术奖励，其成果处于本行业或本领域学术前沿，为业内普遍认可的专家、学者；

6. 主持过国际大型科研或工程项目，有较丰富的科研、工程技术经验的专家、学者、技术人员；

7. 拥有重大技术发明、专利等自主知识产权或专有技术的专业技术人员；

8. 具有特殊专长并为国内急需的特殊人才。

在留学人才引进工作中，做好海外高层次留学人才的界定工作，政策性强，影响面大。各地区、各部门要充分做好海外高层次留学人才界定工作的重要意义，根据本意见的精神，认真掌握原则，严格把握条件，突出引进重点，根据本地区、本部门高层次人才队伍的状况和需求，因地制宜，主动、积极地吸引海外高层次留学人才回国工作或为国服务。

11

国防科技工业软科学研究管理办法

中华人民共和国国防科学技术工业委员会

科工法［2005］402 号

2005 年 03 月 31 日

第一章　总　则

第一条　为加强国防科技工业软科学研究管理，实现软科学研究管理的科学化、规范化、制度化，提高软科学研究的水平和效益，更好地为国防科工委及有关部门的科学决策与管理服务，制定本办法。

第二条　国防科技工业软科学研究的范围主要包括：国防科技工业发展战略研究，政策与管理研究，体制改革研究，行业（产业）发展研究，法制建设研究，以及软科学的基本理论和方法等。

第三条　国防科学技术工业委员会政策法规司（以下简称政策法规司）是主管国防科技工业软科学研究的职能部门，负责组织开展国防科技工业软科学研究，归口管理软科学研究成果。

第四条　国防科技工业软科学研究管理，必须以邓小平理论和“三个代表”重要思想为指导，牢固树立和贯彻落实科学发展观，紧密结合国防科技工业客观实际，积极探索和遵循软科学发展规律，充分发挥软科学研究人员的积极性，不断提高国防科技工业软科学研究管理水平。

第二章　课题立项

第五条　国防科技工业软科学研究课题立项，应遵循以下原则：

（一）紧密结合国防科技工业改革与发展的实际，在国防科技工业软科学研究的范围内有针对性地选题；

（二）统筹兼顾，突出重点，适度超前。既要安排当前急需的研究课题，也要安排较长远的研究课题；

（三）符合本阶段国防科技工业软科学研究指南或重点方向要求。

第六条　成立国防科技工业软科学研究专家组，对软科学研究相关事项进行咨询、评议。

第七条　在面向国防科工委机关和社会征求软科学研究需求信息和指南建议的基础上，政策法规司负责制订国防科技工业软科学研究课题指南或重点研究领域与方向，经专家组审议后发布。

第八条　国防科技工业软科学研究课题采用委托与招标相结合的办法立项。委托研究课题由政策法规司与有关部门和单位协商确定；招标课题面向社会，公平竞争，择优确定承担单位。

第九条　国防科技工业软科学研究课题以单位为申报主体，课题申报单位应在课题指南范围内选择或设计具体课题，并按以下要求申报：

（一）填写《国防科技工业软科学研究课题申请书》；

（二）课题申报单位须对申请书进行认真审核，对申请书填报的主要内容、课题负责人及其成员的政治素质和保密意识，以及能否胜任该课题的研究工作等签署明确意见并加盖公章；

（三）申请书应在规定时间内送达政策法规司，逾期不予受理。

第十条　课题负责人应符合以下条件：

（一）具有良好的政治素质和保密意识，有独立开展、组织和指导研究工作的能力。不能从事实质性研究工作的，不得申请；

（二）一般应具有高级专业技术积称；

（三）近三年无被撤销课题记录。

第十一条 政策法规司负责对申报课题进行分类汇总，对研究内容进行初审，组织专家组对符合申报要求的课题进行评审。政策法规司根据专家组评审意见，编制年度软科学研究课题计划，报主管委领导审批后下达。

第十二条 鼓励自筹经费开展软科学课题研究。申请自筹经费课题，须有出资单位的经费资助证明。对于符合国防科技工业软科学研究课题指南要求的，可以作为指导性课题列入计划，其具体申报和评审等参照资助课题的有关规定执行。

第三章 课题管理

第十三条 国防科技工业软科学研究计划下达后，课题承担单位应与政策法规司签订《国防科技工业软科学研究课题合同书》。

第十四条 由多个单位合作完成的课题，由课题牵头单位与政策法规司签订合同书。牵头单位视课题的具体情况，参照上述合同书的要求，与合作单位签订分合同，并报政策法规司备案。

第十五条 课题启动时，课题承担单位应召开课题开题报告专家评审会，通过评审后转入具体研究阶段。

第十六条 课题承担单位应切实做好课题的管理工作并将国防科技工业软科学研究课题纳入本单位的科研工作计划，加强课题的跟踪管理，重点做好监督检查工作。课题负责人要按本办法的有关规定和要求做好课题的自我管理，按计划进度和质量要求完成研究任务。

第十七条 为确保软科学研究的质量，政策法规司对课题研究的内容、进度、经费使用等情况进行中期检查，课题承担单位在课题研究中期应向政策法规司报送《国防科技工业软科学研究课题中期检查表》。政策法规司可视情况随时了解检查课题的进展情况，或会同国防科工委机关有关部门和专家，对课题的开展情况进行审议。课题承担单位要按检查和审议提出的要求，进一步做好研究工作。

第十八条 课题实施过程中，因情况发生变化，需要变更合同内容的，课题承担单位应向政策法规司提出书面申请，并填报《国防科技工业软科学研究课题变更审批表》，经批准后方可进行。政策法规司根据需要，拟调整合同内容时，要与课题承担单位协商。合同内容变更或调整后，政策法规司下发变更通知单，作为合同的附件。

第十九条 因特殊情况致使研究工作无法继续进行需终止研究的，由课题承担单位提出书面报告，报政策法规司审批后，可办理终止合同手续。

第二十条 凡有下列情形之一的，由政策法规司撤销课题：

（一）研究成果有严重政治问题；

（二）研究成果学术质量低劣；

（三）第一次评审未能通过，经修改后重新评审仍未通过；

（四）剽窃他人成果；

（五）与合同书规定的研究内容严重不符；

（六）逾期不提交延期申请，或延期到期仍不能完成；

（七）严重违反财务制度。

被撤销课题的承担单位及课题负责人三年之内不得申请国防科技工业软科学研究课题。

第四章 经费管理

第二十一条 国防科技工业软科学研究课题资助经费一次核定，分期拨付，包干使用。合同签订后，按以下比例拨付资助经费：5万元（含）以下的，拨付70%，5万元以上10万元（含）以下的，拨付60%，10万元以上的，拨付50%。其余经费在课题验收后拨付。

第二十二条 课题实施过程中，发生合同变更，其经费按变更后的合同执行。撤销或终止合同时，除经核准开支的经费外，课题承担单位应返还其余的下拨经费。

第二十三条 课题经费实行专款专用，单独核算。

第五章 课题验收

第二十四条 课题按合同书要求完成后，课题承担单位应在1个月内填写《国防科技工业软科学研究课题验收申请书》，报政策法规司申请验收，同时附全套研究资料两份。政策法规司在接到申请后10个工作日内回复处理意见。

第二十五条 课题验收须先进行评审。评审工作由政策法规司组织，也可视情况委托相关部门或单位组织。评审依据为合同书规定的研究内容要求。

第二十六条 国防科技工业软科学研究计划课题的评审可采用会议评审、通信评审（函审）或用户验收3种方式，具体评审方式由政策法规司根据课题情况确定。评审专家组一般不少于5人。

第二十七条 有下列情况之一的，可采取用户验收方式：

（一）所提政策建议已被吸收进相关政策法规，并已颁布实施；

（二）所提对策建议、预测分析、决策方案、实施措施等已被相关部门作为决策的参考依据。

第二十八条 对于研究质量不高，存在有明显缺陷的课题，评审组要提出具体意见，并要求课题承担单位重新补充研究后，在规定的时限内提交重审。

第二十九条 评审结论严重不符合实际的，要追究评审组组长的责任，相关责任人两年内不得参与国防科技工业软科学研究课题的评审。

第三十条 通过评审的课题，课题承担单位应在1个月之内将以下材料送达政策法规司办理验收结题手续：

（一）《国防科技工业软科学研究课题验收证书》；

（二）修改后的软科学研究报告及全套资料；

（三）电子文档（软盘）；

（四）评审意见书或应用部门出具的《国防科技工业软科学研究成果应用证明》。

政策法规司审核盖章后向课题承担单位颁发《国防科技工业软科学研究课题验收证书》。

第六章　成果管理

第三十一条　政策法规司负责软科学研究文件和成果的归档与登记。

第三十二条　国防科技工业软科学研究成果申报国家或国防科学技术奖，按照国家和国防科工委有关规定执行。

第三十三条　国防科技工业软科学研究成果，除合同另有约定外，属国防科工委和成果完成单位共有。未经政策法规司同意，成果完成单位不得公开发表。

第三十四条　政策法规司利用行业内报刊、网站等媒体，以及通过举办研究成果报告会，交流会，摘报等形式，加强软科学研究成果的宣传。政策法规司定期汇编国防科技工业软科学研究成果，交流推广研究方法和管理经验等。

第三十五条　政策法规司等部门和成果完成单位应积极组织软科学研究成果的应用和推广。

第七章　附　则

第三十六条　本办法由国防科工委政策法规司负责解释。

第三十七条　本办法自发布之日起施行。原《国防科技工业软科学研究管理暂行办法》同时废止。

附件：

1. 国防科技工业软科学研究课题申请书
2. 国防科技工业软科学研究课题合同书
3. 国防科技工业软科学研究课题中期检查表
4. 国防科技工业软科学研究课题变更审批表
5. 国防科技工业软科学研究课题验收申请书
6. 国防科技工业软科学研究课题验收证书

12

关于延长转制科研机构有关税收政策执行期限的通知

（财税［2005］14 号）

各省、自治区、直辖市、计划单列市财政厅（局）、国家税务局、地方税务局：

为进一步促进科研机构转制改革，经国务院批准，现就转制科研机构有关税收政策问题通知如下：

一、对经国务院批准的原国家经贸委管理的 10 个国家局所属 242 个科研机构和建设部等 11 个部门（单位）所属 134 个科研机构中转为企业的科研机构和进入企业的科研机构，从转制注册之日起 5 年内免征科研开发自用土地、房产的城镇土地使用税、房产税和企业所得税政策执行到期后，再延长 2 年期限。

对上述转制科研院所享受的税收优惠期限，不论是从转制之日起计算，还是从转制注册之日起计算，均据实计算到期满为止。

二、转制科研机构要将上述免税收入主要用于研发条件建设和解决历史问题。

三、地方转制科研机构可参照执行上述优惠政策。参照执行的转制科研机构名单，由省级人民政府确定和公布。

四、本通知自发布之日起执行，凡以前规定与本通知规定不一致的，按本通知执行。

中华人民共和国财政部　国家税务总局

2005 年 3 月 8 日

13

科学仪器设备升级改造专项管理暂行办法

中华人民共和国科学技术部

（国科发财字［2005］93 号）

第一章　总　则

第一条　为解决中央级科研机构存在的科学仪器设备老化、性能下降、测试技术、方法落后等问题，充分挖掘现有科学仪器设备的潜能，提高使用效益，特设立科学仪器设备升级改造专项（以下简称“升级改造专项”）。为加强管理，现制定本办法。

第二条　升级改造专项由中央财政拨款，以项目形式实施，按年度组织立项工作。项目执行周期一般为 1～2 年。

升级改造专项经费的支持对象为中央级科研事业单位，包括中央级转制科研机构。

第三条　升级改造专项主要支持以下几方面工作：

（一）科学仪器设备升级改造技术研究；

（二）分析测试新技术、新方法研究；

（三）大型科学仪器设备的维护、维修。

第四条　升级改造专项项目安排坚持公平竞争、择优支持的原则，实行课题制管理。

第五条　各有关主管部门或单位（以下统称“主管部门”）负责升级改造项目的组织、实施和监督管理工作。

升级改造专项管理实行专家评议与政府决策相结合的立项审批机制，并发挥中介机构的作用。

第二章　项目立项

第六条　科技部制定、发布升级改造专项项目申报指南。

第七条　有关单位按升级改造专项年度项目指南和有关要求填报项目申报书，经主管部门审核、盖章后，报送科技部。

第八条　科技部组织专家或委托中介机构对申报项目的如下内容进行评审或评估。

（一）本项目实施对科研工作的支撑作用；

（二）对相关仪器设备技术发展的促进作用；

（三）技术方案的可行性；

（四）现有技术基础和项目负责人、技术队伍情况；

（五）科学仪器设备的运行服务情况（适用于申请仪器设备维护、维修的项目）；

（六）项目预算的目标相关性、经济合理性以及政策相符性；

（七）相应配套资金的落实情况。

第九条　科技部根据专家评审或评估结果，综合审议后，核批项目及其经费。

第十条　科技部与项目承担单位、主管部门共同签订项目任务书。

第三章　项目实施及验收

第十一条　科技部负责建立升级改造专项项目库，并会同有关主管部门对项目实施进行动态监督管理。

第十二条　项目承担单位每年年初提交上一年度项目执行情况和经费使用情况报告，经主管部门审核后报送科技部。

第十三条　项目在实施过程中有下列情况之一的，应及时调整或撤销：

（一）有关技术等情况发生重大变化，造成项目原定目标及技术路线需要修改的；

（二）匹配的自筹资金或其他条件不能落实，影响项目正常实施的；

（三）项目的技术骨干发生重大变化，或由于其他不可抗拒的因素，致使研究工作无法正常进行的。

第十四条 需要调整或撤销的项目，由项目承担单位提出书面报告，上级主管部门提出意见后，报科技部批准后执行。

第十五条 项目验收工作应当在项目完成后半年内进行。验收时，项目承担单位应提供如下项目验收材料：

（一）项目总结报告；

（二）技术测试专家组技术测试报告；

（三）与项目成果有关的重要数据、技术资料、专著、论文等；

（四）能够表现实物成果特征的照片、多媒体资料及技术资料。

第十六条 若遇特殊情况需要延期验收，延长期限一般不超过半年，并由项目承担单位提出书面申请，经主管部门审核后报科技部审批。

第四章 经费管理

第十七条 升级改造专项经费的管理和使用要严格执行国家有关法律、法规和财务制度的规定。

第十八条 升级改造专项经费主要用于项目执行过程中的关键技术研究、测试、实验工作，主要部件的购置、研制、试验，软件的编制和测试，整机调试以及调查、研讨等活动。

第十九条 项目承担单位要加强升级改造专项经费的管理，单独核算，专款专用。

第二十条 项目完成并通过验收后的结余经费，由项目承担单位继续用于相关研究工作。

第二十一条 升级改造专项项目形成的资产，包括固定资产等属国有资产，项目承担单位按国家有关规定进行管理并行使使用权。

第五章 附 则

第二十二条 本办法自发布之日起执行，由科技部负责解释。

14

国家认定企业技术中心管理办法

国家发展和改革委员会、财政部、海关总署、
国家税务总局（第30号令）
2005年4月12日

第一章 总 则

第一条 为进一步贯彻落实《中共中央、国务院关于加强技术创新发展高科技实现产业化的决定》，充分发挥国家认定企业技术中心在国家创新体系和企业创新能力建设中的引导与示范作用，规范和加强国家认定企业技术中心的认定和评价工作，依据《科学技术进步法》，特制定本办法。

第二条 为推进企业技术中心建设，确立企业技术创新和科技投入的主体地位，对国民经济主要产业中技术创新能力较强、创新业绩显著、具有重要示范和导向作用的企业技术中心，国家予以认定，并享受相应的优惠政策，以鼓励和引导企业不断提高自主创新能力。

第三条 国家发展改革委、财政部、海关总署、国家税务总局负责国家认定企业技术中心的认定工作。国家发展改革委对企业技术中心建设进行宏观指导，并负责国家认定企业技术中心认定的具体组织工作和评价工作。

第二章 认 定

第四条 国家认定企业技术中心的认定每年组织一次，受理认定申请的截止日期为每年5月15日。

第五条 申请国家认定企业技术中心的企业应具备以下基本条件：

1. 企业年销售额在3亿元以上。

2. 有较强的经济技术实力和较好的经济效益，在国民经济各主要行业中具有显著的规模优势和竞争优势。

3. 企业领导层重视技术中心工作，具有较强的市场意识和创新意识，能为技术中心建设创造良好的条件。

4. 具有较完善的研究、开发、试验条件，有较强的技术创新能力和较高的研究开发投入，研究开发与创新水平在同行业中处于领先地位。

5. 有技术水平高、实践经验丰富的技术带头人，科技人员队伍结构合理，在同行业中具有较强的创新人才优势。

6. 技术中心组织体系完善，发展规划和目标明确，具有稳定的产学研合作机制，技术创新绩效显著。

7. 企业两年内（指申请国家认定企业技术中心之日起向前推算两年）有下列情形之一的，不得申请国家认定企业技术中心：（1）有偷税、骗取出口退税等税收违法行为的。（2）涉嫌涉税违法正在接受审查的。

8. 已认定为省市（行业）认定企业技术中心两年以上。

9. 企业科技活动经费支出额、企业专职研究与试验发展人员数、企业技术开发仪器设备原值等三项指标不低于最低标准（详见附件三）。

第六条 国家认定企业技术中心认定程序：

1. 地方企业向省、自治区、直辖市、计划单列市相关主管部门（以下简称“相关主管部门”）提出申请并按要求上报申请材料，申请材料包括：《国家认定企业技术中心申请报告》（以下简称申请报告）（见附件一）和《企业技术中心评价材料》（见附件二）。

2. 相关主管部门对企业上报的申请材料进行审查，按照国家有关要求，确定推荐企业名单，并将推荐企业的申请材料和推荐意见（一式三份）在规定的时间内上报国家发展改革委，同时将推荐企业名单抄送同级国家

税务局。

3. 国务院有关部门、计划单列企业集团、中央管理企业可按要求将申请材料直接上报国家发展改革委，同时抄送同级国家税务局。

4. 国家发展改革委委托符合条件的中介评估机构，按照《企业技术中心评价指标体系》（见附件三）对企业申请材料进行初评。

5. 依据初评结果，国家发展改革委组织专家择优进行综合评审。

6. 国家发展改革委会同财政部、海关总署、国家税务总局依据国家产业政策、初评结果、专家综合评审意见等进行综合审查后，择优确定国家认定企业技术中心名单。

第七条 已是国家认定企业技术中心的企业，其控股子公司企业技术中心如具备国家认定企业技术中心条件，可申请作为该企业国家认定企业技术中心的分中心，申请材料和认定程序与国家认定企业技术中心相同。

第八条 国家发展改革委会同财政部、海关总署、国家税务总局对认定结果（含国家认定企业技术中心分中心），以公告形式颁布。

第九条 国家认定企业技术中心认定结果从国家发展改革委受理申请之日起，90个工作日之内颁布。

第三章 评 价

第十条 依据国家认定企业技术中心评价指标体系，对国家认定企业技术中心每两年进行一次评价。

第十一条 评价程序：

1. 数据采集。国家认定企业技术中心于当年4月15日前将评价材料报相关主管部门。评价材料包括：《国家认定企业技术中心年度工作总结》（附件四）和《企业技术中心评价材料》等。

2. 数据初审。相关主管部门对国家认定企业技术中心上报的材料进行审查，并出具审查意见，加盖公章后于当年5月15日前报国家发展改革委；国务院有关部门、计划单列企业集团、中央管理企业可直接上报（评价材料一式三份）。

3. 数据核查。国家发展改革委委托符合条件的中介评估机构对国家认定企业技术中心上报的评价材料及相关情况进行核查，核查方式包括召开核查会和实地核查等。

4. 数据计算与分析。国家发展改革委委托符合条件的中介评估机构对经核查后的数据按照《企业技术中心评价指标体系》的规定进行计算、分析，得出评价结果，并形成评价报告。

5. 国家发展改革委对评价结果和评价报告进行审核并确认。

第十二条 企业技术中心评价结果分为优秀、合格、不合格。

1. 评价得分90分及以上为优秀。

2. 评价得分60分（含60分）至90分之间为合格。

3. 有下列情况之一的评价为不合格。

（1）评价得分低于60分；

（2）连续两次评价得分在65分（含65分）至60分之间；

（3）逾期一个月不上报评价材料的企业技术中心；

（4）企业科技活动经费支出额、企业专职研究与试验发展人员数、技术开发仪器设备原值三项指标中任何一项低于评价指标体系规定的最低标准（详见附件三）。

第十三条 国家发展改革委对评价结果以公告形式颁布。

第十四条 国家认定企业技术中心评价结果从上报评价材料截止之日起，70个工作日内颁布。

第四章 调整与撤销

第十五条 集团公司技术中心被认定为国家认定企业技术中心的，其下属公司的原有国家认定企业技术中心资格视情况调整为集团公司国家认定企业技术中心的分中心。

第十六条 有下列情况之一的撤销其国家认定企业技术中心资格：

1. 评价不合格；

2. 国家认定企业技术中心所在企业自行要求撤销其国家认定企业技术中心；

3. 国家认定企业技术中心所在企业被依法终止；

4. 由于技术原因发生重大质量、安全事故的企业；

5. 有偷税、骗取出口退税等税收违法行为的企业。

第十七条 国家发展改革委会同财政部、海关总署、国家税务总局对调整与撤销的国家认定企业技术中心，以公告形式颁布。

第五章 管理与政策

第十八条 企业上报的申请国家认定企业技术中心材料和国家认定企业技术中心上报的评价材料内容和数据应真实可靠。提供虚假材料的企业，经核实后，申请国家认定企业技术中心的企业三年内不得申请国家认定；已是国家认定企业技术中心的撤销其国家认定企业技术中心资格，三年内不得申请国家认定。

第十九条 因第十六条原因被撤销国家认定企业技术中心资格的，两年内不得重新申报国家认定企业技术中心。

第二十条 对于评价得分65分（含65分）至60分的国家认定企业技术中心，给予警告，并由相关主管部门、国务院有关部门、计划单列企业集团、中央管理企业负责督促整改。

第二十一条 国家认定企业技术中心所在企业发生更名、重组等重大调整的，应在办理相关手续后30个工作日内由相关主管部门、国务院有关部门、计划单列企业集团、中央管理企业将有关情况报国家发展改革委。

第二十二条 国家发展改革委会同财政部、海关总署署、国家税务总局每年公告一次国家认定企业技术中心名单。

第二十三条 国家认定企业技术中心按照《财政部 国家税务总局关于企业（集团）技术中心等继续享受有关进口税收优惠政策的通知》（财税［2001］112号）的规定，享受《科学研究和教学用品免征进口税收暂行规定》（国函［1997］3号）中的有关优惠政策。

第二十四条 国家发展改革委通过企业技术中心创新能力建设专项，引导和鼓励企业加大技术创新投入，促进国家认定企业技术中心的建设和发展。

第六章 附 则

第二十五条 各省市及国务院有关部门可结合本地区（部门）实际，参考本办法，制定相应政策，开展省市（部门）认定企业技术中心的认定和评价工作，并对企业技术中心建设给予相应支持。

第二十六条 本办法自2005年5月1日起施行。

第二十七条 本办法由国家发展改革委会同财政部、海关总署、国家税务总局负责解释。

15

关于推动科技型中小企业融资工作有关问题的通知

国家开发银行、科学技术部
2005 年 4 月 13 日

一、指导思想

（一）充分发挥科技主管部门的组织协调优势和国家开发性金融机构的融资优势，整合各自资源，加大对科技型中小企业的融资支持，支持高新技术产业做大做强。

（二）通过信用建设、法人建设、治理结构建设和现金流建设，建立“借、用、还”一体的有效机制，防范和控制金融风险。

（三）融资支持对象必须是符合社会、经济和科技发展方向的科技型中小企业，通过融资促进地方产业结构调整优化，支持特色产业的发展。

（四）通过科技投融资体制建设，引导社会资金，加大对种子期、初创期和成长期科技型中小企业的融资支持力度，提高自主创新能力。

（五）坚持既要加大支持力度，又要积极稳妥、务求实效的原则，分阶段共同推进科技型中小企业融资工作。

二、工作职责和管理

（一）科学技术部和国家开发银行业务合作委员会负责总协调，制订进一步推动科技型中小企业融资工作的方针、政策。

（二）科学技术部负责指导和推动地方科技主管部门、国家高新区管委会与国家开发银行合作开展科技型中小企业贷款工作，并通过政策配套、科技信用建设、监督考核、统计评价、人员培训、表彰奖励等多种措施加强对贷款平台依托单位的管理和指导。具体日常工作由条件财务司、火炬中心和科技型中小企业技术创新基金管理中心负责。

（三）国家开发银行负责贷款管理工作，推动各分行与地方科技主管部门和国家高新区的合作，并通过制定政策，加强计划、组织、指导、监督、考核等措施对分行相关工作进行管理。

（四）地方科技主管部门、国家高新区管委会和国家开发银行各分行直接对口合作，负责本地区贷款平台建设、人员及机构的调配与管理、相关政策措施配套，具体指导和实施业务，推动本地区科技型中小企业的信用建设、法人建设、治理结构建设和现金流建设。

（五）国家开发银行各分行在贷款平台的配合下，具体负责科技型中小企业的开发、评审、贷款管理及本息回收，贷款平台应按国家开发银行分行的要求积极开展有关工作。

三、融资方式

（一）科技型中小企业贷款

地方科技主管部门或国家高新区管委会要把与国家开发银行共同建设贷款平台作为重要任务，国家开发银行各分行根据贷款平台自身承贷能力、管理能力、政策配套程度等实际情况与平台单位合作，合作方式可以是采取统贷方式或直贷方式。

贷款平台指根据国家开发银行各分行与地方政府、中小商业银行（含城市信用社）、农村信用社联社、担保公司等签订的中小企业贷款合作协议的约定，在国家开发银行培育和指导下，按要求承担或协助承担客户开发、评审和贷后管理职能的机构。科技型中小企业贷款平台可以依托当地的高新技术创业服务中心（孵化器）、生产力促进中心、特色产业基地、中小企业信用担保公司和高科技风险投资公司等科技中介机构建立。

统贷方式指国家开发银行向有借款资格和承贷能力的企事业法人（统借统还借款人，以下简称“指定借款人”）发放中小企业贷款，指定借款人运用国家开发银行贷款资金，以委托贷款等合法有效的资产运作方式，向中小企业提供资金支持的贷款方式。采取统贷方式的，贷款平台的职能由指定借款人承担。

直贷方式指国家开发银行直接与中小企业签订借款合同、中小企业直接对国家开发银行承担还款责任。贷款平台只负责客户开发、项目受理、初评等工作。

科技型中小企业贷款的额度、期限、评审及贷后管理按照国家开发银行中小企业贷款评审、信用评审和信贷管理等指导意见执行。

（二）高科技创业贷款

高科技创业贷款是指国家开发银行向国内优秀创业投资公司及科技企业孵化器提供贷款支持，创业投资公司及科技企业孵化器作为高科技创业贷款的贷款平台。该平台负责选择项目，主要以股权投资向科技型中小企业提供资金支持，也可以根据需要以债权形式支持科技型中小企业，通过创业投资公司这一平台分散投资，分担风险。

高科技创业贷款的额度、期限、评审及贷后管理按照国家开发银行高科技创业贷款项目评审指导意见执行。

四、配套政策

（一）科学技术部结合国家科技计划管理体制改革，以促进科技与金融结合为导向，以高新技术产业为重点，安排相关资金，用于资助和引导地方建立贷款平台和建立平台风险补偿机制。

（二）科学技术部科技型中小企业技术创新基金对科学技术部、国家开发银行建立的贷款平台试点所给予贷款的项目，提供一定比例的贷款贴息，地方科技主管部门或国家高新区管委会应给予配套贴息。

（三）国家开发银行对贷款平台建设和运行进行指导、培训和工作委托，支持平台建设和发展。

（四）国家开发银行对贷款平台及相关科技型中小企业提供财务顾问等金融服务，为科技型中小企业进一步的融资提供指导和帮助，引导商业银行、产业基金和其他社会资金共同支持科技型中小企业发展。

五、工作措施和要求

（一）科学技术部及地方科技主管部门、国家高新区管委会，国家开发银行及各分行要有专人进一步推动科技型中小企业融资工作。

（二）科学技术部和国家开发银行要针对科技型中小企业的特点和需要，共同举办相关培训、考察，加强科技服务和金融服务。

（三）地方科技主管部门、国家高新区管委会和国家开发银行各分行应根据本通知，结合当地实际情况，加强沟通，共同研究制定实施方案，并报科学技术部和国家开发银行备案。

（四）充分调动有关方面的积极性，吸引包括地方中小企业担保机构等在内的中介机构参与相关工作，建立科技型中小企业信用担保体系。

（五）地方科技主管部门、国家高新区管委会和国家开发银行各分行应积极探索支持高新技术产业和科技型中小企业发展的新举措，促进科技创新和金融创新的有机结合。

■16

互联网著作权行政保护办法

国家版权局、信息产业部令
（2005 年第 5 号）

第一条 为了加强互联网信息服务活动中信息网络传播权的行政保护，规范行政执法行为，根据《中华人民共和国著作权法》及有关法律、行政法规，制定本办法。

第二条 本办法适用于互联网信息服务活动中根据互联网内容提供者的指令，通过互联网自动提供作品、录音录像制品等内容的上载、存储、链接或搜索等功能，且对存储或传输的内容不进行任何编辑、修改或选择的行为。

互联网信息服务活动中直接提供互联网内容的行为，适用著作权法。

本办法所称“互联网内容提供者”是指在互联网上发布相关内容的上网用户。

第三条 各级著作权行政管理部门依照法律、行政法规和本办法对互联网信息服务活动中的信息网络传播权实施行政保护。国务院信息产业主管部门和各省、自治区、直辖市电信管理机构依法配合相关工作。

第四条 著作权行政管理部门对侵犯互联网信息服务活动中的信息网络传播权的行为实施行政处罚，适用《著作权行政处罚实施办法》。

侵犯互联网信息服务活动中的信息网络传播权的行为由侵权行为实施地的著作权行政管理部门管辖。侵权行为实施地包括提供本办法第二条所列的互联网信息服务活动的服务器等设备所在地。

第五条 著作权人发现互联网传播的内容侵犯其著作权，向互联网信息服务提供者或者其委托的其他机构（以下统称“互联网信息服务提供者”）发出通知后，互联网信息服务提供者应当立即采取措施移除相关内容，并保留著作权人的通知 6 个月。

第六条 互联网信息服务提供者收到著作权人的通知后，应当记录提供的信息内容及其发布的时间、互联网地址或者域名。互联网接入服务提供者应当记录互联网内容提供者的接入时间、用户账号、互联网地址或者域名、主叫电话号码等信息。

前款所称记录应当保存 60 日，并在著作权行政管理部门查询时予以提供。

第七条 互联网信息服务提供者根据著作权人的通知移除相关内容的，互联网内容提供者可以向互联网信息服务提供者和著作权人一并发出说明被移除内容不侵犯著作权的反通知。反通知发出后，互联网信息服务提供者即可恢复被移除的内容，且对该恢复行为不承担行政法律责任。

第八条 著作权人的通知应当包含以下内容：

（一）涉嫌侵权内容所侵犯的著作权权属证明；

（二）明确的身份证明、住址、联系方式；

（三）涉嫌侵权内容在信息网络上的位置；

（四）侵犯著作权的相关证据；

（五）通知内容的真实性声明。

第九条 互联网内容提供者的反通知应当包含以下内容：

（一）明确的身份证明、住址、联系方式；

（二）被移除内容的合法性证明；

（三）被移除内容在互联网上的位置；

（四）反通知内容的真实性声明。

第十条 著作权人的通知和互联网内容提供者的反通知应当采取书面形式。

著作权人的通知和互联网内容提供者的反通知不具备本办法第八条、第九条所规定内容的，视为未发出。

第十一条 互联网信息服务提供者明知互联网内容提供者通过互联网实施侵犯他人著作权的行为，或者虽不明知，但接到著作权人通知后未采取措施移除相关内容，同时损害社会公共利益的，著作权行政管理部门可以根据《中华人民共和国著作权法》第四十七条的规定责令停止侵权行为，并给予下列行政处罚：

（一）没收违法所得；

（二）处以非法经营额3倍以下的罚款；非法经营额难以计算的，可以处10万元以下的罚款。

第十二条 没有证据表明互联网信息服务提供者明知侵权事实存在的，或者互联网信息服务提供者接到著作权人通知后，采取措施移除相关内容的，不承担行政法律责任。

第十三条 著作权行政管理部门在查处侵犯互联网信息服务活动中的信息网络传播权案件时，可以按照《著作权行政处罚实施办法》第十二条规定要求著作权人提交必备材料，以及向互联网信息服务提供者发出的通知和该互联网信息服务提供者未采取措施移除相关内容的证明。

第十四条 互联网信息服务提供者有本办法第十一条规定的情形，且经著作权行政管理部门依法认定专门从事盗版活动，或有其他严重情节的，国务院信息产业主管部门或者省、自治区、直辖市电信管理机构依据相关法律、行政法规的规定处理；互联网接入服务提供者应当依据国务院信息产业主管部门或者省、自治区、直辖市电信管理机构的通知，配合实施相应的处理措施。

第十五条 互联网信息服务提供者未履行本办法第六条规定的义务，由国务院信息产业主管部门或者省、自治区、直辖市电信管理机构予以警告，可以并处三万元以下罚款。

第十六条 著作权行政管理部门在查处侵犯互联网信息服务活动中的信息网络传播权案件过程中，发现互联网信息服务提供者的行为涉嫌构成犯罪的，应当依照国务院《行政执法机关移送涉嫌犯罪案件的规定》将案件移送司法部门，依法追究刑事责任。

第十七条 表演者、录音录像制作者等与著作权有关的权利人通过互联网向公众传播其表演或者录音录像制品的权利的行政保护适用本办法。

第十八条 本办法由国家版权局和信息产业部负责解释。

第十九条 本办法自2005年5月30日起施行。

17

关于印发《认证认可科技与标准化工作管理规定（试行）》和《认证认可科技项目管理办法（试行）》的通知

各省、自治区、直辖市质量技术监督局，各直属出入境检验检疫局，各认证机构及相关单位：

现将《认证认可科技与标准化工作管理规定（试行）》和《认证认可科技项目管理办法（试行）》印发你们，请遵照执行。

附件：1. 认证认可科技与标准化工作管理规定（试行）

2. 认证认可科技项目管理办法（试行）

二○○五年五月十九日

国家认证认可监督管理委员会

附件1：认证认可科技与标准化工作管理规定（试行）

第一章　总　则

第一条　为规范和加强认证认可及其相关领域的科技与标准化管理工作，充分发挥认证认可科技与标准化工作的技术支撑作用，促进认证认可更好地为经济和社会发展服务，根据《中华人民共和国科学技术进步法》、《中华人民共和国标准化法》、《中华人民共和国认证认可条例》和国家其他有关法律法规，制定本规定。

第二条　本规定所称科技工作，是指与认证认可工作相关的科学研究、技术创新、科技信息、高新技术的开发与应用、科技成果的推广与转化、科技环境建设以及科技合作与交流等工作。

本规定所称标准化工作，是指规范和指导认证认可活动所需标准类文件的制修订、宣贯、实施和监督等工作。

本规定所称标准类文件是指标准（狭义）、准则、指南、技术规范以及其他标准性技术文件等。

第三条　本规定适用于与认证认可工作相关的科技与标准化工作的规划、实施、监督和管理。

第四条　国家认证认可监督管理委员会（以下简称国家认监委）归口管理、监督和综合协调认证认可领域的科技工作与标准化工作。

认证认可科学技术委员会（以下简称认证认可科技委）在国家质量监督检验检疫总局（以下简称国家质检总局）科学技术委员会的指导下开展认证认可领域的科技工作；全国认证认可标准化技术委员会（以下简称认证认可标委会）在国家标准化管理委员会（以下简称国家标准委）的领导下，归口管理认证认可领域的标准化工作。

认证机构、认可机构和地方质检部门是认证认可科技与标准化工作的实施主体。

鼓励认证认可相关各方，包括行业主管部门、行业协会、检测机构、科研机构、企业、消费者等，积极参与认证认可科技与标准化工作。

第五条　认证认可科技与标准化工作的主要内容是：

（一）加强认证认可发展基础性、前瞻性、应用性理论和技术研究，积极对我国认证认可制度、模式进行探索与创新；

（二）积极组织和参与国际、国内标准化活动，建立和完善既与国际接轨又符合中国实际的认证认可标准体系；

（三）促进认证认可科技成果及时、有效转化为国家标准，并实现我国在优势领域主导制定国际标准；

（四）建立激励机制，加强对科技与标准化人才的选拔、培养和使用；

（五）加强对认证认可科技与标准化工作的宣传和信息化建设，实现科学、高效管理与信息共享。

第二章　机构与职责

第六条　国家认监委履行以下职责：

（一）贯彻国家有关科技进步和标准化方面的方针、政策和法律、法规，组织制定认证认可领域科技与标准化工作的政策和规范性文件；

（二）制定认证认可科技与标准化工作发展规划和工作计划并组织实施；

（三）负责认证认可科技项目、标准制修订项目的归口管理工作；

（四）负责认证认可科技与标准化工作经费的预算和管理；

（五）负责认证认可科技与标准化成果的奖励和推广应用；

（六）组织认证认可科技与标准化方面的国内外学术交流和技术培训；

（七）负责认证认可科技与标准化保密管理工作；

（八）负责认证认可科技委和认证认可标委会的组建和日常管理工作。

第七条　参与认证认可科技与标准化工作的相关单位应当：

（一）加强对科技与标准化工作的组织和管理，为科技与标准化工作的开展提供必要的人、才、物等资源保障；

（二）组织实施国家认监委下达的各项科技与标准制修订项目计划并按时完成；

（三）负责所承担项目经费使用情况的管理。

第三章　资源保障

第八条　国家认监委应当加强对认证认可科技委和认证认可标委会的管理与使用，充分发挥两个委员会的技术支持作用，广泛吸纳各行业专家。

第九条　国家认监委应当加强对科技与标准化专业人才和管理人才的培养和使用，激发他们的积极性和创造性，不断提高认证认可科技与标准化工作水平。

第十条　认证认可相关机构的技术人员应当勇于创新，注重诚信，积极参与科技与标准化工作。

第十一条　国家认监委应当对科技和标准制修订项目计划给予适当的经费补助。

第十二条　科技与标准化项目承担机构应当保证所承担项目配套资金的落实，并根据业务发展，不断增加科技与标准化资金投入。

第十三条　国家认监委和参与认证认可科技与标准化工作的相关单位应当积极采取措施，多渠道、多层次地筹集科技与标准化工作资金。

第十四条　科技与标准化工作经费必须专款专用、合理使用并严格管理，提高经费的使用效能。

第四章　奖励与处罚

第十五条　国家认监委负责建立认证认可科技与标准化工作奖励机制，并对优秀的科技与标准化成果以及在科技与标准化工作中成绩突出的单位和个人给予奖励和表彰。

第十六条　对在认证认可科技与标准化工作中发生的违规违纪行为，国家认监委将按照有关规定做出处罚，并对相关责任方（人）建立信用不良记录。

第五章　附　则

第十七条　本规定由国家认监委负责解释。

第十八条　本规定自发布之日起实行。

附件2：认证认可科技项目管理办法（试行）

第一章　总　则

第一条　为规范认证认可及其相关领域科技项目的管理，促进认证认可科技进步，根据《关于国家科研计划实施课题制管理的规定》、《国家质量监督检验检疫总局科技项目管理办法》、《认证认可科技与标准化工作管理规定（试行）》以及其他有关规定，制定本办法。

第二条　本办法规定的科技项目（以下简称项目）是指由国家认证认可监督管理委员会（以下简称国家认监委）批准，科技主管部门下达，由相关机构承担并在一定时间周期内进行的认证认可科学技术研究活动。申报国家科技部、国家质量监督检验检疫总局（以下简称国家质检总局）或其他部门的项目按照国家或相关部门科技项目管理的有关规定执行。

第三条　本办法适用于认证认可及其相关领域科技项目的立项、实施管理、成果鉴定或项目验收以及项目经费管理等工作。

第二章　机构职责

第四条　国家认监委科技主管部门负责认证认可及其相关领域科技项目的管理工作，履行以下职责：

（一）贯彻执行国家科技部、国家质检总局和国家认监委的各项科技管理规定，组织建立认证认可及相关领域科技项目管理的规范性文件，负责项目立项工作的政策性指导；

（二）负责组织申报国家科技部、国家质检总局等的科技项目，并对下达计划项目的实施过程进行监督管理；

（三）负责国家认监委科技项目的组织申报和审议工作，编制、下达国家认监委批准的年度项目计划，负责项目经费预算的审核并提出项目经费预算计划，监督检查项目执行情况、经费使用情况并组织成果鉴定或项目验收；

（四）参与拟定国际科技合作项目协议，对项目的实施进行督促、指导；

（五）对项目承担机构的科技项目管理工作提供帮助与指导；

（六）负责与国家科技部、国家质检总局或其他行业科技主管部门的对口业务联络工作；

（七）负责协调科技项目承担机构之间的项目活动。

第五条 各直属出入境检验检疫局和各省、直辖市、自治区质量技术监督局，负责本单位及下属机构认证认可科技项目的管理工作，履行以下职责：

（一）贯彻执行国家质检总局和国家认监委有关科技管理规定；

（二）负责组织本单位及下属机构的科技项目申报工作，并按照要求汇总上报项目计划书及相关材料；

（三）负责本单位所承担科技项目的组织实施及下属机构科技项目计划执行情况的管理和监督；

（四）负责对本单位及下属机构科技项目经费使用情况的管理。

第六条 申请承担国家认监委科技项目的机构（以下简称“项目承担机构”），包括国家认监委委内部门、认证机构、认可机构、地方质检部门以及其他相关单位，负责组织实施所承担项目的研究，履行以下职责：

（一）贯彻执行国家认监委有关科技管理规定；

（二）负责本机构科技项目的申报工作，并按照要求上报项目计划书及相关材料；

（三）负责组织实施所承担的科技项目，保质保量、按时完成计划；

（四）对计划项目的实施提供配套资金，并负责全部项目经费的管理和合理使用；

（五）接受国家认监委科技主管部门对项目执行情况、经费使用情况的监督检查，并按照要求上报相关材料。

第三章 项目立项

第七条 项目立项一般采用计划申报方式，急需决策和实施的特殊项目可以履行快速立项审批程序。

第八条 项目立项一般应当包括申报、审查和批准下达三个基本过程。

第九条 国家认监委负责建立专家审查和政府决策相结合的立项审批机制，确保立项的科学性。

第十条 项目立项原则

（一）坚持科技为认证认可工作服务，注重基础性、前瞻性和应用性研究；

（二）坚持科技高起点，鼓励采用国际先进的认证认可理论与技术，填补我国认证认可理论和技术领域空白；

（三）坚持理论研究与技术创新并举，以解决认证认可工作中急需解决的关键性理论和技术问题为重点。

第十一条 项目申报

任何单位或个人均可根据项目申请条件和立项原则提出项目申请，经其所在机构批准后，向国家认监委科技主管部门申报。

申报材料应当包括：

（一）非软科学的项目填报《国家认证认可监督管理委员会科技项目计划任务书》（格式见附件一）；软科学的项目填报《国家认证认可监督管理委员会软科学研究项目计划任务书》（格式见附件二）；

（二）附科技成果查新报告或其他相关说明材料；

（三）填报《＊＊＊＊年度国家认证认可监督管理委员会科技项目计划汇总表》（格式见附件三）。

第十二条 项目审查

国家认监委科技主管部门负责组织有关专家根据立项原则对申报项目进行技术审查。技术审查的主要内容包括：

（一）立项的必要性和紧迫性；

（二）项目实施技术路线的科学性、合理性、先进性；

（三）项目负责人及参加人员的科研能力、管理能力和专业技术水平是否与拟申报立项项目相适应；

（四）一个项目只能且必须确立一个依托单位，依托单位必须具备必要的项目实施条件，有健全的科研管理制度、财务管理制度、资产管理制度和会计核算制度。

第十三条 项目批准及下达

国家认监委科技主管部门根据技术审查的结果提出年度项目计划及年度项目经费预算计划，经报国家认监委批准后下达。

国家认监委科技主管部门根据认证认可事业发展需求，酌情选择具有国际国内先进性、超前性的项目，确定为国家认监委重点攻关项目。

国家认监委科技主管部门对上报的项目计划任务书进行批复，批复结论分为“批准立项”、“不批准立项”或“需作复议”。对“需作复议”的项目，项目申请机构应对有关内容进行必要的修改，并在规定时间内将修改完善后的项目计划任务书重新上报国家认监委科技主管部门。

国家认监委科技主管部门负责编制和下达《国家认证认可监督管理委员会＊＊＊＊年度科技项目计划》。

第四章 项目实施管理

第十四条 国家认监委科技项目计划一般按照项目开展管理。项目采取确定目标、滚动立项、分年度实施的管理方式，实施周期一般不超过三年。

第十五条 各项目承担机构负责组织实施本机构承担的项目；几个机构共同参加的，由项目负责机构组织实施；重点攻关项目，由国家认监委科技主管部门负责协调，会同项目承担机构共同组织实施。

第十六条 各项目承担机构应当加强科技项目计划实施的管理工作，切实维护国家认监委科技项目计划的严肃性。

承担国家认监委重点攻关项目及国家科技项目、国家质检总局科技项目的机构，每季度应当向国家认监委上报项目进展情况；承担其他项目的机构，每半年应当向国家认监委上报项目进展情况，上报时间为七月底前及十二月底前。

国家认监委科技主管部门应当定期或不定期检查项目计划的实施情况，并通报科技项目计划的总体执行情况。

第十七条 项目的变更

科研计划项目在实施过程中，项目的计划目标、技术路线、主要研究内容、研究进度、经费预算、承担机构或主要承担人以及其他可能影响课题顺利完成的重大事项发生变动，项目承担机构应提出书面申请报告（格式见附件四），并经所在机构审核、批准后，报国家认监委科技主管部门审批。

国家认监委科研计划项目在实施过程中如确因不可抗拒的原因无法完成，须申请撤销（结题）。项目承担机构应当提出“科研项目结题申请报告”，并提交以下材料：

（一）项目实施情况，已完成的科研工作；

（二）已撰写和发表的论文或技术报告；

（三）项目经费使用情况（项目承担机构财务部门审核）；

（四）结题报告；

（五）产生的经济效益，收益、分配情况等与项目有关的其他材料。

申请、审批程序与科研项目立项相同。

第十八条 列入国家认监委科技项目年度计划的项目，按经费来源分为三类：第一类是由认监委提供全部经费的项目；第二类是由认监委提供部分经费的项目；第三类是认监委不提供经费的项目。第二类项目的承担机构负责落实配套经费，第三类项目的承担单位负责筹集项目实施所需要的所有经费。

第十九条 项目承担机构对科技项目经费必须实行专项管理、保证专款专用。要确保经费合理使用，提高经费的使用效能。

第二十条 对申请撤销由认监委提供经费的项目，项目承担机构应当经财务审核后返还剩余的经费。

第五章 鉴定、验收及

第二十一条 国家认监委批准下达的项目由国家认监委科技主管部门按照有关规定组织鉴定或验收，批准成果登记。

第二十二条 对符合国家科技部《科技成果登记办法》规定登记条件的科研成果，按照国家质检总局科技成果登记有关规定进行登记，以便科技成果及时登录到国家科技成果数据库。

第二十三条 国家认监委批准下达的科技项目，无故逾期未完成的，国家认监委将撤销该计划项目。对国家认监委提供经费的项目按全额收回经费。

第二十四条 国家认监委和各项目承担机构应当按照国家有关科技政策，采取有计划推广和通过技术市场转让等方式，积极进行科技成果的转化与推广应用。

对国民经济和认证认可工作影响较大，经济、社会效益明显并具备一定推广基础及条件的科研成果，择优纳入国家认监委“科技成果应用推广计划”。

第六章 附 则

第二十五条 有关机构可根据本办法，结合本机构具体情况制定相应管理规定。

第二十六条 本办法由国家认监委负责解释。

第二十七条 本办法自发布之日起实行。

武器装备科研生产许可实施办法

中华人民共和国国防科学技术工业委员会令（第15号）

2005年5月26日

第一章 总 则

第一条 为了加强武器装备科研生产许可管理，维护武器装备科研生产市场秩序，根据《中华人民共和国行政许可法》和《国务院对确需保留的行政审批项目设定行政许可的决定》，制定本办法。

第二条 武器装备科研生产实行许可制度。未取得武器装备科研生产许可证（以下简称许可证）的，不得从事武器装备科研生产。

本办法所称武器装备科研生产是指武器装备的总体、系统、专用配套产品的科研生产活动。

第三条 武器装备科研生产许可实行分类管理。

第一类：武器装备的总体、关键分系统、核心配套产品科研生产许可。

第二类：武器装备的一般分系统及其他专用配套产品科研生产许可。

国防科工委依据国家有关规定对第一类许可实行数量限制。

第四条 国防科工委负责全国武器装备科研生产许可的管理工作，履行下列职责：

（一）制定武器装备科研生产许可工作的政策、规章；

（二）编制并发布《武器装备科研生产许可工作指南》和《武器装备科研生产许可专业（产品）目录》；

（三）受理第一类许可的申请，审查、颁发许可证，办理许可证的变更、延续及注销手续；

（四）监督检查许可证的审查、颁发以及使用情况。

国防科工委设立武器装备科研生产许可证管理办公室，负责日常工作。

第五条 各省、自治区、直辖市人民政府国防科学技术工业管理部门（以下简称地方国防科技工业管理部门）受国防科工委委托，履行下列职责：

（一）受理本地区第二类许可的申请；

（二）组织本地区第二类许可申请事项的现场审查，并提出审查意见；

（三）协助国防科工委组织本地区第一类许可申请事项的现场审查；

（四）监督检查本地区武器装备科研生产单位许可证的使用情况。

第二章 申请与受理

第六条 申请武器装备科研生产许可的，应当具备以下条件：

（一）法人资格；

（二）与申请从事的武器装备科研生产许可专业（产品）相适应的技术力量、设备、设施条件和经济实力；

（三）相应等级的武器装备科研生产保密资格认证；

（四）健全的组织机构和完善的管理制度；

（五）完善的质量管理体系；

（六）健全的安全生产管理体系和相应的安全生产条件。

申请从事武器装备总体和系统科研生产的，还应当具有相应的工程组织、协调能力。

第七条 申请武器装备科研生产许可的，应当填写《武器装备科研生产许可证申请书》一式五份及电子版文件，同时提交以下文件、材料一式二份：

（一）企业营业执照或事业单位法人证书；

（二）质量管理体系认证证书；

（三）保密资格证书；

（四）消防达标文件；

（五）安全生产达标文件或者安全生产评价报告；

（六）环保验收达标文件；

（七）国防科工委认为需要提交的符合本办法第六条规定条件的其他文件、材料。

第八条　申请武器装备科研生产许可的，应当遵照《武器装备科研生产许可工作指南》的要求，并按照下列规定提出申请：

（一）申请第一类许可的，向国防科工委提出；

（二）申请第二类许可的，向所在地地方国防科技工业管理部门提出；

（三）同时申请第一类、第二类许可的，向国防科工委提出。

第九条　收到许可证申请的管理部门应当自收到申请之日起5日内做出是否受理的决定。不予受理的，应当书面说明理由。

第三章　审查与批准

第十条　地方国防科技工业管理部门应当自受理申请之日起10日内审查完毕，提出审查意见，报送国防科工委。

第十一条　国防科工委应当自受理申请之日起20日内审查完毕，做出许可或者不予许可的决定。作出许可决定的，向申请人颁发许可证；作出不予许可决定的，应当书面通知申请人并说明理由。

20日内不能作出决定的，经国防科工委负责人批准，可以延长10日，但应当将延长期限的理由告知申请人。

第十二条　许可证审查部门可以组织专家对武器装备科研生产许可申请事项进行现场审查，也可以根据实际情况进行书面审查。

现场审查应当在60日内完成，所需时间不计算在本章规定的审查期限内。

现场审查规则和专家管理办法另行制定。

第十三条　对第一类许可事项有多个申请人提出相同申请的，国防科工委对其中部分申请人作出准予行政许可决定前，应当告知其他申请人，并听取其意见。

第十四条　许可证主要包括以下内容：

（一）法人名称；

（二）注册地址；

（三）法定代表人名称；

（四）武器装备科研生产的专业（产品）类别；

（五）许可证编号；

（六）有效期限和发证时间。

第十五条　许可证的有效期限为5年。持证人在许可证有效期限内，其法人名称、注册地址及法定代表人发生变更的，应当及时向原许可证审查部门申请换发许可证。

许可证审查部门依照法定条件和程序进行核实，情况属实的，由国防科工委在受理申请之日起20日内换发许可证。

第十六条　持证人在许可证有效期限内，申请变更被许可的武器装备科研生产专业（产品）类别的，应当按照本办法规定重新提出申请。

第十七条　持证人提出延续许可证有效期的，应当在许可证有效期届满6个月前，向原许可证审查部门提出申请。

国防科工委应当在该行政许可有效期届满前作出是否准予延续的决定。作出准予延续决定的，应当换发许可证；作出不予延续决定的，应当书面说明理由。

第十八条　许可证由国防科工委统一印制。

第四章　监督和管理

第十九条　持证人应当履行下列义务：

（一）遵守国家法律、法规和本办法的规定；

（二）在许可证确定的范围内从事武器装备科研生产；

（三）按国家要求承担武器装备科研生产任务，接受国家武器装备科研生产订货，按期提供符合质量标准的武器装备；

（四）在武器装备出厂证书、标牌及外包装上印制许可证编号；

（五）建立年度自检制度，并接受许可证管理部门的监督检查；

（六）保守国家秘密。

第二十条　国防科工委、地方国防科技工业管理部门应当对持证人从事武器装备科研生产活动的情况进行监督检查，及时纠正违法行为。

国防科工委应当对地方国防科技工业管理部门依法履行许可证受理、审查职责等情况，实施监督检查。

第二十一条　有下列情形之一的，国防科工委可以依法作出撤销行政许可的决定：

（一）许可证审查机关工作人员滥用职权、玩忽职守作出准予行政许可决定的；

（二）超越法定职权作出准予行政许可决定的；

（三）违反法定程序作出准予行政许可决定的；

（四）对不具备申请资格或者不符合法定条件的申请人准予行政许可的；

（五）被许可人以欺骗、贿赂等不正当手段取得许可证的；

（六）依法可以撤销的其他情形。

第二十二条　持证人有下列情形之一的，国防科工委应当依法办理注销手续，并向有关部门公告：

（一）许可证有效期届满未延续的；

（二）许可证依法被终止、撤销的；

（三）依法应当注销的其他情形。

第二十三条　国防科工委应当建立许可证档案管理制度和许可证数据库，编制并发布《武器装备科研生产许可证名录》，及时将许可证的变更、延续、注销等情况通知相关部门。

第五章　法律责任

第二十四条　违反本办法规定伪造、冒用他人许可证，或者超出许可证确定的范围从事武器装备科研生产活动的，处以1万元以上3万元以下罚款。

第二十五条　违反本办法规定涂改、倒卖、出租、出借或者以其他形式非法转让许可证的，责令限期改正，可以并处1万元以上3万元以下罚款。

第二十六条　申请人隐瞒有关情况或者提供虚假材料申请许可证的，予以警告；申请人在一年内不得再次提出许可证申请。

第二十七条　许可证审查机关工作人员违反本办法的规定，有玩忽职守、徇私舞弊等行为，给申请人和国家利益造成损失的，视情节轻重，依法给予行政处分。

第六章　附　则

第二十八条　本办法有关时限的规定以工作日计算，不含法定节假日。

第二十九条　本办法由国防科工委负责解释。

第三十条　本办法自2005年6月15日起施行。国防科工委1999年9月9日颁布的《武器装备科研生产许可证管理暂行办法》和2002年12月5日颁布的《武器装备科研生产许可证管理暂行办法实施细则》同时废止。

■ 19

教育部科技基础资源数据平台建设管理办法

(教技［2005］2号)
2005年6月8日

第一章　总　则

第一条　为加强科技基础资源数据平台建设的组织与管理工作，保障平台建设规范、有序进行，特制定本办法。

第二条　教育部科技基础资源数据平台（以下简称平台）是运用现代信息技术，对高校科技基础资源数据，特别是自然科技资源和科学数据等进行战略重组和系统优化，以促进高校科技资源的高效配置和综合利用，提升高校科技创新能力，拓宽人才培养手段的共享性基础设施。平台建设是一项涉及多个高校的，长期性、基础性和公益性的工作。

第三条　平台建设按照统筹规划、分步实施、共建共享、优化提升的原则，在《2004－2010年国家科技基础条件平台建设纲要》和国家中长期规划指导下，整合高校优势资源，具备条件的争取逐步纳入国家科技基础条件平台建设计划，集成于国家科技资源中，成为重要组成部分。

第四条　教育部由科技司负责平台建设的具体组织实施工作。

第二章　职能与职责

第五条　教育部组织实施平台建设工作的主要职责是：

（一）根据国家科技基础条件平台建设纲要和实施意见，制定教育部科技基础资源数据平台的整体规划，发布年度平台建设方案；

（二）制定平台建设项目遴选原则和程序，聘请评议专家，确定平台建设单位与牵头建设单位；

（三）通过申报书形式确定项目各方的职责；

（四）对平台建设进行宏观指导和督促，组织专家对平台建设进行中期检查和最终验收；

（五）综合协调并处理平台建设中需要解决的重大问题；

（六）引导平台健康发展，为纳入国家科技基础条件平台建设规划创造有利环境。

第六条　平台建设单位是教育部科技基础资源数据平台建设的具体实施主体，主要职责是：

（一）制定平台建设方案和发展规划，按照平台建设项目计划完成规定任务；

（二）为平台建设顺利实施提供必要的条件保障和配套经费；

（三）明确平台建设的管理机构，统一和规范资源数据整理、整合标准，制定资源数据共享机制，建立平台运行体制；

（四）定期报告平台建设进展情况，撰写工作简报；

（五）定期报告经费使用情况，编报年度经费决算；

（六）向教育部反映平台建设中出现的重大问题；

（七）接受教育部对平台建设项目的中期检查和最终验收；

（八）组织平台积极争取纳入国家科技基础条件平台建设规划。

第三章　组织与立项

第七条　平台建设以项目形式实施，项目采取以多个单位联合参与、一个单位牵头的方式组织申请，每个领域原则建设1个平台，每个平台建设期为2－3年。

第八条 申请平台建设的单位应拥有与申请建设平台相关的较丰富的资源数据，具备良好的研究条件和结构合理的人才队伍。

第九条 申请平台建设的牵头单位还应具有与其他学校较好的合作基础、较强的协调能力、较高的责任感和良好的信誉度。

第十条 申请平台建设单位，以牵头单位为主填写《教育部科技基础资源数据平台建设申报书》。

第十一条 平台建设的组织本着“公开、公平、公正”的原则，具体程序为组织汇报，专家评议，协调整合，专家复评，择优支持进行遴选：

（一）教育部对项目申报书进行形式审查；

（二）教育部组织评议专家组，听取通过形式审查项目的汇报；

（三）申请平台建设单位在评议会上就项目的总体目标、建设方案、现有工作基础、分年度有限考核指标等进行汇报；

（四）评议专家组根据汇报，形成专家组意见和建议，明确指出该领域建议牵头单位和整合方案；

（五）教育部根据专家组意见和建议，责成建议牵头单位，联合该领域优势单位，召开协调整合工作会；

（六）根据专家组意见建议和工作会协调结果，由牵头单位组织参与单位研究协商，对项目申报书进行修改后，报送教育部进行复评；

（七）教育部组织专家对修改后的项目进行复评，提出修改建议和意见；

（八）依据专家复评的意见和建议，调整项目申报书，经平台建设单位各方共同核准后，报教育部；

（九）教育部审定项目申报书后，正式批准平台立项建设。

第十二条 平台建设申报书是平台建设的立项、结题和验收的重要依据：

（一）申报书的年度有限考核指标应尽可能量化，对于无法量化的，必须有准确含义的定性说明；

（二）申报书中设计各方职责必须明确和落实，并作为验收的主要指标之一。

第四章 建设与管理

第十三条 平台建设实行分步实施，动态调整，分为三种类型：

（一）新建平台：指根据平台建设整体规划和年度建设方案，拟立项建设的平台；

（二）扩容平台：指已建平台在建设期间，根据发展需要，为整合更多资源数据、吸纳新的参与单位的平台；

（三）调整平台：指已建平台在建设期间，因故不能顺利开展工作需进行必要调整的平台。

第十四条 平台建设采取边建设、边共享、边运行的方式进行。

第十五条 牵头单位的主管校领导作为平台建设总负责人，下设两级管理机构：管理委员会为一级管理机构，协调工作组和实施工作组为二级管理机构：

（一）管理委员会下设协调工作组和实施工作组；

（二）管理委员会成员由平台建设单位的主管科技的校级领导组成，管委会主任由平台建设牵头单位的主管科技的校领导担任，负责平台建设的经费筹措，条件保障和重大事项决策，制定本平台的工作章程；

（三）协调工作组成员由平台建设单位的科技部门负责人组成，组长由牵头单位的科技部门负责人担任，负责平台建设单位的联络和协调；

（四）实施工作组成员由平台建设单位的具体承担人组成，实施工作组组长由平台建设牵头单位的具体责任人担任，负责平台建设的全面实施。

第十六条 平台建设项目在建设期内被纳入国家基础条件平台建设计划，将按照国家科技基础条件平台建设有关管理办法进行建设与管理。

第十七条 平台建设单位依法享有项目建设过程中研究和开发出来的新技术、新系统等成果的知识产权，在遵循我国有关知识产权保护的法律法规的基础上，实现资源、数据信息等的共享。

第五章 中期检查与验收

第十八条 平台建设项目中期检查时间一般根据平台建设周期确定，教育部选聘专家组成检查组，采用现场检查和集中汇报相结合的方式进行。

第十九条 专家组对平台建设情况和下一步发展提出意见和建议，并做出检查结论。检查结论分为合格、调整或撤销。

出现下列情况之一的，予以调整或撤销：

（一）配套资金或保障条件不能落实，影响项目正常实施的；

（二）项目执行中因人为因素导致项目难以实施或未能按期完成计划任务的；

（三）建设目标发生重大调整，建设内容产生变更，技术方案进行了重新修订，或者由于项目负责人出现变更等原因对项目执行产生重大影响的。

第二十条 平台建设项目验收应在建设期完成后半年内，由牵头单位向教育部提出书面验收申请，并提交有关验收资料，包括：

（一）项目结题验收报告；

（二）教育部批复立项文件；

（三）经费决算表和使用说明。

第二十一条 教育部对验收资料进行审查合格后，同意验收。验收工作一般采用现场验收的方式，由教育部选聘专家组成验收组，听取平台建设项目汇报，形成专家组验收意见。

第二十二条 专家组根据项目汇报、资料审查及现场检查，对项目提出验收意见并作出验收结论。验收结论分为通过验收、需要复验或未通过验收三种情况。

第二十三条 验收平台建设项目存在下列情况之一者，不能通过验收：

（一）未全部完成项目计划任务；

（二）未经批准擅自修改项目申报书中的考核目标、内容、技术路线等；

（三）提供的验收文件、资料、数据不真实；

（四）建设过程中存在纠纷尚未解决；

（五）超过项目申报书中规定的建设年限半年以上未完成任务，事先未作出说明；

（六）经费使用中存在严重问题。

第二十四条 需要复验的项目，应在接到通知后30个工作日内提出复验申请。

第二十五条 验收未通过的项目，应在接到通知后半年内，针对存在的问题提出整改方案并做出相应改进后，可再次提出验收申请。如再次验收未通过者，教育部不推荐平台建设单位承担国家科技基础条件平台建设项目。

第六章 经 费

第二十六条 平台建设项目经费来源包括：教育部资助经费；平台建设单位配套经费，其中牵头建设单位不低于1:2，参与建设单位不低于1:1。同时鼓励多渠道筹措经费，以保障项目的顺利进行。

第二十七条 教育部依据项目立项批复分年度拨付经费。

第二十八条 平台项目建设经费的管理和使用必须遵守财务制度，严格执行国家有关财经法规，专款专用。任何部门和单位不得截留、挤占或挪用，不得提取项目管理费。

第二十九条 因故终止的项目，平台建设单位应及时清理账目，编制终止项目的决算并上报，并将已拨经费的余额退还教育部，不得挪作他用。

第七章 运行与发展

第三十条 平台建设是一项长期的基础性工作。在明晰平台未来建设内容和发展目标的基础上，遵循“整合、共享、完善、提高”的建设思路，本着“以发展为动力、以共享为核心、以服务求支持”的原则，确保平台健康、持续发展。

第三十一条 平台建设项目中共享的基础资源数据，应做到及时补充和更新。除公益性资源数据外，均可依照国家有关规定开展有偿服务工作，向社会开放，逐步实现依靠自身发展，保障平台正常运行的目标。

第三十二条 平台建设项目牵头单位与参与单位在利益共享的原则下，依托牵头单位建立健全保障平台运行和发展的管理机构，完善科技基础资源数据平台的相关工作章程，确保互利互惠，共同承担平台运行、服务、共享的责任。

第八章 附 则

第三十三条 本办法自公布之日起执行。

第三十四条 各平台参照本办法，结合各自特点，制定平台建设运行管理办法。

■ 20

“十一五”国家科技基础条件平台建设实施意见

科学技术部　财政部　国家发展和改革委员会　教育部

2005 年 7 月 18 日

为贯彻落实国务院办公厅转发科技部、国家发展和改革委员会、财政部、教育部制定的《2004－2010 年国家科技基础条件平台建设纲要》精神，加快国家科技基础条件平台（以下简称平台）建设，为全社会科技进步与自主创新提供有效支撑，特制定本实施意见。

一、目标与实施原则

（一）目标

到 2010 年，建立与平台建设和管理相适应的政策法规和制度规范，初步形成以共享为核心的制度框架；搭建由研究实验基地和大型科学仪器设备共享平台、自然科技资源共享平台、科学数据共享平台、科技文献共享平台、成果转化公共服务平台和网络科技环境平台等六大平台为主体框架的国家科技基础条件平台，为各类科技创新活动提供公平竞争的环境，使全社会成员都能享受到科技进步的成果。

主要目标：建成资源丰富、面向社会开放的重要科技基础条件资源的信息平台，率先实现资源信息共享；建设和完善区域大型科学仪器设备协作共用网，推动全国仪器设备资源高效利用；新建一批大型科技基础设施，整合、优化各类重点实验室，初步形成国家研究实验基地；建成以 20 余个资源、环境等领域的观测、考察数据中心和科学数据网为主构成的科学数据共享平台；实现外文科技期刊网上资源种类占国际主要科技期刊资源的 50% 以上，实时服务系统延伸到县市；在自然科技资源领域，农作物、林木、微生物等种质资源保存率和利用率实现大幅度提高；建成全国统一规范的科技成果与技术交易信息平台，在能源、材料、制造业等重点行业建立共性技术服务平台，为国家支柱产业的创新和发展提供技术支撑。

（二）实施原则

1. 有限目标，科学部署。贯彻落实《2004－2010 年国家科技基础条件平台建设纲要》精神，根据国家中长期科技、经济和社会发展的需求，确定平台建设的有限目标，强化科学部署和严格论证，按轻重缓急分阶段实施，成熟一个启动一个。

2. 分层建设，分级管理。根据国家、行业部门（单位）（以下统称部门）、地方科技、经济发展的需要和科技基础条件资源的特点，分层次开展平台建设，国家层面的平台建设在部门和地方资源整合的基础上进行；明确各级管理机构的责任和权利，分级加强管理；促进军民优势科技基础条件资源的有机结合和高效共享。

3. 整合为主线，共享为核心。贯彻“整合、共享、完善、提高”的平台建设方针，按照不同类型科技基础条件资源的特点和发展规律，采取灵活多样的整合方式和共享模式，实现科技基础条件资源高效利用，积极推进与国际科技基础条件资源互补、共享。

4. 调控增量，激活存量。有效调控新增经费，调整支出结构，统筹协调涉及平台建设的经费，提高经费的使用效益；有效调控新增科技基础条件资源，激活存量资源，最大限度发挥现有资源的潜能。

二、国家科技基础条件平台建设重点

（一）研究实验基地和大型科学仪器设备共享平台

1. 全国大型科学仪器设备协作共用网

对全国单台（套）价值50万元以上，总价值超过150亿元的科学仪器设备资源进行信息整合，形成全国性的共享网络；在北京、上海、武汉、广州等八个中心城市现有科学仪器协作共用网取得成效的基础上，继续依靠各地发挥中心城市的辐射作用，推动区域性的资源共建共享工作，实行政府引导和市场竞争相结合，调动科技人员积极性，提高科学仪器的综合使用效益。

国家大型科学仪器中心和各级分析测试中心集聚了我国各类先进的大型科学仪器设备，是全国大型科学仪器设备协作共用网的重要组成部分，要加强这些中心的能力建设，提高仪器设备装备水平，开展分析测试新技术、新方法的研究、整合和推广工作，为基础研究、高新技术发展、行业技术进步提供支撑；在综合集成现有优势资源的基础上，在生命科学、材料科学、资源环境等领域新建若干国家大型科学仪器中心。

2. 研究实验基地

进一步强化“开放、流动、联合、竞争”的运行机制，在国家、部门、地方现有实验室资源整合的基础上，在生命、海洋、医学、农业、林业、地学等重要基础学科和部分前沿学科领域，组建一批重点实验室，为科技、经济和社会的可持续发展提供重要支撑。

根据国际发展趋势和我国科技、经济和社会发展的迫切需求，建设若干为多学科研究服务并具有强大支撑能力的重大科技基础设施，以支撑新兴学科和相关技术的发展与突破。

3. 野外科学观测研究台站体系

按照不同类型野外台站的特点，结合不同学科领域和区域科学发展的需求，以现有野外科学观测研究台站为基础，遴选出百余个具有代表性的野外科学观测台站，在“合理布局、突出重点、分阶段稳步实施”的原则下，进行整合与布局，改造并完善野外台站动态观测与研究所需要的野外仪器设备、站内试验室、标本和数据存储等实验研究基础设施，分别形成生态系统观测研究台站网络、材料环境腐蚀野外观测研究台站网络、地球物理野外观测研究台站网、特殊环境和特殊功能观测研究台站网，使其成为推动我国经济建设与生态、环境、资源协调发展的重要基础。

4. 计量基标准体系及检测技术体系

建立和完善以量子物理为基础的、高准确度和高稳定性的计量基标准体系，重点完善长度、力学、光学、热工、无线电、时间频率、电学、电离辐射、声学、化学等计量领域的计量基准、社会公用计量标准；加强重要标准物质研究，建立生物技术、信息技术等领域的计量基标准。解决量值传递及量值溯源的关键技术，建立完善计量基准标准共享服务平台。

建立和完善满足国民经济建设和社会发展需要、与国际接轨的检测资源共享体系。重点解决涉及国家与社会公共安全、人身健康、食品安全、公平贸易、环境保护等领域的在线、快速测试技术及检测技术标准；着力解决新材料、新能源、新工艺、信息工程、生物技术、现代农业、大型工程等领域重要参量的有效测量；建立完善国家检测/校准资源共享服务平台。

（二）自然科技资源共享平台

1. 植物种质资源

重点开展农作物、林木、多年生和无性繁殖作物、热带作物、牧草植物、药用植物、野生植物等种质资源整合共享体系建设。加强植物种质资源共享条件建设，形成新型共享机制，提高保存设施的水平，实现约45万份植物种质资源实物共享。

2. 微生物菌种资源

整合具有一定科学意义、有实际或潜在研究应用价值的细菌、真菌、病毒及相关的信息资源，重点开展农、林、医、药、食品、兽医、海洋基础研究及教学实验用微生物菌种资源的共享体系建设；建立国家微生物菌种资源库和服务管理信息系统，整合共享微生物菌种资源约10万株。

3. 人类遗传资源

结合我国人种特点和民族众多的国情，以我国各民族生命健康和人种安全关系密切的少数民族遗传资源、特殊健康体质人群遗传资源、亚健康人群遗传资源为重点，整合共享人类遗传资源约15万份。

4. 动物种质资源

根据国家经济和科技发展的需求，充分调研我国动物种质资源的发展现状，筛选、整合现有的畜禽、水产、特种经济动物、寄生虫、经济昆虫等种质资源，开展珍稀、濒危动物的种质资源库建设。选择具有种群数量优势的单位，进行种质资源共享体系建设。

5. 标本类资源共享体系

重点开展动物标本、植物标本和菌物标本等生物标本资源的整合共享体系建设，实现约1 000万号生物标本的整合共享；开展岩矿标本、化石标本和国家紧缺与战略性矿产资源的矿床模型整合共享体系建设。

6. 实验动物遗传资源及实验细胞库

整合目前国内已有实验动物遗传资源，开展常用实验动物品种资源的种子中心建设，建立以7～10个国家实验动物种质资源中心及20～30个功能独特的实验动物种源单位共同形成的实验动物遗传资源共享服务体系。在此基础上，通过研究开发、自主创新、国际合作等不同方式，不断扩大资源种类。建成细胞株（系）近千种、容量超过5 000份、符合国际标准的国家实验细胞库。

7. 自然科技资源虚拟博物馆

按照统一的数据标准和数据质量规范，对植物、动物、人类遗传种质、微生物菌种、生物标本、岩矿标本和矿床模型、实验材料等资源开展数字化建设工作，实现约1100多万份（号）自然科技资源信息共享；形成自然科技资源虚拟博物馆，推动我国的自然科技资源信息的全面共享。

（三）科学数据共享平台

1. 科学数据共享中心

针对国家长期布局的公益性、基础性科学数据采集系统持续积累的科学数据，重点对观测性、考查与监测性数据汇交整理，按照行业特点整合集成规模化的主体数据库，建设和完善包括气象、测绘、地震、水文水资源、农业、林业、海洋、国土资源、地质与矿产、对地观测等领域在内的10余个国家科学数据共享中心，实现数据采集、加工、保存的标准化、规范化，使科技人员可以方便地获取科学数据，保证科技创新活动的顺利开展。

2. 科学数据共享网

在数据资源管理相对分散的科学技术领域，集成研究机构、高等院校、企业和科技人员拥有的数据资源，按照学科领域构建主体数据库，在地球系统、医药卫生、基础科学、能源与交通等领域建设约11个科学数据共享网。按照统一的标准规范，建立科学数据共享信息发布系统；开展科学数据元数据资源目录库建设及其检索等系统的开发；形成科学数据共享平台信息系统。

（四）科技文献共享平台

1. 科技图书文献信息保障系统

以国家科技图书文献中心为主体，按照“统一采购，规范加工，联合上网，资源共享”的原则，扩大科技期刊、图书、科技报告、会议论文、学位论文、声像文献等文献资源的收集和服务；到2010年外文科技期刊总量达到约30 000种以上；以国家科技图书文献网络服务系统为基础，加强与高校文献资源保障系统、国家图书馆等科技文献信息服务系统的互联与对接，实现外文科技期刊网上资源种类占国际主要刊物的50%以上；向用户提供网络化、集成化和可定制的文献信息服务；实施精品战略，提高我国科技期刊的水平和质量，增强国际影响力。

2. 专利文献共享服务系统

以国家知识产权专利文献资源为主，收集我国相关部门和世界各国的专利文献信息，使专利文献收藏数量占全世界出版专利文献总量的比例由目前的80%左右提高到90%以上；建立联合目录和全文数据库，构建从目录到全文的检索和传递公共服务系统。

3. 标准文献共享服务系统

以国家标准文献资源为基础，整合行业、部门与地方标准文献，提高我国标准文献收藏比率；建设标准文献全文数据库；开发标准检索、阅览和服务系统，形成完善的标准文献的检索与传递公共服务系统；推动我国和世界各国以及主要国际组织的标准文献信息网的链接，拓展标准文献的资源和服务范围。

（五）科技成果转化公共服务平台

1. 科技成果信息服务体系

以全国科技成果信息服务网络为基础，集成科技成果信息、技术交易服务、工程化中试、创业孵化相关的信息资源，完善成果信息资源库、技术交易数据库及创业孵化服务数据库，构建基本覆盖全国主要行业和区域的科技成果转化信息共享服务网络，促进科技成果转化信息服务深入到基层中小企业和农村。

2. 公益与行业共性技术转化平台

建立行业技术评价推广服务体系，制定重大共性技术、公益性技术推广绩效评价体系；整合重点共性技术开发、中间试验、产品测试等领域的基础条件资源，在国家安全、社会公益领域和能源、材料、制造业等重点行业，每年选择建立10个左右公益与共性技术转化中心，提高公益性技术和产业共性技术、关键技术的集成、配套能力和工程化技术服务水平。构建国家、部门和地方在公益性技术、共性技术转化方面的协同工作网络平台。

3. 技术标准支撑体系

开展农业、能源、环境、公共健康与安全等方面的基础性、公益性技术标准研究和信息、新材料、先进制造与自动化、生物等高新技术领域的重要技术标准研究；开展与技术性贸易措施预警工作相关技术标准的支撑性研究，提高应对国际竞争的能力；构建全国技术标准研究信息共享服务平台，整合建立与技术标准相配套的研究和验证的工作体系，提高技术标准研究能力。

（六）网络科技环境平台

1. 国家科技基础条件平台应用服务支撑系统

围绕国家科技基础条件资源信息共享的目标，制定统一的平台信息系统标准规范，集成研究实验基地和大型科学仪器设备共享平台、科学数据共享平台、自然科技资源共享平台、科技文献共享和科技成果转化公共服务平台等信息资源，形成统一的平台应用服务系统，实现与全国科技信息服务网的互联与对接，向科技工作者和科研管理人员提供方便、快捷的资源信息服务。

2. 网络计算应用系统

依托成熟的网络计算技术，在全国范围规划建设若干个计算节点，在气象、地震、医药等领域开展网络计算环境系统和网络计算重大应用示范系统建设，为重大科学发现和前沿科学技术研究的突破提供重要手段，为国民经济建设提供支撑服务。

3. 网络协同研究与工作环境

充分利用国家网络基础设施，建设分布于全国的视频、音频及数据交互服务系统，开发便捷的网络协同研究工具软件包，形成网络协同研究公共支撑系统；建立大型科学仪器设备远程操作应用示范系统，打破科研工作中的地域和时空界限，促进我国科研方式的变革。

4. 全国科普数字博物馆

联合有关部门，汇集国内现有的数字博物馆资源和相关科技资源信息，通过开展优秀科普作品评选征集活动、择优购买版权、扶持开发创作等方式，最大限度地把可利用的社会科普资源进行数字化入库，制定规范要求，综合集成，实现与相关科技信息资源的连接，形成全国科普数字博物馆，为我国科学知识的普及和全民素质教育提供基础性支撑。

5. 全国科技信息服务网

整合各类科技信息资源，建成技术先进、资源共享的国家级科技信息资源库，提供分类科学、实用有效的科技信息；形成以 1 个国家级、30 个省级科技信息服务节点及部分地区科技信息服务节点为支撑的全国科技信息资源加工处理、共享利用体系；建立县（市）科技信息服务平台试点示范，扩展基层科技信息的推广应用渠道。

三、组织实施

（一）加强组织领导

1. 平台建设是一项涉及诸多方面的系统工程，需要加强领导，精心组织安排，切实将各项工作落到实处。国务院有关综合部门成立国家科技基础条件平台建设领导小组，负责平台建设整体规划和相关政策法规的制订工作，对平台建设重大问题进行协商和协调，联合审定平台重大建设任务，组织跨部门、跨行业、跨地区科技基础条件资源的整合与共享工作；发挥平台建设部际联席会和平台建设专家顾问组的作用，保障平台建设规范、有序地开展。

平台建设领导小组具体办事机构设在科技部。

2. 各部门、地方是平台建设组织实施的主体，负责本部门、地方平台建设规划和实施工作。

各地要根据本地特点和需求，成立本地方平台建设领导小组，采取有效的组织保障措施，加强科技基础条件平台建设。

（二）加大投入力度， 明确投入渠道

1. 各级财政根据需要安排平台建设资金；原有用于支持文献、数据、种质等资源采集，仪器设备购置和基本建设等科技基础条件资源建设的经费渠道保持不变，并根据需要进一步加大投入力度。

2. 各地方财政负责地方平台建设的投入，各部门负责落实本部门平台建设的经费，中央财政平台建设专项经费主要支持跨部门、跨行业、跨地区的平台建设。

3. 政府资金要发挥引导、调控作用，调动有关企业、社会组织的积极性，鼓励政策性金融机构等为平台建设投融资提供便利条件。

4. 各级财政应根据需求安排平台运行经费，运行经费要与绩效考评挂钩。具体管理由科技等相关主管部门和财政部门共同负责。

（三）强化监督管理

1. 制定相关的管理办法和制度，实行对平台建设项目和运行全过程的规范管理。

2. 建立以绩效考评为基础的奖优罚劣制度，对执行良好的项目、运行服务效果好的平台和在平台建设中有特殊贡献的科技工作者给予表彰，及时调整或中止执行不力的项目，充分体现“谁先共享，谁先受益”。

3. 平台建设工作要公开透明，充分利用现代信息技术，建立平台建设项目和平台运行情况数据库，及时将平台建设项目和平台运行情况向社会公示，发挥社会监督作用。

4. 财政部门、科技等相关主管部门负责平台建设专项资金的监督管理，提高资金的使用效益。

（四）实行新型管理模式和运行机制

1. 强化牵头部门（地方）的权利和责任。平台建设项目实行项目储备及滚动支持的机制，对于跨部门、跨行业、跨地区的平台建设项目，国家科技基础条件平台建设领导小组确定拟实施项目的牵头部门（地方），由牵头部门（地方）负责，联合各有关部门、地方根据整体框架和项目实施方案，明确各方任务和责任，负责协调各方面关系，保障平台建设项目顺利实施和完成。

2. 实行资源整合、制度规范以及队伍建设三结合的项目管理模式。在平台建设项目执行过程中，制度规范、标准规范以及专业化人才队伍建设要结合具体科技基础条件资源的平台建设同时开展，项目验收时，每一个建设项目成果都应成为服务于科技进步与创新的资源共享平台。

3. 建立有效的平台运行管理机制。资源共享平台必须建立、健全资源汇交管理制度，制定可行的共享服务方案，保障一定规模的相关科技基础条件资源持续增加、不断汇集和对社会开放服务，有一批较高水平的专业人员队伍和稳定的工作场所；组织管理模式实行“理事会领导下的主任负责制”；成立用户委员会、专家委员会，对平台的运行服务加强监督指导。

4. 建立科学的人才评价标准和培养方式。建立符合科技基础条件工作特点的人才评价标准，设置相应的岗位，在有条件的领域推行上岗资格认证工作；设置与科技基础条件资源相关的学科专业，培养高层次的人才，开展从事科技基础条件资源有关工作的专业科技人员技能培训和在岗继续教育工作；形成一支高素质、专业化的科技基础条件管理与技术支撑的人才队伍。

（五）营造共享的社会环境

1. 建立健全相关政策法规体系，形成公共资源共享的文化，宣传和弘扬科技基础条件资源共建共享的理念，提高社会公共资源的共享意识。

2. 通过平台的开放共享，创造社会成员享有使用科技资源和参与科技创新的公平机会；与科普活动相结合，为提高全民科学文化素质提供支撑。

21

行业标准化技术委员会管理办法

国家发展和改革委员会
2005 年 7 月 25 日

第一章　总　则

第一条　为加强行业标准化技术委员会的管理，充分发挥行业标准化技术委员会的作用，规范行业标准化技术委员会的组建和换届工作，根据《中华人民共和国标准化法》和《中华人民共和国标准化法实施条例》的有关规定，制定本办法。

第二条　行业标准化技术委员会（以下简称行业标委会）是在一定专业领域内，从事行业标准化工作的技术组织，负责本专业技术领域内的标准化技术归口工作。

第三条　本办法适用于轻工、纺织、冶金、有色金属、石油天然气、石化、化工、建材、机械（含锅炉压力容器、制药装备）、汽车、电力、煤炭、包装、黄金、商业、物流和稀土等行业的行业标委会组建和换届工作。

第四条　行业标委会的工作任务、组织机构、工作程序和经费等按照《全国标准化技术委员会章程》的规定执行。

第五条　国家发展改革委委托有关行业协会、联合会、集团公司对行业标委会进行管理。

第二章　行业标委会的组建

第六条　组建行业标委会要根据经济建设和行业发展的需要，结合行业实际，有明确的标准化工作任务。

第七条　组建行业标委会的基本条件

1. 没有相应的全国标准化技术委员会。

2. 现有的全国标准化技术委员会或行业标委会未包括的领域和范围。

3. 产品或技术在科研、开发、生产、使用和流通等领域有一定的规模或应用范围。

4. 有适合的秘书处挂靠单位，并有相应的专业人员和办公条件。

第八条　有关企业、事业单位、行业社团组织、中介机构等根据行业需要均可向有关直管行业标准化机构提出组建行业标委会的建议，并填写《组建行业标准化技术委员会申请表》。

第九条　行业标委会的名称为：×××行业标准化技术委员会。

第十条　有关直管行业标准化机构对有关单位提出的组建行业标委会建议进行论证、审核，将拟同意组建的行业标委会报国家发展改革委。

报送材料包括：

1. 组建行业标委会申请报告（包括组建行业标委会必要性、本专业国内外标准化的基本情况、行业标委会名称和工作范围等）。

2. 组建行业标准化技术委员会申请表。

第十一条　国家发展改革委收到有关直管行业标准化机构报送的组建行业标委会建议后，在标准网（www.bzw.com.cn）上公示一个月，广泛征求各方面意见，并进行行业间的协调后，予以复函。

第十二条　有关直管行业标准化机构收到国家发展改革委的复函后，对于同意组建的行业标委会，由有关直管行业标准化机构负责行业标委会组建方案的批复、颁发委员证书等有关管理工作，并将行业标委会组建方案报国家发展改革委备案。

备案材料包括：

1. 行业标委会正、副主任委员，正、副秘书长和委员名单汇总表。

2. 行业标准化技术委员会委员登记表。

3. 行业标准化技术委员会登记表。

4. 行业标准化技术委员会章程和秘书处工作细则。

5. 本专业标准体系表和近期工作安排。

6. 行业标准化技术委员会和秘书处印模。

第十三条 每届行业标委会委员的任期为五年。

第三章 行业标委会换届

第十四条 行业标委会届满后，应及时进行换届。行业标委会换届方案由有关直管行业标准化机构批复、颁发委员证书，并将换届方案报国家发展改革委备案。

备案材料包括：

1. 行业标委会任期工作总结。

2. 新一届行业标委会正、副主任委员，正、副秘书长和委员名单汇总表。

3. 行业标准化技术委员会委员登记表。

4. 行业标准化技术委员会登记表。

5. 行业标委会章程和秘书处工作细则修订稿。

6. 近期工作安排。

第四章 行业标委会委员调整

第十五条 行业标委会委员任期内调整，由有关直管行业标准化机构负责批复、颁发委员证书。

第五章 行业标委会分会组建和换届

第十六条 行业标委会分会的组建和换届工作由有关直管行业标准化机构负责，并将组建或换届方案报国家发展改革委备案。

第十七条 分会名称：×××行业标准化技术委员会×××分会。

第六章 行业标委会调整和撤销

第十八条 行业标委会或分会有下列情况之一的，应对行业标委会、分会或秘书处进行调整或予以撤销：

1. 有违法、违规行为。

2. 不能按时、按质完成行业标准化工作任务。

3. 没有相应的专业人员。

4. 没有经费来源或秘书处挂靠单位不提供必要的支持。

第七章 附 则

第十九条 本办法自发布之日起施行。二〇〇三年二月十四日原国家经贸委印发的《行业标准化技术委员会组建和换届工作管理办法（试行）》即行废止。

第二十条 本办法由国家发展改革委负责解释。

■22

科技富民强县专项行动计划资金管理暂行办法

中华人民共和国财政部　中华人民共和国科学技术部
（财教［2005］140号）
2005年8月29日

第一章　总　则

第一条　为把科教兴国战略落实到基层，以科技为支撑，推动县域经济持续发展，促进农民增收致富和壮大县乡财政实力，科技部、财政部决定实施科技富民强县专项行动计划（以下简称“专项行动”）。为规范和加强科技富民强县专项行动计划资金（以下简称“专项资金”）的管理，提高资金使用效益，依据《科技富民强县专项行动计划实施方案（试行）》和《中央对地方专项拨款管理办法》，制定本办法。

第二条　中央财政为推动地方组织实施专项行动，设立专项资金。专项资金重点支持中西部地区和东部欠发达地区。

第三条　专项资金实行项目管理。项目一次性申报立项和批复预算，在考核的基础上分年度拨付资金。

第四条　专项资金按照以下原则管理和使用：

（一）分级管理、地方为主。专项行动由中央、省（区、市，下同）、地（市，下同）、县（市，下同）分级管理，以省为主，县具体负责组织实施。省级科技行政主管部门和财政部门负责集成相关科技资源，协调落实相关政策和专项资金投入。

（二）统一部署、分步实施。根据各地区域特色和地方科技工作基础，进行整体设计，统一部署，按照进度安排，选择不同类型的、具有示范带动作用的县及科技项目，成熟一批，实施一批。

（三）财政引导、奖补结合。以财政投入为引导，构建多元化投入机制。通过财政资金的前期引导和后期奖励等多种方式，调动社会各方参与实施专项行动的积极性，加大对专项行动的资金投入。

（四）专款专用、追踪问效。专项资金应当按照本办法中规定的开支范围使用，不得用于与专项行动无关的开支。同时，要建立对专项行动立项、实施、验收的动态管理机制，加强对项目预算执行情况和使用效果的监督管理，提高资金的使用效益。

第二章　专项资金开支范围

第五条　专项资金应当围绕区域特色产业发展，重点支持技术的引进、消化吸收、示范推广、技术培训等方面的工作。

第六条　专项资金的开支范围：

（一）新技术、新品种引进费：是指项目实施过程中为引进新技术、新品种，或购买专利，进行消化吸收、生产工艺流程改造、技术的适用性改进和集成创新等发生的费用。

（二）技术示范应用费：是指项目实施过程中为开展技术示范所需购买或改造小型仪器设备、低值易耗品以及租用示范场地等发生的费用。

（三）科技服务费：是指项目实施过程中聘请科技人员对项目进行技术指导、咨询、服务所发生的费用。

（四）培训费：是指项目实施过程中开展的实用技术培训等工作所发生的资料费、讲课费、场所租用费、学员食宿补助等费用。

第七条　各省和试点县应当按照国家有关财务规章制度的规定，加强对专项资金的管理，严禁擅自扩大开支范围。专项资金实行单独核算和管理。

第三章 申报与审批

第八条 专项资金的申报内容包括试点县科技富民强县专项行动计划实施方案（以下简称“实施方案”，格式见附1）和项目预算。各省要将实施方案和项目预算同时上报。

当年新增试点县的实施方案和项目预算于当年3月底前申报。

第九条 实施方案的申报和批复

（一）根据各省专项行动方案，申报专项行动的县应当由县科技富民强县工作协调领导小组牵头组织有关部门按照相关要求制定实施方案，由县科技行政主管部门、财政部门逐级上报到省级科技行政主管部门、财政部门。实施方案应包括实施周期内专项行动的总体目标、具体任务、可行性分析、保障措施等。

（二）申报县应围绕本地有突出优势的特色产业，优选一个项目进行申报。专项行动实施周期根据科技项目的具体情况确定，项目周期一般为两年。根据区域特色产业布局情况，也可以由省统筹组织若干个县围绕一个区域支柱产业的不同环节和内容进行申报。

（三）省级科技行政主管部门、财政部门会同相关部门对申报县实施方案的可行性进行审核，确定上报的试点县，完善实施方案，正式行文并附省基本情况表（见附2），各县实施方案（一式六份）报送科技部、财政部。

（四）科技部会同财政部组织专家对申报县的实施方案论证后进行批复。

第十条 项目预算的申请和批复

（一）项目预算申请由省级财政部门、科技行政主管部门根据上报的试点县实施方案，填写专项资金申请表和项目预算支出表（见附3），正式行文报送财政部、科技部，并按照本办法规定的专项资金具体开支范围报送详细的测算依据、标准、说明等。

（二）财政部会同科技部对各省提出的专项资金申请进行审核，并批复。

（三）省级财政部门会同科技行政主管部门根据中央财政下达的专项资金，结合省里安排的资金，统一下达到试点县。

（四）专项资金的拨付按照财政资金拨付管理的有关规定执行。省级财政部门会同科技行政主管部门根据项目执行情况，分两批拨付专项资金。项目执行第一年拨付项目总预算的70%。对于项目第一年执行效果好的，在第二年继续拨付其余30%资金；对于第一年执行效果不理想的，则停止拨付。

第十一条 经批准的项目预算一般不予调整。省级财政部门、科技行政主管部门可根据项目的执行情况提出项目预算调整建议，并按照申报程序履行报批手续。

第四章 组织实施

第十二条 省、地、县各级科技、财政部门要加强与相关部门协调，集成资源，落实资金，严格按照省专项行动总体方案和批准的试点县实施方案进行组织实施。

第十三条 省级财政部门要给予必要的投入，保障专项行动的顺利实施。

第十四条 省级科技行政主管部门、财政部门对专项行动的实施实行动态管理，并按照有关要求及时向科技部、财政部报告年度执行情况。

第十五条 地级科技行政主管部门、财政部门按照有关要求，协调落实相关配套措施，对专项行动实施进行指导。

第十六条 试点县要充分发挥科技富民强县工作协调领导小组及办公室的作用，明确职责，合理分工，协调推进专项行动实施。科技富民强县工作协调领导小组办公室要加强项目管理，严格按照批复实施方案的内容和要求组织各相关单位具体落实，要及时向上级管理部门报告执行情况和重大事项，积极配合有关部门做好各项监督检查工作。

第十七条 项目因客观原因必须中止的，试点县应及时提出申请，由省级科技行政主管部门、财政部门负责清查处理，项目结余资金归还原渠道，专项资金形成的固定资产按照国家有关规定处置，并将处理结果报财政部、科技部备案。

第五章 绩效考评与监督管理

第十八条 专项行动实行绩效考评制度，对项目立项、执行、效果、资金管理等进行绩效考评。中央财政将对开展工作积极、措施得力、效果显著的省以项目补助的形式给予适当奖励，奖励经费仍然用于试点效果突出的县继续实施专项行动，也可以用于项目实施过程中对引进、应用新技术、新品种发挥示范带动作用，效果显著的农户、企业和相关单位给予奖励，以鼓励和引导农民和企业应用新技术、新品种。

第十九条 省及省以下各级科技富民强县工作协调领导小组办公室负责立项、执行和验收全过程的监督检查。

项目完成后，试点县科技富民强县工作协调领导小组办公室应当在1个月内向省级科技行政主管部门、财政部门提出验收申请。省级科技行政主管部门、财政部门按照有关规定组织验收，并将验收结果报科技部、财政部备案。

第二十条 科技部、财政部组织有关机构和专家对专项行动执行情况进行年度检查和整体评价。

对未经批准变更项目和任务，挤占、截留、挪用专项资金，未落实承诺经费等行为的试点县，科技部、财政部将视其情节轻重采取追回拨款、终止项目、取消试点县资格等措施。如省未履行职责，造成项目不能顺利实施，项目目标不能实现的，将调减对所在省的专项资金支持力度。

第六章 附 则

第二十一条 地方政府安排的用于实施专项行动的资金，可纳入本办法统一管理。

第二十二条 本办法自发布之日起施行。

第二十三条 本办法由财政部、科技部负责解释。

■23

认证培训机构管理办法

国家质量监督检验检疫总局令（第81号）
2005年9月29日

第一章 总 则

第一条 为加强对认证培训机构的监督管理，规范认证培训活动，根据《中华人民共和国行政许可法》、《中华人民共和国认证认可条例》以及国务院有关规定，制定本办法。

第二条 本办法所称的认证培训机构，是指对从事认证评审、审核、检查以及其他与认证活动有关的人员进行基本培训活动的组织。

第三条 在中华人民共和国境内从事认证培训活动，应当遵守本办法。

第四条 国家认证认可监督管理委员会（以下简称国家认监委）负责认证培训机构及其认证培训活动的统一管理和监督工作。

各级地方质量技术监督部门和各地出入境检验检疫机构（以下统称地方认证监督管理部门）按照各自职责分工，依法对所辖区域内的认证培训活动进行监督检查。

第五条 国家鼓励认证培训机构取得国家认监委确定的认可机构（以下简称认可机构）的认可，以保证其持续、稳定地具有认证培训能力。

第二章 设立条件和批准程序

第六条 设立认证培训机构，应当经国家认监委批准，并依法取得法人资格后，方可从事批准范围内的认证培训活动。

第七条 设立认证培训机构，应当符合下列条件：

（一）有固定的经营场所和必要的培训教学设施及办公条件；

（二）注册资金不得少于人民币20万元；

（三）有4名以上具有注册培训教师资格的专职教师，每项课程的专职教师不得少于2名；

（四）有符合有关认证培训机构要求的质量管理体系文件；

（五）拥有自有或者相关组织授权的知识产权培训课程；

（六）依法应当具备的其他条件。

设立外商投资的认证培训机构除应当符合上述条件外，外方投资者还应当取得其所在国家或者地区法律规定的认证培训从业资格和认证培训授权，并具有认证培训授权相应的师资。

第八条 设立认证培训机构的审批程序：

（一）设立认证培训机构的申请人（以下简称申请人），应当向国家认监委提出书面申请，并提交相关证明材料；

（二）国家认监委应当对申请人提交的申请材料进行初步审查，并自收到申请材料之日起5日内作出受理或者不予受理申请的书面决定；

（三）国家认监委应当自受理申请之日起，对申请材料的实质内容进行审查和核实，并在20日内，作出是否批准的决定。决定批准的，向申请人出具《认证培训机构设立批准通知书》，不予批准的，应当书面通知申请人，并说明理由；

（四）申请人凭国家认监委出具的《认证培训机构设立批准通知书》，依法办理有关登记手续，凭依法办理的登记手续领取《认证培训机构批准书》。

国家认监委应当公布依法设立的认证培训机构名录。

第九条　《认证培训机构批准书》有效期为4年。

认证培训机构需要延期使用《认证培训机构批准书》的，应当在《认证培训机构批准书》有效期届满前90日内向国家认监委提出申请。

第十条　境外认证培训机构在中华人民共和国境内设立的常驻代表机构应当经国家认监委书面备案，方可从事有关业务联络、市场调研、技术交流等宣传推广活动，但不得从事认证培训经营性活动。

第十一条　认证培训机构分包境外认证培训机构或者组织的相关培训课程，应当经国家认监委批准。

第十二条　认证机构、认证培训机构、认证咨询机构可以从事其批准范围内的内审员培训活动，但认证机构不得对向委托其认证的认证委托人开展内审员培训活动。

内审员培训教师应当具有高级审核员或者高级咨询师资格。

第三章　行为规范

第十三条　认证培训机构应当按照国家认监委制定的认证培训基本规范、认证培训课程准则、规则等有关要求从事认证培训活动。

属于认证培训新领域，尚未制定统一认证培训课程准则、规则的，认证培训机构可以自行制定相应的认证培训课程准则和规则。

第十四条　认证培训机构应当公开认证培训基本要求、收费标准等信息，并保证信息的真实、准确、全面。

第十五条　认证培训机构应当完成认证培训机构和认证培训课程准则、规则规定的课程设计、课程管理、学员管理、证书管理和管理评审等基本程序，保证认证培训的完整、真实、有效，不得减少、遗漏认证培训程序和内容。

认证培训机构应当对认证培训过程作出完整记录，并归档留存。

第十六条　认证培训机构应当建立与认证培训课程准则、规则相适应的培训课程管理和培训教师能力评价制度，必要时可以取得认可机构的确认。

第十七条　认证培训机构及其认证培训教师应当及时作出认证培训结论，并保证认证培训结论的客观、真实。

经认证培训符合要求的，认证培训机构应当及时颁发认证培训合格证书；不符合要求的，应当告知被培训人，并说明理由。

第十八条　认证培训结论经培训教师签字后，由认证培训机构负责人或者其授权的人员签署。

认证培训机构及其认证培训教师对认证培训结论负责。

第十九条　认证培训机构应当对其认证培训活动的有效性实施监控和评价，至少每12个月实施1次内部质量体系审核和管理评审。

认证培训机构应当于每年1月底前向国家认监委和所在地方认证监督管理部门提交上1年度工作报告。

第二十条　有下列情形之一的，认证培训机构应当在发生变更之前向国家认监委报告，并办理相关变更事宜：

（一）认证培训业务范围发生变更；

（二）法定代表人、股东发生变更；

（三）专职教师发生变更；

（四）认证培训机构名称发生变更。

第四章　监督检查

第二十一条　国家认监委应当对认证培训机构实施监督检查。监督方式包括：年度报告审查；现场监督；对认证培训活动及结果进行抽查；组织同行评议；向认证培训对象征求意见。

第二十二条　认可机构对已取得认可的认证培训机构应当实施认可监督。

第二十三条　地方认证监督管理部门应当依照本办法的规定对认证培训活动实施监督检查，对违法行为予以查处。

第二十四条　任何单位和个人对认证培训违法违规行为，有权向国家认监委和地方认证监督管理部门举报。国家认监委和地方认证监督管理部门应当及时调查处理，并为举报人保密。

第二十五条　有下列情形之一的，国家认监委应当依法办理认证培训机构批准决定注销手续：

（一）《认证培训机构批准书》有效期届满未延续的；

（二）认证培训机构依法终止的；

（三）认证培训机构已经不具备认证培训能力的；

（四）法律法规规定的应当注销认证培训机构批准决定的其他情形。

第二十六条　有下列情形之一的，国家认监委根据利害关系人的请求或者依据职权，可以撤销对认证培训机构作出的批准决定：

（一）工作人员滥用职权、玩忽职守作出批准决定的；

（二）超越法定职权作出批准决定的；

（三）违反法定程序作出批准决定的；

（四）对不具备申请资格或者不符合法定条件的申请人准予批准的；

（五）依法可以撤销批准决定的其他情形。

第五章　罚　则

第二十七条　未经批准擅自从事认证培训活动的，责令其停止认证培训活动，处3万元罚款，并予以公布。

第二十八条　未经批准擅自分包境外认证培训机构或者组织的相关课程培训的，责令其停止所分包的培训业务，处2万元罚款；情节严重的，国家认监委应当责令停业整顿，直至撤销批准文件，并予以公布。

第二十九条　申请人申请设立认证培训机构时，隐瞒有关情况或者提供虚假材料的，国家认监委应当不予受理或者不予批准，并给予警告。

第三十条　认证培训机构以欺骗、贿赂等不正当手段取得批准文件的，责令其停止认证培训活动，处3万元罚款；国家认监委应当撤销批准文件，并予以公布。

第三十一条　认证培训机构超越国家认监委批准的业务范围进行认证培训活动的，责令改正，处3万元罚款；情节严重的，国家认监委应当责令停业整顿，直至撤销批准文件，并予以公布。

第三十二条　认证培训机构涂改、出租、出借批准证书或者以分包本机构认证培训业务、委托招生等形式非法转让认证培训业务的，责令改正，处3万元罚款；情节严重的，国家认监委应当责令停业整顿，直至撤消批准文件，并予以公布。

第三十三条　认证培训机构在公开信息、网站和广告等宣传活动中进行虚假或者误导性宣传的，责令改正，处5 000元罚款；情节严重的，国家认监委应当责令停业整顿，并予以公布。

第三十四条　违反本办法第十三条至第二十条规定的，责令改正，给予警告；情节严重的，处5 000元以上2万元以下罚款。

第三十五条　认证培训机构在国家认监委或者地方认证监督管理部门对其实施的监督检查中，隐瞒有关情况、提供虚假材料或者拒绝提供反映其活动情况的真实材料的，责令改正，处1万元以上3万元以下罚款；情节严重的，国家认监委应当责令停业整顿，并予以公布。

第三十六条　境外认证培训机构在中华人民共和国境内设立的常驻代表机构未经国家认监委备案或者从事认证培训经营性活动的，责令改正，处2万元罚款，并予以公布。

第三十七条　认证培训机构聘用未经认可机构注册或者确认的培训教师进行认证培训活动的，责令改正，处5 000元罚款；情节严重的，国家认监委应当责令停业整顿，并予以公布。

第三十八条　认证培训机构在被国家认监委责令停业整顿期间，继续从事认证培训活动的，责令改正，处3万元罚款；情节严重的，国家认监委应当撤销批准文件，并予以公布。

第三十九条　买卖、伪造或者冒用批准文件、认证培训证书以及其他认证培训证明文件的，责令改正，处3万元罚款。

认证培训机构有前款规定的违法行为的，国家认监委应当责令停业整顿，直至撤销批准文件，并予以公布。

第四十条　国家认监委和地方认证监督管理部门的工作人员在认证培训机构审批工作中，违反本办法第二十六条第一项至第四项规定的，由其主管部门给予行政处分；构成犯罪的，依法追究其刑事责任。

第六章　附　则

第四十一条　香港特别行政区、澳门特别行政区和台湾地区的申请人在中华人民共和国其他省、自治区、直辖市设立认证培训机构或者常驻代表机构，应当比照本办法办理有关审批以及其他事项。

第四十二条　认证培训收费，应当符合国家有关价格法律、行政法规的规定。

第四十三条　本办法由国家质量监督检验检疫总局负责解释。

第四十四条　本办法自2005年11月1日起施行。

有关认证培训机构审批以及其他管理规定不符合本办法规定的，自本办法施行之日起停止执行。

■24

认证咨询机构管理办法

国家质量监督检验检疫总局令（第82号）
2005年9月29日

第一章 总 则

第一条 为规范认证咨询活动，加强对认证咨询机构的监督管理，根据《中华人民共和国行政许可法》、《中华人民共和国认证认可条例》以及国务院的有关规定，制定本办法。

第二条 本办法所称的认证咨询机构，是指为使产品、服务和管理体系符合相关认证标准和技术规范而提供技术指导和服务的组织。

第三条 在中华人民共和国境内从事认证咨询活动应当遵守本办法。

第四条 国家认证认可监督管理委员会（以下简称国家认监委）负责认证咨询机构及其认证咨询活动的统一管理和监督工作。

国家认监委委托省、自治区、直辖市人民政府质量技术监督部门（以下简称省级质量技术监督部门）承办其所辖区域内的认证咨询机构的审批工作。

第五条 省级质量技术监督部门应当以国家认监委的名义，并在委托权限内实施认证咨询机构审批工作，不得再委托其他组织或者个人实施审批。

第二章 设立条件和批准程序

第六条 设立认证咨询机构，应当经国家认监委批准并依法取得工商登记后，方可从事批准范围内的认证咨询活动。

第七条 设立认证咨询机构应当符合下列条件：

（一）有固定的场所和必要的设施；

（二）注册资金不得少于人民币10万元；

（三）有符合认证咨询要求的管理文件；

（四）有4名以上取得注册的专职认证咨询师，其中至少有1名高级咨询师；

（五）依法应当具备的其他条件。

设立外商投资的认证咨询机构除应当符合上述条件外，外方投资者还应当取得其所在国家或者地区法律规定的认证咨询从业资格。

第八条 设立认证咨询机构的审批程序：

（一）设立认证咨询机构的申请人（以下简称申请人），应当向所在地省级质量技术监督部门提出书面申请，并提交相关证明材料；

（二）省级质量技术监督部门应当对申请人提交的申请材料进行初步审查，并自收到申请材料之日起5日内作出受理或者不予受理申请的书面决定；

（三）省级质量技术监督部门应当自受理申请之日起，对申请材料的实质内容进行审查和核实，并在20日内，作出是否批准的决定。决定批准的，向申请人出具《认证咨询机构设立批准通知书》，不予批准的，应当书面通知申请人，并说明理由；

（四）申请人凭《认证咨询机构设立批准通知书》依法办理有关工商登记手续，并凭工商登记手续领取《认证咨询机构批准书》。

省级质量技术监督部门应当公布依法设立的认证咨询机构名录，并向国家认监委报送本辖区内获得批准的认证咨询机构名录。

第九条 《认证咨询机构批准书》有效期为4年。

认证咨询机构需要延期使用《认证咨询机构批准书》的，应当在《认证咨询机构批准书》有效期满前90日内向所在地省级质量技术监督部门重新提出申请。

第十条 省级质量技术监督部门应当按国家认监委统一制定的认证咨询机构审批文书格式办理审批事项。

第十一条 认证咨询机构设立分支机构，应当向设立分支机构的所在地省级质量技术监督部门备案。

第十二条 境外认证咨询机构在中华人民共和国境内设立的常驻代表机构应当经国家认监委备案，方可从事有关业务联络、市场调研、技术交流等宣传推广活动，但不得从事认证咨询经营性活动。

第三章 行为规范

第十三条 认证咨询机构应当建立对认证咨询实施有效控制的质量体系和程序，并至少每12个月实施1次内部质量体系审核和管理评审。

第十四条 认证咨询机构应当建立与认证咨询活动相适应的认证咨询实施程序，并按照认证咨询实施程序为认证咨询委托人提供认证咨询服务，保证认证咨询活动的真实、有效。

认证咨询实施程序包括：调研诊断、体系策划、人员培训、文件编写、文件发布、体系运行（至少要保证有3个月的运行期）、内部审核、管理评审和符合性审核。

环境管理体系、职业健康与安全管理体系等特殊领域的认证咨询还需要包括环境、危险因素识别、评价等程序；产品认证咨询还需要包括产品符合性确认、设计等程序。

认证咨询机构应当对认证咨询实施过程作出完整记录，并归档留存。

第十五条 认证咨询机构应当建立专、兼职认证咨询人员聘用、培训、考核及能力评价制度。

认证咨询机构在聘用认证咨询人员时，应当选聘具有良好职业道德、一定专业知识和相关行业实践经验，并取得认证咨询师注册资格的人员。

第十六条 认证咨询机构应当对认证咨询过程实施管理、监控和评价，并建立相应程序，以衡量其咨询活动的进度、质量和有效性。必要时应当将认证咨询过程情况和评价结果向客户反馈。

第十七条 认证咨询机构应当在每年1月底前向所在地省级质量技术监督部门提交年度报告，年度报告包括上年度本机构所咨询的组织名录、在本机构执业的专、兼职认证咨询人员的咨询规范性和有效性评价情况、本机构内部质量体系审核和管理评审情况。

第十八条 有下列情形之一的，认证咨询机构应当自发生变更之日起30日内向所在地省级质量技术监督部门报告，并办理相关变更事宜：

（一）法定代表人、经营范围、经营场所等有关内容发生变更；

（二）《认证咨询机构组织章程》发生变更；

（三）股东、负有执行职责的最高管理者发生变更；

（四）专职认证咨询人员不再符合认证咨询机构批准所规定的基本要求；

（五）分支机构发生变更。

第十九条 认证咨询机构不得有下列行为：

（一）使用不具备认证咨询师注册资格的人员独立进行认证咨询；

（二）向其他机构分包认证咨询业务或者以其他合作方式从事认证咨询活动；

（三）认证咨询机构的办事机构从事认证咨询经营活动；

（四）干涉被咨询方自主选择认证机构的权力；

（五）代收认证费用或者接受对认证咨询活动产生公正影响的资助；

（六）介入认证机构的审核活动或者作为认证机构的分支机构及以其他方式从事认证活动；

（七）为被咨询方编造体系文件运行记录或者帮助、授意被咨询方隐瞒自身实际情况；

（八）作出误导、欺诈性宣传或者承诺；

（九）向未经国家认监委批准的认证机构推荐经其认证咨询的单位进行认证；

（十）其他违反法律、行政法规、部门规章规定的行为。

第四章 监督检查

第二十条 国家认监委应当对受委托的省级质量技术监督部门实施的认证咨询机构审批行为进行监督、指导。

省级质量技术监督部门超越委托权限实施审批，给当事人合法权益造成损害的，自行承担法律责任。

第二十一条 各级质量技术监督部门和各地出入境检验检疫机构（以下统称地方认证监督管理部门）应当依照本办法的规定对认证咨询活动实施监督检查，对违法行为予以查处。

省级质量技术监督部门应当对所辖区域内的认证咨询机构提交的年度报告进行审查，并于每年3月底前将审查情况上报国家认监委。

第二十二条 任何单位和个人对认证咨询违法违规行为，有权向国家认监委和地方认证监督管理部门举报。国家认监委和地方认证监督管理部门应当及时调查处理，并为举报人保密。

第二十三条 有下列情形之一的，省级质量技术监督部门应当依法办理认证咨询机构批准决定注销手续：

（一）《认证咨询机构批准书》有效期届满未延续的；

（二）认证咨询机构依法终止的；

（三）认证咨询机构已经不具备认证咨询能力的；

（四）法律法规规定的应当注销认证咨询机构批准决定的其他情形。

第二十四条 有下列情形之一的，国家认监委或者省级质量技术监督部门根据利害关系人的请求或者依据职权，可以撤销对认证咨询机构作出的批准决定：

（一）工作人员滥用职权、玩忽职守作出批准决定的；

（二）超越法定职权作出批准决定的：

（三）违反法定程序作出批准决定的；

（四）对不具备申请资格或者不符合法定条件的申请人准予批准的；

（五）依法可以撤销批准决定的其他情形。

第五章　罚　则

第二十五条　未经批准擅自从事认证咨询活动的，责令其停止认证咨询活动，处3万元罚款，并予以公布。

第二十六条　申请人申请设立认证咨询机构时，隐瞒有关情况或者提供虚假材料的，省级质量技术监督部门应当不予受理或者不予批准，并给予警告。

第二十七条　认证咨询机构以欺骗、贿赂等不正当手段取得批准文件的，责令其停止认证咨询活动，处3万元罚款；国家认监委应当撤销批准文件，并予以公布。

第二十八条　认证咨询机构及其分支机构超越批准业务范围进行认证咨询活动或者分支机构未经备案的，责令改正，处1万元以上3万元以下罚款；情节严重的，国家认监委应当责令停业整顿，直至撤销批准文件，并予以公布。

第二十九条　违反本办法第十三条至第十八条规定的，责令改正，给予警告；情节严重的，国家认监委应当责令停业整顿，并予以公布。

第三十条　违反本办法第十九条规定的，责令改正，处1万元以上3万元以下罚款；情节严重的，国家认监委应当责令停业整顿，直至撤销批准文件，并予以公布。

第三十一条　认证咨询机构在国家认监委或者地方认证监督管理部门对其实施的监督检查中，隐瞒有关情况、提供虚假材料或者拒绝提供反映其活动情况的真实材料的，责令改正，处1万元以上3万元以下罚款；情节严重的，国家认监委应当责令停业整顿，并予以公布。

第三十二条　境外认证咨询机构在中华人民共和国境内设立的常驻代表机构未经国家认监委备案或者从事认证咨询经营性活动的，责令改正，处2万元罚款，并予以公布。

第三十三条　认证咨询机构聘用被暂停或者撤销认证咨询执业资格的人员从事认证咨询活动的，责令改正，处2万元罚款；情节严重的，国家认监委应当责令停业整顿，直至撤销批准文件，并予以公布。

第三十四条　认证咨询机构在被国家认监委责令停业整顿期间，继续从事认证咨询活动的，责令改正，处3万元罚款；情节严重的，国家认监委应当撤销批准文件，并予以公布。

第三十五条　国家认监委和地方认证监督管理部门的工作人员在认证咨询机构审批工作中，违反本办法第二十四条第一项至第四项规定的，由其主管部门给予行政处分；构成犯罪的，依法追究其刑事责任。

第六章　附　则

第三十六条　香港特别行政区、澳门特别行政区和台湾地区的申请人在中华人民共和国其他省、自治区、直辖市设立认证咨询机构或者常驻代表机构，应当比照本办法办理审批以及其他事项。

第三十七条　认证咨询收费，应当符合国家有关价格法律、行政法规的规定。

第三十八条　本办法由国家质量监督检验检疫总局负责解释。

第三十九条　本办法自2005年11月1日起施行。

有关认证咨询机构审批以及其他管理规定不符合本办法规定的，自本办法施行之日起停止执行。

25

国家鼓励的集成电路企业认定管理办法（试行）

国家发展改革委　信息产业部　税务总局　海关总署

（发改高技［2005］2136 号）

2005 年 10 月 21 日

第一条　为使企业享受国务院《鼓励软件产业和集成电路产业发展的若干政策》（国发［2000］18 号，简称《若干政策》）及其配套的优惠政策，加速我国集成电路产业发展，根据《若干政策》第四十九条和有关规定，制定本办法。

第二条　本办法所指的集成电路企业，是指在中国境内（不含香港、澳门、台湾）依法设立的从事集成电路芯片制造、封装、测试以及 6 英寸（含）以上硅单晶材料生产的具有独立法人资格的组织，不包括集成电路设计企业。

第三条　国家发展和改革委员会、信息产业部、国家税务总局和海关总署为集成电路企业认定主管部门（以下简称主管部门），负责全国集成电路企业的认定管理工作，其职责是：

（一）组织集成电路企业认定机构（以下简称认定机构）开展认定工作；

（二）监督检查全国集成电路企业的认定工作，审核批准认定结果；

（三）受理对认定结果、年审结果以及有关认定决定的异议申诉。

第四条　主管部门共同委托中国半导体行业协会为集成电路企业认定机构，负责集成电路企业认定和年审工作。其职责是：

（一）受理集成电路企业认定申请；

（二）具体组织集成电路企业认定工作，提出认定意见；

（三）负责集成电路企业年度审查，并将结果报主管部门备案。

第五条　申请认定的集成电路企业须满足下列条件：

（一）是依法成立的从事集成电路芯片制造、封装、测试以及 6 英寸（含）以上硅单晶材料生产的法人单位；

（二）具有与集成电路产品生产相适应的生产经营场所、软硬件设施和人员等基本条件，其生产过程符合集成电路产品生产的基本流程、管理规范，具有保证产品生产的手段与能力；

（三）自产（含代工）集成电路产品销售收入占企业当年总收入的 60% 以上（新建企业除外）；

（四）企业主管税务机关认定企业无恶意欠税或偷税骗税等违法行为。

第六条　企业在申请集成电路企业认定时，须按认定实施细则要求提供相关资料，提交的资料及其内容必须真实有效。

第七条　集成电路企业的认定，由企业向认定机构提出申请。认定机构应依照相关实施细则进行审理，并于 15 个工作日内向主管部门提出认定意见及相关资料。国家发展和改革委员会会同信息产业部、国家税务总局、海关总署，于 45 个工作日内联合发文确定或将否定意见告认定机构。

第八条　认定结果在认定机构的网站及有关媒体上发布，接受社会监督。

第九条　国家对认定的集成电路企业实行年度审查制度。企业向认定机构提交年度审查报告，认定机构出具年审意见报主管部门备案。

第十条　企业应按规定的时限向认定机构提交年度审查报告，逾期未报的企业视为自动放弃认定资格；年审不合格的集成电路企业，其认定资格自下一年度起取消。

第十一条　经认定的集成电路企业发生调整、分立、合并、重组等变更情况时，须在作出变更决定之日起30日内，向原认定机构办理变更认定或重新申报手续。未经国家发展和改革委员会与有关部门批准同意变更认定的，取消企业的认定资格，停止享受有关优惠政策。

第十二条 集成电路企业一经发现有偷税等违法行为的，经核实后取消该企业认定资格，停止享受有关优惠政策。

第十三条 经查明企业在申请集成电路企业认定时提供虚假材料及内容的，中止其认定申请；已认定的，撤销其集成电路企业的认定资格，并予以通报，同时追回已减免税收款项；认定机构3年内不再受理其认定申请。

第十四条 经认定的集成电路企业，凭主管部门共同签发的认定文件，到有关部门办理享受有关优惠政策的手续。

第十五条 本办法由国家发展和改革委员会会同信息产业部、国家税务总局、海关总署负责解释。

第十六条 本办法自印发之日起施行。

26

关于发展高技术产业促进东北地区等老工业基地振兴指导意见

国家发展改革委　国务院振兴东北办
2005年11月1日

一、充分认识发展高技术对振兴老工业基地的重要意义

《中共中央、国务院关于实施东北地区等老工业基地振兴战略的若干意见》中明确提出，走新型工业化道路，全面提升和优化第二产业，是振兴老工业基地的首要任务。解决当前老工业基地发展面临的传统产业竞争力下降、产业结构性矛盾突出、新兴和高技术产业发展缓慢滞后、发展活力不足等问题，必须走科技含量高、经济效益好、资源消耗低、环境污染少、人力资源优势得到充分发挥的老工业基地振兴之路。

（一）高技术是有效解决老工业基地发展面临矿产资源枯竭、生产方式粗放等突出问题，保证经济可持续发展的战略性措施和重要途径。振兴老工业基地，必须按照科学发展观的要求，大力推进产业结构的调整升级，大力发展循环经济，实现资源型产业向高附加值产业的转变。只有大力发展、利用高技术，提高技术创新能力，解决产业关键共性技术、核心技术，提升产业技术水平，才能从根本上转变“高投入、高消耗、高排放、不协调、难循环”的外延式经济发展模式，才能从整体上实现产业的结构优化升级，提高产业的竞争力和发展活力，促进产业的长远发展。

（二）优先发展对经济增长具有突破性、重大带动作用的高技术产业，将为东北地区等老工业基地的产业结构升级奠定基础，并将极大地促进整个区域经济的可持续发展。高技术产业是全面发展具有竞争力产业体系的战略性产业，形成规模化和国际化的高技术产业群，可广泛带动其他相关产业的发展，提供更多的就业机会，为经济增长注入新的活力，从而带动经济全面发展。

（三）高技术能够有效地促进产业多元化、多层次发展。充分发挥高技术产业对传统产业，特别是对农业、服务业的渗透、传播和带动作用，加速高新技术在传统产业的应用，有利于发挥老工业基地装备制造业基础好、配套能力强的优势，壮大优势产业，带动整个产业和经济的发展，是实现走内涵式发展道路的有效途径。

二、发展高技术，促进老工业基地振兴的指导思想和基本原则

发展高技术促进老工业基地产业振兴的指导思想是，按照科学发展观要求，坚持政府支持和市场调节相结合的原则，紧紧围绕振兴老工业基地的总体战略部署，以优化产业结构为重点，以提高产业竞争力为核心，以增强企业技术创新能力、大力推进高技术产业规模化和国际化、积极推动经济和社会信息化、重点加强促进科技成果产业化和促进产业技术进步为着力点，在充分发挥现有产业优势的基础上，促进技术创新与技术转移新机制的形成，加快发展东北特色高技术产业，提升现有产业技术水平，提高老工业基地经济增长的质量和国民经济总体素质，加速老工业基地的振兴。

发展高技术促进老工业基地振兴是一项战略性任务，也是一个长期的系统工程。要通过国家的宏观引导，在体制创新的基础上，充分发挥市场机制的作用，并把握好以下原则：

（一）发展高技术产业与用高新技术提升传统产业并重。发展对经济增长具有重大带动作用的高技术产业是促进产业结构调整、优化和升级的重要举措，应突出重点，发挥优势，加快发展信息、生物、民用航空等高技术产业。同时，要广泛使用信息技术、生物技术、新材料及先进制造等技术，提升传统产业，增强传统产业的竞争力，形成高技术产业与传统产业相互促进，共同发展的局面。

（二）技术创新与体制创新并重。技术创新是推动经济社会发展的主导力量，体制创新是实现技术创新的重要保障。要通过创新体制的建设，解决当前突出存在的科技与经济脱节的问题，优化技术资源与力量，构建以企业为主体、社会资源投人为主、充分调动科技人才积极性、结构布局合理的创新体系和创新机制。要加强研究开发投入，形成以产品为龙头的系列化技术及装备开发能力，形成具有持续推动技术升级、逐步接近国际先进水平的产业技术开发体系，为产业持续发展提供动力。

（三）自主创新与国际化发展并重。加强自主创新是推进产业结构调整和促进产业可持续发展的中心环节。要在有相对优势的领域，集中资源、创造条件，进一步强化依托重大建设项目，组织技术攻关和开发，促进自主技术创新，加强引进技术消化吸收和再创新，大力推进高技术产业化进程。同时，要从老工业基地的实际情况出发，紧紧抓住经济全球化和国际产业转移的历史机遇，通过国际技术合作和技术引进，推动产业技术水平的跨越式提高，促进产业的集聚化、国际化发展。

三、大力促进高技术产业规模化和国际化发展

新兴高技术产业既是老工业基地的接续产业和新的经济增长点，也是扩大就业的重要途径。要着眼于老工业基地区域经济结构战略调整的需要，选择具有技术优势、产业优势、资源优势的信息、航空、生物与制药、先进制造等领域，培育新兴高技术产业群，促进高技术产业的规模化和国际化发展，形成新的经济增长点。要在具有产业优势的重要领域，以主导产品为核心，引导上游与下游企业之间、技术开发与生产企业之间形成协作关系，促进关联、协作企业的集聚，加快产业链的延伸。要统筹规划，促进高技术产业生产力的合理布局和集聚发展，在知识密集地区，逐步形成光电子、计算机软件、生物医药、精细化工、航空等产业基地，促进以城市为中心的产业整体优化升级和产业高技术化。要进一步加大国际合作力度，充分利用国际资源和国际市场，充分借鉴国际先进的技术和管理经验，进一步强化与国外的联合技术开发、联合投资、合作经营，加速特色、优势高技术产业的国际化发展。要大力扶持资源枯竭型城市发展现代农业、生物医药、信息等非资源依赖型的高技术产业，促进这些城市经济转型。

四、大力推进高技术产业化

高技术产业化是将科技优势转变为经济优势的必要过程，是促进科技成果转化的重要环节。要将老工业基地雄厚的科技实力和重大的科研成果转变为产业优势，政府要营造良好的政策环境，鼓励全社会开展高技术成果的产业化。政府要以发展特色、优势高技术产业为目标，制定优先发展的高技术产业化重点领域指南、加快实施高技术产业化专项，鼓励、引导企业、科研机构、高等院校，围绕对产业发展具有重要带动作用的信息技术、生物技术、新材料等重要领域，开展具有自主知识产权重大科技成果的产业化，为老工业基地培育新的经济增长点。

五、加快信息化进程

信息化带动工业化，工业化促进信息化是我国走新型工业化道路、实现全面建设小康社会的有效途径。在东北地区等老工业基地的振兴过程中，必须充分发挥信息化对国民经济和社会发展的战略性带动作用。扎实推进电子政务，改善公共服务，促进管理创新；大力发展电子商务，培育市场主体，创造良好环境；加强信息资源开发利用，推动教育、文化、科研、生产等领域的信息共享，积极发展信息内容产业；重点提高农业、机械制造、能源、原材料、交通等重点领域的信息化水平，促进传统产业高技术化，加快重点行业的可持续发展。

六、大力促进以装备制造业为代表的传统产业升级

东北地区等老工业基地是我国装备制造业最集中的地区。要结合国民经济发展和国家重大建设工程的需要，围绕产业基础好、增长潜力大、产业关联度高的装备制造业、能源、原材料等重点主导产业和优势产品，大力促进技术进步，提高产业和产品竞争力。要以数字化、智能化、先进工艺等技术应用为中心，促进新技术在传统产业中的应用，提高生产制造技术水平和产品附加值。要提高重大成套装备的性能和可靠性，全面提升重大成套技术装备的竞争力，为国民经济建设提供技术保障。要大力促进生命科学、生物技术的重大成果在现代农业生产中的应用，大力发展生物育种产业，大力普及农业生产新技术，促进农业生产结构的调整，提高农产品的品质和产量，大力发展高附加值农业，促进农副产品深加工，促进农村经济发展。

七、加强技术创新，奠定可持续发展的坚实基础

促进老工业基地经济发展由主要依赖自然资源为主的传统工业向依靠人才、知识、技术为主的新型工业转化，除了深化改革外，必须加强技术创新。要将技术创新工作作为发展高技术，加速产业结构升级，振兴老工业基地的一项根本、战略性措施，大力加强以企业为主体的技术创新体系建设，大力鼓励全社会开展自主技术创新、开放式技术创新、集成技术创新等活动，为老工业基地产业的持续发展注入活力、奠定基础。

（一）择优强化国家工程研究中心的创新条件建设。依托老工业基地具有产业、技术优势的领域，突出国家需求，以开发产业关键共性技术、促进具有重大市场前景的科技成果工程化为任务，发挥企业、科研单位和高等院校联合的优势，择优建设和完善若干个国家工程研究中心和省级工程研究中心，促进产业技术系统集成能力的提高，培育自主知识产权的产业核心技术和持续创新能力，在特色领域形成具有国际水平的产业技术总体设计、系统集成的能力。同时，要鼓励和支持高等院校、科研机构加强生命科学、纳米科学、新材料等领域研究开发设施的建设，促进学科交叉和技术创新。

（二）加强企业技术中心建设。企业技术中心是国家创新体系的重要组成部分，也是企业技术进步和技术创新的主要技术依托。国家将根据老工业基地产业发展特点，鼓励企业建立技术中心，并进一步择优确认国家认定企业技术中心，加强国家认定企业技术中心的研究开发条件建设，鼓励以企业技术中心为依托，开展技术引进、消化吸收和再创新工作，促进自主创新能力的提高。

（三）大力鼓励技术创新。要在机制创新的基础上，以发展高技术产业和提升传统产业的竞争力为目标，解决重大成套装备、信息、先进环保设备、生物技术与制药、现代农业、民用航空、新材料等产业发展中的重大关键、共性技术为重点，加大对技术创新、高技术开发的支持，积极引导企业联合科研单位和高等院校等开展技术创新活动，积极探索有利于激发技术创新活动的新模式，突破一批重点产业关键共性技术，掌握若干重要产业包括设计、工艺、设备在内的成套技术。加强引进技术消化吸收，促进国际技术交流，鼓励在引进国外先进技术的基础上，进行消化创新，培养自主研发能力，缩小与国际先进水平之间差距。

（四）促进技术向生产转移，促进技术创新服务体系的建立和完善。要促进建立有利于科技成果转化的环境，大力鼓励和推动企业、科研单位、高等院校、金融机构之间的合作，探索科研与生产结合的新机制。要强化知识产权的观念和知识产权保护的措施，进一步完善知识产权评估、认证、仲裁等中介服务体系。鼓励和扶持技术创新服务机构的建设和发展，为中小企业发展提供技术服务、信息服务等，促进中小企业的发展。

（五）汇集人才，创造人才脱颖而出的环境和机制。要按照中央人才工作精神的要求，建立人才汇集和发挥其才智的机制，调动广大科技人员开展自主创新、研究开发的积极性和主动性，创造有利于人才脱颖而出的良好环境。

27

创业投资企业管理暂行办法

国家发展和改革委员会令（第39号）
2005年11月15日

第一章　总　则

第一条　为促进创业投资企业发展，规范其投资运作，鼓励其投资中小企业特别是中小高新技术企业，依据《中华人民共和国公司法》、《中华人民共和国中小企业促进法》等法律法规，制定本办法。

第二条　本办法所称创业投资企业，系指在中华人民共和国境内注册设立的主要从事创业投资的企业组织。

前款所称创业投资，系指向创业企业进行股权投资，以期所投资创业企业发育成熟或相对成熟后主要通过股权转让获得资本增值收益的投资方式。

前款所称创业企业，系指在中华人民共和国境内注册设立的处于创建或重建过程中的成长性企业，但不含已经在公开市场上市的企业。

第三条　国家对创业投资企业实行备案管理。凡遵照本办法规定完成备案程序的创业投资企业，应当接受创业投资企业管理部门的监管，投资运作符合有关规定的可享受政策扶持。未遵照本办法规定完成备案程序的创业投资企业，不受创业投资企业管理部门的监管，不享受政策扶持。

第四条　创业投资企业的备案管理部门分国务院管理部门和省级（含副省级城市）管理部门两级。国务院管理部门为国家发展和改革委员会；省级（含副省级城市）管理部门由同级人民政府确定，报国务院管理部门备案后履行相应的备案管理职责，并在创业投资企业备案管理业务上接受国务院管理部门的指导。

第五条　外商投资创业投资企业适用《外商投资创业投资企业管理规定》。依法设立的外商投资创业投资企业，投资运作符合相关条件，可以享受本办法给予创业投资企业的相关政策扶持。

第二章　创业投资企业的设立与备案

第六条　创业投资企业可以以有限责任公司、股份有限公司或法律规定的其他企业组织形式设立。

以公司形式设立的创业投资企业，可以委托其他创业投资企业、创业投资管理顾问企业作为管理顾问机构，负责其投资管理业务。委托人和代理人的法律关系适用《中华人民共和国民法通则》、《中华人民共和国合同法》等有关法律法规。

第七条　申请设立创业投资企业和创业投资管理顾问企业，依法直接到工商行政管理部门注册登记。

第八条　在国家工商行政管理部门注册登记的创业投资企业，向国务院管理部门申请备案。

在省级及省级以下工商行政管理部门注册登记的创业投资企业，向所在地省级（含副省级城市）管理部门申请备案。

第九条　创业投资企业向管理部门备案应当具备下列条件：

（一）已在工商行政管理部门办理注册登记。

（二）经营范围符合本办法第十二条规定。

（三）实收资本不低于3 000万元人民币，或者首期实收资本不低于1 000万元人民币且全体投资者承诺在注册后的5年内补足不低于3 000万元人民币实收资本。

（四）投资者不得超过200人。其中，以有限责任公司形式设立创业投资企业的，投资者人数不得超过50人。

单个投资者对创业投资企业的投资不得低于100万元人民币。所有投资者应当以货币形式出资。

（五）有至少3名具备2年以上创业投资或相关业务经验的高级管理人员承担投资管理责任。委托其他创业投资企业、创业投资管理顾问企业作为管理顾问机构负责其投资管理业务的，管理顾问机构必须有至少3名具备2年以上创业投资或相关业务经验的高级管理人员对其承担投资管理责任。

前款所称“高级管理人员”，系指担任副经理及以上职务或相当职务的管理人员。

第十条 创业投资企业向管理部门备案时，应当提交下列文件：

（一）公司章程等规范创业投资企业组织程序和行为的法律文件。

（二）工商登记文件与营业执照的复印件。

（三）投资者名单、承诺出资额和已缴出资额的证明。

（四）高级管理人员名单、简历。

由管理顾问机构受托其投资管理业务的，还应提交下列文件：

（一）管理顾问机构的公司章程等规范其组织程序和行为的法律文件。

（二）管理顾问机构的工商登记文件与营业执照的复印件。

（三）管理顾问机构的高级管理人员名单、简历。

（四）委托管理协议。

第十一条 管理部门在收到创业投资企业的备案申请后，应当在5个工作日内，审查备案申请文件是否齐全，并决定是否受理其备案申请。在受理创业投资企业的备案申请后，应当在20个工作日内，审查申请人是否符合备案条件，并向其发出“已予备案”或“不予备案”的书面通知。对“不予备案”的，应当在书面通知中说明理由。

第三章 创业投资企业的投资运作

第十二条 创业投资企业的经营范围限于：

（一）创业投资业务。

（二）代理其他创业投资企业等机构或个人的创业投资业务。

（三）创业投资咨询业务。

（四）为创业企业提供创业管理服务业务。

（五）参与设立创业投资企业与创业投资管理顾问机构。

第十三条 创业投资企业不得从事担保业务和房地产业务，但是购买自用房地产除外。

第十四条 创业投资企业可以以全额资产对外投资。其中，对企业的投资，仅限于未上市企业。但是所投资的未上市企业上市后，创业投资企业所持股份的未转让部分及其配售部分不在此限。其他资金只能存放银行、购买国债或其他固定收益类的证券。

第十五条 经与被投资企业签订投资协议，创业投资企业可以以股权和优先股、可转换优先股等准股权方式对未上市企业进行投资。

第十六条 创业投资企业对单个企业的投资不得超过创业投资企业总资产的20%。

第十七条 创业投资企业应当在章程、委托管理协议等法律文件中，明确管理运营费用或管理顾问机构的管理顾问费用的计提方式，建立管理成本约束机制。

第十八条 创业投资企业可以从已实现投资收益中提取一定比例作为对管理人员或管理顾问机构的业绩报酬，建立业绩激励机制。

第十九条 创业投资企业可以事先确定有限的存续期限，但是最短不得短于7年。

第二十条 创业投资企业可以在法律规定的范围内通过债权融资方式增强投资能力。

第二十一条 创业投资企业应当按照国家有关企业财务会计制度的规定，建立健全内部财务管理制度和会计核算办法。

第四章 对创业投资企业的政策扶持

第二十二条 国家与地方政府可以设立创业投资引导基金，通过参股和提供融资担保等方式扶持创业投资企业的设立与发展。具体管理办法另行制定。

第二十三条 国家运用税收优惠政策扶持创业投资企业发展并引导其增加对中小企业特别是中小高新技术企业的投资。具体办法由国务院财税部门会同有关部门另行制定。

第二十四条 创业投资企业可以通过股权上市转让、股权协议转让、被投资企业回购等途径，实现投资退出。国家有关部门应当积极推进多层次资本市场体系建设，完善创业投资企业的投资退出机制。

第五章 对创业投资企业的监管

第二十五条 管理部门已予备案的创业投资企业及其管理顾问机构，应当遵循本办法第二、第三章各条款的规定进行投资运作，并接受管理部门的监管。

第二十六条 管理部门已予备案的创业投资企业及其管理顾问机构，应当在每个会计年度结束后的4个月内向管理部门提交经注册会计师审计的年度财务报告与业务报告，并及时报告投资运作过程中的重大事件。

前款所称重大事件，系指：

（一）修改公司章程等重要法律文件。

（二）增减资本。

（三）分立与合并。

（四）高级管理人员或管理顾问机构变更。

（五）清算与结业。

第二十七条 管理部门应当在每个会计年度结束后的5个月内，对创业投资企业及其管理顾问机构是否遵守第二、第三章各条款规定，进行年度检查。在必要时，可在第二、第三章相关条款规定的范围内，对其投资运作进行不定期检查。

对未遵守第二、三章各条款规定进行投资运作的，管理部门应当责令其在30个工作日内改正；未改正的，应当取消备案，并在自取消备案之日起的3年内不予受理其重新备案申请。

第二十八条 省级（含副省级城市）管理部门应当及时向国务院管理部门报告所辖地区创业投资企业的备案情况，并于每个会计年度结束后的6个月内报告已纳入备案管理范围的创业投资企业的投资运作情况。

第二十九条 国务院管理部门应当加强对省级（含副省级城市）管理部门的指导。对未履行管理职责或管理不善的，应当建议其改正；造成不良后果的，应当建议其追究相关管理人员的失职责任。

第三十条 创业投资行业协会依据本办法和相关法律、法规及规章，对创业投资企业进行自律管理，并维护本行业的自身权益。

第六章　附　则

第三十一条 本办法由国家发展和改革委员会会同有关部门解释。

第三十二条 本办法自2006年3月1日起施行。

关于严肃财经纪律规范国家科技计划课题经费使用和加强监管的通知

中华人民共和国科学技术部

（国科发财字［2005］462 号）

2005 年 11 月 16 日

各有关部门、单位：

“十五”以来，国家科研计划实施课题制管理，逐步完善评审评估机制，强化过程监督，科技经费管理水平不断提高。但通过近两年的科研专项经费审计和监督检查发现，在国家科技计划课题经费管理和使用中仍然存在一些突出的问题。为严肃财经纪律，确保合理有效地使用好科技经费，根据国务院办公厅转发科技部等四部委《关于国家科研计划实施课题制管理的规定》（国办发［2002］2 号）以及各科技计划经费管理办法和相关财经法律法规，现就规范课题经费使用和监督管理的有关要求通知如下：

一、严禁从课题经费提成用于人员奖励支出。一些单位为鼓励科研人员争取课题经费，自行制定内部政策，从获得的课题经费中提成用作科研人员奖励支出。按规定，人员费应按照研究人员的工作量和国家相关标准在课题预算人员费科目中据实列支。人员费必须严格按照批复的预算执行，严禁任何单位和个人以任何形式挤占挪用课题经费用于人员奖励等超出预算范围的支出。

二、严禁从课题经费中直接提取管理费计入课题成本。课题管理费是指难以直接计入课题成本的费用，包括课题依托单位为课题提供服务的管理人员费用和其他相关管理支出、房屋占用费和现有仪器设备使用费或折旧费等。按规定，课题管理费应按照财务制度允许的分摊方法，分摊计入课题成本，在批复的预算范围内列支。严禁课题依托单位直接从课题经费中按比例提取管理费的变相截留课题经费的行为。

三、严禁挤占挪用课题经费，超预算范围开支的行为。课题经费必须专款专用，严格按照批复的预算用于与课题研究相关的支出，不得将课题经费用于旅游、福利劳保、娱乐等活动和与课题研究活动无关的宴请，不得以实物、有价证券等方式变相牟取私利，不得用课题经费经商办企业。与课题研究活动相关的必要支出，也要在保证工作的前提下，按照勤俭节约的原则，严格控制开支标准。

四、严禁违反规定自行调整课题经费预算。按规定，课题经费预算一经批复，必须严格执行，一般不做调整。由于课题研究目标、重大技术路线或主要研究内容调整，以及不可抗力造成意外损失等原因，对课题经费总预算造成较大影响的，可以进行调整，但必须按原程序上报批准后执行。对于课题经费预算科目之间的调整，调整幅度超过 10% 的，必须按原程序上报批准后执行；调整幅度不足 10% 的，需在课题结题报告中详细说明调整的理由、金额等情况，并在课题验收时予以确认。

五、严禁编制虚假预算套取课题经费。部分课题在申报预算时，存在编报虚假预算现象，虚列人员费、考察调研费、会议费、设备购置费、对外协作费等，课题完成后形成课题资金大量结余，长期挂账用于课题以外的支出，造成科技资金的极大浪费。从 2006 年开始，对课题结余资金问题，我部将在结题验收和专项审计中加大清查力度，对专项经费 5% 以内且总额不超过 20 万元的课题结余经费，经主管部门批准后可以留给依托单位用于补助科研发展支出；对课题经费结余超过 5% 或结余在 20 万元以上的课题，必须将全部结余资金按原渠道上缴。

六、严禁课题结题后不及时进行财务结算，长期挂账报销费用。部分课题存在不及时结题或结题后不及时办理财务结算手续的情况，长期挂账报销费用，由课题组甚至课题负责人随意支取，影响了科技预算的严肃性。

课题必须按规定及时结题，特殊原因确需延期的必须按程序提前办理课题延期手续。课题验收结题后应在一个月内办理财务结算手续，认真清理账目，正确计算课题实际成本，按规定妥善处理结余经费，课题组不得以任何理由继续占用课题结余经费。

七、严禁提供虚假配套承诺或不及时足额提供配套资金。在课题申请时，部分单位为争取课题经费，提供虚假配套承诺或将课题占用的房屋、仪器设备原值等列入配套，加大配套资金额度套取科技资金。在课题执行中，存在配套资金到位不及时、到位率低甚至不提供配套的情况，严重影响了课题研究活动的正常进行。承诺提供配套资金的各有关单位应严格履行合同的约定，及时足额提供配套资金，不得以任何理由拒付，并将配套资金和专项经费纳入课题预算统一管理和核算。

八、严禁课题经费脱离依托单位财务部门监管。目前，在课题管理中普遍存在重项目执行、轻经费监管，重预算、轻决算的情况，科研人员自行编制财务决算报表，依托单位财务部门监督缺位，导致账表不符、财务数据不真实的问题经常发生。按规定，课题负责人行使经费使用自主权应在批准的预算范围内和依托单位的日常监督下进行。课题执行各方应高度重视课题经费的财务管理工作，课题经费必须纳入单位财务统一核算，接受依托单位的日常管理和监督，保证课题经费的合理使用和财务核算的准确规范。

九、各主管部门、课题依托单位、课题负责人应高度重视课题经费的使用和监督管理工作，建立分级管理和责任追究制度，各司其职、各尽其责，提高课题经费的使用和管理水平。

1. 课题负责人和课题组成员要认真学习有关规章制度，增强预算管理和财务监督意识，严格执行批复的课题预算，坚持实事求是、勤俭节约的原则，合理使用课题经费，自觉接受有关方面的监督检查。

对有违反上述第三、四、五、六、七、八条之一行为的，科技部将视具体情况对相关当事人实行限期整改、给予警告、暂停课题拨款、通报批评、终止课题执行、追回已拨经费直至一定时限内取消其课题申报资格并记录相关当事人的信用；构成违纪的，建议有关部门给予纪律处分；构成犯罪的，依法移送司法机关追究刑事责任。并将违规违纪行为及处理结果通过适当的方式向社会公告。

2. 课题依托单位要认真履行对课题执行的日常监督管理职责，加强财务管理和会计核算工作，提高课题经费管理水平；要进一步建立健全内部管理制度，严格执行国家有关的规章制度，及时修订与之不符的内部管理规定。课题依托单位负责人要高度重视课题经费管理工作，杜绝本单位课题经费管理和使用中违规违纪行为的发生。

对有违反上述第一、二、六、七条之一行为或对第三、四、五、八条之一相关职责履行不力造成违规违纪行为发生的，科技部和主管部门将视具体情况对课题依托单位实行限期整改、给予警告、通报批评直至一定时限内取消该单位课题申报资格并记录相关单位和当事人的信用；构成违纪的，建议有关部门给予单位负责人纪律处分；构成犯罪的，依法移送司法机关追究相关人员刑事责任。并将违规违纪行为及处理结果通过适当的方式向社会公告。

3. 各有关部门要加大对所属单位的财务监管力度，将课题经费作为本部门经费监管工作的重要内容，通过审计、专项检查、绩效考评等手段及时了解课题经费使用情况；要对所属单位的课题经费管理加强指导，提高所属单位的财务管理水平；要加强与科技部的沟通，杜绝本部门所属单位在课题经费管理和使用中违规违纪行为的发生。科技部将根据各部门的监督管理情况记录其相关信用。

4. 科技部将不断完善科技经费监管体系建设，建章立制，指导和规范科技资金的管理和使用工作；将进一步加强与主管部门的沟通与协调，分工负责；将会同财政、审计等部门开展对课题经费管理和使用情况的抽查，加大对课题经费的监管力度，严肃查处违反课题经费管理制度的行为。

十、各有关部门和单位在接到本通知后，要认真组织所属单位开展课题经费自查工作，对存在的问题应切实采取有效措施，在今年年底之前纠正完毕，并于2006年1月15日前将自查和处理结果汇总报科技部。

29

促进产业结构调整暂行规定

中国人民共和国国务院
（国发［2005］40 号）
2005 年 12 月 2 日

第一章　总　则

第一条　为全面落实科学发展观，加强和改善宏观调控，引导社会投资，促进产业结构优化升级，根据国家有关法律、行政法规，制定本规定。

第二条　产业结构调整的目标：

推进产业结构优化升级，促进一、二、三产业健康协调发展，逐步形成农业为基础、高新技术产业为先导、基础产业和制造业为支撑、服务业全面发展的产业格局，坚持节约发展、清洁发展、安全发展，实现可持续发展。

第三条　产业结构调整的原则：

坚持市场调节和政府引导相结合。充分发挥市场配置资源的基础性作用，加强国家产业政策的合理引导，实现资源优化配置。

以自主创新提升产业技术水平。把增强自主创新能力作为调整产业结构的中心环节，建立以企业为主体、市场为导向、产学研相结合的技术创新体系，大力提高原始创新能力、集成创新能力和引进消化吸收再创新能力，提升产业整体技术水平。

坚持走新型工业化道路。以信息化带动工业化，以工业化促进信息化，走科技含量高、经济效益好、资源消耗低、环境污染少、安全有保障、人力资源优势得到充分发挥的发展道路，努力推进经济增长方式的根本转变。

促进产业协调健康发展。发展先进制造业，提高服务业比重和水平，加强基础设施建设，优化城乡区域产业结构和布局，优化对外贸易和利用外资结构，维护群众合法权益，努力扩大就业，推进经济社会协调发展。

第二章　产业结构调整的方向和重点

第四条　巩固和加强农业基础地位，加快传统农业向现代农业转变。加快农业科技进步，加强农业设施建设，调整农业生产结构，转变农业增长方式，提高农业综合生产能力。稳定发展粮食生产，加快实施优质粮食产业工程，建设大型商品粮生产基地，确保粮食安全。优化农业生产布局，推进农业产业化经营，加快农业标准化，促进农产品加工转化增值，发展高产、优质、高效、生态、安全农业。大力发展畜牧业，提高规模化、集约化、标准化水平，保护天然草场，建设饲料草场基地。积极发展水产业，保护和合理利用渔业资源，推广绿色渔业养殖方式，发展高效生态养殖业。因地制宜发展原料林、用材林基地，提高木材综合利用率。加强农田水利建设，改造中低产田，搞好土地整理。提高农业机械化水平，健全农业技术推广、农产品市场、农产品质量安全和动植物病虫害防控体系。积极推行节水灌溉，科学使用肥料、农药，促进农业可持续发展。

第五条　加强能源、交通、水利和信息等基础设施建设，增强对经济社会发展的保障能力。

坚持节约优先、立足国内、煤为基础、多元发展，优化能源结构，构筑稳定、经济、清洁的能源供应体系。以大型高效机组为重点优化发展煤电，在生态保护基础上有序开发水电，积极发展核电，加强电网建设，优化电网结构，扩大西电东送规模。建设大型煤炭基地，调整改造中小煤矿，坚决淘汰不具备安全生产条件和浪费破坏资源的小煤矿，加快实施煤矸石、煤层气、矿井水等资源综合利用，鼓励煤电联营。实行油气并举，加大石油、天然气资源勘探和开发利用力度，扩大境外合作开发，加快油气领域基础设施建设。积极扶持和发展新能源和可再生能源产业，鼓励石油替代资源和清洁能源的开发利用，积极推进洁净煤技术产业化，加快发展风能、太阳能、生物质能等。

以扩大网络为重点，形成便捷、通畅、高效、安全的综合交通运输体系。坚持统筹规划、合理布局，实现铁路、公路、水运、民航、管道等运输方式优势互补，相互衔接，发挥组合效率和整体优势。加快发展铁路、城市轨道交通，重点建设客运专线、运煤通道、区域通道和西部地区铁路。完善国道主干线、西部地区公路干线，建设国家高速公路网，大力推进农村公路建设。优先发展城市公共交通。加强集装箱、能源物资、矿石深水码头建设，发展内河航运。扩充大型机场，完善中型机场，增加小型机场，构建布局合理、规模适当、功能完备、协调发展的机场体系。加强管道运输建设。

加强水利建设，优化水资源配置。统筹上下游、地表地下水资源调配、控制地下水开采，积极开展海水淡化。加强防洪抗旱工程建设，以堤防加固和控制性水利枢纽等防洪体系为重点，强化防洪减灾薄弱环节建设，继续加强大江大河干流堤防、行蓄洪区、病险水库除险加固和城市防洪骨干工程建设，建设南水北调工程。加大人畜饮水工程和灌区配套工程建设改造力度。

加强宽带通信网、数字电视网和下一代互联网等信息基础设施建设，推进“三网融合”，健全信息安全保障体系。

第六条 以振兴装备制造业为重点发展先进制造业，发挥其对经济发展的重要支撑作用。

装备制造业要依托重点建设工程，通过自主创新、引进技术、合作开发、联合制造等方式，提高重大技术装备国产化水平，特别是在高效清洁发电和输变电、大型石油化工、先进适用运输装备、高档数控机床、自动化控制、集成电路设备、先进动力装备、节能降耗装备等领域实现突破，提高研发设计、核心元器件配套、加工制造和系统集成的整体水平。

坚持以信息化带动工业化，鼓励运用高技术和先进适用技术改造提升制造业，提高自主知识产权、自主品牌和高端产品比重。根据能源、资源条件和环境容量，着力调整原材料工业的产品结构、企业组织结构和产业布局，提高产品质量和技术含量。支持发展冷轧薄板、冷轧硅钢片、高浓度磷肥、高效低毒低残留农药、乙烯、精细化工、高性能差别化纤维。促进炼油、乙烯、钢铁、水泥、造纸向基地化和大型化发展。加强铁、铜、铝等重要资源的地质勘查，增加资源地质储量，实行合理开采和综合利用。

第七条 加快发展高技术产业，进一步增强高技术产业对经济增长的带动作用。

增强自主创新能力，努力掌握核心技术和关键技术，大力开发对经济社会发展具有重大带动作用的高新技术，支持开发重大产业技术，制定重要技术标准，构建自主创新的技术基础，加快高技术产业从加工装配为主向自主研发制造延伸。按照产业聚集、规模化发展和扩大国际合作的要求，大力发展信息、生物、新材料、新能源、航空航天等产业，培育更多新的经济增长点。优先发展信息产业，大力发展集成电路、软件等核心产业，重点培育数字化音视频、新一代移动通信、高性能计算机及网络设备等信息产业群，加强信息资源开发和共享，推进信息技术的普及和应用。充分发挥我国特有的资源优势和技术优势，重点发展生物农业、生物医药、生物能源和生物化工等生物产业。加快发展民用航空、航天产业，推进民用飞机、航空发动机及机载系统的开发和产业化，进一步发展民用航天技术和卫星技术。积极发展新材料产业，支持开发具有技术特色以及可发挥我国比较优势的光电子材料、高性能结构和新型特种功能材料等产品。

第八条 提高服务业比重，优化服务业结构，促进服务业全面快速发展。坚持市场化、产业化、社会化的方向，加强分类指导和有效监管，进一步创新、完善服务业发展的体制和机制，建立公开、平等、规范的行业准入制度。发展竞争力较强的大型服务企业集团，大城市要把发展服务业放在优先地位，有条件的要逐步形成服务经济为主的产业结构。增加服务品种，提高服务水平，增强就业能力，提升产业素质。大力发展金融、保险、物流、信息和法律服务、会计、知识产权、技术、设计、咨询服务等现代服务业，积极发展文化、旅游、社区服务等需求潜力大的产业，加快教育培训、养老服务、医疗保健等领域的改革和发展。规范和提升商贸、餐饮、住宿等传统服务业，推进连锁经营、特许经营、代理制、多式联运、电子商务等组织形式和服务方式。

第九条 大力发展循环经济，建设资源节约和环境友好型社会，实现经济增长与人口资源环境相协调。坚持开发与节约并重、节约优先的方针，按照减量化、再利用、资源化原则，大力推进节能节水节地节材，加强资源综合利用，全面推行清洁生产，完善再生资源回收利用体系，形成低投入、低消耗、低排放和高效率的节约型增长方式。积极开发推广资源节约、替代和循环利用技术和产品，重点推进钢铁、有色、电力、石化、建筑、煤炭、建材、造纸等行业节能降耗技术改造，发展节能省地型建筑，对消耗高、污染重、危及安全生产、技术落后的工艺和产品实施强制淘汰制度，依法关闭破坏环境和不具备安全生产条件的企业。调整高耗能、高污染产业规模，降低高耗能、高污染产业比重。鼓励生产和使用节约性能好的各类消费品，形成节约资源的消费模式。大力发展环保产业，以控制不合理的资源开发为重点，强化对水资源、土地、森林、草原、海洋等的生态保护。

第十条 优化产业组织结构，调整区域产业布局。提高企业规模经济水平和产业集中度，加快大型企业发展，形成一批拥有自主知识产权、主业突出、核心竞争力强的大公司和企业集团。充分发挥中小企业的作用，推动中小企业与大企业形成分工协作关系，提高生产专业化水平，促进中小企业技术进步和产业升级。充分发挥比较优势，积极推动生产要素合理流动和配置，引导产业集群化发展。西部地区要加强基础设施建设和生态环境保护，健全公共服务，结合本地资源优势发展特色产业，增强自我发展能力。东北地区要加快产业结构调整和国有企业改革改组改造，发展现代农业，着力振兴装备制造业，促进资源枯竭型城市转型。中部地区要抓好粮食主产区建设，发展有比较优势的能源和制造业，加强基础设施建设，加快建立现代市场体系。东部地区要努力提高自主创新能力，加快实现结构优化升级和增长方式转变，提高外向型经济水平，增强国际竞争力和可持续发展能力。从区域发展的总体战略布局出发，根据资源环境承载能力和发展潜力，实行优化开发、重点开发、限制开发和禁止开发等有区别的区域产业布局。

第十一条 实施互利共赢的开放战略，提高对外开放水平，促进国内产业结构升级。加快转变对外贸易增长方式，扩大具有自主知识产权、自主品牌的商品出口，控制高能耗高污染产品的出口，鼓励进口先进技术设备和国内短缺资源。支持有条件的企业“走出去”，在国际市场竞争中发展壮大，带动国内产业发展。提高加工贸易的产业层次，增强国内配套能力。大力发展服务贸易，继续开放服务市场，有序承接国际现代服务业转移。提高利用外资的质量和水平，着重引进先进技术、管理经验和高素质人才，注重引进技术的消化吸收和创新提高。吸引外资能力较强的地区和开发区，要着重提高生产制造层次，并积极向研究开发、现代物流等领域拓展。

第三章　产业结构调整指导目录

第十二条 《产业结构调整指导目录》是引导投资方向，政府管理投资项目，制定和实施财税、信贷、土地、进出口等政策的重要依据。

《产业结构调整指导目录》由发展改革委会同国务院有关部门依据国家有关法律法规制订，经国务院批准后公布。根据实际情况，需要对《产业结构调整指导目录》进行部分调整时，由发展改革委会同国务院有关部门适时修订并公布。

《产业结构调整指导目录》原则上适用于我国境内的各类企业。其中外商投资按照《外商投资产业指导目录》执行。《产业结构调整指导目录》是修订《外商投资产业指导目录》的主要依据之一。《产业结构调整指导目录》淘汰类适用于外商投资企业。《产业结构调整指导目录》和《外商投资产业指导目录》执行中的政策衔接问题由发展改革委会同商务部研究协商。

第十三条 《产业结构调整指导目录》由鼓励、限制和淘汰三类目录组成。不属于鼓励类、限制类和淘汰类，且符合国家有关法律、法规和政策规定的，为允许类。允许类不列入《产业结构调整指导目录》。

第十四条 鼓励类主要是对经济社会发展有重要促进作用，有利于节约资源、保护环境、产业结构优化升级，需要采取政策措施予以鼓励和支持的关键技术、装备及产品。按照以下原则确定鼓励类产业指导目录：

（一）国内具备研究开发、产业化的技术基础，有利于技术创新，形成新的经济增长点；

（二）当前和今后一个时期有较大的市场需求，发展前景广阔，有利于提高短缺商品的供给能力，有利于开拓国内外市场；

（三）有较高技术含量，有利于促进产业技术进步，提高产业竞争力；

（四）符合可持续发展战略要求，有利于安全生产，有利于资源节约和综合利用，有利于新能源和可再生能源开发利用、提高能源效率，有利于保护和改善生态环境；

（五）有利于发挥我国比较优势，特别是中西部地区和东北地区等老工业基地的能源、矿产资源与劳动力资源等优势；

（六）有利于扩大就业，增加就业岗位；

（七）法律、行政法规规定的其他情形。

第十五条 限制类主要是工艺技术落后，不符合行业准入条件和有关规定，不利于产业结构优化升级，需要督促改造和禁止新建的生产能力、工艺技术、装备及产品。按照以下原则确定限制类产业指导目录：

（一）不符合行业准入条件，工艺技术落后，对产业结构没有改善；

（二）不利于安全生产；

（三）不利于资源和能源节约；

（四）不利于环境保护和生态系统的恢复；

（五）低水平重复建设比较严重，生产能力明显过剩；

（六）法律、行政法规规定的其他情形。

第十六条 淘汰类主要是不符合有关法律法规规定，严重浪费资源、污染环境、不具备安全生产条件，需要淘汰的落后工艺技术、装备及产品。按照以下原则确定淘汰类产业指导目录：

（一）危及生产和人身安全，不具备安全生产条件；

（二）严重污染环境或严重破坏生态环境；

（三）产品质量低于国家规定或行业规定的最低标准；

（四）严重浪费资源、能源；

（五）法律、行政法规规定的其他情形。

第十七条 对鼓励类投资项目，按照国家有关投资管理规定进行审批、核准或备案；各金融机构应按照信贷原则提供信贷支持；在投资总额内进口的自用设备，除财政部发布的《国内投资项目不予免税的进口商品目录（2000年修订）》所列商品外，继续免征关税和进口环节增值税，在国家出台不予免税的投资项目目录等新规定后，按新规定执行。对鼓励类产业项目的其他优惠政策，按照国家有关规定执行。

第十八条 对属于限制类的新建项目，禁止投资。投资管理部门不予审批、核准或备案，各金融机构不得发放贷款，土地管理、城市规划和建设、环境保护、质检、消防、海关、工商等部门不得办理有关手续。凡违反规定进行投融资建设的，要追究有关单位和人员的责任。

对属于限制类的现有生产能力，允许企业在一定期限内采取措施改造升级，金融机构按信贷原则继续给予支持。国家有关部门要根据产业结构优化升级的要求，遵循优胜劣汰的原则，实行分类指导。

第十九条 对淘汰类项目，禁止投资。各金融机构应停止各种形式的授信支持，并采取措施收回已发放的贷款；各地区、各部门和有关企业要采取有力措施，按规定限期淘汰。在淘汰期限内国家价格主管部门可提高供电价格。对国家明令淘汰的生产工艺技术、装备和产品，一律不得进口、转移、生产、销售、使用和采用。

对不按期淘汰生产工艺技术、装备和产品的企业，地方各级人民政府及有关部门要依据国家有关法律法规责令其停产或予以关闭，并采取妥善措施安置企业人员、保全金融机构信贷资产安全等；其产品属实行生产许可证管理的，有关部门要依法吊销生产许可证；工商行政管理部门要督促其依法办理变更登记或注销登记；环境保护管理部门要吊销其排污许可证；电力供应企业要依法停止供电。对违反规定者，要依法追究直接责任人和有关领导的责任。

第四章　附　则

第二十条 本规定自发布之日起施行。原国家计委、国家经贸委发布的《当前国家重点鼓励发展的产业、产品和技术目录（2000年修订）》、原国家经贸委发布的《淘汰落后生产能力、工艺和产品的目录（第一批、第二批、第三批）》和《工商投资领域制止重复建设目录（第一批）》同时废止。

第二十一条 对依据《当前国家重点鼓励发展的产业、产品和技术目录（2000年修订）》执行的有关优惠政策，调整为依据《产业结构调整指导目录》鼓励类目录执行。外商投资企业的设立及税收政策等执行国家有关外商投资的法律、行政法规规定。

30

科技部科技计划管理费管理试行办法

中华人民共和国科学技术部
（国科发财字〔2005〕484 号）
2005 年 12 月 8 日

第一章　总　则

第一条　为进一步规范科技部归口管理的国家科技计划管理费（以下简称“计划管理费”）的管理，提高资金使用效益，根据国务院办公厅转发科技部等四部委《关于国家科研计划实施课题制管理的规定》（国办发［2002］2 号）和国家有关财务规章制度，制定本办法。

第二条　计划管理费是指为组织实施和管理国家科技计划及其经费而支出的费用，来源于中央财政预算拨款，根据科技计划管理工作的实际需求，按照财政预算和国库支付管理制度的有关要求进行编制、核定、拨付。

第三条　计划管理费按照“集中管理、统一核算、规范使用、勤俭节约”的原则管理和使用。

第四条　科技计划管理工作由科技部各有关司局组织实施，根据计划管理工作需要，可委托部属事业单位和有资质的社会中介机构具体实施。

第二章　预算管理

第五条　计划管理费应当按照财政预算管理的有关要求和各科技专项经费管理办法的有关规定编制预算。

第六条　计划管理费预算编制的原则：

（一）年度预算，滚动管理的原则。计划管理费预算应当按照年度工作计划编制，并将上一年度结余经费纳入本年度资金来源滚动管理。

（二）勤俭节约，实事求是的原则。计划管理费预算应当根据科技计划管理职能和业务工作需要，按照各支出科目的开支标准编制。

第七条　计划管理费预算编制的程序：

（一）各司局根据计划管理工作任务认真测算，按照计划类别提出需求报条件财务司。

（二）条件财务司汇总计划管理费需求，结合各科技计划管理工作情况，提出计划管理费年度预算安排，报经部务会同意后报财政部核批。

（三）条件财务司根据财政部核批的计划管理费预算，提出计划管理费年度预算具体安排方案，报经部务会同意后通知各司局执行。

第八条　核定的计划管理费预算总额一般不予调整；确需调整的，按程序重新报批。

第三章　支出管理

第九条　核定后的计划管理费预算，按照财政国库支付相关要求办理拨付手续。计划管理费直接拨付到部机关专门账户，实行统一管理和核算。

第十条　条件财务司负责计划管理费的预算管理和审核工作。部机关财务负责计划管理费的日常核算工作。

第十一条　计划管理工作各项支出要在核定的预算范围内严格按照规定的开支范围和合理的开支标准执行。

第十二条　计划管理费的开支范围包括规划制定和战略研究、课题立项和预算评审评估、招标和监理、监督检查和验收、财务审计、绩效考评以及根据科技计划管理需要而开展的相关专项工作等支付的费用。

第十三条　计划管理费预算设置以下科目：会议费、差旅费、专家咨询费、劳务费、审计/评审评估/招投标/重大项目监理费、设备购置费、出版物/文献/信息传播费、其他费用等。

第十四条 计划管理费的主要开支标准有：

（一）会议费。科技计划管理工作相关会议主要分两类：A 类会议是为整个科技计划宏观层面的组织实施和管理召开的计划战略研讨会、计划年度会议等；B 类会议是科技计划内部各领域组织召开的目标论证会、评审评估会、工作座谈会等。

会议费开支标准见下表：

会议类别	住宿费/（元/人天）	伙食费/（元/人天）	场租等杂费/（元/人天）
A 类会议	150～220	100～150	100～120
B 类会议	120～200	80～130	80～100

各单位应严格控制会议规模和会期。100 人以上的大型会议以及会期超过三天的会议，应从严审批预算。确有必要超过标准的，要单独报批。严禁将个人消费的长途电话费、洗衣费、参观门票等列入会议费开支，严禁会议发放礼品、纪念品等。

（二）差旅费执行国家行政和事业单位差旅费支出标准。

（三）专家咨询费的开支标准见下表：

咨询专家	咨询方式	标准/（元）	
具有或相当于高级专业技术职称的人员	会议咨询	500～800（人/天）（第 1、2 天）	300～400（人/天）（第 3 天及以后）
	通信咨询	60～100（人/个项目）	
其他人员	会议咨询	300～500（人/天）（第 1、2 天）	200～300（人/天）（第 3 天及以后）
	通信咨询	40～80（人/个项目）	

（四）劳务费按照国家有关规定严格控制、规范管理，主要用于聘用人员的劳务性费用。

（五）评审评估费的开支标准结合计划课题数量、业务量及管理要求核定。具体开支标准见下表：

方式	标准	备注
评估	2 500～3 500 元/个课题	对于单个课题金额较大或存在其他特殊情况的评估评审业务，可在按标准计算的评估评审费基础上协商增加，并在委托任务协议书中列明。
评审	评审组织工作费用：800～1 200 元/个课题	
	评审专家咨询费用：执行专家咨询费开支标准	
	评审会议费用：执行会议费开支标准	

（六）设备购置费主要用于计划管理工作所必需的达到固定资产标准的小型设备购置。设备购置费原则上不予开支，确有需要的，应单独报批。

第十五条 各司局根据计划管理工作的实际需要，择优委托部属事业单位或资质良好的社会中介专业机构开展工作的，应加强对该项工作的指导和监督。

第十六条 委托事项必须签订委托任务协议书，明确规定双方的权利和义务、委托工作的内容和质量要求、工作进度、支付的费用及付款方式等内容。委托任务协议书应附支出明细预算，详细列示各项支出的标准、任务量、金额等。

第十七条 各司局和被委托单位在委托任务完成后，根据委托任务协议书在部机关财务办理费用结算手续。对数额较大，需要提前预支经费的，可以根据委托任务协议书预支部分经费。

第十八条 建立计划管理费年度预算执行情况报告制度。各司局应按要求认真编制计划管理费年度预算执行情况报告，全面、客观、真实地反映计划管理费预算执行情况。

第四章 监督检查

第十九条 各司局要建立健全计划管理费管理、支出的监督约束和内部控制机制，实行领导负责制，加强内部管理，提高资金使用效益。

第二十条 条件财务司负责对计划管理费的管理和使用情况进行监督检查。部机关财务对日常发生的费用支出行使监督权，加强对计划管理费支出的财务审核，对无预算、超预算、不符合开支范围和手续不完备的支出不予支付。

第二十一条 计划管理费的管理和使用接受财政、审计等有关部门的监督。

第二十二条 计划管理费管理实行责任追究制度。对于弄虚作假、挪用、挤占计划管理费等违反财经纪律的行为，按照有关规定进行处罚。

第五章 附 则

第二十三条 本办法由科技部负责解释。

第二十四条 本办法自发布之日起执行。

31

关于2005年度国家科学技术奖励的决定

中华人民共和国国务院
（国发〔2006〕2号）
2005年12月26日

各省、自治区、直辖市人民政府，国务院各部委、各直属机构：

为深入贯彻党的十六大和十六届五中全会精神，全面落实科学发展观，进一步实施科教兴国战略和人才强国战略，大力推进自主创新，国务院决定，对为我国科技事业进步、经济社会发展、国防现代化建设做出突出贡献的科学技术人员和组织给予奖励。根据《国家科学技术奖励条例》的规定，经国家科学技术奖励评审委员会评审、国家科学技术奖励委员会审定和科技部审核，经国务院批准并报请国家主席胡锦涛签署，授予叶笃正院士、吴孟超院士2005年度国家最高科学技术奖；经国务院批准，授予“高等植物株型形成的分子基础”等38项成果国家自然科学奖二等奖，授予“非晶态合金催化剂和磁稳定床反应工艺的创新与集成”项目国家技术发明奖一等奖，授予“时域同步正交频分复用数字传输技术（TDS—OFDM）”等39项成果国家技术发明奖二等奖，授予“新一代港口集装箱起重机关键技术研发与应用”等18项成果国家科学技术进步奖一等奖，授予“高产优质面条小麦新品种济麦19选育和面条品质遗传改良研究”等218项成果国家科学技术进步奖二等奖，授予德国管理、物理学专家沃尔夫·迪特·杜登豪森、荷兰植物基因工程专家艾菲特·雅可布森、美国神经生物学专家蒲慕明、美国文物保护专家内维尔·阿格纽、英国无机化学专家戴伟等5人中华人民共和国国际科学技术合作奖。国务院号召全国科技工作者向叶笃正院士、吴孟超院士和全体获奖者学习。

我国已进入必须更多依靠科技进步与创新推动经济社会发展的历史阶段。科学技术作为解决当前和未来发展重大问题的根本途径和有效手段，其重要性和紧迫性愈益凸显。已经发布的《国家中长期科学和技术发展规划纲要（2006—2020）》，是新时期指导我国科学和技术发展的纲领。为实现规划纲要提出的增强自主创新能力、建设创新型国家的宏伟目标，需要努力造就一大批具有世界先进水平的科学家、工程技术专家、各类专门人才和研究团队。科技创新，人才为本。全国科学技术工作者要继续发扬团结协作、顽强拼搏、奋力攀登、开拓创新的精神，努力创造更多支撑和引领经济社会发展的科技成果，为全面建设小康社会做出更大的贡献。

32

关于印发《中医药科研实验室管理办法（修订）》及《中医药科研实验室分级标准》的通知

国家中医药管理局
（国中医药发〔2005〕82号）
2005年12月28日

各省、自治区、直辖市卫生厅局、中医药管理局，局各直属单位：

为进一步加强中医药科研实验室的规范化和科学化管理，提高中医药科学实验的质量和水平，我局在实施《中医药科研实验室分级登记管理办法（试行）》的基础上，结合近年来中医药科学技术研究进展情况，制定了《中医药科研实验室管理办法（修订）》及《中医药科研实验室分级标准》。现印发给你们，请遵照执行。

附件：1. 中医药科研实验室管理办法（修订）
2. 中医药科研实验室分级标准

二〇〇五年十二月二十八日

附件1　中医药科研实验室管理办法（修订）

第一条　为加强中医药科研实验室的规范化和科学化管理，提高中医药科学实验的质量和水平，制定本办法。

第二条　中医药科研实验室是中医药科学实验的场所，为中医药研究提供科学、规范的专项实验技术服务。

第三条　中医药科研实验室根据实验环境、专业实验技术水平、仪器设备和管理能力，实行一级实验室、二级实验室和三级实验室的分级管理，具体标准另行制定。

第四条　国家中医药管理局负责全国中医药科研实验室的监督管理，对专家委员会工作进行督导。全国中医药科研实验室专家委员会负责全国三级实验室和直属单位各级实验室的评估。

第五条　省级中医药主管部门负责行政区域内中医药科研实验室监督管理。省级中医药科研实验室专家委员会负责本辖区内三级实验室申报资料的初审和一、二级实验室的评估。

第六条　中医药科研实验室应当建立符合专项实验技术要求的技术梯队、实验环境，以及实验操作规程、管理制度和质量保证制度。

第七条　中医药科研实验室评估面向全国，定期组织申报，分别由各级专家委员会根据《中医药科研实验室分级标准》对申报的实验室进行相应评估。

第八条　一级、二级、三级实验室的评估采取自愿申请的方式，按行政隶属关系将申报材料报送所在地省级专家委员会。

第九条　各级专家委员会建立专家库，根据所申报实验室的技术特点组织专家组。评估工作由专家组负责，采取审阅资料、听取汇报、现场考核与汇总讨论的评审步骤，并实行回避制度。

第十条　全国中医药科研实验室专家委员会对三级实验室评估结果进行公示，听取意见，公示期20天；公示无异议者，正式公布名单，并颁发相关证明文件。

第十一条　省级专家委员会对一、二级实验室的评估结果正式公布名单，并报送全国中医药科研实验室专家委员会备案。

第十二条　申报单位对评估结果有异议者，可向相关专家委员会提出复评申请；对于公示实验室有异议者需以文字署名方式提出异议内容。专家委员会针对复审要求、理由或异议内容进行材料复评，必要时进行实地考核，提出最终评估意见。

第十三条 正式公布的三级实验室，建立实验室工作进展报告制度，应每三年向国家中医药管理局提交书面报告，并由专家委员会重新评估。

第十四条 国家中医药管理局对中医药科研实验室进行动态管理，建立抽查和举报制度，反馈检查结果；对优秀者给予表彰奖励，对不合格者提出限期整改意见或进行通报。

第十五条 申报评估或正式公布的中医药科研实验室，如有隐瞒真实情况、弄虚作假行为者，由主管部门提出限期整改意见；情节严重者，进行通报；被通报的实验室自通报之日起三年内，不得提出评估申请。

第十六条 本办法自发布之日起实施。原《中医药科研实验室分级登记管理办法（试行）》同时废止。

附件2 中医药科研实验室分级标准

中医药科研实验室是中医药科学实验的场所，为中医药研究提供科学、规范的专项实验技术服务。为加强中医药科研实验室的规范化和科学化管理，提高中医药科学实验的质量和水平，根据《中医药科研实验室管理办法（修订）》，制定本标准。

中医药科研实验室根据实验环境、专业实验技术水平、仪器设备和管理能力，实行一级实验室、二级实验室和三级实验室的分级管理。

具体标准如下：

【实验室应具备的基本条件】

1. 组织机构体系完善，有独立的机构建制，配备合格的实验室负责人和相应专职技术人员。

2. 有固定的工作场所和适宜的实验环境条件，有独立的实验室区域，实验区与办公区应严格分开，实验区中的功能布局合理。

3. 实验室仪器设备的种类、数量、精度应能满足实验工作需要，并达到较高的使用率。

4. 建立相应的实验室管理制度并有效实施过程管理。

5. 建立包括主要技术方法和实验项目单元的标准操作规程（SOP）并遵照执行。

6. 正式科研实验应使用与研究工作需要相匹配的合格实验动物，建立与实验动物相匹配的环境条件。

7. 技术资料档案有专人负责，保存完整。

【一级实验室】

一、组织机构与环境

1. 实验室负责人具备相关专业本科以上学历、中级以上职称，实验室工作人员掌握有关标准操作规程。

2. 实验室面积不少于80平方米。

二、专业技术水平与仪器设备

1. 建立了基本的实验技术。

2. 具备基本的实验仪器设备，有较高的使用率。

3. 目前承担一般科研项目基本实验工作，近3年来，有完成的经济效益显著的自选课题。

三、管理水平

1. 单位对实验室有建设规划或工作计划。

2. 制定并有效实施机构设置及各级人员职责、环境保护及安全管理及各级岗位人员的培训考核等管理制度。

3. 建立并严格遵照执行主要技术方法及主要实验项目单元等的标准操作规程（SOP）。

4. 有实验室年度工作总结和重大事件记录。

【二级实验室】

一、组织机构与环境

1. 实验室负责人具备相关专业本科以上学历、副高以上职称，有三年以上同类实验室工作经历，实验室工作人员熟练掌握有关标准操作规程。

2. 实验室面积不少于150平方米，能满足不同实验室对环境条件要求，如恒温、恒湿及相应净化设施。

二、专业技术水平与仪器设备

1. 建立了稳定、规范、有特色的实验技术，具有一定的先进水平（技术平台），初步确立了实验室技术研究方向，主要关键性技术工作在本室完成。

2. 目前承担以本实验室主要技术为基础的省（部）级项目课题，近3年来有完成的厅局级课题或有显著经济效益的自选课题。

3. 近3年来以本实验室主要技术为基础的科研项目获得省（部）级成果，每年有在国内专业核心期刊上发表以本实验室主要技术为基础的学术论文。

4. 与国内相关实验室建立技术合作与交流，参加全国性学术会议并作大会发言交流，国内曾引用本室研究成果或论文。

5. 在本科生或研究生论文的技术工作中，发挥了重要指导作用。

6. 本室核心骨干技术所需仪器设备可保障稳定技术研究方向工作的顺利开展，体现技术水平的骨干仪器应具有先进性。

三、管理水平

1. 单位对实验室有建设规划或工作计划，实验室有近期和远期计划。

2. 制定并有效实施机构设置及各级人员职责、环境保护及安全管理、科研项目管理以及标准操作规程（SOP）制订和管理等制度。

3. 建立并严格遵照执行主要技术方法及主要实验项目单元等标准操作规程（SOP）。

【三级实验室】

一、组织机构与环境

1. 实验室负责人具备相关专业本科以上学历、副高以上职称，有五年以上同类实验室工作经历。实验室工作人员结构合理，有较好的技术梯队。

2. 设立质量保证体系（QAU），QAU能独立开展质量保证工作，配备与规模相适应的负责人及督查员，符合质量保证要求。

3. 实验室面积不少于300平方米，能满足不同功能实验室对环境条件要求，如恒温、恒湿及相应净化设施。

二、专业技术水平与仪器设备

1. 建立了稳定、规范、有特色的实验技术，具有一定的先进性（技术平台）及稳定的技术研究方向，主要关键性技术工作在本室完成。

2. 目前承担以本实验室主要技术为基础的国家级科研项目或省（部）级项目课题，形成较为稳定的重点研究方向，具有较高学术水平，体现中医药特色和规律。

3. 近3年有以本实验室主要技术为基础的科研项目获得省（部）级成果，发表被SCI等著名检索系统收录以本实验室主要技术为基础的学术论文或发明专利。

4. 向国内开放，每年有多项实验（或人次）在实验室进行，与国内外相关实验室建立技术合作与交流。

5. 本室核心骨干技术所需仪器设备可保障稳定技术研究方向及开放工作顺利开展，体现技术水平的骨干仪器具有先进性，可达到智能化数据处理和质量监测，满足现代定量分析的要求。

三、管理水平

1. 单位对实验室有建设规划或工作计划，实验室建设有保障措施和依托单位的投入。

2. 制定并有效实施开放制度、标准操作规程（SOP）管理制度、环境保护及安全管理制度以及科研项目管理等制度。

3. 制定并有效实施质保督察员职责、定期评估和监督、科研项目实验的质量保证以及质量工作汇报和举报等质量管理制度。

4. 建立并严格遵照执行主要技术方法及主要实验项目单元等标准操作规程（SOP）。

大事记录篇

Records of Great Events

CHINA
HIGH-TECH
INDUSTRY
DEVELOPMENT
ALMANAC
(2006)

1

综 合 类

2005. 01. 12◆◆中科院“雷电物理过程及其探测和防护研究”成果通过鉴定

中科院寒区旱区环境与工程研究所承担的知识创新工程，国家自然科学基金、中国电力总公司等联合资助的“雷电物理过程及其探测和防护研究”项目成果通过技术鉴定。为科学地进行雷电防护提供了重要的技术资料和数据，实现了人工引发雷电技术从试验向应用的转变，对我国不同地区特别是青藏高原及周边地区的雷电特征进行了连续而系统的野外观测和研究，取得了亚微秒时间分辨率的雷电放电参数和高时间分辨率的放电通道演化图像，对雷电灾害的防护有重要指导意义。在雷暴电学、闪电物理和雷电防护研究等方面取得突出的创新研究成果具有重要国际影响和科学意义。对我国航空航天、电力、通信、农业等部门的雷电预警和防护有重要的推广应用价值。

2005. 01. 26◆◆“CSRm 大型超高真空系统”入选甘肃科技 10 件大事

“兰州重离子冷却储存环（HIRFL－CSR）主环（CSRm）的大型超高真空系统”入选“2004 年甘肃省科技战线 10 件大事”，排名第二。CSRm 大型超高真空系统是 HIRFL－CSR 的重要系统和重点攻关项目之一。通过技术创新和集成，形成了一套完整的超高真空获得方案，成功研制出新型钛升华泵和可拆卸式电加热套及超薄绝热材料，首次实现了国内大型超高真空部件的计算机控制在线全过程烘烤，首次成功应用 V 系列刀口密封法兰实现了超高真空系统大尺寸法兰的金属密封，在大型超高真空系统中获得了 P£ 5′10－10Pa 超高真空。获得了国际同类大型真空系统真空度的最高指标。

2005. 01. 26◆◆中国成为世界第三大科技强国

中国的航天计划表明中国已成为世界第三大科技强国。自 1996 年以来，中国连续成功发射了 40 多颗卫星，计划每两年进行一次载人飞行，并且制定了一项月球探测计划。中国已经成为科技强国，其航天成就只是其中最引人注目的一部分。

2003 年，中国的科技研发开支达到 1 530 亿元，排除国家间购买力差异的影响，中国的科研投入居世界第三位，仅次于美国和日本，比法国高一倍。2003 年中国的科技研发开支占国内生产总值的 1.31%，这个数字还将以每年 0.1 个百分点的速度持续增长。

中国制定的提高科研人员待遇的政策不仅增加了科研成果，还使科研人员的生活水平得到极大改善。中国现在招聘杰出科技人才时提供的报酬待遇已与美国不相上下。虽然目前中国的科研人员在数量上仍不及欧洲，但这种状况正在发生转变。中国的大学生队伍正在迅速壮大。在政府的鼓励下，很多留学海外的科研人才纷纷回国，为中国的科研发展贡献力量。

2005. 01. 26◆◆亚太青年发明奖揭晓，4 位中国选手获金奖铜奖

第五届亚太地区青年发明奖的金奖和铜奖分别由就读于新加坡的中国内地籍学生获得。本届青年发明奖由《亚洲华尔街日报》和惠普公司共同举办，吸引了亚太地区 87 个项目参选。其金奖得主是新加坡南洋理工大学的博士生王歧捷，他发现了制造低成本光梳状分波器/光梳状合波器的简单方法，使光纤网能够传输更多数据而无

需为客户增加成本。这项发明在网络之外的其他领域也有诸多应用。例如，它可被用于光的超灵敏传感器来测量距离。该校同一专业博士生梁晓军、孙艺和张需明获得铜奖。他们发明了一种运用芯片技术制成的快速诊断癌症的仪器。该项价格合理、便于使用的仪器能在癌症最早期就做出诊断，远远早于人体表现出癌症病征。

2005.01.27◆◆我国已建立全天候海洋灾害监测系统

目前我国已建立全天候、全方位的海洋灾害监测系统，可以及时准确地做出预报，最大限度地减少灾害损失。监测采用了多种手段：一是通过岸站、浮标、船舶等全天候实施监测，二是经常和国际同行交换海洋气象、水文等方面的数据，三是利用我国发射的海洋卫星进行监测。还建立了包括海啸预警在内的海洋灾害预警机制和海洋防灾减灾应急响应系统。

我国海洋科技工作者正在研制深、浅水海浪数值预报模式和适合于海洋环境预报的有限区域海面风场数值预报模式和台风风场数值预报模式，以实现中国海及其邻近海域海浪数值预报的业务化运行；研制高分辨率风暴潮——近岸海浪耦合数值预报模式和典型区域风暴潮漫滩数值预报模式；研制厄尔尼诺的区域和全球数值预测模式等。

2005.01.28◆◆全国唯一泥石流减灾系统在四川研制成功

中国科学院水利部成都山地灾害与环境研究所研制出一套泥石流减灾系统。

降雨监控模拟泥石流　该综合系统利用无线遥测技术监控泥石流地点的降雨量，通过对降雨量的数字分析，模拟发生泥石流的可能性。遇到大量降雨时可根据当地泥石流防治工程的抵御能力，计算出泥石流的运动过程，并预先进行泥石流的场景模拟。这套系统通过对降雨量的监测和计算，提前获悉泥石流灾害发生的几率，可将其产生的危害减到最小程度。

第一时间制订三套救灾方案　计算机如果计算出降雨量极有可能引发泥石流，减灾系统会立刻进入下一个程序——临灾预案。这套综合系统提前将目标城市的总体规划图全部输入计算机系统中，通过计算机估算出泥石流涉及的范围，并找出其主流。根据结果，按照大、中、小不同流量，模拟出三套临灾救助方案。在计算机中找出安全区和危险区，可以有组织地将居民向安全区转移。这套减灾系统现在云南东川设有实验示范点。这是全国是第一个减灾系统，技术属世界一流。

2005.02.02◆◆西安研制成功世界上第一台万吨铝挤压机荣获国家科技进步一等奖

中国机械装备（集团）公司所属西安重型机械研究所研制成功的世界上第一台万吨铝挤压机荣获国家科技进步一等奖。该设备不但填补了中国重型挤压装备的空白，而且拥有自主知识产权，结束了中国大型挤压机和大型铝型材进口的历史，是继上世纪60年代末中国成功研制1.25万吨卧式水压机后，国产特大技术装备水平的又一次重大创新。

2005.02.17◆◆“十五”国家科技攻关重点项目筛选出了高效、低毒的新剂型农药

“农林重大病虫害和农业气象灾害的预警及控制技术研究”攻关组自主研制出植物源农药“1%雷公藤碱乳油”、高效低毒化学农药“螟蛾克星”和微生物农药“净瘟灵”三种新产品，并在新产品登记药效试验、毒理学实验、有效成分提取等方面取得了重大进展。完成了木霉菌T23厚垣孢子和分生孢子生产工艺研制，明确了几种生防菌与化学杀菌剂复配制成的种衣剂对玉米出苗和土传病害的控制效果，在东北、华北和西南不同玉米生态区组建综防示范区4个，示范区面积5万亩。筛选出除草剂、灭鼠剂新品种或新剂型、新配方4个，进行农林草鼠害可持续控制技术试验示范。利用三叶期的玉米实验，综合评价了5种制剂在抗御并发性灾害方面的效果，已初步研制成功一种集防御干旱和冷害两种灾害于一体的多功能复合药剂。

2005.02.17◆◆适宜丘陵山区作业的自走式半喂入微型联合收割机研制成功

由湖南省郴州市苏仙区农机局、郴州市农夫机电有限公司、郴州市农机研究所经过3年努力研制成功的自走式半喂入微型联合收割机，顺利通过成果鉴定，效率比全喂入联合收割机提高二成。该成果拥有三项独创的关键技术，解决了国内外半喂入联合收割机输送工艺路线、整机笨重和扶起性能差及割台与输送损失（伤）谷粒等重大技术难题。经过在海南和当地丘陵山区使用测试，该机各项技术性能指标居国内同类机型领先水平，不仅设计重量轻、体积小，操作轻便灵活，而且性能可靠，不伤稻秆，有利于农作物的后续作业。

2005.02.22◆◆山西成功研制用于气象的探空自动监视放球器

用于收集气象资料的探空自动监视放球器在山西省观象台研制成功，并经中国气象局批准，指定在山东济南章丘市气象局安装试用。新研制的自动放球器避免了放球时间与信号接收产生的误差，可在最短时间内跟踪到气球并收集到探空气象资料信息，避免了大风、大雾天气以及人工跟踪出现的错觉，解决了大风天气放球难的问题。新研制的这套仪器，是对气象探测手段的一次技术性革命，在国内外气象行业极具推广价值，它将结束探空气球只能由人工释放的历史。中国气象局将该放球器选在了风力较大的山东济南章丘市气象局试用，以便充分测试放球器的技术性能，目前试用情况良好。

2005.02.23◆◆香港发明用水分选垃圾技术

香港睿智环保科技公司经过10多年摸索，完成了这一系统的研究，并于2004年正式推出。目前的系统是第四代改良产品，拥有全球多个国家的发明专利。整个水

分选系统的最大特点是无臭、无味、无污染，垃圾实现全自动分选，整个系统完全自给自足，厂内附设污水处理，循环再用后的高浓度水可加入系统制成有机肥料。厂房占地面积较小，只要确保垃圾供应，在任何地方都可运作，特别适合香港环境。水分选技术在世界上绝无仅有。睿智环保科技公司计划将北京、无锡、香港等地的示范厂房连结成“一条龙”投入生产。

2005.02.25◆◆四川农药浓度计算尺获国家发明专利

四川省资阳市农业局高级农艺师周齐铭、彭长江发明研制的适合农技推广人员和农民使用的农药浓度计算尺，获得国家发明专利。该尺为活动拉尺，上面有事先计算好的农药倍数、加药量和加水量。农药倍数是所有农药标签或说明上注明的，使用者只要拉动计算尺找到农药倍数，自然就有了对应的加药量和加水量，解决了广大农民的长期技术难题，很有推广价值。

2005.02.25◆◆“准噶尔盆地绿洲边缘天然植被保护与农业开发技术示范区”获评比第一名

由国家科技部主持，对“十五”国家科技攻关重大项目“防沙治沙关键技术与示范”的12个课题进行了验收，中科院新疆生态与地理研究所研究员陈亚宁博士主持的“准噶尔盆地绿洲边缘天然植被保护与农业开发技术及示范”课题顺利通过验收，在12个课题中获总分第一名。该课题由中国科学院新疆生态与地理所、新疆西部绿洲生态发展责任有限公司、新疆农业科学院、新疆农业大学和新疆克拉玛依绿农公司等单位的40余名科研与技术人员参加，经过三年努力，提出了以防护生态安全、生物生态安全和水土生态安全为主要内容的干旱区绿洲生态安全保障体系建设的理论框架，研发集成沙产业开发技术、农林草复合农业开发技术和绿洲边缘天然植被保育恢复技术24项，并在克拉玛依大农业开发区进行了成功实践和试验示范，超额完成了课题预定的攻关任务、各项技术和经济指标。

2005.02.27◆◆国际欧亚科学院新添6位中国院士

27日，国际欧亚科学院中国科学中心召开中国院士第八次全体会议，并向2004年新当选院士的6位中国专家颁发了院士证书。他们是：人口学专家、全国人大常委会副委员长蒋正华教授，物理学家、香港中文大学副校长、香港特别行政区研究资助局主席杨纲凯教授，地理学家、中国科技部副部长刘燕华教授，计算机工程和人工智能专家、北京电子系统研究所科技委主任、中国工程院院士李德毅教授，物理学家、中国科技部国家重点基础研究计划专家顾问组副组长、原中国科技部秘书长林泉教授，测绘专家、武汉大学遥感信息工程学院冯文灏教授。

成立于1994年、总部设在莫斯科的国际欧亚科学院，是由世界著名的自然科学家、工程技术专家和管理与社会科学家组成的高层次的非政府科学组织。其宗旨是：通过世界各国自然科学家、工程技术专家和管理与社会科学家的共同努力与通力合作，促进世界科学技术的发展与当今世界所面临的各种问题的解决。国际欧亚科学院先后9次推选中国院士（包括港、台和外籍华裔科学家）共90位，在国际欧亚科学院中所占比例仅次于俄罗斯的国家科学中心。

2005.02.28◆◆世界最大单边双传动减速机诞生

重庆齿轮箱公司研制成功世界最大的新型大功率单边双传动减速机。该减速机型号为MDH28，传递功率达7 000kW，传动比可达62:1，输出扭矩达5 000kN·M，减速机总高3 300mm，重量达46吨，磨机大齿圈顶圆直径达8 000mm，可运用于日产万吨的水泥生产线上。

2005.03.04◆◆中国数学家首次当选俄罗斯自然科学院外籍院士

俄罗斯自然科学院正式批准华东师范大学倪明康教授为外籍院士，这是中国数学领域中首位获此殊荣的学者。41岁的倪明康，1992年赴俄罗斯留学深造，1996年获数理科学博士学位。此后，倪明康在俄罗斯友谊大学分校数学教研室任教，1998年被俄罗斯国家教育部聘为终身副教授。2003年8月回国后的倪明康，重返华东师范大学讲台。

俄罗斯在常微分方程中奇异摄动理论领域的研究水平极高。倪明华拓展了理论研究领域：证明了变分问题中具有空间对照结构解的存在性和渐进解的构造；证明了边界层函数法的可程序化；证明了由直接展开法所得到的渐进序列是最优化序列。倪明康在俄罗斯留学期间出版了专著《变分问题中的空间对照结构解》；在俄罗斯任教期间，编写了《数学分析》、《高等代数》、《解析几何》、《常微分方程》，这四本书被正式指定为俄罗斯友谊大学数学系教材。

2005.03.07◆◆莱钢破解吨钢耗水的理论极限值

国内外冶金行业的一道难题在莱钢被悄然破解——吨钢耗水的理论极限值公认为4m³，而莱钢的这一指标达到了3.75m³，水循环利用率提高到96.77%，年节水总量1 088万m³，足以灌满10个大明湖。国家发改委认为，莱钢吨钢耗水指标已经达到了国际先进水平。抢占国际冶金技术制高点，坚持自主研究开发与技术引进移植并举，拥有多项重大冶金共性关键技术是莱钢发展循环经济、建设生态工厂的重要支撑。他们与澳大利亚力拓集团合作，率先进行熔融还原技术研究。这种采用超短流程直接生产铁水的前沿工艺将使钢铁生产生态化水平实现革命性进步。他们积极消化吸收干法除尘等十几项世界前沿技术，促进产能提升。莱钢的工程技术人员对干法除尘技术完成长袋反吹等自主创新后，使高炉吨铁耗水由过去的500kg下降到现在的2kg，年节水340万m³。

2005.03.07◆◆武汉重型CKX53160获科学技术一等奖

武汉重型机床有限责任公司研制的CKX53160数控单

柱立式铣车床，荣获2004年度中国机械工业科学技术一等奖。该奖励项目是经中国机械工业科学技术奖评审委员会评审和中国机械工业科学技术奖管理委员会批准，2004年度奖励项目共232项，其中一等奖15项、二等奖81项、三等奖136项。机床工具行业获一等奖的仅此一项。

2005.03.28◆◆2004年度国家科学技术奖评选结果揭晓

28日上午，2004年度国家科技奖励大会在北京人民大会堂举行。共有300个项目荣获2004年度国家科学技术奖，备受瞩目的国家最高科学技术奖首次空缺。引人注目的是，连续空缺六年的国家技术发明奖一等奖首次产生，这一奖项分别被中南大学黄伯云院士领导的课题组研究的“高性能炭/炭航空制动材料的制备技术”和西北工业大学张立同项目组完成的“耐高温长寿命抗氧化陶瓷基复合材料应用技术”摘取，两个获奖项目都属于新型复合材料的重大原创性研究成果。有26个项目获得该奖项的二等奖。同样体现我国原始创新能力的国家自然科学奖一等奖空缺，只产生了28个二等奖，分别涉及化学、生物学、信息科学等现代科学领域。这表明虽然我国自主创新能力有了显著增强，但整体水平还有待进一步提升。此外，两系法超级杂交稻、星光数字多媒体芯片、秦山二期核电站设计制造等244个解决国家需求和改善百姓生活的项目获得本年度国家科学技术进步奖。其中一等奖16项，二等奖228项。5名外籍科学家分享了本年度的国际科技合作奖，他们分别是日本的工业设计专家荣久庵宪司、中芯国际集成电路制造有限公司总裁兼执行长美籍华人张汝京、美国著名的核聚变专家肯·金特、意大利环境保护专家科利尼、瑞士医药学家魏思乐。

2005.03.29◆◆上海科学家摘得国家科技进步一等奖

采用全新原理、在20平方米的小小光学平台上迸射出“全球第一”的新一代超强超短激光。中科院上海光学精密机械研究所徐至展院士领衔的“小型化OPCPA超短超强激光装置”当天摘得国家科技进步一等奖，成为“上海速度”和“上海能量”的新象征。这个“全球第一”就是在100万亿分之12秒的超短瞬间里，获得16.7太瓦（167亿千瓦）强大功率，相当于全球电网平均功率总量的数倍。自然界中类似的极端物理条件只有在核爆中心、恒星内部及黑洞边缘才能找到，一旦在实验室用人工手段获得，意味着人类将拥有一个前所未有的超强超快境地。目前，美国、英国、日本等国顶尖实验室都力图打破光机所创造的纪录，但根据2004年底国际激光界的总结报告，上海科学家的“成绩单”依然领先同行一个数量级。

2005.03.29◆◆首届全国绿色建筑创新奖有43个项目获奖

首届全国绿色建筑创新奖揭晓，43个项目获此殊荣。其中，科技部建筑节能示范楼等13个项目获得绿色建筑创新综合奖，上海安亭新镇一期（西区）节能工程等4个项目获得节能建筑专项奖，北京饭店改扩建工程智能化系统工程等7个项目获得智能建筑创新专项奖，由中国建筑科学研究院完成的供热系统温控与热计量应用技术等16个项目获得技术与产品类项目奖。绿色建筑是指为人们提供健康、舒适、安全的居住、工作和活动空间，同时实现高效率利用资源（节能、节地、节水、节材）、最低限度影响环境的建筑物。设立“全国绿色建筑创新奖”的目的在于节约资源、保护环境和促进建设事业可持续发展。该奖项每两年评审一次。

2005.04.04◆◆第一份亚洲地质图编制项目启动

世界地质图委员会指导和全亚诸国合作编制第一份亚洲地质图项目在北京启动。此举成为亚洲各国地学领域合作新起点。这个比例尺为1:500万的亚洲地质图编图项目，由世界地质图委员会于2004年在佛罗伦萨会议立项，2005年开始执行。该项目由挂靠在中国地质调查局的世界地质图委员会南亚和东亚分会负责，将由中东分会、北欧亚分会、海底图分会和全体亚洲国家地质调查所共同完成。其工作范围东起马里亚那群岛，西至爱琴海，北到北冰洋，南抵爪哇海沟，包括全部亚洲和相关的大陆和海洋——非洲、欧洲、北美和大洋洲部分地区及西太平洋、北印度洋、北冰洋和北大西洋。该地质图将是使用各国、各地区最新资料，地质学、地质制图学与GIS技术相结合编制完成的数字地质图。

2005.04.05◆◆我国微米纳米技术学会成立

5日，微米纳米技术学会成立大会暨学术报告会在清华大学举行。微米纳米技术是新兴的高技术和基础研究紧密结合的科研领域，是指从微米到纳米尺度研究物质的特性和相互作用以及利用和开发这些特性实现特定功能的多学科交叉的科学和技术。微米纳米技术汇集了电子、机械、材料及物理、化学、生物等学科新“派生”出来的微小和微观领域的科学技术，是科学技术创新思维的结果，是面向21世纪的新兴科技。该领域越来越多的研究成果为人类认知和探索世界打开一扇全新的大门，正加速从实验室走向产业与应用，成为促进传统产业提升、高技术发展进步的有效手段。该学会的成立将对微米和纳米技术的交叉、国际合作、会员间合作和保护会员权利等方面发挥积极作用。

2005.04.11◆◆徐冠华指出在实践中走出一条具有中国特色的科技创新路子

科技部通过网络视频召开全国科技工作会议，部长徐冠华在做工作报告时指出，党中央、国务院都要求在实践中走出一条具有中国特色的科技创新之路。主要需要“料理”下述几个方面的事情：核心技术买不来，故需原创；个别突破难形成整体效应，故需集成；科技、经济政策各行其是，故需协调衔接；科技评价奖励繁杂，故需规范；“三农”问题非一日之寒，故需继续支持；企业“没长大”，故需努力引导；公共平台不完善，故需建共享服务网。

徐冠华说，在科技创新方面，要建设中国特色的国家创新体系，关键是要围绕提高自主创新能力，加快建立以企业为主体、产学研紧密结合的技术创新体系。2005年国家将正式发布《国家中长期科学和技术发展规划纲要》，明确未来我国科技发展的指导方针和奋斗目标，对科技发展的重点任务进行部署。因此，2005年是贯彻落实科学发展观、巩固宏观调控成果、保持经济良好发展态势的关键一年。提高自主创新能力是应对国际竞争的迫切要求，坚持自主创新是我国科技进步的战略基点。在提升企业创新能力方面，要做好科技政策和经济政策的相互协调，引导企业成为研究开发投入的主体、技术创新活动的主体、创新成果集成应用的主体；改革科技管理方式，面向应用的科技计划，要逐步建立企业牵头、高等院校和科研机构共同参与的机制，支持企业承担国家和地方的研究开发任务；完善技术转移机制，促进企业之间、企业与大学和科研院所之间的知识流动和技术转移，促进企业的技术集成与应用；要以支持科技型中小企业技术创新为重点，建立健全科技型中小企业服务体系，积极发展面向中小企业的投融资体系，创造有利于中小企业创新的政策环境。在科技评价和奖励方面，科技计划管理改革要突出公共服务职能，对功能结构、管理方式进行调整；科技经费管理改革要以提高资金使用效率为核心，优化支出结构、统筹资源配置、强化监督管理；科技评价和评估管理体系改革要以落实已经颁布的科技评价办法为重点，推动制度化、规范化建设；科技奖励制度改革要以激励自主创新为导向，完善奖励制度及其评审体系。在服务“三农”方面，要认真落实中央一号文件精神，以“粮食丰产科技工程”、“星火富民科技工程”为主要载体，提高农业综合生产能力。积极培育农村科技服务体系，继续探索和推广科技特派员制度、农业专家大院等农村科技服务机制；继续做好农业成果转化基金和农业科技园区工作，促进重大农业科技成果的转化应用。在科技基础条件平台建设中，要建立部门、行业共同参与、相互协调的工作机制，强化行业公共科技服务平台建设。要突出重点，集中力量加强科学数据共享平台建设，建设集中与分布相结合的国家科学数据中心群，构建若干科学数据共享服务网，形成功能强大的科学数据分级分类共享服务体系。

2005.04.25◆◆“三峡1 200/125t桥式起重机研究”项目获国家科技进步奖

由我国机械工业联合会推荐的“三峡1 200/125t桥式起重机研究”项目荣获2004年度国家科技进步二等奖。由太重集团公司设计制造的三峡1 200/125t桥式起重机是世界上单钩起重量最大的起重机，主要用于吊装发电机组的转子、定子等大型关键部件。该桥式起重机的研制成功，全面提升了我国起重机的设计、制造水平，确立了我国起重机设计、制造在国际上的地位和竞争优势。

2005.05.10◆◆《国家中长期科学和技术发展规划纲要（草案）》审议通过

10日上午，国务院总理温家宝主持国家中长期科学和技术发展规划领导小组会议，审议《国家中长期科学和技术发展规划纲要（草案）》。会议原则通过《纲要（草案）》，决定广泛征求各地方、各部门的意见，进一步修改完善，报党中央、国务院批准。《纲要（草案）》的编制工作从2003年6月开始，来自国家有关部门、中科院、工程院以及部分大学、科研机构、企业的2 000多名专家参与了这项工作。在规划战略研究的基础上，《纲要（草案）》起草工作经历了前期准备、框架设计、任务凝练与政策梳理、草案形成和征求意见等五个阶段，先后12易其稿。《纲要（草案）》分析了我国科技发展面临的形势，明确了今后15年科技发展的指导方针、战略目标和总体部署，提出了科技发展的任务和重点，制定了科技体制改革、国家创新体系建设和科技保障等方面的政策措施。

2005.05.11◆◆2004我国十大科技新闻人物评出

由科技日报发起、中央15家新闻媒体参与的“2004年度我国十大科技新闻人物”评选活动揭晓。当选为本届“十大科技新闻人物”的是：破解新材料世界级难题，填补国家技术发明一等奖六年空白的我国工程院院士黄伯云；成功开发解决“立体污染”、恢复土壤生态核心技术，热心环保事业的民间科学家、浙江慈溪市人大代表史汉祥；成就高性能计算机“曙光4000A”的总设计师孙凝晖；国内首位获得全球华人生物科学奖的中国科学院副院长李家洋；建成最先进的下一代互联网的领军人、我国教育和科研计算机网学术委员会主任吴建平；创造量子信息研究领域5个世界第一的我国科大教授潘建伟；主持设计了我国几乎所有直升机机型的602所总设计师吴希明；用心打造“龙芯一号”研究组组长胡伟武；拓宽生态学科研路线，用科技抹绿沙海的女科学家杨劼；承接国家“863”项目，高技术成果转化屡获成功，打破西方国家市场垄断的青年科学家钟发平。本届十大科技新闻人物来自多个科研领域，其技术与成果具有自主知识产权和较强的核心技术竞争力。他们和由他们领衔的团队为推动科技进步和经济社会发展做出了卓越贡献。

2005.05.12◆◆中国首次开展南极普里兹带地质考察

在我国第21次南极科学考察中，来自国家地质调查局的3名科学家开展了南极普里兹造山带地质考察，这是人类历史上首次对神奇的普里兹带进行全面系统的科学考察。南极普里兹带的地质意义十分重大。国际地学界一直认为，南极大陆及其所属的东冈瓦纳古大陆是在距今10亿年前的格林威尔造山事件中形成的。但是，我国地质学家在对地处普里兹湾沿岸的拉斯曼丘陵进行调查研究后发现，南极大陆乃至冈瓦纳古大陆应当是在距今5亿年前的“泛非”时期构造热事件中形成的。之后，国际同行们在普里兹湾沿岸也不断证实了“泛非”构造热事件的强烈作用。在我国第21次南极科考中，来自国家地质调查局的刘晓春、任留东、徐刚克服重重困难，在南极普里兹造山带圆满完成了野外科考和取样工作，为查明普里兹造山带的结构和物质组成、编制普里兹带1:50万地质图打下了良好的基础。这不仅将填补南极地质调查和制图的空白，还将大大提高我国南极地质科研水平。

2005.05.23◆◆中国多项发明在法国列宾国际发明竞赛中获奖

在巴黎博览会列宾国际发明竞赛上，中国发明协会组织的参展团共获得4个金奖、5个银奖和3个铜奖。其中，大连北方电力电子技术研究所王广德发明的通用功率计、辽宁铁岭市水利局杨守信发明的自动排气防火门、上海宝钢集团的茅卫东发明的冶炼不锈钢母液工艺、宝钢集团梅山公司曹国京发明的陶瓷内衬钢管制造方法获得了列宾发明金奖。

列宾发明奖是由前巴黎警察局局长路易·列宾于1901年创立的，此后每年评选一次，但仅面向巴黎的小手工业者。直至1912年，这一奖项才被赋予更广泛的意义，并逐渐具有国际性。列宾国际发明奖委员会每年都在巴黎博览会期间举行一次列宾国际发明展览会，并向参展的优秀作品颁奖。

2005.05.23◆◆中国成立世界首个环境蠕变研究中心

23日下午，兰州国际环境蠕变研究中心在甘肃省气象局成立，这是世界上首个以环境蠕变为研究方向的专业学术机构，汇聚了来自中国、美国、俄罗斯、德国等国的20多名科学家，涉及气象、水文、地理、社会、经济等多个研究领域。中外科学家共同组成学术委员会，研究世界范围内的环境蠕变问题并设立变研究基金。环境蠕变是指在较长时间范围内由人类活动引起的负面环境变化，这种变化是渐进的、缓慢的，但将不断累积并最终以灾害形式爆发。美国国家大气研究中心科学家迈克·葛兰茨在1999年首次提出这一概念并迅速引起世界各国政府和研究机构的高度关注。

2005.05.27◆◆攀钢“低碳铁素体/珠光体钢超细晶强韧化与控制技术”获国家科技进步一等奖

由钢铁研究总院负责、攀钢作为主要研究单位之一的“低碳铁素体/珠光体钢超细晶强韧化与控制技术”项目获国务院颁发的国家科学进步一等奖，攀钢钢研院宋立秋作为主研人员也获得国家科技进步一等奖。

“低碳铁素体/珠光体钢超细晶强韧化与控制技术”项目为国家“973”项目“新一代钢铁材料重大基础研究”中的一个课题，攀钢在其中负责一项子课题“厚规格热连轧超细晶粒热轧钢板生产技术研究”。在该项目的研究中，攀钢创造性地提出了工业生产厚规格超细晶粒热轧钢板的新思路，成功地用Q235普碳钢的化学成分生产出了3.0~7.0毫米厚度规格的超细晶粒热轧钢板，其铁素体晶粒尺寸为4~6微米，屈服强度和抗拉强度分别达到400兆帕和510兆帕以上，超细晶粒钢板的综合性能达到510兆帕低合金钢板的水平。攀钢研制开发的超细晶粒热轧钢板在东风汽车公司用于制作载重汽车车厢和车架零件，零件冲压合格率达到100%，具有显著的经济和社会效益。

2005.05.30◆◆沈珠江等145人获茅以升科学技术奖

28日，茅以升科技教育基金委员会第十四届颁奖大会在唐山机车车辆厂举行，沈珠江等145人荣获茅以升土力及岩土工程大奖等9个奖项的奖励。

茅以升教育基金1991年设立至今共奖励科技、教育领域杰出人士千余人。中国科学院院士、清华大学教授沈珠江和河海大学教授、博士生导师殷宗泽荣获本届土力及岩土工程大奖；香港特别行政区政府土力工程处总工程师汪学宁、浙江大学岩土工程研究所所长陈云敏荣获土力及岩土工程青年奖；铁道科学研究院机辆所研究员黄强等16人荣获铁道科技奖；柳州铁路局副总工程师谷叶民等47人荣获铁道工程师奖。此外，基金会还颁发了北京青年科技奖、木材科研奖及木材科技教育奖学金、工程教育学生奖、铁道教育学生奖、全国少年科技奖、家乡教育奖。

2005.06.03◆◆胡锦涛强调：在实践中走出中国特色自主创新之路

3日上午，在中国科学院学部成立50周年之际，“走中国特色自主创新之路”院士座谈会在人民大会堂举行。中共中央总书记、国家主席、中央军委主席胡锦涛亲切会见与会代表并讲话。胡锦涛强调，当今世界，科学技术正成为经济社会发展的决定性力量，科技自主创新能力正成为国家竞争力的核心。一定要坚持以邓小平理论和“三个代表”重要思想为指导，全面落实科学发展观，大力实施科教兴国战略和人才强国战略，把提高自主创新能力摆在全部科技工作的突出位置，在实践中走出一条我国特色自主创新之路。

胡锦涛就提高我国科技自主创新能力提出三点要求。一是要进一步确立自主创新的战略目标。要坚持有所为有所不为，抓住具有基础性、战略性、前瞻性的重大课题集中攻关，着力解决制约经济社会发展的重大科技问题，力求实现关键技术和核心技术的新突破。二是要进一步加强国家自主创新体系建设。要继续深化科技体制改革，优化科技力量布局和科技资源配置，充分调动各方面的积极性，形成科技创新的整体合力，加速科技成果向现实生产力的转化。三是要进一步造就自主创新的人才队伍。要完善人才管理体制，健全人才激励机制，营造尊重劳动、尊重知识、尊重人才、尊重创造的社会氛围，使更多的优秀科技人才特别是年轻人才脱颖而出、发挥才干。

胡锦涛最后指出，党和政府历来高度重视发挥中国科学院学部和院士的作用。他希望大家自觉肩负起引领科技创新的重任，承担起培养科技新人的使命，为推动国家科技事业的不断发展，为全面建设小康社会、实现中华民族伟大复兴做出新的更大贡献。

院士代表宣读了中国科学院学部主席团关于落实科教兴国战略、提升自主创新能力的《倡议书》。

2005.06.07◆◆武汉·我国光谷形成全国最大激光产业群

7日，科技部激光技术及产业化研讨会在武汉召开。专家认为，武汉激光技术和产业化发展的道路是我国高科技自主创新、快速转化为生产力的典型案例。“武汉·我国光谷”集中30多家从事激光产品开发、生产的企业，形成了国内独有的激光产业群。湖北省激光学会的报告显示，全国共有4家年销售收入过亿元的激光企业，武汉占了3家，分别是华工激光、楚天激光和团结激光。据不完全统计，武汉地区近几年来获激光科技成果50余项，专利和专有技术80余项，现有各类激光产品5大类40余种，激光产业年销售收入约12亿元，年销售额占国内同行业四成以上，光谷成为国内最大的激光研究开发、生产、高层次人才培养的重要基地。武汉激光产业群经过20多年的发展，企业数量由少变多，产品由低端向高端转化，企业研发力量由无到有。光谷激光企业有以光学加工为主的、有以精密机械生产为主的、有以激光器生产为主的、有以系统集成为主的，激光产品制造的产业链正在形成。激光这个高科技名词已经由“阳春白雪”变成了真正的社会生产力。

2005.06.17◆◆温家宝：国家高新区必须承担起新的历史使命

17日下午，中共中央政治局常委、国务院总理温家宝和国务委员陈至立来到北京市中关村科技园区，看望科技人员，了解科技园区的建设发展情况。如何提高我国企业的创新研发能力是温家宝这次考察的主要内容。4时许，温家宝驱车又来到亦庄北京经济技术开发区。考察完企业后，温家宝接着召开了座谈会，听取北京市关于中关村科技园区发展建设情况的汇报，并与中星微电子公司、华旗资讯、时代集团等企业负责人就高新技术产业的发展进行讨论。

温家宝说：“推进技术进步和增强自主创新能力，是继续办好国家高新技术产业开发区的一项重要工作。当前国家高新区的建设正步入一个崭新的发展阶段，必须承担起新的历史使命，要进一步发挥高新技术产业化重要基地的优势，努力成为促进技术进步和增强自主创新能力的重要载体，成为带动区域经济结构调整和经济增长方式转变的强大引擎，成为高新技术企业‘走出去’参与国际竞争的服务平台，成为抢占世界高技术产业制高点的前沿阵地。”“国家高新区要进行‘二次创业’，必须始终坚持把发展高新技术产业作为根本任务，创造局部优化的环境，大力培育有竞争优势和发展前景的高新技术产业，同时注重发展高新技术产业与改造传统产业相结合。要以培育有国际竞争力的高新技术企业为目标，深化体制改革和加强软环境建设。要坚持合理和节约使用各种资源，走集约化发展道路。要在稳定现有政策的基础上，切实解决制约国家高新区发展的困难和问题”。

2005.06.22◆◆国内首个大样本毒品数据库在青岛建成

由青岛市现代分析技术及中药标准化重点实验室与公安部门合作开展的“毒品源性识别和数据库构建”项目顺利结题，标志着国内首个大样本毒品数据库正式构建完成。该项目通过运用多种指纹图谱技术，对公安部门提供的来自我国多个毒品产区的毒品样本进行了指纹图谱综合研究，建立了毒品来源的识别模型和分析方法。该模型可以准确分析鉴定有关毒品的物证样品，判别毒品来源。

2005.06.24◆◆中美德科学家合作在燃烧化学领域取得重要进展

在国家自然科学基金资助下，中国科学技术大学齐飞教授与美国、德国科学家合作，在燃烧化学领域取得重要进展，首次观察到系列碳氢化合物氧化过程的重要中间体——烯醇。这一研究成果发表在日前出版的《自然》杂志上。

该研究工作由美国、中国、德国5个研究小组共同参与，实验工作在中国科学技术大学国家同步辐射实验室的同步辐射装置和美国劳伦斯伯克利国家实验室的先进光源上完成。燃烧化学的研究有150年的历史，尽管世界众多科学家一直在此领域不懈努力，但直到同步辐射光电离质谱技术应用于火焰研究，才使碳氢化合物燃烧过程中的中间体——烯醇的发现成为现实。齐飞等人发展了一种新的离子囚禁技术，提高了探测器的灵敏度和仪器的分辨率，彻底消除了电子信号干扰，可以准确地探测到燃烧过程中的所有中间物和自由基。以前对不完全氧化的研究都没有涉及烯醇类物质，齐飞等人的实验结果不仅表明已有的碳氢化合物氧化模型需要修正，还将为燃料电池及超临界水中不完全氧化过程的模拟及燃烧污染物的控制提供新途径。

2005.06.24◆◆中国专家解决玻色－爱因斯坦凝聚绝热操控难题

物质存在的方式有气态、液态、固态、等离子体态以及“第五态”——玻色－爱因斯坦凝聚态（BEC）。我国物理学家在BEC研究中建立了新的理论。取得两项突破性进展的是北京应用物理与计算数学研究所研究员刘杰、中国科学院物理所研究员吴飙和美国得克萨斯大奥斯汀分校教授牛谦。他们经过三年多的艰苦探索，成功建立起BEC体系的绝热定理和几何相位理论，并以两篇系列论文的形式，分别发表在2003年5月和2005年4月出版的《物理评论快报》上。

2005.06.28◆◆中国学者论文在美国临床肿瘤学会（ASCO）大会上首次获奖

在2005年第41届美国临床肿瘤学会（ASCO）年会上，北京大学临床肿瘤学院内科主任任军教授的《12个我国家族遗传性弥漫型胃癌家系CDH1基因胚系突变的研究》获得优秀论文奖。这是中国学者在ASCO大会第一次获此殊荣。ASCO是全球规模最大的临床肿瘤会议。出席本届大会的有来自世界各国的专家学者2.8万人，大会共收到9 708篇论文，仅44篇被评为优秀论文。

遗传性弥漫型胃癌（HDGC）具有发病早、发病集中、进展快、预后差等特点，此前临床上缺乏早期诊断的方法，因此从分子水平对该疾病进行筛查和防治尤为重要。任军教授带领的课题组在对12个我国胃癌家系的研究中发现：在年轻胃癌患者中存在上皮型钙黏附素基因（CDH1）终止密码突变。对16例小于40岁的胃癌患者研究发现有4个基因突变位点，其中2个是新发现，这一新的发现对年轻胃癌患者的早期诊断有重大临床意义。

2005.06.27◆◆政治局开会研究部署国家中长期科学技术发展工作

中共中央政治局召开会议，讨论国家中长期科学和技术发展规划的若干重大问题，研究部署加快我国科学技术事业发展的有关工作。中共中央总书记胡锦涛主持会议。

会议指出，科学技术是第一生产力，是先进生产力的集中体现和主要标志。全面建设小康社会的历史任务，对我国科学技术事业发展提出了更高的要求。为了确保实现全面建设小康社会的奋斗目标，我们必须更加自觉、更加广泛地推动和依靠科技进步和创新，不断实现我国生产力发展质的飞跃，促进我国经济社会又快又好地向前发展。必须更加坚定地把科技进步和创新作为经济社会发展的首要推动力量，把提高自主创新能力作为调整经济结构、转变增长方式、提高国家竞争力的中心环节，把建设创新型国家作为面向未来的重大战略。今后15年，我国科技工作要坚持自主创新、重点跨越、支撑发展、引领未来的指导方针，坚持把提高自主创新能力摆在全部科技工作的核心位置，大力加强原始性创新、集成创新和在引进先进技术基础上的消化、吸收、创新，努力在若干重要领域掌握一批核心技术，拥有一批自主知识产权，造就一批具有国际竞争力的企业和品牌，为我国经济社会发展和国防现代化建设提供强大科技支撑。

会议强调，为加快我国科学技术事业的发展和自主创新能力的提高，必须建立健全科技工作的领导机制和协调机制，认真做好各项配套政策措施的制定和实施，在深化科技体制改革、激励企业创新、加大科技投入、加快人才队伍建设、加强国际科技交流和合作等方面取得关键性突破。各地区各部门要按照中央的统一部署，充分发挥积极性和主动性，认真组织企业、科研院所、高等院校和其他方面的科技力量，共同完成国家中长期科学技术发展规划确定的各项目标任务。

2005.06.30◆◆国家知识产权战略制定工作启动

30日，中共中央政治局委员、国务院副总理、国家知识产权战略制定工作领导小组组长吴仪主持召开国家知识产权战略制定工作领导小组第一次会议，正式启动国家知识产权战略制定工作。

随着科技的迅速发展和经济全球化进程的加快，知识产权日益成为决定一个国家核心竞争力的关键，制定和实施国家知识产权战略迫在眉睫。2005年1月国务院成立了以国务院副总理吴仪为组长、知识产权局等20多个部门参加的国家知识产权战略制定工作领导小组，具体领导组织这项工作。

吴仪在讲话中指出，制定国家知识产权战略是当前我国改革开放和经济社会发展的客观需要，是积极应对知识产权国际规则变革的挑战、维护我国利益和经济安全的紧迫任务，有利于加快建立公平竞争的市场环境，有利于增强我国自主创新能力和核心竞争力。吴仪强调，制定国家知识产权战略要坚持政府主导，与国家相关发展战略与规划相协调，与相关法律法规和政策衔接配套，统筹处理好若干重要关系，努力体现我国特色，做到与时俱进、求实创新。

2005.07.12◆◆我国海道测量成果达世界先进水平

海洋测量是航海的基础性工作。按照国际通行做法和《中华人民共和国测绘法》规定，海洋基础测量由海军负责。经过半个多世纪艰苦征战，海军测绘部队官兵先后测清了我国沿海岛屿的数量和面积，两次精确测量了我国领海基点，胜利完成了东海、黄海大陆架测量和南沙测量，共测量海域面积300多万平方千米，测量岛屿6 500余座，探测航行障碍物1.5万多个，总测线里程320多万千米。通过引进吸收和自主创新，海军测绘部队相继拥有了全球卫星定位系统、多波束测深系统、卫星遥感图像处理设备、自动制图工作站等一大批先进测量装备，海洋测绘基本实现了全球化定位、自动化采集、数字化处理、一体化成图，做到测量设备与世界同步，测量规范与国际接轨，测量成果达到世界先进水平。海军测绘部队先后测绘出拥有完全自主知识产权的各种比例尺海图，覆盖我国全部海区，结束了我国长期沿用外版资料绘制海图的历史；100余项测绘成果获国家和军队科技进步奖，80多项成果填补国内空白；数十项海洋测绘科技成果应用于部队建设，保障了我国卫星发射、弹道导弹试验、运载火箭水下发射等重大试验任务；支援25项国家重点工程建设；专门培养我国海测人才的海军大连舰艇学院通过了国际海道测量组织A级“国际海道测量师”、“国际海图制图师”培训授权认证。现在，我国每年向国内外用户提供航海图书10万多幅（册），行销世界60多个国家和地区。

2005.07.19◆◆温家宝强调：要高度重视和大力推进自主创新

19日，国务院总理、国家科技教育领导小组组长温家宝主持召开国家科技教育领导小组第三次全体会议，他在会上强调，推进自主创新，是科学技术发展的战略基点，是调整产业结构、转变增长方式的中心环节，是经济社会发展的有力支撑。要努力创造有利于自主创新的体制和环境，深化科技体制改革，加快科技基础设施建设，加强高素质科技人才的培养，大力提高我国的原始创新能力、集成创新能力和引进消化吸收再创新能力。

会议听取了北京市政府关于中关村科技园区建设的汇报、中国科学院关于实施知识创新工程试点第三阶段的汇报和发展改革委关于启动建设若干国家重大科技基础设施的汇报。会议认为，这三项工作是加快科技改革和发展的重要举措，也是实施国家中长期科学和技术发展规划纲要的重要组成部分。要把提高自主创新能力摆到全部科技工作的突出位置，把提高自主创新能力作为国家战略，纳入国民经济和社会发展规划，贯彻到现代化建设的各个方面。会议认为，中国科学院知识创新工程试点以来，在基础科学研究、战略高技术创新和为经济社会发展服务等方面取得了一批重大成果，积累了宝贵经验。创新工程三期工作要同国家中长期科技发展规划和国民经济与社会发展“十一五”规划紧密结合，突出重点，合理布局，为加快国家创新体系建设和增强国家创新能力做出更大贡献。

会议指出，要充分发挥国家高新技术产业开发区在自主创新中的作用。当前国家高新区的建设正步入一个新的阶段。国家高新区要坚持提高自主创新能力，把发展高新技术产业作为根本任务；坚持深化体制改革，加强软环境建设，培育有国际竞争力的高新技术企业；坚持走集约化发展道路，合理和节约使用土地与其他资源。会议充分肯定了北京中关村科技园区创建近20年来取得的成绩。要求中关村继续优化发展环境，大力推进自主创新，为创建一流的科技园区而努力。

会议强调，要努力创造有利于自主创新的体制和环境。一是深化科技体制改革。以服务国家目标和调动广大科技人员的积极性和创造性为出发点，以促进全社会科技资源高效配置和综合集成为重点，以建立企业为主体、产学研结合的技术创新体系为突破口，全面推进有我国特色的国家创新体系建设。二是加大知识产权保护力度。通过完善法律和加强执法，扩大宣传教育，把知识产权保护工作落实到各个环节，努力营造鼓励科技人员创新的社会环境。三是注重高素质人才的培养和引进。加快各类工程技术和管理人才的培养，创造条件吸引留学人员为国服务。四是继续增加科技投入。加快国家重大科技基础设施建设，为科学技术取得重大突破提供保障。会议认为，发展改革委会同有关部门提出国家重大科技基础设施具体实施方案是必要的。要在已有工作的基础上，进一步论证，逐项落实。

2005.08.19◆◆我国首次在高新技术分析领域主导制订国际标准

宝钢集团发布消息，国际标准化组织微束分析标准化技术委员会授权宝钢主导制订一项相关国际标准。这是我国企业首次在高新技术分析领域获得制订国际标准的主导权。

由宝钢起草的《电子背散射衍射分析方法通则》国际标准草案，在国际标准化组织微束分析标准化技术委员会经专家评定后获一致通过，标志着宝钢获得了制订此项国际标准的主导权。这一草案是在相关国家标准基础上形成的。1997年，宝钢研究院引进了电子背散射衍射装置，用于材料分析研究。研究人员在没有借鉴的情况下，大胆探索，在国际上率先形成了运用此装置的分析方法，为解决产品质量难题提供了依据。2004年，宝钢根据此项分析方法制订的国家标准颁布并实施，此一国家标准制订成果获得了上海市标准化优秀技术成果一等奖。主导制订国际标准，是一个国家科学技术发展实力的象征。随着全球经济的发展，世界各国都十分看重产品、技术等国际标准制订的主导权。在高新技术分析领域，欧美国家占据着标准制订的主导地位。此次宝钢代表我国企业取得了突破。

2005.08.22◆◆我国25米射电望远镜首次成功探测到氢复合线和甲醛分子线

国家天文台乌鲁木齐天文站的星际分子谱线研究小组在对硬件和软件编程进行了长时间的准备之后，在8月12日至22日，利用乌鲁木齐天文站南山观测基地的25米射电望远镜对若干个大质量恒星形成区进行了氢复合线和甲醛分子线的观测，并对 l = 48°.5 ~ 49°.5、b = ±1°.5和 l = 132°.5 ~ 133°.5、b = ±1°.5 的两个小区域进行了巡天试观测，成功地在这些大质量恒星形成区探测到氢复合线和甲醛分子线。两个小区巡天试观测资料初步的结果表明，氢复合线和甲醛分子线巡天观测可以探测到一批新的大质量恒星形成区，有望为银道面大质量恒星区大尺度分布和物理性质的研究提供有价值的观测资料。这是使用国内射电望远镜对氢复合线和甲醛分子线的第一次成功观测。

大质量恒星形成研究是现代天体物理学研究的前沿课题，因为银河系或一些局部区域极其壮观的天体物理现象大多与年轻的大质量恒星有关。大质量恒星的形成仍是一个谜。

2005.08.30◆◆西安高新区成为我国首家高新技术产业标准化示范区

国家质监总局、国家标准委等在西安高新区隆重举行国家高新技术产业标准化示范区揭牌仪式，全国首家高新技术产业标准化示范区由此建立。

近年来，高新区成立了标准化工作领导小组，出台了《扶持企业标准化和采标工作暂行办法》等19项产业优惠政策；建立了标准目录和文本信息快速查询等五个平台；区内41%的企业建立了企业标准化体系；有404个支柱产品采用国际标准或国外先进标准组织生产。高新区从建区至今共制订修订了近50项国际标准、国家标准和行业标准；此前仍有数十家单位承担着45项标准研制任务，为数众多的企业建立了技术先进、设备一流、项目齐全的技术研究中心和实验室。2003年10月，高新区承担了“高新技术标准示范基地”建设项目；2004年3月，被国家标准委授予“全国标准化工作先进单位”。拥有一批国际、国内先进水平并拥有自主知识产权的高新技术标准，构成西安高新区的核心竞争力。西安大唐电信参与起草的TD－SCDMA第三代移动通信标准先后被国际标准化组织 ITU、3GPP 批准通过，打破了发达国家“一统天下”的局面，成为继美、欧之后国际上第三个主流标准。

2005. 09. 19◆◆吴季松教授首获“国际科技园协会荣誉会员奖”

19 日举行的国际科技园协会第 22 届世界大会开幕式上，国际科技园协会副主席台篷塔拉芒斯女士将“国际科技园协会荣誉会员奖”颁发给北京航空航天大学经济管理学院院长吴季松教授，以“确认他的功绩和对国际科技园区、全球知识经济发展所做出的有价值的贡献”。

“吴季松教授是协会创始人之一。15 年来，他为国际科技园区的发展做出了重要贡献。”国际科技园协会学术委员会主任皮埃尔・福米卡教授说：“虽然仅是荣誉性的，但这个奖非常重要。他是第一个获此奖励的亚洲人。”61 岁的吴季松教授，现任北京循环经济促进会会长，是国际科技园协会学术委员会唯一来自亚洲的委员，也是世界上最早提出并系统阐述“知识经济”的学者之一。出版有《知识经济》、《循环经济》、《新循环经济学》、《21 世纪社会的新细胞——科技工业园区》等多部专著，总结和发展了科技园区的三元理论，提出了新循环经济学。长期以来，为科技园区、知识经济、循环经济的发展做了大量推介和推动工作。

国际科技园协会成立于 1984 年，是此前世界范围内唯一的科技园区、企业孵化器及其他创新机构的国际组织，总部设在西班牙，在 54 个国家拥有 200 多家会员。协会每年举办一次世界大会。作为国际科技园协会设立的最高奖励，“国际科技园协会荣誉会员奖”迄今仅授予过 7 人。

2005. 09. 22◆◆我国自主基础软件体系形成

从国家“十五”重大科技成就展上获悉，“十五”期间通过“863”软件重大专项的支持，我国基础软件历经从无到有，基本形成以操作系统、数据库管理系统、中间件软件和办公软件等为核心的自主基础软件体系，跨国公司在我国的垄断局面开始打破。

操作系统方面，我国研制出银河麒麟 Kylin、中科红旗 Linux、中标普华 Linux 等操作系统以及 Hopen、DeltaOS、SmartOS 等嵌入式操作系统；数据库管理系统方面，重点支持了东软 OpenBASE、武汉华工达梦 DM、北京人大金仓信息技术有限公司 KingbaseES 和北京航天神舟软件公司 OSCAR 等四个国产数据库管理系统软件的开发，大大提高了国产数据库管理系统的水平；办公软件方面，推出了永中 Office、金山 WPS 和中文 2000Red 等办公软件；中间件软件方面，研发出了“四方国件”（Orientware）中间件。2004 年，省级政府采购操作系统共 11.5 万套，其中国产操作系统 4.5 万套，占总采购量的 39.2%；省级政府采购办公软件共 41 万套，其中国产办公软件 28 万多套，占总采购量的 68.4%；国产数据库管理系统应用点已经超过了 1 000 家；国产中间件占据国内市场的 35% 以上，其中“四方国件”中间件就取得了超过 10 亿元的经济效益。国产软件还在金融、银行、电信、教育、保险、军工等行业的核心业务中广泛应用。比如，建行陕西省分行 428 个营业网点的 3 600 多个柜员机及中间业务、电话银行、柜面业务等全部采用了国产 LINUX 操作系统。

2005. 09. 26◆◆我国航天育种技术实现新跨越

“十五”期间，由我国农业科学院航天育种中心牵头的课题组，利用航天技术先后育成并审定水稻、小麦新品种 12 个，其中“华航一号”、“特优航 1 号”、“Ⅱ优航 1 号”和“培杂泰丰”4 个水稻新品种通过了国家审定，已完成或正在参加省级以上区域试验的稻麦新品系、新组合 16 个。航天新品种、新组合 4 年累计种植面积 850 万亩，增产粮食 3.4 亿千克，创社会经济效益 5 亿元。我国科学家 15 次利用返回式卫星和神舟飞船搭载植物种子，经多年地面种植筛选，先后育成 60 多个农作物优异新种质、新品系并进入省级以上品种区域试验，其中已通过国家或省级审定的新品种或新组合 20 个。航天育种技术是我国科学工作者独创的高技术，“十五”期间，科技部在国家“863”项目计划中首次将航天育种技术正式立项，使我国航天育种技术实现了跨越式发展。

2005. 10. 11◆◆我国工程院院士陈国良获美国金属学会杰出成就奖

11 日，北京科技大学教授、我国工程院院士陈国良荣获美国金属学会颁发的杰出成就奖，他是第一位获此殊荣的中国内地学者。美国金属学会认为，陈国良“在揭示和阐明先进高温结构材料（包括高温合金和金属间化合物）的组份、工艺以及它们对材料微结构与力学性能的影响之间的相互关系方面做出突出贡献”。钛铝合金国际会议主席 Y. W. Kim 博士称，陈国良是“当今国际上在结构金属间化合物和功能材料领域最具深远影响力的优秀科学家之一”。

美国金属学会成立于 1913 年，其会员遍布全世界上近 100 个国家。它负责发行的《美国金属学会手册》和《冶金材料学报》等学术刊物在国际上具有广泛影响力。自 1969 年起，为表彰在国际材料科学与工程领域做出杰出贡献的专家学者，该学会设立了杰出成就奖。

2005. 10. 13◆◆我国首个计算生物学研究所在沪揭牌

13 日上午，我国首个计算生物学研究所——中国科学院上海生命科学研究院计算生物学研究所（中国科学院－马普学会计算生物学伙伴研究所）正式揭牌，该所由中国科学院与德国马克斯・普朗克学会（简称马普学会）在上海生命科学研究院内合作共建。该所将努力成为一个高水平的国际化研究机构，并且将吸收德国马普学会多年沉淀下来的优秀文化和精神，引进马普研究所的成功经验、独特的管理体系和运作机制，同时结合我国的国情和发展的需要，致力于构筑理论与实验相结合的研究平台，以数学和统计学为基础探索生物科学中的重大问题，推动我国计算生物学的研究水平，并促进跨学科研究和青年科学家的培养。通过3～5年的时间使计算生物学伙伴研究所成为一个国际化的科学研究平台，使伙伴研究所成为国际合作的成功典范，并开创新型的、与国际接轨的、跨学科研究相结合的国际化新兴学科研究所的运作模式。

2005.10.19◆◆“蓝天奖”深圳揭晓，再生能源领域我国3项领先

经过网上投票、高交会现场投票以及专家评审委员会评选，“2005年度全球可再生能源领域最具投资价值十大领先技术蓝天奖”在深圳揭晓。在参加评选的20个项目中，来自中国、美国、巴西、加拿大、德国、俄罗斯六个国家的8项技术获得“蓝天奖”。

“蓝天奖”是在联合国工业发展组织的指导和支持下，由深圳国际能源与环境技术促进中心组织实施的一项国际评选活动，每年在全球范围内搜索并评选可再生能源利用领域最具投资价值的十大领先技术，旨在鼓励获奖技术向发展中国家转让、吸引产业化投资，激励可再生能源获得更多和更好的利用，以缓解当前全球所面临的能源危机。“蓝天奖”评审专业委员会的委员全部是来自世界各地的权威专家。此次获得首届全球“蓝天奖”的8项技术中，有巴西的生物汽油和生物柴油液体燃料技术、俄罗斯的多孔蓄热材料技术及其在太阳能温室中的应用、美国的使用社区废油抽取生物柴油的应用、加拿大的城市垃圾填埋场的沼气回收与发电技术、德国的螺旋水电机技术及中科院广州能源研究所的生物质气化发电技术、中国水电学会的能源作用甜高粱良种培育及其茎秆抽取乙醇技术、农业工程设计院的高性价比小水电机电技术。

2005.11.01◆◆我国成为世界知识产权数量大国，总量超200万件

我国在知识产权创造和保护方面取得显著成效，成为世界上知识产权数量大国。此前我国专利申请总量突破200万件，2001年以来三种专利受理量的年平均增长率超过20%，发明专利受理量年均增长率超过25%。截至2005年上半年，累计商标注册申请已近387万件。2004年商标申请量达58.8万件，其中来自国外的申请超过6万件，我国商标注册年申请量已连续3年位居世界前列。实用新型专利、外观设计专利和商标的年申请量已居世界第一，其中90%以上为国内申请；品种权申请以平均每年30%的速度增加，到2005年7月底申请总量达2 495件，年申请数量居世界前列。

在知识产权的司法保护方面也取得了很大进展。近20多年来，我国法院不断拓宽知识产权审判领域，相继开展了著作权、商标、专利、不正当竞争、计算机软件、植物新品种、集成电路布图设计等各类知识产权案件的审判工作。

2005.11.08◆◆沈变公司出口产品获机械最高科技奖项

沈变公司为美国洛杉矶水电部开发研制的OSFSZ9－900MVA/230kV自耦有载调压变压器荣获我国机械工业科学技术奖一等奖，这是机械行业科技研发工作的最高奖项。同时获奖的还有沈变公司为辽宁发电厂开发的SFP10－430MVA/220kV三相电力变压器，该产品在评选中荣获二等奖。

2005.11.08◆◆我国科学家蔡述明获湿地保护科学奖

我国科学家蔡述明在乌干达首都坎帕拉南郊蒙永约开幕的国际《湿地公约》第九届缔约方大会上，荣获2005年拉姆萨尔湿地保护科学奖。

这次会议将湿地科学研究最高奖授予67岁的中国科学院测量与地球物理研究所研究员，以表彰他在湿地保护和合理利用的研究中所做出的杰出贡献。作为我国全国政协委员、湖北省政协副主席、人口资源环境委员会主任，蔡述明在全国政协会议期间多次发表意见和建议，呼吁国家保护湿地和重视湿地的生态建设。他的湿地保护提案发挥了重要作用，成为全国人大有关湿地立法条例的基础。

2005.11.12◆◆我国首创利用海冰水灌溉农田技术

自2004年1月起，北京师范大学联合国家海洋环境监测中心、天津大学、大连理工大学、河北中捷友谊农场等单位，开展了“渤海海冰资源开发与农业综合利用技术研究”。课题组根据海冰微结构特点，利用离心原理对冰体内的卤水泡进行分离，利用控温方法扩充冰内的盐水通道，攻克了海冰固态淡化的关键技术，自主研制出了海冰离心脱盐机、海冰控温冻融脱盐装置、海冰重力脱盐装置、海冰融水反渗透脱盐设备，完成了陆基海冰采集、脱盐、储运全过程的现场试验，在海冰采集淡化小试工艺流程中获得了技术和成本参数。课题组完成了海冰水灌溉对14种粮食作物、经济作物、饲料作物的产量以及对土壤含盐量的影响分析，完成了海冰水百亩农田灌溉试验示范，提出了适宜不同盐度海冰水灌溉的作物品种和海冰水农田灌溉的盐度界限，开展了海冰水罗非鱼养殖试验，为海冰水的农业应用提供了科学依据和试验范例。由自制设备在现场生产出的海冰淡化水，盐度可降到2‰以下，吨水成本不超过4元。该成果在世界上首次完成了陆基海冰采集、脱盐、存储和海冰水的农业应用试验，具有原始创新性，达到国际领先水平。陆基海冰采集淡化技术成果已具备开展中间试验进而向产业化推广的基本条件，技术成熟，出水品质良好，在环渤海海冰资源丰富地区农业综合利用与滩涂盐碱地综合开发方面具有良好的推广前景与潜力。

2005.11.15◆◆亚洲最大2.4米跨声速风洞轨迹捕获成功

经总装备部驻川某基地设计所和高速所科研人员近两年的艰辛努力，亚洲最大2.4米跨声速风洞轨迹捕获试验装备研制调试成功，这标志着我国风洞试验能力迈上了一个新台阶。

轨迹捕获试验技术（CTS）是难度最大的风洞试验

技术之一，主要用来测定外挂物从模型上分离后的飞行轨迹，以研制外挂物的安全分离问题。在研制过程中，科研人员有效解决了高功率交流电机，高密度布线等带来的强干扰问题，极大地提高了机构的试验运行效率。此前，国内跨声速风洞中仅有 1.2 米风洞具有 CTS 试验能力，但由于 2.4 米风洞 CTS 采用了带有嵌入式控制器的 VXI 系统作为主控制计算机，能够独立完成气动参数的测量、轨迹解算和机构控制，而且采用了高效的实时操作系统，从而在稳定性和试验效率上都有明显提高。

2005.11.26◆◆“神六”庆祝大会在人民大会堂举行

26 日，北京人民大会堂隆重庆祝第二次载人航天飞行圆满成功。中共中央、国务院、中央军委领导会见了航天员和载人航天工程有关方面负责人并合影。

12 日，我国航天员费俊龙、聂海胜乘坐“神舟”六号飞船开始我国第二次载人航天飞行。在经过 115 小时 32 分钟的太空飞行，完成我国真正意义上有人参与的空间科学实验后，飞船返回舱于 17 日凌晨 4 时顺利着陆，费俊龙、聂海胜安全返回。“神舟”六号载人航天飞行的成功标志着我国在发展载人航天技术、进行有人参与的空间实验活动方面取得了又一个具有里程碑意义的胜利。

2005.12.01◆◆国内首家知识产权实验室成立

1 日，由信息产业部软件与集成电路促进中心与汤姆森公司科技信息集团携手共建的知识产权实验室在北京正式挂牌成立。这是在我国建立的第一家知识产权实验室，也是汤姆森公司科技信息集团在全球成立的唯一服务行业的知识产权实验室。通过该实验室所提供的服务，国内企业可以进行包括专利、标准等在内的知识产权查询、分析，了解所在行业知识产权的全球分布情况，做出专业的数据分析报告，提供决策参考。该中心将联合国内外权威机构推出包括知识产权查询分析、知识产权体系建设、法律诉讼等相关内容的培训服务，推动国家知识产权专业人才的培养，为国内企业自主创新提供技术和信息支持，协助企业建立完善的知识产权战略。信息产业部软件与集成电路促进中心还将联合更多的国内外知名律师事务所一起推动企业知识产权战略的推广。

2005.12.22◆◆“十五”期间我国农业科技五大领域领先世界

“十五”计划以来，我国农业科技呈现加快发展态势，在五大领域涌现出一批具有自主知识产权的重大科技成果。① 中国超级稻研究和示范引领水稻“第三次革命”。“十五”期间，累计示范推广 2 亿多亩，增产稻谷 250 亿斤左右。② 矮败小麦技术体系突破育种“瓶颈”。矮败小麦是用我国特有太谷核不育小麦的雄性败育基因和我国专家发现的小麦矮秆基因通过染色体工程创制而成的小麦育种新种质和育种新技术。利用这一新种质和新技术可使数十个小麦亲本的优异基因聚合到一个新品种之中，从而提高新品种的产量、品质、抗病虫、抗不良环境条件的水平，实现高产、优质、抗性三者的有机结合。③ 转基因抗虫三系杂交棉取得重大突破。我国科学家合成了抗虫基因（Bt 基因和豇豆胰蛋白抑制酶基因），利用独特的转基因方法，先后培育成功单抗棉铃虫和既抗棉铃虫又抗蚜虫的双抗棉花新品种，处于世界先进水平。④ 杂交大豆研究取得重大进展。我国 1993 年育成世界上第一个大豆细胞质雄性不育系和保持系后，于 1995 年实现了栽培大豆“三系”配套。育成的世界上第一个大豆杂交种“杂交豆 1 号”比对照品种增产 21.9%。⑤ 高致病性禽流感基因工程疫苗研制走在世界前列。哈尔滨兽医研究所的科学家采用重组 DNA 技术和反向基因操作技术，在国际上第一个研制成功抗 H5N1 禽流感病毒的基因工程灭活疫苗和 H5 亚型禽流感重组禽痘病毒载体疫苗。最近又首次成功研制了新型高致病性禽流感基因工程疫苗，该疫苗同时抗高致病性禽流感和新城疫两种重大病害，安全性更高、使用更方便、成本更低廉。

2

信息产业类

2005.01.04◆◆我国自主知识产权 WAPI 芯片在西安产业化基地诞生

我国第一款具有完全自主产权、满足中国无线局域网国家标准 WAPI 的安全芯片及 IP 核在国家集成电路设计西安产业化基地诞生。该芯片对我国无线局域网信息安全具有重要意义，可以降低无线局域网芯片设计厂商的风险和系统成本，从而降低终端产品价格，这不仅显示了我国在集成电路设计领域的实力，也为 WAPI 标准成为国际标准奠定了坚实的基础。

2005.01.18◆◆清华大学“人脸识别查询技术”通过专家鉴定

18 日，国家“十五”攻关课题、清华大学电子工程系承担的“人脸识别查询技术”，通过公安部组织的专家鉴定。专家组认为，该成果已达到国际领先水平，标志着我国在此领域获重大突破。

2005.01.20◆◆我国首个短程无线局域网标准获国际认可

在 20 日闭幕的国际电子工程师协会（IEEE）上，经过激烈而理性的答辩，IEEE802.15.4b 标准委员会近乎完整地接受了中关村国际孵化园的北京威讯紫晶技术有限公司总经理郦亮博士所提出的全球下一代短程无线收发机的模型和通信调制方案，并将郦亮的技术草案作为整个 IEEE802.15.4b 标准草案的主要部分。标准草案将在一个月后向整个 IEEE 标准委员会及全球工业界征求意见，从而成为正式的国际标准。这是该标准委员会首次批准中国公司完整书写标准的草案。

2005.01.20◆◆鼎芯推出首颗自主知识产权无线终端功放芯片

鼎芯半导体（Comlent）宣布，开始提供中国第一颗 DECT 和 PHS 手机终端 RF 功放芯片。该芯片是基于硅 BiCMOS 工艺、用于 1.9GHz 的射频集成电路功率放大器（PA）工程的该功率放大器，目标市场包括欧洲 DECT 标准的数字无绳电话和 PAS/PHS 手机终端。基于此芯片的 DECT 数字无绳电话整机系统已于 2004 年底开始设计和调试，预计系统认证工作将于近期完成。这款即将量产的射频功放（PA）采用美国捷智半导体的纯硅 BiCMOS 工艺技术。该功放包含三级放大器，提供 30dB 的增益，输出功率达 24dBm。它采用 QFN－16 封装，并通过专门的设计，提供良好的导电和导热性能。

2005.01.21◆◆上海诞生世界集成度最高的移动多媒体系统芯片

世界上集成度最高的移动多媒体系统芯片在上海诞生。这个芯片能支持 4 万首民乐卡拉 OK 功能、1.3M 像素 camera 处理器、超低功耗 MP3 播放器、3D 环绕声、64 和弦、U 盘手机等强大功能。这款由智多微电子研发的单芯片移动多媒体处理器被誉为“阳光中国芯”。它能成功地将普通手机的等级提高到接近智能手机的高度，这无疑为全球手机产业带来了一次历史性的飞跃。

2005.01.22◆◆中国首块自主知识产权的数字电视芯片通过鉴定

22 日，中国第一块自主设计、自主制造、拥有完全自主知识产权的数字电视芯片“中视一号”在上海通过了由国家教育部主持、中国工程院和中国科学院院士参与的技术鉴定。该芯片基于清华大学研创的数字电视地面传输标准 DMB－T，由复旦大学微电子研究院以及设在该校的中国唯一的专用集成电路与系统国家重点实验室自主设计，由上海宏力半导体和中芯国际采用成熟的0.18微米工艺制造。“中视一号”数字电视芯片填补了国内空白，实现了中国数字电视百万门级专用集成电路自主设计和制造技术的重大突破，具有完全自主知识产权，处于国内领先，达到国际先进水平，标志着中国自主的数字电视产业化进程取得了重大突破。

2005.01.27◆◆国产最大液晶电视亮相

新科公司在天津市场推出带有 EVD 高清碟机功能的32、37、42英寸大屏液晶电视，这是国内厂家首次推出42英寸液晶电视。此次上市的42英寸液晶电视只有三台，每台售价29 999元。此前，已经有夏普和飞利浦在天津上市42英寸液晶电视，在友谊商厦等高档商场展示，价位高达6万元。

2005.01.28◆◆国内首款 SCDMA 双模芯片诞生广州

28日，SCDMA 的终端芯片在广州广晟微电子诞生，这是国内首款符合 SCDMA 标准的 SCDMA/GSM 双模射频收发芯片，在北京信威公司的 SCDMA 无线终端上使用，已提供样片。这是全球第一款由中国集成电路设计公司独立自主成功研制出的单片双模射频收发芯片，并拥有自主知识产权。

2005.01.30◆◆波导公司推出中国首款指纹识别手机

30日，由波导公司联合中科院等机构共同研发的国内首款指纹识别智能手机在京通过国家鉴定。该手机嵌入了自主研发的嵌入式指纹认证模块，具有指纹识别认证功能，使手机可以安全地应用于电子银行交易、无线证券交易、无线网上购物等新兴电子商务领域。

2005.01.31◆◆一体化数字电视终端技术通过鉴定

由国防科技大学电子科学与工程学院研制的“一体化数字电视终端”系统在长沙通过专家鉴定。一体化数字电视终端是一种智能信息终端，它改变了过去用户被动接收电视的传统方式，用户可以实现交互式接收数字电视、数据广播、互联网接入、IP 电话和可视电话等全方位的信息服务。该项目在数字电视终端与相关应用软件技术领域处于国内领先水平，若干关键技术达到国际先进水平，为交互式高清晰度一体化数字电视技术发展奠定了坚实的基础，具有广阔的市场推广前景。

2005.02.06◆◆兰州大学建成我国高校首家成套规模 IPv6 实验室

兰州大学开通建成我国高校首家成套规模 IPv6 实验室，填补了国内相关高校无成套规模专业网络设备教学体系的空白，同时对各高校 IPv6 试验网建设也有重要的示范意义。IPv6 是“Internet Protocol Version 6”（第六版互联网协议）的缩写，是用于替代现行版本 IP 协议的下一代 IP 协议。兰州大学 IPv6 实验室采用华为3Com 公司的成套网络设备进行组网建设，包括50台 AR 网络设备以及系列交换机和认证计费管理系统。该实验网络将分为6个模拟区域，能够由6个团队分别进行 VPN 实验、IPv6 实验、拨号实验、全网路由实验、STP 实验和 VLAN、全网交换等实验。

2005.03.02◆◆我国首款具有自主产权的 AVS 高清解码芯片诞生

2日，首款基于数字音视频编解码技术标准（AVS）的高清解码芯片——AVS101 高清解码芯片在北京通过专家鉴定，标志着我国数字音视频产业从标准领先跨入核心产品领先的新阶段。AVS 是我国第一个具有自主知识产权的数字音视频编解码技术标准，由中国科学院计算技术研究所牵头完成。该成果突破了数字音视频解码芯片的核心技术，在若干关键算法及其实现上具有独创性，为我国在计算机、通信和消费电子领域的国际竞争提供了重要的技术支持。

2005.03.02◆◆吉林研制成功首代网络音视频编码器

2日，由长春兴达电子信息技术有限公司承担的吉林省科技发展计划重点项目“基于 MPEC－4 多路音视频编码器研制开发”通过鉴定。基于 MPEC－4 的数字多路网络视频编码器被认为是最具发展前景的网络视频编码器，是继 MPEC－1 和 MPEC－2 之后国际标准化组织推出的新一代运动图像压缩编码的国际标准。这种音视频编码器，适用于可视电话、视频电子邮件、电子新闻等图像传输、无线视频传输、视频监控及硬盘录像等领域。该项研究成果综合性能达到了国际先进水平。

2005.03.07◆◆中国天津市跨入“世界七大智能化城市”行列

从天津市信息化工作会议获悉，天津在参与“世界智能化城市评选”的100多个城市中脱颖而出，跨入世界七大智能化城市行列。这七大智能化城市分别是：法国依西·雷莫里诺市、日本三鹰市、巴西皮拉伊市、新加坡、英国桑德兰市、中国天津市、加拿大多伦多市。

2005.03.10◆◆我国首套 SOA 协同软件问世

我国首套 SOA（Service－Oriented Architecture 面向服务架构）协同软件在上海问世，标志着我国协同软件赶上甚至部分超过国际水平。协同软件是指那些以团队协作为目标的沟通协作软件工具，主要包括办公自动化、电子政务、工作流管理、知识管理、项目管理、信息门户等应用。在复旦协达等专业协同软件厂商的大力推动下，中国自主知识版权的协同软件产品不断涌现。2002年中期，复旦协达自主研发成功我国第一个协同业务架构平台 CAP，并推出 CAP 协同软件，国际 IT 评测权威 IDG 所属机构评价复旦协达的协同软件是中国第一套成熟的通用化协同软件，也是唯一能实现多维一体信息化管理的国产软件。

2005.03.14◆◆全球首张DNA防伪生物芯片2秒即可辨真伪

台湾博微生物科技最近发表全球第一张DNA防伪生物芯片，以个人DNA结合微机电技术的辨识技术，将有效防止金融卡、信用卡、身份证及手机、笔记型计算机等高价产品的伪造。与现有的防伪技术，如指纹、眼角膜、IC芯片、磁性条形码相较，DNA防伪芯片具有轻薄短小、可立刻辨识又无法仿冒的特性。配合辨识系统，该生物芯片只要2秒钟就可辨识真伪。将个人DNA采样，制成合成DNA，进行纯化，再运用微机电、结合晶圆生产，制成防伪DNA生物芯片。与眼角膜千分之一的重复率及五岁以前会随生长变化的指纹相较，DNA具有独一无二的特性，可确实终止仿冒。

2005.03.28◆◆我国网络融合技术世界领先

中国联通"多业务统一网络平台（Uninet)"获得了我国电信行业第一个国家科技进步一等奖，表明Uninet这一三网融合技术经过多年试运行已经成熟，我国的网络融合技术居世界领先地位。Uninet的突出优势是，可以适应紧急情况需要，灵活、快捷地提供新业务。建一套集话音、数据和视频等多功能的全国指挥调度系统。采用传统技术，开通需要6~8个月，而Uninet在15天内就成功开通。Uninet的成功引起国内外关注，应国际标准化组织的建议，已就有关技术方案和体制标准提交了10余篇论文，一大批国内外著名的设备制造商都在按其技术标准研制、生产新的网络设备，一个包括承载网络、网络控制和终端的新产业价值链正在形成。

2005.03.28◆◆"星光我国芯"系列数字多媒体芯片荣获国家科技进步一等奖

28日，国内外享有极高声誉的数字多媒体芯片设计厂商——中星微电子有限公司的"星光我国芯"系列数字多媒体芯片，荣获国家科技进步一等奖，这是我国芯片技术多年来首次夺得科技界的最高荣誉。"星光我国芯"系列数字多媒体芯片是我国具有完全自主知识产权的重大科技成果，它实现了多媒体数据驱动平行计算技术、可重构CPU架构技术、深亚微米超大规模芯片设计技术等七大核心技术突破，申请了近400项专利和专有技术，在国际上处于领先地位。"星光我国芯"系列数字多媒体芯片极大提高了集成电路行业的总体水平，标志着我国IC产业设计水平已开始步入世界先进行列。

2005.04.01◆◆我国第一个全国产平台电子政务完整解决方案成功应用

我国第一个全国产平台电子政务完整解决方案在全国政协办公厅成功应用。该方案围绕政务通办公平软件的应用，首次完整实现了达梦数据库、红旗LINUX操作系统、永中OFFICE、东方通中间件和曙光服务器等一系列国产软硬件产品在一起良好稳定地运行，并通过政务通办公平台软件帮助各级各类政府实现办公对人、文、事、财、物以及业务管理等30多个方面工作的信息化、自动化。全国政协办公厅采用全系列国产软硬件实施政务通工程试运行半年来，初步实现了行政管理观念与计算机应用技术在时间、空间上的结合。此次电子政务软件产业化联盟的先锋软件、武汉梦达等一批国产软件硬件企业协同研发和技术集成，较好地解决了各个国产软硬件产品之间的接口、兼容、稳定等技术难题，并通过反复测试和不断完善，于2005年3月基本完成全国产平台电子政务完整解决方案的研发。

2005.04.05◆◆我国首台"超薄CRT电视"问世

在科技城电子信息产业合作论坛上，我国首台超薄CRT数字高清彩电——长虹"天翼"首次亮相，受到国家科技部、信产部、发改委等部委的领导和专家们的高度评价，称长虹"天翼"超薄电视是对CRT彩电技术的一次重大革命。长虹"天翼"超薄电视，采用原装进口超薄数字高清显像管，厚度比传统显像管瘦身超过30%。该产品作为彩电技术全面升级的标志，内置了长虹专用X-poWer超强动力芯片，新增的15种动态图像增强处理技术，使其画面更加清晰、自然，可自由旋转的音箱设计是长虹"天翼"的一大特色，芯管分离的首创设计是长虹"天翼"超薄彩电的一个突出亮点，长虹"天翼"超薄彩电除电源开关外，其余按键均采用感应触摸控制。

2005.04.06◆◆厦华推出国内最大的47英寸液晶和63英寸等离子电视

6日，厦华电子公司正式推出47寸液晶电视和63寸等离子电视。此前国内市场上最大的液晶电视仅有45寸，最大的等离子电视也仅有52寸。这一技术对于超高清晰度的运动图像和静止图像能够进行最精密的处理，可兼容8种以上高级数字格式，画面层次更细腻，色彩更丰富；其中新系列超大屏幕液晶电视全屏幕的RGB像素达到622万，而此前高清晰度液晶电视仅有300万像素。

2005.04.07◆◆我国自主研发等离子电视显示屏获得成功

由我国彩虹集团自行设计、建设的等离子显示屏试验线通过信息产业部专家小组验收。42英寸等离子显示屏在试验线上制作顺利成功，等离子电视整机线路的研发也获得成功。彩虹集团电子股份有限公司自行研发的具有自主知识产权的42英寸等离子电视机画质良好，达到国外同类产品的性能，处于国内领先水平。此外，彩虹集团正在研制的50英寸等离子显示屏也将于不久面世。

2005.04.11◆◆联想发布国内第一款完全自主研发的安全芯片

11日下午，联想集团在京发布了国内第一款自主研发的安全芯片"恒智"，这意味着联想集团在国内可信计算领域率先掌握了芯片级核心技术。目前国际上能够设计安全芯片的企业屈指可数，且在现有的安全芯片供应商中，只有联想能够提供包括芯片硬件（TPM1.1/1.2）、FirmWare、驱动程序、软件协议栈、配套管理工具、信任链软件等在内的全套技术和产品，这充分表明联想已经突破了从硬件到软件、从底层固件到上层软件的众多技术难题，具备了芯片级研发能力。联想发布“恒智”安全芯片，将对整个我国IT产业链，对国家经济和社会信息化的发展进程产生巨大而深远的影响。

2005.04.12◆◆国内首款远程PC自主维护软件Star Care问世

PC生命周期管理解决方案开发商软通科技公司，推出了国内首款志于实现远程PC自主维护的新产品——Star Care。该产品以互联网为载体，从软件层面革命性地实现了Call Center、上门维修等传统维护手段与软通PC自主维护软件、远程技术协助的有效整合，为用户提供一个强大的虚拟网络服务与维护平台。在使用StarCare后，用户的PC一旦出现无法自行解决的技术故障，就可以在呼叫产品提供商客户端服务中心后，由客户服务中心通过互联网远程协助用户判断问题和故障。同时StarCare还具有丰富的远程执行功能，客户服务中心可以直接进入用户电脑执行这些功能，大大节约用户维护成本的支出。StarCare的出现使PC维护系统化成为现实，让个人PC维护更加便利、迅捷。

2005.04.18◆◆仿生银行卡深圳问世

18日下午，居于世界领先地位的人面识别技术及其首项应用成果仿生银行卡在深圳宝安区桃花园科技创新园问世。自此，银行取款机开始实现了“认卡”到“认人”的开创性革命。这种仿生银行卡和各类普通银行卡大小基本相同，只需40多个字符即可将人脸等信息“压缩”进去，并且和目前各银行卡类业务操作系统完全兼容，银行应用后只需不到10秒钟即可将普通卡转换为仿生卡，具有极强的实用性。仿生卡进入商用化阶段后，市场前景非常可观。这种技术不仅造福于银行储户，其应用范围也涉及安防、侦缉以至国防等诸多领域。

2005.04.19◆◆我国首款64位高性能通用CPU芯片——“龙芯2号”问世

历经近2年的刻苦攻关，我国首款64位高性能通用CPU（中央处理器）芯片——“龙芯2号”问世。这款芯片的总体性能已经达到2000年左右的国际先进水平，相当于中档的“奔腾三”处理器。“龙芯2号”是在“863”计划和中国科学院知识创新工程的共同支持下完成的，其最高频率为500MHz，功耗为3~5瓦，远远低于国外同类芯片，其标准测试程序的实测性能是1.3GHz的威盛处理器的2~3倍。在短短的22个月时间里，“龙芯2号”CPU性能比“龙芯1号”提高了10倍。能够流畅地支持视窗系统、桌面办公、网络浏览、DVD播放等应用，在低成本信息产品方面，具有较强的性能优势。

2005.04.21◆◆图像所“基于手机令牌的身份认证系统”项目通过鉴定

21日，图像所“基于手机令牌的身份认证系统”项目鉴定会在华中科技大学校举行。委员会认为，该系统是集计算机技术、网络技术，信息编码技术和现代密码学为一体，具有自主知识产权的高新技术成果。该项目的多项成果填补了“基于手机令牌的身份认证系统”技术的国内空白，并达到了同类型系统的国际领先水平，并建议加快产业化进程。

2005.04.26◆◆多款基于凯明芯片的TD－SCDMA手机实现异地同步通话

TD－SCDMA终端解决方案提供商凯明信息科技股份有限公司联合其合作伙伴在北京发布了其完整的TD－SCDMA终端芯片解决方案，该解决方案已经过了与所有网络设备的一致性测试。发布会上，基于凯明方案的四款TD－SCDMA终端分别从位于北京的鼎桥通信、大唐移动、普天通信以及上海的中兴通信四地的网络设备到现场进行了通话和3G数据业务演示。此次发布会是业界第一次基于同一TD－SCDMA芯片方案的多款手机通过四家的网络设备完成通话和数据业务展示，表明凯明的技术方案具有很强的技术兼容性和互联互通特性。

2005.04.30◆◆国标认定首个我国自主知识产权数字集群规范

我国拥有自主知识产权的专业集群系统标准被纳入国际标准，是我国得到认定的第一个数字集群规范。4月在领先3G技术规范机构3GPP（第三代合作伙伴计划）的技术规范组会议上，华为、西门子、萨基姆、信息产业部标准所等4家3GPP成员单位提交了GT800技术的标准提案，并获得通过。GT800是一种基于GSM的专业集群技术，可以在单小区内一次呼通3 000群组用户；即使只有一个基站，也能支持所覆盖范围内的群组呼叫；GT800终端支持直接对讲，并能与GSM网络全球漫游。

2005.05.10◆◆我国科学家首次证明空间量子通信可破13千米

科技大学合肥微尺度物质科学国家实验室通过“自由空间纠缠光子的分发”实验，在国际上首次证明了纠缠光子在穿透等效于整个大气层厚度的地面大气后，纠缠的特性仍然能够保持，并可应用于高效、安全的量子通信。4月22日出版的国际物理学权威期刊《物理评论快报》发表了他们题为《13千米自由空间纠缠光子分发：朝向基于人造卫星的全球化量子通信》的研究论文。

2005.05.17◆◆浙江首份手机报问世

17日上午，由《浙江日报》报业集团、浙江移动通信有限公司和浙江在线新闻网站联合举办的国内首张省级手机报——浙江手机报正式开通。当天“开通”的这张“报纸”只对浙江省内的移动用户开放。凡是开通彩信业务的手机用户，皆可订阅。

2005. 05. 19◆◆国内首个手机搜索互联网上线

作为全球首家无线搜索技术提供商，CGOGO公司正式推出了“CGOGO互联网搜索”，并与我国联通、移动两大运营商捆绑，成为国内首个手机互联网搜索产品。CGOGO互联网搜索是专门为手机用户量身订做的一款互联网搜索产品，手机用户只需通过手机中的WAP功能，分别登陆我国联通和移动两大运营商的搜索服务页面，输入关键词，即可对互联网进行搜索查询。手机用户在离线状态下，仍可以对查询信息进行保存，并通过E-mail方式发送给其他手机用户分享。

2005. 05. 19◆◆我自主知识产权嵌入式开发平台启用

我国第一个以国产中央控制器（CPU）为载体、遵循世界互联标准规范、拥有自主知识产权的嵌入式系统开发平台由我国船舶重工集团公司第716研究所研制成功并通过技术鉴定，标志着我国电子领域缺“芯”少“脑”、信息安全犹如“沙漠上城堡”的历史行将结束。此次启用的平台，以国产中央控制器为载体、符合世界互联标准规范的Linux操作系统为基础，采用一体化设计技术，集嵌入式实时操作系统、集成开发环境、开发板和仿真器于一身；有内建的系统安全硬件和软件，可抵御黑客攻击；能完成嵌入式产品软硬件的开发，并增加了安全策略表、事件管理器和功能监察器安全功能模块进行安全加固，为我国国防信息电子装备、消费电子、仪器仪表等嵌入式行业提供了一套价格低廉、技术先进，支撑国产嵌入式中央处理器应用开发的先进工具。

2005. 05. 26◆◆我国赛迅软件首次走进西非

我国赛迅软件被非洲国家贝宁教育部正式采购并向全国推广，这是该国政府第一次采购外国软件为本国教育信息化服务，也是我国软件第一次打入西非市场。

2005. 06. 01◆◆我国首个数字集群手机网络在重庆投入使用

重庆铁通的集群手机正式投入使用，这也是我国首个开通的数字集群手机网络。在2005年的亚太城市市长峰会上，有关部门将使用集群手机进行人员和车辆调度。

2005. 06. 15◆◆福建国光电子造出达到国际水平的电解电容器

位于福州经济技术开发区的福建国光电子科技股份公司从2004年始不到一年便成为了国内唯一、国际上第三家可批量生产电解电容器的企业。电解电容器广泛地应用于笔记本电脑、手机、数码摄像机等各种电子产品。我国是电解电容器的生产大国，年产量占世界的1/3，但是生产只停留在中低端产品上。在2004年“6·18”项目成果交易会上，国光电子科技公司与西安交通大学达成了协议，共同研发聚合物固体片式铝电解电容器生产技术。之后，双方成功研发出技术指标达到当前国际先进水平的电解电容器产品，填补了国内空白。

2005. 06. 16◆◆我国首款具自主知识产权的无线局域网芯片面世

16日，我国完全拥有自主知识产权的无线局域网芯片“万通4号”在第九届我国国际软件博览会上亮相。这款芯片由我国科研人员历时四年研制而成。它的研制成功打破了国外在无线局域网芯片技术上对我国的垄断，价格也比国外同类产品低1/4左右。

2005. 06. 17◆◆深入发展信息建设　我国信息化排名升10位

从世界经济论坛获悉，我国信息化程度已从2004年51位上升至41位，同时，2004至2005年度《全球信息技术报告》显示，发达国家中的美国信息化程度排名下降四位，已经排至第五。而新加坡却成为信息化程度最高的经济体。世界各国的信息化建设具有了明显的进步，信息技术方面的差距逐渐缩小。

2005. 06. 21◆◆镇江“内嵌Web服务器的网络化断路器”项目填补国内空白

镇江市首个由企业承担的国家“863”计划项目——“内嵌Web服务器的网络化断路器”通过了省科技厅组织的鉴定。该产品在整体技术性能指标和断路器内嵌Web服务器网络化方面达到国际领先水平，填补了国内空白。该产品已申请发明专利1项，实用新型专利4项，外观设计专利2项。

2005. 06. 22◆◆我国第一个全功能三网合一试验平台深圳试播

备受瞩目的“紫荆神网”试播开通仪式在深圳清华大学研究院举行，同期还举行了地面数字电视应用技术报告会和我国部分省市地面数字电视运营模式研讨会。这一重大成果是在清华大学具有原创性知识产权的DMB-T地面数字电视传输方案基础上，在深圳创新开发的集广电网、电信网、因特网三网合一的多媒体网络应用平台，是我国第一个全功能的三网合一的试验平台，整体技术国际领先。采用先进的无线及视频技术，发挥了广电下行宽带的频率优势，提高了频率资源的利用率。在这一平台上，用户可以通过PC终端、笔记本电脑、手机、手持电视、车载电视、电视等终端系统进行音乐、视频节目点播等。“紫荆神网”的优势在农村及偏远地区和在城市一样彰显，能够通过开发现代远程教育，解决农村缺少优秀教师、贫困户子女上学难等问题，以低廉的成本传送大量的报纸、期刊、网站和课程，对于解决农村信息化问题和建立学习型社会有重大现实意义。

2005. 06. 22◆◆华为公司推出全球首款电信级IP网络多业务控制网关

华为公司在北京和巴黎同时向全球发布业界首款解决IP网络转型的关键产品和解决方案——QuidWay ME60

系列多业务控制网关。该网关具有良好的多业务控制能力，能够在确保网络服务质量和安全的前提下，帮助电信运营商完成上述业务的转型。ME60具备大容量、高性能、强业务融合和业务职能处理与控制能力，能提供多种宽带接入，终端接入认证、业务区分服务等多种功能，是业界第一个具备万兆处理能力的多业务控制设备，其对列数第一个达到256K。实现了将边缘路由器、防火墙、深度报文检测、信令会话控制、宽带接入服务器5种电信级IP网络产品的IP业务控制、服务质量策略机制、业务运营管理、网络安全等功能融于一体，从而支撑运营商提供细分服务策略。

2005.06.24◆◆无锡三通科技有限公司推出自主知识产权网络通信系统

一种把现代宽带数据网和传统电话网从外围开始归一的复合型网络通信系统——IPX，由无锡三通科技有限公司研制成功。IPX是数据和语音通信的综合性设备。它用一个小匣子的空间取代了路由器、防火墙、程控交换机和服务器等众多网络管理设备，具有投资少、维护方便、安全可靠等特征。

2005.06.26◆◆彩电“中国芯”问世

由海信集团开发的核心技术自主创新的高清晰、高画质数字视频媒体处理芯片与应用技术通过信息产业部组织的权威鉴定。这是我国第一款具有自主知识产权并实现产业化的音视频芯片。这款被命名为hivieW“信芯”的芯片，变传统的隔行扫描为逐行扫描，提高了电视机的清晰度，并大量消除了图像闪烁，其结构设计与关键算法设计等达到国际先进水平，可广泛应用于数字高清彩电及其他多媒体显示器，并完全替代国外同类产品。

2005.06.28◆◆天碁科技发布TD－SCDMA数据卡，成功演示384k数据业务

天碁科技采用其自主研发的TD－SCDMA核心芯片推出了业界首款基于ASIC的高速数据卡产品解决方案和数据卡产品TD7211C，该产品成功实现了384k高速分组数据传输，能够借助笔记本电脑进行网上浏览、FTP下载和VOD点播等宽带多媒体业务。

2005.06.29◆◆国内首款网络电视在夏新电子诞生

29日，夏新电子携手微软中国发布首款IPTV（网络电视）。“夏新WinCE IPTV”大屏幕液晶IPTV，内嵌微软操作系统Windows CE 5.0，是国内首款具备高度成熟性和完善应用的IPTV终端产品。它支持Office办公软件及下一代互联网IPv6，内置蓝牙技术，能与蓝牙手机共享资讯，具备Wi－Fi无线功能，实现无线上网，与笔记本电脑无线连接，唯一能利用遥控器实现上网操作。

2005.07.01◆◆新浪发布自主研发搜索引擎“爱问”

30日，新浪搜索引擎“爱问”（WWW.iAsk.com）正式亮相。这款由全球最大的中文网络门户新浪汇集技术精英、耗时一年多完全自主研发的搜索产品，采用了领先的智慧型互动搜索技术，将给算法致胜的网络搜索市场带来前所未有的挑战。“爱问”包含了一系列传统搜索所不具备的人性化功能：对视频搜索的支持实现了内容形式上的丰富和扩展；具有浓郁地区特色的本地搜索为网民提供包括地图在内的生活、娱乐、出行等所需的各地区相关信息；收藏夹则是非常方便与网友共享的网页收藏工具。“爱问”的推出，是对由GOOGLE与百度所占先的中文搜索市场现有格局的一个巨大挑战。

2005.07.06◆◆国防科技大学研发出自主设计的高端线速核心路由器

国防科技大学和大唐电信联合研制开发的“银河玉衡9108”核心路由器是国内第一台拥有软、硬件全部自主设计的高端线速核心路由器，其整体技术国内领先，达到国际先进水平，填补了我国在该领域的空白。“银河玉衡9108”核心路由器是电信级骨干路由器关键设备。经信息产业部授权部门严格测试，获得信息产业部入网试用许可证。现已批量生产，分别用于电信运行商、ISP等相关部门。核心路由器技术可以广泛应用于网络通信，是高中档路由器和交换机，市场前景广阔。

2005.07.07◆◆上海贝尔为网通建造的国内最大智能城域光网络顺利竣工

上海贝尔阿尔卡特宣布，其为我国网通（集团）有限公司北京市分公司搭建的国内最大的智能城域光网络顺利竣工。这是国内第一个商用智能城域光网络，此项目的顺利竣工使北京网通能够以快速、灵活、稳定的方式提供以用户为核心的业务，包括电信级的城域以太网租线业务、高速互联网接入业务、光虚拟专用网（O－VPN）业务、IPTV、自动分配带宽（BonD）业务及存储局域网（SAN）业务。上海贝尔阿尔卡特为北京网通部署了基于其1678MCC（城域核心节点）以及多业务节点产品的完整的智能光网络解决方案，为用户提供三重播放业务及移动业务的本地汇聚。

2005.07.11◆◆我国首座手机电台诞生

继手机电视后，手机广播电台——“SMG手机电台”7月11日在上海正式开播，这是我国首个由传媒机构全程提供集群语音内容支持，为广大手机用户提供双向互动语音服务的手机电台，内容包括“东广新闻”、“动感101”、“体育”、“都市792”、“990新闻”和“戏文”等。上海本地手机用户拨打125901586（移动）和10157586（联通）等特服号码，就可收听到上述广播节目。

2005.07.13◆◆展讯通信公司TD－SCDMA首次实现WAP、彩信等多媒体业务

13日，展讯通信公司采用其TD－SCDMA核心芯片的多款手机已成功实现WAP、彩信等多媒体业务。这是第一次真正在TD－SCDMA手机上实现数据业务。WAP

和彩信是3G时代一项基础的多媒体业务。此前，由于芯片的局限性，TD－SCDMA商用手机只能进行语音通话和短消息等基本业务。

2005.07.19◆◆天津工大掌握三项膜研发核心技术

天津工业大学膜科学与技术研究所经多年努力，在膜技术原创性成果研发领域实现重大突破，掌握了连续膜过滤技术CMF、膜生物反应器MBR、双向流特种分离技术TWF三项具有完全自主知识产权的膜研发核心技术，从而使天津成为具世界水平的膜技术原创研发中心。2004年，天津工大建立了国内第一个中空纤维膜国家级重点实验室——“中空纤维膜材料与膜过程”实验室，以此为平台陆续自主研发出CMF、MBR、TWF三项膜核心技术，拥有56项国家发明专利、实用新型专利和3项国际发明专利，完成了96项国家及省部级科研项目。

2005.07.19◆◆中科成都信息公司自主研发的OCR阅读机投入应用

由中国科学院成都信息技术有限公司自主研发的OCR阅读机，配以系统主机、高速后台选举处理软件组成的高速后台选举系统成功应用于北京市教育工会第八次会议。OCR阅读机是该公司在国内率先研制成功的拥有完全自主知识产权的高科技创新实用产品。会议期间，该设备共阅读1 200多张选票，用时仅20分钟，统计结果准确无误，识别率达100%。

2005.07.19◆◆中星微电子推出“星光移动二号”多媒体芯片

中星微电子有限公司推出“星光移动二号”多媒体芯片，实现了音视频一体化，为当前的无线音乐和手机动画业务提供可靠的硬件芯片级解决方案。“星光移动二号”采用中星微电子拥有全部自主知识产权的先进的VMD技术，具有较强的多媒体处理功能。视频方面，其产品系列支持从130万像素到300万像素的数码相机，并可扩展到500万像素。它采用的图像信号处理技术对图像的处理和还原都达到了专业级效果。音频方面，“星光移动二号”支持MIDI、MP3和WAVE的混合使用，能为用户模拟和展现休闲、娱乐、工作等多种生活场景，满足用户的个性化设计需求。“星光移动二号”芯片为无线音乐和手机动画业务进行了专门的功能设计和技术实现，使得手机未来将能够同时提供MP3音乐、影像游戏、电影短片、电视广播。“星光移动二号”芯片从硬件平台上解决了繁杂运算和播放问题，改变了以往需要占用大量手机CPU资源的问题，性价比较高，有助于降低手机的制造和使用成本。

2005.07.19◆◆“863”项目智能特种机器人通过验收

19日上午，全国知名的先进制造与自动化技术专家齐聚长沙麓谷中联工业园内，验收由中联重科承担的国家“863计划”机器人项目——“智能路地铣、掘设备及产品协同开发平台”。

2005.07.20◆◆国内首家自主知识产权OA办公系统开通

20日，随着国内首家全部采用国产软件的办公自动化系统北京中关村科技园区海淀园自主知识产权OA办公系统示范工程的开通，我国办公系统长期为微软等软件大鳄所垄断的局面被打破。海淀园示范工程是以全国产自主知识产权软件平台为核心开发的OA办公系统，其中基于全部国产的OA办公平台软件由中海纪元、中科红旗、中文2 000、人大金仓等八家著名软件企业共同发起成立的中关村自主知识产权软件产业联盟开发研制。它的服务器端采用的是红旗的Linux server操作系统、应用服务器为东方通的Tong Web、数据库为人大金仓的King base、系统客户端为Linux desktop操作系统，并采用中文2 000的“Red Office办公软件”，覆盖全套OA软件产业链的各个环节。该系统以推动应用为切入点，进而推广模式创新；以企业联盟为组织形式，来增强组织集体运作能力；以政府先行为示范，为国产软件提供发展新机遇；以产业链为发展模式，从而提升国产软件竞争力。

2005.07.22◆◆成都华日通信采用NI PXI成功开发无线电接收机

在National Instruments和上海聚星仪器有限公司的大力支持下，成都华日通信公司采用NI PXI技术成功地开发了一系列具有自主知识产权的技术，实现了高性能的软件无线电接收机HR－100宽带数字监测接收机，并顺利通过国家无线电监测中心的检测。HR－100接收机既是一部宽带接收机，又是一部窄带接收机；既是一部接收机，又是一台信号分析仪；既是一部单信道接收机，又可以是一部多信道接收机——具有极高的性能价格比。华日公司利用该接收机已经开发成功了单信道和多信道监测测向系统，单信道和多信道均实现了20MHz带宽的多信号FFT测向。实现了ITU－R建议的一系列测量功能，同时具有各种扫描特性、互调失真分析、频率时间占用度统计等功能。

2005.07.22◆◆我国存储产业自主产权研发取得重大突破

由浪潮存储自主研发的并行网络存储系统通过国家信息产业部验收，其主要技术指标达到国际领先水平，进入产业化生产阶段，标志着我国在存储领域的自主知识产权研发取得了重大突破，而这一技术成果的产业化也将大大促进我国企业和政府的信息化进程。

2005.07.27◆◆华旗推全球首款内容保护DC

27日，华旗资讯在京召开爱国者V系列数码相机新品发布会，推出了中国人自行研发、自行设计、自行制造的爱国者V815plus、V80plus、V80、V60plus、V60和数字水印数码相机等六款数码相机。这是全球第一台具有内容保真和版权保护的数字水印数码相机，结束了数码相片不能作为直接证据和没有版权保护的应用瓶颈，填补了数字图像知识产权保护领域的空白。这对公安、司法、检查、交通等机关的图像见证、存档来说是重大变革。此项技术纳入了国家“863”计划。

2005.08.05◆◆我国数字频率合成芯片获突破进展

中国科学院半导体研究所科研人员在新型高速直接数字频率合成（DDS）芯片研制中取得突破性进展，采用0.35微米常规互补金属氧化物半导体电路（CMOS）工艺，研制出合成时钟频率达2千兆赫兹的新一代不需要只读存储器的低功耗直接数字频率合成（ROM-LESS DDS）高速芯片。这种CMOS DDS结构方式的芯片速度指标处于国际同类芯片领先地位。

据此项成果所撰写的学术论文被国际电气电子工程师学会（IEEE）电路与系统的顶级学术会议IEEE ISCAS2005录用，并被邀请在分会作报告。同时，半导体所科研人员还提出并流片验证了一种新型融入Σ/Δ技术的DDS芯片，据该项工作撰写的学术论文成为我国大陆首篇被“国际电气电子工程师学会超大规模集成电路（VLSI）2005年会”录用的论文。

2005.08.08◆◆我国反病毒核心技术获原创重大突破

反病毒专家刘旭基于对国内外反病毒实践和当前网络病毒肆虐趋势的深入分析，在国际反病毒领域率先创立“监控并举，动态防护”主动防御体系，并依据这套体系研制成功国际领先的微点主动防御软件，实现反病毒核心技术的重大突破。微点技术人员经过20多万个应用程序和5 000多个不同病毒的测试表明，微点主动防御软件不仅对众多应用程序具有良好的兼容性，而且捕获新病毒的能力也非常强，误报率极低，基本不影响其他应用程序的正常运行。科技部火炬中心7月中旬组织计算机专家对微点主动防御软件的核心技术进行的技术质询结论认为：“软件采用行为识别和特征识别技术，实现了对计算机病毒、蠕虫、木马等恶意攻击行为的主动防御，较好地解决了现有产品或系统以被动防御为主、识别未知攻击行为能力弱的缺陷，在技术上有较大创新。”

2005.08.10◆◆一种全新汉字检索方法“统一码输入平台”问世

“统一码输入平台”将此前两岸三地常用的七种汉字编码——拼音、笔顺、五笔、英译汉、广东拼音、仓颉、注音及简繁体等输入方法混合应用，仅用几分钟就可学会操作，使汉字的输入方法更为方便快捷。统一码最大的突破是汉字数字化。该编码的出现不仅为纯数字键盘提供了一个操作平台，更便于手机、电话、电视遥控器等中文信息的交流互动，也为我国汉字信息的纯数字化和汉字信息编码提供了一个十分简捷和优化的途径。

2005.08.20◆◆我国MIS系统设计取得重大技术突破

华罗庚软件基地有限公司在北京隆重推出——基于华罗庚软件研究所所长殷步九的专利发明而开发成功的MIS开发工具“基于事务逻辑的、面向管理者的信息系统设计平台产品——‘世纪桥’”设计系统，开辟了我国信息管理系统开发技术的全新模式，使我国的系统设计平台技术跨入国际行列。

“世纪桥”信息系统设计平台MISD，绕过了编程算法，直接面向管理者，直接面向事务和流程，首创了信息“界面表达”、“信息处理统计”、“信息网络传递”三位一体的设计技术，汇入了发明人多年积累的界面设计技术，将界面设计与数据结构、数据库结构设计结合起来，与数据库开放平台ODBC和网络平台技术无缝连接。使得MIS开发人员能直观地在具有数据库结构的界面之间进行设计、计算、分类、查询和描述所需要的系统。

2005.08.25◆◆中科红旗发布5.0新品，Asianux 2.0同步推出

25日，中科红旗在长城饭店隆重举行Red Flag World庆典，同时推出亚洲Linux统一平台——Asianux 2.0产品及红旗Red Flag DC Server 5.0系列新品。作为亚洲软件市场上第一个符合国际标准的Linux操作环境和泛亚太地区的Linux统一平台，基于2.6核心技术的Asianux2.0，较之2004年推出的1.0版本，在可靠性、可用性以及服务性等方面有了进一步的提高。企业用户可以通过红旗软件、Miracle Linux和Haansoft，获得及时和高质量的本地技术支持服务。Asianux还可以大幅度降低ISV和IHV认证和支持成本；一旦对Asianux完成认证，红旗Red Flag DC Server、Miracle Linux、Haansoft Linux Server的认证也将同时完成，因为这些产品都是建立在Asianux 2.0基础之上，达到100%兼容的。实践证明Asianux可以完全满足企业客户的关键应用需求，已经成为亚太地区最重要的Linux平台。

2005.08.31◆◆最新网络安全产品在长沙问世，采用国产密码芯片

中育诚慧数据宽带技术公司、微软（中国）有限公司、湖南华翔腾数码科技公司在长沙联合发布了五项信息安全新产品，其中最引人注目的是“腾盾网络健康安全系统”。该系统是在基于微软的ISA安全产品体系上，采用国产密码算法与密码芯片，结合增强的PKI认证机制而开发的网络整体安全防护系统。是我国第一款具有自有知识产权、同步国际先进水平的整体网络安全产品。

2005.09.07◆◆国内首款千兆线速内容检查芯片研制成功

传统网络安全方案一般只针对网络四层或四层以下协议而设计，因此，四层以上的安全性架构设计成为网络安全建设的重中之重。现有的安全方案是以CPU及软件实现，但软件系统难以处理高速网络流量。因此，以硬件方式实现全包内容过滤，并直接在网络上处理安全事件，将成为此前及未来几年信息安全技术的亮点。四川南山之桥开发设计的国内首款千兆线速内容检查芯片——“蓝凤凰”TS8210一次流片成功。蓝凤凰TMTS8210芯片设计和整体技术处于世界前列，解决了部分国际性

的技术难点，蓝凤凰TM芯片的诞生得到国际一流芯片设计公司的高度赞誉和强烈关注。

2005.09.08◆◆大唐自主研发的专利技术使TD手机省电获突破

TD-SCDMA手机耗电性问题再获研发突破，大唐移动宣布，其将自主研发的专利省电技术应用于商用终端解决方案DtivyTM，大大降低了3G手机的功耗。最新的测试结果显示，TD-SCDMA连续待机时间超过150小时，连续通话时间超过3.5小时。这些指标已完全达到商用水平。SICETM专利省电技术是专门针对TD-SCDMA技术和协议栈研发的，大幅提高了TD-SCDMA手机的工作时间。此前，耗电一直是困扰包括TD-SCDMA在内的3G手机的一个关键因素，因为如果不能达到一定的手机持续使用时间，TD-SCDMA手机是无法真正使用的。大唐的这一研发进展使得TD-SCDMA又突破了一重大瓶颈，将加速TD-SCDMA终端商业化的进程。

2005.09.16◆◆万利达推出全球首款能播放FLASH的DVD

16日，万利达集团在北京宣布，全球第一款能播放FLASH的“闪客DVD”系列4个型号在全国各大城市同期上市。随后，万利达还将推出每张可存储5 000个MTV FLASH或者1 000个FLASH教学软件的光碟，全面介入现今已拥有700亿元市场空间的动漫产业。“闪客DVD”研发历时两年，该产品能流畅地播放SWF格式的FLASH，解读1080i/720P/1080P数字高清HVD，MEPG-4网络视频解码，高端型号配备了日趋流行的USB2.0接口和HDMI数字高清接口。

2005.09.16◆◆夏新“节能王”液晶仅耗电0.75W达到国际领先水平

夏新最新推出的“惊视”系列液晶电视在节能方面已达到了国际领先水平，自上市以来，“惊视”系列在各大中城市供不应求，销售火爆。此前电视待机能耗的国家标准为每小时3W，同每小时1W能耗的欧洲标准相比，夏新“惊视”系列液晶电视待机能耗只有0.75W。据业内人士介绍，夏新“惊视”系列是同类产品中待机能耗最低的产品，其节能技术已获得欧盟的CE认证，达到国际领先水平。

2005.09.21◆◆中兴通信全球首推固网3G整体解决方案

21日，中兴通信在北京率先隆重发布了针对传统网络转型、面向新时期固网建设的固网3G解决方案。中兴通信固网3G整体解决方案的网络体系架构基于IMS（IP多媒体子系统）框架设计，采用中兴通信成熟商用的NGN技术，以分组网承载，采用软交换分层模型构建，提供智能终端和宽、窄带综合接入方式，可以实现用户数据集中管理，充分支持融合语音、数据、视频特征的多媒体增值业务。

2005.10.09◆◆生物信息处理专用计算机与算法研制成功

由中国科学院北京基因组研究所和计算技术研究所牵头承担的中国科学院知识创新工程方向项目——“生物信息处理专用计算机与算法研究”历经两年多的攻关，圆满完成了研制任务，于日前通过了中国科学院生物局、高技术局组织的专家验收。该项目设计开发的“曙光4000H”是面向生物信息处理的应用专用计算机，主要针对基因学算法数据量大、并行度高、运算类型单一、重复性较强等生物信息学的计算特点，通过设计特殊的体系结构和并行算法，研究序列联配等算法的硬件实现技术和专用数据处理硬件系统的设计技术来实现的。该项目全面完成了任务书规定的各项指标，培养了一支熟悉生物信息算法分析和软件设计、计算机专用加速硬件技术的跨专业研究开发队伍，研制了生物信息专用计算机，设计开发了新的算法和软件，形成了一批具有自主知识产权的核心技术和原型产品。

2005.10.10◆◆我国在中间件领域取得新进展

北京中和威软件有限公司在北京推出了新一代应用集成中间件产品，即基于SOA（面向服务架构）的企业服务总线InterESB。该自主知识产权产品定位于企业级信息系统的应用整合与服务。中和威是国内第一家推出支持SOA架构的企业服务总线（ESB）产品的中间件企业。此次产品发布，填补了我国基础软件领域的空白，大大缩短了与国际IT企业之间的技术差距。

2005.10.11◆◆我国率先突破3G通信核心芯片关键技术

世界上第一颗采用0.13微米工艺的TD-SCDMA手机基带芯片“通芯一号”，由重庆邮电学院控股的重庆重邮信科股份有限公司研发成功。该芯片的研发成功，标志着我国3G通信核心芯片的关键技术已达到世界领先水平，并使3G手机芯片大踏步走向商用化。

2005.10.11◆◆我国已全面掌握数字高清晰度电视的核心技术

“十五”期间，我国已经全面掌握数字高清晰度电视的核心技术——集成电路技术。为了给高清晰度电视的国产化提供重要支撑和基础，在国家“863计划”的支持下，清华大学、上海交通大学、浙江大学等单位坚持自主创新原则，对高清晰度电视接收中的关键核心技术进行了研究，完成了具有自主知识产权的地面数字电视方案及相应的接收机芯片组，获得发明专利数十项。此外，上述单位还开发出有线数字电视信道接收、卫星数字电视信道接收和数字视频后处理芯片。数字高清晰度电视集成电路技术的全面掌握，为我国发展高清晰度电视产业，实现从电视大国到电视强国的转变，建立了重要的技术储备和产业基础。

2005.10.14◆◆我国首款微硬盘 PMP 手机面世，采用 1 英寸 6GB 硬盘

14 日，北京天宇朗通通信设备有限责任公司和贵州南方汇通世华微硬盘有限公司等公司在第七届高交会上共同宣布，推出我国首款微硬盘 PMP 手机。这款微硬盘 PMP 手机采用了南方汇通世华的 1 英寸 6GB 微硬盘、ADI 的 GSM/GPRS 基带芯片以及德州仪器（TI）的多媒体芯片 DM270，能以每秒 30 帧播放 720＊480 分辨率视频，支持的格式包括 AVI/MP4/DivX/WAV9/Quicktime6 等，可以输出 DVD 级质量的信号给电视，支持 MP3 等多种音频格式。其显示屏为 2.8 英寸 26 万色 320＊240 的 TFT－LCD，它还内置了 200 万像素的 CMOS 摄像头，最大可支持 500 万像素。该款微硬盘 PMP 手机采用高容量锂电池，可以支持 3 小时的电影播放或者 12 小时的音乐播放，其播放效果丝毫不逊色市场上的高端 PMP 播放器。

2005.10.16◆◆国家高性能宽带信息网研发成功

16 日，“高性能宽带信息网”在上海开通。全球首个基于我国自主创新网络体系的互动网络电视业务和高清电视业务，通过由信息工程大学信息工程学院牵头研制的国家“高性能宽带信息网”真实地展现在人们面前。这标志着我国自主创新的宽带网络体系及关键技术已达到实用化水平，在世界未来网络技术的发展上抢占了先机。“高性能宽带信息网”在总体设计思路上跨越了传统网络“尽力而为”的思维定势，在网络基础理论、体系结构、应用技术和研究试验等方面实现了原始性创新，网络核心技术方面具有完全自主知识产权，将对我国未来信息基础网络的建设及其相关产业链的创建产生极为深远的影响。

2005.10.24◆◆厦门在全球率先研发成功手机文字识别技术

“嵌入式手机中/英/欧文名片识别及文本识别技术”由厦门思根科技在全国乃至全球率先研发成功。该技术充分利用拍照手机的摄像头进行名片、文字、条码等信息的摄入和识别，拓展了手机摄像头原有的照相功能。用户通过手机摄像头直接拍摄名片后，手机软件将自动识别名片上的中、英、欧文信息，并转成电子文件归类存档。与传统的手写录入相比，其输入名片信息的时间从原来的十几分钟缩短到数秒，显著地提高了用户的工作效率。另外，拍摄识别后的文本还可作为短信、电子邮件内容由手机即刻发出。该技术已经在 TCL2005 年推出的 E787 手机上得到成功应用。这也是该项技术在全球的首次商业应用，引起全球手机厂商的极大关注。

2005.11.03◆◆中硅高科公司 300 吨多晶硅项目首产成功

随着中硅高科公司 300 吨多晶硅项目第一炉产品在洛阳市的成功出炉，国外对我国多晶硅生产技术的封锁垄断被打破。多晶硅是电子信息产业和太阳能光伏发电行业的最重要原料，长期以来，世界多晶硅制造技术主要由美国、日本、德国的七大公司垄断，我国仅能依靠国外二流技术进行极小批量的生产，加之上述公司对我国实行限购和禁止采购，我国电子信息产业和太阳能光伏发电行业处于受制于人的困境。中硅高科公司年产 300 吨多晶硅项目由洛阳单晶硅有限责任公司、洛阳金丰电化有限公司和我国有色工程设计研究总院三方共同出资兴建，总投资 2.4 亿元，2003 年 6 月开工建设，2005 年 8 月主工艺系统设备安装完毕。经过一个月的调试，基本达到设计要求。10 月 16 号第一台还原炉成功启动，历经十多天的正常运行，第一炉产品正式出炉，产品直径达到 130 毫米、长 2 米、重 1.3 吨，价值 90 多万元。第一炉多晶硅产品的成功出炉，标志着该项目建设已达到有关设计要求，中硅高科公司将因此成为此前我国最大规模的多晶硅生产企业。

2005.11.07◆◆国内第一个千户商用光纤到户小区正式在镇江交付使用

7 日，国内第一个千户商用光纤（FTTH）到户小区在镇江交付使用。以往由通信、互联网和有线电视网共同提供的视频、数字及语音等需求，可“一网打尽”，普通百姓坐在家里也能解决看病、远程教育等信息和生活需求。FTTH 在镇江市“恒美嘉园”内实施，整个光纤驻地网已全部打开，覆盖 1 000 多户，是该市唯一的国家康居示范小区，也是全国第一个商用 FTTH 项目。

2005.11.14◆◆我国第一枚 29 英寸超薄型电视彩色玻壳下线

我国第一枚 29 英寸超薄型电视彩色电视玻壳在河南安飞电子玻璃有限公司下线，填补了国内空白，用它做成的新型彩管将比以前薄 1/3，使传统电视的厚度由此前的 550 毫米骤减为 350 毫米。该产品将打破我国彩电整机厂进口彩管组装的局面，对新型超薄彩管实现国产化，进一步提高传统彩管电视的性价比产生重大影响。

2005.11.14◆◆我国实现国际最长距离实用光纤量子密码系统

由中国科学院院士、中国科技大学教授郭光灿领导的课题小组，在国际上首次解决了量子密钥分配过程的稳定性问题，经由实际通信光路实现了 125 千米单向量子密钥分配。这是迄今为止国际公开报道的最长距离的实用光纤量子密码系统。国际光学权威杂志《光学通信》已刊登了这一成果。

2005.11.22◆◆神达推出首款 GPS 智能手机，大漠中也可定位导航

22 日，神达电脑推出首款 GPS 智能手机——MioDigiWalkerA700，用户也可以靠它顺利完成定位导航。神达此次发布的 MioDigiWalkerA700 是我国首款 GPS PDA 智能手机，也是第一款自带我国大陆和香港地图的 GPS 手机，采用了微软的 Windows Mobile 5.0 操作系统及英特尔 Intel

Xscale 技术的 PXA27x 芯片，整合了全球 GPS 定位导航与移动电话、个人掌上电脑、多媒体终端等多重功能。

2005.11.23◆◆国产存储软件研制成功填补国内空白

23 日，中国软件行业协会与北京亚细亚智业科技有限公司在北京钓鱼台国宾馆举办了以“国产软件，保卫数据安全”为主题的亚细亚智业公司的 Mars 系列软件发布会。标志着国产存储软件研发取得新突破，填补了国内空白。Mars 软件和国外同类产品相比，技术水平相当，全中文化界面，操作简单灵活，性价比高，软件价格仅相当于国外产品的 40%。在政府、军队、航天、公安等对信息安全具有特殊要求的重要领域，涉及国家级的重要信息数据安全需要中国自己的存储备份产品来保障。Mars 系列软件的研制成功，彻底改变了当前国内存储业界布局中‘硬件强、软件弱’的局面，也表明中国人在存储软件的研发上掌握了全部关键核心技术，技术能力已经接近国际先进水平。

2005.11.29◆◆自主创新的 DAB 基带芯片在西安西芯微电子公司流片成功

西安西芯微电子（Isis IP）公司成功流片了 DAB 基带芯片。该芯片采用0.18 工艺，包含了 DAB 基带解码和 MPEG 音频解码，可实现 DAB 信号的全速解码。该芯片自主创新的成分极高，并具有完全的自主知识产权。与国外先进技术相比，芯片集成度提高4 倍以上。这种在设计技术上领先于国外的芯片，在国内集成电路设计界几乎是没有先例的。

2005.11.30◆◆我国研发手持电子通信藏文信息处理系统

由西藏大学、西藏电信公司和深圳润汇科技有限公司联合研发的手持电子通信设备藏文信息处理系统开通，这意味着具有全藏文界面、完整藏文输入输出功能和藏文短信收发功能的手持电子通信系统将正式启动，将为使用藏语文的广大“好易通”手机客户提供通信方便。这项系统的开发在国内外多个领域取得了创新和突破，首次设计和生成了符合藏文字体特性的点阵藏文字库，首次独创了藏文短信的编码和解码技术。此外，这项系统具有重码率低、翻页少等优点。

2005.12.02◆◆我国自主研发“凤芯二号”芯片首次露面

我国自主研发的“凤芯二号”芯片在北京国际会议中心首次露面。“凤芯二号”是一种用在机顶盒上的芯片，它支持中外两大 IPTV（网络电视）标准——该芯片基于 AVS 标准（我国自主研发的音视频编解码技术标准），同时支持国外流行的 H.264 标准。网络电视此前炙手可热，三种技术标准正在争夺天下，“凤芯二号”的面世将缓解国产网络电视芯片短缺的现状。

2005.12.06◆◆华为推出国内首款无线上网卡 E620

华为公司率先推出了中国首款商用 HSDPA 数据卡 E620。作为一款支持 HSDPA 主流标准的无线上网卡，E620 既可以在 3G 环境中实现无线极速冲浪，也支持在此前 EDGE 无线网络中的高速应用。该数据卡采用内置天线，信号接收灵敏度高，功能也非常强大。笔记本用户在利用 E620 无线上网的同时，可以方便地进行语音通话和短信收发。华为 E620 具有高端 3G 手机的优良品质。在进行数据处理的同时，用户通过附带的三线线控耳机，可以实现高清晰的语音通话，或进行语音、数据并发业务，如果需要，还可以给其他人群发短信。此外，该数据卡具有良好的人机界面设计，支持大容量电话本、短信信箱和通话记录等，非常方便用户保存和查询信息。

2005.12.06◆◆我国首套自主数字视频广播系统问世

6 日，“基于 AVS 的数字视频广播编码播出与接收系统”通过专家鉴定，这标志着我国有了完整的自主数字视频广播系统，意味着电视台可以通过我国科学家自主研制的编码器、解码芯片播出电视节目。这套数字视频广播编码播出与接收系统包括了从节目压缩制作（编码器）、节目格式转换（转换器）、节目播出控制（播出服务器）等前端系统。与采用其他压缩方法的系统相比，除有效解决知识产权问题之外，还可以有效地提高信道资源的利用率。科学家还研制成功了适用于卫星和有线信道的接收子系统，由此构成了完整的自主数字视频广播系统。

2005.12.09◆◆中兴 GoTa 集群技术获评“信息产业重大技术发明”

9 日，中兴通信自主研发、具有核心知识产权的“GoTa 数字集群通信系统的若干关键技术”入选信息产业部2005 年度“中国信息产业重大技术发明”，是迄今为止数字集群领域唯一获该项荣誉的技术发明。GoTa 数字集群系统标志着中兴通信在完全掌握 CDMA 核心技术的基础上实现了自主创新，彻底打破了国外产品对国内集群通信市场的垄断，对国内集群通信产业的健康发展和中国企业拓展国际数字集群市场都有重要意义。

2005.12.09◆◆科大讯飞语音技术获国家信息产业重大技术发明奖

全国第五届信息产业重大技术发明评选活动新闻发布会上，科大讯飞“面向网络和嵌入式环境智能语音合成技术”获得我国信息产业界最高荣誉“2005 国家重大技术发明奖”。这不仅是我国智能语音产业首次获此殊荣，也实现了安徽省信息产业该奖项零的突破，标志着我国中文智能语音技术研究已迈上一个崭新台阶。

2005.12.13◆◆中国首台 LED 背光液晶电视问世

中国首台 LED 背光液晶电视问世。世界范围内能够研发制造 LED 背光灯液晶电视的品牌不过两三个，夏新在国内率先开发 LED 灯作为液晶电视的背光，代表夏新的液晶技术发展再次走在众多国产厂商前面，达到世界一流水平，将对未来中国液晶电视产业的技术发展和竞争格局产生深远影响。

2005.12.14◆◆中国电信开通我国首条容量为3.2T的DWDM光传输系统工程

我国首条容量为3.2T的DWDM光传输系统工程——中国电信DWDM上海－杭州工程成功开通。作为国家“863”计划信息技术领域高性能宽带信息网的重要组成部分，该工程由烽火通信承建。工程所采用的Tbps（80×40Gb/s）DWDM传输系统是一种超大容量的密集波分复用光传输系统。工程竣工后，不仅使我国全面掌握了40GDWDM长距离光传输的核心技术，积累了丰富的工程建设经验，而且也在上海－杭州之间铺就了一条与国际先进水平同步的信息高速公路。

2005.12.19◆◆国内首个警用GPS移动通信指挥系统问世

由北京博雅英杰通信科技有限公司开发的国内首个警用GPS移动通信指挥系统问世。该系统将GPS导航定位仪和手持对讲机合二为一，具有既能定位又能通信的强大功能，更大程度地提高了公安干警的快速反应能力。该系统的每个移动终端都有唯一的ID号，系统指挥中心装载着辖区范围内的详细地图信息，指挥员可以通过电子地图实时掌握警员巡逻、警力分布等情况，并可通过语音或短信及时发出指挥信息。该系统还具有快速部署功能，在通信不便的偏远地区，利用指挥车几分钟内就可建立起覆盖数平方千米的GPS应急通信指挥系统，为抢险救灾、处置突发事件提供现场通信指挥支持。

2005.12.23◆◆SEP文档库技术使中国软件在核心技术领域取得突破

15日，“让梦想点亮世界——SEP文档库技术发布暨UOML联盟成立大会”发布了一项将对软件业产生革命性影响的技术——SEP文档库技术，该技术使中国软件业第一次在产业核心技术领域实现全球领先，取得了“零”的突破。该技术的推广与应用将会改变中国软件业长期以来在核心技术领域受制于人的局面。SEP文档库技术一改“以存储格式为标准”的固有模式，采用“以操作为标准”的技术路线，并联合业界共同推出了UOML标准。UOML和SEP文档库技术以其开放性改变了软件业长期以来各厂商文档格式各自为政的现状，使不同软件可以编辑同一文档，甚至是同一文档的同一页，在软件业历史上第一次实现了文档能够在不同软件之间共享、可交换、互操作的理想。UOML和SEP文档库技术的应用打破了微软等软件业巨头的强势垄断，使大量软件企业可以从一个全新高度参与国际竞争，为中国软件产业在核心产业领域带来一次新的发展机遇。

2005.12.26◆◆中国国家网格正式开通

26日，中国国家网络运行管理中心和中英开放中间件基础架构研究所，在中国科学院计算机网络信息中心揭牌。这标志着中国国家网格正式开通。中国科技部部长徐冠华和英国政府首席科学顾问DavidKing爵士参加了揭牌仪式。

中国国家网格是一个计算资源共享、数据共享以及协同工作的环境，已经开发了资源环境、科学研究、服务业和制造业四个领域的11个应用网格。其运行管理中心是国家网格日常运行管理和技术支持的机构，负责资源的配置、管理和调度，保证国家网格的高效运行。根据中英两国在e－Science和网格方面签署的合作备忘录，中方通过建立开放中间件基础架构研究所与英方开展合作，其主要任务是联合研究开放的网格中间件，开发软件测试和软件质量保证的方法，以保证开发的软件符合网格软件的质量标准。该研究所由多家中国的大学和研究所联合组成。

2005.12.26◆◆清华大学开发出我国首个网络处理器芯片

26日，清华大学计算机系和信息技术学院联合开发出我国第一个具有知识产权的网络处理器芯片原型通过了由教育部组织的专家组鉴定。鉴定委员会认为：清华天行网络处理器芯片原型在整体技术上达到了国际先进水平，其中基于硬件链表的聚合流保序与流量分发技术、集成化硬件查找协处理器和内置业务量管理引擎中的快速通道技术具有创新性，达到国际领先水平。该芯片填补了我国在该领域的空白，标志着我国有能力设计开发自主知识产权的高性能网络处理器。

2005.12.27◆◆北京交通大学研制出中国首台IPv6微型传感路由器

27日，中国首台具有完全自主知识产权的新一代传感器网络核心设备BJTU IPv6微型传感路由器在北京通过了教育部组织的科技成果鉴定。由北京交通大学下一代互联网研究中心研制的这项成果解决了一系列关键技术问题，其中，在微型传感路由器的体系结构、动态路由协议等技术方面具有创新性，达到国际领先水平。该系统的研制成功标志着中国基本掌握了该领域的关键技术。

2005.12.27◆◆运动图像多维表示模型与多维变换编码技术获2005年度中国通信学会科学技术奖

吉林大学、长春兴达电子信息技术有限公司，长春工业大学王世刚、陈贺新、史东承等人完成的“运动图像多维表示模型与多维变换编码技术的研究”获2005年度中国通信学会科学技术奖。该项目为多维矩阵DCT压缩编码，并通过DSP实现，其硬件实现方案采用基于FP-GA的多路音频、视频信号整合处理技术，多维矩阵DCT压缩编码算法的DSP实现和FP郵GA实现PCI桥技术。和国内外同类产品比较具有压缩比高、图像恢复质量高、码率可变、节省带宽资源、算法可升级和性能价格比高等优点。该技术具适合于网络视频传输和数字多媒体硬盘录像等优点，可同时实现4路音视频压缩，压缩比高，图像恢复质量高。网络上任意终端都可以通过IP地址或WEB服务器登录方式访问该编码器。该项目产品已经在长春网通公司等单位实际应用，性能稳定、可靠。

3

新材料产业类

2005. 01. 07◆◆纳米氧化锌晶须抗菌材料在西南交通大学问世

西南交通大学在国内率先研制成功具有四针状结构的纳米氧化锌晶须抗菌材料，并首批通过中国抗菌材料及制品行业协会“抗菌标志”认证，使我国成为世界第二个能批量生产该抗菌材料的国家。

2005. 01. 07◆◆余姚低压铸铝用钛酸铝陶瓷升液管项目填补国内空白

7日，位于余姚经济开发区的宁波东超新型材料有限公司与浙江大学无机化材料研究所正式签约，合作生产国内外汽车制造业紧缺的关键部件——低压铸铝用钛酸铝陶瓷升液管。生产线也正式点火，生产的样品经采用国际先进的测试手段测试，质量达到国际先进水平，使用寿命还超过国际标准。填补了我国汽车制造领域的一项空白。

用于汽车钢圈、汽缸等关键部位的低压铝用钛酸铝陶瓷升液管，因其技术难度大、耐高温要求高，目前世界上只有德国、美国、丹麦等少数几个国家能够生产，我国汽车制造业长期以来依靠进口，每年需花费大量的外汇。而随着我国汽车工业的不断发展，这一材料的市场需求越来越大。浙江大学无机化材料研究所经过长达10年的探索，终于攻克了技术难关。

2005. 01. 12◆◆福建研制成功新型可降解可焚烧污染小的塑料

一种可降解可焚烧的塑料包装材料由福建师范大学和福州市耀升胶粘软包装厂共同开发研制成功。这种以聚乙烯树脂为原料，添加复合光敏剂等助剂，经吹塑而成的塑料包装材料具有使用废弃后可避光降解和促进焚烧等特点，可进行掩埋、堆肥、焚烧处理，不易对环境产业不良影响，符合环保要求。该材料的综合技术指标处于国内领先地位，达到国际先进水平。

2005. 01. 28◆◆江汉大学陶瓷密封气动控制阀填补国内空白

由江汉大学研究的“陶瓷密封气动控制阀应用研究”项目，通过了武汉市科技局组织的专家鉴定，达到国内领先水平。研究人员在气动控制阀的阀门材料上采用陶瓷涂覆密封技术，研制出陶瓷涂覆旋塞阀。这一新型旋塞阀经试用后，耐压、耐温、耐酸、耐碱、耐油和密封性能良好，与普通气动控制阀相比，操作方便，解决了工业生产线上的气动阀容易漏气、经常更换阀门、生产成本高的问题。填补了中国国内该项领域的空白。这项课题研究开创了旋塞阀阀芯涂覆陶瓷材料用于阀门密封技术的先例，研制的新型旋塞阀可广泛地应用于化工、机械、冶金等领域的管路输送系统中。

2005. 02. 06◆◆转移法反光材料在北京通过鉴定

由中国纺织科学研究院研发中心与中纺新材料有限责任公司共同完成的“转移法反光材料的研究开发”鉴定会在北京召开。使用涂覆剥离新技术生产的高亮度反光材料，技术上有较大创新，且具有自主知识产权，填补了国内空白，所研发的高亮度反光材料，具有耐洗涤、耐摩擦、防水等优异性能，主要技术指标达到国际同类产品的先进水平，市场前景良好。

2005. 02. 24◆◆水性环氧金属防腐涂料研制成功

由天津瑞宝绿色纳米涂料公司研制开发的水性环氧

金属防腐涂料，通过天津市科委的鉴定，产品达到国际先进水平。这种涂料在涂膜硬度、附着力、耐候性能等方面明显超过同类溶剂型涂料，可用于机械设备、设施的防腐，并可大大减少能源消耗。该产品不含有机溶剂和有害金属，不但在使用过程中不影响人体健康，而且不产生二次污染，是目前最清洁的金属防腐涂料之一。

2005.02.25◆◆我国研发出新型塑料膜材料

一种可有效防护家电、汽车、建材等受到侵蚀、污染和划伤等在保护体上无残留、无转移、生产工艺无污染，并已完成中试和试生产的高性能化，功能化塑料膜材料，由中国科学院长春应化所研发成功。这种新型塑料膜材料性能达到国外同类产品的先进水平，完全可替代进口产品。

2005.02.28◆◆吉林赛诺斯公司氨纶切片项目投产

吉林市赛诺斯化工有限公司6 000吨氨纶切片自主知识产权项目投产。氨纶切片的学名为热塑性聚氨酯弹性体（纤维级），简称纤维级TPU，我国俗称氨纶切片。氨纶切片项目是具有世界先进水平、填补国内空白的高科技产品项目。该公司是国内唯一可以产业化生产氨纶切片的企业，国内现有以氨纶切片为生产原料的熔纺氨纶企业30余家，总产能在2万吨以上。

2005.03.03◆◆国内最薄的浮法玻璃在绍兴研发成功

绍兴光宇集团浙江玻璃股份有限公司成功生产出了国内迄今为止最薄的0.63mm浮法玻璃。浮法玻璃采用当今世界上最先进的玻璃生产工艺生产，它不仅可用于建筑和汽车采光，而且广泛应用于不同形式的深加工产品。按照国际标准，厚度在2mm以下的玻璃被称为超薄玻璃，目前仅美国、日本、比利时等少数国家和地区能生产，价格为普通浮法玻璃的近4倍，产品具有高技术、高附加值的特点。其中0.4～1.1mm为电子信息产业使用的玻璃基片，可以用作等离子、液晶及电子显示屏基片等。

2005.03.07◆◆山东鲁泰超强抗静电PVC管达到国内领先水平

由山东鲁泰塑胶集团与青岛科技大学联合研制开发的超强度抗静电LS弹簧软管项目通过专家鉴定。该项目，是利用电磁转化原理，在PVC弹簧塑管壁内加入一直型铜丝导线，将铜丝穿过环形钢丝产生的静电漩涡区，使涡流转化为直流，且铜丝线垂直，导电性能强，使产生的静电能迅速放出。

2005.03.09◆◆我国大规模集成电路封装材料获突破

中科院化学所成功开发出可用于超大规模集成电路（VLSI）先进封装材料光敏型BTPA－1000和标准型BTDA1000聚酰亚胺专用树脂，已申请7项国家发明专利。

2005.03.09◆◆新型环保滤清器问世

“滤神”牌FDL系列滤清器是由陕西四维高科滤材股份公司开发成功的节能环保的高科技发明专利产品。这种产品超强净化，净化效率逾89%，净化细度在0.005毫米，吸水量达8%。全面改善了发动机润滑条件，提高了发动机的效率，减少磨损，延长发动机大修周期。可将通过滤芯的机油中过氧化物、硫化物、氮化物吸附清除，有效地清洁发动机，减少发动机燃烧室的沉积物，从而减少尾气中碳氢化合物含量，有效地保护环境。

2005.03.10◆◆中国科学院长春应用化学所共挤环保塑料膜试生产成功

由中国科学院长春应用化学所研发而成的一种高性能化、功能化塑料膜材料以及配套工艺，在10多个大型企业完成了中试和试生产阶段。该产品力学性能、阻水蒸气性能、阻隔氧性能等均达到国外同类产品的先进水平。该产品采用三层或多层熔体共挤吹膜的绿色环保制备工艺生产，可以制成包括保护膜、包装膜和黏接膜在内的膜制品，主要运用于防护家电、汽车、建材等受到侵蚀、污染和划伤。与此材料相适应的加工工艺和方法也已研究成功，促进了产业化的实现。

2005.03.11◆◆中国科技大学研制“纳米电缆”粗细仅头发丝千分之四

中国科学技术大学成功研制出“纳米电缆”，其粗细相当于一根头发丝的千分之四。目前，全世界仅中科大拥有这项发明技术。

2005.03.15◆◆汉江机床研制成功耐高温直线导轨

由陕西汉江机床有限公司研制开发的耐高温直线导轨投放市场，汉江系列耐高温直线导轨可在200℃～300℃的高温环境下正常工作，突破了普通直线导轨最高承受90℃的限制，填补了国内空白。该产品可广泛适用于冶炼、热轧等高温行业，具有广阔的市场发展空间。

2005.03.16◆◆防潮高强度“瓦楞原纸”研制成功

上海广发造纸厂试制成功防潮高强度低克重瓦楞原纸。该产品属国内首创，吸水性和渗透性都达到国际同类产品的水平。印尼防潮瓦楞原纸渗透性测定为180s，该产品测定为1 800s。印尼金光集团同类产品APP表面吸水性小于75g/m²，台湾正隆吸水性小于50g/m²，而该产品吸水性则小于50g/m²。

2005.03.16◆◆高效环保型活性碳纤维项目通过验收

16日，“高效环保型聚丙烯腈基及粘胶基活性碳纤维的研制”通过了上海市科委组织的验收。该课题组研究和优化了ACF工艺理论；设计制造了新型连续化高效中试设备，在内胆、鸭嘴封头、排焦等方面作了全新的设计；创新性地研制出了适用于吸附大分子有机污染物及病菌的中孔和大孔ACF。与常规ACF比较，吸附容量、吸附速度和使用效果得到显著提高；对ACF负载TiO_2光催化降解污染物质，以及ACF对空气中甲醛、SO_2等的吸附等前沿性课题进行了深入研究；开发了高纯ACF滤血片、粘胶/PAN 混合毡、ACF 新型夹芯防护口罩、电动车新型电源——超级电容器用高强 ACF 电极材料等新产品，其中口罩达到最新的医用口罩国家标准；与企业展开了良好的技术合作，显著提升了企业的技术水平、产品质量和经济指标。

2005.03.25◆◆巴石化环氧树脂技术已达国际水平

中石化巴陵石化公司环氧树脂事业部技改后的一套 CYD 环氧树脂装置一次开车成功，生产出合格的高纯度邻甲酚醛环氧树脂，产品质量达到国外同类产品水平。这标志着国内拥有自主知识产权的邻甲酚醛环氧树脂生产装置正式投运，我国邻甲酚醛环氧树脂的生产技术已达到了国际先进水平。

2005.03.25◆◆我国非晶纳米晶材料跻身世界三强

北京市重大科技项目“非晶、纳米晶新材料技术产品及产业化”项目，当日通过验收。非晶、纳米晶材料的研究和应用是我国从“六五”开始持续投入力量开展科研攻关的重点领域。经过前四个五年计划科技攻关的实施，我国基本实现了非晶合金带材及制品的产业化。这项研究目前已经申请 18 项国家发明专利，制定并颁布 3 项国家标准，使我国非晶、纳米晶在材料体系、工艺装备及产业化能力等方面整体上实现了跨越式发展。由此中国在这方面的研究及应用已跻身于世界前三强。

2005.04.20◆◆我国研制成国际水准的高性能纳米复相陶瓷材料

高性能纳米复相陶瓷在上海硅酸盐研究所研制成功。这种纳米复相陶瓷材料的强度、韧性，以及降低电阻率等方面的性能均达到国际水准。由于这种陶瓷是用几种陶瓷复合而成，并添加了具有磁性、电性、光性能的其他材料，因此既拥有结构陶瓷的力学性能，又具备功能陶瓷的特殊功能。如由于磁性材料的添加，其电阻率大大降低，使其从高绝缘体变成了可导电的材料，扩大了应用面，从而也使原先不可切割的陶瓷，如今可用电火花进行切割，大大降低了陶瓷材料的加工成本。

2005.04.27◆◆宝钢成功开发并生产出自洁彩涂板

经科研和生产技术人员一年多努力，宝钢股份成功开发并生产出自洁彩涂板，填补了国内空白，打破了我国自洁彩涂板长期依赖进口的局面。

2005.05.20◆◆天津石化成功开发有色异形短纤维

天津石化成功开发出有色异形涤纶短纤维，建立了异形截面纤维纺丝动力学数学模型，具有创新性，且纤维成品性能达到国家一等品标准，具有广阔的市场前景。这种采用色母粒与有光切片混纺制成异形截面涤纶短纤维的办法，成功开发了正三角截面的红、黄、蓝、咖啡、黑色系的短纤维产品，有效改善了织物成品的光泽、色泽均匀性，同时，色牢度、蓬松性、透气性及手感等服装用性能也大大得到了改善，满足了国内对高档服装用纤维的需求，取得了良好的经济、社会效益。

2005.06.03◆◆非晶镀金属材料处理新工艺亮相

一种广泛应用于提高机械电子、石油化工、冶金矿山、食品医药等设备零配件耐蚀、耐磨性能的非晶镀金属材料处理新工艺在河北深州市净水设备器材厂研制成功，并取得了国家技术专利。该工艺性能优越，所处理的金属材料具有优异的耐蚀、耐磨等物理性能，满足了机械零配件特殊性能的要求。

2005.06.10◆◆甘肃成功研制光学晶体材料氟化镁

6 月上旬，甘肃金桂光电科技材料有限责任公司完成的“光学晶体材料高纯度氟化镁（MgF_2）研制”项目进行了科技成果鉴定。氟化镁 MgF_2 晶体材料是国际上应用最早的性能优良的光学镀膜材料。随着我国工业的发展，荧光材料、高级光学陶瓷及玻璃、光学透镜涂层、红外元件及激光元件等高技术领域对氟化镁的需求量越来越大，纯度要求要达到 99.999% 级的水平，全部依赖德国、日本进口，且产品价格昂贵。甘肃金桂光电科技材料有限责任公司自 2000 年始历时 5 年，投入大量人力、物力、财力，经过无数次实验和与德国海拉车灯公司进行的配套实验，利用特殊的化学分离技术和真空热处理技术，于 2005 年初通过了高纯度氟化镁 MgF299.999% 的测试后，有少量产品出口德国、奥地利、芬兰、西班牙、斯洛伐克、墨西哥、南非等国家。经航天工业部 501 所检测，产品纯度高达 99.999%；产品经德国海拉车灯公司生产应用，效果很好，评价很高。

2005.07.07◆◆连续纤维增韧碳化硅陶瓷基复合材料研制成功

由国防科工委主办的连续纤维增韧碳化硅陶瓷基复合材料技术发展与应用研讨会在西北工业大学召开。西北工业大学张立同院士科研创新团队研制成功的“连续纤维增韧碳化硅陶瓷基复合材料”，技术突破了研究“瓶颈”，填补了国内空白，具有重要的现实意义和推广价值。

2005.07.10◆◆山东海龙成功研制阻燃抗熔融纤维

山东海龙股份有限公司成功开发出阻燃抗熔融纤维新材料，该产品性能优良，阻燃效果显著。“阻燃抗熔融纤维新材料及纺织品的研究”是国家“863”计划项目，2003 年，山东海龙和青岛大学共同承担了该项目的研究，并于 2004 年成功完成中试，通过省科技厅组织鉴定。2005 年 7 月 1 日，山东海龙成功完成了大生产线上的产业化试制工作，进入批量生产，产品投放市场后得到用户的广泛好评。

2005.07.19◆◆水泥防裂纤维的研制成功

东华大学采用具有极好耐碱性、比重轻、价格便宜的 PP 纤维，研制了水泥防裂纤维，该纤维可以防止水泥混凝土、砂浆的早期干裂，可延长高层建筑和地下建筑以及水库、水坝和海底建筑物（如海底输油管）的使用寿命，还可改善高速公路、高架公路等建筑物的抗冲击能力，能有效降低塑性收缩开裂率30%以上，提高混凝土的抗折强度和抗弯韧性及抗冲击强度，已在国内十余项工程中得以应用，并可减少水泥混凝土中钢筋的锈蚀，延长建筑构件的使用寿命，该成果达到国际先进水平。

2005.07.21◆◆达到国际先进水平的硼酸镁晶须合成工艺通过鉴定

由中信国安－成都理工大学盐湖综合利用工程技术中心承担的“硼酸镁晶须合成工艺研究”通过了有关专家的鉴定。该项目以盐湖水氯镁石为原料，采用类溶胶－浸渍混合/高温熔融新工艺制备硼酸镁晶须，在900℃、20小时下合成出的硼酸镁晶须样品直径为0.5～1.0μm、长度为50～70μm，纯度超过98%，达到国际先进水平。该项目所研制的样品用于晶须增强铝基复合材料，与金属基体的相溶性良好，分散均匀，可显著提高铝基合金的机械性能，在航空航天、交通运输、精密仪器等领域具有广泛的应用前景。

2005.08.11◆◆新型水性涂料防沉剂在山东研制成功

山东青岛市润邦化工建材有限公司借鉴国内外经验，与科技部门合作，利用当地丰富的天然矿物资源，研制成功了TP－1型涂料的防沉剂，填补了国内空白，被国家科学技术部、国家税务总局、国家商务部、国家质量监督检验检疫总局、国家环境保护总局等5部委授予“国家级新产品”称号。

2005.08.11◆◆青岛市亨达玻璃集团自主研发高节能真空玻璃

在2005青岛材料科技周的新材料应用展览上，青岛亨达玻璃集团展示了自主研发的高节能真空玻璃，该产品较之单片玻璃节能50%，比中空玻璃节能30%；真空玻璃的保温性能相当于370毫米的黏土砖墙，可以使空调节能50%。此种玻璃在建筑围护节能方面效果显著。该产品在技术上达到国际领先水平，并打破了日本在此项技术上的长期垄断，引起了专业人士的广泛关注。

2005.08.12◆◆清华大学科学家发明“凝石”技术

12日，我国科学家发明了一种仿地成岩的新型建筑胶凝材料——“凝石”。这种将冶金渣、粉煤灰、煤矸石等各种工业废弃物磨细后再“凝聚”而成的“石头”，与寻常水泥相比，在强度、密度、耐腐蚀性、生产成本和清洁生产等许多方面表现十分突出。“凝石”技术是国家高新技术研究发展计划（即“863计划”）的一项研究成果。由清华大学孙恒虎教授发明的这一具有完全自主知识产权的高新技术，已获得多项国家专利，通过了教育部主持的项目鉴定。

2005.08.16◆◆北京矿冶总院环保型负离子远红外复合功能纤维项目完成

由北京矿冶研究总院联合张家港安顺科技发展有限公司共同开发的“环保型负离子远红外复合功能纤维”项目通过了由江苏省科学技术厅组织的成果鉴定。

该项目的创新点主要体现在由北京矿冶研究总院提供的高效复合负离子远红外超细功能粉体的配方和加工工艺方面。由于对功能粉体采用了形貌修饰和粒度控制等手段，改善了粉体在聚酯材料中的分散性，提高了纤维的白度及物理机械综合性能。复合粉体的制备工艺具有自主知识产权，无放射性污染，制备技术属国内首创。利用多功能母粒制备工艺路线生产的涤纶短纤维产品功能指标为：负离子浓度5 200个/cm^3、远红外发射率0.88、白度57.29，处于国内领先水平，纤维产品的质量指标和功能性指标全部通过了国家级检测机构的测试，产品主要质量指标均达到《Q320582》企业标准。

2005.08.22◆◆我国研制出了“珍珠纤维”

东华大学和上海新型纺纱技术开发中心的专家们研制出“珍珠纤维”。在上海世贸商城举行的“纺织品、服装与皮肤微生态”产业技术论坛上，用这种新型功能纤维制成的样衣露出了“庐山真面目”。初看这件橙色“珍珠纤维”绣花针织背心，与市面上常见的女装没什么两样。但用手一摸，就觉得手感光滑凉爽、比纯棉更为柔软，与皮肤接触时有一种异常舒适的感觉。据东华大学教授许树文介绍，所谓珍珠纤维是将淡水养殖珍珠粉碎成纳米级大小，在纤维纺丝时加入其内，使纤维内部和表面均匀分布着纳米珍珠微粒。

2005.08.25◆◆环保型聚硫建筑密封膏研制成功

由河北衡水成林工程橡塑制品有限公司研制成功环保型建筑防水聚硫密封膏。该密封膏具有良好的环保性能，且耐水、耐油、耐湿热等综合性能好，对金属和非金属材料均有良好的粘合性。特别是其良好的低温曲挠性能更提高了产品质量，使用寿命达50年以上。产品经国家建筑防水材料产品质量中心检测证明，其最大拉伸强度达0.46MPa，比同类产品提高60%：最大伸长率达356.1%，比同类产品提高17%。

2005.08.26◆◆仪器仪表用尼龙树脂管开发成功

一种广泛使用于仪器仪表的测压专用尼龙树脂管在河北景县宏广橡塑金属制品有限公司研制开发成功。该产品已获得国家技术专利。仪器仪表中使用的测压管，由于压力大、耐温范围广，因而对材质技术指标提出了相当高的要求，国内用户一直采用进口管材。而进口管材在使用中由于大多采用涤纶增强线等，易使管线弯曲产生死折，造成管线中断，形成事故隐患。宏广公司开发的新型仪器仪表测压专用尼龙树脂管新产品，具有使用压力大、耐温性能好、弯曲韧性高等特性。同时，由于在生产过程中采用涤纶增强线外粘合钢丝线编织层新技术，使产品刚性大大增强，解决了弯曲、打死折的问题，使用寿命比同类产品提高10倍以上。

2005.08.30◆◆涂料用薄膜蒸发器技术研发成功

由上海华生化工公司和北京新特科技公司联合开发

的涂料用薄膜蒸发器技术，通过了专家组的鉴定。2002年，我国颁布了《室内装饰装修材料溶剂型木器涂料中有害物质限量》强制标准，对涂料中游离TDI的含量做出了严格限定。为了达标，国内许多涂料企业都不得不大批采购价格相对昂贵的进口薄膜蒸发器。上海华生化工公司和北京新特科技公司研制的此项成果，有利于我国涂料行业降低成本，增强市场竞争能力。

2005.08.30◆◆我国自主开发的高频等离子球形硅微粉问世

江苏省连云港市晶瑞石英工业开发研究院自主研发的“高频等离子制备球形硅微粉关键技术及产品”通过部级鉴定。

球形硅微粉主要用于大规模集成电路封装，在航空、航天、精细化工、可擦写光盘、大面积电子基板、特种陶瓷以及日用化妆品等高新技术领域也使用这种产品。制备球形硅微粉是一项跨学科高难度工程，世界上只有美、日、德、俄等少数国家掌握此技术。连云港市晶瑞石英工业开发研究院研发的“高频等离子制备球形硅微粉”经过清华大学和南京大学的权威机构检测及北京科化和昆山长兴等单位使用，均认为其主要指标达到使用要求，并接近国外同类产品水平。

2005.08.31◆◆纳米自洁防油水服装面料问世

由新疆金天阳纺织有限公司研制成功的纳米自洁防油水服装面料开始批量生产。这种材料具有拒水、拒油、防污自洁等功能。这种具有纳米双疏自洁技术的精纺呢绒系列面料，经国家棉纺产品质检中心检测，防油防水等级分别达到7级和3级，达到国内领先水平，填补了国内此领域的空白。

2005.09.15◆◆我国研制成功“金属塑料”

一种集塑料和金属特点于一身的新型材料——“金属塑料”由我国科学家研制成功。这种“金属塑料”在很多领域都具有重大应用和研究价值，可作为纳米、微米加工和复写的优良材料，将来可使汽车部件像塑料一样便宜。中国科学院物理研究所在国家自然科学基金的支持下，经过多年努力，研制出这种具有广阔应用前景的新型材料。这一重大成果发表在近日出版的《物理评论快报》上，《自然》杂志也对这一成果进行了评述。

2005.09.19◆◆我国掌握用废饮料瓶生产聚酯多元醇技术

中国科学院兰州理化技术研究所推出了一项生产聚酯多元醇的新技术。利用该技术可将工业和生活中废弃的矿泉水瓶、饮料瓶、食用油桶以及聚酯厂的废料、聚酯制品的边角料、废料等材料，在有机醇类化学品及催化剂作用下，经化学处理制成聚酯多元醇，用来生产聚氨酯发泡材料以及塑料、橡胶、涂料、胶粘剂等合成材料的中间体。聚酯多元醇与此前市场上应用广泛的聚醚多元醇相比，在耐温、耐磨、耐油和机械强度等方面占有优势，因此在聚氨酯发泡材料、合成革、涂料、胶粘剂、弹性体等制品中显示出其特性而得到发展。特别是近年来大量应用的聚醚型聚氨酯硬泡材料中，加入一定比例的聚酯多元醇，可较大幅度提高材料的强度，从而显著降低聚氨酯硬泡材料的生产成本。由于聚酯型发泡材料导热系数小，保温隔热性能优异，此前在管道保温及建筑隔热等方面应用广泛。

2005.09.21◆◆南京工业大学研制出纳米储热建筑材料，处于国际先进水平

南京工业大学徐玲玲副教授主持的“有机/无机纳米复合储热建筑材料的研究”项目通过了江苏省科技厅组织的专家鉴定和验收。该项目研制出无分层、无过冷现象、相变温度适宜的储能节能相变材料，可节能30%以上。通过智能型的控制装置，还可以让这些材料变被动式相变为主动式相变，即利用峰谷电，在谷电时加热，把热能储存起来，在峰电时放热。这样既可以降低空调开机时间，又可以避开峰电高峰，降低电网负荷。

2005.09.22◆◆国内首幢光电幕墙工程诞生

我国在建筑幕墙领域的一项重要科研成果得到应用，在2005年召开的方大集团节能幕墙技术研讨会上，方大集团展示了一系列自主研发的新型节能环保幕墙产品，国内首幢光电幕墙工程的诞生引起了与会专家、学者的关注。位于深圳高新技术产业园区的方大集团科技中心大厦工程采用的光电幕墙有效面积93.8平方米，设计峰值发电功率10.3千瓦，建筑标高97米，是我国第一幢光电幕墙建筑。太阳能光电幕墙集合了光伏发电技术和幕墙技术，是一种高科技产品，代表着国际上建筑光伏一体化技术的最新发展方向。它充分利用建筑物的表面和空间，把传统幕墙试图屏蔽在建筑物外的太阳能转化成对人们有益的电能，节省了对地球珍贵能源的消耗，降低了对环境的污染，同时还为现代建筑提供了一种新的美学装饰效果。光电幕墙正以全新的绿色建材资态，迅速在发达国家推广开来。

2005.09.23◆◆高强度镁基金属玻璃问世

中国科学院金属所“沈阳材料科学国家（联合）实验室”徐坚研究员领导的研究组新近研制出世界上强度最高和具有强玻璃形成能力的镁合金。与多晶体金属材料相比，非晶丰收结构的金属材料具有高强度、防腐蚀等优异性能。发展低成本、高性能、易于铸造成大尺寸块体材料的新型合金，始终是各国学者孜孜以求的目标，同时也是拥有材料最终实用化知识产权的关键。

20世纪90年代初，日本科学家首先发现“镁-铜-钇”三元合金可采用铜模浇铸形成直径4毫米的金属玻璃圆棒。2000年进一步推出含有贵金属钯的镁合金，铜模浇铸金属玻璃圆棒的直径达到7毫米。镁基金属玻璃的断裂强度可达到770，是普通工业镁合金的2~3倍，比强度可达到3.5，超过工业用铝合金和钛合金。此次我国科学家研制出的铜模浇铸的金属玻璃圆棒直径可达到9

毫米。在此基础上，他们还与美国约翰霍普金斯大学教授使用，发展体上的内生复合材料，材料的压缩断裂强度达到1 000，同时断裂前的与指标均为1%，材料的强度与塑性指标均为玻璃态镁合金前所未有，该项成果在申请国家发明专利后，登载于《应用物理快报》。

2005. 10. 12◆◆我国在纳米抗菌新材料领域获新突破

12日，中南大学纳米抗菌材料课题组等单位在湖南省郴州市宣布，一种新型纳米抗菌材料——“载银纳米二氧化钛抗菌材料”研制成功并实现产业化。

他们的技术路线是研制载银纳米二氧化钛符合抗菌材料，经过特殊工艺程序生产出的“银钛纳米抗菌材料”，使载银材料和二氧化钛两种传统材料取得了完全的融合，新材料不仅持久缓释抗菌，而且在自然环境中自然催化，其粒度仅50纳米，对大肠埃希氏菌、金色葡萄球菌这两种在生活中严重威胁人类健康的病菌杀灭率高达99. 99%。来自清华大学、重庆大学、北京理工大学等高校的权威专家审定后发现，这种新材料最小抑菌浓度只有100毫克/升，远远低于国际通行的日本标准(JISZ2801）的规定值800毫克/升。换句话说，就是这种新材料的抗菌效力相当于标准规定效率的8倍。

这种新技术大规模应用对生活产生将直接影响，如用新型纳米材料取代氯制品消毒生活用水，我们可以避免自来水中有害物质对人们皮肤、眼角膜等的刺激。纳米级复合抗菌材料的出现，将使我们生活出现更多、抗菌效能也更高的手术服、卫生巾、医用绷带、鞋袜内衣等生活、医疗用品，如将其运用于厨房、卫生间和家具、地板等，人类生活在“抑菌空间”的愿望将能够实现。

2005. 10. 20◆◆我国研制出化工高端产品“全氟离子交换膜”

我国科学家和技术人员经过艰苦努力和顽强拼搏，研制成功化工领域的高端产品——全氟离子交换膜（简称离子膜），并建成年产50吨的生产装置。这使我国成为继美国、日本之后，第三个拥有离子膜生产能力的国家，从而打破了外国对这一高难技术近半个世纪的垄断。

全氟离子交换膜是含氟高分子材料中的一种特殊聚合物，具有广泛的应用价值，特别是新一代能源——氢能燃料电池必不可少的关键性材料。全氟离子交换膜是国家重大“863计划”快速反应项目，这是继我国抗击非典项目之后的第二个快速反应项目。全氟离子交换膜的研制成功，不仅打破了外国对这一高难技术的垄断，而且对我国氯碱工业的发展和新一代能源的开发利用将产生重大影响。

2005. 10. 21◆◆山东海化两碱“连理”破解我国电石泥废渣综合利用难题

山东海化股份有限公司在国内首次实现纯碱与烧碱“连理”，成功破解了电石法生产PVC工艺中的电石泥废渣综合利用难题。

如何有效处理电石法生产PVC工艺中产生的电石泥废渣，一直是困扰我国聚氯乙烯行业发展的一大难题。此前，电石法PVC占我国产量的60%，按每生产1吨PVC产生1. 59吨电石泥废渣计算，我国每年产生的电石泥总量达到1 000万吨左右，而传统的主要处理方法为掘坑填埋或生产水泥等，不仅需要投入大量资金用于建设环保处理设施，还需占用大量土地用于存放废渣。海化集团发现，电石泥废渣的主要成分为氢氧化钙，而与海化的氯碱树脂项目比邻的年生产能力达200万吨的世界上最大的纯碱厂，其生产过程中恰恰需要氢氧化钙作为原料。经过多次科技攻关海化集团成功将电石泥全部用于纯碱生产，从而在国内率先实现纯碱、烧碱在产业链上的“连理”，从根本上解决了氯碱树脂行业的电石泥废料利用难题，填补了我国空白。

2005. 10. 21◆◆木质材料塑料化技术问世

木质材料的主要成分是纤维素、半纤维素和木质素，都是既不溶解也不熔融的黏弹性固体，本不能进行塑性加工，其用途和材料性能受到极大限制。内蒙古镶黄旗首林复合分子材料有限公司在我国林业经济学会专家指导下，独立研究出木质材料塑化技术，在世界上首先打破木质材料不能塑化的技术禁区，为木质材料代替塑料材料开辟了一条新路，对能源、环境和材料的可持续发展有重要意义。

该公司开发生产的“多抗牌”聚合木，是用锯末、秸秆及灌木枝条等塑化后制成的，属于全环保、全循环、高科技、节约型新材料。其制品具有抗水、抗酸碱、抗老化及热合连接等优点。可代替钢材、铝材、木材、水泥、塑料广泛用于园林景观、退耕还林、治沙护林、封山育林，也可用于建筑材料、仓储、物流器具，铁路、公路、庭院围封桩柱，还可组装成大方、适用、价格低廉、可多次反复拆装的活动房等。

2005. 10. 21◆◆嘉宝莉公司零VOC乳胶漆获鉴定

21日，“零VOC建筑内墙乳胶漆”项目鉴定会在江门市举行，通过专家鉴定，认为该项目为“国内领先、世界先进”，嘉宝莉也成为了国内首家实现建筑内墙乳胶漆零VOC突破的企业。

建筑涂料在使用过程中会向外挥发VOC（挥发性有机化合物），从而造成空气污染，伤害人的身体。广东嘉宝莉化工有限公司与华南理工大学长期紧密合作，经过三年的时间，于近期成功配置出了“零VOC”（VOC限量标准小于1G/L）建筑内墙乳胶漆。

2005. 10. 25◆◆新型环保材料——玉米塑料研制成功

饱含淀粉质的玉米经过现代生物技术可生产出无色透明的液体——乳酸，再经过特殊的聚合反应过程生成颗粒状高分子材料——聚乳酸。从玉米中提取的聚乳酸颗粒称为“玉米塑料”这种生物高分子材料经过8年研发、1年产业化放大，走出同济大学实验室，进入了工业化试生产阶段。这种能全部降解的生物环保材料可全面取代化工塑料，被视作继金属材料、无机材料、高分子材料之后的“第四类新材料”，在社会和经济发展中具有重要战略意义。

“玉米塑料”可广泛应用于工程材料、包装材料、日用器具、农用地膜、家具板材，在医药医疗领域也大有用武之地。“玉米塑料”制成的骨钉、手术缝合线已应用于临床，由于其在体内可完全降解，不用再施行拔除和拆线等医疗程序。用“玉米塑料”还能制成人造骨骼和人造皮肤的组织工程支架，在其上培植骨细胞或皮肤细胞，当支架材料降解后，人造骨骼和人造皮肤也长成了。由于无毒无害可降解，“玉米塑料”还能制成缓释胶囊，从而改变人们的服药习惯，由于这种缓释胶囊在人体内逐步消化降解，人们吃一颗用缓释胶囊包裹的药物，就能在几天或一星期内持续获得需要的药量。用“玉米塑料”制成的缓释胶囊已进入动物实验阶段。

2005. 10. 27◆◆河南制造出我国首块无甲醛地板

27 日，经国家人造板质量监督检验中心、国家建筑装修材料质量监督检验中心检测合格，我国首块无甲醛原香强化木地板在河南诞生。无甲醛原香强化木地板，所选用的原材料是无甲醛的天然材料，在生产工艺中也不添加任何含甲醛的材料。

2005. 11. 28◆◆纺织品喷墨印花用彩色纳米颜料墨水研制成功

江南大学青年科学家房宽峻教授带领的课题组，经过 4 年多的潜心研究，成功研制出可用于纺织品喷墨印花的彩色纳米颜料墨水，并已投入批量生产。

纺织品数字喷墨印花技术是集信息、计算机图像处理和新材料等高技术于一体的新型印花技术，是办公室喷墨打印技术在纺织品领域的延伸。该技术与传统的纺织品印花技术不同，它无须制版，具有照片一样的印花精细度，并且占地面积小，无环境污染，可以实现单件印花服装制作，满足消费者的个性化需求。由于数字喷墨印花技术的这些独特优点，在国际上该技术被誉为 21 世纪纺织工业实现技术革命的关键技术之一。

纳米颜料墨水，不仅适用于不同类型的喷墨打印机，还可以印制棉、蚕丝、涤纶等多种纤维织物，印制的图案达到照片效果，织物手感柔软，具有优良的颜色牢度。

2005. 12. 02◆◆湖南百富瑞材料有限责任公司自主研制成功球形团聚纳米陶瓷粉末

可以提高陶瓷制品使用寿命的新型产品——球形团聚纳米陶瓷粉末，由湖南百富瑞材料有限责任公司自主研制成功，在长沙通过了省级鉴定。由归国留学生与本土优势企业联合组建的百富瑞公司，采用蒋显亮博士在海外留学期间研发的专有技术，在国内首次将纳米技术与纳米材料应用于热喷涂及烧结领域，研制出球形团聚纳米陶瓷粉末系列产品。实验表明，这种粉末能使氧化铝、氧化锆、氧化铬陶瓷涂层脆性大幅降低，结合强度提高，抗热震性明显改善，可广泛应用于航空航天、火力发电、汽车、化工、冶金、纺织、印刷等领域。

2005. 12. 15◆◆我国稀土助剂开发项目通过验收

国内塑料助剂行业首个被列入“863”计划“用于高分子材料的新型高效多功能稀土助剂开发项目”，在北京通过科技部组织的验收。标志着我国拥有自主知识产权的高效多功能稀土助剂研发向纵深迈出重要一步。

该项目由广东炜林纳功能材料有限公司、中国科学院广州化学研究所、复旦大学和北京市化工研究院共同承担。我国稀土助剂研究过去主要集中在 PVC 用热稳定剂方面，而该项目突破了聚丙烯用新型 β－成核剂、聚烯烃类多功能助剂、无机粒子表面处理剂等新型稀土助剂的应用及产业化关键技术，开发成功具有自主知识产权、达到国际先进水平的稀土高分子功能助剂及相关低成本高性能复合材料制备技术，使稀土助剂应用向更广阔的聚烯烃和工程塑料领域挺进。

此前受高性能助剂研发水平所限，我国以通用树脂为主，中低档产品所占比例高，高技术、高附加值产品缺乏，特殊工程塑料产品比例更低，塑料制品质量与国外相比存在一定差距，各类塑料助剂的生产和研发难以满足市场需求。新型高效多功能稀土助剂作为高分子材料工业不可缺少的重要成分，不仅能赋予材料特殊的性能，还能显著改善塑料的加工性能，提升产品品质，有助于改善我国塑料加工业高档产品匮乏的现状。

2005. 12. 16◆◆首块国产半导体工业用溅射靶材下线

宁波江丰电子材料有限公司正式投产，所生产的第一块国产半导体工业用溅射靶材也于当天下线，并通过了质量检验。这块靶材的下线标志着中国成为继美国、日本之后，第三个能生产靶材的国家。

江丰公司承担的“超大规模集成电路制造用铝和钽溅射靶材产业化关键材料技术研究”课题，是 2005 年度国家“863 计划”引导项目。靶材是生产芯片必不可少的原材料，此前中国所需靶材全部依赖进口。靶材生产技术是长期制约中国芯片生产的一个瓶颈。

2005. 12. 19◆◆远红外陶瓷粉材料通过鉴定

由天津元亨公司承担的“远红外陶瓷粉材料研制、开发与应用”项目通过了天津市科委组织的科技成果鉴定。其研制的试验设计路线、方法属国内首创，产品整体达到国内领先水平。

远红外陶瓷粉材料是一种具有吸收和辐射双重性能的晶相比化合物，粉体粒径 1～5 微米，在国外已被广泛应用于化工、医疗、塑料、加热干燥等。元亨公司采用高纯化工原料高温合成全熟料法工艺开发的远红外陶瓷粉材料，以及利用该粉体材料制成的强心医疗器具，性能稳定，发射率高，使用简单方便，安全可靠。同时，其生产过程无污染，成本低，并实现了规模化生产。

4

生物、医药产业类

2005.01.01◆◆中南大学湘雅医院研制抗鼻咽癌新药

中南大学湘雅医院结合实验研究，筛选得到抗鼻咽癌的有效中药复方——益气解毒颗粒，用于临床鼻咽癌患者放疗的增敏、疗后康复治疗和鼻咽癌前病变的治疗，获得很好的临床效果，尤其是在鼻咽癌治疗方面显示了独特的优越性，并荣获2004年中华中医药学会科学技术奖获奖项目。

2005.01.05◆◆我国首次发现人类白细胞抗原新等位基因

解放军307医院免疫学研究室主任奚永志研究员主持的课题组首次发现一个HLA（白细胞抗原）新等位基因，被世界卫生组织HLA命名委员会正式命名为A＊110104。这为我国在进入独生子女时代无血缘关系供受体移植迅猛增加情况下，带来了提高造血干细胞移植配型成功率和精确度的新希望。

2005.01.12◆◆中国自行研制的第一支甲乙肝联合疫苗获准上市

12日，由中国自行研制的甲、乙型肝炎联合疫苗获得国家食品药品监督管理局颁发的生产文号，于近日正式上市。这是中国自主开发生产的第一支甲乙肝联合疫苗。该疫苗的研究于1999年底正式启动，科研单位利用甲肝灭活疫苗与基因工程乙肝疫苗制成了联合疫苗，可同时预防甲型、乙型两种肝炎，具有减少接种次数、减轻接种痛苦、降低接种费用等优点。甲乙肝联合疫苗的上市，标志着中国在疫苗研究开发、生产等方面正在缩小与跨国企业的差距，将有效促进中国对肝炎的预防和控制工作。

2005.01.14◆◆防脑卒中新药“复元再生”面世

首都医药界的有关专家对获得国家新药证书的中药“复元再生”消栓通络片进行了论证。专家们对该药的疗效与工艺制作给予了较高评价，认为“复元再生”开辟了治疗心脑血管病的新路子。心脑血管病目前是人类健康的第二大杀手，我国每年有数百万人死于心脑血管病。复元再生消栓通络片的主要成分为川芎、丹参、黄芪等。据记者了解，该药采用动态回流提取技术，提高了药材的利用率，并提高了制剂的质量与疗效；采用流化床喷雾干燥制粒技术，解决了中药浸膏制粒难的问题；采用高稳定薄膜包衣工艺技术，将中药片剂传统的糖衣片改为薄膜包衣片；采用安全辅料替代滑石粉，减少了对胃肠道的刺激等。此药是国家食品药品监督管理局批准的国家级唯一“双挂药”，即处方药和非处方药，对提高患者治愈率、降低其复发率大有希望。

2005.01.17◆◆我国研发成功口服新型霍乱疫苗

经过15年的研究，我国科学家自主研制成功了口服的霍乱疫苗，成为世界上2种成功上市并经世界卫生组织正式推荐的口服霍乱疫苗之一，将人类抗击霍乱做出独特贡献：小小一粒胶囊，隔周吃上两次，保护率可达85%。最新研究表明，这一疫苗除可用于预防霍乱外，更可使产毒性大肠杆菌所致腹泻的发病率降低70%，可在3个月内预防旅行者腹泻，保护率达86%。

2005.01.18◆◆福州“木瓜蛋白酶生物工程技术提纯及应用研究”通过鉴定

福州溢鑫农业科技开发有限公司和福建农业大学食

品科技研究所共同承担的福建省科技厅科研项目“木瓜蛋白酶生物工程技术提纯及应用研究”通过了福建省科技厅的科技成果鉴定。专家认为，该项目应用果胶酶和纤维素酶混合处理，结合超声波强化提取技术和先进膜分离技术，从鲜木瓜中提取木瓜蛋白酶，适应工业化生产，具有创新性，居国内领先水平。

2005.01.18◆◆深圳在世界上首次获得可批量生产的人参花蕾完整有效成分结晶体

深圳太阳生物科技有限公司利用低温超瞬时临界萃取技术在世界上首次获得可批量生产的人参花蕾完整有效成分结晶体——人参花蕾花。这项提纯技术适合天然生物的工业化提纯，标志着我国在名贵药材的高科技开发领域实现历史性突破。现在，人参花蕾花已开始以每克1美元的价格出口欧美。

2005.01.18◆◆北京四环生物制药重组人白细胞介素-2注射液获新药证书

北京四环生物制药有限公司研制的重组人白细胞介素-2注射液获得国家新药证书，同时公司研制的规格为50万IU/瓶、100万IU/瓶的重组人白细胞介素-2注射液获得生产批文。重组人白细胞介素-2注射液是该类产品的新剂型，为国内独家首创，也是国际上目前唯一水针剂型产品。

2005.01.20◆◆我国科学家培植出脑细胞

上海复旦大学附属华山医院的科学家成功地在实验室培植出全球首批人类脑细胞，并将之移植到一名头部严重受伤的病人脑内，助其重拾走路能力。这项突破性研究不仅为意外受伤的病人带来希望，亦为中风、老人痴呆症、帕金森症及其他衰退性脑病的患者带来曙光。

根据由明杰替朱剑虹撰写的研究发明报告，手术后进行的多次脑部扫描，显示新移植的脑细胞有进一步生长，并与病人本身没受损的脑细胞合二为一，协助病人重拾因意外而丧失的部分机能。

2005.01.20◆◆沈阳利用猪的活性肝细胞制成具有解毒合成等功能的生物人工肝脏

20日，利用健康猪的活性肝细胞，制成具有解毒、合成等功能的生物人工肝脏，从而“代替”人类因病而丧失功能的肝脏在体外“工作”，这种被称为人类“第二肝脏”的神奇生物人工肝脏，被沈阳市传染病医院中心研究室的工作人员制造成功。

2005.01.21◆◆厦大“国人虚拟眼及其临床应用”项目研究达到国际先进水平

厦门大学计算机系王博亮教授领衔的研究成果“国人虚拟眼及其临床应用”，通过专家组鉴定。由中国工程院钟世镇院士等我国数字人研究领域及眼科界著名专家、教授组成的鉴定委员会认为：该项目研究成果在国人虚拟眼研究方面总体达到国际先进水平。

课题组综合了国外已有的虚拟眼研究经验，结合虚拟眼临床应用需要，提出了中国人虚拟眼研究的总体构想，开创性地探索出一条“基础数据获取——模型建立——临床应用”的研究技术路线，将尸体模型数据与临床活体数据结合，实现数字人技术为临床病人服务。该课题组在虚拟器官的研究方面获得国家自然科学基金等多项科技立项，并获得3项国家专利授权和一项软件著作权登记，具有自主知识产权。课题组在国际上首次将一只中国人眼球制备了646片组织切片，每片厚度仅35微米左右，并保存了全部标本，获得了眼球切片一套高分辨率的原始基础数据集。该项成果还提出了一种新的“人眼房水动力学系统的生理模型”，在青光眼的发病机理研究及临床治疗方面具有潜在应用价值。

2005.01.21◆◆“863”计划生物和现代农业技术领域人类功能基因组取得重大技术突破

863计划生物和现代农业技术领域人类功能基因组取得重大技术突破：该项目建立和完善了人类功能基因筛选的平台技术；新克隆和鉴定了1 346条新基因；开展了规模化的基因功能筛查，获得近百个拥有自主知识产权的、在疾病诊治和药物开发上显示应用前景的重要功能基因，新细胞因子CKLF1、LAPTM4B、人6A8a-甘露糖苷酶、ECRG-1、ING4、RabJ、RX53、RX218、NOK、CYP-J等20多个基因进入实验室前期开发阶段；肿瘤和心血管疾患（包括高血压、糖尿病与老年性疾病）相关基因与其发病机理的研究正不断深入；在精神分裂症易感基因研究中，首次提出的有效SNP组合模式（PESCP）以及有效动态作用（PEDE）概念，预示了多基因疾病基因研究策略上将出现新突破。克隆鉴定了遗传性牙本质基因、遗传性儿童白内障基因、AI型短指基因、短-并指（趾）基因、遗传性儿童失神性癫痫基因、遗传性房颤基因和鼻咽癌基因等一批遗传病基因，定位了鼻咽癌相关基因位点，为遗传病的诊断和治疗奠定了基础。单基因遗传病致病基因研究打破了西方科学界一枝独秀的局面。

2005.01.25◆◆中国科学院沈阳生态所研制出抗抑郁症新药

沈阳生态所微生物制药组经过多年的艰苦努力，研制成功国内首例具有自主知识产权的抗抑郁症和治疗胆汁淤积性肝病国家新药化学药品3.1类-腺苷蛋氨酸，并获得国家食品药品监督管理局批准的原料药、注射粉针剂及肠溶片剂三个临床批文。

据世界卫生组织估计，全世界约有7 000多万需要治疗的精神病人，有3.4亿多症状不很严重的轻症病人。据报道，美国每年都有1 100多万人患临床抑郁症，大约损失200亿美元。随着人口的增长，人类平均寿命的延长和以快节奏、高竞争性为特点的现代社会的发展，使得各种精神障碍的疾病患者人数急剧增加，并已成为除肿瘤、心血管系统疾病和细菌病毒感染引起炎症之外的第四大疾病。据专家预测，到2020年抑郁症将会成为影响人类寿命，增加经济负担的第二大疾病。沈阳生态所针对社会需求，研究开发出治疗精神抑郁症药物，疗效确切、毒副作用极小，在同类药品中，很有竞争力。

2005.01.26◆◆天津科大开发出可溶性全骨复合物，为世界首创

天津科技大学食品学院课题组，经过多年研究，在动物骨综合利用方面攻克了一系列技术难题，取得了可喜的成果。其中，通过高技术和独特的加工工艺，把动物骨中所有矿物质成分离子化、有机物质分子化，使之成为能被人体完全消化吸收的可溶性产品的研究成果，填补了我国畜产资源利用技术的一项空白。

“动物骨综合利用技术”研究应用了四项关键技术，包括：骨中矿物质成分的真空离子化技术，有机成分的电离、电解、活性化技术，活性有机成分的絮凝回收技术和天然胶原蛋白分子的再生提取技术。通过这些技术，把坚硬的骨骼制备成可溶性全骨复合物，使骨中所有有机、无机成分，均处于游离、可溶解和可吸收状态，并且使骨中所含有的蛋白质、黏多糖和其他有机成分，均保持了特殊的生理活性。课题组以这些技术为基础，开发出高钙肉制品添加剂。

开发补钙添加剂，国外很早就尝试过用超细粉碎的骨粉。但是无论粉碎多么细，坚硬的羟基磷灰石也永远是结晶状态，胶原蛋白也是难溶解的纤维状态，它们既影响被添加食品，如香肠的适口性，又严重影响香肠的保水性。该项目开发的可溶性全骨复合物则完全解决了这些问题，这在肉制品添加剂开发上是一个创举。同时，与众多补钙产品不同，该项目开发出的产品包括了人体成骨及其代谢所需要且可以完全消化吸收的全部矿物质成分和特殊的蛋白质，是营养成分极平衡的壮骨保健品。

2005.01.28◆◆抗菌新材料——硅酸盐基银纳问世

国家重点基础研究发展计划“973项目”硅酸盐基银纳米孔复合材料通过中国医学科学院、中国药品生物制品检定所等机构检测，证实对包括细菌、真菌、病毒、滴虫等多种致病微生物具有很强的抑菌杀菌作用。与目前使用的抗生素不同，银离子不但杀菌效果好，而且无明显耐药性。研究人员利用硅酸盐基分子筛的纳米限域作用，把银粒子控制在1～2纳米，并利用硅酸盐基的骨架负电性把银离子高度分散在纳米孔分子筛材料内，这种以二氧化硅为载体的纳米银比用其他物质为载体的纳米银，具有更大的比表面积以及更强大的抗菌性能。

由这种新型纳米银材料技术制成的喷雾、凝胶等剂型已经开始应用于我国部分妇科抗感染领域。

2005.01.31◆◆“快速试剂”十分钟查出不孕不育

由安徽安科生物承担的一项国家“863计划”项目通过科技部验收。这一项目已获国家食品药品监督管理局颁发的新药证书和生产批件，年产500万盒的抗精子抗体检测试剂盒生产车间通过国家药品GMP认证现场验收，投入规模生产并走向市场。

调查显示，全国每年因不明原因不育、不孕就诊的患者约2亿人次，这个数字随着环境的不断恶化还在增加。原来的检测方法阳性检出率高，容易导致误诊误治，给患者增加不必要的精神和经济负担。安科生物研制的这一试剂盒，采用国际先进的检测手段，可以在10分钟内准确测出不育不孕症。

2005.02.01◆◆上海九院神经损伤生物学修复技术达国际先进水平

该院“周围神经损伤生物学修复方法的建立”课题组研究取得突破。2005年，这一达到国际先进水平的成果有望惠及全国200万神经损伤患者。传统的周围神经受损修复，显微外科手术是唯一途径。但术后留下的局部神经瘢痕将使50%功能损失。上世纪90年代以来，神经生长趋化理论进入研究人员视野。连接受损轴突两端的生物神经导管可以搭起“大棚”，但导管材料必须符合两个要求——分解时间可控；代谢产物无刺激、无毒性。历经10年探索，课题组继美国研究者之后，全球第二个找到合适的人工导管材料，至今已有7例患者受益。有了“大棚”再找“肥料”。课题组找到分泌神经生长因子的细胞，将其基因提炼转染，注射进已嫁接好的生物神经导管中，让基因肥料作用于受损神经，促进生长的同时也不会留下瘢痕。这一全新治疗方法已申请专利。

2005.02.02◆◆我国抗老年痴呆中药研究获新突破

经过两年多的协作攻关，上海第二医科大学实验核医学教研室及细胞调控研究室研制成功的新药“知母皂甙元”通过了二期临床试验，证实其治疗老年痴呆症既有效、又安全，其安全性和有效率均优于目前被广泛采用的胆碱酯酶抑制剂。由上海市科委组织的专家鉴定会上，专家认为，该药的研制成功表明，我国抗老年痴呆中药的研究取得了新突破。

2005.02.02◆◆世界全基因测序首株ECHO30病毒在复旦完成

近年来，中国东南等地区发生较大规模的儿童原因不明的脑膜炎，复旦大学公共卫生学院课题组从上百例来自不同患者的标本中共分离到10余株病毒。通过运用各种分子生物学方法从不同角度将所有阳性分离病毒全部诊断为肠道病毒属的ECHO30型病毒，基本证明此次爆发源于该病毒的传播感染。这是自本次脑膜炎爆发以来首次阐明爆发的病原。

复旦大学公共卫生学院课题组与国际知名传染病研究机构——美国公共卫生研究院合作，于近期完成了该病毒的完整基因组序列测定。这是迄今为止除ECHO30原型株Bastianni外，世界上完成全基因测序的第一株ECHO30病毒。更重要的是，该病毒全长序列的测定是中国对世界ECHO30信息数据库的重要贡献，它源于疾病爆发人群样本，对于阐明ECHO30的致病性和基因变异特点都极为重要。该病毒的全长序列信息不仅对中国，而且对世界肠道病毒的生物信息数据库都是很好的补充。课题组正在深入进行相关的研究。

2005.02.03◆◆上海科学家研制“纳米炸弹”可将癌细胞一举烧死

上海交大与复旦大学附属中山医院的科研人员们研制出一种神奇的“纳米炸弹”，为肝癌治疗找到了一种全新的疗法——栓塞热疗。

这种直径只有10纳米的铁磁粒子被导入肝脏后，就会对癌细胞采取“贴身紧逼”攻势，在磁场作用下，会发出巨大的热量，把癌细胞一举烧死。交大与中山医院联合研制的“纳米磁性颗粒栓塞热疗”技术，其纳米粒子（铁磁微球）靶向性很高，有如长了一双“慧眼”，通过微细导管插入病变肝脏后，纳米铁磁粒子能在碘油的“引领”下，均匀沉积在癌细胞上，而不会进入正常细胞。而铁磁颗粒一旦处在磁场中，会和磁场“较劲”，并产生巨大的热量。利用这一原理，交大已成功研制出“纳米超顺磁热疗仪”，患上肝癌的大白兔在局部磁场热疗下，癌细胞好像被“拴”在“枪靶子”上一样，被“纳米炸弹”一举歼灭。

2005.02.06◆◆我国禽流感疫苗研制获重大突破并广泛使用

在农业部和科技部共同主持下，具有国际先进水平的新型高效重组禽流感病毒灭活疫苗（H5N1亚型）和禽流感重组鸡痘病毒载体活疫苗，由农业部动物流感重点开放实验室研制成功。该两种疫苗近日通过农业部兽药审评委员会评审，获得农业部新兽药证书。重组禽流感病毒灭活疫苗（H5N1亚型）与原有疫苗相比，抗原针对性更强，对鸡的有效免疫保护期更长，对鸭、鹅等水禽能够实现有效的免疫保护。在实验条件下对鸡的有效免疫保护长达10个月以上，比现有疫苗延长至少4个月。

2005.02.21◆◆我国首次人工合成高纯度葡聚糖

我国科学家在世界上首次人工合成高纯度葡聚糖（右旋糖酐）及其系列产品，并在深圳实现了工业化生产。技术达到世界领先水平，产品质量完全达到美国药典标准的尖端成果。

在生物医药领域，多糖是非常好的药物载体，被科学家称为“生物导弹”。葡聚糖是多个葡萄糖分子聚合在一起的大分子物质，分子量能根据不同用途需在1 000到上千万之间调整，与多种物质结合而生成高效、低毒的药物。人工合成葡聚糖比自然界生成和提取的产量高、价格低且稳定，是人类大规模利用的必由之路。在医药和医疗方面，葡聚糖作为血溶扩张剂、抗休克输液等产品，用量极大。含铁衍生物即右旋糖酐铁系列产品可用于防治人与动物的贫血，其中5%含量是目前治疗缺铁性贫血的最理想药物，尤其是用于肾透析患者的补铁更是必不可少。目前全世界还没有一家公司能供应如此优质的低酐产品，这为进一步发展国际级人用右旋糖酐铁注射液提供了别人所不具备的最佳条件。

2005.02.22◆◆中药指纹图谱研究取得明显进展

由南京中医药大学课题组在“中药质量控制关键技术——中药指纹图谱研究”中做出的新成果，通过江苏省科技厅组织的成果鉴定。

该课题采用高效液相色谱法为主要手段，结合气相色谱、气相色谱与质谱联用等技术，以治疗出血性中风的中药“脑络清注射液”为示范，结合指纹图谱的方法学研究，确立了中药指纹图谱的标准操作与模式，使之获得国家食品药品监督管理局颁发的新五类新药临床研究批件；将指纹图谱技术首次应用于国家“863”高新技术重大研究计划“通塞脉微丸的研究和开发”及国家“十五”攻关科技专项“山药和五味子炮制的规范化研究”，并将用于产业化生产过程中的质量控制方法。该课题同时还建立了人参、山茱萸、山药、川芎、天麻、五味子、太子参、牛膝、丹参、白首乌、麦冬、何首乌等常用30种中药材的指纹图谱，系统地规范了指纹图谱研究过程中样品的采集、提取以及中间体制剂质量标准的评价等关键环节，为指纹图谱技术在中药领域的深入研究开辟了一条新的途径。

2005.02.25◆◆“医用整骨机器人”通过专家鉴定

一个融会了计算机技术、现代控制理论、模拟识别技术、传感技术等多学科领域知识的“医用整骨机器人”在哈尔滨市第五医院完成，并通过鉴定。这种新型的“医用整骨机器人”是依靠我国中医整复理论，凭借骨科医生的感觉和临床经验中的“徒手整复”中的各种动作，包括牵引、旋转、折顶的基础而研发出来的。这种机器人可完全模拟骨科医生实施骨折整复，该技术已达到国际领先水平。

2005.02.25◆◆国产整体式超高压生物处理试验机问世

列入国家科技部“863计划”的“整体式超高压生物处理试验机”在天津问世，该机已申请了5项国家发明专利。超高压生物处理技术是世界上新兴的生物处理高新技术，其产业化仅有十几年的时间。它采用液体介质在容器内加工食品、生物材料等，可以取代一部分传统的热力加工，还可以和热力加工相结合，组成更科学、更合理的加工方案，在食品加工、生物制药等领域有广泛用途。如：在食品加工领域，1 000～10 000个大气压下，不仅可以使食品灭菌、熟化，而且还能充分保留食品原有的风味、营养成分和功能成分，其能源消耗仅是传统热力加工的10%～20%。

2005.03.02◆◆我国首例高产多糖螺旋藻培育成功

中国科学家成功育成世界首例高产多糖的钝顶螺旋藻新品系Sp－E（HPS）。这种新产品是在突破螺旋藻多糖研究中多项技术难题的基础上，采用核辐射技术，并辅以分子遗传标记技术选育而成的。多糖是螺旋藻中极为重要的生理活性成分。由于螺旋藻多糖在抗肿瘤、抗病毒以及提高免疫力等方面具有独特的功效，因此已成当前螺旋藻领域研究及其产业开发的焦点。

2005.03.02◆◆新型甘露碳糖苷首次合成

华东理工大学陈国荣教授等与法国罗纳阿尔卑斯大区科研人员合作在国内首次合成了不饱和甘露碳糖苷，通过上海市科委主持的鉴定。该成果对天然产物糖类似物创新药物研究具有重要价值。研究人员在国内外首次合成醌类及烯丙基类15个新型碳糖苷化合物。根据国家新药筛选中心的生物活性测试结果，发现其中烯丙基类碳糖苷化合物具有良好的体外免疫调节作用。

2005.03.02◆◆安徽医科大学“葡萄串”研究成果达到国际先进水平

2日，安徽医科大学对外宣布，该校皮肤病研究所“多发性家族性毛发上皮瘤基因确定”的科研项目通过专家鉴定。俗称“葡萄串”病的“多发性家族性毛发上皮瘤”，是生长在鼻子两边面颊上的毛瘤，一般大的有蚕豆大小，小的也有黄豆大小。“葡萄串”病是一种家族性遗传病，该病症会严重影响美容，降低生活质量。安徽医科大学科研人员首次阐明了中国人毛发上皮瘤的临床和遗传学特点，利用高科技的微卫星技术，确定了CYLD基因为多发性家族性毛发上皮瘤的致病基因。该研究填补了国内空白，居国际先进水平。

2005.03.01◆◆我国自行研发的5种抗艾药物可组成不同的“鸡尾酒疗法”

由东北制药总厂研制生产的第四种抗艾滋病药物硫酸茚地那韦，2月通过国家食品药品监督管理局审批。截至目前，我国自行研制生产的抗艾药物已达5种，其中包括东北制药总厂研制生产的4种和上海一家药厂生产的1种。

东北制药总厂生产的4种抗艾滋病药物可以组成两组不同组合的抗艾滋病“鸡尾酒疗法”配方；我国生产的5种抗艾滋病药物，还可以组成更多的抗艾滋病“鸡尾酒疗法”。

与以往3种抗艾滋病药物不同的是，东北制药总厂研制生产的抗艾滋病新药硫酸茚地那韦，是一种蛋白酶抑制剂，而前3种抗艾滋病药物均属核苷类逆转录酶抑制剂。蛋白酶抑制剂是抗艾滋病“鸡尾酒疗法”组方中不可缺少的成分。从这一角度来讲，东北制药总厂此次研制生产的蛋白酶抑制剂抗艾滋病新药，对我国组成完整的抗艾滋病“鸡尾酒疗法”配方意义非凡。

2005.03.09◆◆我国成为全球最大青蒿药物生产基地

世界卫生组织（WHO）向复星医药集团桂林南药股份公司首家颁发了青蒿类抗疟药全球采购GMP复查合格认证。这是我国制药企业向拥有巨大市场前景的青蒿类成品药拓展迈出的实质性一步，标志着我国作为全球最大青蒿类药物生产基地的地位得到进一步巩固。

从世界卫生组织和联合国儿童基金会全球抗疟药物生产企业会议上归来的我国专家介绍说，由我国科学家自主研发的绝大部分青蒿类药物的抗疟效果，现已被世界卫生组织正式认可。世界卫生组织已确定4种青蒿药物加喹咛类药物（联合用药）为抗疟疾首选药物，即：蒿甲醚+本芴醇、青蒿琥酯+阿莫地喹、青蒿琥酯+甲氟喹、青蒿琥酯+复方磺胺多辛。这4种联合用药产品我国均可生产，其中桂林南药能生产3个产品，北京诺华能生产1个产品。桂林南药还形成了从青蒿素提取、化学合成、制剂一条龙的产业链。

青蒿类药物是我国自主研发的拥有自主知识产权的化学药，其原料是我国西南山区的青蒿草中提取的青蒿素。我国研发的青蒿类药物在治疗疟疾等疾病中效果显著，当前已经成为国际抗疟首选药。药物从20世纪70年代末问世至今，已经挽救了全球1 000万人次的生命。

2005.03.10◆◆我国发现引导神经生长方向的细胞膜离子通道机制

10日，国际权威期刊《自然》刊登了我国科学家关于发现引导神经生长方向新机制的研究成果。中国科学院上海生命科学研究院神经科学研究所袁小兵和王以政研究员领衔的研究组合作，在国际上首次发现：神经纤维最前端生长锥的细胞膜上有一类称为“瞬间受体电位通道”（TRPC）的阳离子通道起着传递神经纤维生长“方向指令”的关键作用。

我国科学家的这项研究有助于明确中枢神经纤维的生长和再生机制、揭开调控神经纤维生长状态和方向的谜团，对人类认识神经网络形成具有重要意义，为临床上中枢神经的发育和损伤后修复的研究做了重要的基础理论铺垫。神经元由神经纤维和神经细胞体组成，其中，神经纤维起着重要的电信号传导作用。

2005.03.15◆◆广州中大肿瘤医院首创DC疫苗治疗白血病

中山大学肿瘤医院研发出一种白血病DC疫苗，可以激活病人抗白血病免疫系统，杀死体内白血病细胞。这一方法目前已经在14位患者身上获得明显疗效，国内尚属首创。

2005.03.16◆◆我国研制成功世界上第一个能够监测肉类药残的生物智能系统

用于检测肉类兽药残留的生物芯片检测系统在生物芯片北京国家工程研究中心研制成功，这是世界上第一个能够监测肉类中兽药残留的生物芯片系统。该生物芯片能够分析大量的生物分子，快速准确地完成肉类中兽药残留的检测工作。已研制成功的这套兽药残留蛋白质免疫芯片检测系统，能够在几分钟内检测出肉类中的兽药残留。由于大部分兽药是小分子化学物质，检测时用快速提取仪提取食品中样品，并与抗体混合放在芯片上，抗原、抗体发生竞争免疫反应，再用激光共焦扫描仪检测，最后通过特定的软件自动判断残留是否超标。目前该芯片的第一代样品已经研制成功，可以对包括瘦肉精、磺胺二甲嘧啶、链霉素在内的几种重点兽药进行检测。

2005.03.16◆◆我国新型肿瘤癌细胞增殖早期检测标记物－TK1即将面市

一种肿瘤早期检测新武器——新型脑肿瘤细胞增殖早期检测标记物－TK1，由中瑞两国科学家研制成功，该免疫组化染色试剂盒的临床研究由深圳市华瑞同康生物技术有限公司和瑞典Karolinska医学院临床研究中心及三家省级医院（湖北声肿瘤医院、武汉大学中南医院、武汉大学人民医院）合作完成。

目前只有美国、日本、瑞典和中国4个国家拥有TK1此项技术，前三个国家目前只局限于实验阶段，只有中国已经进入了市场化和商品化阶段。据该公司相关负责人介绍，此项技术已达到了世界领先水平，并已在美国和中国申请了专利。此项技术是所有检测试剂中唯一即可应用于血清方面检测，又可应用于免疫方面检测的试剂。

2005.03.18◆◆我国研制开发的禽流感检测试剂盒获得国家Ⅰ类新兽药证书

由“食品安全关键技术”重大科技专项经2年多时间研制完成的禽流感RT－PCR检测试剂盒目前获得农业部颁发的Ⅰ类新兽药证书（证书号：［2005］新兽药证字12号），标志着我国禽流感（H5、H7、H9）检测方法进入标准化程序。

该试剂盒的应用，使我国在禽流感检测技术方面取得了重大突破，检测时间从过去的21天缩短到4小时。目前已在全国16个检验检疫局、24个出口养禽企业、11个省级动检站得到了应用，已应用的试剂达到20余万头份，为我国货值3亿多美元的禽肉出口提供了强有力的技术支撑。

2005.03.18◆◆第二军医大学注射用重组改构人肿瘤坏死因子研制成功

“十五”国家重大科技专项——创新药物和中药现代化课题“重组改构人肿瘤坏死因子”由中国人民解放军第二军医大学研制成功，并获得国家新药证书。该产品采用蛋白质工程技术，是通过对野生型肿瘤坏死因子定点突变而获得的一个高效、低毒、具有自主知识产权的国家一类新药。在技术上，通过自创的巨引物法和改进的二轮PCR法获得本品的编码基因，并同时实现了定向突变，具有抗瘤谱广、可提高机体免疫力、临床应用安全的特点，对恶性胸水的有效率为58.00%，对恶性淋巴瘤、乳腺癌、肾癌和恶性黑色素瘤的有效率分别为21.80%、12.00%、8.20%和8.10%，合用化疗药物的疗效更为明显。

2005.03.25◆◆戊肝疫苗研制成功

由福建省医学分子病毒学研究中心研发的我国第一种拥有核心自主知识产权的基因工程疫苗——重组戊型肝炎疫苗，进入临床试验。该疫苗有望成为世界上继乙肝疫苗之后第二个基因工程病毒疫苗。

2005.03.29◆◆体外培育牛黄替代天然牛黄研制成功

由科技部组织实施的“十五”国家重大科技专项“创新药物和中药现代化”课题“体外培育牛黄替代天然牛黄的研究”研制成功。国家食品药品监督管理局已正式批准体外培育牛黄可以替代天然牛黄使用，并将体外培育牛黄收录入《中华人民共和国药典》（2005年版）。

2005.03.31◆◆军事医学院研制的比欧米塞“定向”特异杀灭癌细胞

由军事医学科学院11所科研人员研制的具有独立知识产权的“冻干人重组促黄体激素分泌激素－绿脓杆菌外毒素A融合蛋白”（商品名：比欧米塞）获得由国家食品药品监督管理局颁发的一类创新性生物制品类新药临床研究批件。

军事医学院11所在国内外首次发现LHRH－PE40具有靶向抗肿瘤作用，并通过基因工程方法构建和高效分泌型表达了适合于大规模生产的LHRH－PE40重组毒素工程菌（表达量占菌体总蛋白的30%），经体内外实验表明对肿瘤细胞有明显的靶向杀伤作用，而对正常体细胞无毒性作用。该项目蛋白质稳定性好、肿瘤细胞杀伤彻底、毒副作用小，适用于临床胃癌、肝癌、结肠癌和黑色素瘤等癌症的特异性治疗，尤其对一些放疗不敏感的腺癌更有其独到之处。实验结果表明，其抑瘤率已达到70%。

2005.03.31◆◆国内首创蟾衣药物获国家发明专利

江苏海门市康平蟾衣制药研究所与上海多家科研院所联合攻关的“蟾衣制剂及其生产工艺”项目获得国家发明专利。研究蟾衣制药在国内还属首创。海门康平蟾衣制药研究所将蟾衣由民间随意性、低水平的采集行为，发展到高科技中成药的研制，这是一个重大创新。现在经过临床初步应用于各种癌症治疗，效果明显。

2005.04.01◆◆我国荧光偏振技术成功应用于药物高通量筛选

由科技部组织实施的“创新药物与中药现代化”国家重大科技专项“新药筛选平台研究”课题组科研人员，经过长期攻关成功地将荧光偏振技术应用于药物筛选，建立了针对心血管系统药物靶点的2种高通量药物筛选模型，用于筛选治疗心血管疾病的药物，此前国内外尚未见同样模型的报道。

该项研究制备了2种荧光偏振技术专用的荧光标记药物靶点配基，通过竞争结合的方法，建立了2种高通量药物筛选模型，能够灵敏地筛选出能够与靶点相结合的小分子化合物。由该模型筛选出的活性样品（化合物），不仅可以用于新药研究和开发，而且对于新靶点的研究也具有重要价值。该方法操作简便，灵敏度高，假阴性或假阳性率低，全部试剂可以在实验室制备，降低了筛选成本。目前，两种模型已经完成筛选约16万样品，发现了10个具有研究价值和开发前景的活性样品，为新药研究提供了重要活性信息。

2005.04.04◆◆大连市首个微生物农药走向产业化

4日，由大连绿科生物化学有限公司联合国内科研院所共同开发、拥有自主知识产权的、大连市首个微生物农药嘧肽霉素通过了国家科技成果鉴定，专家认为，研究成果总体达到国际先进水平，是我国近十几年来真正新开发并进入产业化的抗病毒型生物农药，在国内具领先水平。

2005.04.04◆◆湖北研制出我国首剂禽类传染病基因工程疫苗

湖北省长江大学研制出我国首剂禽类传染病基因工程疫苗。传染性法氏囊病是由传染性法氏囊病病毒感染引起的鸡免疫抑制性传染病，具有急性、高度接触传染等特点，能在鸡群中迅速传播。长江大学研制出的鸡传染性法氏囊病基因工程亚单位油乳剂苗一定程度上解决了上述难题。中国兽医药品监察所对该疫苗进行的免疫保护试验结果显示，该疫苗不带毒，对鸡的法氏囊不造成损伤，对其他疫苗的免疫作用无干扰，生产成本低于国内现用的其他灭活疫苗，具有很高的开发应用价值。

2005.04.05◆◆我国无公害环保型农药产业化取得突破

由中国科学院动物研究所与河南省济源白云实业有限公司联合开展的昆虫病毒杀虫剂产业化合作项目“2吨/年5 000亿PIB/克棉铃虫核型多角体病毒原粉”获得国家发改委的生产核准，标志着中科院又一项院地合作项目进入产品生产阶段。同传统病毒杀虫剂产业相比，新型昆虫病毒杀虫剂实现了生产规模的突破，解决了国内外同行公认的该产业规模化生产难题；同时使病毒杀虫剂的生产成本首次低于化学农药，突破了限制生物农药商品化推广的一个主要“瓶颈”。研究人员还开发成功了国内外迄今为止含量最高的昆虫病毒杀虫剂，其中的棉铃虫核型多角体病毒原粉的含量超过5 000亿PIB/克，是目前国内外同类产品的25～50倍。

2005.04.06◆◆基因工程药物必特霉素获我国专利

基因工程必特霉素（曾用名生技霉素）为国内外首创的基因工程抗生素，国家“863计划”2004年第三批立项项目。必特霉素为利用基因克隆技术使螺旋霉素结构中碳霉糖的4位羟基进行异戊酰基化，获得的以异戊酰螺旋霉素为主要成分的新型抗生素。它有较高的亲脂性，口服吸收快，组织渗透性强，分布广泛，体内维持时间长，有较好的抗生素后效应，一天只需服用一次，与同类药物没有完全交叉耐药性，经Ⅰ期临床实验研究表明安全性良好。

必特霉素及其基因工程高产菌株已获我国专利。必特霉素对革兰氏阳性球菌有较强抗菌活性，尤其对对肺炎支原体的抗菌活性强，对红霉素耐药菌、流感嗜血杆菌、淋球菌、军团菌、脆弱拟杆菌、产气荚膜梭菌和多形杆菌有一定抗菌活性，将主要用于治疗革兰氏阳性菌感染性疾病，尤其是上呼吸道感染，并可能应用于泌尿系统的感染等。必特霉素是基因工程菌发酵直接产物，无需进行化学半合成加工，其生产过程环境污染少，生产工艺较简便，成本较低，价格适宜，符合公费医疗要求。

2005.04.06◆◆我国森林脑炎新型疫苗研制成功

国家重大科技专项“创新药物和中药现代化”森林脑炎新型疫苗研究课题，经过长春生物制品研究所多年攻关，获得国家新药证书和新药生产文号。

该课题通过将细胞培养病毒技术与现代生物高技术如连续流离心、超滤浓缩及柱层析纯化等紧密结合，去除了绝大部分杂蛋白及甲醛等化学物质，提高了疫苗的抗原含量，免疫保护力指数≥5.0×105，较原有技术提高5倍。临床研究表明：志愿者血清中和抗体阳转率超过85%，较原有技术提高70%以上，未发生全身副反应，局部副反应的发生率为0.87%，证明该疫苗具有很好的安全性和免疫学效果。

2005.04.11◆◆我国自主研制新型微生态制剂有望缓解滥用抗生素问题

据世界卫生组织统计，我国是滥用抗生素最严重的国家之一，滥用抗生素的危害正日益突显。我国自主研制的口服酪酸梭菌微生态制剂有望缓解这一问题。微生态制剂又称微生态调节剂，是由调整微生态失调、增进健康状态的益生菌及其代谢产物和促进物质制成的制剂，剂型有胶囊、微胶囊型的冻干活菌粉以及片剂、水剂（口服液）、酸奶或冷饮等形式。

青岛东海药业筛选的酪酸梭菌对有害菌抑制，但促进有益菌生长，解决了微生态制药的疗效问题，同时打破了日本酪酸梭菌制剂在我国内地的垄断。基于酪酸梭菌研制的“宝乐安”散剂和“阿泰宁”胶囊，分别适用于婴幼儿和成人因肠道菌群紊乱引起的顽固性腹泻和急慢性肠炎，尤其是抗生素、中药和西药难以奏效的顽固性肠炎和腹泻。经过解放军总医院等多家医疗机构的临床对照试验证实，两药均能明显减少腹泻次数，改善腹泻症状。

2005.04.11◆◆我国癌症治疗获重大突破

在“十五”国家“创新药物和中药现代化”重大科技专项的支持下，泰欣生获得国家食品药品监督管理局颁发的新药证书。这是我国批准的第一个人源化单克隆抗体药物，是我国在癌症靶向治疗和人源化抗体药物领域的一项重大突破。“泰欣生”是综合利用基因工程、抗体工程、细胞工程等现代生物技术开发制造的靶向抗癌药物，具有阻滞肿瘤细胞周期进程、加速肿瘤细胞凋亡、抑制肿瘤血管生成、抑制肿瘤浸润和转移、增强放化疗效果等作用，以及治疗特异性强、生物利用度高和副反应小等特点，可显著提高癌症的治愈率和患者的生存率。对晚期鼻咽癌患者的临床试验结果显示，泰欣生联合放疗治疗鼻咽癌的完全缓解率比单纯放疗的患者提高30%以上，并具有良好的安全性，在临床试验中未观察到严重的不良反应。

2005.04.15◆◆我国高性能新药研发网络技术获重大突破

中国科学院上海药物研究所药物发现与设计中心的研究人员与计算机技术研究所、上海交通大学和香港大学的科研人员，在“863计划”项目负责人沈建华研究员的领导下联合攻关，在高性能药物研发网络技术方面取得了突破性进展。研究人员针对高通量虚拟筛选计算量和数据量大的特点，发展了药物设计网格的各种关键技术，建立了“新药研发应用网格”技术平台。上海、北京、香港地区的多个超级计算机和计算机集群等计算资源已加入这一平台，形成了超过每秒万亿次浮点运算能力的应用网格系统。上海药物所将自己开发的高通量虚拟筛选软件进行了异机并行化，安装在该技术平台上。同时，还在该平台上安装了含有120万个化合物信息的数据库和各类药物靶标蛋白结构的数据库。

2005.04.21◆◆我国蛋白质芯片技术成功应用于高通量药物筛选

在面积约1平方厘米的微小玻片上完成数以千计或更多的药物筛选，不仅可以节省大量昂贵的试剂材料，而且能够极大地提高药物筛选的效率，这就是应用生物芯片技术进行药物筛选。这种药物筛选新技术由科技部“863计划”重大专项“创新药物与中药现代化”支持的“新药筛选及关键技术平台研究”课题得到实现。

生物芯片技术是最近几年发展起来的高新技术，主要有基因芯片、蛋白质芯片、细胞芯片以及组织芯片等。由于蛋白质具有特定的立体结构和与结构相关的重要功能，其芯片制备和应用尤其困难。应用生物芯片进行药物筛选的技术关键是芯片的制备和被筛样品的应用。中国医学科学院药物研究所国家药物筛选中心的研究人员针对蛋白质芯片制备的关键问题，结合进行高通量药物筛选经验，经过艰苦的探索和反复试验，突破了蛋白质芯片的制备技术，应用该技术制备的蛋白质芯片不仅能够保持蛋白质的原有生物功能，而且能够较长时间地保存。

中国医学科学院药物研究所国家药物筛选中心制备的蛋白质芯片包括膜受体芯片、核受体芯片和酶芯片。其中膜受体蛋白质芯片和核受体蛋白质芯片不仅能够用于药物筛选，也可一用于药物研究和分析，特别是对生物样品中的特定成分的分析。

2005.04.21◆◆我国首次利用荧光偏振技术筛选新药

中国医学科学院药物研究所国家药物筛选中心科研人员在我国首次制备成功2种荧光偏振技术专用的荧光标记药物靶点配基，建立了2种高通量药物筛选模型，可灵敏地筛选出能够与靶点相结合的小分子化合物。这2种模型已经完成约16万个样品的筛选，发现了10个具有研究价值的活性样品，为新药研究提供了重要信息。

2005.04.22◆◆我国率先推出两种防治禽流感疫苗

22日，我国农科院哈尔滨兽医研究所国家禽流感参考实验室宣布，我国科研人员采用国际先进的流感病毒反向基因操作技术，构建出一株与高致病“H5N1亚型”禽流感病毒流行株抗原一致、鸡胚增殖滴度高的低致病禽流感病毒的新型疫苗。这两种疫苗分别是，“H5N1亚型重组禽流感病毒灭活疫苗”和“H5亚型禽流感重组鸡痘病毒载体活疫苗”。

2005.04.22◆◆我国研制出抗心衰基因新药

由我国科研人员自主研发的生物制品一类新药——冻干重组人脑利钠肽（又名rhBNP）正式通过审批获准注册，并取得国家食品药品监督管理局的生产许可，填补了国内治疗心衰一类新药的空白。目前世界上仅美国和我国研制出这一药物。西藏药业成为我国唯一生产冻干重组人脑利钠肽的企业。

2005.05.16◆◆香港理工大学研制出有效抑制肝癌细胞生长药物

香港理工大学科研人员成功开发出一种能有效抑制肝癌细胞生长而没有明显副作用的药物。该项研究在瑞士日内瓦举行的第三十三届“国际发明及创新技术与产品展览”中荣获特别金奖。

医学研究发现，肝癌细胞的成长必须依赖精氨酸，而人体可以在新陈代谢中自行产生精氨酸，变相为肝癌细胞不断提供养料。理大科研人员开发的新药，主要是由一种经处理的人体精氨酸酶组成，该种酶是人体的正常活性分子，具有分解精氨酸的活性，从而可以达到抑制肝癌细胞生长的目的。这一名为BCT100新药的合成是利用多种生物工程和化学工程技术完成，包括复制能制造精氨酸酶的DNA基因段，将之导入一种叫枯草杆菌的细菌内，再利用细菌大量生产精氨酸酶；为了增强该酶在人体内的稳定性，科研人员利用聚乙二醇化技术将酶保护。利用枯草杆菌生产精氨酸酶和以聚乙二醇化技术保护的技术都是这一科研项目的专利技术部分。

2005.05.18◆◆我国首个生物安全四级实验室落户湖北

5月中旬，中国科学院湖北武汉病毒研究所P4实验室项目获国家发展和改革委员会批复并正式启动，这是我国建设的第一家P4实验室。

P4实验室是指生物安全四级实验室，专门用于开展烈性传染病的研究，是全球生物安全最高级别的实验室，此前国内尚无一家。P4实验室的安全措施比P3实验室更严格，研究人员入内不仅要穿全封闭的防护服，还要携带氧气瓶。该项目总投资1.2亿元，其中申请国拨款1亿元。项目地址位于武汉市江夏区，占地200余亩。

2005.05.19◆◆苏州大学8株单抗获国际CD编号

苏州大学医学生物技术研究所课题组研制的3种共

刺激分子及其相应的8株单克隆抗体（单抗），获得了国际人类白细胞分化抗原（CD）编号，它们分别为B7H1/PDL1（CD274）、B7H2/ICOSL（CD275）和OX40L（CD252）。其中，OX40L（CD252）及其相应的5株单克隆抗体属于国际首创。

2005.05.23◆◆贵州建成我国首家达标国家中药现代化基地

23日，我国第一家经国家科技部组织专家验收合格的国家中药现代化科技产业（贵州）基地在贵阳挂牌，标志着贵州基地经过5年的建设，已完成规划目标任务，开始进入全面实施阶段。作为全国首家达标的国家中药现代化科技产业基地，贵州基地的建设为其他正在建设或筹备中的基地提供了示范和样板。验收专家组认为，贵州基地建立和完善了贵州中药现代化科技产业“四体系一网络建设”，即中药材生产体系、中药研究开发体系、中药制药开发生产体系、中药现代化科技产业保障服务体系、中药现代化科技产业市场和信息服务网络，初步形成了完善的中药产业发展体系，完成了考核指标任务、达到了预期目标。

2005.05.26◆◆我国首台医用直束双线电子加速器研制成功

由山东新华医疗器械股份有限公司自行研制开发的我国首台医用直束双线电子加速器通过济南军区军事医学科学院专家组验收。该医用直束双线电子加速器，在集成传统加速器技术性能的基础上，吸收了国际同类产品的最新技术。该产品的最大特点是能够产生X线和电子线两种射线。由于X线可以治疗深部肿瘤，电子线可以治疗浅表肿瘤，适用范围广。

2005.06.07◆◆国家遗传工程小鼠资源库建立

国家遗传工程小鼠资源库的建立，是科技部第一个国家“十五规划”科技攻关重点项目，承担单位南京大学和扬州大学投入了一流的人力资源用于项目建设。到2004年底，共引进14位全职教授（包括8名海归博士、3名长江特聘教授），9位兼职教授。南京大学为此专门建立了学科特区，保证了学科带头人在人事、经费、科研方面的高度自主权。

该资源库已经成为国内最大的遗传工程小鼠资源中心，现已成功繁育260余种不同品系、3万余只小鼠。作为国内唯一开展大规模化学诱变研究的单位，资源库通过开展化学诱变和表型筛选，已建立了110多种能稳定遗传的疾病小鼠模型，并克隆了10个突变基因，迄今共建立164种不同种类、具有自主知识产权的转基因/基因剔除/化学诱变小鼠品系。该资源库也是此前国内仅有的三家能成功开展基因剔除小鼠工作的基地之一。该项目组还与IBM公司合作，建设了基于DB2大型数据库系统的小鼠遗传资源库，是国内最先进的自然科技资源数据库之一。

2005.06.14◆◆结核菌耐药检测生物芯片成功

中国科学院武汉病毒研究所承担的结核分枝杆菌耐药性检测基因芯片的研制结题，并通过了科技部委托武汉科技局组织的项目验收。该项研究根据结核分枝杆菌耐药性与有关基因突变之间的相关性，成功地研制了多种芯片检测技术：建立了芯片寡核苷酸连接技术（SO-LAC），实现了耐药性相关基因突变的同步多重检测；首次建立了MutS蛋白介导的基因突变检测蛋白质/基因芯片新方法；在研究过程中解决了多项生物芯片，并与经典方法比较符合率达到87%左右，试制了少量的基因芯片并进行了临床样品的检测，证实了该方法的可行性和先进性。

2005.06.14◆◆我国转基因产品检测技术达国际先进水平

由天津出入境检验检疫局承担的“转基因产品检测芯片的研究”，通过专家组成的专家组鉴定验收，标志着我国转基因产品检测技术已达到国际先进水平。该研究成果实用性强，搭建了我国转基因产品通量化检测技术平台，在多重PCR（聚合酶链反应）反应体系的建立和利用基因芯片技术检测转基因产品方面达到国际先进水平。天津出入境检验检疫局在转基因检测芯片的研究的基础上，建立了转基因产品DNA提取方法，研制了转基因产品检测芯片，制备了检测及鉴定7种转基因产品共计14个不同品系的DNA芯片，实现了转基因产品的通量化检测，检测灵敏度达到0.1%。

2005.06.19◆◆我国和欧盟科学家共同发现可以直接应对SARS药物

19日，欧盟和我国的科学家在杭州联合宣布，他们从已经投入使用的药物中，发现了可以直接应对SARS的药物。这个药物叫做肉桂硫胺，是上个世纪70年代就已通过临床试验并投入使用的抗精神分裂药物。“中欧SARS诊断和抗病毒项目”通过病理研究发现，这种药物可以有效抑制SARS病毒。成熟药物肉桂硫胺抗SARS功效的发现，将为人类迎战SARS赢得更多宝贵时间。关于这一发现和利用老药物肉桂硫胺开展非典防治研究的论文在最近一期的国际权威病毒研究刊物《病毒期刊》上发表。

2005.06.22◆◆我国研制出世界首部基于GPRS无线通信网络的“心脏手机”

一种由我国研制的基于GPRS无线通信网络的心脏远程监护设备“iHotler”面世。它可以通过手机网络和固话网络实时地将心脏病患者的异常心电信号传输到医院，起到提前预警的作用。同时，亚洲第一家由设在医院内的“心脏监护中心”和用户随身携带的“心脏手机”组成的“心脏远程监护中心”也正式投入运营。采用GPRS移动通信网络作为监测数据的通道，每家医院的数据处理中心可以管理5万名用户，用户在任何地方，都可以使用 iHolter 把监测数据发送到医院，得到及时的分析诊断和救治。iHolter 系统试运行期间的统计数据表示，使用者从发病到采取救治措施的时间平均可以缩减一半，这就意味着死亡率或致残率可减少 50%。该技术代表了我国心电远程监护技术发展的最高水平，同时也填补了国际心电监测领域的一项空白。

2005.06.23◆◆清华大学自主研制的多模生物特征身份认证识别系统通过鉴定

由清华大学自主研发的“TH－ID 多模生物特征身份认证系统”通过鉴定。该系统包括人脸、笔迹、签名以及虹膜等四种生物特征识别，在国内首次实现了基于统一数据库的多模生物特征融合。在由教育部组织的鉴定会上专家认为：该系统融合了最重要的几项生物特征的身份认证，在技术上已经位居世界前列。同时，该系统的推出具有重大的理论和应用价值，对我国的社会和国防安全将发挥重要作用。

2005.06.23◆◆我国自主研发“胶囊内窥镜”投放市场

“胶囊内镜”全称为“智能胶囊消化道内窥镜系统”，又称“医用无线内窥镜”，它克服了传统推进式内窥镜耐受性差的缺陷，更有利于医务人员对病情做出准确诊断，是消化道疾病尤其是小肠疾病诊断的首选方法。此前全球只有以色列等极少数国家成功开发出此种胶囊内窥镜。这项得到国家“863 计划”支持的“胶囊内窥镜”是由重庆金山科技集团经过三年科技攻关研制而成的。

2005.07.01◆◆沈阳首创重组人血小板生成素填补世界空白

由沈阳三生制药股份有限公司自主研制的重组人血小板生成素，获得国家一类新药证书，成为世界上第一个完成重组人血小板生成素临床试验并即将上市的基因工程药物。这种重组人血小板生成素，填补了对骨髓三大血细胞系（红细胞系、粒细胞系和巨核细胞系）中缺乏调节巨核细胞特异性药物的空白。据专家介绍，癌症病人在放疗和化疗后，经常会出现严重的血小板减少，不仅危及病人生命，还会制约癌症化疗药物的使用剂量和疗程。此前治疗血小板减少的常用方法，是通过直接输入从他人血液中采集的血小板。然而该方法价格昂贵，稍有不慎还会造成感染等。而重组人血小板生成素，是有效纠正血小板减少症的高新技术药物，可用于预防和治疗癌症病人放化疗引起的血小板减少。

2005.07.01◆◆我科学家破解线粒体膜蛋白之谜

经过连续三年的不懈努力，我国科学家终于在世界上率先解析了线粒体膜蛋白复合物 II 的精细结构，并填补了线粒体结构生物学和细胞生物学领域的空白。这个与呼吸氧化作用密切相关的膜蛋白复合物的发现，为研究嗜铬细胞瘤、副神经节瘤和李氏症等与人类相关的线粒体疾病提供了真实可用的模型。据悉，该项原创研究成果在 7 月 1 日出版的国际权威杂志《Cell》（细胞）上完整、系统地发表。这也是 25 年来大陆科学家的论文首“登”该杂志。

2005.07.11◆◆我自主研制抗 HIV 新药进入临床试验

我国自主研制成功的一种世界领先的治疗艾滋病新药——西夫韦肽，经国家食品药品监督管理局批准，已进入临床试验。

西夫韦肽是一种抗艾滋病膜融合抑制剂，属世界最先进、国内首创的第四代抗艾滋病药物。是国家“863”项目和天津市的重大科技攻关项目。相对前三代抗艾滋病药物，西夫韦肽能更有效地针对艾滋病病毒包膜蛋白（gp41）发挥阻断膜融合作用。临床前研究表明，西夫韦肽能有效阻止 HIV 侵入人体内正常细胞，进而更有效地阻断病毒的繁殖，具有低耐药性和低毒副作用的显著优点。根据我国权威检测部门的检测结果：与美国 2003 年最新型的抗艾滋病药物恩夫韦肽（T20）相比，西夫韦肽效价好 20 倍以上。这是我国第一个在美国获得专利许可的具有自主知识产权的生物技术类药物，其国际专利通过 PCT 进入欧洲、日本、俄罗斯等国家和地区。

2005.07.14◆◆复旦大学科学家“绘出”艾滋病关键酶结构

在东方科技论坛上，复旦大学唐教授透露说，其所领导的研究小组已运用“计算生物学”项目组模拟出“IN”的结构模型，在该研究基础上将有望进一步设计出“IN”的抑制药物。

这种名为“IN”的酶是催化艾滋病毒进入人体基因的祸源之一，能否有效将其抑制将直接关系到病人病情的发展。据唐介绍，“IN”的全名为 HIV－1 整合酶，负责将 HIV－1 整合进入人体，如何抑制它将是治疗艾滋病的重要课题，而想要抑制它则必须先了解其完整结构。此前其整体结构却一直难以证实，因为蛋白结构的复杂多变很难用常规手段来描绘。此前世界上已发现两种 HIV 艾滋病毒：HIV－1 和 HIV－2。其中 HIV－2 主要分布于非洲西部，而 HIV－1 则广泛分布于世界各地，是引起全世界艾滋病流行的病原。此前 HIV 的研究大多以 HIV－1 为主进行。

2005.07.15◆◆青岛颐中生物工程有限公司开发的“数字纱布”填补国内空白

由青岛颐中生物工程有限公司承担完成、开发区科技局立项支持的新项目“数字纱布”通过了青岛市科技局组织的专家鉴定。专家鉴定委员会认为，“数字纱布”理论与技术是医疗止血史上的重大创新技术。“数字纱布”是一种全新型产品，具有立刻止血、广谱杀菌、可溶和可吸收等多种功能，并且利用“数字纱布”可开发出系列新产品，在第一时间呵护生命安全；该系列产品市场前景广阔，可广泛适合于医院手术多科室、出差旅游、野外作业、突发事故、家庭急救等，产品推出后将具有重大的社会效益和经济效益。

2005.07.15◆◆丝蛋白人工皮肤研制成功

苏州大学材料工程学院成功地研制了丝蛋白人工皮肤，并在动物实验中取得预期的效果，正在申报人体实验。丝蛋白人工皮肤是采用组织工程原理、以天然蚕丝丝素蛋白为主要原料研制而成，具有良好的生物相容性，适用于深度烧伤创面的治疗。科研人员在研究中发现丝胶的可降解性更优于丝素，当丝胶成为细胞生长载体并完成任务后，更易被人体组织吸收。丝胶的开发不仅可以拓宽蚕丝的用途，推进人工组织、人工器官的研究，更可将丝胶变废为宝并改变了过去丝胶在丝绸的生产小一直被作为废物排放的现状。苏州大学的科研人员已采用冷冻干燥法成功制备出多孔丝胶蛋白材料。需要移植皮肤或者需要以金属作为骨头假体患者都可以用这种新产品来代替，不仅免受痛苦，更可大大降低费用。

2005.07.29◆◆我国建首家高级别生物安全实验室保障传染病实验

我国实验室国家认可委员会在北京宣布，我国首家高级别生物安全实验室——武汉大学生物安全三级动物实验室获得国家认可。表明我国实验室生物安全认可体系的建成并开始有效运行。武汉大学校长、我国工程院院士刘经南说，2001年武汉大学开始筹建高级别生物安全三级动物实验室，后为满足国家抗“非典”需要，国家发改委、教育部和武汉大学共同投资扩建了这个A3实验室。它的显著功能是保护研究人员在室内工作不受病原微生物感染，防止实验室内有害微生物、实验动物逃逸，具有承担SARS病毒、结核分枝杆菌、人类免疫缺陷（艾滋病）病毒、汉坦病毒（出血热）等十种高致病性病原微生物研究的能力。

2005.08.05◆◆北京血液中心发现两个新的人类白细胞抗原基因

北京血液中心发现了两个新的人类白细胞抗原（HLA）等位基因，并获得世界卫生组织人类白细胞抗原命名委员会的正式命名。北京血液中心的这一发现可能有助于提高人类骨髓和器官移植的存活率，并对我国人群人类白细胞抗原研究具有一定的价值。此外，它还可广泛用于法医学鉴定、人类种族迁移等相关研究。此前，全世界已经发现的人类白细胞抗原等位基因有2 088个，其中大部分由美国发现。我国至今发现的人类白细胞抗原等位基因已有20余个。

2005.08.09◆◆我国虚拟人男1号问世，切片可清晰见到血管

9日，“我国虚拟人男1号”数据集最近在广州南方医科大学构建成功，其数据量和分辨率均为全世界虚拟人之最。“数字人”研究联络组组长钟世镇院士透露，我国继完成虚拟人女性一号的数据集之后，又完成了虚拟人男性1号的切片数据库。至今已有两男一女一女婴四个整体人数据库。

2005.08.12◆◆我国科学家发现解读人类基因钥匙

人类有3万个基因，在过去30年中，倾全世界科学家之力，对其中3 000个基因的功能有了初步了解。复旦大学科研人员宣布，他们找到了一把快速解读基因功能的钥匙——PB转座因子，通过这个因子，他们将研究基因功能的效率提高了140倍。这项具有“里程碑”意义的研究，12日刊登在国际生物界权威杂志《细胞》的封面上。

2005.08.18◆◆我国原创性克喘药盐酸川丁特罗问世

18日，在“十五”国家“863计划”生物与现代农业技术领域生物信息技术主题的支持下，由沈阳药科大学和锦州九泰药业有限责任公司共同研发的原创性抗哮喘病国家一类新药盐酸川丁特罗获得国家食品药品监督管理局颁发的药物临床试验批件，进入I期临床试验。该药具有很强的平喘作用，而且作用时间长，与同类药相比，不良反应少，安全性高，有望开发成为我国具有自主知识产权的国家一类新药。

2005.08.25◆◆填补了国内空白的制药专用吸附氧化铝的研制与生产通过鉴定

中国有色金属工业协会在山东省淄博市主持召开了由山东铝业公司承担的“制药专用吸附氧化铝的研制与生产”项目技术鉴定会，与会专家听取了课题组汇报，进行了质疑、讨论和现场考察。专家认为，该项目针对国内生产抗生素过程中药用吸附氧化铝的技术要求高、生产难度大的特点，进行了系统的研究，成功地制取了符合制药吸附用的氧化铝产品，其技术创新点如下：①通过优选符合物化特性的氢氧化铝原料，达到药用吸附氧化铝的物性要求；②采用改性技术，通过添加改性剂，使产品的活性中心由强碱性变为中性（pH7.0±0.5）或弱碱性（pH9.5±0.5）；③采用中温活化技术，使产品在晶型结构、比表面、孔容、吸附能等指标达到药用吸附氧化铝的要求。

2005.09.01◆◆江西研制开发拥有知识产权的国家第一类抗癌新药——槐定碱

江西省第一个自主开发、拥有知识产权的国家第一类抗癌新药——槐定碱由江西中医学院研制成功，并于8月下旬获得国家食品药品监督管理局颁发的新药证书。

2005.09.06◆◆我国智能仿生机械手样机诞生

由哈尔滨医科大学第四医院手外科与哈尔滨工业大学机器人研究所共同承担的国家自然基金项目——智能仿生机械手完成了样机的研制。

2005.09.12◆◆世界首例血管内皮抑制素问世

12日，山东烟台麦得津生物工程股份有限公司经过6年探索，与清华大学共同研制出的“重组人血管内皮抑

制素注射液（商品名：恩度）”，被国家食品药品监督管理局批准为生物制品一类新药。这是世界上首例血管内皮抑制素抗癌新药。

2005.09.13◆◆杀灭乙肝病毒新疗法研制成功

我国治肝领域获重大突破，一种彻底杀灭乙肝病毒，从根本上治愈乙肝的“新型武器”体细胞疗法，在第四军医大学研制成功。这一科研成果是第四军医大学全军基因诊断技术研究所联合国内多家科研机构，历经十年的刻苦攻关取得的。此前已应用于临床，有近千例乙肝患者接受了该技术的治疗，有效率达到100%，治愈率85%。

2005.10.16◆◆山东北大高科华泰制药公司研制的新药填补国内空白

16日，由山东北大高科华泰制药有限公司承担的“手性抗抑郁药草酸依地普仑原料合成技术开发与应用”项目通过鉴定。该项目采用合成工艺拆分技术，合成原料易得，反应过程易于操作、控制，三废处理符合相关法规要求，尤其是光学拆分技术科学先进，生产成本降低，各项质量指标达到国内外同类产品标准。该药属于化学药品第3.1类新药，成果达到国内同类研究的领先水平。该药上市后将产生显著的经济效益和社会效益。

2005.10.19◆◆山东发现9例染色体异常核型 经鉴定为世界首报

山东省临沂市人民医院检验中心副主任检验师李琳等人发现9种染色体异常核型，经我国医学遗传学国家重点实验室夏家辉院士等专家鉴定，为世界首报染色体异常核型，并将被录入新版“我国人类染色体异常核型数据库”。

2005.10.19◆◆我国专家攻克SOD应用难题 可以防衰老延长生命

SOD（Super Oxide Dismutase）超氧化物歧化酶是人体中不可缺少的具有特殊生物活性的酶，它能歧化超氧自由基，是保护人体健康细胞不受氧自由基侵害的安全网。19日，通过四川生物专家刘安荣18年的研究，SOD在常温下存活时间由过去的3个月提高到6年，同时SOD规模化生产走向现实。由于SOD提取的量非常小，在市场上其价格是黄金价格的600倍，达到每克7万多元人民币。SOD面世后主要是西方国家一些领导人和名流注射或服用，用于延缓衰老；在医学临床上此前国外主要用于免疫系统的治疗，和癌症放化疗期间的配合用药。SOD能够对癌症、炎症、高血压、类风湿、糖尿病、心脏病等上百种疾病有良好的抑制作用，对防辐射和化疗效果显著，特别对防衰老作用明显。

2005.10.25 治癌中药“圣百草”取得重大突破

治癌新药“圣百草”胶囊和外用药贴的治疗效果在重庆经过临床实验和专家评审鉴定后，获得了药品检验部门医院制剂注册证的批准。

2005.10.28◆◆浙江大学医学院附属二院科研人员发现白血病发病基因

国际著名血液学杂志*BLOOD*网络版刊登了浙江大学医学院附属二院一课题组的最新研究进展：白血病元凶是PTPN11基因编码中的蛋白质shp－2作怪，这一成果受到医学界的广泛关注。

2005.11.10◆◆我国研制成功禽流感二价灭活疫苗

由农业部动物检疫所和青岛易邦生物工程有限公司联合研制生产的国家级新药——禽流感二价灭活疫苗首批产品通过国家兽医药品监察所签发后正式投放市场。该疫苗能同时预防H5亚型和H9亚型禽流感，将为我国禽流感防控发挥重要作用。新研制的禽流感二价灭活疫苗，免疫一次就能同时预防这两种疫病，免疫效果与分别免疫两种单苗相同，免疫后14天即可产生坚强的保护力，而且生产成本相当于两种单苗的60%。因此，本项研究成果不但填补了国内外产品空白，而且大大地方便了养禽业生产，节约了防疫费用。

2005.11.15◆◆我国研制出Ⅱ型糖尿病基因药物

治疗Ⅱ型糖尿病的新型药物——谊生泰，在北京和天津两地开始二期临床试验。谊生泰拥有多项国家发明专利，该药采用基因工程多肽生产技术，是国际糖尿病药物治疗热点“肠促胰岛素分泌肽”的一种。谊生泰的降糖作用机制特殊：它在病人血糖升高时起作用，待血糖降低时则作用相应减弱，这样就避免了胰岛素过度分泌导致的低血糖发生，使用安全可靠。除了降糖作用以外，谊生泰还能抑制食欲，减轻体重，辅助控制Ⅱ型糖尿病病人的病情发展，其促进胰岛β细胞再生的作用对糖尿病的潜在治疗价值也十分可观。国内外医学专家一致认为“肠促胰岛素分泌汰”类药物代表了糖尿病治疗的新方向，因此，临床实验研究的意义重大。

2005.11.18◆◆国产法医学DNA检验试剂盒问世

经过两年多的科技攻关，公安部第二研究所研究出能够完全替代进口的DNA检验试剂盒，标志着我国迈出了法医学DNA检验试剂盒国产化的关键一步。

2005.11.23◆◆世界上首次采用手性拆分法研制的抗高血压药物成功

我国科研人员在世界上首次采用手性拆分法，成功研制成低毒、有效控制高血压的药物“苯磺酸左旋氨氯地平”。这一产品作为我国有自主知识产权的化学药，成功进入国内高血压药物的高端市场，并被国家发改委授予高技术产业化示范工程。这一成果在2000年通过中国科学院的验收，此前已获得了两项我国发明专利授权，在国外已获得美国一项专利授权。

2005.11.25◆◆第一个抗肿瘤溶瘤病毒药物获准上市

上海三维生物技术有限公司宣布，我国国家食品药品监督管理局（SFDA）已经批准了具有溶瘤作用的重组人5型腺病毒（H101）与化疗结合治疗难治性晚期鼻咽癌。重组人5型腺病毒注射液获得国家食品与药品监督管理局的I类新药证书，标志着世界上第一个由官方机构正式批准的抗肿瘤溶瘤病毒药物的问世。

2005.12.01◆◆我国具有自主知识产权的IBE－5抗艾滋病新药进入临床试验

1日，是第18个世界艾滋病日。中国军事医学科学院给艾滋病患者带来了一份福音：由江中集团投资，并参与研制的抗艾滋病化学新药咖啡酰奎尼酸（简称IBE－5），在经过严格的动物药效学试验和安全性试验后，正式被国家食品药品监督管理局批准进入人体临床试验阶段。

2005.12.02◆◆内资医药企业首次建立大型研发中心

作为首都生物医药产业的龙头企业，北京医药集团集中“双鹤”、“紫竹”和“赛科”研发力量，成立了中央研究院。这是国内首个由内资医药企业建立的大型研发中心。北药集团负责人表示：中央研究院要在两三年内达到国内一流、国际知名的医药企业中央研究院；从仿制和创新结合出发，逐步向自主知识产权新药研发发展，最终实现研发高水平的原创新药。

2005.12.07◆◆郑州大学首次成功分离出人乙酰肝素酶全长编码基因

郑州大学医学实验中心李燕杰博士等发表研究论文，她们采用聚合酶链反应（PCR）分析法，在国内首次从人胎盘cDNA文库中分离出人乙酰肝素酶（HPA）编码基因全序列，并成功地构建、筛选出有效的蛋白表达载体和细胞株，为进一步研究HPA的功能特性以及临床应用奠定了基础。

2005.12.08◆◆西安发现两个HLA等位基因

陕西省血液中心暨西安市中心血站新发现两个人类白细胞抗原（HLA）等位基因，目前已被世界卫生组织（WHO）人类白细胞抗原命名委员会确认并命名为“HLA－A0290”和“HLA－B4814”，这两个新基因的序列即将公开发表在《组织抗原》、《人类免疫学》、《国际免疫遗传学杂志》等国际著名的专业刊物上。这是在国内外首次发现并被命名的两个HLA等位基因，这一发现对器官和骨髓移植以及疾病治疗等具有重要意义。

2005.12.13◆◆通化东宝成功研制“基因重组人胰岛素”

经过多年的攻关，通化东宝集团科技人员成功研制“基因重组人胰岛素”，填补了我国在基因重组人工胰岛素产品的空白，使我国成为继美国、丹麦之后世界上第3个能够生产、销售基因重组人胰岛素的国家。

2005.12.14◆◆我山羊体细胞克隆技术达国际前沿水平

世界上首例将卵丘细胞和长期培养胎儿成纤维细胞核，移植到屠宰场山羊卵巢卵母细胞中而出生的克隆山羊——“白雪”、“阳春”、“立夏”，在山东农业大学集体亮相。鉴定专家组认为，该研究在改进和完善山羊体细胞克隆技术研究上取得重要突破和创新，总体研究达到国际前沿水平，具有重大学术价值和潜在的应用前景。利用改进的细胞核移植技术获得克隆山羊2批共3只，说明该技术具有很好的可重复性。该研究获得的主要创新性成果包括：首次研究了山羊卵母细胞秋水仙胺辅助去核，并发现可以用低于猪卵母细胞1 000倍的浓度获得90%以上的高去核率；系统观察到克隆山羊妊娠中断、胎儿和出生动物异常，证明了山羊与其他动物一样，克隆后代也出现很多异常等。

2005.12.27◆◆北京科宇干细胞公司国内首创人视网膜色素上皮干细胞注射液

由北京科宇干细胞公司研制，国内首例“人视网膜色素上皮干细胞注射液”产品注册申请于12月被国家药监局受理。这项产品是自20世纪80年代开展用细胞移植治疗帕金森病以来又一项新的细胞产品。

2005.12.27 □◆◆我国新型钛合金及其生物涂层技术研究取得突破

由西北有色金属研究院等三家单位联合承担的国家“863计划”特种功能材料主题“与硬组织生物力学相容的新型钛合金及其生物涂层技术开发”课题通过了验收。该课题自主设计开发出两种具有我国自主知识产权的近型钛合金TLM（Ti－Zr－Sn－Mo－Nb）和TLE（Ti－Zr－Mo－Nb），生物和力学相容性好，综合性能可与目前国际上已报道的Ti－13Nb－13Zr等优良医用钛合金相媲美，在原料、熔炼、加工、热处理等方面实现了“较低成本化”，综合力学性能宽泛可调；材料加工工艺简便高效；易加工成各类管、棒、板、丝、箔材及模锻、铸造产品。TLM合金可同时用于人体软组织（如血管内支架、心脏瓣膜等）和硬组织（关节、内固定器械等）的修复与替代产品制造，具有多功能、多用途、高性价比，便于推广与普及。

2005.12.28◆◆中国通过蛋白质研究首次破译癫痫密码

癫痫基因集体失语导致癫痫患者全身或局部肌肉抽搐，是因为一时性大脑功能紊乱。浙医二院神经内科丁美萍和科室的团队在我国首次通过大脑蛋白质研究破译了癫痫密码。

该研究团队申请到的国家课题基金项目“人类颞叶癫痫疾病相关蛋白质2DI数据库及连锁图构建”，这项研究以期揭示难治性颞叶癫痫发生的蛋白质网络机制，为寻找新的治疗靶点和研发新的治疗手段打其下基础。

5

能源产业类

2005.01.04◆◆天津大学“绿色能源”国际领先

“双酚A”工艺成为中国化工领域首次以领先水平进军国际市场的成套技术。

由天津大学石油化工技术开发中心攻关研制的专利技术——燃料乙醇生产技术在全国实现试点推广，这项“绿色能源”合成的车用乙醇汽油已在我国数个省市正式封闭试行，引起国内外关注。与此同时，天大石化技术开发中心研制开发的万吨“双酚A”试验装置投产并经过了技术鉴定。目前，中心就这项具有完全自主知识产权的成套“双酚A”生产新技术与美国公司签订了技术合作合同，将“双酚A”新工艺引向国际市场，成为中国化工领域首次以领先水平进军国际市场的成套技术。这两项技术不仅填补了国内化工领域的空白，也让天大石化技术开发中心成为我国与国际化工领先水平抗衡的前沿阵地。

2005.01.09◆◆广州能源所波浪能独立发电系统取得突破性进展

9日，广州能源所研制的波浪能独立发电系统第一次实海况试验获得成功。这表明，波浪能稳定发电这一世界上至今未解决的难题已经有了突破性的进展。

这次试验属于小功率试发电试验。由于系统刚刚建成，在确保安全的前提下，需要在小功率下磨合，以发现液压机械和控制系统的问题。从试验来看，波浪能独立发电系统在抗冲击、稳定发电、小浪发电等方面已经达到预期效果。发电功率6千瓦，发电稳定度优于柴油机发电系统，达到用户直接使用的水平，可以用于照明、计算机、空调机、制淡机用电。

波浪能是可再生能源中最不稳定的能源。实海况测量得到的统计数据表明，10分钟内波浪的最大能量约为其平均能量7~10倍。英国、葡萄牙等国采用昂贵的发电设施，仍无法达到用户直接使用的水平。广州能源所根据国家需求首先提出并实施波浪能独立发电系统的研究，得到了国家十五863项目和中国科学院创新方向性项目的支持。2000年提出蓄能稳压系统，解决了波浪能独立发电系统的关键技术，2003年研制出第一个蓄能稳压系统，2004年在实验室进行了一年的试验，解决了波浪能独立发电系统的许多潜在的问题。2004年底开始在九五攻关项目研建的汕尾100kW岸式波浪能电站安装调试，进行实海况试验。

本次试验后，广州能源所将逐渐在现有系统上安装蓄电-逆变、波浪能制淡以及各种自动保护、控制等系统，以建造世界上首座波浪能独立发电系统。

2005.01.10◆◆具有自主知识产权的粉煤气化制合成气在北京通过验收

由兖矿鲁南化肥厂、华东理工大学和中国天辰化学工程公司共同承担的国家“十五”科技攻关计划课题——“粉煤加压气化制备合成气新技术研究与开发”在京通过课题验收。该技术的研发成功使兖矿集团成为世界上首家同时拥有具有自主知识产权的水煤浆气化和粉煤气化两项煤气化技术的企业。该技术填补了国内空白，是具有自主知识产权的创新技术，中试工艺指标达到国际先进水平。该项成果对于清洁、高效利用我国丰富的煤炭资源，满足国民经济与社会可持续发展需求具有重要意义，已具备工业化的技术应用条件，前景十分广阔。

2005.01.11◆◆中国首套焦炉煤气制取甲醇装置投产

由化学工业第二设计院设计的中国第一套焦炉煤气制取甲醇生产装置近日在云南省曲靖市投产，已经生产出合格的甲醇。标志着中国利用自主知识产权和国产化技术，专为炼焦项目综合利用开发的先进工艺取得成功。这一工程被国家清洁能源行动办公室确定为重点跟踪示范项目。曲靖市制供气工程有年产70万吨干全焦捣固型焦炉，煤气净化、甲醇及二甲醚生产四大工艺装置，总投资4.6亿元人民币。这套甲醇生产装置是利用焦炉产生的剩余煤气，采用纯氧部分氧化法转化工艺将气体中的甲烷及少量多碳烃转化为合成甲醇的有用成分一氧化碳和氢，低压合成甲醇，年产甲醇8万吨。甲醇是一种新型燃料和化工原料，可以作为汽车燃料。这一技术全部由中国自主开发，具有流程简单、投资低、产出高、节能环保、操作方便等特点，可以灵活地调整焦炉自用燃气和生产甲醇用气的需求，从根本上解决了焦炉煤气放空所造成的环境污染，达到治理环境、变废为宝双重目的。山西、河北、山东三省都在研制焦炉煤气制取甲醇生产装置，云南省最先投产。

2005.01.14◆◆北京和利时火电机组控制系统项目通过鉴定

14日，由北京和利时系统工程股份有限公司承担的《国家重大技术装备创新研制——600MW火电机组控制系统研制》项目通过了省部级验收鉴定。

与会专家认为：

1. 项目研制的是一个集600MW火电机组机、炉、电于一体的控制系统（DCS）平台，该系统由系统软件和系统硬件两部分组成，可用于亚临界、超临界、超超临界600MW火电机组的综合自动化控制领域；

2. 系统结构开放、合理，性能先进，使用方便；产品设计美观，制造工艺精良；

3. 现场信号处理层采用了现场总线Profibus-DP技术及现场小模块封装技术，在硬件低功耗设计上有创新，系统技术先进，硬件精度高，支持带电插拔，具有自诊断功能；

4. 系统服务器、控制器、IO模块以及网络都实现冗余配置，提高了系统的可靠性；

5. 软件体系结构采用双冗余的Client/Server结构，并支持ODBC、OPC、DDE/NETDDE和API，具有很好的系统开放性；监控层软件功能丰富，能满足用户多方面需求；

6. 项目技术资料完整齐全，符合规范要求，可以指导生产。

经过鉴定委员会评议，认为该项目已达到预定的目标、任务及技术要求。其开发成果在相关企业的现场应用中得到了验证，性能良好，具有自主知识产权，产品国内领先，某些技术达到国际先进水平，为我国大型火电300~600MW机组全面实施综合自动化，提高经济效益和社会效益做出了贡献。

2005.01.18◆◆我国首台1万kVA新型干式变压器制成

我国首台1万kVA三相三绕组干式变压器在天津制成，并通过了国家变压器检测中心全部项目检测和天津市科委、经委组织的产品鉴定，获得3项国家专利。

天津特变电工公司在引进瑞士、美国、德国等国际一流生产及试验设备的基础上，采用新技术、新材料和研制新结构，自主开发完成了1万kVA新型干式变压器这一国家级科研项目，填补了国内空白。该产品具有防火、难燃、不污染环境、可深入负荷中心供电等优点，是目前国内冶金、有色、石油开采和电厂建设等急需的电力变压器换代产品。

2005.01.24◆◆世界上首座波浪能独立发电系统在汕尾试验成功

波浪能独立发电系统的研究是中科院广州能源研究所首先提出并实施的，5年来逐步掌握一些关键技术，已经实现了10kW量级实海况试验，获得圆满成功。

已于2001年3月建成的一期工程振荡水柱波力电站。其采用的是波浪引起的水柱运动带动电机发电，即在海边建一个14米高的圆柱形气室，下面与海面相通，上面密封。波浪涌进形成气压运动，带动电机发电。在建的二期工程是振荡浮子式波力电站，这个电站采用的是波浪能独立发电系统，即用波浪带动的浮子产生的能量发电，总装机容量50kW、允许最大波浪能峰值功率为400kW，预计每年可以发电7万度。按照我国偏远农村家庭每户每天用电0.8度计，可以供应240户人家同时用电。这项工程将成为全世界首家将波浪能转化为稳定电能的电站。

因为波浪能是可再生能源中最不稳定的能源，实海况测量得到的统计数据表明，10分钟内波浪的最大式能量约为其平均能量的7~10倍。许多国家都采用昂贵的发电设施，仍无法得到稳定的电能，只能将不稳定的电能输送到电网上。这样会受到电网覆盖范围的限制。而目前广州能源所研制的此发电系统，由于其输出的电压是稳定的，可以实现“脱网”工作，在一定区域建立该波浪能系统后，可以直接供电给用户。

我国沿海波浪能能流密度大约每米2~7千瓦，但海岸线上能量分布不均。在能流密度高的地方，1米海岸线上的能流就足以为20个家庭提供照明。不过将波浪能发电、制造淡水和用户直接用电三项功能结合起来，最终实现“三合一”的波浪能系统，才是广州能源所海洋研究室研究的最终目标。

该研究所同时研究出了与波浪能独立发电系统相互配合的充电设备以及波浪能制淡系统。前者可以实现将波浪能转换成电能，直接充入蓄电池，为用户供电；后者则可将波浪能直接用于海水淡化，消化多余的能量，生产人们所需的淡水。

2005.01.26◆◆国内首台兆级风力发电机研制成功

由兰州电机有限责任公司研制的“YRKFF500-

41000KW690V 变速恒频双馈异步风力发电机”，经兰州电机公司、沈阳工业大学风能技术研究所、变频器生产商ABB公司3方的系统地面测试，检测数据完全满足用户需要，成功并网发电。这是国内首台兆级风力发电机采用其控制设备。此套风力发电机及其控制设备是国家“863”项目“兆瓦级变速恒频双馈异步发电系统”中的核心部件，是兰州电机公司与沈阳工业大学风能技术研究所签订合同研制开发的。

2005.01.28◆◆洛阳生产的世界上最先进的等离子无油贫煤点火技术成功应用

由洛阳博耐特工程技术公司生产的“烈火”Ⅰ型、Ⅱ型等离子无油贫煤点火装置在秦岭电厂成功应用。该项技术推广后，每年可为国家节省重油1 000多万吨、燃油费用200亿元。

火电行业是我国重要能源工业，传统的点火方式使其成为耗油大户。“烈火”Ⅰ型、Ⅱ型等离子无油贫煤点火装置彻底取代了现行锅炉启动燃油点火和稳燃的工作方式，节省运营费用75%。这项拥有自主知识产权，热效率高、寿命长、能点燃低挥发贫煤的等离子无油贫煤点火技术是目前世界上最先进的等离子点火技术。

2005.02.24◆◆三峡电厂两成果达国际先进水平

三峡电厂研制的“双输入信号加速功率型电力系统稳定器”和“发电机定子水冷状态监测及故障诊断专家系统”，经鉴定达到国际先进水平，其中一项填补了国内空白，达到国际领先水平。

2005.02.24◆◆青海陶瓷过滤管项目通过鉴定

由青海大学与江西萍乡市菲特高新技术材料有限公司合作的教育部“春晖计划”项目、“863”项目派生项目《洁净煤用高温非对称陶瓷过滤管研发》，通过有关专家鉴定。

这一项目自2003年2月开始实施研制，历时两年获得成功。鉴定委员会认为，洁净煤用高温非对称微孔陶瓷过滤管的材料配方与制备工艺具有创新性，过滤管的各项性能指标（如气孔率，抗压强度，抗热震性，压降性能）达到了用于煤气等工艺过程高温气固分离的要求，达到了国际同类产品的水平。这一成果对我国洁净煤等技术的发展具有重要应用价值，对于保护环境也有重要作用，整体处于国内领先水平。

2005.02.24◆◆我国研发出可强化煤矿生产安全的稀土复合新材料

一种可有效防护采煤作业中由于物体摩擦、碰撞产生火花，引燃空气中的瓦斯燃烧爆炸，从而大大增强煤矿生产安全的新型防燃爆材料——稀土复合涂料，由中科院长春应化所研发成功，并通过了中国煤炭科学研究总院唐山分院、重庆分院、抚顺分院的试验检测。

试验表明，将该复合涂料涂在金属表面上，不仅涂层牢固，而且在高热量的冲击能量下不发生火花，完全达到国家“煤矿用金属材料摩擦火花安全性试验方法和判定规则”中规定的标准。

长春应化所的科研人员在充分调研的基础上，开展了“防护摩擦火花引燃可燃气体功能涂层的研究”。他们针对“防护涂层”要具有难燃性、抗静电、抗腐蚀、抗冲击、摩擦火花安全性等性能要求，经过反复分析研究对比，确定了以改性环氧树脂为成膜材料，另外添加增韧、阻燃、固体润滑等材料，解决了“防护涂层”原材料遴选这一重大问题。在此基础上，突破了工艺流程中的技术难题，成功地研发出稀土复合防爆新涂料。实验表明，该涂料具有金属件或硬件物体互相撞击不产生火花，涂层附着力强、牢固、不易脱落，涂层耐腐蚀性好、耐酸碱性强，绝缘性好、无毒无害等特点。不仅适用于煤矿采煤作业中，还可广泛应用在航空、航天、建筑、石油化工等领域。

2005.02.25◆◆首台300立方米/时模块式冷凝油气回收机在青岛试制成功

我国首台300立方米/时模块式冷凝油气回收机在青岛石化投用。该机器由胶南市积米崖港区青岛德胜油气回收设备科技开发有限公司研制，项目设计生产的油气回收设备达到国际先进、国内领先水平，油气回收率达到95%以上。

该设备在充分消化吸收国外先进技术的基础上自主开发研制，公司可根据火车、油轮、油罐车罐装线、油库、发油装车台、加油站等各个环节油气挥发量的大小及特点，设计生产处理能力为60立方米/时－600立方米/时等各种规格的系列冷凝式油气回收设备，这对建设资源节约型社会，加强生态环境保护将起到积极的作用。

2005.03.07◆◆《塔里木盆地高压凝析气田开发技术研究及应用》达到国际先进水平

国家“十五”科技攻关项目《塔里木盆地高压凝析气田开发技术研究及应用》，是中国石油天然气工业的10多名科技工作者和近万名产业工人采用研究与实践紧密结合的科研方式，应用“产、学、研”一体化的攻关模式，历时10年，创造并通过生产实践检验是一项总体达到当今国际先进水平的国家科技攻关项目。

这一科技攻关项目打开了中国油气藏开发的崭新领域，成功指导了西气东输工程的主力气源地塔里木气区的天然气开发实践，创造了巨大的经济效益和社会效益。统计数据显示，截至2004年底，中国石油塔里木油田分公司仅通过这个项目的实施，就已建成28.93亿立方米天然气、118万吨凝析油的年产能力，并且节省产能建设投资27.75亿元人民币，实现利税37.23亿元。

凝析气藏是介于油藏和天然气藏之间的一种重要的油气藏类型。凝析气藏开发除可以获得大量品质优良的天然气外，最主要的是得到的凝析油等产品更是炼油与化工行业生产乙烯等产品的优质原料，具有极高的商业价值。

塔里木盆地面积56万平方公里，是我国最大的含油气沉积盆地。全国最新一轮油气资源评价结果表明，塔里木盆地可探明的油气储量当量为123亿吨，其中石油60亿吨、天然气80 000亿立方米，被地质学家称为中国石油天然气工业的希望之地。

2006.03.10◆◆达到国际先进水平的泵下液砂分离技术在石油大学问世

石油大学一研究项目“泵下液砂分离技术研究”，通过了山东省科技厅组织的专家鉴定。

该项研究成果由石油工程学院完成。科研人员利用大型流体力学计算软件对泵下液砂分离器进行了流场数值模拟，系统研究了其流场特性，并对分离器的结构参数进行了优化，开发了用于不同条件下的旋流分离器的优化软件。根据水力旋流的基本原理分析和数值模拟结果，科研人员研制出的适用于不同油井的泵下液砂分离器，具有结构合理、投资和维护成本较低、能量消耗少的特点。

该项研究成果现场应用表明，泵下液砂分离器能有效地降低进泵液体中的含砂量，从而减轻对抽油设备的磨损，提高泵效，减少作业次数，有效防止砂卡泵现象，延长检泵周期，取得了显著的经济效益和社会效益。

2005.03.16◆◆中海油成功研制地层测试器

长期以来被少数国际跨国公司垄断的地层评价测试仪（FET）在中国海油下属的中海油田服务股份有限公司研制成功，并成功进行了首次海上作业。标志着中海油服已具备了制造第三代地层测试仪器并应用于海上作业的能力，填补了国内技术空白，为提高市场核心竞争力、走向国际市场提供了技术支撑。

2005.03.16◆◆国内首台“超高压带电清扫机器人”在甘肃兰州研制成功

16日，被列入国家“863”计划的重点科技——“330Kv超高压带电清扫机器人”功能性样机于3月中旬在甘肃兰州供电公司330Kv和平变电所顺利通过了现场带电清扫试验。此举标志着国内首台超高压带电清扫机器人功能性样机研制成功。

多年来，电力设备外绝缘表面积污引发网络事故已成为影响电力系统设备安全和可靠供电的一大隐患。传统的停电清擦方式在电力供应日趋紧张的情况下，显得既落后，又影响生产。2000年，甘肃省电力公司把开发研制“330Kv超高压带电清扫机器人”列为重点科技项目，委托其下属的兰州供电公司与上海交通大学组成联合攻关小组并启动工作。期间，项目课题组围绕研发目标，先后攻克了多处难关，多项成果获得了国家专利。2002年，该项目申报国家“863”计划以后，样机试制工作进展顺利。2004年10月，第一台“330Kv超高压带电清扫机器人”功能性样机终于组装完成，并顺利通过了各项试验。2005年3月11日，在兰州供电公司330Kv和平变电所，“330Kv超高压带电清扫机器人”顺利进行了现场带电清扫试验。

2005.03.22◆◆中国首座“超低能耗示范楼”在清华大学落成

22日，中国首座超低能耗示范楼在清华大学落成。

这座超低能耗楼是2008年奥运会的“前期示范工程”，集中体现“科技奥运、绿色奥运”的理念，同时也是国家“十五”科技攻关项目“绿色建筑关键技术研究”的技术集成平台，用于展示和实验各种低耗能、生态化的建筑形式和先进的技术产品。

这座楼的主要功能是搭建学术界和企业界进行技术交流、产研挂钩的桥梁，并在此基础上开展建筑技术领域的应用性研究，示范一系列节能、生态、智能技术在各类建筑中的应用，同时也面向社会推广建筑节能、绿色建筑的概念。为此，清华大学计划成立建筑节能研究中心，以疏通政府、科研单位、企业之间的交流渠道，让各方都能及时了解最新的信息，使国家制订的一系列节能标准真正应用到实际建筑当中，而不是仅仅停留在学术讨论的层面。

2005.03.24◆◆家电待机能耗为零的电源控制芯片在内蒙古科技大学问世

24日，内蒙古科技大学发明的一种待机电源控制芯片使家电在待机状态下能耗为零。这一成果远远超过了联合国能源署从2000年推动的到2010年将电器产品的待机能耗降到1瓦的目标。内蒙古科技厅组织专家对该芯片进行鉴定。专家称：这是一项终结性技术，它的问世将打破国际上对我国电子产品待机能耗技术出口的壁垒，技术达到国际领先水平。

这个被称为“一种零功耗待机电源控制装置”的芯片的最大特点在于它不需要改变家电的电路结构，不需要改变遥控器的电路结构，不改变用户的操作方式，成本极低。待机时芯片采用机械继电器切断家电的交流线路，启动时能用遥控器操作。经检测，在安装了芯片的家电待机状态下，交流侧静态待机电流为零，直流侧静态待机电流为0.35微安，装置本身能耗仅为3微瓦。在家电启动后，装置中的电池输出电流检测值为零。

2005.03.24◆◆粉煤气化技术项目取得重大突破

以兖矿集团鲁南化肥厂为依托单位的水煤浆气化及煤化工国家工程研究中心、华东理工大学、中国天辰化学工程公司三方共同承担的“十五”国家重点科技攻关计划课题——粉煤加压气化制备合成气新技术项目取得重大突破，中试装置稳定运行时间超过72小时，有效气成分达到了89%，各项指标较好。

粉煤加压气化技术是适合我国资源国情的煤洁净高效利用技术，也是世界上先进的煤气化技术之一。可广泛应用于化肥化工产品生产、煤间接液化、IGCC联合循环发电、城市燃气、氢能源、燃料电池等领域。与水煤浆气化相比，粉煤气化具有较明显的节氧、节煤、有效气成分高等优势。粉煤加压气化制备合成气新技术项目的成功研发，标志着我国具有了具备自主知识产权的达到国际先进水平的干煤粉气化技术，对于我国实施可持续发展战略、保障能源安全具有重要意义。该技术项目可为我国大、中、小以煤和石油为原料的化肥厂改造提供可靠技术保证，并在技术转让方面为国家节约大量外汇。该技术的成功应用，将为合成氨、甲醇、羰基合成等大宗化工产品原料路线改变提供先进的煤气化技术，使之与我国能源结构相适应，符合国家可持续发展战略。

2005.03.25◆◆华北电力和河北硅谷推出永久防污闪涂料

河北硅谷化工有限公司与华北电力集团公司华北电力科学研究院攻克了防污闪世界性难题，联合研制成功新一代PRTV电力设备外绝缘用就地成型永久性防污闪复合涂料。据有关专家测算，该项成果每年可为国家减少因污闪停电造成的损失3 000亿元。

PRTV电力设备外绝缘用就地成型永久性防污闪复合涂料，具有超过热硫化硅橡胶的物理和电气性能，材料寿命长达20年。其憎水性能优良，耐污闪电压高，电气绝缘性好，耐电蚀损性达TMA4.5级，阻燃性达FV－0级，抗电弧，在异常情况下能有效保护电瓷设备不受损害。同时它还具有高模量、高强度、耐酸、耐碱、耐盐和化学试剂腐蚀等特征；耐紫外线，耐臭氧，抵抗环境侵蚀，不起皮，不开裂，维护期内正常状态下可免清扫。特别是其可就地成型，使用方便，满足输变电设备现场防污技术措施的需要。

2005.03.28日◆◆可取代进口的海洋石油钻探高压软管在河北开发成功

一种广泛用于海洋石油钻探的无限长度高压软管，由河北景县宏广橡塑金属制品有限公司研制开发成功。这一新产品具有使用压力大、耐温性能好、弯曲韧性强、不变形等特点，其爆破压力达860kg/cm^2。在－40°C～120°C温度范围内不老化、不龟裂。由于在生产过程中采用了聚氨酯和尼龙材料，产品的绝缘性好、抗静电，韧性也大大增强了，避免了弯曲、打死折现象的发生，使用寿命比同类产品提高2倍以上。特别是在生产中，该公司通过对设备的技术革新，解决了无限长度给生产带来的难题，满足了石油钻探的需求。

2005.03.30◆◆济南发电设备厂研制的国产首台220MW空冷汽轮发电机并网发电

由济南发电设备厂研制的国产首台220MW空冷汽轮发电机，在河南登封热电厂并网发电。

该发电机是国内容量最大的空冷汽轮发电机，也是国家重大技术装备创新研制项目，它的研制成功和批量投产，标志着我国空冷汽轮发电机的单机容量和制造技术已与国际同步发展。空冷汽轮发电机与水冷、氢冷发电机相比，结构简单、辅助设备少，安装运行维护方便，可以满足我国电力建设对大容量发电机的需求，也更利于国产发电机产品参与国际竞争。

2005.04.04◆◆具有自主知识产权的煤直接液化高效催化剂开发成功

863课题“煤直接液化高效催化剂”通过验收，该课题由煤炭科学研究总院北京煤化工研究分院承担完成。北京煤化工分院就高效催化剂相关技术已申请3项发明专利，2项实用新型专利。

煤科院北京煤化工研究分院从事煤的直接液化技术研究已有20多年，在液化催化剂开发上做了大量工作。在863计划的支持下，煤化工分院建立了一套连续的催化剂制备中间试验装置，完成了中间试验装置的连续运转实验，并在煤液化连续试验装置上对所开发的催化剂进行了多次实验验证。自主开发的863高效催化剂可均匀地分散在载体表面，最大限度地发挥其催化活性，因而其用量只是常规催化剂的1/4，煤液化油收率可高出常规铁系催化剂5个百分点左右，而吨液化原料煤催化剂消耗成本仅为14－19元人民币，其经济效益十分明显，具有广阔的应用前景。

煤直接液化催化剂的研究和开发是降低液化成本、提高液化油收率的关键技术之一。具有自主知识产权的煤直接液化高效催化剂研发成功，并将在未来的直接液化工程中得到应用，这将极大地推动我国煤直接液化技术的发展，为该技术的工程化实施奠定良好的基础。

2005.04.10◆◆深圳广社公司发光二极管实现360度空间照射

4月初，在陈建伟简陋的“LED（发光二极管）光电实验室”看到，一颗豆大的LED竟将实验室四周均匀地照亮。这是世界上第一颗360度（体发光）高效能白光LED，它改变了白光LED单向发光特性。这是受昆虫复眼启发的一项发明。

自上世纪发光二极管LED出现，其技术取得了飞跃发展。与传统白炽灯和日光灯相比，LED白光照明灯从理论上讲，在功耗、寿命、环境保护等方面都具有绝对优势。同等亮度的LED灯泡功耗只有白炽灯的10%。其寿命可达10万小时，比日光灯长10倍，比白炽灯长100倍。据悉，有关部门已向国家提交半导体照明产业发展报告，计划用15年时间打造我国的半导体照明产业。如实现，在投资不到三峡工程5%的情况下，半导体照明普及后，一年节省的电量相当三峡一年的发电量。不过，目前传统的白光LED的特性之一是单向发光，即以X、Y、Z轴来衡量，它只能朝其中一个“轴”向发光，漫射到其他方向的光就很弱了。深圳广社公司陈建伟根据昆虫复眼将360度光线聚于一点的原理，以及光的可逆性，构思了让光线从一点发出，向360度空间照射的LED。在没用国家一分钱的情况下，他自筹资金，建立起了“LED光电实验室”，专心从事白光LED聚、散、组合光源研究。用了5年时间研发出了“360度白光LED”，有效地解决了现有发光二极管存在的光损失，以及在组成多光源上存在的问题。陈建伟的“360度白光LED”发明专利申请已被国家知识产权局受理。2005年2月他捐赠的

LED 头灯还被送往我国南极考察站供考察队员使用，并在南极接受考验。

2005.04.12◆◆清华大学生化酶催化剂制柴油新工艺问世

清华大学研发成功一种操作简单、在常温常压下可将动植物油脂有效转化生成生物柴油的全新工艺“生物酶法制生物柴油”中试成功。由清华大学再生资源与生物能源实验室开发的生物酶法生物柴油新工艺，为生物柴油的工业化生产提供了理想的途径，采用新工艺在中试装置上生物柴油产率达90%以上。产品技术指标符合美国及德国的生物柴油标准，并满足我国0号优等柴油标准。中试产品经发动机台架对比试验表明，与市售石化柴油相比，采用含20%生物柴油的混配柴油作燃料，发动机排放尾气中一氧化碳、碳氢化合物、烟度等主要有毒成分的浓度显著下降，发动机动力特性等基本不变。

生物柴油是以含油植物、动物油脂以及废食用油为原料制成的可再生清洁能源。目前已实现产业化的生物柴油生产工艺主要是化学催化转酯法。化学法存在设备投资高、有酸或碱排放、能耗较高等缺点。生物酶法因反应条件温和、醇用量小、无污染物排放等优点日益受到重视，但存在甲醇及副产物甘油影响酶的反应活性及稳定性、酶的使用寿命不长、成本高等问题，成为生物酶法工业化生产生物柴油的瓶颈。对此，清华大学化工系再生资源与生物能源试验室提出了一条全新的生产工艺路线，可以有效消除甲醇及副产物甘油对酶反应活性及稳定性的负面影响，酶的使用寿命也随之大大延长。

2005.04.13◆◆国内首台330千伏带电清扫机器人通过国家验收

由甘肃电力公司、上海交通大学和兰州供电局联合研制的国内首台330千伏变电设备高压带电清扫机器人在兰州通过国家“863”计划项目专家组验收。

330千伏变电设备高压带电清扫机器人，作为国家“863”计划重点课题《超高压巡线与带电作业机器人》的重点子课题之一，主要研制内容包括在超高压环境条件下的机械系统、控制系统、传感器及通信系统的视觉系统的研制等。

由西安交通大学、东南大学、北京机械工业自动化所、中科院自动化所、清华大学等院所的专家组成的验收专家组作出的验收报告指出：一是课题组研制出具有自主知识产权的330千伏变电设备高压带电清扫机器人样机，其主要指标达到合同规定的要求，申请国家发明专利5项；二是课题组研制开发的清扫机构具有升降、旋转、伸缩等5个自由度，在绝缘材料应用技术、高电压技术、液压控制技术等方面具有创新性，在高电压带电清扫技术方面进行新的探索；三是课题组结合我国西部电力网受污染较严重的特点，进行了高电压情况下带电清扫的试验应用和理论方面预研工作，为高电压带电清扫机器人作业系统实际应用提供了技术储备。验收组认为课题组完成了合同规定的任务，同意通过验收。

2005.04.15◆◆国内首台哈汽直接空冷300MW汽轮机组测试成功

哈汽公司设计制造的国产首台直接空冷300MW汽轮机组由山西漳山发电厂委托山西电科院测试成功。哈汽公司早在1966年就开始研制了第一台用于50MW试验电站的空气冷凝器。经过几代人的努力，终于设计开发出了直接空冷300MW汽轮机组。

该设备已经进入电力制造领域第一方阵，居于国际同类型机组领先地位，也是我国电站机组制造走向世界的重点项目之一。它的性能水平高低将直接影响到我国电站设备在世界的地位。该设备的试验成功标志着我国生产的直接空冷300MW汽轮机组步入了世界之林。

2005.04.18◆◆南开大学研制新型光伏电池取得重大突破

由光电子所课题组承担的国家“973项目”——“低价、长寿命新型光伏电池的基础研究”项目通过国际和国家标准测试，连续20批（片）400平方米非晶硅电池效率均超过8%，最高效率为9.1%，达到了国际同类电池先进水平，位居全国首位。

面对新世纪能源危机和环境污染的两大重大挑战，改变我国能源结构和能源供应方式，发展有中国特色和适合中国国情的太阳能事业变得异常紧迫。经过几年的努力，课题组的科研人员们不仅研制出了高效的电池，还研发出了兼有当前国际三大低成本高速沉积技术、性能指标国际一流的辐射型高真空多功能薄膜自动化沉积系统，以及制备高效微晶硅电池及非晶硅/微晶硅叠层电池的工艺流程自动控制软件，并申请了专利。同时，依托南开大学硅薄膜光伏电池技术并与天津津能投资公司等合作，开始了电池产业化进程，联合组建的5MW非晶硅电池生产线正式投产且前景看好。

2005.04.18◆◆我国发现世界最大“可燃冰”证据分布区

我国首次发现世界上规模最大被作为“可燃冰”即天然气水合物存在重要证据的“冷泉”碳酸盐岩分布区，其面积约为430平方公里。该分布区为中德双方联合在我国南海北部陆坡执行“太阳号”科学考察船合作开展的南我国海天然气水合物调查中首次发现。冷泉碳酸盐岩的形成被认为与海底天然气水合物系统和生活在冷泉喷口附近的化能生物群落的活动有关。此次科考期间，在南海北部陆坡东沙群岛以东海域发现了大量的自生碳酸盐岩，其水深范围分别为550～650米和750～800米，海底电视观察和电视抓斗取样发现海底有大量的管状、烟囱状、面包圈状、板状和块状的自生碳酸盐岩产出，它们或孤立地躺在海底上，或从沉积物里突兀地伸出来，来自喷口的双壳类生物壳体呈斑状散布其间，巨大碳酸盐岩建造体在海底屹立，其特征与哥斯达黎加边缘海和美国俄勒岗外海所发现的“化学礁”类似，而规模却更大。“可燃冰”是由天然气与水分子结合形成的外观似冰的白色或浅灰色固态结晶物质，因其成分的80%—99.9%为甲烷，这些碳酸盐岩的形成和分布记录了富含甲烷流体的类型、性质、来源、强度变化及其与海底可能存在的水合物系统的关系等情况。

中德科学家一致建议，借距工作区最近的我国香港九龙的名谓，将该自生碳酸盐岩区中最典型的一个构造体命名为“九龙甲烷礁”，其中“龙”字代表了我国，“九”代表了多个研究团体的合作。

2005.04.23◆◆我国研制出世界最先进兆瓦级风力发电机

23日，我国首台国产具有世界先进水平的兆瓦级风力发电机在新疆达坂城风力发电厂吊装就位。这台1.2兆瓦直驱式永磁风力发电机是由新疆金风科技股份有限公司研发。其叶轮直径达62米，额定功率1 200千瓦，轮毂高度67米，单机机头重量达到80吨。由于这台机组采用了直接驱动技术、变速变桨技术和永磁发电机技术等先进技术。从世界范围来看，这是最先进的机型之一。

此前兆瓦级风机已成为发达国家风力发电的主流机型，而我国受技术水平所限，普遍应用的风机功率只有600到750千瓦。

2005.04.24◆◆我国首台具有世界先进水平的1.2兆瓦直驱永磁风力发电机组成功投运

24日，国家“863”计划重点支持课题，我国首台具有世界先进水平的兆瓦级风力发电机组样机，在新疆达坂城风力发电场吊装就位，并进入调试运行阶段。

这台1.2兆瓦直驱永磁风力发电机组是我国第一台兆瓦级风机，由新疆金风科技股份有限公司研发。该机组额定功率1 200kW，叶轮直径62米，轮毂中心高69米，机头总重量80吨，采用水平轴、三叶片、上风向、变速变桨距调节、直接驱动、同步永磁发电机并网的总体设计方案，并采用了多项专利技术，属于风力发电机组中最先进的机型之一。具有高安全性、高效率、结构简单优化、维护成本低等优点。

2005.04.25◆◆多功能综合自动化测试维护仪问世

由哈尔滨电业局继电保护所与哈尔滨电表仪器股份有限公司联合开发的ATM－1型多功能综合自动化测试维护仪通过黑龙江省科技厅组织的技术鉴定。此维护仪不仅是远动、继电保护、通信、仪表等专业的理想维护仪器，更填补了国内外同类设备的空白，具有较高的市场投资价值。

“AIM－1型多功能综合自动化维护测试仪”是针对电力系统二次设备测试需要开发的。该仪器采用交流采样技术，可以实时进行在线数据监测分析，具备波形记录功能，同时具有多种通信接口，集成了主站、保护、电度表、小电流接地、消弧线圈等装置的规约通信，设计原理先进，性能稳定可靠，使用方便。具有遥测、遥信、遥控、通道监听、跨介质通信、误码测试功能，属于国内首创，该仪器在测试功能方面达到国内领先水平。

此维护仪是一种全数字化的全参数智能工频测量仪器，采用先进的计算机技术，以直接交流采样算法实现多功能的工频电参数测量，同时具备了伏安表、通道测试仪、模拟主站、保护通信管理等功能，并增加了各种规约通信的功能，可以和国内一些智能装置进行通信检测，还有各种硬件接口和软件接口功能，是国内外市场上所没有的。经过近一年的试运行，此仪器适合综合自动化专业适用，可以快速解决运行中碰到的问题，特别适用于现场检查变送器、电度表、继电保护、仪表的现场接线方式及相位相序是否正确。

2005.05.05◆◆国内首座液化天然气电厂在深投产

5日，装机容量为25万千瓦的深圳美视电力LNG（液化天然气）发电机组正式投入商业运行。作为国内首台使用LNG发电的机组，其投产不仅对缓解深圳电网负荷压力意义重大，而且对天然气在国内市场的推广和应用也将起到重要作用。

LNG的主要成分是甲烷（CH_4），燃烧后为二氧化碳（CO_2）和水（H_2O），无硫化物、颗粒物排放，这将改善城市空气质量，大大减少阴霾天气，环保效益十分明显。

2005.05.20◆◆我国首个天然气发电厂点火成功

我国第一台9FA重型燃气轮发电机组——浙江半山天然气发电工程1号机组点火成功，比原计划提前了4个月。并网发电后，将新增装机容量39万千瓦。

天然气发电过程中，几乎不产生二氧化硫、氮氧化物，无烟尘及固体废物排放，与同容量的燃煤电厂相比，具有良好的环境效应，被称为绿色电源。半山天然气发电工程建成后，不仅能为电网输送强大的电能，而且将更有利于杭州的环境保护。

2005.06.02◆◆我国首台高国产化重型燃机试车成功

2日上午10时，德阳东方汽轮机厂试车现场。总指挥一声令下，我国首台F级高国产化率重型燃气轮机启动点火。东方汽轮机厂的F级重型燃气轮机是与日本三菱合作制造的，单机功率为27万千瓦，联合循环功率为39.8万千瓦，是当今世界最先进的重型燃机产品之一。东汽在国家发改委的支持下，先后投入近4亿元人民币，经过近一年的努力，终于完成首台F级重型燃机制造工作。F级重型燃气轮机代表了国际发电设备制造业的顶尖水平。重型燃机在东汽试车成功，不仅是东汽实现“四电并举”战略的重大突破，也是四川省重大技术装备“1+8”工程建设的重大成果。

2005.06.07◆◆清华溶液式热回收技术国际领先

我国首座超低能耗示范楼在清华大学落成。作为我国首个以真实建筑物搭建的建筑节能技术试验平台，示范楼内集中展示了近百项国内外最先进的建筑节能技术产品。其中，来自清华同方空调的“溶液热回收新风机组”，空调耗能仅为常规建筑的30%，创造了空调节能的新纪录。“溶液热回收新风机组”，简单说来就是利用具有吸湿能力的浓盐溶液吸收水分，使新风干燥，干燥的新风将室内空气中多余的水分带走。这种技术领先美国起码两年。

该产品具有高效节能、舒适、健康、环保等特点。在暖通领域，热回收技术一直被认为是具有高能效比、有效节约能源的一种先进技术，溶液热回收它创新地采用液体作为热交换介质，完全不同于中央空调以往的热回收技术，热回收效果非常高，对废热的回收效率最高可超过80%。也就是说，这种产品能够重新回收浪费掉的能量，使这部分能量“发挥余热”，重新用于调节室内温度，因而能够实现优秀的节能效果。同时，系统引入室外新鲜、自然的空气，并通过适量的冷、热量来调节室内温度和湿度，为人们营造出健康、舒适、清新的绿色空间，很好得提高了人们工作和生活的品质。

溶液过滤器替代空气过滤器，机组中的溶液对空气还能起到杀菌除尘的作用，实现了真正意义的防污染中央空调。

2005.06.17◆◆广州能源所可燃冰开采研究取得新进展

由中国科学院广州能源研究所天然气水合物中心承担的中国科学院知识创新工程方向性项目“天然气水合物（可燃冰）开采中若干关键问题的研究”，在天然气水合物于多孔介质中的形成/分解条件、外场控制天然气水合物分解速度、化学药剂对天然气水合物分解的影响、天然气水合物热物理性质等相关基础研究方面取得了重要进展。

天然气水合物俗称可燃冰，是近20年来在海洋和冻土带发现的新型洁净优质能源，全球分布广，资源量巨大。近几年初步调查证实我国海域存在可燃冰，这为我国研究和开发新型洁净优质能源展示出美好前景。此前，国际上对可燃冰的开采仍处于研究试验阶段，尚无可行的开采方法。中国科学院广州能源研究所天然气水合物中心取得的成果，不仅对我国开采可燃冰作出了巨大贡献，而且对世界各国开采可燃冰起到了推动作用。

2005.06.22◆◆哈工大世界首创“城市原生污水热能资源化工艺与技术”通过鉴定

一种从城市污水中提取热、冷源向建筑物供热、供冷的“城市原生污水热能资源化工艺与技术”，在哈尔滨工业大学通过黑龙江省科技厅组织的专家鉴定。

建筑物的采暖与空调能耗在国民经济总能耗中占有相当大的比例，我国约占20%，工业发达国家已达到40%，于是寻找可替代且无污染的能源成为国际性前沿课题。而城市污水量、热容量大，水温相对较高且随季节变化幅度较小，非常适于用作热泵的冷热源为建筑物供暖与空调。该技术工艺有效解决了国际上尚未解决的城市原生污水换热过程中管路设备堵塞与污染难题，能用少量电能从环境（水或空气）中攫取大量冷、热能量来满足建筑物对冷、热的需求，可将电能利用率提高四倍以上，且对环境零污染。这项技术现已在哈尔滨的两项大规模工程中得到成功应用，运行效果十分理想。

2005.06.23◆◆国内首次注天然气驱油技术试验成功

国内首次注天然气驱油技术在河南中原油田试验成功。

以油藏类型多、埋藏深、构造复杂著称的河南中原油田，此前有1/3以上的地质储量为低渗、特低渗透油藏，对这部分储量，此前的注水工艺技术不能满足开发要求，主要依靠天然能量开发，采收率仅能达到15%～20%，二次采油开发效果极差。如何开发深层低渗、特低渗透油藏，提高油田采收率，既是油田面临的一大难题，也是油田三次采油增产稳产的潜在力量。

中原油田油藏地层温度高于90℃的油藏动用地质储量占总储量的63.9%，地层水矿化度高于15万mg/L的油藏储量占总动用储量的82.5%，而现有的化学驱、微生物驱等传统的三次采油技术，仅能满足油藏温度小于90℃、矿化度低于1万mg/L的油藏，无法满足中原油田苛刻的油藏条件。相比之下，气驱不受高温高盐的限制，更适应于中原油田的大多数油藏类型。而在现有的各种气驱采油方法中，天然气驱以采收率高、后处理简单、不污染油层等显著优势成为中原油田三次采油技术的主攻方向。

上个世纪80年代以来，中原油田先后对外合作，开展了包括天然气驱、二氧化碳混相驱，氮气驱在内的气驱技术研究和部分矿场试验，取得了一些重要成果和认识。到此前为止，在中原油田实施的这次注天然气驱油先导试验在国内油田中尚属首例。

2005.06.30◆◆青海750kV官亭变电站计算机监控系统通过出厂验收

国电南瑞科技股份有限公司研制的青海750kV官亭变电站计算机监控系统通过出厂验收。该系统是国电南瑞具有自主知识产权的750kV超高压变电站的自动化产品，缩小了我国与国际超高压变电站自动化技术发展进程的差距，在全面实现超高压变电站自动化系统的国产化进程中又迈出坚实一步。

2005.07.15◆◆国内首套快速与成像测井系统研制成功

我国石油集团测井有限公司研制的国内首套具有自主知识产权的测井成套装备——快速与成像测井系统EILog－100，在华北油田任91井投产验收获得圆满成功，各项技术指标均达到优良标准。

当前，为油田服务的先进测井装备大部分是从国外引进的，国产测井装备相对落后一代，并且不成系列。如果把国内所有测井装备都换成引进装备，因价格昂贵难以实现。继续使用此前的国产测井装备，又不能满足油田勘探开发需求。落后的测井装备不但成为制约测井发展的“瓶颈”，而且有可能威胁到测井服务企业的生存。在这种情况下，我国石油集团测井有限公司提出发展测井成套装备，改变测井的落后面貌。

这套快速与成像测井系统是在我国石油集团公司安排的重大科研项目基础上，进行系统集成和商品化，以可靠、高精度、高效率为目标，研制完成的具有自主知识产权、满足油田勘探开发需要的测井成套装备，包括综合化地面系统、集成化常规测井、国产化成像测井和综合化解释平台。经在我国石油集团公司石油测井仪器计量站，以及长庆、胜利、华北等油田20多井次的现场试验和改进完善，系统整体性能已接近国外在用的快速测井（PLATFORME-XPRESS）和成像测井（ECLIPS－5700、EXCELL－2000）技术水平，基本具备了产业化条件。

2005.08.04◆◆新一代太阳电池在江苏省江宁科技园成功投产

全国最大的年产100兆瓦太阳电池生产线一期工程在江苏省江宁科技园建成，并一次性批量试产成功。中电电气光伏有限公司新建成的太阳电池生产线是迄今为止国内最大、光电转换率最高的太阳电池生产线。它是国家重点扶持的高新技术企业，中电电气光伏有限公司与世界顶级光伏技术攻关团队澳大利亚光伏研究中心7位博士合作，高起点进军太阳能产业。

2005.08.09◆◆绿色纳米材料节能灯在哈尔滨问世获国家专利

一种环保耐用的纳米材料节能灯由哈市动力区创业中心科技人员开发问世。这种新型节能灯获得了国家发明专利和实用新型专利。

该节能灯所用的节能材料是一种有机和无机纳米杂化发光材料，它由一种高聚物与稀土化合物纳米杂化发光材料合成，经过反应后制成凝胶，再用热聚合的方法获得新型纳米节能材料。该节能灯是一种冷光源，可以高限度地利用电能，经北京的国家电光源质量监督检验中心检验，与普通材料的发光灯相比，可节能90%。在节能灯管中添加不同的材料，还能发出无颜六色的光。此前哈市大型公共建筑物有各类高耗能的照明灯数万只，如果采用新型纳米材料节能灯，可节电80%。新型纳米材料灯不但节能，还能减排二氧化碳、二氧化硫和粉尘。

2005.08.23◆◆第二届我国青少年科技创新奖颁发，王兆国、陈至立为获奖学生颁奖

当天上午，第二届我国青少年科技创新奖颁奖大会在京举行。清华大学刘自鸿、天津市第四中学苏天翼、上海市徐家汇区向阳小学李泽华等100名来自全国各地和解放军系统的大、中、小学生获此殊荣。中共中央政治局委员、全国人大常委会副委员长王兆国、国务委员陈至立为获奖学生颁奖并合影。

我国青少年科技创新奖励基金是2004年邓小平同志诞辰100周年之际，小平同志亲属按照他的遗愿，将其生前全部稿费142万元捐献出来，由共青团中央、全国青联、全国学联、全国少工委共同设立的，专门用于鼓励青少年的科技创新。

颁奖大会上，我国科协副主席、党组书记、书记处第一书记邓楠代表邓小平同志亲属讲话。她说："正像大家所了解的那样，小平同志生前非常关心青少年的成长和发展，他希望青少年要有健康的体魄，充满活力的求学精神，丰富的知识，要有自信心，要有创造力，他认为青少年是祖国的未来、科学的希望。生前他经常说的一句话是'从娃娃抓起'，身后他将142万元稿费全部捐献，用于培养青少年科技创新精神。"

邓楠认为，青少年科技创新奖励基金的设立，是对小平同志的一种告慰。

团中央书记处第一书记周强，邓小平同志亲属邓朴方、邓林、邓榕，科技部党组成员张景安等领导同志共同出席了此次颁奖大会。

2005.09.07◆◆燃料电池技术跨入世界先进行列

近年来，我国在燃料电池关键材料、关键技术的创新方面取得了许多突破，已经跨入世界先进国家行列。

近年来，国内十分注重燃料电池的研究开发，陆续开发出百瓦级30千瓦级氢氧燃料电极、燃料电池电动汽车等。燃料电池技术特别是质子交换膜燃料电池技术得到迅速发展，开发出60千瓦、75千瓦等多种规格的质子交换膜燃料电池组，以及电动轿车用净输出40千瓦、城市客车用净输出100千瓦燃料电池发动机，使我国的燃料电池技术跨入世界先进行列。

2005.10.17◆◆我国最大风力发电项目一期工程在尚义并网发电

17日上午，我国最大的风力发电项目——国华尚义风电项目一期工程竣工并网发电，同时，二期、三期工程开工建设。该大型风电场是由北京国华能源投资有限公司与尚义县政府共同合作开发的，总投资90亿元，建设规模100万千瓦，其中投资3.6亿元、建设规模3.45万千瓦的一期工程于2004年7月正式开工建设。二期、三期工程建设规模均为4.95万千瓦，将于2006年底竣工。到2007年该电场将实现装机13.35万千瓦，到2010年实现装机40万千瓦，2020年最终达到100万千瓦。

2005.10.24◆◆哈工大破解城市污水取暖制冷世界性难题

当世界各国都在竭力寻找可再生、无污染能源的时候，哈尔滨工业大学的科研人员却在遍布城区的下水道里独辟蹊径，使城市污水成为取暖、制冷的新能源。

哈尔滨工业大学课题组，利用冷热泵及特殊的污杂物处理装置，克服了与水质极差的城市原生污水换热过程中管路设备的堵塞与污染问题，从城市污水中提取热、冷量向建筑物供热、供冷，在无污染的情况下变废为宝，将城市污水中蕴含的可用能源用于建筑物的采暖空调，为城市污水的资源化，开发利用可再生性低品位清洁能源开辟了新的途径。

这项技术与传统的冬季锅炉或热网供暖，夏季中央空调系统相比，初投资与运行费用约可节省25%。以黑龙江地区为例，每1万平方米建筑可节省初投资30万元——40万元。试点使用该技术的哈尔滨某宾馆，使用传统取暖、空调系统时每平方米需61元费用，使用这项技

术以后，每平方米只需41元。此外，利用这一技术可节省排污费、大气污染费等费用及存放煤渣所需空间。

2005.10.29◆◆我国首个虚拟电厂发电

29日，位于江宁的我国首个利用太阳能热量发电的“虚拟电厂”发电成功。

全国总面积2/3以上的地区年日照时数都大于2 000小时，陆地面积每年接受的太阳辐射能相当于2 400亿吨标准煤，约等于六万个三峡工程发电量的总和。“阳光经济”的前景相当广阔，在未来20年，造出“阳光三峡”电站将不会是梦想。

江宁示范电站采用的是塔式系统，利用发电塔下数量众多的超级大镜子（定日镜），将太阳辐射反射到高塔顶部的接收器，加热工作介质产生过热蒸汽或高温高压，或直接加热集热器中的水产生蒸汽空气，驱动蒸汽轮机或燃气轮机发电机组发电，变太阳能为电能。

2005.11.01◆◆我国首台直接冷却高温超导磁储能系统试运行

1日，我国第一台直接冷却高温超导磁储能系统在华中科技大学电力系统动态模拟实验室成功实现了动模实验试运行。

该项研究课题属于“863”计划新材料领域超导材料与技术专项，于2002年启动，由华中科技大学超导电力科学研究与发展中心承担。

超导磁储能系统由储能磁体（含低温系统）、变流器及监控装置组成。储能磁体将电能以磁场能的形式储存、变流器连接储能磁体和电力系统并通过控制手段实现储能磁体和电力系统之间的功率交换，监控装置则通过对电力系统和磁体状态的即时检测，确定整个系统的控制策略并发出各类控制、保护指令，同时记录各种运行状态。超导磁储能系统能高效储能、快速响应电力系统功率变化。因此，它既可以提高电力系统的稳定性，也能改善电力系统的供电品质，甚至能用作不间断电源。当前，随着社会的发展，电力需求量越来越大，对电力系统的供电质量和可靠性的要求越来越高，太阳能、风能等新能源的重要性不断增加，电力安全与高效、电能的储存与管理正受到广泛的关注。超导磁储能系统有望成为未来电力系统中广泛应用的一种多功能能量管理装置。

2005.11.02◆◆我国科技大学发明数倍太阳光强光伏发电系统

一套具有完全自主知识产权的数倍太阳光强光伏发电系统，首次安装在中国科学院理论物理所的楼顶，并成功发电。

数倍太阳光强光伏发电系统是英国剑桥大学归国博士、我国科技大学和中科院理论物理所特聘教授陈应天发明的，与当前普遍采用的平板式光伏发电系统相比，采用数倍太阳光强光伏发电系统，可以在同样发电功率下节省75%的硅电池，而发电量增加20%以上，具有更强市场竞争力。

2005.11.02◆◆国内首台500千伏大跨越在线测振设备亮相

2日，淮南供电公司50万工区在500千伏平肥淮河大跨越成功完成在线测振设备的带电安装，使北京、合肥、淮南三地能同时通过线路大跨越振动无线远程在线监测系统，观察到500千伏淮河大跨越电气设备的运行状况，为500千伏线路的安全运行和以后的大跨越设计、技改提供详实的数据。

这次在大跨越线路上带电安装测振设备，是国家电网公司委托国电电力建设研究所和安徽省电力公司开展的科技创新项目，在我国还是第一次。淮南公司对此项工作进行了周密的部署，精心组织，编制了500千伏带电安装测振监测仪的“三措一案”及“作业指导书”，为确保此项工作万无一失，50万工区多次组织作业人员在500千伏备用线路上进行等电位模拟带电培训，讨论工作中的安全措施和施工方案，完成了带电作业方案、人员、工器具等各项准备工作后。

14点56分，50万工区作业人员邓军同志成功进入带电500千伏大跨越线路，为保证带电线路上安装测振设备质量和安全，作业人员进入带电现场后，克服了160米高空作业心理压力大、个人携带负载重、淮河大跨越导线的坡度大等困难，16点17分成功完成了淮河大跨越杆塔导线上带电安装测振监测仪工作，仅用1小时11分在三相导线上完成了5台测振仪的安装任务。

2005.11.05◆◆山东大学等单位大米草气电热联供技术获得成功

中国首次以大米草为原料进行气、电、热联供示范工程实验成功。由山东大学、上海寿祺能源科技有限公司等单位联合完成的《大米草气、电、热联供技术研究》项目，通过了教育部科技发展中心的鉴定。

该项目采用热解气化技术，将大米草在缺氧状态下，加热反应，使碳、氢等元素变成一氧化碳、氢气、甲烷等可燃气体，通过净化处理后，经输配管网输送用于炊事、发电或供热等，终端是清洁廉价的绿色能源产品。

2005.11.08◆◆国内首个管型中温固体氧化物燃料电池堆研制成功

中国科学院大连化物所研制成功国内首个管型中温固体氧化物燃料电池堆。该管型电池堆采用了管型电池串并联结构，在800°C、工作电压为7.4伏时，输出电流达71.7安培，输出功率达到530瓦，并实现了电池堆的重复启动。管型电池堆技术的成功应用，为发展我国固体氧化物燃料电池分散电站和集中电站奠定了良好的技术基础。

固体氧化物燃料电池不依赖于昂贵的氢燃料，可用天然气、城市煤气、液化气、生物质气化气为燃料，空气为氧化剂，将燃料氧化的化学能高效地转化为电能。由于固体氧化物燃料电池的燃料丰富，无噪音，NO_x和SO_x排放极低，二氧化碳排放减半，发电效率高（可达

60－70%），可热电联供，是清洁、高效的能源转换技术，可应用于大型电站、分布式电站、家庭电站等，对国民经济和社会可持续发展具有重要影响。

固体氧化物燃料电池技术的难点主要集中在膜电极和电池堆两个方面。管型电池稳定性好，易于模块式放大，适合于建立电站，是大连化物所重点研发的新能源技术之一。2004 年，在中科院方向性项目和科技部项目的支持下，大连化物所302 组和504 组联合进行低成本管型固体氧化物燃料电池技术的攻关研发，研制成功了低成本无机膜技术制备管型固体氧化物燃料电池，为发展管型电池奠定了关键技术基础。2005 年，针对管型电池堆技术难题，两课题组进一步联合攻关，在仅仅一年的时间内，在多管串联、串并联百瓦电池堆研制试验的基础上，研制成功了500 瓦管型中温固体氧化物燃料电池堆，为发展我国管型固体氧化物燃料电池发电系统技术奠定了良好的技术基础。

2005. 11. 08◆◆我国在世界上率先实现机器人巡检高压变电设备

我国在世界上首次实现将智能移动机器人应用于变电站设备检测。世界第一台“变电站设备巡检机器人”投入山东电网巡检。检测结果显示，其巡检效能可与人工相媲美。机器人在无人值守或少人值守的变电站对室外高压设备进行巡检，可及时发现电力设备的热缺陷、异物悬挂等设备异常现象。

2005. 11. 16◆◆华北岩性油藏勘探全国折桂

26 日，中国企业联合会、中国企业家协会在北京钓鱼台国宾馆隆重召开中国企业新记录（第十批）新闻发布会暨十周年总结表彰大会，华北油田公司申报的“华北油田地层岩性油藏勘探取得重大突破项目”，与“神舟六号飞船项目”等一同被审定为中国企业新记录（第十批）十项重大创新项目。

开展地层岩性油藏勘探，是华北油田在勘探上继古潜山和第三系油藏之后开辟的又一油气勘探新领域。进入2000 年，面对新油藏发现概率越来越小、勘探效益越来越差的困难局面，油田广大科技工作者通过勘探现状的分析，认为地层岩性油藏勘探程度低、勘探潜力大，是今后实现油气勘探大突破的有利领域。为此，他们将层序地层学理论引入到找油实践中来，并确立了“地层岩性油藏与构造油藏并重，加大地层岩性油藏勘探力度”的勘探战略。

在新的勘探战略思想指导下，油田公司以地层岩性油藏勘探为突破口，先后发现宝力格、木日格、留西等5 000 万吨以上整装储量区带，发现油气地质储量超过2 亿吨，形成了华北油田储量增长第三个高峰，奠定了油田稳定发展转向健康发展的资源基础，丰富了中国陆相找油理论，开创了中国地层岩性油藏大规模工业化勘探开发的先河，创造了中国油气勘探史上的新记录。

专家组评价，华北油田地层岩性油藏勘探，突破了诸如“环洼聚油”、“构造带控油”、“低势区聚油”等传统的勘探理论和认识，对油气勘探理论的发展做出了重要贡献。

2005. 11. 16◆◆我国新型水煤浆气化技术获得重大突破

由华东理工大学洁净煤技术研究所于遵宏教授主持的863 课题“新型水煤浆气化技术研究”获得重大突破，一次投料成功，一次打通整个工艺流程，并完成80 小时连续、稳定运行，填补了国内空白。

煤气化技术是发展先进的煤基化学品生产、煤炭间接液化、煤基多联产、联合循环发电（IGCC）的关键技术，对保障国家能源安全、推进相关产业的发展具有重大意义。由于掌握了先进的煤气化技术，过去用石油生产的产品现在完全可以用煤来生产，也可合成液体燃料以代替石油，还可发电（煤气化的发电不产生二氧化硫等污染），可广泛用于化肥等化工产品的生产、氢能源、燃料电池等20 多个领域，应用十分广泛。该技术的成功示范，还将为国家中长期科技发展规划中煤基多联产基地建设提供核心技术。

2005. 11. 20◆◆大庆钻探钻技公司水陆两用特大钻头研制成功

20 日，大庆钻探钻技公司针对徐家围子地区深井表层钻进井径过小，影响投产质量的难题，经过10 个月的努力，成功研制生产出大庆最大的第一支特大型水陆两用钻头——445R235H 型钻头。

这种PDC 刮刀式钻头采用了先进的数控三维造型和不对称4 刀翼结构设计，大大降低了误差，提高了质量，达到了钻头设计的最佳效果。它不仅在陆地深井表层施工中具有运行平稳、寿命长、钻速快、井径规则等优点，还拥有水下作业的功能。这种钻头的设计工艺和制造水平已达到国内先进水平，其价格却仅仅是国外同级别产品的60%，仅此一项就可为井队节约资金10 多万元，在国内外都具有很强的竞争力和广阔的市场前景。

这只钻头已在升深10 井的钻井施工中使用，机械钻速高达39 米/小时，比普通牙轮钻头的平均钻速2. 47 米/小时高出数十倍，得到了井队的高度赞扬。

这种钻头在徐家围子地区大量投产后将大大缩短完井周期、提高生产质量、降低生产成本，为徐家围子生产大提速提供了技术保证。这种钻头也是钻技公司完全独立研发制造，具有完全自主知识产权的科研成果。

2005. 11. 22◆◆我国首粒高温加锆镍氢电池研制成功

我国首粒高温加锆镍氢电池在宜兴研制成功，并通过了专家组鉴定。

镍氢电池是一种高效环保的电池，易于回收再利用，对环境的破坏极小，应用领域非常广泛。由江苏新兴化工有限公司研制的高温加锆镍氢电池，通过在镍氢电池正极材料中添加活性二氧化锆，大大提高了电池的高温充电效率，延长了电池的使用寿命。环境温度在55℃时充电效率达到了100%，70℃时充电效率达90%，即使是在零下20℃以下的环境温度中仍然具有很好的充电效率。

这一产品在国内尚属首创，达到了国际先进水平。该项目已申请了国家专利。

2005.11.22◆◆兰州研发出智能控制器

长期困扰我国城市路灯照明耗电多、增加电费的技术难题，被兰州科技人员研制的“微电脑智能经纬度节能照明控制系统”解决。

22日，在国内城市路灯照明率先使用“微电脑智能经纬度节能照明控制系统”设备的深圳市，给兰州市科协发来用户鉴定证明书。经过半年多时间的对照检测，这种新设备系统节电效果显著，对电感整流器和灯光系统，直接节电率可达40%至55%，总节电率为30%至40%。同时，还延长了灯具使用寿命，减少了维护费用。

由兰州市科协陈九如工程师自主创新的“微电脑智能经纬度节能照明控制系统”，是根据四季的光照变化，按所在地区的经纬度，即太阳辐射日总量、当地日出日落规律，每天自动修正照明灯开关灯的时间，从而实现了开关的智能化控制，当电压超过220伏时，可自动降压，达到了方便、准确、节电的目的。

2005.11.25◆◆世界首套煤直接液化项目在我国西部开工

世界首套煤直接液化项目开工。该项目实施地区为内蒙古自治区鄂尔多斯市伊金霍勒旗上湾镇。

神华公司早在上世纪末就开始在神东煤田进行煤直接液化项目实验，经过几年来的不断探索，该项目现已进入了实施阶段。神华公司煤直接液化项目分两期工程实施，总规模为生产各种油品500万吨。一期工程的生产线现已开工建设，2006年进行设备安装，2007年实现设备调试和投产。这条生产线总投资为245亿元人民币，建成后将生产各种油品320万吨。二期工程生产线将于2010年投产，建成后将生产各种油品280万吨。

神华公司煤直接液化项目是此前世界上首套煤直接液化项目，也是具有我国自有知识产权的新科技高风险项目。

2005.11.29◆◆世界第一套振动截割式采煤掘进机研制成功

由西安科技大学毛开友教授主持的中俄政府科技合作项目——世界第一套振动截割式采煤掘进机研制成功，并获得我国和南非共和国发明专利。

该套采煤机的振动截割技术，把惯性冲击、双流行星传动与现有的一种掘进机的传动系统进行叠加组合起来，在原掘进机截割功率和机器外形尺寸不变的条件下，以增加较小的振动功率（12%）可使现有的掘进机的截割力增加一倍左右，有效地提高了掘进机破碎煤岩的坚硬度，使掘进机的适用范围由煤巷扩展到半煤岩巷、中硬岩巷。试验证明，振动截割式采煤掘进机生产率提高30%～40%，能耗降低24%～40%。

2005.12.01◆◆中国首台高温超导限流器通过专家验收

1日，中国首台高温超导限流器通过了专家验收。这是继瑞士、德国之后世界上第三台成功并入实际电网进行示范运行的高温超导限流器。

随着电网容量的不断扩大，电网的短路容量也随之提高，对电网的稳定性、安全性和现有电气设备构成了巨大威胁。如何有效限制电网中的短路电流，确保电网安全成为世界各主要工业国关注的一个科技问题。超导限流器就是利用超导体的基本特性，有效限制电力系统故障短路电流，提高电网安全性和稳定性的一种新型电力设备。超导限流器主要用于输变电系统。

从1997年便开始研究高温超导限流技术的中科院电工研究所与中国科学院理化所、湖南省电力公司、湖南电力试验研究院、湖南娄底电业局以及四川亚西公司等单位于2005年初研制出具有自主知识产权的三相高温超导限流器。8月14日在娄底电业局高溪变电站成功完成三相接地短路试验，并开始长期试验运行。

2005.12.09◆◆我国首台9 000米超深井钻机研制成功

9日，由宝鸡石油机械有限责任公司研制开发的国家“十五”重大技术装备研制项目、集团公司2005年重大科技专项——我国首台9 000米交流变频超深井钻机，顺利通过专家评审验收。

这种新型超深井钻机采用了最先进的全数字化交流变频控制技术，实现了智能化控制，它的模块化设计总体布局合理协调，并在抗寒、耐高温、防渗漏、防腐蚀、防爆和防沙等方面均有完备的设计，具有良好的可靠性和适应性，其结构和技术性能均达到了国际先进水平，完全能够满足9 000米以下陆地和海洋油气钻井工况的需要，为我国今后研制开发具有更高技术含量的石油钻井装备提供了强大的技术支撑。

这台9 000米交流变频超深井石油钻机的研制成功，在我国石油钻井装备开发史上具有里程碑式的意义。它不仅打破了国外企业对超深井钻机研制长期垄断的局面，使我国成为继美国、意大利、挪威等国之后，全面掌握9 000米超深井石油钻机生产技术的少数国家之一，而且把我国海洋深水油气田、大位移井及其他复杂油气田超深油气藏的勘探开发提高到一个新水平，并将极大地提升我国石油钻井队伍在国际油气勘探领域的竞争力，其市场前景十分广阔。

2005.12.12◆◆“低价、长寿命新型光伏电池的基础研究”项目通过专家验收

973计划项目“低价、长寿命新型光伏电池的基础研究”通过了科技部组织的专家验收。项目在解决低价、长寿命新型光伏电池方面取得了突破性的进展，获得了若干具有自主知识产权的制备技术，建立了非晶硅太阳电池及染料敏化薄膜太阳电池的实验平台。主要成果有：

1. 研制了国内首台集合VHF-PECVD、HW-CVD、RF-CVD等技术于一体的具国际先进水平的超高真空多功能薄膜自动沉积系统。制作了大面积（$218\times218mm^2$）ZnO透明导电薄膜MOCVD制备系统。研制了一台73cmX120cm面积的4片共沉积的PECVD设备，为产业

化进行了准备。

2. 提出并发展了一种“不间断生长/退火”PECVD技术，在非晶与微晶的相变域获得了比较稳定的硅基薄膜；研究了相变域硅基薄膜的带隙态和微结构特征。

3. 400cm^2 面积的非晶硅/非晶硅双结构集成电池的最高稳定效率达到8.1%（平均稳定效率为7.7%），效率的平均衰退率为11%，达到了国际先进水平。进行了老化实验及千瓦级的组阵示范性测试工作。100cm^2 面积的集成型非晶硅/微晶硅太阳电池的转换效率达到9.7%。

4. 在染料敏化薄膜电池的材料方面：利用改进的新合成方法制备出含钌的关键染料，合成了钌配合物及含菁染料等多种新型染料，进行了有机染料的共敏化研究。合成了多种新型的离子液体电解质，进行了纳米 TiO_2 多孔薄膜的优化，首次采用纳米铂颗粒和自组装方法相结合的技术制备了纳米铂催化对电极。

5. 在一个太阳的光强下，小面积（0.22cm^2）染料敏化电池光电转换效率达到8.95%，300cm^2 面积电池的转换效率达到5.9%，并组成45cm×80cm的实用化电池组件，建立了具有国际领先水平的500W示范电站。

2005.12.14◆◆兖矿煤变油技术取得突破每4吨煤可产出1吨油

兖矿集团在“煤变油”技术方面取得的突破，其自主研发的“万吨级低温费托合成中试装置”通过专家组评审，专家认为这一技术达到国际先进、国内领先水平。

目前国际上“煤变油”有两种方式：一是煤直接炼油，二是煤间接炼油。所谓间接煤炼油就是将煤加压汽化后，分解出一氧化碳和氢气，然后再用有效气合成汽油和柴油。依据兖矿集团这项“煤变油”技术，大约每4吨煤可产出1吨油。按照国际煤炭和石油的价格比，只要国际油价不低于23美元一桶，煤炼油前景将十分可观。而此前，国际油价已停留在每桶50美元以上两年多。

兖矿百万吨级煤炼油工业化示范装置可行性研究报告已完成，位于西北的煤炼油厂址也已选定，这一项目经国家核准后两年内即可投产。

2005.12.16◆◆首台秸秆混燃发电机组发电厂投产

16日，我国首台煤粉秸秆混燃发电机组在山东枣庄华电国际十里泉发电厂成功投产。国家发改委有关负责人认为，以秸秆代替煤炭作为发电新能源，是我国生物质能发电领域的重要突破，是利用可再生资源、大力发展循环经济的重要尝试，有利于经济增长方式的转变。作为国内第一个在老机组改造的生物质能发电项目，此项目具有前瞻性、推广性。

目前，我国农作物秸秆年产量为6.6亿吨，可作为能源用途的秸秆近2亿吨，至少可替代近1亿吨的煤炭。长期以来大量秸秆被农民在农田里焚烧，造成巨大的能源浪费和严重的环境污染。

华电国际十里泉发电厂坚持走利用可再生能源转变经济增长方式之路，大力发展循环经济，从根本上缓解资源短缺和环境压力。该厂从丹麦BWE公司引进秸秆发电技术，由山东鲁电环保公司作为总体设计，对该厂5号机组进行了技术改造。改造后的机组按年运行7 236小时计算，每年将燃用10.5万多吨秸秆，相当于减少7.56万吨原煤消耗。

此外，秸秆含硫量远小于煤炭，仅为0.12%～0.18%

2005.12.21◆◆亚洲首座潮汐发电站在浙江建成

国家“863”计划的40千瓦潮汐发电实验电站实用化项目，在岱山县建成发电。这是目前世界第二、亚洲第一座潮流能发电站。

40千瓦潮汐能发电技术日前被评为全球可再生能源领域最具投资价值的十大领先技术之一。该潮流发电实验电站是由哈尔滨工程大学研制，岱山县科技局协助建造，总投资180万元。潮汐发电主要是利用天体引潮力导致的海水发生水平流动的动能来制造电能。据联合国科教文卫组织估计，全球蕴藏的可开发利用的潮汐能总量达3亿千瓦。舟山群岛一带大部分海域海潮流速在2米/秒至4米/秒之间，在全国可开发利用的潮汐能中所占比例很高。

联合国工业发展组织对岱山潮流能发电项目十分看好，打算在岱山再建造一个功率约120千瓦至150千瓦的潮汐发电站，进一步推出潮汐能资源的开发。

2005.12.26◆◆我首次将蒸冷技术运用到80万千瓦级水轮发电机上

由哈尔滨电机厂有限责任公司研制的蒸发冷却技术，通过了由国务院三峡工程建设委员会办公室等单位专家和代表组成的评审组验收。在这项研究中，将蒸发冷却技术运用到80万千瓦级水轮发电机上，不仅在我国，在世界范围也尚属首次。

从2002年起，哈电机将蒸发冷却研究作为重点科研项目。为抢占竞争制高点，该公司决定蒸发冷却研究要在高起点上进行：一是等同容量应达到80万千瓦级（蒸发冷却运用的最高瓦级），试验最大电流达到8 000安培；二是试验采用三相交流电源，使试验台更接近于真机的运行情况；三是模型线棒应有三峡左岸真机线棒，同时有不同内孔尺寸的铜空心线线棒；四是试验台应能分别完成独立回路试验及联合运行试验。

在这项技术的研制过程中，我国科技人员分成几个攻关小组，分头解决试验台架、大电流供电系统、参数测量系统、冷却水循环系统、冷却介质循环系统等设计攻关任务。经过3年艰苦努力，一座蒸发冷却试验台拔地而起，并通过了严格评审。这标志着我国不仅又增加了一项自主知识产权技术，而且已成为世界蒸发冷却技术方面的领头羊。

2005.12.26◆◆我国研制成功世界首台全永磁悬浮风力发电机

26日，世界首台全永磁悬浮风力发电机在广州通过专家鉴定。据中国科学技术信息研究所查询，这项成果在国际上属于首创。它的研制成功，意味着我国乃至世界的风能发电机技术取得了关键性的突破。

这台结构上完全由永磁体构成、不带任何控制系统的全永磁悬浮风力发电机是由中国科学院广州能源所、广州中科恒源能源科技有限公司和兰州环优磁机电有限责任公司一起自主研发的。据国家机械工业风力机械产品质量监督检测中心检测，加装了全永磁悬浮轴承的发电机，发电输出功率可提高20%以上，即在相同风速前提下，可比传统风力发电机提高20%的发电量。与传统风力发电机相比，全永磁悬浮风力发电机的最大特点是能做到“轻风起动，微风发电”，其起动风速为1.5米/秒，大大低于传统的3.5米/秒。以甘肃省为例，目前全省只有7%左右的面积能达到3.5米/秒的起动风速，而起动风速1.5米/秒的面积则达到70%以上。目前，我国风能资源丰富区占全国面积的8%，可利用区占全国面积的50%。鉴定组专家认为，全永磁悬浮风力发电机的低风速启动技术，对开发国内广大地区的低风速资源，增加风力发电机的年发电时间有积极意义。

2005.12.27◆◆中国最大天然气发电工程在浙江建成投产

27日下午14：00，浙江半山天然气发电工程3号机组正式投产发电。浙江半山天然气发电工程是“西气东输”工程下游的最大发电项目，规模为3台39万千瓦燃气－蒸气联合循环机组，总投资40亿元人民币，被列为国家重点建设项目和浙江省“五大百亿”工程。该工程是第一次由国家统一组织打捆国际招标、“利用市场换技术”引进国外大型燃机先进制造技术并逐步国产化的项目，采用美国GE公司9FA重型燃机，具有启停快、调峰能力强、循环热效率高、污染小的特点。工程全部投产后，计划年发电量40亿千瓦时，每年耗用西气8亿立方米。

在历时20个月的工程建设中，半电公司与设计、安装、调试、监理等各参建单位坚持“以一流的速度建一流的工程”，发扬团结拼搏、敢为人先、追求卓越的精神，战胜了前所未遇的种种困难，只争朝夕地实现了令人惊叹的进度：2004年2月10日主厂房区域土方开挖；6月28日主厂房钢结构开始吊装；2005年8月1日投产1号燃机；11月12日2号燃机投产；12月27日3号燃机投产。工程建设期比计划工期整整提前了6个月，其速度之快、质量之好、效率之高，堪称我国电力建设史上一座新的里程碑。

2005.12.27◆◆我国深水油气勘探关键技术取得突破

我国“十五”863计划之一的“深水油气地球物理勘探技术”通过专家组验收，其主要成果整体上达到国际先进水平。标志着我国海洋油气勘探技术取得历史性突破，我国海洋油气开发有望从现在的陆架浅水区时代大步迈向深水区时代。

近10年来，全球海洋石油勘探领域已从水深300米的浅海区扩展到3 000米的深海区，国外权威机构预测，未来世界油气总储量的44%将来自海洋的深水区。因受勘探技术的制约，我国海洋油气勘探活动主要在大陆架浅水区。为此，国家高新技术研究发展计划（即“863计划”）在“十五”期间批准设立“深水油气地球物理勘探技术”课题，以开发研究和完善具有自主知识产权的深水中深层油气地震勘探技术。研究人员针对我国深水油气资源勘探面临的关键性技术难题，历经5年技术攻关，终于获得突破性进展。验收专家组评价认为，该课题在集成长排列大容量震源地震采集技术、研制高频数字海底地震仪等多方面取得了突破性进展，将为我国开展海域深水区油气勘探、海洋深部地壳探测与研究提供了高新技术的支撑。

2005.12.28◆◆仪征“变电站监控目标跟踪和级联报警系统”填补国内空白

由仪征市供电公司和华北电力大学联合研制的科技项目——“变电站监控目标跟踪和级联报警系统”顺利投入运行，该技术在国内属首创，它的顺利运行为无人值班变电所的现代化管理又添“利器”。

该系统通过在变电所安装11个摄像头，覆盖变电所区域内的全部场景，并通过网络将视频信号实时传输到监控中心，值班员可以在监控中心进行直接控制。该系统涉及网络、数据通信、远动自动化、图像监控等技术，除能实现多路图像的切换外，还能够通过电子地图实现目标自动跟踪，并且通过和变电所远动系统的接口，对故障或异常设备进行报警联动。

2005.12.28◆◆世界规模最大电站计算机监控系统在三峡验收

目前世界上规模最大的电站计算机监控系统——三峡工程左岸电站计算机监控系统通过专家验收。

三峡左岸电站选用了世界最先进的电站计算机监控软件和硬件。整个系统采用全计算机控制，运行人员通过中控室对电站14台超大型机组和全部主辅设备进行监控，机组启停操作自动完成，出现事故时能够自动、安全、可靠停机，实现了“无人值班，少人值守”的电站远方监控自动化目标。数十位中外专家对该系统2003年7月投入运行以来的情况进行了深入分析，并进行了多项现场测试，一致认为该系统满足合同要求。

2005.12.31◆◆我国首座低浓度瓦斯发电站发电

25日，安徽淮南谢一低浓度瓦斯发电站安全发电科技成果在淮南煤矿通过专家委员会鉴定，开世界低浓度瓦斯发电先河。

谢一低浓度瓦斯发电站总体设计6台500千瓦机组，装机容量3 000千瓦，同时运行。电站以浓度6%～23%的煤矿井下瓦斯为原料，成功解决了6%以上低浓度瓦斯抽排放空问题，拓展了瓦斯综合利用的空间，有效地利用了资源，对促进煤矿安全生产、减少温室气体排放、保护环境意义重大。

6

航空航天类

2005.01.09◆◆哈工大研制成功达到国际先进水平的新型仿真转台

9日，哈尔滨工业大学控制与仿真技术研究中心科研人员在检测新研制成功的三轴飞行仿真转台系统。这种新型仿真转台成功地解决了中空环形测角元件及大功率无刷力矩电机系统的研制技术，有效地解决了大偏载条件下系统频带的拓展问题，可适用于飞行控制系统仿真及惯性设备测试，该项技术成果达到国际先进水平。该中心研究成果多次获得国家科技进步奖及省部级奖。

2005.01.20◆◆我国研制的拟人耗氧反应器组件达到国际先进水平

由中国科学院大连化物所承担的“拟人耗氧反应器组件及在‘神舟’无人飞船上的应用”项目通过中科院主持的成果鉴定。鉴定委员会认为，这个项目在国内外载人领域属首次使用，达到国际先进水平。发展载人航天必须要对飞船舱内生命保障系统的可靠性进行考察。美国、前苏联在载人航天之前曾以猴子、猩猩等高等动物作为试验对象，但这种方式存在一些问题。例如要对动物进行选拔和训练，需要解决有思维能力的动物在航天失重条件下供水、供食、安全性等问题，花费时间较长，所需经费巨大；另外，一只猴子的耗氧量只是一个人的1/6，其准确性和代表性也受到限制。因此，开展无生命载荷的相关研究受到国内外学者的高度重视。人体代谢模拟装置模拟真人耗氧和产热2项生理指标，及时考核环境控制和生命保障系统的可靠性。大连化物所提出的“固体耗氧材料模拟人体耗氧和产热”方案经过严格的技术评审，被中国载人航天工程采纳。这一方案具有我国鲜明的技术特色，设计的拟人耗氧反应器组件作为拟人代谢载荷的核心组件，真实模拟了人体代谢的耗氧指标和产热指标，工作安全可靠，解决了我国载人航天工程的急需，在国内外首次成功应用于载人航天领域。

2005.02.03◆◆国产“新舟60”客机达国际先进水平

中国航空工业第一集团公司下属的西安飞机工业公司研制的具有完全自主知识产权的“新舟60”客机，安全性、可靠性和经济性均已达到国际先进支线飞机的水平，体现了中国适航标准与国际适航标准的完全接轨。“新舟60”出口前景广阔，进入国际市场意义重大。

自改革开放以来，中国航空工业通过参与国际合作、引进先进技术、实行自主研究开发，保持了较快的发展速度，形成了较为强大的航空产品生产体系，实施“走出去”战略也取得了可喜成果。2004年11月，中国一航与津巴布韦签署了出口两架“新舟60”飞机合同，实现了中国支线客机出口“零”的突破。“新舟60”是严格按照国际标准进行设计、生产和试飞验证的新型支线客机，可载客50~60人。飞机采用加拿大普惠公司的先进发动机和美国汉胜公司的全复合材料螺旋桨，机载电子设备、内部装饰、生活设施大量引进国外先进的成熟技术。“新舟60”价格只有国外同类飞机的三分之二，直接使用成本比国外同类飞机低一至两成。

2005.02.19◆◆我国航天测控网首次为国外卫星提供实时测控

19日6时10分，中法两国航天测控网成功地对一颗法国试验卫星进行了联合测控。这是我国航天测控网首次为外星提供实时测控支持服务。这标志着我国航天测控网在国际联网方面的共享功能日趋成熟，在国际空间领域合作的能力进一步增强。在国际航天测控领域，利用国际测控网资源，实现测控资源共享，是各国扩展航天测控网功能、弥补测控网覆盖率不足的有效途径。在19日凌晨进行的中法测控联网中，西安卫星测控中心所属3个地面测控站在3个圈次的接力跟踪与测量中，发现、捕获卫星及时准确，测控数据传输顺畅，为法方卫星定轨提供了精确的测量数据。

2005.03.09◆◆中国研制的军机发动机指示和空勤告警系统获成功

千山电子仪器厂自主研制的发动机指示和空勤告警系统（简称“EICAS系统”）在重点型号工程中首次装机使用。系统性能稳定可靠，正确反映出飞机各个系统在空中时的状态，研制获得成功。EICAS系统采用高分辨率的彩色液晶显示器替代复杂的指示仪表，所采集飞机各系统指示仪表和传感器的参数都在液晶显示器上显示，信息高度集中、灵活方便，实现了信息综合利用；其次还能分级提供各类告警信息。系统采用双余度设计，数据共享，提供人机界面，达到了系统控制要求，提高了系统的可靠性。EICAS系统装机使用，实现了发动机、燃油、环控、液压、辅助动力、操纵、电源等系统参数和空勤告警信息显示的综合化、电子化和数字化，提高了飞机状态指示与综合显示的可靠性，增强了人机功效，减轻了空勤人员的工作负担，降低了系统功耗与重量，填补了国内在该领域的空白。

2005.03.25◆◆中国八项关键航天飞行控制技术达到世界先进水平

北京航天指挥控制中心作为世界三大航天飞行控制中心之一，不仅成功掌握载人航天飞行控制技术，而且已有八项关键的航天飞控技术达到世界先进水平。

这八项关键航天飞控技术分别是：① 高精度实时定轨技术，优于百米量级，是中国近地航天器定轨技术30年来的重大突破；② 高精度轨道机动控制技术，使飞船实际运行轨迹同理论轨迹完全吻合；③ 精确返回控制技术，在目标落点计算精度、准确性和可靠性上优于任务总体要求，填补了中国国内空白；④ 测控过程可视化技术，使飞行控制操作实时逼真；⑤ 飞行控制自动化技术，提高了科学管理水平和指挥效能；⑥ 规范的高成熟度软件开发模式，在中国首次实现高可靠性、系统异构、功能分布的大型飞行控制软件开发；⑦ 智能化故障诊断技术，实现航天飞行器重要状态和故障诊断的自动识别；⑧ 应急救生控制技术，使航天员能够在任一圈次选择安全返回地面，被誉为有中国特色的载人航天技术创新成果。

北京航天指挥控制中心1996年成立，迄今已圆满完成五次“神舟”飞船飞行控制任务和数十次火箭、卫星试验的指挥保障任务，是中国第一个和世界第三个具有透明控制能力、可视化测控与指挥能力、高精度实时定轨能力、多类型数据融合处理能力、自动化飞行控制能力的现代化飞行控制中心。

2005.03.29◆◆新型航空航天技术材料陕西问世

在国家技术发明一等奖连续六年空缺后，经国家科学技术奖励办主持评审，西北工业大学张立同院士主持的“耐高温长寿命抗氧化陶瓷基复合材料应用技术”获2004年国家技术发明一等奖。该项目研制的连续纤维增韧碳化硅陶瓷基复合材料是一种新型战略性热结构材料。可以替代金属材料解决目前航空航天器燃料20%～30%浪费的问题，满足其向高速度、高精度、高搭载和长寿命发展的需求。该项目突破了材料制造工艺一系列制约实现工程化的国际性难题，获得了10项国家发明专利，建立了具有自主知识产权的低成本、高性能材料，并成功经受了1 100多批次的考核。该产品的近20种构件在航空发动机、液体火箭发动机、冲压发动机、固体火箭发动机和飞行器防热结构上均一次试验成功。该项成果整体技术跻身国际先进行列，材料综合性能达到国际领先水平，从而打破了国际高技术封锁，具有广泛的应用前景。

2005.04.19◆◆我国研制成可重构星球探测机器人

分开来每个轮子都可独立行动，连在一起就变身成一个完整的机器人。这样的“变形金刚”机器人学名叫“可重构星球探测机器人”，作为中科院沈阳自动化研究所承担的“863”课题，通过了国家“863计划”“智能机器人”主题的验收。“可重构星球探测机器人”由车体和三角履带轮组成，车体为主机器人，每个轮子都是一个子机器人，子机器人上还连有一只机械臂。和其他星球探测机器人不同的是，“变形金刚”能根据星球具体环境进行“变形组合”，当子机器人的“手”抓住主机器人后，就成为主机器人的轮子，多个子机器人协调运动，就可完成与“机遇”号和“勇气”号火星车相同的运动。沈阳自动化研究所已完成了子机器人的研究开发，制作了多个子机器人样机。单个“履带式”子机器人既可以独立运动、跨越障碍，还可“站起来”抓取物品，也可完成子机器人之间的对接，实现多个子机器人的协调运动。在未来的月球或火星探测中，“变形金刚”将利用自身的独特结构，顺利完成探路、采样等多种星球探测任务。同时，在地面上，“变形金刚”也可在抢险救灾等应用中充当“探测尖兵”。

2005.04.21◆◆新型航行技术在我国试验成功

21号，一架装备了全新航行技术的“波音757”飞机在拉萨机场试飞成功，这项新技术的应用，将有利于增加飞行安全性、缓解飞机延误晚点问题。

记者在飞机上拍摄的雅鲁藏布江峡谷。拍摄这组画面的时候，飞机距离地面的高度只有几百米。在这么复杂的地形下低空飞行，是我国民用客机以前从未敢尝试过的。能完成如此高难度的飞行，是因为这架飞机上运用了一套被称为“RNP”的新型航行技术。这套“RNP”

新型航行技术，目前只有在美国和加拿大的航空公司里有实际运用。利用这一技术，当地面出现大雾、沙尘等低能见度天气时，飞机可以利用自身系统确定位置，并计算出飞行线路，进行起飞和降落。

2005.05.15◆◆我实现极高椭圆轨道航天测控

经过一年多的检验，正在空间运行的“探测一号”和“探测二号”卫星各项有效载荷运转正常，测控数据传输顺利，表明我国新一代航天测控通信系统对卫星实施了成功的测控管理。这标志着我国航天测控能力实现了由近地轨道、地球同步轨道到极高椭圆轨道的新跨越。

北京跟踪与通信技术研究所测控专家、空间双星工程测控总师董光亮介绍说，在实施空间双星工程之前，我国航天测控网可以满足对近地轨道和地球同步轨道卫星的测量控制。“地球空间双星探测计划”是人类历史上首次对地球空间环境进行六点立体探测。在这项计划中，“探测二号”卫星的轨道高度比地球同步卫星高出一倍多，比测控设备的最初设计指标远出近一倍，卫星测控成为首要难题。对此，科技人员通过合理配置地面测控设备，调整设备参数，制定出合理的系统设计方案和应对措施，成功解决了弱信号情况下的测控可靠性问题。此外，在空间双星的测控中，他们还有效解决了卫星人轨段海上测控风险系数大和跟踪测控要求高两大难题。

2005.05.24◆◆我国载人航天工程着陆场系统整体水平世界领先

我国坚持自主创新，优化系统资源配置，突破关键搜救技术，以较低的经费投人建成了精干、高效、功能强大的载人航天工程着陆场系统，综合整体水平世界领先。

我国载人航天工程着陆场系统是继美国和俄罗斯之后，世界上第三个航天回收搜救系统。系统建立之初，面临诸多难题：缺乏经验和技术基础；与美国和俄罗斯相比，载人航天可动用的搜救实力差距较大；建设投入与保证航天员救援可靠性和高时效性要求的矛盾突出。针对这些难题，有关部门确立了系统优化、综合利用、确保重点和技术创新的总体设计原则，构建了一个可以覆盖待发段、上升段、返回段以及在轨运行段着陆区的载人航天搜救体系，确保返回地面的航天员生命安全。同时，通过技术攻关，成功突破了黑障区的跟踪测量、高海况打捞、车载卫通站快速运动情况下的通信难题。此外，还设计建设了完备的航天员医监医保和医疗救护体系，设计研究出一套完整的航天员搜救装具和配套的搜救工作程序。从而，使着陆场系统实现了飞船正常返回的快速回收能力，飞船上升段陆上应急返回和海上应急溅落的救援能力以及飞船在轨应急返回至国内外时的全球搜救能力。

2005.05.26◆◆哈工大研制成功世界先进水平的仿人灵巧手

哈尔滨工业大学机器人研究所研制成功适应宇航需要的、世界先进水平的第三代仿人灵巧手，它可以开抽屉、按开关、抓鸡蛋、摆积木，还能弹电子琴。它不仅像人手一样有力觉、触觉和温度感知能力，还具有人手所没有的视觉，可代替人在危险恶劣的环境下完成诸多复杂操作。

2005.05.26◆◆我国首次实现多星组网模式低轨卫星轨道倾角控制

西安卫星测控中心称，经过23天的测控，“资源二号”03星顺利完成了卫星轨道倾角的调整，使“资源”卫星“三星组网”模式更加稳定、长寿命地运行。这是我国首次实现多星组网模式下低轨卫星轨道倾角控制。此项控制的完成，为未来我国航天测控系统多目标测控管理积累了经验。

由于“资源二号”卫星没有在运行垂直轨道面装载轨控发动机，只有通过姿态机动的方法，先让卫星在太空翻个个儿，使水平面的发动机旋转到垂直面，才能建立轨道倾角控制的条件，这给测控带来了一定难度。在此次轨道倾角控制中，西安卫星测控中心在制定详细测控计划的基础上，经过多次模拟仿真试验，最终采用先进的控制策略，通过调整卫星飞行轨道与太阳轨道夹角的方法，实现了低轨卫星轨道倾角控制，并成功解决了由于受太阳温度影响而使卫星蓄电池温度过高的问题。在4次控制调整中，该中心测控精度达到100%，达到了轨道倾角控制的效果。

2005.06.01◆◆我国建成自主研制开发的航天测控共用仿真平台

1日，由西安卫星测控中心自主研制开发的航天测控共用仿真平台，成功用于航天发射场、远洋航天测量船及遍布全国的航天测控站一体化卫星测控演练，首次实现了多中心、多测站、多频段对同一个航天器进行测控仿真，使我国航天测控效率大大提高。

西安卫星测控中心通过两年攻关，研制成功了航天测控共用仿真平台。这个平台不仅改变了过去各系统各自为战的局面，实现了集成模拟仿真，而且可以同时对3颗卫星进行模拟仿真，大大提高了测控效率，任务准备周期也由以前的至少半年，缩短到现在的不到半个月。截至此前，这个平台已对近20颗卫星进行了模拟仿真试验，效果良好。

2005.06.09◆◆我国科学家自制“神奇裤”解决航天员飞行失重难题

航天员在太空遨游一段时间后，再次返回地球时会很难适应，有的人甚至当场晕倒。这是因为从太空环境返回地面时，人体很难快速适应地球引力作用，为了解决这一难题，第四军医大学在国内首次研制出神奇的“下体负压裤”，让航天员能更轻松地对抗失重。

为保证航天员的健康和工作效率，各国都在积极研究对抗太空失重的方法。在体育锻炼、人工重力、补充盐水、下体负压等多种方式中，下体负压被公认是最有效的。航天员在太空失重后，心血管会发生一系列变化。血液上升、大脑缺血、心脏泵血功能降低，这些变化都使航天员再回到地球时倍感痛苦。而穿上科学家研制出的“下体负压裤”呆两个小时，这些痛苦就迎刃而解了。这种裤子采用密封极好的材料，当裤子被抽到40毫米汞柱的压力时，就能使航天员的血液往下半身转移，减轻上半身心血管的负荷。这样就相当于每天在地球上站两个小时。实验结果证明，没有穿负压裤的这组受试人员均感到头晕，而每天穿两个小时负压裤的受试人员中只有1人感到不适。该装置有望成为我国下一步载人航天飞行时航天员的防护措施之一。

2005.07.13◆◆我国第一颗空间太阳观测天文望远镜研究成功

我国“十五”重大预研项目卫星载空间太阳望远镜卫星平台诸系统通过了航天科技集团验收；空间太阳望远镜本体部分通过了中国科学院的验收。该项目的成功标志着我国空间太阳观测天文望远镜的研制水平已经处于世界领先地位。该望远镜比美国1995年发射的代表当今世界最高水平的著名空间望远镜SOHO的分辨率提高了10倍以上。

该计划是中科院院士、国家天文台艾国祥研究员于1992年提出的。这台望远镜要安装在卫星上在太空中使用，我国空间技术研究院承担了卫星的研制，中国科学院承担了望远镜的研制。望远镜技术经历了十几年的攻关，卫星平台诸项技术攻关也用了五六年时间。该工程项目将作为国家“十一五”计划立项，于2009－2010年太阳黑子再次大爆发前完成，介时用于实时观测。

2005.07.22◆◆我国首个“人造太阳”诞生

我国首个“人造太阳”光源诞生。中科院上海光学精密机械研究所的“人造太阳”项目已通过了我国航天科技集团的验收。由于这个“太阳”能产生“阳光普照”效果，能够模拟出外太空的光照环境，所以未来它将能为我国的“神舟”系列飞船、卫星，甚至空间站的地面试验提供服务。

这个“太阳”不久后将移交给我国航天科技集团，并运用于航天领域的试验。在神舟系列飞船、各类卫星包括以后的空间站上，太阳能电池板都是不可或缺的部分。在太空中展开的电池板就像一对对“翅膀”，在吸取太阳能量的同时为航天器提供动力。但这些“翅膀”在上天前必须在地面上先进行试验，而“人造太阳”就是为了试验而造。外太空的太阳和我们地面上看到的太阳在辐射上差距很大，所以我们必须在地面上模拟出外太空的光照环境，从而预估这些“翅膀”在太空中到底有多强。

以前我国类似试验的模拟程度都比较低。为确保运行，科学家不得不给航天器的太阳能电池板设置很高的安全系数，但成本大幅增加。“人造太阳”能帮助增加预估精度，从而降低成本。

2005.08.05◆◆宝钢研制成功火箭发动机壳体专用钢

由上海宝钢集团自主研发的新一代T250超高强度钢，获得我国航天领域特许用户许可证。T250超高强度钢的抗拉强度在室温条件下大于1 400兆帕，延伸率可达5%以上，具有良好的塑韧性和优异的抗应力抗腐蚀性能，主要用于火箭发动机壳体制造。

2005.08.08◆◆我国第一个高端多用途无人机遥感系统首飞成功

8日上午，我国第一个高端多用途无人机遥感系统在贵州省安顺市黄果树机场首飞实验成功，标志着我国无人机对地观测技术跨入世界先进行列。由北京大学与我国贵州航空工业（集团）有限公司联合研制的系统首次采用集成性、智能化和高分辨率空间数据获取等技术，在可靠性、飞行高度、平稳度、导航精度及运行制作成本等方面已具备了航空遥感的应用能力，综合性能达到国内领先水平，具备了与发达国家竞争的实力。

2005.09.05◆◆我国实现自主开发航空TFT液晶显示模块的突破

深圳天马微电子股份有限公司成功生产出航空用液晶显示器原型样机，实现了我国自主开发生产航空TFT－LCD液晶显示器的一个突破。TFT－LCD的专业称谓是“无辐射薄膜晶体管有源矩阵液晶显示器”，是液晶显示器家族的一个高端品种，近几年在家电、汽车等领域得到广泛应用。在航空领域，采用TFT－LCD液晶显示器取代航空用阴极射线管（CRT），也逐渐成为国际技术发展的趋势。

该原型样机已具备高亮与夜视兼容功能、低温工作加热与高温散热控制功能、亮度连续调节功能、视频信号显示功能、模块系统加固功能、电磁屏蔽功能等。研发人员自行设计的背光源与驱动控制系统实现了白天强光下和夜晚微弱星光下的可视性。而优化设计的壳体散热结构可确保模块在极度高温或低温状态下正常工作。各结构分件系统均采取了不同类型的加固与减震措施。

2005.09.20◆◆我国建成第一座世界级立式风洞

空气动力研究基地发布消息，我国自行设计建造的第一座大型立式风洞，在该基地建成，并通气试车成功，标志着我国从此拥有了世界级立式风洞。我国新建成的这座亚洲最大的立式风洞，总高55米，其中，试验段直径5米，中心最大风速超过50米/秒。风洞采用现代先进调速技术实现风速控制，总体水平居国际领先地位。这座立式风洞投入使用后，主要用于飞机失速/尾旋性能评估及改出特性研究、返回式卫星及载人飞船回收过程中复杂的空气动力稳定性研究，以及其他相关领域的空气动力研究。它的建成，将进一步提高我国空气动力研究的试验能力和技术水平。

风洞是进行空气动力研究的重要技术装备，特别是对航空航天事业的发展有着至关重要的作用。我国此前的风洞均为水平式风洞，这座立式风洞的建成，不仅填补了我国风洞家族中的空白，而且对我国国防科学技术的发展和国民经济建设将发挥重大作用。

2005.10.09◆◆我国成功研制出航空用铅酸蓄电池

由内蒙古科技厅主持的专家鉴定委员会对“航空用高能量密封免维护铅酸蓄电池”高科技项目进行了科技成果鉴定。由内蒙古储元新泰科技发展有限公司采用6项自主技术发明专利研发的航空高能量全密封免维护铅酸蓄电池生产项目，是国家重点鼓励发展的高技术项目，成功解决了我国现役用航空电池体积大、漏酸等难题，各项性能指标达到了国家要求。

2005.10.19◆◆我首例“太空药”实现产业化

西安亨通光华制药有限公司开创我国空间生物制药的先河，其“神舟三号”口服液成为我国第一个进入产业化的太空药。西安亨通光华制药有限公司是科技部认定的国家火炬计划企业，是我国第一家应用空间生物技术通过太空搭载菌株进行诱变育种，并将筛选出的高效优良菌株投入生产的制药企业，承担着国家“S863－704”主题科技攻关计划项目。“神舟三号”口服液的生产菌株，是该公司从1999年以来连续4次搭载“神舟”一号、二号、三号、四号系列飞船及第18颗、第20颗、第21颗、第22颗返回式科学与技术实验卫星进行太空育种实验的菌株。

太空药“神舟三号”口服液是我国空间技术和现代生物制药技术相结合的产物，是同一菌株却具有25项疗效并拥有22项专利的民族自主知识产权的创新药物，也是我国唯一利用空间生物技术生产的高效、安全、无毒、不含任何激素成分，未经任何化学合成过程的太空生物药品。

2005.10.19◆◆我航天器回收技术达世界先进水平

载人航天工程着陆场系统总设计师侯鹰透露：“我国航天器回收技术已达到了世界先进水平，着陆场系统已经做好了充分准备，迎接‘神舟六号’回家。”与“神舟五号”相比，“神舟六号”着陆场系统有三大变化。一是在进一步优化主着陆场方案设计的基础上，启用了副着陆场，整个系统是全态参加任务；二是根据两名航天员的状态，补充调整了医监医保医疗救护装备和设备；三是根据多天在轨运行的状态，调整优化了国内外应急返回着陆区。

“神舟六号”任务是载人状态下的夜间返回，为了在夜间实施安全快速搜救，着陆场系统做了许多准备。首先是增加了直升机的数量，主着陆场的直升机从5架变成6架，主要任务是在第一时间内快速到达现场，完成返回舱搜索和航天员救援任务，医监医保设备也从地面车辆上调整到了直升机上，以确保空中搜索救援分队可以独立完成医监医保工作；其次是加强了系统建设，增强了直升机的夜视装备，增加了必要的夜视器材；地面上也配置了指挥车、航天员医监医保车、工程运输车等特种车辆，主要负责搜救的指挥和信息支持，并承担返回舱回收任务；海上搜救方面，在救捞船上加挂了新研制的自动化打捞网，可以确保在恶劣海况下成功打捞返回舱。

从承担我国载人航天工程测控通信系统总体设计的北京跟踪与通信技术研究所获悉，我国新型航天测控网采用的S波段测控体制具有功能全、体制新、一网多用、规模大、经济效益高五大优势，为“神舟”飞船遨游太空提供了有力的技术支撑。

“S波段测控网有别于我国先前建成的超短波和C波段测控网。”S波段具五大优势。① 功能全。S波段测控网具有精密跟踪、测距、测速、对飞行器遥控、遥测、双向话音及下行图像传输的功能，和国外同类网相比，我国的S波段网测量元素多、精度高，因而用途更加广泛，用途多就意味着节约实用。② 体制新。把测控和天地通信综合为一体，这在设计体制上是一大创新，它可以一体两用，化繁为简，既节省了设备，又消除了测控与通信之间的矛盾。③ 一网多用。S波段测控网不仅可以满足载人航天的要求，同时也可以完成对近地卫星以及同步卫星的测控，并且采用新的设计标准，为与国际联网创造了先决条件。④ 规模大。我国的S波段测控网是由陆地和海上的测控点共同组成的遍布全国和可航行于三大洋的庞大航天测控网。⑤ 经济效益高。在设备的设计上注重多功能、多用途，比如共用天线、共用通信信道等，仅此一项便可节省上亿元的经费投入。

2005.10.25◆◆我国新一代大运载火箭研制取得关键性突破

我国新一代大运载火箭的研制工作进展顺利，关键技术取得突破性进展。

新一代运载火箭无毒无污染、性能高，与现有运载火箭相比，运载能力将成倍提高。研制出来以后，可以在近地轨道，也就是300～400千米这个轨道达到25吨的运载能力，静止轨道能达到14吨的运载能力。与现有火箭相比，运载能力提高了近三倍，这意味着新一代大运载火箭一次可以发射三颗卫星。随着探月工程的展开，新一代大运载火箭的研制被提上了日程。探月工程的二期和三期工程要进行落月和返回必须依靠这种新型的大推力运载火箭。此前，这种大运载火箭的发动机已经完成地面试车，总体方案的制定也已经展开。

2005.11.22◆◆国内首台“民用飞机模拟飞行训练器”研制成功

天津新技术产业园区国际创业中心华翼蓝天科技有限公司在国内率先成功研制出了空中客车A320飞行训练器。这是国内首台自主设计、具有自主知识产权的飞行仿真设备。A320飞行训练器是一种辅助飞行员进行飞行训练的专业训练设备。驾驶舱布局与真实飞机完全一样，并复现空中飞行环境，对飞行员进行起飞、着陆、爬升、转弯、机动飞行等训练，同时，可以对飞机性能、操纵品质、机载系统性能进行分析研究。经全面测试评估，其各项性能指标均达到国外同类产品的先进水平。

2005. 11. 28◆◆我国自行设计建成陆海空天一体化载人航天通信网

经过“神舟”飞船六次飞行试验的充分检验，我国载人航天测控通信系统技术指标先进，操作管理便捷，整体性能达到国际先进水平。标志着由我国自行设计建设的陆海空天一体化载人航天通信网达到世界先进水平，完全满足载人航天工程以及未来航天飞行器测控的要求。

载人航天工程是一个由成千上万台套设备构成的天地互联的庞大网络系统，陆海空天一体化的立体通信网是沟通天地的桥梁和协调各方的纽带。北京跟踪与通信技术研究所是我国航天测控通信领域的总体设计和应用研究单位，他们立足我国国情，为满足“高实时、高覆盖、高速率、高可靠”的要求，在短时间内实现了测控通信系统的透明工作方式、天地话音、电视图像和高速数据传输等一系列重大技术突破，设计并建成了包括3个测控中心、13个测控站和4艘远洋航天测量船的具有国际先进水平的陆海基航天测控系统。

2005. 12. 08◆◆“南京造”AC500型飞机成功进行尾旋试飞

具有完全知识产权的“南京造”AC500型飞机，12月4－8日完成了国家适航条例规定的尾旋性能验证试飞。AC500型飞机由南京轻型飞机股份有限公司组织省内外40多名专家设计，于2000年底成功生产出样机，参加了珠海国际航空博览会，引起各方关注。该机可乘载5人，最大航程1 000千米，最大平飞速度290千米/小时，可广泛用于商务和教学飞行。2003年，飞机成功进行了100%静力试验，实验表明：飞机性能良好。去年，单驾驶和双驾驶飞行试验机先后胜利升空，现在两机均已顺利完成了调整试飞项目。专家和飞行员一致认为，飞机的设计和机载设备，比国内同类飞机高一个档次，具有安全、舒适、经济的优点。12月，飞机成功完成了尾旋试飞这一轻小型飞机验证试飞中最重要、最关键的项目。尾旋试飞是指飞机在正常飞行中，发动机突然停止工作，飞机在急速下降过程中机翼旋转时的飞行试验。这一项目具有高风险，目前中国的试飞员尚不能做这项试飞，须请国外飞行员承担。这次试飞共进行了121个飞行科目，均获得圆满成功。

2005. 12. 22日◆◆具有自主知识产权的山鹰高级教练机研制成功

22日，我国新一代山鹰高级教练机通过国家级专家组鉴定，由此标志着我国高级教练机研制水平步入发达国家行列。山鹰高级教练机着眼于与国际上先进的教练机接轨，大力开展以我为主的技术创新工程，使新机无论是外形设计，还是综合系统配置，都达到了较高水准。特别是飞机气动平台的设计，在借鉴国外成熟技术的同时，大胆采用了高升阻比的双三角机翼等先进性设计，有效地提高了飞机中低空亚音速状态下的机动性，大大提高了飞机的起降性能。另外，飞机外形设计还采用先进的数字化建模技术，在节约设计成本的同时，大大缩短研制周期：8个月完成全机设计图，90天完成飞机大部件交付，108天完成飞机总装，创造了中国新机研制的奇迹。

中国高技术产业
发展年鉴(2006)

基础数据篇

Basic Data

CHINA
HIGH-TECH
INDUSTRY
DEVELOPMENT
ALMANAC
(2006)

2005 年 1－12 月份行业高技术产业增加值

指 标 行 业	增加值（当年价）			
	本月/亿元	同期增长/%	本月累计/亿元	同期增长/%
全国规模以上工业总计	6 712.43	16.51	66 425.21	16.40
高技术产业合计	857.61	20.52	7 838.51	19.77
一、信息化学品制造	6.58	19.14	71.98	11.30
二、医药制造业	150.13	17.86	1 409.55	18.66
其中：化学药品制造	75.63	13.00	752.80	18.26
中成药制造	43.54	20.80	378.58	16.67
生物、生化制品的制造	12.42	34.87	113.35	30.33
三、航空航天器制造	25.35	12.41	197.15	9.81
1. 飞机制造及修理	22.94	12.43	186.59	9.90
2. 航天器制造	2.40	12.20	10.55	8.18
四、电子及通信设备制造业	442.09	26.00	3 953.31	20.78
1. 通信设备制造	178.79	29.47	1 521.62	26.25
其中：通信传输设备制造	7.94	-9.51	61.21	-5.33
通信交换设备制造	37.34	9.69	259.62	17.30
通信终端设备制造	11.59	4.11	126.78	11.24
移动通信及终端设备制造	113.98	47.06	1 000.54	33.15
2. 雷达及配套设备制造	3.02	27.70	26.36	20.40
3. 广播电视设备制造	5.89	18.21	51.05	17.61
4. 电子器件制造	74.85	24.43	718.70	20.80
电子真空器件制造	14.21	-7.69	148.77	-3.31
半导体分立器件制造	7.42	41.58	68.53	32.85
集成电路制造	28.52	38.89	264.60	28.98
光电子器件及其他电子器件制造	24.69	34.22	236.78	30.74
5. 电子元件制造	107.97	31.16	993.62	23.87
6. 家用视听设备制造	61.64	16.43	545.37	6.08
7. 其他电子设备制造	9.94	5.41	96.59	15.39
五、电子计算机及办公设备制造业	176.33	12.06	1 700.88	20.12
1. 电子计算机整机制造	92.36	6.78	859.52	16.96
2. 计算机网络设备制造	5.24	-1.47	44.73	19.06
3. 电子计算机外部设备制造	66.98	18.18	672.80	19.86
4. 办公设备制造	11.75	37.09	123.84	53.35
六、医疗设备及仪器仪表制造业	56.27	19.56	499.80	18.88
1. 医疗设备及器械制造	10.99	6.18	102.52	9.99
2. 仪器仪表制造	45.28	23.51	397.29	21.49
七、公共软件服务	0.00	0.00	0.00	0.00
八、其 他	0.87	35.11	5.83	44.46

2005年1－12月份行业高技术产业主要经济指标（一）

指标 行业	总产值（当年价）			
	本月/亿元	同期增长/%	本月累计/亿元	同期增长/%
全国规模以上工业总计	25 445.71	24.47	249 625.05	26.84
高技术产业合计	3 752.74	22.17	34 429.38	22.74
一、信息化学品制造	24.61	29.92	269.97	22.84
二、医药制造业	454.89	25.78	4 275.72	26.77
其中：化学药品制造	244.89	19.93	2 426.73	26.88
中成药制造	117.41	28.67	1 019.02	22.72
生物、生化制品的制造	36.52	43.79	336.12	36.61
三、航空航天器制造	105.36	23.41	820.10	19.28
1. 飞机制造及修理	95.34	23.42	776.17	19.36
2. 航天器制造	10.02	23.39	43.93	17.89
四、电子及通信设备制造业	1 866.72	25.76	16 660.58	19.48
1. 通信设备制造	677.97	25.43	5 785.54	21.36
其中：通信传输设备制造	30.71	-21.69	239.43	-16.35
通信交换设备制造	140.78	0.37	978.97	9.23
通信终端设备制造	45.87	-5.00	504.12	4.90
移动通信及终端设备制造	429.97	47.62	3 778.05	29.92
2. 雷达及配套设备制造	12.23	44.49	103.01	28.89
3. 广播电视设备制造	24.52	25.99	213.16	27.13
4. 电子器件制造	318.34	17.76	3 026.43	13.54
电子真空器件制造	58.56	-22.40	613.33	-15.59
半导体分立器件制造	29.84	35.63	275.91	27.56
集成电路制造	130.10	38.23	1 175.71	23.83
光电子器件及其他电子器件制造	99.83	26.80	961.47	24.37
5. 电子元件制造	453.98	35.37	4 171.31	27.69
6. 家用视听设备制造	344.00	23.60	3 014.32	10.61
7. 其他电子设备制造	35.68	11.97	346.82	27.39
五、电子计算机及办公设备制造业	1 094.45	13.71	10 575.85	25.89
1. 电子计算机整机制造	597.49	8.71	5 589.03	24.98
2. 计算机网络设备制造	27.27	-5.05	231.83	19.11
3. 电子计算机外部设备制造	419.46	23.93	4 227.46	27.68
4. 办公设备制造	50.23	10.01	527.53	24.61
六、医疗设备及仪器仪表制造业	202.98	30.27	1 801.52	28.37
1. 医疗设备及器械制造	35.43	17.01	329.94	22.18
2. 仪器仪表制造	167.55	33.47	1 471.58	29.85
七、公共软件服务	0.00	0.00	0.00	0.00
八、其　他	3.73	21.01	25.64	18.22

2005 年 1－12 月份行业高技术产业主要经济指标（二）

行业 \ 指标	新产品产值（当年价）			
	本月/亿元	同期增长/%	本月累计/亿元	同期增长/%
全国规模以上工业总计	2 257.97	22.85	21 842.33	21.58
高技术产业合计	721.06	25.00	6 778.89	25.09
一、信息化学品制造	2.60	－32.83	24.56	－40.58
二、医药制造业	62.58	21.54	585.32	23.76
其中：化学药品制造	36.67	7.98	368.96	18.59
中成药制造	17.58	43.14	132.94	30.72
生物、生化制品的制造	4.76	53.31	47.93	57.53
三、航空航天器制造	45.32	30.91	383.97	23.40
1. 飞机制造及修理	43.64	29.47	378.68	23.81
2. 航天器制造	1.69	83.51	5.29	－0.21
四、电子及通信设备制造业	446.19	18.12	4 198.24	15.68
1. 通信设备制造	196.65	8.07	1 858.92	8.29
其中：通信传输设备制造	6.62	－10.70	53.24	－25.59
通信交换设备制造	32.11	－18.57	306.25	5.14
通信终端设备制造	10.31	－28.96	127.50	－7.07
移动通信及终端设备制造	144.51	22.36	1 345.93	12.70
2. 雷达及配套设备制造	3.89	55.76	45.93	18.16
3. 广播电视设备制造	2.25	－22.85	20.97	21.92
4. 电子器件制造	57.18	23.10	596.83	34.05
电子真空器件制造	9.98	－35.05	121.08	－25.35
半导体分立器件制造	3.95	－6.55	35.32	4.34
集成电路制造	24.03	79.80	269.30	117.66
光电子器件及其他电子器件制造	19.22	42.46	171.13	36.41
5. 电子元件制造	42.16	78.77	414.65	47.93
6. 家用视听设备制造	141.09	19.98	1 238.31	11.86
7. 其他电子设备制造	2.96	8.94	22.63	－5.22
五、电子计算机及办公设备制造业	133.74	56.09	1 337.33	71.05
1. 电子计算机整机制造	87.00	64.27	837.19	93.57
2. 计算机网络设备制造	0.83	51.85	7.16	135.98
3. 电子计算机外部设备制造	43.23	42.87	462.40	41.92
4. 办公设备制造	2.67	40.10	30.58	49.54
六、医疗设备及仪器仪表制造业	30.60	30.75	249.22	36.41
1. 医疗设备及器械制造	5.52	20.60	46.66	24.09
2. 仪器仪表制造	25.08	33.22	202.56	39.61
七、公共软件服务	0.00	0.00	0.00	0.00
八、其　他	0.02	－31.49	0.25	8.03

2005 年 1－12 月份行业高技术产业主要经济指标（三）

行业＼指标	工业销售产值（当年价）			
	本月/亿元	同期增长/%	本月累计/亿元	同期增长/%
全国规模以上工业总计	25 472.06	24.62	244 880.48	26.83
高技术产业合计	3 676.61	20.56	33 497.33	22.14
一、信息化学品制造	23.91	23.72	261.34	23.25
二、医药制造业	435.44	24.35	4 025.16	25.71
其中：化学药品制造	234.56	21.30	2 307.31	25.95
中成药制造	109.84	20.37	937.70	21.31
生物、生化制品的制造	35.47	47.62	312.81	34.39
三、航空航天器制造	116.37	18.98	815.30	20.54
1. 飞机制造及修理	106.34	19.41	771.97	20.66
2. 航天器制造	10.03	14.60	43.32	18.50
四、电子及通信设备制造业	1 817.82	22.80	16 237.00	18.71
1. 通信设备制造	661.53	20.99	5 638.41	20.10
其中：通信传输设备制造	38.64	－4.70	249.20	－24.47
通信交换设备制造	139.64	5.41	957.29	11.00
通信终端设备制造	44.73	－10.31	500.00	4.85
移动通信及终端设备制造	405.39	33.77	3 648.77	28.67
2. 雷达及配套设备制造	12.21	3.61	95.82	22.23
3. 广播电视设备制造	23.68	23.14	204.05	25.35
4. 电子器件制造	306.14	13.51	2 940.85	12.23
电子真空器件制造	59.95	－22.58	593.44	－16.57
半导体分立器件制造	29.57	38.74	265.83	27.99
集成电路制造	120.55	29.70	1 147.12	21.98
光电子器件及其他电子器件制造	96.07	23.15	934.46	22.82
5. 电子元件制造	440.99	36.21	4 063.18	27.78
6. 家用视听设备制造	339.44	21.69	2 962.41	10.68
7. 其他电子设备制造	33.83	12.39	332.29	25.54
五、电子计算机及办公设备制造业	1 074.44	14.36	10 381.20	25.41
1. 电子计算机整机制造	579.48	7.41	5 505.39	24.82
2. 计算机网络设备制造	26.82	2.95	222.74	18.88
3. 电子计算机外部设备制造	417.27	27.01	4 138.54	26.97
4. 办公设备制造	50.86	11.94	514.53	22.47
六、医疗设备及仪器仪表制造业	205.36	28.72	1 752.53	28.88
1. 医疗设备及器械制造	34.65	15.97	322.35	22.90
2. 仪器仪表制造	170.71	31.66	1 430.18	30.31
七、公共软件服务	0.00	0.00	0.00	0.00
八、其　他	3.28	14.21	24.81	18.28

2005 年 1－12 月份行业高技术产业主要经济指标（四）

指标 行业	出口交货值			
	本月/亿元	同期增长/%	本月累计/亿元	同期增长/%
全国规模以上工业总计	4 822.68	18.09	47 948.89	26.14
高技术产业合计	1 928.23	24.17	18 578.49	28.96
一、信息化学品制造	6.25	－12.71	92.47	9.18
二、医药制造业	41.74	20.01	423.99	24.47
其中：化学药品制造	30.41	21.52	309.92	22.84
中成药制造	2.72	61.53	20.96	36.04
生物、生化制品的制造	4.27	－6.02	47.03	27.36
三、航空航天器制造	10.87	42.24	91.76	25.04
1. 飞机制造及修理	10.66	39.48	91.54	24.75
2. 航天器制造	0.21	0.00	0.22	3 751.33
四、电子及通信设备制造业	981.14	33.61	9 204.40	30.87
1. 通信设备制造	354.59	57.04	3 043.57	60.22
其中：通信传输设备制造	5.42	－38.61	52.49	1.54
通信交换设备制造	45.99	50.87	332.58	91.08
通信终端设备制造	23.50	10.05	291.84	37.51
移动通信及终端设备制造	269.10	65.45	2 281.73	60.12
2. 雷达及配套设备制造	1.76	51.48	14.85	14.34
3. 广播电视设备制造	6.91	－8.85	81.67	8.05
4. 电子器件制造	178.79	8.11	1 791.18	14.56
电子真空器件制造	21.57	－32.99	240.10	－8.70
半导体分立器件制造	17.21	31.75	157.57	25.87
集成电路制造	87.48	24.02	839.44	16.76
光电子器件及其他电子器件制造	52.53	5.94	554.08	21.38
5. 电子元件制造	260.71	33.53	2 469.38	27.24
6. 家用视听设备制造	163.09	29.60	1 642.45	15.36
7. 其他电子设备制造	15.28	14.53	161.30	38.10
五、电子计算机及办公设备制造业	842.32	15.31	8 304.21	27.48
1. 电子计算机整机制造	464.56	6.20	4 385.71	26.29
2. 计算机网络设备制造	3.93	0.72	51.64	28.70
3. 电子计算机外部设备制造	337.31	31.57	3 450.10	29.66
4. 办公设备制造	36.52	11.32	416.77	22.46
六、医疗设备及仪器仪表制造业	45.84	19.44	461.44	28.14
1. 医疗设备及器械制造	10.39	15.19	104.29	12.47
2. 仪器仪表制造	35.45	20.75	357.15	33.58
七、公共软件服务	0.00	0.00	0.00	0.00
八、其　他	0.08	35.19	0.22	87.38

2005 年 1－12 月份行业高技术产业主要经济指标（五）

指　标 / 行　业	产品销售收入		利润总额	
	本月累计/亿元	同期增长/%	本月累计/亿元	去年同期/亿元
全国规模以上工业总计	244 593.42	27.00	14 361.99	11 713.01
高技术产业合计	33 817.33	23.53	1 428.76	1 301.16
一、信息化学品制造	260.69	22.63	32.45	38.07
二、医药制造业	4 020.04	26.53	336.15	279.09
其中：化学药品制造	2 322.40	26.45	175.73	146.81
中成药制造	954.19	23.59	95.91	82.40
生物、生化制品的制造	303.13	30.21	32.59	25.74
三、航空航天器制造	780.12	19.46	32.74	18.68
1. 飞机制造及修理	735.44	19.27	28.80	15.25
2. 航天器制造	44.69	22.74	3.93	3.44
四、电子及通信设备制造业	16 410.24	21.39	645.06	655.51
1. 通信设备制造	5 786.08	26.34	266.43	314.54
其中：通信传输设备制造	279.63	－28.12	2.89	17.01
通信交换设备制造	979.28	5.30	57.32	84.24
通信终端设备制造	515.83	4.21	16.88	15.41
移动通信及终端设备制造	3 720.24	44.82	177.94	184.92
2. 雷达及配套设备制造	89.90	20.32	6.63	5.70
3. 广播电视设备制造	205.68	26.30	9.96	9.94
4. 电子器件制造	2 982.17	11.97	69.04	127.56
电子真空器件制造	598.19	－16.28	－11.61	47.61
半导体分立器件制造	261.72	25.78	9.84	7.32
集成电路制造	1 171.00	21.72	38.33	44.13
光电子器件及其他电子器件制造	951.26	22.13	32.48	28.51
5. 电子元件制造	4 026.32	29.10	213.43	174.60
6. 家用视听设备制造	2 988.65	12.35	64.28	11.50
7. 其他电子设备制造	331.43	28.05	15.29	11.66
五、电子计算机及办公设备制造业	10 575.03	25.58	248.52	208.16
1. 电子计算机整机制造	5 692.03	26.74	101.74	89.21
2. 计算机网络设备制造	233.55	24.56	10.19	5.55
3. 电子计算机外部设备制造	4 121.97	24.08	115.68	95.16
4. 办公设备制造	527.49	25.37	20.90	18.23
六、医疗设备及仪器仪表制造业	1 745.78	27.35	132.61	101.14
1. 医疗设备及器械制造	325.03	23.09	28.82	28.82
2. 仪器仪表制造	1 420.75	28.37	103.79	72.31
七、公共软件服务	0.00	0.00	0.00	0.00
八、其　他	25.43	17.51	1.25	0.50

2005 年 1－12 月份行业高技术产业主要经济指标（六）

行业 \ 指标	全部从业人员平均人数	
	本月累计/万人	同期增长/%
全国规模以上工业总计	6 784.67	6.24
高技术产业合计	666.22	11.24
一、信息化学品制造	4.94	7.63
二、医药制造业	122.77	5.40
其中：化学药品制造	63.80	4.99
中成药制造	33.70	3.34
生物、生化制品的制造	7.42	10.25
三、航空航天器制造	31.73	－1.37
1. 飞机制造及修理	29.47	－1.44
2. 航天器制造	2.26	0.00
四、电子及通信设备制造业	342.90	12.71
1. 通信设备制造	54.59	15.36
其中：通信传输设备制造	6.06	1.68
通信交换设备制造	9.48	13.26
通信终端设备制造	10.70	1.42
移动通信及终端设备制造	20.95	32.18
2. 雷达及配套设备制造	3.90	－1.52
3. 广播电视设备制造	7.96	11.02
4. 电子器件制造	61.52	15.14
电子真空器件制造	11.29	－3.50
半导体分立器件制造	7.96	3.51
集成电路制造	19.78	21.80
光电子器件及其他电子器件制造	22.49	26.35
5. 电子元件制造	148.72	12.34
6. 家用视听设备制造	53.62	8.94
7. 其他电子设备制造	12.57	16.93
五、电子计算机及办公设备制造业	101.44	23.23
1. 电子计算机整机制造	34.99	30.22
2. 计算机网络设备制造	4.43	18.45
3. 电子计算机外部设备制造	54.39	21.92
4. 办公设备制造	7.63	7.46
六、医疗设备及仪器仪表制造业	61.10	5.95
1. 医疗设备及器械制造	12.65	8.12
2. 仪器仪表制造	48.45	5.39
七、公共软件服务	0.00	0.00
八、其　他	1.34	－8.22

2005年1－12月份地区高技术产业主要经济指标（一）

指标 / 地区	总产值（当年价）			
	本月/亿元	同期增长/%	本月累计/亿元	同期增长/%
全　国	3 752.74	22.17	34 429.38	22.74
东部地区	3 329.57	21.30	30 776.50	22.92
中部地区	238.86	34.96	1 981.26	20.66
西部地区	184.31	23.09	1 671.61	22.03
北　京	221.07	19.92	2 060.99	20.98
天　津	170.14	6.90	1 790.46	17.85
河　北	32.34	14.79	329.54	22.45
山　西	8.09	12.63	76.10	20.52
内蒙古	17.57	36.87	111.43	30.23
辽　宁	69.08	13.25	649.53	8.97
吉　林	26.37	35.79	194.21	15.26
黑龙江	41.65	44.00	300.39	6.87
上　海	425.60	23.98	3 969.46	22.41
江　苏	660.71	25.19	6 258.67	29.03
浙　江	191.25	21.48	1 706.12	15.31
安　徽	23.19	48.18	169.89	17.91
福　建	140.84	7.55	1 467.02	9.36
江　西	26.58	28.41	224.59	30.42
山　东	222.08	50.88	1 856.93	47.80
河　南	42.86	45.54	340.53	25.94
湖　北	44.40	27.71	443.79	27.31
湖　南	25.71	23.06	231.76	19.48
广　东	1 174.41	18.84	10 541.42	21.67
广　西	11.63	31.75	115.04	27.98
海　南	4.45	-1.43	34.93	15.27
重　庆	16.45	38.66	146.71	22.81
四　川	69.85	33.44	635.14	29.96
贵　州	20.40	19.59	161.75	25.14
云　南	5.91	8.12	63.26	16.15
陕　西	49.51	9.87	447.88	11.02
甘　肃	6.40	22.30	60.51	17.41
青　海	0.78	37.46	8.32	55.69
宁　夏	1.69	41.29	18.34	32.55
新　疆	0.93	-23.99	10.09	5.04

2005 年 1－12 月份地区高技术产业主要经济指标（二）

指标 / 地区	新产品产值（当年价）			
	本月/亿元	同期增长/%	本月累计/亿元	同期增长/%
全　国	721.06	25.00	6 778.89	25.09
东部地区	623.63	23.36	5 933.81	24.97
中部地区	38.59	48.35	319.27	20.41
西部地区	58.84	29.89	525.81	29.57
北　京	110.28	13.62	1 028.95	18.08
天　津	102.77	22.57	1 071.37	30.07
河　北	3.06	3.21	32.20	-4.92
山　西	1.15	112.96	8.91	5.24
内蒙古	0.29	-9.23	2.87	-3.04
辽　宁	15.71	9.19	152.22	16.64
吉　林	4.63	28.89	29.39	26.36
黑龙江	10.62	76.48	99.48	-1.77
上　海	73.97	144.49	677.21	92.92
江　苏	52.96	5.75	538.71	-0.06
浙　江	40.33	17.52	355.10	8.79
安　徽	7.00	42.07	47.04	15.84
福　建	24.05	25.33	223.25	28.96
江　西	4.23	79.80	31.12	65.79
山　东	53.76	21.44	466.58	19.74
河　南	4.64	-3.76	44.93	6.92
湖　北	2.54	231.92	26.15	154.84
湖　南	3.77	26.20	32.24	57.32
广　东	146.46	13.67	1 385.30	25.18
广　西	1.02	0.29	12.50	6.48
海　南	0.00	0.00	0.05	0.00
重　庆	5.13	53.86	49.69	54.45
四　川	29.81	54.12	268.71	37.52
贵　州	5.78	-8.95	43.04	5.79
云　南	1.14	19.29	9.21	4.65
陕　西	13.78	7.37	123.44	19.27
甘　肃	1.11	107.51	7.96	-1.19
青　海	0.05	115.82	0.24	3.84
宁　夏	0.66	49.88	6.84	131.58
新　疆	0.36	-6.59	4.17	91.57

2005年1－12月份地区高技术产业主要经济指标（三）

地区 \ 指标	工业销售产值（当年价）			
	本月/亿元	同期增长/%	本月累计/亿元	同期增长/%
全　国	3 676.61	20.56	33 497.33	22.14
东部地区	3 240.75	19.80	30 022.74	22.35
中部地区	244.72	30.29	1 886.52	20.19
西部地区	191.13	22.06	1 588.07	20.51
北　京	213.59	13.87	2 016.12	21.24
天　津	173.45	8.56	1 772.28	17.03
河　北	31.08	11.69	316.00	21.03
山　西	7.58	6.01	65.22	18.35
内蒙古	16.41	45.34	103.44	29.85
辽　宁	66.50	－0.71	629.36	7.60
吉　林	27.99	35.57	173.23	13.12
黑龙江	37.81	27.23	290.59	7.48
上　海	410.32	21.33	3 857.05	20.56
江　苏	660.82	29.05	6 154.88	29.72
浙　江	193.75	25.89	1 679.20	14.35
安　徽	22.97	47.52	161.49	17.10
福　建	142.04	12.32	1 450.20	9.88
江　西	31.87	22.88	219.09	31.54
山　东	214.28	51.75	1 809.76	47.52
河　南	43.73	48.05	329.28	26.15
湖　北	46.11	24.55	420.40	26.07
湖　南	26.66	19.80	227.22	18.34
广　东	1 115.02	14.29	10 202.53	20.77
广　西	11.68	31.92	107.43	26.98
海　南	3.49	－17.04	31.92	13.37
重　庆	17.96	33.70	144.48	21.46
四　川	72.78	34.42	606.96	27.27
贵　州	19.58	11.30	139.94	19.42
云　南	7.90	26.28	59.36	16.40
陕　西	51.06	9.66	434.28	11.38
甘　肃	6.00	9.50	56.92	15.34
青　海	0.72	27.59	7.89	58.17
宁　夏	1.60	12.05	16.90	42.89
新　疆	1.12	－30.78	9.86	1.98

2005 年 1－12 月份地区高技术产业主要经济指标（四）

地区 \ 指标	出口交货值			
	本月/亿元	同期增长/%	本月累计/亿元	同期增长/%
全　国	1 928.23	24.17	18 578.49	28.96
东部地区	1 889.84	23.80	18 260.95	29.19
中部地区	20.69	44.90	182.19	36.51
西部地区	17.70	46.70	135.36	－1.88
北　京	75.52	21.71	775.56	45.02
天　津	101.41	13.48	1 057.79	23.05
河　北	4.30	－2.14	50.81	22.07
山　西	0.65	289.70	7.32	216.46
内蒙古	7.36	555.54	31.65	729.13
辽　宁	24.95	－14.98	268.59	－5.25
吉　林	1.34	20.66	7.08	0.91
黑龙江	0.78	－44.01	15.22	23.80
上　海	293.63	35.75	2 728.12	30.61
江　苏	387.08	28.67	3 925.01	35.41
浙　江	80.19	45.56	702.98	40.98
安　徽	2.48	108.55	16.51	53.67
福　建	68.84	1.18	837.88	8.32
江　西	3.68	33.27	27.83	20.79
山　东	50.34	90.12	435.91	44.83
河　南	2.08	－13.72	27.09	13.31
湖　北	7.98	208.87	49.17	99.03
湖　南	1.72	－35.86	31.97	8.56
广　东	795.95	18.20	7 444.68	27.28
广　西	0.97	4.07	8.76	37.53
海　南	0.28	90.08	1.96	25.97
重　庆	1.17	53.10	10.41	42.03
四　川	7.03	40.07	65.56	－5.89
贵　州	4.41	121.32	13.38	－17.85
云　南	0.80	75.57	4.89	19.11
陕　西	2.54	3.59	25.29	－16.93
甘　肃	0.03	10.07	0.42	－12.16
青　海	0.03	394.29	0.22	14.17
宁　夏	0.65	156.46	6.05	146.95
新　疆	0.05	－65.68	0.36	－40.71

2005 年 1－12 月份地区高技术产业主要经济指标（五）

指标 / 地区	产品销售收入		利润总额	
	本月累计/亿元	同期增长/%	本月累计/亿元	去年同期/亿元
全　国	33 817.33	23.53	1 428.76	1 301.16
东部地区	30 442.18	23.94	1 257.19	1 183.19
中部地区	1 758.67	20.05	94.75	79.63
西部地区	1 616.48	19.97	76.82	38.34
北　京	2 128.23	43.83	88.68	79.03
天　津	1 881.89	22.77	154.85	152.95
河　北	330.64	22.75	24.75	25.42
山　西	63.39	28.16	2.91	2.52
内蒙古	101.68	33.88	6.32	11.21
辽　宁	618.28	7.02	18.19	23.07
吉　林	150.15	15.07	11.08	8.95
黑龙江	301.42	13.94	13.44	6.35
上　海	4 053.50	22.01	98.35	136.16
江　苏	6 195.70	28.73	253.59	194.27
浙　江	1 721.99	13.22	78.61	94.09
安　徽	154.83	19.45	9.24	7.84
福　建	1 449.57	9.83	84.38	92.85
江　西	224.17	28.00	11.15	9.26
山　东	1 800.84	48.69	101.05	62.51
河　南	307.31	22.24	16.45	16.62
湖　北	346.48	18.90	19.71	16.96
湖　南	210.91	21.97	10.79	11.12
广　东	10 233.19	20.51	348.40	318.43
广　西	89.82	20.89	8.08	7.27
海　南	28.35	17.00	6.34	4.41
重　庆	136.96	27.87	9.14	6.62
四　川	587.67	24.81	26.92	－19.11
贵　州	134.34	17.68	3.53	5.52
云　南	57.70	17.56	6.14	5.97
陕　西	420.08	11.16	10.69	16.30
甘　肃	53.71	3.77	2.80	1.97
青　海	6.79	57.54	0.82	0.67
宁　夏	15.70	50.10	0.72	0.36
新　疆	9.40	5.62	0.96	0.99

2005年1－12月份地区高技术产业主要经济指标（六）

地区＼指标	全部从业人员平均人数	
	本月累计/万人	同期增长/%
全　国	666.22	11.24
东部地区	528.52	13.63
中部地区	69.93	3.97
西部地区	67.78	1.92
北　京	20.51	11.29
天　津	17.64	3.83
河　北	11.59	1.40
山　西	4.59	9.55
内蒙古	2.16	20.67
辽　宁	16.05	8.37
吉　林	6.83	-2.71
黑龙江	8.35	-1.07
上　海	38.94	11.93
江　苏	100.77	22.46
浙　江	42.61	5.60
安　徽	6.52	6.71
福　建	22.22	14.71
江　西	10.51	5.10
山　东	36.36	17.78
河　南	14.35	4.52
湖　北	11.79	8.96
湖　南	7.00	0.72
广　东	221.23	13.33
广　西	4.68	2.41
海　南	0.61	3.39
重　庆	5.19	5.92
四　川	20.87	2.61
贵　州	6.92	-2.40
云　南	2.06	-0.48
陕　西	20.09	1.21
甘　肃	3.79	-1.56
青　海	0.42	23.53
宁　夏	1.02	-5.56
新　疆	0.47	-2.08

2005 年 1－12 月份信息化学品制造业主要经济指标（一）

指标 / 地区	总产值（现价）			
	本月/亿元	同期增长/%	本月累计/亿元	同期增长/%
全　国	24.61	29.92	269.97	22.84
东部地区	20.00	27.59	228.66	23.54
中部地区	2.91	34.41	27.61	14.42
西部地区	1.71	54.09	13.70	29.83
北　京	0.60	31.49	4.37	18.71
天　津	0.29	92.47	2.37	54.09
河　北	1.69	124.25	16.92	43.86
山　西	0.00	0.00	0.00	0.00
内蒙古	0.00	0.00	0.00	0.00
辽　宁	0.05	－74.24	1.08	2.58
吉　林	0.09	－46.20	0.83	－33.86
黑龙江	0.00	0.00	0.00	0.00
上　海	1.92	18.33	25.09	2.56
江　苏	5.14	41.81	57.13	73.94
浙　江	2.17	43.29	20.67	17.97
安　徽	0.18	7.31	1.14	18.09
福　建	1.90	－27.94	43.82	－9.40
江　西	0.08	2.85	0.90	213.57
山　东	1.93	30.13	20.09	70.21
河　南	1.02	4.55	11.54	8.50
湖　北	0.49	27.94	2.82	－10.54
湖　南	1.06	163.24	10.38	32.47
广　东	4.32	32.78	37.12	15.79
广　西	0.28	541.83	1.70	155.31
海　南	0.00	0.00	0.00	0.00
重　庆	0.27	208.63	1.26	10.42
四　川	0.83	23.11	7.68	29.60
贵　州	0.01	27.68	0.20	15.63
云　南	0.02	53.54	0.21	45.88
陕　西	0.30	6.54	2.65	5.89
甘　肃	0.00	0.00	0.00	0.00
青　海	0.00	0.00	0.00	0.00
宁　夏	0.00	0.00	0.00	0.00
新　疆	0.00	0.00	0.00	0.00

2005年1－12月份信息化学品制造业主要经济指标（二）

地区＼指标	出口交货值			
	本月/亿元	同期增长/%	本月累计/亿元	同期增长/%
全　国	6.25	－12.71	92.47	9.18
东部地区	5.59	－18.02	86.99	8.76
中部地区	0.46	131.49	3.70	5.95
西部地区	0.20	45.83	1.77	46.66
北　京	0.23	－23.06	1.43	－12.81
天　津	0.03	3 825.00	0.14	1 462.64
河　北	0.28	－21.64	3.48	4.14
山　西	0.00	0.00	0.00	0.00
内蒙古	0.00	0.00	0.00	0.00
辽　宁	0.01	－94.78	0.57	14.16
吉　林	0.00	－100.00	0.12	75.12
黑龙江	0.00	0.00	0.00	0.00
上　海	0.11	22.94	1.09	24.93
江　苏	2.64	－13.37	32.61	25.92
浙　江	0.48	7.60	5.53	0.34
安　徽	0.00	0.00	0.00	0.00
福　建	0.84	－37.81	29.40	－3.71
江　西	0.00	0.00	0.00	0.00
山　东	0.07	97.27	1.01	29.22
河　南	0.14	401.19	1.69	22.08
湖　北	0.25	302.23	0.54	34.47
湖　南	0.07	－30.13	1.35	－17.54
广　东	0.90	－16.56	11.72	7.60
广　西	0.01	－32.91	0.07	－34.27
海　南	0.00	0.00	0.00	0.00
重　庆	0.14	128.23	0.92	102.48
四　川	0.04	－28.52	0.60	11.88
贵　州	0.00	0.00	0.00	－100.19
云　南	0.01	20.16	0.19	67.57
陕　西	0.00	0.00	0.00	0.00
甘　肃	0.00	0.00	0.00	0.00
青　海	0.00	0.00	0.00	0.00
宁　夏	0.00	0.00	0.00	0.00
新　疆	0.00	0.00	0.00	0.00

2005 年 1－12 月份信息化学品制造业主要财务指标

指标 地区	销售收入	
	本月累计/亿元	同期增长/%
全　国	260.69	22.63
东部地区	222.54	23.15
中部地区	26.63	19.20
西部地区	11.52	20.88
北　京	3.89	21.94
天　津	1.96	33.33
河　北	17.09	34.89
山　西	0.00	0.00
内蒙古	0.00	0.00
辽　宁	1.07	9.18
吉　林	0.64	－28.89
黑龙江	0.00	0.00
上　海	24.30	6.35
江　苏	55.27	69.75
浙　江	21.57	14.49
安　徽	1.00	14.94
福　建	42.74	－10.19
江　西	0.88	151.43
山　东	17.65	64.34
河　南	11.48	10.60
湖　北	2.73	15.68
湖　南	9.90	32.18
广　东	37.01	24.07
广　西	0.60	22.45
海　南	0.00	0.00
重　庆	1.15	17.35
四　川	7.18	32.47
贵　州	0.19	18.75
云　南	0.21	31.25
陕　西	2.18	－6.03
甘　肃	0.00	0.00
青　海	0.00	0.00
宁　夏	0.00	0.00
新　疆	0.00	0.00

2005 年 1－12 月份医药制造业主要经济指标（一）

指标 地区	总产值（现价）			
	本月/亿元	同期增长/%	本月累计/亿元	同期增长/%
全　国	454.89	25.78	4 275.72	26.77
东部地区	280.78	22.57	2 715.28	27.10
中部地区	106.02	31.88	918.54	23.37
西部地区	68.09	30.47	641.89	30.50
北　京	10.73	0.30	127.21	8.25
天　津	12.73	0.03	144.20	10.84
河　北	20.43	9.01	214.29	22.86
山　西	4.91	－8.84	49.60	10.57
内蒙古	6.25	71.10	45.14	36.36
辽　宁	15.43	69.71	131.13	53.05
吉　林	21.52	38.50	155.37	18.39
黑龙江	12.49	26.39	118.32	13.64
上　海	19.52	6.35	216.86	13.17
江　苏	44.20	21.68	463.13	26.89
浙　江	41.30	7.59	409.10	23.79
安　徽	5.68	42.88	48.99	27.88
福　建	5.83	－1.96	65.11	17.32
江　西	13.15	8.22	119.90	23.24
山　东	73.07	63.19	565.94	54.42
河　南	24.97	77.27	183.85	43.46
湖　北	12.55	2.67	146.05	10.65
湖　南	10.74	50.33	96.46	40.62
广　东	27.77	5.17	302.05	16.73
广　西	7.25	22.11	73.39	22.05
海　南	3.53	－11.22	31.12	12.28
重　庆	7.17	35.46	72.71	33.25
四　川	19.29	45.60	179.55	41.18
贵　州	11.50	34.50	85.14	40.10
云　南	3.91	3.10	48.00	15.14
陕　西	13.08	27.03	126.78	20.57
甘　肃	3.00	18.05	28.65	23.21
青　海	0.50	4.80	7.22	63.52
宁　夏	1.23	42.07	12.49	69.57
新　疆	0.41	39.02	3.39	9.30

2005年1－12月份医药制造业主要经济指标（二）

指标 地区	出口交货值			
	本月/亿元	同期增长/%	本月累计/亿元	同期增长/%
全国	41.74	20.01	423.99	24.47
东部地区	34.54	18.48	360.27	22.71
中部地区	4.48	27.74	38.14	35.01
西部地区	2.72	28.29	25.59	36.25
北京	0.73	120.39	4.33	57.82
天津	1.26	11.80	19.93	11.76
河北	2.82	-3.31	34.52	18.98
山西	0.20	72.95	1.72	-15.74
内蒙古	0.34	140.28	2.34	67.15
辽宁	2.53	24.23	21.07	5.55
吉林	1.02	82.98	3.41	49.94
黑龙江	0.23	-9.38	2.70	11.72
上海	2.93	46.82	27.70	45.87
江苏	4.20	-0.48	52.04	31.04
浙江	11.96	4.97	123.71	15.19
安徽	0.28	-6.88	2.84	4.71
福建	0.68	3.30	8.97	10.47
江西	0.26	-29.11	2.70	23.74
山东	5.66	74.73	52.89	44.95
河南	0.62	-35.15	9.25	55.88
湖北	1.71	98.45	14.29	58.21
湖南	0.17	61.51	1.23	-25.83
广东	1.44	30.58	12.64	7.56
广西	0.23	-22.84	2.18	34.26
海南	0.00	0.00	0.13	-32.13
重庆	0.48	31.52	4.47	18.82
四川	0.70	2.44	8.26	15.96
贵州	0.00	0.00	0.00	-97.01
云南	0.60	129.24	2.36	36.00
陕西	0.05	-71.67	2.10	15.35
甘肃	0.02	362.03	0.27	5.21
青海	0.00	0.00	0.00	0.00
宁夏	0.63	170.75	5.83	166.75
新疆	0.02	-80.11	0.09	-60.40

2005 年 1－12 月份医药制造业主要财务指标

地区 \ 指标	销售收入	
	本月累计/亿元	同期增长/%
全　国	4 020.04	26.53
东部地区	2 675.04	25.34
中部地区	823.77	29.80
西部地区	521.22	27.71
北　京	124.38	9.18
天　津	189.49	12.58
河　北	223.20	22.19
山　西	39.15	17.57
内蒙古	37.78	37.03
辽　宁	119.12	32.78
吉　林	115.39	19.17
黑龙江	130.74	18.85
上　海	228.06	8.81
江　苏	454.79	27.33
浙　江	402.28	24.28
安　徽	48.42	30.48
福　建	59.46	15.73
江　西	126.49	35.75
山　东	546.87	50.47
河　南	160.11	45.50
湖　北	123.87	21.72
湖　南	79.60	51.88
广　东	264.79	17.41
广　西	60.03	15.91
海　南	24.82	16.42
重　庆	65.99	40.11
四　川	149.06	34.63
贵　州	55.14	22.67
云　南	42.65	17.23
陕　西	105.34	26.79
甘　肃	20.47	8.08
青　海	5.76	57.81
宁　夏	10.93	83.08
新　疆	3.24	12.89

2005 年 1－12 月份航空航天器制造业主要经济指标（一）

地区＼指标	总产值（现价）			
	本月/亿元	同期增长/%	本月累计/亿元	同期增长/%
全　国	105.36	23.41	820.10	19.28
东部地区	29.73	7.11	248.57	19.70
中部地区	39.30	35.67	260.09	9.25
西部地区	36.34	26.81	311.44	28.78
北　京	8.17	5.85	42.12	14.63
天　津	0.12	－9.26	2.20	37.93
河　北	0.48	9.80	5.10	36.98
山　西	0.17	－23.12	3.16	32.28
内蒙古	0.00	0.00	0.00	0.00
辽　宁	9.83	－0.47	102.10	22.30
吉　林	0.79	－13.34	2.09	5.73
黑龙江	25.71	54.10	158.94	1.96
上　海	3.55	86.91	17.35	31.70
江　苏	3.51	－8.06	35.68	13.40
浙　江	0.00	0.00	0.00	0.00
安　徽	1.70	81.69	12.62	36.11
福　建	2.10	9.55	26.04	15.18
江　西	3.72	71.26	24.00	46.16
山　东	0.13	－8.34	1.85	8.99
河　南	2.66	61.33	20.56	21.68
湖　北	2.16	－29.68	21.14	12.72
湖　南	2.38	－28.19	17.58	6.73
广　东	1.83	1.26	16.12	22.47
广　西	0.00	0.00	0.00	0.00
海　南	0.00	0.00	0.00	0.00
重　庆	0.02	28.22	0.42	25.70
四　川	11.61	61.97	95.35	44.79
贵　州	5.14	16.05	44.81	22.06
云　南	0.00	0.00	0.00	0.00
陕　西	19.30	14.09	167.99	22.91
甘　肃	0.27	115.10	2.87	26.53
青　海	0.00	0.00	0.00	0.00
宁　夏	0.00	0.00	0.00	0.00
新　疆	0.00	0.00	0.00	0.00

2005 年 1－12 月份航空航天器制造业主要经济指标（二）

指标 地区	出口交货值			
	本月/亿元	同期增长/%	本月累计/亿元	同期增长/%
全　国	10.87	42.24	91.76	25.04
东部地区	4.75	16.01	52.61	23.58
中部地区	1.59	－11.29	14.71	17.14
西部地区	4.53	157.74	24.44	33.87
北　京	0.09	48.87	0.27	36.96
天　津	0.09	－22.73	1.36	31.72
河　北	0.00	－85.09	0.11	23.15
山　西	0.02	－59.92	0.06	－33.40
内蒙古	0.00	0.00	0.00	0.00
辽　宁	0.53	173.48	4.15	52.18
吉　林	0.10	9.90	0.16	－11.43
黑龙江	0.00	－100.00	5.11	68.79
上　海	0.29	7.17	2.87	－6.11
江　苏	1.62	0.85	18.57	33.46
浙　江	0.00	0.00	0.00	0.00
安　徽	0.03	1 594.87	0.19	35.35
福　建	1.98	16.49	23.55	16.34
江　西	1.19	34.23	5.03	－9.90
山　东	0.00	－92.56	0.15	－56.82
河　南	0.04	48.20	0.57	67.99
湖　北	0.00	0.00	0.01	330.54
湖　南	0.22	8.87	3.58	12.08
广　东	0.13	30.34	1.57	63.38
广　西	0.00	0.00	0.00	0.00
海　南	0.00	0.00	0.00	0.00
重　庆	0.00	0.00	0.01	0.00
四　川	0.59	－23.32	5.45	22.14
贵　州	2.53	687.70	7.21	52.29
云　南	0.00	0.00	0.00	0.00
陕　西	1.41	110.10	11.75	31.00
甘　肃	0.01	571.43	0.02	－74.33
青　海	0.00	0.00	0.00	0.00
宁　夏	0.00	0.00	0.00	0.00
新　疆	0.00	0.00	0.00	0.00

2005年1－12月份航空航天器制造业主要财务指标

地区＼指标	销售收入	
	本月累计/亿元	同期增长/%
全　国	780.12	19.46
东部地区	221.01	23.26
中部地区	253.67	15.06
西部地区	305.44	20.60
北　京	43.08	17.16
天　津	2.29	46.79
河　北	6.63	70.88
山　西	3.22	29.32
内蒙古	0.00	0.00
辽　宁	98.29	19.04
吉　林	2.21	8.33
黑龙江	149.35	9.69
上　海	16.44	31.84
江　苏	9.11	48.13
浙　江	0.00	0.00
安　徽	12.83	35.62
福　建	26.14	16.23
江　西	26.12	28.48
山　东	2.27	28.25
河　南	19.10	24.67
湖　北	21.15	19.15
湖　南	19.70	16.36
广　东	16.74	43.69
广　西	0.00	0.00
海　南	0.00	0.00
重　庆	0.50	28.21
四　川	85.85	28.61
贵　州	46.10	14.53
云　南	0.00	0.00
陕　西	168.83	18.57
甘　肃	4.17	19.48
青　海	0.00	0.00
宁　夏	0.00	0.00
新　疆	0.00	0.00

2005 年 1－12 月份电子及通信设备制造业主要经济指标（一）

指标 / 地区	总产值（现价）			
	本月/亿元	同期增长/%	本月累计/亿元	同期增长/%
全　国	1 866.72	25.76	16 660.58	19.48
东部地区	1 764.52	26.37	15 724.92	20.12
中部地区	45.75	17.70	402.97	5.59
西部地区	56.46	14.75	532.69	12.83
北　京	133.85	25.06	1 296.07	21.95
天　津	142.50	7.60	1 479.06	19.93
河　北	6.97	21.60	69.29	15.32
山　西	1.31	33.05	8.99	－7.64
内蒙古	10.97	20.72	63.20	24.26
辽　宁	29.78	31.49	256.57	2.40
吉　林	1.59	3.83	18.15	－18.19
黑龙江	0.80	5.88	7.61	2.80
上　海	206.84	59.08	1 700.96	29.96
江　苏	316.96	29.73	2 802.36	21.96
浙　江	100.25	24.07	828.08	8.22
安　徽	13.46	74.45	81.15	13.79
福　建	62.75	19.59	590.12	11.86
江　西	6.67	75.07	53.44	35.11
山　东	110.56	48.30	958.24	46.39
河　南	7.68	－14.76	85.52	－3.90
湖　北	6.78	－10.78	72.41	8.69
湖　南	7.46	－0.03	75.69	－0.15
广　东	642.17	19.66	5 677.20	16.41
广　西	3.18	31.90	31.60	37.58
海　南	0.92	73.21	3.78	51.52
重　庆	3.92	36.90	25.80	－3.47
四　川	32.57	24.19	309.90	23.75
贵　州	3.14	10.10	25.91	25.09
云　南	0.49	58.45	3.27	55.69
陕　西	11.32	－12.71	119.37	－10.41
甘　肃	1.26	94.55	9.52	8.78
青　海	0.02	340.12	0.10	26.29
宁　夏	0.08	－2.87	0.96	1.14
新　疆	0.47	－43.40	6.26	1.46

2005年1－12月份电子及通信设备制造业主要经济指标（二）

指标 地区	出口交货值			
	本月/亿元	同期增长/%	本月累计/亿元	同期增长/%
全国	981.14	33.61	9 204.40	30.87
东部地区	966.90	33.79	9 066.97	31.42
中部地区	6.07	7.87	68.80	21.15
西部地区	8.17	35.68	68.63	－11.22
北京	62.12	8.93	654.86	37.55
天津	91.79	13.95	936.11	24.82
河北	1.07	4.90	11.63	35.26
山西	0.04	160.52	0.34	91.09
内蒙古	7.02	615.19	29.31	1 112.09
辽宁	14.05	13.76	137.42	10.15
吉林	0.22	－50.63	3.13	－26.01
黑龙江	0.14	38.44	1.16	－2.49
上海	132.02	111.71	1 093.75	56.15
江苏	146.02	32.25	1 486.23	28.84
浙江	51.25	77.24	376.87	67.09
安徽	1.91	203.71	10.64	99.92
福建	25.25	10.35	287.99	12.84
江西	1.98	111.76	15.68	69.17
山东	38.27	99.83	318.19	46.57
河南	0.55	－53.65	11.76	－11.42
湖北	0.14	14.58	2.00	18.62
湖南	1.10	－49.86	24.08	11.33
广东	397.77	21.68	3 732.76	25.09
广西	0.58	11.39	4.78	44.59
海南	0.28	87.56	1.83	34.04
重庆	0.22	107.75	1.90	118.69
四川	4.68	94.31	47.06	－4.22
贵州	1.73	25.58	3.84	－10.18
云南	0.01	－51.67	0.22	66.81
陕西	0.89	－40.90	10.21	－45.72
甘肃	0.01	－62.89	0.13	－7.80
青海	0.00	0.00	0.00	0.00
宁夏	0.02	－4.88	0.23	－14.94
新疆	0.03	－15.63	0.27	－28.42

2005 年 1－12 月份电子及通信设备制造业主要财务指标

指标 / 地区	销售收入	
	本月累计/亿元	同期增长/%
全　国	16 410. 24	21. 39
东部地区	15 539. 16	22. 28
中部地区	355. 84	0. 24
西部地区	515. 24	13. 10
北　京	1 305. 46	63. 22
天　津	1 525. 29	26. 20
河　北	61. 41	16. 59
山　西	7. 11	－9. 77
内蒙古	60. 72	30. 08
辽　宁	247. 34	7. 06
吉　林	15. 66	－11. 97
黑龙江	7. 28	－1. 49
上　海	1 660. 37	24. 47
江　苏	2 766. 42	20. 03
浙　江	864. 79	4. 68
安　徽	67. 70	16. 12
福　建	563. 78	11. 27
江　西	46. 08	26. 80
山　东	954. 33	49. 81
河　南	76. 63	－14. 47
湖　北	66. 24	－1. 37
湖　南	69. 14	－2. 00
广　东	5 525. 72	16. 14
广　西	22. 46	37. 12
海　南	3. 53	24. 30
重　庆	26. 64	8. 42
四　川	306. 49	22. 71
贵　州	27. 76	32. 44
云　南	3. 03	49. 26
陕　西	112. 93	－9. 22
甘　肃	9. 19	－16. 00
青　海	0. 04	100. 00
宁　夏	0. 98	19. 51
新　疆	5. 71	0. 53

2005年1－12月份电子计算机及办公设备制造业主要经济指标（一）

指标 地区	总产值（现价）			
	本月/亿元	同期增长/%	本月累计/亿元	同期增长/%
全　国	1 094.45	13.71	10 575.85	25.89
东部地区	1 075.10	12.93	10 413.47	25.52
中部地区	13.80	209.05	124.78	110.43
西部地区	5.54	−7.20	37.60	−16.19
北　京	50.07	18.97	432.16	20.88
天　津	11.57	9.41	134.87	5.66
河　北	0.08	−20.54	0.82	14.65
山　西	0.74	89.69	7.00	303.01
内蒙古	0.35	264.49	3.08	93.37
辽　宁	7.56	−45.49	104.01	−21.47
吉　林	0.00	0.00	0.56	456.00
黑龙江	1.09	73.71	9.88	6.55
上　海	176.81	1.64	1 829.96	17.81
江　苏	261.07	19.43	2 620.94	36.25
浙　江	16.66	15.02	193.42	27.81
安　徽	0.36	−50.06	3.82	−40.15
福　建	64.51	−0.54	712.00	7.45
江　西	0.41	132.46	6.28	258.42
山　东	19.84	19.92	180.44	33.22
河　南	0.53	985.20	3.29	949.78
湖　北	9.29	392.44	84.18	164.34
湖　南	1.38	126.88	9.78	23.85
广　东	466.57	17.58	4 201.76	29.28
广　西	0.20	162.58	1.92	48.21
海　南	0.00	0.00	0.00	0.00
重　庆	0.61	65.70	3.09	24.92
四　川	1.10	−50.09	13.11	−26.82
贵　州	0.22	−75.74	1.75	−77.62
云　南	0.95	−14.94	5.89	1.59
陕　西	2.42	91.02	11.54	23.39
甘　肃	0.05	−6.98	0.30	45.45
青　海	0.00	0.00	0.00	0.00
宁　夏	0.00	0.00	0.00	0.00
新　疆	0.00	0.00	0.00	0.00

2005 年 1－12 月份电子计算机及办公设备制造业主要经济指标（二）

指标 地区	出口交货值			
	本月/亿元	同期增长/%	本月累计/亿元	同期增长/%
全　国	842.32	15.31	8 304.21	27.48
东部地区	835.42	14.75	8 256.28	27.30
中部地区	6.59	473.92	42.43	232.71
西部地区	0.31	－76.40	5.51	－64.32
北　京	10.69	273.69	96.89	153.38
天　津	7.73	7.84	93.84	7.75
河　北	0.00	0.00	0.00	0.00
山　西	0.40	0.00	5.19	0.00
内蒙古	0.00	0.00	0.00	0.00
辽　宁	6.55	－50.41	90.92	－25.30
吉　林	0.00	0.00	0.00	0.00
黑龙江	0.41	－15.10	6.06	11.18
上　海	153.03	3.43	1 548.68	16.73
江　苏	223.22	28.50	2 228.04	38.92
浙　江	9.87	24.37	135.03	25.24
安　徽	0.03	191.06	0.52	33.69
福　建	38.22	－4.81	472.97	5.53
江　西	0.08	165.40	0.57	121.80
山　东	4.88	48.35	49.53	47.26
河　南	0.00	0.00	0.00	－99.71
湖　北	5.52	913.35	28.42	433.53
湖　南	0.16	95.20	1.68	26.47
广　东	381.24	14.90	3 540.39	30.23
广　西	0.02	－33.05	0.29	45.19
海　南	0.00	0.00	0.00	0.00
重　庆	0.00	0.00	0.00	0.00
四　川	0.14	－85.69	2.48	－67.63
贵　州	0.13	－54.63	2.25	－68.75
云　南	0.02	0.00	0.27	29.05
陕　西	0.00	－92.20	0.22	27.55
甘　肃	0.00	0.00	0.00	0.00
青　海	0.00	0.00	0.00	0.00
宁　夏	0.00	0.00	0.00	0.00
新　疆	0.00	0.00	0.00	0.00

2005 年 1－12 月份电子计算机及办公设备制造业主要财务指标

指标 地区	销售收入	
	本月累计/亿元	同期增长/%
全　国	10 575.03	25.58
东部地区	10 451.01	25.47
中部地区	87.25	74.99
西部地区	36.77	－12.85
北　京	481.26	24.37
天　津	135.52	5.09
河　北	0.76	11.76
山　西	6.82	397.81
内蒙古	3.19	87.65
辽　宁	95.97	－26.99
吉　林	0.65	－47.15
黑龙江	8.59	22.36
上　海	1 936.83	21.93
江　苏	2 630.95	37.48
浙　江	192.08	29.26
安　徽	4.89	－24.07
福　建	729.89	8.96
江　西	5.28	193.33
山　东	159.74	28.98
河　南	3.28	1071.43
湖　北	44.29	121.45
湖　南	13.45	14.86
广　东	4 084.84	26.27
广　西	1.59	18.66
海　南	0.00	0.00
重　庆	2.58	12.17
四　川	12.09	－31.85
贵　州	3.16	－46.98
云　南	5.79	7.02
陕　西	11.31	22.40
甘　肃	0.26	36.84
青　海	0.00	0.00
宁　夏	0.00	0.00
新　疆	0.00	0.00

2005年1－12月份医疗设备及仪器仪表制造业主要经济指标（一）

指标 / 地区	总产值（现价）			
	本月/亿元	同期增长/%	本月累计/亿元	同期增长/%
全　国	202.98	30.27	1 801.52	28.37
东部地区	159.38	28.47	1 444.82	28.82
中部地区	29.14	39.18	240.65	26.99
西部地区	14.46	33.67	116.05	25.76
北　京	17.62	8.16	158.56	27.08
天　津	2.92	-6.83	27.76	10.44
河　北	2.69	11.72	23.11	25.55
山　西	0.97	367.65	7.35	66.23
内蒙古	0.00	0.00	0.00	0.00
辽　宁	6.42	20.66	54.56	27.43
吉　林	2.39	86.69	17.22	46.44
黑龙江	1.21	63.74	4.73	23.15
上　海	16.96	-2.71	179.23	18.42
江　苏	29.84	41.57	279.43	39.82
浙　江	30.85	38.67	254.67	18.42
安　徽	1.81	-15.08	22.17	24.31
福　建	3.76	20.14	29.94	20.73
江　西	2.54	10.15	20.07	18.78
山　东	16.56	70.70	130.37	51.06
河　南	5.97	62.96	35.70	40.99
湖　北	11.54	33.67	111.55	21.16
湖　南	2.71	37.19	21.86	25.89
广　东	31.76	36.26	307.17	31.82
广　西	0.73	100.02	6.42	33.17
海　南	0.00	-99.26	0.03	-70.80
重　庆	4.46	37.85	43.43	26.92
四　川	4.39	57.50	28.74	38.40
贵　州	0.40	21.04	3.95	28.66
云　南	0.53	137.91	5.89	24.42
陕　西	3.09	-7.20	19.55	18.57
甘　肃	0.18	46.31	1.74	18.07
青　海	0.26	199.68	1.00	17.73
宁　夏	0.39	52.55	4.88	-11.47
新　疆	0.04	-51.54	0.45	30.64

2005 年 1－12 月份医疗设备及仪器仪表制造业主要经济指标（二）

指标 / 地区	出口交货值			
	本月/亿元	同期增长/%	本月累计/亿元	同期增长/%
全　国	45.84	19.44	461.44	28.14
东部地区	42.64	19.46	437.77	31.22
中部地区	1.51	－25.06	14.41	－26.59
西部地区	1.69	152.37	9.26	35.16
北　京	1.65	13.01	17.71	11.38
天　津	0.52	27.80	6.41	73.25
河　北	0.13	43.13	1.07	84.35
山　西	0.00	0.00	0.00	0.00
内蒙古	0.00	0.00	0.00	0.00
辽　宁	1.30	－11.44	14.47	4.58
吉　林	0.00	－79.35	0.26	－0.08
黑龙江	0.00	0.00	0.19	－9.13
上　海	5.25	44.88	54.02	40.02
江　苏	9.37	19.63	107.51	74.05
浙　江	6.63	3.63	61.83	18.12
安　徽	0.24	－5.50	2.32	6.34
福　建	1.86	44.77	15.01	33.77
江　西	0.17	－68.37	3.86	－32.91
山　东	1.46	96.84	14.14	11.85
河　南	0.72	249.17	3.82	28.72
湖　北	0.37	－62.90	3.91	－52.61
湖　南	0.00	0.00	0.05	1 084.67
广　东	14.47	16.79	145.59	18.33
广　西	0.14	64.25	1.44	26.75
海　南	0.00	0.00	0.00	0.00
重　庆	0.34	42.29	3.11	39.09
四　川	0.81	648.41	1.56	146.51
贵　州	0.02	614.29	0.08	5.78
云　南	0.15	－2.10	1.85	－3.34
陕　西	0.19	157.68	1.01	50.60
甘　肃	0.00	0.00	0.00	0.00
青　海	0.03	394.29	0.22	14.17
宁　夏	0.00	0.00	0.00	0.00
新　疆	0.00	0.00	0.00	0.00

2005 年 1－12 月份医疗设备及仪器仪表制造业主要财务指标

指标 地区	销售收入	
	本月累计/亿元	同期增长/%
全国	1 745.78	27.35
东部地区	1 434.22	29.62
中部地区	206.06	14.92
西部地区	105.51	24.01
北京	169.64	22.47
天津	27.34	14.15
河北	21.55	28.2
山西	7.09	60.41
内蒙古	0.00	0.00
辽宁	56.38	34.46
吉林	15.60	33.22
黑龙江	4.58	31.99
上海	187.51	20.97
江苏	279.16	40.52
浙江	241.02	18.33
安徽	20.00	14.74
福建	27.55	26.38
江西	19.33	－16.43
山东	119.98	61.44
河南	36.59	42.54
湖北	83.75	5.16
湖南	19.12	38.15
广东	304.09	31.24
广西	5.14	19.81
海南	0.01	－87.50
重庆	40.09	26.15
四川	26.20	32.46
贵州	1.99	6.42
云南	6.03	18.24
陕西	19.49	18.48
甘肃	1.32	15.79
青海	1.00	56.25
宁夏	3.80	3.54
新疆	0.45	25.00

2005 年 1－12 月份高技术产业投资情况（一）

指标 地区	计划总投资/万元	完成投资/万元	新增固定资产/万元	施工项目个数/个	新开工项目个数/个	投产项目个数/个
制造业合计	509 230 043	197 585 230	115 729 442	69 009	47 537	28 804
其中：高技术	59 693 357	21 720 339	14 496 838	6 430	3 754	2 315
一、按隶属关系分						
中　央	2 677 401	809 960	520 785	326	117	107
地　方	57 015 956	20 910 379	13 976 053	6 104	3 637	2 208
二、按建设性质关系分						
新　建	39 483 880	12 892 355	8 912 092	3 748	2 257	1 253
扩　建	9 435 011	4 088 375	2 624 912	1 156	607	450
改　建	6 433 610	2 792 309	1 723 960	1 361	812	540
三、按注册类型关系分						
内　资	30 515 523	11 791 399	6 475 496	4 889	2 832	1 741
其中：私营	4 243 232	1 994 730	1 229 016	1 110	744	446
港澳台商	10 695 120	3 596 191	3 340 076	613	364	200
外商投资	18 468 966	6 324 634	4 673 821	919	554	371
个体经营	13 748	8 115	7 445	9	4	3
四、按地区分						
北　京	2 529 504	873 757	1 048 231	74	27	25
天　津	1 944 481	580 454	279 060	74	41	26
河　北	1 280 472	694 419	402 624	230	161	112
山　西	1 435 259	339 219	129 642	111	38	35
内蒙古	681 450	304 108	194 614	67	44	38
辽　宁	2 011 049	802 842	441 390	239	155	113
吉　林	1 201 002	640 970	197 183	199	147	57
黑龙江	976 808	439 925	392 201	125	80	61
上　海	7 002 786	1 300 879	686 589	115	49	45
江　苏	8 502 227	3 990 971	4 341 463	732	501	411
浙　江	3 082 661	993 694	397 720	417	221	91
安　徽	945 664	324 635	201 988	230	120	61
福　建	1 687 416	528 443	251 979	225	95	46
江　西	2 343 411	723 031	473 912	288	143	130
山　东	4 097 763	1 986 141	934 017	593	410	155
河　南	1 329 839	521 961	324 896	244	168	115
湖　北	1 352 283	550 842	364 786	244	144	91
湖　南	1 087 509	422 392	269 608	216	123	70
广　东	7 693 978	3 118 299	2 016 906	824	477	272
广　西	867 082	240 568	91 861	149	86	45
海　南	138 573	67 064	8 583	16	7	1
重　庆	1 783 496	281 345	96 822	104	64	33
四　川	2 769 501	1 055 015	306 710	373	218	91
贵　州	416 022	137 557	127 011	106	42	31
云　南	240 294	94 488	49 440	57	22	19
西　藏	2 000	2 000	2 000	0	0	0
陕　西	1 699 738	512 418	355 208	259	102	95
甘　肃	264 578	124 531	45 103	67	47	19
青　海	100 673	22 844	31 190	20	6	14
宁　夏	34 700	15 430	15 460	6	5	6
新　疆	191 138	30 097	18 641	26	11	7

2005 年 1－12 月份高技术产业投资情况（二）

行业 \ 指标	计划总投资/万元	完成投资/万元	新增固定资产/万元	施工项目个数/个	新开工项目个数/个	投产项目个数/个
五、按行业分						
（一）信息化学品制造	330 187	152 305	54 292	41	17	11
（二）医药制造业	16 180 543	6 834 351	3 998 643	2 851	1 627	1 084
其中：化学药品制造	6 937 198	2 835 477	1 726 241	1 066	603	420
中成药制造	3 267 759	1 405 965	898 648	643	370	269
生物、生化制品的制造	2 878 195	1 149 548	501 808	387	217	106
（三）航空航天器制造	2 307 866	723 404	450 044	208	67	67
1. 飞机制造及修理	2 067 876	665 044	413 030	186	60	59
2. 航天器制造	236 082	56 002	34 606	20	7	7
3. 其他飞行器制造	3 908	2 358	2 408	2	0	1
（四）电子及通信设备制造业	31 856 229	10 427 039	7 585 458	2 186	1 350	770
1. 通信设备制造	3 946 671	1 377 386	665 574	361	223	128
其中：通信传输设备制造	459 590	197 344	70 476	93	50	30
通信交换设备制造	663 236	137 266	62 468	46	29	13
通信终端设备制造	254 513	150 619	94 300	45	30	19
移动通信及终端设备制造	1 964 374	680 457	341 246	81	55	29
2. 雷达及配套设备制造	206 936	87 154	11 713	25	9	6
3. 广播电视设备制造	298 091	99 314	51 550	46	28	10
4. 电子器件制造	15 302 432	3 900 608	3 431 407	440	251	149
电子真空器件制造	598 804	168 183	83 738	64	32	15
半导体分立器件制造	1 998 290	567 907	189 193	48	22	18
集成电路制造	9 137 972	1 907 044	1 743 016	133	67	40
光电子器件及其他电子器件制造	3 567 366	1 257 474	1 415 460	195	130	76
5. 电子元件制造	7 442 519	3 466 568	2 248 781	901	594	346
6. 家用视听设备制造	2 280 214	638 310	329 944	150	87	45
7. 其他电子设备制造	2 379 366	857 699	846 489	263	158	86
（五）电子计算机及办公设备制造业	4 131 076	1 647 957	1 330 304	271	140	95
1. 电子计算机整机制造	976 276	483 265	319 827	63	32	24
2. 计算机网络设备制造	251 761	100 283	36 378	37	13	7
3. 电子计算机外部设备制造	2 475 956	917 482	831 493	129	69	46
4. 办公设备制造	427 083	146 927	142 606	42	26	18
（六）医疗设备及仪器仪表制造业	3 217 430	1 405 626	849 491	739	480	251
1. 医疗设备及器械制造	896 260	353 755	217 367	192	127	69
2. 仪器仪表制造	2 321 170	1 051 871	632 124	547	353	182
（七）公共软件服务	1 551 726	473 918	195 289	123	66	29
（八）其他	118 300	55 739	33 317	11	7	8

2005 年 1－12 月份高技术产业资金来源情况（一）

万元

地区 \ 指标	资金来源小计	国家预算内资金	国内贷款	债券	利用外资	自筹资金	其他
制造业合计	202 988 876	1 320 861	24 466 951	125 831	23 719 291	144 422 521	8 933 421
其中：高技术	22 835 686	310 814	3 472 218	22 033	5 300 803	12 914 962	814 856
一、按隶属关系分							
中　央	819 338	132 247	152 620	0	5 330	445 691	83 450
地　方	22 016 348	178 567	3 319 598	22 033	5 295 473	12 469 271	731 406
二、按建设性质关系分							
新　建	13 927 112	122 667	2 715 535	11 233	3 321 711	7 281 376	474 590
扩　建	3 956 280	50 984	348 178	8 700	882 166	2 578 727	87 525
改　建	2 997 702	121 738	328 952	2 100	268 412	2 161 190	115 310
三、按注册类型关系分							
内　资	12 276 907	304 811	1 547 087	8 700	218 271	9 609 120	588 918
其中：私营	2 058 383	675	172 044	8 200	29 262	1 739 793	108 409
港澳台商	4 094 864	5 580	1 290 683	2 100	1 513 466	1 181 473	101 562
外商投资	6 455 708	423	634 388	11 233	3 568 366	2 122 422	118 876
个体经营	8 207	0	60	0	700	1 947	5 500
四、按地区分							
北　京	1 351 311	6 478	1 042 147	0	109 858	187 528	5 300
天　津	591 847	0	45 541	0	234 744	311 252	310
河　北	721 468	3 043	41 944	0	7 419	618 415	50 647
山　西	332 095	2 550	27 901	0	0	281 317	20 327
内蒙古	304 054	0	44 569	0	14 907	240 508	4 070
辽　宁	814 434	13 917	103 872	0	143 779	532 295	20 571
吉　林	682 504	28 430	85 318	0	14 626	530 791	23 339
黑龙江	479 551	29 331	24 985	0	0	373 720	51 515
上　海	1 388 691	0	433 028	0	552 188	397 810	5 665
江　苏	3 770 059	4 145	280 235	500	1 777 039	1 689 130	19 010
浙　江	1 107 315	1 100	132 729	0	205 474	762 801	5 211
安　徽	359 440	6 416	28 853	0	20 465	289 115	14 591
福　建	555 812	1 048	83 031	0	132 574	326 521	12 638
江　西	833 912	33 783	101 864	8 200	76 841	565 013	48 211
山　东	1 942 641	560	133 845	0	408 758	1 263 573	135 905
河　南	527 105	2 952	53 696	0	21 099	42 3961	25 397
湖　北	674 150	37 624	49 052	0	22 516	539 874	25 084
湖　南	437 700	145	32 036	0	9 889	377 292	18 338
广　东	3 382 888	10 150	279 350	13 333	1 371 992	1 588 135	119 928
广　西	243 414	2 600	21 005	0	16 773	173 032	30 004
海　南	66 234	10 990	500	0	4 890	29 975	19 879
重　庆	293 054	8 370	49 088	0	704	209 681	25 211
四　川	1 024 011	8 698	213 106	0	131 712	650 859	19 636
贵　州	135 118	8 328	26 640	0	2 422	87 304	10 424
云　南	91 363	400	43 388	0	2 732	40 062	4 781
西　藏	2 000	0	0	0	0	2 000	0
陕　西	488 783	75 386	79 388	0	5 398	277 188	51 423
甘　肃	148 338	14 370	12 617	0	500	79 566	41 285
青　海	26 214	0	200	0	0	25 984	30
宁　夏	15 030	0	400	0	0	14 630	0
新　疆	45 150	0	1 890	0	11 504	25 630	6 126

2005年1－12月份高技术产业资金来源情况（二）

万元

行业 \ 指标	资金来源小计	国家预算内资金	国内贷款	债券	利用外资	自筹资金	其他
五、按行业分							
（一）信息化学品制造	178 727	1 335	8 740	0	14 846	152 436	1 370
（二）医药制造业	6 961 118	63 770	792 633	2 600	254 878	5 478 056	369 181
其中：化学药品制造	2 906 670	17 551	320 544	500	165 265	2 265 714	137 096
中成药制造	1 404 206	23 125	172 059	2 100	35 021	1 095 577	76 324
生物、生化制品的制造	1 185 008	5 621	138 581	0	30 506	967 341	42 959
（三）航空航天器制造	706 731	106 924	130 096	0	1 738	401 098	66 875
1. 飞机制造及修理	654 307	100 267	130 096	0	1 738	358 331	63 875
2. 航天器制造	50 066	5 049	0	0	0	42 017	3 000
3. 其他飞行器制造	2 358	1 608	0	0	0	750	0
（四）电子及通信设备制造业	11 239 874	91 597	2 082 140	11 233	4 049 245	4 777 194	228 465
1. 通信设备制造	1 518 659	48 454	176 027	2 427	207 679	1 058 988	25 084
其中：通信传输设备制造	230 221	13 495	60 150	0	14 329	141 421	826
通信交换设备制造	171 987	300	9 626	0	6 325	153 752	1 984
通信终端设备制造	161 187	1 920	5 900	0	21 186	124 946	7 235
移动通信及终端设备制造	659 807	0	87 281	2 427	143 147	419 952	7 000
2. 雷达及配套设备制造	76 985	6 900	6 058	0	0	59 939	4 088
3. 广播电视设备制造	105 079	700	11 980	0	18 347	70 932	3 120
4. 电子器件制造	4 262 421	17 300	1 399 754	8 806	1 502 021	1 228 640	105 900
电子真空器件制造	178 197	600	17 205	0	24 403	135 222	767
半导体分立器件制造	524 576	100	207 757	0	180 214	118 876	17 629
集成电路制造	1 726 355	16 600	211 372	8 806	1 021 421	433 513	34 643
光电子器件及其他电子器件制造	1 833 293	0	963 420	0	275 983	541 029	52 861
5. 电子元件制造	3 739 540	13 705	379 634	0	1 792 679	1 511 617	41 905
6. 家用视听设备制造	715 516	4 438	72 133	0	213 600	396 060	29 285
7. 其他电子设备制造	821 674	100	36 554	0	314 919	451 018	19 083
（五）电子计算机及办公设备制造业	1 732 185	4 618	298 064	0	776 803	616 606	36 094
1. 电子计算机整机制造	517 096	560	92 798	0	235 913	175 098	12 727
2. 计算机网络设备制造	124 286	60	36 900	0	31 783	53 131	2 412
3. 电子计算机外部设备制造	904 125	3 248	165 566	0	400 040	322 243	13 028
4. 办公设备制造	186 678	750	2 800	0	109 067	66 134	7 927
（六）医疗设备及仪器仪表制造业	1 465 756	25 280	110 365	8 200	184 495	1 066 810	70 606
1. 医疗设备及器械制造	358 304	40	29 987	8 200	38 723	270 563	10 791
2. 仪器仪表制造	1 107 452	25 240	80 378	0	145 772	796 247	59 815
（七）公共软件服务	468 749	4 600	47 180	0	18 798	382 989	15 182
（八）其他	82 546	12 690	3 000	0	0	39 773	27 083

2004 年全球 320 强公司的研发支出

公司名称＼指标	销售额/百万美元	研发支出/百万美元	研发强度/%
航空与国防			
英国航天航空系统公司（BAE Systems）	25 825.76	3 295.52	12.76
欧洲航空防务与航天公司（EADS）	34 462.86	2 306.71	6.69
波　音	52 457.00	1 879.00	3.58
意大利 Finmeccanica 公司	9 777.84	1 602.55	16.39
联合技术公司（United Technologies）	36 700.00	1 256.00	3.42
斯奈克玛集团（Snecma）	8 970.23	992.88	11.07
洛克希德·马丁公司（Lockheed Martin）	35 526.00	962.00	2.71
霍尼韦尔国际公司（Honeywell International）	25 601.00	917.00	3.58
德事隆集团（Textron Inc.）	10 242.00	594.00	5.80
劳斯莱斯（Rolls-Royce）	11 934.76	540.31	4.53
诺斯罗普·格鲁曼公司（包括天合汽车集团）	29 853.00	504.00	1.69
雷神公司（Raytheon）	20 245.00	491.00	2.43
泰雷兹集团（Thales）	11 162.91	396.03	3.55
通用动力公司（General Dynamics）	19 178.00	329.00	1.72
庞巴迪（Bombardier）	21 321.00	188.00	0.88
英国 GKN 公司	8 520.45	174.36	2.05
合　计	361 777.81	16 428.35	4.54
生物技术			
安进公司（Amgen, Inc.）	9 977.00	2 028.00	20.33
Genentech 公司	4 621.20	947.00	20.49
ICOS 公司	746.08	717.91	96.22
Corixa 公司	249.56	623.22	249.73
Chiron 公司	1 923.36	431.10	25.02
千年制药公司（Millennium Pharmaceuticals）	448.21	402.56	89.82
基因酶公司（Genzyme Corporation）	2 201.15	391.80	17.80
伊兰制药公司（Elan Pharmaceuticals）	481.70	257.30	53.41
吉利厄德科学公司（Gilead Sciences）	1 324.62	223.55	16.88
人类基因组科学公司（Human Genome Sciences）	3.83	219.55	5 732.88
Shire 公司	1 363.21	196.27	14.40
Vertex 制药公司	102.72	192.16	187.07
英国 Celltech 公司	597.40	179.41	30.03
Regeneron 制药公司	174.01	136.09	78.21
Isis 制药公司	42.62	118.47	227.97
Incyte 公司	14.15	88.27	623.82
英克隆系统公司（ImClone Systems Inc.）	388.69	82.66	21.27
合　计	24 459.51	7 235.32	29.58
计算机与办公设备			
IBM	96 293.00	5 673.00	5.89
惠普－康柏	79 905.00	3 506.00	4.39
佳　能	33 344.74	2 680.87	8.04
富士通	44 971.00	2 367.08	5.26

续表

指标 公司名称	销售额 /百万美元	研发支出 /百万美元	研发强度/%
Sun 微系统公司	11 185.00	1 926.00	17.22
理　光	17 111.74	889.57	5.20
EMC 公司	8 229.49	847.90	10.30
施　乐	15 722.00	760.00	4.83
苹果电脑公司	8 279.00	489.00	5.91
戴　尔	49 205.00	463.00	0.94
康宁（Corning）	3 854.00	355.00	9.21
马可尼（Marconi）	2 783.95	354.46	12.73
利盟（Lexmark）	5 313.80	313.00	5.89
必能宝公司（Pitney Bowes）	4 957.44	159.83	3.22
宏　基	4 641.02	142.44	3.07
卡西欧（Casio Computers）	5 089.12	138.15	2.71
美国网存公司（Network Appliances）	1 170.31	131.85	11.27
合　计	392 064.60	21 197.15	5.41
电子电气设备			
松下电器	81 158.00	6 282.40	7.74
西门子	81 556.20	5 493.36	6.74
索　尼	72 081.00	4 947.00	6.86
日　立	84 365.00	3 375.00	4.00
东　芝	52 636.85	3 176.55	6.03
三星电子	55 677.70	2 900.00	5.21
皇家飞利浦电子公司	32 896.12	2 749.39	8.36
NEC	20 181.56	2 468.00	12.23
夏　普	21 497.84	1 321.77	6.15
三菱电机	31 223.12	1 287.90	4.12
3M	20 011.00	1 143.00	5.71
LG 电子	16 141.52	819.20	5.08
泰科国际（Tyco International）	40 153.00	784.00	1.95
ABB	20 721.00	690.00	3.33
施耐德电气（Schneider Electric）	11 246.35	580.69	5.16
住友电工（Sumitomo Electric）	14 593.64	523.01	3.58
阿尔斯通公司（ALSTOM）	18 106.48	513.21	2.83
艾默生电气（Emerson Electric）	15 615.00	486.00	3.11
先锋公司（Pioneer）	6 612.12	486.00	7.35
罗格朗公司（Legrand）	5 606.22	480.92	8.58
马可尼公司（Marconi）	2 994.00	458.00	15.30
Kyocera 公司	10 969.37	448.00	4.08
百得（Black & Decker）	5 398.40	442.00	8.19
村田制作所（Murata Manufacturing）	4 133.47	319.85	7.74
英维思集团（Invensys）	7 455.16	316.14	4.24
惠而浦（Whirlpool）	13 220.00	315.00	2.38
丹纳赫集团（Danaher Corporation）	6 889.30	294.00	4.27

续表

公司名称＼指标	销售额/百万美元	研发支出/百万美元	研发强度/%
尼　康	4 791. 16	285. 41	5. 96
伊莱克斯（Electrolux）	16 464. 00	279. 90	1. 70
富士电机	8 154. 27	272. 80	3. 35
伊顿公司（Eaton）	9 817. 00	261. 00	2. 66
美能达（Minolta）	8 378. 77	212. 24	2. 55
西部数据	3 046. 07	201. 00	6. 60
合　计	803 790. 68	44 614. 73	5. 55
网络和其他通信设备			
诺基亚	31 754. 70	4 050. 31	12. 75
思科	22 045. 00	3 192. 00	14. 48
爱立信	19 782. 60	3 127. 06	15. 81
摩托罗拉	31 323. 00	3 060. 00	9. 77
北电网络（Nortel Networks）	9 828. 00	1 959. 00	19. 93
朗讯	9 045. 00	1 270. 00	14. 04
Juniper 网络公司	1 336. 02	238. 36	17. 84
合　计	125 114. 32	16 896. 73	13. 51
制　药			
辉　瑞	52 516. 00	7 684. 00	14. 63
葛兰素史克公司	39 007. 84	5 439. 52	13. 94
赛诺菲（Sanofi）	33 471. 16	5 215. 96	15. 58
强　生	47 348. 00	5 203. 00	10. 99
罗氏集团（Roche Group）	26 165. 49	4 261. 21	16. 29
诺华公司（Novartis）	28 247. 00	4 207. 00	14. 89
默克（Merck）	22 938. 60	4 010. 20	17. 48
阿斯利康（AstraZeneca）	21 426. 00	3 803. 00	17. 75
礼来公司	13 857. 90	2 691. 10	19. 42
百时美施贵宝（Bristol-Myers Squibb）	19 380. 00	2 500. 00	12. 90
惠氏公司（前美国家庭用品公司）	17 358. 01	2 461. 00	14. 18
拜耳（Bayer AG）	25 003. 83	2 286. 10	9. 14
先灵—葆雅（Schering-Plough）	9 401. 81	1 760. 80	18. 73
雅培制药（Abbott Laboratories）	19 680. 02	1 696. 75	8. 62
勃林格殷格翰（Boehringer Ingelheim）	8 737. 00	1 336. 72	15. 30
武田药厂（Takeda Chemical Industries）	10 249. 35	1 223. 14	11. 93
诺和诺德（Novo Nordisk）	4 854. 00	728. 09	15. 00
藤泽制药（Fujisawa Pharmaceutical）	3 730. 20	694. 75	18. 63
山之内制药（Yamanouchi Pharmaceutical）	4 978. 14	682. 44	13. 71
日本第一制药公司（Daiichi Pharmaceuticals）	3 199. 26	570. 65	17. 84
三菱制药	2 221. 05	476. 68	21. 46
丹麦 Lundbeck 公司	1 628. 16	296. 77	18. 23
小野制药株式会社（Ono Pharmaceutical）	1 314. 94	291. 47	22. 17
盐野义制药株式会社（Shionogi）	1 896. 92	282. 03	14. 87
福里斯特实验室公司（Forest Laboratories）	2 680. 27	246. 46	9. 20

续表

指标 / 公司名称	销售额/百万美元	研发支出/百万美元	研发强度/%
大正制药（Taisho Pharmaceutical）	2 789. 29	235. 37	8. 44
三共株式会社（Sankyo Co.）	5 625. 90	130. 39	2. 32
合　计	429 706. 14	60 414. 60	14. 06
半导体和其他电子部件			
英特尔	34 209. 00	4 778. 00	13. 97
意法半导体有限公司（STMicroelectronics）	8 756. 00	1 532. 00	17. 50
英飞凌科技（Infineon Technologies）	8 934. 00	1 513. 00	16. 94
应用材料公司（Applied Materials）	8 013. 05	991. 87	12. 38
AMD（Advanced Micro Devices）	5 001. 44	934. 57	18. 69
联华电子（United microelectronics Corp.）	12 683. 76	736. 36	5. 81
杰尔系统公司（Agere Systems）	1 912. 00	496. 00	25. 94
LSI Logic 公司	1 700. 16	421. 52	24. 79
美国国家半导体（National Semiconductor）	1 983. 10	352. 80	17. 79
马威尔技术公司（Marvell Technology Group）	1 224. 58	263. 26	21. 50
赛普拉斯公司（Cypress Semiconductor）	948. 44	261. 63	27. 59
Altera 公司	1 016. 36	180. 52	17. 76
伟创力公司（Flextronics）	14 530. 42	116. 24	0. 80
美国 SGI 公司（Silicon Graphics）	842. 00	108. 76	12. 92
凌特技术公司（Linear Technologies）	807. 28	104. 60	12. 96
合　计	102 561. 59	12 791. 13	12. 47
软件和数据服务			
微　软	36 835. 00	7 779. 00	21. 12
SAP	10 173. 12	1 380. 91	13. 57
甲骨文	10 156. 00	1 278. 20	12. 59
安捷伦科技（Agilent Technologies）	7 181. 00	933. 00	12. 99
CA 公司（Computer Associates）	3 276. 00	662. 00	20. 21
BMC 软件公司	1 419. 00	553. 41	39. 00
仁科公司（Peoplesoft）	2 267. 02	433. 01	19. 10
希柏系统软件公司（Siebel Systems）	1 339. 79	368. 39	27. 50
Cadence Design Systems 公司	1 197. 48	351. 30	29. 34
Veritas Software 公司	2 041. 87	346. 60	16. 97
Adobe 系统公司	1 666. 58	311. 30	18. 68
Unisys 公司	5 820. 70	294. 30	5. 06
Synopsys 系统公司	1 092. 10	285. 30	26. 12
埃森哲（Accenture）	13 673. 00	272. 00	1. 99
诺发系统公司（Novellus Systems）	1 357. 29	252. 10	18. 57
达索系统软件公司（Dassault Systems）	866. 46	247. 50	28. 56
Novell 公司	1 165. 92	198. 61	17. 03
电子数据系统公司（Electronic Data Systems）	20 669. 00	191. 00	0. 92
Amdocs 公司	1 773. 73	126. 41	7. 13
合　计	123 971. 06	16 264. 34	13. 12

注：仅收录了与高技术产业相关的行业数据。

（摘译自 *Research-Technology Management* 杂志中“R&D Spending Patterns of Global Firms”论文，网址为：http://www. allbusiness. com/periodicals/article/528112 - 4. html）

1991－2004年世界主要

国家和地区 \ 年份	1991	1995	1996	1997	1998	1999
加拿大	10 075.5	12 093.7	11 958.2	12 522.75	13 828.52	14 898.98
墨西哥	1 547.8	2 133.2	2 245.98	2 667.33	3 068.3	3 619.25
美　国	191 111.3	199 886.4	210 716.37	222 916.36	235 058.35	249 343.13
澳大利亚	5 674.5	—	7 274.55	—	—	—
日　本	81 219	82 580	88 608.06	92 352.06	94 779.48	95 345.69
韩　国	8 597.3	14 686.3	16 098.39	17 237.88	15 154.38	15 952.42
新西兰	580.7	671.1	—	807.41	—	780.51
奥地利	2 661.4	3 065.6	3 242.74	3 511.47	3 809.33	4 188.53
比利时	3 590.6	4 032.1	4 292.23	4 594.35	4 766.24	5 075.41
捷　克	2 455	1 327.9	1 420.9	1 571.44	1 658.78	1 669.12
丹　麦	2 009.2	2 447	2 531.12	2 728.24	2 968.11	3 235.45
芬　兰	2 103.7	2 407.2	2 793.75	3 162.65	3 528.77	4 088.71
法　国	30 866	32 417.5	31 573.73	31 087.37	31 419.39	32 584.96
德　国	45 278.2	42501.8	42 807.16	44 271.05	45 613.96	48 990.14
希腊	525.8	729.6	—	805.95	—	1 148.18
匈牙利	1 061.2	739.8	665.09	772.21	761.86	800.5
冰　岛	71.9	97.6	—	128.68	149.56	179.45
爱尔兰	513.5	866.7	969.05	1 047.07	1 108.72	1 174.68
意大利	15 320	13 125.4	13 367.99	14 238.93	14 704.59	14 578.67
卢森堡	—	—	—	—	—	—
荷　兰	6 577.4	7 198.5	7 515.24	7 905.77	7 842.31	8 503.37
挪　威	1 727.8	2 016.7	—	2 214.05	—	2 347.51
波　兰	1 956.3	2 005.2	2 188.46	2 338.56	2 498.15	2 692.19
葡萄牙	797.9	837.1	915.6	981.87	1 141.02	1 296.13
斯洛伐克	899.5	452.4	476.45	585.56	442.26	374.81
西班牙	5 441.3	5 514	5 780.32	5 922.47	6 752.01	6 961.88
瑞　典	5 284.2	6 818.3	—	7 485.33	—	8 358.09
瑞　士	5 072.9	—	5 320.74	—	—	—
土耳其	1 725.6	1 440.4	1 830.97	2 143.63	2 241.23	2 706.24
英　国	24 162	25 106.8	24 841.16	24 690.25	25 324.24	27 125.08
欧盟15国	145 086.5	146 068.4	148 497.94	152 429.28	157 820.42	167 287.11
欧盟25国	—	151 280.4	153 902.41	158 384.75	163 923.61	173 594.67
OECD	451 983.1	479 030.2	500 272.06	523 320.97	543 156.75	570842.75

国家 R&D 支出总额

百万美元

2000	2001	2002	2003	2004	年平均增长率	
					年度	增长率/%
16 643.7	18 223.5	17 762	17 926.9	18 211.9	1995 - 2003	5
3 348.5	3 538.5	—	—	—	1995 - 2001	8.8
265 194.1	268 294.9	266 177.7	268 439	—	1998 - 2003	2.7
7 930.7	—	8 815.8	—	—	1996 - 2002	3.3
99 003.7	102 102.9	103 382	106 921.1	—	1996 - 2003	2.7
18 395.1	20 668.6	21 616.9	23 261.9	—	1995 - 2003	5.9
—	939.3	—	1 035.6	—	2001 - 2003	5
4 407.8	4 724.2	4 971.2	5 198.6	5 483.4	1995 - 2003	6.8
5 476.4	5 880.7	6 088.7	6 407	6 741.9	1995 - 2003	6
1 844.2	1 880.5	1 908.4	2 044.6	—	1995 - 2003	5.5
—	3 714	3 948	—	—	1995 - 2002	7.1
4 518	4 581.6	4 728.4	4 910	—	1995 - 2003	9.3
33 829.7	35 317.5	36 258.9	35 297.5	—	2000 - 2003	1.4
51 588.5	52 308.3	52 872.4	53 217.1	—	1995 - 2003	2.9
—	1 202	—	—	—	1995 - 2001	8.7
981.8	1 206.7	1 351.1	1 286.7	—	1995 - 2003	7.2
219.3	249.1	250.3	256.5	—	1995 - 2003	12.8
1 233.4	1 276	1 364.5	—	—	1995 - 2002	6.7
15 425	16 368.4	17 085.1	—	—	1997 - 2002	3.7
368.3	—	—	—	—	1995 - 2003	—
8 248.7	8 300	7 994.5	—	—	1996 - 2002	1
—	2 623.7	2 687.6	2 813.9	—	1995 - 2003	4.3
2 635.6	2 566.7	2 358.3	2 366.2	—	1995 - 2003	2.1
1 424.7	1 531.3	1 699.2		—	1995 - 2002	10.6
378.8	386.5	363.9	385.2	—	1997 - 2003	-6.7
7 706.5	8 053.5	8 902.8	9 772.7	—	1995 - 2003	7.4
—	10 294.5	—	9 943.6	—	1995 - 2003	7.1
5 627	—	—	—	—	1996 - 2000	1.4
2 946.9	3 080	3 048.9	—	—	1995 - 2002	11.3
28 015.5	28 799.2	29 698.2	30 233.9	—	1995 - 2003	2.4
176 013.1	182 730.9	187 294.1	188 941.8	—	1995 - 2003	3.3
182 792.6	189 729.3	194 279.9	196 106.9	—	1995 - 2003	3.3
604 566.3	622 799.9	627 444.3	638 020.5	—	1995 - 2003	3.7

1991－2004 年世界主

国家和地区 \ 年份	1991	1995	1996	1997	1998
加拿大	1.6	1.72	1.68	1.68	1.79
墨西哥	0.22	0.31	0.31	0.34	0.38
美　国	2.71	2.51	2.55	2.58	2.61
澳大利亚	1.52	—	1.67	—	1.51
日　本	2.76	2.69	2.78	2.84	2.95
韩　国	1.82	2.37	2.42	2.48	2.34
新西兰	0.98	0.96	—	1.1	—
奥地利	1.44	1.54	1.59	1.69	1.77
比利时	1.62	1.72	1.8	1.87	1.9
捷　克	1.9	0.95	0.98	1.09	1.17
丹　麦	1.64	1.84	1.85	1.94	2.06
芬　兰	2.04	2.28	2.54	2.71	2.88
法　国	2.37	2.31	2.3	2.22	2.17
德　国	2.52	2.25	2.25	2.29	2.31
希　腊	0.36	0.49	—	0.51	—
匈牙利	1.06	0.73	0.65	0.72	0.68
冰　岛	1.17	1.57	—	1.88	2.07
爱尔兰	0.93	1.28	1.32	1.29	1.25
意大利	1.23	1	1.01	1.05	1.07
卢森堡	—	—	—	—	—
荷　兰	1.97	1.99	2.01	2.04	1.94
挪　威	1.64	1.7	—	1.64	—
波　兰	0.76	0.65	0.67	0.67	0.68
葡萄牙	0.57	0.57	0.6	0.62	0.69
斯洛伐克	2.13	0.93	0.92	1.09	0.79
西班牙	0.84	0.81	0.83	0.82	0.89
瑞　典	2.72	3.35	—	3.54	—
瑞　士	2.59	—	2.67	—	—
土耳其	0.53	0.38	0.45	0.49	0.5
英　国	2.07	1.95	1.88	1.81	1.8
欧盟 15 国	1.9	1.8	1.8	1.8	1.81
欧盟 25 国	—	1.72	1.71	1.72	1.72
OECD	2.21	2.09	2.11	2.13	2.15

要国家的 R&D 强度

%

1999	2000	2001	2002	2003	2004
1. 82	1. 93	2. 08	1. 96	1. 94	1. 91
0. 43	0. 37	0. 39	—	—	—
2. 65	2. 72	2. 73	2. 66	2. 6	—
—	1. 56	—	1. 62	—	—
2. 96	2. 99	3. 07	3. 12	3. 15	—
2. 25	2. 39	2. 59	2. 53	2. 64	—
1. 01	—	1. 14	—	1. 16	—
1. 88	1. 91	2. 04	2. 12	2. 31	2. 27
1. 96	2. 04	2. 17	2. 23	2. 31	2. 38
1. 16	1. 23	1. 22	1. 22	1. 26	—
2. 19	—	2. 41	2. 53	—	—
3. 23	3. 4	3. 41	3. 44	3. 49	—
2. 18	2. 18	2. 23	2. 26	2. 19	—
2. 44	2. 49	2. 51	2. 53	2. 55	—
0. 67	—	0. 65	—	—	—
0. 69	0. 8	0. 95	1. 02	0. 95	—
2. 38	2. 75	3. 06	3. 09	3. 04	—
1. 19	1. 14	1. 11	1. 12	—	—
1. 04	1. 07	1. 11	1. 06	—	—
—	1. 71	—	—	—	—
2. 02	1. 9	1. 88	1. 8	—	—
1. 65	—	1. 6	1. 67	1. 75	—
0. 7	0. 66	0. 64	0. 58	0. 56	—
0. 75	0. 8	0. 85	0. 95	—	—
0. 66	0. 65	0. 64	0. 58	0. 58	—
0. 88	0. 94	0. 95	1. 03	1. 1	—
3. 65	—	4. 27	—	3. 98	—
—	2. 57	—	—	—	—
0. 63	0. 64	0. 72	0. 66	—	—
1. 87	1. 86	1. 87	1. 9	1. 89	—
1. 86	1. 89	1. 92	1. 95	1. 95	—
1. 77	1. 8	1. 83	1. 85	1. 85	—
2. 19	2. 23	2. 27	2. 25	2. 24	—

世界主要国家按经费来源

年度指标 / 国家和地区	企业					政府				
	1995	1997	1999	2001	2003	1995	1997	1999	2001	2003
加拿大	45.7	48	44.9	49.4	47.5	35.9	32	31.2	29.8	34.5
墨西哥	17.6	16.9	23.6	29.8	—	66.2	71.1	61.3	59.1	—
美 国	60.2	64	66.9	67.3	63.1	35.4	31.5	28.5	27.8	31.2
澳大利亚	47.8	45.9	46.3	46.4	—	45.8	46.9	45.5	44.4	—
日 本	72.3	74	72.2	73	74.5	20.9	18.2	19.6	18.6	17.7
韩 国	76.3	72.5	70	72.5	74	19	22.9	24.9	25	23.9
新西兰	33.7	30.5	34.1	37.1	—	52.3	52.3	50.6	46.3	42.8
奥地利	45.7	43.3	41.1	41.8	43.9	46.9	41	38.9	38.3	34.7
比利时	67.1	67.6	66.2	64.3	—	23.1	22.2	23.5	21.4	—
捷 克	63.1	59.8	52.6	52.5	51.4	32.3	30.8	42.6	43.6	41.8
丹 麦	45.2	53.4	59	61.4	—	39.6	36.1	31.2	28.2	—
芬 兰	59.5	62.9	66.9	70.8	70	35.1	30.9	29.1	25.5	25.7
法 国	48.3	51.6	54.1	54.2	—	41.9	38.8	36.9	36.9	—
德 国	60	61.3	65.4	65.7	66.1	37.9	35.9	32.1	31.4	31.1
希 腊	25.5	21.6	24.2	33	—	54	54.5	48.9	46.6	—
匈牙利	38.4	36.6	38.5	34.8	30.7	53.1	54.8	53.2	53.6	58
冰 岛	34.6	41.9	43.4	46.2	—	57.3	50.9	41.2	34	—
爱尔兰	72.3	67.3	64.4	66.8	—	22.5	24.3	21.9	25.5	—
意大利	41.7	—	—	—	—	53	—	—	—	—
卢森堡	—	—	90.7	—	—	—	—	7.7	—	—
荷 兰	46	45.6	49.7	51.9	—	42.2	39.1	35.7	35.8	—
挪 威	49.9	49.4	49.5	51.6	49.2	44	42.9	42.5	39.8	41.9
波 兰	36	35.1	38.1	30.8	30.3	60.2	61.7	58.5	64.8	62.7
葡萄牙	19.5	21.2	21.3	31.5	—	65.3	68.2	69.7	61	—
斯洛伐克	60.4	63.5	49.9	56.1	45.1	37.8	34.5	47.9	41.3	50.8
西班牙	44.5	44.7	48.9	47.2	48.4	43.6	43.6	40.8	39.9	40.1
瑞 典	65.5	67.8	67.8	71.9	65	28.8	25.8	24.5	21	23.5
瑞 士	67.5	—	69.1	—	—	26.9	—	23.2	—	—
土耳其	30.8	41.8	43.3	44.9	—	62.4	53.7	47.7	48	—
英 国	48.2	49.9	48.5	46.9	43.9	32.8	30.7	29.2	29.1	31.3
欧盟15国	52.2	53.7	55.6	56	—	39.1	37.1	34.8	34	—
欧盟25国	51.9	53.3	55.2	55.5	—	39.5	37.5	35.5	34.7	—
OECD	59.4	61.9	63	63.6	61.6	34	31.2	29.7	28.9	30.5

分的 R&D 资金比重

%

其他国内部门					国外				
1995	1997	1999	2001	2003	1995	1997	1999	2001	2003
6.9	7.7	8.5	8	9.9	11.6	12.3	15.3	12.8	8.1
—	9.5	9.8	9.8	—	6.7	2.5	5.3	1.3	—
4.4	4.4	4.6	4.9	5.7	—	—	—	—	—
—	—	—	—	—	—	—	—	—	—
9.9	7.5	7.8	8	7.5	0.1	0.3	0.4	0.4	0.3
4.7	4.5	5.1	2.1	1.7	0	0.1	0.1	0.5	0.4
10.1	12	11	10	—	3.9	5.2	4.3	6.6	—
0.4	0.4	0.3	0.3	0.4	7	15.3	19.6	19.7	21
2.3	3.4	3	2.5	—	7.5	6.8	7.3	11.8	—
1.3	7.5	0.8	1.7	2.2	3.3	1.9	4	2.2	4.6
4.2	4.1	3.3	2.6	—	11	6.4	5.4	7.8	—
—	0.9	0.9	1.2	1.1	4.5	5.3	3	2.5	3.1
1.7	1.6	1.9	1.7	—	8	7.9	7	7.2	—
0.3	0.3	0.4	0.4	0.4	1.8	2.4	2.1	2.5	2.3
2.5	1.6	2.5	2	—	18	22.3	24.5	18.4	—
0.5	0.5	0.3	0.4	0.4	4.8	4.3	5.6	9.2	10.7
3.7	0.9	1.5	1.6	—	4.4	6.2	13.9	18.3	—
1.9	1.7	1.8	1.7	—	8.5	6.7	12	6	—
—	—	—	—	—	5.3	—	—	—	—
—	—	—	—	—	—	—	1.7	—	—
2.6	2.6	3.4	1.3	—	9.3	12.8	11.2	11	—
1.2	1.2	1.6	1.4	1.5	4.9	6.5	6.3	7.1	7.4
2.1	1.6	1.7	2	2.4	1.7	1.6	1.7	2.4	4.6
—	4.4	3.7	2.4	—	11.9	6.1	5.3	5.1	—
0.1	0.1	0	0.8	0.7	1.6	1.9	2.3	1.9	3.3
5.2	4.9	4.7	5.3	5.8	6.7	6.7	5.6	7.7	5.7
2.2	2.8	4.2	3.8	4.3	3.4	3.5	3.5	3.4	7.3
2.5	—	3.4	—	—	3.1	—	4.3	—	—
2.7	2.6	4.2	6.3	—	2	1.8	4.8	0.8	—
4.5	4.8	5	5.7	5.4	14.5	14.6	17.3	18.2	19.4
1.8	2	2.2	2.2	1.5	6.9	7.3	7.4	7.8	—
1.9	2	2.1	2.2	1.4	6.7	7.1	7.2	7.6	—
4	4.3	4.5	4.6	4.9	—	—	—	—	—

世界主要国家按执行部门

年度指标 / 国家和地区	企业					主等院校				
	1995	1997	1999	2001	2003	1995	1997	1999	2001	2003
加拿大	58.1	59.7	59	60.9	53	26.8	26.5	28.8	28.3	35.7
墨西哥	20.8	19.7	25.5	30.3	—	45.8	39.9	26.3	30.4	—
美　国	71.8	74.1	74.9	73	68.9	15.2	14.3	13.9	14.5	16.8
澳大利亚	48.2	45.9	47.8	48.8	—	26.3	28.7	26.8	28	—
日　本	70.3	72	70.7	73.7	75	14.5	14.3	14.8	14.5	13.7
韩　国	73.7	72.6	71.4	76.2	76.1	8.2	10.4	12	10.4	10.1
新西兰	27	28.2	29.7	36.8	40.5	30.7	36.4	34.3	30.8	18.4
奥地利	—	63.6	—	66.8	—	—	29.7	—	27	—
比利时	71.3	71.6	71.6	73.7	74.1	22.5	21.6	21	19.2	18.4
捷　克	65.1	62.8	62.9	60.2	61	8.5	9.1	12.3	15.7	15.3
丹　麦	57.4	61.5	64.9	68.6	—	24.5	22.2	19.4	18.8	—
芬　兰	63.2	66	68.2	71.1	70.5	19.5	20	19.7	18.1	19.2
法　国	61	62.5	63.2	63.2	62.3	16.7	17.4	17.2	18.9	19.3
德　国	66.3	67.5	69.8	69.9	69.8	18.2	17.9	16.5	16.4	16.8
希　腊	29.5	25.6	28.5	32.7	—	44.3	50.6	49.5	44.9	—
匈牙利	43.4	41.5	40.2	40.1	36.7	24.8	23	22.4	25.6	26.7
冰　岛	31.9	40.6	46.7	58.9	54.9	27.5	28.3	20.9	18.8	20.1
爱尔兰	70	71	73.3	70.1	—	20.4	20.7	20.7	21.8	—
意大利	53.4	49.8	49.3	49.1	—	25.5	30.8	31.5	32.6	—
卢森堡	—	—	92.6	—	—	—	—	0.3	—	—
荷　兰	52.1	54.6	56.4	58.4	—	28.8	27.3	26.2	27	—
挪　威	56.7	56.9	56	59.7	57.5	26	26.6	28.6	25.7	27.5
波　兰	38.7	39.4	41.3	35.8	27.4	26.3	28.6	27.8	32.7	31.7
葡萄牙	20.9	22.5	22.7	31.8	—	37.1	40	38.6	36.7	—
斯洛伐克	53.9	75.6	62.6	67.3	55.2	5.9	6.7	9.9	9	13.2
西班牙	48.2	48.8	52	52.4	54.1	32	32.7	30.1	30.9	30.3
瑞　典	74.3	74.9	75.1	77.6	74.1	21.9	21.4	21.4	19.4	22
瑞　士	70.7	—	73.9	—	—	24.3	—	22.9	—	—
土耳其	23.6	32.3	38.1	33.7	—	69	57.2	55.3	58.9	—
英　国	65	65.2	66.8	66.2	65.7	19.2	19.7	19.6	21.7	21.4
欧盟 15 国	62.1	62.8	64.2	64.7	64.2	20.8	21.4	20.7	21.3	—
欧盟 25 国	61.6	62.3	63.6	64.1	63.4	20.8	21.3	20.8	21.4	21.9
OECD	67.3	68.8	69.3	69.3	67.3	17.5	17.2	17.1	17.5	18.7

分的 R&D 经费比重

%

政 府					非营利组织				
1995	1997	1999	2001	2003	1995	1997	1999	2001	2003
14.4	13.2	11.9	10.6	11	0.7	0.6	0.4	0.2	0.3
33	38.8	45	39.1	—	0.4	1.6	3.1	0.2	—
9.4	8.2	7.5	7.9	9.1	3.6	3.5	3.8	4.7	5.3
23.5	22.9	22.6	20.3	—	2.1	2.5	2.8	2.9	—
10.4	8.8	9.9	9.5	9.3	4.8	4.9	4.6	2.3	2.1
17	15.8	14.5	12.4	12.6	2.1	1.2	2.2	1.1	1.2
42.2	35.3	36	32.5	31.1	—	—	—	—	—
—	6.4	—	5.7	—	—	0.3	—	0.5	—
4.8	5.5	6.2	6	6.4	1.4	1.3	1.2	1.1	1.1
26.5	26.6	24.3	23.7	23.3	—	1.4	0.6	0.5	0.4
17	15.4	14.5	11.9	—	1.1	1	1.1	0.7	—
16.7	13.6	11.4	10.2	9.7	0.6	0.5	0.7	0.6	0.6
21	18.7	18.1	16.5	17.1	1.3	1.4	1.5	1.4	1.4
15.5	14.6	13.8	13.7	13.4	—	—	—	—	—
25.5	23.4	21.7	22.1	—	0.7	0.4	0.3	0.4	—
25.6	25.1	32.3	25.9	31.3	—	—	—	—	—
37.5	29.8	30.2	20.1	21.9	3.2	1.3	2.2	2.3	3.1
9	7.6	6	8.1	—	0.8	0.7	—	—	—
21.1	19.4	19.2	18.4	—	—	—	—	—	—
—	—	7.1	—	—	—	—	—	—	—
18.1	17.1	16.5	13.8	—	1	1	0.9	0.8	—
17.3	16.4	15.4	14.6	15.1	—	—	—	—	—
35	32	30.8	31.3	40.7	—	—	0.1	0.2	0.2
27	24.2	27.9	20.8		15	13.3	10.8	10.8	
40.2	17.7	27.5	23.7	31.6	0		0	0	0
18.6	17.4	16.9	15.9	15.4	1.1	1.1	1	0.8	0.2
3.7	3.5	3.4	2.8	3.5	0.2	0.1	0.1	0.1	0.4
2.5	—	1.3	—	—	2.5	—	1.9	—	—
7.4	10.5	6.7	7.4	—	—	—	—	—	—
14.6	13.8	12.2	9.8	9.6	1.3	1.3	1.4	2.3	3.2
16.3	15	14.2	13	12.8	0.9	0.9	0.9	1	1.3
16.8	15.5	14.7	13.5	13.5	0.9	0.9	0.9	1	1.2
12.6	11.2	10.8	10.4	10.9	2.7	2.7	2.8	2.8	3.1

世界主要国家每千人中研究人员数量

人

国家和地区 \ 部门 / 年份	企业					政府					高等学校				
	1995	1997	1999	2001	2003	1995	1997	1999	2001	2003	1995	1997	1999	2001	2003
加拿大	3.6	3.7	3.9	4.8	—	0.6	0.5	0.5	0.5	—	2.2	2.4	2.2	2.2	—
墨西哥	0.1	0.1	0.1	—	—	0.2	0.2	0.2	—	—	0.3	0.3	0.3	—	—
美国	6.2	7	7.5	—	—	0.4	0.4	0.4	—	—	1.4	1.4	1.4	—	—
澳大利亚	1.9	1.7	1.8	1.9	—	1.1	1	1	0.9	—	4.2	4.4	4.4	4.6	—
日本	5.8	6	6.5	6.5	7	0.5	0.4	0.5	0.5	0.5	3.6	2.6	2.7	3	2.6
韩国	3.3	3.3	3.2	4.6	5	0.6	0.6	0.6	0.6	0.5	1	0.9	1.1	1.1	1.2
新西兰	1.2	1.3	1.5	1.7	2.6	1.2	1.3	1.2	1.4	1.4	2.4	3.6	3.5	6	—
奥地利	—	2.9	—	3.9	—	—	0.2	—	0.2	—	—	1.5	—	1.7	—
比利时	3.1	3.7	4	4.3	4.7	0.3	0.4	0.4	0.5	0.6	2.6	2.5	2.9	2.9	3
捷克	1	1	1.2	1.2	1.3	0.8	0.9	0.9	1	1	0.5	0.6	0.7	0.9	0.9
丹麦	2.5	2.8	3.3	3.5	—	1.4	1.4	1.4	1.3	0.9	2.1	2.3	2.1	2.2	2.8
芬兰	3.3	6.4	7.7	9	10	1.7	1.8	2	1.9	2	3.2	4	4.7	4.7	5.5
法国	2.9	3.1	3.2	3.6	—	1.2	1.1	1.1	0.9	—	2.4	2.4	2.4	2.5	—
德国	3.5	3.6	3.9	4.1	4	1	1	1	1	1	1.7	1.8	1.8	1.7	1.9
希腊	0.4	0.5	0.6	1	1.1	0.5	0.5	0.5	0.5	—	1.6	1.9	2.7	2.2	—
匈牙利	0.8	0.8	0.9	1.1	1.1	1	1.1	1.2	1.2	1.2	1.1	1.2	1.3	1.5	1.5
爱尔兰	2.6	3.1	3.3	3.4	3.3	0.2	0.2	0.2	0.3	0.3	1.5	1.6	1.4	1.4	—
意大利	1.2	1.2	1.2	1.1	—	0.6	0.6	0.6	0.6	—	1.6	1.1	1.1	1.2	—
卢森堡	—	—	5.3	—	—	—	—	0.8	1	1.1	—	—	0.1	0.1	—
荷兰	1.9	2.3	2.4	2.7	—	1.1	1	1	0.8	0.9	1.8	1.6	1.6	1.9	—
挪威	3.7	4.2	4.2	4.9	5	1.4	1.4	1.3	1.3	1.4	2.4	2.3	2.4	2.5	2.7
波兰	0.7	0.7	0.7	0.6	0.5	0.7	0.7	0.7	0.7	1	1.8	2	2.2	2.4	2.9
葡萄牙	0.2	0.3	0.4	0.5	—	0.6	0.6	0.7	0.7	—	1.3	1.6	1.7	1.8	—
斯洛伐克	1	1.6	1.2	1.1	0.9	1.7	1.2	1.2	1.2	1.2	1.9	1.9	2.1	2.4	2.6
西班牙	0.8	0.8	1	1.2	1.7	0.6	0.7	0.8	0.8	0.9	2	2.2	2.2	2.9	3
瑞典	4.6	5.2	5.5	6.4	6.5	0.7	0.6	0.6	0.5	—	2.9	3.4	3.5	3.6	—
瑞士	3.2	—	4	—	—	0.1	—	0.1	—	—	2.3	—	2.2	—	—
土耳其	0.1	0.2	0.1	0.2	—	0.1	0.1	0.1	0.1	—	0.6	0.6	0.7	0.8	—
英国	3	2.9	3.2	3.1	3.4	0.5	0.4	0.5	0.3	0.3	1.7	1.7	—	—	—
欧盟15国	2.5	2.6	2.8	3	—	0.8	0.8	0.8	0.7	—	1.9	1.9	1.9	2.1	—
欧盟25国	2.2	2.3	2.5	2.7	—	0.8	0.8	0.8	0.8	—	1.8	1.8	1.9	2.1	—
OECD	3.6	3.9	4.2	—	—	0.8	0.5	0.5	0.5	—	1.6	1.7	1.7	—	—

世界主要国家2000－2004年雇用10个及以上雇员的企业应用网络的百分比 %

国家和地区 \ 年份	2000	2001	2002	2003	2004
日　本	—	—	96.1	97.5	—
丹　麦	—	—	94.8	96.7	97.4
匈牙利	—	—	—	97.4	77.5
芬　兰	—	—	96	97.3	97.1
比利时	—	—	—	91.4	96
瑞　典	—	—	95.2	80.2	95.9
西班牙	—	82.5	95.2	87.4	—
德　国	—	—	83.9	94.9	94.1
朝　鲜	—	81.2	86.5	91.6	94
加拿大	—	84.8	89.1	91.4	93.9
奥地利	—	—	84.9	89.1	93.7
瑞　士	78	83	92	—	—
爱尔兰	—	—	—	83	91.8
澳大利亚	77	86	88.6	88.9	90.2
捷　克	—	—	—	87.7	90.1
墨西哥	—	—	—	90	—
荷　兰	—	—	85.5	88.3	88.5
希　腊	—	—	64.4	87.5	87.4
意大利	—	—	74.3	—	86.4
英　国	—	—	74	86.3	86.6
冰　岛	—	—	—	85.7	—
卢森堡	—	—	78.2	69.6	—
挪　威	—	84.3	82.4	—	85.5
波　兰	—	—	—	—	85
新西兰	—	—	—	82.9	—
法　国	—	—	—	81.6	—
葡萄牙	—	—	68.7	—	77.3
斯洛伐克	—	—	—	—	71.3

世界主要国家不同技术层次

行业 / 年份 / 国家和地区	全部制造业		高技术产业											
			总计		航空航天器制造		制药		办公、会计和计算机设备		广播、电视和通信设备		医学、精密和光学仪器	
	1992	2001	1992	2001	1992	2001	1992	2001	1992	2001	1992	2001	1992	2001
加拿大	42	52	57	83	74	105	10	26	117	131	40	58	—	—
美　国	13	17	26	35	35	44	10	15	47	58	24	37	16	26
日　本	13	16	27	30	13	31	4	6	34	33	27	28	43	77
澳大利亚	45	63	55	102	—	—	56	111	1045	175	32	73	71	109
丹　麦	57	67	101	117	—	—	85	98	206	347	95	139	102	100
芬　兰	38	48	59	61	9	70	36	55	69	384	62	59	71	64
法　国	29	39	42	62	68	66	24	53	62	102	39	66	29	45
德　国	32	47	54	101	100	142	46	90	46	117	51	108	47	74
意大利	23	35	31	56	48	72	15	50	76	79	26	53	32	55
荷　兰	64	85	93	222	—	75	61	101	392	1624	46	84	108	237
挪　威	37	43	67	78	55	237	64	62	179	259	57	64	55	54
葡萄牙	29	39	42	71	—	—	11	36	52	97	59	72	46	59
西班牙	19	31	28	50	121	85	10	33	52	51	33	66	24	47
瑞　典	41	51	66	67	46	103	67	79	97	136	65	55	65	72
英　国	31	43	57	101	70	124	40	74	69	102	52	128	51	64
欧盟（不包括欧盟内部贸易量）	13	21	24	44	49	63	17	40	21	49	20	38	23	40
欧盟（包括欧盟内部贸易量）	31	55	50	87	78	100	32	68	72	151	45	83	45	70
OECD	21	21	34	50	48	66	18	33	49	71	31	46	31	46

产业的出口额占产值的比例（一）

%

中高技术产业											
总 计		电气机械和设备		汽车、挂车及半挂车		化学制品（不含制药）		铁路机车及其他交通设备		其他机械设备	
1992	2001	1992	2001	1992	2001	1992	2001	1992	2001	1992	2001
62	72	42	68	81	82	38	54	32	38	47	66
20	24	24	38	18	19	17	22	11	11	24	27
20	25	16	24	23	26	14	21	—	—	19	25
73	87	81	91	96	101	55	78	32	69	71	80
75	82	58	80	113	130	63	87	118	142	76	74
50	58	49	73	137	195	38	48	9	21	46	47
41	51	37	53	40	44	47	61	39	36	39	55
42	54	24	38	48	55	46	60	42	39	43	57
33	50	19	32	39	50	22	37	35	52	42	61
82	94	102	160	99	120	76	90	—	128	82	73
40	49	26	52	96	80	41	46	11	23	40	47
38	64	57	56	56	97	20	36	30	23	36	51
36	52	25	37	49	67	22	39	15	44	34	45
50	58	49	66	54	50	43	66	18	23	52	64
45	53	36	54	45	48	46	58	17	19	51	55
19	27	13	24	16	22	20	29	15	18	23	33
43	55	30	47	47	55	43	58	36	43	46	58
31	39	24	39	33	38	28	37	34	35	33	41

世界主要国家不同技术层次

行业 / 年份 / 国家和地区	中低技术产业 总计		焦炭、炼油产品和核燃料		橡胶和塑料制品		其他非金属矿产品		船舶制造和修理		基本金属		金属制品工业（不包括机械设备制造业）	
	1992	2001	1992	2001	1992	2001	1992	2001	1992	2001	1992	2001	1992	2001
加拿大	33	36	21	28	27	42	18	27	15	66	60	53	15	24
美国	7	8	5	5	8	11	6	7	10	9	10	13	5	6
日本	6	8	2	1	15	21	5	7	54	53	6	10	4	5
澳大利亚	40	44	6	15	67	65	26	26	38	402	56	65	37	36
丹麦	43	40	42	33	54	59	32	27	54	37	54	67	35	32
芬兰	34	40	30	40	34	35	18	24	44	77	47	51	22	21
法国	21	24	14	16	26	31	16	20	24	49	42	45	12	14
德国	22	31	15	21	26	39	15	23	46	66	36	47	15	22
意大利	17	24	14	18	23	34	17	23	11	58	22	31	12	17
荷兰	56	60	76	86	76	76	31	22	—	33	94	104	32	28
挪威	63	61	—	—	30	34	13	13	51	33	75	77	26	21
葡萄牙	19	25	24	13	15	34	18	20	30	19	12	42	21	33
西班牙	17	21	25	18	18	30	11	17	47	26	27	30	10	13
瑞典	39	44	48	49	45	56	17	26	74	57	52	61	25	27
英国	21	24	24	30	21	21	16	16	15	16	33	44	13	16
欧盟（不包括欧盟内部贸易量）	9	13	12	14	9	15	7	11	24	33	14	19	6	9
欧盟（包括欧盟内部贸易量）	23	29	23	27	28	35	17	21	34	46	36	45	15	19
OECD	15	18	11	13	19	24	12	14	34	36	19	25	10	12

产业的出口额占产值的比例（二）

%

低技术产业											
总 计		其他制造业和再生产品		木材、木材及软木制品		纸浆、纸张、纸制品、印刷和出版		食品、饮料和烟草		纺织、纺织品、皮革及鞋类制品	
1992	2001	1992	2001	1992	2001	1992	2001	1992	2001	1992	2001
29	37	25	43	60	59	45	41	14	22	13	36
6	7	12	15	6	4	5	6	6	6	7	13
3	3	5	7	—	—	2	2	1	1	6	10
30	47	32	48	35	43	41	48	8	31	64	87
48	59	61	57	42	39	18	20	51	63	82	162
32	40	23	23	48	45	51	54	5	10	38	50
20	26	19	26	12	18	13	17	20	24	31	51
20	27	25	37	9	18	16	23	13	18	49	77
19	29	33	48	5	8	9	14	9	15	30	44
50	54	33	44	33	21	31	33	52	57	121	151
18	23	23	28	19	14	21	26	16	22	32	40
29	32	19	22	38	42	20	25	9	13	49	56
9	19	10	21	7	11	9	16	7	16	15	36
28	39	34	41	36	42	40	50	6	15	58	107
16	17	26	24	3	5	11	12	14	15	30	44
8	13	12	18	4	8	6	9	6	9	14	26
21	28	26	35	15	20	18	22	16	22	36	53
13	16	15	20	11	14	11	13	10	12	22	33

世界主要国家不同技术层次产业

行业 / 年份 / 国家和地区	全部制造业		高技术产业											
			总计		航空航天器制造		制药		办公、会计和计算机设备		广播、电视和通信设备		医学、精密和光学仪器	
	1992	2001	1992	2001	1992	2001	1992	2001	1992	2001	1992	2001	1992	2001
加拿大	43	51	72	88	73	107	32	52	107	111	56	68	147	171
美国	16	23	23	37	14	30	8	19	52	69	32	42	13	23
日本	6	12	9	22	44	41	8	9	9	29	5	17	23	67
澳大利亚	49	64	68	102	136	661	63	109	152	126	42	72	79	107
丹麦	53	65	101	120	—	—	73	95	126	145	95	129	103	100
芬兰	31	37	67	52	50	84	58	74	78	123	63	39	75	58
法国	29	38	42	59	55	49	19	47	72	101	45	64	33	48
德国	29	40	56	101	100	156	36	84	62	109	57	107	38	65
意大利	21	31	40	64	46	76	20	49	83	91	41	62	43	61
荷兰	63	84	93	211	-7 335	80	62	101	296	-2 437	52	90	107	291
挪威	44	49	84	89	80	128	70	71	114	115	77	77	75	64
葡萄牙	38	48	69	85	176	180	36	67	92	99	72	79	81	85
西班牙	25	35	50	68	114	89	19	47	76	75	58	80	58	71
瑞典	37	45	65	62	50	103	48	57	98	109	58	45	64	70
英国	34	48	57	101	60	125	29	71	75	102	59	131	50	64
欧盟（不包括欧盟内部贸易量）	12	20	28	48	42	61	11	27	44	70	30	45	24	40
欧盟（包括欧盟内部贸易量）	31	42	54	87	74	100	28	63	81	130	52	84	46	68
OECD	21	29	32	50	37	59	17	32	52	78	29	46	28	44

的进口渗透率（进口占国内需求的百分比）

%

中高技术产业											
总 计		电气机械和设备		汽车、挂车及半挂车		化学制品（不含制药）		铁路机车及其他交通设备		其他机械设备	
1992	2001	1992	2001	1992	2001	1992	2001	1992	2001	1992	2001
66	74	65	81	79	77	42	60	31	50	69	77
22	31	27	47	30	37	11	21	17	21	20	27
4	8	4	13	2	4	8	13	—	—	4	8
76	87	76	90	97	101	67	83	38	62	71	77
77	83	62	74	106	111	76	90	111	112	68	67
54	56	49	70	128	152	50	54	25	50	45	37
38	48	30	48	35	38	44	57	40	43	41	56
29	39	17	32	34	35	36	53	39	43	26	37
32	45	16	28	52	59	36	48	25	43	23	38
83	94	102	148	99	113	70	85	173	122	85	72
55	61	50	67	99	95	35	38	37	67	64	62
66	75	60	57	82	98	47	63	67	36	70	73
43	56	33	41	45	66	37	48	36	41	52	59
46	52	54	66	41	40	55	73	23	27	45	54
46	57	39	55	52	62	43	55	31	39	49	55
13	19	10	22	11	15	16	22	20	26	11	20
39	50	27	44	45	51	43	56	40	48	37	49
26	36	21	38	29	37	25	34	30	35	25	33

世界主要国家不同技术层次产业

行业 / 年份 / 国家和地区	中低技术产业													
	总计		焦炭、炼油产品和核燃料		橡胶和塑料制品		其他非金属矿产品		船舶制造和修理		基本金属		金属制品工业（不包括机械设备制造业）	
	1992	2001	1992	2001	1992	2001	1992	2001	1992	2001	1992	2001	1992	2001
加拿大	28	32	11	12	36	43	30	35	16	71	39	42	27	30
美国	10	14	10	13	9	13	10	15	2	6	15	23	6	9
日本	5	7	11	10	4	6	2	5	4	3	5	7	2	4
澳大利亚	38	45	23	40	64	66	21	27	52	241	53	59	35	38
丹麦	45	46	47	42	52	58	26	31	25	42	78	82	31	32
芬兰	28	28	31	32	40	36	19	20	25	28	31	38	21	17
法国	22	25	22	19	27	32	15	20	14	29	42	47	12	15
德国	22	27	28	27	22	29	16	20	16	50	37	45	12	15
意大利	16	20	18	17	16	22	7	9	11	35	36	45	5	7
荷兰	52	53	47	68	80	78	39	28	-83	13	94	104	34	29
挪威	58	55	-43	-47	60	63	25	26	37	29	70	68	42	37
葡萄牙	29	38	30	28	36	49	10	15	17	13	54	75	28	40
西班牙	17	21	23	21	22	30	8	9	18	26	27	37	13	14
瑞典	37	39	50	42	50	57	27	30	69	24	42	53	22	22
英国	24	27	18	27	25	26	18	19	13	8	43	50	14	18
欧盟（不包括欧盟内部贸易量）	9	12	13	14	8	12	5	7	9	18	19	24	4	7
欧盟（包括欧盟内部贸易量）	23	27	24	26	27	32	15	17	18	28	40	48	13	16
OECD	15	18	15	16	19	22	11	14	13	17	20	27	9	12

的进口渗透率（进口占国内需求的百分比）

%

低技术产业											
总　计		其他制造业和再生产品		木材、木材及软木制品		纸浆、纸张、纸制品、印刷和出版		食品、饮料和烟草		纺织、纺织品、皮革及鞋类制品	
1992	2001	1992	2001	1992	2001	1992	2001	1992	2001	1992	2001
22	27	39	44	17	16	23	22	13	18	41	56
11	17	28	40	9	14	4	6	5	7	28	45
8	13	6	10	16	25	2	3	9	11	15	37
31	45	38	50	20	23	33	36	12	31	71	90
38	51	38	44	50	50	28	30	29	43	85	143
14	19	30	33	8	9	9	10	7	16	59	70
22	28	27	35	16	23	17	21	16	19	39	61
27	31	30	40	20	19	16	21	17	20	64	85
14	21	11	18	15	16	11	16	15	19	14	26
46	49	45	51	58	48	33	31	34	39	112	131
24	27	48	48	20	25	21	22	10	14	79	84
22	29	30	28	11	21	19	26	16	24	31	42
14	21	18	23	14	18	14	17	10	17	22	39
23	30	39	41	9	15	13	16	14	25	84	103
25	30	37	39	29	31	18	18	19	22	45	68
10	14	14	21	9	12	5	6	6	8	21	36
23	29	27	35	20	22	17	20	17	21	41	57
16	21	19	29	15	18	10	11	12	14	32	49

世界主要国家制造业中的就业

项目 / 年份 / 国家和地区	就业						
	外国子公司的比重						年均增长率
	1997	1998	1999	2000	2001	2002	1997－2002
加拿大	—	—	—	—	—	—	—
美　国	11.2	12.1	12.1	12.6	12	12.8	2
澳大利亚	—	—	—	22.7	—	—	—
日　本	—	—	—	—	—	—	—
奥地利	18.7	—	—	19.6	18	—	－1.2
比利时	19.1	—	—	—	—	32.3	8.7
捷　克	10.7	13.2	16.2	24.7	28.9	30.3	20.9
丹　麦	—	—	10.2	—	—	—	—
芬　兰	12.4	13.8	15.9	15.9	17.2	17.4	8.2
法　国	27.4	27.8	28.5	30.1	30.8	—	6
德　国	6.7	6	6.2	6	5.8	16.6	－3.8
匈牙利	41.2	45	46.5	44.5	45.2	43.6	1.4
冰　岛	47.8	47.5	49.1	48.1	49.2	—	1.7
意大利	—	—	—	—	10.9	—	—
卢森堡	42.7	46.3	41.4	—	—	—	－0.1
荷　兰	19.7	21.9	18.9	18.3	21	—	2.8
挪　威	14.2	17.4	19.9	21.4	23.1	22.2	7.6
波　兰	12.5	14.8	18.6	20.9	21.9	24.1	7.6
葡萄牙	8.3	8.8	8.9	10.1	8.6	—	0.5
西班牙	—	—	16.5	16.8	16.4	—	—
瑞　典	19	21.1	24.1	29.1	32.7	—	15
土耳其	5.3	5.5	5.4	5.7	7	—	3.4
英　国	17.8	—	20.4	—	—	—	4.5

和营业额中外国子公司所占比重 %

营业额						
外国子公司的比重						年均增长率 1997 – 2002
1997	1998	1999	2000	2001	2002	1997 – 2002
49.6	50.3	51.4	50	51.9	51	1.8
17.6	21.1	22.2	23.2	23.7	20.3	3.6
—	—	—	—	—	—	—
1.6	1.8	2.5	2.5	2.6	—	11.7
26.3	26.1	—	27.1	24.5	—	2.8
47.5	—	—	—	—	57.2	2.4
17.8	21.7	27.1	39.2	43.3	45.5	25.6
—	—	12	—	—	—	—
13.7	14.3	16.2	14.4	16.2	16.3	10
32	31.7	33.6	35	35.9		9.7
12.5	10.8	10.1	9.4	8.3	24.4	-6
66.1	70.1	73	64.7	72.5	71.6	11.7
69.2	72.3	75.9	78.2	79.5	—	16.1
—	—	—	—	22.3	—	—
49.4	52.4	52.9	—	—	—	7
30.4	32.1	30.8	24.4	35.3	—	6.7
19.9	23.9	27.5	28.1	29.7	28.6	8.8
19.4	26.1	33.8	34.7	35.2	38.9	18.9
15.4	16.4	15.9	17.4	15.9	—	-0.9
—	—	29.9	29.7	28.5	—	—
19.6	21.9	29	33.4	39.3	—	22.9
12.3	11.6	12.5	14	14.7	—	6.8
31.4	—	36.1	—	—	—	13.7

世界主要国家技术收支平衡

国家和地区	技术收支/百万美元						占国内生产总值的百分比/%						收入与支出的百分比/%	
	收入		支出		平衡		收入		支出		平衡			
	1993	2003	1993	2003	1993	2003	1993	2003	1993	2003	1993	2003	1993	2003
加拿大	989.1	2 033.6	872.1	1 050.4	117.1	983.2	0.18	0.29	0.16	0.15	0	0.1	113	194
墨西哥	96.9	54	501.9	608.1	-405	-554.1	0.02	0.01	0.12	0.1	-0.1	-0.1	19	9
美国	21 695	48 227	5 032	20 049	16 663	28 178	0.33	0.44	0.08	0.18	0.3	0.3	431	241
澳大利亚	199.7	103	370	224.9	-170.3	-121.9	0.06	0.03	0.12	0.06	-0.1	0	54	46
日本	3 600.4	13 044	3 264.2	4 862.8	336.2	8 180.8	0.08	0.3	0.07	0.11	0	0.2	110	268
韩国	—	816.4	—	3 237.3	—	-2 421	—	0.13	—	0.53	—	-0.4	—	25
新西兰	20	7.9	7	3.7	13	4.2	0.05	0.01	0.02	0.01	0	0	285	214
奥地利	1 055.6	2 548.5	1 433.1	2 712.2	-377.5	-163.7	0.57	1.01	0.77	1.07	-0.2	-0.1	74	94
比利时	2 498.8	5 872.5	2 705.1	4 757.3	-206.3	1 115.1	1.16	1.95	1.25	1.58	-0.1	0.4	92	123
捷克	—	187.9	—	548.8	—	-360.8	—	0.22	—	0.64	—	-0.4	—	34
丹麦	—	1 657.4	—	1 055.3	—	602.1	—	0.96	—	0.61	—	0.3	—	157
芬兰	89.5	1 728	326.7	1 476.3	-237.3	251.7	0.1	1.07	0.38	0.92	-0.3	0.2	27	117
法国	1 816.9	5 188.5	2 551.6	3 233.6	-734.6	1 954.9	0.14	0.3	0.2	0.18	-0.1	0.2	71	160
德国	7 236.7	21 958	10 291	23 096	-3 054	-1 138	0.37	0.91	0.53	0.96	-0.2	0	70	95
希腊	—	—	—	—	—	—	—	—	—	—	—	—	—	—
匈牙利	—	216.1	—	503.7	—	-287.6	—	0.45	—	1.05	—	-0.6	—	43
冰岛	—	—	—	—	—	—	—	—	—	—	—	—	—	—
爱尔兰	66.3	205.4	1 390.7	16 115	-1 324	-15 910	0.13	0.14	2.77	10.59	-2.6	-10.5	5	1
意大利	2 666.7	3 108.4	3 505.5	3 794.6	-838.9	-686.2	0.27	0.21	0.35	0.26	-0.1	0	76	82
卢森堡	—	117.4	—	105	—	12.4	—	0.43	—	0.39	—	0	—	112
荷兰	6 208	—	6 139.1	—	68.9	—	1.86	—	1.84	—	0	—	101	—
挪威	356.1	1 501.3	673.4	1 297.3	-317.3	204	0.3	0.68	0.58	0.59	-0.3	0.1	53	116
波兰	132.5	136	134.7	813.4	-2.2	-677.4	0.13	0.08	0.13	0.49	0	-0.4	98	17
葡萄牙	127.2	454.9	380.3	737	-253.1	-282.2	0.15	0.31	0.44	0.5	-0.3	-0.2	33	62
斯洛伐克	—	30.4	—	64.9		-34.4	—	0.15	—	0.31	—	-0.2	—	47
西班牙	32.7	190.4	668	1 025.6	-635.3	-835.2	0.01	0.03	0.13	0.17	-0.1	-0.1	5	19
瑞典	456.9	—	49.9	—	407	—	—	—	—	—	—	—	916	—
瑞士	2 322.1	4 553.1	861.3	4 792.1	1 460.8	-239	0.96	1.42	0.36	1.49	0.6	-0.1	270	95
土耳其	—	—	—	—	—	—	—	—	—	—	—	—	—	—
英国	2 956.5	22 531	2 649.2	9 567	307.3	12 946	0.31	1.25	0.28	0.53	0	0.7	112	235
欧盟	23 917	74 701	31 113	79 229	-7 197	-4 527	0.35	0.74	0.45	0.78	-0.1	0	77	94
OECD	53 207	145 930	43 596	115 490	9 160.5	30 441	0.27	0.51	0.22	0.4	0	0.1	122	126

世界主要国家全部增加值中各部门比重（现价）

%

国家和地区	年份	技术和知识型产业：高技术制造业		中高技术制造业	邮政与电信服务业	金融和保险服务业	商业活动（不包括房地产业）	全部市场相关的服务业	教育和健康	总 计
加拿大	2001	1.5	—	4.8	2.8	7.3	7.3	23.8	11	34.7
墨西哥	2002	2.1	—	4.8	1.7	3.5	6.9	19	10.2	29.1
美 国	2002	2.8	—	3.4	3.1	8	13.1	30.5	12.6	43.1
澳大利亚	2001－2002	3.2	3.4	—	3	7.6	11.6	25.4	11.4	36.7
日 本	2002	3.1	—	6	1.6	7	7.9	25.6	—	—
韩 国	2002	6.2	—	7.6	3	9.1	5.3	31.2	8.3	39.5
新西兰	2001－2002	3.1	3.4	—	3	5.8	9	20.8	9.4	30.2
奥地利	2002	1.9	—	5.6	2.2	5.6	9	24.3	10	34.3
比利时	2002	2.2	—	5.5	2.5	5.6	12.3	28.1	13.5	41.6
捷 克	2002	10.2	3.4	—	—	3.5	—	—	7.8	—
丹 麦	2002	2.5	—	3.9	2.1	5.2	8	21.6	15.8	37.4
芬 兰	2002	5.6	—	4.6	3.6	3.7	6.9	24.3	13	37.3
法 国	2002	2.4	—	5	2.1	4.8	13.7	28	11.8	39.8
德 国	2002	2.4	—	9.6	2.6	3.9	13.6	32.1	10.7	42.8
希 腊	2002	0.7	—	1.2	3.1	5.1	3.5	13.5	10.3	23.8
匈牙利	2002	2.9	—	6.7	3.6	3.8	9	26	10.3	36.3
冰岛	2002	1	—	1	2.2	7	6.5	17.8	14.8	32.6
爱尔兰	2002	7.5	—	13.3	3.1	5.1	8.7	37.7	10	47.8
意大利	2002	1.9	—	5	2.2	3.8	9.9	24.8	9.8	34.6
卢森堡	2002	1.6	3.4	—	—	28.5	8.1	38.1	7.4	45.5
荷 兰	2002	1.5	—	3.4	2.7	6.3	12.4	26.2	12.7	38.9
挪 威	2002	0.8	—	2.2	2.1	3.4	7	15.6	13.7	29.3
波 兰	2002	1.4	—	4.1	—	2.3	—	—	8.8	—
葡萄牙	2001	0.8	—	2.5	2.9	6	6.5	18.7	13.4	32
斯洛伐克	2002	7.9	3.4	—	—	3.6	—	—	6.9	—
西班牙	2002	1	—	4.4	2.7	5.4	6.5	19.9	10.1	30.1
瑞 典	2002	3	—	6.5	2.5	3.6	10.4	26.1	16.1	42.1
瑞 士	2002	10.5	3.4	—	2.9	13.6	9.3	36.3	6.2	42.5
英 国	2002	2.5	—	3.6	3	6.4	13.1	28.7	12.1	40.7
欧 盟	2002	2.2	—	5.6	2.6	5.1	11.1	26.7	11.2	37.8
OECD	2002	2.6	—	4.8	2.7	6.7	11	27.7	—	—

全部 OECD 国家制造业

产业 \ 项目 年份	在全部制造业中的比重/%						
	1994	1995	1996	1997	1998	1999	2000
高技术产业	21.2	21.5	21.9	23	24	25.3	27.1
航空航天器制造	2.6	2.2	2.4	2.8	3.3	3.3	3.2
制　药	2.2	2.2	2.3	2.4	2.7	2.8	2.7
办公、会计和计算机设备	5.6	5.8	5.9	6.2	6.3	6.5	6.7
广播、电视和通信设备	7.3	7.9	7.7	8	8.1	8.9	10.6
医学、精密和光学仪器	3.6	3.5	3.6	3.7	3.7	3.8	3.9
中高技术产业	38.6	38.7	39.1	38.8	38.9	38.8	37.7
电气机械和设备	4.4	4.6	4.7	4.7	4.8	4.9	4.9
汽车、挂车及半挂车	13.2	12.8	13.2	13.2	13.7	14.2	13.5
化学制品（不含制药）	9.3	9.7	9.4	9.3	9	8.8	8.7
铁路机车及其他交通设备	0.7	0.6	0.6	0.5	0.6	0.6	0.6
其他机械设备	11	11.1	11.4	11.1	10.9	10.4	10.1
中低技术产业	16	16.3	15.9	15.7	15.2	14.5	15
船舶制造和修理	0.7	0.6	0.6	0.6	0.6	0.6	0.6
橡胶和塑料制品	2.8	2.8	2.8	2.8	2.9	2.9	2.7
焦炭、炼油产品和核燃料	2.2	1.9	2.3	2.2	1.7	1.9	2.7
其他非金属矿产品	1.7	1.7	1.6	1.6	1.6	1.5	1.4
基本金属	6	6.6	5.9	5.8	5.8	4.9	5.1
金属制品工业（不包括其他机械设备制造业）	2.7	2.7	2.7	2.7	2.7	2.7	2.6
低技术产业	24.2	23.4	23	22.4	21.9	21.4	20.2
其他制造业和再生产品	3.4	3.3	3.3	3.4	3.4	3.5	3.4
纸浆、纸张、纸制品、印刷和出版	3.8	4.2	3.8	3.6	3.5	3.5	3.4
食品、饮料和烟草	7.5	7.1	7.1	6.7	6.5	6.2	5.6
纺织、纺织品、皮革及鞋类制品	7.9	7.4	7.5	7.4	7.2	7	6.6
木材、木材及软木制品	1.5	1.4	1.4	1.4	1.3	1.3	1.2
全部制造业	100	100	100	100	100	100	100

贸易的行业分布

			年均增长率/%			
2001	2002	2003	1994－1998	1998－2002	2002－2003	1994－2003
26.3	25.6	24.8	9.8	4.6	10.5	7.6
3.6	3.4	3	12.5	3.5	0.7	7.2
3.4	4.1	4.3	12	13.7	18.6	13.5
6.2	5.7	5.4	9.8	0.4	6.6	5.4
9.1	8.5	8.1	9.3	4.1	9	6.9
4	4	4.1	7.4	5.1	15.6	7.3
38.1	38.8	39.2	7.1	2.8	14.5	6
4.8	4.6	4.6	8.6	2.2	12.6	6.2
13.7	14.5	14.5	7.7	4.4	13.4	6.9
8.8	9	9.3	5.8	3	17.1	5.8
0.6	0.6	0.6	4.7	2.1	17.6	5
10.1	10	10.1	6.8	0.7	14.4	4.9
14.9	14.8	15.3	5.6	2.2	17	5.3
0.6	0.7	0.7	5.3	4.9	17.1	6.4
2.8	2.9	3	7.6	3.1	16.3	6.6
2.5	2.4	2.7	0	11.9	23.7	8
1.5	1.5	1.5	4.8	1.6	13.8	4.3
4.9	4.7	4.9	5.9	－2.2	16.8	3.5
2.6	2.6	2.7	7.4	2.2	13.5	5.7
20.7	20.9	20.7	4.3	1.8	12.3	4.1
3.5	3.6	3.4	6.4	4.4	9.3	5.8
3.3	3.3	3.3	4.9	1.2	12.7	4.1
6	6	6.1	3.1	1.2	15.6	3.6
6.8	6.8	6.6	4.7	1.3	10.8	3.9
1.2	1.2	1.2	2.2	1.5	12.1	3
100	100	100	6.8	2.9	13.4	5.8

世界主要国家全部制造业

国家和地区 \ 产业 / 年份	全部制造业		高技术产业											
			总计		航空航天器制造		制药		办公、会计和计算机设备		广播、电视和通信设备		医学、精密和光学仪器	
	1994	2003	1994	2003	1994	2003	1994	2003	1994	2003	1994	2003	1994	2003
加拿大	100	100	10.3	12.1	2.4	4.6	0.4	1.2	2.9	1.5	3.4	3.3	1.1	1.5
墨西哥	100	100	24	28.4	0.8	0.4	0.7	0.9	4.5	9.4	15.8	13.7	2.3	4.1
美国	100	100	32.9	35.8	8.1	7.8	1.6	3.2	7.8	6.3	10.1	11.5	5.4	7
澳大利亚	100	100	12	11.8	1.7	1.4	1.9	3.7	4.2	2.2	2.2	1.7	2	2.9
日本	100	100	31.2	28.9	0.2	0.5	0.6	0.9	9.1	5.4	16.5	16	4.8	6.2
韩国	100	100	28	36.1	0.8	0.3	0.4	0.4	3.8	9.4	21.6	24.4	1.4	1.6
新西兰	100	100	2.3	5.4	0.1	0.8	0.4	0.9	0.1	0.7	0.8	1.2	0.9	1.8
奥地利	100	100	10.1	14.9	0.3	1.6	2.6	4	1.1	1.8	3.9	5	2.3	2.5
比利时	100	100	9.3	19.4	0.4	0.4	3	12.1	1.4	2.3	3.2	2.8	1.3	1.8
捷克	100	100	4.8	14.7	0	0.4	1.3	0.8	0.9	6.6	1.5	5.2	1	1.7
丹麦	100	100	14.7	21.5	0	0	4.6	9.4	2.7	2.5	3.4	5.2	4.1	4.4
芬兰	100	100	13.3	24	0.1	0.2	0.8	1.2	3	0.7	7.3	19	2.1	2.9
法国	100	100	18.8	22.5	6.3	6.6	2.8	5.8	3.1	2.1	3.9	4.8	2.8	3.3
德国	100	100	15.4	19.1	2.5	3.4	2.5	3.6	2.5	2.8	4	5.1	3.9	4.3
希腊	100	100	3.7	12.5	1	2.8	1	5.4	0.3	0.6	0.9	2.4	0.6	1.2
匈牙利	100	100	12.2	32.1	2.9	0.1	3.1	2.2	0.3	7.3	4.5	20.4	1.4	2.2
冰岛	100	100	2.1	5.1	1.8	0	0	3	0	0	0	0.1	0.3	2
爱尔兰	100	100	36.6	53.6	0.6	0.4	8.1	20.4	19.6	19.2	4.8	6	3.5	7.8
意大利	100	100	10	11	1.3	1.2	1.9	3.9	2.4	1	2.4	2.5	2.1	2.5
荷兰	100	100	19.9	31.1	1.3	0.7	2.5	4	8.3	13.4	4.5	7.4	3.2	5.5
挪威	100	100	8.4	11.2	0.5	2.3	1.9	2.5	1.8	1.2	2.1	2.5	2.1	2.7
波兰	100	100	4.1	6.6	0.3	0.3	1.6	0.6	0.2	0.2	1.3	4.4	0.7	1
葡萄牙	100	100	6.9	11.8	0.6	1.1	0.6	1.2	0.3	1.8	4.4	6.5	1	1.2
斯洛伐克	—	100	—	5.7	—	0.1	—	0.7	—	1.5	—	2.6	—	0.8
西班牙	100	100	9.9	10.8	2.2	1.6	1.7	3.3	1.7	1.1	2.9	3.5	1.3	1.4
瑞典	100	100	18.9	22	1.1	1.2	4.5	6.9	1.5	1.3	8.5	8.9	3.4	3.6
瑞士	100	100	28.2	39	0.4	1.8	10.7	19.8	1.1	0.7	1.7	1.5	14.4	15.3
土耳其	100	100	2.5	6.5	0.3	1.2	0.5	0.5	0.1	0.1	1.4	4.4	0.2	0.3
英国	100	100	27.7	34.7	5.2	10.7	3.8	6.9	7.9	5.5	6.8	7.4	4	4.3
欧盟	100	100	16.3	21.9	2.6	3.2	2.8	5.6	3.7	4	4.2	5.6	3	3.5
OECD	100	100	21.4	24.9	3	3.4	2.2	4.4	5	4.6	7.5	8.2	3.7	4.3

出口中各行业的出口比重（一）

%

中高技术产业											
总　计		电气机械和设备		汽车、挂车及半挂车		化学制品（不含制药）		铁路机车及其他交通设备		其他机械设备	
1994	2003	1994	2003	1994	2003	1994	2003	1994	2003	1994	2003
45.5	43.8	1.8	2.1	30.8	28	6.1	6.3	0.7	0.3	6.1	7.1
49.4	46.9	15.8	14.4	20.8	21.3	6.2	3.7	0.1	0.2	6.6	7.3
39.5	38.9	4.6	4.6	11.4	11.1	10.2	11.2	0.4	0.4	12.9	11.4
16.9	18.9	2.3	1.8	3.7	7.1	5.1	4.8	0.1	0.3	5.6	4.9
51.1	54.2	6.1	5.8	21.8	23.5	7	8.9	1.5	1.4	14.6	14.5
26	32.2	4.6	2.9	6.9	12	8	9.3	0.2	0.2	6.3	7.8
12.4	13.4	1.5	2.2	0.5	1.2	6.1	4.7	0	0.1	4.2	5.2
41.4	40.7	7.8	6	11.2	13.3	5.8	5.4	1	1.8	15.7	14.2
42.7	42.1	2.4	2.4	18.6	15.3	15	17.4	0.4	0.5	6.3	6.5
36	44.7	3.8	9.2	8.9	16.8	10.3	4.7	1.6	1	11.4	13
26.1	29.1	3.4	5.9	2.2	3.5	5.5	5.3	0.8	0.7	14.2	13.7
25.3	24.5	5.1	4.6	3.6	3.1	5.4	5.4	0.2	0.1	11.1	11.3
40.6	42.1	4.6	4.5	13.4	16.3	12.3	11.5	0.8	0.5	9.5	9.2
52.6	52.5	5.5	5.3	18.1	22.1	11.6	9.7	0.7	0.6	16.9	17.9
10.6	16.5	2.1	2.4	1	1.5	4.3	7.6	0.1	0.2	3	4.8
29.6	40.5	7.6	9.3	5.7	18.3	8.7	4.5	0.3	0.4	7.2	8
1.3	3.5	0.1	0	0	0.1	0.1	0.8	0	0	1.1	2.5
23.1	30.3	3.2	2	0.6	0.4	15.2	25.8	0	0.1	4	2
37.6	39.8	3.5	3.5	7.7	8.5	5.3	5.9	1	1	20.1	21
29.7	29.5	2.8	2.7	4.1	4.7	15.4	15.3	0.4	0.4	7.2	6.4
25.2	27.5	2.4	2.7	2.4	2.7	13.4	12.5	0.2	0.2	6.8	9.4
22.3	35.7	3.9	6.5	5.3	15	6.5	5.7	0.5	0.9	6.2	7.7
21.8	30.9	6.3	5.3	6.3	14.8	4.6	4.6	0.4	0.4	4.3	5.8
—	49.2	—	6.4	—	28.6	—	4.8	—	1	—	8.3
46.1	47	3.8	3.6	26.8	26.6	7.3	8.8	0.7	0.9	7.6	7
36.4	38.4	3.8	4	13.9	14.9	4.8	5.3	0.3	0.4	13.5	13.8
43	36.9	5.3	4.9	1.2	1.3	15.4	13.7	0.5	0.4	20.6	16.7
14.9	25.5	2.7	2.8	3.2	12.3	5.7	3.1	0.1	0.2	3.3	7.2
36.9	36.6	3.9	3.8	9.3	11.3	11.8	11.6	0.5	0.2	11.4	9.7
40.7	41.7	4.3	4.3	12.6	14.8	10.6	10.5	0.6	0.6	12.6	11.5
41.3	41.7	4.7	4.6	14	15.3	9.7	9.9	0.7	0.6	12.3	11.3

世界主要国家全部制造业

产业 / 年份 / 国家和地区	中低技术产业 总计		焦炭、炼油产品和核燃料		橡胶和塑料制品		其他非金属矿产品		船舶制造和修理		基本金属和金属制品	
	1994	2003	1994	2003	1994	2003	1994	2003	1994	2003	1994	2003
加拿大	100	100	10.3	12.1	2.4	4.6	0.4	1.2	2.9	1.5	3.4	3.3
墨西哥	11.7	9.4	1.1	1.1	2.4	2	1.9	1.4	0	0.1	6.3	4.8
美　国	10.5	10.9	1.5	1.7	2.4	2.9	0.9	1	0.3	0.2	5.4	5.1
澳大利亚	36.4	36.9	3.9	5	1.1	1.1	0.8	0.6	0.8	0.9	29.8	29.4
日　本	12.4	11.8	0.6	0.3	1.1	1.3	1.3	1.2	3	2.2	6.4	6.9
韩　国	19.9	20.3	1.8	3.5	2.7	2.4	0.7	0.5	5.2	5.8	9.6	8.1
新西兰	12.3	11.7	0.4	0.1	1.7	1.9	0.4	0.4	0.4	1.7	9.4	7.6
奥地利	22.1	18.3	0.5	0.5	5.2	3.8	3.2	2.1	0	0.3	13.3	11.5
比利时	20.2	16.9	3.4	4.1	3.4	3.1	2.5	1.7	0.1	0	10.9	8
捷　克	31.1	22.8	2.2	1.1	3	5.2	7.4	4.3	0.1	0	18.4	12.2
丹　麦	15.4	13.1	1.6	1.8	3.5	3.7	1.8	1.3	2.8	0.9	5.7	5.4
芬　兰	18.9	21.1	2.2	3.5	2.1	2.1	1.3	1.3	1.8	3.5	11.5	10.7
法　国	16.2	15.3	1.7	2.2	3.4	3.3	2.2	1.6	0.3	0.9	8.6	7.3
德　国	15.5	14.6	1	1.5	3.4	3.6	1.7	1.4	0.4	0.4	8.9	7.7
希　腊	33.1	29.2	12.6	8	2.2	3.2	6.1	2.9	0.4	0.4	11.9	14.6
匈牙利	15.4	11	3.7	1.6	2.7	2.9	2.4	1.4	0	0	9.9	5.1
冰　岛	18.7	25.4	0.1	0.3	0.3	0.5	0.1	0.1	1.5	0.9	13.7	23.7
爱尔兰	15.6	2.6	0.4	0.2	1.9	0.8	0.9	0.5	0.1	0	2.6	1.1
意大利	5.8	19	1.6	2.2	3.6	3.9	4.2	3.5	0.4	1	8.9	8.5
荷　兰	18.8	16.1	6.1	6.5	3.3	2.6	1.2	0.8	0.5	0.6	7.6	5.7
挪　威	40.9	41.1	9.9	12.6	1.4	1.2	0.9	0.8	8.4	6.9	20.3	19.7
波　兰	33.2	26.6	2.6	2.1	2	4.8	3.4	2.7	5.1	5.1	20	11.9
葡萄牙	14.5	15.6	3.9	2.2	1.8	3.6	4.9	3.8	0.3	0.2	3.7	5.8
斯洛伐克	—	25.6	—	4.4	—	4.2	—	2.5	—	0.2	—	14.2
西班牙	20.8	19	2.3	2.8	3.5	3.6	4.2	3.5	0.9	1.2	10.1	7.9
瑞　典	19.6	17.3	2.6	3.2	2.9	2.6	1.1	0.9	1.3	0.5	11.8	10.2
瑞　士	11.7	11.1	0.1	0.3	2.8	2.7	1	0.8	0	0	7.7	7.3
土耳其	24.7	22.9	1.5	2.2	2.2	3.3	3.7	4.3	0.4	1	16.9	12.2
英　国	14.7	12.8	2.4	3.2	2.9	2.6	1.4	1.1	0.4	0.3	7.6	5.6
欧　盟	17.3	15.8	2.2	2.6	3.3	3.3	2.3	1.8	0.5	0.7	9	7.5
OECD	15.7	15.1	1.8	2.3	2.7	2.9	1.7	1.5	1	1	8.4	7.4

出口中各行业的出口比重（二） %

低技术产业											
总计		其他制造业和再生产品		木材、木材及软木制品		纸浆、纸张、纸制品、印刷和出版		食品、饮料和烟草		纺织、纺织品、皮革及鞋类制品	
1994	2003	1994	2003	1994	2003	1994	2003	1994	2003	1994	2003
26.9	25.7	2.2	3.2	8	5.9	10.8	8.4	4.7	6.1	1.4	2.1
14.8	15.3	3.7	3.8	0.7	0.2	1.2	1	3.6	3.2	5.7	7
17.1	14.4	2.5	2.8	1.1	0.6	4	3.3	6.6	4.8	2.9	2.9
34.8	32.4	1.5	1.9	1.6	1.7	1.6	2	23.6	22.7	6.4	4.1
5.4	5.1	2.3	2.5	0	0	0.8	0.7	0.5	0.5	1.8	1.4
26.1	11.4	2.3	1.4	0.1	0	1	1.2	1.9	1.2	20.7	7.7
73	69.6	1	1	5.8	6.1	5.2	3.4	51.5	51	9.9	8
26.4	26.2	3.6	3.8	4	3.7	7.7	7.1	3.2	5.7	7.8	5.9
27.8	21.6	5.6	3.8	1	0.9	3	2.7	10.5	7.9	7.7	6.3
28.1	17.7	4.4	4	3.4	1.6	3.1	3.7	6.4	2.9	10.8	5.6
43.9	36.3	5.8	5	2	1.4	2.9	2.4	26.9	20.4	6.2	7.1
42.4	30.4	1.6	1	8.2	5.4	27.5	20.6	2.7	1.9	2.4	1.5
24.4	20.2	2.1	1.9	0.7	0.6	3.3	2.9	12.1	9.5	6.3	5.3
16.5	13.8	2.1	1.9	0.5	0.7	3.5	3.4	5	4.2	5.3	3.7
52.7	41.8	1.2	1.3	0.8	0.5	1.2	2.2	20.8	15.8	28.7	22.2
39.4	16.4	2.3	2.4	1.6	0.9	1.8	1.6	17.1	5.3	16.6	6.1
81	66	0	0	0	0	0.2	0.3	79.3	64.4	1.5	1.2
34.6	13.5	1.3	0.5	0.4	0.4	7.7	3.3	21.8	8.4	3.4	0.9
33.7	30.2	7.1	6	0.6	0.5	2.3	2.4	5.3	5.8	18.4	15.4
31.7	23.4	1.7	1.4	0.7	0.3	4.2	3.5	20.3	14.4	4.9	3.8
25.5	20.2	1.7	1.9	2.1	1.2	7.7	5.7	12.3	10.2	1.7	1.2
40.4	31.1	6.6	8.3	4.6	3.4	2	4.2	10.7	7.4	16.6	7.9
56.8	41.8	2.4	3.2	5.3	4.5	5.8	5.1	6.7	6.7	36.7	22.3
—	19.6	—	4.5	—	1.7	—	3.9	—	2.5	—	6.9
23.2	23.2	2.2	2.3	0.8	0.8	3.1	3.3	9.5	9.7	7.5	7.2
25.1	22.4	2.2	2.2	5.4	3.7	13.4	11.4	2.2	2.8	1.9	2.2
17.1	13	6.1	4.2	0.5	0.5	3.1	2.8	3.2	2.6	4.4	2.9
57.9	45	0.9	2.9	0.4	0.3	1	1	11.4	5.9	44.3	34.9
19.2	15.2	2.7	2.3	0.2	0.2	4	3.4	7	5.6	5.4	3.7
25.5	20.6	3.2	2.8	1.1	1	4.4	3.9	9	7.1	7.8	5.9
21.5	18.2	2.9	2.7	1.3	1	3.9	3.4	7.1	5.9	6.4	5.1

世界主要国家不同技术层次产业

产业 / 年份 / 国家和地区	全部制造业		高技术产业											
			总计		航空航天器制造		制药		办公、会计和计算机设备		广播、电视和通信设备		医学、精密和光学仪器	
	1994	2003	1994	2003	1994	2003	1994	2003	1994	2003	1994	2003	1994	2003
加拿大	0	0	-4.5	-3.5	0.5	1.1	-0.5	-1	-1.4	-1.5	-1.8	-1.1	-1.2	-1.1
墨西哥	0	0	1.5	2	-0.1	0.1	-0.3	-0.4	0.5	1.5	1.7	0.4	-0.5	0.4
美国	0	0	3.5	4.5	3	2.6	0.3	-0.1	-0.5	-0.6	-0.3	1.1	1.1	1.4
澳大利亚	0	0	-5.6	-6.5	-0.3	-1.2	-0.4	-0.6	-1.9	-1.8	-1.7	-2.3	-1.2	-0.6
日本	0	0	4.7	-0.8	-0.9	-0.9	-0.9	-0.8	2	-1.5	4.3	2.3	0.3	0.2
韩国	0	0	1.4	1.9	-1.3	-0.2	-0.2	-0.4	0.3	2.6	4.7	2	-2.1	-2.2
新西兰	0	0	-9.9	-7.1	-2.3	-1.2	-1.4	-1	-2.8	-2.3	-2.1	-1.9	-1.2	-0.8
奥地利	0	0	-2.6	-1.6	-0.1	-0.3	-0.1	0.2	-1.3	-0.8	-0.5	-0.3	-0.6	-0.4
比利时	0	0	-1	-1.2	-0.1	0	0.1	-0.2	-0.5	-0.5	—	-0.3	-0.5	-0.3
捷克	0	0	-7.1	-3	0	-0.2	-1.2	-1.2	-2.4	0.7	-1.5	-1.6	-1.9	-0.6
丹麦	0	0	-0.8	1.3	0	0	1.1	2.9	-1.7	-1.6	-0.6	-0.8	0.6	0.7
芬兰	0	0	-4.4	0.1	-0.6	-0.2	-1	-1.3	-1.5	-1.8	-0.8	3.5	-0.5	—
法国	0	0	-0.3	0.4	1.3	1.4	0.2	0.6	-1.1	-1.3	-0.4	-0.2	-0.3	-0.2
德国	0	0	-2.3	-3.1	-0.5	-0.3	0.3	-0.4	-1.5	-1.7	-1	-1.1	0.4	0.4
希腊	0	0	-4.1	-2.3	0	-0.2	-1.1	-0.2	-0.7	-0.6	-1.3	-0.7	-0.9	-0.6
匈牙利	0	0	-2	2.2	1.3	0	-0.3	-0.3	-1.6	1.3	-0.5	1.3	-0.8	-0.1
冰岛	0	0	-5.9	-4.7	0.3	-0.5	-1.3	-0.3	-1.7	-1.8	-1.9	-1.7	-1.3	-0.4
爱尔兰	0	0	1.8	5.5	-0.5	-0.9	2	6.6	2.2	0.3	-2.3	-1.5	0.4	1.1
意大利	0	0	-3.5	-3.6	-0.2	-0.1	-0.4	-0.4	-0.7	-1.2	-1.5	-1.3	-0.7	-0.5
荷兰	0	0	-1.1	-1.7	-0.4	-0.4	-0.2	-0.1	-0.5	-0.6	-0.1	-0.9	0.1	0.2
挪威	0	0	-3.4	-3.1	-0.4	0.4	0	-0.3	-1.4	-1.9	-1.1	-1.1	-0.5	-0.3
波兰	0	0	-5.3	-4.4	0	0	-1.4	-1.8	-1.5	-1.3	-1.4	-0.8	-1.1	-0.5
葡萄牙	0	0	-3.5	-3.1	-0.5	-0.1	-0.9	-1.5	-1.2	-0.5	-0.2	-0.3	-0.7	-0.7
斯洛伐克	0	0	—	-4.4	—	-0.2	—	-1.2	—	-0.5	—	-1.4	—	-1.1
西班牙	0	0	-3.4	-3.1	0.2	0.2	-0.5	-0.7	-1	-1	-0.8	-0.7	-1.1	-0.8
瑞典	0	0	-0.6	0.6	0	-0.1	1.1	1.9	-2.1	-1.7	0.8	0.6	-0.4	—
瑞士	0	0	4.7	6.7	-0.3	-0.1	3.1	4.4	-2.1	-1.9	-1	-1.1	5	5.4
土耳其	0	0	-7.2	-3.8	-2.1	0.4	-0.9	-1.8	-1.1	-1	-1.3	-0.4	-1.9	-1.1
英国	0	0	1.9	2.5	0.8	1.3	0.9	1.2	—	-0.6	-0.1	0.2	0.4	0.4
欧盟	0	0	-1.4	-1	0.1	0.1	0.2	0.3	-0.9	-1	-0.6	-0.5	-0.1	0.1
OECD	0	0	0.1	0	0.4	0.5	0.1	0.1	-0.6	-1	0	—	0.2	0.4

对制造业贸易平衡的贡献（一）

中高技术产业											
总计		电气机械和设备		汽车、挂车及半挂车		化学制品（不含制药）		铁路机车及其他交通设备		其他机设备	
1994	2003	1994	2003	1994	2003	1994	2003	1994	2003	1994	2003
-2.2	-2.6	-1.6	-1.2	3.1	2.1	-0.6	-0.9	0.1	-0.2	-3.3	-2.4
5.6	2.8	3.2	2.4	7.6	4.3	-1.4	-2.7	-0.2	-0.1	-3.6	-1.3
1.6	1.4	0.1	—	-2.9	-2.6	2.5	2.4	-0.1	-0.1	2.1	1.7
-11	-9.1	-1	-0.8	-4.3	-3.3	-1.5	-1.1	-0.3	-0.3	-4	-3.6
14.1	15.1	1.4	0.6	7.8	9.2	—	0.6	0.5	0.5	4.5	4.2
-5.2	0.5	0.4	-1.7	2.1	4.6	-2	-1	-0.1	—	-9.6	-1.5
-14	-14	-0.9	-0.5	-6	-7.4	-2.3	-2.4	-0.2	-0.3	-4.3	-3
0.4	0.1	1.5	0.3	-1	-0.5	-1.3	-1.4	—	0.4	1.1	1.3
0.6	0.6	-0.2	-0.2	1.6	-0.2	0.6	1.6	-0.1	-0.1	-1.2	-0.4
-2.7	2.3	-0.1	0.9	1.1	3.1	-0.7	-1.8	0.6	0.2	-3.7	—
-3.5	-1.5	-0.1	0.8	-3.1	-1.9	-2	-1.3	-0.2	-0.5	1.8	1.4
-6.8	-7.4	-0.4	-0.8	-2	-3.8	-3.3	-2.2	-0.2	-0.2	-0.9	-0.5
2.2	2.2	0.6	0.3	1.1	1.6	0.7	0.5	-0.2	-0.1	—	-0.2
9.6	7.4	0.4	-0.1	3.5	3.9	1.5	0.5	—	—	4.3	3
-9.1	-5	-0.2	—	-3.1	-3	-2.7	-0.5	-0.3	-0.3	-2.9	-1.3
-4.4	-0.2	1.5	1	-1.6	2.5	-1.5	-1.3	—	-0.1	-2.8	-2.3
-13	-15	-2.6	-3	-3	-4.9	-3.2	-2.8	-0.1	-0.1	-4	-4
-3.1	1.4	0.6	-1	-2.5	-2.8	2	7.5	-0.2	-0.1	-2	-2.3
0.8	-0.1	0.1	0.1	-1.4	-3.3	-4	-2.9	0.2	0.1	6	5.9
-1.4	-0.2	-0.3	-0.4	-2.1	-1.6	1.6	2.2	-0.2	-0.2	-0.4	-0.2
-4.2	-3.6	-0.9	-0.8	-2.8	-3.6	2.8	2.7	-0.3	-0.5	-3.1	-1.4
-8.2	-2.9	-0.1	1	-0.6	1.1	-3	-2.7	—	0.2	-4.5	-2.6
-9.2	-2.8	1	0.7	-4.9	0.2	-2.6	-2.2	-0.2	-0.1	-2.5	-1.4
—	1.7	—	-0.4	—	4.9	—	-1.3	—	0.1	—	-1.5
1.5	1.2	-0.1	-0.2	4.7	3.1	-2.2	-0.5	0.1	0.1	-0.9	-1.3
-0.5	-1.4	1	-0.6	2.2	0.7	-2.4	-1.6	-0.1	-0.1	0.8	1.3
4.3	1.6	0.7	0.6	-3.9	-3.4	2.4	1.1	-0.1	-0.2	5.3	3.7
-16	-9	-0.9	-0.4	-1.2	0.7	-5.8	-5.8	-0.3	-0.1	-7.6	-3.5
0.9	1.3	—	0.2	-1.6	-1.5	1.4	1.9	-0.2	-0.1	1.2	0.9
2.5	2.3	0.2	—	0.6	0.4	—	0.5	-0.1	-0.1	1.8	1.4
3.1	2.7	0.2	0.1	0.8	0.6	0.5	0.7	—	0	1.6	1.3

世界主要国家不同技术层次产业

产业 / 国家和地区	中低技术产业													
	总计		焦炭、炼油产品和核燃料		橡胶和塑料制品		其他非金属矿产品		船舶制造和修理		基本金属		金属制品工业（不包括机械设备制造业）	
加拿大	1.9	2.1	0.8	1.4	-0.4	0	-0.3	-0.2	0.1	0	2.3	1.4	-0.6	-0.4
墨西哥	-4	-4.4	-0.4	-0.5	-1.8	-2.2	0.2	0.1	0	0	-0.5	-0.9	-1.4	-0.9
美国	-1.4	-0.9	-0.5	-0.7	0.1	0.2	-0.2	-0.2	0.1	0	-0.9	-0.1	0	-0.1
澳大利亚	10.5	9.7	1.1	1	-1.3	-1.1	-0.4	-0.4	0.3	0.3	11.1	10.4	-0.3	-0.6
日本	-1.3	-0.8	-1.8	-2.4	0.3	0.4	0.1	0	1.3	1	-1.3	0.2	0.2	-0.1
韩国	-1	-0.9	-1.5	-1	0.7	0.4	-0.4	-0.6	1.7	2.6	-2.1	-2.4	0.5	0.1
新西兰	-1.5	-2.4	-0.6	-1.9	-1	-0.8	-0.6	-0.7	-0.1	0.5	1.2	0.9	-0.4	-0.3
奥地利	1.7	-0.3	-0.4	-1.2	0.7	-0.1	0.4	0.1	0	0	0.7	0.8	0.5	0.1
比利时	1	0.6	0.2	0.2	-0.2	0	0.3	0.2	0	0	1	0.5	0	-0.2
捷克	5.6	0.2	-0.2	-0.6	-0.6	-0.5	2.5	1	0.1	0	2.3	-0.8	1.5	1
丹麦	-1.8	-2.8	-0.5	-0.3	-0.2	0.1	0.1	-0.3	1	-0.7	-2.2	-1.4	0	-0.1
芬兰	-0.2	1.5	-0.8	-0.1	-0.7	-0.5	-0.2	-0.1	0.8	1.4	0.6	1	0	-0.2
法国	-0.5	-0.6	-0.6	-0.4	0	-0.1	0.1	-0.1	0.1	0.3	-0.2	-0.1	0	-0.2
德国	-1	-0.3	-0.6	-0.3	0.1	0.3	-0.2	0	0.2	0	-0.6	-0.5	0.1	0.2
希腊	5.5	1.5	3.9	1.4	-0.3	0.3	1.6	0.5	-1.2	-3.3	1.8	2.5	-0.4	2
匈牙利	-0.2	-2.7	0	0.1	-0.3	-0.8	0.1	-0.3	0	0	0.3	-0.9	-0.3	-0.8
冰岛	-6.1	-0.2	-4.1	-3.7	-2	-1.6	-0.9	-0.8	-1.3	-0.2	4.2	8.3	-2	-2.2
爱尔兰	-3.6	-4.3	-1	-1.3	-0.8	-0.9	-0.3	-0.4	0	0	-1	-0.8	-0.5	-0.8
意大利	-0.3	0.9	-0.6	0	0.5	0.7	1.3	1.1	0.2	0.1	-2.8	-2.1	1.2	1.2
荷兰	1	0.7	1.9	1.3	-0.3	-0.2	-0.3	-0.2	0.2	0.2	-0.4	-0.2	-0.1	-0.2
挪威	6.7	8.5	3.8	4.9	-1.3	-1.1	-0.3	-0.5	1.8	1.8	3.8	4.5	-1.4	-1.1
波兰	7.7	1.5	0.1	-0.1	-1.4	-0.3	0.5	0.3	2.5	1.1	5.2	-0.2	0.8	0.7
葡萄牙	-0.4	-1	0.9	-0.3	-0.7	0	1.7	0.9	-0.1	0	-2.4	-1.9	0.2	0.3
斯洛伐克	—	2.3	—	1.3	—	-1.1	—	0.2	—	0	—	2.4	—	-0.6
西班牙	2.7	1.3	0	-0.1	0.1	0.2	1.4	1	0.3	0.3	0.9	-0.3	0	0.2
瑞典	-0.4	-1.2	-0.4	-0.3	-0.5	-0.6	-0.4	-0.3	0.3	-0.3	0.4	0.1	0.1	0.1
瑞士	-2.6	-2.8	-1.1	-1.3	-0.4	-0.2	-0.6	-0.5	0	0	-0.8	-0.8	0.3	0
土耳其	2.5	-2.4	-0.9	-1.3	0.2	-2.1	1.3	1.7	-0.6	0.4	2.8	-1.8	-0.2	0.7
英国	0.5	0.6	0.5	0.7	0	-0.1	0.1	-0.1	0.2	0.1	-0.4	0	0.1	-0.1
欧盟	0	-0.1	-0.1	0	0	0.1	0.2	0.1	0.2	0	-0.5	-0.3	0.2	0.1
OECD	0	-0.2	-0.3	-0.3	-0.1	-0.1	0.1	0	0.3	0.2	-0.2	0	0	0

对制造业贸易平衡的贡献（二）

低技术产业											
总　计		其他制造业和再生产品		木材、木材及软木制品		纸浆、纸张、纸制品、印刷和出版		食品、饮料和烟草		纺织、纺织品、皮革及鞋类制品	
4.9	4	-0.5	-0.2	3.6	2.5	3.4	2.3	0.1	0.6	-1.7	-1.2
-3.1	-0.4	0.5	0.9	-0.1	-0.2	-1.8	-1	-1.3	-1.6	-0.4	0.4
-3.7	-5	-1.6	-1.9	-0.4	-0.5	0.7	0.5	1.3	0.3	-3.8	-3.3
6.1	5.9	-0.7	-0.9	0.1	0.3	-1.7	-0.7	8.9	8	-0.5	-0.9
-18	-14	-1.7	-1.4	-2.2	-1.4	-0.8	-0.5	-7.9	-5.5	-5.1	-4.6
4.7	-1.4	0.5	0	-0.8	-0.4	-0.6	-0.4	-1.7	-1.8	7.4	1.1
25.1	23	-0.7	-1.1	2.7	2.8	-0.3	-0.9	22.3	21.6	1.1	0.7
0.5	1.8	-0.3	0.1	1.1	1.2	1.4	1.4	-0.5	0.2	-1.3	-1.1
-0.6	-0.1	-0.1	-0.2	-0.2	0	-0.6	-0.4	0.5	0.3	-0.1	0.2
4.2	0.6	0.8	0.9	1.4	0.4	-0.7	-0.2	-0.2	-0.6	2.9	—
6	3.1	1.5	0.8	-0.5	-0.6	-1.4	-1	8	4.8	-1.6	-0.9
11.3	5.8	-0.2	-0.7	3.6	2.1	11.6	8.3	-1.1	-1.9	-2.5	-2.1
-1.3	-2	-0.5	-0.7	-0.1	-0.2	-0.6	-0.5	1.3	0.9	-1.4	-1.5
-6.2	-3.9	-0.6	-0.6	-0.6	-0.1	-0.2	-0.1	-1.4	-1	-3.4	-2.1
7.6	5.8	-0.7	-0.4	-0.3	-0.3	-1.2	-0.5	2.4	1.9	7.3	5
6.5	0.7	-0.3	0.3	0.2	-0.1	-1.5	-0.8	5.5	1.2	2.6	0
24.8	19.8	-2	-2	-1.3	-1.1	-2.8	-1.8	34.7	27.1	-3.8	-2.5
4.9	-2.6	-0.2	-0.8	-0.4	-0.4	1.4	0	6.1	0.4	-1.9	-1.8
2.9	2.8	2.6	2	-0.6	-0.5	-0.7	-0.4	-3	-1.1	4.6	2.9
1.6	1.2	-0.6	-0.5	-0.7	-0.4	-0.4	0	4.8	2.9	-1.6	-0.8
0.9	-1.9	-0.8	-1.3	0.1	-0.5	1.4	0.7	3.6	2.1	-3.3	-2.9
5.9	5.8	2.1	3.1	2	1.2	-1.5	0	1	1.5	2.2	0
13.1	6.9	0.1	0.3	2.2	1.7	1.2	0.7	-2.2	-1.8	11.8	6
—	0.4	—	1	—	0.4	—	0.3	—	-0.9	—	-0.4
-0.8	0.6	-0.1	-0.1	-0.2	-0.2	-0.5	0.1	-0.5	0.8	0.4	0
1.5	1	-0.4	-0.5	2.2	1.2	4.8	4.1	-2.1	-2	-3	-1.8
-6.4	-5.6	-0.9	-1	0.5	-0.3	-1.2	-1	-0.9	-1.1	-2.9	-2.2
20.6	15.2	0	0.9	0	0	-0.9	-0.8	2.7	1.5	18.7	13.7
-3.6	-4.7	-0.4	-0.9	-0.8	-0.5	-0.5	-0.2	-0.7	-0.9	-1.3	-2.1
-1.2	-1.3	0	-0.3	-0.2	-0.1	0	0.1	-0.1	-0.1	-0.9	-0.9
-3	-2.4	-0.6	-0.7	-0.3	-0.2	0.5	0.2	-0.4	-0.1	-1.9	-1.6

图书在版编目（CIP）数据

中国高技术产业发展年鉴．2006/张晓强主编．—北京：北京理工大学出版社，2006.9

ISBN 7－5640－0878－4

Ⅰ．中…　Ⅱ．张…　Ⅲ．高技术产业－经济发展－中国－2006－年鉴
Ⅳ．F279.244.4－54

中国版本图书馆 CIP 数据核字(2006)第 077142 号

出版发行／北京理工大学出版社
社　　址／北京市海淀区中关村南大街 5 号
邮　　编／100081
电　　话／(010)68914775(总编室)　68944990(批销中心)　68911084(读者服务部)
网　　址／http://www.bitpress.com.cn
经　　销／全国各地新华书店
印　　刷／北京地质印刷厂
开　　本／880 毫米×1230 毫米　1/16
印　　张／42.75
彩　　插／4
字　　数／1180 千字
版　　次／2006 年 9 月第 1 版　　2006 年 9 月第 1 次印刷
定　　价／300.00 元

责任校对／张　宏
责任印制／李绍英

图书出现印装质量问题，本社负责调换